COLLECTION
DE
DOCUMENTS INÉDITS
SUR L'HISTOIRE DE FRANCE

PUBLIÉS PAR LES SOINS

DU MINISTRE DE L'INSTRUCTION PUBLIQUE ET DES CULTES

PREMIÈRE SÉRIE

HISTOIRE POLITIQUE

CARTULAIRE

DE

L'ABBAYE DE BEAULIEU

(EN LIMOUSIN)

PUBLIÉ

PAR MAXIMIN DELOCHE

MEMBRE DE LA SOCIÉTÉ IMPÉRIALE DES ANTIQUAIRES DE FRANCE
ET DE LA SOCIÉTÉ IMPÉRIALE DE GÉOGRAPHIE

PARIS

IMPRIMERIE IMPÉRIALE

MDCCCLIX

PRÉFACE.

Qu'il nous soit permis, au début de ce livre, de rendre un respectueux hommage à la mémoire de l'homme éminent dont l'Académie et le monde savant déplorent la perte, qui, le premier, révéla à la France les trésors enfouis dans les poudreuses archives de ses églises et de ses antiques abbayes, et, le premier aussi, réunit en un corps de doctrine et vulgarisa parmi nous des notions exactes et précises sur les institutions de la Gaule au moyen âge [1].

Nous trouvions dans les conseils de M. Guérard le guide le plus sûr, et nous gardons dans ses œuvres les modèles les plus parfaits, pour l'exécution des travaux de la nature de celui que M. le ministre de l'instruction publique et des cultes nous a fait l'honneur de confier à nos soins.

C'est donc un hommage de reconnaissance en même temps que d'admiration que nous adressons ici à l'illustre érudit.

---

[1] Les grands travaux que M. Guérard avait entrepris, et que la mort seule a pu interrompre, ont été continués par son ami et son digne successeur M. Natalis de Wailly, avec une pieuse et active sollicitude, qui rappelle l'abnégation et le fraternel dévouement des religieux de la congrégation de Saint-Maur. Le savant académicien a terminé, avec le concours de MM. Léopold Delisle et Jules Marion, l'édition commencée du *Cartulaire de Saint-Victor de Marseille*.

PRÉFACE.

Dès que le projet que nous avions formé de publier le Cartulaire de Beaulieu lui fut connu, il y applaudit et nous encouragea à en poursuivre la réalisation.

Ce recueil d'actes, dont la série commence à l'année 823[1] et s'arrête aux premières années du XIIIe siècle, est en effet l'un de ceux qui, par le nombre et l'importance des renseignements qu'il fournit, méritent le mieux d'être mis en lumière.

N'importe-t-il pas, d'ailleurs, indépendamment de l'intérêt que ce document présente, au point de vue de l'histoire générale, d'appeler enfin l'attention des archéologues sur ces régions montagneuses de la Gaule centrale, si négligées jusqu'à ce jour, et qui, par ce motif même, leur offrent un vaste champ d'observations nouvelles; sur ces populations qui semblent emprunter au sol sur lequel elles vivent le caractère de dureté et de résistance qui en est le trait distinctif; races opiniâtres, qui, restées longtemps celtiques après la conquête des Romains, furent longtemps romaines après la chute de l'empire d'Occident, au milieu du flot des invasions germaniques?

Sans remonter à des époques trop éloignées de la période qui nous occupe, et pour ne citer que les témoignages les plus certains et les plus directs de cette fidélité persévérante au passé, nous rappellerons :

La persistance des types du *monnayage* romain dans les pièces d'or mérovingiennes de fabrication limousine[2];

La persistance de la *langue* latine, d'où se forma plus tard

---

[1] L'abbaye n'a été fondée qu'en 855; mais, lors de la composition du cartulaire, on y inséra les actes antérieurs relatifs à des biens, églises et monastères, tombés depuis dans sa dépendance, et dont ces actes formaient les titres de propriété.

[2] Voir dans la Revue numismatique, nouvelle série, les planches qui accompagnent notre Description des monnaies mérovingiennes du Limousin, année 1857, pl. XII, XIII, XIV, XV, et année 1858, pl. II et III.

PRÉFACE.

cette langue romane, si riche, si souple et si harmonieuse, des troubadours limousins;

La persistance de la *législation* romaine, que nos chartes nous montrent encore en vigueur sous les successeurs de Charlemagne[1];

Enfin la persistance des anciennes *circonscriptions* des vicaires et centeniers, lesquelles, devenues depuis divisions géographiques, se maintinrent dans notre province jusqu'à la fin du XI⁰ siècle, alors que partout ailleurs elles avaient depuis longtemps disparu.

PLAN DE L'ÉDITION.

Ce livre se compose de trois parties principales :
L'introduction au Cartulaire, le texte du Cartulaire, les tables.

INTRODUCTION.

Dans l'Introduction, nous faisons connaître :

1° L'histoire du monastère de Beaulieu et de la ville à laquelle il donna naissance, histoire qui tire un intérêt tout particulier des luttes de l'autorité abbatiale contre ses propres officiers, contre les vicomtes de Turenne et les seigneurs de Castelnau, ses voisins et trop puissants feudataires;

2° Les offices monastiques et les offices séculiers : parmi ces derniers, ceux de l'abbé laïque, des serfs-vicaires et plus tard des vicaires de Favars et de Beaulieu, fiscalins affranchis d'hier, vassaux déjà insubordonnés, personnifiant le mouvement social dont l'émancipation des communes est une des plus éclatantes manifestations;

---

[1] C'est là, d'ailleurs, un fait général pour toute la Gaule, ainsi que l'a si bien démontré l'illustre M. de Savigny, dans son Histoire du droit romain au moyen âge.

3° Quant à la législation, l'existence collatérale au Code Théodosien, des coutumes provinciales et des coutumes locales; la justice publique rendue par le comte dans les plaids; la justice privée rendue par l'abbé et ses assesseurs;

4° L'état de la propriété, les redevances, les mesures, etc.;

5° Sous le rapport géographique, la délimitation du grand *pagus Lemovicinus;* les différences importantes constatées entre sa configuration aux temps les plus reculés et celle de l'ancien diocèse; l'étendue et les divisions du comté de Limoges;

6° Enfin la topographie du Quercy, grand *pagus Caturcinus;* la description de ses limites et la position des chefs-lieux des arrondissements qui le subdivisaient.

Cette étude géographique est accompagnée d'une carte, sur laquelle nous prenons la liberté d'appeler l'attention du lecteur. Cette carte, dressée par nous sur une réduction des feuilles de Cassini, présente le tableau de l'ancien Limousin, avec ses limites et ses circonscriptions territoriales aux IXe, X^e et XIe siècles, et de la partie nord du Quercy, dans laquelle s'étendaient les possessions du monastère de Beaulieu.

C'est la première fois qu'un travail de ce genre a été entrepris, et nous avons fait tous nos efforts pour qu'il montrât aussi exactement que possible l'état du pays, à l'époque du moyen âge que nous avions en vue.

L'Introduction est suivie de Notes et éclaircissements, qui ont pour but de fixer des dates de chartes, de déterminer des positions de lieux, ou d'éclaircir des faits qui exigeaient des explications de quelque étendue. Nous y avons compris une biographie du fondateur de notre abbaye, une notice archéologique sur l'église romane du Moustier, ainsi qu'une liste rectifiée et complétée des pasteurs qui dirigèrent la communauté jusqu'à sa suppression en 1789.

PRÉFACE.

TEXTE DU CARTULAIRE.

Les citations empruntées à notre Cartulaire par divers auteurs des deux derniers siècles nous ayant inspiré le désir de le connaître dans son entier, nous entreprîmes, en 1851, la recherche du manuscrit original. Mais ces recherches furent longtemps infructueuses, ou, du moins, ne produisirent d'abord qu'un résultat incomplet : la découverte de deux copies déposées à la Bibliothèque impériale.

L'une de ces copies, classée au résidu de Saint-Germain (fonds latin, n° 297, paquet 111, n° 3), remonte au commencement du xvii° siècle ou à la fin du xvi°.

La seconde se trouve dans le n° 36 du fonds de Bouhier, grand in-folio, recouvert en velours d'Utrecht, daté, en tête, de l'année 1722, mais dont certaines parties sont antérieures à cette date. L'écriture est une ronde très-lisible.

Chacune de ces deux transcriptions contenant des passages absents dans l'autre, il est évident qu'elles n'ont pas été prises l'une sur l'autre, mais sur un manuscrit de date antérieure[1].

C'est à l'aide de ces copies et d'extraits écrits de la main de Duchêne et conservés à la Bibliothèque dans la collection des manuscrits de ce savant, que nous pûmes tout d'abord reconstituer le texte du Cartulaire.

Une partie du recueil était déjà livrée à l'impression, lorsque nous fûmes informé[2] qu'un manuscrit plus ancien existait à

---

[1] Peut-être celui dont il est parlé dans le Supplément à la Bibliothèque de la France, du père Lelong, et qui était, au xviii° siècle, dans les archives de l'abbaye de Saint-Jacques de Provins. Nous avons vainement recherché ce manuscrit. L'honorable bibliothécaire de la ville de Provins, aux lumières duquel nous avions fait appel par l'intermédiaire de notre excellent et savant ami F. Bourquelot, s'est assuré que ce document n'existe ni dans le dépôt confié à sa surveillance, ni dans les archives du département de Seine-et-Marne.

[2] Par M. Dunglas, ancien inspecteur

Beaulieu même, dans les mains de M. le baron de Costa, qui l'avait reçu, par voie de succession, de l'un des derniers dignitaires de l'abbaye.

Grâce à l'entremise amicale d'un littérateur distingué, M. Louis de Veyrières, l'obligeant possesseur de ce précieux document voulut bien le mettre à notre disposition, et nous reconnûmes aussitôt que ce n'était rien moins que l'original même du Cartulaire, écrit en minuscule gothique[1].

Ce manuscrit forme un in-octavo, dont la reliure se compose de deux plaques de bois recouvertes d'un cuir épais, et autrefois munies de deux fermoirs en cuivre, dont les extrémités ont disparu. Cette couverture a $0^m,21$ de hauteur, sur $0^m,14$ de largeur.

Le livre renferme 157 feuillets écrits au recto et au verso; chaque feuillet présente $0^m,20$ de hauteur, sur $0^m,14$ de largeur; l'épaisseur du volume, à la tranche, est de $0^m,030$, sans la couverture; et de $0^m,040$, la reliure comprise. Il est écrit sans intervalle entre les divers actes qui s'y succèdent, et porte presque partout vingt-cinq lignes d'écriture à la page[2].

L'écriture, posée sur une seule raie tracée avec la pointe du style sur un fort parchemin, est d'une encre noire, parfaitement conservée. Les treize premières chartes commencent par une lettre majuscule peinte en vermillon et quelquefois même ornée de fleurons; sur ce nombre, huit seulement ont un titre peint aussi en vermillon.

---

d'académie à Tulle, actuellement en retraite, qui joint à un profond dévouement pour les sciences historiques les plus aimables qualités d'un caractère affable et d'un esprit cultivé.

[1] Nous prions nos deux honorables compatriotes de recevoir ici tous nos remerciments. Nous sommes, en outre, redevable à M. de Veyrières de communications qui nous ont été fort utiles, notamment pour la rédaction du catalogue des abbés de Beaulieu.

[2] Trois pages seules contiennent un plus grand nombre de lignes.

PRÉFACE.

L'écriture de la presque totalité des chartes est une belle minuscule gothique, qui reproduit les formes des dernières années du XIIe siècle ou du commencement du XIII[e][1].

Une seule de nos chartes (CXCVI), que nous datons de 1204 et qui clôt le recueil, nous offre des caractères un peu plus allongés et qui dénotent une période un peu plus récente; d'où il résulterait qu'il faut placer la composition de notre Cartulaire dans les premiers temps du XIIIe siècle, et son achèvement au commencement du deuxième tiers de la même période.

On y remarque, à la vérité, deux autres actes : l'un de 1204 (XXXVII), l'autre sans date (CXCIII), qui, par les formes de leurs écritures, descendent à la fin du XIIIe siècle et au XIV[e][2]. Mais ils ont été, suivant nous, intercalés dans le recueil assez longtemps après qu'il avait été terminé, et substitués à des

---

[1] Celles du n° 7 de la planche VI, insérée au tome II des Éléments de paléographie par M. Natalis de Wailly, p. 254. Ce spécimen est de l'an 1178. Mais nous devons faire observer que, dans le Limousin, les formes d'écriture persistent plus qu'ailleurs, et qu'on les trouve encore employées dans ce pays assez longtemps après qu'elles ont été abandonnées par les autres provinces.

[2] La charte XXXVII est écrite en une minuscule gothique allongée, qui ne remonte pas au delà du XIVe siècle[a]. Elle a été manifestement substituée à un acte qu'on a préalablement effacé. On voit que le scribe a serré les mots de la nouvelle charte les uns contre les autres, pour la faire contenir tout entière dans l'espace qui avait été préparé pour la recevoir : il a dû même dépasser les limites du champ de l'écriture tracées sur le parchemin par des raies perpendiculaires. Il en a été très-vraisemblablement de même pour la notice généalogique marquée du n° CXCIII : elle est écrite en une minuscule diplomatique très-serrée, qui se rapproche sensiblement de la cursive, et doit être rapportée aux derniers temps du XIII[e] siècle[b]. Elle se trouve, comme la précédente, au verso d'un acte écrit, comme presque tous les autres, en caractères de date antérieure et dont elle diffère essentiellement.

[a] Cette écriture est identique à celle d'un acte de 1373, dont le n° 5 de la planche IX des Éléments de paléographie (tome II, p. 262) nous offre un spécimen.
[b] Même écriture que le spécimen reproduit par M. de Wailly, sur la planche VII, n° 9 (tome II, p. 256), et provenant d'un acte daté de 1283.

chartes plus anciennes, que l'on a effacées pour faire place à ces deux documents.

Tout en nous appliquant à reproduire exactement le texte de notre Cartulaire, nous avons cru devoir nous abstenir de transcrire certaines formes de l'écriture gothique, telles que le *V* majuscule employé pour l'*U* initial d'*Ugo* ou d'*Umbertus*, l'*e* et le *t* cursifs combinés dans ⱸ, l'*e* à cédille (ę) représentant la diphthongue *æ*, l'*r* tranchée (ɼ) figurant les finales *rum* ou *ram*, etc. Le manuscrit de M. de Costa n'offre, à cet égard, aucun signe nouveau qu'il nous ait paru utile de noter.

Les deux premières pages du manuscrit et la dernière sont maculées au point que la lecture en est très-difficile, et même en partie impossible. Nous n'avons aucun moyen de remplir les lacunes de la dernière page; mais le texte du premier feuillet a pu être heureusement restitué, au moyen d'une bonne copie que nous avons trouvée annexée au manuscrit précité de Saint-Germain.

LES TABLES.

Elles sont au nombre de cinq, savoir :

La table des sujets traités dans l'Introduction, ainsi que dans les Notes et éclaircissements;

L'*Index chronologicus chartarum*, présentant, dans l'ordre de leurs dates, le sommaire des actes du Cartulaire;

L'*Index generalis*, contenant les noms de personnes, de lieux, les titres d'offices ou dignités, et les divisions territoriales.

Les noms de personnes y sont rangés dans l'ordre suivant : le prénom, suivi de la qualité; le prénom, accompagné d'un nom patronymique ou d'un surnom; enfin le prénom ou le surnom, suivis d'un nom de lieu, comme dans *Bernardus de Capra* ou *Castrinovi*.

PRÉFACE.

Chaque titre d'office ou qualité, tel que *abbas, archidiaconus, comes, vicarius,* etc. renvoie aux noms de ceux qui l'ont porté. — Les désignations géographiques d'*aicis, centena, pagus, vallis, vicaria,* etc. renvoient aux noms particuliers des circonscriptions auxquelles elles s'appliquent.

Quant aux renseignements que le Cartulaire renferme touchant les institutions et les mœurs, ils ont été relevés dans l'Introduction, et c'est à la table qui accompagne cette partie de l'ouvrage qu'il faut recourir. Un *Index rerum* aurait fait double emploi avec cette table et aurait été, en outre, moins complet que celle-ci, puisque, aux éléments fournis par le Cartulaire elle réunit des notions puisées à d'autres sources.

A la suite de l'*Index generalis,* nous plaçons un Dictionnaire géographique français, dans lequel sont rappelées les diverses formes latines du nom de chaque localité, et qui indique sa situation dans la division départementale.

La Table générale des matières, qui termine le livre, en fait connaître les diverses parties.

Tel est le plan suivi dans l'exécution du travail que nous livrons à l'appréciation des érudits. Si, parmi eux, des esprits indulgents estiment qu'il ne sera pas sans utilité pour les études historiques, ni trop indigne de figurer à la suite des Cartulaires déjà mis au jour par les soins du ministère de l'Instruction publique, c'est moins à nos efforts que nous le devrons, qu'à l'excellence des modèles que nous ont légués nos prédécesseurs en cette matière, et aux sages avis de MM. Natalis de Wailly, J. Desnoyers et Huillard-Bréholles, savants commissaires délégués par l'ancien Comité de la langue, de l'histoire et des arts, pour la surveillance de notre publication. Que ces derniers nous permettent de leur offrir ici l'expression de notre respectueuse gratitude.

Nous adressons aussi nos remercîments à M. Paulin Paris, qui, avec son obligeance habituelle, a guidé nos premières recherches; à MM. Claude et Léopold Delisle, à la complaisance et aux lumières desquels nous avons eu souvent recours, jamais en vain; enfin à notre vénérable et docte ami, M. Auguste Le Prévost, dont les encouragements et les conseils ont contribué à rendre notre tâche plus facile.

INTRODUCTION.

INTRODUCTION.

TITRE PREMIER.

HISTOIRE DE L'ABBAYE ET DE LA VILLE DE BEAULIEU.

§ 1ᵉʳ. DEPUIS LA FONDATION DE L'ABBAYE (AN 855), JUSQU'AU GOUVERNEMENT
DES ABBÉS LAÏQUES (FIN DU Xᵉ SIÈCLE).

Le monastère autour duquel se forma, dans la suite, la petite ville de Beaulieu, fut fondé par saint Rodulfe, archevêque de Bourges, dans un obscur village du Limousin appelé *Vellinus*. En choisissant l'emplacement de la nouvelle maison religieuse sur ses propres domaines, à l'entrée d'une riante vallée qu'arrosent les eaux de la Dordogne et qu'abritent, au nord et au sud, de hautes collines plantées de vignes et d'arbres fruitiers, le noble prélat lui imposa, à cause de la beauté du site, le nom de *Belluslocus*, d'où sont dérivés successivement *Belloc*, *Belluec*, dans l'idiome limousin *Bellec* ou *Bellé*, et le moderne Beaulieu [1].

C'est en l'année 855, à l'époque même où il sacra, à Limoges, le roi d'Aquitaine Charles le Jeune, fils de Charles le Chauve, que le pieux archevêque jeta les premiers fondements de notre abbaye [2].

---

[1] « Qui locus nuper a rusticis Vellinus, a nobis autem Bellus locus nominatus. » I, III, XIX, XXI, XXXIII, CLXXXIII.

[2] Ademari Cabanensis *Commemoratio abbatum Lemovicensium basilicæ S. Martialis apostoli*. Apud Ph. Labbeum, *Nova Bibliotheca manuscriptorum*, t. II, p. 271. Voir plus loin, *Notes et éclaircissements*, nº II, une notice, où nous avons traité la question, longuement controversée au XVIIᵉ et au XVIIIᵉ siècle, de l'époque de la fondation du monastère de Beaulieu.

Les moines furent installés d'abord dans des abris provisoires, que l'on s'occupa de remplacer, en 859, par des constructions plus solides.

Au mois de novembre 860[1], en présence de deux évêques, Stodile de Limoges et Launus d'Angoulême, de trois abbés, parmi lesquels celui de Saint-Martial de Limoges, du comte de Toulouse et d'un nombreux concours de prêtres, de clercs et de seigneurs de la famille de Turenne, dont il faisait partie, Rodulfe consacra solennellement le monastère et le dota richement. Déjà, d'ailleurs, ses munificences et celles de Rotrude, veuve de son frère Robert, avaient assuré d'abondantes ressources aux premiers habitants de l'abbaye.

Par la charte de dotation, Rodulfe plaça le monastère sous l'invocation de saint Pierre[2], qui lui a donné son nom; il y établit douze

---

[1] 1. Voir la note sur la date de cette charte, *Notes et éclaircissements*, n° III.

[2] Outre saint Pierre, le monastère avait pour patrons saint Émile, saint Félicien, saint Prime, sainte Félicité et les saints Ursin, Benoît, Paul, Denys, Rustique, Éleuthère, Pancrace, Crépin et Crépinien, Hilaire, Martin, Éloi et Tillon, et, plus tard, le fondateur lui-même, saint Rodulfe ou saint Roils, comme il est appelé dans le diocèse de Bourges. C'est devant l'autel de saint Émile, et sur les reliques de saint Pierre que les grands vassaux et officiers de l'abbaye prêtaient serment (CXCI, CXCII). C'est devant l'autel de saint Prime et saint Félicien que les notables de Beaulieu vinrent longtemps, le lendemain de Noël, présenter à l'abbé les candidats parmi lesquels ce dernier devait choisir quatre consuls. On célébrait encore, à la fin du XVIIe siècle, trois fêtes en l'honneur de ces deux saints : l'une, *la fête du vœu*, était fixée au 6 février, en reconnaissance du secours que Beaulieu avait reçu d'eux, le 6 février 1356[a], contre les Anglais qui assiégeaient la ville; la seconde, appelée dans l'idiome du pays *lo fayte da nou cor sin* (la fête de nos corps saints ou reliques), se célébrait le premier dimanche de septembre, en mémoire de leur translation[b]; enfin la troisième tombait au 9 octobre, anniversaire du martyre subi à Agen par les deux saints. (Mss. Biblioth. impér. Résidu de Saint-Germain, n° 297, paquet 111, n° 3; cahier manuscrit de Jean Maurat, religieux de Saint-Sulpice de Bourges.)

[a] Le manuscrit porte 1355, parce que l'année, au moyen âge, se prolongeait, en Limousin, soit jusqu'à Pâques, soit jusqu'au 25 mars de l'année qui est la suivante d'après notre comput moderne. L'événement est, sans aucun doute, du commencement de 1356.

[b] Il résulte d'un procès-verbal dressé le jour même de la translation, qu'elle eut lieu le 30 août 1669. Les reliques, qui étaient auparavant déposées dans une châsse peinte, furent placées, par les mains du prieur dom Lieutaud, dans une châsse ornée d'or et d'argent.

moines de Solignac, et déféra aux deux pasteurs de cette illustre maison, Bernulfe et Cunibert, le gouvernement supérieur de l'abbaye, qui était, en réalité, administrée depuis deux années au moins et continua d'être dirigée par Gairulfe. Il la soumit à la règle de saint Benoît, qui y resta en vigueur, du moins en principe, jusqu'au milieu du xve siècle [1].

Il stipula enfin qu'elle n'aurait à subir la domination d'aucun membre de sa famille, ni celle du souverain ou de toute autre puissance terrestre; mais, dans la crainte de vexations ou d'attaques criminelles, *pro infestatione pessimorum iniquorumque hominum*, il invoqua la mainbourg ou protection particulière du roi, implora à genoux l'assistance de tous les princes, évêques, abbés, comtes, vicaires et autres officiers publics, appelant sur la tête des malfaiteurs la colère du ciel et la vengeance des hommes.

Cet appel était d'autant plus opportun, que, depuis un quart de siècle, la Gaule était ravagée, à de courts intervalles, par les pirates du Nord.

Des bandes de Normands avaient déjà parcouru le Limousin en 846 [2]; elles y firent, en 866 et 889, de nouvelles incursions, pendant lesquelles un grand nombre de villes, bourgades et monastères furent envahis, pillés et détruits.

Notre abbaye souffrit-elle de leurs atteintes?

Il est à croire qu'elle échappa à un tel désastre, car les chroniqueurs n'auraient pas manqué de le mentionner, et l'on en trouverait sans doute quelque trace dans son Cartulaire. Il paraît toutefois que, dans la dernière invasion de ces hardis aventuriers, le danger fut imminent, et que Beaulieu ne fut préservé de la ruine que par la défaite qu'ils subirent, à peu de distance de ses murs, dans la plaine de Dextresses, *Destricios*, située sur la rive gauche de la Dordogne [3].

---

[1] C'est en 1445 que nous trouvons la mention du premier abbé commendataire, Pierre de Comborn.

[2] C'est par eux que furent saccagés les monastères de Tulle, Vigeois, Solignac, etc.

[3] Ademar. Caban. *Chronic.* dans Phil. Labbe, *Nov. Biblioth. mss.* t. II, p. 163. De *Dextresses,* qui est la véritable traduction

INTRODUCTION.

L'abbaye, déjà magnifiquement dotée par son fondateur ainsi que par les comtes de Turenne et par les propriétaires voisins, reçut encore de Frotaire, l'un des successeurs de Rodulfe au siége métropolitain de Bourges, d'abondantes libéralités [1]. Les souverains qui siégeaient à Paris, comme les rois francs de l'Aquitaine, ne se contentèrent pas de lui conférer, avec leur mainbourg, de larges immunités, l'affranchissement de tout impôt public et de toute juridiction des officiers délégués de la couronne [2]; ils abandonnèrent en sa faveur leurs droits sur des terres fiscales, telles que Chameyrac, Dignac et le Saillant, qui portait alors le nom d'*Orbaciacus* [3].

Des courts ou villages, des châteaux, églises, chapelles et oratoires [4], vinrent aussi, par les largesses des fidèles, grossir le patrimoine des religieux.

Le couvent de femmes de Saint-Geniès, fondé à Sarrazac en 844, et dont Immena, fille du comte de Turenne et sœur de l'archevêque Rodulfe, fut la première abbesse [5], forma, ainsi que le monastère établi à Végennes [6] par ce prélat, une succursale ou dépendance de Saint-Pierre de Beaulieu.

Enfin, dans le rayon d'action de cette dernière communauté, il s'éleva un certain nombre de maisons secondaires qui, soumises à sa règle, étaient administrées par des moines délégués de l'abbé, et prirent en dernier lieu le titre de prieurés; telles furent, avec celles de Sarrazac et de Végennes déjà nommées, les prévôtés de Vayrac, Brivezac et Tudeil [7], la celle de Bonneviolle [8], l'obédience

---

de *Destricios*, on a fait *Extresses*, comme si le nom du lieu était précédé de la préposition *de*.

[1] X, XI, XII.

[2] V, VIII, XII.

[3] IV, V, VI, VII, VIII, IX, XII.

[4] Nous avons compté soixante et une églises, neuf chapelles dont plusieurs ont pris le titre d'églises, et deux oratoires.

Voir plus loin notre *Index generalis*, aux mots *Ecclesia*, *Capella* et *Oratorium*.

[5] XXXIII, XXXIV, CLXXXV.

[6] Nommé alors *Veterinas*, XVI.

[7] XXXVII, XCIX. *Acta visitationis Simonis archiep. Bituric.* dans Baluze, *Miscellanea*, édit. Mansi, t. Ier, p. 285.

[8] Appelée d'abord *Macerias (Ad illas)*, et, au XIIe siècle, *Bonavilla*, XXXIX, XLII, CV.

INTRODUCTION.   XVII

du Puy ou du Colombier[1], et les prieurés de Friac[2], Menoire[3], Félines, et Sainte-Marie de Donnette[4].

Dans la deuxième moitié du xe siècle, notre abbaye avait atteint un haut degré de prospérité, et ses possessions s'étendaient à la fois sur le bas Limousin (département de la Corrèze), dont elle occupait près du tiers, et sur le nord du Quercy (département du Lot), dont l'arrondissement de Gourdon et l'arrondissement de Figeac avaient en grande partie passé dans son domaine.

L'une des chartes du Cartulaire nous offre, sur ce point, un témoignage qu'il importe de relever.

Dans les premières phrases d'un règlement qui se place vers l'année 971, et dont nous aurons à étudier plus bas les dispositions concernant les serfs-vicaires, les deux abbés Géraud et Adalgaire attribuent aux celleriers, pour la décoration des cloîtres, *imponimus ad cellerarios ad claustra ornanda*, l'église de Favars, avec cent manses, les courts ou villages de Girac (*Agiracum*), de Belmont, de Biars et de Condat, l'église de Saint-Pardoux, avec quinze manses, la court de Mayrinhac, avec soixante manses, l'obédience du Puy ou du Colombier, avec quarante manses; enfin, la court de *Rundenarium*, avec trente manses[5].

---

[1] L.

[2] XXXVII, CXCVI.

[3] Concordat ou constitution de l'abbé Étienne de Curemonte sur les prébendiers, datée de 1433.

[4] Liste des membres du chapitre en 1507. La chapelle de Sainte-Marie de Donnette, fondée dans l'ancien château d'Astaillac, qui était le lieu de refuge fortifié, *reparium*, des religieux, avait été, à cause de l'importance spéciale de cette position, érigée en prieuré. Il y avait aussi peut-être des prieurés à Favars, à Girac et à La Rivière. Les termes d'une lettre d'hommage de l'abbé Bégon le donnent à penser. (*Acta visitationis Simonis archiepiscopi Bituric.* an. 1285, dans Baluze, *Miscellanea*, t. Ier, p. 285.)

[5] L. Si, aux nombres de manses connus, nous ajoutons ceux des quatre courts de Girac, Belmont, Biars et Condat, évalués d'après la moyenne de ceux des courts de Mayrinhac et *Rundenarium* (45), nous trouvons que, pour cette seule destination de la décoration des cloîtres, on mettait au compte des celleriers le revenu de 425 manses, que nous évaluons à 89,250 francs de notre monnaie, à raison d'un produit moyen de 7 sous 6 deniers (210 fr.) par chaque manse. Cela seul suppose, pour l'ensemble des dépenses de la communauté, un chiffre très-considérable.

INTRODUCTION.

Cette décoration des cloîtres, à laquelle les deux abbés voulaient pourvoir, nous montre que la construction proprement dite des bâtiments de cette partie de l'abbaye était alors terminée.

Un écrivain a énoncé, sans en fournir de preuves, que, vers le même temps, et sous l'abbé Géraud Ier, l'église fut également achevée et solennellement consacrée par les évêques des diocèses voisins, accompagnés d'un nombreux clergé [1]. Mais nous montrerons plus bas que ce monument, appelé encore de nos jours l'*église du moustier*, fut construit à une époque plus récente [2].

§ 2. GOUVERNEMENT DES ABBÉS LAÏQUES (AN 968). — DÉCRET DU DEUXIÈME CONCILE DE LIMOGES (1031). — UNION DU MONASTÈRE À L'ABBAYE DE CLUNY (1076 ET 1095). — LES ABBÉS GÉRAUD II, PIERRE DE SAINT-CÉRÉ ET GAUBERT (1097, 1164, 1207).

Pendant que notre monastère voyait s'accroître si rapidement ses richesses et son influence, la règle de saint Benoît y subissait, au moins dans l'une de ses dispositions essentielles (la libre élection de l'abbé par les moines), des violations répétées.

« Au Xe siècle, nous dit dom Vaissète, les grands vassaux, sous « prétexte de patronat, se rendirent maîtres de la nomination aux « évêchez et aux abbayes, qu'ils regardoient comme des fiefs mouvans « de leur domaine, et ils exerçoient sur les monastères une autorité « despotique en qualité d'abbez laïques [3]. »

Ces abbés laïques ou chevaliers (*abbates milites*), originairement élus par les moines ou par le pasteur religieux, avaient pour mission, aux termes des conciles, de les défendre contre les attaques ou les empiétements de leurs ennemis ; en échange de cette protec-

---

[1] M. Marvaud, *Hist. du bas Limousin*, t. Ier, p. 114. Cet écrivain nomme l'abbé dont il est fait ici mention Gérard de Saint-Céré, mais il l'a confondu sans doute avec le cinquième abbé du monastère d'Aurillac (Auvergne), qui portait le nom de Gérard de Saint-Seren ou Saint-Céré. (*Chronic. abbatiæ Aureliacensis*, an. 972-1128. Dans Mabillon, *Analecta act. veter.* p. 350.)

[2] *Notes et éclaircissements*, n° xx.

[3] *Hist. du Languedoc*, t. II, p. 118.

tion, ils recevaient, à titre de bénéfices, un ou plusieurs villages dépendants du monastère; parfois même, comme cela avait lieu à Moissac, ils obtenaient la seigneurie utile, c'est-à-dire le droit de justice sur tout ou partie de la ville où résidaient les moines[1]. Nous parlerons plus au long, dans le titre suivant, de ces sortes de défenseurs, considérés, ainsi qu'ils le furent souvent dans le principe, comme officiers des abbayes. Nous dirons seulement ici que cette institution dégénéra promptement; que souvent les protecteurs imposèrent leurs offices, et, sous ce prétexte ou même sans prétexte et sans autre raison que la force, mirent violemment à contribution les communautés et s'emparèrent de l'administration de leurs biens. Lorsque, par le double fait de la dégénérescence des institutions monastiques et de l'abus du principe d'hérédité, la règle se fut relâchée au point que les religieux se distinguaient difficilement des séculiers, les abbayes passèrent, par voie de succession, à des hommes riches et puissants, qui n'étaient pas même clercs, et ne prenaient des abbés que le pouvoir et les prérogatives temporelles[2].

Toujours est-il qu'au XIe et au XIIe siècle, l'autorité des laïques sur les églises était un fait général, ainsi que l'attestent les écrivains contemporains, notamment le chroniqueur de Vigeois[3].

Déjà, dans la seconde moitié du Xe siècle (968-984), Géraud, premier du nom, avait, on le présume, gouverné le monastère en qualité

---

[1] Voici un exemple tiré de la chronique de Moissac : « Ob malitiam hominum abbas Petrus præfecit *abbatem militem* sive *sæcularem* ut tueretur villam Moissiaci et membra abbatiæ, et villas et territorium;... » et cet abbé séculier reçut en bénéfice « captennium in quibusdam locis et in villa Moissiaci certam partem; pro quo captennio dictus *abbas miles* promisit homagium et fidelitatem abbati et conventui regulari. » (*Chronic. Moissiac.* ad ann. 1042; apud Catell. *Hist. Tolos.* lib. I, c. XVII, p. 209.)

[2] Nous voyons aussi, par l'exemple que nous offre, au Xe siècle, dans le monastère de Tulle, l'abbé laïque Adémar des Échelles, que l'un de ses aïeux s'était emparé de l'abbaye ou en avait reçu la concession, au VIIIe siècle, du roi Charles Martel, qui attribua, comme on sait, à la plupart de ses leudes un grand nombre d'églises et de monastères. (Voir Baluz. *Hist. Tutel.* lib. I, et Append. col. 335, Testamentum Ademari, circa ann. 930.)

[3] Gaufredi Vosiensis prioris Chronicon; apud Ph. Labb. *Biblioth. nov. mss.* t. II, p. 281.

d'abbé laïque, mais en s'adjoignant du moins des abbés réguliers. Plus tard, les hommes de la féodalité militaire se dispensèrent même de partager le pouvoir avec un chef spirituel.

Vers l'année 984, un noble personnage d'Aquitaine appelé Hugues, et que nous croyons être de la maison de Castelnau[1], s'étant emparé du monastère de Beaulieu, en pourvut son fils Bernard, qui était moine, et devint plus tard évêque de Cahors. De son côté, le comte de Toulouse, Guillaume Taillefer, ayant, par la force des armes, soumis la contrée à sa puissance, donna le monastère en bénéfice ou plutôt céda ses pouvoirs de suzerain au comte de Périgord, qui lui-même les transmit, à titre d'arrière-fief, à son voisin le vicomte de Comborn. L'abbé-évêque Bernard étant venu à mourir en 1028, les moines firent élection d'un nouveau pasteur qui portait le même nom. Mais Hugues de Castelnau, neveu de l'évêque défunt, sans être revêtu du caractère religieux, se fit mettre en possession de l'abbaye par le vicomte de Comborn, alléguant pour seule raison que son oncle l'avait aussi gouvernée. Il chassa ou du moins priva de ses fonctions l'abbé Bernard, dernier élu, et s'arrogea l'administration exclusive de la communauté. Ceci se passait vers la fin de l'an 1030 ou dans le cours de l'année 1031.

Cette même année, au mois de novembre, un concile s'étant réuni à Limoges pour résoudre, entre autres graves questions, celle de l'apostolat de saint Martial, et pour aviser aux moyens de faire cesser une guerre meurtrière depuis longtemps allumée entre les seigneurs du Limousin et du Périgord, les moines de Beaulieu portèrent leurs plaintes à la deuxième séance de l'auguste tribunal. Hugues de Castelnau fut mandé par l'assemblée et comparut devant elle ainsi que les moines réclamants.

Laissons parler l'auteur du procès-verbal de la séance du concile. Aussi bien le récit de cette scène de justice religieuse, écrit sur l'heure

---

[1] Voir ci-dessous les notes sur les abbés Bernard II et Hugues de Castelnau, *Notes et éclaircissements*, n°s XIV et XVI.

INTRODUCTION.

et par un témoin, nous offre une peinture de mœurs saisissante et une intéressante page d'histoire des abbés laïques. Nous nous bornons donc à le traduire :

« Après que l'assemblée se fut entretenue, à la grande satisfaction de l'archevêque et des assistants, de l'état général des églises et des abbayes du Limousin, de justes accusateurs se levèrent parmi les membres du concile et parlèrent ainsi : « Dans le monastère de « Saint-Pierre de Beaulieu (*Bellocensis*), la sainte Église de Limoges « souffre violence; ce lieu, autrefois célèbre dans l'ordre régulier, est « aujourd'hui à ce point foulé par les laïques, que les moines en « sont assujettis à la domination d'un abbé séculier qui ne pratique « aucunement la vie monastique. »

« A ces mots, tous s'écrièrent : « C'est une grande aberration que « l'aveugle conduise ceux qui voient et que le fou enseigne les sages. « Dans cette conjoncture, la discipline meurt ou donne lieu à hy-« pocrisie parmi les religieux, et leur offre à la fois l'exemple et l'oc-« casion de la possession de biens temporels par lesquels ils peuvent « être séduits et périr. Quand le chef est malade, tout le corps lan-« guit inutile, et, pour une telle destruction des maisons du Seigneur, « la colère tombe de sa face sur les peuples. »

« Alors les moines de Beaulieu, appelés par les évêques, compa-rurent en leur présence et leur dirent : « Qu'un abbé capable (*idoneus*) « soit institué suivant la règle dans notre monastère, et nous serons « en paix; car celui qui nous gouverne s'est emparé violemment du « pouvoir et nous opprime (*super nos tyrannidem arripuit*)..... »

« Les offices ecclésiastiques, firent observer les évêques, doivent être distribués, non suivant l'origine charnelle, mais d'après la hauteur du mérite.

« Cet abbé, qui n'était point moine, mais simple clerc et grand seulement par la noblesse séculière et ses habitudes de magnificence, mandé devant le concile, s'y rendit sans délai, et se tenant devant les évêques dans l'attitude d'un coupable (*Cum..... reus adstaret*), les genoux en terre, il s'écria, pendant que l'on jugeait la cause selon les

canons : « O très-révérends pères, corrigez par un juste décret l'abus
« qui vous est dénoncé; j'y consens volontiers. »

« Et les pères lui dirent : « Présente au seigneur évêque Jourdan
« quelqu'un parmi les moines réguliers qui soit apte à remplir les
« fonctions d'abbé, afin qu'il soit régulièrement chargé de la direc-
« tion de ce monastère : et souviens-toi que tu dois être désormais
« le défenseur et non le dissipateur de cette sainte maison. »

« En conséquence, les évêques, après avoir longtemps conféré sur ce
sujet, donnèrent mission à l'évêque de Limoges, au nom et sous le
sceau du concile et de Guillaume, duc des Aquitains, de nommer,
de ce jour à la fête de Noël qui tombait à la sixième semaine, un
digne pasteur dans l'abbaye de Beaulieu; ajoutant (et cette menace
s'adressait à la fois à Hugues et au vicomte de Comborn) que, s'il
était fait obstacle à l'accomplissement des ordres du concile, les con-
tradicteurs devraient être frappés par l'excommunication canonique,
ainsi que le monastère lui-même, jusqu'à ce qu'il fût ramené à son
ancienne dignité[1]. »

---

[1] « Cumque de his, et aliis hujuscemodi, plura dicerentur, et archiepiscopo omnibusque placerent, accusatores justi extiterunt ex senioribus qui dicerent in concilio : « In loco sancti Petri Bellocensis (corr. Bellilocensis) monasterii, sancta Ecclesia Lemovicensis vim patitur. Hic siquidem locus in ordine regulari quondam fuit illustris : hunc autem ita a sæcularibus conculcatus est, ut super monachos ipsius monasterii dominetur abbas sæcularis et absque monachi habitu. »

« Clamaverunt omnes qui erant in concilio : « Hoc magna destructio est ut cæcus videntes ducat, stultus sapientes doceat. Hac enim in re disciplina moritur, locus hypocrisis monachis datur, occasio propria possidendi monachis surripitur per qua decepti perire possunt. Capite mor- bido totum corpus inutile est, et pro tali destructione locorum Dei, ira super populos a facie Dei egreditur. »

« Tunc requisiti monachi supradicti monasterii adstantes in conspectu episcoporum dixerunt : « Ordinetur nobis abbas idoneus secundum regulam, et in pace erimus : lugentibus enim nobis iste super nos tyrannidem arripuit. ».........
....

« Dixerunt episcopi : « Ecclesiastica officia non secundum carnis originem, sed secundum meritorum virtutem distribui opportet. »

« Cumque ille clericus, non monachus, abbas sæculari nobilitate ac generositate magnus, mox vocatus in concilium, ante episcopos reus adstaret genibus positis, et super hac re judicaretur secundum cano-

INTRODUCTION. XXIII

Un abbé régulier fut en effet nommé : suivant nous, ce fut Bernard III, le même personnage qui, à peine élu par les moines, avait été dépossédé de son office.

A Bernard succéda Fruin, *Frodinus;* mais, découragé bientôt par les vexations de Hugues de Castelnau, que le décret du concile avait maintenu dans sa dignité et dans ses droits d'abbé laïque, il résigna ses fonctions, et ne conserva dans le monastère de Beaulieu que le titre de doyen, *decanus*[1].

Telle était la situation en l'an 1076, lorsque Hugues de Castelnau, d'après les conseils de Guy, évêque de Limoges, du vicomte Archambaud de Comborn et de ses deux fils, Ebles et Boson, et très-vraisemblablement à la suite d'une excommunication de l'archevêque ou du pape[2], céda ou plutôt subordonna son abbaye à celle de Cluny. La charte de cession est souscrite par Guillaume IV, comte de Toulouse[3], ce qui annonce bien qu'à cette époque il conservait encore un pouvoir de suzerain sur cet établissement religieux.

Toutefois, l'abbé laïque se réservait, dans cet acte, une partie des

---

nes, ita respondit : « O reverendissimi pa-« tres, hanc, rogo, justo judicio corrigite « rem, et libenter consentio. »

« Dixerunt patres : « idoneum ex regula-« ribus monachis aliquem adducito ante « dominum Jordanum, ut ipse eum regula-« riter ordinet abbatem ad regendum ipsum « locum : et tu extrinsecus non dissipator, « sed defensor et provisor loci adesse me-« mento. » Itaque episcopi, postquam de his diu locuti essent, primati Lemovicensi, sub testimonio concilii et Wilielmi ducis Aquitanorum, hoc taliter commiserunt negotium : ut usque ad Natalis Domini festivitatem, quæ in sexta hebdomada expectabatur, ordinaret in eo loco dignum pastorem secundum regulam. Quod si contradicentes reperiret qui id fieri non permitterent, et ipsos et ipsum locum excommunicatione canonica ligaret, donec idem locus ad pristinam revocaretur dignitatem. » (*Acta SS. Concilior.* apud. Ph. Labb. et Cossart. t. IX, col. 898.) La séance du concile où fut rendu ce décret est du 18 novembre 1031. (Sessio II, celebrata XIII kalendas decembris.)

[1] Voir la note concernant ces deux abbés, *Notes et éclaircissements,* n°ˢ XV et XVII.

[2] Ce qui se passa plus tard, sous le pape Urbain II, le fait gravement présumer. Grégoire VII, qui tenait alors le gouvernement suprême de la chrétienté, ne dut pas laisser s'accomplir et se perpétuer impunément l'usurpation de notre abbaye.

[3] D. Vaissète, dans le tableau synoptique des comtes et ducs de la maison de Toulouse, ne le fait dater que de 1080. (*Hist. du Languedoc,* t. II, note VIII, p. 539.)

prérogatives que son oncle Bernard II avait eues ou prétendait posséder de son chef, *in suo dominio*, laissant à Dieu, suivant ses propres paroles, le soin de lui inspirer la volonté de terminer cette bonne œuvre commencée, *donec ille qui dedit bonæ voluntatis initium, donet et ipse perfectionem*[1].

---

[1] Il existe deux chartes de Hugues contenant ses renonciations partielles à l'abbaye laïque : l'une est datée du mois d'avril 1076, l'autre n'a pas de date, mais, sauf un seul, les personnages considérables qui l'ont souscrite sont les mêmes que ceux qui figurent comme témoins dans la première : elle est donc du même temps ou s'en rapproche beaucoup. Nous reproduisons le texte de ces actes, qui sont tirés du Cartulaire de Saint-Hugues de Cluny (n°ˢ XCI et XCII), d'après des copies prises sur le cartulaire original par notre savant confrère Aug. Bernard, et que ce dernier a eu l'obligeance de nous communiquer; ces deux chartes ont été publiées par Baluze dans l'*Histoire de Tulle*, col. 421 et 424.

PREMIÈRE CHARTE.
Bellilocensis ecclesiæ filii, monasterium et pertinentia[a].

Ab exordio nascentis Ecclesiæ quam longe lateque dilatari per orbem universitatis dispositor Dominus voluit, constitutum et sanccitum est ut quæque loca sancta ac Deo dicata servis Dei jure ad disponendum atque regendum sint tradita. De quibus Bellilocensis ecclesiæ filios esse novimus qui se ipsos suumque locum Sancto Petro in Cluniaco et venerabili patri domno Hu. [Hugoni] abbati, suisque successoribus committunt atque donant in perpetuum obnixe deprecantes ut deinceps quasi filiorum suorum curam, eorum agat, dicentes se nullum præter se habere pastorem ultra vel ejus successores. Hujus rei auctores et laudatores silentio præterire non debemus, sed potius eorum nomina pauperculis pernotare litteris. Inprimis domnus Wido, Lemovicensis episcopus[b], laudat atque testatur et in hoc non negandam suam licentiam esse ore claro proloquitur. Dehinc domnus Froinus[c] Tutelensis abbas, et illius monasterii decanus laudat atque testatur et ut fieri debeat ore et corde precatur. Boni vero testimonii fratres ad faciendum donant. Laudat enim serenissimus miles Archimbaldus vicecomes, et Boso vicecomes, et Bego de Calvomonte nobilissimus miles. Ad extremum vero et inprimis laudat vir ille insignis Hugo scilicet de Castellonovo, qui istius monasterii abbas esse dicitur, atque ita affatur : « Ego igitur Hugo gravi pondere peccatorum depressus, tali ac tanto honore indignum me judico, et pro Dei amore ac spe veniam consequendi, dimitto domno Deo et domno Beato Petro in Cluniaco, et honorabili viro domno H. abbati, suisque successoribus, istud monasterium Bel-

[a] Ce titre manque dans Baluze.
[b] *Lemovicensis episcopus* manquent dans Baluze.
[c] *Froterius* au lieu de *Froinus*, dans le cartulaire original. Il faut maintenir néanmoins le nom de *Froinus* ou *Frotinus*. (Voir, à ce sujet, *Notes et éclaircissements*, n° XVII.)

INTRODUCTION.

En vertu de cet acte de cession, un nouvel abbé, dont le nom nous est inconnu, fut institué par le pasteur de Cluny. Mais les ins-

lumlocum nomine, cum honore sibi pertinenti, præter id quod retinere volo, et hoc tandiu donec ille qui dedit bonæ voluntatis initium, donet et ipse perfectionem. » Quin insuper laudatores ex hoc Carbonicenses domni, Rigualdus videlicet et Bernardus frater ejus. Facta carta ista in mense aprilio, anno ab incarnatione Domini, M° LXX° VI°, regnante Philippo rege, et domno papa Gregorio sacræ religionis monarchiam regente. Signum Willelmo Tolosano comite. Signum Rigualdi[a]. Signum Hugonis et Hugonis fratrum. S. Geraldi de Betug. S. Geraldi Rotberti. S. Geraldi. S. Petri de Montemejano. S. Armanni de Liviniaco. S. Geraldi de Cabra.

2ᵉ CHARTE.

Ille qui primum contra Deum erectus, de cœlo, faciente superbia, est projectus, sui non æquanimiter solius ferens ruinam, sua effecit astucia ut, proh dolor! primi cultores paradisi suæ sentirent pœnæ dejectionem expulsi : qui quemadmodum totam sibi denegatam spem revertendi persensit, toto malitiæ suæ adnisu ne Christo venienti detur aditus intrandi obsistit. Quemadmodum in monasterio Bellilocensi contigisse manifestum est quod quidem viri magnates, pro peccatorum suorum remissione, cum magna rerum opulentia dudum ordini monasticæ religionis constituerunt, quo dilabente, res etiam vehementer sunt diminutæ. Hæc videns et condolens, ego Hugo de Castellonovo, in cujus manu successione parentum venit, quatenus cum

Dei servitores etiam promoveantur temporales, cupio atque desidero illud delegare S. Petro et domno Hugoni abbati Cluniacensi ad ordinandum inibi Dei servitium et ordinem secundum regulam sancti Benedicti tenendum; atque hoc facio cum consilio et laudamento Widonis episcopi Lemovicensis atque Archimbaldi et Eblonis atque Bosonis vicecomitum, necnon Girberti ac Bernardi fratrum Carbonicensium. Subjungo etiam donum : curtem et ecclesiam de Chameiraco, et ecclesiam de Favars cum ipsa curte, et item aliam curtem de Monte Catfredi, et totum onorem de Essendoneis, quem beatus Petrus habet et en Sailent, et curtem de Adezais et de Beza, atque totum honorem Favartensem, curtem de Monte, et totum honorem quem habet beatus Petrus in Santria et in Rofiacense, et ecclesiam de Condato cum ipsa curte, necnon de Stranquillo cum ipsa curte[b]. Hæc omnia supra nominata dimitto Deo et Sancto Petro, atque absolvo domno H. [Hugoni] abbati Cluniacensi atque ejus successoribus. De toto autem alio honore quem beatus Petrus Bellilocensis habet, absolvo censum et reditiones, excepta illa quam Bernardus episcopus, avunculus meus, tenebat in suo dominio de vino atque cibariis, et exceptis illis quæ ipse tenebat in suo dominio. S. ipsius Hugonis. S. Widonis episcopi Lemovicensis. S. Archimbaldi. S. Eblonis atque Bosonis vicecomitum. S. Girberti et Bernardi fratrum Carbonicensium. S. Giraldi et Hugonis de Curamontanis. S. Frodini abba-

---

[a] *Signum Rigualdi* manquent dans Baluze.
[b] *Necnon..... curte* manquent dans Baluze.

tincts dominateurs du descendant des Castelnau l'emportèrent encore sur les intentions annoncées dans la charte de 1076 : l'abbé fut chassé du saint lieu par les religieux eux-mêmes, qui, cette fois, se liguèrent avec le laïque contre leur supérieur légitime [1].

Cette conduite des moines, si différente de celle que leurs prédécesseurs avaient tenue, un demi-siècle auparavant, à l'égard de l'abbé élu suivant la règle de saint Benoît, mérite d'être signalée. On n'a peut-être pas assez remarqué l'influence pernicieuse que, malgré les grands talents et les éminentes vertus des personnages qui la régirent successivement, cette illustre communauté exerça sur les ordres monastiques. La désignation, par la maison mère, d'un chef souvent étranger aux monastères subordonnés, sans lien personnel avec les membres de ces derniers et sans ascendant sur leur esprit, cette désignation, disons-nous, préparait un régime plus fatal encore : celui des abbés commendataires, dont nous parlerons plus bas [2].

Il nous semble important de faire observer, à ce propos, l'analogie des transformations qui s'opérèrent simultanément dans la féodalité monastique et dans la féodalité militaire. De même que les fiefs de petite ou médiocre étendue tendaient à s'agréger ou à se subordonner aux grands fiefs, les monastères et prieurés, qui s'étaient si prodigieusement multipliés sur le territoire de la Gaule, tendaient à s'unir ou à se soumettre aux grandes abbayes qui formaient des centres de lumières, de gouvernement et d'action. Il est clair qu'au travail de fractionnement qui, depuis la mort de Charlemagne jusqu'à cet instant, s'était accompli sans interruption, succédaient les premiers mouvements d'une réaction sociale, les premiers efforts de la nation pour constituer des groupes puissants qui devaient ouvrir les voies à l'unification administrative et politique. Ajoutons, pour montrer en peu de

---

tis. S. Willelmi abbatis Fiacensis. Donum istud laudaverunt et auctoritate firmarunt omnes terræ nobiliores atque inferiores, et si quid melius posset augeri (sic).

[1] « Monachi enim abbatem suum secu-lari præsidio fulti expulerant, et adversus monachos abbas assiduis clamoribus querebatur. » (Voir la bulle du pape Urbain II, que nous reproduisons ci-dessous.)

[2] § 6.

INTRODUCTION.

mots la marche parallèle suivie, jusque dans les temps modernes, par l'ordre ecclésiastique et par l'ordre séculier, qu'au seuil du XVIIe siècle, alors que la puissance gouvernementale se concentrait avec tant d'énergie dans les mains de Richelieu et de Louis XIV, la congrégation de Saint-Maur, par une action identique à celle de la royauté, poursuivait avec ardeur et avec succès la centralisation du pouvoir monastique, en obligeant les abbayes bénédictines de France à subir sa direction suprême.

Reprenons le fil de notre récit. L'abbé, que les mauvais traitements de Hugues de Castelnau et l'animadversion des religieux avaient éloigné de son siége, alla demander justice au métropolitain de Bourges; et le prélat, après des avertissements réitérés, dut frapper d'excommunication l'usurpateur, les moines et le monastère. A son appel, le Saint-Père intervint à son tour et lança sur eux les foudres de l'anathème. Mais, sur ces entrefaites, la mort atteignit l'abbé fugitif.

Dans ces temps de ferveur religieuse, où la tiare dominait de si haut les couronnes royales, un seigneur obscur tel que Hugues de Castelnau ne pouvait braver longtemps les décrets du successeur de Grégoire VII. Aussi, sous le poids de la sentence d'Urbain II, le coupable courba la tête. Affaibli par son grand âge, près de quitter la vie, il résigna dans les mains du souverain pontife, et en présence du comte Raymond de Toulouse, son suzerain, le pouvoir dont il avait si longtemps joui (an 1095). Le monastère fut ainsi définitivement remis aux pères de l'ordre de Cluny, et ces derniers furent chargés de le faire gouverner par des abbés choisis dans leurs rangs[1].

---

[1] URBANI PAPÆ II BULLA.
DONATIO ABBATIÆ BELLILOCI.

Urbanus episcopus, servus servorum Dei, venerabili fratri Hugoni Cluniacensi abbati, salutem et apostolicam benedictionem. Belliloci monasterium longis jam temporibus sine monasticæ regulæ disciplina fuit, et sicut rerum sæcularium detrimentis, ita etiam animarum perditionibus patuit. Et monachi enim abbatem suum sæculari præsidio fulti expulerant, et adversus monachos abbas assiduis clamoribus querebatur. Unde etiam locus ille per confratrem nostrum Bituricensem archiepiscopum aliquandiu excommunicationi addictus fuerat : et miles ille Hugo, qui contra fas eidem monasterio incumbebat, etiam monachis ad parve vivendum

Cette union avec la grande abbaye fut de courte durée, si l'on en croit D. Claude Estiennot, à cause de l'opposition qu'y mit l'archevêque de Bourges[1]. Il est permis de supposer en effet que ce prélat ne voyait pas sans quelque souci le développement prodigieux d'influence que la célèbre maison acquérait dans sa circonscription métropolitaine, comme dans toute la Gaule centrale.

Pourtant cet état de choses se maintint plus longtemps que ne le fait entendre le savant bénédictin; car Gaubert, qui paraît avoir été le dernier des abbés venus de Cluny, ne cessa d'administrer Beaulieu que vers l'année 1213.

Le premier des pasteurs qui furent pourvus par l'abbé de Cluny, après la renonciation définitive de Hugues de Castelnau, est Géraud II. Il prit les rênes du monastère, au plus tard dans l'année 1097, et l'éleva, par une direction ferme et active, au plus haut degré de prospérité. Sur ses instances, le pape Pascal II confirma par une bulle[2] les privi-

patronus extiterat, post secundam vel tertiam admonitionis nostræ dulcedinem, beati Petri gladio et canonicæ districtionis ultione percussus est. Nunc secundum omnipotentis Dei dispositionem, et frater ille, quem a monasterio monachorum nequitia exturbaverat, humanis rebus exemptus est : et miles ille, qui sæculari potestate monasterium occupabat, præsente domino suo comite Raimundo, quicquid ille hactenus potestatis exercuerat, nostris manibus refutavit; et locum ipsum, per nos, Deo ac beato Petro restituit, rogans et obsecrans, ut, per tuam et fratrum tuorum sollicitudinem, in eodem loco vigor monastici ordinis reparetur. Cujus petitioni assensum præbentes, eumdem locum tam tuæ quam tuorum successorum curæ perpetuo regendum ac disponendum præsentis decreti auctoritate committimus : rogantes atque præcipientes ut Belliloci monasterium omnino deinceps, tanquam Cluniacensis cœnobii membrum, sollicite regas; et abbatem illic de Cluniacensi semper congregatione constituas, quatenus, auxiliante Domino, per vestram sollicitudinem, vigor illic regularis disciplinæ restauretur et conservetur. Datum Tholosæ, x kal. junii. (Ex Bullario Cluniacensi, ch. LXIX, Mss. Biblioth. imp. Edit. apud Biblioth. Cluniac. col. 525 et 526.) Cette bulle a été donnée à Toulouse, le 10 avant les calendes de juin, c'est-à-dire le 23 mai : or le voyage d'Urbain II en France a eu lieu en 1095, et le souverain pontife était rentré dans ses États dès les premiers mois de 1096. Cet acte prend ainsi une date certaine au 23 mai 1095.

[1] « Obstante, ut puto, Bituricense cujus intererat, archiepiscopo. » (Mss. Biblioth. imp. Fonds Saint-Germain latin, Antiq. Bened. Lemov. t. II, p. 93.)

[2] 11 ann. 1103.

léges et immunités de l'abbaye; et c'est très-vraisemblablement à la même époque que fut édifiée, du moins en grande partie, la belle église romane dite *du Moustier*, qui subsiste encore et dont nous donnons plus loin la description[1].

Les successeurs immédiats de Géraud II, et particulièrement Pierre de Saint-Céré, loin de continuer ces brillantes traditions, laissèrent déchoir le pouvoir abbatial, et, avec lui, la fortune du monastère. Pour être juste envers eux, il faut ajouter qu'ils eurent à combattre des ennemis et à surmonter des difficultés que leurs prédécesseurs n'avaient point connus.

Dans les luttes qui jusque-là étaient survenues entre les grands propriétaires terriens et les abbés, ceux-ci avaient trouvé presque toujours un appui dans leurs officiers et dans la population de leurs domaines, habituée à préférer au joug des nobles laïques le joug plus doux des hommes d'église. Mais, au xiie siècle, les liens d'un servage même tempéré par l'action bienfaisante du christianisme semblaient désormais trop étroits à des vassaux qui prétendaient, les uns à l'indépendance de leurs offices, les autres à la propriété de la terre qu'ils avaient arrosée de leurs sueurs. C'est ainsi que les vicaires héréditaires de Beaulieu cherchaient à s'affranchir de l'obligation de l'hommage dû à l'abbé, leur suzerain[2].

Dans le sein même de la communauté, l'autorité du pasteur était mal obéie, car, en 1188, nous voyons un cellérier entrer en procès avec lui et provoquer de sa part une décision juridique[3].

Aussi l'archevêque de Bourges crut-il devoir adjoindre à Pierre de Saint-Céré trois suppléants ou proviseurs, *procuratores*, pour l'aider à porter le fardeau trop lourd de l'administration abbatiale[4].

Mais que pouvaient de tels moyens de résistance contre les attaques d'une féodalité envahissante, contre les aspirations et le mouvement d'une société tout entière vers l'émancipation?

---

[1] *Notes et éclaircissements*, n° xx.
[2] cxci. Voir plus bas *Offices laïques*, tit. II, chap. ii, § 2.
[3] cxci. Cette sentence fut rendue solennellement par l'abbé, assisté de tous les religieux du monastère. — [4] *Ibid.*

§ 3. DU POUVOIR DES SEIGNEURS DE CASTELNAU, DES VICOMTES DE TURENNE
ET DE L'ARCHEVÊQUE DE BOURGES DANS L'ABBAYE ET SUR LA VILLE DE BEAULIEU.

Malgré les renonciations successivement faites par Hugues de Castelnau en faveur du monastère de Cluny et du souverain pontife, ses héritiers continuèrent assurément d'exercer des droits sur ce qu'ils appelaient toujours l'*abbaye laïque;* ils tenaient même, à ce titre, certains fiefs des mains des religieux; car nous voyons, dans une charte de 1214, Raymond III, vicomte de Turenne, ordonner à ses sergents de payer à l'abbé 10 sous que Raymond II, son père, avait légués dans l'abbaye laïque à l'église de Beaulieu : *quos in* ABBATIA LAICALI *ecclesiæ Belliloci legaverat,* et un muid de vin que *son aïeul Bernard de Castelnau* avait légué *in eadem abbatia*[1], c'est-à-dire dans le fief attaché à ce titre.

Or cette dernière circonstance remontait, suivant toutes les probabilités, vers le milieu du XIIe siècle[2], et elle montre clairement qu'à cette époque Bernard de Castelnau possédait *l'abbaye laïque* de Beaulieu et par suite certaines propriétés territoriales qui en avaient pris le nom[3]. Nous allons voir comment elle passa aux mains des vicomtes de Turenne.

Jusqu'au XIIe siècle, les seigneurs de Turenne ne paraissent avoir exercé ni prétendu aucun droit personnel et direct comme abbés laïques ou défenseurs du monastère de Beaulieu. Il n'en existe, du moins, aucun indice dans les monuments. A partir de la fin du Xe siècle, les chevaliers de Castelnau étaient, ainsi que nous l'avons vu plus haut, en possession immédiate de l'abbaye laïque. Les vicomtes de Turenne avaient seulement, du chef de leur aïeul le vicomte Ar-

---

[1] Extrait des titres de la maison de Turenne. (Justel, *Hist. généalogique de la maison de Turenne,* preuves, p. 38.)

[2] Dans la première moitié de ce siècle, nos chartes nous montrent les seigneurs de Castelnau faisant d'importantes libéralités au monastère et lui donnant notamment la celle ou prieuré de Bonneviolle, XL, XLI, XLII.

[3] *In honore qui vocatur Abatia,* CXCIV.

chambaud de Comborn, arrière-feudataire du comte de Toulouse, un droit de suzeraineté sur ce fief, dont les Castelnau avaient la tenure directe[1].

C'est dans la seconde moitié du XIIe siècle qu'Héliz, fille de Bernard de Castelnau, apporta ce fief dans la maison de Turenne, par son mariage avec le vicomte Raymond II.

Quelques années après, en 1190, à la suite de contestations qui s'étaient élevées entre lui et l'abbé, et, près de partir pour la Terre sainte, Raymond reconnut solennellement, à Figeac, en présence de son fils Boson, de la vicomtesse Héliz, son épouse, de Matfred de Castelnau et de Géraud de Gourdon, abbé d'Aubazine, qu'il tenait de l'abbé de Beaulieu les pouvoirs qu'il possédait dans la ville, et le fief appelé l'*Abbaye*, pour lequel il lui faisait hommage, le château du Batut et toutes ses possessions situées au delà de la Sourdoire, excepté le château de Bétaille, enfin ses domaines de Favars, d'Estivals, de Cousages, etc.; pour tous ces biens il reçut de l'abbé Humbert l'investiture féodale. Il déclara, en outre, que toute monnaie frappée sur sa terre serait fabriquée dans la ville de Beaulieu, et que l'abbé en percevrait la dîme[2].

C'est au même titre d'abbé laïque, feudataire de la communauté, que la sentence arbitrale rendue, en 1251, par la reine Blanche, entre Raymond III et son beau-frère, Hélie de Rudel, lui attribua, comme dépendance de la vicomté de Turenne, la seigneurie de la ville, *dominium villæ Belliloci*[3].

La maison de Turenne se trouvait ainsi investie d'un droit de seigneurie qu'elle partageait avec l'abbé régulier; et cette part dans l'autorité, elle la tenait, à titre de fief, de l'abbé son suzerain[4].

---

[1] Voir plus bas la note sur l'abbé Hugues de Castelnau, *Notes et éclaircissements*, n° VIII.

[2] *Ibid.* Le droit de battre monnaie, qui appartenait aux seigneurs de Turenne, est constaté et en quelque sorte consacré, en 1251, par Blanche, reine de France, dans une sentence arbitrale qui contient l'énumération détaillée des fiefs, châteaux et domaines de la vicomté. (Voir dans Justel, *loc. cit.* preuves, p. 53, 54.)

[3] *Ibid.* p. 54.

[4] Transaction conclue entre l'abbé et le vicomte en 1298. Ce dernier prétendait

A ce pouvoir seigneurial était notamment attachée la connaissance de plusieurs cas criminels, savoir : l'homicide, l'adultère, l'attaque à main armée, et le vol de chevaux.

Dans la même période, un fonctionnaire laïque, délégué par le chef religieux sous le nom de vicaire, *vicarius*, et possesseur héréditaire de son office, rendait la justice dans les causes d'un ordre inférieur. Nous étudierons sous le titre suivant les transformations successives qui amenèrent graduellement le vicaire à un rang élevé, rapproché même de l'abbé. Nous ferons seulement remarquer ici que la police des marchés et le jugement des contraventions et litiges sur les poids et mesures, qui étaient dans ses attributions en 1203[1], furent dévolus, vers la fin du même siècle, aux magistrats municipaux de la ville, qui la conservèrent jusqu'aux derniers temps de l'ancienne monarchie.

Désireux d'augmenter sa popularité, et cherchant dans la bourgeoisie naissante un appui pour de nouveaux empiétements sur le pouvoir abbatial, le vicomte de Turenne associa, en 1296, la commune de Beaulieu à sa juridiction criminelle; et, en lui cédant un tiers de cette juridiction, il lui promit de la faire profiter de tous les accroissements que ses propres droits pourraient acquérir[2].

De leur côté, les habitants, hostiles avant tout au seigneur abbé, sous l'œil duquel ils vivaient, et suivant le principe qui de deux maîtres fait préférer le plus éloigné, favorisaient les desseins ambitieux du vicomte, devenu leur associé dans l'exercice des fonctions judiciaires[3].

Depuis longtemps déjà, les religieux avaient compris ce que la

---

en outre, à la connaissance des crimes d'incendie, de rapt de femmes, et de vols nocturnes dans les ouvroirs où se vendaient les étoffes d'outre-Loire. (Acte de cession à la ville, de 1296.) Mais la transaction précitée semble attester que le vicomte renonça à ces prétentions, qui, d'ailleurs, étaient repoussées par les moines.

[1] CXCV.

[2] Acte de cession passé, sous le titre de compromis, avec les syndics de la ville, en 1296.

[3] C'est un fait digne de remarque que l'alliance de l'élément roturier avec la noble et puissante famille de Turenne se maintint à travers les orages de cette

INTRODUCTION.

coalition de leur feudataire et de la commune renfermait de menaces et de dangers pour leur autorité. Ils avaient pu espérer que l'archevêque de Bourges, mis en possession de la haute seigneurie ou, suivant le langage du temps, de la *haute temporalité* dans la ville de Beaulieu[1], maintiendrait contre les efforts de la féodalité militaire leurs droits et leurs prérogatives[2].

Mais cette haute puissance ecclésiastique, qui, dans le XIIIe et le XIVe siècle[3], produisit avec tant d'éclat et de persévérance ses prétentions à la domination temporelle, resta désarmée et s'arrêta en face des usurpations des seigneurs de Turenne, hommes de guerre entreprenants, et des tentatives d'émancipation d'une bourgeoisie active et impatiente de prendre part au gouvernement local.

Elle était même, à la fin du XIIIe siècle, méconnue par les consuls, puisque, lors d'une deuxième tournée que l'archevêque fit en 1290,

époque de discordes et de guerres. Depuis Raymond, l'auteur de la cession de 1296, jusqu'au maréchal de France Boucicaut[a], et de ce célèbre capitaine de Charles VI à Henri de la Tour, le brillant et hardi lieutenant d'Henri IV, tous les vicomtes de Turenne maintinrent invariablement, quand ils ne les accrurent pas, les priviléges concédés à la ville par leurs prédécesseurs.

[1] «Cum ipse archiepiscopus noster et rerum nostrarum temporalium *dominus sit superior temporalis.*» Lettre d'hommage de Bégon, abbé de Beaulieu à Simon, archevêque de Bourges, en 1285. (*Acta visitationis archiep. Bituric.* dans Baluze, *Miscellanea*, édition de Mansi de Lucques, in-f°, t. Ier, p. 285.)

[2] En 1209, 1268, 1269, et 1272, les abbés avaient fait hommage à ce prélat de la temporalité de Beaulieu. Bégon d'Escorailles lui en donna, en 1285, la reconnaissance écrite dont il a été parlé ci-dessus. (Voir *Acta visitationis archiep. Bituric.* loc. cit.) Bégon y déclare que les droits du métropolitain ont été constatés par sentence rendue contre lui-même par le juge official de Nevers délégué du légat Simon, cardinal-prêtre de Sainte-Cécile. (Voir aussi mss. Biblioth. impér. *Cahier manuscrit de Jean Maurat,* déjà cité.) Ce droit paraît avoir été attribué à l'archevêque par un acte royal, ainsi que cela résulte d'une requête d'appel des habitants de Beaulieu, datée de 1291. (*Inventaire manuscrit des archives de la maison de ville,* liasse I, n° 19.)

[3] Voir notamment dans le *Nov. Gallia christiana,* t. II, col. 606 et 607.

---

[a] Il y a des lettres délivrées, le 29 mars 1412, en faveur de la commune de Beaulieu, au nom de «puissant seigneur Jean le Maingre dit Boucicaud, mareschal de France,» mari de la vicomtesse Antoinette de Turenne, et vicomte lui-même du chef de sa femme. (Mss. Biblioth. impér. *Arch.* fol 21.)

ils refusèrent expressément de lui livrer les clefs de la ville, qu'il exigeait en signe de supériorité[1].

C'est peu d'années après cet acte de rébellion, en 1296, que le vicomte avait appelé la communauté à partager avec lui la justice criminelle. Il est vrai que, dans une transaction conclue avec l'abbé en 1298, le vicomte s'engagea à annuler cette cession. Mais rien, en fait, n'y fut changé, et le droit du seigneur, sans le consentement duquel le vassal ne pouvait ni aliéner ni partager son fief, resta ouvertement violé.

Les religieux se tournèrent alors du côté des chevaliers de Castelnau, les plus puissants de leurs voisins après le seigneur de Turenne. Ils crurent, en leur inféodant la juridiction qui restait encore aux mains de l'abbé, la sauver des atteintes du vicomte. Cette juridiction comprenait la justice civile avec certaines catégories de délits et de crimes.

Mais les sires de Castelnau, vassaux directs du vicomte de Turenne, même pour le château dont ils portaient le nom, dûrent, par la suite, déférant aux désirs de ce dernier, lui livrer les pouvoirs qu'ils exerçaient à Beaulieu. En 1378, Jean de Castelnau transmit ses droits au vicomte Guillaume de Roger.

---

[1] Nous traduisons le passage du journal de la tournée pastorale de l'archevêque, où ce fait curieux est raconté :

« Le seigneur archevêque demanda à l'abbé que les clefs des portes de ladite ville lui fussent livrées en signe de suzeraineté (*in signum dominii*), comme il était tenu de le faire. L'abbé répondit qu'il les lui livrerait volontiers, si elles étaient en son pouvoir, mais qu'il ne les possédait pas et n'avait pu se les procurer, Bernard de Sagrer (*de Sacrario*), à qui il en avait confié la garde du temps du seigneur Guy, prédécesseur du seigneur archevêque, refusant de les lui rendre, ainsi que l'attestaient plusieurs moines et bourgeois... » « Qui respondit quod libenter eas traderet si haberet, sed ad præsens eas non habebat, nec habere poterat, quia Bernardus de Sacrario, cui eas commiserat custodiendas tempore Domini Guidonis prædecessoris Domini, sibi reddere denegabat, præsentibus pluribus monachis et burgensibus...... » (*Acta visitationis Simonis archiepiscopi Bituricensis*, an. 1285. Dans Baluze *Miscellan.* loc. cit.) Ce Bernard de Sagrer était très-vraisemblablement le premier des consuls de la ville et, dans tous les cas, l'un des magistrats municipaux.

INTRODUCTION.

Dès lors les hommes de la famille de Turenne furent, conjointement avec les délégués de la commune, maîtres de la haute et basse justice, civile et criminelle[1].

Les ordonnances réglementaires de nos rois sur les juridictions seigneuriales en modifièrent l'exercice et en amoindrirent graduellement l'importance au profit des officiers publics, sénéchaux et baillis, et bientôt après au profit des cours de parlement. Mais l'ancienne royauté, féodale par son origine, devait, même au temps de sa toute-puissance, respecter le principe du droit de justice des seigneurs sur leurs domaines, parce que ce droit, suivant la judicieuse observation d'un éloquent et savant magistrat, se rattachait à la constitution de la propriété terrienne, c'est-à-dire à la base de l'ordre social[2].

C'est en renversant cette base, que la révolution française fit disparaître les magistratures domestiques dans lesquelles semblait s'être réfugié le dernier symbole de la féodalité.

§ 4. INSTITUTIONS MUNICIPALES DE BEAULIEU. — DÉVELOPPEMENT DE LA VILLE.

La division du pouvoir dans la ville, les luttes incessantes de l'abbé et de ses redoutables voisins ne pouvaient manquer de hâter l'apparition et de favoriser le progrès des institutions municipales, dont les populations urbaines étaient alors si avides.

---

[1] L'abbé avait conservé seulement, avec sa juridiction sur les tenanciers directs du monastère, le droit de justice sur les gens qui composaient la famille, *familiares*, du couvent. (Transactions de 1298 et de 1379, conclues entre le vicomte et l'abbé.) La royauté avait depuis longtemps réservé pour ses officiers les connaissances des crimes de lèse-majesté et d'hérésie. (Mss. Biblioth. imp. *Archives de la ville de Beaulieu*, fol. 7.) Le droit d'appel des sentences du seigneur ou de son juge au tribunal du sénéchal et du bailli, et plus tard au parlement, est posé de bonne heure en principe et pénètre dans l'usage.

[2] Discours de rentrée prononcé, à l'audience de la Cour de cassation du 4 novembre 1856, par M. de Royer, alors procureur général impérial, actuellement garde des sceaux, ministre de la justice. Ce discours, qui a pour sujet les réformes législatives du règne de Louis XIV et particulièrement la rédaction de l'ordonnance civile de 1667, forme un remarquable chapitre d'histoire de notre droit français.

INTRODUCTION.

L'exemple des antiques municipes de la Gaule méridionale, si florissants au XIe et au XIIe siècle, sous le gouvernement de consuls électifs; le retentissement de révoltes sanglantes et parfois heureuses, et de la formation dans les villes du Nord de *communes jurées*, provoquaient la bourgeoisie des villes et bourgades de la Gaule centrale à organiser dans leurs murs une administration qui participât des deux modèles offerts par les provinces extrêmes du royaume [1].

Beaulieu, l'humble village du IXe siècle, était devenu, au XIIe, par l'agglomération des artisans et des commerçants de toute espèce qu'attirait le voisinage d'un riche monastère, une petite ville appelée déjà en 1178, dans le langage un peu prétentieux des scribes du pays, *la cita a Belloc* [2].

A la fin du XIIe siècle, peut-être même antérieurement [3], elle possédait une administration communale, car il est fait mention, dès l'année 1204, d'un compromis passé entre ses consuls et le vicomte de Turenne [4].

Depuis cette époque jusqu'en 1789, la ville ne cessa d'être régie par quatre magistrats municipaux décorés du titre de *consuls* [5], suivant l'usage général et presque constant dans les pays du centre. Ces magistrats, choisis, dans le principe, par l'abbé entre douze candi-

---

[1] Voir dans le Recueil des documents inédits de l'histoire du tiers état, par Augustin Thierry, introduction, p. 19 et suiv.

[2] Dans une notice de plaid et de duel judiciaire très-curieuse, écrite tout entière en langue romane, et publiée par Justel, *Histoire généalogique de la maison de Turenne*, preuves, p. 36. Lorsque, en 1190, nous voyons mentionner Beaulieu sous le titre de *villa da Belloc* ou *Bellilocensis* (ch. CXCIV), c'est sans aucun doute dans le sens de ville ou de grosse bourgade.

[3] Nous trouvons mentionnée, à la date de 1095, l'existence du consulat à Beaulieu : mais, comme nous n'en avons aucune trace ni dans le Cartulaire, ni dans les docucuments relatifs à la période écoulée de 1095 à 1201, cette mention isolée nous paraît suspecte.

[4] Mss. Biblioth. impér. *Archives de la ville de Beaulieu*, fol. 10. On voit figurer les consuls dans des actes de 1224, 1227, etc. (*Ibid.* fol. 8 et 17).

[5] La présence d'un maire à Beaulieu n'est signalée que dans un titre de 1777. C'est messire Raymond de Turenne qui était alors revêtu de cette dignité. La qua-

INTRODUCTION. XXXVII

dats désignés par quarante prud'hommes ou notables[1], furent, à partir du XIVe siècle, nommés par les consuls sortant de charge[2], et, dès la fin du XVIIe siècle, renouvelés, chaque année, deux par deux comme les jurats de Bordeaux, conformément aux arrêts du parlement siégeant en cette ville[3].

Leurs insignes consistaient en une robe et un chaperon mi-partis noirs et rouges et doublés d'étoffe blanche[4].

Les consuls étaient suppléés, dans les matières contentieuses, à l'origine, par plusieurs *syndics*, et dans la suite par un seul. Ces derniers, remplissant parfois le rôle de *censeurs*, déféraient les actes des officiers municipaux à l'assemblée des *conseillers du consulat*, ou la saisissaient directement des questions d'intérêt communal.

Les *conseillers* ou *auditeurs* assistaient les consuls dans les affaires graves.

Prise dans son ensemble, l'administration communale, quand elle paraît dans les actes ou qu'il en est parlé, reçoit le nom d'*Universitas* ou *Communitas Belliloci*, et le sceau dont on marquait les actes passés et les ordres expédiés en son nom portait en légende circulaire : s. (*sigillum*) CONSVLVM ET COMVNITATIS DE BELLOLOCO.

Nous ne nous étendrons pas davantage sur ce sujet. Le nombre et l'importance des documents que nous avons réunis touchant le partage des juridictions et les institutions municipales de Beaulieu au

---

lification d'*échevins* est une seule fois aussi appliquée aux magistrats municipaux de la ville.

[1] Compromis passé, en 1269, entre l'abbé Bégon et les syndics de Beaulieu. Les douze candidats élus étaient présentés à l'abbé, le lendemain de Noël. L'abbé faisait son choix, puis une messe solennelle était célébrée à l'autel de saint Pierre. Les nouveaux magistrats prêtaient serment de remplir fidèlement leurs fonctions; et, au sortir de l'église, ils étaient en grande pompe installés dans la maison de ville.

[2] Mss. Biblioth. impér. *Archives de la ville*, an 1313, 1320, 1327, 1345, fol. 1, 10, 14, 15 et 20.

[3] Arrêt de la cour du parlement de Bordeaux, du 15 décembre 1670, qui homologue une délibération du conseil de la commune. (*Loc. cit.* et *Inventaire manuscrit des archives de la ville*, liasse XII, n°s 190 à 200.)

[4] Notice de 1517, et lettres du roi Charles IX de 1562. (Mss. Biblioth. impér. *Archives de la ville*, fol. 15.)

moyen âge, nous permettraient d'en offrir ici une étude plus détaillée, mais un tel travail sortirait du cadre que nous nous sommes tracé pour l'Introduction au Cartulaire.

Il suffira de dire que les droits de seigneurie et l'élection des magistrats de la ville furent, pendant plusieurs siècles, la source de nombreuses contestations et de compromis entre l'abbé, la commune, le vicomte de Turenne et les chevaliers de Castelnau. Des transactions furent conclues à de courts intervalles, sans cesse renouvelées et sans cesse violées.

Les officiers royaux eux-mêmes intervinrent souvent dans l'administration de la justice et dans les opérations électives de la commune, pour la validité desquelles ils prétendaient faire considérer leur présence et leur assentiment comme obligatoires; et, plus d'une fois, il fallut un ordre exprès du souverain pour modérer le zèle trop ardent et les tendances usurpatrices des représentants de la couronne, pour rétablir à la fois les habitants dans le libre usage de leurs droits et les consuls dans l'exercice indépendant de leurs fonctions[1].

Malgré ces luttes intestines et malgré ces entraves, la ville se développait progressivement.

Deux ponts appelés le *pont supérieur* et le *pont inférieur,* reliés l'un à l'autre par une large promenade, la faisaient communiquer avec la rive opposée de la Dordogne[2].

Il s'était formé deux places : l'une, dite de la Barbecane, située près de la porte fortifiée qui avait le même nom; l'autre, qui était

---

[1] Mss. Biblioth. impér. *loc. cit.* fol. 16; Lettres du roi Philippe, de 1324 et 1329, fol. 9; *Inv. ms. etc.* liasse II, n°ˢ 46 et 53.

[2] En 1307, intervint une sentence de Pierre Daige, juge maige en la sénéchaussée de Périgord et Quercy, qui maintint les consuls et habitants «en jouissance d'une isle ou *Conderq* (sic), appelée del Pont, et de s'en servir pour chascun public aller du pont supérieur au port haut... la dite isle située à Beaulieu près le fleuve de Dordoigne. » Un autre acte de la même année fait mention d'une promenade qui «est depuis le pont supérieur jusques au pont inférieur de ladite ville.» (*Archives*, fol. 17 et 14.) Enfin le Compte du Consulat pour 1585-1586 signale l'existence d'un pont en cordes établi sur la Dordogne.

la principale et qui régnait près du portail de l'église du Moustier appelé *portail Notre-Dame*[1].

Cette dernière contenait les ouvroirs, *operatoria*, sorte de magasins ou entrepôts publics affectés au commerce, et notamment à la vente des étoffes de France (*panni de Francia*), c'est-à-dire venues des pays situés au nord de la Loire[2].

Deux quartiers, nommés, au XIIIe siècle, *villa superior* et *villa inferior*, partageaient la ville en haute et basse, la première établie sur le versant septentrional des dernières pentes de la colline, l'autre dans la plaine, sur les bords de la rivière. Au XVIe siècle, on les distinguait encore par les noms de *barry majeur* et de *barry mineur*[3].

Le mur d'enceinte, bordé d'un large fossé appelé *vallat* dans les anciens actes[4], était flanqué de tours, dont les plus anciennes étaient celles de l'hôtel du consulat, de Batut, de la Barbecane, de la Hugonie ou Leygonie, du Pourtanel et de Paly[5]. La plupart des tours défendaient les approches des portes de la ville auxquelles elles avaient emprunté ou communiqué leurs dénominations[6].

---

[1] *Inv. ms.* liasse VII, n° 107 et liasse XI.

[2] *Ibid.* Ces ouvroirs étaient soumis à la surveillance ou à la direction de quatre personnages qualifiés dans le Cartulaire, *domini operatoriorum*. (Ch. CXCV, an. 1203.) Le délit de vol des étoffes de France dans les ouvroirs était, soit à cause de la valeur exceptionnelle de ces objets de fabrication, soit dans la vue d'en protéger et encourager l'importation, ou bien à cause du caractère d'entrepôt public et privilégié qu'on attribuait aux ouvroirs, était, disonsnous, considéré comme ayant une gravité particulière; aussi était-il rangé parmi les cas criminels dont le vicomte de Turenne s'arrogeait la connaissance (Acte de cession du tiers de la justice à la commune de Beaulieu, de 1296), et que les religieux revendiquaient pour leur propre justicier. (Transaction de 1298, entre l'abbé et le vicomte.)

[3] *Invent. ms. des arch.* liasse IX, n° 138.

[4] On trouve la mention du fossé de *la Genèbre* ou *Ginèbre* en 1537 et 1732, et celle du fossé ou *Vallat d'Alric* en 1630. *Ibid.* liasse IX, n°ˢ 132 et 138.

[5] Sont dénommées : en 1346, la tour de l'hôtel du consulat; en 1356, celle de Batut; en 1472, celles de la Barbecane, de la Hugonie ou Leygonie, del Pourtanel, et de Paly; en 1630, celle de Cabrol. (*Ibid.* liasse III, n°ˢ 77, 101; VII, n° 121). Il faut y ajouter la tour de Laumosnier et celle de la Celleyriene, qui fut prise en 1586, ainsi que le temple des protestants, par le chef ligueur Jean de Laplaze. (*Compte du Consulat pour 1585-1586.*)

[6] Voici l'ordre de date dans lequel nous

INTRODUCTION.

Quant à la banlieue, ou territoire immédiatement dépendant de Beaulieu, et soumis à l'action de ses magistrats, nous en connaissons exactement l'étendue au XIIIe et au XIVe siècle; et elle n'était pas considérable. Les limites en étaient désignées par des croix plantées sur certains points du périmètre, dont il aurait été difficile, sans cela, de fixer la position[1].

La ville se remplissait de plus en plus d'habitants et de gens de profession et de commerce[2]. Les fruits du sol fertile qui l'entoure, particulièrement les produits de ses beaux vignobles, trouvaient un facile débouché à l'est, dans la haute Auvergne, et dans les parties

trouvons désignées les portes de la ville: celles del Clavier et del Molye (transactions de 1298 et 1379); de Leygonie (1312); de la Barbecane, du pont de Cabrol, del pont del Prat, de Paly, de la Reguzon et del Tronchet (1586). (*Invent. ms.* liasse II, n° 31; *Compte du Consulat pour 1585-1586.*)

[1] Nous traduisons littéralement les paragraphes des transactions de 1298 et 1379 qui contiennent la délimitation de la banlieue: « En partant du haut de la ville, au delà de la Dordogne, la ligne limite se dirigeait vers l'église de Saint-Caprais (*S. Caprasii*); et de la ville basse, également au delà du fleuve, jusqu'à l'ancienne croix qui est sous le manse dit *la Rivière* (*Ripeiria*); de l'enclos de ladite église jusqu'à une autre croix plantée près du moulin Abadiol (*Abbadiol* en 1298, *Abadiolhia* en 1379, dans les cartes modernes *A Badiol*); du côté de la *Vachadia* (ou *Feyda*) et de Batut (ou Betuc), jusqu'à l'ancienne croix de la Chauvarie (*Calvaria*), sur le chemin qui conduit d'une part au Batut et de l'autre à Sioniac, sous le Mont-Cipière (*Monchapieyra* en 1204, ch. CXCVI; *Monte Chapieyra* en 1298, *Mont Chipeyra* en 1379); de ce point, la ligne limite descendait jusqu'à une quatrième croix dressée au carrefour d'un chemin qui allait, d'un côté à la Chauvarie (*Calvaria*) et de l'autre à Sioniac, et puis, sortant par la porte del Clavier (*sic* 1379, *Clavis* en 1379), passait au-dessus de la fontaine dite de Labat, dans la direction du bois nommé du Vicomte (*del Vesconte*), touchait à une cinquième croix placée au-dessus de ce bois, passait au lieu appelé del Prat, se rendait de là à la première croix de Corssac (en 1298, *Crossac* en 1379), et de la porte *del Molye* (ou *dels Molis*, des Moulins), jusqu'à l'église de Tourneilh (*sic* 1298, *Toureilh* en 1379).

[2] Certaines industries, notamment celle de cordonnier, faisaient pourtant défaut, au XIVe siècle, car nous voyons les consuls octroyer, en 1374, des lettres de naturalisation à un homme de cette profession, nommé Jean Audubert, « avec exemption de tailles pour trois ans, attendu, y est-il dit, la nécessité de cordonniers dans la ville de Beaulieu. » (*Inventaire manuscrit des archives de la ville*, liasse III, n° 98.)

centrales du Limousin comme dans celles qui avoisinent les chaînes du Mont-d'Or et du Puy-de-Dôme. Il s'en écoulait aussi une portion notable au sud-ouest, sur les deux rives de la Dordogne, grande route naturelle, si précieuse alors qu'il ne s'ouvrait plus de voies nouvelles, et que les anciennes dépérissaient faute d'entretien. Par les bateaux qui remontaient le cours du fleuve, Beaulieu recevait les épices, les denrées, les tissus étrangers et les objets divers de fabrication, nécessaires à sa population et à celles de l'intérieur du pays.

Mais la guerre survint ou plutôt se ralluma, cette longue et sanglante guerre des Anglais, où la monarchie et la nationalité françaises furent si près de périr.

§ 5. LA VILLE DE BEAULIEU PENDANT LA GUERRE CONTRE LES ANGLAIS.

Dans ces temps désastreux où le Limousin fut si souvent foulé par les troupes ou plutôt par les bandes dévastatrices de l'étranger, les villes fortifiées, quoique livrées à leurs seules ressources, se défendirent vaillamment contre ses attaques.

En 1355, après la rupture de la trêve qui avait suivi la fatale journée de Crécy[1], le fils du roi Édouard, le Prince Noir[2], dont le nom réveille de si terribles souvenirs dans les provinces du centre, partit de Bordeaux, remonta la Garonne, pénétra, sans coup férir, dans l'Agénais, dans le Périgord, dans le Quercy, d'où il passa en Limousin, ravageant les terres, brûlant ou dispersant les récoltes, renversant les villages et les fermes isolées. Cette œuvre effroyable de destruction ne s'explique que par l'aversion profonde, opiniâtre, des populations de ces contrées pour la race anglo-normande, aversion qu'elles ne dissimulaient pas et qui devait exciter la colère des envahisseurs.

Beaulieu eut à soutenir plusieurs fois, notamment dans les pre-

---

[1] 26 août 1346.
[2] Le prince de Galles, ainsi surnommé à cause de la couleur de ses armes, qui étaient noires.

miers mois de l'année 1356, le siége de l'armée anglaise; et elle résista toujours avec autant de succès que de persévérance[1].

Mais cette belle défense ne sauva point la courageuse ville du joug de la conquête.

Après le Limousin, l'Auvergne, le Berry, le Poitou, avaient subi, à leur tour, les horreurs d'une guerre qui dégénérait en brigandage.

Les troupes du Prince Noir rencontrèrent enfin, le 19 septembre 1356, l'armée du roi Jean, dans les champs de Maupertuis, près de l'abbaye de Noaillé, à deux lieues de Poitiers. On connaît cette catastrophe humiliante, dans laquelle une armée française, malgré l'immense supériorité du nombre, malgré la bravoure impétueuse et la résistance désespérée du prince et du plus jeune de ses quatre fils [2], vaincue, mise en déroute, laissa aux ennemis une telle quantité de prisonniers, qu'elle surpassait même celle des vainqueurs; et parmi ces prisonniers se trouvait le roi de France.

A la nouvelle de ce grand désastre, un cri d'indignation s'éleva du sein des communes contre les gentilshommes, qu'elles accusaient hautement de trahison et de lâcheté [3].

Une trêve fut conclue, et, le 3 mai 1360, le traité de Brétigny, de honteuse mémoire, livra aux Anglais la plupart des pays d'outre-Loire, parmi lesquels se trouvaient le Limousin, le Périgord et le Quercy.

---

[1] Des lettres de Jean, fils du roi et son lieutenant en Languedoc et Auvergne, datées du 19 janvier 1359, rappellent la valeur avec laquelle les habitants avaient repoussé les ennemis. (Mss. Bibl. imp. *Arch. de la ville*, etc. — *Inv. ms.* liasse III, n° 81.) C'est pendant le siége de 1356, au mois de février, que les habitants firent à saint Prime et à saint Félicien un vœu qui se célébrait chaque année à pareille époque.

[2] Philippe, le dernier des fils du roi Jean, n'avait alors que treize ans et demi.

[3] « Ceux des gentilshommes, dit Augustin Thierry, qui, revenant de la bataille, passaient par les villes et les bourgs, étaient poursuivis de malédictions et d'injures. » Le fait est attesté par Froissart : « Li chevaliers et les escuyers qui retournés estoient de la bataille, en estoient tant haïs et si blasmés des communes, que envis ils s'embatoient ès bonnes villes. » (*Chronique*, t. Ier, partie 2, ch. LXII. *Recueil des documents inédits de l'histoire du tiers état*, t. Ier, introd. p. 32.)

INTRODUCTION. XLIII

Déjà, un siècle auparavant, saint Louis, avec un désintéressement politique peut-être sans exemple et par un instinct de justice que nulle considération ne pouvait altérer, avait, lui aussi, rendu à l'étranger ces provinces françaises que le succès de nos armes avait rattachées à la monarchie[1]. Les habitants de ces contrées en conçurent un tel ressentiment, qu'après la mort du roi martyr, ils refusèrent de célébrer la messe de canonisation et s'abstinrent longtemps de l'honorer comme un saint[2].

Le même sentiment de nationalité se révéla, en 1361, lorsque, subissant l'exécution du traité qui les faisait passer au pouvoir de l'Anglais, les consuls de Beaulieu prêtèrent, le 6 février, aux délégués du roi Édouard, le serment d'hommage et d'obéissance qu'on exigeait d'eux. Ils protestèrent formellement ne vouloir déroger aux droits d'aucuns de leurs seigneurs; « et par exprès *n'être tenus au dit homaige que sur le commandement du roy de France; et qu'ils rendoient iceluy sans s'obliger d'armer pour le roi d'Angleterre ny passer la mer avec luy*[3]. » Ainsi, jusque dans sa soumission et dans l'acte même qui la constatait, la ville affirmait fièrement et sa nationalité et les droits de son légitime souverain.

Ses nouveaux maîtres lui firent expier son attachement fidèle à une cause qui semblait perdue pour toujours.

Chef-lieu, avant la paix, d'un bailliage[4] (*bailivia*) dépendant de la

---

[1] Par le traité de 1259, Louis IX abandonna au roi Henri III d'Angleterre, le Limousin, le Quercy, le Périgord, l'Agénais et la partie de la Saintonge située au sud de la Charente.

[2] « De laquelle pais (*paix*) les Périgordins et leurs marchisans (*pays limitrophes*), se trouvèrent si marris qu'ils n'affectionnèrent oncques puis le roy..... et encore aujourd'hui, à cette cause, ès marches de Périgord, Quercy et autres d'environ, jaçoit (*quoique*) sainct Loys soit sainct canonisé par l'Église, néanmoins, ils ne le réputent pour sainct et ne le festoyent point, comme on fait ès autres lieux de France. » (*Chronique ms.* écrite du temps de Charles VI. Voir *Observations de C. Ménard sur l'Histoire de saint Louis*, par Joinville, édit. de Du Cange.)

[3] Mss. Biblioth. impér. *Archives de la ville*, fol. 21; et Résidu de Saint-Germain, n° 297, p. 112, n° 3, cahier ms. de Jean Maurat, religieux de Saint-Sulpice de Bourges.

[4] Ce bailliage comprenait les paroisses de Mercœur, la Chapelle Saint-Giraud,

sénéchaussée de Quercy et Périgord, et auquel il avait donné son nom, Beaulieu fut privé de ce titre.

Mais, en 1369, lorsque les habitants eurent remis aux mains de Charles V, roi de France, leur *ville et forteresse,* « et l'eurent requis pour leur vray et souverain seigneur, » ce prince, sur le vœu qu'elle en exprima, lui restitua son ancienne dignité [1].

Elle fut, d'ailleurs, maintenue dans les priviléges et franchises d'une ville frontière, et outre « les foires ordinaires, il lui fut concédé les foires de Saint-Luc et du lendemain, avec pouvoirs et droicts suffisants de lever siéges, en cas qu'il en seroit faict de la part de l'Anglois, et concession de s'armer par la ville et forteresse aux propres frais du roy [2]. »

De plus, le consulat et les diverses institutions municipales furent de nouveau consacrées par le prince [3], et les habitants, fiers de leurs immunités, affectèrent depuis de les tenir du roi, et du roi seul. Cette prétention est nettement formulée, au XVe siècle, par ces mots : « Le consulat est tout de notre roy [4]. »

Nonars, Brivazac, Tudeil, Astaillac, Reygades, Altillac, Sioniac, Bassignac, Camps et le Batut. Il est de tradition dans le pays que c'est pendant la domination anglaise que l'église du Moustier fut construite. Il n'est pas impossible que quelques parties de ce bel édifice aient été exécutées dans cette période. Mais le corps principal, l'abside, le transept et le magnifique portail du sud, sont du style roman de la seconde époque, bien accentué, et ne peuvent descendre au XIVe ni même au XIIIe siècle.

[1] Lettres patentes du roi Charles, d'avril 1369. (*Invent. ms. des archives de la maison de ville,* liasse III, n° 92. Mss. Biblioth. impér. *Archives de la ville,* fol. 16.) La ville avait souffert, sans doute, des dégâts considérables dans les siéges qu'elle avait eu à soutenir; car, en 1366 (17 mai),

le prince de Galles, au nom du roi d'Angleterre, autorisa les consuls à percevoir sur les denrées et marchandises vendues dans la ville « 4 deniers pour livre, en descendant au prix; et de chascune pinte de vin qui se vendra à la taverne en la dite ville, 1 denier jusques à deux années, pour mettre à la réparation de la ville et non ailleurs. » (Mss. Bibl. imp. *l. c.* fol. 9 et 18.)

[2] Mss. Biblioth. imp. *Arch. de la ville de Beaulieu,* fol. 16. Toutefois, au lieu d'être de la sénéchaussée de Périgord et Quercy, comme en 1343, elle resta comprise dans celle du Limousin. (*Ibid.* an 1390, fol. 16, an 1368, fol. 18.)

[3] Lettres du mois d'avril 1369. (*Inventaire ms. des archives de la maison de ville,* liasse III, n°s 93 et 94.)

[4] Lettres d'appel des consuls au séné-

INTRODUCTION. XLV

Mais ce n'est pas seulement derrière leurs murailles et par une fidélité passive à la couronne que les habitants s'étaient signalés à l'attention des souverains et avaient mérité leur affection reconnaissante. Des compagnies levées parmi eux, armées et équipées à leurs frais, avaient suivi, en 1328 et 1337, l'aïeul de Charles V, Philippe de Valois, dans ses guerres d'Aquitaine et contre les Flandres révoltées[1].

Ce fait est d'autant plus remarquable, que les bourgeois de Paris et les communes jurées du nord de la France manifestaient alors de vives sympathies pour l'insurrection flamande, et entretenaient même des relations avec ceux de Gand et des autres cités rebelles.

On voit par là que le roi de France, privé du secours de la bourgeoisie du nord, n'ayant rien à espérer de l'ouest ou du sud-ouest, qui étaient soumis à l'Angleterre, se trouvait réduit à solliciter des villes du centre, et recevait d'elles, en effet, des hommes d'armes et des subsides.

Ces exemples d'un dévouement obscur à la cause nationale et au prince en qui elle se personnifiait, on les trouve partout, au même instant, dans le centre de la France, sur le théâtre de cette lutte de trois siècles. C'est qu'en dépit de l'influence dissolvante du régime féodal, la pensée de l'unité française ne cessa jamais d'y être présente[2].

Quand on lit les chroniques de ces temps de souffrances inénarrables, on sent, malgré les succès éclatants et l'élévation progressive des dominateurs anglais, malgré les revers et l'abaissement constants

---

chal du Limousin, du 1ᵉʳ avril 1466. (Mss. Biblioth. impér. *Archives de la ville de Beaulieu*, fol. 1 et 3.)

[1] Lettres du roi Philippe de 1329-1330. *Invent. ms. des archives, etc.* liasse II, n° 50. Ces troupes avaient sans doute combattu à la bataille de Cassel, gagnée en 1328 par le premier des Valois.

[2] Au-dessus des territoires divers et des petits peuples qui divisaient le royaume, « planait encore, suivant la belle parole d'un historien que l'on voudrait toujours citer, planait encore un seul et même nom, une idée générale, l'idée d'une nation appelée les Français, d'une patrie commune dite la France. » (Guizot, *Histoire de la civilisation en France*, XIIIᵉ leçon, édit. 1853, t. IV, p. 113.)

des souverains qui tenaient le drapeau de la patrie, malgré toutes les apparences de la force durable chez les premiers, de la débilité et de la décadence chez les autres, on sent, disons-nous, qu'il y avait au cœur du pays, une vitalité énergique, indomptable, à laquelle était réservée la dernière victoire.

La chevalerie, énervée par la vie sédentaire et souvent luxueuse des châteaux, épuisée de sang et de richesses par de ruineuses expéditions en Terre sainte, décimée enfin par les dernières guerres, était, il est vrai, reconnue désormais impuissante à défendre le territoire. Mais il nous restait le patriotisme et les lances des communes, et c'est avec leur aide qu'une humble bergère, héroïne inspirée, devait accomplir le grand œuvre du salut national.

§ 6. INSTITUTION DES ABBÉS COMMENDATAIRES (AN 1445). — GUERRES DE RELIGION; LES PROTESTANTS ET LES LIGUEURS À BEAULIEU (1569-1627). — LE DUC DE BOUILLON, VICOMTE DE TURENNE, ET LE PARLEMENT DE BORDEAUX (1642-1646).

Les premières années du XVe siècle se signalèrent dans l'existence de notre monastère, comme dans la plupart des communautés religieuses du royaume, par un relâchement de discipline et de mœurs qui appelait une réformation.

Les abbés Durand et Étienne d'Adémar de Curemonte fondèrent successivement des statuts destinés à rétablir, dans la maison confiée à leur direction, la stricte observance des règles [1].

Mais, en même temps que les établissements monastiques s'affaiblissaient par leur propre fait, les chefs de la catholicité eux-mêmes renversaient la base des institutions bénédictines. Au principe de l'élection de l'abbé par les moines et parmi les moines, ils substituèrent celui de la nomination directe d'abbés commendataires, désignés par le roi et pourvus de l'office en cour de Rome, par des bulles du souverain pontife. Ces abbés, généralement choisis en de-

---

[1] *Gallia christiana*, nov. edit. t. II. La constitution d'Étienne est de 1433.

hors du monastère, restaient le plus souvent éloignés de lui et étrangers à son gouvernement intérieur, percevant seulement les revenus attachés à leur titre.

On a cru jusqu'ici que la série des abbés commendataires de Beaulieu commençait avec Guyot d'Adémar de Grignan, en 1466, et que Pierre de Comborn, auquel on le donnait pour successeur, avait été le dernier des pasteurs élus par les religieux conformément à la règle de saint Benoît[1]. Mais nous avons la preuve certaine que Pierre de Comborn, dont l'administration commence en 1445, fut lui-même abbé commendataire[2]. Il fallut qu'un arrêt intervînt pour que son prédécesseur Bérald de Monceaux (*Beraldus de Molceone*), sans doute l'un des moines, choisi par ses confrères, lui cédât la place.

En 1466, le siége abbatial étant devenu vacant, les moines, en vertu de l'ancienne loi de leur ordre, procédèrent à l'élection, et désignèrent Louis de Comborn. Mais la même année ou l'année suivante, une bulle du pape Paul II pourvut Guyot d'Adémar de Grignan, protonotaire apostolique. Il y eut de grandes procédures, les religieux soutenant leur élu; mais enfin le Saint-Siége l'emporta.

Guyot d'Adémar garda l'abbaye en commende jusqu'au 23 juin 1492, où il la résigna à Guillaume d'Adémar de Grignan. Les moines lui opposèrent alors Pierre de Curemonte, sur lequel s'étaient portés leurs suffrages, et ils réclamèrent en même temps la protection du vicomte de Turenne, qui leur envoya 900 hommes armés[3].

Aux plaintes que lui adressa l'abbé commendataire, promu depuis à l'évêché de Saint-Pol ou Saint-Paul des Trois-Châteaux, le vicomte répondit par une lettre dans laquelle il rappelle expressément ses

---

[1] *Gallia christiana*, nov. edit. t. II. Nadaud et Legros, dans une liste qui est dans les archives du séminaire de Limoges.

[2] Pierre de Comborn est qualifié, dans un acte du 7 août 1450, abbé de Beaulieu; le 9 novembre 1451, évêque d'Evreux et abbé d'Aubazine, enfin, le 16 février 1455, évêque d'Évreux, *abbé commendataire de Beaulieu* et administrateur de l'abbaye d'Aubazine. (Arrentement ms. communiqué par M. de Veyrières.)

[3] Cahier ms. déjà cité de Jean Maurat. Mss. Biblioth. impér. Résidu de Saint-Germain, n° 297.

obligations de défenseur ecclésiastique : « Messieurs les religieux m'ont requis que leur secourusse; et, comme sçavez, suis tenu leur secourir. » Et plus bas : « .... M. l'eslu, s'il me requier de sauveur et ayde, faudra que le secoure, car je en suis tenu[1]... »

Ce fut là le dernier acte de protection des vicomtes, car nous verrons, au siècle suivant, Henri de la Tour déserter cette cause et manquer à ce devoir, que son prédécesseur disait naguère si impérieux.

Le XVIe siècle a sonné. Les prises d'armes des partisans de la Réforme, parmi lesquels se trouvait le vicomte de Turenne[2], ne pouvaient manquer d'influer sur le sort de notre monastère. A la fin d'octobre 1569, les gens du camp de l'amiral Coligny et des princes, établi aux environs de Turenne, l'envahirent, l'occupèrent pendant

---

[1] Voici, du reste, tout au long, cet intéressant document, qui n'a point encore été publié, et que nous reproduisons d'après l'original :

« Monsieur, tant de bon cuer que fere puis, à vous me recommende. J'ay reçu ce que me avez escript; et au regard de ce que M^r votre frère a trouvé de mes gens qui ly donnent empeschement à Beaulieu. C'est pour cause que messieurs les religieux m'ont requis que leur secourusse; et, comme sçavez, *suis tenu leur secourir,* pour ce que c'est riere moy. Au regard de ce que dites que je suis assez averti de la provision que monsieur votre frère M^r de St-Pol a de nôtre St-Père le Pape, je n'en ay rien sçu ne veu, bulle ne lettre. Et touchant ce que dites que ce n'est que volenté deshordonnée, je ay veu des gens lesquels on tient grand clers et gens de bien, lesquels ne disent pas que soit volenté deshordonnée. Et tant que dictes que ne vouldray prendre chouse que ne fust raisonnable, me semble que, quant je l'orai prinse, vu ce que disent tant de gens de bien, je le menrray bien à bot. Au regard que dites de le poursuivre jusqu'à bout, je croy que aussy est M^r l'eslu, et *s'il me requier de sauveur et ayde, faudra que le secoure, car je en suis tenu;* et tant que touche de la remonstre de M^r vôtre frère, je ne ly serai mieulx que je ly ay dit ne mieulx offrir que ly offrir du mien. Au regard de M^r de St-Paul et de vous, je vous vouldray fere du plaisir et du service, mais quant au regard de l'abbaye, je en laisse fere a monsieur l'eslu et au roy, lequel y a mis la main : *bien sera forsse que leur obéisse à tous deux.* Et, s'il est aucune chouse de quoy vous puisse fere plaisir ne service de vous à moy, vous promet que le ferés de si bon cuer que home qui ame. Escrit à la chasse, le XIIIe de juillet. »

« Le tout votre Tvrene. »

(Mss. Bibl. impér. Résidu de S. Germain, *loc. cit.*)

[2] Henri de la Tour, qui devint plus tard duc de Bouillon, prince de Sedan, par son mariage avec la princesse héréditaire.

INTRODUCTION.

huit jours et puis le saccagèrent. L'église et les cloîtres furent dévastés, les reliquaires enlevés, les archives et livres terriers brûlés; le pitancier et trois religieux furent mis à mort ou blessés grièvement, et les autres habitants de l'abbaye ne durent leur salut qu'à une prompte fuite[1].

En 1574, le monastère et la ville de Beaulieu furent de nouveau surpris par les calvinistes; mais cette fois, les moines fugitifs purent se retirer au château d'Astaillac, qui était au nombre de leurs

---

[1] Nous croyons devoir insérer à cette place un procès-verbal ou acte de notoriété, dressé devant le juge ordinaire de l'abbaye et constatant les actes commis par les soldats des princes et de l'amiral :

«Comparant par devant nous, Jean Amadon, licencié ès-droit, juge ordinaire de la juridiction de l'abbaye de Beaulieu, ordre de Saint-Benoît, en Limousin, pour le seigneur abbé d'icelle, religieuse personne frère François Floret, ordre de Saint-Benoît, aigalier d'icelle, par M° Pierre Bellognie, notaire royal, leur procureur, qui a dit et exposé que les gens de la prétendue religion du camp des princes et amiral, passant et logeant l'espace de huit jours aud. Beaulieu, sur la fin d'octobre et commencement de novembre derniers passés, seroient entrés dans led. monastère, brûlé le chœur d'icelui, ensemble touts les images, livres, tant documents que touts autres servant aud. monastère, brisé et rompu les autels, et emporté les reliquaires, capes, manteaux, aubes, surplis et autres ornements dud. monastère; brisé toutes les vitres, emporté les fers et plombs, la plus grande part des cloches rompues, et emporté les métaux, saceazé (sic), pillé toutes les maisons des religieux dud. monastère, qui n'ont rien laissé tant aud. monastère les seules murailles qui sont presque inhabitables; blessé, saccagé et tué, savoir est le pitancier dud. monastère, et autres trois prêtres servants; et eussent tué touts les autres, comme faisant leurs efforts, s'ils les eussent trouvés, mais s'en étant fuis, comme est tout notoire, voix et fame publiques; requérant sur ce en être fait attestation notoire, et, pour icelle faire, nous a produit M° Jean Molin, no^m royal, et M° Jean Mailhot l'aîné, Etienne Molière, François Chaumond, Pierre Calmeil le jeune, Pierre Ponchie, marchand, Jean Teilhouse, Jean Lestourgie le jeune, Pierre Roujou et Pierre Durand, cordonnier, touts habitants dud. Beaulieu, et touts d'âge compétant; lesquels, et un chacun d'eux, sur ce interrogé, par leur serment fait et prêté aux s^ts évangiles, ont dit et déposé et attesté, savoir led. monastère, lequel ils ont vu orné, accoutré et paré d'un beau chœur de bois de grande valeur et estimation et ornements, tant capes, manteaux, aubes, surplis, qu'autre grande quantité de livres servant aud. chœur: aussi un grand nombre de beaux reliquaires d'or et d'argent de grande valeur et estimation; led. monastère bien garni et fourni de vitres. Mais, sur la fin du mois d'octobre et commencement du mois de novembre dernier passé, par ceux de la

possessions. Les huguenots installèrent leurs assemblées dans l'église du Moustier, ce qu'ils continuèrent, suivant le frère Jean Maurat, pendant douze années, c'est-à-dire jusqu'en 1586.

Mais, s'il est vrai qu'à cette époque les catholiques fussent rentrés en jouissance de leur église, il est constant que, dans les premiers mois de 1586, le seigneur de Cavagnac, gouverneur de la vicomté, commandait encore dans la ville au nom des protestants. Dans le printemps de la même année, elle tomba au pouvoir du sire d'Hautefort, gouverneur du Limousin. Peu de temps après, une surprise y fut opérée par une troupe de Ligueurs, mais l'occupation partielle qui en fut la suite n'eut pas de durée. Pendant le cours des guerres religieuses, les partis qui divisaient la France dominèrent tour à tour à Beaulieu; mais enfin l'œuvre de la pacification du royaume s'accomplit, et, dès 1623, les catholiques, mettant à profit des accusations portées contre le ministre huguenot Dorzenac et de scandaleux débats élevés entre ce dernier et un notaire appelé Beauregard, replantèrent la croix et firent librement leurs processions.

L'année suivante eut lieu une nouvelle levée de boucliers; les calvinistes, exaspérés par les prédications des religieux, les chassèrent

nouvelle religion prétendue, et du camp des princes et amiral, qui passèrent et logèrent aud. Beaulieu l'espace de huit jours, led. monastère auroit été saccagé, pillé, volé, brûlé led. chœur, toutes les portes dud. monastère, touts les livres étant et servant; et volé, pris et emporté touts les ornements, reliquaires d'or et d'argent; que y auroient rien laissé que les seules murailles, et quelque nombre des cloches, qui en avoient rompu la plus grande partie; et pillé et saccagé les maisons, tant de l'abbaye que des religieux d'icelle; pris et emporté touts les meubles et vivres, brûlé touts les papiers et livres terriers y étant; qui n'y auroient rien laissé que les seules murailles: qu'est le tout inhabitable; comme ils ont vu et avoient ouï dire que les susd. avoient tué le pitancier dud. monastère et trois autres prêtres servants; que s'ils eussent trouvé les autres prêtres les eussent aussi massacrés et tués les susd. de la nouvelle religion et dud. camp, comme ils ont ouï dire; tout ce dessus, les susd. attestants ont dit être notoire, voix et fame publiques; dont ce requérant led. Bellognie pour les susd. lui avoir concédé acte de notoriété, et attestation pour lui servir en temps et lieu que de raison. Fait judiciellement aud. Beaulieu dans les *septes* (l'enceinte) dud. monastère, le mercredi, quatorzième jour du mois de décembre mil cinq cent soixante neuf. Ainsi signé : H. CHAUMOND, greffier. »

INTRODUCTION.

après les avoir maltraités. D'un autre côté, un cimetière commun servait indifféremment aux sépultures catholiques et protestantes. De là des plaintes des deux partis; deux députés du roi, chargés de les apaiser, essayèrent d'abord, mais vainement, de partager entre eux le cimetière; les catholiques gardèrent l'ancien, et le champ dit *du Bourier* fut assigné aux protestants [1].

Enfin le parlement de Bordeaux, par un arrêt daté de 1627, enjoignit, sous peine d'une amende de 500 livres, aux huguenots de la ville de Beaulieu d'entretenir les chapelles où ils avaient les tombeaux de leurs familles, leur fit défense de chanter leurs hymnes en public, de profaner les autels et les lieux consacrés, d'ouvrir leurs boutiques aux jours prohibés, d'aller au cabaret pendant l'office des fêtes, de manger ou vendre de la chair aux jours d'abstinence, et leur prescrivit de laisser parer leurs maisons pour les processions du Saint-Sacrement [2].

Ces révoltes successives des protestants, à de si courts intervalles, n'étaient pas des faits isolés : elles se rattachaient, au contraire, à la situation générale et aux événements politiques du royaume. De 1621 à 1629, la France fut profondément agitée par la guerre dite *des huguenots*, qui ne se termina, ou du moins ne perdit tout caractère de gravité, qu'après que la Rochelle, ce dernier boulevard de la résistance calviniste, fut tombée au pouvoir de l'armée royale.

Pendant ce temps, le cardinal de Richelieu avait pris ses sûretés contre toutes les villes signalées dans les troubles précédents comme foyers de protestantisme. Il exigea des localités dépendantes du duc de Bouillon, vicomte de Turenne, et, en particulier, de Beaulieu, que l'on savait si remuant, un hommage direct et un serment de fidélité au souverain. Conformément aux instructions du ministre, le lieutenant général du sénéchal au siége de Tulle, commissaire royal [3], adressa aux consuls un ordre dans ce sens, et le serment fut

---

[1] Cahier ms. de Jean Maurat, déjà cité.
[2] *Id. ibid.*
[3] C'était alors le s^r Fénis.

effectivement prêté devant cet officier de justice par le consul Pierre Rivière, au nom de ses collègues et de tous les habitants[1].

Depuis le mois de mars 1623, le duc de Bouillon était mort, léguant à son fils, avec de grandes richesses, cette activité inquiète et ce goût pour l'intrigue qui caractérisaient l'ancien compagnon d'armes du Béarnais. En 1642, de concert avec Henri duc de Guise, le petit-fils de la célèbre victime du château de Blois, et avec le jeune et brillant marquis de Cinq-Mars, écuyer favori du roi Louis XIII, le duc de Bouillon ourdit une conjuration, dont le but était la mort du cardinal-ministre, et qui se compliquait d'un traité secret avec l'Espagne. Mais on connaît l'issue de ce complot : l'infortuné Cinq-Mars paya de sa tête son imprudente tentative; et le duc de Bouillon, arrêté, le 23 juin, au milieu des troupes, ne fut préservé du sort de son complice que par l'attitude énergique de la duchesse, qui menaça le roi, s'il était porté atteinte aux jours de son mari, de livrer aux Espagnols la place de Sedan dont elle était princesse souveraine. La vie fut accordée et la liberté rendue au conspirateur.

Cette même année vit mourir Richelieu et Louis XIII : ce fut le signal d'une vive réaction contre le pouvoir central. Délivrée du joug qui avait si longtemps pesé sur elle, l'aristocratie reprit ses allures turbulentes. Le duc de Bouillon ne perdit pas de temps pour exiger des consuls de Beaulieu la rétractation de l'hommage prêté directement au roi, en violation des prérogatives seigneuriales de sa vicomté, et il réclama impérieusement une reconnaissance nouvelle de ses droits sur les ports, marchés, ainsi que sur la justice publique et criminelle de la ville[2].

De leur côté, les officiers de la couronne s'interposèrent, et, prenant habilement la commune à partie, traduisirent ses magistrats devant le parlement de Bordeaux. Celui-ci ordonna la production des anciens titres, lettres patentes et arrêts antérieurs, concernant le fait de

---

[1] *Inventaire manuscrit des archives de la maison de ville*, liasse XII, numéro 165.

[2] *Ibid.* n°ˢ 179 et 180.

l'élection des syndics et consuls, et leurs attributions; et une sentence définitive, du 20 décembre 1646, disposa que les officiers municipaux seraient élus en présence des commissaires de Sa Majesté, voulant témoigner par là de la soumission effective de la ville à l'autorité royale[1].

Dans cette période si orageuse et de fortunes si diverses pour la commune et pour le monastère, les abbés commendataires étaient loin, comme on le présume, de siéger paisiblement à Beaulieu. Les seigneurs de Turenne, invoquant l'ancien protectorat de leur famille, mettaient à profit la répulsion naturelle des religieux pour des abbés venus du dehors, souvent complétement étrangers à la vie monastique, et plus souvent encore absents de l'abbaye. Ils s'emparèrent plus d'une fois, de connivence avec les moines, des revenus du monastère, et soutinrent, en face des commendataires nommés par la volonté royale, des abbés de leur propre choix ou désignés par les suffrages de la communauté[2].

C'est ainsi que, sous d'autres formes et avec une gravité moindre, à raison de l'abaissement graduel de la féodalité, la lutte se continuait encore, tantôt sourdement, tantôt à découvert, entre le pouvoir seigneurial et l'autorité centrale. Mais le terme de cette lutte approchait avec la majorité du jeune roi Louis XIV.

§ 7. LA CONGRÉGATION DES BÉNÉDICTINS DE SAINT-MAUR. — SES DÉMARCHES POUR OBTENIR LA SOUMISSION DE NOTRE MONASTÈRE (AN 1614-1627). — EMMANUEL-THÉODOSE, DEPUIS CARDINAL DE BOUILLON, ABBÉ DE BEAULIEU (1659). — UNION AVEC LA CONGRÉGATION DE SAINT-MAUR (1661). — RÉVOLUTION FRANÇAISE : FIN DE L'HISTOIRE DE L'ABBAYE DE BEAULIEU (1789).

Dès l'année 1614, la congrégation des Bénédictins exempts de France, par l'organe de son syndic général en Guyenne, avait mis

---

[1] *Invent. ms. des archives de la maison de ville*, liasse XII, n° 181.

[2] Nous citerons : Pierre Grangon ou Pierre Granayrie (1598-1590), et Jean Gramond (1624-1631). Voir ci-dessous notre liste des abbés, *Notes et éclaircissements*, n° XXIII. Voir aussi le nouveau *Gallia christiana*, t. II. col. 606 et 607.

nos religieux en demeure de s'agréger à elle, c'est-à-dire de se soumettre à ses règlements et d'accepter les dignitaires qu'elle nommait à tous les offices claustraux et fonctions monastiques, pour en suivre l'application dans le gouvernement de l'abbaye. En cas de refus, ils devaient, aux termes de cette sommation, être exclus de l'ordre de Saint-Benoît, et retomber sous la juridiction ecclésiastique de l'*ordinaire,* qui était celle de l'évêque diocésain.

La réforme qu'on essayait ainsi de leur imposer par voie d'intimidation était nécessaire, urgente même, si l'on en croit les énonciations contenues dans l'acte de concordat que nous reproduisons plus bas. La règle de saint Benoît était depuis longtemps négligée, et la congrégation s'était donné pour tâche de la faire refleurir, de ranimer le sentiment du devoir et de la discipline, qui s'était affaibli pendant les dissensions civiles et les guerres religieuses du dernier siècle.

Pourtant les moines repoussèrent l'alternative dans laquelle on prétendait les enfermer : ils déclarèrent vouloir rester à la fois étrangers à la congrégation et indépendants de l'ordinaire.

Après des injonctions réitérées, et toutes infructueuses, le parlement de Bordeaux fut saisi de la cause. Il paraîtrait que, devant cette haute cour, le monastère de Beaulieu se réclama de l'ordre de Cluny, invoquant sans doute les actes de cession de 1076 et 1095 que nous avons rapportés ci-dessus[1]. Un arrêt prescrivit que deux pères de cet ordre se rendraient à Beaulieu pour y rétablir l'observance exacte de sa règle.

Sur ces entrefaites, le provincial des bénédictins insista pour l'agrégation, et, le 6 avril 1627, de nouvelles sommations furent adressées, en son nom, aux religieux. Il nous paraît assez vraisemblable que ces derniers étaient soutenus par le duc de Bouillon, et avaient peut-être même été excités par lui à une résistance que ni les menaces ni les poursuites judiciaires ne purent vaincre.

Ce n'est qu'en 1659, lorsqu'un prince de la famille de Turenne,

---

[1] P. xxiv, note 1, et p. xxvii, note 1.

INTRODUCTION.

Emmanuel-Théodose, qui fut depuis cardinal de Bouillon, devenu acquéreur de l'abbaye, eut réuni dans sa personne les prérogatives de ses ancêtres et le titre de la collation régulière, c'est alors seulement que l'antagonisme séculaire de la maison de Turenne et de l'abbaye, qui était, sur ce coin de terre, l'antagonisme de la féodalité et de l'Église, s'éteignit dans l'unité administrative et nationale qui se formait sous la main de la monarchie.

Le 21 juillet 1661, le noble prélat, jaloux de réformer et régénérer la communauté fondée par le saint archevêque Rodulfe, fit pacte d'union avec la congrégation de Saint-Maur, représentée par D. Benoît Brachet et D. Martin de Léosnie[1]. Mais l'exécution de cet

---

[1] PACTE D'UNION OU CONCORDAT conclu entre le prince Emmanuel-Théodose, plus tard cardinal de Bouillon, et les représentants de la congrégation bénédictine de Saint-Maur.

« Par-devant les notaires garde-notes du roi au Châtelet de Paris soussignés, furent présents en leur personne :

« Très-haut et très-puissant prince, monseigneur Emmanuel-Théodose de la Tour d'Auvergne, duc d'Albret, abbé des abbayes de Saint-Philibert de Tournus et de Saint-Pierre de Beaulieu, diocèse de Limoges, vicomté de Turenne, demeurant en son hôtel, faubourg Saint-Marcel, proche les Pères de la Doctrine chrétienne, paroisse Saint-Étienne-du-Mont, d'une part;

« Les révérends pères Dom Benoît Brachet, assistant du T. R. P. supérieur général de la congrégation de Saint-Maur, ordre de Saint-Benoît, et Dom Martin de Léosnie, religieux prêtre profès de ladite congrégation, résidant en l'abbaye de Saint-Germain-des-Prés, au nom et comme ayant charge et se faisant et portant forts dudit révérend père supérieur général de ladite congrégation, par lequel ils promettent faire ratifier et avoir pour agréable ces présentes, ensemble par le chapitre général de ladite congrégation, et en fournir lettre valable à mondit seigneur abbé, en son hôtel, à Paris; savoir dudit révérend père général dans huit jours prochains, et par ledit chapitre général, un mois après la teneur d'icelui, d'autre part;

« Disant lesdites parties mêmes dudit seigneur, que, désirant rétablir en ladite abbaye de Beaulieu la discipline et observance régulière qui y a autrefois fleuri avec beaucoup d'éclat, et que naguère s'étant trouvée déchue de son ancienne splendeur par le malheur des guerres civiles, il aurait estimé ne le pouvoir faire plus utilement et efficacement que par l'union et agrégation de ladite abbaye de Beaulieu à ladite congrégation de Saint-Maur, suivant les exemples de plusieurs autres prélats et abbés qui n'ont point trouvé de meilleur expédient pour parvenir à la réformation de leurs abbayes, que ladite union et agrégation, au sujet de laquelle ayant eu quelques conférences avec les pères d'icelle congrégation, et pris com-

acte rencontra de sérieuses difficultés; il y eut, à ce sujet, de longues procédures, et plusieurs arrêts furent rendus par le parlement. Enfin, le 11 mars 1663, les moines de la congrégation, ayant à leur tête

munication des bulles qui leur ont été accordées par nos SS. Pères les papes, et lettres patentes des rois très-chrétiens, avec homologations des cours souveraines de ce royaume, lesdites parties ont, au désir d'icelles, fait les accords et conventions qui s'ensuivent :

« C'est à savoir que mondit seigneur le duc d'Albret, en ladite qualité d'abbé de Beaulieu, consent, tant pour lui que pour ses successeurs abbés, que ladite abbaye de Beaulieu, avec ses appartenances et dépendances, soit et demeure dès à présent unie et agrégée à ladite congrégation de Saint-Maur, pour être régie et gouvernée par les supérieurs et chapitres généraux d'icelle, sans néanmoins faire aucun préjudice aux droits du roi, en ce qui concerne la nomination à ladite abbaye ni à ceux dudit seigneur abbé et ses successeurs ; lesquels en jouiront sans être en façon quelconque changés ni altérés, tant en ce qui concerne les fruits et revenus de la manse abbatiale que la collation, patronage, présentation, et toute autre disposition des bénéfices, desquels lui et ses prédécesseurs, sont en possession de pourvoir et de présenter, même la provision et institution des offices dépendants des justices de ladite abbaye, et de tous autres droits, desquels ledit seigneur abbé et ses successeurs jouiront comme lui et ses prédécesseurs ont fait ci-devant.

« Et quant aux offices claustraux et places monacales, desquelles ledit seigneur abbé et ses prédécesseurs ont toujours eu la disposition jusques à présent, mondit seigneur abbé a volontairement renoncé et par ces présentes renonce, tant pour lui que pour ses successeurs, à tous et à tel droit et faculté de pouvoir disposer desdites places monacales, et à la nomination et collation des offices claustraux ; et qu'en vertu du présent concordat, et au désir desdites bulles, lettres patentes et arrêts, y soient dès à présent unis et incorporés à la manse conventuelle desdits pères, en ladite abbaye, sans que, vacance arrivant des offices claustraux par quelque genre de vacance que ce soit, mondit seigneur abbé puisse en disposer, sinon en faveur des religieux de ladite congrégation qui lui seront présentés par ledit révérend père supérieur général, jusqu'à ce que lesdits pères de ladite congrégation soient actuellement établis en ladite abbaye ; auquel temps l'union ci-dessus accordée sortira son plein et entier effet, et sans que les anciens religieux, qui sont à présent pourvus desdits offices claustraux, les puissent ci-après résigner ni autrement disposer ; demeurant néanmoins en pleine jouissance desdits offices leur vie durant, sans y pouvoir être troublés, en satisfaisant par eux aux charges dont lesdits offices peuvent être tenus.

« Et par ce moyen, ledit seigneur abbé a consenti que lesdits pères de ladite congrégation de Saint-Maur soient et demeurent subrogés en tous les droits, noms, raisons et actions des anciens religieux ; comme aussi lesdits pères de la congrégation entreront en possession de tous les lieux réguliers, claustrures, dortoirs et

INTRODUCTION. LVII

le prieur D. Claude Lieutaud, prirent possession de leur nouvelle succursale[1].

Les prieurs qui se succédèrent dans l'abbaye s'occupèrent activement de réparer les ruines que le XVIe siècle y avait accumulées[2].

autres lieux, bâtiments, cour et jardins, qui sont dans l'enceinte de ladite abbaye, même de l'emplacement qui reste de la maison abbatiale, circonstances et dépendances, que mondit seigneur abbé, tant pour lui que pour ses successeurs, leur a délaissé, à condition que le logis qui est à l'entrée et proche la porte de ladite abbaye appartiendra audit seigneur abbé et ses successeurs, duquel lesdits pères promettent et seront tenus de le faire jouir, ou bailler un autre logement équivalent;

« Seront, en outre, tenus lesdits pères de ladite congrégation, au moment de leur établissement en ladite abbaye, de faire et célébrer le divin service, tant de jour que de nuit, suivant l'usage et pratique de ladite congrégation, dont de tout la conduite et direction leur appartiendra, satisfaisant aux obits, messes de fondations et autres charges accoutumées.

« Seront tenus lesdits pères de ladite congrégation de mettre dans ladite abbaye de Beaulieu jusques au nombre de douze religieux, vacation arrivant des places monacales par le décès de ceux qui en sont à présent pourvus; lesquels jouiront comme dessus des revenus de leurs offices et places monacales, si mieux n'aiment lesdits religieux anciens s'en accommoder avec lesdits pères de ladite congrégation par pension ou autrement ainsin qu'ils aviseront bon être, pour jouir par lesdits pères de ladite congrégation des fruits et revenus de la manse conventuelle et généralement de tout ce que les anciens ont joui et accoutumé de jouir, même des côtes mortes qui viendraient ci-après à vaquer, dont ledit seigneur abbé leur a dès à présent fait cession, don et remise, pour être employées à la décoration et ornement de l'église.

« Consentent lesdites parties ces présentes être homologuées partout où besoin sera, et, à cette fin, ont fait et constitué leur procureur le porteur des présentes, auquel elles donnent pouvoir de ce faire et tout ce que, au cas, sera requis et nécessaire; et pour l'exécution des présentes et dépendances, icelles parties ont élu leurs domiciles irrévocables en cette ville de Paris; savoir, mondit seigneur abbé, en la maison de maître Pierre Mariachaut, procureur en parlement, au cloître et paroisse Saint-Benoît; et lesdits pères de ladite congrégation, en ladite abbaye de Saint-Germain-des-Prés, etc.

« Fait et passé en l'hôtel de mondit seigneur abbé, l'an mil six cent soixante et un, le vingt et unième jour de juillet, après midi, et ont signé.

« La minute des présentes demeurée audit Lemoine, notaire, signée Thomas et Lemoine, notaires, avec parafes. » (Pièce communiquée par M. de Veyrières.)

[1] La mise en possession fut faite par Jean de Costa, aumônier de l'abbaye, Antoine Lavialle, prêtre, et Soleilhet, notaire.

[2] Nous donnons plus loin, *Notes et*

Mais les cloîtres et leurs chapelles, renversés ou mutilés par les soldats de Coligny, du vicomte de Turenne, ou du sire de Cavagnac, étaient perdus pour toujours. A la fin du XVIIe siècle, D. Maur Dupont entreprit de les reconstruire, et c'est sans doute à lui qu'était dû l'établissement des vastes mais lourdes constructions dont le plan a passé sous nos yeux [1], et dont il ne reste aujourd'hui que d'informes débris.

Le XVIIIe siècle n'amena dans l'existence de notre abbaye aucun événement qui mérite d'être rapporté.

Depuis que le pouvoir temporel des religieux sur la ville avait cessé d'exister, et que, par la réunion aux Bénédictins de Saint-Maur, la lutte des abbés élus et des abbés commendataires était éteinte, la paix régnait à Beaulieu [2].

L'illustre congrégation jouissait sans trouble de ses possessions, lorsque survint la révolution de 1789, qui, aux ruines matérielles des cloîtres, ajouta la ruine de l'institution elle-même [3].

Telle fut la fin de cette antique maison, qui, après avoir glorieu-

---

éclaircissements, n° XXIV, la liste des prieurs, au nombre de vingt et un, qui siégèrent dans l'abbaye depuis 1663 jusqu'en 1789.

[1] Mss. Biblioth. Sainte-Geneviève, collection manuscrite des plans topographiques des abbayes bénédictines de France, t. II. C'est à l'obligeance de deux bibliothécaires, M. Pinçon et mon excellent ami M. Louis Saglier, que je dois d'avoir connu et consulté ce manuscrit.

[2] On trouve seulement dans les *Archives de la ville* la mention de procès que la communauté eut à soutenir : 1° en 1750, contre un sieur de Lavialle, agissant en qualité d'acquéreur de la châtellenie de Beaulieu, laquelle ne constituait guère plus, à cette époque, qu'un vain titre, sans pouvoir effectif; 2° contre les religieux qui contestaient à l'administration municipale des droits sur le clocher. Une sentence du siége sénéchal de Tulle, du 27 août 1784, déclara les *juges et consuls de la ville* copropriétaires du clocher et des cloches.

[3] Le dernier des abbés de Beaulieu que mentionne le nouveau *Gallia christiana* est Martial-Louis Brossart (1713-1733). Mais d'autres noms nous sont connus : J. B. Joseph de Vayre de Montal (1734), Louis-Marie de Frischmann de Rosemberg (1756), Jean-Joseph-Joachim de Gabriac (1759), Camille-Louis-Apollinaire de Polignac (1769), François-Benoit de Gondouin (1779), enfin l'abbé de Bouillet (1787-1788), qui fut promu, en 1816, à l'évêché de Poitiers. (Voir plus bas la liste des abbés, *Notes et éclaircissements*, n° XXIII.)

sement traversé neuf siècles, disparut en laissant après elle une ville active, industrieuse, formée à l'ombre de ses murs, et cette belle église du Moustier qui atteste aux générations présentes sa prospérité et sa grandeur passées [1].

[1] Voici les noms des religieux qui étaient dans l'abbaye au moment où la révolution en fit une solitude : DD. Mathieu de Salers, prieur, Labiche, Chardès, Bel (de Clermont), Soursiac (de Riom), Lestrade (du Périgord), Ardant (de Limoges), Mauduit, Second (de Limoges), Lansade, Pissis (de Riom), Périot (de Bourges), Lignac ou Leyniac (de Treignac?), Titot (d'Auvergne) et Pagnac (également d'Auvergne).

TITRE II.

DES OFFICES ET DES PROFESSIONS.

Nous examinerons, dans trois chapitres différents, ce qui se rapporte,

Aux offices monastiques;
Aux offices laïques;
Aux professions.

CHAPITRE PREMIER.

DES OFFICES MONASTIQUES.

Ils étaient de deux sortes :
Les uns s'exerçaient dans l'abbaye même, les autres à l'extérieur.

§ 1ᵉʳ. DES OFFICES EXERCÉS DANS L'ABBAYE.

I. *Les abbés réguliers.* — Soumis dès l'origine, ainsi qu'on l'a dit plus haut, à la règle de saint Benoît, le monastère de Beaulieu était régi par des abbés élus parmi les moines et par eux-mêmes.

L'autorité de l'abbé, suivant la même règle, était absolue, principalement en ce qui se rapportait à la discipline intérieure. Tous les moines, sans exception, même ceux qui occupaient les emplois les plus élevés, étaient tenus de lui obéir. Nous le verrons plus bas prononçant, avec l'assistance des membres de sa communauté, sur une

INTRODUCTION.

contestation qui s'était élevée entre lui et l'un des officiers de l'intérieur, le cellérier[1].

Parfois, à cause de son grand âge ou de ses infirmités, il s'adjoignait, avec l'agrément et même d'après le vœu et le choix des religieux, un coabbé ou coadjuteur. Nous en avons un exemple dans le premier de nos abbés, Gairulfe, qui, à la fin de sa longue carrière, associa Rainulfe à son pouvoir.

D'autres fois, des suppléants, *procuratores,* dont nous allons parler, étaient placés auprès de l'abbé par l'autorité ecclésiastique supérieure[2].

---

[1] Voir plus bas, tit. III, chap. II, § 2.

[2] Nous ne nous occuperons ici que des offices existant dans la période que comprend notre cartulaire, c'est-à-dire du IXe au XIIIe siècle. On trouve d'autres officiers monastiques dans les documents postérieurs, du XIIIe au XVIe siècle. Nous avons deux listes des membres du chapitre conventuel, dressées à deux époques différentes, en 1433 et en 1507. Ces listes donnent une idée exacte de la composition du personnel des fonctionnaires de quelque importance institués dans l'abbaye : on y remarquera la présence d'officiers de l'extérieur, tels que les prieurs de Friac et Ménoire et le doyen de Biars, lesquels étaient sans doute convoqués aux délibérations du chapitre. Indépendamment de ces officiers et au-dessus d'eux se trouvait le prieur claustral, nommé dans le journal de tournée de l'archevêque Simon (an 1285; apud Baluzii *Miscellanea,* édit. Mansi, t. Ier, p. 285), et qualifié *prior claustralis* par opposition aux *priores foranei,* prieurs de l'extérieur, que le prélat mentionne dans un autre passage du document précité (*ibid.* p. 283).

PREMIÈRE LISTE (1433).
Poncius de Vernelho, cellerarius.

Helias de Curamontano, decanus de Biars.
Petrus Lestevenia, prior de Friac.
Petrus de Naclara, prior de Menoidre inferioris (*sic*).
Stephanus de Belloloco, sacrista.
Jacobus Lestevenia, camerarius.
Joannes Sacrette, eleemosinarius.
Petrus Laymonia, infirmarius.
Joannes de Lanta, egalarius. (Dans des titres contemporains, je trouve son titre écrit en français : *aiguailler.*)
Ni l'un ni l'autre de ces mots n'est dans les différentes éditions des Glossaires latin et français de Du Cange. Nous serions porté à penser qu'ils désignent le religieux chargé de l'entretien des burettes qui servaient à célébrer la messe.

2° LISTE (1507).
Michel de Foucaud (*Folcaudi*), cellérier.
François de Curemonte, doyen de Biars (Quercy).
Alsasius de Lostanges, infirmier.
Jean de Tudeil, sacristain et prieur de Friac.
Jean de Carbonières, aumônier.
Antoine Roquet, prieur de Ménoire.
Jean Geneste, chambrier.
Pierre de Lostanges, pitancier.

INTRODUCTION.

II. *Procuratores*, suppléants. — Tels étaient les trois moines nommés par l'archevêque de Bourges, vers 1188, pour suppléer Pierre de Saint-Céré.

Les legs de ceux qui venaient à mourir dans la ville de Beaulieu, sauf les revenus, qui appartenaient aux obédienciers, et l'or, l'argent et les chevaux de selle, réservés à l'abbé, étaient attribués aux trois *procuratores* [1].

Ces officiers étaient presque égaux en pouvoir à l'abbé lui-même, et, dans tous les cas, supérieurs à tous autres dans le monastère. Mais leur emploi, conféré en vue d'une situation exceptionnelle, était vraisemblablement temporaire, et l'on ne doit peut-être pas le considérer comme rentrant dans une organisation régulière et normale.

III. *Præpositus*, prévôt. — C'était le premier dignitaire après l'abbé, sauf le cas particulier indiqué ci-dessus. Le prévôt, aux termes de la règle de saint Benoît (art. 65), avait les attributions de l'abbé en l'absence de ce dernier; il était, l'abbé présent, chargé spécialement du maintien de la discipline parmi les religieux et de l'administration matérielle du monastère.

Nous connaissons les noms de cinq personnages qui remplirent ces fonctions à Beaulieu : *Teotardus* (vers 859); *Gozfredus*, Geoffroi (943); *Rainerius*, saint Renier, dont on rapporte un miracle opéré sur son tombeau (commencement du x⁰ siècle); *Deusdet*, Dieudonné (vers 1050); enfin *Ugo*, Hugues, qui succéda à Dieudonné (vers 1073) [2].

IV. *Prior*, le prieur. — Ce titre remplaça, dans la hiérarchie mo-

Michel d'Adémar de Lostanges, prieur de Félines;

Jean de Longueval, chantre.

Aymar Amadon, prieur de Sainte-Marie-de-Donnette (chapelle de l'ancien château d'Astaillac).

Cette composition du chapitre, c'est-à-dire de l'assemblée des principaux officiers du monastère, était d'ailleurs, sauf l'aiguailler, celle de la plupart des abbayes de France aux mêmes époques. Voir notamment la liste des dignitaires de l'abbaye de Savigny, dans la Notice historique publiée par notre confrère Aug. Bernard, en tête des cartulaires de Savigny et d'Ainay, p. 118. (*Collection des documents inédits de l'Histoire de France.*)

[1] CXCI.

[2] XV, XXIV, LVIII, LXX, XC, CIX et CLI.

nastique, celui de *præpositus*, et désigna comme ce dernier le plus haut emploi après celui de l'abbé[1].

Du Cange[2] énonce que, d'après l'observation des érudits, l'attribution de cette qualité de prieur au religieux qui tenait le rang de prévôt, ne fut usitée qu'à partir du pontificat d'Innocent V (an 1276). Mais cette substitution remonte à une époque plus reculée. Nous remarquons, en effet, que, dans notre monastère et dans celui de Savigny, le titre de *præpositus* cessa d'être mentionné dès que celui de *prior* eut paru dans les chartes. Or, à Beaulieu, le dernier officier qualifié de *præpositus* est mentionné vers l'année 1073[3], et le premier prieur se trouve en 1118[4]; à Savigny, les derniers prévôts sont de 1090 et 1112[5], et le premier prieur de 1121[6]; à Saint-Père de Chartres, le prieur paraît au plus tard en 1080[7]; il y prend rang immédiatement après l'abbé, et le supplée pour toutes les affaires de l'ordre spirituel comme de l'ordre temporel[8].

On voit par ces exemples que, si la date de cette transformation de titre a varié suivant les lieux, elle doit, dans tous les cas, être fixée à une époque de beaucoup antérieure à celle qu'on lui avait d'abord assignée.

Vers la fin du XIIIe siècle, le prieur ajouta à son titre le qualificatif *claustralis* pour se distinguer des prieurs de l'extérieur[9], et, quand le régime des abbés commendataires fut mis en vigueur, il se trouva de fait appelé à gouverner seul le monastère, à cause des absences fréquentes et prolongées du titulaire de la commende.

---

[1] « Servata abbati in omnibus reverentia, prior qui et præpositus in regula nominatur, honorabilior est reliquis ministris domus Dei. » (Lanfranc. in *Decretis pro Ord. S. Benedicti*, cap. III.)

[2] *Glossar.* édit. Didot, t. V, p. 449.

[3] XV.

[4] XXXV.

[5] *Cartul. de Savigny*, ch. 831, 835, 838 et 858.

[6] *Ibid.* ch. 903, an 1121, et ch. 937, an 1137.

[7] *Cartul. de Saint-Père de Chartres*, t. Ier, cap. XCIX, p. 222, et cap. C, p. 223.

[8] Guérard, dans les prolégomènes du Cartulaire précité, p. LXXXIV.

[9] Transactions conclues entre les abbés et les vicomtes de Turenne, en 1298 et 1379. (Voir, en outre, ci-dessus page LXI, note 2.)

INTRODUCTION.

Il faut, du reste, soit qu'il s'agisse du prévôt ou du prieur dont nous venons de parler, se garder soigneusement de les confondre avec les officiers du même nom placés dans les obédiences, prévôtés ou prieurés dépendants de l'abbaye[1].

V. *Decanus,* le doyen. — Revêtu d'un titre honorifique plutôt que de fonctions actives, il venait après le prévôt, ainsi que le montrent deux chartes citées par Du Cange[2]; nous n'avons recueilli les noms que de deux de ces officiers : *Frodinus,* Fruin, qui, après avoir tenu le pouvoir abbatial, se fixa à Saint-Martin de Tulle, qu'il gouvernait en même temps que Beaulieu, et ne conserva dans cette dernière maison que le titre de doyen (1076)[3]; et *Willelmus,* qui fut en possession de la même dignité entre 1061 et 1108[4].

VI. *Cellerarius,* le cellérier. — Cet officier, qui paraît n'avoir été généralement chargé de veiller qu'à ce qui regardait la nourriture des religieux[5], avait, dans notre abbaye, des attributions plus étendues, particulièrement en ce qui touchait l'entretien et la décoration des cloîtres[6].

Il percevait, dans certains cas, un droit sur les successions des personnes mortes à Beaulieu, ou, du moins, il croyait pouvoir y prétendre; car, en 1188, Geoffroi de Curemonte, qui tenait cette charge, réclama contre l'abbé le tiers d'une succession qui s'était ouverte dans la ville. Ses prétentions furent jugées par l'abbé lui-même et repoussées[7].

VII. *Obedientiarii,* obédienciers. — Il ne faut pas confondre les obédienciers de l'intérieur du monastère avec ceux de l'extérieur, qui

---

[1] Voir plus bas, § 2.

[2] *Glossar.* voc. *Præpositus.*

[3] Voir plus haut, page XXIV, la charte de Hugues de Castelnau portant renonciation à une partie de l'abbaye laïque.

[4] XCIX. Il fait, en 1097, de concert avec Géraud II, abbé de Beaulieu, une charte insérée au Cartulaire de Tulle, portant donation à ce monastère des droits de Saint-Pierre de Beaulieu sur l'église de Beaupuy. (Baluz. *Historia Tutel.* col. 443, 444.)

[5] Lanfranc. in *Decretis pro Ordin. S. Bened.* cap. VIII. Dans Du Cange, *Glossar.* voc. *Cellerarius.*

[6] « Has (curtes) imponimus ad cellerarios ad claustra ornanda. » L, circa 971.

[7] CXCI.

INTRODUCTION.

occupaient des celles ou prieurés et les administraient au nom de l'abbé[1]. Ceux-là comprenaient sous leur dénomination générale les moines qui exerçaient, dans l'abbaye même, un emploi quelconque inférieur à ceux du prévôt, du prieur et du doyen.

Ce terme ne désignait donc pas proprement certains officiers, mais toute une catégorie d'officiers subalternes[2], dont nous allons indiquer successivement les fonctions d'après les renseignements fournis par le Cartulaire.

VIII. *Custos ecclesiæ*, le clerc ou prêtre gardien de l'église, des ornements, des vases et des livres sacrés[3].

IX. *Sacrista* ou *sagrestanus*, le sacristain[4]. — A cet office étaient affectés les revenus de cinq terres situées dans le voisinage du château de Cavagnac, en Quercy. L'office lui-même, ou plutôt l'ensemble des droits qui y sont attachés, reçoit le nom de *sacristania*[5].

X. *Capellanus S. Primi*[6], le chapelain, gardien particulier des reliques et de la chapelle consacrée à saint Prime, l'un des patrons les plus vénérés du monastère et de la ville.

XI. *Portarius*[7], le portier du monastère. — Cet emploi était, dans le principe, au nombre des offices monastiques les plus importants, et plus d'une fois, au rapport de Du Cange, les portiers furent élus abbés. Cependant les moines de Cluny prétendaient que, pour ces fonctions, un serviteur, *famulus*, sage et honnête, suffisait; ce qui suppose qu'elles n'étaient point, à leurs yeux, d'un ordre supérieur, et que, chez eux, elles étaient souvent confiées à des laïques[8].

Aussi le portier paraît-il devoir être placé après le cellérier, le gardien de l'église et le sacristain, qui étaient tous pris parmi les moines.

---

[1] Voir plus bas, § 2.
[2] CXCI, an. 1188.
[3] XXIV.
[4] CLI.
[5] « In quibusdam terris nostris quæ sunt de *la sacristania*. » CXCVI.
[6] « Bernardus Olivarius, capellanus S. Primi. » CXX, 1097-1107.
[7] « Landricus, Bellilocensis cœnobii portarius, testis. » XXIV, an. 859.
[8] Du Cange, *Glossarium*, voce *Portarius*.

§ 2. OFFICES MONASTIQUES EXERCÉS HORS DE L'ABBAYE.

Les trois offices dont nous allons parler semblent, malgré la diversité des titres, avoir occupé en réalité le même rang et ne différer entre eux que par l'étendue et la richesse des possessions que leurs titulaires avaient à administrer. Il est à remarquer, d'ailleurs, que ces titres reproduisent ceux d'officiers employés dans l'intérieur du monastère, tels que les prévôts, obédienciers et prieurs.

I. Les prévôts, *præpositi*, dont la charge était remplie par des moines, avaient l'administration des dépendances de l'abbaye, que l'on appelait pour cela prévôtés, *præpositureæ*. Notre cartulaire en signale deux : celui de Vayrac et celui de Brivezac[1].

II. Les obédienciers, *obedientiarii*. — Tels étaient les religieux placés au lieu dit le Puy ou le Colombier, et à Friac[2]. En leur qualité de représentants de la communauté, ils recevaient l'hommage et le serment de fidélité des seigneurs tenanciers des biens de l'abbaye et des *ministeriales* de l'ordre inférieur, notamment des serfs-vicaires.

III. Les prieurs, *priores*. — Au XIIe siècle, nous voyons un prieur à Bonneviolle (*Bonavilla*)[3], et une sentence arbitrale de 1204 mentionne le prieuré de Friac, qui était alors aux mains de Geoffroi de Curemonte[4], parent et successeur d'Étienne de Curemonte, qui l'avait détenu à titre d'obédiencier[5].

Ces officiers étaient qualifiés, à la fin du XIIIe siècle, *priores foranei*[6], par opposition au prieur du monastère, qui recevait alors le titre de *prior claustralis*, et occupait le premier rang après l'abbé[7].

---

[1] XXXVII, XCIX, an. 1060-1108.

[2] L, CXCVI. « Noster monachus Stephanus de Curamonta, obedientiarius de Friac. »

[3] CV.

[4] XXXVII.

[5] CXCVI.

[6] *Acta visitationis archiepiscopi Bituric.* an. 1285; apud Baluz. *Miscellan.* edit. Mansi, Luc. t. I, p. 283.

[7] Voir ci-dessus, § 1er.

CHAPITRE II.

LES OFFICES LAIQUES.

Nos chartes signalent :
Advocatus, l'avoué ; *defensor*, le défenseur ; *abbas laicus*, l'abbé laïque ;

Le *servus vicarius* ou *servus judex*, serf-vicaire ou serf-juge ; le *vicarius*, vicaire, et le *judex*, juge ou intendant ;

Puis des *ministeriales* de l'ordre inférieur, savoir : le *cellerarius*, le *coquus*, le *forestarius*, le *piscator*, et l'*exactor*[1].

§ 1er. *ADVOCATUS*, L'AVOUÉ ; *DEFENSOR*, LE DÉFENSEUR ; *ABBAS LAICUS*, L'ABBÉ LAÏQUE.

Quoique ces titres aient été, à une certaine époque, portés à peu près indifféremment par des personnes exerçant des fonctions ou un pouvoir identiques, et quelquefois par un même personnage, nous pensons qu'ils se distinguent, du moins dans l'histoire de notre abbaye, sous divers rapports que nous allons indiquer.

I. L'*advocatus* parait désigner plus spécialement celui qui était chargé d'assister, dans les affaires contentieuses, l'évêque ou son re-

---

[1] Il est à peine besoin de faire observer que nous ne voulons traiter ici que des offices exercés par des laïques dans la période que remplit notre cartulaire, et qui s'arrête à 1204. Dans le cours de ce siècle et dans les suivants, on trouve la mention de divers emplois séculiers exercés dans l'abbaye et hors de l'abbaye. Quant à ceux du monastère, c'est-à-dire à ce qu'on appelle, dans la transaction de 1298, *familia*, et, dans celle de 1379, *familiares monasterii*, nous savons, d'après la dernière de ces transactions, qu'ils comprenaient trois juges ou trois baillis, trois sergents, autant de procureurs, un forgeron ou plutôt un ouvrier en métaux, un barbier, des notaires et prébendiers ; puis, à un degré inférieur : le sonneur de cloches, les cuisiniers et aides de cuisine, le boulanger, le fournier et autres employés du dernier ordre.

présentant, quand il s'agissait d'une église, l'abbé, quand la question intéressait un monastère. Son rôle, plus restreint et plus modeste, au moins dans le ixe siècle, que celui du défenseur et de l'abbé laïque, serait, avec assez d'exactitude, assimilé à celui des autres officiers de l'abbaye. Il nous semble même que cet emploi pouvait exister concurremment avec le patronage d'un défenseur.

Les moines avaient la faculté de nommer leur avoué, et, comme, dans ce temps, les services se payaient avec des terres[1], on lui attribuait certaines possessions, qu'il devait détenir au nom et comme feudataire des religieux.

Lorsque l'abbé Gairulfe se rendit, en 870, au plaid tenu par Bernard, comte de Toulouse, et y revendiqua l'église de Saint-Christophe de Cousages, il était assisté d'un avoué nommé Achard[2].

II. Le *defensor* se distingue de l'*advocatus*, en ce qu'on ne peut généralement voir dans celui qui prend ce titre un fonctionnaire attaché, comme l'avoué, au monastère; loin d'être son subordonné, il en est le patron, et nous ne voyons point de difficulté à admettre qu'au ixe siècle les établissements religieux de quelque importance eussent un protecteur en même temps qu'un avoué.

Dans cette période d'anarchie et de guerres intestines que remplissent les tristes règnes des successeurs de Charlemagne et principalement des derniers princes de la deuxième race, chacun, en l'absence d'un pouvoir central et régulier, avait à pourvoir à la sûreté de sa personne et de ses biens. « La force individuelle, et une grande force, ainsi que l'observe un profond historien, pouvait seule garantir la plénitude de la propriété, et ceux à qui cette force manquait étaient contraints de se réduire à une sorte d'usufruit plus ou

---

[1] « L'or et l'argent étaient rares... la magnificence des églises retirait de la circulation une portion considérable des métaux qui existaient alors. Les terres seules, pour ainsi dire, étaient abondantes et disponibles. » (Guizot, *Essais sur l'Histoire de France*, IVe essai, chap. 1er, 5e édit. p. 121.)

[2] XXVII. C'est peut-être le même que cet Achard de Mercœur, qui, en 887, avait fait livraison à l'abbé Gairulfe, au nom de deux donateurs, du village de Mercœur, *de Mercorio*, CLXIII.

INTRODUCTION.   LXIX

moins étendu, plus ou moins précaire [1]. » Cela s'applique à l'homme libre, propriétaire d'alleu, qui sacrifia son indépendance et acheta, par l'asservissement de ses biens, la sauvegarde d'un voisin puissant : de la condition de propriétaire il descendit à celle d'usufruitier.

Les églises procédèrent différemment : elles se résignèrent à rester seulement nu-propriétaires d'une partie de leurs vastes possessions, et en sacrifièrent l'usufruit, pour s'assurer du moins, sur ce qui leur restait, une jouissance moins périlleuse.

Le protecteur de l'ancien propriétaire d'alleu devint son seigneur, son suzerain, *dominus;* le patron d'une église ou d'une abbaye prit le titre de défenseur, *defensor.*

Ce dernier tient toujours un rang élevé parmi les grands propriétaires terriens de la contrée, que Geoffroi de Vigeois appelle *principes laici* [2]. Ses exigences sont au niveau de son état social, et, tandis que l'*advocatus* se contente d'une villa, il prend une très-large part des biens qu'il s'engage à défendre par les armes. C'est cette classe de laïques qui, au xe et au xie siècle, réduisit tant par ses empiétements les immenses richesses amassées par la puissance cléricale [3].

---

[1] Guizot, *loc. cit.* p. 136.

[2] « Laicorum enim principum auctoritate multa tunc in ecclesia disponebantur, unde nunc provisores sive *defensores* vocantur. » (Chronicon Gaufredi prior. Vosiens.; apud Ph. Labb. *Biblioth. nov. mss.* t. II, p. 281.)

[3] La chronique d'Aurillac nous fournit un exemple remarquable du prix exorbitant auquel les établissements religieux achetaient la protection des chefs de la féodalité militaire, protection incertaine et souvent inefficace. Sous l'administration de Géraud de Saint-Céré, l'abbaye abandonna dix mille manses ou métairies à des seigneurs puissants du pays, et nommément au comte de Turenne, qu'elle désirait s'attacher : « Sub hoc respublica monachorum valde augebatur, et metuens aliquos sibi insurrecturos, beneficio maluit alligare vicinos, quibus dereliquit decem millia mansos, præter oppida, videlicet comitibus Tureniensi, Carladensi et aliis ex Cadurcis partibus et ex vicinis nobilibus. Hujus facti valde eum pœnituit : et nisi virtus divina subvenisset, redigebatur cœnobium in pauperiem. » (*Chronicon Aureliacens. abbat.* (an. 972-1128); apud Mabillonium, *Analecta act. veter.* p. 350.) En admettant même une certaine exagération dans les énonciations du chroniqueur, on peut se faire une idée, par cette citation, de la richesse et du nombre des possessions amassées par la féodalité religieuse, surtout si l'on considère qu'il s'agit ici d'une abbaye de second ordre.

En principe, le défenseur, de même qu'avant lui l'avoué, était au choix des religieux. Dans l'acte de fondation du monastère de Végennes (*Veterinas*), l'archevêque Rodulfe leur réserva expressément ce droit[1]. Mais il arrivait aussi que le fondateur ou le bienfaiteur d'une communauté le désignât lui-même ou en limitât à perpétuité le choix aux personnes de sa propre famille.

Nous trouvons une stipulation de ce genre dans la plus ancienne de nos chartes, datée de l'an 823. Par cet acte, le comte de Turenne Rodulfe et son épouse Ayga firent donation de biens considérables à leur fils Rodulfe, ainsi qu'à Immena, leur fille, qui prenait le voile dans le couvent de Saint-Geniès de Sarrazac; et ils leur dirent en terminant : « Qu'après la mort de vous deux, les religieuses qui serviront le Christ dans cette sainte demeure adoptent comme défenseur celui de nos héritiers que vous aurez désigné à cet effet; et que cette loi soit observée à perpétuité parmi nos successeurs[2]. »

III. *Abbas laicus*, l'abbé laïque. — La multiplicité et l'intimité des rapports existant entre le défenseur et les religieux, l'habitude que ces derniers avaient prise de le consulter et d'obéir à son impulsion dans les affaires de quelque gravité, les amenèrent bientôt à considérer ce personnage comme leur chef, leur pasteur, pour le temporel. De là, les titres d'*abbas laicus* ou *abbas miles*[3], qui lui furent donnés.

Par le sentiment de sa force et de la nécessité de ses services, l'abbé laïque fut conduit à saisir l'administration entière de la communauté. Le relâchement de la discipline dans les couvents avait, d'ailleurs, diminué la distance qui séparait autrefois le laïque de l'homme d'église; et, dans le cours du xe et du xie siècle, ainsi que nous l'avons dit plus haut, le gouvernement absolu des abbés séculiers était un fait non pas seulement fréquent, mais général.

---

[1] XVI.

[2] « Postquam vero amborum venerit finis, quemcumque de heredibus nostris vestra elegerit voluntas, in mundiburdo vel tuitione sanctimoniales Christo famulantes assumant protectorem. Et ita ordo vel lex ista in posteris permaneat successoribus. » CLXXXV.

[3] Tit. I, § 2, p. xix, note 1, et dans Baluze, *Hist. Tutel.* col. 367.

INTRODUCTION.

Le monastère de Beaulieu en offre un curieux exemple.

Nous avons donné, dans la notice historique qui forme le premier titre de cette Introduction, le récit des actes d'usurpation qui s'accomplirent dans notre abbaye et qui la placèrent sous la dépendance absolue de Hugues de Castelnau, la résistance des abbés et des religieux, et la sentence prononcée par le concile assemblé à Limoges en 1031. Hugues de Castelnau reçoit, lui aussi, indifféremment, les titres de *defensor* et d'*abbas laicus* ou *miles*, le premier exprimant le prétexte et l'origine de ses envahissements, et l'autre, le but et le fait d'une domination tyrannique. Nous prions le lecteur de vouloir bien se reporter aux détails que contient la notice précitée.

§ 2. *SERVUS VICARIUS* OU *SERVUS JUDEX*, LE SERF-VICAIRE OU SERF-JUGE; *VICARIUS*, LE VICAIRE; *JUDEX*, L'INTENDANT OU JUGE.

Nous diviserons ce paragraphe en trois parties, correspondant aux trois périodes dans lesquelles nous trouvons ces offices, et que l'on peut caractériser par les termes suivants :

Période des serfs-vicaires;

Période des vicaires vassaux;

Période de l'affranchissement des vicaires.

I. *Première période : des serfs-vicaires.* — Il est presque superflu de faire observer qu'il ne s'agit point ici d'un fonctionnaire public, *judex publicus*, d'un magistrat délégué du souverain, en un mot, du *vicarius*, qui est nommé, dans une foule de documents du VIe au XIe siècle, après les comtes, les vicomtes, et alternativement avant ou après le centenier, *centenarius*. Quatre de nos chartes, datées du IXe siècle, et une cinquième, datée du XIe siècle, portent les suscriptions de témoins ainsi qualifiés [1]. Mais ce sont là les seules mentions que notre cartulaire contienne de cet ordre de magistrats; et ce n'est point un motif suffisant d'en étudier ici les attributions.

[1] Adalardus, CLV, an. 893; Aderbertus, LXXVI, an. 894; Bernard, CLII, an. 891; Deotimius, CXVI, an. 894; enfin Géraud, XV, an. 1073-1076.

INTRODUCTION.

Les terres de l'abbaye, il ne faut pas l'oublier, étaient des terres d'immunité, affranchies de la juridiction des officiers publics; les moines et leur abbé étaient, par suite, revêtus de tous pouvoirs, notamment du pouvoir judiciaire, sur les habitants de leurs possessions[1].

La justice, administrée directement par l'abbé, par le prévôt et les obédienciers, à ceux qui se trouvaient dans leur dépendance immédiate, était rendue, hors de cette dépendance immédiate, par les délégués de l'abbé et des religieux; les uns et les autres étaient des juges privés, *judices privati*, ainsi appelés par opposition au *judex publicus*.

Les juges de l'ordre inférieur avaient, en même temps, pour mission de percevoir les redevances au nom des moines leurs seigneurs, et portaient ainsi en eux-mêmes le double caractère de *magistrats* et d'*intendants*.

C'est ce que met en lumière, avec des particularités remarquables, la charte dont nous allons analyser les dispositions.

Par un règlement édicté vers l'année 971, les abbés Géraud et Adalgaire instituent dans certaines de leurs villas, et notamment dans celles de Favars, de Mayrinhac et du Puy, des serfs-vicaires ou juges, *servi vicarii* ou *servi judices*, chargés d'exiger le service dû à leurs maîtres par les hommes de l'abbaye. Ces officiers ont aussi à rendre la justice, puisque le tiers des droits de plaid et des investissements de propriété leur est attribué[2].

Ils sont tous pris dans la court de Chameyrac, fisc royal, transmis par les souverains à l'abbaye, et dont les serfs, *fiscalini*, étaient, comme on sait, d'une condition supérieure à celle des serfs ordinaires.

Il est expressément défendu à eux et à leurs descendants de devenir

---

[1] Un diplôme de Charlemagne, de l'an 803, pour le monastère d'*Atanum* (Saint-Yrieix), définit nettement cette conséquence directe et nécessaire de l'immunité : « Ipsi vero (monachi) sint judices suarum causarum, servorum ac famulorum suorum. » (*Gallia christiana*, nov. edit. t. II, instrum. col. 179.)

[2] « Tertiam partem de omnibus placitis et de vestitionibus similiter. » L.

INTRODUCTION.

chevaliers, de porter l'écu, l'épée, ou aucune arme autre que la lance, et plus d'un éperon, et d'avoir leur vêtement fendu devant ou derrière[1].

On cède à chacun d'eux un manse dans la villa placée sous sa surveillance, et, de plus, dans chacun des autres manses, 4 deniers et une poule[2], le tout indépendamment du tiers des plaids et mises en possession.

Il leur est interdit d'exiger de leurs subordonnés la fourniture d'aucun véhicule ni aucune corvée de transport.

S'ils viennent à être convaincus d'infidélité, ils perdront leur bénéfice et retomberont en servitude.

Ils doivent jurer sur l'autel de saint Pierre, en présence de l'abbé, fidélité aux moines desquels dépendent directement les terres où les serfs-vicaires sont institués.

A la mort de chacun d'eux, son bénéfice, *honor,* retournera à l'abbaye, et les religieux enseveliront le défunt avec honneur. S'il laisse des enfants légitimes, l'aîné aura le bénéfice, après lui le puîné, et ainsi de suite jusqu'au dernier.

---

[1] L. C'était la conséquence de la prohibition d'avénement à la chevalerie. Les chevaliers avaient leur cotte ou petite tunique coupée de manière à permettre de monter facilement à cheval.

[2] *Ibid.* La villa de Favars, comprenant cent manses, le serf-vicaire percevait, pour quatre-vingt-dix-neuf d'entre eux (il possédait le centième manse), 396 deniers ou 33 sous et 99 poules; dans celle de Mayrinhac, de laquelle dépendaient soixante manses, le serf-vicaire percevait 236 deniers, soit 19 sous 8 deniers et 59 poules; dans l'obédience du Puy ou du Colombier, qui contenait quarante manses, il percevait 156 deniers ou 13 sous et 39 poules; dans celle de *Rundenarium,* qui avait trente manses, cet officier percevait 116 deniers ou 9 sous 8 deniers et 29 poules. En évaluant à 210 francs de notre monnaie le revenu moyen du manse occupé par le serf-vicaire, et à 1 fr. 50 cent. le prix moyen de la poule due par chaque manse, en y ajoutant enfin les deniers perçus sur tous les manses dépendants de sa circonscription, on voit que cet officier tirait de son bénéfice un *produit fixe,* qui valait, de notre monnaie : 1,293 francs à Favars, 849 francs à Mayrinhac, 634 francs au Puy ou au Colombier, 510 francs à *Rundenarium.* A chacun de ces chiffres venaient se joindre les droits de justice et d'investissement, droits éventuels et variables, et que nous n'avons aucun moyen d'estimer, même approximativement.

Et, si un serf-vicaire vient à abandonner sa tenure, son successeur payera cent sous, et prêtera serment de fidélité.

Il en sera de même, ajoute le règlement, de générations en générations.

Dans cet acte précieux, qui définit, avec tant de précision, tout ce qui se rapporte à ces *ministeriales,* nous signalerons quatre points principaux :

Leur double qualité de magistrat et de régisseur;

Leur serment d'hommage et de fidélité, qui les assimile déjà à des tenant-fiefs;

La prohibition de s'élever au rang de chevalier, qui trahit la crainte, révèle la fréquence du fait, et atteste, dans tous les cas, la tendance des serfs fiscalins à se dégager des liens de la servitude pour monter aux conditions supérieures;

La transmission héréditaire de l'office et de la tenure par ordre de primogéniture, consacrée comme un droit.

Pris dans son ensemble, cet acte marque la période du servage adouci, mais du servage de ces officiers.

II. *Période des vicaires vassaux. Le* vicarius *et le* judex *au* XIIe *siècle.* — Nous avons vu que, parmi les courts ou villas pourvues, au Xe siècle, de serfs-vicaires ou serfs-juges *héréditaires,* se trouvait celle de Favars.

Si nous descendons au XIIe siècle, nous retrouvons dans cette court de Favars, non plus le *servus vicarius* ou *judex,* seule et même personne, mais le *vicarius* et le *judex,* distingués l'un de l'autre, et tous deux dégagés de ce titre de *servus,* qui rappelait la condition servile de leurs prédécesseurs.

Il est tout à fait vraisemblable que le vicaire de Favars était le descendant du serf-vicaire institué dans cette même terre, *à titre héréditaire.* En effet, comme le serf-vicaire, il doit prêter serment de fidélité à l'abbé, et il porte le même titre, sauf la modification qu'il était dans la nature des choses qu'il y fît pour effacer les traces de son origine de fiscalin. Nous pouvons donc tenir cette filiation pour établie, ou du moins démontrée comme très-probable.

INTRODUCTION.

L'une de nos chartes[1] nous fait connaître les redevances qui sont dues au vicaire par chacun des cultivateurs : deux gerbes, une charge de foin et une mesure de mixture ou méteil par cartonnée de terre.

Ce même monument, qui a, comme l'acte de 971, la forme d'un règlement, établit la supériorité du *vicarius* sur le *judex*, juge ou intendant, et détermine les attributions spéciales à chacun d'eux, ainsi que les obligations qui leur étaient communes.

La supériorité du *vicarius* sur le *judex* ressort d'un passage où le fief de ce dernier est expressément affranchi du droit de coercition et de saisie du *vicarius*, ce qui fait supposer que, sans cette disposition, le vicaire aurait eu ou aurait pu s'arroger ce pouvoir. Et, comme on n'affranchit pas le fief du vicaire d'un pareil droit du *judex*, c'est que celui-ci ne le possède pas et n'y prétend point.

Les legs faits librement au vicaire sont maintenus; il n'est rien dit du *judex*.

Le vicaire jouit d'une autorité principalement judiciaire, car il a droit de coercition, punition et saisie, hormis sur les fiefs de certains *ministeriales*, qui sont le juge, le cellérier, le percepteur, le chef cuisinier et le pêcheur. Lorsqu'un homme refuse, après avoir cultivé une terre abandonnée, de payer le cens, le *judex* recourt au vicaire pour l'y contraindre.

Le *judex* est bien aussi, à certains égards, un officier de l'ordre judiciaire, car il a également un droit de saisie, sauf dans les fiefs cités plus haut : si un habitant meurt sans enfants, ce qui reste de la succession, après le prélèvement des legs faits à l'abbaye ou au vicaire, le *judex* le saisit et le garde en dépôt jusqu'à l'arrivée du prévôt; et ce dernier divise l'actif en trois portions, dont deux sont attribuées à l'abbaye, et la troisième partagée entre le *judex* et le vicaire. Le *judex* remplit là, à certains égards, des fonctions qui se rapprochent de celles de l'officier de police judiciaire et de l'huissier dans notre régime moderne.

[1] CI.

Mais un homme a-t-il mis spontanément en culture un terrain abandonné, le *judex* doit faire recette, pour compte des religieux, de ce qu'elle a produit. Or c'est là le rôle d'un régisseur, et il paraît que ses attributions judiciaires sont peu étendues, puisqu'il est obligé, en cas de refus, de recourir au pouvoir coercitif du vicaire.

Ce double rôle de magistrat subalterne et d'intendant n'a, du reste, rien qui doive étonner. Il ne faut pas perdre de vue que, dans cette société féodale où le gouvernement central était absent, où le seigneur réunissait en sa personne et la qualité de propriétaire et celle de magistrat suprême rendant la justice sur sa terre, son délégué présentait naturellement aussi ce double caractère, et exerçait des fonctions publiques, en même temps qu'il remplissait un emploi essentiellement privé [1].

Le vicaire et le *judex* étaient l'un et l'autre soumis, non-seulement à l'abbé, mais au prévôt; car le règlement dispose que, dans un cas de contravention qui y est prévu, ces officiers payeront, comme les délinquants, une amende à l'abbé ou au prévôt.

III. *Période de l'affranchissement des vicaires. Le vicaire de Beaulieu au XIIe et au XIIIe siècle.* — Notre cartulaire ne nous offre pas le moyen de suivre plus loin et d'étudier dans des phases nouvelles la condition du vicaire de la court de Favars [2]; mais on peut, nous le croyons, s'en faire une idée assez exacte, en examinant celle du vicaire de Beaulieu et les transformations qu'elle éprouva suivant la loi générale d'affranchissement graduel par la possession et l'hérédité, qui s'observe dans l'histoire des institutions du moyen âge.

De même que la seigneurie de Favars et les autres terres de l'ab-

---

[1] Cf. à ce sujet le commentaire du capitulaire *De villis*, par M. Guérard, *Bibliothèque de l'École des chartes*, année 1854.

[2] On peut cependant présumer que ce vicaire n'est autre que le Geoffroi de Favars, témoin dans un acte du XIe siècle (ch. XV, an. 1073-1079), et dont Adémar et Guillaume de Favars, nommés, au XIIIe siècle, parmi les principaux feudataires de l'abbaye, étaient vraisemblablement les descendants. (Littera abbatis Begonis, an. 1285. *Acta visitationis Simonis archiepiscopi Bituricensis*, apud Baluzium, *Miscellan.* edit. Mansi Lucensis, t. I, p. 285.)

INTRODUCTION. LXXVII

baye, le village de *Vellinus* était la propriété des religieux; c'était même, on peut le dire, leur plus ancienne possession, et, dans ce village comme dans les autres, ils avaient dû instituer un vicaire chargé d'y exercer certaines fonctions de police et de justice.

Or, au XIIe siècle, nos chartes mentionnent la présence à Beaulieu d'un officier laïque *revêtu des mêmes attributions* que celui de Favars;

Qualifié de vicaire, comme ce dernier;

Obligé à l'hommage, comme lui;

Héréditaire, comme il est dit du serf-vicaire de 971.

On rappelle, dans un acte qui se place vers 1164, que, *suivant l'ancienne coutume et le règlement des abbés, ses prédécesseurs*, l'abbé Pierre de Saint-Céré avait exigé le serment de Bernard, et que cet officier ne se soumit qu'après avoir pris conseil de ses clients[1].

A la mort de Bernard, Géraud, son fils, lui succéda sans contestation. Invité à prêter hommage et serment de fidélité, il éleva un débat sur le cérémonial[2]. Mais l'abbé jugea la cause, entouré d'assesseurs, et condamna Géraud.

Pierre de Saint-Céré ayant résigné l'abbaye aux mains d'Humbert, Géraud refusa de rendre hommage au nouvel abbé, par le motif que lui, Géraud, possédait la croix sur laquelle il avait juré, et que Pierre, qui avait reçu son serment, vivait encore; mais ces objections furent écartées, et il se soumit[3].

Si l'on observe attentivement les faits énoncés dans cette charte, on voit se développer peu à peu les tendances du vicaire à la rébellion et ses efforts pour s'affranchir des marques extérieures de la subordination.

Douze années à peine écoulées depuis le jugement de Pierre de Saint-Céré, nous retrouvons Guillaume de Martignac en lutte ou-

---

[1] CXCII. Le mot *clientes* désigne ici l'ensemble des individus attachés à la personne du vicaire Bernard et soumis à ses ordres : nous voyons plus bas le *cliens* du vicaire recevoir les cautions, dans certaines circonstances, au nom du vicaire. CI.

[2] Voir, sur ce cérémonial, le titre III de la présente Introduction, chap. III, p. XCIII.

[3] CXCII.

verte avec l'abbé son suzerain, et plaidant sur la juridiction et les attributions de la vicairie, *super formam vicariæ*[1], non plus devant le tribunal du seigneur lui-même, mais, d'égal à égal, devant des arbitres choisis par les deux parties.

Héliz, vicomtesse de Turenne, élue arbitre[2] en l'absence du vicomte Raymond II, son époux, et Hugues, évêque de Limoges, règlent de la manière suivante les droits respectifs de l'abbé et du vicaire.

Le vicaire recevra les cautions des jugements[3] sur délits pour faux poids, mesures et verges (*virgæ*) servant à auner les draps, et pour les autres larcins, excepté ceux qui sont commis par les meuniers, les fourniers et les quatre maîtres ou directeurs des ouvroirs, *operatoriorum*, ainsi que par les fermiers des étals de pain et de viande, et, dans l'intérieur du cloître, par les serviteurs des moines.

Les cautions données à raison de litiges survenus touchant les opérations du marché public sont reçues par le vicaire : il en est de même des procès concernant les borderies abbatiales, ou qui surgissent dans la rue du vicaire, *in carreira vicarii*[4]; il est fait seulement exception pour les outrages commis sur la voie publique, hors des habitations et sous le porche ou auvent des maisons, *sub grundia domorum*; les cautions, dans ces derniers cas, seront reçues par le délégué de l'abbé; toutefois le vicaire en aura son tiers.

Quant aux successions des personnes décédées dans sa rue, sans héritiers, ce qui se trouvera dans les maisons mortuaires après l'accomplissement de la volonté légitime du défunt, s'il a testé, appar-

---

[1] CXCV, ann. 1203.

[2] Sans doute par le vicaire, comme Hugues, évêque de Limoges, par l'abbé.

[3] C'est-à-dire les engagements de ceux qui se portent fort que le délinquant se présentera au jugement le jour qui lui est ou sera assigné. (Ch. CXCV.) C'est ce que la charte CXCII appelle *fidejussores in judicio sisti*.

[4] Ces mots paraissent désigner la grande rue du bourg ou petite ville de Beaulieu, ce qui fut plus tard la *grande voirie*. Voici un passage d'une charte du XIIIᵉ siècle, où le mot *carreria* est employé dans le même sens : « Quandam domum suam cum eyrale et solare contiguis dictæ domui, sitæ in villa de Axia, *in carreria de Burgo novo*, inter stratam publicam per quam itur et revertitur de castro militum de Axia. » An. 1299.

tiendra au vicaire; le reste, c'est-à-dire les biens existants hors de la demeure du *de cujus,* sera à l'abbé.

Tant que le vicaire est présent, c'est lui qui reçoit les cautions et pour lui-même et pour l'abbé, conjointement avec le délégué de celui-ci (*cliens*). Quand le vicaire est absent, c'est le représentant de l'abbé qui reçoit et pour l'abbé et pour le vicaire. Le tiers du gain en provenant est au vicaire, les deux autres à l'abbé.

Enfin, on pose cette règle importante que les procès seront portés et plaidés devant l'abbé et le vicaire : *causæ tamen coram abbate et vicario debent agitari.*

Récapitulons les observations que contient ce chapitre :

Dans la première période, au xe siècle, nous avons montré les serfs fiscalins de Chameyrac pourvus de l'office de *serfs-vicaires* ou *juges* par un règlement qui, en déterminant leurs attributions, leur costume et leurs armes, nous révèle les appréhensions de leurs maîtres.

Mais l'hérédité de l'office est accordée, et ce sera le point de départ de leur émancipation.

L'un d'eux est institué à Favars.

Dans la seconde période, au xie et au xiie siècle, nous avons fait connaître les droits du *vicaire* de Favars, les redevances qui lui sont dues, l'existence simultanée de cet officier et d'un juge ou intendant qui lui est inférieur par le rang.

A la même époque, nous avons étudié la condition du vicaire de Beaulieu, établi, comme le premier, sur la terre de l'abbaye, et évidemment institué et délégué dans le principe par l'abbé, tenant l'office de ses aïeux par l'hérédité, et employant des subterfuges pour échapper à la solennité de l'hommage. Enfin nous avons vu la génération suivante refuser même le serment.

Dans la troisième période, au commencement du xiiie siècle, nous trouvons le vicaire luttant ouvertement avec l'abbé et faisant régler contradictoirement, par arbitres choisis, leurs juridiction et droits respectifs.

Et cet affranchissement progressif, incessant, qui s'observe dans l'histoire des petits officiers, et qui n'était qu'une imitation de l'exemple donné par les fonctionnaires et tenanciers de l'ordre supérieur, du mouvement d'ascension de toutes les classes de cette société en travail de la constitution féodale, cet affranchissement, disons-nous, a pour agent principal *l'hérédité*. De même que la terre, l'office a perdu, à chaque transmission héréditaire, le caractère de bénéfice octroyé, pour acquérir de plus en plus le titre de propriété, de fonction indépendante ; à chaque génération, l'officier, comme le colon, s'est dégagé des liens de la servitude et a monté par degrés vers la liberté, jusqu'au moment, marqué dans notre cartulaire à l'année 1203, où le descendant des fiscalins siége sur un tribunal de justice auprès de l'abbé, son ancien maître, aujourd'hui encore son seigneur.

§ 3. LES *MINISTERIALES* DE L'ORDRE INFÉRIEUR.

Après le *vicarius* et le *judex* viennent des *ministeriales*, ou agents de la classe la plus humble, que nous plaçons ici dans l'ordre où ils sont mentionnés dans une des chartes de notre cartulaire [1].

I. *Cellerarius*, cellérier. — Bien différent et bien au-dessous de l'officier monastique qui portait ce même titre dans l'intérieur de l'abbaye même, celui-ci était un officier subalterne, résidant sur les terres de Favars.

II. *Coquus*, le cuisinier, maître ou chef de la cuisine ;

III. *Forestarius*, le forestier, chargé de la garde des forêts ;

IV. *Piscator*, le ministériel préposé à la pêcherie, ou bien à la surveillance des pêcheries [2].

V. *Exactor*, le percepteur ou collecteur des redevances exigées au nom et au profit des religieux. Ce *ministerialis* était aussi dé-

---

[1] CI.

[2] Le *piscator regius* avait une juridiction sur tous ceux qui commettaient un délit de pêche. (Voir Du Cange, *Glossarium*, voce *Piscator*, édition de Firmin Didot.)

INTRODUCTION. LXXXI

signé, quand il avait à faire particulièrement la recette des dîmes dans un petit territoire déterminé, sous le titre de *decimarius*, et était attaché à cette circonscription, de telle sorte qu'il en suivait le sort et qu'on le donnait ou vendait avec la terre [1].

Les cinq officiers de l'ordre inférieur, dont nous venons de parler, étaient affranchis de la juridiction du vicaire et du *judex* de Favars : ils tenaient de l'abbaye certaines possessions, dont les revenus représentaient leur salaire et auxquelles on appliquait la qualification de *fief*[2], *fevum*, ce qui montre bien le régime féodal organisé à tous les degrés de l'échelle sociale, et comprenant dans ses nombreux anneaux toutes les conditions, depuis le prince jusqu'au forestier et même jusqu'à l'humble porcher[3].

VI et VII. A cette liste des *ministeriales* de l'ordre inférieur, on peut joindre : 1° le *cliens*, dont les attributions n'étaient pas définies, et qui remplissait, au nom du personnage auquel il était attaché, tel office ou telle mission suivant les circonstances; par exemple, en l'absence de l'abbé, il avait notamment à surveiller la perception de certains droits[4]; 2° le sergent, *serviens*, qui fut, ainsi que toute sa famille, donné à l'abbaye, conjointement avec le manse qu'il habitait à Las-Vaux, en Quercy[5].

CHAPITRE III.

PROFESSIONS.

I. Les premières et les plus élevées des professions exercées, soit dans l'enceinte, soit en dehors du monastère, étaient celles du *ma-*

---

[1] « Dono illud rectum sive illam rationem quam in ecclesia S. Stephani de Lusde in præsentiarum possideo, videlicet decimam et *decimarium*, et fevum presbyterii. » xxxvi.

[2] ci.

[3] J'ai même noté un exemple de fief de porcher (*feudum porcarii*), dont je regrette de ne pouvoir retrouver et fournir ici la citation.

[4] cxcv, an. 1203.

[5] clxxxvii.

INTRODUCTION.

gister, professeur, et du *grammaticus,* grammairien, titre qui, au moyen âge, désignait l'homme versé dans la connaissance des belles-lettres.

Le *grammaticus* était le plus souvent un moine, un clerc d'église; mais il pouvait se faire, et il arrivait aussi qu'il fût laïque, comme le montre la dédicace qu'Adémar de Chabanais, au xie siècle, inscrivit en tête de sa Défense de l'apostolat de saint Martial, et qu'il adressait aux personnages les plus célèbres de son temps dans les lettres, la philosophie et l'architecture. Cette dédicace nous signale notamment un grammairien, moine de Saint-Pierre de Beaulieu, Wernon ou Guernon[1].

De même que le *grammaticus,* le professeur, *magister,* était ordinairement un religieux de l'abbaye, mais il pouvait être pris aussi parmi les clercs étrangers ou même parmi les laïques.

Vers l'an 1150, c'est-à-dire sous le successeur de Géraud II, nous trouvons à Beaulieu un professeur, *magister,* nommé Bertrand, né à Civray, en Poitou : « venit in pago Lemovicino, in villa quæ vocatur « Belluslocus; ibique aliquandiu legem Dei clericis audire volentibus « quasi *magister* edocuit[2]. » Il se retira d'abord à Aigrefeuille, puis construisit plusieurs oratoires à *Rameria,* à *Carmelus,* à *Ispaniacus,* sur les bords d'une rivière appelée *Celer;* à la prière du vicomte de Calvignac ou Calviac (*de Calviniaco*), il reçut l'ordination des mains d'Aimeric, évêque de Clermont, et mourut en odeur de sainteté[3].

Une charte de 1203[4] désigne les quatre professions suivantes :

II. Les meuniers, *molendinarii;*

III. Les fourniers, *furnarii;*

IV. Les *conductores tabularum,* bailleurs à ferme ou loueurs de

---

[1] « Wernoni grammatico B. Petri apostoli Bellilocensis ecclesiæ monacho. » (*Ademari Cabanensis epistola de apostolatu S. Martialis,* apud Mabillonium, *Annales Benedictin.* t. IV, appendix, p. 717.) On voit dans cette dédicace le titre de grammairien joint à des noms d'évêques et de ducs.

[2] Mss. Biblioth. impér. Collect. Duchêne, t. XXXVIII, fol. 91.

[3] *Ibid.*

[4] cxcv.

tables ou étals, sur lesquels se faisait, en place publique, la vente du pain et de la viande;

V. Enfin les quatre chefs ou maîtres des ouvroirs de Beaulieu, *domini operatoriorum*[1], qui dirigeaient les opérations de ces magasins ou entrepôts[2].

Ces quatre professions étaient affranchies de la juridiction du vicaire et relevaient directement de l'abbé. Peut-être même faudrait-il y reconnaître des *ministeriales* du monastère; pourtant, en l'absence de preuves, nous avons cru devoir nous abstenir de les classer parmi ces derniers.

VI. Une autre charte[3] mentionne les *agricolæ, rustici*, cultivateurs, *messores*, les moissonneurs recevant un salaire, *propter lucrum*, et rétribués en gerbes de blé.

---

[1] Les quatre chefs ou surveillants des ouvroirs étaient, en 1203, B. de Méliac, les deux frères Bomancip, et Étienne de Carennac.

[2] Voir plus haut, p. XXXIX, note 2. —

A Cahors, les ouvroirs étaient groupés autour de la grande tour de l'église de Saint-Étienne. (Voir dans Du Cange, *Glossar.* voc. *Operatorium*.)

[3] CI.

TITRE III.

LÉGISLATION, JUSTICE, FORMULES.

CHAPITRE PREMIER.

DE LA LÉGISLATION.

Les contrées de quelque étendue étaient soumises à trois ordres de législation, savoir : 1° la législation générale, qui, soit d'après la nationalité de chacun, soit d'après la profession qu'on faisait de vivre sous l'empire de la loi romaine, visigothique, salique ou autre, régissait les personnes, les propriétés et les actes dans ce qui n'était pas contraire aux coutumes; 2° la coutume du pays, ou provinciale; 3° enfin la coutume locale, du fisc ou de la seigneurie.

§ 1ᵉʳ. LÉGISLATION GÉNÉRALE.

Un grand nombre de nos chartes rappellent le droit que la loi romaine, et, suivant l'expression employée, la loi des anciens, attribuait à toute personne de disposer de sa propriété [1]; il en est une où elle est qualifiée *unitas legum;* une autre où l'Édit de l'empereur Constantin est mentionné [2]; mais aucune ne nomme le Code Théodosien, si fréquemment cité sous les rois de la seconde dynastie, et particulièrement en Limousin [3].

Nous voyons invoquer encore dans notre cartulaire l'autorité des canons et des décrets des papes, qui consacrent le droit exclusif des

---

[1] *Lex romana.* XX, CIV, CLXXXV. *Antiquorum auctoritas. Legum institutio, voluntas, auctoritas* ou *unitas.* XVIII, XXXIII, XLIV, LXXI, CXXXVII.

[2] CLXI.

[3] « *Theodosiana* declarat *potestas.* » (Ch. an. 871. Mss. Biblioth. impér. Dépôt des chartes.)

INTRODUCTION.

évêques de régler canoniquement les affaires relatives à la reconstruction et à la consécration des églises[1].

Quoique le bas Limousin ait été occupé pendant un assez long temps par les Visigoths, on ne trouve point dans nos chartes, et nous ne connaissons en aucun titre limousin la mention de la loi visigothique, dont il est si souvent parlé dans les actes du Languedoc[2]. La loi salique, dont les citations se rencontrent pourtant dans la Gaule centrale et même en Limousin[3], n'est pas non plus rappelée dans les monuments de la partie méridionale du pays.

§ 2. LA COUTUME DU PAYS, CONSUETUDO PAGI.

Dès le Xe siècle, notre cartulaire mentionne la coutume, *consuetudo*[4], sans doute dans le même sens que les Formules angevines des temps mérovingiens énoncent l'*antiqua consuetudo* ou la *consuetudo pagi*, coutume ancienne du pays[5], et que des chartes de l'an 906 citent l'usage de la province, *mos provinciæ*[6].

Cette coutume, qui régissait un territoire souvent d'une grande étendue, était, dès cette époque, distinguée de l'usage local, *consuetudo loci*, dont nous parlerons bientôt, et qui ne s'appliquait que sur un territoire beaucoup plus restreint. C'était elle encore sans doute que saint Louis, dans sa célèbre ordonnance de 1260 contre le duel

---

[1] XIII, an. 897.

[2] « Si quis..... aliquid abstrahere voluerit,.... sicut *lex Gothorum* decernit, istud..... in duplo vel triplo immelioratum componat. » (Ex chartul. Elnensi, an. 905. Mss. Biblioth. imp. *loc. cit.*) « Declarat auctoritas, Lex Romana et *Gothica* sive Salica, etc. » (Dom Vaissète, *Hist. du Languedoc*, t. II, preuves, col. 85.)

[3] « Lex Romana edocet et *Pactus Salicus*. » (Ch. circa an. 960-966. Mss. Biblioth. imp. *loc. cit.*) « Immo *Lex Salica* continet ut, ubicumque servi dominus voluerit, potest servum relaxare. » (Acta Concilii Lemovicensis, an. 1031. Apud Ph. Labb. et Cossart. *Acta SS. Concilior*. t. IX, et D. Bouquet, *Historiens de France*, t. XI, p. 504.)

[4] « Lex et *consuetudo* edocet. » XXVIII, an. 943.

[5] Formul. Andecav. num. XLV, LIII. Dans Canciani, *Leg. Barbar*. t. III, p. 477, 479, col. 2; et dans Bouquet, *Histor. de France*, t. IV.

[6] « Sicut *mos provinciæ* edocet. » (Ex archiv. Nobiliac. monasterii (monastère de Noaillé, en Poitou), ch. an. 906. Mss. Biblioth. imp. Dépôt des chartes.)

judiciaire, opposait, sous le nom de *coustume du pays,* à la *coustume de la terre* [1].

§ 3. COUTUME LOCALE, *CONSUETUDO* OU *CONSTITUTIO LOCI*.

L'existence des coutumes locales, *consuetudo loci* ou *villæ*, régissant une seigneurie, un village, une ville, est signalée, dès le viie siècle, par le testament de Burgondofara, et, à des époques plus récentes, par de nombreux documents [2].

Notre cartulaire nous en offre un exemple dans la charte CI, qui fixe les droits du vicaire de la court ou seigneurie de Favars, les redevances en nature qui lui étaient dues, et leur mode de mesurage; défend aux cultivateurs de contracter des unions hors de cette terre et détermine le chiffre de l'amende à payer en cas d'infraction à cette loi de la seigneurie, *hanc constitutionem;* règle enfin le droit de tester et le partage des successions. Sur tous ces points, la charte dont nous parlons constitue la loi particulière à laquelle les habitants du territoire de Favars sont soumis.

Nous devons faire observer que ces règles, établies dans un fisc ou domaine déterminé, et procédant de la volonté arbitraire du seigneur, s'appliquaient presque exclusivement aux serfs, colons ou ministériels, tous engagés, à des degrés divers, dans les liens de la servitude.

Enfin, pour terminer sur ce sujet, nous rappellerons que la *coutume de la terre* continua de se distinguer, au moyen âge, de la *coutume du pays, consuetudo pagi,* dont l'application s'étendait à une plus vaste circonscription [3].

---

[1] « Et se chil qui appeler veut, quant il aura ainsi dit, ne veut poursievre sa clameur, il la peut laisser sans peine et sans peril, et se il veut sa clameur poursievre, il fera sa clameur ainsi que l'en la doit faire par la *coustume du pays,* et aura le repis selon la *coustume de la terre.* » (*Recueil des ordonnances des rois de France*, t. I, p. 86.)

[2] « Secundum legem et *consuetudinem loci ipsius.* » (Testament. Burgundofaræ pro monast. Eboriacensi, an. 632. Collect. diplomat. et chartar. t. II, édit. de Pardessus, p. 16.) « Per probos homines Bituris manentes, secundum *villæ consuetudinèm* sit judicatum. » (Diplôme du roi Louis le Jeune, an. 1173; dans La Thaumassière, *Histoire du Berry,* p. 135.)

[3] Voir plus haut, p. LXXXIV.

CHAPITRE II.

DE LA JUSTICE.

Il faut distinguer : 1° la justice publique, exercée par un officier public, délégué du souverain, *judex publicus;* 2° la justice privée, exercée en pays d'immunité par le seigneur de la terre, ou par ses officiers particuliers, *judices privati;* 3° la juridiction volontaire, exercée par des arbitres.

§ 1er. JUSTICE PUBLIQUE. — DUEL JUDICIAIRE.

Notre cartulaire fait connaître deux plaids, l'un de 871, l'autre de 960.

Le premier, tenu à *Senmurum* par le comte de Toulouse, Bernard, et par ses assesseurs, *boni viri,* pour statuer sur la propriété de l'église de Saint-Christophe de Cousages, ne présente aucune particularité intéressante [1].

Dans le deuxième plaid, qui eut lieu devant l'église de Saint-Sernin [2], en présence de Raymond Ier (comte du Rouergue et, par indivis, du Quercy), assisté de nobles hommes, deux plaideurs qui se disputaient une église furent tenus, par une première décision, de désigner chacun un champion appelé *vicarius,* qui serait chargé de soutenir sa cause en champ clos. Les deux champions ayant combattu depuis la deuxième heure du jour jusqu'au coucher du soleil, sans que la victoire se fût déclarée d'aucun côté, le comte et ses assesseurs décidèrent que ni l'un ni l'autre des plaideurs n'avait droit à l'église litigieuse, et ils l'adjugèrent à l'abbaye de Beaulieu, qui avait à faire valoir une précédente concession [3].

---

[1] XXVII.

[2] La petite ville de Saint-Sernin, sur le Rance (département de l'Aveyron). Catel a cru que ce passage-là désignait Saint-Sernin de Toulouse ; mais, comme il s'agit d'un plaid du comte de Rouergue, c'est dans ce pays qu'il faut fixer la position.

[3] XLVII. Dans le duel judiciaire, les com-

INTRODUCTION.

§ 2. DE LA JUSTICE PRIVÉE.

C'était celle que le seigneur (église, monastère ou laïque) administrait sur sa terre, en vertu d'une immunité qui lui était conférée par le souverain ou qu'il s'était arrogée, et qui devint générale quand la féodalité se fut rendue définitivement maîtresse de la presque totalité du territoire.

Ce seigneur et les officiers ses délégués étaient des *judices*, nommés, dans les actes de la période carlovingienne, *privati*, juges privés[1], ou bien *judices immunitatis* (par corruption *emunitatis*), juges de l'immunité[2], par opposition aux *publici*, magistrats investis d'une juridiction par le souverain. Les uns et les autres, mais plus spécialement ces derniers, étaient qualifiés *judices sæculares*[3], par opposition aux *ecclesiastici*. Ajoutons que ce terme *ecclesiastici* était opposé plus souvent encore que *privati* aux *judices publici*, parce que l'immunité qui emportait la juridiction avait été bien plus fréquemment concédée aux églises et monastères qu'aux propriétaires laïques. On ne rencontre même dans les monuments qu'un petit nombre d'exemples d'immunités accordées à cette dernière classe[4].

---

battants avaient pour toutes armes un bâton et un bouclier. « .... ut illi duo decertent *cum scutis et fustibus....* » (Capitular. Ludovici Pii excerpta ex lege Longobardorum, cap. III; dans Baluze, t. Ier, col. 689-690.) Le combat judiciaire est mentionné, dans notre charte CI, qui est d'une date beaucoup plus récente, sous le nom de *batailla*. « Nous deffendons à tous, dit saint Louis dans la célèbre ordonnance de 1260, les *batailles* partout nostre domengne. » (*Recueil des ordonnances des rois de France*, t. Ier, p. 86-93.)

[1] « Ut ab omnibus optimatibus nostris, et judicibus *publicis* ac *privatis* melius ac certius credatur. » (Dagoberti diploma pro monasterio S. Dionysii; dans Du Cange, *Glos-*

sar. édit. Didot, t. III, p. 915, 1re colonne.)

[2] « Ut latrones de infra emunitatem a *judice ipsius emunitatis* in comitis placita præsententur... » (Capitular. Caroli M. et Ludovici Pii, lib. VII, cap. CXCV; dans Baluze, t. Ier, col. 860.)

[3] « ... Ut clerici ecclesiastici ordinis, si culpam incurrerint, apud *ecclesiasticos* judicentur, non apud *seculares*. » (Capitular. Caroli M. an. 789, c. XXXVII; dans Baluze, t. Ier col. 227.) — « Nemo episcopum apud judices seculares accusare præsumat, sed apud primates suos. » (Capitular. Caroli M. et Ludovici Pii, lib. VI, cap. CCCLXXXI; *ibid.* t. Ier, col. 994.

[4] « Ut omnes justitias faciant tam publici quam *ecclesiastici*. » (Capitular. Caroli M.

INTRODUCTION.

I. L'abbé de Beaulieu possédait et exerçait ce droit de justice par application des priviléges que la maison religieuse tenait de la munificence des princes[1] et du souverain pontife[2].

Nous voyons Pierre de Saint-Céré rendre, au XIIe siècle, son jugement dans une cause qui s'agitait entre lui et Géraud, vicaire laïque de Beaulieu, au sujet de l'hommage dû par celui-ci. « La cause, dit notre cartulaire, fut examinée dans les mains de l'abbé, qui entendit les témoins et rendit sa sentence, assisté d'assesseurs, *per assessores suos*[3], » lesquels étaient sans doute des notables de Beaulieu.

Il jugeait de même les litiges qui s'élevaient entre lui et les officiers monastiques; seulement les assesseurs étaient, dans ce cas, les moines de la communauté, et le jugement était rendu *in communi capitulo*[4].

Ces derniers jugements avaient une certaine solennité : tous les religieux sans exception y prenaient part. Ceux qui étaient, dans le moment, absents du monastère, étaient convoqués à la séance.

II. Au-dessous de l'abbé, ce fut d'abord le prévôt et plus tard le prieur, qui exerça la juridiction sur les officiers monastiques et laïques.

III. Dans un ordre inférieur à l'abbé, au prévôt et au prieur, les serfs-vicaires ou serfs-juges, au Xe siècle, rendaient, ainsi qu'on l'a vu plus haut, la justice dans les villas, mais seulement aux personnes de condition plus ou moins servile[5].

Plus tard, quand les descendants de ces officiers eurent pris, comme celui de Beaulieu et celui de Favars, le titre de vicaire, ils exercèrent, dans un ordre à peu près parallèle au prévôt, leur juridiction sur les hommes et sur les terres, mais dans des limites qui leur étaient tracées, soit par le *Breve de exemptis vicarii*[6], soit par la

---

lib. V, cap. XVI; dans Baluze, t. Ier, col. 828.)
[1] V, VIII, XII.
[2] II.
[3] CXCII.
[4] CXCI.
[5] L.
[6] CI.

INTRODUCTION.

sentence arbitrale de 1203[1], aux termes de laquelle le vicaire et l'abbé jugeaient ensemble les causes litigieuses.

IV. Enfin, à un degré plus bas encore, se plaçait le *judex*, qui faisait office d'intendant et usait en même temps d'une sorte de pouvoir judiciaire sur les serfs et colons de l'abbaye[2].

§ 3. JURIDICTION VOLONTAIRE.

Il faut descendre au XIIIe siècle, c'est-à-dire aux derniers titres du Cartulaire, pour trouver des exemples de sentences arbitrales.

Elles sont au nombre de deux.

L'une a été rendue, dès 1203, entre l'abbé et le vicaire de Beaulieu, par Hugues, évêque de Limoges, et Héliz, vicomtesse de Turenne, arbitres choisis, à l'amiable, *electis de consensu ipsarum partium amicabiliter*. C'est cet acte qui régla les attributions respectives des parties contendantes[3].

L'autre a été rendue à Martel, l'année suivante, entre l'abbé Pierre et son subordonné le prieur de Friac d'une part, et les seigneurs de Saint-Michel d'autre part, au sujet de la propriété du marais de Fontial.

Géraud de Gourdon, abbé d'Aubazine, et Robert, seigneur de Cavagnac, furent nommés arbitres, et les termes de ce compromis sont remarquables en ce qu'ils reproduisent, à peu de chose près, les formules employées par les modernes et sembleraient écrites de nos jours[4].

---

[1] CXCV.

[2] CI.

[3] CXCV.

[4] Chacune des parties expose à son tour ses prétentions; puis elles déclarent composer sur leurs débats et s'en remettre à la décision des arbitres. «*Et nos arbitri*, est-il dit ensuite par les arbitres choisis, *dictum omnis compromissionis suscipientes et virtute potestatis nobis attributæ, visis omnibus, hinc et inde arbitramur et per præsentes ordinamus quod pro omni jure, juste vel injuste, etc.*» XXXVII.

ns. xci

CHAPITRE III.

FORMULES.

FORMULES ÉCRITES ET SYMBOLES. — STIPULATIONS REMARQUABLES.

§ 1ᵉʳ. FORMULES ÉCRITES ET SYMBOLES.

I. *Formules écrites.* — 1° *Consécration à la vie monastique.* — Dans les actes par lesquels on vouait son fils ou son frère à la vie religieuse, l'uniformité de rédaction indique l'emploi d'une forme sacramentelle. On y remarque notamment la clause par laquelle les auteurs de ces actes engagent la foi et l'existence entière du nouveau clerc aux devoirs de la vie monastique [1].

2° *Vente.* — La formule de vente se produit dans plusieurs chartes d'une manière presque identique, à des époques assez éloignées [2]. Il en est une qui paraît présenter plus complètement le type consacré : elle porte en tête cette maxime de droit encore en vigueur, que la vente est parfaite et indissoluble quand on est d'accord sur la chose et sur le prix [3].

3° *Précaires.* — Cet acte consistait à faire cession de ses droits de *propriété* à une autre personne, en stipulant que l'on en conserverait la *possession* ou l'*usufruit,* à la charge de payer un cens ou une redevance, et souvent qu'après la mort du donateur la pleine propriété et la jouissance passeraient au donataire [4]. C'est cette stipulation ou réserve de possession à titre *précaire* qui constituait, à proprement parler, la *précaire;* elle était le plus souvent confondue avec la donation et

---

[1] XCIV, XCVII, CVII, CLXXXII.
[2] X, XX, XXV, LXXII, CXII, CXVII, CXXXVIII, CLXXXIV.
[3] CXII.
[4] On stipulait assez souvent aussi la possession ou l'*usufruit* pour ses successeurs.

faisait corps avec elle, et le nombre de ces sortes d'actes est tellement considérable dans le Cartulaire, qu'il est inutile d'en donner la citation. On trouve, mais assez rarement, la précaire séparée de la donation; ce dernier acte devait être renouvelé tous les cinq ans, mais on pouvait, à l'avance et dans le titre primitif, se dispenser de ce renouvellement[1].

La prohibition d'aliéner à aucun titre l'objet donné, la constitution de la main-morte, est une des clauses les plus communes[2]. Il est même quelquefois interdit aux moines et à l'abbé de rien distraire de la libéralité pour leur usage personnel[3].

Les donateurs exigent aussi, en retour de leurs munificences, l'inscription de leur nom sur les tables de la maison religieuse, *in regula*, et des exercices particuliers à leur anniversaire, offices, repas en commun, réunion de pauvres qui fassent la veille entière et sonnent le glas funèbre[4]. Godefroi, comte de Turenne, impose même au couvent tout entier l'obligation de chanter, chaque jour, avant l'heure du chapitre, des psaumes pour le repos de son âme[5].

Dans la plupart des actes, il est dit qu'en cas de non-accomplissement des conditions prescrites, la libéralité sera révoquée, ou bien que les héritiers naturels du donateur pourront reprendre l'objet donné, soit en déposant sur l'autel de saint Pierre, soit en remettant à l'abbé une somme déterminée à l'avance[6].

II. *Symboles.* — 1° *Tradition symbolique.* — Elle avait lieu par la corde de la cloche que le donateur offrait au donataire, à la porte de la maison, *per cordam signi et hostium domus*[7]; par les mêmes signes et de plus par une motte de terre ou une branche d'arbre, *per cespitem de terra, ramum de arboribus*[8].

---

[1] XXIII. « Hæ duæ precariæ uno tenore conscriptæ, sic obtineant firmitatem *quasi de quinquennio in quinquennium fuissent renovatæ vel factæ.* »

[2] XXXVIII, XLVI, XLVIII, CLXII.

[3] XXXVIII.

[4] III, XI, XIV.

[5] III.

[6] XXXVIII, XLVI, XLVIII, LVII, CXLVI.

[7] CLXIII, an. 887.

[8] CLXXIII, an. 881.

INTRODUCTION. XCIII

Toutefois, dans l'un et l'autre cas, le donataire ou ses représentants faisaient dresser, en présence du donateur ou de son délégué, une notice écrite de cet investissement, *notitia gurpitionis*[1].

A ces renseignements il nous semble utile de joindre celui que nous offre un autre cartulaire du bas Limousin sur la tradition symbolique. Pendant que l'abbé de Tulle et le prieur de Bort plaidaient, à Limoges, au sujet de l'église de Viam, qu'on disait être un alleu du comte de la Marche, un moine de Tulle sortit du *mallum* et alla trouver ce seigneur. Le comte, sur le récit des faits, concéda l'église à l'abbaye de saint Martin au moyen d'un petit clou de cheval qu'il tenait à la main, *cum clavello equino quem tenebat in manu*. Le moine retourna sur ses pas, produisit au plaid le symbole de la tradition, et l'objet litigieux fut adjugé au monastère de Tulle[2].

2° *Donation par le baiser.* — Le vicomte Ébles, dans son testament, distingue ce qu'il a donné à son épouse par le baiser, *per osculum, in osculum, cum osculo*, de ce qu'il lui a donné par charte de tradition, *per cartam traditionis*[3]. On entendait par la donation du *baiser*, celle qui était faite à l'occasion et en considération du mariage, *propter nuptias*[4].

3° *Formes de l'hommage.* — Le vicaire, officier laïque de Beaulieu, faisait hommage à l'abbé, d'abord dans le chapitre, ensuite devant l'autel de saint Émile, l'un des patrons du monastère; et, pendant qu'il prêtait son serment de fidélité, il devait toucher de la main les saints Évangiles et la croix du Seigneur, ainsi que les reliques de saint Pierre, qui avaient été préalablement déposées sur l'autel[5]. Les mêmes formalités étaient observées pour la prestation de serment des seigneurs de Cavagnac, qui tenaient leur château en fief de l'abbaye[6].

Un mode différent était usité, au XIIIe siècle, pour l'hommage de l'abbé à l'archevêque de Bourges, son seigneur suzerain[7].

---

[1] CLXXIII, an. 881.
[2] Ex chartulario Tutel. ann. 1106. Apud Baluzium, *Histor. Tutel.* col. 453.
[3] XXX, 1165-1170, XCVIII, 1032-1060.
[4] Du Cange, *Glossar.* voc. *Osculum*.
[5] CXCII, an. 1164-1190.
[6] CXCVI.
[7] En 1285, l'archevêque Simon, dans

INTRODUCTION.

§ 2. STIPULATIONS REMARQUABLES.

1° *Stipulation du droit d'asile.* — Hugues de Castelnau, Aspasia sa femme et leurs trois fils, faisant donation de l'église de *Macerias*, appelée depuis Bonneviolle, l'accompagnent de la déclaration suivante : « Si quelqu'un d'entre nos esclaves ou les esclaves d'autrui, ou si quelqu'un proscrit de sa patrie, même à raison du crime le plus infâme, venait à se réfugier dans le village ou dans les limites de son territoire, *infra metas*, qu'il y soit toujours libre et à l'abri de toute poursuite[1]. »

C'est évidemment là le droit d'asile créé par la seule volonté du seigneur sur une propriété particulière, en faveur des esclaves et des criminels fugitifs. Cette stipulation n'est point un fait isolé, car nous voyons, dans une charte de Saint-Jean-d'Angély, la comtesse Agnès attribuer le même privilége à la terre de Saint-Jean[2].

2° *Conditions diverses et clauses pénales.* — Souvent le donateur assigne une destination à ses libéralités : l'éclairage de l'église, de l'autel ou oratoire de l'un des saints patrons de l'abbaye, ou bien le service divin[3].

3° *Anathèmes.* — Les anathèmes qui terminent certaines donations sont dirigés, soit contre les donateurs eux-mêmes, leurs successeurs, ou toute personne qui voudrait troubler l'abbaye dans sa possession, soit contre l'abbé et les moines qui distrairaient l'objet donné des biens de la communauté[4].

---

le cours de sa tournée pastorale, reçut l'hommage qui lui fut rendu dans la forme suivante : « L'abbé, les mains jointes et placées entre les mains du prélat son seigneur, lui donna un baiser sur la bouche, et, après avoir touché de la droite les saints Évangiles, prêta le serment de fidélité. »

[1] « Liber et semper immunis permanserit. » XXXIX, an. 1100.

[2] « Omnes qui ad eam (curtem S. Johannis) confugerint, cujuscumque criminis rei sint, securos ab omnibus et tutos esse præcipimus; et nullus iis quicumque infra ambitum ejus fuerint, dum intus fuerint, aliquam violentiam inferre præsumat. » (Ch. an. 1060. Mss. Biblioth. imp. Collection de Dom Housseau.)

[3] XXXVIII, CXXXIX, CXLVIII, CL, CLIV, et passim in Chartulario.

[4] III, XVI, XXVIII, XLVI, LIII, LXVII,

En voici trois exemples curieux : « Si quelque pervers ou ennemi de Dieu tentait de soustraire au Seigneur et à sa sainte Mère ce qui leur est offert par le présent, qu'il sache que ce n'est point une seule condamnation ou la malédiction d'un seul[1] qui le frappera ; que les anges et les archanges, que les dominations, les principautés et puissances du trône, et toutes les vertus des cieux, chérubins et séraphins, appellent sur lui la vengeance divine ; qu'il ne trouve parmi les hommes aucun ami qui veuille combattre et le Seigneur et la Reine des cieux ; qu'il soit exclu de toute cérémonie ecclésiastique et anathématisé ; qu'il ne reçoive ni assistance ni pardon d'aucun catholique, et qu'à la mort même il soit privé de sépulture[2]. »

« Si quelqu'un, s'écrie l'auteur d'une autre charte, venait à ravir à saint Pierre et à la communauté des moines le manse qui leur est donné, que le diable Satan, qui entra dans Judas Iscariote après la bouchée de pain qu'il tenait de la main du Sauveur, entre dans son corps et le porte en enfer[3]. »

« Que notre libéralité, dit un troisième donateur, reste perpétuellement intacte et incontestée ; que tout contradicteur soit repoussé ; qu'il encoure la colère de Dieu, et soit ignominieusement relégué en enfer avec ceux qui, au Sauveur du genre humain, disent à grands cris : « Éloignez-vous de nous ; nous ne voulons pas suivre votre voie ; « nous préférons rester séparés des anges et des saints. » Qu'il soit réuni, dans les profondeurs infernales, à Datan et Abiron que la terre engloutit vivants, au traître Judas qui livra le Seigneur, à Hérode, à Julien, à Néron et à Simon ; qu'enfin la lumière se convertisse pour lui en ténèbres dans toute l'éternité[4]. »

4° *La fin du monde annoncée comme prochaine.* — Les siècles chrétiens qui précédèrent l'an 1000 se préoccupèrent vivement de l'ap-

---

LXXXV, XCIV, CXIV, CXXI, CXXXVI, CXXXVII, CXXXIX, CXLVIII, CL, CLIV.

[1] C'est un évêque qui parle, Bernard II, abbé de Beaulieu et évêque de Cahors.

[2] CLIV, an. 1004-1028.

[3] CXVI.

[4] CL, an. 984.

proche de cette date, qui, d'après certaine interprétation de l'Apocalypse et suivant la croyance populaire, devait être témoin de la fin du monde. C'est une erreur de croire que ce sentiment d'épouvante ait pris naissance peu de temps ou même un ou deux siècles avant cette époque, que l'on considérait comme fatale. Nous en trouvons une manifestation dans un monument dont la sincérité est incontestable, le testament de sainte Radegonde, daté de 584; il débute par ces mots : « *Mundo in finem currente*[1]. »

Un autre document, également authentique, de l'an 734, la charte d'Évrard et de Chimildrude pour le monastère de Wissembourg, est plus explicite encore, et la formule qui y est employée a été souvent reproduite dans les actes des siècles suivants : « *Mundi termino adpropinquante*, ruinis crebrescentibus indicia certa manifestantur, liquida declarare noscuntur, et ad discuciendas torpentes infidelium mentes, illa dudum in Evangeliis a Domino dicta oracula incumbere noscuntur[2]. »

Ainsi, dans l'un de ces actes, 366 ans avant l'an 1000, dans l'autre, 416 ans avant la même époque, la crainte de ce cataclysme suprême se faisait entendre. L'expression en devint naturellement plus fréquente à mesure qu'on avançait vers le terme redouté.

Plusieurs de nos chartes la contiennent dans leur préambule[3]. Si nous consultons leurs dates, nous voyons qu'elles embrassent une période d'un siècle et demi avant l'an 1000. Au delà, nous la trouvons encore énoncée dans un seul titre de l'an 1060[4], mais cette rédaction n'est sans doute que la reproduction, faite machinalement et sans discernement, d'une formule précédemment en usage.

On a accusé les abbés et les moines d'avoir répandu et exploité un sentiment de terreur qui contribuait à les enrichir; mais cette accusation est d'autant plus injuste, qu'au Xe siècle l'un d'entre eux et des

---

[1] *Chartæ et diplomata*, édit. Pardessus, t. I, p. 151.

[2] *Ibid.* t. II, additamenta, p. 457.

[3] I, III, XVI, XXI, XXIX, LV, LVII, LX, LXXIII, CLXIII, CLVI, CLXVI.

[4] XIV.

plus célèbres, Abbon, moine de Fleury, combattit avec ardeur cette croyance superstitieuse. Faut-il, d'ailleurs, chercher dans une manœuvre intéressée les causes d'un phénomène que la crédulité populaire et la contagion de la peur expliquent suffisamment?

TITRE IV.

ÉTAT DES PERSONNES ET DE LA PROPRIÉTÉ.

CHAPITRE PREMIER.

DE L'ÉTAT DES PERSONNES.

Le Cartulaire de Beaulieu ne fournit que peu de données sur la condition des personnes, et n'ajoute guère de notions nouvelles à celles que renferment les travaux publiés sur ce sujet par les érudits du siècle dernier ou par ceux de nos jours[1].

Nous avons eu seulement l'occasion d'observer le privilége qu'avaient les serfs fiscalins de Chameyrac d'être appelés à commander, en qualité de serfs-vicaires ou serfs-juges, dans les villas du monastère[2]. La court ou villa royale de Chameyrac avait été concédée, en 848, par Pépin II d'Aquitaine, à saint Rodulfe, qui en gratifia l'abbaye; et cette donation fut successivement renouvelée ou confirmée par Charles le Chauve, Carloman et Eudes[3]. Si les abbés de Beaulieu prirent, en 971, dans ce domaine, tous les serfs qui furent établis sur leurs possessions à titre de serfs-vicaires, ce ne fut point, sans doute, par des considérations tirées de qualités personnelles de moralité ou de capacité que l'on aurait observées chez ces agents; ils en auraient trouvé assurément d'aussi habiles et d'aussi dignes de cet office dans les autres terres que l'abbaye détenait depuis longtemps. Leur choix était donc déterminé par la condition de ces fiscalins, par la supériorité qui y était encore attachée et qui constituait une aptitude plus grande au commandement. Cette

---

[1] Perreciot, l'abbé de Gourcy, Guérard et le savant M. Naudet, secrétaire perpétuel de l'Académie des inscriptions et belles-lettres.

[2] L.

[3] IV, VII, VIII, XII.

observation conduirait à penser que le principe de complète égalité de condition entre le fiscalin et le serf ecclésiastique n'est peut-être pas tout à fait aussi absolu qu'on l'a pensé [1]. Peut-être aussi ne faut-il voir dans le fait signalé que la marque d'une supériorité originelle, qui, en dépit de l'*égalité de droits* résultant, pour tous les serfs du monastère, de leur qualité commune de serfs ecclésiastiques, aurait continué, *en fait*, d'avoir assez de prestige pour désigner le fiscalin au choix des religieux.

Une dernière remarque reste à faire sur les serfs-vicaires. Cette dernière qualité impliquait leur affranchissement, car il est dit, dans le règlement qui les institue, qu'au cas où ils seraient convaincus d'infraction aux dispositions qu'il renferme, ils retomberaient en servitude, *ad servitutem revertantur*. Mais la liberté qui leur était ainsi accordée était considérablement restreinte par les conditions auxquelles elle était soumise, et qui, en interdisant aux fiscalins d'aspirer jamais à la chevalerie, les retenaient dans un état voisin de celui de l'esclave : ce n'était donc, en définitive, comme nous l'avons dit plus haut, qu'un servage très-adouci, une transition à la vassalité.

Notre cartulaire nous montre, au XIe siècle, Ébles II, vicomte de Ventadour, prononçant l'affranchissement de tous ses esclaves pour le salut de son âme[2]; mais cette libéralité ne devait avoir son effet qu'après la mort du vicomte, et le sacrifice était mis ainsi exclusivement à la charge de ses héritiers.

Outre les serfs, il y avait sur les terres de l'abbaye des personnes qui les cultivaient, et qui sont désignées dans les actes, soit sous le nom de *rustici*[3], soit sous le titre général de *mancipia*, qui comprenait à la fois la classe des colons et celle des esclaves.

On trouve le mot de *rusticus* employé par opposition à celui de chevalier, *miles*, et à celui de *cliens*[4].

---

[1] Voir Guérard, *Polyptique d'Irminon*, prolégomènes, §§ 174 à 178.
[2] XXX.
[3] Voir CI.

[4] « Si aliquis miles, vel cliens, aut rusticus aliquid de nostro feodo largiri voluerit..... permittimus. » XXXIX.

INTRODUCTION.

Le *cliens* semble représenter une condition intermédiaire entre le *rusticus* et le *miles*, et paraît, dans certaines de nos chartes, être subordonné à des personnages considérables, tels que l'abbé et le vicaire, au nom desquels il agit sans être pourvu d'un office spécial et nettement défini [1].

C'est ici le lieu de parler de la loi du formariage, telle qu'elle était édictée par la coutume en vigueur sur la terre de Favars, dépendance de l'abbaye de Beaulieu. Il était interdit à tout homme de cette seigneurie de prendre une femme étrangère, tant qu'il pouvait y trouver une compagne. De même pour les femmes. Si le vicaire ou le juge se rendaient sciemment complices d'une transgression de cette partie du règlement, *hanc constitutionem*, ils étaient tenus de payer dans les mains de l'abbé ou du prévôt une amende de 60 sous. Si le paysan (colon ou serf) avait contrevenu à la règle sans la participation du juge ou du vicaire, il payait l'amende, et la personne étrangère à laquelle il s'était uni était renvoyée dans la seigneurie d'où elle était sortie [2].

CHAPITRE II.

ÉTAT DE LA PROPRIÉTÉ.

Nous considérerons les biens, en premier lieu, au point de vue de leurs divisions, de leurs espèces diverses et de leur état de culture ; en second lieu, au point de vue de leurs conditions différentes et de leurs rapports avec leurs possesseurs ou les tiers.

§ 1ᵉʳ. DIVISIONS DES TERRES. — ÉTAT DE LA CULTURE.

I. *Nomenclature et définition des diverses espèces de biens.* — La première et principale division de la propriété était la *villa* ou *curtis*. Au-dessus d'elle, les divisions de la terre rentrent dans un ordre plus

---

[1] CXCI et CXCV. [2] CI.

INTRODUCTION.

élevé de circonscriptions géographiques, qui sont l'*orbis*, le *pagus*, la *vicaria*, la *centena*, l'*aicis* ou *aizum*, et l'*arum*, dont nous traitons dans le titre VI de notre Introduction. L'*arum*, quoique fort rapproché de la *villa*, lui est encore supérieur, puisque celle-ci y était contenue [1], et, de plus, il est presque identique avec l'*aicis*, qui forme sans aucun doute un arrondissement géographique.

La *villa* se composait d'une réunion de propriétés agricoles, de manses, bachelleries, borderies, condamines, et autres subdivisions, qu'elle précède toujours dans les indications topographiques.

La court, *curtis*, qui était peut-être, dans l'origine, différente de la *villa*, lui était absolument identique, au IXe et au Xe siècle. La preuve la plus positive s'en trouve dans le *Breve memoriale* de 971, dont le rédacteur, après avoir énuméré plusieurs *curtes*, ajoute : *et sic per omnes* CURTES SIVE VILLAS *imponimus judices servos*[2].

Pourtant, l'une de nos chartes nous montre ce mot employé dans le sens de maison d'habitation [3].

Les *villæ* ou *curtes* renfermaient elles-mêmes :

1° Les *villaria*, petits villages ou hameaux, composés de dix à douze feux ou familles [4];

---

[1] CXLVII.

[2] L. Ce document peut nous servir à déterminer approximativement le nombre de manses dont se composait une villa. Il y en avait cent dans celle de Favars, soixante dans celle de Mayrinhac, trente dans celle de *Rundenarium*; la moyenne serait de soixante-trois manses.

[3] « Mansi integri constructi, cum *curtibus* et ortis. » XVIII. Dans le principe, ce mot désigna le manoir principal de la *villa*, *manerium*, puis le village ou la seigneurie elle-même. Il n'est donc pas sans intérêt de connaître les lieux qui, dans notre cartulaire, sont ainsi qualifiés; ce sont les suivants : *Ad Sanctum Genesium*, Saint-Genest, *Bellusmons*, Belmont, *Biarcis*, Biars, *Camairacus*, Chameyrac, *Cambo*, Chambon, *Campus*, Camps, *Cantedunus*, Chantonie, *Cundatum*, Condat, *Diniacus*, Dignac, *Estivalis*, Estivals, *Favars*, Favars, *Laustangas*, Lostanges, *Lensiacus*, Lanzac, *Matriniacus*, Mayrinhac, *Petraficta*, Pierrefiche, près Saint-Sylvain, *Prisca*, Saint-Médard-de-Presque, *Stranquillus*, Strenquels, *Tauriacus*, Tauriac, *Vairacus*, Vayrac, enfin *Termenonus*, qui est dans le *pagus Rodinicus* (le Rouergue?). I, XVII, XXVIII, XXIX, XLVII, XLIX, L, LIII, LV, LVI, LXXVI.

[4] La charte CVIII mentionne des *villaria* dépendants de la villa de *Dainacus*. C'est de ce mot qu'est dérivé *villiers* dans l'ancien français.

2° Des *baccalariæ*, bachelleries, biens ruraux dont la contenance paraît avoir été la même ou à peu près la même que celle des manses, mais qui n'étaient occupés que par des colons ou des serfs adultes et non encore mariés[1];

3° Des *bordariæ*, borderies, métairies ou fermes, qui étaient, d'ordinaire, moins considérables que les manses, et dépourvues d'attelages pour le labour[2];

4° Les *mansi*, manses[3], exploitation rurale d'une contenance en moyenne de douze journaux (*jugera*) ou bonniers (*bunnaria*), et suffisante pour occuper un attelage de deux bœufs. C'est la subdivision la plus usuelle de la villa. Elle est habitée quelquefois par un homme seul, mais plus fréquemment par un ménage.

Les manses étaient délimités avec une assez grande précision : sur les points où les séparations naturelles, telles qu'un cours d'eau, un chemin public, une colline escarpée, faisaient défaut, on plantait des bornes en pierre, *metæ lapideæ*, destinées à marquer les points extrêmes du périmètre. C'est à ce mode de délimitation que font allusion plusieurs de nos chartes, et notamment les chartes XXXVII, LIX et LXIX.

Le manse, suivant l'état où il se trouvait, était qualifié :

Mansus integer[4], manse entier, complet, c'est-à-dire renfermant la quantité de terres réglée par l'usage local, et pourvu d'une habitation, par opposition au *dimidius mansus*, demi-manse[5], ou au *mansiunculus*, manse incomplet;

Mansus vestitus[6], manse habité et cultivé, par opposition au *mansus absus*;

---

[1] III, XXXVIII, LII, LXIII et passim in Chartulario. — Du Cange et les différents éditeurs de son Glossaire donnent de la *baccalaria* une autre définition. (Voir notre note sur l'étendue et l'importance de cette espèce de biens, *Notes et éclaircissements*, n° XXII.)

[2] XXX, LXXX, CLXIV.

[3] Passim in Chartulario.

[4] XVII. On distingue aussi dans cette charte la *baccalaria integra*.

[5] Notre cartulaire n'en parle pas, mais Du Cange en cite plusieurs exemples, dont l'un est tiré d'une charte de 954 : « Dedimus ecclesiam quæ dicitur Immonis villa, cum novem mansis et dimidio. » (*Glossar.* voc. *Mansus.*)

[6] XX, LXX, CXCIII.

INTRODUCTION.

Mansus absus[1], manse inhabité et inculte;

5° Le *caput mansus, capmansus* ou *capmas*[2], le chef-manse, habitation principale du maître, chef-lieu d'une réunion de manses;

6° Le *mansiunculus*, petit manse ou manse incomplet, c'est-à-dire de contenance inférieure à la surface réglementaire[3];

7° Le *mansionile*, mesnil, qui était également un diminutif du *mansus*, petite portion de terre avec une habitation[4];

8° Le *caput mansionile* ou *capmansionile*[5], le champ-mesnil, qui était au *mansionile* ce que le *caput mansus* était à l'égard du *mansus*;

9° Le *castrum* et le *castellum*[6], château, résidence fortifiée, les *mansiones, masadæ, casæ, casales, curtes, solares*, maisons d'habitation à la campagne[7], et *appendiciæ*, appentis, petites constructions couvertes, dont étaient pourvus certains manses de la moindre valeur, qui n'avaient pas de maisons d'habitation[8];

10° Le *plancatum*, plancher, pour désigner la maison même[9];

11° La *silva*, forêt ouverte, *nemus, boscus*, bois, *castanetus*, châtaigneraie[10];

12° Le *brolium*, breuil, *trolium*, treuil, bois ou forêt entouré de murs ou de haies vives, parc de chasse[11];

---

[1] III, XLVI, LII, LV, CLXVI, CLXXII, CLXXXIX et CXCIII. M. Guérard a bien déterminé le sens de ce mot *absus*. (Voir *Polyptique d'Irminon*, prolégomènes, § 321.)

[2] XII, XLII, LXXVII, XCI et CL.

[3] CLXXXV.

[4] XXVIII.

[5] XXVIII, XXXVIII, LVIII, LX, LXI, LXXI, CIX, CXLIII, CLIV, CLX, CLXIV, CLXVII, CLXXIV.

[6] Les châteaux mentionnés dans le Cartulaire sont ceux de Bétaille, CXCIV; de Batut, *ibid.*; de Cavagnac, CXCVI; de Cazillac, XXXIV, CXCIII; de Chatau, LV, CLXVI; de la Peyre, XXXIX; de Strenquels, LVI,

CXLIV; et enfin de Turenne, XXXIII. Il faut ajouter à cette liste le château de Castelnau, *Castrumnovam*, qui était un des lieux les plus forts de la contrée. XLII, CV et CLXXXII.

[7] CLVIII, LXXXIX, III, XVI, XX, CXII, XVII, XXIX, LII, CLXXXI.

[8] « In villa quæ dicitur Filinias..... mansos VII, cum VI *appendiciis*. » XLIV.

[9] XXVIII.

[10] « Silvam indominicatam quæ dicitur Caumonte... et *castanetos* indominicatos. » CLXVII. (Voir plus bas la nomenclature des *forêts, bois et parcs*.)

[11] XXXVIII, LXXVIII, CIX, CXXIX et CLXIV.

13° La *plantada*, en vieux français *plantade*, lieu planté d'arbres ou de vignes[1];

14° La *verniera*, lieu planté d'aulnes [2];

15° Le *verdigarium, virdigarium, viridarium, pomiferum*, verger [3];

16° *Vineæ*, des vignes [4];

17° *Trelia* et *trilia*, des treilles [5];

18° Le *clausum* et *claus*, enclos, champ fermé par un mur ou des haies, et le plus souvent affecté à la culture maraîchère ou à des plantations d'arbres fruitiers [6];

19° Le *hortus* ou *ortus*, le jardin [7];

20° La *cundamina* ou *condamina*, condamine [8], champ près de l'habitation principale, et souvent affranchie de tout ou partie des redevances imposées aux autres terres;

21° La *cultura*, champ cultivé et ensemencé généralement en céréales, et les *exarta*, lieux auparavant boisés, que l'on a défrichés et mis en culture [9];

22° Les *frausta, garricæ* et *terræ absæ*, terres incultes et désertes [10];

23° *Palus, maresis, mares*, un marais [11];

24° *Pratum, pratala, pratellum*, pré, prairie, petit pré [12];

25° *Pascuum*, lieu consacré au pacage des troupeaux, et appelé, en Limousin, un *pacage*; terre généralement en nature de pré, médiocre, peu ou point arrosée [13]; *buiga*, (dans le langage du pays, une

---

[1] XXXVIII, XLIX, LXI, CXLIV.

[2] III.

[3] III, XVII, CVIII, et passim in Chartulario.

[4] Passim in Chartulario. Il est à remarquer que les régions actuellement plantées en vignes étaient déjà, au IXe et au Xe siècle, consacrées à cette culture. Ainsi, à Puy-d'Arnac, à Beaulieu, à Billac, à Astaillac, à Sioniac, à Queyssac, à Vayrac, à Curemonte, à Meyssac, à Tudeil, à Cazillac, et sur beaucoup d'autres points du Limousin et du Quercy, nos chartes signalent à chaque pas la présence de vignes.

[5] CL, CLX, CLXIV.

[6] XXX, CXXIV, CXLVI et CLXIV.

[7] Passim in Chartulario.

[8] LXIII, CLXXXIII.

[9] XXVIII.

[10] XXVIII, LXI, CI, CLXXXVIII.

[11] CL, XXXVII.

[12] CIX, CL, CLXIV, et passim in Chartulario.

[13] I, III, IX, XVI, XVII, et passim.

INTRODUCTION.

bouige), enclos voisin de la maison d'habitation, servant à faire paître les troupeaux hors des saisons où les prés leur sont ouverts[1];

26° *Isla*, une île dans la Dordogne[2];

27° *Portus*, port, anse et plage sablonneuse sur la Dordogne, convenable pour l'abordage et la mise à terre des bateaux[3];

28° *Piscatoriæ, piscatorilia*[4], *paxeriæ*[5], les pêcheries, barrages en rivière et établissements destinés à arrêter et prendre le poisson; *lacus*, lac ou étang[6];

29° *Molendina, farinarii*, des moulins[7];

30° *Roca*, lieu abrupte et rocailleux[8].

II. *Forêts, bois* et *parcs*. — Voici les noms des parties boisées que signale le Cartulaire :

Le bois appelé *boscus de podio Bertelaiganæ*[9], position inconnue;

Le bois de *Bellnum*[10], position également inconnue;

La forêt seigneuriale de Caumont, *de Caumonte*[11], dans la vicairie de Brive;

Le parc, *brolium*, de *Flexus*[12];

Les bois de Léobazel, *Leobagildis*[13];

Le bois de Lon, *nemus Long*[14], près de Condat, vicairie de Cazillac;

Le bois de Marsac, *de Marciaco*[15];

---

[1] CL. Ce mot n'est dans aucune édition de Du Cange.

[2] CXXI.

[3] III, XLVIII, L.

[4] I, III, LXIII, LXIV, LXXXVII et passim in Chartulario. *Jectus* et *tractus*, qui se rencontrent plus d'une fois dans nos chartes (III, XI, XXVIII, CLXVIII, CLXXXV), désignent tantôt des pêcheries, tantôt le droit de pêche. (Du Cange, *Gloss.* voc. *Tractus.*) Le mode de pêche qui consistait à pousser ou à attirer le poisson, au moyen de dérivations, dans des fosses creusées à peu de distance du rivage, s'appelait *tractus ad scavas*. XXVIII. C'est dans la Dordogne, qui est une rivière très-poissonneuse, et dans ses affluents, que ces pêcheries étaient installées.

[5] L, LXXX;

[6] XXVIII, CLXVIII.

[7] XXX, XXXVII, XLI, LXIV, LXXVIII, XCIV, CV, CIX, et passim.

[8] XLVIII, CXXIX.

[9] LXXXIX.

[10] CLXXXVIII.

[11] CLXVII.

[12] CIX.

[13] CLXXXVIII.

[14] XXXVII.

[15] LXXXV.

CVI   INTRODUCTION.

Celui de Ménoire, *boscus de Menoidre* [1];

Le parc seigneurial, *brolium indominicatum*, de *Macerias*, appelé depuis *Bonavilla*, Bonneviolle [2];

La forêt, *silva*, de *Mollis Caparia*, dans la vicairie de Puy-d'Arnac [3];

Celle de Palsou, *silva de Palsonis*, près du petit cours d'eau qui porte ce nom, dans la vicairie de Puy-d'Arnac [4];

Les forêts de Surdoire, *Surdoira*, dans la même vicairie [5];

Celle de *Tresgonus*, Trégazou, donnée à l'abbaye par le fils de Godefroi, comte de Turenne [6];

Le bois de Bauvière, *Vaxeria (Ad illa)*, dans la vicairie précitée [7];

Celui de Pierre-Taillade, *Taillada* ou *Teillada* [8];

Le bois du Teillet, *Telitum* [9];

Et celui de Var, position inconnue [10].

III. *Églises et chapelles.* — Les églises et chapelles étaient aussi des espèces de biens occupés et transmis au même titre et de la même manière que les autres. L'usage de ces propriétés consistait, ainsi que l'a remarqué M. Guérard pour les possessions de Saint-Germain-des-Prés [11], dans des tenures conférées par l'abbaye, soit à des prêtres pour y remplir leur ministère, soit à des vassaux, qui en devenaient alors les collateurs.

Notre cartulaire nous offre de nombreux exemples de dons faits par des laïques, d'églises et chapelles qu'ils possédaient, soit à titre de fiefs [12], soit à titre d'alleus ou de propriétés indépendantes, c'est-à-dire dans lesquelles ils plaçaient un ecclésiastique chargé de célébrer les offices religieux, et percevaient une partie des cens et redevances, l'autre partie restant attribuée au desservant.

---

[1] XCII.
[2] XXXVIII.
[3] CLII.
[4] CXV, CXXXI.
[5] CXLII.
[6] XLVI.
[7] CXXXVII.
[8] XXXIX, XL.
[9] LXXVIII.
[10] CXIV.
[11] *Polyptique d'Irminon*, prolégom. §343.
[12] *Ibid.* — Nous renvoyons, pour l'énumération des églises et chapelles mentionnées dans nos chartes, aux deux mots *Capella* et *Ecclesia*, de notre *Index generalis*.

INTRODUCTION.

IV. *Voies publiques.* — Les voies publiques ne sont point mentionnées dans notre cartulaire, comme dans d'autres documents du moyen âge, sous le titre de *viæ ferratæ, viæ calceatæ* ou *viæ stratæ*[1]. La seule trace qui reste de cette dernière dénomination, se rencontre dans le nom de la localité appelée *Ad illa Strada*, aujourd'hui l'*Estrade*[2].

Sauf cette exception, les chemins publics sont désignés dans nos chartes sous le titre de *viæ publicæ*, et l'on en rencontre très-fréquemment la mention.

Ils se trouvent notamment, en Limousin, dans les vicairies de Puyd'Arnac (*Asnacensis*)[3], de Le Vert, *Vertedensis*[4], et près d'Astaillac; en Quercy, dans la *vicaria Exidensis*[5], dans la vicairie de Cazillac (*Casiliacensis*)[6], et dans les villas *Fanum* et de *Camps*, sur les bords de la Dordogne[7].

§ 2. DE LA CONDITION DES TERRES ET DE LEURS RAPPORTS AVEC LEURS POSSESSEURS OU LES TIERS.

I. *Allodium, alodum,* alleu. — On trouve dans nos chartes la désignation de l'alleu, propriété patrimoniale et indépendante[8]; mais sans aucune particularité qui ajoute aux notions que l'on possède sur ce sujet.

II. *Fevum, feudum* ou *feodium*, fief; *honor*, bénéfice. — Cette condition de propriétés terriennes, châteaux, églises et villages, est fréquemment rappelée dans le Cartulaire, notamment pour celles que les vicomtes de Turenne[9], les seigneurs de Cavagnac[10] et de Ma-

---

[1] Voir les prolégomènes du *Cartulaire de Saint-Père de Chartres*, publié par M. Guérard.

[2] CXIX, an. 1031-1060.

[3] XX, LXIII, LXIX, LXXXV, CXXII, CXXVII, CXXXIII, CXXXV, CXXXVIII, CXLIII, CXLIV, CXLVI, CLXXVII, CLXXXIII, et passim in Chartulario.

[4] CXXXV.

[5] LII, CXXVI, CXXIX.

[6] CLIII.

[7] CLXXXIII.

[8] LXXXIX.

[9] CXCIV.

[10] CXCVI.

lemort[1], tenaient de l'abbaye, et à raison desquelles ils recevaient l'investiture féodale, *investitaram feudi,* et rendaient hommage, soit à l'abbé, soit au moine obédiencier[2].

Mais, indépendamment des fiefs consentis ou du moins censés consentis volontairement par les religieux aux seigneurs dans le voisinage desquels ces terres étaient situées, il y avait, au XIIe et au XIIIe siècle, des fiefs attachés à certains offices, ou du moins à ceux qui étaient exercés hors de l'abbaye et sur ses possessions.

Ainsi le fief du prévôt de Vayrac[3];

Le fief presbytéral, c'est-à-dire du prêtre desservant, de l'église de Saint-Étienne de Liourdre, que l'abbaye céda, en 1119, à un laïque, Pierre de la Gardelle[4];

Le fief du *judex,* juge-intendant, résidant sur la terre de Favars;

Ceux du cellérier, du chef cuisinier, du forestier, du pêcheur et du percepteur[5].

Cette énumération suffit pour montrer à quel point le régime féodal avait, dans l'application, pénétré jusqu'aux plus basses couches de la société.

On aperçoit sans peine la différence qui existait entre les fiefs de la première espèce et ceux que nous venons de mentionner. Les premiers étaient donnés à la personne, à la famille, à la race; les seconds étaient attachés à un office, à des fonctions. En quittant les fonctions, le vassal abandonnait le fief destiné à les rémunérer.

Quelquefois ce fief rémunérateur était appelé *honor,* comme dans le règlement constitutif des serfs-vicaires (an. 971), où il est dit que l'aîné des fils légitimes succédera à son père et tiendra seul tout le bénéfice, *major honorem totum teneat*[6]; ou bien dans la charte de Raymond II, vicomte de Turenne, par laquelle il reconnaît tenir de l'abbé ce qu'il possède à Beaulieu et dans le bénéfice appelé l'*Abbaye, in*

---

[1] XIV, XV.
[2] CXCIV et CXCVI.
[3] Feudum præpositi. XXXVII.
[4] Fevum presbyteri. XXXVI.
[5] « Fevum ad cellerarium, fevum ad coquum, fevum ad forestarium, fevum ad piscatorem, fevum ad exactorem. » CI.
[6] L.

INTRODUCTION. CIX

honore qui vocatur Abatia[1], bénéfice qui était attaché à l'abbaye laïque de Beaulieu et en avait pris le nom.

III. *Terra vicecomitalis*, la terre vicomtale. — Il y avait, dans les villages de Strenquels en Quercy et de Marsac en Limousin, pays de Turenne et vicairie de Puy-d'Arnac, deux petits cantons qui portaient, au xe siècle, le titre de *terra vicecomitalis*[2], probablement parce qu'ils relevaient ou avaient longtemps relevé directement des vicomtes de Turenne, dont les domaines s'étendaient à la fois sur les deux provinces.

IV. *Terra vicarialis*, la terre du vicaire. — Cette qualification de *vicarialis*, dont on ne connaissait point encore d'exemple, et qui n'est mentionnée dans aucune des éditions du Glossaire de Du Cange, désigne, à notre sens, une terre qui formait, depuis un certain temps, le bénéfice attaché aux fonctions de vicaire dans le district de Puy-d'Arnac, *in vicaria Asnacensi*, et avait pris de là le nom de *vicarialis*[3].

V. *Bordariæ abbatiales*, les borderies abbatiales. — Aux environs de la petite ville de Beaulieu, il existait, au xiiie siècle, des borderies ou petites métairies appelées *abbatiales*[4], vraisemblablement parce qu'elles avaient appartenu à l'abbé, dans l'origine, ou même lui étaient encore particulièrement affectées.

VI. *Villa* ou *curtis indominicata* ou *dominicaria*, villa seigneuriale, *mansus indominicatus* ou *dominicarius*, manse seigneurial, etc. etc. — Toutes les divisions de la propriété, sans exception, toutes les espèces de biens que nous avons énumérées plus haut, depuis le fisc et la villa, jusqu'à une maison, un pré, un champ, un clos, une vigne, lorsqu'elles formaient un domaine libre, affranchi de toute sujétion envers un homme ou une autre terre, une possession particulière du seigneur qui la faisait cultiver lui-même, en percevait directement les

---

[1] CXCIV.
[2] LXXVII et LXXXV.
[3] « Habet fines ipsa vinea, de uno latere terram S. Petri, de alio latere terram vi-carialem, de tertio latere terram Bernardi, de quarto latere terram Aimerici. » LXVI.
[4] CXCV.

revenus et l'habitait en personne, prenaient le titre de seigneuriales, *dominicaria, dominicata, indominicata* ou *indominicaria*[1].

M. Guérard a pensé que le manse seigneurial, *dominicarius* ou *indominicatus*, désignait le manse *dominant*, qu'on pourrait appeler le *chef-manse*[2]. Mais, si cette définition est exacte quant aux biens dénombrés dans le Polyptique, elle ne saurait, selon nous, recevoir une application générale. En effet, le chef-manse est appelé, dans cette période du moyen âge, *caput mansum, capmansum* ou *capmas*, d'où est venu le *chef-mets* de certaines provinces (Ragueau, *Glossaire*, t. I, p 237), et même, dans les pays du centre, *Cammas*, qui a formé un nom de famille analogue à ceux de *Du Mas* ou *Del Mas*. Or le *capmansum* est souvent qualifié, dans notre cartulaire, *dominicarium* ou *indominicatum*. Il faudrait, suivant le système de M. Guérard, voir dans cette locution un pléonasme; et ce pléonasme se reproduirait fréquemment. De plus, le *capmansum indominicatum* est plus d'une fois nommé à côté de *mansi indominicati* compris dans la même villa : il faudrait supposer qu'il y eut plusieurs chefs-manses désignés, au même moment, et dans le même passage, par des mots différents, ce qui est peu vraisemblable. On ne pourrait, d'ailleurs, en aucun cas, appliquer la définition de M. Guérard au *boscus*, au *pratum dominicarium*, à la *bordaria indominicata;* car on ne saurait admettre la qualification de bois ou pré *dominant*, de borderie *dominante*. De plus, il est des chartes où plusieurs manses *dominicarii* sont donnés par la même personne, dans le même endroit. Or on ne peut guère supposer une réunion de manses dominants ou chefs-manses.

Il nous paraît préférable, du moins dans l'interprétation des titres du Limousin et du Quercy, de réserver à *caput mansum* la signification de chef-manse qui lui est propre, et de reconnaître que la qualification de *dominicarius*, appliquée soit au *caput mansam*, soit au *mansus*, soit aux autres espèces de biens, indique un bien seigneurial

---

[1] III, XVI, XX, XXIX, XXXVIII, LIII, LXIII, LXXXIX, CLIV, CLVIII, CLXXV, CLXXXIII. «Casa mea *dominicaria* ubi ego ipse præsenti tempore visus sum manere.» CXLVII.

[2] *Polyptique d'Irminon*, prolégomènes, § 315, p. 579.

INTRODUCTION.

placé dans les conditions d'exploitation que nous avons spécifiées, c'est-à-dire cultivé au profit particulier du seigneur, et surtout libre de tout assujettissement à une autre terre, mais sans acception de supériorité ou prédominance quelconque sur les autres propriétés.

Il y avait aussi des églises et chapelles seigneuriales[1], dont le droit de collation était aux mains du propriétaire.

Nous voyons dans l'une de nos chartes que le breuil ou parc seigneurial de Favars était affranchi de la juridiction du vicaire[2]. Cette situation privilégiée du parc de Favars était peut-être un fait général pour les biens de l'abbaye auxquels on donne, dans le Cartulaire, le titre de propriétés seigneuriales.

Nous devons enfin signaler la qualité de ville seigneuriale, *urbs dominicaria*, attribuée, dans le xe siècle, à une localité du Quercy. Cet exemple, le seul que nous ayons jusqu'ici rencontré, et qui n'est point mentionné dans le Glossaire, nous est fourni par la donation que Frotaire, vicomte de Cahors, la vicomtesse Adelberge et leur fils Géraud firent de la petite ville de Souillac, au monastère d'Aurillac : « *Urbem suam dominicariam*, Soliacum dictam, in Caturcensi diœcesi, donant monasterio Aureliacensi[3]. »

VII. *Mansi ecclesiastici*, manses ecclésiastiques. C'étaient les manses affectés à l'entretien exclusif d'une église ou même d'une chapelle[4].

VIII. *Mansi serviles*, les manses serviles. — La cour seigneuriale de Girac contenait, au nombre de cinq, des *mansi serviles*[5], ainsi qualifiés par opposition aux *mansi ingenuiles* et *lidiles*, parce qu'ils étaient cultivés par des personnes de condition servile, ou plutôt, ainsi que

---

[1] XXVIII, CLXVII, CLXXVIII.
[2] CI.
[3] Ex Chartul. Aureliacensi ch. an. 930. Dans le nouveau *Gallia christiana*, t. Ier, col. 179 ; et dans Justel, *Histoire généalogique de la maison de Turenne*, preuves, p. 109.
[4] « Mansus de Aumonio.... et iste mansus sit omni tempore *ecclesiasticus* de ipsa ecclesia S. Mariæ. » CLXIV.— « Dono... capellam meam *dominicariam* quæ est.... in villa qua dicitur Chauli, et in ipsa villa mansos IV *ecclesiasticos*. » CLXXVIII. « Ad ecclesiam S. Marcelli mansos quatuor. » CLXXXIX.
[5] III et CXCIII.

INTRODUCTION.

l'a démontré M. Guérard, parce qu'ils étaient soumis à certaines obligations que les deux autres classes de manses (tributaires pourtant comme les *serviles*) n'avaient point à supporter [1].

[1] C'est M. Guérard qui le premier a fait connaître, d'après le texte du Polyptique d'Irminon, que les manses tributaires se divisaient en trois classes : *ingenuiles, lidiles* et *serviles,* dont la condition était invariable et indépendante de la condition de l'homme qui l'occupait dans le moment. (Prolégomènes, §§ 316, 317.) Elles se distinguaient les unes des autres par les charges qui leur étaient imposées, et qui, au lieu d'être de natures diverses, ne différaient souvent que du plus au moins. M. Guérard a remarqué que les possesseurs de manses serviles payent du fer, du houblon, cultivent les vignes, et font le guet pour la garde du manse seigneurial. (Prolégomènes, § 318.)

INTRODUCTION.

TITRE V.
IMPÔTS, REDEVANCES ET MESURES.

CHAPITRE PREMIER.
IMPÔTS ET REDEVANCES.

§ 1er. IMPÔTS.

Notre Cartulaire ne mentionne que des espèces d'impôts publics déjà connues; ce sont les suivantes :

L'impôt perçu sur les bateaux et embarcations quelconques, *saginatibus*, et sur les charrois, *carris*;

Les *freda*, droits de justice, amendes, consignations [1];

Les *tributa*, l'impôt proprement dit, tribut sur les terres ou par tête;

Les *telonea* et *tractæ*, contributions levées sur les marchandises importées;

La *districtio fidejussorum*, caution exigée des plaideurs ou des criminels pour s'assurer de leur comparution au jour du plaid, et amendes perçues ou sommes consignées par les cautions et confisquées par le magistrat;

---

[1] Guérard, *Cartulaire de Saint-Père de Chartres*, t. Ier, prolégomènes, n° 113, p. 142. — Le droit de justice fut souvent appelé, à partir de la fin du XIe siècle, *vicaria*, c'est-à-dire droit du vicaire ou juge du lieu. Ce mot, après avoir eu une signification presque exclusivement géographique, fut employé, dès la seconde moitié du XIe siècle, pour désigner l'office ou plutôt le bénéfice, et peu après, par une conséquence naturelle, le droit ou la redevance perçue à ce titre. On peut appliquer ces deux sens au substantif *vicaria* dans les deux passages suivants : « Si.... ullus vicarius *vicariam* requisierit nec ullam dominationem, omnibus maledictionibus subjaceat. » XIV, an. 1062-1072. « Dimitto..... hoc quod habeo...... hoc est *vicariam*. » LXXXIII, an. 1062-1076. « Notitiam gurpitionis.... de *vicariis* quas habuit Saltetus in manso de Parario. » CII, an. 1061-1108. (Voir aussi le Glossaire de Du Cange aux mots *Fredum* et *Vicaria*.)

Les *telonaria mercati*, droits à percevoir dans les marchés;

Les *mansiones* et *paratæ*, logement et hébergement des envoyés et officiers publics de passage;

Les *parafreda* et *angariæ*, moyens de transport des voyageurs, chevaux, bêtes de somme et chariots[1].

§ 2. REDEVANCES.

I. *Espèces diverses de redevances*. — Les redevances désignées d'une manière générale par les mots de *census*, *exactiones*, *redibitiones*, *reditus*, *apprehensiones* et *consuetudines*, étaient, suivant les cas, imposées ou consenties : imposées par le maître au serf établi sur sa terre; consenties par le donateur ou cessionnaire, soit de cette redevance seule (laquelle avait néanmoins son assiette sur une terre qui restait aux mains du donateur), soit de la terre même, dont il ne conservait plus que la possession à titre précaire[2].

Quelquefois la redevance est indiquée avec plus de précision et, jusqu'à un certain point, spécialisée, comme dans les cas où il est parlé :

De la dîme, *decima*, redevance en nature ou en argent, établie au profit d'une église sur une terre[3], dont elle représente la dixième partie du revenu;

De la dîme de la monnaie, *decima monetæ*, que le vicomte de Turenne reconnut, en 1190, devoir à l'abbé sur toute monnaie qui serait fabriquée sur ses terres[4];

Du tiers, *tertium*, qui était le tiers des dîmes ecclésiastiques[5];

Des prémices, *proferentia*[6];

---

[1] V et XII.

[2] L, LVIII, XCV, CXCI et passim.

[3] XIII, CXIII, CLXXXI. La dîme était perçue par un *ministerialis* appelé *decimarius*. (Voir plus haut, tit. II, chap. II, § 3.)

[4] CXCIV. Voir plus haut, sur le droit de battre monnaie, les titre, chapitre et paragraphe précités.

[5] « Teneant monachi illas duas denariatas de illa vinea quæ vocatur Plantada, *tertium* et oblias. » XCVIII. « Cedo... unum mansum qui vocatur In Valle, excepta medietate de *tertio* de ipso manso. » CXXI. (Cf. Du Cange, édit. Didot, t. VI, p. 561, col. 1.)

[6] LXXXI.

INTRODUCTION. CXV

Des tailles, *taliadæ*, imposées aux terres[1].

II. *Nature et mode de payement des redevances.* — Les redevances étaient payables soit en argent, sous, deniers et oboles[2], soit en nature, soit des deux manières à la fois[3];

En avoine, *avena, civata*, en orge, *hordeum* ou *ordeum*, en blé, *frumentum*, en seigle, *sigillis, sigel, segle, seglum*, en mélange de blé et seigle, *annona*, en mixture ou méteil, dans lequel il entrait de l'avoine, *mixtura*[4];

En cire, *cera*, à brûler en l'honneur de l'un des patrons de l'abbaye, le plus souvent de saint Pierre : c'était ordinairement à sa fête que cette redevance était exigible[5]. Payable en nature, dès l'origine, elle se convertit bientôt sans doute en une redevance ou cens ordinaire, qu'on acquittait, à volonté, en nature ou en argent;

En foin, *fenum*, redevance payable au vicaire entre la fête de saint Martin et le commencement du jeûne[6];

En gerbes, *gerbæ*, payables au temps de la moisson[7];

En légumes et produits quelconques du jardinage, *ortatge*[8]. Ce que nous avons dit plus haut de la redevance de cire s'applique également à celle-ci : payable, dans le principe, en nature, elle fut souvent convertie en un droit fixe ou cens annuel acquitté en argent;

En noix, *nuces*[9];

En pain ordinaire, *panis*[10], et en petits pains, appelés oublies, *obliæ*[11];

---

[1] CXCIV.

[2] « Septem videlicet solidos et sex denarios et obolum unum in villa de Faurgas, in manso qui vocatur Dalrin. » C.

[3] Voir notamment XCV, XCVII, CV, CXXI, CXXIII, CXXIV, CXXXVI et passim.

[4] LXXI, XCVII, CI, CXXIII, CXXIV, CLXVIII. La charte CI fait connaître avec précision la composition du méteil (*mixtura*) que les cultivateurs (*rustici*) de la terre de Favars devaient remettre, chaque année, à leurs maîtres.

[5] LI, LVIII, LXXI, LXXXVIII, XCI, CXXXVI, CXXXIX, CXLIII, CL, CLIX, CLX, CLXXII.

[6] CI.

[7] *Ibid.*

[8] « Cedo... unum mansum exceptis tribus denariis de *ortatge*... » Et plus bas : « Cedo quatuor denarios de *ortatge*. » CXXI. Ce mot n'est pas dans le Glossaire : on n'y trouve que *Ortaligium*.

[9] CL.

[10] XCVII, CXLIX.

[11] XCVIII. Un chroniqueur limousin,

En vin, *vinum;* cette redevance était ordinairement payable à la fête de saint Martin, laquelle, dit une de nos chartes, tombe le 6 des ides de novembre[1], ou bien au temps de la vendange[2];

En huile, *oleum*[3];

En poissons, *pisces* : la moitié des poissons pris, au filet, dans certains lieux situés sur les bords de la Dordogne, était due aux moines[4];

En moutons, *multones*[5], porcs, *porci*[6], poules, *gallinæ*[7];

En travail ou corvées, *ad opera*[8]. C'est à peu près exclusivement sur les détenteurs de vignes que pèsent les redevances en corvées : du moins tous les exemples que fournit le Cartulaire s'appliquent à cette espèce de biens.

Indépendamment de ce qui a été dit plus haut de certaines dates auxquelles on avait assigné le payement des redevances, ces époques étaient le plus souvent fixées aux fêtes de la Noël, de saint Étienne, de saint Martin, de saint Michel, de saint Pierre et de saint Prime. Quelquefois aussi elles étaient réparties entre les diverses saisons[9].

Geoffroi de Vigeois, parle ainsi de cette redevance : « Sunt qui depravant eulogia, quas vocamus *oblias* seu *hostias*. » (*Chronic.* part. I, cap. LXXIV. Dans Ph. Labbe, *Nov. Biblioth. mss.* t. II.) Il s'agit là vraisemblablement de petits pains que les vassaux offraient à leurs seigneurs à certains jours de l'année, et que l'on convertit en redevance pécuniaire ou même quelquefois en une redevance payable en grains et en volailles. (Guérard, *Cartulaire de Saint-Père de Chartres*, prolégomènes, n° 141, p. 157. Du Cange, édit. Didot, t. IV, p. 672, col. 2.)

[1] CXXXIV.

[2] LXXXVI, XCVI, CXLVIII, CXLIX.

[3] CL.

[4] CXXIV. On payait aussi le prix d'une vente au moyen d'objets de valeur, tels qu'un cheval. Nous en voyons un exemple dans la charte CXXXVII (an. 997-1031), où le vendeur, pour prix d'un immeuble, reçoit un cheval comme représentant une somme de 30 sous, correspondant à celle de 840 francs de notre monnaie. Le sou valait alors 28 francs au pouvoir actuel.

[5] XCVII.

[6] XXXIX.

[7] XXXIX, L, XCV, XCVII, CXIX, CXXIII, CXXIV.

[8] CXXI, CXXVIII, CL, CLIV.

[9] XCVII.

INTRODUCTION.

CHAPITRE II.

DES MESURES.

Cinq espèces de mesures nous sont signalées par nos chartes :
1° Les mesures *agraires;*
2° Les mesures de *capacité* pour liquides et pour matières sèches;
3° Les mesures particulières des gerbes et du foin;
4° Les mesures de longueur.

§ 1ᵉʳ. MESURES AGRAIRES.

I. La sétérée, *sextariada*, paraît avoir été la plus grande mesure agraire connue sur les terres de Beaulieu, dans la période qui nous occupe[1]. On n'y trouve ni l'arpent, *aripennum*, ni le bonnier, *bunnarium*, ni le journal, *jornalis*, ni la perche, *pertica*, la vergée, *virgata*, ni l'ansange, *antsinga*, etc. qui étaient usités dans les provinces du nord, notamment aux pays parisis et chartrain. Nous n'y trouvons pas non plus le muid de terre, *modius*, qui était, du reste, assimilé à la sétérée, *sextariada*, et recevait indifféremment les deux noms.

Dom Carpentier a cité une charte de 1266, faite dans l'Ile-de-France, et d'après laquelle, dans divers lieux, la sétérée de terre produisait un setier de froment[2]. Mais, à l'époque où nous sommes, et sur les domaines de Beaulieu, la sétérée produisait davantage, et nous en avons la preuve directe dans ce seul fait, qu'une subdivision de la sétérée, la cartonnée, *quarteria* ou *carteria*, devait à elle seule un muid de grains, c'est-à-dire dix-huit fois le setier.

On ne saurait voir non plus dans la sétérée la superficie que pouvait

---

[1] « Et in Fonte Vallense unam sextariadam de terra. » Ch. CXXVIII, an. 988-993. Le mot latin de sétérée n'est pas indiqué sous cette forme dans le Glossaire de Du Cange.

[2] *Glossar.* édit. Didot, t. VI, p. 230, col. 2.

CXVIII   INTRODUCTION.

ensemencer le setier; le rapprochement que nous venons de faire renverse une telle supposition.

Du Cange a dit avec exactitude que la sétérée était une surface capable de recevoir l'ensemencement d'un *certain nombre de setiers*. « *Ager certi sementis sextariorum numeri capax*[1]. » Ce nombre variait, d'ailleurs, beaucoup, suivant le temps, suivant les localités, et dans la même proportion que la valeur du setier et du muid, dont le setier était une division[2].

En l'absence de renseignements précis sur la valeur des mesures de capacité au moyen âge, nous avons dû les rapprocher de celles qui, sous les mêmes noms, étaient en usage dans le bas Limousin, et particulièrement à Beaulieu, avant la mise en vigueur du système décimal. Nous sommes, comme on le pense, bien loin de prétendre retrouver exactement dans ces dernières les mesures d'une époque aussi reculée; mais, outre qu'elles sont quelquefois, d'après les renseignements historiques, fort approchantes les unes des autres, il est à remarquer qu'il y avait connexité entre les mesures de superficie et les mesures de capacité au XVIIIe siècle comme au moyen âge, et que, dans les nombreux changements qu'elles ont éprouvés, les unes et les autres ont suivi constamment les mêmes progressions.

L'ancienne sétérée en usage à Beaulieu était égale à 23^a,742 [3], et se rapprochait beaucoup du *jugerum* romain, qui mesurait 25^a,28.

II. La cartonnée, *quarteria*, *carteria* ou *cartaria*. — La mesure de contenance superficielle qui venait après la sétérée, *sextariada*, était la cartonnée. Adémar de Chameyrac, dans une convention passée avec les moines de Beaulieu, leur cède dans un manse de la villa

---

[1] *Glossar.* édit. Didot, t. IV, p. 20, col. 1.
[2] Voir plus bas, § 2, *Mesures de capacité*.
[3] *Application du système métrique décimal dans le département de la Corrèze*, par M. V. Borie, alors vérificateur des poids et mesures, in-8°. Tulle, 1840, p. 10. Suivant une note qui m'a été fournie par un de mes parents, M. Delol, maire de Queyssac, canton de Beaulieu, la sétérée de cette localité ne vaudrait que 23 ares 72; mais j'ai cru devoir m'en tenir à l'énonciation de M. Borie. J'ajoute que, d'après les renseignements qui m'ont été communiqués par M. Fraisse, vérificateur à Limoges, la sétérée, sur le marché de cette ville, avait exactement la même contenance.

de Champagnac une cartonnée, *unam carteriam*, qui doit un muid de seigle, et dans le village de Chameyrac une autre cartonnée, *aliam cartariam*, occupée par Géraud de la Chaise, et qui doit également un muid de seigle[1]. Les paysans de la terre de Favars étaient tenus de payer au vicaire qui y commandait deux gerbes par chaque cartonnée, *de quarteria*[2].

La *quarteria*, ainsi que l'a observé Du Cange[3], mesurait la quatrième partie du *jugerum*. Or nous avons vu que la sétérée était sensiblement approchante de la contenance du *jugerum*.

La cartonnée, qui est encore une mesure en usage à Beaulieu, formait précisément la quatrième partie de la sétérée, et représentait par conséquent une superficie de $5^a,935$[4].

III. La dénerée ou denrée, *denariata, denariada* ou *denariadda*. — Cette mesure, fréquemment mentionnée dans notre cartulaire, paraît n'avoir été généralement appliquée qu'aux vignes, du moins en Limousin[5] et probablement aussi en Quercy, d'après un exemple que fournit le cartulaire de l'église de Cahors[6].

Suivant Du Cange, elle désignait la contenance d'une terre ou d'une vigne produisant annuellement la valeur d'un denier. La contenance précise de la *denariata* ou *denrée*, comme elle était appelée au XIVe siècle[7], est difficile à établir. Cette mesure n'ayant pas été conservée dans le pays, il n'y a point à chercher d'analogie avec les usages locaux. Nous savons seulement, par des exemples cités dans le Glossaire, qu'elle était inférieure non-seulement à l'acre, qui valait, au pays chartrain, $67^a,53$, et en Normandie, $81^a,72$[8], mais même, en certains lieux, à la roue, *roda*, qui est la huitième partie de l'acre,

---

[1] XCV.
[2] CI.
[3] *Glossar.* voc. *Quarteria*.
[4] *Application du système métrique*, etc. Sur ce point la note de M. Delol s'accorde avec les énonciations de M. Borie.
[5] LXII, XCI, XCVIII, CXVII, CXXI, CXXIV, CXXVI, CXXXV, CXXXVI, CXXXIX, CXLVI, CL, CLIV, CLXXXII.
[6] Dans Du Cange, *Glossar.* voce *Denariata*.
[7] Charte de l'an 1309, *ibid*.
[8] Guérard, *Cartulaire de Saint-Père de Chartres*, prolégomènes, n° 158, p. 170.

et contenait, dans le premier cas, 7ª,566, et, dans le second, 10ª,215. Nous voyons, dans le tableau des mesures modernes du territoire de Chartres[1], que la denrée y mesurait 8ª,26, et dépassait légèrement l'acre de ce pays, restant d'ailleurs sensiblement inférieure à l'acre normande. Elle représentait, à peu de chose près, le tiers de la sétérée de Beaulieu.

Voici les renseignements que contient, à ce sujet, le Cartulaire de Beaulieu, et qui peuvent servir à estimer approximativement la valeur de la mesure qui nous occupe. Sur les quatorze exemples qui s'y trouvent, il n'en est pas un où le nombre de douze denrées soit dépassé, et il en est plusieurs où ce nombre est mentionné[2]; d'où on peut induire que cette mesure ne s'employait que jusqu'à douze, ce qui s'explique du reste très-bien par le fait que le denier, comme valeur monétaire, ne se comptant que jusqu'à douze, la denrée, représentant une superficie productive d'un denier, ne devait point s'additionner au delà de ce nombre.

Enfin nous voyons qu'il est fait vente, au prêtre Bernard, de cinq denrées de vignes et terres, au prix de cinq sous, valant alors 140 fr. de notre monnaie, soit un sou par denrée[3].

IV. *Medaliada*. — L'évêque Bernard donne à l'abbaye une vigne située à Plaignes et contenant trois *medaliadas*[4], c'est-à-dire, suivant l'opinion de Du Cange, susceptible de produire un revenu égal à trois médailles, *medaliæ*, ou oboles[5]. Le moine Dieudonné a acheté d'Adalberge et de son fils une vigne contenant trois *medaliadas*, au lieu dit la Chassagne, et les paye au prix de trois sous, qui sont fournis par le monastère[6], d'où il suit que la *medaliada* représente en capital une valeur d'un sou.

Appelée *maillée* en pays parisis et chartrain, elle représentait, dans

---

[1] *Histoire de la ville de Chartres*, par Doyen, t. II, p. 367.

[2] CXXXV, CXXXVI.

[3] « Quinque denariatas inter vineas et terram.... et accepimus pretium... hoc est quinque solidos. » CXVII, 997-1031.

[4] CLIV.

[5] Du Cange, *Gloss.* voc. *Medalia* et *Medaliata*.

[6] CXXII.

INTRODUCTION.

ce dernier, 4ᵃ, 13¹, c'est-à-dire juste la moitié de la denrée, et un peu plus que le sixième de la sétérée.

Il est à remarquer que, dans nos chartes, cette mesure, de même que la denrée, n'est appliquée qu'aux vignes. Dans le pays de Chartres, l'une et l'autre mesure étaient usitées à la fois pour les vignes et pour les prés [2].

§ 2. MESURES DE CAPACITÉ.

I. Pour les liquides, ces mesures sont : le muid, *modius,* le demi-muid, *semodius* ou *dimidius modius,* le setier, *sextarius, sestarium, sexters,* et l'émine, *emina* ou *mina.*

L'usage de ces diverses mesures de liquides avait disparu depuis longtemps à Beaulieu, lorsque le système décimal y a été mis en vigueur; mais elles s'étaient généralement maintenues sur d'autres points du bas Limousin, notamment dans les cantons de Tulle et de Brive, où le muid se divisait en setiers comme l'indique notre Cartulaire.

1° Le muid, *modius*[3]. — Le muid de liquide et le muid mesurant les grains et autres matières sèches, s'étant modelés l'un sur l'autre, représentèrent, en tout temps et presque en tous lieux [4], la même mesure de capacité : en sorte que les variations très-considérables qu'on observe sur l'un s'appliquent presque invariablement à l'autre. Et, comme le muid est la principale mesure de capacité, celle dont on déduit toutes les autres, qu'elle a subi, au nord et au sud de la Loire, des phases diverses, et qu'elle représente dans ces deux régions, à partir du milieu du IXᵉ siècle, une valeur différente, nous avons pensé qu'il ne serait pas sans utilité de donner ici un résumé succinct de ces modifications successives, qui s'opérèrent d'ailleurs dans le sens d'une progression constante.

---

[1] *Histoire de la ville de Chartres,* t. II, p. 367.

[2] *Histoire de Chartres,* loc. cit. Cf. la notice de dom Carpentier, dans le Glossaire de Du Cange, t. II, p. 795, col. 2.

[3] XI, an. 887; LX, 916; LXVI, 927, et passim.

[4] Guérard, *Polyptique d'Irminon,* prolégomènes, § 87, p. 181.

a. Le muid romain contenait $8^l,67$ [1].

b. Le muid de la fin de la période mérovingienne ou des premiers carlovingiens, et, dans tous les cas, immédiatement antérieur à l'an 794, valait $34^l,80$ [2], c'est-à-dire quatre fois le muid romain.

c. Le muid nouveau, institué par Charlemagne, dans le chapitre IIe du Capitulaire de Francfort, daté de 794 [3], comprenait $51^l,2$ ou un peu plus [4].

d. Le muid qui, d'après les statuts d'Adalard, abbé de Corbie, fut établi par l'empereur Louis le Pieux, avant l'année 822 [5], valait 68 litres [6], c'est-à-dire le double du muid mérovingien.

e. Dans l'abbaye de Lorsch (*Laureshanensi monasterio*), il y eut plus tard en usage deux muids que l'on distinguait par les deux qualificatifs de *major* et *minor* (*modius*) : le premier contenait l'autre plus un quart [7]. La valeur des mesures s'étant constamment accrue aux époques antérieures et postérieures à l'énonciation précitée, nous devons supposer que le *modius major* était le nouveau, et le *modius*

---

[1] *Mémoires de l'Académie des inscriptions et belles-lettres*, t. XII, part. II, p. 323. Mémoire de M. Dureau de la Malle.

[2] *Polyptique d'Irminon*, loc. cit. p. 185.

[3] Baluz. *Capital. reg. franc.* t. I, col. 263.

[4] M. Guérard, dans les prolégomènes au Cartulaire de Saint-Père de Chartres (t. Ier, n° 168, p. 175), énonce que, d'après les calculs qu'il a faits autre part, le muid institué par le Capitulaire de Francfort était de 70 litres, et il met au bas de la page la référence suivante : *Polyptique d'Irminon*, prolégomènes. Mais cette citation, faite sans autre indication, et peut-être de mémoire, manque d'exactitude. En effet, le savant académicien a démontré, dans son travail sur le Polyptique d'Irminon, que le muid dont il s'agit contenait $52^l,2$. (Éclaircissements, n° L, et prolégomènes, § 87, p. 184.) Il a prouvé, en outre, que le muid établi par Louis le Pieux, et qui succéda à celui de Charlemagne, n'avait que 68 litres. Or, comme nous l'avons dit plus haut, les changements dans la valeur des mesures ont tous eu lieu dans le sens d'un accroissement. Il faudrait supposer ici un fait contraire à cette marche ascendante, qui est le fait général, et qui rendrait l'exception assez invraisemblable.

[5] Dans l'appendice au Polyptique d'Irminon, n° I, c. VI.

[6] *Polyptique*, éclaircissements, n° L, prolégomènes, p. 185.

[7] « Mansus... qui solvit in censum..... de hordeo majores modios XXIV aut minores XXX. » (*Cod. Laureshan.* n° 3674. — Dans les prolégomènes au Polyptique, loc. cit. note 10.)

minor l'ancien, et très-probablement celui de Louis le Pieux, contenant 68 litres. Dans ce cas, le *modius major* de l'abbaye de Lorsch valait 85 litres.

f. On admet généralement que ces mesures se conservèrent sans de grandes altérations, jusqu'à la fin du XIe siècle, dans le nord de la Gaule [1]. Mais, à partir de cette époque, le muid s'accrut dans une forte proportion, et parvint, au XIIe et au XIIIe siècle, à mesurer, dans les pays parisis et chartrain, 217 litres [2].

g. Indépendamment de cette progression constante, il s'établit, sur certains points, à la même époque (fin du XIIe siècle), des mesures différentes pour les substances solides et pour les liquides.

M. Guérard a noté, d'après le *Cartulaire de Saint-Père de Chartres*, un fait de cette nature. L'une des chartes du recueil, datée de 1140, époque voisine de celle que nous venons d'indiquer, met 25 émines dans un muid; une autre charte fait de l'émine la ration d'un cheval pour quatre nuits [3]. En combinant ces deux indications, le savant académicien a pensé qu'il existait au pays chartrain un muid particulier pour mesurer les grains. En effet, la ration nécessaire à un cheval pour une seule nuit est de 15 litres 3/4; soit, pour quatre nuits, de 63 litres. L'émine à fournir par le monastère pour ces quatre nuits valait donc 63 litres : le muid, d'après la charte de 1140, contenant 25 émines, valait conséquemment 1,517 litres, c'est-à-dire 6,99 fois plus que la mesure de liquide, qui était de 217 litres [4].

---

[1] *Cartulaire de Saint-Père de Chartres*, t. Ier, prolégomènes, n° 168, p. 177.

[2] *Ibid.* t. Ier, p. 179 et 180.

[3] Voici le passage de la deuxième charte qui a servi de base à ses calculs : « Et equo, si habuerit, prebendam unam eminam avenæ in quatuor noctibus. » (*Cartulaire de Saint-Père de Chartres*, t. II, p. 182.)

[4] Nous trouvons un exemple semblable en Limousin. Le chroniqueur de Vigeois raconte que l'année 1180 se signala par une telle abondance, qu'au marché de la Souterraine, il vit le setier de vin se vendre au prix d'un denier, le setier de froment, pour 6 sous et 5 deniers, et le setier de seigle, pour 3 sous. « Anno quo supra (1180), magna fuit abundantia frumenti, vini et olei. Subterraneæ vidi sextarium vini pro uno denario, sextarium frumenti pro quinque solidis et quinque denariis, de seigle pro tribus solidis. » (Gaufrid. prior. Vosiens. *Chronicon*; apud Ph. Labb. *Nov. Bibliothec. mss.* t. II, p. 318.) On ne peut, en effet, supposer qu'une quantité de vin

Mais ce fait et les faits analogues paraissent devoir être regardés comme exceptionnels; ajoutons qu'ils n'ont pas persisté : car, malgré les accroissements que le muid de 217 litres a reçus, il n'est parvenu qu'à une contenance fort éloignée du muid de 1,517 litres.

h. Revenons maintenant aux mesures de l'Aquitaine. Nous avons vu que, dans le nord de la Gaule, le muid s'était élevé, entre le IXe siècle et la fin du XIIe, à 85, puis à 217 litres.

Un accroissement plus considérable se remarque dans les pays au sud de la Loire.

Dès le règne de Charles le Chauve, en 845, le muid aquitain contenait 138^l,69 [1], et représentait par conséquent à peu près le double du muid en usage sous Louis le Pieux, qui était de 68 litres.

i. Il s'augmenta encore, du IXe siècle au XIIe, pour se rapprocher du muid moderne; et, d'après le rapport qui existait entre le muid aquitain de 845 et celui du Parisis ou du pays rémois à la même époque [2], on doit présumer que le premier fut toujours, surtout dans le midi de l'Aquitaine, d'une valeur très-supérieure à celle du muid septentrional.

j. Dans les derniers temps, le muid de Tulle et de Brive, qui sont les deux villes principales du bas Limousin, contenait 282^l,845, et il correspondait ainsi presque exactement au double du muid aquitain de Charles le Chauve, comme celui-ci correspondait au double du muid de Louis le Pieux.

k. La division du muid en setiers variait beaucoup, suivant les localités : car il contenait tantôt 12, tantôt 16 setiers, tantôt 17, 18, 20, 22 ou même 24 [3]. Dans le bas Limousin, il se composait de

fût soixante-cinq fois moins chère qu'une même quantité de froment, et trente-six fois moins qu'une même quantité de seigle, surtout dans une contrée qui ne produit que fort peu de vin.

[1] *Polyptique*, éclaircissements, n° I., prolégomènes, n° 87, p. 185.

[2] Au temps de l'archevêque de Reims Hincmar (840-860), le muid usité sur les terres de Saint-Remi contenait environ 63^l,74.

[3] Du Cange, *Glossar.* voce *Modius.* — *Polyptique*, loc. cit. § 88. M. Guérard trouve dans le setier chartrain le douzième du muid. (*Cartulaire de Saint-Père de Chartres*, t. Ier, n° 168, p. 177.)

18 setiers, qui forment précisément la moyenne des quantités ci-dessus désignées[1].

2° Le demi-muid, *dimidius modius* et *semodius*, forme corrompue de *semi-modius*[2]. — Le nom seul de cette mesure indique sa valeur, qui était de la moitié du muid; elle suivit toutes les variations de cette dernière contenance; et, d'après les données exposées ci-dessus, elle était, en bas Limousin, au XVIIIe siècle, de 141¹,422.

3° Le setier, *sextarius*, *sestarium*, *sexters*[3]. — Le setier, ainsi que nous l'avons vu plus haut, paraît avoir représenté, en bas Limousin, la dix-huitième partie du muid à ses diverses périodes; il avait par conséquent, en dernier lieu, une capacité de 15¹,714.

4° L'émine, *emina*. — Notre Cartulaire ne mentionne pas l'application de cette mesure aux liquides, mais un titre des archives de Beaulieu nous en fournit un exemple[4]. D'après le texte de l'une de nos chartes, l'émine était la moitié du setier. On y lit, en effet, que deux setiers de méteil (*mixtura*) se composaient de trois émines d'avoine et d'un quart d'orge, ou de mélange de seigle et de froment[5]; dès lors, cette mesure, qui suivait les variations du setier, dont elle était le diviseur, comprenait 7¹,857.

---

[1] Pour les mesures de liquide, on comptait, dans le bas Limousin, par *baste* et *demi-baste*. La baste contient exactement trois setiers. Le muid se divise donc en six bastes ou douze demi-bastes. Le nom de cette mesure provient évidemment de *basta*, employé au XIIe siècle par le chroniqueur de Vigeois, comme étant une expression vulgaire et rustique (*ut rustice loquar*), pour désigner un mode de chargement dans deux récipients suspendus aux flancs d'une bête de somme et se faisant mutuellement équilibre. Ces récipients rappellent les deux outres chargées à dos de mulet, dans lesquelles il se fait encore des transports de vin de cette contrée vers le nord du Limousin. « Asinum stravit, et, ut rustice loquar, superposuit *bastas*, in quarum una Lipsanum sancti posuit, in altera Gausbertum puerum suum recondidit, quæ omnia linteo cooperuit. » Ce fait rappelle encore mieux les corbeilles d'osier, appelées dans le pays *benastes*. (Gaufred. prior. Vosiens. *Chronicon*, apud Ph. Labb. *Nov. Biblioth. mss.* t. II, p. 281.)

[2] LXII, LXXXIV, CXXXI, an. 869.

[3] LXVIII, 865; LXIX, 909; XCVI, 970; CXXXIV, 913; CXLVIII, 969; CXLIX, 954.

[4] « Quatuor eminas vini boni et mercabilis ad mensuram Bellilocensem. » (Mss. Biblioth. impér. Ch. an. 1417.)

[5] « Mixturam vero quam debent rustici per censum hæc sunt : de quarteria, duo sextarii; de avena tres eminas, et quartum

II. *Mesures de capacité pour les matières sèches : grains, fèves, noix.* — Ces mesures étaient les mêmes que celles qu'on employait pour les liquides, savoir : le muid, *modius*[1], le setier, *sextarius* ou *sestarius*[2], et l'émine, *emina* ou *mina*[3].

Le muid, considéré comme mesure de matières sèches, paraît avoir été abandonné, à Beaulieu et dans le reste du Limousin, au plus tard dans le XIVe siècle; car nous ne trouvons la mention, dans les actes de cette époque, que du setier, de l'émine, du carton, *carta* et *carto*[4], et de la *panata*, qui était peut-être la pennière (mesure encore en usage)[5].

Nous voyons, dans l'une des chartes précitées, les donateurs s'engager à payer chaque année un muid de vin et un muid de froment (*tritico*)[6]; et, dans une autre charte du Xe siècle, Gauzlenus s'oblige à fournir, à titre de cens annuel, six setiers, partie en pain, partie en vin, *sextarios sex inter panem et vinum de censu*[7].

Le muid se divisait en setiers et émines pour les matières sèches comme pour les liquides.

Il résulte de là que ces trois mesures étaient les mêmes dans les deux cas, et qu'il n'y a qu'à appliquer ici ce qui a été dit plus haut pour les mesures de liquides.

L'emploi de ces mesures variait, du reste, suivant la nature des matières à mesurer. Ainsi, d'après la charte CI déjà citée, on distingue le payement qui s'opérait pour le méteil (*mixtura*), suivant

---

ex ordeo aut annona. » CI. (Voir aussi *Cartulaire de Saint-Père de Chartres*, t. Ier, prolégomènes, n° 168, p. 177.)

[1] LX, an. 916.

[2] LXII, XCVII, an. 1056-1076; CI, CXX, 1097-1107; CXXIII, 1097-1108; CXLIX.

[3] CI, CXXIII.

[4] « Quinque sextaria et tres cartones siliginis, et unam cartam frumenti ad mensuram Belliloci. » (Mss. Biblioth. impér. An. 1366.) « Duo sextaria frumenti mensuræ Belliloci, tria sextaria siliginis, octo cartones avenæ dictæ mensuræ. » (An. 1307, *ibid*.) « Sextarium frumenti, tres eminas fabarum, et tres eminas mixturæ ad mensuram Belliloci. » (An. 1365, *ibid*.) « Tres cartones fabarum renduales ad mensuram Belliloci. » (An. 1334, *ibid*.) Le carton vaut 25 litres.

[5] « Sub annuo censu seu redditu unius panatæ siliginis ad mensuram Belliloci. » (An. 1311.) La pennière correspond à 5 litres.

[6] LX, an. 916.

[7] CXLIX, an. 954.

une mesure comble (*cumulata*), mais non pressée ou foulée (*non calcata*), de celui qui avait lieu pour l'orge dans une émine comble (*cumula*), et pour le blé ou le mélange de froment et de seigle (*annona*), dans une émine rase (*rasa*).

On trouve plusieurs fois dans nos chartes les expressions suivantes, *denarios duos de cera in censu*, ou bien *per censum de cera* [1]; mais il ne nous paraît pas douteux qu'il s'agit ici non pas d'une quantité fixe de cire, mais d'une quantité représentant une valeur de deux deniers. Ce qui le prouve, c'est que d'autres actes portent *denarios duos de censu in cera*, deux deniers de cens payables en cire [2]. Et c'est là, à nos yeux, le véritable sens dans l'un comme dans l'autre passage. Une autre preuve à l'appui de cette interprétation résulte d'une charte où le donateur se réserve, dans le manse qu'il concède à l'abbaye, trois deniers (*tribus denariis*) de *ortatge*, c'est-à-dire de jardinage [3]. Comme il s'agit ici d'une nature de produits à peu près indéfinie et qui échappe à la mesure, le denier ne pouvait désigner en cet endroit qu'une valeur en argent.

Pour terminer sur ce sujet, nous citerons la charte CXXXVI de notre Cartulaire, dans laquelle on stipule, au nom de l'abbaye, le payement d'une redevance de XII deniers ou de douze denrées de cire, *XII denarios aut XII denariatas de cera in censu*. La *denariata* prend, dans cette phrase, la signification d'une mesure déterminée, correspondant à la valeur de douze deniers argent.

§ 3. MESURES PARTICULIÈRES DES GERBES ET DU FOIN.

1° La gerbe, *gerba*. — Les deux gerbes que les cultivateurs de la terre de Favars avaient à remettre au vicaire dans le temps de la moisson, par chaque cartonnée de terre, devaient être de dimensions égales à celles qu'ils donnaient aux moissonneurs à titre de salaire [4].

---

[1] LXXXVIII, XCI, CXXXVI, CXXXIX, CLIX. (Voir ci-dessus, chap. Ier, § 2.)
[2] CXLIII, CXLIV.
[3] CXXI. (Voir plus haut, chap. Ier, § 2.)
[4] CI.

CXXVIII INTRODUCTION.

2° La charge, *faisus*. — Chacun des cultivateurs du même domaine était redevable au vicaire qui y commandait d'une charge de foin, *unum faisum*, telle qu'un homme pouvait loyalement, *sine malo ingenio*, la porter de la demeure du débiteur à celle du vicaire[1]. Le faix (*faissus*) de foin était défini, au moyen âge, *ce qui pouvait entrer en un lien de blé*[2].

§ 4. MESURES DE LONGUEUR.

La seule mesure de longueur que mentionne notre Cartulaire comme étant en usage à Beaulieu, pour les draps et tissus quelconques, s'appelait *virga pannorum*. Une charte de l'an 1203 attribue au vicaire la connaissance des délits de fraude en ce qui la concerne, comme pour les autres mesures et pour tous les faux poids[3].

Du Cange n'a pas connu l'application de ce terme de mesure aux étoffes. C'est Dom Carpentier qui l'a signalée d'après des lettres royales de 1411, et l'exemple qu'il cite nous fait connaître en même temps que la *virga* était d'une valeur identique à l'aune[4]. Or l'*ulna* ou *alna*, qui avait, chez les Romains, 1 pied 1/2 de long, et se confondait avec la coudée, était encore la même au moyen âge[5]. Elle valait, par suite, $0^m,4444$[6].

Telle était aussi la valeur de la *virga pannorum* de Beaulieu. L'énonciation que nous en fournit le Cartulaire a du prix en ce qu'elle est, jusqu'ici, le seul exemple latin que nous connaissions, et qu'elle est de deux siècles plus ancienne que celle qui a été rapportée par le savant continuateur de Du Cange.

---

[1] CI. Ce mot ne se trouve pas sous cette forme dans le Glossaire.

[2] Note de Dom Carpentier. (*Glossar.* voce *Faissus*. édit. Didot, t. III, p. 188, col. 3.)

[3] CXCV.

[4] « Dix vergues ou aulnes de drap bureau. » (*Glossar.* t. VI, p. 647, col. 2.)

[5] « Ulna habet pedem 1 et semis. » (Mss. Biblioth. impér. n° 2123, fol. 153 et 154; D'Anville, *Éclaircissements géographiques*, p. 143; Guérard, *Polyptique d'Irminon*, prolégomènes, § 80.)

[6] La largeur de la toile était souvent de deux aunes et quelquefois de trois. (Guérard, *loc. cit.*)

INTRODUCTION.

TITRE VI.

TOPOGRAPHIE DU LIMOUSIN ET DU QUERCY.

CHAPITRE PREMIER.

LE LIMOUSIN.

Nous traiterons successivement dans ce chapitre :

Du *pagus* ou *orbis Lemovicinus*, pays du Limousin, et de ses limites;

Du *comitatus Lemovicinus* ou *Lemovicensis*, comté de Limoges;

Des subdivisions du *pagus* et du *comitatus*, savoir : les *pagi minores* ou pays de l'ordre inférieur; les *vicariæ*, vicairies, *aices* ou *aiza*, aïces ou aïzes, et *centenæ*, centaines;

Enfin des divisions particulières, telles que la marche, *marca*, le fisc, *fiscus*, et la distinction du haut et du bas Limousin.

§ 1. LE *PAGUS* OU *ORBIS LEMOVICINUS*, LE LIMOUSIN. — SES LIMITES.

I. La première mention du peuple limousin se trouve dans les Commentaires de J. César (59 ans avant J. C.), où il reçoit le nom de *Lemovices*[1]; Grégoire de Tours (fin du VIe siècle), l'appelle *Lemovicinus populus*, *Lemovicini* et *Limodicini*[2].

La ville capitale de ce peuple est désignée successivement sous les noms d'Αὐγουστόριτον, qui correspond à *Augustoritum*, par Ptolémée

---

[1] *De bell. Gallic.* lib. VII, cap. IV, LXXV, LXXXVIII; VIII, XLVI. Ce nom se retrouve dans la Géographie de Strabon, IV, II; dans l'Histoire naturelle de Pline, IV, XIX; et dans la Géographie de Ptolémée, II, VI. Chez ce dernier auteur, les *Lemovices* sont appelés Λιμουΐκοι, nom qui correspond à *Limovici*. Le nom de Λεμοϐίκες, qui est dans Strabon, correspond à l'appellation employée par César.

[2] *Historia ecclesiastica Francorum*, V, XXIX, XXX; *Epitom.* LXXX.

INTRODUCTION.

(an du Christ 130)[1]; d'*Ausritum*, dans les Itinéraires romains et dans la Table de Peutinger (an 393)[2]; de *Lemofex Augustoretum* (fin du IVᵉ siècle)[3]; de *civitas Lemovicum*, dans la Notice des provinces de la Gaule (an 396)[4]; de *Lemovices*, dans les Lettres de Sidoine Apollinaire (vers l'an 474)[5]; de *Lemovicina civitas*, dans les Œuvres poétiques de l'évêque Fortunat (vers 562)[6] et dans le Testament de saint Yrieix (an 573)[7]; d'*urbs Lemovicina*, *urbs Lemovicum*, *Lemovica*, *Lemodia civitas*, dans les Œuvres de Grégoire de Tours (fin du VIᵉ siècle)[8]; de *Lemovix* ou *Lemovecas*, dans les monnaies du milieu du VIIᵉ siècle[9]; de *Limodecas*, sur celles de la fin du même siècle[10]; de *Limodia*, *Leomodicas* et *Lemodicas*, en 761, 763 et 766[11]; de *Limodicas*, dans le Géographe anonyme de Ravenne, au commencement du IXᵉ siècle[12]; de *Lemovigas*, dans la Chronique de Saint-Bénigne de Dijon rédigée au XIᵉ siècle[13]; de *Lemotgas* (an 1190) et *Le-*

---

[1] *Geograph.* II, VI.

[2] Wesseling, *Vetera Romanorum itineraria*, 1745, p. 461 et 462; Léon Renier, *Itinéraires romains*, dans l'Annuaire de la Société des antiquaires de France, année 1850, p. 219; et *Géographie ancienne des Gaules*, de Walckenaër, t. III, p. 65, 66, 95 et 96.

[3] Sur la liste des villes capitales des peuples, *civitates*, longtemps attribuée au grammairien Magnon (IXᵉ siècle), mais dont notre savant confrère F. Bourquelot a démontré la haute antiquité. (*Annuaire de la Société des antiquaires de France* pour l'année 1851.)

[4] Voir les différentes éditions de cette Notice dans la Collection des historiens des Gaules, de Duchêne, t. I; dans celle de D. Bouquet, t. I, p. 123, et II, p. 3; et dans l'Essai sur le système des divisions territoriales de la Gaule de Guérard, p. 26.

[5] *Epistol.* lib. VII, epist. VI.

[6] *Fortunati episc. carmina historica*, dans Bouquet, t. II, p. 491 et 492.

[7] *Diplomat. et chart.* édit. Pardessus, t. I, p. 136.

[8] *Loc. cit.* VI, IX, XX; X, XXIX, XXX; *De glor. confessor.* XXVII, CIII; *Vit. S. Aridii abbatis*, II. Voir aussi, dans D. Bouquet, les variantes de ces noms sous les rois de la première race. (*Historiens de France*, t. III et IV.)

[9] Voir notre Description des monnaies mérovingiennes du Limousin, dans la Revue numismatique, nouvelle série, année 1857, pl. XII, nᵒˢ 1 à 8.

[10] *Ibid.* nᵒ 9.

[11] *Reginonis Chronicon*, Annales Lauresbanenses, Annal. Alamann. Annal. Sangallens. dans Pertz, *Monument. Germaniæ historic.* SS. t. I, p. 28, 30, 74, 557.

[12] *Anonymi Ravennatis de Geographia libri quinque*. Paris, 1668, in-8ᵒ, p. 230; et dans Bouquet, t. Iᵉʳ, p. 121. On sait que cet auteur s'est servi principalement des Itinéraires romains.

[13] Apud Dacherian. *Spicileg.* t. I, p. 409. D. Bouq. *loc. cit.* t. VII, p. 229.

INTRODUCTION.

motges (1246 et 1377)[1]; enfin de *Limoges* (qui est la forme actuelle du nom), dans les Chroniques de S. Denis (traduction française de 1274)[2].

Le territoire occupé par le peuple limousin est désigné sous le nom de *Lemovicina provincia* dans la Vie du prêtre Eptadius (an 507)[3]; sous les noms de *pagus, ager, terminus Lemovicinus, regio Lemovicum, rus, territorium Lemovicinum* ou *Lemodicinum*, ou même de *Lemodicinum*, sans substantif, par Grégoire de Tours (fin du VIe siècle)[4]; de *pagus Lemovicensis*, en 785[5]; de *pagus, orbis* ou *urbis Lemovicinus* ou *Limovicinus*, dans les chartes du IXe et du Xe siècle[6], et même de *Lemozinum territorium*, dès l'année 874[7]; de *Lemovicinum clima*, par Geoffroi de Vigeois (an 1180)[8], ou *Lemovicinium* et *Limosinium* (au XIIIe et au XIVe siècle); et, dès 1274 (traduction française des Chroniques de S. Denis[9]), sous le nom de *Limozin*, d'où l'appellation actuelle de Limousin.

II. *Limites du* pagus ou orbis Lemovicinus. — On admet généralement que l'étendue des anciens *pagi* est déterminée par celle des anciens diocèses : « En prenant les circonscriptions ecclésiastiques telles qu'elles existaient avant le concordat de 1801, on obtient assez exactement, dit M. Guérard, les divisions ecclésiastiques des premiers âges, et, par conséquent, les divisions civiles de la Gaule romaine et de la Gaule des Francs; » et plus loin : « Les diocèses doivent être considérés, sauf quelques exceptions très-rares, comme

---

[1] Chartular. Belliloci, ch. cxci; Allou, *Description des monuments de la Haute-Vienne*, p. 243 et 244.

[2] D. Bouquet, t. V, p. 222.

[3] *Vit. S. Eptadii presbyteri*, auctore coætaneo, apud Ph. Labb. *Nov. Biblioth. mss.* t. II, in appendice.

[4] *Histor. eccles. Francor.* IV, xx; V, xiii; VII, x; VIII, xv; *De glor. martyr.* xlii; *De glor. confessor.* ix; *Vit. S. Aridii abbat.* xxx; *De mirac. S. Martini*, II, xxxix. (Voir, du reste, les variantes de ce nom dans Dom Bouquet, t. III, p. 381 et passim.)

[5] Testamentum Rotgerii comitis et Euphrasiæ. Apud Mabillonium, *Annal. Benedict.* t. II, in appendice, p. 711.

[6] I, VI, XVI, XIX, XXIV, XXV, XXVIII, LIII, LIV, et dans maint endroit de notre Cartulaire. On retrouve, du reste, ces expressions d'*orbis* et *urbis* dans un grand nombre de chartes du Limousin. (Voir notamment les extraits du Cartulaire de Tulle, dans Baluze, *Histor. Tutel.* col. 366 et 376.)

[7] xvii.

[8] Gaufridi Vosiens. prioris chronic. apud Ph. Labb. *loc. cit.* D. Bouquet, *loc. cit.* t. X, p. 267.

[9] D. Bouquet, t. III, p. 212.

représentant parfaitement les anciennes cités de la Gaule, et les géographes ont eu raison d'admettre cette correspondance[1]. »

Tel est le principe, tel est plutôt le fait qui se produit le plus souvent.

Mais, s'il est vrai, et cela est incontestable, que, dans le droit canonique et d'après la loi civile, les évêques fussent tenus de rester dans les limites de leurs circonscriptions respectives, et de s'abstenir de tout empiétement sur les diocèses limitrophes, les prohibitions répétées que nous trouvons, à ce sujet, dans les canons des conciles et dans les capitulaires des empereurs et des rois, montrent clairement que ces usurpations ne laissaient pas que d'être fréquentes. Ainsi le 2e canon du premier concile tenu à Constantinople, en 381, contient ces mots : « Episcopi ad ecclesias quæ sunt ultra diœcesim suosque limites ne accedant[2]; » le 20e canon du troisième concile tenu à Carthage, en 397, dispose ce qui suit : « Placuit ut a nullo episcopo usurpentur plebes alienæ, ne aliquis episcoporum supergrediatur in diœcesi suum collegam[3]. » La législation civile a reproduit les mêmes défenses. Nous lisons en effet dans un capitulaire : « Ut episcopus alterius episcopi plebes vel fines non usurpet[4]. » Et plus bas se trouve un chapitre conçu dans des termes identiques à ceux du concile de Carthage[5]. Le chapitre CCCLXXXI développe la même pensée : « Qui sunt supra diœcesim episcopi nequaquam ad ecclesias quæ sunt extra præfixos sibi terminos, accedant, nec eas aliqua præsumptione confundant. Non oportet transferri terminos a patribus constitutos, ut alter alterius parrochiam invadat, atque illic celebrare divina mysteria, inconsulto episcopo cui commissa est, præsumat[6]. » Enfin, un capitulaire de Charles le Chauve, de l'an 851, contient ce qui suit : « Ut nullus

---

[1] *Essai sur le système des divisions territoriales*, p. 76 et 87. (Voir aussi Walckenaër, ouvrage cité, t. I, p. 239, 240.)

[2] *Acta SS. conciliorum;* dans Ph. Labb. et Cossart. t. Ier, et dans Hardouin, t. Ier, col. 809.

[3] *Ibid.* col. 963.

[4] Lib. VI, cap. CCCI. Apud Baluz. *Capitular.* t. I, col. 974.

[5] *Ibid.* cap. 308. — Baluz. col. 975.

[6] *Loc. cit.* col. 996.

INTRODUCTION. CXXXIII

episcopus alium conculcet episcopum, nec eum supergrediatur, aut aliquod incommodum ei in sua faciat parrochia [1]. »

Ces dispositions prohibitives, que l'autorité ecclésiastique et l'autorité laïque édictent tour à tour, sont, à nos yeux, la preuve la plus formelle des usurpations qu'elles ont pour but de prévenir ou réprimer. Et de fait, par le penchant naturel de tout dépositaire du pouvoir à en agrandir le domaine, les évêques, et plus souvent peut-être leurs subordonnés, attiraient à eux des paroisses dépendantes des diocèses voisins, ce qui modifia les deux circonscriptions ecclésiastiques dans les détails de leur configuration, l'une dans le sens de l'accroissement, l'autre dans le sens d'une réduction.

Nous en verrons, d'ailleurs, bientôt un exemple frappant dans les entreprises que les ecclésiastiques du diocèse de Périgueux commettaient, à la fin du ve siècle, sur celui de Limoges, et qui provoquaient les plaintes de l'évêque saint Rurice Ier.

D'un autre côté, l'on sait que les territoires des cités, dans la période romaine, étaient séparés les uns des autres par des limites ou *fines;* ces confins étaient fixés par des pierres ou des colonnes milliaires. Dans l'Itinéraire d'Antonin et sur la Table de Peutinger, les points où étaient établies les frontières sont désignés d'une manière très-précise par des mesures de distances marquées par ces deux documents. Ils constituent l'indication la plus certaine des limites respectives des peuples à l'époque où ces itinéraires ont été dressés, c'est-à-dire au IVe et au Ve siècle de l'ère moderne.

Quand les pouillés des diocèses sont d'accord avec ces indications, on possède la preuve la plus complète que les limites de ces arrondissements ecclésiastiques représentent bien celles des anciennes nations gauloises, sous l'occupation romaine. Mais, s'il y a contradiction entre les pouillés et les itinéraires romains, ces derniers donnant avec une exactitude mathématique les bornes des peuples, il en résulte que les diocèses, à l'époque où furent rédigés les pouillés, ne représentaient plus leur territoire. Dans ce cas, on doit, ce semble, préférer le titre

[1] *Loc. cit.* col. 999.

dont la date est la plus reculée, l'itinéraire, parce qu'il conduit plus sûrement à leur but le géographe et l'historien qui cherchent à reconstituer le pays de l'ancienne peuplade.

Il en est de même lorsque, dans la période mérovingienne, les monuments écrits et les triens où se trouvent en légendes les noms des ateliers monétaires, attribuent certaines localités à un *pagus* déterminé, et lorsque, sous les princes carlovingiens et sous les premiers rois de la troisième race, des chartes et chroniques mentionnent d'une manière positive et avec persévérance la position de telle église, de tel bourg ou village, dans tel ou tel pays.

L'autorité de ces anciens documents nous paraît préférable à celle des pouillés, alors surtout que ces derniers datent d'une époque relativement assez récente. Nous reconnaissons, toutefois, que le principe général de la conformité du diocèse et du *pagus* doit être maintenu, qu'il doit continuer de servir de base à la délimitation des anciennes cités, et qu'il ne faut s'en écarter que lorsqu'on y est amené par des preuves directes, en considérant les faits qui le contredisent comme des exceptions à une règle.

Nous verrons dans la suite de ce paragraphe que le territoire du peuple limousin, sous les Romains, et le *pagus Lemovicinus*, sous les Carlovingiens, s'étendaient de plusieurs côtés au delà des limites du territoire diocésain. On est donc tenu d'admettre que cette dernière circonscription n'est pas, comme l'ont énoncé presque tous les auteurs[1], l'image fidèle du pays des *Lemovices*, et n'en détermine pas exactement l'étendue.

En résumé, la configuration de l'arrondissement ecclésiastique peut être acceptée *a priori* comme représentant dans son ensemble celle du *pagus*; mais elle n'exclut pas les renseignements authentiques qui peuvent la rectifier ou la compléter.

---

[1] Adrien de Valois, *Notitia Galliarum;* D'Anville, *Notice de l'ancienne Gaule*, voce *Lemovices;* Walckenaër, *Géogr. anc. des Gaules*, t. I, p. 371; Guérard, *Essai, etc.* p. 109; Maldamnat, *Remarques sur lez faussetez de la table historique et cronologique du Limousin*, de Collin, édit. 1668, p. 98, 99.

INTRODUCTION. CXXXV

Appliquons ces règles à la description du *pagus Lemovicinus*. Les deux diocèses de Limoges et de Tulle réunis représentent l'ancien diocèse de Limoges avant que celui de Tulle en eût été distrait (an 1317)[1]; et leurs pouillés[2], ainsi que le journal de la tournée que l'archevêque Simon y fit en 1285 et 1290[3], nous donnent bien la forme générale du pays limousin; d'après eux, ce pays aurait compris les départements de la Haute-Vienne, de la Corrèze et de la Creuse; dans le département de la Dordogne, Nontron et son territoire; dans le département de la Charente, Confolens avec certaines parties attenantes[4]. Mais, tout en adoptant le cadre formé par cette circonscription diocésaine, nous devrons signaler les points sur lesquels d'autres documents ordonnent de s'en écarter, et reporter les véritables frontières de l'ancien Limousin au delà des limites qu'elle nous a tracées.

Nous placerons le point de départ de notre description en un lieu qui, d'après les titres ecclésiastiques comme d'après les autres monuments, bornait à la fois le diocèse de Limoges et le *pagus Lemovicinus* : c'est Liourdres (*S. Stephanus de Lusido* ou *Lusde*), sur la rive droite de la Dordogne, en aval de Beaulieu[5]. Les limites, en se dirigeant de l'est à l'ouest, suivaient le cours du fleuve jusqu'à un petit affluent qui se rencontre en amont de Puybrun; à ce point, elles se détournaient vers le N. O., passaient au sud de Billac, de la

---

[1] Le pape Jean XXII institua, en 1317, le diocèse de Tulle, qui n'avait auparavant qu'un monastère célèbre sous l'invocation de saint Martin. (Voir dans Baluze, *Histor. Tutel.* append. actor. veter. col. 423, 424 et suiv.)

[2] Mss. Biblioth. impér. Fonds Saint-Germain français, n° 878, t. II. Les pouillés publiés par Aillot, dans le livre intitulé *Pouillé de l'archevêché de Bourges*, sont de 1648, in-4°. Le pouillé manuscrit de Limoges, classé dans les archives du séminaire, parmi les papiers du curé Nadaud, est du XVIIIe siècle.

[3] Baluz. *Miscellan.* édit. de Mansi, t. Ier.

[4] L'abbé Texier, *Manuel d'épigraphie*, p. 8, et Allou, *Description des monuments de la Haute-Vienne*, p. 1, se sont donc trompés, même en s'en tenant aux pouillés, quand ils ont dit, le premier, que l'ancien Limousin était formé des trois départements de la Haute-Vienne, de la Creuse et de la Corrèze; le second, qu'il suffisait d'y ajouter quelques parties de l'Angoumois et du Poitou.

[5] Nous savons que, sur la rive opposée, étaient situées la vicairie de Pauliac, et des localités dépendantes du Quercy.

CXXXVI   INTRODUCTION.

Combe et de Plaignes[1], laissant ainsi en dehors du Limousin et dans le Quercy les belles plaines de Puybrun, de Tauriac et de Bétaille, et, à plus forte raison, Carennac et son territoire[2]; elles tendaient

[1] « In pago Lemovicino, in vicaria Asnacense, villa Beliacus. » (*Chartul. Belliloc.* XIX, XX, LX, etc. ann. 841, 859, 916.) « Ad illa Cumba » (CLIV). « Ad illos Planos » (*ibid*). Ces deux dernières localités, sur les feuilles de Cassini, sont placées dans la province moderne du Quercy.

[2] Cependant, nous devons signaler un diplôme de l'an 817, par lequel l'empereur Louis le Pieux confirme la donation faite à cette église, par un diacre appelé Mathusalem, de biens situés en pays limousin, dans un lieu appelé Carennac : « Rex quæ sunt in pago Lemovicino, in loco nuncupante Carantenago, id est cellulam quam ipse construxerat. » (*Nov. Gall. christ.* t. II, instrum. col. 164[a]; D. Bouquet, *Histor. de Fr.* t. VI, p. 501, 502.) Mais nous voyons, par une charte du Cartulaire de Beaulieu, rédigée dans le pays même, où l'on connaissait mieux les limites des deux territoires limousin et cahorsin, que le bourg de Carennac était dans le Quercy. « Vicus Carendenacus, y est-il dit, ubi ecclesia in S. Saturnini honore, in Caturcino pago. » (Chart. XLVIII, ann. 932.) Cette désignation est confirmée : 1° par la donation que Bernard, évêque de Cahors, fit, en 1060, à l'abbaye de Cluny : « Quamdam ecclesiam in pago Caturcensi, in villa Carenniaco sitam et in veneratione S. Saturnini ab antiquis consecratam » (Baluz. *Miscellan.* édit. de Mansi, t. III, p. 42); 2° par le journal de la visite pastorale faite, en 1285, par Simon, archevêque de Bourges, dans les diocèses de son ressort; le prieuré de Carennac y est désigné comme étant situé dans le diocèse de Cahors : « Finavit de suo priore de Carennac ordinis Cluniacensis » (Baluz. *loc. cit.* p. 289); 3° par la position de la *vicaria Bealliacensis* (pour *Betalliacensis* ou *Betailiacensis*), vicairie de Bétaille, mentionnée par une de nos chartes comme dépendante du *pagus Caturcinus* (ch. XXVIII, an. 943-948), et située au nord de Carennac, entre la rive droite de la Dordogne et les limites méridionales du Limousin; 4° enfin par les pouillés des deux diocèses, et par cette circonstance que, sauf un détail peu important, les nombreux documents que nous possédons sur la topographie de cette contrée ne placent en Limousin aucune des localités situées au delà des limites du diocèse. Il faut, d'ailleurs, remarquer, quant au diplôme de l'an 817, qu'il a été sollicité, ainsi que l'indique le préambule, par *Regimpertus* (Raimbert), évêque de Limoges, qui avait intérêt à étendre le *pagus Lemovicinus* jusqu'à Carennac, afin d'étendre par ce même moyen sa juridiction.

[a] Les auteurs du nouveau *Gallia christiana* (ubi supra) ont pensé que le nom de *Carantenagus* désignait une localité appelée de nos jours *Razès* et située au nord de Limoges, canton de Bessines. Mais cette attribution, que les savants Bénédictins n'ont appuyée d'aucune preuve, est inadmissible par plusieurs raisons : 1° parce qu'elle suppose la suppression de la syllabe initiale, formée d'une consonne suivie d'une voyelle, ce qui serait une exception ; 2° parce que *Razès* s'appelle, dans une charte du XII° siècle, *Reses*, et, dans un acte du milieu du XI° siècle, *castrum de Resesse*, expression qui s'éloigne encore plus de *Carantenacus* ; 3° parce que le *Carendenacus* de notre charte XLVIII se présente avec une forme presque identique à celle du diplôme de Louis le Pieux, le *d* n'étant ici que l'adoucissement du *t* de *Carantenacus*.

INTRODUCTION.

ensuite vers le Moumon, qu'elles traversaient, remontaient sa rive droite jusqu'à Loulier, passaient à l'ouest de Surdoire, Bonneval et Traversac[1], au nord de Colombier (Quercy)[2], au sud de Tersac, d'Estivals[3], puis, remontant au N. O. de Cousages[4], atteignaient les bords de la Vézère, à l'Arche, petite ville au S. O. de Brive[5].

A partir de l'Arche, en allant vers l'ouest, la Vézère séparait le Limousin du Périgord, jusqu'à la hauteur ou à peu de distance du pont de Terrasson[6], à l'endroit nommé Vala sur les feuilles de Cassini.

De ce point, les limites du *pagus*, en se conformant à celles du diocèse, passaient à l'ouest de Cublac, traversaient l'Elle devant

---

[1] Chartul. Bellil. CXLII, LXVI. Chartul. Tutel. ch. ann. 940. Baluz. *Hist. Tutel.* col. 354.

[2] Chartul. Bellil. CXL. Sur les feuilles de Cassini, ce lieu est placé en Limousin.

[3] Chartul. Bellil. I.

[4] *Ibid.* XXV.

[5] Les auteurs qui ont écrit sur le bas Limousin ont commis une grave erreur en disant qu'autrefois Brive appartenait au Périgord et ne fut réunie au Limousin que dans le cours du XV° siècle, sous le règne de Charles VI. (Marvaud, *Hist. du bas Limousin*, t. I, p. 45, note 4; Bonnélye, *Essai sur l'histoire de la ville de Tulle*, in-12, p. 33.) Les preuves du contraire sont nombreuses et concluantes. Au VI° siècle, Grégoire de Tours s'exprime ainsi : « Gondovaldus..... *Lemovicinum accedens, Brivam Curretiam vicum..... advenit.* » (*Hist. Francor.* VII, x.) Au IX° et au X° siècle, les chartes de Beaulieu, de Tulle et d'Uzerche sont d'accord pour placer Brive en Limousin, où elle est chef-lieu de vicairie. Au XIII° siècle, Brive est désignée, dans le journal de tournée de l'archevêque de Bourges, comme étant dans le diocèse de Limoges (Baluz. *Miscellan.* ubi supra); enfin les divers pouillés de ce diocèse l'y comprennent invariablement. Est-il possible de trouver un ensemble de témoignages plus décisif? Ajoutons que l'assertion que nous combattons ici n'est appuyée d'aucune preuve, d'aucun document, et que, suivant toutes les vraisemblances, les écrivains que nous avons cités plus haut ont été trompés par cette circonstance que Brive et son territoire avaient dépendu de la sénéchaussée du Périgord et du Quercy. Ils auraient dû ne pas perdre de vue que les circonscriptions des sénéchaussées, qui datent des derniers siècles du moyen âge, étaient généralement loin de correspondre aux anciens pays, et contribuèrent même avec les châtellenies à briser les divisions géographiques de l'ancienne Gaule.

[6] Nous en trouvons la preuve dans la Chronique de Geoffroi de Vigeois, qui écrivait dans la deuxième moitié du XII° siècle : « Repente igitur occupaverunt Lemovicinum turbæ... PER PONTEM DE TERRASSONO EXANDONENSEM intrantes. » (*Gaufridi prioris Vosiensis Chronicon*, pars secunda, cap. VIII, apud Ph. Labbe. *Nov. Biblioth. mss.* t. II.) Or le pays d'Yssandon, *Exandonensis*, faisait tout entier partie du Limousin.

CXXXVIII INTRODUCTION.

Borda, puis le Gourgeon, et se dirigeaient à l'ouest de Conzours, Teilhols, Dalon, Genis et Saint-Trie.

Si, à partir de cet endroit, nous continuons de suivre les limites de l'ancien diocèse, nous voyons qu'elles s'orientaient au nord, passaient près et à l'ouest de Juillac, Glandon et Saint-Yrieix, puis, tendant vers l'ouest, plaçaient dans le Limousin la Rochette, le Chalard, Saint-Nicolas, Courbefy, passaient à l'ouest de Dournazac, de Montbrun, au nord de la Chapelle (Périgord), de Boulbon et de Millaguet, descendaient ensuite vers le sud, enfermant en Limousin Saint-Barthélemy, Abjac, Savignac-de-Nontron, et laissant en Périgord Saint-Romain, Saint-Pardoux et Saint-Front-la-Rivière sur la Dronne, dont elles longeaient la rive droite jusqu'à Château-Gaillard; à cet endroit, les limites retournaient vers l'ouest, passaient au sud de Saint-Angel, Nontron, Saint-Martial, Lussas ou mieux Lussac, etc.

La configuration de cette partie du Limousin, telle qu'elle résulte de la délimitation ci-dessus, frappe tout d'abord par son étrangeté. Elle présente, de Dalon à Courbefy et à Saint-Barthélemy, puis de Saint-Barthélemy à Saint-Angel, la forme d'un fer à cheval, dans lequel s'avançait l'ancien diocèse de Périgueux.

Or une portion considérable du territoire enfermé dans ce grand arc nous paraît avoir appartenu au peuple des *Lemovices*, du moins sous l'occupation romaine et sous les rois mérovingiens.

L'Itinéraire d'Antonin et la Table de Peutinger marquent, entre *Vesunna* (Périgueux) et *Augustoritum* (Limoges), un point appelé *Fines*, c'est-à-dire la limite commune des *Lemovices* et des *Petrocorii*. Les manuscrits de l'Itinéraire offrent des dissidences quant aux distances indiquées entre *Vesunna* et *Fines*, d'une part, et de *Fines* à *Augustoritum*, d'autre part. L'un d'eux porte, entre *Vesunna* et *Fines*, XXI lieues gauloises ou XXXI milles romains, et la même distance de *Fines* à *Augustoritum*[1], ce qui placerait *Fines*, suivant l'abbé

---

[1] *Itinéraire d'Antonin*, variante d'après le ms. de Paris. Walckenaër, *Géogr. anc. des Gaules*, t. III, p. 95. L'abbé Belley, pour préférer cette variante, s'est autorisé de deux manuscrits, dont l'un était, au XVI⁰ siècle, à Naples et l'autre, dès 1746,

INTRODUCTION.

Belley[1], à Firbeix aux confins des deux diocèses, sur la route de Limoges à Périgueux, et, d'après M. Walckenaër, entre Vaux et Chante, sur la même route[2]. Mais les autres manuscrits, et ils sont nombreux[3], marquent XIV lieues gauloises, ou XXI milles romains, entre *Vesunna* et *Fines*, et XXVIII lieues gauloises, ou XLII milles romains, entre *Fines* et *Augustoritum*. Aussi cette dernière leçon a-t-elle été adoptée sans hésitation par les éditeurs de l'Itinéraire, Wesseling[4], Parthey et Pinder[5], et, en dernier lieu, par le savant M. Léon Renier[6]. Elle doit, d'ailleurs, être d'autant mieux considérée comme exacte, que la Table de Peutinger indique également, de *Vesunna* à *Fines*, XIV lieues gauloises.

Or le mesurage de cette distance en ligne droite place *Fines* près et un peu au nord de Thiviers, *Tiverium*, petite ville de l'arrondissement de Nontron (Dordogne)[7], la seule localité qui ait de l'importance sur la route de Limoges à Périgueux.

En tous cas, il est à remarquer que, même dans l'hypothèse de l'adoption de la première des leçons indiquées ci-dessus, la limite sortirait du diocèse de Limoges et pénétrerait dans celui de Périgueux au moins jusqu'à Chalais (*Calesium*).

Une autre raison, tirée de triens mérovingiens du Limousin, dont les légendes s'appliquent à certains lieux compris entre Thiviers et la frontière du diocèse de Limoges, vient encore à l'appui de l'Itinéraire pour nous déterminer à penser que cette partie du Périgord moderne appartenait aux *Lemovices* sous les Romains et sous les rois de la première race[8]. Parmi ces monnaies, qui présentent, d'ailleurs,

---

dans la Bibliothèque du roi, à Paris. (*Mémoires de l'Acad. des inscr. et belles-lettr.* t. XIX, p. 711.) Le ms. de Naples, qui porte M. P. XXI, avait été consulté par Surita. (Voir *Emendat.·in itiner.* p. 608.)

[1] Ubi supra.

[2] Ubi supra.

[3] Parthey et Pinder ont collationné le texte de l'Itinéraire sur vingt manuscrits.

[4] *Vetera Romanorum Itineraria.* Amsterdam, 1745, in-4°, p. 461, 462.

[5] *Itinerarium Antonini.* Berlin, 1848, in-8°.

[6] *Annuaire de la Société des antiquaires de France*, ann. 1850, p. 219.

[7] Walckenaër, *loc. cit.* p. 95, 96.

[8] Voir le dessin de ces monnaies dans le travail déjà cité. *Revue numismatique*,

CXL   INTRODUCTION.

d'une manière très-accentuée, le style de la fabrique limousine, nous citerons celle de GEMILIACVM (monétaire Urso), qui a été trouvée à Jumillac (Grand-), et dont la légende circulaire désigne, sans aucun doute, cette localité. La pièce porte, au revers, dans le champ, la croix cantonnée des lettres LENO, corrompues de LEMO*vicas*, preuve directe que l'atelier dépendait alors du Limousin, et que les centres d'habitation existant dans cette région, entre Thiviers et les frontières modernes, appartenaient à l'ancien *pagus Lemovicinus*.

Nous possédons enfin une dernière preuve, et celle-là paraîtra péremptoire, dans une lettre écrite entre l'an 480 et l'an 500 de notre ère par saint Rurice, premier évêque de Limoges, à Cronope, évêque de Périgueux. Celui-ci, ou plutôt ses prêtres, commettaient des empiétements sur le territoire du diocèse de Limoges, où était située l'église baptismale de Jumillac, *diœcesis Gemiliacensis*. Saint Rurice adjure son frère, son collègue, de faire cesser les abus exercés au préjudice de son église. Voici le passage de cette lettre qui se rapporte à notre sujet et que nous traduisons :

À CRONOPE, ÉVÊQUE, SON CHER SEIGNEUR ET PATRON DANS LE CHRIST,
RURICE, ÉVÊQUE.

« . . . . . C'est pourquoi, par esprit de charité et non de convoitise, j'ai adressé à Votre Sainteté le prêtre porteur de cette missive, afin qu'il vous entretienne de la paroisse de Jumillac, au sujet de laquelle je vous avais déjà écrit depuis un assez long temps. . . . , et que, si vous reconnaissez l'exactitude de mes énonciations et la justice de mes réclamations, vous mettiez un terme à une situation préjudiciable pour moi, et fâcheuse pour vous-même [1]. »

---

nouvelle série, année 1857, pl. XIII, n°ˢ 14 à 16, et XIV, n°ˢ 39 à 41.

[1] « ..... Quamobrem studio caritatis non cupiditatis, hac ad Sanctitatem Vestram presbyterum meum pro diœcesi *Gemiliacensi*, unde jampridem vobis scripseram, destinavi... ut, si agnoscitis vera esse quæ dico aut justa quæ repeto, nec me injuriam diutius, nec vos inquietudinem diutius, sustinere patiamini. » (H. Canisii *Thesaurus monumentorum ecclesiasticorum et historicorum*, édit. de Basnage, in-folio, t. I, p. 384.)

INTRODUCTION.

Les termes de cette missive attestent que des tentatives d'empiétement avaient eu lieu, à une époque antérieure, de la part des prêtres périgourdins, et que, malgré des plaintes que le prélat de Limoges annonce avoir précédemment élevées pour la même cause, et qu'il reproduit, ces tentatives, qui devaient aboutir plus tard à l'agrandissement du diocèse de Périgueux, se renouvelaient fréquemment.

Ajoutons que le pays des *Petrocorii*, qui, dans les derniers siècles du moyen âge, avait une surface assez considérable et approchant de celle du Limousin, était bien loin d'être aussi étendu au temps de la conquête romaine; car, dans le dénombrement des guerriers que fournirent respectivement les divers peuples de la Gaule pour secourir Vercingétorix assiégé dans *Alesia*, nous voyons que les *Petrocorii* ne furent imposés qu'à 5,000 hommes, tandis que le contingent des *Lemovices* s'éleva à 10,000 hommes, c'est-à-dire au double[1]. Ce changement s'explique en partie par l'annexion au Périgord du canton limousin dont il vient d'être parlé.

En résumé, les itinéraires, la numismatique, les monuments écrits, l'appréciation de la force respective des deux peuplades à des époques diverses, tout concourt à démontrer que, dans les temps anciens, le diocèse de Limoges s'étendait sur des terres que nous trouvons, dans les âges modernes et déjà même au xie et au xiie siècle, dépendantes du diocèse de Périgueux.

Quant à la date de cette modification de la circonscription territoriale qui nous occupe, nous n'avons pas le moyen de la déterminer; nous pouvons dire seulement que, d'après le témoignage des monnaies, elle s'accomplit postérieurement au règne des rois francs de la race mérovingienne.

Si l'on admet ce point comme établi, les limites de l'ancien *pagus Lemovicinus* allaient de Dalon vers Thiviers, qui était près et un peu au sud de la frontière, et de Thiviers à Saint-Angel, *castrum Sancti Angeli*, qui, d'après le testament du comte Roger de 785[2], et une

---

[1] J. Cæsar, *De bello Gallico*, VII, LXXV.

[2] « Rursus dono in pago Lemovicensi, castrum Sancti Angeli cum monasterio. » (Testamentum Rotgerii comitis et Eu-

bulle du pape Urbain II (1103-1108)[1], dépendait positivement, comme Nontron, *castrum Nantronense*, du pays limousin[2] et de l'évêché de Limoges, quoiqu'il ne s'y trouve plus compris au XVIIe et au XVIIIe siècle.

A Saint-Angel, nous reprenons pour guides les pouillés et le journal de la visite pastorale de l'archevêque Simon, et nous suivons les limites qu'ils assignent au diocèse.

Elles longeaient la route de Brantôme à Nontron, passaient au sud de Saint-Martial-de-Valette, de Lussac (le *Luciacum* du testament de saint Yrieix, an 573), de Beaussac s'abaissaient jusqu'à la Nizonne, puis, traversant les bois de Beaussac, s'élevaient presque en ligne droite vers Hautefaye, qu'elles enfermaient en Limousin, passaient à l'ouest de la Chapelle-Saint-Robert et franchissaient le Bandiat.

Jusqu'ici nous avons indiqué la ligne séparative du *pagus Lemovicinus* et de l'ancien Périgord. Au delà du Bandiat, c'est l'Angoumois qui est limitrophe du Limousin. La ligne frontière passait à l'ouest de Varaigne, de Bussière-Badil, gravissait les hautes collines situées à l'ouest de Lindois, Massignac, Mauzon, Suris, Romazière, Loubert, et traversait la Charente immédiatement au-dessous de la Tour-de-Loubert; puis rejoignait la Vienne[3], qu'elle franchissait en aval de Manot, et dont elle suivait la rive droite, en passant à Confolens (*Confluentum*), à Saint-Germain, jusqu'à un affluent de droite situé tout auprès

---

phrasiæ uxoris ejus. Apud Mabill. *Annal. Benedict.* t. II, appendix, p. 711. Besly, *Hist. des comtes de Poitou et ducs de Guyenne*, preuves.)

[1] Mss. Biblioth. impér. Collect. Baluz. arm. 3, p. 1, n° 2.

[2] Nous avons eu soin de marquer, par une double ligne ponctuée, sur la carte qui accompagne notre travail, les limites de l'ancien diocèse de Limoges *en 1789*; le lecteur voit ainsi d'un coup d'œil la différence qui existe entre la circonscription diocésaine (telle que nous la font connaître les actes du XIIe siècle et des temps postérieurs) et le *pagus* sous les Romains et les rois de la première race.

[3] La carte du diocèse, par Nolin (1742), place dans le diocèse de Limoges Saint-Barthélemy, qui est sur la rive gauche, mais c'est à tort. Du reste, cette carte et celles de Fayan (1591), de Robert de la Vaugondie (1751), et de Jaillot et Denis (1783), sont fautives en beaucoup d'endroits. Elles ne nous ont été d'aucun secours pour la délimitation de l'ancien *pagus.*

INTRODUCTION.   CXLIII

d'Availle-Limousine[1], remontait cet affluent, traversait un petit plateau, allait tomber dans la vallée du Grand-Abelou (*Grande-Blourds* dans Cassini), passait au sud de l'étang de Luchat, au nord d'Asnières, à *Entrefins* (*Inter fines*), lieu situé dans la commune d'Adrier, sur l'ancienne voie de Limoges à Poitiers, et dont le nom indique, de la manière la plus expressive, sa situation sur les anciennes limites des Limousins et des Poitevins. Elle laissait au sud, en Limousin, Saint-Martial, Chatain, Bussière-Poitevine, traversait la Gartempe, au lieu dit les *Quatre-Vents*; passait au nord d'Azac-le-Ris, Moutier, Brigueil-le-Chantre[2], Coulonge[3], Thilly, Beaulieu[4]; puis, s'abaissant vers le S. E., enfermait en Limousin Chezeaux, Vareilles, Saint-Germain-Beaupré, remontait au N. O. de la forêt de Saint-Germain, passait au N. O. de la Fa, de Maison-Fayne[5], traversait la Creuse en amont de Crosant, en aval de Fresselines (Limousin), et, s'orientant généralement à l'est, plaçait aussi dans le diocèse de Limoges Nouzerolles, l'Ourdoir-Saint-Michel[6], Aubepierre[7], Dun-le-Palleteau (*Idunum*), l'Ourdoir ou l'Ourdoué-Saint-Pierre[8], la Forêt-du-Temple, Mon-

---

[1] Availle-Limousine, malgré son nom, était en dehors du pays des Limousins de l'intérieur que nous étudions ici, et qu'il faut distinguer des Limousins de l'Armorique (*Lemovices Armoricani*). Elle faisait, je crois, partie des *Leuci*, l'une des quatre peuplades qui composaient cette seconde branche des *Lemovices*, mentionnée par César (*De bello Gallico*, VII, LXXV), et qui furent absorbées par le Poitou peu après l'organisation des Gaules par Auguste. (Voir notre mémoire sur ce sujet, publié dans le tome XXIII des Mémoires de la Société des antiquaires de France.)

[2] A partir de cet endroit, le Limousin cesse d'être limitrophe du Poitou et devient limitrophe du Berry.

[3] *Prioratus de Colongiis*, auparavant *Coloniæ*. (Pouillé manusc. Bibliothèque impériale, Fonds Saint-Germain français, n° 878, t. II.)

[4] *Cura de Belloloco.* (*Ibid.*) C'est la deuxième localité ainsi appelée. Ne pas confondre avec Saint-Pierre de Beaulieu, dont nous publions le cartulaire.

[5] *Prioratus de Domo Fagina.* loc. cit. Quelques personnes ont vu, dans les mots *Maison-Fayne*, l'indice d'une ancienne limite, *finis*; mais c'est une erreur. Le mot *Fagina* vient de *fagus*, hêtre, ou de *fagina*, faîne, fruit du hêtre, ou de *faga*, qui veut dire fée; si l'on admettait cette dernière étymologie, *Domus Fagina* signifierait *maison de la fée*.

[6] *Cura de Oratorio S. Michaelis*, loc. cit.

[7] *Conventus de Alba Petra* ou *Albis Petris*. (*Ibid.*)

[8] *Cura de Oratorio S. Petri.* (*Ibid.*)

teroux, le Moutier-Malcarre, la Cellette, Tercillat, Bussière, Saint-Marien, Boussac, et parvenait au lieu dit *la Ville-Brulant*.

De la Ville-Brulant, nos limites, qui sont, dans cette partie, celles du diocèse, se dirigeant généralement vers le S. S. E., passaient à l'est de Leyrat, Lavaufranche, Soumans, Bellefaye, Nouhans, Viersat, franchissaient la Tarde, puis le Cher, dont elles longeaient la rive droite jusqu'à Chambonchard, revenaient, en cet endroit, sur la rive gauche, enfermant en Limousin Chambonchard et Évaux. Puis, laissant en Auvergne un lieu nommé *la Petite-Marche* (ce nom désigne clairement une limite), Fontanières (Limousin, tout près et à l'ouest d'un endroit appelé *Champ d'Auvergne*), elles rencontraient un affluent du Cher qu'elles remontaient, passaient à l'est de Charron (Limousin), à l'ouest de Vergheas (Auvergne), descendaient jusqu'à un petit endroit appelé *Vallette*, de là remontaient vers le Cher, qu'elles franchissaient en face d'Auzance (Limousin), et suivaient sa rive gauche en passant tout près et à l'est de la *Marche*, dont le nom significatif indique bien une frontière. Entre Montel-de-Gelat (Auvergne) et les étangs de Mérinchal (Limousin), elles traversaient le ruisseau du même nom, passaient au nord, puis à l'ouest de la Celle-d'Auvergne[1], à l'est de Crocq (Limousin), de Montel-Guillaume, Salesse et Saint-Merd-la-Breuille[2].

---

[1] Ainsi appelée sans doute, comme *Champ-d'Auvergne* cité plus haut, parce qu'elle était sur la frontière des deux pays, et pour la distinguer de *Celle Barmontoise* en Limousin, qui est dans le voisinage.

[2] Nous avons, dans l'origine, conçu des doutes sur ces limites, doutes fondés sur ce que le pays de Combraille, qui est, du moins en partie, *pagus minor* du Limousin, s'étendait, d'après les indications de Baraillon, qui a longtemps étudié ce qui se rapporte à cette contrée, bien au delà des limites du diocèse que nous venons de tracer. (*Recherches sur les Cambiovicenses*, in-8°, p. 79.) Mais ces doutes ont été levés par un renseignement plus authentique que tous les autres, la Table de Peutinger, qui marque par le mot *fines* le point frontière entre *Acitodunum* (Ahun) et *Ubi...um* (Pontgibaud), c'est-à-dire entre les *Lemovices* et les *Arverni*, à trente milles romains ou vingt lieues gauloises d'Ahun, et à quinze milles romains ou dix lieues gauloises de Pontgibaud. (Walckenaër, *Géogr. anc. des Gaules*, t. III, p. 98.) Suivant Pasumot, la position de ce *Fines* tombe à Voingt. (*Dissertations sur plusieurs sujets d'antiquités*, etc. mises en ordre et publiées par Grivaud, 1810-1813, in-8°.) Suivant l'abbé Belley (*Mém. de l'Acad.*

INTRODUCTION.

A partir de ce dernier point, les limites de notre *pagus* côtoyaient la rive droite du Chavanoux jusqu'à son confluent avec la Dordogne, puis la rive droite de la Dordogne jusqu'au lieu dit *les Granges*, un peu en amont de Bort, où elles franchissaient le fleuve et passaient à l'est de Nadaux, la Bastide et Vergnières, rejoignaient les rives de la Dordogne à Saint-Thomas, un peu au-dessous de Bort, et les suivaient jusqu'à Ferrière, où le fleuve forme un coude et pénètre en Limousin. Depuis Ferrière, elles s'orientaient au sud, passaient à l'est de Rilhac et de Vizis (Limousin), à l'ouest de Pleaux (Auvergne), longeaient un petit affluent de la Maronne jusqu'à Reix, et passaient près et à l'ouest d'un lieu dont le nom de *Frontière* est significatif [1].

Au delà, les pouillés ne s'accordent plus avec les anciens documents. Indiquons d'abord, suivant la méthode que nous avons précédemment appliquée, les limites du diocèse d'après les monuments ecclésiastiques.

De l'endroit précité, elles descendaient presque perpendiculairement au cours de la Maronne, qu'elles rencontraient à Saint-Pierre, et

---

des inscr. et belles-lettres, t. XIX, p. 716), elle serait au delà de Crocq, sur le territoire d'Auvergne, et près des limites des diocèses de Clermont et de Limoges. D'Anville (*Notice de l'ancienne Gaule*, page 387, voc. *Fines*) s'est contenté de dire que le mesurage des distances marquées sur les Itinéraires faisait tomber la frontière à l'entrée du pays d'Auvergne; mais il ne désigne nommément aucune position. Enfin, M. Walckenaër (*loc. cit.*) a constaté que le mesurage des distances la plaçait à la hauteur de Croisacoigne, sur le ruisseau de Mérinchal, près de Montel-de-Gelat. Or c'est précisément entre ces deux endroits que passent les limites du diocèse que nous venons de tracer, et dont plusieurs autres indices viennent attester la conformité avec l'ancien *pagus*.

[1] Ces limites sont confirmées par le célèbre diplôme de fondation du monastère de Saint-Pierre-le-Vif à Sens, daté environ de l'an 499, et attribué à Clovis Ier. (*Diplom. et chart.* édit. Pardessus, t. I, p. 34-37 et 38-40.) Ce document, que la plupart des critiques ont déclaré faux ou tout au moins interpolé, mais très-ancien, contient donation de lieux situés en divers pays, et notamment, dans le *pagus Lemovicinus*, de *Rialiaco* (Rilhac), *Vizis* (Visis), *Saumairac* (Chaumeirat), *Papolprat* (Palprat), *S. Privato* (Saint-Privat), *Durazat* (Darazac), *Glannam* (la Glane), *Villa Valzors* (Viale Haure?), qui sont en effet dans le diocèse de Limoges; mais il y ajoute *Salegols* (Saligoux) et *Vaissec* (Vaissière), qui, d'après les cartes que nous possédons, seraient dans celui de Clermont.

côtoyaient ses bords jusqu'à Grancau, où elles rencontraient un petit affluent qu'elles remontaient en laissant Rouffiac dans le diocèse de Clermont; passaient à Teulet, atteignaient la rive droite de la Cère, qu'elles longeaient jusqu'à la hauteur de Cahus, remontaient vers le N.E., puis, s'abaissant de nouveau au sud, aboutissaient à la Dordogne, qu'elles traversaient au-dessous d'Altillac, près de Granger.

Telles étaient, dans cette partie, les limites du diocèse. Nous allons voir que les anciens documents étendent plus loin le territoire du *pagus Lemovicinus*.

Deux chartes du Cartulaire de Beaulieu, datées des années 895 et 917, nous font connaître, d'une part, que Rouffiac était, à ces époques, chef-lieu de l'une des vicairies du Limousin, à laquelle il donnait son nom, *in pago Lemovicino, in vicaria Rofiacense*[1]; d'autre part, que cette vicairie comprenait, *Septem Arbores* (Septaubre), *Perous* (le Peirou), *Genestido* (Geneste)[2], auxquels, d'après une troisième charte, datée de 971, il faut joindre *Cros* (Cros), *Illo Cherio* (le Caire), *Ammonio* (Mania?)[3]. Ajoutons que, d'après une charte faussement attribuée à Theudechilde, fille de Clovis, mais très-ancienne, *Calma* (la Cam) et *Vapra* (Vabre), qui est encore au delà de Geneste cité plus haut, dépendaient du Limousin et conséquemment de la même vicairie de Rouffiac[4].

Ce n'est pas tout : la vicairie de Le Vert, *Vertedensis*, qui, d'après de nombreuses chartes de notre Cartulaire, du IXe et du Xe siècle, appartenait incontestablement au *pagus Lemovicinus*, contenait plusieurs localités que les monuments ecclésiastiques laissent dans les diocèses de Clermont et de Cahors : c'est *Rocola* (Roucoule), *Glanna* (Glane) et

---

[1] LII, CLX.

[2] CLX.

[3] CLXIV.

[4] *Diplomat. et chart.* édit. Pardessus, t. II, p. 131-134. On y trouve encore la mention d'autres lieux comme étant situés en Limousin : *Montemajorinas* (Puy-de-Mariou), *Luce* (Luc), *Transmonte* (Traimont) et *Nubriaco* (la Nobre); mais ces localités étant en dehors des deux vicairies de Rouffiac et Le Vert, et n'étant désignées par aucun monument sincère qui corrobore ce diplôme reconnu faux, ce dernier ne peut suffire pour nous déterminer à étendre plus loin, de ce côté, le *pagus Lemovicinus*.

INTRODUCTION.

Biarcis (Biars), qui sont, d'ailleurs, mentionnés dans les mêmes titres comme étant en Limousin[1].

De ce qui précède résulte la preuve évidente que notre *pagus*, au IXe et au Xe siècle, possédait, au delà des bornes du diocèse : 1° du côté de l'Auvergne, Rouffiac et sa vicairie; 2° du côté de l'Auvergne et du Quercy, des dépendances assez étendues de la vicairie de Le Vert.

Par suite, les limites doivent être fixées de la manière suivante :

Du lieu dit *la Frontière,* elles allaient vers l'est, contournaient Mania, puis inclinaient de nouveau au sud, passaient à l'est de Vabre et de Rouffiac, touchaient, à Dillac, les limites du diocèse, et descendaient jusqu'à Roucoule, qu'elles enfermaient dans le Limousin; puis, remontant vers le N. O., suivaient les rives de l'Escaumels, passaient au sud de Glane, de Gaignac et de Biars, qu'elles contournaient; rejoignaient la Dordogne à Granger, où elles la franchissaient de même que les limites du diocèse, et, comme elles, suivant la rive droite, aboutissaient à Liourdres, point de départ de cette description.

En résumé, nous voyons que plusieurs des pays environnant l'ancien Limousin ont usurpé certaines portions de son territoire.

Les empiétements du Périgord sont, nous l'avons dit[2], postérieurs à la période mérovingienne; ceux du Quercy, d'après les documents qui nous sont connus, s'accomplirent après le premier tiers du Xe siècle, et ceux de l'Auvergne, dans le premier tiers du même siècle.

Le *pagus* tel que nous venons de le décrire, et dont l'étendue était fort considérable, puisqu'elle représente la surface de près de quatre départements, était borné, au sud par le *pagus Caturcinus,* le Quercy, à l'ouest par le *pagus Petragoricus,* le Périgord, au N. O. par l'Angoumois et le Poitou, *pagus Encolismensis* et *pagus Pictavus* ou *Pictavensis,* au nord par le *pagus Bituricus* ou *Bituricensis,* le Berry, et à l'est par le *pagus Arvernicus,* l'Auvergne.

---

[1] LXIII, LXXI, LXXXVII, CI., CLX, CLXII, CLXIII.

[2] Voir plus haut, p. CLX.

INTRODUCTION.

Mesuré du N. au S. dans sa plus grande longueur, c'est-à-dire de Lourdoué-Saint-Pierre (*Oratorium Sancti Petri*) à Liourdres ou à Biars (*Lusidus et Biarcis*), il présentait une étendue de 166 kilomètres. De l'est à l'ouest, dans le sens de sa plus grande largeur, c'est-à-dire de la limite passant à l'est de Bort, à Fontenille (*Fontanilla*), qui est au sud-ouest de Nontron, il mesurait 157 kilomètres.

On nous pardonnera, nous l'espérons, d'avoir donné de tels développements à cette partie importante de notre travail, si l'on considère que le *pagus Lemovicinus*, l'un des plus vastes de l'ancienne Gaule, n'avait point encore été décrit; que sa délimitation soulevait des questions difficiles que nous ne pouvions nous abstenir de discuter; qu'enfin nous avions à appuyer de preuves convaincantes le fait si grave de différences existantes entre les limites du *pagus* et celles du diocèse, et de dérogations à un principe fondamental en matière de géographie du moyen âge.

§ 2. LE *COMITATUS LEMOVICINUS* OU *LEMOVICENSIS*, COMTÉ DU LIMOUSIN.

Le seul comté dont les monuments signalent l'existence dans notre *pagus* est le comté du Limousin, *comitatus Lemovicinus* ou *Lemovicensis*; Limoges en était la capitale.

Sous les rois de la première race, le Limousin, de même que la plupart, sinon la totalité, des grands pays ou diocèses de la Gaule, fut soumis au gouvernement d'un comte, *comes,* chargé d'y exercer à la fois le pouvoir judiciaire et administratif et le commandement militaire. On trouve assez fréquemment, à cette époque, des officiers décorés du même titre, dans des localités secondaires, *castra* ou *vici,* châteaux ou bourgs fortifiés et bourgades ouvertes[1]; mais nous n'en avons point d'exemple en Limousin dans la période mérovingienne. Il n'en fut pas de même sous les princes de la deuxième dynastie : il

---

[1] Voir, au sujet du rôle de ces officiers, nos Études sur la géographie historique de la Gaule au moyen âge, etc. ouvrage couronné par l'Académie des inscriptions et belles-lettres, et dont la publication a lieu dans son recueil de Mémoires des savants étrangers.

INTRODUCTION.

y eut alors dans notre province d'autres comtes que celui de Limoges, ou bien des dignitaires étrangers qui y avaient de grandes prérogatives; mais nous verrons bientôt que cette circonstance ne restreignait, en principe, ni les attributions des comtes de Limoges ou des ducs d'Aquitaine qui en prirent le titre, ni l'arrondissement sur lequel s'étendait leur juridiction.

Nous connaissons les noms de cinq personnages qui y remplirent ces fonctions sous les descendants de Clovis; deux seulement figurent dans les actes des temps carlovingiens : Roger, qui reçut son bénéfice des mains de Charlemagne, et Géraud ou Gérard, qui vivait sous l'épiscopat de Stodile, évêque de Limoges, lequel mourut en 861.

Au rapport d'Adémar de Chabanais, le roi Eudes, dans l'organisation administrative qu'il imposa au Limousin, aussitôt après son couronnement, qui eut lieu à Limoges en l'an 887, divisa le gouvernement de ce territoire entre des vicomtes, *Lemovicinum ordinavit per vicecomites*[1]. Foucher, ingénieur habile et alors en possession du château fortifié de Ségur (*Segurium*), fut installé à Limoges même[2]. Baluze a conjecturé que ce personnage fut préposé à l'administration du haut Limousin, le vicomte Adémar des Échelles à celle du bas Limousin, et qu'un troisième vicomte, Renaud d'Aubusson, fut appelé à commander dans une partie du pays, qui porta le nom de *Marca Lemovicina* (Marche limousine)[3].

Cette dernière conjecture ne nous paraît pas admissible sans amendement. La Marche ne contenait, à la fin du IXe siècle, que la zone frontière située au nord-ouest du Limousin; elle ne prenait sur la rive droite de la Creuse que la petite ville d'Ahun et une partie du Combraille, laissant ainsi hors de ses limites Aubusson et son territoire, auquel on donna plus tard le nom de haute Marche pour la distinguer de la basse Marche, qui représentait la circonscription primitive du *marchio*. Il n'est, dès lors, guère vraisemblable que le

---

[1] *Chron. Ademar. Caban.* Apud Ph. Labb. *Nov. Biblioth. mss.* t. II, p. 163.
[2] *Ibid.*
[3] Baluz. *Histor. Tutel.* lib. I, p. 18.

INTRODUCTION.

commandement en eût été confié aux seigneurs d'Aubusson, dont les domaines et l'influence étaient probablement restreints à la contrée au centre de laquelle se trouvait leur ville principale. On pourrait croire qu'un autre personnage était, dans ce temps, ou fut mis, à la même époque, en possession de la Marche, et que le reste du pays limousin fut partagé entre les vicomtes dont le chroniqueur Adémar parle sans les nommer; que le centre fut dévolu à Foucher avec la résidence de Limoges, l'est et le nord-est à Renaud d'Aubusson, et le sud à Adémar des Échelles, qui siégeait à Tulle et que nous savons par ailleurs avoir exercé le pouvoir judiciaire dans les parties méridionales de notre *pagus*[1].

Malgré cette organisation nouvelle, le titre de comte de Limoges ne cessa point d'exister et de paraître dans l'histoire; seulement il fut réuni par les comtes de Poitiers et ducs d'Aquitaine aux autres titres qui leur étaient conférés, et les officiers institués en Limousin leur étaient subordonnés. Le dernier de ces dignitaires qui ait porté le titre de comte du Limousin est Guillaume III, comte de Poitiers, duc d'Aquitaine, qui mourut en 1030[2].

Le terme de *comitatus* désigna l'office du comte avant de servir à exprimer la circonscription dans laquelle s'exerçait sa juridiction[3]. Jusque-là, le district du comte de Limousin continua de recevoir les noms de *pagus* ou d'*orbis Lemovicinus*; c'est vers le milieu du IXe siècle que le mot de *comitatus* prit, en Limousin, une signification géographique[4]. Il y est, dès cet instant, usité, concurremment avec *pagus*

---

[1] Voir la notice d'un plaid tenu par ce seigneur et par le vicomte Geoffroi dans le bourg de Brive, en 898. (Baluze, *Histor. Tutel.* append. col. 347.)

[2] *Art de vérifier les dates*, in-folio, t. II, p. 352, 354 et 355.

[3] Guérard, dans ses prolégomènes au Polyptique d'Irminon, p. 42, § 22, et dans son Essai sur les divisions territoriales, p. 53. Nous pensons, toutefois, que la désignation géographique de l'arrondissement du comte se rencontre dans les monuments beaucoup plus tôt que ne l'a cru l'illustre académicien.

[4] Ex chartul. Belliloc. VII, an. 849; IX, an. 876; X, an. 887; XI, an. 887; CXXXII, an. 928-933. Ex chartul. Tutel. Apud Baluz. *Histor. Tutel.* append. col. 334 et 367.

INTRODUCTION. CLI

ou *orbis*, et presque indifféremment pour ces derniers: il désigne par conséquent le Limousin en son entier, comme le prouve notamment le passage suivant d'une charte de notre Cartulaire, où le *comitatus* est assimilé à l'*orbis* : « Cedimus..... villam meam quæ est in *orbe Lemovicino*, in pago *Torinensi*, in vicaria *Asnacense*..... cedimus similiter in *ipso comitatu*, in vicaria *Spaniacense*, medietatem de villa..... Molliangas[1]. »

Justel a cru trouver, dans les mots *in ipso comitatu*, la mention d'un comté de Turenne; il a pensé qu'ils devaient être rapprochés des mots *in pago Torinensi*, qui, dans la phrase précédente, viennent à la suite de *in orbe Lemovicino*[2].

Mais cette opinion, qui serait plausible si on connaissait d'autres mentions d'un *comitatus Torinensis*, devient improbable quand on considère que cet exemple serait *unique*; qu'ayant à faire un choix entre deux sens, il faut préférer celui qui est recommandé par des précédents nombreux : or le *comitatus Lemovicinus*, en maint document, s'emploie alternativement avec *pagus* ou *orbis Lemovicinus;* nous sommes donc amené à décider qu'il en est de même dans l'espèce. Cette opinion acquiert la force d'une vérité démontrée, par cette circonstance que, dans les actes contemporains, la vicairie d'Espagnac (*Spaniacensis*), dont on voudrait faire la dépendance d'un *comitatus Torinensis*, est formellement placée dans le *comitatus Lemovicensis*[3]. Ce n'est pas tout, la *vicaria Torinensis*, c'est-à-dire le territoire immédiatement dépendant du château de Turenne, était même alors expressément attribuée au comté du Limousin, ainsi que le prouve le passage suivant du testament du vicomte Adémar des Échelles, de l'an 930 : « .... et unum mansum in *vicaria Tornensi*, in villa Montilio dicta, *quæ omnia in comitatu Lemovicensi sunt sita*, dono sancto

---

[1] Ex chartul. Bellil. cxxxii, ann. 928-933.

[2] *Histoire généalogique de la maison de Turenne*, p. 5.

[3] « .... et villam quæ dicitur Colia, in vicaria Spaniacensi, et ecclesiam de Branseliis, et ecclesiam sancti Juliani de Garriga... *quæ omnia in comitatu Lemovicensi sunt sita*. » (Testamentum Ademari vicecomitis Scalarum, circa annum 930. Ex char-

INTRODUCTION.

Martino et monachis ejus Tutelensibus[1]. » Puisque la vicairie et, par conséquent, le château de Turenne, étaient, en 930, placés par les rédacteurs des titres du bas Limousin dans le *comitatus Lemovicensis*, il est évident qu'à la date de la charte cxxxii de notre Cartulaire, qui est entre les années 928 et 933, il n'existait point de *comitatus Torinensis*, et que, par suite, le *comitatus* dont il est parlé dans la charte qui nous occupe se rapporte au grand pays limousin, et non au *pagus minor* dont Turenne était le chef-lieu.

Il nous paraît que ce *comitatus* conserva, jusqu'à sa dernière mention, quant à l'étendue de l'arrondissement qu'il désignait, sa signification primitive : il dut en effet suivre le sort du titre et de l'office même du comte. Or ce titre et cet office, après la création des vicomtes et l'institution de la Marche du Limousin, passèrent, comme nous l'avons dit, à de grands feudataires, entre les mains desquels ils ne purent s'amoindrir : il n'est, d'ailleurs, pas douteux que les comtes de Poitiers, ducs d'Aquitaine, commandaient à la fois aux vicomtes du Limousin et au comte de la Marche. C'est pourquoi nous trouvons encore, au milieu du xe siècle, le *comitatus Lemovicinus* conservant, dans l'usage et dans les chartes, son ancienne valeur comme terme géographique.

Nous avons annoncé que le titre de comte possédé et transmis dans certaines familles établies en Limousin, ou la juridiction qu'y exerçaient des dignitaires du dehors, ne portaient pas atteinte à l'intégrité du *comitatus*. C'est ce que nous allons montrer.

1° *Quant aux comtes de Turenne.* — Nous avons vu déjà que l'on ne connaissait, en Limousin, aucune mention d'un *comitatus* auquel le château de Turenne et le territoire environnant eussent communiqué leur dénomination[2]. De plus, les trois personnages qui y portèrent le titre de comte, de 823[3] à 932[4], Rodulfe, Godefroi et Robert, ne pa-

---

tul. Tutel. Apud Baluz. *Histor. Tutel.* append. col. 334.)

[1] *Ibid.*

[2] Nous nous expliquons plus bas sur le titre de vicomté, *vicecomitatus*, que ce territoire reçut à une époque postérieure.

[3] Chartul. Bellil. CLXXXV.

[4] *Ibid.* CXXXII, CVIII.

INTRODUCTION.

raissent avoir exercé aucune juridiction proprement dite; du moins nous n'en avons pas de trace : ainsi il n'y a point de notice de plaid public ou *mallum* tenu par aucun d'eux. D'ailleurs les notices de plaids présidés par les comtes de Toulouse et de Rouergue, notamment pour l'église de Saint-Christophe de Cousages, qui est si rapprochée de Turenne, en montrant le pouvoir que ces grands feudataires avaient usurpé dans ces parages, et qu'ils y exerçaient sous la deuxième dynastie, semblent exclure la juridiction des seigneurs de Turenne.

Si ces derniers, comme cela est vraisemblable, rendaient alors la justice, eux-mêmes ou par leurs délégués, aux hommes de leur seigneurie, c'était sans doute comme propriétaires terriens et en vertu du droit d'immunité qui paraît leur avoir été anciennement concédé avec les divers priviléges dont se targuaient ceux de cette maison, tels que : battre monnaie, être affranchis des impôts publics et ne relever que du souverain. Mais, en définitive, n'ayant point, à cette époque, de juridiction publique[1], ils n'avaient pas non plus de circonscription.

Ajoutons qu'alors même que les leudes qui occupaient le château de Turenne eussent été, pendant la période carlovingienne, comme ils le furent vraisemblablement dans des temps antérieurs, en possession d'une juridiction publique sur le pays dépendant de l'ancien *castrum*, il n'y aurait aucune difficulté à les regarder, malgré la similitude des titres, comme subordonnés au comte du Limousin, siégeant à Limoges, et plus tard aux grands feudataires qui avaient joint ce titre à leurs autres qualités.

2° *A l'égard des comtes de la Marche.* — Ceux-ci, décorés alternativement du titre de comte, *comes,* ou de marquis, *marchio,* avaient,

---

[1] Une notice du Cartulaire de Beaulieu (cxciii) donne à Rodulfe le titre de comte du Quercy, *comes Cadurcorum;* mais Baluze (*Histor. Tutel.* p. 10) et D. Vaissète (*Hist. du Languedoc,* t. 1, §§ 3, 4 et 5, note xcix, p. 751) ont montré que les seigneurs de Turenne ne furent jamais comtes du Quercy; c'est un point d'histoire qui est depuis longtemps hors de doute.

INTRODUCTION.

au contraire, une juridiction, comme officiers délégués du souverain, et, par conséquent, une circonscription administrative et judiciaire. Seulement instituée en vue de la défense d'un pays frontière, cette circonscription, qui était celle d'un gouvernement essentiellement militaire, au lieu de s'appeler comté, *comitatus*, forma une division particulière et prit le nom de Marche, *Marca, Marka, Marchia*. L'officier qui y commandait restait d'ailleurs soumis au pouvoir supérieur des ducs d'Aquitaine, comtes du Limousin. Nous renvoyons le lecteur à ce qui en est dit plus bas[1].

3° *En ce qui concerne les comtes de Toulouse (et les comtes du Rouergue qui étaient de la même maison).* — Ils eurent assurément en leur pouvoir, avec le Quercy tout entier, une portion du Limousin. Baluze[2] et D. Vaissète[3] n'en ont pas douté, et la preuve incontestable du fait résulte de l'intervention du comte de Toulouse, Raymond Ier, dans la charte de dotation de l'abbaye de Beaulieu[4]; de la notice d'un plaid tenu, en 871, par Bernard, fils de Raymond, au sujet de l'église de Saint-Christophe de Cousages[5]; de la cession faite par Eudes, en 886, de la terre fiscale d'*Orbaciacus* (le Saillant[6]), qu'il possédait dans le pays d'Yssandon; enfin de la notice d'un autre plaid présidé par Raymond, comte de Rouergue, en 960[7].

Ces droits, cette juridiction, les comtes de Toulouse et de Rouergue les avaient en quelque sorte réunis à leur comté de Toulouse ou Rouergue et Quercy; ils ne formèrent pas et ne pouvaient pas former un comté, *comitatus*, particulier.

4° *Relativement aux comtes de Poitiers et aux comtes d'Auvergne.* — Alternativement pourvus du duché d'Aquitaine, ils tinrent, comme

[1] Voir ci-dessous, § 5.
[2] *Histor. Tutel.* p. 10.
[3] *Hist. du Languedoc*, t. I, note XCIX, § 5, p. 751.
[4] Chartul. Bellil. I, an. 860.
[5] *Ibid.* XXVII. Comme il s'agissait en cette affaire de la revendication, par une abbaye limousine, d'une église située incontestablement en Limousin, il est hors de doute que le comte de Toulouse n'était compétent pour la juger que parce qu'il possédait la juridiction sur cette partie de la province.
[6] Chartul. Bellil. x.
[7] *Ibid.* XLVII.

annexe de leur duché, le comté du Limousin, et leur commandement s'étendait, ainsi que celui des anciens comtes de Limoges, sur toute la surface du *comitatus Lemovicensis*. Cette circonscription conserva, par ce motif, en principe du moins, ses anciennes limites.

Il nous reste à dire quelques mots des vicomtes du Limousin.

Les offices de ceux qui y furent institués, à la fin du IXe siècle, ne donnèrent point naissance à des divisions géographiques, et nous ne connaissons dans cette province aucune mention de *vicecomitatus* antérieurs à la période féodale proprement dite.

La vicomté de Turenne, qui prit un si grand développement à la fin de la deuxième dynastie et sous les premiers Capétiens, ne paraît pas non plus avant cette époque; elle ne représente aucunement une institution régulière, mais seulement l'ensemble des possessions des vicomtes de Turenne. Par la force des choses, par le courant naturel des événements qui entraînait la société dans les voies de la constitution féodale, cette agglomération s'accrut en vertu de l'hommage qu'un grand nombre de propriétaires d'alleux ou même de tenants fiefs firent de leurs terres ou tenures à ces puissants seigneurs. Le *vicecomitatus Tornensis* ou *Turennensis,* classé parmi les grands fiefs de la Gaule au moyen âge, présente ainsi, avec les autres caractères distinctifs du domaine féodal, celui de la mobilité : il se réduit, s'augmente ou se partage à chaque génération de vicomte. Or ce genre de circonscription ne rentre pas dans la catégorie des divisions plus stables et de date plus ancienne que nous examinons ici, et nous n'avons point dès lors à nous en occuper.

§ 3. LES *PAGI MINORES*, PAYS DE L'ORDRE INFÉRIEUR.

I. Ces divisions géographiques représentent généralement, suivant M. Guérard, d'anciennes peuplades gauloises dont se formaient les grands peuples[1], et, d'après M. Aug. Le Prévost, des circonscriptions établies durant la période mérovingienne, et gouvernées par

[1] *Annuaire de la Société de l'histoire de France,* année 1837.

des officiers qui prirent le titre de comtes [1]. Nous nous abstiendrons de traiter ici cette question, que nous avons discutée autre part [2] avec de longs développements; nous ferons seulement remarquer que, parmi les *pagi* du Limousin, les *Andecamulenses* (pays de Rançon), les *Cambiovicenses* (pays de Chambon et de Combraille), et les *Leuci* (pays de Châlus et de Ligoure), semblent donner raison à la première opinion, et que le *pagus Torinensis*, occupé par les comtes de Turenne, paraît venir à l'appui du système de M. Le Prévost; que chacune de ces deux opinions serait inexacte, si on prétendait l'appliquer à tous les *pagi minores* indifféremment, et qu'il faut admettre l'existence de *pagi* provenant d'autres causes, telles que l'importance et l'ancienneté d'un *castrum* des premiers siècles du moyen âge, la célébrité d'une église ou la configuration du sol : région boisée, vallée ou contrée montagneuse, etc. qu'enfin le commandement qui y fut dévolu à certains officiers était souvent un fait postérieur à l'existence du *pagus*, et en était même la conséquence.

On a généralement rapproché les divisions civiles des divisions ecclésiastiques, et l'on a considéré les *pagi minores* comme correspondant aux archidiaconés. En Limousin, si le Combraille et la basse Marche (qui est plutôt une division particulière qu'un *pagus minor*) ont été archidiaconés, le principe de la conformité souffre, hors de ces deux cantons, beaucoup de difficultés dans l'application, et se trouve même contredit par les faits; car, jusqu'à ce jour, nous n'avons point rencontré d'archidiaconés qui correspondissent à nos principaux *pagi*, tels que les *Andecamulenses* (Rançon); le *pagus Tornensis*, de Turenne; *Usercensis*, d'Uzerche; *Nigermontensis*, de Nigremont; *Exandonensis*, d'Yssandon, etc. Nous voyons, au contraire, des archidiaconés, par exemple ceux de Meymac et de Malemort, qui ne se rapportent à aucun *pagus*.

Je dois ajouter que certains chefs-lieux de *pagi minores*, comme

---

[1] *Anciennes divisions territoriales de la Normandie*; dans l'Annuaire précité, pour l'année 1838, p. 235.

[2] *Études sur la géogr. histor. de la Gaule au moyen âge*, etc.

ceux de Brive, *Brivensis*, ou de Rançon, *Andecamulenses*, furent chefs-lieux d'archiprêtrés.

M. Guérard a posé pour règle générale que les évêchés institués après le xe siècle étaient précédemment des archidiaconés dans les diocèses dont ces évêchés furent distraits. Il fait même l'application de cette règle au petit diocèse de Tulle, que le pape Jean XXII démembra de celui de Limoges, en 1317 [1]; pourtant cette application manque d'exactitude, car Tulle n'a été, dans le moyen âge, le chef-lieu d'aucun *pagus* ni archidiaconé. Les paroisses qui ont composé le nouveau diocèse ne formaient pas auparavant un archidiaconé; elles n'étaient autres que les églises déjà possédées par le monastère de Tulle, dont l'abbé reçut simplement le titre et les attributions épiscopales.

II. Nous allons maintenant faire connaître les noms et la situation des *pagi* qui nous sont signalés par les documents contemporains des divisions en vicairies et centaines, c'est-à-dire du ixe, du xe et du xie siècle, ou antérieurs à cette période; ils sont au nombre de dix-huit[2].

Nous les faisons suivre de la mention de quatre *pays* qui sont probablement d'une date aussi reculée que certains de nos *pagi*, mais ne sont désignés que dans des monuments postérieurs au xie siècle. Ils remplissent heureusement des lacunes que les *pagi* plus anciens avaient laissées dans la topographie du Limousin. Nous les énumérons suivant l'ordre alphabétique[3] :

---

[1] *Essai sur les divisions territoriales*, p. 109.

[2] M. Guérard (*loc. cit.* p. 47 et 152) n'en a mentionné que cinq, parmi lesquels un *pagus Lemovicinus* subordonné au grand *pagus* ou *orbis*, et qui serait le territoire immédiatement dépendant de Limoges; mais je n'en ai rencontré la désignation dans aucun monument.

[3] Ces *pagi* sont marqués, sur la carte qui accompagne le présent livre, par des chiffres romains dont il est utile d'indiquer ici la concordance avec les noms de ces circonscriptions :

I. *Andecamulenses*.
II. *Jocunciacus* (*pagus*).
III. *Sollemniacensis* (*ager*).
IV. *Leuci, Legora*.
V. *Usercensis* (*pagus*).
VI. *Exandonensis* (*pagus*).
VII. *Brivensis* (*pagus*).
VIII. *Tornensis* (*pagus*).
IX. *Asnacensis* (*pagus*).
X. *Santria*.
XI. *Rofiacense* (*territorium*).
XII. *Biaenas* (*pagus*).
XIII. *Cambolivensis* (*pagus*).

INTRODUCTION.

Andecamulenses, pays de Rançon [1];
Asnacensis (*pagus*) pays de Puy-d'Arnac [2];
Biaenas (*pagus*), pays de Beynat [3];
Betrivus (?) (*pagus*), pays de Bort? [4];
Brivensis (*pagus*), pays de Brive [5];
Cambiovicenses, Combralia, pays de Chambon ou de Combraille (chef-lieu Chambon) [6];
Cambolivensis (*pagus*), pays de Chamboulive [7];
Exandonensis (*pagus*), pays d'Yssandon, Yssandonais [8];
Jocunciacus (*pagus*), pays de Jocondiac (aujourd'hui Le Palais) [9];
Leuci, Legora, pays de Châlus ou de Ligoure [10];

XIV. *Nigermontensis* (*pagus*).
XV. *Vallarensis* ou *Vallariensis* (*terminus*).
XVI. *Montanu*.
XVII. *Cambiovicenses, Combralia*.
XVIII. *Betrivus?* (*pagus*).
XIX. Le Guérétois.
XX. Le Dunois.
XXI. Le Magnazeix.
XXII. Le Nontronnais.

[1] Dans le canton de Château-Ponsat, arrondissement de Bellac (Haute-Vienne). Inscription romaine trouvée à Rancon. (Gruter. *Novus thesaurus inscriptionum*, p. 112, n. 6. D. Bouquet, *Histor. de France*, t. I, p. 130.)

[2] Ex chartul. Bellil. VI, ann. 842.

[3] Trions portant en légende à l'avers : BIAENATE PAGO; et au revers, la croix cantonnée de LEMO[*vicqs*]. (Dans notre *Description des monnaies mérovingiennes du Limousin*; Revue numismatique, nouvelle série, année 1858, pl. II, n° 68.) C'est évidemment le pays de Beynat, vicairie au IX° siècle. Beynat est chef-lieu de canton, arr. de Brive (Corrèze).

[4] Mss. Biblioth. impériale, Dépôt des chartes. Bort, comm. de Soumans, cant. et arr. de Boussac (Creuse).

[5] Ex chartul. Bellil. LXXIX. Brive, chef lieu d'arrondissement (Corrèze.)

[6] *Cambiovicenses*, sur la Table de Peutinger. (Baraillon, *Recherches sur les Cambiovicenses*, p. 89, n° 204.) Chambon, canton de Bonnat, arrondissement de Guéret (Creuse).

[7] Mss. Biblioth. impér. Ancien fonds latin. Chamboulive, cant. de Seilhac, arr. de Tulle (Corrèze).

[8] *Vita S. Menelœi*. Bolland. mens. jul. t. V, p. 306, 315. Mabill. *Annal. Bened.* t. II, p. 711. Ex chartul. Bellil. LXIV et LXXIII. Mss. Biblioth. impér. Collect. Duchêne, t. XXII, fol. 221, 222, 225. *Ibid.* Dépôt des chartes. Yssandon, cant. d'Ayen, arr. de Brive (Corrèze).

[9] Mss. Biblioth. impériale, Dépôt des chartes. Le Palais, cant. et arr. de Limoges (Haute-Vienne).

[10] *Vita S. Vedasti*. Bolland. mens. februar. t. I, p. 794. (Voir notre mémoire sur les *Lemovices de l'Armorique*, t. XXIII des *Mém. de la Soc. des antiq. de France*, ainsi que la carte qui y est jointe.) Châlus

INTRODUCTION.

Montana, pays de la Montagne[1];
Nigermontensis (pagus), pays de Nigremont[2];
Rofiacense (territorium), pays de Rouffiac[3];
Santria, pays de la Xaintrie[4];
Sollemniacensis (ager), pays de Solignac[5];
Tornensis ou *Torinensis (pagus)*, pays de Turenne[6];
Usercensis (pagus), pays d'Uzerche[7];
Vallarensis ou *Vallariensis (terminus)*, pays de Vallières[8];

Pays mentionnés postérieurement au xie siècle :

Le Dunois, pays de Dun[9];
Le Guérétois, pays de Guéret[10];
Le Magnazeix, pays de Magnac-Laval[11];

est chef-lieu de canton dans l'arrondissement de Saint-Yrieix (Haute-Vienne). Saint-Jean-de-Ligoure est dans le canton et l'arr. de Limoges (Haute-Vienne).

[1] Mss. Biblioth. impér. et dans la Chronique d'Adémar de Chabanais; Ph. Labb. *Nov. Biblioth. mss.* t. II, p. 173; et dans la Chronique de Geoffroi de Vigeois, *ibid.* p. 336.

[2] Gregor. Turon. *Hist. Franc.* IV, xvi. Flodoard. *Histor. eccles. Remensis*, lib. III, cap. xxiv. Saint-Georges-Nigremont, cant. de Crocq, arr. d'Aubusson (Creuse).

[3] Ex chartular. S. Hugonis Cluniacensis, ch. ann. 1076. (Ci-dessus, p. xxv, note.) Rouffiac, cant. de La Roquebrou, arr. d'Aurillac (Cantal).

[4] *Ibid.* On place généralement le centre de la Xaintrie à Mercœur ou à Servières, tous les deux chefs-lieux de canton dans l'arrondissement de Tulle (Corrèze).

[5] Mabill. *Acta SS. Ord. S. Benedict.* sæc. ii, p. 1091. Dacherian. *Spicileg.* édit. in-4°, t. V, p. 170. Solignac est dans le canton et l'arrondissement de Limoges (Haute-Vienne).

[6] Ex chartul. Bellil. i, ix, xii, xxii, xxxiii, lxv, lxvi, lxxxix, cviii, cxxvii, cxxxii. Ex chartul. Carrof. Mss. Biblioth. impér. Dépôt des chartes et collect. Duchêne, t. XXII. Ex chartul. Tutel. Baluz. *Histor. Tutel.* col. 341, 382. Turenne, cant. de Meyssac, arr. de Brive (Corrèze).

[7] Mss. Biblioth. impér. Dépôt des chartes. Uzerche, chef-lieu de canton, dans l'arrondissement de Tulle (Corrèze).

[8] *Diplomata et chartæ*, édit. Pardessus, t. II, p. 9. Mabill. *De re diplomat.* suppl. p. 664. Vallières, cant. de Felletin, arr. d'Aubusson (Creuse).

[9] Dun-le-Palleteau est chef-lieu de canton dans l'arrondissement de Guéret (Creuse).

[10] Guéret, chef-lieu du département de la Creuse.

[11] Magnac-Laval, chef-lieu de canton dans l'arrondissement de Bellac (Haute-Vienne).

Le Nontronnais, pays de Nontron[1].

On remarquera que, parmi les noms de nos *pagi*, les uns (*Andecamulenses, Cambiovicenses* et *Leuci*) ne sont autres que les dénominations des tribus ou peuplades qui les habitaient; d'autres (*Nigermontensis pagus* et *Montana*) rappellent la configuration extérieure et le caractère distinctif de leur territoire; d'autres, et c'est le plus grand nombre, sont dérivés du nom du *castrum* ou *vicus* qui en était le chef-lieu (*Asnacum, Biaenas, Briva, Camboliva, Exandonum* ou *Issando, Rofiacum* ou *Rufiagucium, Sollemniacum, Torinna, Userca* et *Vallaria*); il en est enfin dont la signification et la provenance nous sont inconnues : tel est celui de *Santria*.

§ 4. VICAIRIES, AÏCES OU AÏZES ET CENTAINES.

Les nombreuses indications que nous fournit notre Cartulaire, et auxquelles se sont ajoutés des éléments puisés à toutes les sources et dans tous les monuments publiés ou inédits qu'il nous a été donné de consulter, nous permettent d'offrir ici une nomenclature des vicairies, aïces ou aïzes et centaines qui subdivisaient le pays limousin, avec l'indication de leur position et de leurs chefs-lieux. La carte qui est jointe au présent ouvrage fait voir leurs limites et leurs étendues respectives[2].

Ce paragraphe se divise naturellement en trois articles, relatifs, l'un aux vicairies, l'autre aux aïces et le troisième aux centaines.

I. *Vicariæ*, les vicairies.

La vicairie, après avoir formé, dans le principe, une circonscription territoriale où s'exerçait la juridiction d'un officier inférieur au comte et plus tard au vicomte, devint une division géographique subordonnée au *pagus* ou au *comitatus*, et dont la mention était très-usitée dès les premières années du IXe siècle.

---

[1] Nontron, chef-lieu d'arrondissement dans le département de la Dordogne.

[2] Nous donnons une description détaillée de ces divisions territoriales dans l'ouvrage déjà cité *Études sur la géogr. histor. de la Gaule au moyen âge*, etc.

INTRODUCTION.

Nous avons recueilli les désignations de 44 vicairies instituées en Limousin[1]. La plus ancienne remontant à l'année 823[2], et les plus récentes étant de 1080, 1088, peut-être même de 1096, elles remplissent ainsi une période d'environ 270 ans de durée, la plus longue, si je ne me trompe, que l'on puisse signaler en aucune contrée de la Gaule.

A cette première observation il faut en ajouter trois qui ne manquent pas d'importance.

En premier lieu, d'après le témoignage d'une charte du Limousin, la vicairie et la centaine ne formèrent pas, comme quelques érudits l'ont cru[3], une seule et même circonscription, mais deux circonscriptions distinctes. « In urbe Lemovicino, est-il dit dans cet acte, in fundo Exandoninse, in *vicaria Luperciacense*, in *centena Vinogilo*, in loco qui vocatur Vertiliaco[4]. » La centaine de Vignols était évidemment ici différente de la vicairie de Lubersac.

Les partisans de l'opinion contraire se sont appuyés sur des chartes mêmes de Beaulieu, où se trouvent mentionnées alternativement, et indifféremment suivant eux, la *vicaria* et la *centena Vertedensis* (de Le Vert, en Limousin) ou la *vicaria* et la *centena Exidensis* (de Castelnau en Quercy). A ces exemples nous en joindrons un autre, qui nous est offert par un document étranger au Cartulaire de Beaulieu, et qui place tour à tour le même lieu dans la *vicaria* et dans la *centena Tarnacensis* (de Tarnac). Mais ces exemples prouvent un seul fait, qu'il est facile d'expliquer, à savoir que certaines localités furent à la fois chefs-lieux de vicairies et chefs-lieux de centaines, et communiquèrent aux unes comme aux autres le même nom. Il est assez présumable, en effet, qu'un centenier et un vicaire ayant été simultanément ou successivement institués dans la même résidence, choisie à cause de l'importance qu'elle avait déjà comme *cas-*

---

[1] M. Guérard n'en a connu que neuf. (*Essai sur les divis. territor.* p. 158.)

[2] Chartul. Bellil. CLXXXV.

[3] Adr. de Valois. *Notit. Galliar.* præ-fatio, p. 12; D. Bouquet, *Hist. de France*, t. II, p. 264, note.

[4] Mss. Biblioth. impér. Dépôt des chartes.

trum ou *vicus*, leurs circonscriptions respectives, la centaine et la vicairie, eurent un seul chef-lieu, souvent la même étendue, et que, dans la suite, les deux divisions géographiques présentèrent les mêmes similitudes. C'est pourquoi l'on a dû employer plus d'une fois, concurremment et indifféremment, la *vicaria* et la *centena* pour désigner la situation des biens donnés ou vendus. A ce point de vue, l'opinion que nous avons rapportée plus haut serait fondée dans une certaine mesure; mais la similitude des deux arrondissements territoriaux n'était pas une loi, un principe absolu, car il arrivait aussi que la centaine eût un chef-lieu particulier et une circonscription différente. C'est ce que démontre péremptoirement le titre que nous produisons, quant à la centaine de Vignols, dont le lieu principal était à Vignols, et qui avait assurément un territoire moins étendu que la vicairie de Lubersac, puisqu'elle y était contenue.

La deuxième observation s'applique aux rapports de la vicairie avec le *pagus major* et les *pagi minores*. Il est à présumer qu'en général, dans l'organisation des pays en vicairies (organisation que l'on a attribuée à Charlemagne ou aux maires du palais, mais qui nous parait remonter plus haut), chaque *pagus major* dut faire l'objet d'un travail distinct et complet en soi, et que les vicairies n'en dépassaient point les limites pour se développer sur un *pagus major* du voisinage; on peut même dire que, dans le fait, il en fut à peu près toujours ainsi. Il est également probable, quant aux *pagi minores*, que souvent chacun d'eux fut constitué en vicairie, ou bien découpé en un certain nombre de vicairies, et que ces dernières ne furent pas étendues sur des *pagi* différents.

Il ne faut pourtant pas attribuer à ces principes un caractère absolu, qui serait, surtout à l'égard des *pagi minores*, contredit par des témoignages authentiques. Car nous savons que la *vicaria Usercensis* (vicairie d'Uzerche) s'étendait, partie dans le *pagus minor* d'Uzerche, partie dans l'Yssandonais, et que, de son côté, la *vicaria Exandonensis* (vicairie d'Yssandon), qui était presque en son entier dans le *pagus minor Exandonensis* (l'Yssandonais), avait quelques localités de sa dépendance dans le pays d'Uzerche.

Quant au grand *pagus*, les exemples de faits analogues à ceux que nous venons de signaler pour les *pagi minores* sont rares. Il existe deux chartes tirées, l'une du Cartulaire de Beaulieu[1], l'autre du Cartulaire de l'église cathédrale de Cahors[2], qui font déborder en Quercy la vicairie de Puy-d'Arnac (*vicaria Asnacensis*), dont le chef-lieu et de nombreuses dépendances sont situés en Limousin; mais, si l'on considère que, sur les quarante-quatre vicairies de cette dernière province, ce serait la seule qui offrît cette particularité; qu'au milieu des mentions multipliées que contient le Cartulaire, et de la vicairie dont il s'agit et du *pagus Caturcinus*, une erreur a pu être facilement commise par le rédacteur de la charte ou par le scribe qui la transcrivit au XIIIe siècle, lors de la composition de notre recueil; que cette méprise est plus facile encore à comprendre dans un titre dressé à Cahors, c'est-à-dire à une distance assez considérable de la localité; qu'enfin il est peu vraisemblable qu'on eût attribué, en aucun temps, des dépendances du Quercy, qui formait un comté particulier, à l'officier qui rendait la justice dans la vicairie de Puy-d'Arnac sous les ordres du comte du Limousin, on reconnaîtra que les faits signalés ne sauraient tirer à conséquence contre la règle posée plus haut.

La troisième observation est relative au défaut de concordance entre les vicairies et les divisions ecclésiastiques inférieures. Un auteur du IXe siècle, Walafrid Strabon, a rapproché les dignités de l'Église des offices laïques; il a comparé les ducs aux métropolitains, les comtes et préfets aux évêques, les vicaires et centeniers aux prêtres des plèbes (*plebium*, paroisses) en possession des églises baptismales

---

[1] « In ipso pago (plus haut la charte porte : in comitatu Caturcino), in vicaria Asnago, curtem dominicariam nostram quæ vocatur Termenosa. » (Ex chartul. Bellil. XLVIII, ann. 932.)

[2] « In pago Caturcino, in vicaria Asnacense, ecclesia S. Petri de Albiaco. » (Ex chartul. eccles. Cadurc. Baluz. *Hist. Tutel.* col. 382.)

INTRODUCTION.

qui formèrent plus tard les archiprêtrés et doyennés; enfin, les dizainiers aux prêtres du dernier rang[1]. On a induit de là qu'un rapprochement analogue pouvait se faire entre les circonscriptions respectives de ces divers officiers. Nous avons montré plus haut qu'il n'était guère admissible entre les *pagi minores* et les archiprêtrés du Limousin : il ne l'est pas davantage entre ces dernières divisions et les vicairies, centaines et aïces. En effet, en faisant même abstraction des divisions par archiprêtrés que nous représentent les pouillés du XVIe, du XVIIe et du XVIIIe siècle, et que l'on pourrait croire avoir été formées, du moins en partie, après la distraction du diocèse de Tulle (an 1317), si l'on s'en rapporte seulement aux actes antérieurs, c'est-à-dire aux chartes du XIe et du XIIe siècle, ou au journal de la tournée de l'archevêque Simon (an 1285-1290), on voit que les archiprêtrés qui y sont mentionnés, notamment ceux d'Aubusson, de Brivezac, de Chambon, de la Porcherie, de Saint-Junien, ne correspondent à aucun des arrondissements territoriaux de l'ordre laïque, compris dans notre *pagus* au IXe, au Xe et au XIe siècle. Brive et Lubersac, qui sont chefs-lieux de vicairies, sont aussi, il est vrai, chefs-lieux d'archiprêtrés; mais de ces deux circonstances on ne peut tirer une conclusion générale en faveur du rapprochement dont il vient d'être parlé, car le fait contraire se présente beaucoup plus fréquemment.

Telles sont les remarques dignes d'intérêt que nous avions à consigner ici avant de faire connaître les noms et la situation des vicairies du Limousin. En voici maintenant la série, que nous présentons dans l'ordre alphabétique; le lecteur pourra, en consultant la carte géographique que nous mettons à la suite du présent ouvrage, se rendre compte de la position, de l'étendue et des confrontations de chacun de ces districts[2].

---

[1] Walafrid. Strab. *De rebus ecclesiasticis*, cap. XXXI.

[2] On trouvera une description détaillée de ces districts, et une nomenclature des localités contenues dans chacun d'eux, dans nos *Études sur la géographie historique de la Gaule au moyen âge*, etc.

INTRODUCTION.

1° *Vicaria Adecia*[1], la vicairie d'Esse, dont le chef-lieu est situé dans le canton et l'arrondissement de Confolens (Charente).

2° *Vicaria Altiliacensis*[2], la vicairie d'Altillac, dans le canton de Beaulieu, arrondissement de Brive (Corrèze).

3° *Vicaria Argentadensis* ou *de Argentado*[3]; la vicairie d'Argentat, chef-lieu de canton dans l'arrondissement de Tulle (Corrèze).

4° *Vicaria Asnacensis* ou *de Asnago*[4], la vicairie de Puy-d'Arnac, canton de Beaulieu, arrondissement de Brive (Corrèze), est celle que le Cartulaire de Beaulieu mentionne le plus souvent; elle comprenait le territoire où était situé le monastère, et la plupart des biens ruraux dont il était fait donation aux religieux étaient naturellement placés dans son voisinage immédiat.

5° *Vicaria Auriacensis*[5], la vicairie d'Auriac, dans le canton et l'arrondissement de Bourganeuf (Creuse).

6° *Vicaria de Axa* ou *Axia*[6], la vicairie d'Aixe, chef-lieu de canton dans l'arrondissement de Limoges (Haute-Vienne).

7° *Vicaria Barrensis* ou *Barinsis*[7], la vicairie de Bar, dans le canton de Corrèze, arrondissement de Tulle (Corrèze).

8° *Vicaria Beennatensis*[8], le vicaire de Beynat, chef-lieu de canton dans l'arrondissement de Brive (Corrèze).

9° *Vicaria Brivensis*[9], la vicairie de Brive, chef-lieu d'arrondissement (Corrèze).

---

[1] Mss. Biblioth. impér. Collection Duchêne, t. XXII, fol. 228.

[2] Ex chartul. Bellil. LXXIII, CXIX, CXXXIX.

[3] *Ibid.* LXXV, CLXIV, CLXXVI. Ex chartul. Tutel. Baluz. *Hist. Tutel.* col. 334.

[4] Ex chartul. Bellil. I, XVI, XVIII, XIX, XX, XXI, XXII, XXIII, XXIV, XXVIII, XLVIII, LVIII, LIX, LX, LXI, LXVI, LXIX, LXXXI, LXXXV, XCVI, CIV, CXV, CXIX, CXXII, CXXVII, CXXXVIII, CXLII, CXLIV, CXLV, CXLVII, CXLIX, CLII, CLIV, CLV, CLX, CLXVIII, CLXXIV, CLXXVII, CLXXXIII, CXCIII. (Ex chartul. eccles. Cadurc. Baluz. *Hist. Tutel.* col. 382.)

[5] Mss. Biblioth. impér. Collection Duchêne, t. XXII.

[6] Mss. Bibliothèque impér. Dépôt des chartes.

[7] Ex chartul. Bellil. XVII, LV. Ex chartul. Tutel. Baluz. *loc. cit.* col. 411. Mss. Biblioth. impér. Dépôt des chartes.

[8] Ex chartul. Tutel. Baluz. *loc. cit.* col. 334.

[9] Ex chartul. Bellil. LXV, LXXIX, CLXVII, CLXXXIX. Ex chartul. Tutel. Baluz. *Ibid.* col. 343, 354. Mss. Biblioth. impér. Collect. Duchêne, t. XXII.

10° *Vicaria Cabanensis*[1], la vicairie de Chabanais, chef-lieu de canton dans l'arrondissement de Confolens (Charente).

11° *Vicaria Cambolivensis*[2], la vicairie de Chamboulive, canton de Seilhac, arrondissement de Tulle (Corrèze).

12° *Vicaria Carvicensis, de Chervic,* ou *de Chervix*[3], la vicairie de Chervix ou de Château-Chervix, dans le canton de Saint-Germain, arrondissement de Saint-Yrieix (Haute-Vienne).

13° *Vicaria Cassanomensis*[4], la vicairie de Chassenon, dans le canton de Chabanais, arrondissement de Confolens (Charente).

14° *Vicaria Castelli*[5], la vicairie de Chasteaux, dans le canton de l'Arche, arrondissement de Brive (Corrèze).

15° *Vicaria de Cosatico*[6], la vicairie de Cousages, dans le canton de l'Arche, arrondissement de Brive (Corrèze).

16° *Vicaria Curciasensis*[7], la vicairie de Cursac, localité aujourd'hui sans importance, dans la commune de Saint-Vit, canton de Saint-Germain-les-Belles-Filles, arrondissement de Saint-Yrieix (Haute-Vienne.)

17° *Vicaria Daraciacensis*[8], la vicairie de Darazac, dans le canton de Servières, arrondissement de Tulle (Corrèze).

18° *Vicaria Exandonensis*[9], la vicairie d'Yssandon, dans le canton d'Ayen, arrondissement de Brive (Corrèze).

19° *Vicaria de Faisco,* ou *de Faix*[10], la vicairie de Feix-Fayte, canton d'Eygurande, arrondissement d'Ussel (Corrèze).

20° *Vicaria Faurcensis* ou *Spaniacensis*[11], la vicairie de Forzès,

---

[1] *Gallia christiana,* nov. edit. t. II, instrum. col. 194.

[2] Ex chartular. Tutel. Baluz. *loc. cit.* col. 337, 349, 370, 409 et 474.

[3] Mss. Biblioth. impér. Coll. Duchêne, t. XXII, et Dépôt des chartes.

[4] Mss. Biblioth. imp. Dépôt des chartes.

[5] Ex chartul. Tutel. Baluz. *loc. cit.* c. 382.

[6] Ex chartul. Bellil. xxv et xxvi, an. 864.

[7] Mss. Biblioth. impér. Collect. Duchêne, t. XXII, fol. 221. Ex chartul. Tutel. Baluz. *ubi supra,* col. 370.

[8] Ex chartul. Bellil. lxx.

[9] *Ibid.* x. Ex chartul. Tutel. Apud. Baluz. *loc. cit.* col. 354. Mss. Biblioth. impér. Dépôt des chartes.

[10] Mss. Biblioth. impér. Collect. Duch. t. XXII.

[11] Ex chartular. Tutel. Baluz. *loc. cit.* col. 334.

INTRODUCTION.

puis Forgès, ou d'Espagnac. Forgès, l'un des deux chefs-lieux de cette vicairie, est situé dans le canton d'Argentat, arrondissement de Tulle (Corrèze). Mais, comme Espagnac, *Spaniacum*, a été plus constamment désigné comme le chef-lieu de cette circonscription, nous nous référons à la notice qui le concerne, et qui est insérée plus bas.

21° *Vicaria Firciacensis*[1], la vicairie de Fursac, localité qui, au VIIe siècle, portait le nom de *Ferruciacum*, puis *Firruciacum*, duquel s'est formé par contraction le *Firciacum* du Xe siècle, et le *Fursacus* du XIIe. Il existe sur la rive droite de la Gartempe, dans le canton de Grand-Bourg-Salagnac, arrondissement de Guéret (Creuse), deux localités contiguës et appelées, l'une Saint-Étienne-de-Fursac, et l'autre Saint-Pierre-de-Fursac. Elles sont toutes deux chefs-lieux de commune. Elles formaient autrefois deux paroisses comprises originairement dans la même bourgade (*vicus*), ainsi que le prouve le passage suivant de la Chronique de Vigeois, écrite à la fin du XIIe siècle : « Secus flumen de Gartempa, vicus qui dicitur *Fursacus*, duas retinet basilicas, quarum una in honorem sancti Petri sub potestate monasterii Sancti Martialis de Subterranea, duabus gaudet virginibus[2]. » C'est dans cette antique bourgade, aujourd'hui partagée en deux communes, qu'était le chef-lieu de la *vicaria Firciacensis*.

22° *Vicaria Flaviniacensis*[3], la vicairie de Flavignac, dans le canton de Châlus, arrondissement de Saint-Yrieix (Haute-Vienne).

23° *Vicaria de Juliaco*[4], la vicairie de Juillac, chef-lieu de canton, dans l'arrondissement de Brive (Corrèze). Cette vicairie fut, dans la seconde moitié du Xe siècle, distraite de celle de Lubersac (*Luperciacensis*), dans laquelle son territoire et celui de la centaine de Vignols (*Vinogilo*) se trouvaient auparavant compris[5].

---

[1] Mss. Bibl. imp. Dépôt des chartes.

[2] Gaufrid. prior. Vosiens. Chronic.; dans Ph. Labb. *Nov. Biblioth. mss.* t. II, p. 285. J'ai trouvé, dans des titres du XIe siècle, la mention de Saint-Étienne-de-Fursac.

[3] Mss. Bibliothèque impér. Dépôt des chartes.

[4] *Ibid.*

[5] Voir plus bas la notice sur la *vicaria Luperciacensis*.

24° *Vicaria Lemovicensis*[1], la vicairie de Limoges, qui avait pour chef-lieu la capitale même du grand *pagus*, chef-lieu du département de la Haute-Vienne.

25° *Vicaria Luperciacensis*[2], la vicairie de Lubersac, chef-lieu de canton dans l'arrondissement de Brives (Corrèze). Elle comprenait, dans le IX° siècle et au commencement du X°, le village de Juillac, qui, en 963, donna son nom à une vicairie distincte. Dans cette circonscription était aussi renfermée la centaine de Vignols (*centena de Vinogilo*)[3].

26° *Vicaria Navensis*[4], la vicairie de Naves, dans le canton et l'arrondissement de Tulle (Corrèze).

27° *Vicaria de Nigromonte*[5], la vicairie de Nigremont, ou Saint-Georges-de-Nigremont, dans le canton de Crocq, arrondissement d'Aubusson (Creuse).

28° *Vicaria Noviacensis*[6], la vicairie de Neuvic, dans le canton de Château-Neuf, arrondissement de Limoges (Haute-Vienne).

29° *Vicaria Padriliacum* ou *de Padriliaco*[7], la vicairie de Peyrilhac, dans le canton de Nieul, arrondissement de Limoges (Haute-Vienne).

30° *Vicaria Pardaniacam* ou *de Pardaniaco*[8], la vicairie de Pradeaux? village dans la commune de Toulx-Sainte-Croix, canton et arrondissement de Boussac (Creuse); elle est mentionnée en ces termes dans une charte du Limousin, datée du X° siècle : *Ecclesia quæ vocatur Capella, in urbe Betrivo, in vicaria Pardaniaco*. D'après une note inscrite au bas du titre dont il s'agit, cette vicairie aurait eu pour chef-lieu Pradeaux, dont la position est indiquée ci-dessus, et le pays où elle était contenue aurait eu pour localité principale Bort, situé au S. E. de Pradeaux, qui est dans la commune de Soumans,

---

[1] Mss. Biblioth. impériale, Dépôt des chartes.
[2] *Ibid.*
[3] *Ibid.*
[4] Ex chartul. Bellil. VII. Ex chartul. Tutel. Baluz. *ubi supra*, col. 322, 323, 341.
[5] Mss. Biblioth. impér. *loc. cit.*
[6] *Gallia christiana*, t. II, instrument. col. 170.
[7] Mss. Biblioth. impér. *loc. cit.*
[8] *Ibid.*

INTRODUCTION.

canton et arrondissement de Boussac. Le lieu dit *Capella*, qui en dépendait, serait le village de la Chapelle, situé au S. E. de Pradeaux.

Ces attributions nous paraissent d'autant plus douteuses, qu'à notre connaissance, les mots *in urbe* n'ont jamais été employés pour désigner un *pagus minor,* et se rapportent toujours au *pagus major*[1]; c'est pourquoi nous avons cru devoir accompagner du signe du doute la mention de cette vicairie et du *pagus* parmi les divisions territoriales du Limousin.

31° *Vicaria Pariacensis*[2], la vicairie de Peyrat, dont le chef-lieu est situé dans le canton et l'arrondissement de Bellac (Haute-Vienne).

32° *Vicaria Rofiacensis*[3], la vicairie de Rouffiac, dans le canton de La Roquebrou, arrondissement d'Aurillac (Cantal).

33° *Vicaria Rosariensis,* ou *Rosuriensis*[4], la vicairie de Rosiers ou Roziers, dans le canton d'Égletons, arrondissement de Tulle (Corrèze).

34° *Vicaria Salliacensis*[5], la vicairie de Seilhac, chef-lieu de canton dans l'arrondissement de Tulle (Corrèze).

35° *Vicaria Sancti Juliani,* la vicairie de Saint-Julien-aux-Bois, dans le canton de Servières, arrondissement de Tulle (Corrèze). La charte du Cartulaire de Beaulieu où elle est mentionnée la désigne en ces termes : *in pago Lemovicino, in vicaria Sancti Juliani, mansus Acabreli*[6]. Le territoire, du reste fort restreint, de cette vicairie était sans doute compris originairement dans celui de la vicairie de Rouffiac, *Rofiacensis,* et n'en fut distrait que dans le cours du XIe siècle; il fut dès lors placé entre la vicairie de Rouffiac, qui était au sud, la vicai-

---

[1] Je serais porté à croire que *Betrivus* est ici une corruption de *Bituricus (orbis),* pays du Berry, et que c'est dans le territoire de ce dernier qu'il faut chercher la *vicaria Pardaniacum.*

[2] Mss. Biblioth. impér. *loc. cit.*

[3] Ex chartul. Bellil. LII, CLX, CLXIV.

[4] *Ibid.* CLXXIV. Ex chartul. Tutel. Baluz. *loc. cit.* col. 370.

[5] Mss. Biblioth. impér. Ex. Bal. sched.

[6] Ex chartul. Bellil. CXXV, an. 1061-1108. Cette date donnerait à penser que la vicairie de Saint-Julien est une circonscription ecclésiastique. Pourtant les termes dans lesquels elle se présente nous déterminent à la maintenir dans notre nomenclature.

INTRODUCTION.

rie de Darazac, *Daraciacensis*, qui était au nord, et dont il usurpa peut-être une partie, et celle d'Argentat, *Argentadensis*, ou plutôt la petite vicairie de Saint-Privat, située à l'ouest. Nous n'avons pas cru devoir définir, sur notre carte, le territoire de cette petite circonscription si tardivement instituée, et nous nous sommes borné à en marquer le chef-lieu, en maintenant les limites de la vicairie de Rouffiac (dont Saint-Julien faisait primitivement partie) telles qu'elles étaient au IXe et au Xe siècle.

36° *Vicaria Sancti Privati*[1], la vicairie de Saint-Privat, dans le canton de Servières, arrondissement de Tulle (Corrèze). La charte de notre Cartulaire qui mentionne la vicairie de Saint-Julien dont il vient d'être parlé désigne en même temps celle de Saint-Privat. Voici en quels termes : *in pago Lemovicino, in vicaria Sancti Privati, in villa Apoz.*

Le territoire de cette petite circonscription était, au IXe siècle, compris dans la vicairie d'Argentat; seulement le village de Saint-Privat portait alors le nom de *Betugum*, auquel fut plus tard substitué celui du patron de son église. Après qu'il eut été distrait de la vicairie d'Argentat, au XIe siècle, il se trouva placé entre la vicairie de Darazac au nord, celle d'Argentat au sud, celle de Rouffiac ou plutôt la petite vicairie de Saint-Julien-aux-Bois, à l'est. Il offre, du reste, une superficie trop restreinte pour que nous l'ayons délimité sur notre carte. Il nous a suffi de désigner son chef-lieu, en maintenant les limites de la vicairie d'Argentat telles qu'elles étaient au IXe et au Xe siècle.

37° *Vicaria de Selabunac*[2], la vicairie de Grand-Bourg-Salagnac. Ce lieu, appelé, au XIe et au XIIe siècle, *Selaniacum, burgus de Salaniaco*, et, dans les deux derniers siècles, *Bourg-Salagnac*, ou seulement Salagnac, est un chef-lieu de canton dans l'arrondissement de Guéret (Creuse); sa vicairie contenait une localité appelée *terra de Cruce*, qui

[1] Ex chartul. Bellil. cxxv, an. 1061-1108.

[2] Mss. Biblioth. impér. Cartul. n° 903, fol. ultim.

INTRODUCTION.

est sans doute *la Croux*, au N. E. de Grand-Bourg-Salagnac, sur un petit affluent (rive droite) de la Gartempe.

38° *Vicaria Sariacensis* ou *Seriacensis*[1], la vicairie de Sérillac, dans le canton de Beynat, arrondissement de Brive (Corrèze).

39° *Vicaria Spaniacensis*[2], vicairie d'Espagnac, dans le canton de La Roche-Canillac, arrondissement de Brive (Corrèze); cette vicairie paraît avoir eu deux chefs-lieux, ainsi qu'il résulte du passage suivant du testament du vicomte Adémar des Échelles (circa 930) : *et alodum meum, quem pater meus adquisivit de comite Raymundo, in vicaria Spaniacensi seu Faurcensi*. On ne peut croire que cette traduction soit le résultat d'une erreur; car le rédacteur et le donateur, qui étaient tous les deux à Tulle et connaissaient le pays, ne se seraient pas trompés sur ce point. Nous devons ajouter toutefois que cette mention de la vicairie de Forgès est la seule que nous ayons rencontrée jusqu'ici, et que, si ce lieu servit, alternativement avec Espagnac, de résidence au vicaire, et donna aussi son nom à cette circonscription, ce fait n'eut pas une longue durée.

On peut supposer, en outre, que *Faurcium*, Forgès ou *Forzès*, comme on l'appelait encore au XVIIe et au XVIIIe siècle, fut, en 930, le chef-lieu d'une vicairie distincte de celle d'Espagnac. Mais cette circonstance fut également transitoire : car la localité dont il s'agit est désignée, dans des actes contemporains ou d'une date voisine de celle du testament d'Adémar, comme étant une dépendance de la *vicaria Spaniacensis*.

40° *Vicaria Tarnacensis*[3], vicairie de Tarnac, dont le chef-lieu est dans le canton de Bugeat, arrondissement d'Ussel (Corrèze).

41° *Vicaria Torinensis, Tornensis,* ou *de Torinna*[4], vicairie de Tu-

---

[1] « In pago Lemovicino, in vicaria Sariacense, villa quæ vocatur Nectranos. » (Ex chartul. Bellil. CLXXIX. ann. 868.)

[2] Ex chartul. Bellil. LXVII, CXXXII, CXLIV, CLVI, CLIX, CLXXI, CLXXII. Mss. de D. Fonteneau, conservés à Poitiers, t. IV, p. 39. Mss. Biblioth. impér. Dépôt des chartes.

Ex chartul. Tutel. Baluz. *Hist. Tutel.* col. 322, 333, 334, 350, 360, 364, 365, 376, 379, 407, 465.

[3] Mss. Biblioth. impériale, Dépôt des chartes.

[4] Ex chartul. Bellil. CVIII. Ex chartul. Tutel. Baluz. *loc. cit.* col. 341, 348, 354.

renne. Le chef-lieu de cette vicairie dépend du canton de Meyssac, arrondissement de Brive (Corrèze).

42° *Vicaria Usercensis*¹, vicairie d'Uzerche, chef-lieu de canton dans l'arrondissement de Tulle (Corrèze).

43° *Vicaria Vallarensis*², vicairie de Vallières, dans le canton de Felletin, arrondissement d'Aubusson (Creuse).

44° *Vicaria Vertedensis*³, la vicairie de Le Vert. Ce lieu, peu important aujourd'hui, est situé dans la commune et au nord de Camps, canton de Mercœur, arrondissement de Tulle (Corrèze.)

Nous plaçons le chef-lieu de cette vicairie au village de Le Vert ou Du Vert, parce que le nom de cette localité est la traduction exacte du mot *Vertedensis*, et qu'elle est au centre du territoire occupé par ce district. Nous avions d'abord pensé que l'on pourrait, avec quelque vraisemblance, fixer cette position à Mont-Vert, chef-lieu de commune dans le canton de La Roquebrou, arrondissement d'Aurillac (Cantal); ce lieu fut autrefois considérable, et les traditions du pays lui donnent à la fois une origine ancienne et une importance très-grande dans le passé. Il s'y tient un marché et des foires, fréquentés par la population des cantons du Limousin qui lui sont contigus. Son assiette est forte : il occupe le côté sud-est d'un plateau escarpé, dont Rouffiac, le chef-lieu d'une autre vicairie limousine, couvre le côté nord-ouest. Ce sont là autant de circonstances qui semblent autoriser l'attribution de la *vicaria Vertedensis* à Mont-Vert. Mais nous avons considéré que ce dernier point était placé assez avant dans l'ancien diocèse de Clermont pour qu'on ne dût le rattacher à notre *pagus* que d'après des documents concluants, et qu'en outre cette attribution mettrait le chef-lieu de la vicairie dont il s'agit à l'extrême limite de son territoire. Nous avons, en conséquence, adopté

---

¹ Ex chartul. Bellil. VII, LXIV, CVI, CXLI, CXLVII, CLXXXIX. Mss. Bibl. imp. Coll. Duchêne, t. XXII, fol. 231. Ex chartul. Tutel. Baluz. *loc. cit.* 323, 352, 356, 366, 370, 372, 374.

² Mss. Biblioth. impériale, Collect. Duchêne, t. XXII, fol. 220.

³ Ex chartul Bellil. XVIII, LIII, LX, LXIII, LXVIII, LXXI, LXXII, LXXXVII, CXXXIII, CL, CLV, CLX, CLXII, CLXIII.

provisoirement la position de Le Vert, tout en réservant la question et en faisant pressentir la possibilité de déterminer un jour d'une manière plus certaine la place où fut la localité principale de cet arrondissement.

II. *Aicis, aizum, arum,* l'aïce ou aïze.

Les termes géographiques d'*aicis* et d'*aizum*, qui se rencontrent si souvent dans les monuments de l'Auvergne, du Velay, du Forez et du haut Rouergue, se présentent rarement et comme des exceptions dans la géographie des autres provinces de la Gaule. Le Cartulaire de Beaulieu nous offre la mention de trois districts ainsi appelés, et dont l'un, l'*aicis Vertedensis*[1] (de Le Vert), est en Limousin, un autre, l'*aicis Exidensis* ou *aizum Exidense*[2] (de Castelnau), est situé dans le Quercy, le troisième, l'*aicis Catalensis* (de Cantalès), dépend de l'Auvergne. Il est même à remarquer que les deux circonscriptions du Limousin et du Quercy se trouvent dans les parties de ces deux provinces qui sont limitrophes du grand *pagus Arvernicus*; ajoutons que la charte où l'expression *aicis* a été employée pour désigner le district de Castelnau, est, suivant toutes les vraisemblances, de deux habitants de l'Auvergne, Atarius et Rolande sa femme; car ces deux personnages y font en même temps donation à l'abbaye, d'une église située dans l'aïce de Cantalès ou Cantaleix (Saint-Étienne ou Saint-Martin-de-)[3].

L'origine de l'aïce et l'étymologie des deux mots latins qui le désignent sont difficiles à déterminer. Il n'en est pas tout à fait de même du caractère de la circonscription à laquelle ils s'appliquent.

Les exemples que renferment nos chartes ne prouvent pas que l'*aicis* et l'*aizum* soient identiques à la *vicaria* et au *ministerium*, qui est synonyme de *vicaria*. Mais cette identité est attestée par des actes d'autres pays, et notamment par le passage suivant d'une charte du Cartulaire de Saint-Julien de Brioude : « *in ipso aiace* seu *in ipsa vicaria.* » Placés ainsi dans la même phrase, les deux termes prennent une

---

[1] LXVIII. — [2] CXXIX et CLXXV. — [3] CLXXV.

INTRODUCTION.

signification semblable. Du Cange et après lui les Bénédictins, ses continuateurs, ont fourni de nombreuses citations tirées des cartulaires de l'Auvergne et du Rouergue, et dans lesquelles ces mots sont rapprochés de manière à recevoir la même interprétation[1].

Dès lors, nous sommes autorisé à voir souvent, dans l'*aicis Vertedensis* (de Le Vert en Limousin) ou dans l'*aicis Exidensis* (de Castelnau en Quercy), l'équivalent de la vicairie du même nom.

Nous devons pourtant signaler, dans nos chartes, un exemple où l'*aizum* paraît être employé comme synonyme de *vallis*, et désigner, par suite, une division régionale, déterminée par la configuration du sol, au lieu d'une division administrative telle que la *vicaria* ou le *ministerium* : « Vinea quæ est in pago Caturcino, in villa (*leg.* valle) Exidense, in loco ubi vocabulum est Concellas..... similiter *in ipso aïzo*, campus qui habet fines de duobus lateribus viam publicam[2]. » Ce mot, quoique devant être expliqué généralement dans le sens ci-dessus indiqué, prend donc aussi parfois une autre signification, et l'on peut dire que son interprétation dépend de la place qu'il occupe dans les textes du moyen âge.

Il nous reste à parler de l'*arum*, dont notre Cartulaire offre deux exemples[3]. Cette expression ne semble avoir été usitée que dans le haut Quercy, le Limousin, la haute Auvergne et le Rouergue : sa signification, d'après les citations que contient le Glossaire, a beaucoup varié; tantôt elle vient immédiatement après le grand *pagus*, et acquiert la valeur du *pagus minor*, ou plutôt de la *vicaria* et du *ministerium*, qui égalait la vicairie[4]; tantôt elle est précédée à la fois du

---

[1] Une charte du Cartulaire de l'église de Vabre porte notamment : *In ipso aice vel in ipso ministerio*. (Voir Glossar. voc. *Aiacis, Aicis, Aizis* et *Aizum*, édit. Didot, t. Ier, p. 154, col. 1 et 2.) *Aiacis* a quelquefois aussi été employé pour désigner un village, une ferme, une métairie, ou simplement un champ. (*Ibid.*) De nos jours encore, les habitants de l'Auvergne appellent *aïze*, dans le langage vulgaire, une terre inculte ou adjacente à un bâtiment.

[2] CXXIX.

[3] CXLVII et CLXVIII.

[4] « Similiter in pago Arvernico, in aro quæ vocatur, etc. » (Ex chartul. Conchens. in Ruthenis.) « Breve divisionale, in ipso aro, de ipsa villa quæ dicitur Roca. » (Ex

INTRODUCTION.

grand *pagus* et de la vicairie ou du *ministerium*, et alors son importance et probablement aussi son étendue s'amoindrissent[1].

Mais il est à remarquer que, même dans ce dernier cas, l'*arum* se maintient au-dessus de la *villa*, puisque cette division agraire y est contenue.

Dans notre charte CXLVII, ce mot paraît se confondre avec celui de *vicaria* : « Hoc est curtem meam quæ vocatur Cantedunus..... qui est in pago Limovicino, in vicaria Usercense, et alium mansum, etc..... et *in ipso aro*, in loco cui vocabulum est Fabricas, mansos duos ubi Gandalfredus et Johannes visi sunt manere. » L'*arum* est ici supérieur à la *villa* ou *locus*, qui se subdivise en plusieurs manses; il se rapproche conséquemment de la *vicaria Usercensis* nommée dans les lignes précédentes, et nous sommes ainsi autorisé à le considérer comme étant à peu près l'équivalent de l'*aicis* ou *aizum*.

Dans la charte CLXVIII, le terme descend, au contraire, à la signification de village, et devient à peu près synonyme de *villa* : « Hoc est mansos meos qui sunt in pago Limovicino, in vicaria Asnacense, in villa cujus vocabulum est Lusidus..... et in alio loco, in eodem pago et in eadem vicaria, in loco qui vocatur Rabiago, terras et silvas. Hæc omnia superius nominata et omnia quæ ad ipsos mansos aspiciunt..... et quantum præfati homines in supradictis mansis, tam intus villa quam foris villa, *in aro*, habuerunt. » Le terme dont il s'agit semble avoir ici le sens vague, indéfini, du mot français *endroit*.

III. *Centena*, la centaine.

La centaine, après avoir formé, pendant un assez long temps, une simple division numérique, et désigné une agglomération de personnes édictée par les rois francs dans un but de police[2], prit le caractère d'une division géographique.

chartular. Eccles. Cadurc. Apud Glossar. édit. Didot, t. Iᵉʳ, p. 424, col. 3.)

[1] « Et ipsa res in pago Rotinico, in ministerio Condadense, in aro de Garzaguas. » — « In vicaria Serniacense, in aro quæ vocatur, etc. » (Ex chartul. Conchens. *loc. cit.*)

[2] Childeberti regis decretio, ann. 595,

CLXXVJ   INTRODUCTION.

Elle était administrée par un officier nommé centenier, *centenarius* subordonné, comme le vicaire, au comte et plus tard au vicomte; et, de même que la vicairie, cette circonscription représentait une subdivision du grand *pagus* et du *comitatus*.

Les documents ne nous désignent qu'un petit nombre de centaines en Limousin (quatre seulement), et il est bien clair que la vicairie y est le fait général, et la centaine l'exception ou plutôt une sorte d'accident.

Nous avons montré plus haut que la centaine et la vicairie étaient, contrairement à l'opinion de quelques auteurs, deux arrondissements distincts, et que la centaine se trouvait assez fréquemment comprise dans la vicairie, dont elle formait dès lors une sorte de subdivision. La preuve de cette différence existante entre les deux districts résulte notamment d'une charte du Limousin relative à la centaine de Vignols (*de Vinogilo*), laquelle était englobée dans la vicairie de Lubersac (*Luperciacensis*)[1].

En ce qui concerne les rapports de la centaine avec le *pagus major*, nous ne connaissons pas, quant à elle, d'exception à cette règle générale suivant laquelle les subdivisions de la province restaient circonscrites dans les limites de son territoire. Pour les *pagi minores*, nous n'avons pas eu occasion de remarquer qu'aucune des quatre centaines du Limousin passât d'un *pagus minor* sur l'un de ceux de son voisinage. Mais, sur ce dernier point, nous le répétons, il serait téméraire de poser un principe absolu.

Au sujet des rapports de la centaine avec les circonscriptions ecclésiastiques, nous ne pouvons que nous référer à ce qui en est dit plus haut, à propos des vicairies.

Enfin, nous ferons remarquer, en ce qui touche la durée de cette

---

art. xi et xii. — Clotharii II regis decretio, art. 1. — Lex Alamanorum. Cap. xxxvi, art. 1. — Lex Visigoth. XI, tit. II, cap. iii. Dans Baluze, *Capitularia regum Francorum*, tom. I, col. 19, 20, 66; et dans Bouquet, *Historiens de France*, t. IV, p. 422.

[1] Nous connaissons deux exemples analogues dans deux chartes du Berry, datées, l'une de 860, l'autre de 987.

INTRODUCTION.

division géographique en Limousin, qu'on n'en rencontre la mention que dans des chartes du IXe et du Xe siècle, et jamais au XIe[1]; ce qui tend à faire penser qu'elle disparut à la fin du Xe siècle, tandis que les vicairies continuent de figurer dans les monuments jusqu'à la fin du XIe. On pourrait conclure de cette circonstance que les centaines se fondirent dans les vicairies qui les renfermaient ou dont elles dépendaient, savoir : celles de Tarnac (*Tarnacensis*) et de Le Vert (*Vertedensis*), dans les vicairies du même nom, et celle de Vignols (*de Vinogilo*), dans la vicairie de Lubersac (*Luperciacensis*), où elle était contenue.

Nous allons maintenant faire connaître la position des quatre centaines qui nous sont signalées en Limousin:

1° *Centena Nantronensis*[2], la centaine de Nontron, chef-lieu d'arrondissement dans le département de la Dordogne. Nontron figure, dans les documents du moyen âge et notamment au VIIIe siècle, sous les noms de *Nuntronum*, *Nontronum*, *Nantronum* et même *Nancronum*.

2° *Centena Tarnacensis* ou *Tarnensis*[3], centaine de Tarnac. Le chef-lieu de cette circonscription était dans le canton de Bugeat, arrondissement d'Ussel (Corrèze). Ses limites étaient vraisemblablement les mêmes que celles de la vicairie de Tarnac.

3° *Centena Vertedensis*[4], centaine de Le Vert. Le chef-lieu de cette centaine est un village peu considérable, situé dans la commune et dans le canton de Mercœur, arrondissement de Tulle (Corrèze). Nous nous référons, au sujet de cette position, à ce qui a été dit plus haut touchant la *vicaria Vertedensis*[5]; ce district avait probablement aussi la même étendue que la vicairie.

---

[1] Les mentions de centaines géographiques les plus récentes qui nous soient parvenues sont de l'an 987 : l'une se trouve dans la seconde des chartes citées à la note précédente, l'autre est tirée du Cartulaire de l'église cathédrale de Cahors. (Baluz. *Histor. Tutel.* col. 383.)

[2] Ex chartular. S. Martini Turonensis, ch. ann. 921. Mss. Biblioth. impér. Résid. Saint-Germain, n° 969, fol. 98, 99.

[3] Mss. Bibliothèque impériale, Dépôt des chartes.

[4] III.

[5] Voir ci-dessus, p. CLXXII.

INTRODUCTION.

4° *Centena Vinogilum* ou *de Vinogilo*[1], la centaine de Vignols, dans le canton de Juillac, arrondissement de Brive (Corrèze). Elle était comprise dans la vicairie de Lubersac (*Luperciacensis*).

§ 5. LA MARCHE, MARKA, MARCHA, MARCHIA.

A partir du milieu du xe siècle, les monuments signalent une contrée du Limousin appelée *Marca*, *Marka* ou *Marchia*. Cette circonscription territoriale, établie spécialement au point de vue militaire, était gouvernée par un officier chargé de la défendre et qualifié tour à tour de comte, *comes*, ou de marquis, *marchio*[2].

Ce dernier titre est celui que donnent au personnage dont il s'agit une charte d'Èbles, évêque de Limoges, datée de 958[3], et un passage de la chronique d'Adémar de Chabanais[4].

Ce district, dont le château de Bellac, *Bellacum*, fut le chef-lieu, au milieu du xe siècle, prit le nom de *Marca Lemovicina*[5] ou bien *Marcha Pictavis et Lemovicæ*[6], parce qu'il fut originairement institué sur la frontière de l'ancien Limousin, du côté qui regarde le Poitou.

L'établissement dont il s'agit remonte, suivant quelques-uns, à Charlemagne; mais il nous paraît plus vraisemblable qu'il se rap-

---

[1] « In orbe Lemovicino, in fundo Exandoninse, in vicaria Luperciacense, in centena Vinogilo, in loco qui vocatur Vertiliaco. » (Biblioth. impér. Dépôt des chartes.)

[2] « Marchiones sunt qui fines regni tuentur. » (Limnæus, *Notit. regni Franciæ*, t. II, p. 318.)

[3] « Signum Bosonis *marchionis*. » (*Gallia christiana*, nov. edit. t. II, instr. col. 169.)

[4] « Petrus abbas... principatum singularem obtinens (in Marcha)... castrum Mortemarense concremat... Hujus rei occasione, propinquis *marchionibus*, cum Bernardo fratre et Willelmo duce, quasi qui tyrannidem præsumerat, in eum insurgentibus, paulatim ex potestate *marchionum* ejectus est. » (Ademar. Cabanens. *Chronicon*, dans Ph. Labbe, *Nov. Biblioth. mss.* t. II, p. 174, et dans Bouquet, *Histor. de France*, t. X, p. 151.) Il faut ajouter que la qualification de *comes de Marchiâ* se rencontre plus fréquemment que celle de *marchio*. (Cf. Gaufrid. Vosiens. *Chronic.* dans Labbe, *loc. cit.* p. 282 et 317.)

[5] « ... Castrum Bellacum quod tenebat Boso; construxerat ipsum castrum Boso Vetulus in *Marca Lemovicina*. » (Ademar. Caban. *Chronic.* dans Labbe, *loc. cit.* p. 170, et dans Bouquet, t. X, p. 146.)

[6] « Bellacum in Marcha Pictavis et Lemovicæ. » (*Apud Histor. Aquitan.* dans Valois, *Notit. Galliar.* p. 317.)

INTRODUCTION.

porte à l'époque où le roi Eudes changea l'organisation gouvernementale du Limousin, c'est-à-dire à l'an 887[1]. Quoi qu'il en soit à cet égard, le titre de comte de la Marche paraît, suivant l'abbé Expilly, vers 927[2]; et Boson Ier prit cette qualité, en 944, dans la charte de fondation du Dorat, mentionnée par les savants auteurs de l'Art de vérifier les dates[3].

Malgré sa constitution, qui lui attribuait une existence administrative distincte, la Marche continua de faire partie du *pagus Lemovicinus*[4], et l'officier qui y commandait, quoiqu'il fût qualifié de comte, n'en resta pas moins subordonné aux comtes de Poitiers ou d'Auvergne, qui furent successivement investis du duché d'Aquitaine et qui avaient réuni à leurs autres dignités celle de comte du Limousin[5].

La Marche s'étendait, dans le principe, au nord-ouest et au nord du Limousin, de la rive droite de la Vienne, près de Chabanais, qui confinait à l'Angoumois, aux rives de la Creuse, au delà desquelles elle prenait, en outre, quelques localités et notamment Ahun. Elle occupait ainsi le territoire de l'ancien archidiaconé dit *de la Marche*.

Plus tard, elle se développa vers le nord-est et s'adjoignit Chambon, Aubusson et leur territoire, en un mot l'intégralité du département actuel de la Creuse. C'est sans doute ce développement considérable qui amena sa division en deux parties, l'une, surnommée la *basse Marche*, qui comprenait le sol de la Marche primitive, limitrophe du Berry, du Poitou et de l'Angoumois; l'autre, appelée la *haute Marche*, qui renfermait la région montagneuse contiguë au Berry et à l'Auvergne[6].

---

[1] Voir, sur les motifs et la date de cette institution, notre ouvrage précité, *Études de géographie historique*, etc.

[2] *Dictionnaire des Gaules et de la France*, t. IV, p. 531.

[3] Édit. in-fol. t. II, p. 375. Nous n'avons pas pu retrouver la charte mentionnée; mais nous avons cité plus haut un acte de 958, où Boson reçoit le titre de *marchio*.

[4] Le bourg d'Ahun, en 997, dépendait du Limousin : « Ecclesia in pago Lemovicino posita, a vico Agiduno non longe sita. » (*Gall. christ.* nov. edit. t. II, instr. col. 190.)

[5] Voir ci-dessus, p. CXLVIII.

[6] « Séneschal de Tolose, comme nous pour contrester à anemis, envoions à présent ès parties de Tourenne et des *basses*

§ 6. FISC, *FISCUS*.

Le fisc était une circonscription établie en vue de l'exploitation et de l'administration des biens du domaine royal et se composant généralement de plusieurs villages [1].

Notre Cartulaire ne nous offre de renseignements que sur un seul fisc du Limousin, le fisc de Chameyrac, *Camerachus* ou *Camairacum* [2].

La première donation en fut faite par Pepin II, roi d'Aquitaine, et confirmée dans la suite par plusieurs souverains.

Les serfs fiscalins, *fiscalini*, étaient considérés comme étant d'une condition plus élevée que celle des serfs ordinaires; c'est pourquoi nous voyons, au Xe siècle, les abbés de Beaulieu choisir parmi eux tous les serfs-vicaires institués dans les villas du monastère pour y commander aux gens de condition servile [3].

§ 7. DE LA DISTINCTION DU *HAUT LIMOUSIN* ET DU *BAS LIMOUSIN*.

Quoique cette division de la province limousine ne paraisse dans les monuments qu'à partir du XIVe siècle, nous sommes porté à penser qu'elle se rattache à des précédents historiques, notamment au partage de l'administration du pays entre plusieurs vicomtes, dont l'un, le vicomte Adémar des Échelles, fut très-vraisemblablement institué dans la région méridionale de l'ancien diocèse [4]. En tous cas, nous sommes assuré que cet officier, dont la résidence était à Tulle, exerçait, à la fin du IXe siècle, une juridiction sur cette contrée et particulièrement sur la bourgade ou petite ville de Brive (*vicus Briva*), et sur son territoire immédiat [5].

Marches... » (Lettre de Philippe VI, an. 1346; dans Baluze, *Histor. Tutel.* append. col. 715.) «Anna de Borbonio, comitissa Montispencierii, dominaque *bassæ Marchiæ*. » (An. 1400. Mss. Biblioth. impér.)

[1] Guérard, *Essai sur les divisions territoriales*, p. 71.

[2] «Est autem ipsa capella *in fisco qui vocatur Camerachus,* » XIII. D'autres fois, ce domaine est appelé par les rois : *villa juris nostri*, IV, VII. Chameyrac est un chef-lieu de commune dans le canton et l'arrondissement de Tulle (Corrèze).

[3] L, an. 971.

[4] Voir ci-dessus, § 2, p. CXLIX.

[5] *Ibid.* p. CL et note 1.

INTRODUCTION.

La division qui nous occupe avait un double caractère; elle était à la fois *régionale* et *administrative:*

Régionale, en ce que la configuration du sol du bas Limousin, son climat et les mœurs de ses habitants, le différencient d'avec le haut Limousin [1];

Administrative, puisqu'il est parlé, dans des lettres royales de 1370, de la convocation à Tulle des états du bas Limousin; que nous avons une lettre ou supplique adressée au roi, en 1471, par les *gens des trois estats du bas Limousin;* que cette même pièce et un autre titre, daté de 1443, nous montrent que la taille y était imposée comme à une circonscription territoriale bien définie, qu'on appelait le *bas païs* ou *bassa patria* [2].

Le *haut pays* est, à son tour, mentionné vers la même époque (1471), par opposition au précédent [3].

Le haut Limousin et le bas Limousin tenaient chacun leur place dans l'organisation judiciaire, car, au XVe siècle, la province limousine proprement dite [4] avait deux sièges de sénéchaussées, l'un dans le haut pays, l'autre dans le bas pays, qui fut partagé en deux par lettres royales de 1554. Enfin, au point de vue du gouvernement militaire, nous savons que le gouverneur général et le lieutenant général pour le roi, qui siégeaient à Limoges, avaient sous leurs ordres deux *lieutenants du roi,* préposés à chacun des deux arrondissements dont il s'agit ici.

Les deux Marches (haute et basse), dont il a été parlé dans l'un des paragraphes précédents (§ 5), représentant, depuis la période féodale, une région distincte de celle du Limousin, et le pays de Nontron ayant été rattaché au Périgord, le haut Limousin était réduit au terri-

---

[1] Dumoulin, *Géographie du royaume de France;* Paris, 1767, t. VI, p. 105.

[2] Mss. Biblioth. impér. *Lettres royales* de 1370. — Baluze, *Histor. Tutel.* append. col. 776. Cet acte fait voir qu'il y avait, dans l'ordre financier, une recette particulière des impôts pour le bas Limousin.

[3] « Je m'en iroye faire les monstres du *hault pays* de Limosin... ce seroit bien fait de y mettre de vos gens d'armes en cest *bas pays* de Limosin. » (Baluz. *loc. cit.* col. 782 et 783.)

[4] C'est-à-dire non compris le territoire des deux Marches.

toire qui forma plus tard l'élection de Limoges (sauf la partie de cette élection dépendante de la Marche), et qui était situé entre cette ville et les limites septentrionales du département actuel de la Corrèze, c'est-à-dire entre la Vienne au nord et la Vézère au sud; territoire auquel il faut ajouter un petit district situé sur la rive droite de la Vienne, et dans lequel était la ville même de Limoges. Cette ville était naturellement la capitale du haut Limousin.

Le bas Limousin se composait du territoire qui forma depuis les deux élections de Tulle et de Brive, et comprend, à très-peu de chose près, dans l'organisation moderne, le département de la Corrèze.

Tulle était incontestablement à la tête de cette dernière région. On en trouve la preuve dans un grand nombre d'actes officiels du XVIe, du XVIIe et du XVIIIe siècle, où il reçoit le titre de *capitale du bas Limousin*. Mais des témoignages directs et plus décisifs résultent des monuments du moyen âge que nous avons déjà cités, savoir:

1° Des lettres royales de 1370, aux termes desquelles les états du bas Limousin sont convoqués et doivent se réunir à Tulle;

2° De la supplique adressée au roi, en 1471, par *les gens des trois estats du bas Limousin*, et datée de *Tuelle*[1] (comme on appelait depuis déjà un siècle l'ancienne *Tutela*); preuve certaine qu'alors, comme en 1370, les états du bas pays se réunissaient à Tulle;

3° De la lettre du sire de Blanchefort, qui, vers la même époque, tenait le commandement militaire du Limousin, et qui parlait de *cest bas pays du Limousin*; sa lettre est datée de Tulle[2].

Il résulte clairement de là que, dans les derniers siècles du moyen âge comme dans la période carlovingienne, Tulle commandait à la partie méridionale de la province.

Il n'est pas sans intérêt de constater que, si, dans l'organisation administrative moderne, cette ville a été mise en possession du titre et des prérogatives de chef-lieu de la Corrèze, elle ne le doit pas seulement à sa position centrale, à un commerce plus étendu, à une in-

---

[1] « Escript à Tuelle, le XXIV jour de septembre. » (Baluz. *loc. cit.* col. 776.)

[2] *Ibid.* col. 783.

INTRODUCTION.

dustrie plus active, et à une agglomération d'habitants plus considérable que celle des autres localités du département, mais aussi à des traditions historiques qui remontent aux successeurs de Charlemagne, au temps où le gouverneur de la contrée résidait dans ses murs, peut-être même à ces jours néfastes où Tintignac, violemment détruit par la main des barbares, légua au *castrum Tutela* son antique influence.

CHAPITRE II.

LE QUERCY.

Nous nous proposons de faire connaître, dans le présent chapitre, ce qui se rapporte :

Au *pagus* ou *orbis Caturcinus* ou *Caturcensis*, pays du Quercy, et à ses limites;

Au *comitatus Caturcinus* ou *Caturcensis*, comté de Cahors ou du Quercy;

Aux subdivisions du *pagus* et du *comitatus*, savoir : les *pagi minores*, pays de l'ordre inférieur, et les régions appelées Quercy blanc, Quercy noir, haut Quercy, bas Quercy, etc. enfin les vicairies, *vicariæ*, l'aïce ou aïze, *aicis, aizum*, et la centaine, *centena*.

§ 1ᵉʳ. LE *PAGUS* OU *ORBIS CATURCINUS* OU *CATURCENSIS*. — SES LIMITES.

I. Le peuple cahorsin ou quercinois est désigné pour la première fois, dans les Commentaires de la guerre des Gaules (59 ans avant Jésus-Christ), sous le nom de *Cadurci*[1]; par Strabon (vers la naissance du Christ)[2], et par Ptolémée (an du Christ 130)[3], sous le nom

---

[1] J. Cæsar. *De bell. Gall.* lib. VII, cap. LXXV. Hirtius Pansa, *ibid.* VIII, XXXII et XXXIV.

[2] Lib. IV, cap. II. Strabon écrivait dans les dernières années du règne d'Auguste et au commencement de celui de Tibère, dans tous les cas, immédiatement après l'organisation du gouvernement des Gaules par Auguste, qui eut lieu vers l'an 27 avant l'ère chrétienne.

[3] Lib. II, cap. VI, § 11.

de Καδοῦρκοι, qui répond bien au *Cadurci* de César. Ce dernier nom est reproduit par tous les auteurs latins[1]; dans la Notice des provinces de la Gaule (an 396)[2]; dans les suscriptions du concile d'Agde (an 506)[3]; dans la vie de saint Géry (*Desiderius*), évêque de Cahors (an 625)[4]; dans une charte de notre Cartulaire, datée de 932[5]; et dans un diplôme du roi Raoul de 935[6]. Le mot de *Caturcenses* fut quelquefois employé au xie et au xiie siècle[7]. Au xiiie siècle, les habitants du *pagus Caturcinus* prirent, du nom même de leur province (qui, par corruption, s'écrivait *Caoursin*)[8], celui de *Caursini;* et nous voyons qu'en 1240 et 1253 cette dénomination s'appliquait aux marchands et changeurs répandus alors dans toute l'Europe occidentale[9], et dont le Quercy était le pays d'origine[10]. C'est de cette dernière forme du nom que sont venues l'appellation de *Caoursins* et celle de *Cahorsins*, qui est encore en usage.

La ville principale des *Cadurci*, dont la position est incontestablement à Cahors, chef-lieu du département du Lot, portait, en langue celtique et dans la période de l'autonomie gauloise, le nom de *Divona*. La première mention qui en soit connue dans les monuments écrits nous est fournie par Ptolémée (an du Christ 130), qui l'appelle

---

[1] Plin. *Hist. natural.* IV, xix; XIX, 1. Juvenal. *Satyr.* VII, etc.

[2] Dans Duchêne, *Recueil des historiens des Gaules*, t. I; dans Bouquet, *Historiens de France*, t. I, p. 123, col. 2, et t. II, p. 3, 6, 8 et 11.

[3] D. Bouquet, t. IV, p. 102.

[4] Ex Vita S. Desiderii, episc. Cadurc. dans Ph. Labbe, *Nov. Biblioth. mss.* t. I, p. 711.

[5] Ch. xlviii.

[6] D. Bouq. t. IX, p. 580.

[7] Aimoin. Floriac. monach. *De gestis Francor.* ibid. t. III, p. 71. (Aimoin écrivait au commencement du xie siècle.) Ex vita S. Sacerdotis episc. sæc. xii exarata, *ibid.* p 382.

[8] *Chroniques de Saint-Denys*, traduction française de 1274. D. Bouq. *loc. cit.* p. 285.

[9] « Usurarii Transalpini quos Caursinos appellamus.... Caursini manifesti usurarii quos sancti Patres.... a partibus Franciæ ejecerunt. » — « Rex (Henricus III) Caursinis, præcipue Senonensibus terram suam interdixit. » (Math. Paris, ad ann. 1253 et 1240; dans Adr. de Valois, *Notit. Galliarum,* p. 111, col. 1.)

[10] « Hic olim fons, hæc patria feneratorum fuit, qui per totam Galliam, et per Britanniam insulam, Italiamque diffusi, *mercatores se ac cambitores papæ* dicebant. » (Adr. de Valois, *Notit. Gall.* loc. cit.)

INTRODUCTION.

Δουήονα[1], dont la traduction latine est *Doueona;* mais la véritable forme de cette appellation, dans la période antérieure à la conquête romaine, paraît être déterminée par des médailles gauloises que M. le baron Chaudruc de Crazannes, en 1841, et le savant M. de la Saussaye, dix ans plus tard, ont proposé d'attribuer à Cahors.

Déjà, dans les deux derniers siècles, Scaliger, Adrien de Valois[2] et Dom Bouquet[3] avaient pensé qu'il fallait lire dans Ptolémée Δηούονα ou Διούονα, pour mettre ce texte en rapport, 1° avec le passage d'Ausone[4] où le poëte, célébrant une fontaine de la ville de Bordeaux, définit le sens du nom de *Divona* qu'elle porte dans le langage celtique,

Divona, Celtarum lingua, fons addite Divis[5],

ce qui donne la signification de fontaine consacrée aux dieux ou fontaine sacrée[6];

2° Avec le nom de *Dibona*[7], qui est donné à Cahors sur la Table de Peutinger.

Or cette rectification du texte de Ptolémée, faite conjecturalement et d'après des données postérieures, trouverait sa confirmation dans les légendes des deux médailles mentionnées plus haut.

---

[1] Τούτοις δὲ Καδοῦρκοι καὶ πόλις Δουήονα. (Lib. II, cap. VI, § 11.) C'est à tort que ce mot est écrit dans Valois (*Notit. Galliar.* p. 111, col. 1) et dans Bouquet (t. I, p. 70) avec un oméga, Δουήωνα, et dans Walckenaër, avec une transposition de voyelles, *Duoena*, qu'il donne pour la traduction latine de Ptolémée. (*Géographie ancienne des Gaules*, t. I, p. 352.)

[2] *Loc. cit.* p. 111.

[3] D. Bouq. t. I, p. 70.

[4] En 378 et 379, Ausone occupa le poste de préfet du prétoire des Gaules.

[5] *Ordo nobilium urbium* ou *Claræ urbes*, XIII, *Burdigala*, carm. 32, édit. Elzévir, page 77; et dans Bouquet, tome I, page 738.

[6] C'était la fontaine dite de *Fondaudége*, à Bordeaux.

[7] La Table porte, dans toutes ses éditions, *Bibona;* mais, sur ce monument, les D et les B majuscules ont une ressemblance frappante, comme on peut le voir notamment par la comparaison du B de *Bibona* et du D de CADVRCI. Cette dernière lettre affecte la forme suivante **B**, et l'on comprend qu'il a suffi que le graveur ait prolongé la pointe intérieure que forme la courbe de cette majuscule, pour en faire un B.

CLXXXVI   INTRODUCTION.

La première de ces pièces[1] appartient au riche cabinet de M. le marquis de Lagoy; elle porte, à l'avers, une tête avec un *torques* ou collier gaulois, tournée à gauche; et, devant la face, une légende en caractères grecs ainsi conçue : ΔΕΙΟΥΟΝ. Au revers, un cheval libre au galop; au-dessous, le sanglier-enseigne; au-dessus du cheval, les lettres ΔΕΙV.....[2] La deuxième médaille est conservée au cabinet de la Bibliothèque impériale de France[3]; elle présente, à l'avers, une tête nue et imberbe, tournée à droite, et une portion de la légende semi-circulaire ...OYO... Au revers, le cheval galopant à gauche; au-dessous, un cercle avec un point au centre; au-dessus, le même symbole surmonté de trois globules, et une légende dont la première lettre a seule été conservée : Δ.....[4]

Les numismatistes que nous avons cités ont vu dans ces légendes et fragments de légendes le mot *Deiouona*, c'est-à-dire le nom de l'antique capitale des Cadurques. S'il en était ainsi, nous posséderions la véritable forme du nom de cette cité dans la période antérieure à la conquête ou tout au moins dans les premiers temps de l'occupation romaine[5].

---

[1] *Revue numismatique*, 1re série, année 1841, t. VI, p. 165-170, vignette de la page 165, et année 1851, t. XVI, p. 384-388.

[2] « Græcis litteris utuntur (Galli). » (Cæsar, *De bell. Gall.* VI, xiv.)

[3] Dans un remarquable mémoire de M. de la Saussaye, *Rev. numism.* année 1851, t. XVI, p. 384-388.

[4] A ces deux médailles il faut en ajouter une troisième, qui est privée de légende, mais qui, par son type, a une frappante analogie avec celle de la Bibliothèque impériale. Cette troisième pièce appartient au médailler de M. de la Saussaye. *Rev. numism.* ubi supra.

[5] Nous devons faire connaître ici qu'un savant numismatiste s'est élevé contre cette attribution. M. de Saulcy, à la fin d'une notice sur les quinaires d'argent à la légende ΚΑΛΕΤ—ΕΔΟΥ, qu'il traduit avec beaucoup de vraisemblance par *Celtæ Edui*, a exprimé incidemment l'opinion : 1° que les monnaies attribuées jusqu'ici au célèbre Éduen Divitiacus appartenaient à Divitiacus, roi des Suessions, prédécesseur du roi Galba dont parle César; 2° que les pièces où on a lu le nom de *Divona*, métropole des Cadurques, ne sont également que des Divitiacus de Soissons mal lus, parce que les légendes en sont incomplètes. (*Rev. numism.* nouvelle série publiée par deux savants archéologues, MM. Adrien de Longpérier et J. de Witte, année 1858, t. III, p. 288.) Jusqu'à ce que cette opinion nouvelle ait reçu les développements dont elle a besoin et que l'article précité

INTRODUCTION.

Quoi qu'il en soit sur ce point, le nom de *Deiouona* ou *Doueona* prit, dans la langue latine, la forme de *Divona;* nous en avons pour preuve l'inscription découverte, en 1839, à Rodez, sur les débris d'un monument romain, et qui commence par le nom d'un personnage appelé Saturninus.

SATVRNI...
DIVON...
CADVRC..

Cette inscription est gravée au-dessus d'une tête barbare, qui, suivant M. de la Saussaye, auquel on doit la publication de cet intéressant monument épigraphique, représenterait la divinité fontaine des Cadurques, la nymphe *Divona*, à laquelle il était consacré [1].

Cette opinion paraît tout d'abord d'autant plus probable, qu'on en trouve, jusqu'à un certain point, la confirmation dans les trois vers d'Ausone qui précèdent celui qu'on a si fréquemment cité.

Nous reproduisons en son entier l'invocation du poëte à la fontaine sacrée de sa ville natale :

> Salve fons, ignote ortu, sacer, alme, perennis,
> Vitree, glauce, profunde, sonore, illimis, opace,
> *Salve urbis genius*, medico potabilis haustu,
> *DIVONA*, Celtarum lingua, fons addite Divis [2].

Divona, la fontaine sacrée de Bordeaux, était donc en même temps le génie de la ville, et c'était bien à ce génie, à cette divinité tutélaire, que s'adressait l'invocation d'Ausone.

Il ne manque point, d'ailleurs, d'exemples de dédicaces aux génies des cités; nous citerons celui d'un autel votif au génie de la cité des

---

semble annoncer, on ne peut prétendre en apprécier l'exactitude. Nous dirons pourtant que la composition des légendes des monnaies dont il s'agit, et les dessins qui les accompagnent, paraissent s'opposer à la nouvelle leçon indiquée par M. de Saulcy. Toutefois, en présence d'une aussi imposante autorité, nous croyons devoir réserver notre opinion.

[1] *Rev. numism.* année 1851, t. XVI, p. 387-388.
[2] *Ubi supra.*

INTRODUCTION.

Bituriges Vivisci, dont Bordeaux était précisément la capitale, autel qui porte une inscription ainsi conçue : AUGUSTO SACRUM ET GENIO CIVITATIS BIT. VIV.[1]

Malgré ce que ces rapprochements peuvent donner de vraisemblance à l'interprétation ci-dessus exposée, le savant M. Léon Renier, que nous avons entretenu de cette question, révoque en doute son exactitude.

Il est disposé à penser qu'il faut plutôt voir, dans le monument dont il s'agit, un monument funéraire élevé à la mémoire d'un Saturninus, originaire de Cahors, et dont l'inscription DIVON... CADVRC... rappellent le pays et la ville natale, ainsi que cela se pratiquait d'ailleurs assez fréquemment.

On connaît de nombreux exemples de noms de villes, unis, dans les inscriptions lapidaires comme dans les documents écrits, à ceux des peuples dont elles étaient les capitales : nous citerons *Aduaca Tungrorum, Aventicum Helvetiorum, Durocortorum Remorum, Samarobriva Ambianorum, Tullum Leucorum,* etc. On fixait de cette manière avec précision la position du lieu que l'on voulait désigner; et cette précaution était même indispensable lorsqu'il s'agissait d'un nom porté à la fois par plusieurs villes de la Gaule, tel qu'*Augusta* ou *Mediolanum,* d'où se sont formés *Augusta Rauracorum, Augusta Suessionum, Augusta Treverorum, Augusta Veromanduorum, Mediolanum Aulercorum, Mediolanum Santonum.*

Il est probable que, pendant un certain temps, les noms des villes se trouvèrent ainsi composés de leur dénomination primitive, jointe à celle de la peuplade.

La *Divona Cadurcorum* de notre inscription n'est sans doute qu'un exemple de plus de cette sorte d'appellation.

Divona, dans Ausone, indique, il est vrai, la fontaine sacrée, le génie tutélaire de la ville, *fons sacer, genius urbis;* mais il ne faut pas

---

[1] Inscription trouvée dans l'enceinte de l'ancien château Trompette, à Bordeaux, et conservée dans le musée de cette ville. (Gruter. *Novus thesaurus inscriptionum,* p. 227, n° 7.)

INTRODUCTION. CLXXXIX

perdre de vue que cette ville avait son nom de *Burdigala* indépendant de celui de sa fontaine, tandis que nous sommes assuré, par Ptolémée et par la Table de Peutinger, que le nom de *Divona*, appliqué à la cité des Cadurques, désignait proprement cette cité elle-même, et non pas une divinité tutélaire.

Une autre raison s'oppose encore à l'interprétation présentée par M. de la Saussaye.

Si l'inscription dont il est ici question était celle d'un monument votif à la divinité tutélaire ou au génie de la cité des *Cadurci*, elle commencerait, suivant l'usage, par le nom de cette divinité ou de ce génie, et l'auteur de la dédicace, au lieu de la faire précéder, l'aurait fait suivre, de son propre nom. Il n'existe en effet que de rares exceptions à cette règle, et l'on ne peut, *a priori*, en supposer une dans l'espèce.

Nous conclurons donc, avec le savant épigraphiste dont nous invoquons l'autorité : 1° que, suivant les plus grandes probabilités, le monument de Rodez est un monument funéraire, consacré à la mémoire d'un Saturninus;

2° Que *Divona Cadurcorum*, qui vient après son nom, désigne le pays et la ville d'origine du défunt;

3° Que la tête sculptée, au-dessus de laquelle est gravée l'inscription, représente vraisemblablement le personnage même en l'honneur de qui le monument a été érigé.

Il n'est pas hors de propos de faire observer que cette inscription confirme entièrement la leçon *Divona* d'Ausone, qu'on a contestée, et à laquelle M. le baron de Belloguet proposait de substituer *Duiona*, apparemment pour se rapprocher du Δουήονα de Ptolémée[1]. Elle nous fait connaître, en outre, d'une manière certaine, la véritable forme latine du nom de Cahors, que nous retrouvons modifié dans la Table de Peutinger, où il est écrit *Dibona*[2], et sous sa

---

[1] *Ethnogénie gauloise*, Ire partie, Paris, 1858, p. 235, n° 295.

[2] Les éditions de la Table portent *Bi-bona*, mais il faut lire *Dibona*. (Voir ci-dessus, p. CLXXXV, note 7, nos observations à ce sujet.) M. Alfred Jacobs, dans sa thèse

forme primitive dans la liste tironienne, dite de Magnon le Grammairien : *Cadurcus Divona*[1].

La signification et l'étymologie de *Divona* ont fait et font encore l'objet de grands doutes parmi les érudits. Le texte précité du poëte Ausone a naturellement servi de base aux systèmes opposés qui se sont produits sur ce sujet. Tandis que D'Anville[2], Walckenaër[3] et M. Chaudruc de Crazannes[4] traduisent *Div* ou *Di* par *divin* ou *sacré*, et *Ona* ou *Vona* par *eau*, *source* ou *fontaine*, Valois attribue à *Div* le sens de *source* ou *fontaine*, et à *vona* ou *ona* la signification de *divin* ou *sacré*[5]. Enfin M. de Belloguet croit qu'Ausone n'a pas entendu, comme on le suppose, donner la définition du mot de *Divona*, mais montrer simplement que cette fontaine, nommée ainsi dans le langage des Celtes, avait été mise au rang des divinités[6]. Nous n'entrerons pas ici dans l'examen de cette difficile question, que nous nous proposons de traiter autre part. Nous dirons seulement que le nom de *Divona*, à Cahors, venait de l'abondance et de la puissance exceptionnelles de la fontaine dite des *Chartreux*, qui, dans les deux derniers siècles, faisait mouvoir, à sa source, plusieurs meules de moulin[7].

La capitale des *Cadurci* emprunta à ce peuple son nouveau nom, et, à la fin du IVe siècle, on l'appelait *Cadurcus Divona*[8] ; *Civitas Cadurcorum*, dans la Notice des provinces de la Gaule (an 396)[9] ; *urbs*

---

latine pour le doctorat ès lettres, sur la géographie de l'*Anonyme de Ravenne* (p. 45), a donc eu raison d'écrire *Dibona*.

[1] *Annuaire de la Société des antiquaires de France*, année 1851.

[2] *Notice*, p. 272.

[3] *Loc. cit.* t. I, p. 353, note.

[4] *Revue numismatique*, année 1845, t. X, p. 167-168.

[5] *Notit.* p. 111, col. 1.

[6] *Origines dijonnaises*, p. 74 ; *Ethnogénie gauloise*, Ire partie, p. 235, n° 295.

[7] Le fait est signalé, au XVIIe siècle, par Adrien de Valois (*Notit.* p. 111, col. 2).

Cathala-Couture, à la fin du XVIIIe siècle, dit que l'eau de cette fontaine met en mouvement un moulin à trois meules. (*Hist. du Querci*, t. I, p. 27.) Du temps de Valois la fontaine portait déjà son surnom actuel. (Cf. D'Anville, *loc. cit.* et Walckenaër, *Géogr. anc. des Gaules*, t. I, p. 352.)

[8] Dans l'*Annuaire de la Société des antiquaires de France*, année 1851, et D. Bouq. t. I, p. 70.

[9] Duchêne, *Rec. des Hist. des Gaules*, t. I. D. Bouq. t. I, p. 123, col. 2 ; t. II, p. 3, 6, 8 et 11. Guérard, *Essai sur les divis. territ. etc.* p. 26.

INTRODUCTION.

Cadurcensis ou *Cadurcina*, et *Cadurcus* seul, dans Grégoire de Tours (fin du vi[e] siècle)[1]; *urbs* ou *civitas Caturcina*, *Caturca*, *Cadurca*, *Caturci*, et *Caturca* seul, ou bien *oppidum* et *municipium Caturcæ*, dans la Vie de l'évêque saint Géry (première moitié du viie siècle)[2]; *Cadurcina civitas* (an 632)[3]; *Cadorca*, *Cadurca* et *Catorca*, sur des tiers de sou d'or mérovingiens (viie siècle)[4]; *oppidum Cadurcia*, *Cadurcium* et *Cadurcum*, en 761, 762 et 763[5]; *Caturtium*, au commencement du ixe siècle[6]; *Cathurcium*[7] et *Caturcium*[8], dans le siècle suivant (979 et 961); *Cadurcorum civitas* (an 932)[9]; *Cadurx*, au commencement du xie siècle[10]; *Caours*, dans les Chroniques de Saint-Denys (traduction française de 1274)[11], d'où *Caors* et le nom actuel de Cahors.

Le territoire des Cadurques est successivement désigné par les termes suivants : *Cadurcorum fines*[12], dans le huitième livre de la *Guerre*

---

[1] *Historia ecclesiastica Francorum*, lib. V, cap. XLIII; VI, XXXVIII; VII, XXX; IX, XI et XX. *Vit. Patr.* cap. XVIII.

[2] Ex vit. S. Desiderii episc. dans Ph. Labbe, *Nov. Biblioth. mss.* t. I, p. 699, 701, 703, 705, 706, 712, 713, 716.

[3] Epistol. S. Desiderii episc. dans Bouquet, t. IV, p. 41.

[4] *Rev. numism.* ann. 1839, t. IV, p. 191 à 164, pl. IX.

[5] *Annal. Laureshan. Annal. Sangall. Annal. Alamann. Annal. Mettens. Adonis Chronicon* et *Breve Chronicon*, etc. Dans Bouquet, t. V, p. 18, 35, 199, 317, 338 et 380; et dans Pertz, *Monumenta Germaniæ historica*, SS. t. I, p. 28, 30 74, 557.

[6] L'*Anonyme de Ravenne*, d'après l'excellente édition qu'en a donnée M. A. Jacobs, dans la thèse latine précitée, dont ce géographe fait le sujet, p. 45. D. Bouquet a écrit *Caturcium*, t. I, p. 121; et les Bollandistes, *Cathurtium*, II, 996, *Vita S. Petri Thomasii*.

[7] Charte rapportée par Dominicy, *De prærogativ. allod.* appendix.

[8] Testament de Raymond, comte de Bourgogne (961); dans D. Bouq. t. IX, p. 727.

[9] Ex chartul. Bellil. ch. XLVIII.

[10] Aimoin. monach. Floriac. *Gesta Francor.* dans Bouq. t. III, p. 25 et 50. Aimoin écrivait dans les premières années du xie siècle.

[11] « Entra le roi Pepin en Aquitaine, toute la terre cercha jusques à la cité de *Caours*, en dégastant tout le païs devant li par fer et par feu, et quanques il trouvoit dehors les forteresces; par la cité de Limoges retourna en France. » (D. Bouq. t. V, p. 222.)

[12] *Fines*, dans César et dans les auteurs du haut empire, exprime, comme on sait, un territoire défini, un périmètre donné, le pays occupé par tel ou tel peuple. Au xiie siècle, nous trouvons les mêmes mots avec la signification de *frontière des Cadurques* : « Vicum nominatum Calabrum

des Gaules, écrit, d'après les notes de J. César, par Hirtius Pansa (an 59 av. J. C.)[1]; *territorium Caturcinense* (an 519-524)[2]; *Caturcense* (an 583-590)[3]; *Cadurcinus*, en 565[4] et fin du vi[e] siècle, dans Grégoire de Tours[5]; *Cadurcum* (an 625)[6]; *pagus Catorcinus* ou *Caturcinus* (an 628)[7]; *termini Caturcorum* (milieu du viie siècle)[8]; *rus Caturcense* (dans les poésies de Théodulfe)[9]; *orbis* ou *urbis*[10], et *pagus Caturcinus*[11] ou *Katurcinus*[12] (au ixe et au xe siècle); *Caturcorum partes* (an 935)[13]; *ager Caturcensis* (an 969)[14]; *Caturcana* (*terra de*), en 972[15]; *provincia Caturcensis* (an 1211)[16]; le *Cahorsin*, dans le traité de paix conclu, en 1259, entre saint Louis et le roi Henri d'Angleterre[17]; le *Kaoursin*[18] et *Caoursin*[19], dans la traduction française des Chroniques de Saint-Denys (an 1274); *Caourcin*, dans des lettres d'Édouard, prince de

inter Caturcensium et Petragoricorum fines. » (Ex Vita S. Sacerdotis episc. memorata sæc. xiie, dans Bouquet, t. III, p. 382.)

[1] *De bell. Gallic.* lib. VIII.

[2] Ex Vita S. Treverii monachi. D. Bouq. t. III, p. 411.

[3] Ex Vita S. Maximini abbat. *Ibid.* p. 499.

[4] *Gesta Francor.* ad ann. 565. D. Bouq. t. II, p. 561.

[5] *Histor. ecclesiastic. Francor.* IV, xlviii.

[6] Ex epistol. ad. S. Desiderium episc. Cadurcens. circa 625. D. Bouq. t. IV, p. 47.

[7] Fredegarii Scholastici chronic. ad ann. 628; D. Bouquet, t. II, p. 435. Gesta Dagoberti, *ibid.* p. 584. Vit. S. Leodegarii episc. Augustod. ad ann. 681, *ibid.* p. 625.

[8] « Cumque Albigensium rura præterissent et *terminos Caturcorum* penetrarent. » (Ex Vit. S. Desiderii, dans Ph. Labbe. *Nov. Biblioth. mss.* t. I, p. 711.)

[9] *Carmina de pugna volucrum*, dans la *Notice de l'ancienne Gaule* de D'Anville, p. 305.

[10] Ex chartul. Belliloc. xviii, xxxiv, lxviii, cxxvi, cxlvi, cxlviii, clvii, clxxxv. Ex chartul. Tutel. Baluz. *Histor. Tutel.* appendix, col. 331, 332.

[11] Ex chartul. Bellil. xii, xvi, xxix, xxxiii, xxxviii, xliii, xliv, xlv, xlvi, xlviii et *passim*.

[12] *Ibid.* lxxvi.

[13] Diplôme du roi Raoul, rapporté par Bouquet, t. IX, p. 580.

[14] *Gallia christ.* t. XIII, col. 228.

[15] Ex brevi Chronico Aureliacensi. Mabillon, *Analecta act. veter.* t. II, p. 240.

[16] Ex tabular. Moissiac. dans le *Gallia christ.* t. I, col. 132.

[17] « La terre et païs de *Cahorsin*. » (Traité de paix de 1259.)

[18] « Moult de citez prist en ceste voie : la cité de Tours et de Poitiers, tout *Kaoursin* et tout Limozin. » (*Chroniq. de Saint-Denys*, liv. III, des Gestes du roi Pepin. D. Bouq. t. III, p. 212.)

[19] « *Caoursin*, Agenois, Pierragort (Périgord) et Saintenoiz (Saintonge). » (*Ibid.* p. 285.)

INTRODUCTION.

Galles, fils du roi d'Angleterre (an 1362)[1]; *Caercy*, dès l'année 1202[2]; et, en 1361, *Quercin*[3]; d'où le nom de *Querci* dans les derniers siècles de l'ancienne monarchie, et le nom actuel de Quercy[4].

II. *Limites du* pagus *ou* orbis Caturcinus. — Les principes que nous avons exposés dans le chapitre précédent, à l'occasion de la délimitation du Limousin, touchant la question de conformité du diocèse et du grand *pagus*, s'appliquent ici, et nous ne pouvons que nous y référer. Nous n'avons point, d'ailleurs, de différences à signaler, comme dans cette précédente partie de notre travail, entre la configuration du diocèse et celle du pays.

Le diocèse de Cahors a subi, à la vérité, une réduction lors de la création de l'évêché de Montauban, édictée, en 1317, par le pape Jean XXII[5]; et, par suite, sa configuration, en 1789, ne représentait pas avec une complète exactitude, comme l'a énoncé M. Walcke-

---

[1] « A nostre amé seneschal de *Caourcin*. » (Dans Justel, *Hist. généalogique de la maison de Turenne*, pr. p. 109.)

[2] « Senescal en *Caercy* per mon senho lo comte de Tolosa. » (Acte de 1202, rapporté dans l'*Annuaire du département du Lot* pour l'année 1830, IIe partie, p. 11.)

[3] « Sénéchal de Périgord et de *Quercin*. » Mandement de Jean Chandos, « vicomte de Saint-Sauveur, lieutenant général du roi d'Angleterre ès païs de France, » qui ordonne à tous de respecter les droits et franchises du vicomte de Turenne. (Dans Justel, *loc. cit.* p. 107.)

[4] Ces transformations successives montrent bien qu'il n'y a aucune relation entre le nom de Quercy et le mot latin *quercus*, dont on pourrait, suivant Cathala-Couture (*Histoire du Querci*, t. I, Dissertation préliminaire, p. 3), supposer avec vraisemblance que le nom de la province était dérivé. Cet auteur a énoncé que le pays était anciennement appelé *Craouci*, qui viendrait du mot *crau*, lequel, dans la langue gauloise, veut dire *pierre* ou *caillou*; et que c'est par corruption de ce mot que s'est formé celui de *Caourci*. (*Ibid.* p. 3 et 4.) Le présent paragraphe répond suffisamment à cette dernière assertion. Nous ne connaissons qu'un exemple de l'appellation *Cressi*, approchante de *Craouci* (Baluze, *Histor. Tutel.* col. 781), et cette appellation vicieuse peut être le résultat d'une erreur de l'auteur de la lettre citée par Baluze, ou bien de l'éditeur; et, dans tous les cas, elle est tout à fait exceptionnelle. Plus loin, Cathala-Couture, perdant de vue qu'il a fait dériver *Querci* du terme gaulois *crau*, cherche à rattacher l'origine des Quercinois aux *Scordici* mentionnés par Justin (*loc. cit.* t. I, p. 4 et 5), et il produit, à ce sujet, une série de conjectures qui n'ont aucun fondement.

[5] *Gallia christiana*, t. XIII, instrum. p. 203.

naër[1], l'ancienne circonscription ecclésiastique ; mais, d'une part, cette modification ne fut pas de grande importance, et, d'autre part, nous avons, en ce qui la concerne, des renseignements assez précis pour qu'il nous soit permis de décrire fidèlement l'état de choses qui l'avait précédée.

La ville appelée, au XIIe siècle, *Mons Albanus* ou *Mons Albanensis*[2], plus tard *Montalba*, et enfin Montauban, doit son origine à un monastère fondé par les ancêtres de saint Théodat, archevêque de Narbonne, à l'extrémité méridionale du Quercy, sur la rive droite du Tescou, au point où cette rivière se jette dans le Tarn. Ce lieu porta d'abord le nom de *Mons Aureolus* ou *Mons et Podium Aureoli* : il acquit, du Xe au XIIe siècle, un développement considérable, et forma une seigneurie dont le gouvernement temporel ne laissait pas que d'être productif pour l'abbaye dont elle dépendait, lorsque, dans son voisinage immédiat, s'éleva tout à coup une bourgade nouvelle, fondée par des habitants fugitifs de *Mons Aureolus*, sur des terrains qui leur avaient été concédés par Alphonse, comte de Toulouse, et par son fils Raymond de Saint-Gilles. L'abbé ayant réclamé contre cette désertion de ses domaines, provoquée par la concession de larges priviléges promis aux émigrants, Raymond, devenu comte après la mort de son père, lui abandonna, par une transaction datée de 1149, la moitié des droits de justice et de seigneurie sur le nouveau centre de population, qui, se confondant avec l'ancien, prit le nom de *Mons Albanus* ou *Mons Albanensis*[3].

Lorsque le pape Jean XXII, qui était originaire du Quercy et voulait favoriser sa province, eut décidé l'érection de Montauban en cité épiscopale, il ne prit à l'évêché de Cahors que cette petite ville, et composa le diocèse qu'il y annexait d'églises détachées de celui de

---

[1] *Géographie ancienne des Gaules*, t. I, p. 353.

[2] *Gall. christ.* loc. cit. p. 184 et 203.

[3] Ce nom rappelle l'origine d'un lieu fondé par des populations qui avaient passé des terres d'un seigneur sur celles d'un autre seigneur, et que l'on désignait par le mot *albani*, à peu près synonyme d'*advenæ*. (Du Cange, *Glossar.* édit. Didot, t. Ier, p. 165.)

INTRODUCTION.

Toulouse, lequel était à la fois d'une grande étendue et produisait d'abondants revenus : « Monasterium, est-il dit dans la bulle d'institution de 1317, monasterium de Monte Albano, ordinis sancti Benedicti, tunc Caturcensis diœcesis, in ecclesiam ereximus cathedralem, certam sibi assignatam diœcesim *a Tolosana quondam diœcesi decidendam,* etc.[1] » Le nouveau diocèse fut donc, sauf la ville de Montauban et une banlieue dont il sera parlé bientôt, découpé tout entier dans celui de Toulouse. Par une autre bulle, également datée de 1317, le pape constitua le fonds qui devait servir à alimenter l'évêché de Montauban à sa naissance. Il lui attribua cinq mille livres tournois prises sur les opulents bénéfices de l'évêque de Toulouse. « Præfatæ ecclesiæ Montis Albani de novo in cathedralem erectæ, tibique (c'est au nouvel évêque que la bulle s'adresse) et successoribus tuis qui pro tempore fuerunt episcopi Montis Albani, *de annuis proventibus et redditibus olim episcopatus Tolosani*... quinque millia librarum Turonensium, etc.[2] »

Enfin une troisième bulle, datée de 1318, fixe les limites du diocèse, soit du côté de celui de Cahors, soit du côté de celui de Toulouse. On voit clairement que, du côté du diocèse de Cahors, Montauban reçoit à peine une petite banlieue; les frontières, dans cette partie, sont déterminées par des lignes droites tirées de la rive nord du Tescou jusqu'à certaines propriétés voisines de la ville. Il n'en est pas de même du côté de Toulouse : le pape fait l'énumération des lieux et églises qui sont détachés de ce dernier diocèse, « Castra seu villæ ac redditus in dicta quondam Tolosana diœcesi existentia, videlicet, etc.[3] » et l'on en compte soixante et quinze, qui, au milieu du xviiie siècle, formaient quatre-vingt-treize paroisses[4].

D'après ces indications, nous pouvons tenir pour certain qu'en rattachant la ville seule de Montauban au diocèse de Cahors, nous reconstituons en son entier le diocèse antérieur à 1317. Les autres

---

[1] *Gall. christ.* loc. cit. p. 203.
[2] *Ibid.* loc. cit.
[3] *Ibid.* col. 205.

[4] Expilly, *Dictionnaire des Gaules et de la France,* Amsterdam, 1766, t. IV, p. 802, au mot *Montauban.*

INTRODUCTION.

documents que nous avons consultés, tels que le journal des visites pastorales effectuées par l'archevêque de Bourges, Simon, de 1285 à 1290[1], et de nombreuses chartes, faites en faveur de l'abbaye de Montauban au XIIe et au XIIIe siècle, justifient cette conclusion.

Nous avons maintenant à examiner si la configuration du diocèse de Cahors, telle qu'elle était antérieurement à 1317, représente exactement en ce point l'ancien *pagus*, avec les limites que lui assignent la Table de Peutinger et les monuments écrits du moyen âge.

Les Itinéraires ne contiennent la mention d'aucune voie qui passât à Cahors, *Divona*.

La Table de Peutinger en porte une qui conduisait de *Tolosa*, Toulouse, à *Dibona* (corrompu du *Divona* d'Ausone), en passant par *Fines* et *Cosa*.

Voici les distances marquées entre ces quatre stations :

1° De *Tolosa* à *Fines*, vingt-huit milles romains;

2° De *Fines* à *Cosa*, sept lieues gauloises ou dix milles et demi romains;

3° De *Cosa* à *Dibona*, vingt lieues gauloises ou trente milles romains[2].

La station appelée *Fines*, posée ainsi sur la ligne séparative des deux pays toulousain et quercinois, fixe très-bien leurs limites respectives. Suivant M. Walckenaër, la distance indiquée entre *Tolosa* et *Fines* (vingt-huit milles), tomberait au lieu dit *le Fau*[3]; mais nous préférons beaucoup le sentiment de l'abbé Belley et de D'Anville[4], qui placent ce point de séparation à Montauban, et avec d'autant plus de raison, que la mesure des distances est bien mieux observée dans cette opinion.

Quant au nom du lieu dit *le Fau*, il n'a rien qui autorise l'attribu-

---

[1] *Acta visitationis Simonis archiepiscopi Bituricensis;* dans Baluze, *Miscellanea*, éd. de Mansi de Lucques, t. I, p. 289 à 291, 301, 303 et 305.

[2] Voir dans Walckenaër, *Géogr. ancienne des Gaules*, t. III, p. 99, et dans l'Annuaire de la Société des antiquaires de France pour l'année 1848, où M. Léon Renier a publié, à la suite des itinéraires romains, une réduction de la Table de Peutinger.

[3] *Géographie ancienne des Gaules*, t. III, p. 99. *Annuaire de la Société des antiquaires de France*, p. 271.

[4] *Notice de l'ancienne Gaule*, p. 305.

tion proposée par M. Walckenaër : il est, en effet, dérivé de *fagus*, hêtre, et ne saurait aucunement se prêter à une étymologie approchante de *Fines*.

Les monuments écrits viennent confirmer les résultats du mesurage des distances.

Dans la vie de saint Théodat, archevêque de Narbonne, le monastère de *Mons Aureolus*, et depuis de *Mons Albanus* ou *Montalba*, est expressément placé en Quercy, sur les bords du Tescou, qui forme, dit l'hagiographe, la limite commune du pays de Toulouse et du pays cahorsin : « ...Hic (fluvius Tasco), suo decursu, *confinia Tolosani Caturcensisque ruris liquido dirimit patenter influxu*[1]... »

Deux vers de Théodulfe désignent encore plus expressément cet endroit comme frontière des deux provinces :

> Nempe Tolosani locus est rurisque Cadurci
> Extimus, hoc finit pagus uterque loco[2].

Enfin, comme l'observe D'Anville, la station indiquée après *Fines* comme étant dans l'intérieur du Quercy, et portant le nom de *Cosa*, se place exactement, d'après le mesurage des distances, à Cos, appelé *Cosa* dans les actes du moyen âge, et situé sur la rive droite de l'Aveyron, dans la direction de Cahors[3]. On trouve journellement sur ce point, ainsi que sur la rive opposée de l'Aveyron, en face de Cos, des monuments de tout genre qui attestent la présence d'un ancien établissement romain, et ont entretenu, parmi les habitants, des traditions suivant lesquelles il y aurait eu là autrefois une ville considérable. On y a déterré,

---

[1] Voici le texte de cet intéressant passage de la Vie du saint prélat de Narbonne : « Est autem monasterium (sancti Martini) in Caturcensi territorio, in monte qui Aureolus nuncupatur; ad cujus montis radicem fluvius quidam decurrit, quem indigenæ regionis ipsius Tasconem vocant; hic, suo decursu, confinia Tolosani Caturcensisque ruris liquido dirimit patenter influxu, qui, a prædicto monte recedens, post modicum terræ spatium, Tarno immergitur flumini. » (Apud Ph. Labb. *Nov. Biblioth. mss.* t. II, append.)

[2] Theodulfus, *Carmina de pugna volucrum*; dans la Notice de la Gaule de D'Anville, *loc. cit.*

[3] *Ibid.* Walckenaër admet aussi cette position de *Cosa*. (*Géog. anc. etc.* p. 99.)

INTRODUCTION.

à diverses époques, un grand nombre de monnaies espagnoles et celtibériennes à côté de médailles gauloises[1]. Nous signalerons, parmi ces dernières, et comme la plus précieuse de toutes, la médaille de l'illustre et infortuné chef cadurque Luctérius, qui a été trouvée par un laboureur en 1845, et a été successivement éditée dans la Revue numismatique, par M. Chaudruc de Crazannes et par M. de la Saussaye[2].

Cet amas de débris dont le soc de la charrue amène le retour à la surface de la terre, en démontrant l'importance de ce lieu dans l'antiquité et particulièrement sous l'occupation romaine, confirme du même coup l'attribution du *Cosa* de la Table de Peutinger, que le calcul des distances déterminait déjà d'une manière fort plausible, et la position de *Fines* à Montauban.

Cette partie des limites de l'ancien territoire quercinois étant la seule qui diffère, à notre connaissance, de celles du diocèse de Cahors, et cette partie des frontières étant bien fixée, nous n'avons plus qu'à faire la délimitation du *pagus*, en suivant avec confiance les indications des monuments ecclésiastiques qui marquent l'étendue de cet ancien diocèse en 1789, c'est-à-dire les pouillés du XVIe et du XVIIe siècle, quand, par exception, les renseignements antérieurs nous font défaut.

Nous plaçons notre point de départ au sud de Liourdres, village situé sur la rive droite de la Dordogne, en Limousin, à l'extrême limite de cette province du côté du Quercy. De là, la ligne séparative, dirigée de l'est à l'ouest, passait au sud de la vicairie de Puy-d'Arnac (Limousin)[3], suivait le cours de la rivière jusqu'à un affluent qui s'y

---

[1] On y a recueilli, en outre, des médailles romaines consulaires et impériales, des monnaies du moyen âge, des statues, figurines, lampes, amphores et vases en poterie rouge et noire, agrafes, fibules et autres objets. (Cf. la notice de M. Chaudruc de Crazannes, concernant une médaille de Luctérius; *Rev. numism.* année 1845, t. X, p. 334 et 335.) Il est assez remarquable que ce lieu, situé en face de *Cosa*, sur la rive opposée de l'Aveyron, et autrefois relié à cette localité par un pont dont on voit encore les débris, s'appelait *Hispalia*, c'est-à-dire, à très-peu près, du même nom que Séville en Andalousie. (*Id. ibid.*)

[2] *Rev. numism.* loc. cit. p. 333-339, et année 1851, t. XVI, p. 384.

[3] Il existe deux actes du xe siècle où des dépendances de la vicairie de Puy-d'Arnac sont placées en Quercy. Mais il faut voir

INTRODUCTION.

perd en amont de Puybrun, et, remontant légèrement vers le nord-ouest, enfermait dans le Quercy les plaines fertiles de Puybrun et de Tauriac (*Tauriacus*)[1], le château de Bétaille (*castrum de Betalia*) et sa vicairie[2], puis Vayrac (*Vairiacus* ou *Vairacus*)[3], le Puy-d'Issolu (*Exeledunum*), qui est peut-être l'emplacement de l'*Uxellodunum* des Commentaires de César[4], Saint-Michel-de-Banières, Condat (*Cundatum*)[5], Strenquels (*Stranquillus*)[6], Cavagnac (*Cavaniacus*)[7], le château de Cazillac et sa vicairie[8], le château de Martel (*Martellum*)[9], Sarrazac (*Saraciacus*)[10], Saint-Palavy et Valayrac, passait au sud de Tersac et d'Estivals (*Terciacum* et *Estivalis* en Limousin)[11], et au nord de Gignac (Quercy).

Près et au nord-ouest de ce dernier point, à égale distance de Gignac et de Nadaillac-le-Sec (Périgord), le Quercy cessait d'être limitrophe avec le Limousin, et confinait au Périgord (*Petragoricus pagus*). La ligne séparative des deux pays, prenant sa direction normale du nord au sud, passait à l'ouest de Reyre-Vignes, de Bourzolles, d'Auzac (La

---

dans ces mentions des erreurs du rédacteur ou même simplement du scribe, erreurs provenant, dans le premier cas, du voisinage et des rapports fréquents entre les bourgades des deux pays, et, dans le second cas, des mentions si fréquentes des pays limousin et quercinois, dont les noms venaient alternativement sous sa plume.

[1] Testamentum Ademari vicecomitis, circa an. 930; dans Baluze, *Histor. Tutel.* append. col. 336. Ex chartulario Bellil. ch. XLIX.

[2] Ex chart. Bell. ch. XXVIII; et, à plus forte raison, Carennac, *Carendenacus* (XLVIII), qui est sur la rive gauche de la Dordogne. Voir ci-dessus, p. CXXXVI, la note 2, relative à un diplome de Louis le Pieux, qui place ce bourg en Limousin. « Finavit prior de Carennac. » (*Acta visit. archiep. Bituric.* Baluz. *Miscellan.* t. Ier, p. 289.)

[3] Baluz. *Histor. Tutel.* loc. cit. col. 335. « Vairac, prioratus de Tutela. » (*Acta visit. etc.* loc. cit. p. 289.)

[4] Chartes de 941, 944 et 945, rapportées par Baluze (*Histor. Tutel.* col. 331), et diplôme de 935, publié par Justel (*Histoire généalogique de la maison de Turenne*, preuves, p. 16), et dans Bouquet (*Histor. de France*, t. IX, p. 580).

[5] Ex chartul. Bellil. XVI, XXIX, XXXVII et CLXXXVI.

[6] *Ibid.* XXX, LVI, LXXVII, CXIV, CXLIV.

[7] *Ibid.* CLIII.

[8] *Ibid.* XXXIV, XVI, XVIII, XXIX.

[9] Bouquet, *Historiens de France*, t. XII, p. 286 et 437. *Acta visitat. etc.* loc. cit. p. 289 et 305.

[10] Ex chartul. Bellil. XVI, XXXIII, XXXIV, CLXXXV.

[11] *Ibid.* I, CLXXXIV, CLXXXV et CXCIII.

INTRODUCTION.

Chapelle-)¹, de la ville de Souillac (*Soliacus*)², de Saint-Estèphe et de Saint-Étienne.

La ligne limite venait ensuite toucher la rive droite de la Dordogne au-dessous de Cieurac (*Siuracum*)³, laissant Vermeil en Périgord et plaçant Lanzac (*Lensiacus*)⁴ en Quercy, franchissait le fleuve en aval de Mareuil et en face de son confluent avec la rivière la Fenolle, remontait cet affluent, puis, s'en écartant, inclinait au sud-ouest, plaçant en Quercy Nadaillac-le-Rouge (*Nadaliacum*), Masclat, Milhac-la-Bouriane (*Miliacum*)⁵, Saint-Cirq (*Sanctus-Ciricus*)⁶, Peyrignac (*Pairiniacum* ou *Parrinhac*)⁷, Gourdon (*Gordonium*), qui eut un prieuré et fut chef-lieu d'archiprêtré⁸, le Vigan (*Vicanum*)⁹, Liobard et l'Abbaye-Nouvelle (*Abbatia nova*)¹⁰.

La limite traversait ensuite la rivière le Céou, passait à l'ouest de Salviac (*Salviacum*), chef-lieu d'archiprêtré¹¹, de Luziers, de Boissirette et de Marmignac, entre Cazals (*Casalis* en Quercy)¹² et Villefranche (Périgord)¹³, à l'ouest de Montclera, des Arques (*Archas*)¹⁴, de Frayssinet,

---

¹ *Aveziacus* ou *Aviciacus* (?), XI, XVIII, CLXXXIV et CLXXXV.

² « Urbs dominicaria, Soliacus dicta, in Caturcensi diœcesi. » (Ex chartul. Aureliac. ch. an. 930; *Gallia christ.* t. I, col. 179, et dans Justel, *loc. cit.* preuves, p. 109. *Acta visitat. etc.*) Dans Baluze, *Miscellan.* t. I, p. 289 et 305 : « Soliacus decanatus ordin. S. Bened. subjectus abbatiæ Aureliacensi. »

³ Ch. an. 1250. *Gallia christ.* t. I, instrum. p. 47.

⁴ Chartul. Bellil. ch. XXVIII.

⁵ Ex Vit. S. Desiderii episcop. Cadurcens. apud Ph. Labb. *Nov. Biblioth. mss.* t. I, p. 711.

⁶ Ch. an. 1246, *Gallia christ.* t. XIII, instrum. p. 188.

⁷ Ex chartulario Ecclesiæ Cadurcensis; dans Baluze, *loco citato*, col. 371. *Gallia christiana*, tome Iᵉʳ, instrum. col. 29.

⁸ *Acta visitat. etc.* Baluz. *Miscellan.* t. I, p. 289 et 305. *Gall. christ.* t. I, p. 118.

⁹ « Vicanum prioratum conventualem Sancti Augustini. » (*Acta visitat. etc.* loc. cit. p. 289 et 305.)

¹⁰ « Abbatia B. M. de Gordonio vulgo Abbatia nova. » (*Gallia christ.* loc. cit. col. 187.) Cette abbaye dépendait de celle d'Obazine et de l'ordre de Citeaux.

¹¹ *Gallia christ.* loc. cit. col. 187 et instrum. p. 31.

¹² « Ecclesia S. Petri de Casale. » (Ch. an. 1079, *ibid.*)

¹³ Un peu au-dessous de Villefranche, notre province devenait limitrophe de l'Agénais (*Aginnensis pagus*).

¹⁴ *Acta visitat. etc.* loc. cit. p. 291 et 305 : « Archas prioratus abbatiæ de Marciliaco *ou* Marsilliaco. »

INTRODUCTION.

de Cassagnes (*Cassanias*)[1], de Mazières (*Macerias*), de Saint-Martin-le-Redon (*Ecclesia Sancti Martini*)[2] et de Duravel (*Duravellum*)[3], franchissait le Lot (*Ultis* ou *Oltis*), en amont de Fumel (Agénais), près de Souturac, et, continuant de s'orienter au sud, enfermait en Quercy Cabanac, Maurous, Sérignac (*Sereniacum*), Ferrières, Crayssens (*Criscentium*)[4], Sauls, Tronhac, traversait le Boudussou, et attribuait à notre province Soucy, Valprionde, Sainte-Croix-des-Vaux, Belvèze, Septarbres, Saint-Caprais[5], Saint-Gervais, Moissaguet, Bourg-de-Visa (*Burgus*)[6], Serissac, le Bugat, Brassac (*Brassacum* ou *Braciacum*) et sa vicairie[7], Montmaguerit (peut-être pour Mont-Marguerit, *Margarita*)[8], traversait la Séaune, et allait toucher la rive droite de la Barguelone, qu'elle longeait jusqu'à la hauteur de Sigognac (Agénais), mettant en Quercy la Burgnède (*Brugarias?*)[9], Saint-Sernin-des-Pentiers ou des Pintiers (*Sanctus Saturninus*)[10], Esme, Saint-Barthélemy (*Sanctus Bartholomæus*)[11], Saint-Paul-Despis, Saint-Jean-de-Cornac, Saint-Vincent-de-Lespinasse et Saint-Pierre-Dax (*Sanctus Petrus de Catex*)[12].

La limite aboutissait, un peu delà de ces derniers endroits, à la rive de la Garonne (*Garumna*), au point où elle reçoit un affluent de droite, en aval de Malauze (*Malauza*)[13] et en amont d'un îlot formé dans son lit.

---

[1] Ex chartul. Eccles. Cadurc. an. 987. Baluz. *Histor. Tutel.* col. 382.

[2] Ex chartular. Moissiac. an. 1097. *Gallia christ.* loc. cit. instrum. p. 40, col. 2.

[3] *Acta visitationis, etc.* loc. cit. p. 305. Duravel était un prieuré dépendant de l'abbaye de Moissac. On y a trouvé des pavés en mosaïque de la période romaine. (Cf. Cathala-Couture, *Hist. du Querci*, t. I, p. 16.)

[4] Ex Vit. S. Desiderii, episc. Cadurc. apud Ph. Labb. *Nov. Bibl. mss.* t. I, p. 709.

[5] Ce lieu porte le même nom qu'un village du Limousin appelé Septaubres, *Septemarbores*, dans notre Cartulaire; le Quercy contient une autre localité nommée Septfonts (*Septemfontes*).

[6] *Acta visitat. etc.* loc. cit. p. 289; c'était un prieuré dépendant de l'abbaye d'Aurillac.

[7] *Gallia christ.* loc. cit. col. 179.

[8] « Villa Margarita, in territorio Caturcense. » (Ex Vit. S. Maximini, martyr. apud Bolland. t. I, p. 91.)

[9] « Ecclesia S. Petri de Brugarias. » (Ex chartul. Moissiac. an. 1097. *Gallia christ.* loc. cit. instrum. p. 40, col. 2.)

[10] « Ecclesiam S. Saturnini quæ conjuncta est ecclesiæ S. Petri. » (*Ibid.*)

[11] *Acta visitat. etc.* loc. cit. p. 292.

[12] *Gallia christ.* loc. cit. instrum. p. 40.

[13] « Ecclesia S. Lupi de Malauza. » (*Ubi supra.*)

INTRODUCTION.

A partir de ce point, la ligne frontière remontait le cours de la Garonne, qu'elle quittait au lieu dit *la Pointe*, pour suivre la rive droite du Tarn (*Tarnus*). Là, le *pagus Caturcinus* cessait de confiner à l'Agénais, et devenait limitrophe du Toulousain (*pagus Tolosanus*).

La limite remontait le Tarn jusqu'à Montauban, rattachant ainsi au pays quercinois Moissac (*Moissacum* ou *Moissiacum*), la plus célèbre de ses abbayes[1], Saint-Germain, Sainte-Livrade (*Sancta Liberata*)[2], Lizac (*S. Stephanus de Lisac*)[3], la Française, S. Maurice (*S. Mauritius*)[4], Saint-Pierre-de-Campredon, Bioule (appelé, au VIIe siècle, *Biolis*[5], *parochia* ou *S. Petrus de Biolo*[6], et, au XVe siècle, *S. Petrus de Bieule*)[7], Capau, Satur et Mariette.

Montauban est situé au confluent du Tarn et du Tescou (*Tasco*), et la partie de la ville établie au nord et sur la rive droite des deux rivières, qui dépendait, de toute ancienneté, ainsi que nous l'avons montré plus haut, du *pagus Caturcinus* ou *Caturcensis*, fit partie du diocèse de Cahors jusqu'à la création de l'évêché auquel Montauban donna son nom (an 1317).

La partie de la ville construite au sud et sur la rive gauche du Tarn, et qui portait, au XVIIIe siècle, le nom de faubourg de la Ville-Bourbon, appartenait, au contraire, au pays Toulousain.

Le Tescou, suivant le témoignage du poëte Théodulfe, formait, de ce côté, la limite du *pagus Tolosanus* et du Quercy.

La ligne frontière de cette dernière province remontait donc ce cours d'eau jusqu'au point où il reçoit le Tescounet (affluent de

---

[1] Charta Agarni seu Auvarni episc. Caturcens. an. 673. (Apud *Gall. christ.* t. I, instrum. p. 36, col. 1. *Acta visitat.* etc. loc. cit. p. 291 et 301.)

[2] Ex chartul. Moissiac. an. 1097. *Gallia christ.* loc. cit. p. 40, col. 2.

[3] Bulle du pape Grégoire IX, an 1440. (*Ibid.* p. 42, col. 2.)

[4] Charta Moissiac. an. 1097, supra laudata. (*Ibid.* p. 40, col. 2.)

[5] « Prædium meum, in pago Caturcino situm, ecclesiam scilicet in honore S. Petri fundatam, cum adjacenti villa, juxta alveum Avarionis, loco cui vocabulum est Biolis. » (Ex chartul. Moissiac. Apud *Gall. christ.* instrum. p. 36, col. 1.)

[6] Ch. ann. 1060; dans Vaissète, *Hist. du Languedoc*, t. II, instrum. p. 237; et chartul. Moissiac. an. 1097. *Gallia christ.* loc. cit. p. 40, col. 2.

[7] Bulle précitée de 1440. *Ibid.* p. 42, col. 2.

INTRODUCTION.

droite), dont elle longeait les rives jusqu'au delà de Monclar, et attribuait par conséquent au Quercy Lancous, Saint-Martial, Bellegarde, Charros, Saint-Caprais, Belmontet, la Salvetat, Saint-Laurent (*S. Laurentius*)[1] et Monclar (*Mons Clarus*)[2], Marnhac, Saint-Michel, la Valade, et, s'élevant ensuite vers le nord, atteignait la Vère (*Vera*) à la hauteur de Puy-Gaillard, traversait cette rivière, passait à l'ouest de la forêt de la Grésine ou Grézigne (Albigeois, *Albigensis pagus*[3]), englobait la Garrigue, Scourat, et la vallée du Merdaric, puis allait rejoindre l'Aveyron (*Avario*), au-dessous de son confluent avec la Vère, enfermant en Quercy Bruniquel (*Brunichildum castrum*[4], plus tard *Bruniquellum*)[5].

A partir de son point de réunion à l'Aveyron, la limite de notre territoire en suivait les bords jusqu'à son confluent avec la Bonnette (*Boneta*), attribuant au Quercy la Madeleine-des-Albis, S. Vergondin, Casals (*Casals*)[6]; à la hauteur de ce dernier village, il cessait d'être limitrophe de l'Albigeois, et confinait au Rouergue (*pagus Rutenicus* ou *Rutenensis*).

La ligne frontière, remontant le cours de la Bonnette, mettait en Quercy Caylus (*Caslucius*[7], et plus tard *Caslutius-Bonetæ*[8], Caylus-sur-Bonnette), Saint-Étienne-de-Livron, Saint-Pierre-de-Livron, la Capelle-de-Livron, Saint-Peironis, Puy-la-Garde, Vialars, Péjourde, et aboutissait à la rive gauche du Lot, en amont de Gaillac (*Gauliacum* ou *Galliacum*)[9], remontait cette rivière jusqu'au delà de Cajarc (*Caiar-*

---

[1] Ch. ann. 1073. *Gallia christ.* t. I, instrum. p 38, col. 1.

[2] Ch. ann. 1242. *Gallia christ.* t. I, col. 132.

[3] Grézigne est nommé *Grazina* dans un titre du XIIIe siècle. (*Ibid.* instrum. p. 47.) M. Chaudruc de Crazannes considère à tort la forêt de la Grézigne comme dépendante du Quercy. (*Rev. numism.* année 1841, t. VI, p. 170.)

[4] *Gallia christiana*, loc. cit. instrum. p. 39.

[5] *Ibid.* instrum. p. 46. Bruniquel avait un prieuré dépendant de l'abbaye de Moissac. (*Ibid.* col. 170.)

[6] Ch. an. 1215. (*Ibid.* col. 132.)

[7] « Prioratus de Caslucio, prioratus S. Antonini, ord. S. Augustini. » (*Acta visitat.* loc. cit. p. 292.)

[8] Ch. ann. 1409. *Gallia christ.* t. I, instrum. p. 48.

[9] Ex archiv. S. Hilarii Pictav. ch. an 889. dans Bouquet, t. IX, p. 450. *Acta visitat.* loc. cit.

cum), chef-lieu d'archiprêtré[1], la franchissait un peu au-dessous de Cadrieu, faisait une pointe sur sa rive gauche, où elle prenait le petit territoire de Saujac[2], puis retournait sur la rive droite du Lot, la remontait, et attribuait au Quercy Montbrun, Saint-Affre, Toyrac, Fontenac, Faisselle, la Madelaine, Capdenac (*castrum Capdenacense* ou *de Capdenaco*)[3] et Figeac (*Figiacum* ou *Fiacum*)[4], dans la vallée de la Celle (*Celer*). Les limites quittaient les bords du Lot immédiatement au-dessus du point où il reçoit le Donazac, pour remonter au nord, et passaient à l'est de Lentillac et de Monredon.

A partir de Monredon, le Quercy confinait à l'Auvergne (*pagus Arvernicus*). La ligne frontière passait ensuite à l'est de Guirande, de Baniac, de Cardaillac (*Cardaliacum* ou *Cardellacum*)[5], de Prendemies, de Sabadel, de Saint-Cirgue, de Lauresses, de Saint-Hilaire-Destialous, de la Bastide-Delmont, de Sousceyrac, de Pontverny, de Senaillac (*Simillacum?*)[6] et de Calviac (*Calviacum*)[7]. A la hauteur de ce dernier lieu, les limites, prenant l'orientation de l'est à l'ouest, séparaient le Quercy du Limousin, passaient au sud de Glane (*Glanna* en Limousin)[8], au nord de Candes (*Candis*) et de Castelnau (*Castrumnovum*, auparavant nommé *Exillunum*) et de sa vicairie (Quercy)[9], traversaient la Cère (*Sera*), en amont de Biars (*Biarcis*, en Limousin)[10],

---

[1] *Gallia christ.* t. I, col. 118.

[2] Ce territoire comprenait, avec Saujac, le Mas-de-Saujac et Causse-de-Saujac.

[3] Bulle du pape Pascal Ier, de 822; dans le *Gallia christ.* loc. cit. p. 43, col. 2. Ch. an. 1214, *ibid.* col. 132. Capdenac possédait un prieuré dépendant de l'abbaye d'Aurillac. (*Acta visitat. etc.* loc. cit. p. 289.) Plusieurs auteurs ont cru retrouver dans ce *castrum* l'emplacement de l'antique *Uxellodunum* des Commentaires. (Dissertation de M. Champollion-Figeac, in-4°, Paris, 1820; notices de M. Delpon, dans l'*Annuaire du département du Lot*, année 1832, et de Walckenaër, *Géographie ancienne des Gaules*, t. I, p. 358.)

[4] *Dacherianum Spicilegium*, t. XIII, et Mabillon, *Annal. ord. S. Bened.* t. II, p. 402. Figeac possédait un monastère de l'ordre de saint Benoît. (Ex chartul. Bellil. XLIX, CXXXV et CXCIV. *Acta visitat. etc.* loc. cit. p. 289.)

[5] *Gallia christ.* t. I, instrum. p. 30. «Prior de Cardellaco ord. Cluniacensis.» (*Acta visitat. etc.* loc. cit. p. 290.)

[6] Ex chartul. Bellil. CXXIII.

[7] *Ibid.* CLXXXVII.

[8] *Ibid.* LXIII.

[9] *Ibid.* CLXXVII, XI, XLII, CV.

[10] *Ibid.* III, XXXVIII, XLIII, XLIV, LXIII, LXXXVII, CXXIX et passim.

passaient au nord de Girac (*Igeracus*)[1], allaient droit à la Dordogne, la franchissaient et atteignaient, à Liourdres (*Lusidus* en Limousin)[2], le point de départ de notre délimitation.

Dans la partie qui confine au Limousin, depuis Calviac jusqu'à la rive gauche de la Cère, notre description s'écarte des indications des pouillés des deux diocèses, d'après lesquels Glane, Comiac, Lamativie, seraient dans le Quercy et non dans le Limousin, auquel nous avons rattaché leur territoire.

Cette dérogation, peu importante, d'ailleurs, au principe de la conformité du diocèse et du grand *pagus*, est motivée par des mentions positives contenues dans les chartes du Cartulaire de Beaulieu, qui étendent la vicairie de Le Vert (*Vertedensis*) jusqu'à la limite que nous avons tracée.

Considéré dans son ensemble, le *pagus* ou *orbis Caturcinus* comprenait le département du Lot en son entier, et, dans le département de Tarn-et-Garonne, le canton nord de l'arrondissement de Moissac, ainsi que la portion de l'arrondissement de Montauban située au nord et au nord-est de cette ville.

Il était borné au nord par le pays Limousin, *pagus Lemovicinus;* au nord-ouest par le *pagus Petragoricus*, le Périgord; à l'ouest par le *pagus Aginnensis*, l'Agénais; au sud par le *pagus Tolosanus,* pays Toulousain; à l'est par l'Albigeois, *pagus Albiensis* ou *Albigensis*, et le Rouergue, *pagus Rutenicus;* enfin, au nord-est par le pays d'Auvergne, *pagus Arvernicus.*

Mesuré dans sa plus grande longueur, du nord au sud, de Gignac à Belmontet, sur la rive droite du Tescou, le Quercy offrait une étendue de quatre-vingt-douze kilomètres; et, dans le sens de la largeur, de l'est à l'ouest, de Figeac à Duravel, il présentait un développement de soixante et quatorze kilomètres.

[1] Ex chartul. Bellil. III, XII, CXXIV.   [2] *Ibid.* CLXVIII.

INTRODUCTION.

§ 2. LE *COMITATUS CATURCINUS* OU *CATURCENSIS*, COMTÉ DU QUERCY.

Nous ne reviendrons pas sur les notions générales exposées plus haut[1], à propos de la topographie du Limousin, touchant l'office du comte, *comes*, sous les deux premières races de nos rois, et la circonscription de ces hauts fonctionnaires devenue division géographique.

Le Quercy, de même que le Limousin et tous les pays limitrophes (Albigeois, Rouergue, Périgord, Agénais), fut régi par un comte. Nous connaissons le nom d'un de ces officiers, contemporain de saint Géry (*Desiderius*), évêque de Cahors de l'an 630 à 653[2].

On a cru longtemps, sur la foi d'une notice généalogique sans date, qui est à la fin du Cartulaire de Beaulieu, que Rodulfe, père de l'archevêque Rodulfe, fondateur de notre abbaye, avait tenu le comté du Quercy; cette notice le qualifie expressément *comes Cadurcorum*[3]. Mais, d'après l'écriture de cet acte, il a été manifestement transcrit sur l'un des feuillets du Cartulaire, dans le xive siècle, et cette énonciation, dictée peut-être par la complaisance ou la flatterie, ou bien imposée par l'ascendant souverain qu'exerçaient sur la contrée les vicomtes de Turenne, descendants de Rodulfe, ne mérite aucune confiance. Baluze[4], et après lui D. Vaissète[5], ont clairement démontré que Rodulfe eut simplement le titre de comte de Turenne, et rien ne prouve qu'il ait été pourvu, en Quercy, d'un office de comte rentrant dans la hiérarchie gouvernementale des premiers carlovingiens.

Lorsque les comtes de Toulouse, dont la puissance s'étendait, au xe siècle, sur cette partie de l'Aquitaine, se furent emparés du comté de Quercy, ils le remirent en bénéfice à des personnages de leur famille, ou en réunirent le titre aux autres qualités dont ils étaient

---

[1] Tit. VI, chap. i, § 2, p. cxlviii.
[2] *Ex Vit. S. Desiderii, episcopi Caturcensis*, cap. x, dans Ph. Labbe, *Nova Bibliotheca manuscriptorum*, tome I, page 705; il est mentionné dans l'Annuaire du département du Lot pour l'année 1830, 2° partie.
[3] cxciii.
[4] *Histor. Tutel.* p. 10.
[5] *Histoire du Languedoc*, t. I, note xcix, p. 751.

INTRODUCTION.

revêtus, et instituèrent bientôt à Cahors de simples vicomtes, qui administraient en leur nom et sous leur contrôle. On voit par là qu'il se passa en Quercy un fait analogue à celui qui s'observe dans l'histoire du comté de Limousin[1].

L'une de nos chartes, datée de 932, contient la donation de Frotaire, qui prend le titre de *vicecomes Cadurcorum*, et agit avec l'agrément du comte Raymond, son seigneur : *una cum consilio comitis Raimundi senioris nostri*[2].

Trois siècles plus tard, l'évêque de Cahors, entre les mains duquel le titre de comte avait passé, en fit hommage successivement au comte Simon de Montfort et au roi Philippe-Auguste (an 1211)[3].

Revenons au comté du Quercy. Nous trouvons la mention du *comitatus Caturcinus* ou *Caturcensis*, avec sa signification géographique, dans une charte tirée des archives de Saint-Hilaire de Poitiers et datée de 889[4]. Notre Cartulaire en contient deux désignations dans des chartes de 930 et de 932[5]. Le testament du vicomte Adémar des Échelles, qui se place vers la même époque, définit la situation d'un grand nombre de possessions données au monastère de Tulle[6] et contenues dans notre *comitatus*.

---

[1] Voir ci-dessus, p. CXLIX.

[2] Voici la série des comtes *héréditaires* du Quercy : En 852, Raymond Ier, de la famille des comtes de Toulouse; après la mort de son frère Frédelon, il réunit en ses mains les trois comtés de Quercy, Rouergue et Toulouse;

En 864, Bernard, fils de Raymond Ier;

En 875, Eudes ou Odon;

En 918, Raymond II;

En 924, Raymond III, surnommé Pons;

En 950, Guillaume Taillefer;

En 1037, Pons;

En 1060, Guillaume IV;

En 1090, Raymond de Saint-Gilles, quatrième du nom;

En 1096, Bertrand;

En 1112, Alphonse Jourdain.

[3] « Philippus, Dei gratia Franciæ rex... habito cum fidelibus consilio, eundem (Guillelmum episcopum Cadurcensem) in hominem nostrum recepimus de comitatu et civitate Cadurci et de ipsius pertinentiis. » (Apud *Gall. christ.* nov. edit. t. I, col. 132.)

[4] « In comitatu Cadurcino, Gauliacum cum ecclesia in honore S. Hilarii. » (*Ex Archiv. S. Hilarii*, ann. 889, dans Bouquet, t. IX, p. 430.) Dans les Mémoires de la Société des Antiquaires de l'Ouest, ann. 1847, p. 13, on a écrit *Gavracum* au lieu de *Gauliacum*.

[5] CXLIV et XLVIII.

[6] *Histor. Tutel.* append. col. 335.

Le comté comprenait naturellement tout le *pagus Caturcinus*, de même que le comté de Limousin s'étendait sur tout le territoire de cette province. Et même, à la différence du Limousin, on ne trouve dans le Quercinois aucun autre *comes* que le comte mérovingien Maurinien, et plus tard, les comtes de Toulouse, lorsqu'ils furent en possession du comté de Quercy.

Cette étendue de la circonscription comtale se maintint dans son intégrité, même après que le gouvernement effectif du pays eut cessé d'être aux mains d'un comte résidant à Cahors et eut été remis à un vicomte. L'acte même de donation du vicomte de Cahors, Frotaire, que nous avons déjà cité, renferme la mention du *comitatus* dans des termes qu'il importe de relever : « Cedimus, y est-il dit, ad monasterium quod vocatur Belluslocus.... hoc est mansos nostros tres, qui sunt in comitatu Caturcino, in vicaria Casiliacense, in villa cui vocabulum est Mercurio... » Et plus bas : « Et ad prædictum monasterium cedimus *in ipso pago*, in vicaria Asnago, curtem dominicariam nostram, etc. [1] » Comme il n'a été indiqué entre les deux phrases citées aucun autre pays ou comté que le *comitatus Caturcinus*, les mots *in ipso pago*, qui viennent à la suite, se rapportent évidemment au *comitatus*. Donc le *pagus* et le *comitatus Caturcinus* étaient identiques. Cette identité résulte encore de ce que les dépendances du comté, d'après le testament du vicomte Adémar et les chartes de Beaulieu précitées, s'étendaient jusqu'aux extrémités du *pagus*, du moins dans la direction du nord-ouest, du nord et de l'est[2], et particulièrement dans le territoire de Carennac, ainsi que sur les vicairies d'Alvignac et de Cazillac, qui confinaient au Limousin.

---

[1] XLVIII.

[2] D'après les chartes du Cartulaire de Beaulieu, le *comitatus Caturcinus* comprenait toutes les dépendances de la vicairie de Cazillac, située à la limite septentrionale, et de celle de Castelnau, qui était à la limite nord-est. XLVIII et CCXLIV. La charte précitée de Saint-Hilaire de Poitiers y place aussi Gaillac, qui est à la limite orientale du *pagus*. (D. Bouq. t. IX, p. 450.)

INTRODUCTION.

§ 3. SUBDIVISIONS RÉGIONALES DU QUERCY.

I. Les *pagi minores*, pays de l'ordre inférieur.

Le seul canton que les documents du moyen âge nous signalent, et qui paraisse avoir le caractère d'un *pagus minor*, est le territoire dépendant du château de Bruniquel, et qui en dut prendre le nom : voici en quels termes il est désigné dans une charte datée de 1083 : « Et est locus ipse in Caturcensi pago, *in territorio subtus ipsum Brunichildum castrum*, inter flumina Veræ et Avarionis[1]. »

Ces derniers mots nous montrent que le canton dont il s'agit ne s'étendait guère au delà de l'angle formé par le confluent de la Vère et de l'Aveyron, qui se réunissent tout près et au nord-nord-est de Bruniquel. On attribue la construction du *castrum Brunichildum* à la reine Brunehaut, qui, d'après le traité d'Andelaw (an 588), possédait en propre plusieurs cités, au nombre desquelles est mentionnée celle de Cahors, *Cadurcus*[2]. Mais les urnes cinéraires découvertes en cet endroit[3] semblent indiquer une origine encore plus ancienne.

Nous connaissons encore quelques cantons, fort restreints d'ailleurs, mais dont il n'est fait mention dans aucun monument du moyen âge.

C'est, en premier lieu, le territoire situé autour du château de Gourdon (*Gordonium*, au nord-ouest de la province), et qui, de ce château, prit le nom de *Gourdonnais*. Il contenait, outre cette localité, Saint-Romain-le-Gourdonnais, qui est au sud-est, et Saint-Clair-le-Gourdonnais, qui est plus loin encore dans la même direction.

Ce petit territoire paraît avoir compris la vallée formée par le cours d'eau appelé *le Bleu*, et ses affluents de gauche. Peut-être même s'étendait-il vers le Céou, auquel le Bleu se réunit, et jusqu'à la limite occidentale du Quercy[4].

---

[1] Ex archiv. Moissiac. Apud *Gall. christ.* nov. edit. t. I, instrum. p. 39.

[2] « De civitatibus vero, hoc est Burdegala, Lemovica, *Cadurcus*... quas domna Brunichildis noscitur adquisisse. » (Apud Gregor. Turon. *Histor. eccles. Francorum*, lib. IX, cap. xx.)

[3] Cathala-Couture, *Histoire du Querci*, t. I, p. 17.

[4] Parmi les quatre châtellenies du

INTRODUCTION.

Il existe, au nord de Caylus, dans la partie orientale de notre *pagus*, et sur les deux rives de la Bonnette, un petit pays nommé *Livron* ou *le Livron*; il renfermait Saint-Étienne-de-Livron ou du Livron, Saint-Pierre-du-Livron, et la Capelle-du-Livron, et couvrait la vallée de la Bonnette depuis Saillagol, qui est au sommet, jusqu'à Caylus, peut-être même jusqu'à Saint-Antonin.

Enfin, nous noterons ici un territoire peu étendu, dépendant de *Saujac*, qui lui avait communiqué son nom et qui est situé sur la rive gauche du Lot, à l'est-nord-est de Cahors et de Gaillac : on y remarque, outre le lieu principal, le Mas-de-Saujac et le Causse-de-Saujac.

II. Distinction du QUERCY BLANC et du QUERCY NOIR, du HAUT et du BAS QUERCY.

Une charte de l'an 1200, souscrite par un seigneur de Montpezat, nous fait connaître en ces termes la distinction indiquée par notre titre, et qui, sans aucun doute, remontait plus haut : « Actum decimo septimo januarii, anno Domini Incarnationis millesimo ducentesimo, in loco Montispisati diœcesis Caturcensis, *in regione alba*[1].

Un autre acte, concernant le prieuré de Saint-Sernin, contient ces mots, qui désignaient sa situation dans la *région noire* du Quercy : « Et in territorio Caturcensi, *in parte ejus nigra*[2]. »

Le *Quercy noir*, qui était situé au nord du Lot, formait la partie la plus montagneuse et la moins productive du pays; et c'est là sans doute ce qui avait motivé son surnom.

La région fertile et légèrement accidentée qui est située au sud du Lot avait reçu, par opposition à la précédente, le nom de *Quercy blanc*.

Ces dénominations furent remplacées, dans les derniers siècles, par celles du haut Quercy et du bas Quercy, qui s'étendaient, le premier au nord, et l'autre au sud de la rivière du Lot[3].

Quercy, Gourdon occupait la troisième place; Caylus (*Caslucius*) avait la première; Lauzerte (*Luzer*), la seconde, Montcuq (*Monscuculli*), la quatrième. (Cathala-Couture, *Hist. du Querci*, t. I, p. 22).

[1] Extrait rapporté par Cathala-Couture, dans son Histoire du Quercy, *ubi supra*, p. 24, note 1.
[2] *Loc. cit.*
[3] Expilly, *Dictionnaire géographique des*

III. Des régions du Quercy appelées LE CAUSSE, LE SÉGALA et FROMENTAL.

Le *Causse* a pris son nom de la constitution géologique dominante dans le nord-est, le nord et le nord-ouest de la province, où le sol est généralement calcaire. Ce territoire occupait la presque totalité de la contrée désignée plus haut sous les noms de *Quercy noir* ou de *haut Quercy*, et comprenait l'arrondissement actuel de Gourdon, sauf un étroit espace entre Bétaille et Vayrac; celui de Figeac, excepté la zone frontière du côté du nord-est vers l'Auvergne et le sud-est du Limousin; enfin, la partie de l'arrondissement de Cahors qui est située au nord du Lot.

Nous trouvons, en effet, *Le Causse* au nord de Gluges, près Martel, *Le Causse* au sud-est de Bétaille, *Causse-de-Garaud*, *Causse-de-Bournioux*, *Causse-de-Cave* au sud de Blanzaguet, près des rives de la Dordogne, *Saint-Sernin-du-Causse*, à peu de distance au nord de Cahors, *Le Causse* à l'est et près de cette ville, *Bastit-du-Causse* à huit kilomètres au sud-ouest de Gramat, *Le Mas-du-Causse* au sud-est d'Yssendolus; au nord-est de Flaujac, *Causse-de-Montbrun*, *Causse-de-la-Roque* et *Causse-de-Saujac*, sur les bords du Lot en amont de Gaillac; enfin *Causse-d'Espagnac*, sur la rive gauche de la Selle, à l'est de Marcillac.

Le pays de *Ségala*[1] ou de *Ségalassière*, ainsi surnommé parce qu'il est généralement cultivé en seigle, est à l'extrémité nord-est de la province, limitrophe du Rouergue, de l'Auvergne et du bas Limousin. Il occupe, en outre, quelques enclaves au nord de la Dordogne,

---

Gaules et de la France, t. V, p. 1029; et Cathala-Couture, *loc. cit.* p. 25. — Adrien de Valois a défini le haut Quercy, le pays des montagnes, et le bas Quercy, la plaine située au pied des mêmes montagnes : « Pagus Caturcinus dividitur in superiorem et inferiorem. Superiorem (*le haut Querci*) occupant Cebennæ; inferior (*le bas Querci*) sub Cebennis jacet. » (*Notitia Galliarum*, p. 111, col. 1.)

[1] En patois *lou Ségola*. On applique aussi à cette contrée le surnom de *Costoniado*, *Châtaignée* ou pays des châtaigneraies. C'est à M. Lacabanne, le savant et obligeant directeur de l'École des chartes, notre confrère à la Société des antiquaires de France, que nous devons la communication du surnom de *Châtaignée* donné à certains cantons du Quercy et de celui de Fromental dont nous parlerons plus bas.

savoir : *Ségala-de-Cirac, Ségala-de-Ménoire* et *Ségala-de-Valat,* entre Vayrac et Bétaille; et au sud-est, *Ségala,* près Pauliac, et *Ségala-Bas-Chau.* Les parties de l'ancien Quercy enfermées entre la rive méridionale du Lot et les rivières du Tescou, du Tarn et de la Garonne, forment une troisième région, à laquelle sa fertilité et l'abondante production de froment ont valu le surnom de *Fromental,* dans le langage du pays, *lou Froumintal.*

Mais ces dernières distinctions, tirées, ainsi que nous l'avons dit, de simples différences dans la constitution géologique, dans la culture et dans la production des trois zones de la province quercinoise, n'offrent, à vrai dire, aucun caractère ethnique ni aucun intérêt historique[1]; et, quoiqu'elles se rattachent à des circonstances dont l'une a existé de tout temps et les autres sont probablement de date fort reculée, nous n'en avons que des mentions récentes. Nous avons cru devoir néanmoins les rapporter ici, parce que, si, plus tard, des subdivisions régionales du *grand pagus,* aujourd'hui inconnues, venaient à être découvertes, les distinctions indiquées ci-dessus serviraient peut-être à en déterminer la place et l'étendue.

§ 4. DES VICAIRIES, AÏCES ET CENTAINES DU QUERCY.

Nous ne reproduirons pas ici les notions générales que nous avons déjà exposées, à propos de la topographie du Limousin, sur les subdivisions du *pagus* et du *comitatus :* vicairies, *vicariæ,* centaines, *centenæ,* et aïces ou aïzes, *aices* et *aiza.* Nous prions le lecteur de se reporter aux observations que contient, à ce sujet, le chapitre précédent.

Nous nous contenterons de faire connaître la position de celles de ces subdivisions que les documents nous signalent dans le Quercy.

---

[1] Ce qui montre bien cette absence de caractère historique dans les distinctions du *Causse,* du *Ségala* et du *Fromental,* c'est la mention qui s'en trouve en dehors du Quercy et dans les pays limitrophes : ainsi l'on rencontre quelquefois le nom de *Ségala* dans le Rouergue occidental et dans la partie de la haute Auvergne qui touche à notre province. Nous devons dire pourtant que les noms dont il s'agit sont d'un usage beaucoup moins fréquent dans ces pays, et ne sont guère employés qu'au voisinage du Quercy.

INTRODUCTION.

I. *Vicariæ*, les vicairies.

Elles sont au nombre de dix[1], savoir :

1° *Vicaria de Alviniaco* ou *Alviniacensis*, vicairie d'Alvignac, dont le chef-lieu était situé dans le canton de Gramat, arrondissement de Gourdon (Lot)[2].

2° *Vicaria Bealliacensis* (sans doute pour *Betalliacensis*), vicairie de Bétaille, dont le chef-lieu était dans le canton de Vayrac (Lot)[3].

3° *Vicaria de Brassiaco*, vicairie de Brassac, dans le canton de Bourg-de-Visa (Lot-et-Garonne)[4]; c'est sans doute à cette vicairie que se rapporte l'origine du vicomté de Brassac, *vicecomitatus de Brassaco*, à raison duquel le vicomte de Turenne, dans une période plus récente du moyen âge, relevait de l'évêque de Tulle et lui rendait hommage en qualité de feudataire[5].

---

[1] M. Guérard (*Essai sur les divis. territ.* p. 157) n'a connu que cinq de ces arrondissements. Il a mis au nombre des vicairies du Quercy une *vicaria Exandonensis* et une *vicaria Asnagum* qui appartiennent au Limousin. Quant à cette dernière, nous prions le lecteur de se reporter à ce qui en est dit ci-dessus, p. CLXIII. La *vicaria Exandonensis*, qui n'est autre que la vicairie d'Yssandon, dépendait également, d'après tous les titres qui en font mention, du *pagus Lemovicinus*, de même que le *pagus minor*, auquel l'ancien *castrum Hissando* ou *Exandonum* a communiqué son nom. (Voir plus haut, p. CLXVI.) L'illustre érudit a été sans doute trompé par une mauvaise leçon de la *vicaria Exindensis*, qui est en effet dans le Quercy.

[2] Ch. an. 930, dans le *Gallia christ.* t. I, col. 179. — Justel, *Hist. de la maison de Turenne*, pr. p. 9. Dominicy, *De Prærogativ. allod.* p. 139. Ex chartul. Eccles. Cadurcensis, ch. an. 987. Dans Baluze, *Hist. Tutel.* append. col. 383.

[3] Ex chartul. Bellil. ch. xxviii, an. 943-948.

[4] Charte de 930 précitée. *Gallia christ.* loc. cit. Justel et Dominicy, *ubi supra*.

[5] Voici un extrait de l'acte d'hommage consenti, en 1368, par le vicomte de Turenne à Laurent, évêque de Tulle. On remarquera que cet hommage était dû et avait été rendu par plusieurs générations antérieures de vicomtes : « Cum... Laurentius, Dei et apostolicæ sedis gratia episcopus Tutellensis, cum instantia requireret nobilem et potentem virum dominum Guillelmum Rotgerii de Belloforti, vicecomitem de Turenna, ut eidem faceret homagium et præstaret fidelitatis juramentum *pro vicecomitatu, et ratione vicecomitatus de Brassaco*, et pertinentiarum ejusdem, prout prædecessores ipsius domini vicecomitis fecerant et præstiterant, ut dicebat, prædecessoribus ejusdem episcopi... » (Baluz. *Histor. Tutel.* append. col. 720-721.)

CCXIV   INTRODUCTION.

4° *Vicaria de Calvinhaco*[1], la vicairie de Calvignac, dans le canton de Limogne, arrondissement de Cahors (Lot).

5° *Vicaria Casiliacensis, de Casiliaco* ou *de Casiliag*[2], la vicairie de Cazillac, dans le canton de Martel, arrondissement de Gourdon (Lot).

6° *Vicaria de Croxia*[3], la vicairie de Creysse, canton de Souillac, arrondissement de Gourdon (Lot).

7° *Vicaria Exidensis, Exitensis* ou *Exindensis*[4], la vicairie de Castelnau-de-Bretenoux, commune et canton de Bretenoux, arrondissement de Figeac (Lot). Nous faisons connaître dans une notice spéciale insérée plus bas, au titre des *Notes et éclaircissements*, les motifs de l'attribution à Castelnau du chef-lieu de cette circonscription, ainsi que de l'aïce et de la centaine qui portaient le même nom au IXe et au Xe siècle[5].

8° *Vicaria de Pauliaco*[6], la vicairie de Pauliac, sur la rive gauche de la Dordogne, au sud de Puy-d'Arnac, commune de Loubressac, canton de Bretenoux, arrondissement de Figeac (Lot). Au Xe siècle, la vicairie de Castelnau (*Exidensis*) avait usurpé une partie du territoire de celle de Pauliac, notamment Félines et les environs.

9° *Vicaria Sancti Saturnini*[7], la vicairie de Saint-Cernin, canton de Lauzès, arrondissement de Cahors (Lot)[8]. Il existe dans l'ancien Quercy un certain nombre de localités appelées Saint-Sernin ou bien Saint-

---

[1] *Gallia christ.* Justel et Dominicy, *ubi supra*.

[2] Ex chartul. Bellil. XVI, XVIII, XXVIII, XXIX, XXXIII, XLVIII, LXV, CXL, CXLIV, CXLVIII, CLII, CLIV, CLXV, CLXVII, Mabillon, *Acta SS. ord. S. Bened.* ad ann. 983, n° 36. *Gallia christ.* loc. cit. Justel et Dominicy, *ubi supra*; Baluz. *Historia Tutel.* col. 335.

[3] *Gallia christ.* loc. cit. Justel et Dominicy, *ubi supra*.

[4] Ex chartul. Bellil. III, XXXVIII, XLIV, XLV, LXVIII, LXXIII, CXXVI, CXXIX, CXXX, CXXXIII et CLVI.

[5] *Notes et éclaircissements*, n° XXI.

[6] XXXVIII, LXXIII.

[7] Ex chartul. Eccles. Cadurcens. ch. an. 930. *Gallia. christ.* loc. cit. instrum. p. 30, col. 1.

[8] Ce même lieu est nommé *Saint-Sernin-du-Causse* sur les cartes dressées, au XVIIIe siècle, par Jaillot et Denis, par Dezauche et Cassini.

INTRODUCTION. CCXV

Cernin, qui est l'une des formes modernes du nom de *sanctus Saturninus*, le saint évêque martyr de Toulouse [1].

Nous avons fixé le chef-lieu de notre vicairie dans la localité ci-dessus indiquée, d'abord parce qu'elle est la plus rapprochée au nord de Cahors, et que l'église mentionnée comme étant située dans ce district avait été concédée à la cathédrale de Cahors; ensuite parce que les Saint-Sernin existants au sud du Lot, dans la partie méridionale de la province, appartenaient à la célèbre abbaye de Moissac; enfin par le motif que Saint-Cernin, du canton de Lauzès, est un centre de population de beaucoup plus considérable que les autres bourgs et villages du même nom [2].

10° *Vicaria de Sancto Sosico*, la vicairie de Saint-Sozy, dont le chef-lieu est situé dans le canton de Souillac, arrondissement de Gourdon (Lot) [3].

II. *Aicis, aizum,* l'aïce ou aïze.

Nous avons montré plus haut, en traitant des divisions territoriales du Limousin, que ces termes géographiques, principalement dans l'Auvergne, le Forez, le Vélay et le Rouergue, et par exception seulement dans le Quercy comme dans le Limousin, désignaient généralement des circonscriptions identiques à celle de la vicairie [4].

Pourtant, nous remarquons que l'*aizum* est pris, dans l'une de nos chartes, comme l'équivalent de *vallée* [5], c'est-à-dire dans le sens d'une division régionale et non administrative.

Nous ne connaissons en Quercy qu'un seul district de l'espèce dont il s'agit ici, l'*aicis* ou *aizum Exidense* (de Castelnau) [6].

---

[1] Saint-Cernin (comm. de Montcuq, dép. du Lot), Saint-Sernin-de-Montebouls, comm. de Caussade (Tarn-et-Garonne), Saint-Sernin-des-Pentiers (même départ. comm. de Saint-Nazaire), Saint-Sernin-du-Bosc (même départ. comm. et canton de Lauzerte).

[2] Saint-Cernin (canton de Lauzès) possède 1,040 habitants; les autres localités du même nom n'en contiennent que 214, 144, 63 et 14.

[3] *Gallia christ.* loc. cit. Justel et Dominicy, *ubi supra*.

[4] Voir ci-dessus, chap. I, § 4, p. CLXXIII.

[5] Ex chartul. Bellil. CXXIX.

[6] *Ibid.* CXXIX et CLXXV.

III. *Centena*, la centaine.

La seule circonscription de ce genre dont nous ayons trouvé la mention dans les monuments est la *centena Exidensis* (centaine de Castelnau) [1]; il est possible qu'elle n'ait occupé qu'une partie du territoire de la vicairie du même nom [2]; pourtant il nous paraît assez présumable qu'elle n'eut point d'autres limites que celles de ce dernier arrondissement.

[1] Ex chartul. Bellil. III et XLVI. [2] Voir ci-dessus, p. CCXIV.

NOTES ET ÉCLAIRCISSEMENTS.

NOTES ET ÉCLAIRCISSEMENTS.

I.

NOTICE BIOGRAPHIQUE SUR SAINT RODULFE, ARCHEVÊQUE DE BOURGES, PRIMAT D'AQUITAINE, FONDATEUR DE L'ABBAYE DE BEAULIEU.

Saint Rodulfe, appelé par quelques modernes Raoul, et, dans le langage vulgaire du Berry, saint Roïls, était fils de Rodulfe, comte de Turenne[1], proche parent de Wiffroi, comte de Bourges[2], et, comme ce dernier, descendant de la maison royale de France[3].

Le comte Rodulfe, son père, et Ayga, sa mère, le firent inscrire, en 823, au rang des clercs, et lui concédèrent en même temps plusieurs villas, situées en Limousin et en Quercy[4], et destinées à former la dotation qui accompagnait d'ordinaire l'entrée des novices dans les ordres monastiques.

Dans quel monastère fut placé Rodulfe? A quel abbé fut-il confié? Mabillon déclare n'avoir pu le découvrir[5]. Après un examen attentif de la

---

[1] Mabillon lui a donné le titre de comte de Quercy (*Acta SS. ord. S. Bened.* t. II, p. 156). Mais Baluze (*Histor. Tutel.* p. 10 et 16) et D. Vaissète (*Histoire de Languedoc,* tome I, note XCIX, § 4, p. 751) ont montré que les seigneurs de Turenne n'eurent jamais ce rang dans la hiérarchie administrative du Quercy. (Voir notre Introduction, p. CCVI.)

[2] *Hist. littéraire de la France,* IXe siècle, t. V, p. 321. Bayle, *Dictionnaire critique,* lettre R, p. 843.

[3] Ce Wiffroi vivait au temps de l'empire de Louis le Pieux (ann. 814-840): «Ludovici Pii Augusti temporibus........ quidam Bituricensium comes extitit, vocabulo Wifredus, regali prosapia oriundus, cui...... ex clarissimo genere Francorum, Oda nomine conjux fuit.» (*Ex Vita sancti Genulphi,* lib. II, dans Duchêne, *Collection des historiens des Gaules,* t. III, p. 457.)

[4] Ex chartul. Bellil. ch. CLXXXV.

[5] *Loc. cit.*

question, nous croyons pouvoir dire qu'il reçut la tonsure cléricale dans la célèbre abbaye de Solignac, fondée, comme on sait, au viie siècle, par saint Éloi. Voici les motifs de notre opinion :

Lorsqu'en 856 il construisit le monastère de Végennes (*Veterinas*), en bas Limousin, il le confia à l'abbé Silvius[1], le même probablement que celui auquel était alors soumise l'abbaye de Solignac[2], et se réserva seulement de partager avec lui l'administration de la nouvelle maison.

Plus tard, lorsque Rodulfe voulut organiser le gouvernement d'un autre monastère de sa création, celui de Beaulieu, il y installa des moines de Solignac, et en remit (nominalement du moins) la direction à deux prélats, Bernulfe et Cunibert, qui régissaient ensemble cette grande abbaye[3]. Il mit les deux établissements religieux de Végennes et de Beaulieu sous l'invocation d'un grand nombre de saints, mais plus spécialement de saint Pierre, qui était aussi le patron de Solignac.

C'est encore sous le même vocable qu'il avait placé précédemment le monastère de Dèvres (*Doverense*), fondé par lui, en 843, auprès du château de Vierzon (*castrum Virzio*)[4].

Maintenant, si nous nous reportons aux termes de la charte CLXXXV de notre Cartulaire, datée de 823, nous y remarquons ces mots : « Rodulfo quem ad clericatus ordinem a Deo et Bertranno viro religioso, in vice sancti Petri, tradimus. » Ces derniers mots *in vice sancti Petri* s'accordent très-bien avec les observations précédentes pour faire penser qu'il s'agit ici de l'abbé de Saint-Pierre de Solignac. Or, précisément à la même époque, et depuis l'an 823 *au plus tard* jusqu'en 839, l'abbaye de Solignac fut régie par un personnage du nom de *Dractrannus* ou *Ductrannus*[5], qui se rapproche de celui de *Bertrannus* donné par notre charte à l'abbé chargé par le comte de Turenne d'enseigner à son fils les devoirs de la vie cléricale.

De toutes ces circonstances réunies résulte, ce nous semble, la preuve, ou, du moins, la présomption que Rodulfe fut confié aux soins de Ductran-

---

[1] Ex chartul. Bellil. ch. xvi.

[2] Mabillon et les auteurs du nouveau *Gallia christiana* (tome II, col. 568) n'en font pas de doute. (Voir, plus bas, la note x.)

[3] Ex chartul. Bellil. ch. i, an. 860. Le nom de Bernulfe est absent dans toutes les listes publiées jusqu'ici des abbés du monastère de Solignac : c'est le manuscrit original du Cartulaire de Beaulieu qui nous l'a révélé.

[4] *Gallia christiana*, nov. edit. loc. cit. col. 135 et 137.

[5] *Ibid.* col. 567.

NOTES ET ÉCLAIRCISSEMENTS.

nus, abbé de Solignac. Rien ne prouve, du reste, qu'il ait jamais pratiqué la vie monastique. Il devint néanmoins, suivant notre opinion, conforme au sentiment de plusieurs auteurs, pasteur de ce monastère, et il était fort probablement revêtu de cette dignité, lorsque Boson et sa femme Talasia lui firent vente, en 841, du village de Billac[1], qu'il transmit, en 860, à l'abbaye de Beaulieu[2]; il y est, en effet, qualifié de *venerabilis abbas*. Or il n'était point alors abbé de Beaulieu, dont la fondation est postérieure à cette date, ni de Fleury (Saint-Benoît-sur-Loire), qu'il n'administra que plus tard, ainsi que nous le montrerons bientôt. Il était donc, dans ce temps, très-vraisemblablement du moins, abbé de Solignac.

Le nom de ce prélat doit, par suite, être inscrit dans la série des chefs de l'illustre communauté, de même que celui de Bernulfe, qui est omis sur toutes les listes publiées jusqu'à ce jour.

Quant à la date et à la durée de son administration abbatiale, nous pouvons les fixer très-approximativement. En effet, Rodulfe est qualifié *abbas* dans la charte précitée de 841. Au 29 juillet 842, il n'était point encore promu à l'archevêché de Bourges, puisque, à cette date, Pépin II, roi d'Aquitaine, l'appelle simplement *fidelis noster*[3], et que, s'il eût occupé, à cette époque, le siége métropolitain de Bourges, ce prince n'aurait pas manqué de le désigner par sa qualité, ce qu'il fait d'ailleurs plus tard[4]. Il faut descendre au mois de février 844 pour le trouver décoré du titre épiscopal[5]. Toutefois, le moine de Saint-Sulpice de Bourges, auteur du *Patriarchium Bituricense*, le fait siéger pendant l'espace de vingt-cinq ans, de 842 à 867. Cette dernière indication est contredite par Adon, archevêque de Vienne, qui marque la mort du prélat au mois de juin 866[6]. En rapprochant ces énonciations de l'observation faite plus haut sur le diplôme du roi Pépin II, on reconnaît que l'élévation de Rodulfe au siége épiscopal se place entre le 29 juillet 842 et le 31 décembre de la même année.

---

[1] « Constat nos vendere ad venerabilem *abbatem* Rodulfum nomine. » (Ex chartul. Bellil. ch. xx.) Mabillon n'hésite pas à voir dans cet abbé Rodulfe de Turenne. (*Loc. cit.* p. 156.)

[2] Ex chartul. Bellil. ch. xxi.

[3] *Ibid.* ch. vi.

[4] « Venerabilis Bituricensis archiepiscopus. » (Ex chartulario Belliloc. ch. vii, an. 848.)

[5] *Ibid.* ch. xxxiv.

[6] *Patriarchium Bituricense*, cap. xlvii; dans Ph. Labbe, *Nova Bibliotheca mss.* t. II, p. 67. Cette suite de notices sur les archevêques de Bourges s'arrête peu après l'année 1536. (*Ibid.* p. 150.)

Dès lors, son administration abbatiale à Solignac comprendrait l'année 841 et la plus grande partie de l'année 842. Ainsi se trouvent rectifiées les énonciations contenues au *Gallia christiana*, dont les auteurs ont fixé l'élévation de Rodulfe à l'épiscopat vers les années 840 ou 841[1]. Ces énonciations s'appuyaient sur des chartes de notre Cartulaire qu'on avait pensé devoir dater de cette époque; mais ces actes, nous le démontrerons autre part, sont plus récents, et l'opinion des savants Bénédictins cesse, par conséquent, d'être motivée.

Nous avons dit incidemment que le saint fondateur de Beaulieu fut abbé de Fleury (Saint-Benoît-sur-Loire); il obtint cette riche et importante abbaye de la munificence de Charles le Chauve, lorsqu'elle était déjà administrée par l'abbé Bernard, premier du nom[2]. Or ce dernier prélat n'a de mention authentique que de l'an 857 à l'année 865, que l'on considère comme l'une des dernières de sa vie. Son prédécesseur, Boson Ier, est expressément mentionné en 840, et l'époque de sa mort, qui est inconnue, se place entre 840 et 853[3]. Il est par suite peu admissible, d'abord que Bernard Ier lui eût succédé au *mois de mai 841*, et encore plus que Rodulfe, à qui Charles le Chauve fit don de l'abbaye, pendant que Bernard y siégeait, eût déjà, lui aussi, reçu cet acte de libéralité.

C'est au mois d'octobre 846, pendant un séjour que Charles le Chauve fit au monastère de Fleury, que ce prince, sur la demande de Rodulfe, confirma les priviléges précédemment concédés par Louis le Pieux. Il est assez probable que, vers la fin de 843 ou au commencement de 844, Rodulfe avait pris le titre de protecteur et d'abbé de Fleury, et que c'est là ce qui excita les plaintes élevées, en 859, dans le concile de Toul près Savonnières, auquel assistaient l'illustre prélat et le roi Charles.

Les Bollandistes ont combattu l'inscription de Rodulfe parmi les abbés de Fleury à la date de 841; mais leur conclusion, exacte en soi, est déterminée par une raison qui ne l'est point, à savoir qu'en 841 Rodulfe était déjà archevêque de Bourges, d'après le témoignage de la charte de fondation de Végennes, qu'ils placent à cette époque[4]. Nous prouverons, en effet, que cette charte se rapporte au mois de mars de la première année du règne

---

[1] T. II, col. 25.
[2] *Ibid.* col. 27, et t. VIII, col. 1543.
[3] *Ibid.* t. VIII, col. 1543 et 1544.

[4] Bolland. *Acta SS.* mens. jun. t. IV, p. 117 et seq. C'est le père Godefroi Henschenius qui a écrit cet article.

NOTES ET ÉCLAIRCISSEMENTS.

de Charles le Jeune (mars 856), et non à la première année de Charles le Chauve (mars 841)[1].

Pour terminer sur ce point, nous dirons que les annalistes n'ont pu vérifier si Rodulfe avait, à la suite de la réclamation si pressante du concile de Toul, résigné son titre d'abbé de Fleury; c'est un point d'histoire monastique qui est resté douteux[2].

Rodulfe fut, en outre, d'après un passage de la chronique du Mont-Saint-Michel, abbé de Saint-Médard de Soissons[3], et Trithème énonce qu'il assista, en cette qualité, au concile de Mayence de 848[4].

Mais Dom Mabillon[5] et les Bollandistes[6] ont rejeté ce nom de la liste des abbés de Saint-Médard; le premier, par le motif que l'énonciation de Trithème n'est appuyée d'aucun document, et les autres, par la raison qui est tirée de la charte de Végennes.

Cette dernière raison est, nous le savons, sans fondement, puisque l'acte cité est de l'année 856 et non de 841. Néanmoins, comme Rodulfe était assurément archevêque dès le mois de février 844, il est difficile de croire qu'il eût pris, dans un concile de 848, le simple titre d'abbé. Quant à la chronique du Mont-Saint-Michel, elle peut contenir dans cet endroit une indication erronée ou applicable à un autre personnage que celui qui nous occupe. Nous pensons, en conséquence, qu'il faut écarter provisoirement le fait, ou tout au plus ne l'admettre qu'avec réserve.

Nous serons plus explicite à l'égard de la qualité d'abbé laïque du monastère de Saint-Martin de Tulle, que lui attribue un écrivain dont les assertions sont rarement justifiées par des preuves et manquent trop souvent d'exactitude[7]. Il n'existe, à l'appui de cette allégation, aucune attestation contemporaine, ni même aucun indice de quelque valeur, et elle doit, par suite, être purement et simplement repoussée.

Parvenu à la dignité d'archevêque, Rodulfe, qui, à l'éclat d'une haute naissance et à de grandes richesses, joignait la connaissance approfondie des lettres et particulièrement des divines écritures, doué, d'ailleurs, d'un esprit

---

[1] *Notes et éclaircissements*, n° v.
[2] *Nova Gallia christiana*, t. II, col. 27, et t. VIII, col. 1544.
[3] *Ibid.* t. IX, col. 412.
[4] *De viris illustribus ordinis S. Bened.* lib. III, cap. ccxv.
[5] Mabillon, *Annal. ord. S. Bened.* t. II, p. 615.
[6] *Acta SS.* mens. jun. t. IV, p. 117 et seq.
[7] M. Marvaud, *Histoire du bas Limousin*, t. I, p. 109.

actif et entreprenant, devint, dans ces temps de désastres et de guerres intestines qui signalèrent les règnes des successeurs de Louis le Pieux, le centre et le chef d'un parti puissant. Sous son épiscopat, une lutte sanglante s'engagea entre Charles le Chauve et Pépin II, roi d'Aquitaine, descendant direct de Charlemagne, en qui se personnifiait l'ancien esprit d'hostilité des populations gallo-romaines d'outre-Loire contre les souverains de la Gaule franque du nord.

Rodulfe paraît avoir été, de 843 à 848, attaché à la fortune de Pépin, et tout porte à croire qu'il l'aida de son influence sur les hommes considérables de sa province, et qu'il encouragea leurs fréquentes levées de boucliers contre le prince qui siégeait à Paris.

Mais, à l'issue de cette lutte (vers la fin de 849), et quand l'infortuné Pépin eut été fait prisonnier et enfermé dans un monastère, Rodulfe se rangea du côté des vainqueurs, et, en 855, il sacra solennellement roi d'Aquitaine, à Limoges, le fils de Charles le Chauve, que l'on surnomma Charles le Jeune[1].

Depuis ce temps, malgré la mobilité proverbiale des affections des peuples aquitains, qui se portèrent jusqu'à cinq fois d'un parti à l'autre, le pieux archevêque resta fidèle au jeune souverain que sa main avait béni; et, lorsque Pépin, échappé du cloître ou plutôt de la dure prison où le tenait son rival, se présenta de nouveau pour agiter le pays, lorsque, au sud de la Dordogne, l'Aquitaine, impatiente du joug, reprit les armes à sa voix, les provinces centrales, dirigées par la volonté ferme et prudente de leur pasteur ecclésiastique, demeurèrent soumises à leur devoir, et refusèrent leur concours au prétendant.

C'est du règne de Charles le Jeune, sa créature en quelque sorte, et sous le nom duquel il exerça en réalité, pendant plusieurs années, le pouvoir suprême, que Rodulfe data la plupart de ses chartes de fondation ou de dotation; et c'est en calculant ces mêmes dates du règne de Charles le Chauve (ce qui les faisait reculer de quatre années), que la plupart des auteurs qui se sont occupés de ce personnage et de l'origine des monastères établis par ses soins ont commis de graves erreurs chronologiques.

Rodulfe assista à divers conciles, savoir : à ceux de Meaux en 845, de

---

[1] *Ademari Cabanensis Commemoratio abbatum Lemovicensium basilicæ S. Martialis*; dans Ph. Labbe, *Nov. Biblioth. mss.* t. II, p. 271.

NOTES ET ÉCLAIRCISSEMENTS.

Toul près Savonnières en 859, de Tousy en 860, et enfin de Pitres en 862[1].

Il est le premier prélat de Bourges qui ait obtenu du pape la qualité de *primat des Aquitaines et des Narbonnaises*, et le titre de *patriarche*[2], qui soulevèrent de si vives plaintes de la part de l'archevêque de Narbonne[3].

Le seul monument littéraire qui nous reste de Rodulfe consiste dans quarante-cinq capitulaires, ou instructions pastorales, qu'il adressa aux prêtres et clercs soumis à son pouvoir, pour les guider dans la pratique de leur pieux ministère. Ces instructions sont rédigées sur le modèle des Capitulaires de Théodulfe, évêque d'Orléans[4].

Il arriva enfin au terme de sa longue et brillante carrière, et expira à Bourges, d'après le témoignage d'Adon, archevêque de Vienne, le xi avant les calendes de juillet (21 juin) de l'année 866. Son corps fut enseveli dans la basilique de Saint-Ursin, premier évêque et patron de Bourges, où il est toujours en grande vénération[5], et sa fête, d'après un bréviaire diocésain de 1625, se célèbre, chaque année, le 21 juin[6].

Le saint prélat s'était concilié, dans la grande et difficile administration qui lui était confiée, le respect et l'affection des populations, ou, du moins, des seigneurs de l'Aquitaine; et, suivant le rapport du moine de Saint-Sulpice de Bourges, auteur du *Patriarchium* déjà cité, il mérita, parmi ses contemporains, le surnom glorieux de *Père de la patrie* : « Cujus providentia sic Bituriges gubernabantur ut a cunctis *Pater patriæ* esset vocatus[7]. » Plus de deux siècles après, un évêque de Limoges, Eustorge, en confirmant à l'abbaye de Beaulieu la possession de l'église de Chameyrac, dont l'archevêque Rodulfe avait obtenu la concession de Charles le Chauve, l'évêque Eustorge,

---

[1] *Acta SS. concilior.* t. VIII, col. 504. *Concil. Galliæ*, t. III, col. 716.

[2] Voir la lettre du Saint-Père qui le décore de ce titre, dans la Collection des Conciles de Ph. Labbe, t. VIII, append. L'archevêque de Vienne Adon, dans ses Chroniques, qualifie Rodulfe d'*archevêque des Aquitaines*.

[3] Dadinus de Altaserra, *Rer. Aquitanic.* lib. IV, c. IV.

[4] Ces instructions de Rodulfe ont été publiées par Baluze dans ses *Miscellanea*, édition Mansi, in-folio, t. II, p. 104 à 113.

[5] Monach. S. Sulpicii Bituric. apud *Patriarchium Bituric.* Dans Ph. Labbe, *Nov. Biblioth. mss.* t. II, p. 67. Cet écrivain réfute justement Vincent de Beauvais, qui, dans son *Speculum historiale* (lib. XXV, c. xxxv), avait dit que notre saint archevêque reposait dans le monastère de Saint-Sulpice de Bourges.

[6] Bolland. *Acta SS.* mens. jun. t. IV, p. 117.

[7] Dans Labbe, *loc. cit.*

CCXXVI NOTES ET ÉCLAIRCISSEMENTS.

disons-nous, rappelait les libéralités et la magnificence du prélat et rendait hommage à cette auguste mémoire par cette seule qualification : Maître de sainte mémoire, « sanctæ memoriæ magistri nostri Rodulfi, episcopi Bituricensis, recordatio[1]. »

« Assurément, dit Mabillon[2], dont nous traduisons ici les paroles, le saint homme a péché en ce qu'étant évêque il retint en son pouvoir certaines abbayes; mais il en employa les revenus au grand profit des ordres religieux, et il consacra même ses biens personnels à l'établissement et à la dotation de monastères où fleurit la règle de saint Benoît. »

II.

DATE DE LA FONDATION DU MONASTÈRE DE BEAULIEU.

Adémar de Chabanais, moine de Saint-Cybard en Angoumois, qui écrivait dans le deuxième tiers du xie siècle, dit, en son livre de la Commémoration des abbés de Saint-Martial de Limoges, qu'en l'an 848 le chapitre de chanoines institué dans la basilique de Saint-Sauveur et de Saint-Martial de Limoges fut soumis au régime monastique; que Dodon, ou plus exactement peut-être Odon[3], moine de Saint-Savin, en Poitou, fut le premier abbé du monastère, et le gouverna pendant trois années; que son successeur Abbon tint le siége abbatial pendant onze ans, et que, dans la cinquième année de son administration, Charles le Chauve (cette énonciation est erronée, c'est du fils de Charles le Chauve, *Charles le Jeune*, qu'il s'agit) fut sacré roi à Limoges par l'archevêque Rodulfe, par l'évêque de Limoges Stodile, et plusieurs autres prélats; qu'enfin, cette même année, le monastère de Beaulieu fut fondé et consacré par l'archevêque Rodulfe, et saint Géraud d'Aurillac vit le jour. Voici la partie du texte qui nous intéresse : « Secundus abbas Abbo præfuit annis xi; *cujus anno quinto* Carolus Calvus in regem Lemovicas unctus a Rodulfo archiepiscopo et Stodilo Lemovicensi episcopo, et aliis Franciæ et Aquitaniæ et Italiæ et Burgundiæ multis archiepiscopis et episcopis. *Hoc anno* cœnobium Bellolocum a Rodulfo

---

[1] Ex chartul. Bellil. ch. CLXX, an. 1106-1119.

[2] *Acta SS. ord. S. Benéd.* t. II, p. 166.

[3] *Gallia christiana*, nov. edit. tom. II, col. 555. Suivant les auteurs du *Gallia christiana*, ce personnage était abbé de Saint-Savin, et retourna dans ce monastère en 853.

NOTES ET ÉCLAIRCISSEMENTS.

archiepiscopo fundatum et consecratum, et S. Geraldus Aureliacensis natus est. Obiit Abbo xiv kalend. Junii[1]. »

En ajoutant à l'année 848, date de la régularisation du monastère de Saint-Martial, les trois années du gouvernement de Dodon ou Odon, et les quatre premières années de son successeur Abbon, on voit que la cinquième année de celui-ci tombait en 855 : or c'est bien dans le cours de l'année 855, d'après les Annales de saint Bertin, que Charles, fils de Charles le Chauve, fut sacré à Limoges[2].

Nous sommes conséquemment assuré que ce passage d'Adémar de Chabanais : *cujus* (Abbonis) *anno quinto*, désigne l'année 855. La phrase qui suit immédiatement, et qui commence par ces mots : *Hoc anno cœnobium Bellolocum, etc.* se rapporte tout naturellement, nécessairement même, suivant nous, à cette année 855, qui est marquée dans les lignes précédentes. Et pourtant deux de nos plus illustres annalistes et historiens, Mabillon et Vaissète, ont proposé des interprétations différentes.

Mabillon, qui, trompé par des dates erronées attribuées à plusieurs de nos chartes, faisait remonter la fondation de l'abbaye de Beaulieu à l'année 846, avait de la répugnance à admettre la traduction naturelle du passage d'Adémar; aussi, après avoir reproduit ce passage, ajoute-t-il : « A moins que cet événement ne doive être rapporté à l'année 848, où des moines furent installés dans la basilique de Saint-Martial[3]. » Cette explication, que Mabillon mettait en avant, d'une manière dubitative toutefois, pour mettre Adémar d'accord avec des dates erronées, est tout à fait inadmissible. En effet, le *Hoc anno* d'Adémar est séparé de la première ligne de la *Commemoratio*, où est marquée l'année 848, par quatre alinéa où d'autres époques sont notées : le nombre d'années de l'administration de Dodon, la durée de celle d'Abbon, la cinquième année de celui-ci, et enfin l'événement qui devait avoir le plus frappé l'esprit du chroniqueur, le couronnement du roi

---

[1] *Commemoratio abbatum Lemovicensium basilicæ S. Martialis apostoli*, auctore Ademaro Cabanensi monacho; dans Ph. Labbe, *Nov. Biblioth. mss.* t. II, p. 271.

[2] Cette mention des Annales Bertiniennes est rapportée dans le *Gallia christiana*, loc. cit. col. 555.

[3] *Acta SS. ord. S. Bened.* t. II, p. 160 et seq. *Annal. ord. S. Bened.* t. II, p. 625-626. D. Bouquet, suivant l'opinion de Mabillon, avait placé la fondation de notre monastère en 840 ou 841 (*Historiens de France*, t. XI, p. 503, note c); et les auteurs du *Gallia christiana*, abusés, comme l'illustre Bénédictin, par de fausses dates, avaient adopté son sentiment.

CCXXVIII   NOTES ET ÉCLAIRCISSEMENTS,

Charles à Limoges, lequel était arrivé cette cinquième année d'Abbon. N'est-il pas évident que le *Hoc anno*, qui vient aussitôt après, se rapporte également à la cinquième année d'Abbon?

Vaissète a eu un autre but que Mabillon; il a cherché à mettre le texte d'Adémar d'accord avec la date de notre première charte, qui était datée par Mabillon de l'année 840, et que l'historien du Languedoc place avec plus de raison en 860. Considérant ce dernier acte comme le *titre de fondation* de notre abbaye, il a cru nécessaire de faire descendre à 860 l'époque notée par Adémar. Dans cette pensée, il a proposé de rapporter le *Hoc anno* du chroniqueur à la onzième année du gouvernement d'Abbon, et il a fait observer, pour motiver cette interprétation, qu'Adémar parle immédiatement après de la mort de cet abbé, et puis de son successeur[1]. Nous n'hésitons pas à dire que cette explication est inconciliable avec le texte d'Adémar; nous le rappelons : « ..... Abbo præfuit annis XI cujus anno quinto Carolus..... in regem..... unctus est..... *Hoc anno*, cœnobium Bellolocum..... a Rodulfo archiepiscopo fundatum et consecratum, etc. » Les onze années d'Abbon sont au pluriel; le *Hoc anno* qui est plus bas, et qui suppose *une année* spécialement définie que l'on rappelle, ne peut manifestement se rapporter à *annis XI*; ce serait, dit-on, à la dernière : mais pourquoi à la dernière plutôt qu'à toute autre? Cette spécification est absolument arbitraire. Ajoutons que *Hoc anno* est séparé de *annis XI* par *quinto anno*, qui en détermine si naturellement et si clairement le sens. Quant à cette raison, que le chroniqueur parle aussitôt après de la mort d'Abbon, elle n'est réellement pas sérieuse, et tourne même contre l'opinion de D. Vaissète. En effet, puisque Adémar, après avoir marqué la fondation de Beaulieu, note la mort d'Abbon, cette fondation avait eu lieu, comme nous le soutenons, *du vivant d'Abbon*, la cinquième année de son administration abbatiale.

Mais il est un dernier argument qui aurait dû frapper l'esprit des annalistes, et qui vient confirmer encore la solution du point d'histoire que nous examinons. Dans la même phrase et sous la même date, Adémar a noté la fondation de Beaulieu et la naissance de saint Géraud d'Aurillac : « *Hoc anno* cœnobium Bellolocum..... fundatum et consecratum, et S. Geraldus Aureliacensis natus est.* » Or les auteurs du nouveau *Gallia christiana*,

---

[1] *Histoire de Languedoc*, édit. in-fol. t. I", notes, p. 752-754.

NOTES ET ÉCLAIRCISSEMENTS.

d'après la vie de S. Géraud, écrite au milieu du xe siècle, placent sa naissance en 855 [1].

Nous tenons donc pour certain que notre monastère a été fondé par l'archevêque Rodulfe en cette même année. Les auteurs du *Gallia christiana*, abusés, comme Mabillon, par de fausses dates qui feraient remonter l'existence de cet établissement à 840, ont cru que le passage d'Adémar devait se rapporter au moment où la construction avait été terminée (*perfectum intellige*)[2]; mais nous verrons plus bas que c'est bien, au contraire, son origine que le chroniqueur avait marquée.

Maintenant, si nous consultons les chartes de notre Cartulaire, nous voyons qu'il n'en est pas une qui fasse mention de l'abbaye antérieurement à l'année 859 : le plus ancien de ces actes est du mois de mars de cette année [3]. Les erreurs commises à leur égard par les annalistes et les historiens proviennent de ce qu'ils ont fait dater du règne de Charles le Chauve des titres dont les dates couraient du règne de Charles le Jeune, son fils, de Carloman ou bien de Charles le Gros [4].

Les auteurs du *Gallia christiana* se sont étayés d'une donation d'Adalgaire et d'Ayga à l'abbaye, laquelle serait, suivant eux, datée, *in mense januario, anno I regnante Carolo gloriosissimo rege;* ce qu'ils ont interprété par le mois de janvier de la première année du règne de Charles le Chauve, c'est-à-dire janvier 841 [5] : mais leur leçon est erronée : cet acte est daté, d'après le Cartulaire original, *in mense januario, anno I regnante Karlamando regi* [6], ce qui s'entend de l'année 880. Nous fournirons, dans la note IX ci-dessous, la preuve que les autres chartes de la quatrième et de la cinquième année du règne du roi Charles doivent être datées de Charles le Jeune, c'est-à-dire de 859 et 860.

La première des chartes où il est parlé de l'abbaye de Beaulieu est une donation faite, par l'archevêque Rodulfe, du village et de l'église de Sarrazac et de diverses terres, au monastère qu'il a, dit-il, résolu ou entrepris de construire en un lieu appelé naguère *Vellinus*, et à présent Beaulieu. Les

---

[1] *Gallia christiana*, t. II, col. 438. — Mabillon, *Annal. ordinis S. Benedicti*, t. III, p. 272.
[2] T. II, col. 601 et 602.
[3] XXXIII.
[4] Voir notamment la note III ci-dessous, concernant la première de nos chartes.
[5] Charles le Chauve ayant commencé à régner au mois de juin 840, le mois de janvier de sa première année de règne tombe à 841.
[6] Ch. XLV.

termes de ce document sont remarquables : « Monasterium NOVI quidem OPERIS..... quod ego..... CONSTRUENDUM CONSTITUO, in stipendiis et usibus MONACHORUM INIBI DEO SERVIENTIUM..... » Et plus bas : « Hæc omnia in stipendiis monachorum et in ÆDIFICATIONE EJUSDEM LOCI, jure perpetuo volo esse concessum[1]. »

Ces termes, *construendum constituo*, sont formels : ils montrent clairement qu'à ce moment Rodulfe venait seulement de décider et d'entreprendre la construction du nouveau monastère, et la coïncidence de ces paroles avec ce fait, qu'elles se trouvent dans la plus ancienne des chartes qui font mention de l'abbaye, prouve que son établissement date bien du mois de mars 859, et confirme la date de 860 assignée au célèbre testament ou charte de dotation qui ouvre le Cartulaire.

Ce n'est pas tout: au mois de mai 859, Rodulfe nous apprend qu'il poursuit la réalisation de son entreprise, car il donne l'église de Saint-Saturnin de Sioniac au monastère de Beaulieu (qu'il édifie, suivant ses expressions, dans ses propres terres : *quod in fundo juris mei* CONSTRUO), et aux moines qui y servent Dieu : *et monachis ibi Deo famulantibus*[2].

Dans les mois d'avril et de juillet de l'année suivante, il continuait son œuvre, car Rotrude, veuve de Robert, son frère, énonce également, dans une donation, que l'on bâtit présentement l'abbaye : *cedo monachis qui monasterium* CONSTRUUNT, etc.[3] Il faut ajouter que, dès le mois de juin 859, le pieux archevêque avait obtenu du roi Charles le Chauve un diplôme qui, en plaçant le monastère sous sa mainbourg, l'affranchissait de tout impôt, et accordait aux moines l'autorisation d'établir un marché à Sioniac[4].

Enfin, au mois de novembre 860, l'établissement étant près d'être achevé, Rodulfe en consacra solennellement l'existence, détermina la règle à laquelle il obéirait, le soumit à la haute direction des deux abbés de Solignac, le dota richement avec les terres de son patrimoine, et stipula une immunité complète, c'est-à-dire l'affranchissement de toute juridiction séculière.

---

[1] XXXIII. On lit aussi dans la charte XXI ces mots de Rodulfe : « quod ædificare censui. »

[2] XVIII.

[3] XIX.

[4] Ce marché est demeuré longtemps célèbre dans le pays et très-fréquenté par la population de cette partie du bas Limousin. Jusqu'à la période féodale proprement dite, le marché de Beaulieu ne se tint pas dans cette ville, mais à Sioniac.

NOTES ET ÉCLAIRCISSEMENTS.

En résumé, de ce qui précède il résulte que, dès les premiers mois de 859, la *construction des bâtiments* de l'abbaye fut décidée et entreprise, qu'elle se continua en 860, et que l'inauguration solennelle eut lieu en novembre 860.

Mais les titres qui prouvent le fait ci-dessus montrent en même temps qu'avant la construction des bâtiments, des religieux avaient été installés à *Vellinus*. Ainsi Rodulfe, dans deux chartes précitées, de mars et mai 859, parle des moines qui y servent Dieu[1]. Dans un acte du même mois figurent Gairulfe, recteur de la nouvelle communauté, *novi monasterii*, et toute la congrégation[2]. En avril 860, nous avons vu Rotrude faire une donation *aux moines qui construisent le monastère*[3].

Il ressort évidemment de ces passages de notre Cartulaire qu'avant 859 des moines étaient déjà établis en ce lieu, vraisemblablement dans des abris provisoires, que l'on remplaça, en 859 et 860, par des constructions plus solides. Et, si nous rapprochons de ce double fait le témoignage d'Adémar de Chabanais sur l'époque qu'il assigne à la fondation de notre abbaye (année 855), nous pouvons en tirer les conclusions suivantes :

1° L'abbaye de Beaulieu fut fondée en 855 ;

2° Depuis cette époque jusqu'à la fin de 858, les moines furent placés dans des abris provisoires ;

3° En 859 et 860, les constructions définitives, destinées à former le monastère proprement dit, furent élevées ;

4° Au mois de novembre 860, ces bâtiments furent inaugurés et le monastère fut doté par son noble et opulent fondateur.

III.

DATE DE LA CHARTE I.

Cette charte, par laquelle l'archevêque Rodulfe fait don à Bernulfe et à Cunibert, abbés de Solignac, et à douze moines de ce monastère, de possessions territoriales dont les revenus doivent servir à la construction et à

---

[1] « Monachorum inibi Deo servientium, » XXXIII. « Monachis inibi Deo famulantibus, » XVIII.

[2] XXIII. Nous voyons que Gairulfe souscrit également, en sa qualité, la charte XXIV.

[3] XIX. Voir aussi les chartes CLXXII, CLXXX, CLXXXIII.

l'entretien de notre abbaye, porte la date suivante : « Data donatione in mense novembri, anno vi regnante Karolo rege serenissimo, xv° indictione. »

La question à laquelle donnent lieu ces indications chronologiques est de savoir si le prince qui y est nommé est le roi Charles le Chauve ou le roi Charles le Jeune, son fils, roi d'Aquitaine.

Disons d'abord que l'indiction xv°, qui y est marquée, ne coïncide ni avec la sixième année de Charles le Chauve, qui est en 846, ni avec la sixième année de Charles le Jeune, qui est en 860. Elle tombe en effet en 837, en 852 ou 867; il y a donc tout lieu de penser qu'elle a été altérée, et nous dirons plus bas ce qu'il convient de lire à la place du nombre xv.

Mabillon[1], Justel[2], Besly[3] et les auteurs de l'ancien *Gallia christiana*[4] ont cru que la charte dont il s'agit était datée de la sixième année de Charles le Chauve (846). Les auteurs du nouveau *Gallia christiana* ont eu sous les yeux une copie de cet acte, tirée du Cartulaire de la cathédrale de Limoges, où il avait été inséré, et cette copie portait à la fin cette date, « Factum autem testamentum hoc, anno xvi regnante rege Karolo minore[5], » ce qui donnait la date de 870, le règne de Charles le Jeune ayant commencé en 855. Mais, d'une part, ce prince n'a régné que onze années, et est mort en septembre 866; d'autre part, une bonne copie du même acte, faite d'après le cartulaire de l'église de Limoges[6], porte : « Factum autem testamentum hoc, anno vi regnante rege Karolo minore, » ce qui correspond à l'année 860.

Le texte du Cartulaire de Beaulieu ne porte pas ce surnom ou qualificatif *minore*, qui résoudrait la question; mais le manuscrit de Limoges que nous venons de citer établit, du moins, un préjugé favorable à l'opinion que nous soutenons, à savoir que la charte de Rodulfe a été faite la sixième année de Charles le Jeune, roi d'Aquitaine, et doit être datée de 860, et non de 846. Il en existe, d'ailleurs, plusieurs preuves.

1° La plus importante et la plus décisive est celle qui est tirée de ce fait,

---

[1] *Acta SS. ordin. S. Bened.* sæc. iv, part. II, p. 161.
[2] *Hist. généalogique de la maison de Turenne*, preuves, p. 7.
[3] *Histoire des comtes de Poitiers et ducs d'Aquitaine*, appendice.
[4] T. IV, p. 149.
[5] *Nova Gallia christiana*, t. II, instrum. col. 188.
[6] Mss. Biblioth. impériale, Dépôt des chartes.

NOTES ET ÉCLAIRCISSEMENTS.

que l'abbaye, ainsi que nous l'avons montré plus haut[1], d'après l'affirmation d'Adémar de Chabanais, a été fondée en l'an 855, ce qui exclut l'existence de la charte de dotation en 846. Nous renvoyons le lecteur à la notice qui contient cette démonstration.

2° Si nous examinons les noms des dignitaires qui souscrivirent cette charte, nous y trouvons des témoignages nombreux à l'appui de notre opinion :

Stodile ou *Stolide*, évêque de Limoges. — Le nouveau *Gallia christiana* fait commencer son épiscopat en 841. Mais la charte xvi[2], que les savants Bénédictins ont datée de 841, ne se rapporte pas à cette année; elle est de l'année 856. Nous nous référons, sur ce sujet, à l'une des notes suivantes[3].

Stodile assista au concile de Tousy en 860, et il eut pour successeur, en 862 ou 863, l'abbé Aldon, probablement le même que nous trouvons revêtu de ce titre parmi les souscripteurs de notre charte. Ainsi, quant à ce témoin, rien ne montre qu'en 846 il fût pourvu de l'évêché de Limoges, tandis que nous avons la certitude qu'il le possédait en 860, c'est-à-dire à la date que nous proposons.

Launus, évêque et abbé. — C'est là bien certainement Launus, évêque d'Angoulême. Les catalogues imprimés des évêques de cette église distinguent deux Launus, dont l'un aurait été contemporain de Charlemagne et de son père Pépin; l'autre, mentionné, en 853, parmi les prélats qui assistèrent au concile de Soissons, aurait été remplacé, en 862, par Élie, qui siégea, à cette époque, comme évêque d'Angoulême, au synode de Pitres, et serait mort en 864[4].

Ce n'est évidemment pas le premier de ces évêques qui a souscrit la charte de Rodulfe : c'est donc le second. Or son prédécesseur Ausbertus siégeait encore en 844, et l'on ne sait pas la date de la mort de ce dernier; ainsi rien ne prouve que Launus fût déjà évêque en 846, tandis que nous sommes assuré qu'il continuait d'occuper le siége épiscopal d'Angoulême en 860.

Aldon, abbé. — C'est sans doute le même qui succéda, vers 862 ou 863, à l'évêque de Limoges Stodile[5].

---

[1] Voir ci-dessus, note II.
[2] C'est la charte de fondation du monastère de Végennes, xvi.
[3] *Notes et éclaircissements*, n° v.
[4] *Nov. Gall. christ.* t. II, col. 983.
[5] Entre Aldon et Abbon, notre charte porte la souscription d'un *Mainarius*. Mais Mabillon, qui, d'ailleurs, avait lu à tort

NOTES ET ÉCLAIRCISSEMENTS.

Abbon, abbé. — Il administra le monastère de Saint-Martial de Limoges, suivant le témoignage d'Adémar de Chabanais, depuis l'an 850, où il succéda à Dodon, premier abbé de cette communauté, jusqu'à l'année 861[1].

Ces dernières dates sont directement probantes dans la question. En effet, puisque Abbon a été revêtu de la dignité d'abbé de 850 à 862, il n'aurait pu souscrire en cette qualité un acte de 846. Cette date de 846 doit donc être rejetée, et celle de 860, adoptée.

Regimundus, le comte Raymond. — Tout porte à penser que ce personnage est Raymond, comte de Toulouse, qui tint en même temps le comté du Quercy[2].

Notre Cartulaire contient diverses chartes qui prouvent que les comtes de Toulouse possédaient de grands biens dans le bas Limousin, et nous voyons notamment Raymond, dans la IV° année du règne de Charles le Jeune, *regnante Karolo minore*, céder à l'archevêque Rodulfe, en échange d'autres propriétés, le village de Billac, *Biliacus*, situé près de Beaulieu, dans la vicairie de Puy-d'Arnac. En 859, Raymond, comte de Limoges, était mort depuis onze années; Géraud lui avait succédé en 848; c'est donc, très-certainement, du comte Raymond de Toulouse et de Quercy qu'il s'agit dans cet acte.

Il est une autre circonstance qui explique encore mieux la souscription de ce personnage. C'est la juridiction que les comtes de Toulouse et de Quercy paraissent avoir exercée, du IX° au XI° siècle, dans le midi du bas Limousin, et dont nous avons donné plus haut la preuve[3].

Or, si, comme cela nous paraît clairement résulter des circonstances qui viennent d'être signalées, il s'agit ici de Raymond I°', comte de Toulouse, de Rouergue et de Quercy, ce personnage ayant été assurément en possession de ces trois comtés à partir de 851 ou 852, et étant mort en 864 ou 865, la date de 860, que nous proposons, s'accorde très-bien avec sa chronologie[4].

Mamarius, déclare ne pas connaître l'abbaye qu'il régissait (*Annal. Bened.* t. II, table, p. 758), et nous-même nous n'avons pu encore la découvrir.

[1] *Commemoratio abbatum basilicæ S. Martialis;* dans Ph. Labbe, *Nov. biblioth. mss.* t. II, p. 271. *Nov. Gall. christ.* t. II, col. 555.

[2] Voir la démonstration de ce point d'histoire par D. Vaissète, dans l'*Histoire de Languedoc*, t. I, note XCIX, § 5, p. 751.

[3] Voir ci-dessus, *Introduction*, titre VI, p. CLIV.

[4] Raymond était, ainsi que Frédélon, fils d'un comte de Rouergue appelé Fol-

NOTES ET ÉCLAIRCISSEMENTS.

On objecte contre notre opinion, que Gairulfe, désigné comme simple moine dans la charte qui nous occupe, était qualifié abbé de Beaulieu dans des actes antérieurs. Mais on s'explique aisément qu'au moment d'une consécration solennelle en présence de Bernulfe et Cunibert, abbés de la maison mère, auquel le donateur confiait (nominalement, il est vrai) la haute surveillance du nouveau monastère, on s'explique bien, disons-nous, que Gairulfe, naguère simple moine à Solignac, bien qu'il fût devenu le véritable directeur de l'abbaye de Beaulieu, s'effaçât devant les chefs de l'illustre communauté dont lui-même était sorti. Cet acte si naturel de modestie ne prouve donc rien contre la date que nous assignons à notre charte.

Nous avons fait observer plus haut que l'indiction xv, marquée au bas de la charte dont il s'agit, ne s'accordait ni avec la date de 846, ni avec celle de 860 : cette dernière devant être définitivement adoptée, il faut lire, au lieu de l'indiction xv, l'indiction ix, qui répondait à l'année 860-861.

IV.

DATES DES CHARTES X ET XI.

La date de la charte n° x dépendant de celle du n° xi, nous devons nous occuper d'abord de celle-ci.

Elle porte donation à l'abbaye du village d'*Orbaciacus* (appelé depuis *Ad*

coald ou Fulguald, que l'on sait seulement avoir été, en 836, délégué, avec une mission spéciale du souverain, dans la Septimanie. Frédélon, le premier des fils de Folcoald, fut, après lui, comte du Rouergue, et puis (en 849 ou 850) comte de Toulouse; il mourut en 851 ou 852. Le second fils, Raymond, succéda, en 852, à son frère, comme comte de Toulouse et de Rouergue; il était déjà, à la vérité, comte du Quercy avant 852, mais on ne sait à quelle date il avait obtenu ce comté. La première mention certaine que nous ayons de lui est de 852; il mourut en 864 ou 865. (Cf. dans Vaissète, *Hist. de Languedoc*, t. II, le tableau généalogique qui est à la page 538; et *l'Art de vérifier les dates*, édit. in-f°, t. II, p. 291.) En attribuant à Raymond Ier la souscription de la charte que nous datons de 860, nous restons dans une période où la chronologie de ce personnage est certaine quant à ses dignités. Il n'en serait pas de même dans l'hypothèse de la date de 846, où rien ne prouve, n'indique même, que Raymond ait eu la qualité de comte.

illo Salente, le Saillant, sur la Vézère), pour l'âme de Raymond et de ses enfants Bernard, Eudes et Arbert ou Aubert.

Ce monument est daté ainsi qu'il suit :

« Datum huic cessionis cartulæ in mense augusti, anno IIII° imperante Karolo, III° in Galliis. »

Mabillon a pensé qu'il s'agissait là du règne de Charles le Gros[1]. Ce prince, fils de Louis le Germanique, fut proclamé empereur en 881. Mais il ne commença à régner dans la Gaule qu'après la mort de Carloman, arrivée en décembre 884. Appelé, à cette époque, par les grands, il arriva d'Italie vers la fin de janvier 885, et fut reconnu pour souverain. Il y a donc un intervalle de quatre années environ entre le commencement de son règne hors de la Gaule et celui de son règne dans ce royaume.

Dès lors la double date précitée, qui ne suppose que l'intervalle d'un an entre les deux commencements, ne saurait être admise. Elle est fausse dans l'une ou l'autre de ses parties.

Mabillon a jugé qu'il fallait lire *anno VII° imperante* au lieu de *IIII°*, ce qui ferait tomber la date en question à l'année 887.

Dom Vaissète fait remarquer que plusieurs lignes, placées à la fin de la charte de Frotaire et avant la date précitée, ont été évidemment interpolées : ces lignes commencent à *sanctum mandatam quod Salvator*, et finissent par ces mots *Rodulfus ibi constituit*. « Si on admet, dit-il, le fait de cette interpolation, l'on doit retrancher, avec le passage signalé, la marque chronologique qui le suit ; et l'acte reste ainsi absolument privé de date[2]. »

Quant à la place qu'il faut lui assigner dans la chronologie, D. Vaissète croit qu'elle est du vivant de Charles le Chauve, par le motif que, dans un diplôme de ce prince, daté de juillet 876, le village d'*Orbaciacus* (le Saillant), qui dépendait du fisc ou domaine royal, fut concédé à l'archevêque Frotaire, et que le diplôme de Carloman, du 14 juin 882, maintient l'abbaye dans la possession de cette terre, conformément aux actes de son prédécesseur[3] ; ce qui doit s'entendre, suivant D. Vaissète, dans ce sens que le comte de

---

[1] *Annal. ord. S. Bened.* ad ann. 887, n° 21. Les auteurs du nouveau *Gallia christiana* ont adopté ce sentiment (t. II, col. 30, 124, 1159). Justel, dans les preuves de l'Histoire généalogique de la maison de Turenne, a donné à cet acte la date de 883, qui est, en tous cas, inadmissible.

[2] *Histoire de Languedoc*, t. I, note c, p. 755, col. 2. Nous rejetons aussi le passage interpolé. (Voir p. 27, note 8.) Mais nous nous contentons de modifier la date.

[3] *Chartul. Bellil.* ch. VIII.

NOTES ET ÉCLAIRCISSEMENTS.

Toulouse, qui tenait *Orbaciacus* à titre de bénéfice, en ayant consenti la vente, ce dernier acte dut précéder le diplôme du roi Charles, de juillet 876, qui le confirmait; et, comme Eudes ne peut avoir été comte que vers la fin de l'année 875, il faudrait conclure que le titre qui nous occupe a dû être fait entre cette dernière époque et le mois de juillet 876.

Nous ne nous dissimulons pas la force et la portée de cette argumentation du savant historien du Languedoc. Néanmoins l'opinion de Mabillon nous paraît préférable, et nous allons essayer de la justifier.

Les deux parties de la date qui termine le titre dont il s'agit ici ne peuvent, ainsi que nous l'avons dit plus haut, s'accorder ensemble.

Mais il est de principe qu'avant de supprimer complétement une portion quelconque d'une charte ou de sa date, il faut rechercher si elle ne peut être modifiée d'une manière vraisemblable.

Si, dans le premier chiffre de la date IIIIe, on forme, par le simple rapprochement des deux premières unités, le chiffre v, comme l'a proposé Mabillon et comme cela a pu être écrit dans l'acte original, on trouve la VIIe année de l'empire de Charles le Gros en Italie, laquelle correspond très-exactement à la troisième année de son empire dans la Gaule, c'est-à-dire à l'année 887.

Or nous croyons pouvoir montrer, d'une part, que cette date concorde avec celles de l'épiscopat de Frotaire, archevêque de Bourges, donateur, et des témoins suivants: Hecfrid, Guillaume et Adolenus, évêques de Poitiers, de Cahors et d'Albi; d'autre part, que la date de 876 ne se concilierait point avec les mêmes époques. Nous verrons enfin que la charte x (la vente de la villa d'*Orbaciacus*, faite par le comte Eudes à l'archevêque Frotaire) n'a pu, d'après les signatures du vendeur et des témoins, se réaliser en 876, mais bien en 886 ou 887; et notre conclusion se trouvera ainsi justifiée.

I. La date de 887, assignée par nous à la charte xi, concorde: 1° avec l'épiscopat de Frotaire à Bourges, puisque nous sommes assuré que Frotaire fut archevêque de Bourges de 876 à 889 et un peu au delà[1];

---

[1] *Gallia christ.* nov. edit. t. II, col. 30 et seq. Wulfad, le prédécesseur de Frotaire, mourut le 1ᵉʳ avril 876. Frotaire, qui était alors archevêque de Bordeaux, dut quitter ce siége dans cette même année, où les Normands ravagèrent la contrée. Il demanda l'autorisation de prendre la métropole de Bourges, et le pape Jean VIII, par une lettre adressée au roi Charles le Chauve, au mois de septembre 876, autorisa cette translation. (*Epistol. Summ. Pontific.* III, p. 293, D. Bouquet, *Histor.*

2° Avec l'épiscopat d'Hecfrid, quarante-deuxième évêque de Poitiers, dont le prédécesseur siégeait encore en 871, et qui, si l'on écarte les dates des deux chartes en question, n'aurait de mention certaine que depuis 881 jusqu'à l'année 900 où il est mort[1];

3° Avec l'épiscopat de Guillaume, dix-septième évêque de Cahors, qui assistait au concile de Châlon en 875, et dont le successeur, Gérard Ier, siégeait encore en 917. On ignore l'époque où ce dernier fut élu[2];

4° Avec l'épiscopat d'Adolenus, vingt et unième évêque d'Albi, dont le prédécesseur, Éloi, siégeait au concile de Nîmes en 886, et qui assistait, en 891, au concile de Meun (*Magdunensis*)[3].

Cette dernière circonstance suffirait, ce semble, à prouver directement l'exactitude de la date de 887.

II. La date de 876 pourrait, à la rigueur, s'accorder avec les trois premières signatures rappelées plus haut, mais elle ne saurait se concilier avec la quatrième, celle de l'évêque Adolenus. En effet, *en 876*, c'était Loup (*Lupus*) qui siégeait à Albi, et qui assista au concile de Pontivy; il était encore évêque d'Albi *en 879*. A Loup succéda Éloi (*Eligius*), qui était au concile de Nîmes en 886[4]. Dès lors, Adolenus n'a pu souscrire, *en 876*, avec le titre d'évêque d'Albi, la charte de Frotaire; d'où la conséquence nécessaire que cette charte n'est point de 876, mais de 887.

III. Une autre preuve, aussi décisive en faveur de notre opinion, résulte des signatures apposées à la charte x, portant vente d'*Orbaciacus* par le comte Eudes à l'archevêque Frotaire. Cet acte a nécessairement précédé la charte xi, par laquelle le prélat fait don du même lieu à notre abbaye; si donc nous reconnaissons qu'il est postérieur à 886, il en résultera avec évidence que la charte xi, qui lui est postérieure, ne peut être datée de 876.

Cet acte (n° x) est sans date, mais les signatures qui sont au bas nous serviront à la déterminer.

Les premières sont celles d'Eudes, comte de Toulouse, et de Garsinde,

---

de France, t. VII, p. 466); il serait plus exact de dire qu'il approuva ce changement de résidence, lequel s'était effectué antérieurement avec l'assentiment du souverain, car, dans son diplôme daté du 13 juillet 876, Charles le Chauve donne à Frotaire le titre d'archevêque de Bourges. (*Chartularium Belliloc.* ch. IX.)

[1] *Gall. christ.* loc. cit. col. 1159.

[2] *Ibid.* col. 124. Les auteurs du nouveau *Gallia christiana* ne doutent pas qu'il n'ait souscrit la charte qui nous occupe.

[3] *Ibid.* col. 7.

[4] *Ibid.* loc. cit.

NOTES ET ÉCLAIRCISSEMENTS.

son épouse. Eudes était fils de Raymond Ier, comte de Toulouse, auquel avait succédé d'abord Bernard, son fils aîné. Après la mort de Bernard, qui eut lieu entre le mois d'août et le mois de décembre 875, Eudes, son frère, prit le comté vers la fin de la même année ou au commencement de 876, et il mourut en 918 ou 919. Il aurait pu consentir, comme le suppose D. Vaissète, dès son entrée en possession jusqu'au mois de juillet 876 (date du diplôme de Charles le Chauve), la vente du village d'*Orbaciacus*.

Il en est de même de son frère Aubert. Mais on voit figurer, à la suite de ces souscriptions, celle d'un comte Guillaume (*S. Willelmi comitis*). Or ce personnage ne peut être que Guillaume, premier du nom, surnommé le Pieux, comte héréditaire d'Auvergne et du Berry, duc d'Aquitaine[1] et marquis de Gothie, qui succéda à son père, Bernard III, *au milieu de l'année 886*. La charte souscrite par lui ne peut conséquemment avoir été faite *pendant ou avant 876*, mais en 886 ou depuis; et, comme la donation de Frotaire (ch. XI) des terres achetées à Eudes (ch. X) est datée du mois d'août 887, il en résulte que la charte X se place irrésistiblement entre le milieu de l'année 886 et le mois d'août 887.

V.

DATE DE LA CHARTE XVI. — FONDATION DU MONASTÈRE DE VÉGENNES (*VETERINAS*).

La date de cette charte est ainsi conçue : « Datum mense martio, anno primo Karoli regis. »

Mabillon[2], Justel[3], les auteurs du nouveau *Gallia christiana*[4] et les Bollandistes[5] ont interprété ces termes dans le sens de la première année du règne de Charles le Chauve, c'est-à-dire du mois de mars 841[6]; et cette

---

[1] C'est sans doute à titre de duc d'Aquitaine, et comme exerçant un pouvoir supérieur à celui du comte de Toulouse, que Guillaume le Pieux intervient dans cet acte, où il s'agit de la transmission d'un bénéfice royal, situé dans le comté du Limousin (lequel était soumis au duc), par l'un des comtes ses subordonnés, à l'archevêque de Bourges.

[2] *Annal. ord. S. Bened.* t. II, p. 616.

[3] *Histoire généalogique de la maison de Turenne,* preuves.

[4] T. II, instrum. p. 3.

[5] *Acta SS.* mens. jun. t. IV, p. 117 et seq.

[6] Le règne de ce prince ayant commencé au mois de juin, le mois de mars de sa première année tombe en 841.

interprétation a conduit les annalistes et les historiens à fixer d'une manière erronée d'autres dates qui étaient en discussion. Il est donc important de signaler et de prouver son inexactitude.

Nous n'hésitons pas à penser qu'à la date ci-dessus indiquée il faut substituer celle de mars 856, qui est la première année de Charles le Jeune, fils de Charles le Chauve, sacré roi d'Aquitaine par l'archevêque Rodulfe, auteur de cette charte. Voici les motifs de notre opinion :

1° Le grand nombre de chartes de notre Cartulaire et celles qui sont émanées de Rodulfe, et qui sont assurément datées de ce prince, font placer avec plus de vraisemblance celle-ci sous son règne.

2° Dans cet acte, qui est du mois de mars, et que les auteurs précités ont rapporté à l'année 841, Rodulfe prend la qualité d'archevêque de Bourges; or nous voyons dans un autre titre, daté assurément *du mois de mai 841*, et portant vente par Boson et son épouse Talasia à Rodulfe, que ce dernier y est seulement[1] qualifié d'*abbé*, parce qu'en effet il tenait alors l'abbaye de Solignac[2].

Il n'était donc pas encore archevêque au mois de mai 841, encore moins, par conséquent, au mois de mars de cette année.

3° Enfin, et cette raison serait à elle seule décisive, la charte XVI nous apprend que l'archevêque Rodulfe fonda le monastère de Végennes, afin que les moines établis en ce lieu fissent des prières pour la rémission de ses propres péchés, et pour son père Rodulfe, de pieuse mémoire, *et propriæ recordationis nomine genitoris mei Rodulfi jugis oblatio fiat;* celui-ci était donc alors défunt. Or nous savons d'autre part, avec certitude, que le comte Rodulfe, dont son fils rappelle ici le souvenir, mourut *en l'année 843*[3]. Il est, par suite, évident que le monument qui nous occupe ne peut être rapporté à *l'année 841* ou à une année antérieure.

Cette date (841) étant écartée, comme la première année du règne d'un souverain nommé Charles ne saurait concorder, dans l'existence de saint Rodulfe, qu'avec celle de Charles le Jeune, c'est au mois de mars 856[3] que fut évidemment dressé l'acte dont il est ici question.

[1] XX.
[2] Voir ci-dessus la note n° 1, relative à saint Rodulfe, fondateur de l'abbaye.
[3] Le roi Charles le Jeune ayant été couronné au mois d'octobre 855, le mois de mars de sa première année est en 856.

NOTES ET ÉCLAIRCISSEMENTS.

VI.

DATE DE LA CHARTE XLVII.

Cet acte est la notice d'un plaid et d'un duel judiciaire qui eurent lieu en présence du comte Raymond, devant l'église de Saint-Sernin en Rouergue[1], touchant l'église de Saint-Médard-de-Presque; il porte dans les premières lignes: «...Venientes... ad ecclesiam S. Saturnini, die veneris, III idus julii...» et à la fin: « Facta gurpitio ista in mense julio, anno octavo sub Lotario rege;» c'est-à-dire : *le vendredi 13 juillet de la huitième année du règne de Lothaire.*

Si l'on compte simplement la huitième année à partir de l'année 954, où est mort Louis d'Outre-mer, son père, on trouve la date de 962. Mais, comme l'a fait observer D. Vaissète[2], la lettre dominicale ne conviendrait pas, car c'est celle de 960. Mabillon, qui avait remarqué cette contradiction, a proposé de corriger le texte et de lire : *v idus julii* au lieu de III, et de maintenir la date de 962. Mais le changement qu'il indique serait tout à fait arbitraire.

Il y a d'assez nombreux exemples qui nous apprennent qu'on ne comptait pas uniformément, en France, les années du règne de Lothaire, et qu'on le faisait commencer quelquefois dans les premiers mois de l'an 953. On peut donc fixer la date de la notice dont il s'agit à l'an 960, qui est la huitième année du règne de Lothaire suivant ce dernier mode de computation.

En second lieu, Raymond Pons, comte de Toulouse, qui, d'après Baluze[3] et d'autres auteurs, aurait présidé à ce plaid, était déjà mort en 960[4]; et son successeur au comté de Toulouse est Guillaume III, surnommé Taillefer, auquel on ne pourrait, dans l'hypothèse proposée par Mabillon, attribuer ce jugement, tandis que Raymond II, comte de Rouergue, qui fut aussi duc d'Aquitaine, et par indivis comte de Quercy depuis environ l'an 940, ne mourut que vers le commencement de 961[5], et recevrait sans difficulté l'application des mentions contenues dans notre charte.

La date de 960 est donc celle qui convient ici sous tous les rapports.

[1] Voir, sur la position de cette localité, *Introduction*, p. LXXXVII, note 2.

[2] *Histoire de Languedoc*, t. II, note VIII, § 23, p. 543.

[3] *Histor. Tutel.* p. 10 et 87-88.

[4] Il mourut même vers 950. (Cf. le tableau généalogique de la maison de Toulouse. *Histoire de Languedoc*, t. II, notes, p. 538.)

[5] *Ibid.*

VII.

DATE DE LA CHARTE CXXVIII.

Cette charte, qui porte donation par une femme nommée Transoende, à l'abbaye de Beaulieu, est datée de la manière suivante : « Facta est in mense madio, regnante Domino nostro Jesu Christo. »

Nous avions pensé, au premier abord, que cette date se rapportait à l'année 936, et au temps d'interrègne qui suivit la mort du roi Raoul; mais une grave difficulté résulte de ce que, suivant une autre charte de notre Cartulaire, qui est assurément de cette époque[1], le monastère était régi par un abbé nommé Rodulfe, tandis que celle-ci mentionne l'abbé Bernard.

D'un autre côté, l'on sait que le roi Hugues Capet, élu à la fin du mois de mai 987, et sacré le 3 juillet suivant, ne fut reconnu d'abord ni dans l'Aquitaine, ni dans le Languedoc, et qu'en 993 certaines parties de ces provinces n'admettaient pas encore sa souveraineté.

Or précisément, dans cette période (985 à 1028 et même 1030), Bernard II gouverna l'abbaye de Beaulieu.

Il nous paraît donc que notre charte se place entre le mois de mai de l'année 988 et celui de l'année 993.

Dans une charte du cartulaire de Tulle, écrite dans le même temps, on trouve la date suivante : « Regnante Ugone rege, et Karolo sperante[2]. » Ce Charles était le frère du roi Lothaire, que Hugues Capet fit enfermer et qui mourut en prison le 21 mai 992.

Dans d'autres actes, le rédacteur est allé plus loin dans sa protestation contre la royauté élective de Capet; il a daté l'un de la deuxième année du règne de Charles, et l'autre « de la cinquième année du roi Charles espérant ou attendant la couronne, » *sperante Karolo rege*[3].

Notre charte présenterait, dans ce cas, une forme différente de la même protestation des peuples aquitains, dans ces mots : « Regnante Domino nostro Jesu Christo. »

Néanmoins nous ne pouvons nous empêcher de faire remarquer que les

---

[1] Ch. CLXXVIII. Voir ci-dessous la note n° VIII.
[2] Apud Baluz. *Historia Tutelensis*, append. col. 384. Baluze a daté cet acte de 988.
[3] *Ibid.*

NOTES ET ÉCLAIRCISSEMENTS.

termes à interpréter dans l'espèce paraissent s'appliquer plus exactement à un interrègne (comme celui qui eut lieu après la mort de Raoul et avant l'arrivée de Louis d'Outre-mer) qu'à une protestation contre un prince régnant et en faveur d'un prétendant; qu'ils se rapprochent enfin plutôt de la charte CLXXVIII, datée de 936, que de ceux qui sont cités plus haut.

Nous déclarerons donc, en terminant, que nous n'adoptons qu'avec réserve la date 988-993.

VIII.

DATE DE LA CHARTE CLXXVIII.

Cet acte contient la donation faite à l'abbaye par le prêtre Ébroin, dans les mains de l'abbé Rodulfe, *d'une chapelle consacrée à saint Bonnet;* il est ainsi daté : « Facta carta ista sub die sabbati, mense octobris, Christo regnante, regem sperante, in Christi nomine, Ebroinus fieri jussit, vel firmare rogavit. »

Cette date se rapporte à l'année 936, où, le roi Raoul étant mort (14 ou 15 janvier), le trône resta vacant jusqu'au retour de Louis d'Outre-mer, fils de Charles le Simple, lequel fut couronné à Laon, le 19 juin 936.

Pendant cet interrègne, on data : « *Jésus-Christ régnant, et dans l'attente d'un roi* ou *du roi.* »

Mais la charte qui nous occupe offre l'exemple de cette manière de dater à une date postérieure au couronnement de Louis d'Outre-mer, car elle est du mois d'*octobre.* Ce ne peut être le mois d'octobre de 935, puisque Raoul est mort en janvier 936 : donc, au mois d'octobre suivant, on attendait encore un souverain.

Et cet exemple n'est point isolé, car le cartulaire de Tulle en offre quatre semblables : deux sont datés de juillet et portent : « Facta est cessio ista in mense julio, Domino regnante, et regem sperante[1]. »

Un troisième daté de novembre : « In mense novembris, *Christo regnante, regem sperante*[2]. » Le troisième, sans indication du mois, dit en termes plus précis : « *Sede Francigena sperante regem*[3].

Baluze, qui a reproduit ces actes, les a datés tous trois de l'année 936. Nous ferons de même pour celui dont il s'agit ici.

---

[1] Baluz. *Histor. Tutel.* append. col. 341 et 356.
[2] *Ibid.* col. 356.
[3] *Loc. cit.*

NOTES ET ÉCLAIRCISSEMENTS.

On y voit la preuve que, pendant un certain temps après le couronnement du roi Louis dans le nord de la Gaule, le Limousin, et vraisemblablement d'autres parties de l'Aquitaine, le méconnurent et restèrent dans l'attente d'un roi.

IX.

DATES DES CHARTES XVIII, XIX, XXI, XXIII, XXIV, XXXIII, LIV, CLXXII, CLXXX, ET CLXXXVII.

De ces dix actes, huit, que nous citons dans l'ordre d'ancienneté, portent les dates suivantes :

Ch. XXIII : « In mense maio, quarto anno Karoli minoris regis. »
Ch. XXIV : « In mense maio, anno quarto Karoli minoris regis. »
Ch. XVIII : « In mense maio, anno quarto Karoli minoris. »
Ch. XIX : « In mense aprili, anno quinto Karoli minoris regis. »
Ch. CLXXX : « In mense aprili, anno v Karoli minoris regis. »
Ch. XXI : « In mense julio, anno quarto [*legend.* quinto] Karoli minoris regis. »
Ch. CLXXXIII : « Tertio kalendas augusti, anno v Karoli minoris regis. »
Ch. LIV : « In mense augusto, anno sexto Karoli minoris regis. »

Les deux autres chartes sont datées ainsi :

Ch. XXXIII : « In mense martio, anno quarto Karoli gloriosissimi regis. »
Ch. CLXXII : « In mense maio, anno VII regnante Karolo rege. »

Toutes ces dates doivent être indistinctement considérées comme se rapportant au règne de Charles, fils de Charles le Chauve, sacré roi d'Aquitaine à Limoges par l'archevêque Rodulfe, au milieu du mois d'octobre 855, et surnommé *le Jeune, minor* ou *junior*[1].

Il ne peut y avoir de doute quant aux monuments qui contiennent le qualificatif *minor;* et nous tenons pour certain que la date de ceux-là court du règne de Charles le Jeune.

---

[1] Cf. l'*Art de vérifier les dates*, in-f°, t. I". Il est assez étrange que Baluze, après avoir appliqué à certaines chartes cette distinction nécessaire entre le règne de Charles le Jeune en Aquitaine et celui de son père dans la Gaule (*Histor. Tutel.* col. 318), l'ait perdue de vue pour des chartes du même recueil, où la date était formulée dans des termes identiques, et qu'il ait rapporté ces actes au règne de Charles le Chauve (*ibid.* col. 312).

NOTES ET ÉCLAIRCISSEMENTS. ccxlv

A l'égard des deux chartes xxxiii et clxxii, où le roi n'est pas qualifié *minor*, elles n'en sont pas moins, comme les autres, du règne de ce prince. Nous avons montré plus haut que telles étaient aussi les dates du testament de saint Rodulfe[1] et de la charte de fondation du monastère de Végennes[2], qui se présentent dans les mêmes conditions de rédaction. Rien ne s'oppose à ce que les deux titres dont il s'agit ici soient également rapportés au règne de Charles le Jeune. On reconnaît aisément, d'ailleurs, qu'ils se placent à la même époque, ou à une époque très-voisine de ceux qui sont expressément datés du règne de ce prince; car ils contiennent des énonciations à peu près identiques sur des faits contemporains. Ainsi, dans des chartes faites au mois de mai de la quatrième année de Charles le Jeune, *Karoli minoris regis*[3], c'est-à-dire en mai 859, Rodulfe dit qu'il fait bâtir le monastère de Beaulieu, « Quod in fundo juris mei construo; » et Rotrude, son successeur, annonce de son côté que l'abbaye est en construction : « ... monachi qui monasterium construunt. » Or l'un des actes en question (clxxii) contient la même énonciation faite dans les mêmes termes; et la mention d'un même fait, comme étant actuel au moment où deux actes différents sont dressés, commande de leur assigner une même date.

Rodulfe, dans un autre monument de la cinquième année du roi Charles le Jeune, parlant de l'abbaye, s'exprime de la manière suivante : « Monasterio..... quod ego, Christo propitio, in fundo juris mei ædificare censui[4]. » Or la charte qui reste à examiner (xxxiii) renferme le passage qui suit : « Quod ego, propitio Christo....... in fundo juris mei construendum constituo. » On remarquera dans les expressions une légère différence, qui indique que ce titre a précédé la charte clxxii; et, de fait, il en est ainsi, car, suivant nous, celle-ci, datée du mois de mars de la quatrième année du règne du roi Charles, c'est-à-dire de mars 859, est antérieure à l'autre de plus d'un an.

Le roi Charles le Jeune ayant été couronné à la mi-octobre 855, et les années du règne se comptant, en général, du mois de la première au mois

---

[1] Ch. i. (Voyez ci-dessus, *Notes et éclaircissements*, n° iii, la note relative à cette charte.)

[2] xvi. (Voir plus haut, n° v, la note concernant la date de cet acte.)

[3] xviii et xxiv.

[4] xxi. Juillet 860. Le texte porte *anno quarto*, mais il faut lire *anno quinto*. Une note inscrite au bas de la charte fait connaître les raisons de cette leçon. (Voir plus bas, p. 49, note 7.)

correspondant de la seconde, c'est-à-dire, dans l'espèce, d'octobre 855 à octobre 856, d'octobre 856 à octobre 857, il en résulte, quant aux dates des actes qui nous occupent :

1° Que ceux qui sont datés de mars, avril, mai, juillet et août (et c'est le plus grand nombre), avancent d'une année dans la computation ordinaire; ainsi mars de la quatrième année est mars 859;

2° Que ceux qui sont datés des mois qui suivent le mois d'octobre, par exemple, de novembre, sont moins avancés d'une année dans la computation ordinaire; ainsi le testament de Rodulfe[1], qui est du mois de *novembre, sixième année du roi Charles*, est de novembre 860 et non de 861;

3° Qu'un acte daté, comme le précédent, de la sixième année du même règne, mais du mois d'août, gagne une année sur le premier, et est daté d'août 861.[2]

X.

DE L'ABBÉ RODULFE Ier, ET D'UN ABBÉ SILVIUS OU SILVERIUS MENTIONNÉ PAR D. ESTIENNOT ET DANS LE *GALLIA CHRISTIANA*.

Entre l'abbé Rainulfe (an 889-899) et Rodulfe, dont nous allons nous occuper, Dom Claude Estiennot[3] désigne comme troisième abbé de Beaulieu un personnage appelé *Silverius*. Les auteurs du nouveau *Gallia christiana*[4], en reproduisant cette mention tirée d'une charte qui est datée de la première année du roi Charles : *anno 1 Karoli regis*, ajoutent, entre parenthèses, *num Simplicis?* ce qui montre qu'ils attribuent, conjecturalement du moins, ce monument à la première année du règne de Charles le Simple, c'est-à-dire à 878.

Mais le nom de ce *Silverius* doit être rejeté de la liste des abbés de Beaulieu par les motifs suivants :

Il n'est autre, suivant toutes les vraisemblances, que Silvius, abbé de Solignac depuis l'année 852, auquel l'archevêque Rodulfe confia, en 856, l'administration du monastère de Végennes au moment de sa fondation[5], de même qu'il soumit, en 861, le monastère de Beaulieu à la haute direction de deux autres abbés de Solignac (Bernulfe et Cunibert). Rien ne

---

[1] I.
[2] LIV.
[3] Manuscrits de la Bibliothèque impériale, *Antiq. Benedict. Lemov.* tome II.
[4] T. II, col. 603.
[5] XVI.

NOTES ET ÉCLAIRCISSEMENTS.

prouve que Silvius ait, en aucun temps, gouverné l'abbaye de Beaulieu; notre Cartulaire n'en offre aucun témoignage, même indirect, et cela seul suffirait pour rendre le fait très-douteux.

C'est sans doute d'après la charte précitée de Végennes, qui est insérée au Cartulaire de Beaulieu, que D. Estiennot a cru pouvoir inscrire ce personnage au rang de nos abbés; et cela est d'autant plus probable, que la charte dont il s'agit est, comme celle qui est mentionnée par le savant bénédictin, datée *anno 1° Karoli regis*. Or, au lieu de dater cet acte de Charles le Simple, comme on l'a fait, il faut le rapporter au règne de Charles le Jeune, roi d'Aquitaine, fils de Charles le Chauve, c'est-à-dire au mois de mars 856.

Enfin la désignation de *Silverius* ou *Silvius* dans le catalogue des abbés de notre monastère est repoussée par cette circonstance que le siége abbatial fut tenu à Beaulieu par Rainulfe, associé à Gairulfe, de 889 à 897, et seul de 897 à 899 inclusivement; il est encore nommé à cette dernière date. Il n'y a donc point de place pour un abbé Silvius en 898.

Si l'on adopte notre opinion à cet égard, le cinquième abbé de Beaulieu est Rodulfe, qui est nommé dans le Cartulaire depuis le mois d'octobre 903[1] jusqu'au mois d'avril 926[2].

XI.

DE L'ABBÉ RODULFE II (?).

Ce Rodulfe est mentionné dans une charte qui est datée, *die sabbatis, in mense octobri, Christo regnante, regem sperante*, et que nous rapportons à l'année 936[3].

Est-ce le même que celui qui administra le monastère depuis l'année 903 jusqu'à l'année 926, qui aurait cédé l'abbaye à son filleul Jean, et, après la mort de celui-ci, l'aurait reprise et gardée jusqu'à l'année suivante, où nous trouvns Boson abbé de Beaulieu?

Cette conjecture n'est appuyée d'aucune preuve, ni même d'aucun indice, et, dans cette situation, il nous paraît plus prudent de distinguer deux personnages du même nom jusqu'à ce qu'il soit démontré qu'ils n'en font qu'un.

---

[1] LXIV.

[2] XXXVIII. Les autres chartes où Rodulfe est mentionné sont les suivantes : LXXI, an. 904-926; CXLV, 907; LXIX, 909; CXXXIV, 913; CXXIX, 915; LX, 916; CXLVII, 916; CLX, 917; LXV, 918; LXXII, 923; CLXVII, 925.

[3] CLXXVIII. (Voir ci-dessus, *Notes et éclaircissements*, n° VIII.)

NOTES ET ÉCLAIRCISSEMENTS.

XII.

DE L'ABBÉ BOSON, ÉVÊQUE DE CAHORS.

Boson est nommé pour la première fois au mois d'août 937, puis au mois d'avril 938, comme simple abbé, *venerabilis abbas*[1]; dans une charte du mois de juillet 940, il est qualifié, à la fois, d'évêque et d'abbé, *episcopus abbas*[2]. Nous croyons que ce personnage tint le siége épiscopal de Cahors; et voici les motifs de notre opinion :

Une charte de l'abbaye de Tulle contient la souscription d'un Boson évêque, parmi celles de nombreux témoins, membres de la famille de Turenne[3], ce qui porte à penser que lui-même appartenait à cette noble maison, qui fournit plusieurs prélats au diocèse de Cahors. L'abbé Jean et peut-être Rodulfe, ses prédécesseurs dans notre monastère, sont considérés comme étant sortis de la même race; et, d'un autre côté, nous savons que, vers la fin du xe siècle et dans la première moitié du xie, des évêques de Cahors exercèrent le pouvoir abbatial à Beaulieu[4]. On peut donc présumer qu'il en fut de même de Boson.

La liste que le *Gallia christiana* nous fournit des évêques de Cahors comprend un personnage appelé *Amblardas*, dont la première mention est tirée d'une donation faite au monastère d'Aurillac, la cinquième année du roi Raoul (an 930)[5]; l'évêque n'est désigné que par son initiale A. La seconde mention est celle que contient une charte de l'église de Cahors, datée de la sixième année du même règne (an 931) : Cette fois, le nom est écrit en toutes lettres : «Sacrosancta Dei ecclesia quæ est constructa in honore sancti Stephani protomartyris Caturcensi civitate..... ubi vir inclitus Am-

---

[1] CLXXIV et CXLIII.

[2] LIII.

[3] «S. Ademari vicecomitis. S. Bosonis episcopi. S. Odolrici vicecomitis Sancti Cirici. S. Gauzberti vicecomitis, etc.» (Dans Baluze, *Histor. Tutel.* append. col. 344.) Cette charte n'est pas datée, mais elle vient immédiatement après un titre daté de 932, et souscrit par plusieurs des personnages qui ont signé au bas de celui que nous citons.

[4] Bernard Ier, en 960, et Bernard II, qui mourut abbé de Beaulieu et évêque de Cahors en 1028.

[5] Dans Justel, *Histoire généalogique de la maison de Turenne*, pr. page 9. Mabillon, *Annal. ord. S. Bened.* ad ann. 983, n° 36.

NOTES ET ÉCLAIRCISSEMENTS.

blardus [per]donum Dei episcopus, etc.[1] » D'un autre côté, le Bénédictin D. J. Boyer avait lu dans le cartulaire de Cahors que saint Géraud d'Aurillac, expirant, avait reçu le viatique des mains de ce prélat[2]. Ce cartulaire est perdu, mais nous avons recueilli la preuve du fait dans la Vie du saint, écrite par Odon, abbé de Cluny : il y est dit, en effet, que saint Géraud, sentant sa fin approcher, fit appeler Amblard[3]. Ceci s'accorde exactement avec le témoignage du cartulaire et avec ces mots de la charte de 931, *vir inclitus*, qui supposent une carrière déjà bien remplie et que le fait signalé par les annalistes avait dû contribuer à illustrer.

Or, d'après Mabillon[4] et le *Gallia christiana*[5], saint Géraud mourut en 909.

Amblard aurait conséquemment siégé à Cahors au plus tard en 909[6] et jusqu'en 931.

Les auteurs du *Gallia christiana* disent, en outre, que l'évêque Amblard est rappelé (*memoratus*) dans une charte datée de la huitième année du règne de Louis d'Outre-Mer (an 944)[7] : mais, dans les preuves auxquelles renvoie le passage précité, nous trouvons seulement la notice suivante : « Amblardus Caturcensis episcopus in instrumento Benjamin archidiaconi Caturcensis, mense aprili feria VII, anno VIII sub Ludovico rege[8]. » Il est possible et même probable que l'acte désigné ne fît que rappeler le nom de l'évêque de Cahors sans le mentionner comme vivant à la date même où l'acte était rédigé; et cela est d'autant plus à présumer, que les savants Bénédictins ont mis cette énonciation au milieu de l'article concernant Amblard, tandis que, s'ils y avaient vu le témoignage formel d'une prolongation de son épiscopat jusqu'en 944, ils l'eussent placée à la fin, suivant leur mode habituel d'exposition.

---

[1] *Gall. christ.* nov. edit. t. I, instrum. p. 30, col. 1.

[2] *Ibid.* t. I, col. 125.

[3] « Dissolutionem igitur sui jam instare cognoscens, Amblardum episcopum jubet evocari, ut ejus transitum suis orationibus muniret. » (Ex Vit. S. Geraldi Aureliac. lib. III; apud *Biblioth. Cluniac.* col. 105.)

[4] *Annal. ord. S. Bened.* ad ann. 909, n° 55.

[5] T. II, col. 440.

[6] Il conviendrait, par suite, de limiter à une date plus reculée la durée de l'épiscopat de Gérard Ier, que le *Gallia christiana* fait prolonger jusqu'en 917, d'après une ancienne notice (*ex vetusto exemplari*), mais qui n'est pas reproduite, ou bien d'admettre qu'il eut Amblard pour coadjuteur à partir de 909. Du reste, le prédécesseur de Gérard Ier, Guillaume Ier, occupe au plus tard le siège en 875 et jusqu'en 887; et l'épiscopat de Gérard peut dès lors s'étendre de cette dernière date jusqu'en 909.

[7] T. I, col. 124.

[8] *Ibid.* instrum. p. 29, col. 2.

NOTES ET ÉCLAIRCISSEMENTS.

Il faut donc, quant aux dates de cet épiscopat, s'en tenir aux limites connues et prouvées, c'est-à-dire aux années 909 et 931.

Bernard Ier, qui vient sur la liste après Amblard, étant noté pour la première fois en 960[1], il existe entre les deux prélats une lacune de 29 ans, dans laquelle se place naturellement Boson, l'abbé-évêque de notre charte de 940 et de la charte précitée du cartulaire de Tulle. Boson serait ainsi le vingtième évêque de Cahors.

XIII.

DE L'ABBÉ GÉRAUD, Ier DU NOM, ET DES ABBÉS ADALGAIRE OU ADALGISE ET KALSTON.

Géraud Ier fut associé, vers l'année 968, dans le gouvernement du monastère de Beaulieu, à l'abbé Guernon[2], qui l'y avait précédé et siégeait alors depuis près de treize années. Géraud eut successivement, après la mort ou la retraite de Guernon, trois associés : Adalgaire ou Adalgise, Kalston et Bernard; enfin il paraît seul dans deux chartes.

Nous ne connaissons que trois dates certaines de son administration : l'une du mois de mars de la vingt et unième année de Lothaire (975), où Kalston est associé à son pouvoir[3], une autre du mois d'avril de la trentième année du règne de Lothaire (984), où il est seul abbé[4]; la troisième du mois de mai, sous le règne de Lothaire, où il a pour coabbé Bernard II, qui devint plus tard évêque de Cahors (vers 1005)[5].

Géraud est mentionné seul dans une charte du règne de Lothaire[6], qui

---

[1] *Nov. Gall. christ.* t. I, col. 125.

[2] CIX. Les deux abbés sont appelés *viri inclyti*. Guernon est nommé le premier; Géraud vient après, ce qui indique qu'il est le coadjuteur. Dans toutes les autres chartes où le nom d'autres abbés est uni à celui de Géraud, celui-ci est mentionné le premier, ce qui annonce qu'il était alors le personnage principal.

[3] LXXV. Les auteurs de l'ancien *Gallia christiana* (t. IV) avaient fait des deux personnages un seul, nommé *Geraldus-Kalsto*; mais le Cartulaire original les distingue, ce qui est décisif contre cette opinion. Le nouveau *Gallia christiana* a bien fait cette distinction, mais il appelle Kalston *Kealsto* (t. II, col. 604). Dominicy (*De prærogativ. allod.* append.) a produit une charte qu'il date de 959, et qui contient une donation à Calston, abbé de Figeac : il ne serait pas impossible que Géraud eût appelé plus tard cet abbé à Beaulieu.

[4] CL.

[5] LXXXV.

[6] CXLVIII.

NOTES ET ÉCLAIRCISSEMENTS.

peut se placer soit immédiatement après la mort ou la retraite de Guernon, c'est-à-dire en 969; soit entre l'époque de l'association de Géraud avec Adalgaire ou Adalgise et son association avec Kalston, qui date de 975; soit entre cette dernière date et son association avec Bernard, c'est-à-dire à l'époque où nous avons une mention positive de l'administration de Géraud seul (an 984)[1]. A vrai dire, la date qui nous paraît la plus vraisemblable est 969, parce qu'il est à présumer qu'immédiatement après la mort ou la retraite de Guernon, Géraud Ier dut rester seul, pendant un certain temps, à la tête du monastère, et qu'on ne peut supposer que, dès son avènement, il eût pris un coadjuteur.

C'est entre 969 et 975, vers l'année 970, que se place, avec beaucoup de probabilité, la mention de Géraud et de son associé Adalgis (sic)[2]; si l'on distingue de ce dernier l'abbé Adalgaire, les désignations que deux autres chartes en présentent[3] seraient datées environ de l'année suivante (971). Peut-être vaut-il mieux voir dans ces deux noms, dont les finales seules varient, un seul et même personnage : c'est là l'opinion de Mabillon et des auteurs du *Gallia christiana*[4].

Par ce classement chronologique de nos chartes, nous obtenons les résultats suivants :

Géraud Ier, abbé avec son prédécesseur Guernon, en 968;

Seul, en 969;

Avec Adalgis (qui fut peut-être le même qu'Adalgaire), en 970 et 971;

Avec Kalston, en 975;

Seul, en avril 984;

Avec Bernard II, en mai 984 ou 985.

On a pensé que Géraud avait été abbé laïque et s'était fait simplement assister d'abbés religieux qui lui étaient subordonnés[5]. Cette opinion n'est pas sans vraisemblance, et elle acquiert un certain degré de probabilité quand on considère le nombre d'abbés qu'il associa à son administration, presque à son début, et la fréquence des usurpations commises, à cette époque, par les laïques sur les établissements religieux[6].

---

[1] CL.

[2] XCVI.

[3] L. et CLXIV.

[4] Mabillon, *Annal. ord. S. Bened.* an. 967, t. III, p. 585. *Acta SS. ord. S. Bened.* t. II, p. 158, § XIII. — *Gallia christ.* loc. cit. col. 604.

[5] *Gall. christ.* ubi supra.

[6] Voir plus haut dans notre Introduction, pages XVIII, XIX et LXIX.

XIV.

BERNARD II, ABBÉ DE BEAULIEU, DE SOLIGNAC ET DE TULLE, ET ÉVÊQUE DE CAHORS.

Bernard, fils de Hugues, l'un des principaux seigneurs d'Aquitaine[1], reçut la tonsure dans l'abbaye de Solignac[2]. Envoyé par son père à Fleury, ou Saint-Benoît-sur-Loire, pour y apprendre les belles-lettres, il reçut les enseignements d'Abbon. Après quelques années passées dans cette communauté, il fut rappelé par Hugues et pourvu de l'abbaye de Solignac, avant l'année 979[3]; et, au bout de peu de temps, il obtint celle de Beaulieu, que son père, dit Aimoin, avait acquise par le droit de la guerre[4].

Suivant Mabillon[5], dont Vaissète[6] a suivi le sentiment, Bernard tenait déjà cette dernière abbaye dès l'an 983. Mais nous pensons qu'il faut faire descendre à l'année 984 la première mention de son gouvernement dans ce monastère. En effet, nous avons vu plus haut[7] que Géraud Ier, qu'on croit avoir été un abbé laïque, eut pour coadjuteur, dès le mois de mai 984, ou plus vraisemblablement 985, l'abbé Bernard, qui est nommé avec lui dans une charte de Beaulieu[8]. Bernard paraît seul dans un autre de nos actes, qui, suivant nous, se place entre l'année 988 et l'année 993[9]. On ne s'explique donc pas que Baluze ait énoncé qu'il ne se trouvait aucune mention de ce personnage dans notre Cartulaire[10].

L'évêché de Cahors étant venu à vaquer par le décès de Frotaire, Guillaume Taillefer, comte de Toulouse et du Quercy, l'offrit, conjointement avec l'archevêque de Bourges, dont cette église relevait, à notre Bernard,

---

[1] Aimoin. *Vit. S. Abbonis,* cap. x. Dans Ph. Labbe, *Nov. Biblioth. mss.* t. II, p. 788, et dans Mabillon, *Acta SS. ord. S. Bened.* sæc. v, part. I, p. 45. Quant à l'origine de Hugues, voir ci-dessous, note xvi.

[2] *Acta concil. Lemovic.* ann. 1031. Collect. *SS. concilior.* Ph. Labb. et Coss. t. IX, col. 898.

[3] Il la reçut du temps de Richard, abbé de Fleury, mort en 979. (Mabill. *Annal. ord. S. Bened.* ad ann. 979, n° 82.)

[4] « Bellilocensem locum quem ejus genitor jure belli, armisque conquisierat victricibus. » (Aimoin. *loc. cit.*)

[5] *Annal. ord. S. Bened.* ad annum 983, n° 35.

[6] *Hist. de Languedoc,* t. II, note VIII, § XLII, p. 547.

[7] Note XIII.

[8] LXXXV.

[9] CXXVIII. Voir plus haut, sur la date de cette charte, *Notes et éclaircissements*, n° VII.

[10] *Histor. Tutel.* p. 89.

moyennant une somme considérable. Bernard consulta Abbon, son ancien maître dans l'abbaye de Fleury, et celui-ci, lui rappelant, dans une lettre qu'Aimoin nous a conservée, les lois de l'Église et les devoirs de sa profession, le détourna d'accepter les offres qui lui étaient faites. Notre abbé, suivant ce conseil, refusa l'évêché et entreprit des voyages de dévotion. Sur ce refus, Gausbert fut élu. L'acte de son élection est du 5 janvier 990 [1].

Après la mort de Gausbert, il fut enfin élevé à l'épiscopat, et D. Vaissète suppose que cela eut lieu d'une manière canonique [2] : cet avénement ne peut être antérieur à 993, puisque nous le voyons qualifier d'abbé dans une charte de notre Cartulaire [3]. Mabillon le place à l'année 998 [4]; D. Vaissète, au commencement du xie siècle; Baluze, en 1004 [5], et les auteurs du nouveau *Gallia christiana* n'en ont trouvé de mention qu'en 1005 [6]. C'est cette dernière date que nous croyons devoir adopter provisoirement.

Son épiscopat dura environ vingt-trois ans; dans tous les cas, il ne dépassa point le 17 novembre 1028, date à laquelle eut lieu la dédicace de la basilique royale de Saint-Sauveur de Limoges [7], à laquelle assista un grand concours de seigneurs et d'évêques aquitains. Parmi ces prélats figurait, au rapport de Geoffroi de Vigeois, Déodat, évêque de Cahors [8], le même qui assista, trois ans après (décembre 1031), au concile de Limoges [9].

C'est dans cette période de 1005 à 1028 que vient se placer une charte sans date de notre Cartulaire, portant donation, de la part d'un moine appelé Bernard, d'une redevance annuelle en cire, pour l'éclairage de l'oratoire de la Vierge, «In providentia, dit-il, *domini mei Bernardi episcopi;* » et, s'adressant plus bas à ce prélat lui-même : « Domine mi, *episcope*, tota animæ et corporis devotione deprecor, etc. » Cette donation est confirmée en ces termes, dans la suite du même acte, par l'évêque Bernard : « *Ego Bernardus, episcopus*, secundum potestatem mihi a Domino attributam, corde et ore confirmo et manu mea roboro atque hoc testamentum in perpetuum firmissimum esse censeo..... S. Bernardi episcopi. S. Gerberti..... S. Bernardi [10]. » Cette charte, faite, suivant toutes les vraisemblances, à Beau-

---

[1] D'Achery, *Spicileg.* t. VIII, p. 154.
[2] *Histoire de Languedoc*, t. II, p. 128.
[3] Ch. cxxviii.
[4] *Annal.* ad ann. 998, n° 87.
[5] *Loc. cit.* p. 90.
[6] T. Ier, col. 126.
[7] Mabill. *Annal. Bened.* ad ann. 1028, t. IV, p. 349.
[8] Gaufrid. prior. Vosiensis *Chronic.* apud Ph. Labbe, *Nov. Biblioth. mss.* t. II, p. 283.
[9] Mabill. *loc. cit.* p. 369.
[10] Ch. cliv.

lieu même, confirme le témoignage, d'ailleurs non suspect, d'Aimoin, qui fut, avec Bernard, disciple d'Abbon de Fleury.

On pourrait, je le reconnais, attribuer cet acte aussi bien à l'abbé Bernard III, dont nous nous occuperons bientôt, qu'à Bernard IIme du nom, qui fait l'objet du présent paragraphe; mais cette charte présente une particularité qui doit, ce semble, faire préférer cette dernière époque : nous voulons parler de la mention de deux vicairies (de Puy-d'Aynac et de Cazillac), divisions territoriales qui se retrouvent encore assez fréquemment, il est vrai, dans le xie siècle, mais appartiennent plutôt au ixe et au xe, et deviennent de plus en plus rares à mesure que l'on avance dans le xie siècle. C'est pourquoi nous pensons que la date de 1005-1028 est préférable à celle de 1052, où se place l'épiscopat de Bernard, troisième du nom. Mabillon n'a, du reste, pas hésité à attribuer cette charte à Bernard II[1]; seulement, comme il a fait dater son épiscopat de l'an 998, c'est à ce temps qu'il rapporte la mention dont il s'agit.

A la possession de l'abbaye de Beaulieu, il avait joint celle du monastère de Tulle, dont il devint le pasteur peu après l'année 1020, si ce n'est même cette année-là[2]; et nous le trouvons mentionné plusieurs fois dans les chartes du cartulaire de Tulle, que Baluze rapporte aux années 1020 et 1025[3].

Bernard est-il mort en 1028, comme Baluze l'affirme sans hésitation[4], à cause de la certitude de son remplacement par Déodat (*Deodatus*) sur le siége épiscopal de Cahors? Ou bien, comme l'ont pensé Mabillon et les auteurs du nouveau *Gallia christiana*[5], résigna-t-il le pouvoir abbatial aux mains de son neveu Hugues, dont nous parlerons plus bas[6]? Cette dernière opinion est tout à fait inadmissible. D'une part, en effet, les actes du deuxième concile de Limoges de l'an 1030 ne disent point que ce fut par suite d'une cession de Bernard que son neveu Hugues de Castelnau fut

---

[1] *Annal. Bened.* ad ann. 998, n° 87, t. IV, p. 126.

[2] Baluze, *loc. cit.* p. 91.

[3] *Ibid.* append. col. 406-408. L'une est datée : «regnante rege Roberto, hujus autem monasterii Bernardo episcopo existente abbate.»

[4] «Non produxit ætatem Bernardus ultra annum 1028.» (*Histor. Tutel.* p. 91.)

[5] *Annal. Bened.* ad ann. 998, n° 88, t. IV, p. 126; t. II, col. 604.

[6] Note xvi. Il paraîtrait que Hugues passa, aux yeux de quelques-uns, pour être *le fils* et non le neveu de l'abbé-évêque Bernard. (Marvaud, *Histoire du bas Limousin*, t. Ier, p. 120.)

NOTES ET ÉCLAIRCISSEMENTS.

pourvu de l'abbaye, et, lorsque ce dernier résigna, par les deux actes de 1076, une partie de ses droits d'abbé laïque sur le monastère, il énonça formellement qu'il les avait reçus par droit de succession : « in cujus manu *successione parentum* venit[1]. » D'autre part, nous avons vu plus haut que Déodat, son successeur à l'évêché de Cahors, siégeait le 17 novembre 1028. Il faut donc croire, avec Baluze, qu'il était mort à cette date. Nous montrerons bientôt, d'ailleurs, que Hugues ne prit pas le gouvernement de notre monastère immédiatement après Bernard II, son oncle, et que ce dernier eut pour successeur Bernard III, qui fait l'objet de la notice suivante.

Nous devrions peut-être traiter ici de l'origine de Bernard, et discuter la question de savoir quel fut ce noble personnage aquitain nommé Hugues, qui, au rapport d'Aimoin[2], fut le père de l'abbé-évêque objet de la présente notice, mais nous nous proposons d'examiner ce sujet dans le cours de la note XVI ci-dessous.

XV.

DE BERNARD III, ABBÉ ET ÉVÊQUE, *PONTIFEX ABBAS*. — DE LA DATE DE LA CHARTE CIV.

Tous les auteurs ont cru, jusqu'ici, que Bernard II, abbé de Beaulieu et évêque de Cahors, avait eu pour successeur *direct et immédiat*, à Beaulieu, soit après sa mort, soit en vertu d'une cession, un abbé laïque nommé Hugues, qui était son neveu[3]. Mais il n'en est pas ainsi.

Après la mort de Bernard II, arrivée en 1028, notre monastère fut administré, pendant deux ans environ, par un abbé régulier qui portait le même nom. La preuve de ce fait, qui ne paraît pas avoir été encore signalé, résulte d'une charte du cartulaire d'Uzerche, expressément datée de *l'an 1030*, et dans laquelle figure comme témoin un Bernard, abbé de Beaulieu[4].

---

[1] Voir plus haut cet acte, *Introduction*, page XXV, note, col. 1, *in fine*.

[2] *De Vita sancti Abbonis*, cap. X, dans le *Gallia christiana*, nova editio, tom. I, col. 126.

[3] Mabillon, *Annal. ordin. S. Bened.* ad annum 990, n° 88, et annum 1031, n° 99.

Gallia christiana nov. edit. t. II, col. 604.

[4] « Testes sunt..... *Bernardus abbas de Belloc*... factum est hoc privilegium anno Incarnationis Dominicæ millesimo XXX, regnante rege Rotberto. » Beaulieu est assez fréquemment désigné, dès cette époque, sous le nom de *Belloc*.

Cette date se trouve à la fois dans une copie prise par Duchêne sur l'original[1] et dans l'édition qu'en a donnée Baluze[2]; elle paraît conséquemment ne pouvoir donner lieu à aucun doute.

Or ce Bernard, abbé de Beaulieu en *1030*, ne peut être l'abbé-évêque Bernard, dont nous venons de parler.

D'une part, en effet, nous avons montré plus haut qu'il était mort le 17 novembre *1028*, époque à laquelle Déodat, son successeur sur le siége épiscopal de Cahors, assista à la consécration de la basilique de Saint-Sauveur de Limoges[3].

D'autre part, Bernard II, depuis son avénement à l'épiscopat, prenait toujours, dans les actes, le double titre d'*episcopus et abbas*, ou bien celui d'*episcopus*; jamais il ne se qualifiait *abbas* seulement. Dans la charte précitée, Bernard, témoin, est simplement qualifié *abbas de Belloc*. Ce n'est donc pas le même personnage.

Dès lors, il doit être considéré comme ayant occupé le siége abbatial depuis la mort de Bernard II, c'est-à-dire, au plus tard, depuis le mois de novembre 1028, dans le cours des années 1029 et 1030, jusqu'au moment où Hugues, neveu de Bernard II, s'empara de l'administration du monastère.

Baluze a conjecturé qu'après la mort de Bernard II, les moines de Beaulieu et de Tulle, qui n'ignoraient pas qu'ils avaient le droit d'élire leurs abbés, usèrent de ce droit et se donnèrent des abbés pris parmi eux, mais qu'il ne fut point permis à ces derniers d'exercer leurs fonctions, et que même ils furent expulsés par les abbés laïques qui avaient été imposés aux deux monastères[4]. Cette conjecture est justifiée par les faits, en ce qui touche, du moins, le monastère de Beaulieu. L'abbé Bernard III, mentionné, ainsi que nous l'avons vu, en l'année 1030, avait été vraisemblablement élu par les moines en 1028, et chassé en 1031 par Hugues de Castelnau, abbé laïque, dont nous parlerons plus bas. Cela semble résulter du texte des actes du concile de Limoges de 1031, où les moines exposent que Hugues s'était violemment emparé du gouvernement de l'abbaye, *super nos tyrannidem arripuit*[5].

Mais, à la suite des réclamations des moines et par la volonté du con-

---

[1] Manuscrits de la Bibliothèque impériale, Collection Duchêne, tome XXII, f° 232.

[2] *Hist. Tutel.* append. col. 410.

[3] Voir ci-dessus, note n° XIV.

[4] *Hist. Tutel.* p. 97.

[5] *Acta SS. concilior.* Collection de Ph. Labbe et Cossart, t. IX, col. 898.

NOTES ET ÉCLAIRCISSEMENTS.

cile, Hugues, conservant le titre d'abbé laïque (*abbas miles*), fut tenu, au plus tard à la Noël de l'année 1031, de présenter à l'évêque Jourdan un moine capable de devenir le pasteur religieux de notre abbaye, pour que le prélat lui en fît régulièrement la collation[1].

Cet abbé, que Hugues devait présenter à l'ordination, fut sans doute élu par les moines suivant la règle de saint Benoît, qui régissait formellement la communauté. Cela est d'autant plus présumable, que les moines demandaient expressément qu'un abbé capable leur fût donné suivant la règle, *ordinetur nobis secundum regulam;* et la décision du concile porte également: *ut ... ordinaret in eo loco dignum pastorem secundum regulam.*

Or la première et la plus caractéristique disposition de cette règle, celle qui est le plus souvent rappelée dans le Cartulaire, est le droit d'élection de l'abbé par les moines et parmi les moines.

Quel fut donc l'abbé régulier désigné par eux, et chargé de l'administration de la maison religieuse?

Suivant les auteurs du nouveau *Gallia christiana*, ce serait l'abbé Fruin, *Frodinus* ou *Frainus*[2]. Mais, en premier lieu, on ne rencontre la mention de cet abbé que sous le règne du roi Philippe, qui commença au mois d'août 1060[3]; en second lieu, nous trouvons dans une charte de notre Cartulaire, datée du règne précédent, celui de Henri Ier, fils de Robert (1031-1060), un passage où il est expressément parlé d'un abbé de Beaulieu du nom de Bernard et qualifié *pontifex abbas,* ce qui s'entend d'un abbé qui était en même temps évêque[4].

Or, à cette époque, sous le même règne, le siége épiscopal de Cahors (dont plusieurs évêques avaient déjà possédé l'abbaye de Beaulieu) était occupé par un personnage appelé Bernard, qui vint après Déodat, et siégea depuis l'an 1037 jusqu'en l'année 1055[5]. Nous ne doutons pas que ce ne

---

[1] « Dixerunt patres: *idoneum ex regularibus monachis* aliquem adducito ante dominum Jordanum, ut ipse eum *regulariter* ordinet ad regendum ipsum locum. » (*Acta SS. concilior. etc.* loc. cit.)

[2] T. II, col 605.

[3] Voir plus bas, note XVII.

[4] CIV. Certains mss. portent *Bertrandus,* au lieu de *Bernardus*, mais le Cartulaire *original* fournit la véritable leçon.

[5] Baluze, *Hist. Tutel.* p. 92. Cet auteur fait durer l'épiscopat de Bernard III de 1037 à 1057; il place même vers l'année 1059 une charte de Tulle souscrite par Bernard, évêque de Cahors et abbé de Tulle. (*Ibid.* col. 412.) Mais, comme *Fulco*, successeur de ce prélat, a commencé à siéger en 1055 (*Gallia christ.*), il faut limiter à cette année la durée de l'épiscopat de Bernard III.

soit là le pontife-abbé qui fut nommé abbé de Beaulieu en vertu de la décision du concile de 1031. Il est assez naturel, en effet, de penser qu'à la suite de la décision qui faisait droit à leurs réclamations, les moines persistèrent à porter leurs suffrages sur celui d'entre eux qu'ils avaient précédemment élevé à cette dignité, et que Hugues le présenta à l'ordination de l'évêque.

Bernard II, évêque de Cahors, avait en même temps tenu les deux abbayes de Tulle et de Beaulieu. Cet autre Bernard, également évêque de Cahors, tenait, cela est certain, l'abbaye de Tulle concurremment avec un abbé laïque nommé Pierre, imposé par le vicomte de Comborn[1]. N'est-il pas rationnel de croire qu'il fut aussi, comme Bernard II, abbé de Beaulieu, concurremment avec l'abbé laïque imposé à ce monastère par le même vicomte[2]?

Nous estimons, en conséquence, que Bernard III occupa le siége abbatial de Beaulieu une première fois, en 1028, 1029 et 1030; et que, dépossédé violemment de l'abbaye, à la fin de 1030 ou au commencement de 1031, par Hugues, abbé laïque, il fut réintégré à la fin de décembre 1031, et gouverna le monastère en qualité d'abbé régulier, concurremment avec cet abbé laïque, devint évêque de Cahors vers 1037 et vécut jusqu'à l'année 1055.

D'après ce qui précède, la date de la charte de notre Cartulaire où est désigné le *pontifex abbas Bernardus* (ch. CIV), se place entre l'année 1037 et l'année 1055.

XVI.

HUGUES DE CASTELNAU, ABBÉ LAÏQUE. — ORIGINE DE HUGUES, SON AÏEUL, ET PÈRE DE BERNARD II.

Lorsque les moines de Beaulieu comparurent, en 1031, au concile de Limoges, pour protester contre le gouvernement tyrannique de Hugues, abbé laïque, *abbas miles*, ils exposèrent les faits qui donnaient lieu à leurs plaintes. Après avoir rappelé que leur monastère avait été fondé par l'archevêque Rodulfe, ils dirent : « Longtemps après la mort de ce prélat, le comte de Toulouse, l'occasion s'en étant présentée, le soumit à sa domination, et le donna en bénéfice au comte de Périgord; celui-ci le concéda au vicomte de Comborn, qui nous a imposé *une personne laïque*, par le mo-

---

[1] Baluze cite une charte du cartulaire de l'église de Cahors, où le fait est formellement énoncé, et qui a été éditée par Mabillon. (*Hist. Tutel.* p. 92, 94 et 97.)

[2] Cf. touchant cet abbé laïque, la note n° XVI ci-dessous.

NOTES ET ÉCLAIRCISSEMENTS.

tif que Bernard, moine de Solignac, et plus tard évêque de Cahors, et notre abbé, son prédécesseur, était son oncle, *avunculus ejus*[1]..... »

Nous avons fait connaître plus haut[2] que Hugues, sur l'ordre du concile, dut présenter, dans le mois de décembre de la même année 1031, à l'évêque de Limoges, Jourdan, un moine qui devint *l'abbé religieux*, tandis que lui-même restait, suivant les prescriptions des Pères, défenseur, *defensor*, ou abbé laïque, *abbas miles;* que, plus tard, Fruin, l'abbé religieux, dut céder aux tracasseries de Hugues, et, ne conservant à Beaulieu que le titre de doyen, *decanus*, se retira au monastère de Tulle, dont il était également le pasteur; qu'en 1076 Hugues remit, sous certaines réserves, le monastère aux mains des religieux de Cluny; et qu'enfin il résigna tout pouvoir en 1095[3].

Or, dans les actes de cession de 1076, Hugues est expressément nommé *Hugo de Castellonovo;* il est dit abbé du monastère de Beaulieu, *istius monasterii abbas esse dicitur;* il déclare tenir l'abbaye par droit de succession, *successione parentum venit;* il excepte des possessions du monastère, qu'il transmet à Cluny, certaines redevances en vin et en denrées qui appartenaient à l'évêque Bernard, son oncle; *excepta illa quam Bernardus episcopus, avunculus meus, tenebat in suo dominio*[4].

Or on voit tout de suite avec quelle exactitude les traits caractéristiques de l'existence et de la parenté de Hugues de Castelnau s'appliquent à l'abbé

---

[1] « Ut autem præsentibus episcopis sit notum, Rodulphus, archiepiscopus et episcopus quondam Bituricensis, monasterium ipsum, tempore Caroli regis, in fundo suo construxit, et prædiis suis multisque donis satis superque nobilitavit. Post cujus transitum ad cœlos longo excurso tempore, occasione reperta, comes Tolosanus cœnobium ipsum suæ potestati addixit, et comiti Petracoricensi in beneficio largitus est. Ille quoque vicecomiti Combornensi concessit, qui suam nobis laicalem personam imposuit, ea de causa quia Bernardus, monachus Solemniacensis, et postea episcopus Cadurcensis, nobis vero abbas, antecessor ejus, avunculus ejus extitit..... » (*Acta SS. conciliorum*, collect. Cossart et Ph. Labbe, tom. IX, col. 898.)

[2] *Introduction*, p. XXII.

[3] *Ibid.* p. XXIII à XXVII.

[4] Voir dans notre Introduction, p. XXIV à XXVIII, note 1, les actes de Hugues de Castelnau, datés de 1076 et 1095, que nous avons pu reproduire d'après le cartulaire original de saint Hugues et le Bullaire de Cluny, grâce à la communication de copies prises par notre obligeant confrère Auguste Bernard. Cet érudit a proposé au Comité des travaux historiques et des sociétés savantes la publication de la nombreuse série des chartes de l'illustre abbaye, d'après les cartulaires et, pour partie, d'après les *chartes originales*, dont les cartulaires ne sont que des recueils

laïque dont il fut question au concile de 1031 : abbé laïque de Beaulieu comme celui-ci, neveu comme lui d'un évêque appelé Bernard, qui avait administré le monastère, et tenant l'abbaye à titre héréditaire. Il y a là un concours de circonstances et des coïncidences de faits trop remarquables pour qu'il soit permis de croire qu'ils ne se rapportent pas à un seul et même personnage. Il faut, dès lors, le nommer, comme il se nomme lui-même dans les actes précités de 1076, Hugues de Castelnau.

Cela suppose, il est vrai, une longue durée d'existence et de pouvoir dans l'abbaye; car Hugues ayant commencé à la régir en 1030 ou 1031, en admettant, par hypothèse, qu'il eût alors vingt-cinq ans d'âge, il avait environ soixante et onze ans en 1076, et quatre-vingt-dix ans en 1095; quarante-six ans d'exercice en 1076, et soixante-cinq ans en 1095. Mais de tels exemples de longévité et de durée de gouvernement abbatial ou épiscopal, n'étaient pas très-rares; et Baluze en cite même parmi les contemporains, notamment saint Hugues, cet abbé de Cluny auquel celui qui nous occupe remit le monastère de Beaulieu[1].

Mabillon distingue pourtant deux abbés du nom de Hugues, et il désigne le premier, celui de l'an 1031, par le nom de Hugues de Comborn, qu'il dit en même temps être le fils d'un frère de l'abbé-évêque Bernard[2]. Cette opinion, à laquelle le savant Bénédictin n'a donné ni développement ni justification, est, sans aucun doute, fondée sur ce passage des actes du concile où il est énoncé que le vicomte de Comborn avait reçu l'abbaye à titre d'arrière-fief des mains du comte de Périgord, et y avait préposé un laïque, neveu de l'évêque Bernard.

Les auteurs du nouveau *Gallia christiana* ont adopté le sentiment de Mabillon, et appellent l'abbé laïque de 1031 *Hugo de Combornio*, par opposition à *Hugo de Castellonovo*, qui serait dès lors le deuxième du nom[3].

composés plusieurs siècles après. Ces chartes fournissent fréquemment le moyen de rectifier les leçons vicieuses des cartulaires, soit quant aux dates, soit quant aux noms de personnes et de lieux, ou bien enfin au point de vue de la philologie. On devine aisément l'intérêt que présenterait, pour les sciences historiques, une telle publication; aussi faisons-nous des vœux pour que la proposition de M. Auguste Bernard reçoive un accueil favorable.

[1] *Histor. Tutel.* p. 96.

[2] « Clericus ille sæcularis erat Hugo de Combornio prædicti Bernardi ex fratre nepos. » (*Annal. ord. S. Bened.* ad ann. 1031, n° 99, t. IV, p. 370, et ad ann. 998, n° 88, t. IV, p. 126.)

[3] T. II, col. 604 et 605. Dans le tome

NOTES ET ÉCLAIRCISSEMENTS.

Baluze a combattu cette manière de voir. Mais, pour le suivre dans sa discussion, nous devons examiner en même temps la question de parenté de l'oncle de Hugues, l'abbé-évêque Bernard II.

Aimoin, moine de Fleury ou Saint-Benoît-sur-Loire, parle ainsi de Bernard II : « Le père de Bernard, nommé Hugues, tenait par la naissance un rang élevé parmi les seigneurs (*proceres*) de l'Aquitaine; il destina Bernard, l'un de ses nombreux fils, aux ordres religieux, et l'envoya au monastère de Fleury; » au bout de peu d'années, il lui donna l'abbaye de Solignac, « et, bientôt après, celle de Beaulieu, que Hugues avait acquise par le droit de la guerre[1]..... » Puisque Mabillon dit que l'abbé Hugues de l'an 1031 était le fils du frère de Bernard, il s'ensuit qu'il était petit-fils de ce noble personnage d'Aquitaine, qui avait conquis l'abbaye par la force des armes et par le droit de la guerre. Or Baluze fait observer qu'il n'existe aucune mention de vicomtes de Comborn avant Archambaud, lequel est nommé pour la première fois en 962[2], et que, parmi ses successeurs, il n'en est aucun qui ait porté le nom de Hugues : et, comme Hugues, le père de Bernard (abbé de Beaulieu vers 984 et évêque de Cahors de 1005 à 1018), vivait assurément vers la même époque qu'Archambaud, vicomte de Comborn[3], ou peu de temps après, il demeure certain que ce Hugues ne peut être vicomte de Comborn, et, par suite, que Hugues, le fils de l'un de ses descendants mâles, n'est point, comme l'ont cru Mabillon et les auteurs du nouveau *Gallia christiana*, un descendant des vicomtes de Comborn.

1er, à propos de Bernard, évêque de Cahors, ils disent également que ce personnage était de la famille des vicomtes de Comborn (p. 126, 131, 145, et instrum. p. 30).

[1] « Bernardum pater Hugo haud infimo inter proceres Aquitanicos ortus loco, ex copiosa filiorum caterva Deo obtulerat ad serviendum, ac ad Floriacense Sancti Patris Benedicti cœnobium miserat litteris imbuendum. Quem hic totius bonitatis plenus Abbo, ex præcepto abbatis sui honorabilis Richardi susceptum valde dilexit, et in quantum temporis opportunitas adrisit, liberalibus artibus erudivit. Sed idem Bernardus, non longo annorum interjecto spatio, a patre suo evocatus, Solemniacensi abbatia, quam sanctus quondam construxit Eligius, est donatus. Ac non multo post, Bellilocensem locum, quem ejus genitor jure belli armisque conquisierat victricibus, est adeptus..... » (*De Vita sancti Abbonis*, cap. x, apud *Novam Galliam christianam*, tom. I, col. 126.)

[2] *Ibid.* p. 55.

[3] Les auteurs du *Gallia christiana* l'ont pourtant formellement énoncé à propos de l'évêque de Cahors Bernard II (t. Ier, col. 126, note *a*).

NOTES ET ÉCLAIRCISSEMENTS.

Baluze, cherchant à son tour l'origine de Hugues, père de Bernard, a conjecturé que c'était un neveu de Raymond Pons, comte de Toulouse et de Quercy, qui, dit-il, d'après une charte de Beaulieu, tenait en 962 notre abbaye en sa puissance, et avait sans doute employé, pour s'en emparer, le ministère de Hugues[1].

Mais, outre que rien ne prouve qu'il y ait eu aucun rapport entre le père de Bernard et le neveu du comte Raymond, on se demande comment il se ferait qu'au lieu de conférer directement à son parent l'abbaye de Beaulieu, Raymond l'eût livrée au comte de Périgord, qui lui-même l'aurait transmise à ce personnage. Une telle manière d'agir manque de raison et de vraisemblance.

Enfin, D. Vaissète a discuté longuement la question; il a soutenu : 1° quant au comte Raymond dont Baluze a pensé que Hugues était le neveu, que ce n'était point Raymond Pons, comte de Toulouse, mais Raymond, comte du Rouergue[2]; 2° à l'égard de Hugues lui-même, qu'il était vicomte de Comborn, ce qui est positivement affirmé par Mabillon, et que de lui sortit la lignée célèbre des vicomtes de Comborn; 3° que ce dernier personnage reçut l'abbaye de Beaulieu du comte de Périgord, lequel la tenait de Guillaume Taillefer, comte de Toulouse et du Quercy[3]; 4° que l'on pourrait concilier l'opinion de Baluze et celle de Mabillon en supposant que Hugues est à la fois, comme l'a pensé le premier, neveu de Raymond, comte de Rouergue, et, suivant l'opinion du second, vicomte de Comborn père de l'abbé-évêque Bernard et du vicomte Archambaud, surnommé *Jambe-pourrie*, lequel vivait en 984 et 987. Outre qu'on ne connaît pas l'origine de ce dernier, les temps, ajoute l'historien, se rapportent très-exactement[4].

En examinant attentivement la discussion de Vaissète, on reconnaît qu'elle est sans base solide. En effet l'énonciation de Mabillon, que Hugues, père de Bernard, était vicomte de Comborn, n'est, en l'absence de toute preuve, qu'une *affirmation du point en question*[5]; en second lieu, parce qu'on

---

[1] *Gallia christiana*, t. Ier p. 87-89.

[2] *Histoire de Languedoc*, t. II, p. 118 et 119. C'est ce personnage qui tint un plaid mentionné par notre Cartulaire. Ch. XLVII.

[3] *Histoire de Languedoc*, loc. cit. Le comte Guillaume Taillefer, né en 945, mourut en 1037, *ibid.* t. II, notes, p. 538.

[4] *Ibid.* note VIII, §§ 43 et 44.

[5] Nous avons dit plus haut que Mabillon avait été égaré par la mention du vicomte de Comborn dans les actes précités du concile de Limoges. (Voir ci-dessus, p. CCLIX, note 1.)

NOTES ET ÉCLAIRCISSEMENTS.

manque de données historiques sur les commencements de la maison de Comborn ou de toute autre noble famille du Limousin, faut-il se hâter, sans autre renseignement, d'en voir le chef dans tout personnage qui aura plus ou moins marqué son passage parmi les seigneurs du pays? Cela est-il surtout admissible, même à titre de conjecture, quand il s'agit d'établir des liens de parenté entre le vicomte de Comborn, dont la résidence et les possessions étaient à l'ouest du bas Limousin, et le chef d'une famille dont les membres, comme Bernard II et Hugues de Castelnau, restèrent fixés et exercèrent leur pouvoir à l'extrémité sud-est du bas Limousin, et au nord-est du Quercy? Quant à la concordance des dates entre Hugues, père de Bernard, et le chef de la maison de Comborn, ou, pour poser plus nettement la question, le père d'Archambaud de Comborn *Jambe-pourrie*, elle n'est rien moins qu'établie. Il nous semble, au contraire, très-probable que Hugues fut contemporain d'Archambaud dont on voudrait faire son descendant.

Les efforts tentés pour établir un lien de parenté entre Hugues et les Comborn ont été vains : ils devaient l'être, car il n'y a, suivant nous, aucun rapport entre ces personnages. Pour le démontrer, nous examinerons séparément les faits rapportés par Aimoin et ceux qui sont consignés dans les actes du concile de 1031.

Dans le récit d'Aimoin nous voyons que Hugues, père de Bernard, s'empara de l'abbaye de Beaulieu (entre 970 et 984) et la remit à son fils Bernard (984). Il n'y a, jusqu'ici, on le voit, aucune alliance avec les Comborn.

Le procès-verbal du concile nous fait descendre à quarante-six ans plus tard : il nous apprend que le comte de Toulouse, ayant, à son tour, soumis l'abbaye (c'est-à-dire le pays où elle était située et l'abbaye elle-même), la remit en fief au comte de Périgord, qui la rétrocéda, à titre d'arrière-fief, au vicomte de Comborn, et que ce dernier en investit Hugues par le motif que Bernard, *son oncle*, en avait été l'abbé.

Ce dernier fait était évidemment alors (en 1031) très-récent, puisqu'il était postérieur à la mort de l'abbé-évêque Bernard II, arrivée en 1028 ; les faits qui précèdent celui-là, et qui nous paraissent l'avoir devancé de peu de temps, se sont passés probablement dans le premier tiers du xie siècle.

Or, de ces deux récits procèdent deux ordres de faits distincts et absolument indépendants l'un de l'autre :

Du premier, c'est-à-dire de l'usurpation de l'abbaye par Hugues au xe siècle, procèdent : 1° le gouvernement abbatial de Bernard II, qui tenait directement de son père l'abbaye laïque et y réunissait les qualités et les prérogatives de l'abbé religieux; 2° l'investiture du neveu de Bernard, Hugues de Castelnau, abbé laïque ou chevalier, après la mort de Bernard; 3° le maintien, par le concile de 1031, des droits de défenseur et d'abbé laïque sur la tête de Hugues de Castelnau.

Du deuxième récit, c'est-à-dire de l'invasion du comte de Toulouse au xi° siècle, procèdent : 1° la dation en bénéfice faite par le comte de Toulouse, suzerain, au comte de Périgord; 2° la cession de celui-ci au vicomte de Comborn (qui était vraisemblablement Èbles, fils d'Archambaud)[1]; 3° l'investiture de l'abbaye laïque, accordée par le vicomte à Hugues de Castelnau; 4° la présence et l'adhésion donnée aux renonciations de ce dernier (an 1076) par Archambaud III, vicomte de Comborn, et par Guillaume IV, comte de Toulouse, dont l'intervention dans les actes prouve que ces personnages, descendants des comte et vicomte mentionnés dans les actes du concile de 1031, continuaient d'exercer sur le monastère un droit de suzeraineté[2].

Revenons donc à la parfaite coïncidence que nous avons observée entre les faits qui se rapportent à l'abbé laïque Hugues de Castelnau, auteur des actes de 1076 et 1095, et à l'abbé laïque du concile de 1031. Puisque Hugues de Castelnau est le petit-fils de Hugues, l'usurpateur du x° siècle, il demeure établi que ce dernier fut l'un des chefs de la famille qui prit, au xi° siècle, le nom de Castelnau du *castrum* qu'elle occupait, et qui, après avoir longtemps été nommé *Exidunum* ou *Castrum Exidense*, fut sans doute appelé *Castrumnovum*, quand ses possesseurs l'eurent reconstruit[3].

L'usurpation de l'abbaye de Beaulieu par cette famille s'explique d'autant mieux, qu'elle dominait la contrée, au moins depuis le premier tiers du x° siècle, car nous la trouvons établie alors dans la vallée *Exidensis* et dans le territoire de Pauliac[4]. Nous retrouvons, en outre, fréquemment parmi les membres de cette famille, au xi°, xii° et xiii° siècle, les noms de Hugues et

---

[1] Nous trouvons des donations faites par ce personnage, en 1001, 1020, 1025 et 1030, aux monastères d'Uzerche et de Tulle. (Dans Baluze, *Hist. Tutel.* append. col. 403 à 409.)

[2] Voir ci-dessus, *Introduction*, p. xxiv et xxv, note, col. 2.

[3] Cf. plus bas, la note n° xxi.

[4] Des donations de biens considérables dans ce pays en font foi. (Chartul. Belli!. xxxviii, xxxix, xl, xli, cv, cxciv.) Dans une charte de 1100, Hugues de Castelnau et ses fils se disent les descendants de Matfred, d'Aitrude et de leur fils Étienne; et la charte xxviii, d'Aitrude et d'Étienne, est datée de 926.

NOTES ET ÉCLAIRCISSEMENTS.

de Bernard[1]. Une charte de l'évêque Bernard II nous fait connaître le neveu d'un de ses frères, qui est Robert[2], et l'épouse de ce dernier, appelée Malfride. Nous remarquons le nom de Robert parmi les enfants de Hugues de Castelnau, au XIIIe siècle[3], et celui de Matfred (*Matfredus*), porté par l'un de ses petits-fils, à la fin du même siècle[4].

En résumé, nous croyons avoir démontré,

1° Que Hugues, l'abbé laïque du concile de 1031, est le même que Hugues, l'abbé laïque de 1076;

2° Qu'il doit être désigné par le nom de Hugues de Castelnau, qu'il prit lui-même dans l'acte de 1076, et non par celui de Comborn, qu'il ne reçoit nulle part;

3° Que son aïeul Hugues, qui, dans la seconde moitié du Xe siècle, s'était emparé de l'abbaye laïque, est l'un des chefs de la famille qui prit, au XIe siècle, le surnom de *Castrum novum*, et, dans les temps modernes, *Castelnau*.

Hugues de Castelnau continua, ainsi que nous l'avons dit plus haut, d'exercer les droits d'abbé laïque : 1° à partir de la fin de 1031 jusqu'à 1055, conjointement avec l'abbé régulier Bernard III, qui fut évêque de Cahors de 1037 à 1055[5]; 2° depuis l'an 1055 jusque vers l'an 1076, conjointement avec Fruin (*Frodinus*), abbé religieux[6]; 3° seul en 1076 et pendant un espace de temps assez court, où Fruin, ayant résigné ses fonctions d'abbé de Beaulieu, n'y garda que le titre de doyen[7]; 4° à partir de la soumission de l'abbaye aux moines de Cluny, faite dans cette même année 1076, conjointement avec le pasteur qui y fut préposé par le chef de cette illustre maison, et dont le nom nous est inconnu, jusqu'en 1095, où il abandonna au pape Urbain II tous ses droits sur le monastère[8].

Nous ignorons la date de sa mort, mais, à raison de son grand âge, nous devons supposer qu'elle suivit de fort près la renonciation de 1095.

---

[1] Chart. Bellil. XXXIX, XL, et seq. Transaction avec les consuls de Beaulieu, en 1322.

[2] *Nov. Gall. christ.* t. Ier, instrum. p. 30, col. 2. Les auteurs du *Gallia christiana* avaient vu naturellement dans Robert, comme dans Bernard, des personnages de la famille des vicomtes de Comborn.

[3] Chartul. Bellil. XXXIX.

[4] *Ibid.* ch. CXCIV, et dans Justel, *Histoire généalogique de la maison de Turenne*, preuves.

[5] Cf. ci-dessus, note n° XV, et dans l'Introduction, p. XXIII.

[6] Voir ci-dessous, note n° XVII.

[7] *Loc. cit.*

[8] *Introduction*, p. XXV, et note 1, col. 2.

NOTES ET ÉCLAIRCISSEMENTS.

XVII.

FRUIN, *FRODINUS*, ABBÉ, PUIS SEULEMENT DOYEN DE BEAULIEU, ET ABBÉ DE TULLE.

Après la mort de l'abbé régulier Bernard III, évêque de Cahors (1055), et du temps de l'*abbé laïque* Hugues de Castelnau, le monastère fut gouverné par un religieux nommé Fruin, *Frodinus*. Des chartes du Cartulaire où il est mentionné comme abbé, deux sont sans date[1]; et les autres sont datées, soit du règne de Philippe Ier (1060-1108)[2], soit du même règne et du pontificat d'Alexandre II (1061-1073)[3], soit du règne de Philippe et du pontificat de Grégoire (1073-1085)[4]. Mais nous trouvons, en dehors de notre Cartulaire, des renseignements qui permettent de déterminer avec plus de précision la durée de son gouvernement abbatial.

D'une part, en effet, son prédécesseur, l'abbé-évêque Bernard III, était, dès 1055, remplacé sur le siége épiscopal de Cahors, et doit être présumé mort à cette époque[5]. C'est, par suite, à cette date que commence l'administration de Fruin à Beaulieu; et, comme ce dernier n'est mentionné que sous le roi Philippe, c'est à tort que les auteurs du nouveau *Gallia christiana*[6] ont vu en lui l'abbé nommé, en 1031, conformément aux ordres du concile. D'autre part, l'acte de 1076, par lequel Hugues, l'abbé laïque, soumet le monastère aux moines de Cluny, nous apprend que Fruin, qui avait tenu les deux abbayes de Beaulieu et de Tulle, n'avait plus alors que cette dernière, et ne retenait, quant à Beaulieu, que le titre de *decanus*, doyen[7];

---

[1] Chartul. Bellil. XCVII et CLI.

[2] *Ibid.* LXXXIII.

[3] *Ibid.* XIV.

[4] *Ibid.* XV.

[5] Cf. ci-dessus, note XV.

[6] T. II, col. 605.

[7] « Dehinc dominus Froinus, *Tutelensis abbas, et illius monasterii decanus*, laudat atque testatur, ut fieri debeat ore et corde precatur. » Charte de 1076. (Voir ci-dessus dans notre Introduction, pag. XXIV, note 1, col. 2.) Le cartulaire original porte *Froterius*, mais Baluze a écrit *Froinus* : il faut, en effet, suivant nous, lire, dans ce passage, *Froinus* ou *Frotinus*, et non pas *Froterius*. Ce personnage est qualifié abbé de Tulle. Or on ne connaît, dans cette période, aucun abbé de Tulle ainsi appelé : on sait que ce monastère était alors occupé par *Frodinus* ou *Frotinus*. De plus, la deuxième charte de renonciation contient, parmi les témoins qui l'ont souscrite (*loc. cit.* p. XXV, note, col. 2), la signature de *Frodinus abbas*. Il nous paraît indubitable que c'est le même nom qu'il faut lire plus haut; le scribe qui a trans-

NOTES ET ÉCLAIRCISSEMENTS.

et cette situation remontait peut-être à une époque plus reculée, peut-être au temps où Fruin prit les rênes de l'abbaye de Tulle, ce qui eut lieu, au plus tard, en 1073, et, suivant Baluze, vers 1070[1]. C'est à cette période, mais toutefois plus sûrement à l'année 1076, qu'il faut rapporter la charte de notre Cartulaire où nous voyons Pierre et Alzas, son épouse, confier leur fils Géraud à l'abbé Hugues, à Fruin et à toute la communauté : *Hugoni abbati, et Frodino omnique congregationi*[2]. Le titre d'abbé, que prend Hugues, la mention de Fruin sans qualification, annoncent que déjà ce dernier n'avait plus, à Beaulieu, que le titre de doyen. A quelle époque cessa son décanat? Nous ne pouvons le dire avec précision : Baluze place sa mort en 1085[3], et les auteurs du nouveau *Gallia christiana* font partir de cette époque l'administration de Gaubert, son successeur dans l'abbaye de Tulle[4]. Il existe, il est vrai, une charte du cartulaire de Tulle, datée de 1091, et dans laquelle Fruin figure encore comme abbé[5]. Mais, d'une part, cette charte a été faite sous Guy, évêque de Limoges, qui ne dépasse point l'an 1087; d'autre part, l'indiction IVe, qui accompagne la date précitée, ne concorde pas avec l'année 1091, mais avec l'année 1081; c'est donc cette dernière qu'il convient d'adopter.

XVIII.

DE L'ABBÉ GÉRAUD II.

Les auteurs du nouveau *Gallia christiana*[6] placent la première mention de cet abbé en l'an 1103, époque à laquelle il reçut, du pape Pascal II, une bulle qui confirmait tous les priviléges et immunités du monastère[7].

Mais, en premier lieu, il existe une charte du Cartulaire de Beaulieu qui crit la charte, lors de la confection du cartulaire de Saint-Hugues de Cluny, a pu aisément commettre une erreur sur ce point. C'est dans de telles circonstances que l'on regrette de ne pouvoir consulter le texte de la *charte originale* : celle-là est malheureusement détruite, ou, du moins, n'est pas au nombre de celles que notre confrère Auguste Bernard a eues sous les yeux, et dont il a projeté la publication.

[1] *Hist. Tutel.* p. 93 à 106.
[2] Ch. CVII.
[3] *Ubi supra*, p. 106.
[4] T. II, col. 605.
[5] *Hist. Tutel.* append. col. 429.
[6] T. II, col. 605.
[7] Ex chart. Bell. II, 17 mai ann. 1103.

fait remonter, avec certitude, son administration à l'année 1100[1]; en second lieu, le cartulaire de Tulle contient une donation datée du 29 mars 1097, faite par cet abbé, de concert avec le doyen Guillaume (*Willelmus*), et avec l'agrément de tout le chapitre, au monastère de Saint-Martin de Tulle[2]. A cette époque, au plus tard, Géraud régissait donc notre abbaye.

D'un autre côté, nous savons que c'est le 23 mai 1095, sous le pontificat d'Urbain II, que l'abbé laïque Hugues de Castelnau abandonna aux moines de Cluny ce qu'il s'était réservé, lors d'une précédente cession, dans ses droits sur l'abbaye de Beaulieu.

Nous devons, par suite, supposer que Géraud II prit possession du siége abbatial dans le cours de cette année, ou l'année suivante.

De nombreuses chartes le désignent[3], et, après le gouvernement de l'abbé Gairulfe, on peut considérer celui-ci comme l'un des plus actifs, et marquant une ère de grande prospérité pour le monastère.

Il se retrouve mentionné dans une charte du 6 juin, qui nous paraît devoir être placée vers l'année 1119[4]. Il est aussi nommé dans un acte non daté, mais en marge duquel on a écrit, sur le manuscrit de Saint-Germain, *circa annum 1130;* l'annotateur a pu avoir à sa disposition des documents aujourd'hui perdus; et le renseignement qu'il nous procure nous autorise à conjecturer que Géraud siégea jusqu'à cette dernière année.

---

[1] Ex Chartul. Bellil. ch. xxxix. Cet acte est ainsi daté : « Anno ab origine mundi vi° trecentesimo, anno ab Incarnatione Domini millesimo centesimo, indictione viii, regnante Philippo, rege Francorum. »

[2] *Concessio Geraldi abbatis Bellilocensis.* « Sciendum est omnibus qui præsentes sunt atque futuris quod Geraldus abbas Bellilocensis et Willelmus decanus, cum consilio totius capituli, dederunt Deo ejusque genitrici et sancto Martino nobisque monachis Tutelensibus, rectum quod in Bello podio vel propter ecclesiam de Campis, in cujus parrochia erat idem podium, vel alio modo habebant, sine ullo conventu. Factum est hoc donum in Bellilocensi capitulo, audiente Willelmo abbate Tutelensi, qui hoc idem ab ipsis impetravit, et Bernardo priore, et Petro vicario monacho, anno ab Incarnatione Domini mxcvii, indictione v, quarto idus martii, regnante Philippo rege, et domino episcopo Willelmo præsidente in Lemovicensi sede. » Ap. Baluz. *Hist. Tutel.* app. col. 443 et 444.

[3] Chartul. Bellil. ch. ii, xxxi, xxxii, xxxvi, xxxix, xlii, c, cv, cxi, cxx, cxxiii, cxxiv, clxx, clxxxii.

[4] xxxvi.

NOTES ET ÉCLAIRCISSEMENTS.

XIX.

DE L'ABBÉ GAUTIER.

Entre le mois de juin 1119, où se trouve la dernière mention de Géraud II, et la première de l'abbé Pierre de Saint-Céré, qui est en 1164, il existe une lacune de quarante-cinq ans; et, en admettant la conjecture que le gouvernement de Géraud se soit continué jusqu'en 1130, cette lacune est encore de trente-quatre ans. D'un autre côté, Pierre de Saint-Céré ayant vécu jusqu'en 1203, on ne peut supposer qu'il fut abbé longtemps avant 1165. Il est donc très-présumable que, dans cet intervalle de trente-quatre ans, ou même de quarante-cinq ans, il y eut un troisième abbé.

Or le Cartulaire de Beaulieu désigne, dans une charte non datée, mais dont la rédaction se rapporte bien à cette même époque, un abbé nommé Gautier, *Galterius*[1]. Dom Michel Germain l'a inscrit entre Géraud II et Pierre de Saint-Céré[2], et c'est, je crois, avec raison.

Dans l'impossibilité où nous sommes d'assigner à cet abbé une époque précise, nous le placerons à égale distance du prélat qui l'a précédé et de celui qui l'a suivi, c'est-à-dire vers l'an 1145. Gautier serait, dans ce cas, le second des pasteurs de Beaulieu venus de l'illustre maison de Cluny.

XX.

NOTICE ARCHÉOLOGIQUE SUR L'ÉGLISE DE L'ABBAYE, DITE *DU MOUSTIER*. — DE L'ANCIEN CLOÎTRE. — DES ÉGLISES ET CHAPELLES DE BEAULIEU [3].

L'ancienne église du monastère, appelée encore de nos jours l'*église du Moustier*, et classée parmi les monuments historiques, représente une croix

---

[1] CXC. Il est à remarquer que cette charte est insérée dans le Cartulaire immédiatement avant les chartes où est mentionné l'abbé Pierre de Saint-Céré.

[2] *Nov. Gall. christ.* t. II, col. 605.

[3] Dans nos fréquents voyages à Beaulieu, et dans les visites que nous avons faites chaque fois à l'église du Moustier, nous avons réuni les éléments de cette notice. Mais il nous restait à connaître les dimensions précises des différentes parties du monument : M. l'abbé Remi Chièze, desservant de cette église, d'après le désir que nous en avons exprimé, a bien voulu les faire relever sous ses yeux par un homme de l'art, et nous transmettre le

latine, dont le sommet (l'abside) est, suivant l'usage constant au moyen âge, tourné vers le levant. Elle se compose d'une nef centrale, de deux nefs latérales, d'un transsept, du chœur et de l'abside.

1° La *nef centrale* s'élève, en voûte ogivale, à une hauteur sous clef de $17^m,77$, portée par une double rangée de six piliers avec colonnes engagées : elle offre, entre les bases de ces piliers, une largeur de $6^m,50$, et est terminée à l'ouest, du côté de la place de la Brigole, par un mur droit, dans lequel s'ouvre un portail. Ce portail, qui n'a d'autre ornement que trois rangs de voussures, est surmonté de deux rangées symétriques de fenêtres superposées, la première rangée ayant trois ouvertures, la seconde deux seulement. Du portail au centre de l'hémicycle de l'abside, on mesure une longueur totale de cinquante-trois mètres.

Au-dessus du portail est établie une tour carrée de faible dimension, percée, à chaque face, de deux fenêtres couplées, et couverte d'un toit pointu.

Les demi-colonnes des piliers ont une base attique, et leurs fûts élancés sont couronnés, à la naissance de l'arc en pointe, de chapiteaux d'une extrême simplicité, formés de feuilles, légèrement recourbées en volutes à leurs extrémités.

2° Les *nefs latérales* sont séparées de la nef centrale par les piliers à colonnes engagées dont il vient d'être parlé, et qui forment deux rangées de cinq arceaux donnant sur la nef centrale; les quatre premiers, en partant du bas de l'église, de forme ogivale; le dernier, du côté du transsept, en plein cintre ou d'une forme elliptique très-peu prononcée. Les voûtes des nefs latérales ont, sous clef, une hauteur de $9^m,90$; et les nefs elles-mêmes, entre les bases des piliers et des murs extérieurs, une largeur de trois mètres. Les deux parties du monument ci-dessus décrites représentent, dans œuvre, entre les bases des murs extérieurs, une largeur de $17^m,80$.

3° Le *transsept* est surmonté d'un dôme ou coupole circulaire d'une hauteur, sous clef, de vingt-trois mètres, semblable à celle qui se voyait autrefois dans l'église de Saint-Martin de Tulle, aujourd'hui l'église cathédrale[1], et s'observe encore dans l'église romane de l'ancienne et célèbre

---

résultat de ce mesurage. Nous nous faisons un devoir de le remercier ici de cet acte de parfaite obligeance.

[1] On connaît d'une manière très-précise l'époque à laquelle la construction de cette église fut entreprise : c'est le mois de juin de l'année 1103, qui est au milieu du règne du style roman de la seconde période. (Mabillon, *Annal. ord. S. Bened.* t. V, p. 478. Baluz. *Hist. Tutel.* p. 116.)

NOTES ET ÉCLAIRCISSEMENTS.

abbaye d'Aubazine, édifiée dans le cours du xiie siècle. Les bras de la croix sont formés chacun par une voûte dont la hauteur, sous clef, est la même que celle de la nef centrale ($17^m,77$); leur largeur est égale à celle des nefs latérales; la longueur entre les deux extrémités des branches de la croix est de trente-huit mètres. La branche septentrionale, aujourd'hui fermée et formant impasse, avait autrefois une ouverture sur le cloître, qui était situé de ce côté de l'église. La branche méridionale s'ouvrait sur la place du Marché, par un portail dont nous aurons à nous occuper bientôt.

4° Autour du *chœur* se dressent douze colonnes dont les fûts, droits et sans renflement, reposent sur des bases attiques, et sont surmontés de chapiteaux semblables à ceux de la nef centrale, et portant des arceaux romans en fer à cheval.

Dans le mur supporté par ces arceaux a été pratiquée une galerie semi-circulaire, qui prend des jours sur le chœur par des arcs géminés reposant au centre sur une légère colonnette.

Enfin, des fenêtres cintrées, percées au-dessus de cette galerie, répandent la lumière sur le chœur.

5° *L'abside.* — Les deux nefs latérales se continuaient, en se rétrécissant, au delà du transsept, et formaient une abside ornée de chapelles.

Revenons au portail méridional, que nous croyons avoir été appelé, au xiiie siècle, et jusque dans les derniers siècles de la monarchie, *portail Notre-Dame*[1], et qui mérite, à cause de son importance, une description détaillée.

Considéré dans son ensemble, il présente un grand arc légèrement ogivé, avec trois voussures, reposant sur de frêles colonnes ornées de petits chapiteaux à la naissance de l'ellipse. Le tympan est supporté par des piliers latéraux, et, au centre, par un magnifique monolithe de 3 mètres environ, sculpté par les trois côtés extérieurs, et représentant trois personnages, dont l'un, celui de face, est debout sur un homme accroupi sur ses genoux, le dos courbé. Les trois grandes figures qui décorent les trois côtés de ce pilier de soutien sont séparées par des zigzags ou rouleaux brisés; elles paraissent soutenir sur leurs têtes et leurs mains levées en l'air, la masse de pierre qui les domine.

Aux deux côtés du portail, sont posées sur des consoles les statues de deux saints, avec le nimbe croisé : l'un, portant une clef; c'est évidemment saint

---

[1] *Inventaire manuscrit des archives de la ville de Beaulieu*, liasse VII, n° 107, et liasse XI. (Voir ci-dessus dans l'Introduction, p. xxxix.)

Pierre, patron principal de l'abbaye; l'autre, tenant un livre à la main : nous pouvons seulement conjecturer qu'il représente saint Paul, qui fut aussi l'un des patrons les plus révérés du monastère.

Le tympan se compose de trois parties distinctes et superposées.

La première (la plus rapprochée du sol) est un large bandeau, représentant des monstres apocalyptiques : le sanglier, la bête à sept têtes, et un être à face humaine, rampant, le front armé de cornes, barbu et laissant échapper de ses flancs deux singes qui se battent; sa queue est terminée par une tête d'animal.

La deuxième partie, séparée de la première par des ondulations qui figurent les flots de la mer, est également un bandeau, offrant, aux deux côtés, des animaux monstrueux qui emportent un homme dans leur gueule : au centre, on observe deux quadrupèdes ailés et affrontés.

Dans la troisième partie de cette grande œuvre sculpturale, le Christ est assis, les bras étendus, les cheveux retenus derrière les oreilles, avec la barbe entière, portant le nimbe crucifère, vêtu d'une draperie retombant de l'épaule gauche sur la poitrine (dont le côté droit est découvert), et fixée sur le flanc gauche par une ceinture formée *peut-être* par l'enroulement de la même draperie autour du corps, et d'où s'échappent deux rangées de plis symétriques. On distingue, en outre, sur lui, deux robes ou tuniques : l'une, plus courte que l'autre, descendant à peine au-dessous des genoux, plissée symétriquement et ornée d'une riche bordure. Derrière le Christ se dresse la croix, avec une couronne au centre, et soutenue par deux personnages. De chaque côté du Christ, un ange sonne de la trompe, et annonce le jugement dernier : les vivants et les morts se rendent à cet appel suprême; les sépulcres s'entr'ouvrent et laissent apparaître des figures de ressuscités; auprès d'eux, des personnages debout s'avancent vers le centre où est le Sauveur des hommes, à présent leur juge.

Au-dessus de cette scène, et à la hauteur du Christ, mais de plus petite dimension, les apôtres sont assis à droite et à gauche.

Enfin, au sommet du tympan, outre les deux porteurs de la croix, on distingue divers personnages, parmi lesquels une figure sortant d'une nuée et tenant une couronne ou diadème destiné au Fils de Dieu.

Tel est le magnifique tableau de pierre qui orne le portail méridional de cette église du Moustier de Beaulieu, si peu connue, et pourtant si digne de l'attention des archéologues.

NOTES ET ÉCLAIRCISSEMENTS.

En avant de ce portail s'étendent deux murs en retour ou éperons formant parvis ou avenue, et offrant l'un et l'autre une arcature cintrée en fer à cheval. Cette arcature est portée par trois colonnes posant sur un champlein, surmontées de chapiteaux à feuilles volutées, et entre lesquelles le ciseau de l'artiste a essayé de représenter les divers épisodes de la tentation de saint Antoine.

Un écrivain a vu, dans l'espace compris entre les deux murs ci-dessus décrits, le lieu où se réunissaient les catéchumènes[1]. Mais cette destination ne nous paraît, à aucun égard, vraisemblable : nous croirions plutôt que ce lieu était un *triforium* servant, soit à rendre la justice, soit à dresser les actes importants et solennels, et en particulier les testaments, ce qui avait lieu, comme on sait, fort souvent au-devant des églises; c'est pourquoi on plaçait, sur leur parvis ou leurs abords, comme signe de juridiction, deux lions en pierre, d'où est venue la formule de certaines chartes ou notices de plaids : *inter leones*.

Si nous recherchons l'époque ou plutôt les époques successives de construction des diverses parties de notre édifice, nous observons que l'abside et le transsept, caractérisés par l'emploi du cintre en fer à cheval, par une grande sobriété d'ornements, et par le dôme qui a ses analogues dans les églises romanes du pays, dont la date est certaine (Tulle, 1103, et Aubazine, vers 1150), accusent le style roman de la deuxième période. Il en est de même du portail méridional, dont le sujet et la composition rappellent si bien le tympan de la cathédrale d'Autun, et, en général, la manière de l'école bourguignonne.

Il faut toutefois remarquer la présence de l'ogive, peu prononcée à la vérité, mais très-spontanément employée comme système alors en usage, d'après la place qu'elle occupe, car elle ne peut s'expliquer ici, comme à Saint-Front de Périgueux (qui date de 976-1047), par des nécessités de construction. Cela nous conduit à placer l'achèvement de cette portion de l'édifice à une époque de la période romane un peu plus rapprochée de la période ogivale, c'est-à-dire à la première moitié du XIIe siècle.

Enfin la nef centrale et les nefs latérales, à cause de l'emploi constant de l'ogive, mais uni à une ornementation très-sobre, peuvent être rapportées à la fin du même siècle.

C'est donc tout à fait à tort qu'un auteur, déjà cité, a avancé que l'église de Beaulieu avait été terminée en 996 et consacrée par l'évêque de Limoges

[1] Marvaud, *Histoire du bas Limousin*, t. Ier, p. 49.

Anselme[1]. Quant à l'abbé *Gérard de Saint-Céré*, à l'administration duquel cet événement correspondrait, nous ferons observer qu'il n'existe aucun personnage de ce nom parmi nos abbés, et que des deux Géraud qui régirent le monastère, le premier commence à 968 et s'arrête à 984, le second commence à 1097 et finit vers 1119 ou au plus tard en 1130.

On peut présumer avec assez de vraisemblance que la partie orientale de l'église (transsept, chœur et abside), par laquelle on entreprenait presque toujours l'établissement d'une église, était en construction en 1097, et qu'elle put être consacrée au culte dans les premières années du XIIe siècle. C'est, d'ailleurs, dans le même temps (en 1103), que Géraud II obtint du pape Pascal II une bulle de priviléges et d'immunité pour l'abbaye[2] : il est permis de conjecturer que c'est à l'occasion de la consécration de son église qu'il provoqua cet acte de faveur du saint-siége.

Il n'est peut-être pas sans intérêt de rapprocher l'analogie de composition et d'exécution, existant entre le tympan de Beaulieu et celui de diverses églises de Bourgogne, de ce fait qu'à l'époque même où cette belle œuvre de sculpture s'effectuait, notre monastère venait d'être soumis à l'abbaye de Cluny. Il est assez naturel de supposer que les artistes de cette illustre communauté exercèrent sur les travaux de sa fille adoptive une influence considérable, qu'ils y envoyèrent des ouvriers et des maîtres, peut-être même y appliquèrent des plans et des modèles de l'école bourguignonne, comme, au XIIe siècle, saint Étienne d'Aubazine appliqua à la construction de l'église de son monastère les plans qu'il avait apportés de la Grande-Chartreuse[3], et comme, aux deux siècles précédents, des Vénitiens, établis entre la Dordogne et la Garonne, y avaient reproduit l'ordonnance de l'église à coupoles de Saint-Marc.

L'église du Moustier contenait un certain nombre de chapelles, dédiées, l'une à saint Pierre, premier et principal patron de l'abbaye[4] ; l'autre à saint Prime et à saint Félicien[5] ; une troisième à saint Benoît[6] ; une qua-

---

[1] M. Marvaud, *Hist. du bas Lim.* l. c.

[2] Chartul. Bellil. ch. 11, 17 mai, 1103.

[3] Ex Vit. S. Stephani Obasinensis; apud Baluz. *Miscellan.* t. I, p. 156.

[4] C'est à la chapelle de saint Pierre que se célébrait la messe du lendemain de Noël, à la suite de la désignation des consuls par l'abbé. (Compromis de 1269.)

[5] C'est devant l'autel de ces deux saints que se faisait la présentation des candidats au consulat. (*Introduct.* p. XIV.)

[6] Chartul. Bellil. CL. Donation est faite pour l'entretien de la lampe qui brûle devant son autel.

trième à saint Émile[1]; une cinquième à saint Rénier (*Rainerius*)[2]; une sixième à saint Martin[3]; une septième à saint Marc[4]; une huitième à saint Nicolas[5]; il existait sans doute aussi une chapelle en l'honneur de saint Rodulfe ou Roïls, fondateur du monastère; il est à peine besoin d'ajouter qu'il y en avait encore une sous le vocable de la sainte Vierge.

Nous devons parler maintenant des peintures décoratives que le moine Bernard exécuta dans l'oratoire ou chapelle de la vierge Marie, vers l'an 1005. D'après la description que nous en donne l'une de nos chartes, cette décoration se composait de six tableaux, dont les sujets étaient tirés de la vie de la sainte Vierge et de l'enfance du Christ : l'*Annonciation*, la *Salutation*, la *Naissance de Jésus*, l'*Adoration des mages*; la *Première enfance du Christ* (*qualiter nutritus*), et la *Présentation au temple*[6].

Qu'était-ce que cet oratoire? où était-il situé? Notre Cartulaire dit d'abord, « Oratorium..... quod est *in Belloloco*, » ce qui pourrait faire penser que c'était une chapelle isolée dans la bourgade ou petite ville formée autour du monastère. Mais il ajoute plus bas, « Bernardus..... voluit *in eodem monasterio* depingere, etc. » ce qui ne peut s'entendre que d'un travail fait dans l'intérieur de l'abbaye.

L'ancien cloître du moyen âge, dont cet oratoire dépendait, fut plusieurs fois saccagé et mutilé, au XVIᵉ siècle, par les calvinistes, et il était presque en ruines, lorsque, vingt ans après la soumission des Bénédictins de Beaulieu à la congrégation de Saint-Maur (vers 1683), D. Maur Dupont entreprit d'élever à sa place un nouveau monument dans le style du temps. Les débris qui nous restent de ce dernier édifice sont peu considérables, on n'y distingue plus qu'un grand escalier à larges dalles, conduisant à une série de cellules carrées, assez spacieuses et voûtées, que l'on appelle encore dans le pays le *dortoir des religieux*; enfin, sous ce dortoir, une vaste pièce dallée, couverte de larges voûtes, à côté de laquelle était le four de la boulangerie[7], et que nous croyons être la cuisine du monastère.

---

[1] Les grands vassaux et officiers de l'abbaye venaient prêter serment de fidélité à l'autel de saint Émile (Chartul. Bellil. CXCII, CXCVI); on y conservait des reliques de ce saint (CIV, CXXXV).

[2] Chart. Bell. CIX. Il lui est fait un don, c'est-à-dire à l'autel qui lui était consacré.

[3] *Ibid.* LXXXVI.

[4] Cette chapelle fut fondée, en 1341, par l'abbé Rodulfe ou Raoul, quatrième du nom. (*Gallia christ.* nov. ed. t. II, col. 606.)

[5] L'abbé Bernard, sixième du nom, y fut enseveli en 1389. (*Ibid.* col. 607.)

[6] Chartul. Bellil. CLIV.

[7] Ce four est, de nos jours, occupé par l'un des boulangers de la ville.

CCLXXVI   NOTES ET ÉCLAIRCISSEMENTS.

Indépendamment de l'église du *Moustier*, Beaulieu posséda, en divers temps, plusieurs églises ou chapelles, savoir :

1° L'église paroissiale, située sur la rive droite de la Dordogne, et qui, d'après les renseignements qui nous sont adressés par M. l'abbé Remi Chièze, serait de la seconde période romane, vraisemblablement de la fin du XII° siècle; c'est une croix latine, à une seule nef, avec deux portails, l'un, le principal, qui est à l'extrémité inférieure de la nef, l'autre, à la partie occidentale du bras méridional de la croix;

2° Une chapelle en l'honneur de la Vierge, érigée sur la même rive, dans le XV° siècle au plus tard, et, suivant les traditions locales, en exécution d'un vœu formé par un voyageur ou voiturier dans un instant de péril, où, passant sur la glace qui couvrait la Dordogne, il entendit les craquements précurseurs d'une rupture imminente;

3° L'église des Jésuites[1], dont il n'existe que des ruines informes, et dont M. l'abbé Chièze croit qu'on peut rapporter la construction à une date voisine de celle de l'église de ces pères encore debout à Tulle, et qui, commencée en 1665, fut terminée en 1701, et placée sous l'invocation de saint Joseph[2];

[1] Les jésuites s'établirent probablement à Beaulieu, comme à Tulle, vers le milieu du XVII° siècle. Le compte rendu par M. Ramond Mailhot, premier consul, de sa gestion en 1680, contient l'article suivant : « De plus aux RR. PP. jésuites, 120 #, savoir 100 #, que la ville leur donne annuellement, 10 # pour le luminaire, et 10 # que feu M. le lieutenant général de Martel leur donne. » (Ms. communiqué par M. L. de Veyrières.)

[2] Baluze, *Histor. Tutel.* p. 287. Cette église, appelée de nos jours *Église du collége*, avait été élevée par les Jésuites comme annexe d'un collége qu'ils établirent à Tulle, et d'où sont partis des hommes devenus célèbres dans diverses carrières; nous citerons Étienne Baluze, le P. Léonard Frizon et le P. Jean Lagarde. Il est à regretter que cet édifice, qui est assez bien conservé, et dont la restauration serait peu coûteuse, ait été affecté à l'usage de halle aux grains. Cette mesure est d'autant plus étrange, que la ville n'a actuellement aucune église dont l'installation soit en rapport avec les besoins de sa population, avec l'importance d'un siége épiscopal, et, nous pourrions ajouter, avec ce qu'exigent les convenances et la dignité du culte. La cathédrale elle-même, dont le clocher est de proportions à la fois si élégantes et si hardies, est tronquée à sa partie orientale : le transsept, les bras et l'abside, tombés à la fin du XVIII° siècle, n'ont pas été reconstruits. Qu'il nous soit donc permis d'exprimer ici, au nom de nos compatriotes, le vœu que le gouvernement avise au moyen de relever ces ruines, et que l'administration locale rende l'ancienne église de Saint-Joseph à sa destination religieuse.

NOTES ET ÉCLAIRCISSEMENTS.

4° L'église des Ursulines, qui n'a laissé aucun vestige et qui remontait vraisemblablement à la même époque [1].

XXI.

DE LA POSITION DU CHEF-LIEU DE LA *VALLIS*, *VICARIA*, *CENTENA* ET *AÏCIS EXIDENSIS* OU *EXINDENSIS*.

Ces divisions territoriales, auxquelles une même localité avait communiqué son nom, étaient à l'extrémité nord-est du Quercy, limitrophe du bas Limousin, et en particulier de la vicairie ou centaine limousine de Le Vert (*Vertedensis*)[2]. Les villages et manses qui en dépendaient étaient placés au nord et au sud de la Cère et de la Bave, qui arrosent cette contrée. C'est pourquoi nous n'avons aucun doute sur la situation de ces divisions. Mais il n'en est pas de même de leur chef-lieu, du *castrum* ou *vicus* auquel elles avaient emprunté leur dénomination. D'après l'adjectif *Exidensis* (dont on rencontre assez rarement les variantes *Exitensis* ou *Exindensis*), le vocable latin de cet endroit devait être *Exidum* ou *Exidunam*. Nous n'avons, jusqu'ici, rencontré, dans cette région du Quercy, aucun nom du moyen âge ou moderne que l'on pût considérer comme étant la traduction de l'ancienne appellation : il faut donc croire qu'elle aura disparu sous une appellation nouvelle; cette disparition aurait eu lieu au plus tôt après l'année 955, car nous trouvons jusqu'à cette date la mention des divisions qui portaient son nom[3].

Les deux localités les plus considérables du territoire occupé par les cir-

---

[1] Le compte précité des consuls de Beaulieu, pour 1680, renferme un article ainsi conçu : « ... a payé aux dames religieuses de Sainte-Ursule de la présente ville, 42 ## 10 ª pour le revenu de la somme de 850 ## que la communauté (la commune) leur doit, suivant leur prorogation du terme à payer. »

[2] Les centaines *Vertedensis* et *Exidensis* sont nommées conjointement dans la charte III de notre Cartulaire, de telle manière qu'il en résulte nécessairement qu'elles étaient contiguës.

[3] Chartul. Bellil. cxxvi. Cette charte est datée de 955-985; en sorte qu'on pourrait, à la rigueur, conjecturer que l'ancien nom subsista jusqu'en 985. Mais les dates des autres chartes, où se trouvent désignées les divisions territoriales du nom d'*Exidensis*, rendent cette extension peu vraisemblable; quatre seulement sont du xe siècle (xxxviii, an. 926; xliv, 928; lx, 916; et cxxix, 915). Les autres sont du ixe siècle, et comprennent la période de 866 à 894.

conscriptions dont il s'agit sont Castelnau-de-Bretenoux et Saint-Céré : ce dernier comme centre de population, Castelnau comme force d'assiette et résidence de la famille la plus puissante du pays.

Nous avons d'abord hésité entre ces deux localités. Saint-Céré, qui est actuellement chef-lieu de canton dans l'arrondissement de Figeac (Lot), est situé dans une île de forme allongée, placée entre les deux bras de la rivière la Bave, qui coule de l'est à l'ouest, et va se réunir à la Dordogne au-dessous de Pauliac. Le château (*arx* ou *castrum*) de Saint-Céré, dont il est parlé dans les monuments de la période féodale, était probablement à la place occupée de nos jours par le château de Saint-Laurent, sur une colline au nord de la ville, de laquelle il était séparé par le bras septentrional de la Bave, dont il dominait le cours. Nous avons pensé que le nom du patron de l'église avait pu se substituer à la dénomination primitive, comme cela est arrivé pour tant de lieux (nous citerons, en Limousin, Saint-Yrieix, qui était *Attanum*; Saint-Léonard, *Nobiliacus*; et Saint-Privat, *Betucum*). Or nous ne connaissons qu'une seule mention de *Sanctus Serenus* antérieure à la deuxième moitié du xe siècle, où cette localité est qualifiée *oppidulum*[1]; et l'adjectif *Exidensis* cesse précisément de paraître après 955[2]. De plus, Saint-Céré est au centre des dépendances de la vicairie et de la centaine *Exidensis;* et, s'il est vrai que l'on ne rencontre pas *avec certitude*, sur le littoral de la Bave même, où était Saint-Céré, les lieux désignés comme appartenant à la *vallis Exidensis*, il en est, comme *Monte Maximino*, *Monte et Cuncellas*[3], dont les positions étaient *peut-être* à Miaumars, à Montal, sur la Bave, et à Cances, localité riveraine d'un petit affluent, et qu'on pourrait, à la rigueur, considérer comme étant dans la vallée de la Bave.

Telles sont les raisons qui nous avaient tout d'abord fait hésiter sur le choix de la position du chef-lieu dont il s'agit; mais, à la suite d'une étude attentive de la question, nos doutes ont été levés, et nous croyons qu'il faut définitivement fixer le site de l'ancien *Exidunum* à Castelnau-de-Bretenoux.

On peut, en effet, répondre, à ce qui est dit plus haut en faveur de Saint-Céré, qu'aucune des positions de la *vallis Exidensis* notées comme étant dans la vallée de la Bave n'est certaine; que ces attributions ne sont indiquées qu'à titre conjectural et sous forme dubitative; qu'il en est tout au-

---

[1] Ex Vita S. Geraldi Aureliacensis. Apud *Bibliothec. Cluniac.* col. 85.

[2] Chartul. Bellil. cxxvi.

[3] LVII, LX, LXXVI.

NOTES ET ÉCLAIRCISSEMENTS.   CCLXXIX

trement de la vallée de Castelnau, qui contenait assurément, et sans aucune contestation possible, plusieurs des localités de la *vallis Exidensis*. A l'égard de la dénomination d'*oppidulum Sancti Sereni*, elle a été donnée à Saint-Céré dans la Vie de saint Géraud d'Aurillac, écrite entre les années 924 et 934 [1], c'est-à-dire à une époque où nous trouvons encore des mentions de la *vicaria* ou *vallis Exidensis*, lesquelles supposent le nom d'*Exidum* ou *Exidunum*; nous sommes dès lors autorisé à conclure que Saint-Céré n'est point le chef-lieu de cette dernière circonscription [2]. Quant à cette considération que Saint-Céré se trouve au centre des dépendances de la vicairie ou centaine *Exidensis*, nous répondrons que ces dernières peuvent servir uniquement à déterminer le périmètre dans lequel l'emplacement d'*Exidanum* doit être recherché; mais que le chef-lieu pouvant être sur un point quelconque, et, comme cela arrive souvent en Limousin et en Quercy, à l'extrémité de leur territoire, elles ne fournissent, en définitive, aucune lumière certaine pour la découverte de ce point topographique.

[1] *Histoire litt.* t. VI, p. 239. On remarque, dans les *Annales du diocèse de Cahors*, recueillies par Pierre Vidal, un passage où il est fait mention de sainte Espérie (*sancta Speria*), qui était originaire de Saint-Céré, et fut martyrisée dans ce château au VIIIe siècle : « Speria, Sereno patre et matre Blandina, nobilibus, *in arce Sancti Sereni*, diœcesis Cadurcensis, nata, et pie educata, virginitatem Deo vovisse traditur. » Hâtons-nous d'ajouter que les paroles de l'annaliste, qui seraient décisives, si elles reproduisaient une Vie écrite par un contemporain, ou seulement un siècle et demi après, n'ont pas grande valeur, venant d'un écrivain du XVIe siècle. C'est à l'obligeance de M. Andrieu, curé de Bretenoux, que nous devons la connaissance du passage précité; nous n'avons pu retrouver, dans les bibliothèques publiques de Paris, l'ouvrage d'où il a été extrait. Le nom de sainte Espérie, ou sainte Spérie, n'est dans aucun des catalogues de saints. Godescart, Baillet, le *Martyrologium romanum*, et le *Martyrologium universale*, que nous avons consultés, n'en parlent pas; il ne figure, à notre connaissance, que dans le bréviaire du diocèse.

[2] Celles de nos chartes où Saint-Céré, *Sanctus Serenus*, est nommé, sont toutes du XIIe siècle : XXXI, an. 1118; XXXVI, an. 1119; CV, an. 1100-1108; CXI, an. 1102-1111; CXXIV, 1097-1108; CLXXXII, 1100-1108; CXCI, 1188; CXCII, 1164-1190; CXCVI. Après la mention tirée de la Vie de saint Géraud d'Aurillac, la plus ancienne désignation de Saint-Céré que nous connaissions se trouve dans une charte du cartulaire de Tulle, où il est parlé de deux personnages, *Ezras de Sancto Sereno* et *Bernardus de Sancto Sereno*. Cet acte est sans date, mais Baluze le place vers l'année 1070. (*Histor. Tutel.* col. 419 et 421.) On voit de nombreuses mentions du château et de la petite ville de Saint-Céré, au XIIe et au XIIIe siècle, dans Justel, *Histoire généalogique de la maison de Turenne*, notamment parmi les preuves, p. 35 et 53.

CCLXXX   NOTES ET ÉCLAIRCISSEMENTS.

Les seules mentions qui donnent des éléments précieux à ce point de vue sont celles de la *vallis Exidensis* et des endroits qui y étaient compris : il s'agit là, en effet, d'une configuration naturelle du sol, d'un bassin arrosé par un cours d'eau; et, dès que nous connaissons, d'une manière positive, la place de telle localité de la *vallis Exidensis*, nous pouvons dire, en toute assurance : là est la vallée, là est le bassin qui porta ce nom, et où était situé l'ancien *Exidunum*. Nous devons donc, avant tout, relever avec soin les désignations de ce genre que renferme notre Cartulaire :

« Et sunt ipsæ res *in valle Exidense, in vicaria Pauliaco*, in villa quæ dicitur *Ad illas Macerias*, capella nostra quæ est fundata in honorem sancti Petri..... similiter in ipsa vicaria, in *villa Fellinas*, vineam nostram[1]..... »

« Curtem dominicariam, quæ est in pago Caturcino, *in valle Exidense*, in loco ubi vocabulum est *Fellinas*, cum ipsa capella[2]..... »

« Res proprietatis meæ, quæ sunt in pago Caturcino, in villa (*leg.* valle) Exidense, et in villa quæ vocatur *Cuncellas*, hoc est mansos nostros, etc.[3] »

« Hoc est vineam quæ est in pago Caturcino, in villa (*sans doute pour* valle) Exidense, in loco cui vocabulum est *Concellas*[4]. »

« Hoc est mansum nostrum, qui est in pago Caturcino, *in valle Exidense*, in loco cui vocabulum est *Monte*..... excepta illa vinea quæ est a Sancto Ypolito, quam Rotberto filio nostro habemus condonatam[5]. »

« In urbe Caturcino, *in valle Exidense*, in villa quæ dicitur *Alariaco*, vineas meas, etc.[6] »

« Mansum qui est in pago Katurcino, in *valle Exidense*, in loco qui dicitur *Monte Maximino*..... cum ipsa terra quæ est *Ad illa Prata* necnon *Ad illum Fontem*[7]. »

« Mansos meos, qui sunt in *valle Exidense*, in villa quæ vocatur *Sultrago*[8]. »

Le lieu appelé, en 926, *Ad illas Macerias*, est le même qui, en l'an 1100, est nommé *Bonavilla*[9], et, de nos jours, Bonneviolle. Or cette localité est sur la rive gauche d'un cours d'eau qui se réunit à la Dordogne en amont du confluent de la Bave, et en aval du confluent de la Cère. *Fellinas*

---

[1] XXXVIII, april. 926.
[2] XLIII, mai. 887.
[3] LVII, 1 nov. 882.
[4] CXXIX, oct. 915.
[5] LX, april. 916.
[6] LXVIII, dec. 865.
[7] LXXVI, oct. 894.
[8] CLVIII jul. 889.
[9] « Ecclesiam quæ priscorum vocabulo Ad Macherias vocabatur, *modernorum vero nomine Bonavilla* nuncupatur. » (Chartul. Bellil. XXXIX. Voir aussi ch. XL.)

NOTES ET ÉCLAIRCISSEMENTS. CCLXXXI

est assurément Félines, qui est aussi sur la rive gauche du même cours d'eau. *Monte* est peut-être Montbert, sur un petit ravin de la même vallée, formant affluent sur la rive gauche, en amont de Cornac. Nous ne savons où sont situés les villages appelés *A Sancto Ypolito* et *Alariacus*. Nous ne connaissons, dans cette vallée, aucun nom de lieu qui se rapproche de *Monte Maximino*[1]. *Ad illa Prata* est sans doute La Pradelle, sur la rive droite de la même vallée.

Ad illum Fontem est peut-être Fontalba, près Belmont, sur un petit affluent de gauche, en aval de Cornac[2]. La position de *Sultragum* nous est inconnue[3].

En résumé, la vallée qui nous occupe contient incontestablement, sur l'une ou l'autre de ses rives, Bonnevioîle, Félines, La Pradelle, et peut-être Montbert et Fontalba. Cette vallée est donc la *vallis Exidensis*, celle où existait *Exidunum*.

Le cours d'eau qui arrose cette vallée prend sa source au sud-ouest de Calviac, au village de Mascourt, dont on a fait, par corruption, Mansouts; il passe à Souillol, à Cornac, se divise en deux bras dans les prairies de cette dernière commune, puis les réunit dans un seul lit, longe Félines, traverse les prairies de la seigneurie de Castelnau jusqu'à Bonnevioîle, où un canal dérive une partie de ses eaux et les conduit au moulin de Rengues, d'où elles se jettent dans la Dordogne au-dessus de Pauliac; l'autre partie, qui forme le cours principal, passe par Caillan (Caillion dans Cassini), va se perdre dans la Bave au-dessus de Granou[4]. Ce ruisseau n'a pas de nom particulier; il emprunte successivement le nom de chacune des localités qu'il rencontre dans son cours. Ainsi, à sa source, il s'appelle *le ruisseau de Mansouts*; à la hauteur de Cornac, *le ruisseau de Cornac*; à Bretenoux, *le*

---

[1] La seule localité dont la dénomination se rapproche de ce vocable est, ainsi qu'on l'a dit plus haut, Miaumars, sur la Bave. Mais ce n'est que très-dubitativement que nous indiquons cette traduction.

[2] Fontalba se compose de deux mots, dont le second est le qualificatif du premier, et a pu être ajouté, à une époque récente, au substantif *Fons*.

[3] Le seul nom moderne qui s'en rapproche est Soul, sur un affluent de gauche de la même vallée, qui y débouche en face de Teyssieu. Pourtant il n'est pas vraisemblable que le nom se fût réduit à cette première syllabe : *Sultragum* a dû produire un nom comme Soultrague, Soultrag, ou Soultrai.

[4] Ces directions différentes des deux parties du cours d'eau ne sont pas indiquées sur la feuille de Cassini.

кк

ruisseau des Ponts; à Félines, *le ruisseau de Félines;* de même près de Bonneviolle, de Rengues et de Caillan[1].

Cette dernière circonstance est remarquable, et ne s'explique que par la disparition de l'ancien nom du cours d'eau et de la vallée qu'il arrose, ce qui est précisément le fait de la *vallis Exidensis.*

Or cette vallée était commandée, à son débouché dans celle de la Dordogne, par le château fortifié de Castelnau, *Castrumnovum,* situé sur une colline arrondie et isolée de toutes parts. La noble famille qui tenait ce château dès la fin du XIe siècle et en l'an 1100, était la même dont les auteurs, notamment en 926, faisaient donation de biens situés dans la *vallis Exidensis,* à Bonneviolle (*Ad illas Macerias*), et à Félines[2]. Le nom de *Castrumnovum* ne paraît qu'en 1100 dans nos chartes[3]; mais le nom de *Castellumnovum,* qui en est le synonyme, figure dans les actes de renonciation de l'abbé laïque Hugues de Castelnau de 1076[4]. On trouve, en 1190, *Castelnou,* qui est une forme corrompue de *Castellonovo,* et sensiblement approchante du nom moderne de Castelnau.

Il est assez présumable que l'adjectif *Exidensis* et le substantif qu'il suppose (*Exidunum*) disparurent à l'époque où l'ancien *castrum* fut détruit et remplacé par le château nommé, aux époques indiquées et probablement avant, des mots significatifs de *Castellum novum* et *Castrum novum*[5].

Castelnau devint, dans la période féodale, l'une des grandes baronnies du Quercy[6]; les états de la province s'y réunirent, vers le milieu du XVe siècle, pour aviser aux moyens de la délivrer du joug des Anglais.

Il y a peu d'années, on admirait encore la double ceinture de murailles du vieux manoir, flanquée de tours rondes et massives; sa porte étroite, que fermait une herse, et qui donnait passage sous une voûte sombre; sa

---

[1] Nous devons ces renseignements à l'obligeance de M. Andrieu, curé de Bretenoux, et nous lui en exprimons ici notre gratitude.

[2] Nous avons la certitude de cette parenté, et il suffit de renvoyer à notre *Index generalis,* aux mots *Castrinovi* (*toparchiæ*); sous lesquels nous avons donné une généalogie des personnages de cette noble maison désignés dans le Cartulaire de Beaulieu.

[3] Chartul. Bellil. XXXVIII, XXXIX, XL, XLI et CV.

[4] Ces actes sont reproduits plus haut, dans notre Introduction, pages XXIV et XXV, note.

[5] « Matfres de Castelnou. » Ex chartul. Bellil. CXCIV.

[6] Les seigneurs de Castelnau prenaient le titre de seconds barons chrétiens : les Montmorency étaient les premiers.

NOTES ET ÉCLAIRCISSEMENTS.

cour d'honneur et les nombreux arceaux qui en dessinaient les contours; ses riches appartements aux lambris peints et dorés; sa galerie splendide, ornée, au plafond, de peintures allégoriques, et, sur les panneaux, de portraits en pied des hommes de la lignée de Castelnau[1]; le balcon sur colonnes, qui dominait les fossés du château, le cours de la Dordogne et les *Escouanes*, îles boisées qui servaient de parc de chasse; la chapelle gothique, dont les murs étaient couverts de peintures et de devises du xv° siècle; enfin l'orgueilleux donjon, surmonté d'un campanile, d'où l'œil s'étendait au loin sur les vastes et riantes plaines qui bordent le fleuve, et d'où les barons de Castelnau pouvaient apercevoir la haute et antique tour de Turenne (*Torinna*), et le signal d'alarme ou de combat des vicomtes, leurs suzerains. Cette masse imposante, qui couronnait une colline élevée au confluent de deux rivières, formait, lorsque nous l'avons visitée, l'un des spécimens les plus complets et les plus curieux de l'architecture féodale. Mais ces nobles murailles, que l'avidité ou l'incurie avaient si longtemps, mais du moins lentement dégradées, ont été naguère renversées ou défigurées par un incendie, et le Quercy a perdu l'un des plus beaux édifices que le moyen âge lui eût légués, et la science un précieux objet d'étude d'archéologie monumentale.

XXII.

DE L'ÉTENDUE ET DE L'IMPORTANCE DE LA DIVISION AGRAIRE OU ESPÈCE DE BIEN CONNUE SOUS LE NOM DE *BACCALARIA*, BACHELLERIE. — DU *BACCALARIUS*, BACHELIER. — DE LA CORVÉE OU TRAVAIL APPELÉ *BACCALARIA*.

Le terme *baccalaria*, qui sert à désigner une division agraire, se rencontre assez fréquemment dans le Cartulaire de Beaulieu et dans les autres recueils de chartes du Limousin. Nous devons donc, ainsi d'ailleurs que nous l'avons annoncé dans l'*Introduction*[2], déterminer la valeur relative de la *baccalaria* parmi les différentes espèces de biens ruraux.

Du Cange a pensé que la signification de ce terme était peut-être la

---

[1] Ces décorations, ainsi que les arceaux de la cour d'honneur, qui étaient en plein cintre, la galerie et le balcon qui la terminait, ne remontaient qu'au xvi° siècle.

[2] Tit. IV, chap. II, § 1er, p. cii.

NOTES ET ÉCLAIRCISSEMENTS.

même que celle de *vasseleria*, ou fief de vassal d'un ordre inférieur[1]; et que cette division était plus importante que le manse, puisque, d'après les chartes de Beaulieu et de Limoges qu'il cite, elle contenait jusqu'à dix manses[2]. Quant au mot de *baccalarius*, il reçoit dans le Glossaire deux sens tout à fait différents : l'un s'applique à des personnes d'un rang inférieur, attachées au service de l'église ou d'un chapitre de chanoines, et appelées pour cela *baccalarii ecclesiastici* ou *canonici*, parfois aussi à de jeunes moines ou novices, ainsi qualifiés parce qu'ils occupaient et cultivaient les bachelleries de l'église ou du monastère[3]. L'autre sens s'applique à une certaine classe de cultivateurs, *rustici*, qui possédaient et cultivaient les bachelleries appartenant à des laïques. Le bachelier, au dire de Du Cange, serait, d'après un texte des coutumes de Barcelone, qu'il reproduit, assimilé à un paysan qui cultive un manse; néanmoins, l'illustre érudit le considère comme étant de condition de beaucoup supérieure[4].

Sur ces divers points, l'interprétation de Du Cange nous semble vicieuse. Nous ne nous arrêterons pas longtemps à l'identité qu'il a proposé de voir entre *baccalaria* et *vasseleria*, sans en donner aucune preuve : elle n'est rien moins que démontrée. L'étendue et l'importance relatives de la *baccalaria* ne sont pas, comme l'a cru notre savant glossateur, supérieures à celles du manse; et les textes dont il étaye son opinion n'ont pas la signification qu'il leur a prêtée.

Le premier, tiré du Cartulaire de Beaulieu, est ainsi reproduit : « Et alium mansum ubi Ainardus visus est manere, ipsa capella, cum ipsa baccalaria et cum ipsis mansis[5]. » Le passage, ainsi tronqué, est inintelligible ou à peu près; complété, il prend une signification très-claire : « Et sunt ipsæ res in valle Exidense, in vicaria liaco, in villa quæ dicitur Ad illas Macerias : capella nostra, quæ est fundata in honorem S. Petri, cum ipsa baccalaria indominicata, et cum ipso brolio indominicato, et cum ipso manso qui est

---

[1] *Gloss.* édition Didot, tome I, p. 523, col. 1.

[2] « *Baccalariæ* pluribus constabant mansis.... Interdum decem mansos continuit *baccalaria.* » (*Ibid.* col. 2.)

[3] *Ibid.* col. 2 et 3. Voir aussi les additions de D. Carpentier.

[4] « Baccalarii dicti ipsi qui *baccalarias* tenebant, possidebant, excolebant. Usatici Barcinonenses, cap. XLVI..... Ex quibus primum eruitur *baccalarium* dici *rusticum* qui mansum excolit..... Denique *baccalarios* rusticis ipsis accenseri, licet rusticis mansorum cultoribus longe honoratiores. » (*Ibid.* col. 2.)

[5] *Ubi supra.*

NOTES ET ÉCLAIRCISSEMENTS.   CCLXXXV

de ipsa capella, ipsum mansum ubi Avidus visus est manere, et alium mansum ubi Benjamin visus est manere....., et alium mansum ubi Ainardus visus est manere; *ipsa capella, cum ipsa baccalaria et cum ipsis mansis* SUPRADICTIS, *cum terris*..... *et cum ipsa plantada, etc.*[1] » On voit tout de suite que le rédacteur de la charte a résumé dans ces derniers mots l'énumération des objets donnés : la chapelle, la bachellerie, les manses dessus dits, *mansis supradictis*, les terres et la plantation; il n'y a donc évidemment pas de lien entre les manses et la bachellerie, et celle-ci ne les contient aucunement.

Le deuxième texte cité par Du Cange, comme extrait de notre Cartulaire, est celui-ci : « Ecclesiam nostram, in honore S. Juliani martyris, *cum ipsa baccalaria et mansis ad ipsam pertinentibus.* » Ici la citation est inexacte : voici les termes pris dans le Cartulaire original : « Ecclesiam nostram, quæ est dedicata in honorem S. Juliani martyris, cum ipsa baccalaria, *et mansis* AD IPSAM ECCLESIAM *pertinentibus* : mansum ubi Arlaldus visus est manere, et alium mansum absum, etc.[2] » Le rétablissement du mot *ecclesiam*, omis dans ce membre de phrase, lui rend sa véritable signification.

Le troisième texte cité est un passage du testament de l'évêque de Limoges Turpin, rapporté par Bernard de Guy (*Bernardus Guidonis*) dans la notice qu'il rédigea, vers 1320, sur les ordres de Grandmont et de l'Artige, et dont Du Cange n'a donné qu'un court fragment. Nous le reproduisons d'après Philippe Labbe :

« Tunc vero memoratus episcopus dedit eis *baccalariam quæ decem mansos tunc continebat*, et multas alias possessiones[3]. » Les mots que nous soulignons justifieraient l'opinion de Du Cange[4]; mais ils représentent encore un passage tronqué du testament de Turpin en faveur de l'abbaye de Saint-Au-

---

[1] XXXVIII. Du Cange la désigne à tort comme étant la trente-quatrième charte du Cartulaire.

[2] *Chartularium Bellilocense*, ch. LII. C'est à tort que Du Cange indique la charte XLVII.

[3] Dans Ph. Labb. *Nov. Biblioth. mss.* t. II, p. 278.

[4] Dominicy, dans son livre *De prærogativis allodiorum* (page 144), cite également le testament de l'évêque Turpin, et dit ensuite qu'il croirait volontiers que le fief de bachelier (*baccalarii*) était de dix manses, comme autrefois celui du chevalier, de douze manses. Mais Dominicy, comme Du Cange, qu'il a contribué à égarer dans cette question, fondait sa croyance sur un texte incomplet, et dont il nous suffit de déterminer le véritable sens en reproduisant les expressions mêmes employées dans le testament du prélat de Limoges.

gustin de Limoges, dont il fut le restaurateur. Voici les termes de cette partie du titre : « *Villam* quæ vocatur *Baccalaria*, quæ decem in se mansos continere probatur et unum mansum in curte Wulteziaco[1]. » Il est évident qu'il s'agit ici d'une *villa appelée* Bachellerie, et non pas d'une espèce de bien, d'une division agraire désignée par le substantif *baccalaria*.

En résumé, aucune des trois bases de l'interprétation de Du Cange ne reste debout, et rien ne prouve que la bachellerie contînt plusieurs manses : nous verrons bientôt qu'elle était même, à certains égards, du moins dans l'origine, inférieure à cette dernière division.

Nous devons auparavant examiner les deux explications du mot *baccalarius*. Nous n'avons pas à nous occuper de la première, qui s'applique à des personnes spécialement attachées à une église ou à un chapitre, et qualifiées *baccalarii ecclesiastici* ou *canonici* : ces expressions, qui ne paraissent pas remonter au delà du xiiie siècle, ne trouvent point d'application dans nos chartes et ne se rattachent pas à notre sujet.

Il n'en est pas de même de l'explication qui assimile le *baccalarius* à un *rusticus* tenancier d'un manse, *mansarius*, que Du Cange juge d'une condition pourtant bien inférieure à celle du bachelier. Le passage des coutumes de Barcelone qui a motivé une telle assimilation est celui-ci : « Sacramenta rustici qui teneat mansum et laboret cum pare boum, sunt credenda usque ad vii solidos platæ. *De aliis namque rusticis, quæ dicuntur baccalarii,* credantur sacramenta usque ad iv mancusos auri Valentiæ[2], deinde quidquid jurent, per examen caldariæ demonstrent. » Or ces termes prouvent le contraire de ce que Du Cange soutient, car au *rusticus* qui occupe le manse et le cultive avec une paire de bœufs ils opposent les autres *rustici* appelés *baccalarii*, et, loin que ceux-ci soient supérieurs aux premiers par la condition, ils lui sont évidemment inférieurs, car, tandis que le cultivateur du manse muni d'un attelage est cru dans ses serments jusqu'à concurrence d'une valeur de sept sous, qui valaient seize deniers chacun[3], soit cent

---

[1] *Gallia christiana*, nov. edit. t. II, instrum. col. 168.

[2] Le Glossaire porte en cet endroit : « Ad iv mancusos, *auri Valentiæ*, » ce qui est incompréhensible : il faut lire ce membre de phrase comme nous l'avons écrit.

[3] Les mangons ou *mancussi* d'or de Valence valaient seize deniers de la monnaie de Barcelone. (Coutumes de Barcelone citées par Du Cange, *Glossaire*, édit. Didot, t. IV, p. 219, col. 3.) Or on voit, par d'autres documents, que le *mancusus* ou *mancussus* et le *solidus auri* désignaient la même valeur monétaire, et étaient employés con-

NOTES ET ÉCLAIRCISSEMENTS.   CCLXXXVII

douze deniers, ils ne sont crus que jusqu'à concurrence de quatre mangons (*mancussi*) ou sous d'or de seize deniers chacun, soit soixante-quatre deniers; et leur serment, pour le reste, est contrôlé par l'épreuve de la chaudière.

Cette conclusion est confirmée par un document qui jette un nouveau jour sur la condition du *baccalarius* : nous voulons parler du polyptyque de l'église de Marseille, qui a été publié à la suite du cartulaire de l'abbaye de Saint-Victor. Le *filius baccalarius* et la *filia baccalaria* y sont très-souvent mentionnés à la suite du *colonus* et de son épouse, comme dans le passage suivant : « Colonica in Campania. Stephanus, colonus. Uxor Dara. Dominicus, *filius baccalarius*. Martina, *filia baccalaria*. Vera, filia annor. xv. Ermensindis filia annorum vii [1]. »

De cet exemple et d'un grand nombre d'autres aussi décisifs, il résulte que le *baccalarius* et la *baccalaria* désignaient les fils et filles du colon ou *mancipium*, parvenus à l'âge nubile, mais non mariés. Les fils et filles qui sont nommés après eux dans les chartes, ne sont point encore nubiles, et sont mentionnés, soit avec la simple qualité de *filius* ou *filia*, soit avec la marque de l'âge, qui ne dépasse jamais quinze années, soit enfin avec cette note : à l'école (*ad scola*), ou dans les ordres sacrés [2].

De même que le *colonus* a donné son nom à la *colonica*, le *baccalarius* a bien pu communiquer sa qualité à la *baccalaria*. Or, puisque le *baccalarius* était inférieur au *rusticus*, qui cultivait un manse avec deux bœufs de labour, il s'ensuivrait naturellement que le *baccalarius* n'avait pas de bœufs de labour, et occupait une tenure moins considérable que le manse de douze arpents; et, si l'on rapproche cette circonstance de la révélation du

---

jointement : « In auro *solidos mancussos* numero *ducentos*. » (Ducange, *Glossaire*, édition Didot, t. IV, p. 219, col. 2, *in fine*.) Donc le sou, comme le mangon d'or, valait seize deniers.

[1] *Cartulaire de Saint-Victor de Marseille*, t. II, p. 633. Voici d'autres passages également significatifs : « Inibi Colonica in Nono. Gilfredus Colonus. Justinianus ad requirendum. Martesinda, *filia baccalaria*..... Godobertus, *baccalarius*..... »

« Colonica in Cenazello. Dructaldus, accola, uxore extranea. Dructonius filius. Dutberta, *filia baccalaria*. Dructerigus filius ad scola. Sinderaldis filius ad scola. »

« In Curia ? Colonica. Vualdebertus mancipium. Uxor Savina. Rodobertus, *filius baccalarius*. Tructerigus, *filius baccalarius*. [N.] filius ann. xiii. Valdeberga ann. vii, etc. » (*Ibid.* t. II, p. 637, 639, 640 et passim.)

[2] *Ibid.* t. Ier, préface, p. xii. Cette partie de la préface est due au savant M. Delisle, de l'Institut.

polyptyque de Marseille touchant la condition du *baccalarius*, on est amené à conclure que la bachellerie était, au IX⁰ et au X⁰ siècle, une division agraire approchant du manse, mais inférieure à celui-ci par l'importance, et privée notamment de bœufs de labour.

Plus tard, la bachellerie paraît s'être à peu près confondue avec le manse, et nous avons, dans une charte de notre Cartulaire, que nous rapportons au XI⁰ ou plutôt au XII⁰ siècle, un exemple de cette assimilation des deux divisions agraires : « *Baccalariam meam de Camairaco dimitto Deo et S. Petro post mortem meam totum et ad integrum, sicut ego teneo, nullo contradicente, ita ut corpus meum sepeliatur si ad ipsum locum (Bellumlocum) portatus fuero. Si vero ad Tutelam sepultus fuero, xv solidos pro ipsius mansi redemptione dent, in tali convenientia ut quinque solidos de suo dominio dent, alios vero x accipiant de illis quos ipse habeo ad fevum de ipsa curte*[1]. » On voit que *mansus* est employé ici comme synonyme de *baccalaria*. Il faut ajouter que *curtis* y est également usité comme identique à *baccalaria* et à *mansus*, ce qui annonce bien une période de confusion dans les termes, car, au IX⁰ et au X⁰ siècle, ces trois mots expriment évidemment des objets différents : la *curtis*, comme la *villa*, enfermant un nombre de manses qui est quelquefois considérable; le *mansus* entier, qui a invariablement un *minimum* de douze journaux de terre, et est pourvu d'une maison, d'un attelage de labour et d'un ménage ou de cultivateurs hommes faits ; enfin la *baccalaria*, qui vient après, qui a peut-être une étendue égale ou bien peu différente de celle du manse, mais n'a point de bœufs de labour, et qui, au lieu d'être occupée, comme le manse, par un ménage ou par un homme fait, est généralement cultivée par un ou peut-être par plusieurs fils nubiles de serfs ou colons d'un manse voisin[2].

Le substantif *baccalaria*, après avoir désigné exclusivement une division agraire, exprima une corvée, ou, du moins, un travail consistant à mettre en culture cette espèce de bien. Il est employé avec cette signification dans l'une de nos chartes, qui ne remonte pas au delà du XII⁰ siècle, ou à la fin du XI⁰ : « *In illis rusticis*, y est-il dit, *ubi quærere solent opera, habent*

---

[1] XCV.

[2] Cette qualification de *baccalarius* fut, plus tard, appliquée aux fils et filles de condition libre, et, vers la fin du moyen âge, BACHELIERS et BACHELETTES s'entendaient, sans distinction de condition sociale, des personnes des deux sexes parvenues à l'âge nubile (jeunes hommes et jeunes filles dans notre langage moderne).

NOTES ET ÉCLAIRCISSEMENTS.

(vicarii) unam diem cum bovibus de illis hominibus qui *boves habuerint quamdiu baccalariam fecerint*, et non plus[1]. » Ce qui se traduit ainsi : En ce qui concerne les cultivateurs qui sont dans l'usage de chercher du travail, les vicaires peuvent exiger un jour de corvée, et non davantage, avec les bœufs de ceux de ces hommes qui emploient des bœufs en faisant la bachellerie; c'est-à-dire en faisant les travaux de culture que la bachellerie réclame. Cela prouve, d'une part, que la bachellerie n'avait pas toujours de cultivateurs à demeure sur son sol; qu'elle était, par conséquent, privée quelquefois de maison d'habitation et d'un attelage de labour.

XXIII.

LISTE DES ABBÉS DE BEAULIEU.

1° ABBÉS ÉLUS.

1. Gairulfe (*Garulfas* ou *Gairulfus*); avril 859 — juin 889[2].

2 et 3. Le même avec Bernulfe et Cunibert (*Bernulfus* et *Cunibertus*), abbés du monastère de Solignac, et chargés de la direction supérieure de l'abbaye de Beaulieu; novembre 860[3].

4. Le même avec Rainulfe (*Rainulfus*); juillet 889 — 4 novembre 897. Rainulfe seul; novembre 897 — novembre 899.

5. Rodulfe ou Raoul Ier (*Rodulfus*); depuis le mois d'octobre 903 jusqu'au mois d'avril 926[4].

6. Jean Ier (*Johannes*); novembre 926 à septembre 932.

7. Rodulfe ou Raoul II? (*Rodulfus*); octobre 936[5].

8. Boson (*Boso*), abbé seulement, et plus tard évêque de Cahors et abbé à la fois; août 937 — juillet 940[6].

9. Bernard Ier (*Bernardus*); février 943 — mai 948.

---

[1] Cf. Dans une note imprimée au bas de cette charte (page 155, note 17), nous avons reproduit un passage du Glossaire de Du Cange, dans lequel les *baccalarii* sont considérés par cet érudit comme étant d'une condition supérieure aux tenanciers de manses. Mais les développements qui précèdent nous permettent de conclure que cette opinion n'est point exacte.

[2] Voir plus haut la note III, *in fine*.

[3] Ibid.

[4] Cf. la note x ci-dessus.

[5] Voir plus haut la note xi.

[6] Cf. la note xii ci-dessus.

10. GUERNON (*Guerno*); novembre 954 — février 967.

11. Le même avec GÉRAUD Ier (*Geraldus*); 968[1].

12. GÉRAUD Ier (*Geraldus*) avec Adalgis ou Adalgaire (*Adalgis* ou *Adalgerius*); 970 et 971[2].

13. Le même avec KALSTON (*Kalsto*); mars 975 — avril 984[3].

14. Le même avec BERNARD II (*Bernardus*), qui, devenu plus tard évêque de Cahors, retint notre abbaye; mai 984 ou 985 à 1028[4].

15. BERNARD III (*Bernardus*); 1028-1030[5].

16. HUGUES DE CASTELNAU (*Ugo* ou *Hugo de Castellonovo*), abbé laïque, seul en possession de l'administration du monastère après qu'il eut forcé l'abbé régulier Bernard III à se retirer ou à cesser de régir l'abbaye; à la fin de 1030 ou dans le cours de l'année 1031[6].

BERNARD III précité, après qu'il eut été réélu et rétabli sur son siége en vertu de la décision du concile de novembre 1031, Hugues de Castelnau restant abbé laïque. Cet abbé fut en même temps évêque de Cahors; décembre 1031 à l'année 1055[7].

17. FRUIN (*Frodinus*), abbé régulier, Hugues de Castelnau étant toujours abbé laïque; de 1056 jusque vers 1076[8].

HUGUES DE CASTELNAU, abbé laïque, ci-dessus mentionné, régit seul le monastère, et Fruin ne garde que le titre de doyen; vers 1076[9].

Au mois d'avril de cette année, Hugues soumet le monastère à l'abbé et aux moines de Cluny[10].

18. N..... Un abbé dont le nom est resté inconnu est préposé par les moines de Cluny au monastère de Beaulieu (1076); forcé, vers 1086, par l'abbé laïque Hugues de Castelnau, qui s'était réservé certains droits, de quitter l'abbaye, il meurt un peu avant le mois de mai 1095[11]. Le 23 mai 1095, Hugues résigne tous ses pouvoirs dans les mains du pape, et les religieux de Cluny sont mis en possession du gouvernement du monastère[12].

19. GÉRAUD II (*Geraldus*); 29 mars 1097 à 1119 et peut-être à 1130[13].

---

[1] Cf. la note XIII ci-dessus.
[2] *Ibid.*
[3] *Loc. cit.*
[4] Cf. la note XIV ci-dessus.
[5] Cf. la note XV ci-dessus.
[6] Cf. la note XVI ci-dessus.
[7] Voir la note XV précitée.
[8] Cf. la note XVII ci-dessus.
[9] *Ibid.* et note XVI.
[10] *Introduction*, pages XXIII et suivantes, et les notes XVI et XVII.
[11] *Introduction*, p. XXV et note.
[12] *Loc. cit.*
[13] Cf. la note XVIII ci-dessus.

NOTES ET ÉCLAIRCISSEMENTS.

20. Gautier (*Galterius*); vers 1145[1].

21. Pierre de Saint-Céré (*Petrus de Sancto Sereno*); 1164 — 1190[2].

22. Humbert (*Umbertus*), abbé après la retraite de Pierre de Saint-Céré; 1190 — 1203[3].

Pierre de Saint-Céré, personnage précité, qui, après la mort d'Humbert, reprend l'administration du monastère; 1204[4].

23[5]. Gaubert (*Gauzbertus*); 1205-1213[6].

24. Hugues II (*Ugo*)[7]; 1223-1233.

25. Humbert II (*Umbertus*)[8]; 1233-1239[9].

---

[1] Cf. la note xix ci-dessus.

[2] Chartul. Bellil. ch. cxci et cxcii, cxcvi et viii, note 3.

[3] Cet abbé est sans doute le même qui est nommé, en 1188, parmi les trois moines chargés par l'archevêque de Bourges de suppléer ou assister l'abbé Pierre de Saint-Céré (ch. cxci). Voir aussi, quant à cet abbé, les chartes cxcii, cxciv.

[4] Chartul. Bellil. xxxvii.

[5] Notre Cartulaire s'arrête à l'année 1204. La suite de la série des abbés est dressée d'après : 1° la nomenclature insérée au nouveau *Gallia christiana* (t. II et t. V, additamenta), dont la nôtre diffère sur beaucoup de points, et qui est fort incomplète; 2° une liste manuscrite d'Amand Vaslet, qui fut, en 1723, prieur du monastère; 3° des chartes, actes de procédure et autres manuscrits, qui sont dans les mains de M. le baron Costa et de M. Louis de Veyrières. Ce dernier a bien voulu nous communiquer ces précieux documents, ainsi que des notes relevées par lui avec autant de soin que d'intelligence, et nous lui sommes d'autant plus reconnaissant de ces obligeantes communications, qu'elles nous ont été d'un très-grand secours pour la rédaction du présent travail; 4° une liste manuscrite, rédigée à la fin du siècle dernier par l'abbé Legros, d'après les notes de Nadaud, et qui est conservée avec ces mêmes notes, dans les archives du séminaire de Limoges : la publication de cette liste, qui se rapproche beaucoup de celle du nouveau *Gallia christiana*, a été entreprise par M. l'abbé Roy-Pierre-Fitte, notre docte confrère à la Société historique et archéologique du Limousin. Nous indiquerons les autorités et les sources par les initiales suivantes : le *Gallia christiana*, *G. ch.*; la liste d'Amand Vaslet, *A. V.*; celle de Legros, *L.*; les manuscrits de MM. de Costa et de Veyrières, *mss. de C.* ou *mss. de V.*

[6] Gaubert va jusqu'en 1213, suivant *L.*

[7] Avant ce personnage, A. Vaslet place un abbé Guillaume à l'année 1209; il mentionne aussi, à l'année 1290, un autre abbé du même nom, qui est, d'ailleurs, sur toutes les listes. C'est très-vraisemblablement le même personnage, dans la date duquel les deux chiffres 90 ont été intervertis et ont fait sur une copie de titre 09.

[8] Cet abbé est omis dans le *Gallia christiana*; il est sur les listes d'*A. V.* et de *L.*

[9] 1223-1240 (*A. V.*), mais nous savons que Hugues II, son prédécesseur, a tenu le bâton pastoral depuis 1223 jusqu'au 17 juillet 1230 au moins; il aurait pu, il est vrai, être coadjuteur; mais cela n'est pas

26. RENAUD DE LA VALETTE (*Rainaldus de Valeta*)[1]; an 1239.
27. BERNARD IV (*Bernardus*); 1251-1252[2].
28. JEAN II (*Johannes*); juin 1256[3].
29. BÉGON D'ESCORAILLES (*Bego de Scoraliis*); 1259-1288[4].
30. GUILLAUME Ier (*Guillelmus*); 1290[5].
31. BERNARD V (*Bernardus*); 1293 — 27 janvier 1311[6].
32. RAYMOND Ier (*Raimundus*); 1307[7].
33. HÉLIE (*Helias*); 1316 — 1320[8].
34. GUILLAUME II (*Guillelmus*); 1318 — 1320[9].
35. HUGUES III (DE MALEFAYDE) (*Ugo de Malafaida*), parent d'Hélie; 1320 — 1325[10].

prouvé. *A. V.* le fait durer jusqu'en 1240; mais, dès 1239, nous trouvons Renaud.

[1] Cet abbé, dont il n'est parlé ni dans le *Gallia christiana*, ni sur les autres listes, est mentionné dans les Documents historiques et généalogiques sur les familles et hommes remarquables du Rouergue, t. II, p. 367, et le livre de l'abbé Hugues du Temps sur le *Clergé de France*, t. III, p. 306. Renaud de la Valette, abbé de Beaulieu (diocèse de Limoges), fut l'un des premiers auteurs des saints livres des Décrétales. Il assista au concile de Lyon, où il fut connu du pape Innocent IV, qui l'amena en Italie. Il y mourut le 4 des ides de mars (29 mars) 1260, cardinal et abbé du monastère de *Silva-negra* en Sicile.

[2] Sic *G. ch.* et *L.* 1241-1252 (*A. V.*).

[3] Sic *G. ch.* et *L.* absent dans *A. V.*

[4] 1259-1288 (*G. ch. L.*); 1252-1288 (*A. V.*). On le trouve formellement mentionné, comme vivant encore en 1285, dans une pièce de procédure qui appartient à *M. de V.* Il stipula, dans une transaction passée avec les consuls de Beaulieu, le payement, au profit de ses successeurs, de la redevance d'une obole d'or à chaque mutation d'abbé (an. 1274). Il y a enfin un règlement ou statut édicté par lui en 1288. (Ms. Biblioth. imp. Coll. Bal. arm. inc. p. 4, n° 3.)

[5] Suivant *A. V.* Guillaume aurait été, en 1290, coadjuteur de Bernard V, qui le suit.

[6] 1298-1311 (*G. ch. A. V.*); 1298-1303 (*L.*); mais il est mentionné dans le manuscrit précité de M. de V. comme ayant approuvé un bail à fief, le dimanche après l'Annonciation de Notre-Dame (27 mars) de l'année 1293. Il eut Raymond pour coadjuteur pendant un certain temps.

[7] Voir Baluze, *Historia Tutelens.* append. col. 606.

[8] Hélie de Malefayde (*L.*). Accusé de simonie, il se défendit devant le pape Jean XXII, et fut transféré, vers 1320 ou 1321, à l'abbaye d'Ébreuil (dioc. de Clermont).

[9] Nous plaçons cette nomination vers l'époque où eut lieu l'accusation d'Hélie, et où ce dernier cessa peut-être ses fonctions. Guillaume était de la famille des Castelnau, et occupait un office ecclésiastique dans le diocèse de Saint-Flour.

[10] On trouve, en 1344, un personnage du même nom prieur de Ménoire. (*Mss. de C.*)

NOTES ET ÉCLAIRCISSEMENTS.

36. Rodulfe ou Raoul III (*Rodulfus*); 1325[1].
37[2]. Raymond II (de Vallon) (*Raimundus*[3] *de Vallo*); 1327.
38. Guillaume III (*Guillelmus*); 1333.
39. Rodulfe ou Raoul IV (*Rodulfus* ou *Radulfus*); 1334-1341[4].
40. Bertrand Ier (*Bertrandus*); 1342[5].
41. Gilbert ou Gerbert (*Gilbertus* ou *Girbertus*); 1349-1361[6].
42. Antoine I[er] (*Antonius*); 1360 ou 1361[7].
43. Guy (*Guido*); 1362-1367[8].
44. Guillaume IV (*Guillelmus*); 1374[9].
45. Bernard VI (*Bernardus*), fils de Hugues de Beaulieu; 1376-1389[10].
46. Nicolas (*Nicolaus*); 1402-1415.
47. Bernard VII (*Bernardus*); 1416[11].
48. Durand (*Durandus*); 1425-1432[12].
49. Étienne d'Adémar de Curemonte (*Stephanus Ademari de Curamonta*); 1433-1438[13].

---

[1] *A. V.;* absent dans le *G. ch.* et *L.*

[2] Avant Raymond, et à l'année 1326, on voit figurer, sur la liste dressée par l'abbé Legros, un abbé de Beaulieu nommé Étienne; cet abbé est cité dans les extraits des anciens registres du roi (fol. 274); rapporté par Brussel dans son livre de l'Examen des fiefs (t. II, p. 825-826), ledit extrait ainsi conçu : « Frère Étienne, abbé de Beaulieu, ordre de Cluny, reprint du rey par serement la temporalité de ladite abbaie. » Mais il existait en France un grand nombre d'abbayes du même nom, auxquelles ce passage pourrait s'appliquer. Dès lors, il ne peut déterminer l'addition du nom d'Étienne à notre liste.

[3] *Bernardus* (*A. V.*).

[4] 1336 (*G. ch.* et *L.*); 1334 (*A. V.*). Rodulfe fonda, en 1341, dans l'église de l'abbaye, une chapelle consacrée à saint Marc. (Voir ci-dessus, p. cclxxv, note 4.)

[5] *A. V.* absent dans *G. ch.* et *L.*

[6] 1349-1354 (*A. V.*); 1354-1361 (*G. ch.* et *L.*). En 1354, hommage de Bertrand de Favars; il mourut en 1361 (*G. ch.*).

[7] *G. ch.* d'après Baluze. Cet Antoine fut peut-être, en 1360 et au commencement de 1361, coadjuteur ou coabbé avec Gilbert.

[8] *Sic. G. ch.* et *L.* 1363-1368 (*A. V.*).

[9] Suivant *A. V.* ce Guillaume ne serait qu'un coadjuteur de Bernard, qui est inscrit plus bas, et dont l'administration remonterait à 1369.

[10] Un ms. de M. de C. mentionne cet abbé en février 1376. Il y a des actes de 1378 et de 1379 où il paraît. Il mourut le 27 octobre 1389.

[11] *A. V.* absent dans *G. ch.* et *L.*

[12] *Sic G. ch.* 1430 (*L.*); absent dans *A. V.* Durand aurait été official au diocèse de Montauban.

[13] D'après un ms. de C. 1422 (*A. V.*); 1423 (*G. ch.*). Il y a des actes de cet abbé du 27 mars 1433, de 1437 et de 1438; ce dernier est daté du 6 novembre.

50. Dominique du Pont (*Dominicus de Ponte*[1]).
51. Rodulfe ou Raoul V (*Radulfus* ou *Rodulfus*); 1443 [2].
52. Bérald de Monceaux (*Beraldus de Molceone*); 1444-1445 [3].

2° ABBÉS COMMENDATAIRES.

53. Pierre II (de Comborn); 1445-1455 [4].
54. Bertrand II (de Plas de Curemonte); 1448 [5].
55. Hugues IV (de Fume), abbé de Beaulieu, élu abbé de Bourg-Dieu en 1459 [6].
56. Antoine II (Guellon) [7].

---

[1] Les auteurs du *G. ch.* mentionnent, entre Étienne et Pierre de Comborn, nommé plus bas, un abbé appelé Dominique du Pont, que les moines citèrent devant l'abbé de Cluny, parce qu'il avait emprisonné l'un d'eux arbitrairement. (*Gallia christ.* t. V, addit. c. XVL.)

[2] *A. V.* absent dans *G. ch.* et *L.*

[3] *Bernardus* (*G. ch. L.*); *Bertrandus de Moleon* (*A. V.*); *Beraldus de Molceone* (*ms. de C.*). Pierre de Comborn, évêque d'Évreux, obtint contre lui, en 1445, un arrêt de mise en possession de l'abbaye (*L.*).

[4] Les auteurs du *G. ch.* annoncent qu'il obtint, en 1445, la mise en possession de l'abbaye, mais ils ne disent pas la durée de son administration. Armand Vaslet marque seulement son existence en 1455. Les mss. de M. de V. font mention de Pierre de Comborn au 7 août 1450, avec le titre d'abbé de Beaulieu, le qualifiant, au 9 novembre 1451, d'évêque d'Évreux et d'abbé d'Aubazine; en 1455 (le 16 février), il y est dit évêque d'Évreux, abbé *commendataire* de Beaulieu et administrateur de l'abbaye d'Aubazine.

[5] Béni par l'évêque de Limoges comme abbé de Beaulieu, le 18 octobre 1448 (*L.* d'après les anciennes archives de l'évêché de Limoges). On pourrait concilier ce fait avec la mention précise de Pierre de Comborn, que nous trouvons dans le *G. ch.* à l'année 1445, en disant que ce dernier ne prit possession qu'en 1450 de l'abbaye de Beaulieu; que précédemment l'évêque de Limoges, peu satisfait sans doute de voir l'évêque d'Évreux s'emparer des revenus d'un monastère de son diocèse, nomma Bertrand de Plas de Curemonte, lequel dut enfin céder la place à l'évêque d'Évreux en 1450 au plus tard. *A. V.* et le *G. ch.* placent Bertrand de Plas en 1444; mais cette indication ne peut s'accorder avec les faits les plus avérés de cette période.

[6] Le P. Ph. Labbe dit qu'il ne prit pas possession de l'abbaye (*Alliance chronologique*, t. I, p. 739). Ce nom est absent dans la liste d'*A. V.*

[7] Ce nom ne se trouve point dans *A. V.* L'abbé Legros le considère comme le dernier des pasteurs de Beaulieu nommés par celui de Cluny, et il commence à Guyot d'Adémar de Grignan la liste des abbés commendataires; mais nous avons vu plus haut que Pierre de Comborn est nommé abbé commendataire dès 1445.

NOTES ET ÉCLAIRCISSEMENTS.

57. Guyot d'Adémar de Grignan, protonotaire apostolique ; 1466-1492 [1].
58. Guillaume V (d'Adémar de Grignan); 1492-1516 [2].
59. François de Curemonte; 1517-1525 [3].
60. Jean III (Carbonières); 1531 [4].
61. Bertrand III (des Fages) [5]; 1532-1560 [6].
62. Jean IV (de Cèpes) [7]; 1560-1569 [8].

[1] 1466-1481 (*L*.); 1466-1490 (*A. V*.); 1466-1492 (*mss. de V*.). Il fut nommé par bulle du pape de 1466 ou 1467, quoique les moines eussent élu Louis de Comborn, suivant la règle de saint Benoît. Il existe un acte du 4 mars 1477, qui contient ce qui suit : « Dño Guioto Adhemari sanctæ sedis apostolicæ protonotario, de Greignhano vulgariter nuncupato, abbateque seu perpetuo administratore abbatiæ seu monasterii Bellilocensis, ord. sancti Benedicti Lemovicensis diœcesis. » (*Mss. de V*.) Nous avons aussi recueilli la mention d'une investiture qu'il donna le 24 mai 1482 (*ibid.*). Guyot fut, en outre, évêque d'Orange. Il résigna ses pouvoirs le 23 juin 1492. (*A. V*. et *mss. de V*.)

[2] Il succéda à Guyot d'Adémar après le 23 juin 1492, date de la résignation de ce dernier. Il fut évêque de Saint-Paul-Trois-Châteaux, et mourut le 18 juillet 1516 (*A. V*.). Dans les mss. de M. de V. il est mentionné en 1500, avec la qualité de protonotaire, et, en 1507, avec celle d'évêque. Il paraît qu'en 1492 les moines avaient opposé au commendataire un d'entre eux, que le *G. ch*. appelle Fr. Pierre de Curemonte.

[3] Absent dans *G. ch*. et *L*. Il figure, avec le titre d'abbé, dans un contrat d'arrentement du 23 octobre 1517, et dans un acte d'hommage du 9 octobre 1518. (*Mss. de V*.) A. Vaslet le marque à l'année 1525. Son élection fit l'objet de grandes contestations : prêtre et profès, il fut élu par une partie des moines, après la mort de Guillaume IV; mais une autre partie nomma Gilles de Miremont, profès et prévôt de Favars; les autres enfin, le frère Jean de Tudeil. De longues procédures eurent lieu : les trois concurrents furent cités, le 19 décembre 1516, pour le lundi après l'Épiphanie, devant le chapitre de Limoges. Tout porte à croire que François de Curemonte l'emporta sur ses rivaux, car il est seul mentionné de 1517 à 1525.

[4] Absent dans *G. ch. L*. et *A. V*. On trouve la mention de cet abbé dans un acte notarié du 8 septembre 1531, avec la qualification suivante : « Venerabilis vir frater Johannes Carbonieras ord. S. Benedicti, abbas monasterii S. P. Belliloci. » (*Mss. de C*.) Il faut donc faire descendre au moins à 1532 le commencement de l'administration de Bertrand des Fages, qu'on place communément en 1530.

[5] Bernard des Farges ou des Fages, suivant le *G. ch*. mais c'est une erreur.

[6] 1530 (*L*.); 1530-1553 (*G. ch*.); 1530-1558 (*A. V*.). Les lettres royaux adressés à sa nièce, Anne de Fages, dame de Lioux, à laquelle l'abbaye échut en héritage, attestent qu'il mourut en 1560. *A. V*. le désigne comme le premier abbé commendataire.

[7] Jean de Ceppes ou de Chappes (*G. ch*.); mais c'est une mauvaise leçon.

[8] 1569-1580 (*G. ch*. et *A. V*.). Il y eut un premier abbé de ce nom, qui succéda

63. Jean V (de Cèpes); 1569-1578[1].

64 et 67. Pierre III (Granayrie); 1578-1590[2], et Cothage de Martel[3], vers 1580.

65. Jean VI (de Cosaiges)[4]; 1591-1595[5].

66. Pantaléon de La Coste; 1595-1608[6].

directement à Bertrand des Fages, d'après les lettres royaux précités. Mais il fut convaincu d'hérésie, et dut cesser d'administrer l'abbaye. Après lui, maître Charles de Livron, neveu de la dame Anne des Fages, épouse de Lioux, ainsi que maître Gilles de la Tour, furent successivement désignés clandestinement par lettres royaux, sous la réserve de la décision à intervenir en cour de Rome, mais il ne paraît pas qu'ils aient pris possession.

[1] Ce personnage était parent rapproché, et même, suivant quelques-uns, frère du précédent: il était conseiller en la cour du parlement de Bordeaux. Il résigna, le 5 octobre 1578, entre les mains de Pierre Granayrie, prêtre du diocèse de Limoges.

[2] Absent dans A. V. C'est peut-être le même que A. V. et le G. ch. désignent, sous le nom de Pierre Grangon, parmi les abbés que les vicomtes de Turenne nommèrent de leur autorité privée. Pierre Granayrie, prêtre du diocèse de Limoges, en faveur duquel Jean de Cèpes s'était démis en 1578, obtint, le 13 juin 1579, une bulle de nomination, et prit possession, suivant l'abbé Legros, le 9 janvier suivant. Il est qualifié de bachelier ès droits et abbé commendataire dans deux actes du 5 octobre 1581 et de 1586. (Mss. de C. et de V.) L'abbé Legros dit qu'il résigna ses fonctions en 1588; mais cela n'est pas exact, puisque, le 11 mars 1590, nous le retrouvons mentionné, avec sa qualité, dans un acte authentique. (Mss. de C.)

[3] G. ch. et A. V. Ce dernier dit qu'il fut nommé, en 1580, abbé commendataire, et que les vicomtes lui opposèrent Pierre Grangon, qui n'est peut-être que Pierre Granayrie, ci-dessus nommé. Dans ce cas, ce dernier serait resté en possession effective de l'abbaye, sur laquelle Cothage n'avait qu'un titre fictif, et aurait fait régulariser sa position, en obtenant le titre d'abbé commendataire, qu'il portait dès 1581.

[4] Absent dans A. V.

[5] 1588-1595 (L.). Jean de Cosaiges était licencié ès lois, prieur de Saint-Cyprien de Sarlat, conseiller et aumônier du roi: il fut désigné par ce dernier, et nommé en cour de Rome en 1591; le 19 septembre 1593, il donna des lettres de provision pour la charge de procureur d'office de l'abbaye; et nous le retrouvons, en 1594, avec son titre d'abbé de Beaulieu (mss. de C. et de V.); il se démit, le 6 mars 1595, sous la réserve d'une pension de quarante écus d'or.

[6] 1595 seulement (L.); 1597 (G. ch.); 1597-1616 (A. V.). Pantaléon de La Coste, prêtre du diocèse de Limoges, bachelier ès droits, fut nommé le 7 mars 1595, et mis en possession le 8 mai suivant. Le 1er octobre, Louis Chastaigner de la Roche-Pozay obtint un titre de nomination à la même abbaye. Mais ce dernier titre resta sans effet, car nous trouvons, le 13 décembre 1601, Pantaléon de La Coste qualifié d'abbé commendataire, et confirmant l'élection du titulaire de la vicairie de Saint-Blaise, fondée en l'église du mo-

NOTES ET ÉCLAIRCISSEMENTS.

68. Géraud III (de Custojoul); 1608-1624[1].
69. Jean VII (de Gramond); 1624-1631[2].
70. Géraud IV (de Custojoux); 1631-1657[3].
71. Emmanuel-Théodose de la Tour d'Auvergne, duc d'Albret, et depuis cardinal de Bouillon; 1658-1661[4].

nastère; et, autre part, aliénant divers biens pour payer une taxe. (*Mss. de C.*) A. V. fait durer son administration jusqu'en 1616; mais, dès le mois d'octobre 1608, Géraud de Custojoul était nommé; il faut donc arrêter à cette date la durée de son gouvernement.

[1] 1616-1648 (*A. V.*); 1616-1652 ou 1657 (*G. ch.* et *L.*). Mais, aux termes du procès-verbal notarié de prise de possession de l'abbaye par Géraud de Custojoul, daté du 16 avril 1609, et dressé à la requête du procureur d'office de l'abbé Pierre Lauthony, ses bulles de nomination étaient du 3 des ides d'octobre (30 octobre) 1608, quatrième année du pontificat. Nous le retrouvons en 1620, signant du même nom de G. de Custojoul. (*Mss. de V.*) Il résigna, en 1624, avec l'assentiment du roi et moyennant une pension de 1,200 livres, à Jean Gramond. Nadaud croit que cet acte ne fut pas suivi d'effet, parce qu'il retrouve un G. de Custojoux en 1651, 1654 et 1657; mais nous pensons, avec M. de Veyrières, que ce dernier est un personnage distinct de l'abbé nommé en 1608. (Voir plus bas.)

[2] Successeur de Géraud de Custojoul, qui résigna en sa faveur au commencement de l'année 1624. C'est peut-être le même que celui qui est désigné, par les auteurs du nouveau *Gallia christiana*, sous le nom de Gramond de Martel, parmi les abbés nommés par les vicomtes de Turenne de leur autorité privée. On trouve Géraud de Custojoux en 1631; Jean de Gramond n'alla donc pas au delà de cette époque.

[3] On a, jusqu'ici, confondu ce personnage avec Géraud de Custojoul, nommé, en 1608, abbé commendataire, et démissionnaire en 1624. Le seul motif qui ait autorisé Nadaud à faire de ces deux personnes un seul et même abbé, c'est la ressemblance des noms : nous disons ressemblance, et non identité, parce que nous avons sous les yeux, grâce à une communication de M. de Veyrières, la signature de l'un et de l'autre, et qu'elles diffèrent en ce que le premier signe toujours *G. de Custojoul*, et le deuxième *Custojoux* : cette ressemblance des noms ne saurait suffire en présence : 1° de la démission donnée, en 1624, en faveur de Jean de Gramond, à laquelle rien ne prouve qu'il n'ait pas été donné suite; 2° de la nécessité où l'on serait de supposer la durée de l'administration d'un même abbé de 1608 à 1657, c'est-à-dire pendant quarante-neuf ans; le fait est possible, et nous en avons même des exemples; mais, *a priori* et à défaut de preuves, on doit le considérer comme peu vraisemblable.

Nous trouvons la mention de l'abbé Géraud de Custojoux en 1627, 1628, 1637, et le 29 avril 1656. (*Mss. de V.*) Nous ferons remarquer enfin que Nadaud le signale encore en 1657. Il était conseiller et l'un des aumôniers de la reine mère du roi.

[4] Ce personnage, fils de Frédéric Maurice, fut nommé à l'âge de quatorze ans,

72. François II (Sauvage); 1663-1677[1].
73. Pascal de Ravillon; 1681-1688[2].
74. Jean-Philippe ou Phélis de Saint-Viance[3]; 1688-1707.
75. N. de Tilly de Bois-Franc[4]; 1707.
76. Martial-Louis de Brossard; 1713-1733[5].
77. J. B. Joseph de Vayre de Montal; 1734-1751[6].
78. Louis-Marie de Frischmann de Rosemberg; 1756[7].

par bulle du pape du 27 janvier 1658, et prit possession en 1659 (le 28 septembre). Il fut, plus tard, élevé à la dignité de cardinal, et se démit, en 1661 ou 1662, en faveur de François Sauvage, suivant l'abbé Legros.

[1] Prêtre du diocèse de Coutances, précepteur du précédent abbé; il fut désigné en mars 1663, et nommé en cour de Rome le 2 octobre 1664, prit possession le 2 janvier 1665, et mourut évêque de Lavaur le 17 mai 1677. (G. ch. et A. V.)

[2] Les auteurs ne mentionnent que l'époque de sa mort, arrivée, suivant A. V. en 1690, et, suivant les autres, en 1691. Mais M. de Veyrières a eu sous les yeux un acte d'affermage des revenus de l'abbaye, consenti par Pascal de Ravillon, en août 1681, à maître Pierre Laumon, procureur d'office du monastère, dans les paroisses et appartenances de ce dernier. Pascal de Ravillon est encore nommé, avec le titre d'abbé, le 24 mai 1787. (Mss. de V.) Il se démit de son titre au plus tard en 1688, époque à laquelle fut nommé Jean-Philippe de Saint-Viance.

[3] Prévôt de Saint-Viance et bachelier de Sorbonne, il fut nommé le 1er novembre 1688. D'après Nadaud et Legros, il retira ses bulles le 13 avril 1693, et fut mis en possession, par procuration, le 9 août suivant. Cependant on le trouve mentionné, dès le mois de décembre 1690,

dans les actes d'un procès qu'il soutint contre des tenanciers de l'abbaye; il y est nommé Phélis de Saint-Viance. (Mss. de V.) Il mourut, suivant A. V. le 9 février 1707, et, d'après Nadaud et le G. ch. en 1711. Dans tous les cas, il avait cessé d'être abbé en 1707 au plus tard.

[4] Ou de Beaufranc (G. ch.), noble normand, chanoine de Vernon, nommé le 24 avril 1707, ce qui coïncide bien avec la date de la mort de son prédécesseur, placée au 9 février 1707 par A. V. Il considéra cette abbaye comme trop peu lucrative, et n'en prit pas possession.

[5] Ce personnage, doyen de la cathédrale de Tulle, docteur en théologie, vicaire général de Tulle et de Limoges, fut nommé le 15 août 1713, obtint les bulles le 21 mars 1714, et prit possession le 15 mai suivant: il était encore abbé du temps d'Amand Vaslet, prieur de Beaulieu (1723-1727). Il mourut en décembre 1733.

[6] Prêtre d'Aurillac, prieur de Veyrètes (diocèse de Rodez), vicaire général de la Rochelle et d'Aix : il fut nommé le 13 mars 1734, pourvu des bulles du saint-siège le 11 avril 1736, et mis en possession régulière le 30 mai suivant. Il était encore abbé en 1751, ainsi que l'atteste l'Almanach royal pour cette année.

[7] Chanoine de Saint-Louis du Louvre, chargé d'affaires du roi à la cour de Madrid, préconisé pour l'abbaye de Beaulieu

NOTES ET ÉCLAIRCISSEMENTS.

79. Jean-Joseph-Joachim de Gabriac; 1757-1760[1].
80. Camille-Louis Apollinaire de Polignac; 1768-1779[2].
81. François-Benoît de Gondouin[3]; 1779-1787[4].
82. Bouillé (De); 1787-1788[5].

XXIV.

LISTE DES PRIEURS DE BEAULIEU, À PARTIR DE LA SOUMISSION DU MONASTÈRE À LA CONGRÉGATION DES BÉNÉDICTINS DE SAINT-MAUR[6].

1. D. Claude Lieutaud; 1663-1669[7].
2. D. Sixte Mounier; 1672.

en juillet 1756. Il se démit de cette commende peu de temps après.

[1] Docteur en droit canon, prêtre du diocèse d'Uzès, grand vicaire du diocèse de Sens. Il prit possession le 23 juin 1759; un manuscrit de M. de Veyrières le mentionne à la date du 1er avril 1760.

[2] Chanoine de la cathédrale d'Auxerre, nommé, à l'âge de vingt-quatre ans, abbé de Beaulieu, le 1er novembre 1768; il obtint ses bulles le 11 juin 1769, et prit possession le 2 avril 1770. Promu à l'évêché de Meaux en 1779, il se démit probablement à la même époque ou peu de temps après.

Ici s'arrête la liste dressée, d'après les notes de Nadaud, par l'abbé Legros : ce dernier y a ajouté les deux noms suivants.

[3] Gondoin seulement dans la liste de l'abbé Legros.

[4] 1779 (*L.*). Ce personnage, qui est qualifié baron, fut doyen et chanoine du chapitre de Saint-Liphard de Mehun-sur-Loire, vicaire général du diocèse d'Orléans et archidiacre en l'église cathédrale. Il fut nommé au mois de mai 1779; à sa requête, intervint, le 27 août 1784, une sentence du sénéchal de Tulle sur un procès engagé contre les consuls de Beaulieu au sujet des cloches et du clocher. On le retrouve, avec le titre d'abbé commendataire de Beaulieu, le 27 janvier 1786. (*Mss. de V.*) Enfin, d'après la feuille hebdomadaire de Limoges (n° du 11 avril 1784, p. 57, col. 2), l'abbaye était vacante le 25 mars de cette année; la mort ou la démission de ce personnage se place donc entre cette dernière date et le mois de janvier de l'année précédente.

[5] L'abbé de Bouillé, auparavant vicaire général de l'église cathédrale de Vienne (en Dauphiné), fut nommé en 1787 (*L.*). Il était alors, à ce qu'il paraît, âgé de vingt-cinq ans, fut promu à l'évêché de Poitiers en 1816, et mourut en 1822. (M. Bonnélye, dans son Essai sur l'histoire de Tulle, p. 155.)

[6] Cette liste a été dressée jusqu'en 1723 par Amand Vaslet, qui fut lui-même prieur de notre abbaye. Nous compléterons sa nomenclature au moyen d'indications fournies par les manuscrits de M. de Veyrières.

[7] 1663, *A. V.* Il est mentionné dans un acte du 30 août 1669. (*Mss. de V.*)

3. D. Claude Benaud; 1675-1676[1].
4. D. Charles Poirier; 1678.
5. D. Maur Dupont; 1680.
6. D. Clapasson; 1687-1692[2].
7. D. Barthélemy Gerentes; 1693.
8. D. Marcellin Pinel; 1694.
9. D. Hugues Bergonhon; 1699.
10. D. Benoît d'Aurelle; 1705.
11. D. Louis Landrieu; 1706.
12. D. Jean-Baptiste Maloët; 1708-1710[3].
13. D. Philippe Raffier; 1710.
14. D. Guilhomin; 1711.
15. D. Joseph Mallevergne; 1717.
16. D. Martignol; 1718[4].
17. D. François Michelet; 1720.
18. D. Amand Vaslet; 1723-1727.
19. D. Charles Lancelot; 1765[5].
20. D. Chardi, Charde ou Chardès; 1781[6].
21. D. Pissier; 1784[7].
22. D. Mathieu de Salers; 1787-1789[8].

[1] 1675, A. V. Mentionné en 1676. (Mss. de V.)

[2] 1687, A. V. Mentionné en 1692. (Mss. de V.)

[3] 1708, A. V. Mentionné encore le 10 mai 1710. (Mss. de V.)

[4] M. Bonnélye, ubi supra.
[5] Mss. de V.
[6] Ibid.
[7] Ibid.
[8] Ibid.

TABLE DES MATIÈRES

CONTENUES

DANS LA PRÉFACE ET DANS L'INTRODUCTION.

PRÉFACE.

	Pages.
Hommage à la mémoire de M. Guérard.	I
Plan de l'édition :	
Introduction.	III
Texte du Cartulaire.	V
Les tables.	VIII

INTRODUCTION.

TITRE PREMIER.

HISTOIRE DE L'ABBAYE ET DE LA VILLE DE BEAULIEU.

§ 1er. Depuis la fondation de l'abbaye (an 855), jusqu'au gouvernement des abbés laïques (fin du Xe siècle). XIII

§ 2. Gouvernement des abbés laïques (an 968). — Décret du deuxième concile de Limoges (1031). — Union du monastère avec l'abbaye de Cluny (1076 et 1095). — Les abbés Géraud II, Pierre de Saint-Céré et Gaubert (1097, 1164, 1207). XVIII

§ 3. Du pouvoir des seigneurs de Castelnau, des vicomtes de Turenne et de l'archevêque de Bourges dans l'abbaye et sur la ville de Beaulieu. . . . XXX

§ 4. Institutions municipales de Beaulieu. — Développement de la ville. . . XXXV

§ 5. La ville de Beaulieu pendant la guerre contre les Anglais. XLI

§ 6. Institution des abbés commendataires (an 1445). — Guerres de re-

TABLE DES MATIÈRES.

ligion; les protestants et les ligueurs à Beaulieu (1569-1627). — Le duc de Bouillon, vicomte de Turenne, et le parlement de Bordeaux (1642-1646) XLVI

§ 7. La congrégation des Bénédictins de Saint-Maur. — Démarches faites pour obtenir la soumission de notre monastère (an 1614-1627). — Emmanuel-Théodose, depuis cardinal de Bouillon, abbé de Beaulieu (1659). — Union avec la congrégation de Saint-Maur (1661). — Révolution française : fin de l'histoire de l'abbaye de Beaulieu (1789) LIII

TITRE II.

DES OFFICES ET PROFESSIONS.

CHAPITRE PREMIER. Des offices monastiques LX

§ 1ᵉʳ. Offices exercés dans l'abbaye.

    I. Les abbés réguliers.................................. Ibid.

    II. *Procuratores*, suppléants de l'abbé...................... LXII

    III. *Præpositus*, prévôt................................. Ibid.

    IV. *Prior*, prieur....................................... Ibid.

    V. *Decanus*, doyen LXIV

    VI. *Cellerarius*, cellérier............................... Ibid.

    VII. *Obedientiarii*, obédienciers......................... Ibid.

    VIII. *Custos ecclesiæ*, clerc gardien de l'église........... LXV

    IX. *Sacrista* ou *Sagrestanus*, sacristain................. Ibid.

    X. *Capellanus*, chapelain.............................. Ibid.

    XI. *Portarius*, portier................................. Ibid.

§ 2. Offices exercés hors de l'abbaye.

    I. *Præpositi*, prévôts................................. LXVI

    II. *Obedientiarii*, obédienciers........................ Ibid.

    III. *Priores*, prieurs................................. Ibid.

CHAPITRE II. Les offices laïques.

§ 1. *Advocatus, defensor, abbas laïcus.*

    I. *Advocatus*, l'avoué................................ LXVII

    II. *Defensor*, le défenseur............................ LXVIII

DE LA PRÉFACE ET DE L'INTRODUCTION. CCCIII

	Pages.
III. *Abbas laïcus*, abbé laïque............................	LXX.
§ 2. *Servus vicarius* ou *servus judex*, le serf-vicaire ou serf-juge; *vicarius*, le vicaire; *judex*, l'intendant ou juge........................	LXXI
I. Première période : des serfs-vicaires................	Ibid.
II. Période des vicaires vassaux. — Le *vicarius* et le *judex* au XIIe siècle.	LXXIV
III. Période de l'affranchissement des vicaires. — Le vicaire de Beaulieu au XIIe et au XIIIe siècle. — Résumé et conclusions....	LXXIX
§ 3. Les *ministeriales* de l'ordre inférieur.	
I. *Cellerarius*, cellérier..............................	LXXX
II. *Coquus*, chef de la cuisine...........................	Ibid.
III. *Forestarius*, forestier, gardien des forêts...............	Ibid.
IV. *Piscator*, surveillant des pêcheries	Ibid.
V. *Exactor* et *decimarius*, percepteur des redevances et collecteur des dîmes..	Ibid.
VI. *Cliens*, le client.....................................	LXXXI
VII. *Serviens*, le sergent	Ibid.
CHAPITRE III. Des professions.	
I. *Grammaticus* et *magister*, grammairien et professeur.........	Ibid.
II. *Molendinarii*, meuniers.............................	LXXXII
III. *Furnarii*, fourniers.....	Ibid.
IV. *Conductores tabularum*, fermiers des tables ou étaux pour la vente en place publique.............................	Ibid.
V. *Domini operatoriorum*, chefs des ouvroirs.................	LXXXIII
VI. *Agricolæ*, *rustici*, *messores*, cultivateurs et moissonneurs.....	Ibid.

TITRE III.

LÉGISLATION, JUSTICE ET FORMULES.

CHAPITRE Ier. De la législation.

§ 1er. Législation générale...................................	LXXXIV
§ 2. La coutume du pays, *consuetudo pagi*, l'usage de la province, *mos provinciæ*..	LXXXV

TABLE DES MATIÈRES.

Pages.

§ 3. La coutume locale, *consuetudo* ou *constitutio loci*. — Coutume de la terre. LXXXVI

CHAPITRE II. De la justice.

§ 1ᵉʳ. Justice publique. — Duel judiciaire.................... LXXXVII

§ 2. Justice privée. — Des *judices privati* ou *immunitatis*, ainsi appelés par opposition aux *judices publici*. — Des *judices* qualifiés *sæculares* par opposition aux *ecclesiastici*........................... LXXXVIII

 I. Justice de l'abbé....................... LXXXIX
 II. Justice du prévôt et du prieur.................. Ibid.
 III. Justice des serfs-vicaires ou serfs-juges................ Ibid.
 IV. Pouvoir du *judex*...................... XC

§ 3. Juridiction volontaire. — Sentences arbitrales............... Ibid.

CHAPITRE III. Formules et stipulations remarquables.

§ 1ᵉʳ. Formules écrites et symboles.

 I. Formules écrites. — Consécration à la vie monastique. — Vente. — Précaires........................... XCI
 II. Symboles. — Tradition symbolique par la corde de la cloche, par une motte de terre, par une branche d'arbre, par un clou de cheval........................... XCII
 Donation par le baiser. — Formes de l'hommage du feudataire. XCIII

§ 2. Stipulations remarquables.

 Stipulation du droit d'asile. — Conditions diverses et clauses pénales. — Anathèmes. — La fin du monde annoncée comme prochaine..................................... XCIV-XCVII

TITRE IV.
ÉTAT DES PERSONNES ET DE LA PROPRIÉTÉ.

CHAPITRE Iᵉʳ. De l'état des personnes.

Des serfs fiscalins et des serfs ecclésiastiques. — De l'affranchissement. — Du *rusticus* et du *cliens*.................... XCVIII-XCIX

Du formariage.................................. C

CHAPITRE II. État de la propriété.

§ 1ᵉʳ. Divisions des terres. — État de la culture.

 I. Nomenclature et définition des diverses espèces de biens : *villa*,

DE LA PRÉFACE ET DE L'INTRODUCTION. CCCV

Pages.

curtis, villare, baccalaria, bordaria, mansus (integer, vestitus, absus), dimidius mansus, caput mansus, capmansus ou *capmas, mansiunculus, mansionile, caput mansionile* ou *capmansionile, castrum, castellum, mansio, masada, casa, casalis, solaris, appendicia, plancatum, silva, nemus, boscus, castanetus, brolium, trolium, plantada, verniera, verdigarium* ou *viridarium, pomiferum, vinea, trelium* ou *trilium, clausum* ou *claus, hortus* ou *ortus, cundamina, cultura, exartum, fraustum, garrica, terra absa, palus, maresis* ou *mares, pratum, pratala* ou *pratellum, pascuum, buiga, isla, portus, piscatoria, piscatorilium* ou *paxeria, lacus, molendinum* ou *farinarius, roca*.................. C-CV

II. Nomenclature des forêts, bois et parcs, mentionnés dans le Cartulaire.................................... CV

III. Églises et chapelles possédées et transmises comme les autres espèces de biens................................ CVI

IV. Voies publiques, *viæ publicæ*.......................... CVII

§ 2. De la condition des terres et de leurs rapports avec leurs possesseurs ou les tiers.

I. *Allodium, alodum*, alleu............................. *Ibid.*

II. *Fevum, feudam* ou *feodium*, fief; *honor*, bénéfice......... *Ibid.*

III. *Terra vicecomitalis*, terre vicomtale................... CIX

IV. *Terra vicarialis*, terre du vicaire..................... *Ibid.*

V. *Bordariæ abbatiales*, borderies abbatiales.............. *Ibid.*

VI. *Villa* ou *curtis indominicata* ou *dominicaria*, villa seigneuriale. — *Mansus indominicatus* ou *dominicarius*, manse seigneurial, etc. — Du sens de ces termes comparés à *caput mansus*. — Examen d'une opinion émise par M. Guérard. — Églises, chapelles, parcs, bois seigneuriaux. — *Urbs dominicaria*, ville seigneuriale............................... CIX-CXI

VII. *Mansi ecclesiastici*, manses ecclésiastiques............. *Ibid.*

VIII. *Mansi serviles*, manses serviles, par opposition aux *mansi ingenuiles* ou *lidiles*.................................. *Ibid.*

TITRE V.

IMPÔTS, REDEVANCES ET MESURES.

CHAPITRE Iᵉʳ. Impôts et redevances.

NN

TABLE DES MATIÈRES.

Pages.

§ 1ᵉʳ. Impôts publics : *Saginates, freda, tributa, telonea, tractæ, districtio fide-jussorum, telonaria mercati, mansiones* et *paratæ, parafreda* et *angariæ*.... CXIII-CXIV

§ 2. Redevances.

    I. Espèces diverses de redevances ; *census, exactiones,* etc. — *Decima*, la dîme ; *decima monetæ*, la dîme de la monnaie ; *tertium*, tiers des dîmes ; *proferentia*, prémices ; *taliadæ*, tailles imposées aux terres.................................... CXIV-CXV

    II. Nature et mode de payement des redevances. — Payement en argent, en avoine, en orge, en blé, en seigle, en méteil ou mixture (*mixtura*), en cire à brûler, en foin, en gerbes de céréales, en légumes, en noix, en pain, en oublies ou petits pains (*obliæ*), en vin, en huile, en poissons, moutons, porcs et poules, en travail ou corvées (*opera*). — Époques des payements..................................... CXV-CXVI

Chapitre II. Des mesures.

§ 1ᵉʳ. Mesures agraires.

    I. *Sextariada*, la sétérée............................... CXVII

    II. *Quarteria, carteria* ou *cartaria*, la cartonnée............... CXVIII

    III. *Denariata, denariada* ou *denariadda*, la dénerée ou denrée...... CXIX

    IV. *Medaliada*, la maillée............................... CXX

§ 2. Mesures de capacité.

    I. Mesures de liquides. — 1° *Modius*, le muid. — Ses modifications successives au nord et au sud de la Loire.............. CXXI-CXXV

        2° *Dimidius modius* ou *semodius*, le demi-muid.............. CXXV

        3° *Sextarius, sestarium, sexters*, le setier.................... Ibid.

        4° *Emina* ou *mina*, l'émine............................ Ibid.

    II. Mesures de capacité pour les matières sèches : grains, fèves, noix. — Le muid, le setier, l'émine.................... CXXVI

    Dès le xiv° siècle, apparition de deux mesures : *carta* ou *carto*, le carton, et *panata* (la pennière?)............................ Ibid.

    Mode d'emploi des mesures : comble (*cumula*), non foulée (*non calcata*), rase (*rasa*)................................ CXXVI-CXXVII

    De la denrée, *denariata*, et du denier, *denarius*, dans le sens de mesure de capacité............................... CXXVII

DE LA PRÉFACE ET DE L'INTRODUCTION. CCCVII

Pages.

§ 3. Mesures particulières des gerbes et du foin. — La gerbe, *gerba*, et la charge, *faisus* ou *faissus* .... CXXVII-CXXVIII

§ 4. Mesures de longueur. — *Virga pannorum*, mesure pour les tissus, égale à l'aune, *ulna* ou *alna* CXXVIII

TITRE VI.

TOPOGRAPHIE DU LIMOUSIN ET DU QUERCY.

CHAPITRE Ier. Le Limousin.

§ 1er. Le *pagus* ou *orbis Lemovicinus*, le Limousin. — Des noms successivement portés par sa capitale CXXIX

Sa délimitation .... CXXXI-CXLVII
Pays qui lui confrontaient. — Son étendue .... CXLVII-CXLVIII

§ 2. Le *comitatus Lemovicinus* ou *Lemovicensis*, comté du Limousin.

Son étendue, sa durée .... CXLVIII-CLII
Du pouvoir exercé en Limousin par les comtes de Turenne, les comtes de la Marche, les comtes de Toulouse, les comtes de Poitiers et les comtes d'Auvergne .... CLII-CLV

§ 3. Les *pagi minores*, pays de l'ordre inférieur .... CLV-CLX

§ 4. Les vicairies, aïces ou aïzes et centaines.

   I. *Vicariæ*, les vicairies .... CLX-CLXXIII

   II. *Aicis, aizum*, l'aïce ou aïze .... CLXXIII-CLXXV

   III. *Centena*, la centaine .... CLXXV-CLXXVIII

§ 5. *Marka, marcha* ou *marchia*, la Marche. — Son étendue. — Sa durée. — Sa division en haute et basse Marche .... CLXXVIII-CLXXIX

§ 6. *Fiscus*, le fisc. — Son caractère CLXXX

§ 7. De la distinction du *haut Limousin* et du *bas Limousin*. — Son caractère. — Étendue respective de ces deux divisions. — Limoges et Tulle en sont les chefs-lieux .... CLXXX-CLXXXIII

CHAPITRE II. Le Quercy.

§ 1er. Le *pagus* ou *orbis Catureinus* ou *Caturcensis*.

   I. Le peuple cahorsin ou quercinois CLXXXIII

   Des noms successivement portés par sa capitale .... CLXXXIV-CXCI

   Et par les pays qu'il occupait .... CXCI-CXCIII

TABLE DES MATIÈRES.

Pages.

    II. Délimitation du *pagus* ou *orbis Caturcinus*................ CXCIII-CCV

        Pays qui lui confrontaient........................... CCV-CCVI

§ 2. Le *comitatus Caturcinus* ou *Caturcensis*, comté du Quercy. — Son étendue et sa durée............................... CCVI-CCVIII

§ 3. Subdivisions régionales du Quercy.

    I. Les *pagi minores*, pays de l'ordre inférieur................ CCIX-CCX

    II. Distinctions du *Quercy noir* et du *Quercy blanc*, du *haut Quercy* et du *bas Quercy*. — Leur étendue respective............. CCX

    III. Des régions du Quercy, appelées le *Causse*, le *Ségala* et *Fromental*...................................... CCXI-CCXII

§ 4. Les vicairies, aïces ou aïzes et centaines...................... CCXII

    I. *Vicariæ*, les vicairies............................. CCXIII-CCXV

    II. *Aicis* ou *aizum*, l'aïce ou aïze..................... CCXV

    III. *Centena*, la centaine............................ CCXVI

NOTES ET ÉCLAIRCISSEMENTS.

I.   Notice biographique sur saint Rodulfe, archevêque de Bourges, primat d'Aquitaine, fondateur du monastère de Beaulieu.......... CCXIX-CCXXVI

II.   Époque de la fondation du monastère de Beaulieu............ CCXXVI-CCXXXI

III.   Date de la charte n° 1 du Cartulaire..................... CCXXXI-CCXXXV

IV.   Dates des chartes X et XI............................. CCXXXV-CCXXXIX

V.   Date de la charte XVI, fondation du monastère de Végennes (*Veterinas*)... CCXXXIX-CCXL

VI.   Date de la charte XLVII............................... CCXLI

VII.   Dates des chartes CXXVIII et CLXXVIII................... CCXLII-CCXLIII

VIII.   Dates des chartes CLXII, CLXIII, CLXV et CLXXV............ CCXLIII-CCXLIV

IX.   Dates des chartes XVIII, XIX, XXI, XXIII, XXIV, XXXIII, LIV, CLXXII, CLXXX et CLXXXIII................................... CCXLIV-CCXLVI

X.   De l'abbé Rodulfe Ier et d'un abbé du nom de Silvius ou Silverius, mentionné par D. Estiennot............................ CCXLVI-CCXLVII

XI.   De l'abbé Rodulfe II.................................. CCXLVII

XII.   De l'abbé Boson, évêque de Cahors...................... CCXLVIII-CCL

DE LA PRÉFACE ET DE L'INTRODUCTION. CCCIX

Pages.

XIII.	De l'abbé Géraud Ier....................................	CCL-CCLI
XIV.	De l'abbé Bernard II, évêque de Cahors......................	CCLII-CCLV
XV.	De Bernard III, abbé-évêque. — Date de la charte CIV........	CCLV-CCLVIII
XVI.	Hugues de Castelnau, abbé laïque. — Origine de Hugues, son aïeul, père de l'abbé-évêque Bernard II......................	CCLVIII-CCLXV
XVII.	Fruin (*Frodinus*), abbé, puis seulement doyen de Beaulieu et abbé de Tulle...	CCLXVI-CCLXVII
XVIII.	De l'abbé Géraud II	CCLXVII-CCLXVIII
XIX.	De l'abbé Gautier...	CCLXIX
XX.	Notice archéologique sur l'église de l'abbaye, dite *du Moustier*. — De l'ancien cloître. — Des églises et chapelles de Beaulieu....	CCLXIX-CCLXXVII
XXI.	De la position du chef-lieu de la *vicaria*, *centena*, *aicis* et *vallis Exidensis* ou *Exindensis*..................................	CCLXXVII-CCLXXXIII
XXII.	De l'étendue et de l'importance de la division agraire désignée par le mot de *baccalaria*, bachellerie. — Du *baccalarius*, bachelier. — De la corvée ou du travail appelé *baccalaria*.............	CCLXXXIII-CCLXXXIX
XXIII.	Liste des abbés de Beaulieu.	
	1° Abbés élus.....................................	CCLXXXIX-CCXCIV
	2° Abbés commendataires...........................	CCXCIV-CCXCIX
XXIV.	Liste des prieurs de Beaulieu, à partir de la soumission du monastère à la congrégation des Bénédictins de Saint-Maur.............	CCXCIX-CCC

CHARTULARIUM

MONASTERII

SANCTI PETRI DE BELLOLOCO.

CHARTULARIUM

MONASTERII

SANCTI PETRI DE BELLOLOCO

LEMOVICENSIS DIOECESIS.

Nota. Manuscripta a nobis adhibita per initiales litteras sic indicabuntur : ms. Bouhierii scilicet, *B.*; Sangermanense, *SG.*; apographa duo ms* Sangermanensi annexa, *Ann. SG.*; excerpta ex nostro chartulario quæ, a Chesnio exarata, inter schedas viri clari istius exstant, *Ch.*; vetusque codex ad gentilitatem de Costa pertinens, *C.*

Titulos chartarum qui deerant in manuscriptis composuimus et inter uncinos inclusimus. In margine paginas Bouhieriani manuscripti necnon Sangermanensis, codicisque de Costa, concurrentes notavimus.

I[1].

[Testamentum Rodulfi, Bituricensis archiepiscopi, quo Bernulfo et Cuniberto abbatibus multa prædia confert, pro Bellilocense monasterio construendo.]

Mundi senio sese impellente ad occasum, divinis jubemur[2] præceptis Domini cibum comparari qui perire non possit, fructumque

Nov. 860.

---

[1] Ex mss. B. C. SG., primo apographo ms° SG. annexo, necnon apographo D. Col ex chartulario ecclesiæ S. Stephani Lemovic. exarato, et in collectione chartarum mss. Bibliothecæ imperialis servato. Initia in mss. B. et SG. desunt, sed continentur in ms° de Costa et in Ann.

SG. Fere in integrum vulgatum fuit hoc testamentum a Mabillonio, *Act. SS. ordin. S. Benedict.* sæc. IV, part. II, p. 161; a Justello, *Hist. geneal. Turenn. gentis* pr. p. 7; in *Gall. christ. veter.* edit. t. IV, p. 149, et in *Nov. Gall. christ.* t. II, instr. col. 188.

[2] *Jubemus* false Ann. SG.

ferre virtutis qui permaneat in futuro. Decet enim ut qui super fundamentum Christi stabiliti, fundatique ac radicati sumus, ædificium ex auro, argento, lapidibus preciosis, bonorum scilicet provectibus (*al.* proventibus) operum, construamus, quod examine divini judicii probabile inveniatur, et non fragilibus materia (*leg.* materiis), ligno scilicet, feno, stipula, mortalium videlicet detrimento operum, constructum, in modico comburatur. Simul etiam perpendentes cum nos, divina providentia administrante, in hujus lucis exilium nudos natura profudit, quot et quantis emolumentis, immo inenarrabilibus divinæ pietatis donis in hac vita fulcimur, insuper tanta et talia nobis gratuito munere divina bonitas contulit ut ex ipsis heredes atque participes æternæ beatitudinis efficiamur. Quapropter dignum[3] ac justissimum omnimodis judicavimus ut participem facultatis ac muneris a se oblati[4] ipsum præcipue eligamus, quo non transitoriæ sed æternæ ac semper mansuræ possessionis heredes eligere nos voluit[5]. Idcirco ego[6] in Christi nomine Rodulfus, Biturigensis Ecclesiæ episcopus, sollicita mente pertractans qualiter ex rebus caducis atque terrenis turrem construere valeam, cujus ascensu, ab omni contagione mortalis pulveris exutus, multimodaque sorde[7] peccati immunis, aulam supernæ civitatis merear ingredi, Dominum et salvatorem omnium totiusque bonitatis largitorem, per hoc testamentum[8] scriptum, nobis heredem ex rebus proprietatis nostræ eligimus, quæ sunt in pago Limovicino, in vicaria Asnacense, super fluvium Dornoniæ, qui locus nuper a rusticis Vellinus, a nobis autem Belluslocus nominatur, cum casis, domibus, ædificiis, pratis, campis, vineis, silvis, pascuis, aquis aquarumve decursibus, farinariis, mobilibus et immobilibus, perviis, adjacentiis, exitibus et regressibus, quantumcumque in supradicto loco nostra cernitur esse possessio,

---

[3] Verbo *dignum* incipit instrumentum in ms. D. Col et in *Nov. Gallia christiana*, cujus auctores sane chartularii S. Stephani Lemovic. quoque lectiones insecuti sunt.

[4] *Oblati* Ann. SG. *collati* C.

[5] *Nos* deest; *valuit* pro *voluit* Ann. SG.

[6] Verbo *ego* incipiunt fragmenta a Mabillonio et Justello vulgata.

[7] *Sorte* Just.

[8] *Testamenti* Just. et Nov. G. ch.

ex emptione seu quolibet modo adquisitum, vel quicquid ad prædictum locum[9] aspicit aut aspicere videtur, totum et ad integrum, a die præsenti, hilari mente promptaque voluntate, Deo salvatori omnium devote offero, et in vice Christi, Bernulfo[10] abbati Sollemniacensis monasterii, Cuniberto abbati ejusdem monasterii, necnon Godoni[11] monacho, Frannario, Bernardo, Gairulfo[12], Flotgiso[13], Rigaldo, Rainulfo[14], Silvio[15], Rainerio, Girberto, Umberto Abraham[16] trado; ita duntaxat ut prædictus Cunibertus abba vel præfati monachi in eodem loco cœnobium monachorum sub regula S. Benedicti degentium, in honore beatissimi[17] apostolorum principis Petri construant: et ibi sub vera religione viventes, pro regis nostri parentumque nostrorum erratibus, quinetiam pro catholicæ atque universalis[18] Ecclesiæ statu, sedulis precibus divinam clementiam implorare decertent. Damus etiam ad supradictum locum curtem nostram indominicatam, quæ vocatur Bellusmons, cum ecclesia quæ est sacrata in honore B. Stephani martiris[19], in villa Astaliaco[20], et mansis qui sunt in Membriaco, cum piscatoriis et decursibus aquarum, atque mancipiis in iisdem locis commanentibus seu aspicientibus nec non pertinentibus, cum stratibus atque peculiare eorum, cum terris etiam cultis et incultis, pratis, pascuis, adjacentiis, aquis aquarumve decursibus, alvis[21], molendinis, perviis, exitibus et regressibus, cum vineis, et omnibus appenditiis, vel quicquid ad ipsam curtem vel ad ipsam ecclesiam aspicit aut aspicere videtur. Et in alio loco, in prædicto pago et in præfata vicaria, aliam curtem nostram qui vocatur Ad[22] Sanctum Genesium, cum ipsa ecclesia et omnibus

---

[9] *Locum* deest Ann. SG.
[10] Sic C. *Bernulfo abbati Sollemniacensis monasterii* desunt B. SG. etc.
[11] *Godonii* Ann. SG.
[12] *Garulfo* Just. et Nov. G. ch.
[13] *Flogisio* Ann. SG.
[14] *Rainulfo* deest Nov. G. ch.
[15] *Silvio..... Umberto* desunt C.
[16] *Abraaam* Ann. SG. *Abraam* D. Col.

[17] Sic C. *Beatissimorum apostolorum Petri et Pauli* Ann. SG.
[18] *Universitatis* Ann. SG.
[19] *Martiris* deest Mabill.
[20] *Stiliaquo* false D. Col.
[21] *Silvis* C. D. Col et Nov. G. ch.
[22] *Et* pro *ad* D. Col. Post verbum *vocatur* locus vacuus relictus est apud Nov. G. ch. ubi legitur postea *et ad sanctam*, etc.

ad se pertinentibus, cum mansis et vinea quæ vocatur Curamonte[23], atque mancipiis supra commanentibus seu aspicientibus necnon pertinentibus, cum terris cultis et incultis, pratis, pascuis, silvis, adjacentiis, aquis aquarumve decursibus, molendinis, perviis, exitibus et regressibus, omnia et ex omnibus, totum et ad integrum, quantumcumque ibidem nostra cernitur esse possessio. Similiter[24] et in alio loco, in orbe Limovicino et territorio Tornense[25], aliam curtem nostram et ecclesiam quæ vocatur Estivalis[26], cum adjacentiis atque appenditiis suis, cum mancipiis supra commanentibus seu aspicientibus necnon pertinentibus, cum casis[27], domibus, ædificiis, pratis, campis, vineis, silvis, pascuis, aquis aquarumve decursibus, mobilibus et immobilibus, perviis, adjacentiis, exitibus et regressibus, quantumcumque ibidem possidere videor, ex emptione seu quolibet modo adquisitum, et vineis nostris in Campaniaco seu Campaniagolo[28], seu Pardinis, et quantum ibidem possidere cernimur. Et in alio loco, in orbe Limovicino[29], in vicaria Asnacense, ecclesiam nostram, cum adjacentiis atque appenditiis, et omnibus ad se pertinentibus, et quicquid ibidem habere videmur, quæ vocatur Nonnaris[30]. Similiter in alio loco, in orbe Lemovicino, et territorio Tornense[31], mansum nostrum quem de Bobino dato precio comparavi, in villa Terciaco[32], cum omnibus ad se pertinentibus. Omnia superius nominata, cum præfatis ecclesiis et villis atque appenditiis earum, prædicto abbati seu prænominatis monachis[33] necnon et successoribus eorum trado atque transfundo, in eorum usibus vel stipendiis in futuris generationibus, absque ullius hominis contradictione, firmissima libertate. Volumus etiam, prout opportunitas atque possibilitas, ejusdem loci sese[34] quo-

---

[23] *Cuiannonis* Ann. SG. et D. Col. Hæc lectio sic indicatur in Nov. G. ch.: *Cajannonis.*

[24] *Humiliter* Ann. SG.

[25] *Torinense* Mabill. D. Col.

[26] *Stivalis* ibid. *Stivals* Ann. SG.

[27] *Casibus* D. Col. *Censibus* Nov. G. ch.

[28] *Campania, Golo* false Nov. G. ch.

[29] *Lemoviceno* Nov. G. ch.

[30] *Nonaris* D. Col.

[31] *Torninse* D. Col. *Torinense* Nov. G. ch.

[32] *Terniaco* Ann. SG. et Mabill.

[33] Voce *monachis* incipiunt duo mss. Bouhierianum et Sangermanense.

[34] Forte legendum : *erit* pro *sese* apud Mabillonium.

tidie misericordiæ[35] operam[36] pauperibus, indigentibus et advenis, pro venia nostrorum peccaminum, exhibere. Placuit etiam huic inseri testamento ut nec meo, nec parentum meorum [dominio], nec fastibus[37] regiæ magnitudinis, nec cujuslibet terrenæ potestatis jugo[38] subjaceant, sed quemcumque præfati monachi ex semetipsis abbatem vel pastorem suique rectorem secundum beneplacitum Dei et regulam S. Benedicti eligere voluerint, libero[39] in omnibus eligendi absque ullius potestatis inquietudine potiantur arbitrio. Pro infestatione vero pessimorum iniquorumque hominum, regium exposcimus mundiburdum, ut illius solatio fulti tuitionisque ope relevati, lætiori animo pro regiæ dignitatis exaltatione atque cunctorum catholicorum salute, divinæ votis supplicibus queant adstare clementiæ. Rogo etiam, et poplite flexo humiliter, omnes reges, episcopos, abbates, comites, vicarios, cunctosque reipublicæ administratores, atque in commune omnes sanctæ Dei Ecclesiæ fideles exposco et per individuam et inseparabilem Trinitatis[40] majestatem obnixe flagito et flagitando adjuro ut, secundum tempus, posse et locum, si aliquis Dei inimicus hanc nostri studii devotionem infringere, aut instinctu diabolico, maligna cupiditate violare conatus fuerit, adjutorium, divini zeli ardore inflammati, charitatisque atque veræ fraternitatis igne succensi, ferre non dedignentur[41] : reges secundum virtutis suæ potentiam, fortiter illos comprimendo; episcopi vero juxta potestatis suæ sanctitatem, a cœtu fidelium et ab Ecclesia Dei separando ac anathematis vinculo colligando; cæterique fideles, aut pro ministerii potestate[42] coercendo, aut etiam vel verbis juxta posse solatium supplendo. Ego autem omnium servorum Dei exilis servus, licet indignus, episcopali tamen infula astrictus, illum omni

---

[35] *Misericorditer* Just. deest Ann. SG.
[36] *Opera* Ann. SG.
[37] *Fascibus* Mabill. Nov. G. ch.
[38] *Jugo* deest B. et SG.
[39] *Et vero in omnibus jure eligendi potiantur absque ullius potestatis vel inquietudinis artibus* Mabill. et SG. *et vero in omnibus eligendi absque ullius potestatis inquietudinis potiantur artibus*, B.
[40] *SS. Trinitatis* SG.
[41] *Dignentur : leges* B. et SG.
[42] Sic Ann. SG. et Mabill. *Per ministerii potestatem* B. D. Col. Nov. G. ch. *per ministerium præsulum* SG.

iniquitate repletum et in omnibus voluntati Dei contradicentem, qui hoc nostræ parvitatis donum, quod spontanee ac devotissime Deo offero, destruere aut in suos vel aliorum quorumcumque usus retorquere, nisi in stipendia monachorum ibi Deo sub regula S. Benedicti degentium, conatus fuerit, non inflationis aut præsumptionis audacia, sed ministerii mihi a Deo commissi auctoritate, ab omni cœtu fidelium extraneum fore censeo, et canonica institutione anathematiso. Si quis vero contra hoc testamentum, quod ego pro amore Dei omnipotentis ac veneratione beatissimi[43] apostolorum principis Petri fieri sancivi, aut regiæ potestatis dignitas, aut quorumlibet regalium procerum sublimitas, sive etiam propinquorum heredum aut proheredum meorum calliditas, venire aut callide tentaverit infringere, doli ejus et fraudes penitus irritæ fiant, et omnipotentis Dei iram se incurrere certissime sciat, et ab Ecclesia proprio Christi sanguine mercata[44] sequestratus, et a communione Christianorum fiat extraneus. Et insuper, ut prius[45] temporalia digna expietur, cogente fisco, auri libras centum et argenti pondera quinquaginta coactus exsolvat, et sua petitio nullum obtineat effectum, sed præsens testamentum, pro animæ meæ parentumque meorum remedio institutum, omni tempore maneat inconvulsum cum stipulatione subnixa. Et ut verius credatur et diligentius conservetur et ab omnibus firmius custodiatur, manu propria subterfirmavi, et bonorum hominum canonicorum, sive fidelium laicorum manibus firmandum contradidi.

Stolidus[46] episcopus Lemovicensis Ecclesiæ subscripsit. Launus[47] episcopus et abba huic testamento subsc. S. Aygæ[48]. † Rodulfus[49] epi-

---

[43] *Beatissimorum apostolorum Petri et Pauli* D. Col. Nov. G. ch.

[44] *Merita* Ann. SG.

[45] *Pœna temporali dignus expiatus* Mabill. Melius in ms° C. *ut prius temporalia damna experiatur.*

[46] Sic Ann. SG. et B. et inferius cuncta mss. ch. XVIII. *Stodilus* Mabill. Tres tantum subscriptiones in apographo D. Col et in Nov. Gall. chr. exstant: *S. Raoduſi archiepiscopi, S. Gotafredi comitis fratris sui, S. Stodili ep. Lemov.*

[47] *Lanus* false B; deest S. G. Launus iste Pictavensem Ecclesiam ministravit.

[48] Sic in ms° C. corrupte in mss. B. et SG. legitur: *Sayei* seu *Sayci*: apud cætera littera *S* tantum invenitur.

[49] *Rodulphus* B. et SG.

MONASTERII DE BELLOLOCO.   7

scopus subscripsi. S. Godefredus[50]. S. Landricus. S. Immo. S. Raimondo[51] comite. S. Agine[52]. S. Teutarius[53]. S. Idoneus[54] presbiter. S. Arnulfus acsi indignus presbiter. S. Bertaldus[55]. S. Artaldus[56]. S. Godefredus. S. Daconi[57]. S. Adalradi. S. Arlabaldi[58]. S. Adalardi[59]. S. Aspasii. S. Bernaldi[60]. S. Eldraus[61]. S. David. S. Fulconi[62]. S. Eldoardus. S. Rodulfi. S. Abboni. S. Adraldi[63]. S. Garaldi[64]. S. Bertrandi. † Aldo[65] abba subscripsi. Mainarius[66] abba subscripsi. Abbo[67] abba subscripsi. S. Samuhel[68]. S. Agarnus presbiter. Drugbertus[69] presbiter. Garnarius[70] presbiter subscripsi. Ingilbertus[71] inutilis levita subscripsi. Danihel diaconus. S. Admundus[72] clericus. Signum Berengarii[73] clerici. S. Elias[74] scripsi. S. Garulfus[75] monachus[76].

Data donatione in mense novembri, anno vi[77] regnante Karolo rege serenissimo, xv^a[78] [*forte pro* ix^a] indictione.

[50] *Godefredus* B. *Godofridus* SG. Comes Turennensis, frater S. Rodulfi.

[51] *Raymundo* B. et SG. Raymundus iste comes fuit Tolosanus, primus nomine.

[52] Sic C. et Mabill. *Agni* B. et SG.

[53] *Teutarius scripsit* C.

[54] *Ventarius scripsit indignus presbiter* B.

[55] *Berfardi* B. SG.

[56] Artaldus et Godefredus desunt B. SG.

[57] *Diaconi* SG.

[58] Sic B. et SG. deest Ann. SG. et Mabill

[59] Deest Mabill. et Just.

[60] *Benaldi* B. SG.

[61] Sic Ann. SG. Idem verisimiliter qui in testamenti Godofredi comitis subscriptionibus nominatur (ch. III). Apud Mabill. et alias *Vildraus*.

[62] *Fruconi* Ann. SG.

[63] *Abraldi* B. *Alraldi* SG.

[64] *Baraldi* SG.

[65] *Addo* Mabill. Idem indubie qui, paulo post ann. 860, episc. Lemov. ordinatus fuit, in præsenti abbas incerti loci.

[66] *Mamarius* Mabill. abbas incerti loci.

[67] Abbo iste S. Martialis Lemovicensis abbatiam tenuit ab anno 850. Abbonis subscriptio multæque aliæ inferius desunt apud Justellum.

[68] *S. Michel* B. SG.

[69] *Drugibertus* Ann. SG. deest Mabill.

[70] *Gavarius* B. SG.

[71] *Ingilbertas* et *Daniel* absunt B. SG.

[72] *Adimundi* B. corruptus locus SG.

[73] *Berenguarius* B. SG.

[74] *Helias* ibid.

[75] *Guarulfus* B. *Guarulphus* SG.

[76] *Marcus* pro *monachus* Ann. SG.

[77] Sic C. Ann. SG. et Mabill. Nota numerativa deest B. et SG. ubi locus vacuus relictus est. — Nota chronica sic in apographo D. Col scripta : *Factum autem testamentum hoc anno* vi *regnante rege Karolo minore*. Sic etiam in *Nov. Gall. chr.* nisi *anno* xvi legitur pro *anno* vi. (Vide nostras observationes de vera istius instrumenti nota chronologica, superius *Notes et éclaircissements*, num. III.)

[78] Sic Ann. SG. Mabill. et C. numerativa nota deest B. et SG. Indictionis designatio abest D. Col et G. ch.

II.

[Bulla Paschalis papæ II pro monasterio Bellilocensi.]

17 mai. 1103.

B. p. 7. SG. p. 7.
C. p. 8.

Paschalis[1], episcopus servus servorum Dei[2], dilecto filio Geraldo, abbati monasterii, quod in Belliloco situm est, in parrochia Lemovicensi, secus fluvium Dordoniæ[3], ejusque successoribus regulariter substituendis in perpetuum. Ad hoc nos disponente Domino in Apostolicæ Sedis servitium promotos, agnoscimus ut ejus filiis auxilium implorantibus efficaciter subvenire et ei obedientes tueri ac protegere, prout Dominus dedit, debeamus. Unde oportet nos venerabilibus locis manum protectionis extendere, et servorum Dei quieti attentius providere. Igitur pro B. Petri apostoli reverentia, cujus nomini locus ipse dicatus est, tuis, fili in Christo, benigne[4] precibus annuentes, monasterium vestrum præsentis decreti auctoritate munimus. Statuimus enim ut cellæ[5], ædes, villæ, prædia, seu reliquæ possessiones quæ ad ipsum Belliloci monasterium, Rodulfi[6], venerabilis memoriæ Bituricensis archiepiscopi, cessione, regumque vel principum seu aliorum fidelium legitimis donationibus, pertinent, et quæcumque in præsentiarum juste possidet, sive in futurum, concessione pontificum, liberalitate principum vel oblatione fidelium, juste atque canonice poterit adipisci, firma tibi tuisque successoribus et illibata permaneant. Decernimus ergo ut nulli omnino hominum liceat idem monasterium temere perturbare, aut ejus possessiones auferre, vel ablatas retinere, minuere, vel temerariis vexationibus fatigare, sed omnia integra conserventur eorum pro quorum sustentatione et gubernatione concessa

---

[1] Sic B. C. et SG. *Pascalis* ibi Ann. SG. sed inferius *Paschalis*.

[2] *Dei* deest B. et SG.

[3] *Dordognie* Ann. SG.

[4] *Karissime* C.

[5] *Cellæ, ecclesiæ, villæ* B. *illæ ecclesiæ villæ*, SG.

[6] *Radulfi* Ann. SG. *Rodulphi* B. et SG.

MONASTERII DE BELLOLOCO.

sunt usibus omnimodis profutura. Præterea mansuro in perpetuum decreto sancimus ut nulli omnino sæcularium procerum liceat in vestro monasterio aliquas proprietatis conditiones, non hereditarii juris, non[7] advocatiæ, non investituræ, nec cujuslibet potestatis quæ libertati et quieti fratrum noceat, vindicare. Sepulturam quoque ejusdem loci omnino liberam esse decernimus, et eorum qui illic sepeliri deliberaverunt, devotioni et extremæ voluntati, nisi forte excommunicati sint, nullus obsistat. Hoc quoque præsenti capitulo subjungimus ut ipsum monasterium et ejusdem monasterii monachi ab omni sæcularis servitii sint infestatione securi, omnique gravamine mundanæ oppressionis remoti, quatenus, illic Domino servientes, in sanctæ religionis observatione seduli quietique permaneant. Si qua sane ecclesiastica sæcularisve persona hanc nostræ constitutionis paginam sciens, contra eam temere venire tentaverit, secundo tertiove commonita, si non satisfactione congrua emendaverit, potestatis honorisque sui dignitate careat, reamque se divino judicio existere de perpetrata iniquitate cognoscat, et a sacratissimo corpore ac sanguine Dei et Domini Redemptoris nostri Jesu Christi aliena fiat, atque in extremo examine districtæ ultioni subjaceat; cunctis autem eidem loco justa[8] servantibus sit pax Domini nostri Jesu Christi, quatenus et hic fructum bonæ actionis percipiant et apud districtum judicem præmia æternæ pacis inveniant. Amen[9]. Amen. Amen.

Scriptum per manum Petri, notarii regionarii et scriniarii sacri palatii. Ego Paschalis, catholicæ Ecclesiæ episcopus, SS. Data Laterani per manum Joannis, sanctæ Romanæ Ecclesiæ diaconi cardinalis, XVI kalendas junii, indictione x^a [*legend.* XI][10], Incarnationis Dominicæ anno millesimo centesimo tertio, pontificatus autem domini Paschalis secundi[11] tertio[12].

---

[7] *Non advocatiæ* desunt B. et SG.
[8] *Juxta* Ann. SG.
[9] Deest SG.
[10] Indictio XI^a cum anno Incarnationis 1103 concordat.

[11] *Secundo* false B. Hæc lectio nullatenus concordat cum chronologia papæ Paschalis II, qui, ann. Chr. 1099, sedem apostolicam occupare cœpit.
[12] *Tertio* de est B. et SG.

Verbo Domini cœli firmati sunt. Sanctus Petrus. Sanctus Paulus. Paschalis papa SS. Bene valete.

III[1].

[Testamentum Godefredi comitis, quo Igeracum curtem, Mollem, Pardinas, pluraque alia Bellilocensibus confert.]

Oct. 866.

B. p. 7. SG. p. 8.
C. p. 10.

Appropinquante mundi senio atque ruinis crebrescentibus, opportet unumquemque sollicite pro animæ salute vigilare, ne forte mors improvisa aliquem imparatum inveniat et absque fructu divini operis ab hoc sæculo discedentem. Quamobrem ego igitur in Christi nomine Godefredus, gratia divina favente, comes[2], consentientibus uxore mea Gerberga[3] et filiis meis, Godefredo et Rodulfo, hujus sæculi casum pertractans, et misericordiarum Dei reminiscens, cedo res proprietatis meæ ad monasterium, quod nuper a rusticis Vellinus[4], sed novo opere a nobis Bellusfocus, nominatur, et est constructum in honore S. Petri principis apostolorum, et S. Felicitatis martiris, et S. Ursini et S. Marcelli confessoris, aliorumque sanctorum, ubi vir venerabilis Garulfus[5] abbas præesse videtur. Hoc est curtem meam indominicatam, quæ vocatur Igeracus, cum ecclesia in honore S Martini constructa, et baccallariis indominicatis, et mansis servilibus[6] : mansum unum ubi Ricuinus[7] manet, mansum ubi Ingilbertus manet, mansum ubi Ictarius manet, mansum ubi Sigmarus manet. Item ad Mollem, ipsum tractum et ipsum portum, cum suis omnibus appendiciis. Simi-

---

[1] Ex mss. B. C. SG. et apographo Chesnii inter schedas viri clari apud Biblioth. imp. servatas, t. XXII, fol. 94.

[2] Comes Turennensis, Rodulfi comitis et Ayganæ filius, Rodulfi archiepisc. frater.

[3] *Gerbergua* B.

[4] *Vellimus* false B. et SG.

[5] *Guarulphus* SG.

[6] *Sæcularibus* SG.

[7] *Recimina* B.

liter ad Pardinas, mansum ubi Leotgarius manet, mansum[8] ubi Alimarius manet, mansum ubi Garaldus manet. Item ad Braciolis, mansum ubi Odbaldus manet. Item ad Granuliacum[9], mansum ubi Ebrarius manet, mansum ubi Martinus manet. Item ad Campaniacum, mansum ubi Teodaldus[10] manet, mansum ubi Ragambertus[11] manet. Similiter in Vilola[12], mansum ubi Bertus manet, mansum ubi Sigbrandus manet. Similiter ultra fluvium Seram, in villa Bretonoro, mansum ubi Andrias[13] manet, mansum ubi Ingelfridus manet, mansum ubi Amalfridus manet, mansum ubi item Ingelfridus manet, mansum ubi Belfridus manet, mansum ubi Ardradus manet. Item terras et prata quæ vocantur Adorlinda. Similiter ad alteram ripam, mansum ubi Guntaldus[14] manet, mansum ubi Amblardus manet[15], et mansos absos tres, et terras in ambabus ripis Dornoniæ, et alias terras cultas et incultas. De mancipiis vero his nominibus : Hermenbertus et uxor sua cum infantibus suis tres, Garardus, Aiga, Adaltrudis cum filias duas, Alaitrudis cum infantibus suis quatuor, Sufficia cum infantibus suis quatuor, Hictarius et uxor sua cum duobus infantibus suis, Ricuinus[16] et uxor sua cum uno infante, Leutrudis cum IIII infantibus, Landeberta cum infantibus tres, Garaldus et uxor sua[17], cum infantibus quinque, Martinus et uxor sua cum infantibus suis, Flodaldus et uxor sua cum infante una, Emeruldis cum infantibus, Ebrada cum infantibus suis. Hæc omnia superius nominata, quæ sunt in pago Lemovicino et Caturcino, et centenis Vertedense[18] et Exidense, cum casa nostra indominicata, cultifera, domibus et ædificiis, portis, verdiguariis, pomiferis, adjacentiis, terris cultis et incultis, pratis, pascuis, aquis, aquarum decursibus, piscatoriis, molendinis, jectis, tractis,

---

[8] *Mansum... Garaldus manet* desunt SG.
[9] *Granoliacum* SG.
[10] *Tetbaldus* Ch.
[11] *Ragambertus* et sequentia usque ad *Frodobertus* desunt B.
[12] Adde : *Mansum ubi Silverius manet* C.
[13] *Audricus* B.
[14] *Quintaldum* B. et SG.
[15] Adde : *Mansum ubi Ademarus manet, mansum ubi Garardus manet* C.
[16] *Ricimius* SG. *Riamnis* B.
[17] Adde : *Leotgerius et uxor sua* C.
[18] *Vertidense* SG. *Vertelense* Justellus in fragmentis inter probationes *Hist. geneal. Turenn.* p. 14, insertis.

quæsitis et adinquirendis, et omnibus ad ipsa loca superius nominata pertinentibus vel adhærentibus, seu quantumcumque nostra ibi cernitur esse possessio, totum ab integro, et de præsenti, hilari mente promptaque voluntate, .do Salvatori omnium et S. Petro et aliis sanctorum reliquiis devotus offero, in stipendiis et usibus monachorum in venturis generationibus; ea quidem ratione, ut si aliquis rector abbas de ipsis rebus aliquid in beneficio, vel precaria, seu commutatione, minuere voluerit, proprii heredes, absque ullius contradictione, in suam faciant revocare potestatem. Volo etiam ut post discessum meum, omnibus[19] diebus, ante horam capituli, omnis congregatio quinque psalmos pro anima mea decantet, similiter et annis singulis, die[20] kalendarum obitus mei, officium et missam, et rector qui tunc temporis fuerit, fratribus unam det refectionem. Deinceps, quod futurum minime credo, si ego ipse, quod absit, immutata voluntate, aliquis ex heredibus vel propinquis meis, seu quælibet immissa persona, qui contra hoc testamentum, quod ego dono [*leg.* Domino] offero, aliquam calumniam seu litem generare præsumpserit, inprimis iram Dei omnipotentis incurrat et sanctorum ejus, et a liminibus præsentis Ecclesiæ alienus, et ab æterna separatus, et cum Datan et Abiron et eis qui in seditione Chore perierunt, æternis pœnis sociandus. Insuper ut temporalia damna experiatur, cogente fisco, auri libras L, argenti pondera c, coactus exsolvat, et quod male petit vindicare non valeat, sed præsens hujus testamenti cessio inconvulsa permaneat cum stipulatione subnixa. Factam hujus testamenti cessionem in mense octobrio, anno XXVIII Karoli[21] regis, et anno I[22] Hludovici[23] filii ejus, Aquitanicæ regionis regis.

[19] Sic C. Nullum intervallum inter voces *omnibus* et *ante* in mss. B. et SG. relictum est.

[20] *De kalend.* Ch.

[21] Caroli Calvi, qui in mense junio anni 840 regnare cœpit : mensis octobris anni XXVIII istius regni in ann. Chr. 867 incidit; et consequenter Ludovicus Balbus in anno 866, siculi *Artis chronicas notas dijudicandi* doctissimi auctores recte docuere, regnare in Aquitania cœpit.

[22] Hæc nota numerativa deest Ch.

[23] Cognominati Balbi.

Signum Godefredi [24]. S. Gerbergæ [25], consentientis cessionem a nobis factam fieri et adfirmare quam rogavimus. S. Godefredus S. Rodulfi. S. Meinaldi. S. Bulgarius [26]. S. Aicardi [27]. S. Ragamfredus [28]. S. Astarius [29]. S. Beraldi. S. Garibeni [30]. S. Rotberti. S. Godbaldi. S. Sigmari. S. Ebroni [31]. S. Benedicti. S. Rainulfi. S. Eldraus [32]. S. Rotberti. S. Unaldi.

De mancipiis quod supra dimisimus, Ingiltrudis [33] cum infantibus suis.

Garulfus hujus testamenti cartam scripsit. Gontaldus manu scripsit.

IV[1].

[Privilegium Karoli regis de villa Camairaco.]

19 oct. 864.

B. p. 11, SG. p. 13.
C. p. 14.

In nomine sanctæ et individuæ Trinitatis. Karolus, Dei gratia, rex [2]. Cum locis Dei cultui [3] mancipatis aliquid conferimus nostri [4] juris, ad [5] præsens ob hoc nos felicius transigendum sæculum, necnon etiam ad æternæ remunerationis augmentum divino munere adjuvari, confi-

---

[24] *Godefridi* Ch. ibi et paulo post.
[25] *Gerberge consentiente* B. et C.
[26] *Burgarins* B.
[27] *Aycardi* B.
[28] *Ragamfredi* Ch.
[29] Astarii cæterorumque testium, nisi Gairulfi, subscriptiones desiderantur apud Chesnium.

[30] *Barieri* B.
[31] *Ebroni* et *Benedicti* signa absunt B.
[32] Forte idem Eldraus qui nominatur in testamenti S. Rodulfi subscriptionibus. (Vide supra ch. 1, not. 61.)
[33] *Ingeltrudis* Ch. Hæc mancipia ibi designata, supra omissa fuerant.

---

[1] Ex mss. B. C. SG. et apographo Chesnii inter schedas ipsius viri clari, t. LVI, fol. 248. Hoc diploma editum est apud D. Bouquet, t. VIII, p. 595.

[2] *Rex* deest SG.
[3] *Divino cultui* Ch.
[4] *Nostri jugis* C. *Vestri jugis* corrupte SG.
[5] Locus corruptus B. et SG.

dimus. Igitur noverit omnium sanctæ Dei Ecclesiæ fidelium nostrorumque, præsentium scilicet ac futurorum, industria, quod sanctissimus et valde nobis dilectissimus[6] archiepiscopus sanctæ Bituricensis matris[7] Ecclesiæ, Rodulfus, ad nostram accedens serenitatem, petiit et sua pontificali auctoritate exhortatus est quatenus, animæ nostræ saluti consulentes, dignaremur quandam nostri juris villam, quam ipse hactenus jure beneficiario per nostram largitionem obtinuisse visus est, quæ etiam in pago Lemovicino sita est et vocatur Camairaco[8] [al. Camayracum], fratribus qui sub monastico ordine in cellula a se constructa vocabulo Belloloco, dicata in honorem Petri, principis apostolorum, divinis cultibus inservire videntur, nostra munifica liberalitate regiaque auctoritate largiri, ut per hoc donum merces nobis maxima apud æternum retributorem appareat[9], et in eodem loco perpetuis temporibus nostri nominis memoriale maneat. Ejus sacratissimam commonitionem et rectam[10] petitionem, animæque nostræ salutiferam, cognoscentes, æternamque remunerationem nihilominus perpendentes, libenter suscepimus, et per omnia sereno animo dignum acquiescere duximus; unde hoc nostræ auctoritatis præceptum memorato loco sanctisque fratribus fieri jussimus, per quod præfatam villam, ad supplendos duntaxat eorum necessarios usus, in integro, cum familia utriusque sexus commanente vel ad eandem legaliter pertinente, ædificiis, omnique supra posito, terris cultis et incultis, vineis, silvis, pratis, aquis aquarumve decursibus, farinariis[11], pascuis, exitibus et regressibus, et omnibus legitimis exterminationibus, omniumque ad se pertinentium rerum, mobilium atque immobilium, summa integritate, prætaxatis sanctis fratribus eorumque usibus delegamus perenniter servituram, et jure legitimo largimur atque contradimus æternaliter possidendam, et de nostro jure ac do-

[6] *Devotissimus* B.
[7] *Natus* false Ch.
[8] *Camayracia* B. SG. et Ch. *Camayraciana* SG. *Cumagraciona* false D. Bouq. loc. cit.
[9] *Et pariter in eodem loco* C.
[10] *Ratam* B. et C.
[11] *Firmariis* B. *fermariis* SG.

minatione in jus et dominationem ipsius ecclesiæ solemniter transfundimus, pro eorum utilitate ac necessitate ab eisdem, nemine ordinationem eorum inhibente, disponendam; eo scilicet pacto ut sub proprii abbatis regimine, ipsius villæ sumptibus, cooperante Domino, sustentati, pro nobis nostraque amantissima conjuge Irmindrade[12], gloriosa scilicet regina, et chara prole, omnipotentis Domini misericordiam ipsius loci incolæ sacris exorare precibus studeant. Ut autem hæc nostræ largitionis auctoritas majorem in Dei nomine per tempora supervenientia obtineat vigorem, manu propria subter eam firmavimus, et annuli nostri impressione sigillari jussimus.

S. Karoli gloriosissimi regis[13].

S.[14] Hildeboldus indignus diaconus.

Data decimo quarto kalendas[15] novembris, indictione XIII, anno XXV regnante Karolo[16] gloriosissimo rege.

Actum Carisiaco palatio, in Dei nomine feliciter[17]. Amen.

V[1].

[Privilegium Karoli regis de immunitate Bellilocensi cœnobio collata, necnon de mercato apud Siuiniacum construendo.]

In nomine sanctæ et individuæ Trinitatis. Karolus, Dei gratia, rex. Si petitionibus bonorum virorum servicio Dei aptis assensum præbe-

17 jun. 859.

B. p. 12. SG. p. 15.
C. p. 17.

[12] *Irmindude* C.

[13] *Regis* deest B. et SG.

[14] Littera *S.* deest Ch. Vocem *diaconus* puncta postposita sunt.

[15] *Kalendas* deest B.

[16] Cognomine Calvo. Indictio XIII in ann. 865 incidit, sed tempus indictionis istius inter vigesimum quartum diem septembris in quo inita est, et mensem januarium sequentem, ad ann. Chr. 864 referendum est; quod cæterum optime concordat cum annorum regni Caroli computatione, qui in mense junio anni 840 regnare cœpit.

[17] *Feliciter* deest B.

[1] Ex mss. B. C. SG. et apographo Chesnii inter schedas viri clari, t. LVI, fol. 247. Vulgatum est hoc diploma apud D. Bouq t. VIII, p. 555.

mus, prædecessorum nostrorum bonorum regum vestigia sectamur, ac per hoc divinam clementiam propensius nobis adesse confidimus. Idcirco noverint omnium, tam præsentium quam et futurorum sequentium nos, solertia, quia adiit clementiam serenitatis nostræ venerabilis vir Rodulfus, Biturigæ sedis antistes, ut monasterium quod ipse proprio sumptu ædificavit, et de rebus hereditariis et a parentibus[2] ad se delapsis nobiliter honesteque dotavit, pro mercedis augmento et divini timoris et amoris intuitu, in nostra defensione et tutela seu mundiburdo reciperemus, simulque ejusdem loci abbatem quem eidem loco præfecit, nomine Gairulfum, tam ipsum quam et successores ejus, in nostro mundiburdo susciperemus. Cujus petitioni admodum, quia justa et sancta est, nobis assensum, ut jam dictum est, præbere libuit; et ideo, ut præfatum est, sciat omnis sequens nos[3] posteritas, quia eundem locum et successores ejusdem loci sic in nostra protectione sub immunitatis titulo suscipimus, sicut ea monasteria quæ sive prædecessores nostri de suo[4] ædificaverunt, sive a bonis nostris ædificata sibi conservanda susceperunt. Præcipimus etiam ut nullus exactor, vel judex publicus, nec de navibus, nec de saginatibus, vel carris, seu quibuslibet exactionibus, undecumque fiscus aliquid exigere[5] potest, quicquam ab eis accipiat. Concedimus etiam ut in Siuiniaco[6] vico sibi licentiam habeant mercatum construendi, et quicquid inde exigetur eorum dominio deputetur. Ideoque nulli liceat eidem loco aliquam inferre jacturam, vel de iisdem rebus ad eundem locum pertinentibus aliquid diminuere vel præsumere; sed liceat vel eidem abbati vel successoribus ejus, seu monachis et præsentibus et futuris eundem locum incolentibus, sub quiete et nostra defensione et futurorum regum, Domino servire, et pro animæ nostræ absolutione, seu regni stabilitate, vel sanctæ Ecclesiæ intemerata unitate, Dominum enixius deprecari. Hoc autem factum nostrum, et

[2] *Apparentibus* SG.
[3] *Nos* deest B.
[4] *De suo* desunt Ch.
[5] *Exire* SG. et Ch.

[6] Sic C. *Siuniaco* Ch. *Sinniaco* B. *Sraniaco* corrupte SG. *Suiniaco* D. Bouq. sed vere *Siuiniaco*, gallice *Sioniac*.

MONASTERII DE BELLOLOCO. 17

prædicti venerabilis viri postulatio ut pleniorem in Dei nomine obtineat vigorem; et a futuris successoribus nostris verius credatur, annuli nostri impressione jussimus sigillari.

Signum Karolus, gloriosissimi Karoli regis[7].

Data[8] xv kalendas julii, indictione vii, anno xviiii regnante Karolo rege gloriosissimo.

Actum Tusiaco supra Mosam, in Dei nomine feliciter. Amen.

VI[1].

[Privilegium Pipini regis de Telido, Ginesto et Aviciaco villa.]

Pipinus[2], ordinante divinæ majestatis gratia, Aquitanorum[3] rex. Regalis celsitudinis moris est fideles suos donis multiplicibus et honoribus ingentibus honorare atque sublimare. Proinde morem parentum regum videlicet prædecessorum nostrorum sequentes, libuit celsitudini nostræ quendam fidelem nostrum, Rodulfum[4] nomine, de quibusdam rebus nostræ proprietatis honorare, atque in ejus juris potestatem liberalitatis nostræ gratiam conferre. Idcirco noverit experientia atque industria omnium fidelium nostrorum, tam præsentium quam futurorum, quia concedimus eidem fideli nostro, Rodulfo nomine, ad proprium, quasdam res juris nostri, quæ sunt sitæ in orbe Lemovicense, in pago Asenacense, in Telido villa, mansum unum, et terras[5] quæ sunt

29 jul. 842.

B. p. 14. SG. p. 16.
C. p. 18.

---

[7] Sic C. S. *Carolus. Gloriosissimi Caroli regis*, SG. S. *Charolus* B.

[8] Sic B, et Ch. *Facta* SG.

---

[1] Ex mss. B. CS. G. et apographo Chesniano inter schedas ejus clari viri, t. XXII, fol. 325. Hoc diploma jam vulgatum est a D. Bouquet apud *Script. rer. Fr.* t. VIII, p. 356. Fragmenta exstant apud Justel. *Hist. geneal. Turenn.* pr. p. 10.

[2] Pipinus secundus nomine.
[3] *Aquitaniæ* SG.
[4] Rodulfus tunc abbas tantum Solemniacensis, ut censemus, postea Bituricensis archiepiscopus. (Videsis infra chartam vii.)
[5] *Tres* Just.

in Ginesto et Aviciaco villa, cum terris, vineis, silvis, pratis, aquis aquarumve decursibus. Prænominatas res, cum omni integritate vel eorum appendiciis, memorato prædictoque fideli nostro, Rodulfo nomine, ad proprium, per hanc nostræ auctoritatis paginam concedimus, et de nostro jure in jus ac potestatem illius solemni donatione transferimus, ita videlicet ut quicquid ab hodierna die et tempore exinde pro sua utilitate atque commoditate, jure proprietario, facere decreverit, liberam et firmissimam in omnibus habeat potestatem faciendi. Et, ut hæc nostræ largitionis atque donationis auctoritas perpetuam obtineat firmitatem, manu propria subterfirmavimus, et annuli nostri impressione subter eam jussimus sigillari.

Signum Pipinus, Pipini præcellentissimi regis.

S. Benedictus, ad vicem Ausberti, recognovit et subscripsit.

Data IV kalendas augusti, indictione v, anno I[6] [*pro* III], regnante Lothario imperatore, et anni secundi regnante Philippo [*leg.* Pipino] rege[7].

VII[1].

Privilegium Pipini regis de Cameiraco sive Daviliolas.

11 jan. 848.

B. p. 14. SG p. 16.
C. p. 20.

Pipinus, Dei gratia, rex Aquitanorum[2]. Regalis namque celsitudinis moris est fideles suos donis multiplicibus atque ingentibus honoribus

[6] Sic B. et C. Nota numerativa abest in ms. SG. apud Just. et in tabula chronologica v. cl. Brequigny, ubi spatium vacuum relictum est. D. Bouquet recte notavit ibi *anno III* regni qui cum indictione v concordat et in ann. Domini 842 incidit.

[7] Sic C. *et anni* ..... *rege* absunt B. et SG.

[1] Ex mss. B. C. SG. et apographo Chesniano, t. XXII, f. 152. Jam vulgat. in *Nov. Gall. chr.* t. II, instr. col. 3, et apud D. Bouquet *Script. rer. Fr.* t. VIII, p. 361.

Fragmenta exstant apud Beslium, *Comitum Pictavens. histor.* pr. p. 28, et apud Justellum, *Hist. geneal. Turenn.* pr. p. 8.

[2] Secundus nomine.

honorare ac sublimare. Ideoque notum sit omnibus fidelibus sanctæ Dei Ecclesiæ et nostris, præsentibus scilicet atque futuris, quia petiit mansuetudini nostræ Rodulfus, venerabilis Bituricensis archiepiscopus, ut sibi de quibusdam rebus nostræ proprietatis concederemus, atque in ejus jus et dominationem, liberalitatis nostræ gratia[3], conferre dignaremur. Concedimus itaque eidem venerabili episcopo, ad proprium, quasdam res juris nostri, quæ sunt sitæ in comitatu Lemovicino, villas nuncupatas Camberiacum[4] sive Daviliolas[5] [al. de Viliolas], in vicariis Navensium [al. Nacensium] sive[6] Usercensium [al. Uscensium], cum omnibus appendiciis. Unde et hoc auctoritatis nostræ præceptum eidem fideli nostro Rodulfo, venerabili episcopo, fieri ac dari jussimus, per quod prædictas villas, cum omni integritate, id est cum domibus, ædificiis, vineis, terris cultis et incultis, silvis, pratis, aquis aquarumve decursibus, exitibus et regressibus, cum mancipiis ibidem commanentibus vel pertinentibus, condonamus atque transferimus, eo videlicet modo ut quicquid exinde ab hodierna die facere voluerit, liberam et firmissimam in omnibus habeat potestatem faciendi, donandi, vendendi, commutandi sive heredibus relinquendi. Et, ut obtineat hæc nostræ largitionis auctoritas perpetuam firmitatem, manu nostra eam subterfirmavimus, et annulo nostro sigillari jussimus.

Signum Pipini præcellentissimi regis.

Data III idus januarii, indictione XI, anno X regnante Pipino, inclyto rege.

Actum Bituricas, in Dei nomine.

[3] *Libertatis nostræ gratiam* B.
[4] Sic in cunctis mss. *Cameiracum* melius in præsentis instrumenti titulo.
[5] *Daniliolas* Gall. chr. D. Bouq.
[6] *Nascentium sive Usuentium* SG. Sed corrupte.

VIII[1].

Item Karlimanni[2] [regis] de Camairaco et Orbaciaco[3].

14 jun. 882.

B. p. 15. SG. p. 18.
C. p. 21.

In nomine Domini Dei æterni et Salvatoris nostri Jesu Christi. Karlomannus, gratia Dei, rex. Si utilitatibus locorum divinis cultibus mancipatorum, servorumque Dei necessitatibus in eisdem degentium, aurem nostræ celsitudinis accomodamus, regium procul dubio exercemus munus, ac per hoc ad æternam beatitudinem capessendam venturos nos minime titubamus. Idcirco noverit fidelium omnium sanctæ Dei Ecclesiæ nostrorumque, tam præsentium quam et futurorum, industria, qualiter accedentes venerabiles viri ad nostræ alti-

[1] Ex mss. B. C. SG. et apographo Chesniano, loc. cit. fol. 326. Vulgat. in *Nov. Gall. chr.* t. II, instr. col. 4; a D. Vaissète in *Hist. Occitan.* t. I, pr. col. 137; et a D. Bouquet, t. IX, p. 426.

[2] *Carolomagni* Ch. ibi et inferius, sed vere *Carolomanni, Karolomanni* seu *Karlomanni* in mss. cæteris cunctisque auctoribus legitur.

[3] *Orbaciato* B. et SG. sed inferius *Orbatiacum.* Vide infra ch. IX, X, XI et XII, de villa Orbaciaco. Prædium illud postea *de Sallem* nuncupatum est, uti constat ex charta quadam commutationis anno 1164 acta inter Geraldum del Cher, Lemovicensem episcopum, et Petrum de Sancto Sereno, Belliloci abbatem, de ista villa necnon de ecclesia de Tudel. Hoc instrumentum D. Vaissète et D. Vic inter probationes *Historiæ Occitaniæ* vulgaverunt (t. I, pr. col. 140), ex chartulario Bellilocens. depromptum asserentes, sed falso, cum neque in Bouhieriano neque in Sangermanensi ms°, nec in cod. de Costa reperiatur: ex *archivis* et non ex *chartulario* Bellilocensis cœnobii seu forte Lemovicensis ecclesiæ extracta fortasse fuit. Insequitur cæterum ejus commutationis textus :

« G. Dei gratia Lemovicensis episcopus,
« præsentibus et futuris in perpetuum.
« Quoniam quæ ab hominibus sunt, nimia
« sui vetustate delentur et oblivioni traduntur, scripto commendavimus qualiter
« P. abbas Bellilocensis, communi consilio
« capituli, dedit nobis, concessit et successoribus nostris in perpetuum possidendam, terram de Sallem, quæ antiquo nomine Orbaciacus vocabatur, cultum et
« incultum, cum vineis, pratis, aquis, aquarumve decursibus, molendinis, paxedis, totum et integrum. Quam videlicet
« terram Frotarius, Bituricensis archiepiscopus de Odome [*leg.* Odone] comite
« emit, et Bellilocensi ecclesiæ dedit, ac
« Gairulfo tradidit perpetuo possidendam.
« Quam donationem Karolus, rex Francorum, prædictæ ecclesiæ concessit, quia de
« jure illius esse dinoscebatur. Nos vero de-

tudinis[4] clementiam, Frotarius, archiepiscopus Biturigensis, necnon Gerulfus, Belliloci monasterii abbas, innotuerint quomodo quondam Rodulfus, ejusdem primæ sedis archiepiscopus, in sui juris suæque proprietatis rebus in pago Lemovicino sitis, monasterium in honorem B. Petri principis apostolorum, quod supra commemoratum dicitur Belluslocus, construxit ob amorem Dei, et inibi monachos Deo famulantes pro suorum absolutione peccatorum constituit : denique submissis vultibus, nostræ serenitatis clementiam humili postulaverunt prece, ut idem monasterium, pro malorum hominum infestatione, sub tuitionis nostræ mundiburdo ac munimine defensionis, cum rebus omnibus et mancipiis ad eundem locum pertinentibus, recipere et retinere dignaremur. Hæc sunt jura jamdicti archiepiscopi Deo et eidem loco oblata, necnon villæ quas divinæ recordationis avus noster Karolus per auctoritatem sui præcepti [suppl. concessit], id est Cameracum[5] et Orbaciacum, cum omnibus rebus et mancipiis ad se pertinentibus, sive etiam collationes bonorum hominum, tam præteritorum quam præsentium atque futurorum, undecumque juste et digne advenientes. Quorum, inquam, preces rationabiles esse intelligentes, hoc nostræ altitudinis mundiburdi scriptum fieri jussimus, per quod monasterium jamdictum, cum eodem abbate Gerulfo et monachis præsentibus et futuris, cum ecclesiis et utriusque sexus mancipiis, cum terris cultis et incultis, vineis, pratis, silvis, pascuis, molendinis, aquis aquarumve decursibus, omnibusque ad idem monasterium jure pertinentibus, sub nostræ defensionis ac tuitionis mundiburdo rece-

« dimus et concessimus eidem P. abbati
« Bellilocensi ejusque successoribus eccle-
« siam de Tudel in perpetuum possiden-
« dam, cum omnibus pertinentiis suis, quæ
« de jure ecclesiæ Bellilocensis fuisse dinos-
« cebatur. Huic donationi interfuerunt Hu.
« decanus Lemovicensis et Abbonius cano-
« nicus, Aimericus ejusdem ecclesiæ sacer-
« dos, W. prior, Iterius monachus, Eba-
« lus sacrista, Hu. monachus. Facta hæc
« carta et donatio anno ab Incarnatione
« Domini millesimo centesimo sexagesimo
« quarto. G. abbas Solemniacensis. P. de
« Monesterio archidiaconus. Hoc ipsum
« concessit Aymericus, ejusdem ecclesiæ
« archidiaconus. »

[4] *Celsitudinis* B.

[5] *Camayracum et Orbatiacum* SG. *Cameracum* D. V.

pimus et retinemus, præcipientes ut nemo sanctæ Dei Ecclesiæ fidelium, nostris aut futuris temporibus, non comes, vel vicecomes, aut missus discurrens, seu quilibet reipublicæ minister, ab ejusdem loci abbatibus sive monachis, per tempora labentia, ulla unquam dona vel redibitiones seu expensas requirere præsumat. Jubemus etiam ut nullus rector ejusdem sancti loci, a nobis sive a bonis[6] hominibus res ejusdem sancti loci collatas, in aliorum usus, nisi justa exigeret causa, transferre præsumat; sed liceat eis omni tempore, inquietudinibus omnibus remotis, Domino famulari ejusque clementiam pro nostris ac patrum nostrorum excessibus, ac statu sanctæ Dei[7] Ecclesiæ, continuis precibus exorare, concessa bonæ pacis quiete. Si autem adversus eos causæ ortæ fuerint quæ habeant gravis dispendii expensam, ad nostram reserventur præsentiam, ibique finem consequantur. Statuimus præterea ut ex sese, post hunc venerabilem virum Gerulfum, ejusdem loci patrem, abbatem eligendi habeant potestatem. Ut autem nostræ roborationis auctoritas omni tempore vigeat, et vigens stabilis perseveret, manu nostra subterfirmavimus, et de annulo nostro sigillari jussimus.

Karlomannus. Signum Karlomanni[8] gloriosissimi regis.

S. Norbertus[9] notarius post obitum magistri sui Wlfardi jussione regis.

Datum xviii kalendas julii, anno iii regni Karlomanni gloriosissimi regis, indictione xv.

Actum apud Lipciacum[10] villam Andegavensem, in Dei[11] nomine feliciter. Amen.

[6] *Nostris* pro *bonis* SG.
[7] *Sanctæ Romanæ Dei Ecclesiæ* SG.
[8] Sic C. B. D. V. et G. Ch. *Carolomagni* primitive, et postea pro emendatione *Carolimagni* Ch. deest SG.
[9] *S. Norberthus* D. V. paulo post littera *S.* abest.
[10] *Lipsiacum* SG.
[11] *In Dei nomine*, etc. absunt B. *feliciter* desideratur SG.

IX[1].

Privilegium Karoli imperatoris de Orbaciaco.

In nomine sanctæ et individuæ Trinitatis. Karolus[2], gratia Dei, imperator augustus. Imperialis celsitudinis mos est fideles suos donis multiplicibus et honoribus ingentibus honorare atque sublimare. Itaque notum sit omnibus sanctæ Dei Ecclesiæ fidelibus et nostris, præsentibus scilicet atque futuris, quia complacuit clementiæ serenitatis nostræ ad deprecationem Frotarii, Biturigensis archiepiscopi, venerabilisque et dilecti nobis Gairulfi, monasterii Belliloci abbatis, quod est in honore B. Petri constructum, ubi requiescit corpus S. Felicitatis martiris Christi, quod est situm in pago Tornensi[3], super fluvium Dornonia[4], de quibusdam nostræ proprietatis rebus, pro absolutione peccatorum nostrorum, jamdicto abbati suisque successoribus, necnon monachis ibidem Deo famulantibus tam præsentibus quam futuris, honorare, stipendiis et usibus eorum in venturis generationibus. Quæ siquidem res sunt sitæ in comitatu Lemovicino, in valle[5] [al. villa] Exandonense; hoc est villa quæ vocatur Orbaciacus, ubi quod sunt mansi decem, cum terris, vineis, pratis, pascuis, molendinis, aquis aquarumve decursibus secus fluvium Viseram[6], necnon et mancipia utriusque sexus desuper commanentibus vel ad id jure respicientibus, totum et ad integrum, cum omni sua integritate, per hoc altitudinis nostræ præceptum æternaliter in jus proprium eidem loco cedimus et delegamus. Unde hoc magnitudinis et celsitudinis nostræ

---

[1] Ex mss. B. C. SG. et apographo Chesniano inter schedas viri clari, t. XXII, f. 32. Jam publici juris factum est hoc diploma a D. Vaissète, *Histor. Occitan.* t. I, pr. col. 131, et a D. Bouquet, *Script. rer. Fr.* t. VIII, p. 653. Fragmenta inserta sunt in *Nov. Gall. christ.* t. II, instr. col. 4.
[2] Cognomento Calvus.
[3] *Torinensi* B. et SG.
[4] *Dordoniæ* SG.
[5] Sic C. villa B.
[6] *Veseræ* B.

fieri, ibique dari jussimus, per quod memoratam villam, cum omni suarum integritate rerum, habeant, teneant, firmiterque absque alicujus contradictione aut minoratione possideant. Ut autem nostræ auctoritatis largitio majorem in Dei nomine obtineat firmitatem vigoris, manu nostra eam subterfirmavimus[7], annulique nostri impressione assignari[8] jussimus.

Karolus. Signum Karoli gloriosissimi imperatoris augusti.

Data III idus julii, indictione VIIII, anno XXXVI regnante Karolo gloriosissimo imperatore, et in successione regni Lotharii anno VI, imperii autem ejus anno I[9].

Actum Poncione palatio imperiali, in Dei nomine feliciter. Amen.

X[1].

Item Odonis comitis de eadem villa venditio.

Igitur venerabili in Christo Frotario, sanctæ Biturigensis Ecclesiæ archiepiscopo[3], emptori. Nos enim in Christi nomine Oddo, gratia Dei

[7] *Subterfirmantes* B. et SG.
[8] *Signari* B. et SG.
[9] Sic C. et D. V. *indict. VIII*. B. et SG. sed false. Carolus Calvus imperium in mense decembris anni 875 assumpsit; consequenter mensis julii anni primi hujus imperii ad ann. 876 referendus est; indictio autem VIII in ann. 875 incidit : legendum est igitur : *indict. VIIII*.

[1] Ex mss. B. C. SG. et apographo Chesniano, loc. cit. fol. 323. Vulgat. in *Hist. Occitan*. t. I, pr. col. 129, a D. Vaissète qui falsus est in nota chronica.
[2] De nota chronica videsis animadversiones nostras superius *Notes et éclairciss*. num. IV. Eadem villa infra in charta XI donatur a Frotario Bellilocensibus.
[3] *Odo* B. Comes iste Tolosanus, filius Raymundi I, fratri suo Bernardo anno 875 successit, duxit uxorem Garsindem, et a sæculo decessit anno 918 vel 919.

comes, uxorque mea Garsindis[4], assentiente fratre nostro Airberto, venditores, constat[5] nos vobis vendere ita et vendidimus, tradere et tradidimus, res proprietatis nostræ, quæ sunt in comitatu Lemovicino, in vicaria Exandonense, hoc est villa quæ vocatur Orbaciacus[6], cum vineis, terris et pratis et pascuis, farinariis, aquis aquarumve decursibus secus fluvium Viseram, cultis et incultis, necnon et mancipiis utriusque sexus desuper commanentibus, et omnibus ad id jure aspicientibus, vobis publice tradimus. Unde accepimus a vobis precium in quo nobis bene complacuit, hoc est argenti xxx libras, quod precium de manibus vestris in manibus nostris percepimus et fecimus ex ipso quod voluimus. Sic memoratam villam, cum omnibus ad eam pertinentibus, cum plenissima integritate, vobis publice vendimus, tradimus atque transfundimus, ut faciatis quicquid volueritis, tenendi, dandi, vendendi atque commutandi, jure proprio, nemine contradicente. Si quis vero, quod venturum esse non credimus, si nos ipsi, aut ullus de nostris heredibus, seu quælibet ulla intermissa persona, quæ contra hanc venditionem venire aut eam refragare præsumpserit, quod petit non vendicet, sed insuper cui litem intulerit auri libras x, argenti libras xx, coactus componat, et præsens venditio nostris vel bonorum hominum manibus roborata ac stipulatione subnixa, omni tempore maneat inconvulsa. S. Oddonis comitis et uxoris ejus Garsindis, qui hanc venditionem fieri et adfirmari rogaverunt. S. Airberti, fratris ejus, qui hoc adfirmavit. S. Garsis[7] script. comitis. S. Willelmi[8] comitis. S. Ragamfridi, Ramnulfi[9], Amaluini.

[4] *Guarsindis* SG.
[5] *Constat.... tradere et* desunt SG.
[6] *Orbatiacus* B. et SG.
[7] *Gasiæ* Ch.
[8] *Wellini* corrupte B. Hic Willelmus primus nomine, cognomento Pius, comes hereditarius Arvernorum et Bituricensium, dux Aquitanorum et marchio Gothiæ, Bernardo III, patri suo, successit medio anno 886.
[9] *Rainulfus* SG.

XI[1].

Privilegium Frotarii de villa Orbaciaco.

Aug. 887.

E. p. 19. SG. p. 24.
C. p. 27.

Igitur sacrosanctæ ecclesiæ Belliloci monasterii, in honore principis apostolor. S. Petri dedicatæ, ubi rei a propriis absolvi noscuntur delictis, ubi etiam vir venerabilis Gerulfus abbas, cum non modica monachorum turba, divino fungi videtur officio. Idcirco ego in Dei nomine Frotarius, sanctæ Biturigensis Ecclesiæ archiepiscopus, tactus divina inspiratione, pro amore Dei et veneratione jamdicti beati apostoli, necnon pro anima Regimundi filiorumque ejus, Bernardi et Oddonis[2], atque Arberti[3], ut in expiationem perveniant nostrorum omnium delictorum, cedo insuper stipendiis fratrum ibidem Domino famulantium, cessumque in perpetuum esse volo res meas, quas de Oddone comite comparavi, quæ sunt sitæ in comitatu Lemovicino, in valle[4] Exandonense, hoc est villa quæ vocatur Orbaciacus[5], cum vineis, pratis, terris et pascuis, farinariis, aquis aquarumve decursibus secus fluvium Viseram, cultis et incultis, necnon et mancipiis utriusque sexus desuper commanentibus, et omnibus ad id jure aspicientibus, totum cum plenissima integritate, volo ibi per cuncta esse indultum atque condonatum. Petimus namque ab abbatibus et prælatis hujus sanctissimi loci, ut, annis singulis, fratribus inibi Christo famulantibus ob nostri memoriam refectionem exhibeant. Post funus quoque nostrum, in die depositionis nostræ, id ipsum deposcimus

---

[1] Ex mss. B. C. SG. et Ch. Jam vulgat. in *Nov. Gall. christ.* t. II, instrum. col. 6, et in *Historia Occitan.* domni Vaissète, t. I, pr. col. 130, sed cum notis chronicis falsis, uti censemus. Excerpta quædam a Justello inter probationes *Hist. geneal. Turen.* adsunt.

[2] De Regimundo, Bernardo et Oddone, Tolosanis comitibus, vid. supra, ch. 1, not. 51, et x, not. 3.

[3] Cognomento Benedicti, Vabrensis abbatis.

[4] *Vicaria* false apud Justellum.

[5] *Orbatiacus*, ibid.

adimplere. Iterum petimus, ut annuatim ex suprascriptis rebus custodi ecclesiæ vini modii decem tribuantur, unde sacrificium quotidie Domino offeratur. Licet namque in cessionibus pœna minime sit inserendi necessaria, nobis quoque pro firmitatis studio placuit inseri, quod si nos ipsi, aut ullus de nostris heredibus, seu quælibet ulla immissa persona, quæ contra hanc mei juris donationem, quam sana mente integroque fieri decrevi, venire, aut eam refragare præsumpserit, primo ex virtute Sancti Spiritus et nostro ministerio eum innodamus, et secundum sæculi pœnam auri libras v, argenti libras viginti, componere cogatur, suaque repetitio nullum obtineat effectum. Quod si in talibus perseveraverit, iram trinæ majestatis incurrat, et cum S. Petro in extrema judicii die ratiocinaturus veniat, nisi ante ad confessionem et ad emendationem venerit. Et ut cessio firmiorem obtineat stabilitatem, eam subterfirmavimus et bonorum virorum subterfirmare rogavimus. Frotarius, sanctæ Biturigensis Ecclesiæ episcopus, vidit, bene legit atque signavit. Hecfridus[6], Pictavensis episcopus, signavit. Willelmus, Cadurcensis episcopus, signavit. Adolenus Albiensis episcopus[7], signavit[8]. Datum huic cessionis cartulæ in mense augusti, anno IIII° [*leg.* VII] imperante Karolo[9], III° in Galliis. Signavit Adrabaldus levita. Signavit Ramnulfus. S. Adraldi. S. Geroli. S. Joseph. S. Gerardi[10]. S. Lotharii. S. Arberti[11]. S. Gumberti. S. Sera-

[6] *Heofridas*, G.Ch.

[7] *Abb.* G.Ch. pro *Albiensis episcopus signavit. Addolenus* C.

[8] Post vocem *signavit*, in manuscriptis B. C. et SG. phrasis legitur quæ antiquitus interposita manifeste videtur et quæ, omnino aliena chartæ Frotarii archiepiscopi, recte a Chesnio, Justello necnon *Galliæ christianæ* operatoribus, omissa fuit, et a domino Vaissète dejecta. Textus phraseos istius subsequitur :

« Sanctum mandatum, quod Salvator « noster instituit, pridie quam pateretur, « abluendis pedibus pauperum, nunc destructum est ab eodem abbate nostro, « qui melius merito lupus dicitur rapax, « qui sibi vindicat eandem eleemosynam, « sive nummos quos pontifex Rodulfus ibi « constituit. »

[9] Carolo Crasso, qui in Italia ann. 881, seu in Galliis in mense decembri anni 884 tantum imperare cœpit. De nota ista chronica videsis superius *Notes et éclaircissements*, num. IV.

[10] Hæc subscriptio sequentesque desunt G.Ch.

[11] Airberti cæterorumque nomina absunt Ch.

tioni. S. Guneberti. S. Ragenaldi. S. Ildeberti. S. Ingarii. S. Vualtari. S. Airardi. S. Umberti. S. Boso. S. Gerberti. S. Islonis. S. Adalberti. S. Gedeori.

XII[1].

Privilegium Odonis regis de villa de Cambeiraco, de Orbaciaco et Dinacho, etc.

Jun. 889.

B. p. 21. SG. p. 26.
C. p. 30.

Igitur in nomine Domini Dei æterni et Salvatoris nostri Jesu Christi. Odo, misericordia Dei, rex. Si erga loca divinis cultibus mancipata propter amorem Dei servis Christi et eisdem famulantibus beneficia largimur opportuna, præmium nobis a Domino æternæ retributionis ob id rependi minime diffidimus. Quapropter noverit omnium fidelium nostrorum, tam præsentium quam futurorum, solertia, quia adiens clementiam nostram, venerabilis abbas, nomine Gerulfus, deprecatus est ut monasterium, situm in pago Tornensi, super fluvium Dornoniæ, quod est constructum in honore clavigeri Petri, ubi præfatus abbas, cum non modica turba monachorum, amabilem Deo videtur exhibere servitutem, sicut a prædecessoribus nostris regibus decretum est, ipsum monasterium sub nostra tuitione et defensione reciperemus. Quod etiam libenti animo facere decrevimus. Quapropter[2] volumus, et per nostræ auctoritatis præceptum decernimus, atque omnino constituimus, ut nullus judex publicus, vel quislibet exactor reipublicæ, aut ex judiciaria potestate, in cellas, seu loca, vel agros, vel reliquas possessiones memorati monasterii, quas moderno tempore infra potestatem regni nostri juste vel rationabiliter possidet, sicut in præceptis regum præcedentium quæ in præsenti habentur continetur,

[1] Ex mss. B. C. SG. et apogr. Chesniano, loc. cit. fol. 322. Vulg. ap. Justel. *Hist. gen. Turen.* pr. p. 12; Baluz. *Hist. Tutel.* col. 319; D. Bouquet, t. IX, p. 441, ad ann. 888.

[2] *Quapropter... decernimus* desunt B. et SG.

vel quæ deinceps jure monasterii ejusdem divina pietas voluerit augere, ad causas audiendas, vel freda aut tributa seu telonea exigenda, aut mansiones vel paratas faciendas, vel fidejussores tollendos, necnon ejusdem monasterii tam ingenuos quam servos, super terram ipsius commorantes, distringendos, nec ullas redibitiones requirendas, nostris futurisque temporibus, ingredere audeat, vel ea quæ superius nominata sunt penitus exigere præsumat. Confirmamus etiam villam quam Rodulfus archiepiscopus donavit, Camariacum, in pago Lemovicino, cum omnibus ad se pertinentibus, et mancipiis utriusque sexus. Similiter, in eodem pago, in valle Exandonense, Orbaciacum villam, quam Frotarius episcopus dedit S. Petro, cum omnibus ad se pertinentibus. Similiter, in eodem pago, in vicaria Barrense, mansos et mancipia, quæ Ermenricus[3] per cartam cessionis donavit S. Petro, cujus caput vocatur Dinachus. Et in alio loco, in pago Caturcino, villam Agaracum, quam Gothafridus[4] comes dedit S. Petro. Similiter et commutationes quas Rodulfus archiepiscopus, Stolidus episcopus, et Ragemundus comes inter se fecerunt. Concedimus etiam Siuiniaco[5] villa, et vico sibi licentiam habeant mercatum construendi, et quicquid inde exigitur eorum dominio deputetur. Ideoque constituimus ut nulli liceat eidem loco aliquam inferre litem, et neque comes, aut aliquis judicum, reipublicæ exactor, de tractis, aut telonariis cujuscumque mercati, vel parafredis, seu angariis ac paratis, nec in fidejussoribus, nec in hominibus tam ingenuis quam servis supra potestatem prædicti loci, id est Belloloco, commanentibus, neque districte, nec aliquam redibitionem loco manui nostræ subacto aliquando inferre præsumat. Simili modo etiam concedimus, ut si aliquis temerario ausu[6] ex iis omnibus quæ jubemus vel decernimus aliquid infringere seu violare tentaverit, sexcentorum solidorum precio damno digne judicetur, usibusque fratrum rite deputetur. Si vero vocationis divinæ tempus abbati prædicto aut alicui successorum ejus advenerit,

---

[3] *Hermuricus* B. SG. et Ch.
[4] *Gadafredus* B. et Ch.
[5] *Siuniaco* Ch. *Suniaco* SG.
[6] Sic Bal. *temerarius ausit* B. et SG.

constituimus ex semetipsis, secundum regulam S. Benedicti, eligere proprium abbatem absque ullius contradictione vel prohibitione. Ut vero testamenti nostri auctoritas per succedentia tempora pleniorem atque in Dei nomine obtineat vigorem, et a fidelibus nostris verius firmiusque credatur, manu nostra propria subterfirmavimus, annulique nostri impressione assignari rogavimus. Si autem adversus eos causæ ortæ fuerint, quæ habeant gravis dispendii expensas, ad nostram reserventur præsentiam.

Signum Odonis gloriosissimi regis.

Actum S. Maximini monasterio subtus Aurelianis civitate.

Troannus notarius ad vicem Eboli recognovit.

Datum mense junio, anno Incarnationis Domini DCCCLXXXVIIII[7], indictione VI [leg. VII], anno II Odonis regis. In Dei nomine feliciter. Amen.

XIII[1].

Donum Anselmi episcopi de ecclesia de Favars.

4 nov. 897.

B. p. 23. SG. p. 29.
C. p. 33.

Sacra canonum jubet auctoritas et Romanorum præsulum sanxit potestas, ut omnia negotia ecclesiarum in episcoporum potestate consistant, et quod canonice ordinaverint aut in ecclesiis consecrandis aut

---

[7] D. Bouq. emendavit et annum Chr. DCCCXXCVIII notavit, qui cum indictione VI concordat: sed ista nota chronica cum anno secundo regni Odonis conciliari non potest, itaque annus Incarnat. 889 servandus et indictio VII pro VI legenda videtur. — In mss. cunctis DCCCLXXXIX legitur.

[1] Ex mss. B. C. SG. et excerptis Chesnii loc. cit. fol. 87. Publici juris facta est ista charta a Justello in Hist. geneal. Turenn. pr. p. 13, in Theodori Pœnitentiali, t. II. p. 400, et a Bonav. S‍t Amable apud Hist. S. Martialis apostolat. t. III, p. 335, gallice ex Justelli editione.

destructis iterum reædificandis, et qualiter clerici in eisdem ecclesiis constituti vivere possint, quicquid melius elegerint et statuerint, firma habeantur omni tempore et rata. Idcirco ego Anselmus, Lemovicensium humilis episcopus, cum omnibus Ecclesiæ nostræ archidiaconibus, archipresbiteris quoque et cæteris sacerdotibus, notum esse volumus omnibus Ecclesiæ nostræ filiis, præsentibus scilicet et futuris, quia adiit præsentiam nostram venerabilis vir Garulfus, abbas Belliloci monasterii, cum monachis inibi Deo militantibus, petiitque ut capellam, a se noviter ædificatam, more episcopali consecraremus. Annuentes autem precibus ipsius et dignum invenientes hoc facere debere, assensum præbuimus et præfatam capellam in honorem S. Petri in villa quæ Favaris dicitur consecravimus. Est autem ipsa capella in fisco qui vocatur Camerachus, quem Rodulfus, Bituricensium archiepiscopus, per regale præceptum a Karolo gloriosissimo Francorum rege impetravit et supradicto monasterio contulit. Fuerant namque in ipso fisco, ubi præfata capella constructa est, ecclesiæ tres, sed vetustate consumptæ usque ad solium[2] sunt destructæ, et decimæ ad easdem ecclesias pertinentes a vicinis ecclesiis sunt possessæ. Cernentes autem nos præfatam capellam canonice stare non posse si sacerdos in ea degens unde viveret aliquid non haberet, aliquid de decimis ex prædicto fisco a vicinis ecclesiis, per voluntatem sacerdotum inibi consistentium, subtraximus, et præfatæ capellæ condonavimus: de parochia Cameracensis[3] ecclesiæ S. Stephani, in villa Favaris mansos tres, in Campaniaco villa ex prædicta parochia mansos septem, in Ocone villa ex prædicta parochia Cameracense mansum unum, ex parochia S. Germani in Combrusso[4] villa mansos tres, ex parochia S. Maxentii in Devilliolas[5] mansos tres, ad Illas Bordas ex prædicta S. Maxentii parochia mansos tres. Obsecramus itaque omnes successores nostros ut hanc nostræ auctoritatis ordinationem inconvulsam et inconcussam manere permittant; et, ut pleniorem obtineat firmitatem, manu propria subterfirmavimus et archidiaconorum nostrorum et

[2] *Solum* SG.
[3] *Cameyracensi* B. et SG.
[4] *Conbrusse* Ch.
[5] *Deviliola* SG

sacerdotum subscriptione munivimus; insuper et sigilli nostri impressione signari jussimus. Egesius archidiaconus subscripsit. Deusdedit archid. subsc. Aimarnus archid. subsc. Daniel archid. subsc. Donadeus archipresbiter subsc. Ricardus[6] archipresbiter subsc. Amardus archipr. subsc. Engelranus[7] presbiter subsc. Gaubertus[8] presbiter subsc. Garbenus[9] presbiter subsc. Arnaldus presbiter subsc. Ostenus presbiter subsc. Albrandus presbiter subsc. Martinus presbiter subsc. S. Geraldi. S. Vonis. S. Gerbardus. S. Adalradus. S. Berniconi. S. iterum Vonis. Ego Adalgarius ad vicem[10] Anselmi roboravi. Actum hoc Lemovicas civitate, in synodo plena, II nonas novembris, anno Incarnationis Dominicæ DCCCXCVII[11], indictione I, regnante Odone rege anno X, ordinationis quoque domini Anselmi[12] pontificis anno XXVIII.

XIV[1].

[Laxa Archambaldi del Lastors de ecclesia de Favars.]

Jun.
1062-1072.

B. p. 25. SG. p. 31.
C. p. 36.

Mundi senio sese impellente ad occasum, divinis jubemur præceptis cibum operari qui perire non noverit, fructumque ferre virtutis qui permaneat in futuro. Decet enim ut qui supra fundamentum Christi stabiliti, fundati [ra]dicatique sumus, ædificium ex auro, et argento, lapidibusque pretiosis, bonorum scilicet provectibus operum, construamus, quod, examine divini judicii urgente, probabile

---

[6] *Richardus* B.
[7] *Engelennus* SG. *Engelramnus* C.
[8] *Gambertus* SG. *Goulbertus* C.
[9] *Gerbenus, Ostenus, Ahicbrandus* C. absunt B.

[10] *Ad vicem domni Anselmi* C.
[11] Sic C. et Ch.; VIII XVII SG., sed a manu recentiore sic emendata inter lineas DCCCXCVII; 817 false B.
[12] *Anselini* Ch.

---

[1] Ex mss. B. C. et SG. et excerptis Chesnianis, loc. cit. p. 87.

inveniatur et non fragilibus materiis, ligno scilicet, feno et stipula, mortalium videlicet detrimento operum, constructum, in modico comburatur. Igitur ego in Dei nomine Archambaldus, filius quondam Rotberti et Mainell[2], sollicita mente pertractans qualiter ex rebus caducis et transitoriis sumptus turris virtutumque præbere valerem, cujus gradibus, ab omni contagione terreni pulveris exutus multimodaque sorde peccati immunis, aulam supernæ civitatis merear ingredi, cedo ad locum qui vocatur Belluslocus, meam ecclesiam, quæ vocatur Favars, ubi requiescit corpus B. Marcelli martiris, quam habeo ad feudum de Guidone del Lastors[3] et de Engelsiane[4] quadam fœmina, quæ fuit filia Ugonis de Malemort; et ipse Ugo habuit eam ad feudum de abbate istius loci et dedit in hereditatem filiæ suæ Ingelsianæ. Sicuti pater meus habuit istam ecclesiam ad feudum [alias : ad fevum] et tenuit de istis, et omnia quæ ad ipsam pertinent, et ego habeo et teneo, totum et ad integrum, dimitto Deo, S. Petro Belli[lo]censis cœnobii et monachis ibidem Deo servientibus, pro anima mea, patris mei et matris meæ, et [pro] fratribus meis, scilicet Petro et Martino, Rannulfo et Geraldo et Bernardo, et omnium parentum meorum; in tali convenientia ut, omni anno, post diem obitus mei, [de] monachis in isto loco Deo servientibus iste qui hanc ecclesiam tenuerit, recipiat monachos et omnes clericos pauperes de hoc monasterio, et xiii pauperes ipso die faciant vigiliam plenam et classum. Hæc omnia superius nominata cedo Deo et S. Petro in tali convenientia ut, quandiu vixero, teneam, post mortem vero meam S. Petro remaneant. Sane si ego ipse, immutate voluntate mea, aut ullus heres meus, vel aliquis super terram homo vivens, contra hunc titulum cessionis aliquam calumniam inferre tentaverit, aut ullus vicarius vicariam requisierit nec ullam dominationem, omnibus quæ inveniri possint maledictionibus subjaceat, et insuper apostolica auctoritate sancta Dei Ecclesia extraneus effectus, in illo æterno igne mereatur tor-

---

[2] Sic C. *Ma...* B. deest SG. *Et Mainell* desunt Ch.

[3] *De Lastours* B. et SG. ibi et inferius.

[4] Quam Guido de Lastours uxorem duxit. *Dangelsina* SG. *Dangelsinna* B. *D'Angelsiane* Ch. Inferius *Ingelsias*.

queri qui paratus est diabolo et angelis ejus. Ego quoque Engelsias fœmina, istam jam prædictam ecclesiam de Favars, quam pater meus ad feudum habuit de abbate Bellilocensis cœnobii et mihi in hereditatem dedit, omne illud rectum quod ego habeo, dimitto et absolvo Deo sanctoque Petro, pro anima mea et pro animabus parentum meorum, in manu domini Frodini abbatis et Archambaldi vicecomitis[5], fratrisque sui Eboli[6] atque Bernardi[7]. Simili quidem ratione, ego Guido qui filius fui Guidonis del Lastors, et Gerardus frater meus et mater nostra Agnes, cum alio fratre nostro Gulferio[8], similiter cum consilio jamdictæ Engelsianæ, et cum consilio procerum nostrorum, pro animabus nostris et pro anima patris nostri Guidonis, quia et ipse, in ultima infirmitate positus, nobis hæc fieri mandavit et aliquid ad opus nostrum accipere pecuniam, hoc sunt CLX solidos, quamobrem omnia absolvimus Deo sanctoque Petro Bellilocensis cœnobii, in manu domini Frodini abbatis atque Archambaldi vicecomitis, et Eboli atque Bernardi; tali scilicet conventu ut pro patris nostri anima tres missæ celebrentur in conventu ad præsens, et unusquisque e senioribus sacerdotibus ejusdem loci totidem decantent, aut alii pro ipsis subrogati, et nomen ejus scribatur in regula, et memoriale ejus omni anno agatur. Sane si nos ipsi, aut ullus in heredibus nostris, aut alia aliqua persona contra hanc glupitionem vel absolutionem ullam calumniam generare præsumpserit, iram omnipotentis Dei incurrat, et quod petit non vindicet, sed insuper componat illi cui calumniam fecerit auri libras quingentas. Facta glupitio ista vel absolutio in mense junii, residente in sede apostolica Alexandro papa[9], atque Philippo Francorum rege regnante. S. Engelsianæ quæ hoc donum fieri rogavit. S. Guidonis del Las-

---

[5] Archambaldus III, vicecomes Combornensis.

[6] Qui fuit Ventedornensis vicecomes primus.

[7] Qui post obitum fratris sui Archambaldi, Ebolo nepote suo interfecto, castrum et vicecomitatum Combornensem invasit. (Vid. Baluz. *Hist. Tutel.* p. 123, et Gaufridi Vosiensis *Chronicon* apud Ph. Labb. *Biblioth. nov. mss.* t. II.)

[8] *Gulferio* deest SG. et C.

[9] Sedem apostolicam Alexander occupavit a mense septembri anni 1061 ad april. 1073.

tors et uxoris suæ Agnetis atque filii ejus. S. Petri de Malamort. S. Archambaldi et fratris sui Eboli atque Bernardi. S. Geraldi. S. Berardi[10] de Valeta[11]. S. Petri et Guidonis fratris sui de Ribera[12]. S. Guidonis et Archambaldi del Lastors. S. Guidonis de Flaviac.

XV[1].

[Donum Guidonis, Geraldi necnon Golferii, fratrum del Lastors, de ecclesia de Favars.]

Hoc est donum quod iterum[2] fecerunt Guido del Lastors et fratres sui, Geraldus et Golferius, de ecclesia Favars. Engelsias, filia Ugonis de Malamort, et amita[3] Guidonis qui fuit pater istius Guidonis, et suis fratribus, cujus hæc ecclesia hereditas erat ad feudum de manu abbatis Bellilocensis et seniorum, dedit S. Petro et absolvit sicut supra scriptum est. Similiter et Guido nepos suus dedit S. Petro, per consilium ipsius Engelsianæ[4]. Isti vero erant parvissimi juvenes et dederunt similiter omnia. Recordati sunt ergo, dum creverint, magna cupiditate, et per malum ingenium, et falsum consilium, contrarium et fraudem, dicentes se esse sine sensu et sine consilio quando hoc donum fecerunt. Concordavimus ergo iterum cum eis ut reditarent donum quod prius fecerant nescientes, modo dum sunt milites et regnant ad suum sensum et habent plenam scientiam, faciant memo-

Mai.
1073-1076.

B.p. 27. SG. p. 35.
C. p. 39.

[10] *Gerardi* B.
[11] *De Baleta* B. et SG.
[12] De Riberac seu Ribeirac. (Vid. Gaufrid. Vosiens. *Chronic.* apud Ph. Labb. *Biblioth. nov. mss.* t. II.) Locus iste in Petragoricensi patria situs est.

[1] Ex mss. B. C. et SG.; excerpta apud Chesnium loc. cit. fol. 87.
[2] Videsis donationem istam superius ch. XIV.
[3] *Amieta* B. *Aniceta* SG.
[4] *Engelsias* B. *Ingelsinæ* Ch. Engelsias sive Angelsias de Malemort. (Vid. supra ch. XIV.)

riter et sine malo ingenio. Ego Guido et fratres mei, Geraldus et Golferius, damus et absolvimus ecclesiam S. Petri et S. Marcelli de Favars Deo et S. Petro de Belloloco et monachis, ut ab hodierno die teneant et possideant in dominio, nullo contradicente, et accepimus ab eisdem ducentos solidos. Facta est autem ita secunda absolutio in mense maio, residente in sede apostolica domino Gregorio papa[5], atque Philippo rege regnante. S. Frodini[6] abbatis, S. Ugoni præpositi. S. Geraldi vicarii[7]. S. Raimundi. S. Guidonis et Geraldi et Golferii. S. Geraldi Malafaida. S. Gaufredi de Favars. S. Archambaldi judicis. S. Rigaldi de Curamonta.

XVI[1].

[Testamentum Rodulfi archiepiscopi pro Veterinensis cœnobii fundatione.]

Mart. 856.

B. p. 28. SG. p. 36.
C. p. 40.

Mundi senio sese impellente ad occasum, divinis jubemur præceptis cibum operari qui perire non noverit, fructumque ferre virtutis qui permaneat in futuro. Decet enim ut qui supra fundamentum Christi stabiliti, fundatique ac radicati sumus, ædificium ex auro, argento, lapidibusque preciosis, bonorum scilicet provectibus operum, construamus, quod, examine divini judicii urgente, probabile inveniatur, et non fragilibus materiis, ligno scilicet, feno et stipula,

---

[5] Gregorius iste sedem apostolicam tenuit ab ann. 1073 ad ann. 1085.

[6] Sic C. *Urodoni* corrupte B. sane legend. *Frodini*. Frodonus seu Frodinus, circa ann. 1060 Bellilocense cœnobium regere cœpit. In charta anni 1076 ex Cluniac. chartario deprompta, Ugo abbas Belliloc. dicitur et Frodinus abbas Tutelensis *decanatum* Belliloci tantum retinens. Apud Baluz. *Hist. Tutel.* in appendice, col. 423. Quare præsens charta inter annos 1073 et 1076 ponenda.

[7] *Vicarii* sequentesque subscriptiones usque ad *Malafaida* desunt SG.

[1] Ex mss. B. C. SG. et apographo Chesnii loc. cit. fol. 100. Vulgat. in *Nov. Gall. christ.* t. II, instr. col. 3. Justel. fragmenta præbuit in *Hist. geneal. Turenn.* pr. p. 6, sed falsus est in nota chronologica.

mortalium videlicet detrimento operum, constructum, in modico comburatur. Simul etiam perpendentes, cum nos, divina administrante providentia, in hujus lucis exilium nudos natura profuderit, quot et quantis emolumentis, immo innumerabilibus divinæ pietatis donis in hac vita fulcimus, insuper et talia nobis gratuito munere concessa divinæ pietatis bonitas veluti pro nihilo ducens, nisi comparticipes ac coheredes sibi æternæ beatitudinis faciat, dignum ac justissimum omnimodis judicavimus, ut eum heredem atque participem facultatis ac muneris a se collati ipsum præcipue eligeremus, qui non caducis et transitoriæ, sed æternæ ac semper mansuræ possessionis nos voluit eligere heredes. Igitur ego in Dei nomine Rodulfus, primæ sedis episcopus, sollicita mente pertractans qualiter ex rebus caducis ac transitoriis sumptus turris virtutumque præbere valerem, cujus gradibus ab omni contagione terreni pulveris exutus, multimodaque sorde peccati immunis, aulam supernæ civitatis merear ingredi, Dominum salvatorem omnium per hoc testamentum mihi hæredem de quibusdam proprietatis meæ rebus eligo, quæ sunt in pago Caturcino, in vicaria Casiliacense, Saraciacum scilicet, cum ecclesia S. Genesii martiris, necnon et in alio loco, in orbe Lemovicino, in vicaria Asnacense[2], casam nostram dominicariam, super fluvium Sordoriam sitam, cujus vocabulum est Veterinas, cum mansis ad se pertinentibus, in his duntaxat locis, casis, domibus, ædificiis, vineis, silvis, campis, pratis, pascuis, aquis aquarumve decursibus, farinariis, utriusque sexus mancipiis ibidem commanentibus, his nominibus: Gudinus cum infantibus suis, Martinus cum infantibus suis, Adaltrudes[3] cum infantibus suis, Unsinda cum infantibus suis, necnon et Ingomarus, Arnulfus, Gisbertus, Benedictus, David, Bodalbertus, Dructrada, item Martinus, Benedicta, Isadara, Frogbertus, Archamberta; mobilibus et immobilibus, perviis, adjacentiis, exitibus et regressibus, vel quantumcumque in prædictis locis nostris cernitur esse possessio. Et omnia quæ genitrix mea Aiga[4] per testamenti cartulam mihi

[2] *Ascenacense* Ch. *Assenacense* C. [4] *Aygna* SG. *Agnes* B.
[3] Adde: *Arnulaes, Aigua et Gulfetrudis* C.

concessit, vel quicquid ad prædicta loca aspicit, aut aspicere videntur, totum et ad integrum, quæsitum vel exquisitum, a die præsenti, hilari mente promptaque voluntate, Deo salvatori omnium offero, et, in vice Christi, Silvio abbati contrado, ita duntaxat ut idem Silvius una mecum in Veterinas, monachorum sub regula S. Benedicti degentium, in honore Dei salvatoris nostri, venerationeque beatorum Petri et Pauli et omnium apostolorum, Stephani, Laurentii, Sebastiani, Dionisii, Mauricii et cunctorum martirum, Hilarii, Martini, Martialis, Elegii, Austrigisili, Sulpicii, Benedicti, et universorum confessorum, cœnobium construat, ut ibi sub vera religione degentes, pro remissione meorum peccatorum et perceptione vitæ æternæ præmio, et pro piæ recordationis nomine genitoris mei Rodulfi[5] jugis oblatio fiat; pro parentum etiam nostrorum, tam pro præteritis quam etiam præsentibus et futuris erratibus, necnon pro catholicæ ac universalis Ecclesiæ statu, sedulis precibus divinam misericordiam implorare decertent. Volumus etiam ut, nostris successorumque nostrorum temporibus, prout opportunitas atque possibilitas[6], indigentibus et advenis summa intentione exhiberi. Quinetiam huic testamento inseri placuit, ut, quandiu ego et præfatus Silvius vixerimus, nostrorum dispositione communique regimine ibidem Deo famulantes consistant, post nostrum quoque, quum Deo libuerit, ex hac luce discessum, nec fastibus regiæ magnitudinis nec cujuslibet terrenæ potestatis jugo subjaceant, sed quemcumque ex semetipsis abbatem et pastorem suique rectorem, secundum beneplacitum Dei, eligere voluerint, libero in omnibus eligendi, absque ullius potestatis magnitudine, potiantur arbitrio. Pro infestatione pessimorum iniquorumque hominum, nihilominus mihi placuit, ut pro voto et arbitrio sui, quem tutorem et mundiburdum habere voluerint, absque ullius refragatione, libera eis concedatur facultas eligendi. Si quis vero contra hoc testamentum, quod ego pro amore salvatoris nostri Dei ac memo-

---

[5] Rodulfus, quondam Turennensis comes.

[6] Adde : *ejusdem loci sese dederit, quotidie misericordia opera pauperibus* C.

ratione beatorum apostolorum, martirum et confessorum fieri statui, aut regiæ potestatis dignitas, aut quorumlibet regalium procerum sublimitas, sive etiam propinquorum, heredum ac proheredum nostrorum calliditas, venire aut callide infringere tentaverit, ejus doli fraudesque penitus irritæ fiant, et insuper iram Dei omnipotentis incurrat, et ab Ecclesia Dei sit extraneus, et a communione Christianorum alienus, et cum Datan et Abiron tremendis gehennæ ignibus concremetur, et insuper, ut prius temporalia damna experiatur, cogente fisco auri libras centum, argenti pondera quinquaginta, coactus exsolvat, et sua repetitio nullis modis, nullisque ingeniis obtineat effectum, sed præsens testamentum omni tempore maneat inconvulsum cum stipulatione subnixa. † Rodulfus, primæ sedis episcopus, huic testamenti cartulæ subscripsit. S. Aigæ[7]. S. Landrigi[8]. S. Rotberti. S. Garnarii. S. Ermenfridi[9]. S. Garaldi[10]. S. Archamari. S. Sigomari. S. Adalradi. S. Eldibrundi[11]. S. Adalrici. S. Odolrici. S. Arderadi. Datum mense martio, anno primo Karoli[12] regis. Actum Cundato[13] villa.

XVII[1].

[Donum Sicardi et uxoris ejus Ingelsendis, de ecclesia S. Martialis et de quibusdam in vicaria Barrense.]

Sacrosanctæ matri ecclesiæ S. Petri de Belloloco, quæ secus flu-   Nov. 879-884.

[7] Sic B. et SG. *Aiguæ* Just. Ayga seu Aygua Rodulfi archiepiscopi genitrix fuit.
[8] *Landrici* Ch.
[9] Adde : *S. Immoni. S. Aimardi. S. Adalberti. S. Emnohic. S. Rothaldi.* C.
[10] *Guraldi* B.
[11] *Lodibrandi* B.
[12] Caroli *minoris* seu *junioris* vocitati, filii Caroli Calvi et Aquitanorum regis. Mabillonius (*Annal. Benedict.* t. II, p. 616), Justel. et *Nov. Gall. christ.* auctores testamentum istud datavere ab anno primo Caroli Calvi regni, id est ann. 841, sed false, ut demonstramus superius, *Notes et éclaircissements*, num. v.
[13] *Condato*, SG.

[1] Ex mss. B. C. et SG. et excerptis a Chesnio, loc. cit. fol. 87.

vium Dornoniam nomine sita est, cui Gairulfus abbas præesse dignoscitur. Nos in Dei nomine Sicardus[2] et uxor mea Ingenseldis[3], pariter pertractantes casum humanæ fragilitatis et considerantes cœlestis patriæ mansionem, ut ante tribunal Christi veniam mereamur accipere, cedimus ibi altari S. Petri suisque servientibus[4], aliquid de nostris propriis rebus quæ sunt in territorio Lemozino, in vicaria Barinse[5], hoc est ecclesiam nostram quæ secus fluvium nomine Correziam ædificata et constructa est in honorem S. Martialis, cum curte, et orto, et exitu et viridario, et cum ipsa baccalaria integra quæ ibidem pertinet. Et similiter cedimus sancto prædicto loco, in alio loco, in ipsa vicaria, in villa cujus vocabulum est Rofiniacum, illum mansum integrum ubi Bertemarus servus noster visus est manere, una cum ipso servo jam supradicto[6], et alium integrum mansum ubi Sicardus visus est manere, alium mansum ubi Guntarius visus est manere, et alium mansum integrum ubi Fedreus visus est manere et alius servus nomine Archambaldus. Hos mansos constructos, cum curtibus et ortis et exitibus, cum viridariis, cum campis, pratis, pascuis, adjacentiis, silvis, sepibus, cum exitibus et regressibus, viis, aquis aquarumve decursibus, cultos sive incultos, quæsitos vel quod acquirendum est, omnia et ex omnibus, quantumcumque ad ipsam ecclesiam, una cum ipsa baccalaria, et ad ipsos mansos aspicit vel aspicere videtur, totum et ad integrum, in die præsenti ibidem cedimus, pro redemptione animæ meæ et pro remedio animæ germani mei nomine Adalgarii presbiteri, germanique nostri nomine Andriani, et pro redimenda anima genitoris nostri nomine Madalberti, et genitricis nostræ nomine Datile. Istas vero res jam supradictas S. Petro suisque servientibus ibidem cedimus, ut nobis pius Dominus, in die judicii, veniam retribuere dignetur, nisi tamen tantummodo, dum ego Sicardus vixero, usumfructuarium tenere faciam, et annis singulis ad luminaria S. Petri ibique Deo servientium, solidos de-

---

[2] *Siccardus* B.
[3] *Ingenseldis* B. SG.
[4] *Servientibus* deest B.
[5] *Barense* Ch.
[6] Adde : *Et alium mansum ubi Crispinus visus fuit manere, cum ipso servo* C.

cem exsolvere faciam, post autem meum dicessum, ipsæ res ad
S. Petrum et ad suos servientes revertantur, et nullus abbas neque
ullus rector de servientibus ipsas res S. Petri vendere vel alienare
faciat, sed in servitio S. Petri remaneant; quod forte si fecerint, ad
proximum parentem meum res ipsæ revertantur, et ipsi decem solidi
in octavia Nativitatis Domini, in missa scilicet Innocentium, exsol-
vantur. Et per hunc modum S. Petro ibidemque suis servientibus
res jam supradictas tradimus, transferimus atque transfundimus, ut
habere atque commutare liceat. Sane si quis aut nos ipsi, immutata
voluntate nostra, aut ullus heredibus nostris, seu quælibet opposita vel
immissa persona, contra S. Petrum vel suos servientes ire, agere vel
ullam calumniam inferre[7] conatus fuerit, inprimis iram Dei omnipotentis incurrat, et postea cum Juda traditore in inferno habeat mansionem, et insuper S. Petro vel suis servientibus auri libram unam
aut solidos trecentos coactus exsolvat, et quod petit non vindicet,
sed præsens ista concessio firma permaneat, et cum stipulatione subnixa omni tempore maneat inconvulsa. S. Sicardi. S. Ingelsendis.
S. Adalgarii presbiteri qui hoc firmaverunt. S. Gariberni. S. Eldoardi.
S. Donadei. S. Madrini. S. Serrafi[8]. S. Anastasii. S. Sadulfi. Facta est
concessio ista in mense novembrio, regnante Karlomando[9] rege
Francorum atque Aquitanorum.

[7] *Ad auferendum* B. [9] *Carolomando* Ch. Deest omnino SG.
[8] *S. Seragi. S. Anastasi* B.

XVIII[1].

[Rodulfus archiepiscopus ecclesiam de Siuiniaco plurimaque præedia Bellilocensibus confert.]

Mai. 859.

B. p. 33. SG. p. 43.
C. p. 46.

Antiquorum sanxit auctoritas atque legum decrevit voluntas, ut quælibet persona de rebus suis quicquid facere voluerit, in omnibus juxta Dei voluntatem libero potiatur arbitrio. Quamobrem ego igitur in Dei nomine Rodulfus, licet indignus primæ sedis episcopus, pro amore Dei omnipotentis et remedio animæ meæ parentumque meorum, cedo ad monasterium, quod Belluslocus dicitur, ubi B. Felicitas corpore requiescit, quod, Christo propicio, in fundo juris mei construo, monachisque ibidem Deo famulantibus, quibus hoc tempore venerabilis vir Garulfus[2] abbas præesse dignoscitur, ecclesiam quæ est in honore S. Saturnini, cujus vocabulum est Siuiniacus, cum terris, vineis, cum domibus et ædificiis, silvis, et cum omnibus ad se pertinentibus, quam cum Stolido[3] episcopo concambiavi. Et in ipso loco, mansos duos, cum terris, vineis et silvis, quos de Gotafredo germano meo[4] concambiavi, cum mancipiis his nominibus : Garaldo et Gerbaldo et sorores eorum, ad ipsum locum cedo. Et in alio loco, in orbe Caturcino, in vicaria Casiliacense[5], in villa Aviciaco, mansum quem prænominato Gotafredo similiter concambiavi; et in alio loco, in orbe Lemovicino, in vicaria Asnacense, alium mansum qui Veliavinea[6] dicitur, cum omni integritate, cum terris, vineis, silvis, et quantumcumque ad ipsum mansum aspicit aut aspicere videtur,

---

[1] Ex mss. B. C. et SG. et apographo Chesniano, loc. cit. fol. 101. Editum est hoc instrumentum a Baluzio in *Hist. Tutel.* append. col. 309. Fragmenta apud Justel. *Hist. geneal. Turenn.* pr. p. 12 exstant.

[2] *Gayrulfus* SG. et B.

[3] Sic ex mss. *Stodilo* Bal. Stolidus episcopus fuit Lemovicensis. Vide chart. xxiv, qua concambium effectum fuerat.

[4] *Germano meo comite*, Just. Iste Godofredus quidem comes fuit Turennensis, des vox *comes* abest apud cæteros.

[5] *Casliacense* C.

[6] *Vilis vinea* SG.

quem cum Raimundo comite[7] concambiavi, jamdicto loco cedo. Et in alio loco, in prædicto orbe, in vicaria Vertedense[8], in loco nuncupato Falcarias[9], mansos tres quos de Gotafredo[10] comparavi, cum vineis, terris, et cum omnibus ad ipsos mansos pertinentibus, jamdicto loco similiter cedo. Hæc omnia superius nominata, et quantumcunque in prædictis locis nostra cernitur esse possessio, ad prædictum locum, in stipendia scilicet monachorum ibidem Deo famulantium, jure perpetuo volo esse concessum. Sane, quod absit et quod fieri minime credo, si ego ipse, immutata voluntate, aut ullus de heredibus meis, seu quælibet opposita persona, quæ contra hanc cessionem, quam ego libentissima voluntate feci, litem calumniamve, sive aliquid oppositionis facere voluerit, cui litem intulerit, auri libras triginta, argenti pondera sexaginta, una cum socio fisco coactus exsolvat, et quod male petit vindicare non valeat; præsensque cessio hæc, Deo propitio, firma et stabilis valeat perdurare cum stipulatione subnixa. Facta hæc cessio in mense maio, anno quarto Karoli minoris[11].

XIX[1].

[Donatio Rottrudis feminæ, Deo sacratæ, de villa Biliaco.]

Oportet vero unumquemque de terrenis ad cœlestia tendere et pro animæ salute vigilare, ut non nos imparatos mors improvisa ali-

April. 860.

[7] Raymundus iste comes fuit Tolosanus.
[8] *Vertodense* false Bal. *Vetedense* B.
[9] *Falcarios* SG.
[10] *Gofradeo* B. et SG.
[11] Sic C. et Bal. *Junioris* Just. et B. Omnino deest SG. Hic erat Carolus rex Aquitanorum filius Caroli Calvi. Baluzius ad annum quartum Caroli Calvi, id est ann. Chr. 844, hanc chartam false retulit; Justel. ipse anno Chr. 858 datam notavit, sed erravit, nam in mense octobri anni 855, Carolus minor in Aquitania regnare cœpit.

[1] Ex mss. B. C. et SG. Excerpta apud Chesnium, loc. cit. fol. 89. Edit. a Baluz. in *Hist. Tutel.* col. 315. Fragmenta apud Justel. *Hist. geneal. Turenn.* pr. p. 8.

quando inveniat; cum potius, dum[2] pro libertatis jure subsistit, de infimis et caducis substantiis in æterno tabernaculo vitam queat mercare æternam, et inter justorum consortium desiderabilem valeat adipisci locum, et retributorem sibi præparet Dominum ac totius bonitatis largitorem. Quamobrem ego igitur in Dei nomine Rottrudis[3] fœmina, Deo sacrata, considerans hujus sæculi fragilitatem, et pertractans misericordiam summi Dei, cedo monachis qui monasterium construunt in orbe Limovicino, in vicaria Asnacense[4], super fluvium Dornoniæ, in loco qui dicitur Belluslocus, in honore S. Petri principis apostolorum, et S. Dionisii[5], et S. Martini, et S. Benedicti, et S. Eligii, ubi vir venerabilis Garulfus abbas, cum plurimis monachis, Deo militare videtur, cedo cessumque in perpetuum esse volo et de jure meo in jure et dominatione [eorum], pro animæ meæ remedio, et pro anima quondam viri mei Rotberti, et pro animabus filiorum meorum Drogoni et Rotberti, in usu monachorum jamdicto loco consistentium in venturis generationibus constituo, hoc est villa mea quæ est in pago Lemovicino, in vicaria Asnacense, quæ dicitur Beliacus, cum ecclesia quæ est in honorem S. Martini, una cum mansis et mancipiis iis nominibus : Domeranno et uxore sua et infantes duos, Magnane et infantibus suis tribus, Bertrando et uxore sua cum infantibus duobus, Unaldo et Unisinda[6], Cristalberto[7] et sorore sua, Arnaldo et fratre Ludovico, Augarius[8] et Autildis, ibidem consistentes, cum terris et vineis, cum silvis et aquis, et adjacentiis, et cum perviis, cum egressibus et regressibus, cum mansis et omnibus, quantumcumque ad jam prædictam villam et ecclesiam pertinet, et quantumcumque prædictis ad jamdictum locum pertinet aut aspicit, sicut jam diximus, ad usum præfatorum monachorum publice trado atque

[2] *Divina pro libertate* SG.

[3] *Rotrudis* B. Uxor quondam fuit Roberti, filii Rodulfi comitis Turennensis, et fratris S. Rodulfi.

[4] *Assenacense* C.

[5] Adde: *SS. Rustici, Eleuterii, Panracii et Hilarii* C.

[6] *Guinsindi* B. *Gumsini* SG.

[7] *Christalberto* B. et SG. sed in charta XXI *Cristalbertus.*

[8] *Augarina et Antildua consistentibus* SG. *Antildus* B.

transfundo, ad habendum jure ecclesiastico et faciendum quicquid elegerint. Futurum enim, quod minime credo, si ego ipsa, aut ullus ex heredibus meis, vel quislibet homo, qui contra hanc cessionem, quam manibus meis subterfirmavi et firmare rogavi, venire aut tergiversator[9] adstiterit [*alias :* ausus erit], inprimis iram Dei incurrat[10], et S. Petrum habeat contrarium cum omnibus sanctis, et insuper componat cui litem intulerit una cum socio fisco auri libras decem, argenti pondus centum, et sua repetitio nullum obtineat effectum, et præsens cessio ista, quam ego, pro remedio animæ meæ, et pro anima quondam jamdicti viri mei, et pro animabus jamdictorum filiorum meorum [feci], firma valeat perdurare cum stipulatione subnixa. Facta[11] cessione in mense aprili, anno quinto[12] Karoli minoris[13] regis. S. Rottrudis[14] Deo devotæ, quæ hanc cessionem fieri vel adfirmare rogavit. S. Godefredi. S. Andraldi. S. Drogoni filii ejus. S. Elioni. S. Bertlandi. S. Meinaldi. S. Ermoario[15]. S. Rodulfi episcopi[16].

XX[1].

[Venditio Rodulfo facta a Bosone et Talasia, de Biliaco necnon Altriaco et Betuco villa.]

Lex Romana edocet et regalis potestas non prohibit, ut quicumque homo perfectus ætate persona, res suas in alieno jure tradere aut

Mai. 841.

B. p. 35. SG. p. 47. C. p. 50.

[9] *Tergiversator alienus* pro *astiterit.* B.
[10] *Incarnati* B. et SG.
[11] *Factæ cessionis* B. et SG. *Facta traditione* Ch.
[12] Inferius in charta CLXXX, facta quoque in mense maio, anno quinto Caroli minoris, res ibi donatæ traditæ fuerunt.
[13] *Junioris* Bal. Deest omnino SG.
[14] Sic B. et SG. *Rottradi* C.
[15] *Ermoariæ* Bal.
[16] Hic est S. Rodulfus archiepiscopus, Rottrudis frater.

[1] Videsis donationem Rodulfi de ista villa Biliaco, anni 860, in charta sequente. Bosonem venditorem Justellus putavit esse vicecomitem Bosonem, fratrem Ademari Scalarum vicecomitis, et pronepotem Rodulfi comitis Turennensis; sed Justelli errorem Baluz. demonstravit, *Hist. Tutel.* p. 14.

transferre voluerit, hoc [libero] potiatur arbitrio. Idcirco ego in Dei nomine Boso et conjux mea Talasia, constat nos vendere ad venerabilem abbatem, Rodulfum[2] nomine, villam nostram, quæ vocatur Biliacus, [c]aputmansum dominicatum, cum aliis mansis qui sunt in pago Limovicino, in vicaria Asinacense, et vendimus tibi in ipsa villa ecclesiam nostram, quæ est fundata in honorem S. Martini, et terris quæ ad ipsam ecclesiam pertinent, ipsam villam, cum omni suraposito, cum terris, silvis, pratis, vineis, adjacentiis, pascuis, aquis aquarumve decursibus, cultis et incultis, vel acquirendis, et omnia et [ex] omnibus quantum ad ipsam villam pertinet aut pertinere videtur, quantumcumque præsenti tempore visi sumus habere, totum et ad integrum, a die præsenti vendimus. Et vendimus in supradicto pago, in villa quæ dicitur Altriacus[3], mansum nostrum vestitum, cum terris, silvis, pratis, vineis, adjacentiis, et cum omnibus ad se pertinentibus, sicut a nobis præsenti tempore videtur esse concessum. Vendimus etiam tibi in supradicto pago, in villa quæ dicitur Betucus[4], alium mansum nostrum vestitum, cum terris, silvis, pratis, vineis, adjacentiis, omnia et ex omnibus, quantumcumque ad ipsum mansum aspicit aut aspicere videtur et nostra cernitur esse possessio. Et vendimus tibi in[5] jamdicto pago, in villa quæ vocatur Raugiacus[6], mansos nostros vestitos tres, cum[7] terris, silvis, quæ habent fines de duobus lateribus terris vel silvis Andraldo, de tertio latere rivum[8] currentem qui vocatur Palsonus, de quarto latere per viam publicam, cum pratis, vineis, adjacentiis, cultis et incultis, quæsitis et quod acquirendum est, omnia et ex omnibus, quantumcumque ad ipsos mansos supradictos aspicit et nostra præsenti tempore videtur esse possessio. Et vendimus tibi portiones nostras, quas apud germanos nostros, servos Dei, et Amalfredo et Amando in commune

[2] Hic est S. Rodulfus qui postea archiepiscopus, tunc abbas, ut arbitramur, Solemniacensis nobilis cœnobii, tantum dicebatur.
[3] *Altriacus* Ch.
[4] *Betricus* B.
[5] *Jamdicto... nostros* desunt B.
[6] *Rainacus* B. et SG.
[7] *VII* pro *tres* SG.
[8] *Rivum* deest SG.

habuimus, in ipso pago, tam in terris, silvis, pratis, vineis, adjacentiis, cultis et incultis, quæsitis et adinquirendis, et totum et ab integro, quantumcumque nostra est possessio. In integrum tibi vendimus et de illo casale qui est in loco qui dicitur Acavanas, ubi David fuit visus manere. Vendimus etiam tibi mancipia nostra masculini videlicet sexus et feminini, quorum sunt nomina : Domedramnus[9] et uxor sua cum infantibus eorum duobus, Ragambaldus, Boso cum infantibus suis III, Adrebertus, Aldefredus cum uxore sua et filio uno, Unaldus, Magnane[10] cum infantibus suis, Unsindane[11], Benedicte cum infante uno, Alitrude cum infantibus suis tribus, Bertianus cum uxore sua et infante uno; ipsa mancipia superius dicta et status illorum, cum omnibus peculiaribus illorum quibus præsenti tempore possidere videntur aut in futuro assequi potuerint. Hæc omnia superius dicta, cum omnibus rebus illorum ad se pertinentibus, sicut supra diximus, a die præsente tibi vendimus atque de jure nostro in tua tradimus dominatione atque potestate, unde accepimus a te pretium in quo nobis bene complacuit vel aptificatum fuit : hoc est in argento convalescentes solidos mille quingentos, ita ut, ab hodierno die, quicquid ex supradictis rebus facere volueris, liberam et firmissimam in omnibus habeas potestatem faciendi, jure proprietario. Et, quod futurum esse minime credimus, si nos ipsi, aut aliquis de heredibus aut propinquis seu successoribus nostris, vel quælibet ulla immissa persona, quæ contra hanc venditionem aliquam calumniam vel repetitionem generare præsumpserit, illud quod repetit non vindicet; contra vero cui litem intulerit componat solidos tres mille, et hæc venditio nostris et bonorum hominum roborata, cum stipulatione subnixa maneat inconvulsa. Facta hæc venditio in mense maio, anno primo quo domnus Lotarius, excellentissimus imperator, assumpsit imperium. S. Bosoni. S. Talasiæ uxoris suæ, qui hanc venditionem fieri et adfirmari rogaverunt. S. Bernardi.

[9] *Domedrandus* in charta XXI, seu *Domerannus* in charta XIX. Corrupte *Douradmus* B. *Dourandinus* SG.

[10] *Magauc* B. ibi et in charta XIX.

[11] *Usindano* falso SG. Videsis chartam XXI. *Benedicto* SG.

S. Albicarii. Remigius notarius audivit. S. Jacob. S. Johannis. S. Adelaldi. S. Garnarii[12]. S. Vuicheramni. S. Adalfredi. S. Ermenrici[13]. S. Bertlandi. S. Arnarii. S. Radulfi. S. Oziloni. S. Annertasii. S. Remigii. S. Emelii[14]. S. Joseph. S. Gariberno[15]. S. Godefredi.

XXI[1].

[Donatio Rodulfi archiepiscopi de villa Biliaco[2].]

Jul. 860.

B. p. 37. SG. p. 50.
C. p. 53.

Appropinquante vitæ hujus senio, divinis jubemur præceptis cibum indeficientem operare qui perire non possit, et fructum futuræ quietis mercare, quatenus pabulo divinæ pietatis suffulti perpetuo reficiamur. Idcirco ego in Christi nomine Rodulfus, sanctæ Biturigensis Ecclesiæ præsul, cedo res proprietatis meæ, quæ sunt in pago Limovicino, in vicaria Asnacense, et villam quæ vocatur Biliacus[3], quam olim de Bosone et de uxore sua Talasia comparavi et dedi S. Petro Belliloci monasterii, quod ego, Christo propitio, in fundo juris mei ædificare censui, ubi vir venerabilis Gairulfus abbas, cum plurimis monachis, Domino militare videtur; et hoc est ecclesiam nostram in honorem S. Martini constructam, et villam, una cum mancipiis his nominibus : Domedrandus et uxor sua cum infantibus suis, Alitrude cum infantibus suis, Bertrandus cum infantibus suis, Unaldus, Usinda, Arnaldus et frater suus, Autgarius et Autilde[4], Cristal-

---

[12] *Garnerii* SG.
[13] *Crinearii* SG.
[14] *Eveli* SG.
[15] *Barbuno.* SG.

---

[1] Ex mss. B. C. SG. et apographo viri clari Chesnii, loc. cit. fol. 101. Vulgat. apud Baluz. *Hist. Tutel.* append. col. 312; fragmenta apud Justel. *Hist. geneal. Turenn.* pr. p. 12 edita sunt.

[2] Vide supra chartam xx, qua S. Rodulfus villam Biliacum comparavit.
[3] Sic C. *Beliacus* B. SG.
[4] *Antilda* B. ibi et supra.

bertus et soror sua, cum terris, vineis, silvis, aquis aquarumve decursibus, adjacentiis, perviis, exitibus et regressibus, et omnibus quantumcumque ad jam prædictam villam et ecclesiam pertinet, quæsitis et acquirendis. Hæc omnia Deo salvatori omnium et S. Petro, pro animæ meæ remedio et fratris mei Rotberti et uxoris suæ Rotrudis[5], quæ in eodem monasterio inhumata jacet, devotus offero, in stipendiis et usibus monachorum in venturis generationibus, ut faciant ab inde in omnibus, jure ecclesiastico, quicquid elegerint. Licet in donis Deo collatis pœna minime sit adhibenda, ego tamen pro omni firmitate inserere curavi ut, si ego ipse, quod absit, aut ullus heredum vel propinquorum meorum, seu quælibet immissa persona, huic cessioni contra ire voluerit, inprimis iram Dei et sanctorum ejus incurrat, deinde cogente fisco auri libras xv, argenti pondo xxx, coactus exsolvat, et quod male petit non vindicet, sed præsens cessio inconvulsa permaneat [cum] stipulatione subnixa. † Rodulfus episcopus subscripsit. S. Drogoni[6]. S. Bernardi. Datum in mense julio, anno quarto [*lege* quinto][7] Karoli minoris[8] regis, Bituricas civitate.

XXII.

[Laxa Archimbaldi et Ermensindis de medietate ecclesiæ S. Pardulfi.]

Sacrosanctæ basilicæ S. Petri Belliloci monasterii. Nos enim in Christi nomine Archimbaldus et uxor mea Ermensindis, considera-

Jul. 899.

[5] *Retrudis* B. et C.
[6] Adde : *S. Gerardi. S. Odilonis. S. Arnulfi. S. David. S. Gotafredi.* C.
[7] Rotrudis quæ supra inhumata jacere dicitur in monasterio Bellilocensi, per chartas xix et clxxx, in mense aprili et in anno *quinto* Caroli minoris, id est anno 860, plura concessit necnon tradidit; quare præsens instrumentum, quod posterius est indubitate, sub anno quoque quinto pro quarto notandum est.
[8] Carolus iste, filius Caroli Calvi, fuit Aquitanorum rex. Chartam illam falso Baluzius ab anno 844, id est quarto anno Caroli Calvi, et Justellus ab anno 848, dataverunt.

vimus amorem cœlestis patriæ, vel de Dei misericordia confidentes, cedimus, pro remedio animarum nostrarum et animæ fratris mei Danielis, ut misericors Dominus a gehenna ignis liberare dignetur, has res nostras, quæ sunt in pago Tornaense[1], in vicaria Asnacense, in loco qui vocatur Momoni[2], medietatem de ecclesia quæ ibidem est fundata in honorem Dei et S. Pardulfi, cum aliis sex mansis ibidem adhærentibus, cum illo servo cui nomen est Ahicbertus, istis vero mansis jam supradictis, cum omnibus ad se pertinentibus, cum vineis et terris, cultis et incultis, pratis, pascuis, adjacentiis, quantum ad ipsos mansos aspicit aut aspicere videtur, quantum ibi nostra pars esse videtur et nostra cernitur esse justa possessio, cum medietate de ipsa ecclesia jam supradicta, Deo et Salvatori omnium et S. Petro principi apostolorum, ad Belliloci monasterium, ubi vir venerabilis Rodulfus[3] abbas præesse videtur, offerimus, in stipendiis et usibus monachorum, ea quidem ratione ut, quandiu ego Archimbaldus vivo, usufructuario teneam, et omni anno, ad missam S. Petri, qui est tertio kalendas julii, solidorum duorum censum persolvere faciam, post meum vero discessum, rectores ejusdem loci in suam faciant revocare potestatem sine ullius hominis contradictione. Quod si contigerit ut frater meus Ramnulfus ipsas res supradictas, vel ipsum servum superius nominatum, scambiare voluerit, si utili concambio ad ipsum locum vel ad ipsos rectores ut illis acceptabile sit, voluerit dare, in omnibus habeat potestatem faciendi; quod si non, rectores ejusdem loci ipsas res omni tempore possideant, in ea ratione ut si ullus abbas aut ullus rector ejusdem loci aut in precaria aut in ullo beneficio abstrahere aut alienare ab illo loco voluerit, filius meus Archimbaldus in suam faciat revocare potestatem. Facta est hæc cessio in mense julii, anno duodecimo regnante Karolo rege[4]. Sane de repetitionibus, quod minime credo, si ego ipse, immutata voluntate mea, aut ullus de heredibus meis vel propinquis, aut ulla immissa persona, quæ contra

[1] *Torinense* B. et SG.
[2] *Novam* SG.
[3] *Garulfus* B. et SG.

[4] Carolo Simplici, qui in ann. 898, Odone defuncto, super Aquitanos regnare cœpit. Vid. *Notes et éclaircissements*, n. IX.

hanc cessionem ire aut agere vel inquietare præsumpserit, non valeat vindicare, sed insuper cui litem intulerit auri libras duas, argenti pondera quinque, coactus exsolvat, et quod petit non vindicet, sed præsens cessio firma et stabilis permaneat cum stipulatione subnixa. S. Archimbaldus. S. Ermensindis uxor ejus, qui hanc cessionem fieri vel adfirmare rogaverunt. S. Rotberti. S. Frotarii. S. Eliæ[5]. S. Oddoni. S. Teotfredi. S. Rigaldi. S. Berlondi.

XXIII.

[Precariæ de ecclesia S. Martini de Tudell.]

Venerabili in Christo Stodilo[1] episcopo, Rodulfus archiepiscopus et Gairulfus[2], quamquam indignus, Belliloci novi monasterii abbas, necnon et cuncta congregatio ejusdem loci. Nostra fuit petitio et vestra decrevit bona voluntas ut aliquid de rebus S. Stephani de vestro beneficio, quæ ante hos dies per cartam permutationis jure ecclesiastico vobis[3] [al. nobis] traditæ sunt, nobis[4] [al. vobis] usufructuario beneficiare deberetis, quod ita et fecistis, hoc est ecclesiam quæ est in honorem S. Martini constructa, cujus vocabulum est Tudell, in pago Limovicino, in vicaria Asnacense, cum terris, vineis, pratis, silvis, aquis aquarumve decursibus, et omnibus ad se pertinentibus, unde et censuimus vobis dare, annis singulis, ad festivitatem S. Stephani quæ est septimo kalendarum januarii, in re valente solidos VII, et amplius exinde nobis non requiratur. Si vero de ipso censu tardi aut negligentes apparuerimus, ipsum censum reddamus et præfatas res non obmittamus, et hæ duæ precariæ, uno tenore conscriptæ, sic obtineant

Mai. 859.

B. p. 40. SG. p. 54.
C. p. 57.

[5] *Elye* SG.

[1] *Stolido* B.
[2] *Radulfus* falso pro *Gairulfus* B.
[3] Sic C. *nobis* B. et SG.
[4] Sic C. *vobis* B. et SG.

firmitatem quasi de quinquennio in quinquennium fuissent renovatæ vel factæ. Facta precaria hæc in mense maio, quarto anno Karoli minoris regis[5]. Guarnarius indignus sacerdos, ad vicem domini Stodili[6], recognovit.

XXIV.

[Commutatio inter Rodulfum archiepisc. Stodilumque, Lemovicensem antistitem, de ecclesiis de Nonnaris et de Siuiniaco.]

Inter quos charitas illibata permanserit pars parti pro oportunis beneficiis mutuatur, quia nullus de propriis rebus censuit minuendum quod contra recipit in augmento. Igitur bonæ pacis et nullius imperium cogentis, utrarumque partium compendia providentes pro congruis beneficiis, placuit atque convenit inter venerabiles viros, Rodulfum Biturigensis primæ videlicet sedis episcopum, et ex alia parte Stodilum[1] Limovicensis, ut ecclesias et res ad easdem pertinentes inter se commutare deberent, quod ita et fecerunt. Dedit itaque præfatus Rodulfus archiepiscopus partibus S. Stephani et prædicti Stodili episcopi ecclesiam suam ex alode proprio, quæ est in honorem S. Martini, cujus vocabulum est Nonnaris, in orbe Lemovicino, in vicaria Asnacense, cum terris et pratis, silvis, vineis et decursibus aquarum, quantumcumque ad ipsam ecclesiam pertinent, ut faciant tam præfatus Stodilus episcopus quam et successores ipsius, jure ecclesiastico, quicquid elegerint. Et contra[2] dedit Stodilus idem episcopus Rodulfo archiepiscopo, ad proprium allodem, in prædicto orbe, de rebus S. Stephani, et in præfata vicaria, ecclesiam

---

[5] *Junioris* B. Carolus iste, filius Caroli Calvi, rex Aquitanorum fuit. Vide supra, *Notes et éclaircissements*, num. ix. — [6] *Stodili* deest SG.

[1] *Stolidum* Just.

[2] *Et contra... proprium* desunt SG.

quæ est constructa in honorem S. Saturnini, cujus vocabulum est Siuiniacus[3], cum terris, vineis, silvis, aquis, exitibus et regressibus, quæsitis et adinquærendis, et omnibus ad se pertinentibus, ut faciat exinde prædictus archiepiscopus, sicut de aliis rebus propriis, in omnibus quicquid elegerit. Sane placuit inserere propter infestationem malorum hominum ut si aliquis ex nobis, aut quælibet opposita persona, quæ has commutationes, quas nos pro nostra voluntate conscribere et affirmare rogavimus, violare aut eis aliquam calumniam inferre conatus fuerit, ei cui litem intulerit una cum socio fisco auri libras quinque, argenti pondera decem, coactus exsolvat, et quod male petit vindicare non valeat, sed præsentes hæ commutationes stabiles et firmæ cum stipulatione subnixa permaneant. Factæ sunt hæ commutationes in mense maio, anno quarto Karoli minoris[4] regis. † Rodulfus episcopus subscripsit. Gairulfus, quamquam exiguus abbas, subscripsit. Teotardus præpositus subscripsit. Eliseus, custos ecclesiæ, subscripsit. Landricus portarius subscripsit.

XXV[1].

[Venditio a Ragambaldo Rodulfo archiepisc. facta, de ecclesia S. Christophori in villa Cosatico.]

Nostro viro magnifico Rodulfo archiepisc., emptori, ego in Christi nomine Ragambaldus[2], venditor. Constat me venditionem facere debere, quod ita et feci : hoc est ecclesiam meam, quæ est in honorem S. Christophori constructa, in orbe Lemovicino, in vicaria et valle[3]

[3] Videsis chartam xviii. *Sinniacus* SG. *Simmacus* B. *Suiniacus* Chesnius in excerptis loc. cit. fol. 101.

[4] *Minoris* deest SG. Carolus iste, filius Caroli Calvi, fuit Aquitanorum rex.

[1] Ex mss. B. C. et SG. Excerpta breviora apud Chesnium, loc. cit. fol. 87.
[2] *Ragambertus* in charta xxvi.

[3] Sic C. et Ch. videsis inferius chartas xxvi et xxvii. *in villa* B. ; deest SG.

Cosatico, ipsam ecclesiam, cum mansis, ædificiis, vineis, pratis, pascuis, terris cultis et incultis, aquis aquarumve decursibus, omnia et ex omnibus, quantumcumque ad ipsam ecclesiam aspicit aut aspicere videtur, a die præsente publice vobis vendo et de jure meo in jus et dominationem vestram trado atque transfundo, unde accepi a vobis pretium in quo mihi bene complacuit et aptificatum fuit, in rebus convalescentibus solidos centum; ita ut ab hodierno die ipsas res teneatis, possideatis, et faciatis exinde in omnibus, jure proprietario, quicquid elegeritis libera et firmissima potestate. Cæterum vero, quod futurum esse minime credo, si quis, aut ego ipse, aut ullus ex heredibus vel propinquis meis, seu quælibet ulla immissa vel opposita persona, quæ contra hanc venditionem ambulare aut aliquam litem generare præsumpserit, cui litem intulerit una cum socio fisco auri libras quinque, argenti pondera decem, coactus exsolvat, et sua repetitio nullum effectum obtineat; sed præsens venditio ista firma et stabilis perdurare valeat cum stipulatione subnixa. Factam hanc cessionem in mense maio, anno XXIIII regnante domino nostro Karolo rege. S. Ragambaldi, qui hanc venditionem fieri vel adfirmare rogavit. S. Bosoni. S. Mainaldi. S. Ragnarii. S. Avidi. S. Adalardi. S. Benedicti. S. Joannis. S. Immonis. S. Adalrandi.

XXVI.

[Rodulfus archiepisc. Bellilocensibus ecclesiam S. Christophori[1] de Cosatico concedit.]

Oportet unumquemque de terrenis ad cœlestia et de transitoriis ad mansura transire, ne forte aliquem imparatum et sine ullo aliquo

[1] Vide supra chartam xxv, qua S. Rodulfus istam comparavit ecclesiam, et quæ mense maio anni 864 facta est. S. Rodulfus archiepiscopus a sæculo migravit ad cœlum in mense junio anni 866. Ista donatio ponenda est igitur inter maium 864 et junium 866, et potius in anno 864.

respectu divinæ pietatis mors improvisa subrepserit. Quamobrem ego in Christi nomine Rodulfus, Biturigensis Ecclesiæ primæ sedis episcopus, cedo res proprietatis meæ, quas ex aliquo homine juxta beneplacitum ipsius nomine Ragambardo acquisivi, hoc est ecclesiam in honorem S. Christophori, quæ est in pago Limovicino, in vicaria et valle[2] Quossatico. Ipsam ecclesiam, cum mansis, ædificiis, vineis, pratis, pascuis, terris cultis et incultis, aquis aquarumve decursibus, omnia et ex omnibus, quantumcumque ad ipsam ecclesiam aspicit aut aspicere videtur, a die præsente, Deo salvatori omnium et S. Petro et S. Ursino et S. Felicitati, in loco qui vocatur Belluslocus, quem in fundo juris mei ædificare censui, ubi vir venerabilis Gerulfus abbas præesse videtur, pro mea voluntate, pro remedio animæ meæ cunctorumque parentum meorum, offero; ita ut ab hac die ipse abbas et monachi ejusdem loci, successoresque eorum in venturis generationibus, faciant exinde, jure ecclesiastico, quicquid elegerint. Sane, quod futurum esse minime credo, si ego ipse, aut ullus heredum meorum, aut quælibet immissa persona, contra hanc cessionem aliquam litem inferre tentaverit, inprimis iram Dei omnipotentis incurrat et sanctorum ejus[3].

XXVII[1].

[Notitia placiti ante Bernardum comitem habiti, de ecclesia S. Christophori de Cosatico.]

Noticia[2] cum judicio ante bonos viros[3] quamplurimos, vel ante eos qui hanc notitiam subterfirmaverunt, qualiter veniens Garulfus abbas

Aug. 870.

B. p. 44. SG. p. 59.
C. p. 61.

[2] *Villa Cosatico* B. deest SG.   [3] *Ibi desinunt mss.*

[1] Ex mss. B. C. SG. et apographo Chesniano, loc. cit. fol. 101. Notitia ista a D. Vaissète edita fuit in *Hist. Occitan.* t. I, pr. col. 122. Vide inferius de nota chronica.

[2] *Notitiam* BC. *Justitiam* SG.
[3] *Bonorum virorum quamplurimorum* B. SG. *Ante* deest.

ex monasterio Belliloci, cum advocato suo nomine Aichardo, in villa quæ vocatur Senmurum⁴, die Lunæ, ante virum illustrem Bernardum comitem⁵, interpellavit aliquem hominem Adenum, dicens quod ecclesiam S. Christophori, quæ est in pago Limovicino, in valle Cosatico, quam Rodulfus archiepiscopus S. Petro ejusdem monasterii sua cessione firmavit, malo ordine tulisset. Tunc interrogatus est ipsi Adeno si hoc legaliter defendere posset. Quod ipse omnino negavit, et sic fidejussores dedit, Oddonem⁶ et Umbertum⁷, ut die constituto, quod est v idus augusti, super ipsas res veniret, et manibus suis, sicut spoliaverat, ipsum abbatem Gairulfum legaliter revestiret. Nam et ad ipsum placitum utrique⁸ venierunt, et sic [ut] fuit judicatum, per signum de ipsa ecclesia revestivit. Ideo necesse fuit ipsi abbati ut exinde notitiam istius rei per cartulæ testamentum notificare deberet, quod ita et fecit. His præsentibus⁹ actum fuit. S. Oddonis¹⁰. S. Umberti. S. Linarnaldi¹¹. S. Bernoni. S. Austaldi. S. Teodoni. S. Bosoni. S. Benedicti. Facta ista notitia in mense augusto, anno IIII¹² Ludovici regis¹³, filii Karoli regis.

⁴ Sic C. *Semmarium* B. SG. *Senmariæ* in apographo v. cl. Beslii. Mss. Biblioth. imper. collect. Dupuy.

⁵ Bernardus iste, tertius nomine, comitatum Tolosanum tenuit in successione genitoris sui Raymundi I.

⁶ *Odonem* Ch. sed inferius ut cætera mss. *Oddo*.

⁷ *Humbertum* B.

⁸ Incerta vox Ch. abest B. et SG.

⁹ *Præsentibus... S. Benedicti* desiderantur Ch.

¹⁰ *Addonis* SG.

¹¹ *S. Livanardi. S. Gervoni. S. Austaldi. S. Terdoni* B.

¹² Sic C. *anno iv* apud D. Vaissète. *anno quinto* in mss. B. SG. et Ch.

¹³ Ludovici Balbi, qui in Aquitania regnare cœpit ann. Chr. 866. Vide supra chartæ III notam chronicam.

XXVIII[1].

[Donatio Gozberti vicecomitis et uxoris ejus Ricburgis, de ecclesia S. Dionisii, cum curte Lenziaco et villis Floriaco, Signaco, etc.]

Lex et consuetudo edocet et regalis potestas non[3] prohibet, ut persona qualiscumque res suas in alterius voluerit transferre dominationem, libero potiatur peragendi arbitrio. Quamobrem ego in Christi nomine Gozbertus et uxor mea Ricburgis[4], consideravimus amorem coelestis patriæ, et de Dei misericordia confidentes, cedimus ad locum qui vocatur Bellusloсus, in honore omnipotentis Dei et S. Petri aliorumque sanctorum, ubi vir venerabilis Bernardus[5] abbas præesse videtur, inprimis ecclesiam nostram indominicatam, quæ est fundata in honorem S. Dionisii, cum ipsa curte quæ vocatur Lenziacus, cum omnibus ad se pertinentibus, cum ipsa exarta, et cum plancato, cum mansionile ubi Donadeus visus fuit manere, cum ipsa vinea, vel cum terris ad ipsum plancatum pertinentibus, cum servis omnibus, adjacentiis, locis, commanentibus vel pertinentibus. Ista vero omnia prænominata, Deo salvatori omnium et S. Petro offerimus, cum terris cultis et incultis, pratis, vineis, garricis, cum omnibus appendiciis, quæsitum vel quod acquirendum est; et in ipsa vicaria, villam Floriaco, cum ipsis condaminis[6], vel quantumcumque in ipsa villa visi

An. 943-948[2].

B. p. 45. SG. p. 60.
C. p. 62.

---

[1] Ex mss. B. C. et SG. et excerptis in schedis Chesnii, t. XXII, fol. 87. Insertum hoc instrumentum fuit a v. cl. Baluzio in appendice *Tutel. Hist.* col. 327. Fragmenta exstant apud Justellum, *Hist. geneal. Turenn.* pr. p. 9.

[2] Vide inferius not. 5. Falsus est ibi Baluzius qui ab anno 840 chartam nostram datavit.

[3] *Non* deest SG.

[4] Sic C. *Reburgis* B. *Reburga* SG. *Rieburgis* Ch. Uxor Gozberti vicecomitis, qui Rodulfi comitis Turennensis pronepos, et Ademari vicecomitis Scalarum germanus fuit.

[5] *Bernardus* deest B. Abbatiam tenuit ab ann. 943, certe ad ann. 948 et forte ad ann. 965.

[6] *Ipso condominio* SG.

sumus habere vel possidere, excepto[7] Colungas, cum lacu, cum tractos ad scavas, cum bosco, cum molendinis, cum vinea, cum omnibus ad se pertinentibus. Et sunt ipsæ res jam dictæ in urbe Caturcino, in vicaria Bealliacense[8], seu in locis jam dictis. Cedimus ad locum jam dictum, in urbe Lemovicino, in vicaria[9] Asnacense, villas nostras indominicatas Signaco seu et Narciano, cum omnibus illarum appendiciis, cum vineis, pratis, silvis, molendinis, vel quantumcumque in dictis villis nostra justa cernitur esse possessio, quæsitum vel quod acquirendum est. Et in ipsa vicaria, villa nostra, quæ Valleta nuncupatur, cum vineis, pratis, omnibus indominicatis, seu et aliis de mansis, cum fraustis, vel quantumcumque inibi visi sumus habere vel possidere, ad jam dictum locum cedimus. Et in alio loco, in Oliado, vineam nostram, quam Frodinus tenet [*al*. Fodimus] per bodinas fixas, ad locum jam dictum cedimus. Ista vero omnia suprascripta, conscripta, seu prænominata, Deo salvatori omnium et S. Petro offerimus, in stipendia et usum monachorum, pro animabus nostris et animabus parentum nostrorum, seu et anima patris nostri Rotberti, seu fratrum nostrorum, Bosoni et Ademari, nec non etiam Odolrici seu et Rotberti, et pro animabus nepotum nostrorum, Bosonis verum etiam Johannis, ut ante tribunal æterni judicis veniam mereamur adipisci; in ea vero ratione ut, quandiu nos advixerimus, usufructuario teneamus, et a die præsente et deinceps pro vestitura. Et in Lenziago, capmansionile ubi Odolricus canarius[10] visus fuit manere, S. Petro condonamus. Et, si ego Gozbertus primus ab hoc sæculo migravero, ecclesia quæ est fundata in honorem S. Dionisii, cum curte quæ vocatur Lenziacus, cum omnibus suis appendiciis, S. Petro remaneat, nullo contradicente. Et aliæ res quæ residuæ[11] fuerint, uxori meæ remaneant quandiu advixerit. Et si uxor mea Ricburgis[12] ab hoc sæculo

---

[7] *Exceptis* B. *Excepto Colungas* desunt SG.

[8] Sic C. *Casiliacense* B. SG.

[9] Sic Just. et C. *nuncupato* Bal. et SG. *jam dicto* B.

[10] Sic C. *cavarius* B. SG.

[11] *Residuæ fuerint* et sequentia usque ad *quæ remanserint* desunt B.

[12] *Rietburgis* SG. *Reburgis* B. *Rieburgis* Ch.

migraverit prior, vinea de Oliado jam dicta, pro ejus anima, S. Petro remaneat, nullo contradicente; et aliæ res quæ remanserint, ego Gozbertus quandiu vixero teneam, et annis singulis, pro charitate ad fratres, ad festivitatem S. Petri, viginti solidos persolvam; post discessum nostrum, omnia supra conscripta, Deo et S. Petro remaneant et ad monachos, et nullus sit qui eis contradicat. De repetitione vero, quod absit, ut si nos ipsi, aut ullus heres noster, contra hanc cartam testamenti ullam calumniam tentare conaverit et hoc testamentum violare voluerit, inprimis omnipotentis Dei et S. Petri ac omnium sanctorum iram incurrat, et a liminibus sanctæ Ecclesiæ Dei et a societate christianorum extraneus permaneat, et cum Datan et Abiron cumque Juda traditore, in inferno pœnas quas recepturi sunt ipsi ipse percipiat, et flammas inextinguibiles perenniter possideat, et anima ejus pro animabus nostris damnationem recipiat. Sic scriptum[13] est: *Redde, Domine, illis vicem juxta opera manuum suarum.* Et hæc cessio firma et inviolabilis permaneat cum stipulatione adnixa. S. Gozberti et uxoris ejus Ricburgis, quæ cessionem istam fieri vel adfirmari rogavit. S. Bosoni vicecomitis[14]. S. Johannis. S. Galfredi. S. Rainulfi[15]. S. Geraldi.

XXIX.

[Gotafredi et Godilæ donum de curte Cundato necnon de ecclesia B. Mariæ.]

Appropinquante mundi senio, veritate vero quæ Christus est manifestata, divinis jubemur præceptis indificientem cibum emere, qui æternæ felicitatis fame careat, et fructum futuræ quietis percipiat, quatenus pabulo divinæ pietatis suffulti perpetuo reficiamur. Idcirco

Nov. 898.

B. p. 47. SG. p. 63. C. p. 65.

[13] *Sic scriptum :... suarum* desunt B.
[14] Hic est Boso, vicecomes de Sancto Cirico, filius Adolrici vicecomitis, nepos, ex matre sua Fareldi, Gozberti vicecomitis. Bal. *Hist. Tutel.* p. 8 et 16.
[15] *Rainulfi* SG. *Ramnulfi* Bal.

ego igitur in Dei nomine Gotafredus[1] et uxor mea Godila, consideravimus amorem cœlestis patriæ, et de Dei misericordia confidentes, cedimus res proprietatis nostræ ad monasterium, quod vocatur Belluslocus, in honorem videlicet S. Petri et S. Felicitatis aliorumque sanctorum constructum, ubi vir venerabilis Rainulfus[2] abbas præesse videtur, hoc est curtem nostram, quæ vocatur Cundadus, quæ est in pago Caturcino, in vicaria Casiliacense, cum casa mea dominicaria, ubi ego ipse visus sum manere, et cum ipsis aquis, seu cum culturis indominicatis, cum prato dominico, et cum ipso manso ubi Silvius visus fuit manere, qui tangit ad terram S. Remedii[3], usque in fluvio Tormenta; et in ipsa curte, ecclesiam nostram, quæ est fundata in honorem S. Dei Genitricis Mariæ, cum omnibus ad se pertinentibus. Et cedo vobis mansum ubi Andreas visus fuit manere, et alium mansum ubi Singaldus visus est manere, mansum ubi Costabilis manet, mansum ubi Arbaldus manet, mansum ubi Godrandus manet, mansum ubi Doebertus manet, et alium mansum ubi Severus [al. Semerus] visus est manere, cum ipso farinario; et in alio loco, ubi vocabulum est Vallesuris, mansum ubi Christianus visus est manere, mansum ubi Martinus manet, mansum ubi Adalrius manet, mansum ubi Benedictus manet, mansum ubi Sicbrandus manet, mansum ubi Grimaldus[4] manet. De mancipiis vero iis nominibus : Sigal et uxore sua cum suis infantibus, Aribal[5] et uxore sua cum infantibus suis, Severo et uxore sua cum infantibus suis[6], Christiano et uxore sua cum suis infantibus, Benedicto cum uxore sua et infantibus suis, Martino et uxore sua cum infantibus suis, Aldario et uxore sua cum infantibus suis[7], Grimaldo et uxore sua cum infantibus suis, Frederico et infantibus suis, Petrono et uxore sua cum infantibus suis, Dodane cum infantibus suis, Archamaro, Adalardo, et aliis unde et aliunde

---

[1] *Godefridus* B.

[2] Raynulfus abbas Belliloc. monachos rexit ab ann. 891 ad annum 897, una cum Gairulfo, et solus ab anno 897 usque ad novemb. 899.

[3] *Remigii* B.

[4] *Granaldus* SG. ibi et inferius.

[5] *Aribel* B.

[6] Adde : *Adaraldo cum uxore sua*, etc. C.

[7] Adde : *Sicbrando cum uxore sua* C.

MONASTERII DE BELLOLOCO.

manentibus et ad ipsam curtem aspicientibus, et ad villam Afriaco aspiciunt; Deo salvatori omnium, ipsas res superius nominatas, cum campis, vineis, pratis, pascuis, silvis, adjacentiis, omnia et ex omnibus, quantumcumque ad ipsam curtem aspicit aut aspicere videtur, et S. Petro offerimus, in stipendiis et usibus monachorum, pro remedio animæ meæ et anima patris mei, seu pro anima Ademari comitis, ut post hodiernam diem faciant, tam ipsi quam successores eorum, in omnibus, jure ecclesiastico, quicquid elegerint. De repetitionibus vero, quod minime credimus, si nos ipsi, voluntate nostra mutata, aut ullus heres noster, vel ulla immissa persona, qui contra cessionem istam calumniam generare conaverit, sociante fisco componat cui contra quem litem intulerit, auri libras quinquaginta, argenti ponderis centum, coactus exsolvat, et sua repetitio nullum obtineat effectum, sed præsens cessio ista firma et inconvulsa permaneat cum stipulatione subnixa. Factum est hoc testamentum in mense novembri, anno 1[8] Karoli regis. S. Gotafredi[9]. S. Godilanæ uxoris ejus, qui cessionem fieri et adfirmari rogaverunt. S. Ademari comitis. S. Rotberti. S. Aderberti[10]. S. Gauzberti. S. Eldoardi. S. Aimerici. S. Galterii.

XXX.

Breve memoriale quod jussit Ebolus[1] fieri.

Inprimis dimitto S. Petro Belliloci ecclesiam meam de Stranquillo[3], cum medietate de illo clause[4] qui est ibi, et aliam medieta-

Circa an. 1165-1170[2].

---

[8] *Ann. 11* B. Hæc nota chronica deest SG., ubi locus vacuus relictus est. Carolus iste Simplex cognominatus fuit.
[9] *Godofredi.* B.
[10] *S. Adeberti.* B. *S. Aldoaldi.* B.

[1] Ebolus iste vicecomes fuit, ut opinor, Ventedornensis, secundus nomine.
[2] Tempus quod Ebolus in vita degit, inter an. 1095 et an. 1170 ponendum est.
[3] *Destranquillo* B.
[4] *Clause qui* desunt SG.

tem dimitto uxori meæ Agne[5] quandiu vixerit; post mortem ejus S. Petro sit. Duos mansos in Afriaco[6], in quibus Constantius visus est manere, et alium mansum ubi Caturcinus[7] manet, et alium mansum ubi Gauzbertus manet, et alium ubi Geraldus et Rainaldus manent, cum bordariis duabus, cum farinario de Romegos, et cum aliis quatuor farinariis, et quantum ego visus sum habere, totum et ad integrum, S. Petro Belliloci dimitto. Ecclesiam meam de Poznac, cum manso qui ibi est, ubi Geraldus manet, similiter S. Petro sit. Et mansus ubi Rotberga manet, similiter S. Petro sit. Et mansus ubi Rainaldus manet, et alter ubi Gairucia manet, et alius quem Geraldus de Colongas tenet, et alter ubi Constantinus manet, et capmansum ubi Aunda stetit, et mansi ubi Bernardus manet; hæc omnia similiter S. Petro sint. Duos mansos in Valentiniano, ubi Petrus manet, cum tribus bordariis, et quantum ibi ad ipsos mansos pertinet, totum et ad integrum, Agne uxori meæ dimitto; post mortem ejus S. Petro sit. Illa condamina quæ vocatur Ad illo Pedrono similiter uxori meæ dimitto, post mortem ejus S. Petro. Alia, quæ est ad Estranquillo, S. Petro sit. Mansum ubi Stephanus manet, uxori meæ dimitto villam meam quæ vocatur Caucius medianus, quam dedi in osculum, post mortem ejus S. Petro remaneat. Excepto illo manso ubi Atmarus visus est manere, quem dimitto S. Mariæ Soliaco, omnia quantum ego ipse uxori meæ tradidi ad habendum sive per osculum sive per cartam traditionis, omnia post mortem ejus S. Petro remaneant, et omnia quantum in istum brevem ei dimitto. Omnes servos et ancillas meas dimitto liberos et absolutos ab omni jugo servitutis, si mortuus fuero, pro anima mea. Illam meam bordariam quæ est in Faurgas, Bernardo presbitero dimitto pro anima mea.

[5] *Agneti* B. Agnes ista ex gente de Montelucio oriunda, ut censemus, ab Ebolo II vicecomite uxor ducta fuit.

[6] *Affiaco* SG.
[7] *Cortemius* SG.

XXXI.

[Donatio Geraldi episcopi, de ecclesia S. Martialis de Baissaco.]

Quoniam rerum gestarum series libris commendanda est, ne forte nostri memoriam fugiens, oblivione deleatur, mansuro in perpetuum scripto quod sequitur notificare disposuimus. Itaque præsentes et successuri Bellilocenses monachi indubitanter certissimeque noverint, quod dominus Geraldus, Caturcensis episcopus, una cum consilio Gauzberti, Caturcensis prioris, Seguini[1], Guidonis, Wuillelmi, archidiaconorum suorum, ecclesiam sancti Martialis de Baissaco[2] Deo et S. Petro Bellilocensi, fratribusque ibidem Christo[3] famulantibus, dedit et auctoritate episcopali concessit, salva sua et canonicorum S. Stephani statuta et definita consuetudine. Hanc autem legitimam concessionem, in manu domini Geraldi abbatis, infra ecclesiam S. Sereni, ante altare, fecit, præsentibus Ranulfo Dauratensi abbate, et quibusdam ex prædictis archidiaconis, Petro, Rigaldo, Belliloci monasterii monachi[s]. Supradictæ vero ecclesiæ authentica et irreprehensibilis concessio facta est in kalendas marci[4], anno ab origine mundi VI. CCC.XII, anno ab Incarnatione Domini millesimo centesimo duodecimo, indictione V[5], Paschali papa II[6], regnante Luduico rege Francorum.

---

[1] *Seginni* B.
[2] *Bessaco* B. *Baissiaco* in charta sequenti qua Geraldus et Guitardus de S. Michaele Bellilocensium gratia ecclesiam eamdem laxaverunt.
[3] *Episcopo* pro *Christo* SG.
[4] *Marci* deest SG.
[5] Sic C. *Septimo* pro *duodecimo* B. et SG. quinta indictio cum anno 1112 concordat.
[6] *II* deest SG.

XXXII.

[Geraldus et Guitardus de Sancto Michaele, quod in ecclesia de Baissiaco possident, Bellilocensibus dimittunt[1].]

In nomine sanctæ et individuæ Trinitatis. Ego Geraldus de Sancto Michaele et Guitardus frater meus, cognoscentes hujus vitæ brevitatem, et pro benefactis animarum nostrarum salutem, concedimus atque donamus Deo et S. Petro, et monachis in cœnobio Bellilocensi Christo famulantibus, in manu domini Geraldi, ejusdem loci abbatis, pro salute animarum nostrarum, ut a Christo veniam delictorum consequamur, quicquid habere videmur juste vel injuste, totum et ad integrum, in ecclesia S. Martialis de Baissiaco[2], ita ut nullus ex heredibus nostris deinceps habeat jus et potestatem aliquid requirendi in ea. Similiter quoque Ademarus de Sancto Michaele, uxore mea concedente et dante, quicquid habere videmus, ego et ipsa in supradicta ecclesia concedimus et donamus eidem cœnobio Belliloci, in manu Geraldi abbatis, sine omni retentione, ita ut nemo posterorum nostri generis[3] potestatem habeat amplius aliquid in ea requirendi. Et hoc facimus pro salute animarum nostrarum, ut a Christo protojudice præmium consequamur æternum. Et hoc donum fecit fieri et auctorisavit Raimundus, Torenensis[4] vicecomes. S. Wuillelmi de Curamonta. S. Bernardi, fratris ejus. S. Geraldi de Martemnac. S. Gerberti della Verna. S. Benedicti, sacerdotis ejusdem ecclesiæ, et Bernardi, nepotis ejus. Facta est carta ista anno ab Incarnatione Domini millesimo CXVIII[5], mense septembrio, feria IIII, luna XXVIIII[6] regnante Ludovico rege Francorum.

---

[1] Fragmenta chartæ istius Justellus inseruit inter probationes *Histor. Turenn.* p. 30. De eadem ecclesia videsis supra ch. XXXI.

[2] *Baysaco* SG.

[3] *Genitoris* false B.

[4] *Torinensis* SG. Raymundus iste primus fuit nomine.

[5] Sic B. et C. *millesimo CVIII* SG. et Just. sed false.

[6] *Feria IIII, luna XXVIIII* desunt B. et SG.

XXXIII.

[Donatio Rodulfi archiepiscopi, de villa Saraciaco pluribusque aliis prædiis, pro monasterio Bellilocensi construendo.]

Antiquorum sanxit auctoritas atque legum decrevit unitas, ut quilibet de[1] rebus suis quod facere voluerit, in omnibus, juxta Dei voluntatem, libero potiatur arbitrio. Quamobrem ego igitur in Dei nomine Rodulfus, Biturigensis Ecclesiæ antistes, pro amore Dei omnipotentis et remedio animæ meæ parentumque meorum, cedo cessumque in perpetuum esse volo ad monasterium novi quidem operis, quod nuper Vellinus, nunc quidem a nobis Belluslocus, dicitur, quod ego, propitio Christo, in honorem principis apostolorum Petri, in fundo juris mei, construendum constituo, in stipendiis et usibus monachorum inibi Deo servientium, res proprietatis meæ, quæ sunt in pago Caturcino, in vicaria Casliacense, hoc est villam meam, quæ vocatur Saraciacus, una cum ecclesia quæ est in honorem S. Genesii, cum terris cultis et incultis, vineis, silvis, domibus, ædificiis, et omnibus ad se pertinentibus, et mancipiis utriusque sexus ad eundem locum pertinentibus; et in alio loco, in pago Tornense in villa cujus vocabulum Ad illum Mesplum, mansum nostrum, quem de Petrone, dato pretio comparavi, cum omnibus ad se pertinentibus; et in alio loco, in eodem pago, vineam subtus Torennam[2] castrum, quam de Ragambaldo comparavi. Hæc omnia prænominata et cuncta ad eadem pertinentia loca, ad prædictum locum, in stipendiis videlicet monachorum et in ædificatione ejusdem loci, jure perpetuo volo esse concessum. Sane, quod absit et minime fieri credo, si ipse ego, immutata hac voluntate, aut ullus de heredibus meis sive propinquis, sive quælibet opposita persona, quæ contra hanc cessionem, quam ego libentissima voluntate feci,

Mart. 859.

B. p. 51. SG. p. 70.
C. p. 72.

---

[1] *Poscens uxori suæ quod facere voluerit* SG.   [2] *Torenense* B.

litem, calumniam, sive aliquid oppositionis facere voluerit, inprimis juxta auctoritatem ministerii mei, anathematis vinculo alligo; deinde iram Dei omnipotentis incurrat et sanctorum ejus; insuper cui litem intulerit auri libras triginta, argenti pondera sexaginta, una cum socio fisco coactus exsolvat, et quicquid male petit non vindicet, sed præsens cessio hæc firma et stabilis permaneat cum stipulatione subnixa. † Rodulfus episcopus subscripsit. S. Gotbaldi[3]. S. Grimaldi. S. Euraldi levitæ. S. David. S. Ugonis[4]. S. Agialfi[5]. S. Enedoli. S. Grimoardi. S. Odolrici. S. Ebrardi. S. Edaci. Datum in mense martio, anno quarto Karoli[6], gloriosissimi regis.

XXXIV[1].

[Donum quod fecit Aigana, Rodulfi comitis vidua, ad ecclesiam S. Genesii, pro puellarum cœnobio apud Saraciacum construendo.]

Febr. 844.

B. p. 52. SG. p. 72.
C. p. 74.

In nomine Dei omnipotentis. Lex non indiget, sed in præsenti tempore declarat, si quis alter alteri cesserit, sed sola tantum cessio vel donatio cum traditione per omnem firmitatem sufficit. Hoc est per codicillos adfirmatum scilicet sacrosanctum basilicæ in honore S. Genesii constructum[2], quod est in urbe Caturcino, secus castrum Casi-

[3] *Golbaldi* SG.
[4] *Hugoni* B.
[5] *Sagnulfi* B.
[6] Caroli minoris, filii Caroli Calvi et Aquitanorum regis. Justellus, qui hujus chartæ fragmenta edidit, loc. cit. p. 7, ab anno 842 falso illam datavit. Vide supra de notis chronicis observationes nostras, *Notes et éclaircissements*, num. IX.

[1] Ex mss. B. C. SG. et apographo Chesniano loc. cit. fol. 96. Charta ista in integrum edita fuit a Baluz. loc. cit. col. 313; fragmenta apud Justel. exstant loc. cit. p. 7.
[2] *Sacrosanctum basilicæ....constructum*, in cunctis mss.

liacum, quem Rodulfus comes³, qui fuit quondam bonæ memoriæ, corpus suum ibidem sepeliri erogavit, in loco qui dicitur Saraziac⁴, in ecclesia quæ dicitur S. Genesii⁵, proinde una cum dilectissimis amicis suis, seu Aigane⁶ uxore sua, similiter vel ipsis cui confirmatum est, dilecto filio suo atque Rodulfo quidem archiepiscopo, seu et Immenane⁷ dilecta filia sua, Deo devota atque abbatissa de ipsa congregatione monacharum, proinde vero ad congregationem sanctæ ecclesiæ ac totius reverentiæ S. Genesii consenserunt, ut monasterium sub regula puellarum construere deberent, ac de eorum rebus partibus sanctæ⁸ ecclesiæ venerabilis viri S. Genesii donare vel concedere deberent, pro anima genitoris bonæ memoriæ jam dicti Radulfi. Ego in Dei nomine Aigana⁹, consentiente prole mea, sive Radulfo archiepiscopo, sive Godafredo comite¹⁰, sive Rutberto, sive Landrico, et Immone, consideravimus inter nos, ut, pro anima jam dicti domini nostri, aliquid de rebus nostris propriis concedere deberemus, quod ita et fecimus. Mansum nostrum, qui est constructus in pago Cadurcino, in villa Calso, cum vinea ad se adhærente, cum terris aratis¹¹, cum pratis, pascuis, silvis, exitiis, adjacentiis earum ad se pertinentibus, cum omni integritate, egressibus et regressibus, aquis aquarumve decursibus, omnia et ex omnibus, quicquid ibidem visi sumus habere et nostra cernitur esse possessio, in integrum cedimus vel donamus ad præfatam vel jam dictam ecclesiam S. Genesii, pro anima genitoris nostri jam dicti Rodulfi comitis, ad suum sanctum sacrificium offerendum; partibus jam dicti monasterii S. Genesii cessum esse volumus, sicut et jure meo, in jure et dominatione sanctæ Dei Ecclesiæ et venerabilis S. Genesii tradimus vel concedimus, atque manibus firmamus ad possidendum vel tenendum, ut, post hodiernum

---

³ Comes Turennensis, pater S. Rodulfi.
⁴ *Sarrasiac* B.
⁵ Sic cuncta mss.
⁶ *Aygua* SG.
⁷ *Immenana* B
⁸ *Sancta ecclesia venerabilis vir sancto*

Genesio Baluzius, *Histor. Tutel.* col. 316.
⁹ *Aygna* SG. *Aiga* Ch. *Aygua* Bal. et Justellus in excerptis, loc. cit. p. 7.
¹⁰ Comite Turennensi.
¹¹ *Arabilibus* SG.

diem, ipsi rectores sanctæ Dei Ecclesiæ, absque ullo contradicente, habeant cessum ad partes sancti Genesii et pro anima genitoris nostri, cessumque in perpetuum esse volumus, cum de nostro jure in vestro et dominatione permaneat potestas. Licet in hac cessione pœnam inserere necesse non est, sed pro studio firmitatis, nobis complacuit voluntas ut pœna eam[12] confirmare deberemus. Quod si nos ipsi, immutata voluntate nostra, aut ullus ab heredibus nostris, vel quælibet persona, quæ contra hanc cessionem istam, quam nos spontanea voluntate nostra conscribere vel confirmare rogavimus, aliquam calumniam facere præsumpserit, componat, cui[13] litem intulerit auri libram unam et argenti pondera quinque coactus exsolvat, et quod petit nullatenus vindicare valeat, sed hæc cessio inconvulsa, firma et stabilis valeat perdurare stipulatione subnixa. Facta cessio ista in mense februario, in anno primo[14] obitus bonæ memoriæ Rodulfi jam dicti, et anno III [quo] assumpsit imperium dominus Lotarius[15] rex propicius. S. Aiganæ[16]. S. Frotarii. Godafredus præsens adfujt. S. Landrici. S. Rotberti. S. Emelii[17]. S. Aimarn.

---

[12] *Pœna meam confirmare voluntatem* B. *Deberem* B. SG. et Ch.

[13] *Qui* B.

[14] *Primo* deest B.

[15] *Domino Lothario regi propicio* Baluz. Lotharius imperium assumpsit in mense junio anni 840; itaque mensis februar. anni tertii hujus imperii, non in ann. 842 quem Justellus notavit, sed in ann. 844 incidit. Baluz. ann. 856 ibi notavit, sed false; ipse enim chartam venditionis (infra CLXXXIV) ubi Rodulfus comes defunctus dicitur, ad ann. 847 retulit. Præsens instrumentum *in anno primo obitus* ejusdem toparchi factum, ad ann. 856 nullatenus igitur referri potest, sed ad ann. 844.

[16] *Aygane* SG.

[17] *S. Emilii. S. Annarii* SG.

XXXV[1].

[Privilegium Austorgii episcopi, de ecclesia S. Stephani de Lusde.]

Quoniam nostri officii est nostrorum[2] piis petitionibus condescendere, et loca sacrata, in quibus Deo famulatus[3] exhibetur, augere, idcirco, fili[4] in Christo, beatissime Geralde, qui in præsenti rector et abbas cœnobii Bellilocensis esse videris, ego Austorgius, Lemovicensis episcopus, tuis precibus diu rogatus, concedimus et damus S. Petro et fratribus in supradicto cœnobio Deo famulantibus, ecclesiam S. Stephani de Lusde[5], consensu Aimerici archidiaconi, et Aldeberti, archipresbiteri ejusdem ecclesiæ, et Heliæ[6] archidiaconi, et cæterorum quorumdam clericorum nostrorum. S. Austorgii, Lemovicensis episcopi. S. Aimerici. S. Eliæ, archidiaconorum. S. Aldeberti archipresbiteri. S. Geraldi abbatis. S. Gerberti prioris. S. Petri Merle, monachorum. S. Bernardi et Wuillelmi de Curamontano. S. Rainaldi della Genebreira. S. Johannis, presbiteri ejusdem ecclesiæ. Facta carta ista mense septembrio, feria[7] IV[8], luna XXVIIII[9], anno ab Incarnatione Domini millesimo centesimo decimo octavo, papa Gelasio, regnante Ludovico rege Francorum.

---

[1] Ex mss. B. C. et SG. Breviora excerpta in Chesnii schedis habentur, tom. XXII, fol. 89. Jam publici juris facta est charta ista in *Nov. Gall. christ.* t. II, instr. col. 175, cum nostris manuscriptis in notis chronicis discrepans.

[2] *Nostrorum fratrum* C.

[3] *Famulatur* B.

[4] *Fieri* corrupte B.

[5] Sic Chesnius qui in margine notavit *al: Luse;* apud SG. *Lusdo.*

[6] *Eliæ* deest B.

[7] Sic C. *æra Gallia christ.* deest B. SG. et Ch.

[8] Sic. C. *Gallia christ. III,* B. SG. et Ch.

[9] XXVIII, B. SG. et Ch.

XXXVI.

[Laxa Petri de la Gardella, de decima et fevo presbyterali in ecclesia
S. Stephani de Lusde[1].]

6 jun.
circa 1119.

B. p. 55. SG. p. 75.
C. p. 77.

Divinis edocti præceptis, transitoria potius ponere et semper mansura acquirere debemus, ut justi laboris mercedem capientes, in regione vivorum vivere, eorumque gaudiis æternis interesse valeamus. Ego itaque in Dei nomine Petrus de la Gardella, una cum consilio filiorum meorum, Bernardi, Rotberti, Ugonis, salvatori omnium Christo, B. Petro et domino Geraldo, Bellilocensi abbati, et ejusdem loci monachis, pro delictorum meorum remissione[2] et pro animæ meæ omniumque propinquorum salute, dono et absolvo illud rectum sive illam rationem quam in ecclesia S. Stephani de Lusde[3] in præsentiarum possideo, videlicet decimam et decimarium, et fevum presbiterii, et quicquid in jam dicta ecclesia justo vel injusto modo quærere vel calumniare possunt. Contradico autem et omnimodo prohibeo tam præsentibus quam venturis propinquis meis, ne quod benigno animo et spontanea voluntate feci repetant, sed quiete et absque ulla calumnia dimittant. Facta est ista carta mense junio, octavo idus junii, regnante Ludvico, rege Francorum. S. domini Geraldi abbatis et cæterorum fratrum, in quorum præsentia, omni conventu in capitulo astante, hoc donum firmatum est. S. Bernardi de Curamonta. S. Willelmi de Curamonta. S. Bernardi Sancti Sereni. S. Eboli et Bernardi fratris sui de Plas. S. Petri della Gardella, qui hanc cartam jussit fieri, una cum consilio filiorum suorum, Bernardi, Rotberti, Ugonis, et Johannis, sacerdotis ejusdem ecclesiæ. S. Rotberti de Cavanniac.

---

[1] Videsis superius ch. xxxv, in mense septembr. 1118 datam, qua Austorgius episc. Lemov. Belloloco ecclesiam istam donavit.

[2] *Remissione... propinquorum* desunt SG.
[3] *De Luse* SG.

XXXVII.

[Arbitralis sententia de maresio de Fondial.]

Universis præsentes litteras inspecturis, tam præsentibus quam futuris, [notum sit] quod nos Petrus de Sancto Sereno, abbas Bellilocensis, et Gauffredus de Curamonta, prior de Friaco, ex una, et Guillelmus de Sancto Michaele et Guitardus, frater noster, ex alia; cum esset debattum inter nos, prædictas partes, ex eo quia nos dicti de Sancto Michaele, dicebamus tertiam partem indivisam maresis de Fondial, parrochiæ de Cundato[1], Caturcensis diœcesis, jurisdictionis[2] et justitiæ monasterii Bellilocensis, ad nos pertinet, prout metæ lapideæ ibidem appositæ faciunt divisionem mares deux[3] Folcoaux et maresis de Fondial, et confrontantur[4] cum prato del Batut, movente de feudo domini præpositi de Veyrac, itinere intermedio, et cum itinere quo itur de Brancielhas ad fontem Dial et hinc ad molendinum del Sostre, et cum aliquibus metis lapideis, quarum una est a parte de Fondial et nemoris Long, ex alia parte movent a domino priore de Friac; quæ bodulæ faciunt divisionem maresis deux Folcoaux et deux[5] Choulfforns et de Fondial. Et nos prædictus prior de Friac, dicebamus contrarium totum dictum maresium ad nos pertinere. Tandem nos de prædictis debatis compromissimus, et per præsentes componimus atque compromittimus, in dominum Geraldum de Gordonio, abbatem Obasinæ, et nobilem Bernardum Rotbert, dominum de Cavanhaco, pro parte sua. Et nos arbitri, dictum omnis[6] compromissionis suscipientes, et virtute potestatis nobis attributæ, visis omnibus, hinc et inde, arbitramus et per præsentes ordinamus, quod pro omni jure, juste vel injuste, quod ipsi de Sancto Michaele habent et habere po-

10 mai. 1204.

[1] *Cumdato* SG.
[2] *Jurisdictiones et justicia* SG.
[3] *Deux Folcaulx* SG.
[4] *Computatur* B.
[5] *Des Calfource* SG.
[6] *Omne* SG.

terant in dicta tertia parte, idem dominus abbas et prior tradant eisdem de Sancto Michaele viginti quinque francos auri seu eorum valorem, et iidem de Sancto Michaele cum præmissis quittent totum jus, ut dictum est, quod habent in dicto maresio de Fondial. Et nos de Sancto Michaele, per præsentes recognoscimus habere a dicto priore dictam summam viginti francorum auri, et demum nos, partes prædictæ, laudamus præmissa per præsentes, et ad majorem roboris[7] firmitatem, volumus sigillis nostris has præsentes muniri. Datum in domo nostra de Martello dictæ abbatiæ Obasinæ, die decima mensis maii, anno Domini millesimo ducentesimo quarto. Præsentibus Ademaro Folroal, Ademaro de Veyrac, Bertrando de S[to] Amantio et Bernardo de Chammars, monachis dictæ nostræ abbatiæ Obasinæ, et Ugone de Cornilh, Petro Feydit, Stephano de Tudel, testibus.

XXXVIII[1].

[Aitrudis et Stephani filii ejus, donum de capella S. Petri pluribusque in villa Macerias et in Fellinas.]

April. 926.

B. p. 57. SG. p. 77.
C. p. 79.

Sacrosanctæ basilicæ S. Petri Belliloci monasterii. Igitur in Dei nomine Aitrudis[2] femina et filius meus Stephanus, elemosinarii Matfredi[3] quondam defuncti, cedimus res nostras ad monasterium qui vocatur Belluslocus, in honore videlicet Dei et S. Petri, et S. Felicitatis martiris, aliorumque sanctorum, ubi vir venerabilis Rodulfus abbas præesse videtur. Et sunt ipsæ res in valle Exidense, in vicaria Pauliaco[4], in villa quæ dicitur[5] Ad illas Macerias, capella nostra, quæ est

---

[7] *Roboris* deest B.

[1] Ex mss. B. C. et SG.; excerpta apud Chesnium, t. XXII, fol. 88.
[2] *Antrudis* B.
[3] Inferius *Malfredi* et in charta sequenti.
[4] *Pauliaci* (sive *Pauliacense*) Ch.
[5] *Dicitur... nostra* desunt B.

fundata in honorem S. Petri, cum ipsa baccalaria indominicata, cum ipso prato, et cum ipso brolio indominicato, et cum ipso manso qui est de ipsa capella, ipsum mansum ubi Avidus visus est manere, et alium mansum ubi Benjamin visus est manere, et alium mansum ubi Rotbertus visus est manere, et alium mansum ubi Amardus visus est manere, ipsa capella, cum ipsa baccalaria, et cum ipsis mansis supradictis, cum terris cultis et incultis, et cum ipsa plantada, pratis, silvis, aquis aquarumve decursibus, et quantum in ipsa villa visi sumus habere vel possidere, quæsitum et quod adinquirendum est, tam intus villam quam foris villam, totum et ad integrum, Deo salvatori omnium et S. Petro offerimus, pro remedio animæ Matfredi quondam, in stipendiis et usibus monachorum. Similiter in ipsa vicaria, in villa Fellinas, vineam[6] nostram, quam de Rotlendo[7] conquisivimus, cedimus. Et in pago Caturcino, in vicaria Pauliacense, in villa quæ dicitur Capra, capmansionile cum ipsa vinea[8], omnipotenti Deo et S. Petro ea ratione offerimus, ut omni tempore permaneat in usibus ecclesiæ, in luminaribus, et aliis rebus quæ in Dei servitio pertinent, videlicet neque in usibus monachorum sive laicorum nullo modo licentia sit aut abbatis sive alicujus hominis transferre potestatem, sed omni tempore firmiter maneat in usu altaris S. Petri absque ullius hominis contradictione. Ista quoque omnia superius conscripta, ideo firmiter et stabiliter in usibus monachorum offerimus, et neque ullus abbas sive ullus rector hujus ecclesiæ habeat potestatem, neque in beneficio, causa donandi seu concambiandi, sive pro qualicumque modo, subtrahere non valeat; et si hoc fecerit, si ex filiis ejus[9] unus superfuerit, ipsas res in suam revocet potestatem. Sane si quis, nos, immutata voluntate nostra, aut ullus ex heredibus nostris aut propinquis, aut ulla immissa persona, quæ contra cessionem ipsam ullam calumniam generare præsumpserit, non ei liceat vindicare, sed insuper componat tantum et alium tantum quantum ipsa hereditas ullo tempore meliorata valuerit, et quod

---

[6] *Vicariam nostram* SG.
[7] *Rosendo* B.
[8] *Capmansionile... ratione* desunt B.
[9] Ex filiis Stephani hoc interpretandum.

petit non vindicet, sed cessio ista firma et stabilis permaneat cum stipulatione subnixa. Facta est cessio ista in mense aprili, anno III regnante Rodulfo[10] rege. S. Aitrude[11] et filio ejus Stephano, qui cessionem istam fieri vel adfirmare rogaverunt.

XXXIX[1].

[Donum Ugonis Castrinovi et Alpasiæ, de ecclesia Ad Macherias seu Bonavilla.]

An. 1100.

B. p. 59, SG. p.80.
C. p. 82.

Considerandum est, fratres, qualiter sacra canonum auctoritate necnon etiam apostolorum jussione, multis magnisque tempestatis incursibus fatigati, tanquam navis sine remis alto ducta pelago, vitæ brevis articulo degentes, ac inanis gloriæ fautores, cæterorumque omnium totius generis malorum ovantes, sancto revelante Spiritu, sollicitati cibum immarcessibilem prælibare, sive etiam veræ virtutis fructum colligentes, hostis molimentis diaboli abrenuntiantes, sanctæ fidem Trinitatis confitentes[2], pretiosis ac renitentibus margaritis decoratum, bonorum scilicet incrementis, ædificium statuimus, quod absque contagione coram judicis[3] præsentia immaculatum probatumque reperiatur, ut non fragili materia, ligno [et] stipula, mortalium videlicet detrimento operum, fundatum, breviter succendatur. Quare igitur in sanctæ ac divinæ Trinitatis nomine, Castrinovi Ugo[4] et conjux mea, nomine Alpasia, et filii mei, videlicet Gerbertus, Rotbertus, atque Bernardus, cæterique tam filii quam filiæ, mundi fragilitatem mente perscrutantes, atque de Dei misericordia confidentes,

[10] *Rodulfo* Ch.   [11] *Artrudo* B. SG.

[1] Ex mss. B. C. et SG.; excerpta apud Chesnium, tom. XXII, fol. 88. De ecclesia et loco Bonavilla nuncupato, vide infra ch. XL, XLI, XLII et CV.

[2] *Confidentes* B.
[3] Hic locus in mss. B. et SG. corruptus habetur.
[4] *Hugo* B.

quomodo de caducis ad superna, de terrenis ad cœlestia, mortalis labe pulveris exuti, ac multimoda vitiorum[5] sorde, condescendere mereamur, absoluti. Idcirco ex nostræ proprietatis facultatibus, monasterio quod in honorem S. Petri, apostolorum principis, fundatum, Belluslocus vocatur, ubi vir venerabilis Geraldus abbas præesse videtur, ecclesiam quæ priscorum vocabulo Ad Macherias[6] vocabatur, modernorum vero nomine Bonavilla nuncupatur, cum manso qui est de capella, et cum aliis quatuor mansis qui sunt in circuitu (elemosinam quam ei progenitores Aitrudis et filius[7] Stephanus, pro anima Matfredi[8] condecenter obtulerunt), supradictis mansis, cultis et incultis, cum vineis, pratis, silvis, aquis aquarumve decursibus, quantum in ipsa villa visi sumus habere vel possidere, quæsitum aut inquirendum, totum et ad integrum, pro anima patris mei Rotberti, sive etiam pro redemptione parentum nostrorum, ita liberaliter offerimus, quod si quispiam nostrorum seu etiam cujuslibet alterius servitutis vinculo nexus, vel quovis alio crimine nefandissimo a patria segregatus, postquam [*alias : potius quam*] infra metas vel infra villam festinanter [pervenerit], liber semper et immunis permanserit. Interim si aliquis, miles vel cliens aut rusticus, cordis instigante compunctione, aliquid de nostro feodio ibidem largiri voluerit, omni[9] eorum ibi commorantium voluntati explendæ permittimus. Itemque mansum de Bosco, unde quatuor sextarii[10] hordei, porcus, gallinæ debentur absque calumnia, voluntate spontanea concedimus, et alium mansum qui pro sexaginta solidis est in pignore, et boscum cui nomen est de Teillada. Similiter et vestitionem in castro quod vocatur Alla Peiriera, et quicquid Artmandus de Liviniaco, atque Geraldus de[11] Capra, necnon etiam Stephanus Rigaldus, atque ejus frater

[5] *Vitiorum... nostræ* desunt B.
[6] *Macerias* Ch.
[7] *Filii* SG.
[8] *Malfredi* B.
[9] *Omni eorum,* etc. Hæ voces falso positæ fuerant inferius, post verbum *debentur,* in nostris mss. Voces *absque calumnia,* etc. quæ ibi scriptæ erant, post idem verbum *debentur* transposuimus, sicuti indubitate phrasis exigebat.
[10] *Sestaria* SG.
[11] *De Capra.... Geraldus* desunt B.

Geraldus, ibi habere videbantur, absolute concedimus. Quare igitur, ne eorum successoribus dissentio oriretur, quatuor vini sextarios in [12] Augusto et quatuor denarios singulis mutuavimus. Obsecramus [13] igitur ac obtestamur omnes successores nostros, ut hanc [14] nostræ auctoritatis ordinatione[m] ratam [15] et inconvulsam manere permittant; et, ut pleniorem obtineat [16] firmitatem, manu nostra propria subterfirmavimus. Subscriptio Geraldi, Caturcensis episc., anno ab origine mundi $\overline{\text{VI}}^{\text{o}}$ trecentesimo, anno ab Incarnatione Domini millesimo centesimo, indictione VIII, regnante Philippo, rege Francorum.

XL.

[Laxa Imberti de Gardella in Bonavilla.]

An.
1100-1108 [1].

B. p. 60. SG. p. 83.
C. p. 84.

Imbertus de Gardella Deo et S. Petro Belliloci, ubi dominus Geraldus abbas præesse videtur, in loco qui vocatur Bonavilla, delictorum suorum commissa pertimescens, mansum qui vocatur Allmonlar [*forte*: Almontar], totum et ad integrum, pro redemptione animæ, dimisit; et in alio loco, boscum qui nominatur Taillada, similiter dimisit. S. Petri Gardella, avunculi sui. S. fratris sui Vassaldi. S. Ugonis Castrinovi, qui eundem locum ædificavit.

[12] *In Augusto* desunt. B.
[13] *Obsecramur... nostros ut* desunt B.
[14] *In hac... ordinatione* B. et C.
[15] *Ratam et inconvulsam manere* desunt B.
[16] *Obtineunt* falso SG.

[1] Per chartam XXXIX ecclesia de Bonavilla Bellilocensibus jam anno Christi 1100 collata fuerat. Præsens instrumentum paulo post, et sane adhuc regnante Philippo rege, sicuti ch. XLI et CV, factum est.

XLI.

[Petronilla, filia Geraldi de Capra, mansum Allas Mazerias donat ad cellam de Bonavilla[1], duoque molendina Ad Bealz nuncupata.]

Petronilla[2], filia Geraldi de Capra, hujus sæculi fragilitatem considerans, pro anima patris et matris, necnon etiam pro redemptione peccatorum meorum, ad locum qui vocatur Bonavilla, atque domino Geraldo abbati, cæterisque cohabitantibus monachis, dono unum mansum qui vocatur Allas Mazerias [*al.* A la Macheria], quem Geraldus Garinus tenet ita in dominio, quatenus illum censum quem Ugo Castrinovi habebat, impignoravi xxx solidis; hoc sunt quatuor sextaria avenæ, et totum ad integrum, quantum habeo, dimitto et molendinos meos, qui nominantur Ad Bealz[3], terram et omnia quæ ad eum pertinent. Similiter dimitto in Castronovo domos quas Petrus Amelius, senior meus[4], pignoravit de patre meo Geraldo pro xxx solidis. Hoc totum dono supradicto loco, et meum corpus, ubicumque moriar, juxta patrem meum, Geraldum de Capra, sepeliant. Hæc concessio facta est regnante Philippo rege. S. Geraldi Raimundi, marito meo concedente. S. Bernardi, fratris mei de Capra. S. Ugoni de Castrinovi et filios suos[5], Gertberto atque Rotberto, adfirmante. S. Petri monacho[6]. S. Ugoni monacho.

---

[1] Per chartam xxxix anni 1100 ecclesia de Bonavilla Bellilocensibus concessa fuerat. Vide quoque ch. xl, xlii et cv.
[2] *Petravilla* falso B.
[3] *Albeals* SG.
[4] *Meus* deest B.
[5] *Filii sui Gerberti* B.
[6] *Monacho. S.* desunt SG.

XLII.

[Breve de capellania Castrinovi, Bonavillæ cellæ gratia factum¹.]

An.
1100 – 1108.

B. p. 61. SG. p. 84.
C. p. 85.

Oportet unumquemque de terrenis ad cœlestia, de caducis ad semper mansura, transire, ne forte mors improvisa aliquem imparatum inveniat ac sine ullo respectu divinæ pietatis ab hoc sæculo discedentem. Quamobrem ego in Dei nomine Vasaldus² della Gardella, peccatorum delicta pertimescens, cedo aliquid de rebus proprietatis meæ ad monasterium quod vocatur Belluslocus, Deo et S. Petro, monachisque ibidem degentibus, et cellæ eorum Bonavillæ : scilicet medietatem capellanæ Castrinovi, immunem atque liberam, ell capmas³ (*alias* : capnias) de Longavila, ell claus (*alias* : el clans) et mansum della Vaureta, in quo Gerbertus de Bosco dicitur habere sexaginta solidos. Si autem vero judicio et recta ratione eos habere poterit, in loco ipsius mansi relinquo duos mansos a Molsos⁴, donec supradictus mansus liber et absolutus Deo et S. Petro remaneat. S. Ugonis Castrinovi. S. Stephani Rigaldi. S. Geraldi abbatis. S. Vassaldi, qui hanc cartam fieri jussit.

XLIII[1].

[Donum quod fecit Frotarius de villa Fellinas.]

Mai. 887.

B. p. 62. SG. p. 85.
C. P. 86.

Oportet unumquemque de terrenis ad cœlestia et de caducis ad mansura transire, ne mors repentina aliquem improvisum inveniat et

---

[1] De Bonavilla vide supra ch. XXXIX, XL, XLI, et infra CV. De nota chronica videsis ch. XLI not. 1.

[2] In subscriptione *Vassaldus*.

[3] *Et Capinas* corrupte B.

[4] *Avulsos* SG.

---

[1] Ex mss. B. C. et SG.; excerpta apud Chesnium loc. cit. fol. 88.

sine respectu divinæ pietatis ab hoc sæculo discedentem. Quamobrem ego in Christi nomine Frotarius, consideravi amorem cœlestis patriæ, et de Dei misericordia confidens, cedo res proprietatis meæ, pro remedio animæ meæ, et pro anima genitoris mei Frodini et genitricis meæ Ildegardanæ[2], et pro anima fratris mei Matfredi, ad monasterium quod vocatur Belluslocus, in honore SS. Petri et Felicitatis, ubi vir venerabilis Gairulfus abbas præesse videtur; hoc est curtem meam dominicariam, quæ est in pago Caturcino, in valle Exidense, in loco ubi vocabulum est Fellinas, cum ipsa capella quæ est fundata in honorem Dei et S. Mariæ, cum omnibus ad se pertinentibus, et alios mansos : mansum ubi Teofredus manet, mansum ubi Ermenricus manet, mansum ubi Garrandus manet, mansum ubi Magnus manet, mansum ubi Silvanus manet, et alium mansum ubi Adalfredus manet, mansum ubi Deodonus manet. Hæc omnia superius nominata, cum terris, vineis, silvis, pratis, adjacentiis, omnia et ex omnibus, quantumcumque ad ipsas res aspicit aut aspicere videtur, Deo salvatori omnium et S. Petro offero, in stipendiis monachorum, ut post hodiernum diem faciant exinde, jure ecclesiastico, quicquid elegerint. De repetitionibus vero, si ego ipse, immutata voluntate, aut ullus de heredibus meis vel propinquis, vel quælibet immissa persona, quæ contra hanc cessionem ullam litem generare præsumpserit, componat et tantum[3] et duplum tantum quantum ipsæ res melioratæ fuerint, et quod petit non vindicet, sed præsens cessio ista firma et stabilis permaneat cum stipulatione subnixa. Facta est hæc cessio in mense maio, anno tertio Karoli imperatoris[4]. S. Frotarii qui cessionem istam fieri vel adfirmare rogavit. S. Matfredi fratris ejus, consentientis. S. Agino. S. Gisiranni. S. Rotberti. S. Gauzberti. S. Immoni. S. Franconis. S. Galtodi. S. Baldrici. S. Benjamin. S. Adalardi. S. Donadei.

---

[2] *Ildegadanæ* B.
[3] *Duplum tantum* desunt SG.
[4] Carolus Crassus imperium in Italia assumpsit ann. Chr. 881; sed in Galliis a mense decembri anni 884 tantum regnare cœpit.

XLIV[1].

[Breve quod fecit Johannes abbas, de ecclesia de Felinas et villa Columbario.]

18 nov. 928.

B. p. 63. SG. p. 87.
C. p. 88.

Antiquorum sanxit auctoritas et legum decrevit institutio, ut quæcumque persona res proprietatis suæ Deo sive sanctis ejus, pro remedio animæ suæ parentumque suorum, offerre voluerit, per cartam testamenti sive per codicillos, in omnibus potiatur arbitrio. Quamobrem ego in Dei nomine Johannes abbas, cedo aliquid de rebus proprietatis meæ ad locum qui Belluslocus dicitur, qui est fundatus in honorem S. Petri aliorumque sanctorum, ubi ego ipse Johannes abbas illuster rector esse videor, videlicet pro remedio animæ meæ sive domini Radulfi patruelis[2] mei, qui ipsas res mihi condonavit, ut post excessum animæ meæ ante tribunal Christi veniam mereamur adipisci. Et sunt ipsæ res consitæ in vicaria Exitense, in villa quæ dicitur Filinias : hoc est ecclesiam quæ est fundata in honorem sanctæ Dei genitricis Mariæ, cum omnibus ad se pertinentibus, et in ipsa villa mansos VII, cum VI appendiciis; quantumcumque ego ipse ibi visus sum habere vel possidere, et quantum ad ipsos aspicit vel aspicere videtur, totum et ad integrum, Deo salvatori omnium et S. Petro offero, in stipendiis et usibus monachorum, ut post discessum meum ab hoc sæculo, ipsas res in suam rectores ipsius loci, absque ullius hominis contradictione, obtineant dominationem. Et in alia villa quæ dicitur Columbario, quæ est in pago Caturcino, in vicaria[3] Casliacense, mansos ipsos quos ibi visus sum habere, et quantum in ipsa villa habeo vel possideo, omnipotenti Deo, sicut superius datum est,

---

[1] Hanc chartam habes editam apud Baluzium *Hist. Tutel.* col. 323.

[2] *Patruelis* deest SG. Hic Rodulfus defunctus, cujus Johannes abbas filiolus erat, et pro anima cujus iste donationem fecit, idem est Rodulfus qui Bellilocensis abbas fortasse fuerat ab anno 903 usque ad annum 926.

[3] Sic Bal. *Nancupata* pro *in vicaria* B. et SG.

ad integrum totum, firmiter dono. De repetitione vero, quod minime credimus, si ego ipse, immutata voluntate mea, sive ullus ex heredibus meis, seu quælibet ulla immissa persona, qui contra hanc cartam testamenti ullam calumniam generare conatus fuerit, non ei liceat vindicare, sed componat cui litem intulerit tantum et aliud tantum quantum res ipsæ ullo tempore melioratæ esse potuerint, et quod petit non vindicet, sed hæc cessio ista, a me facta, ad præsens et deinceps firma et inconvulsa omni tempore permaneat cum stipulatione subnixa. Factam hanc cartam testamenti, quinto decimo die kalendas decembris[4], anno vero sexto sub rege Francorum Rodulfo regnante. Signum Johannis[5] abbatis, qui hoc testamentum conscribere vel adfirmare rogavit. S. Girberti. S. Rotberti. S. Galfredi. S. Geraldi. S. item Rotberti. S. Guitardi. S. Giberti.

XLV.

[Adalgarius et uxor ejus Aiga ecclesiam S. Michaelis de Beione, pluraque in Veziosaco et in Concellas donant.]

Oportet unumquemque de terrenis ad cœlestia et de caducis ad mansura transire, ne forte mors improvisa aliquem imparatum inveniat aut sine ullo respectu divinæ pietatis ab hoc sæculo discedentem. Quapropter in Christi nomine ego Adalgarius et uxor mea Aiga, consideravimus amorem cœlestis patriæ, et de Dei misericordia confidentes, cedimus res proprietatis nostræ ad monasterium quod vocatur Belluslocus, in honorem videlicet S. Petri et S. Felicitatis aliorumque sanctorum, ubi vir venerabilis Gairulfus abbas præesse videtur, quæ sunt in pago Caturcino, in vicaria Exidense, in loco qui vocatur Beionis, hoc est ecclesia nostra, quæ est dicata in honorem S. Mi-

Jan. 880.

B. p. 64. S.G. p. 89.
C. p. 90.

[4] *Kalendarum decembr.* C. [5] *Rodulfi abbatis* falso B.

chaelis, cum terris cultis et incultis, vineis, adjacentiis, et ad se pertinentibus, vinea nostra indominicata, in ipso loco adhærente, et omnia quæ in ipsa villa visi sumus habere. Similiter et in alio loco, et in eodem pago, et in eadem vicaria, in loco qui dicitur Veziosacus, mansum ubi Domofredus visus est manere, cum omnibus ad se pertinentibus, et in villa Concellas, vineam nostram, quæ habet fines de duabus partibus vias publicas, de alias partes terram Ragambaldi. Similiter, in ipso pago, cundaminam nostram indominicatam, quæ habet fines de duobus lateribus vias publicas, de tertio latere terram Ictori, de quarto vero latere terram Ragambaldi. Hæc omnia superius nominata, Deo salvatori omnium et S. Petro offerimus, in stipendiis et usibus monachorum, ut post hodiernum diem habeant, teneant, possideant, et faciant de ipsis rebus superius scriptis in omnibus quicquid voluerint. Sane si quis, nos ipsi, immutata voluntate nostra, aut ullus de heredibus nostris, qui contra hanc cessionem ullam calumniam generare præsumpserit, inprimis iram Dei omnipotentis incurrat et S. Petri, et ab omnibus Ecclesiæ liminibus[1] extraneus fiat, et insuper componat contra, cui litem intulerit auri libras duas, argenti pondera tria, coactus exsolvat, et sua repetitio nullum obtineat effectum, sed præsens cessio ista firma et stabilis permaneat cum stipulatione subnixa. Facta est hæc cessio in mense januario, anno I regnante Karlamando[2] regi. S. Adalgarii. S. Aigæ[3], uxoris suæ, qui cessionem istam fieri vel adfirmare rogaverunt. S. Rodulfi. S. Unaldi. S. Bernardi. S. Celsini. S. Aviti. S. Doctirici. S. item Rodulfi. S. Archambaldi. S. Andraldi. S. Rainulfi[4]. S. Ermengaudi. S. Andrei[5].

---

[1] *Liminibus* deest B.

[2] *Carolo.* Post quod nomen locus vacuus relictus est. SG. Carlomannus in mense aprili anni 879 regnare cœpit.

[3] *Aygna uxore sua* SG.

[4] *Raynulfi* B.

[5] *Andræi* B.

XLVI[1].

[Laxa Gauzfridi de ecclesia S. Cirici de Bellomonte, et de pluribus in Montilio, Tilio, et Tresgono villa.]

Jul. 878.

B. p. 65. SG. p. 90.
C. p. 91.

Hujus mundi superveniente termino, atque crebrescentibus ejus ruinis, impellente jam senio, unumquemque Christi fidelium sollicite oportet pro suæ animæ salute vigilare, et Dei misericordiam exorare, et de rebus caducis atque transitoriis sibi a Deo collatis ipsum bonorum omnium largitorem heredem facere, ne forte sine fructu divini operis ab hoc sæculo decedat. Quamobrem ego in Christi nomine Gauzfridus, filius quondam Gotafridi comitis[2], consentientibus Gerberga[3] matre mea[4], et Gotafrido[5] fratre meo, pro remedio animæ meæ, et animarum patris mei et matris meæ et fratrum meorum, cedo res proprietatis meæ, quæ sunt in pago Caturcino, in centena Exidense, in loco qui[6] vocatur Bellusmons, ecclesiam meam, quæ est in honorem S. Cirici dicata[7], cum mansis : mansum[8] ubi Radaldus manet, mansum ubi Gerbertus manet, mansum[9] ubi Benedictus manet, mansum ubi Benjamin manet, et alios mansos absos tres. Et in alio loco qui vocatur Bain, mansos meos : mansum ubi Odolricus manet, mansum ubi Landricus manet, mansum ubi Elibertus manet, mansum ubi Aimeradus manet, mansum ubi Gerbrannus[10] manet, et quantum ibi mea cernitur esse possessio. Et in alio loco, Ad illam Rocam, mansum ubi Ludrannus[11] manet, mansum ubi Guinabertus[12]

---

[1] Ex mss. B. C. et SG. et apographo v. cl. Chesnii, inter schedas ejusdem eruditi, t. XXII, fol. 95.

[2] Godafredus iste Turennensis comes et S. Rodulfi frater fuit.

[3] *Gerbeta* B.

[4] *Mea* SG.

[5] *Godafrido* B. Chesnius in margine notavit : forte *Radulfo*, id est pro *Godafredo*.

[6] *In loco* desunt SG. *quæ* pro *qui*.

[7] *Dicata* deest SG. et Ch.

[8] *Mansum* et sequentia usque ad *similiter* desunt Ch.

[9] *Ubi Benedictus* desunt SG.

[10] *Gerbanus* SG.

[11] *Ludrannus* B.

[12] *Gumabertus* Ch. et SG. inferius *Gunabertus*.

manet, et omnia quæ ibi aspiciunt. Similiter in alio loco, in villa Montilio, mansum ubi Gatmirus[13] manet, et quantum ibi habere videor. Et in alio loco qui vocatur Tresgonus, cum ipsa silva, et quantum ibi mea cernitur esse possessio. Similiter in alio loco qui vocatur Tilius, mansum ubi Geraldus visus est manere, cum terris[14], silvis, molendinis, et omnibus ad se pertinentibus. Et in alio loco qui vocatur Soliolus, mansum ubi Adalricus manet, mansum ubi Bartholomeus manet, mansum ubi Benedictus manet, mansum ubi Teodradus manet. De mancipiis his nominibus : Benedictus et uxor sua cum filia una, Benjamin et uxor sua cum filio, Gerbertus[15] et uxor sua, uxor Odolrici, nomine Anneldis, cum infantibus tribus, Landricus et uxor sua cum filia una, uxor Aliberti, nomine Benedicta, cum infantibus suis, infantes Eimerici tres, Dominicus et uxor sua cum infantibus, infantes Gunaberti tres. Hæc omnia superius nominata, cum domibus, ædificiis, pomiferis, vineis, pratis, silvis, adjacentiis, terris cultis et incultis, pascuis, aquis aquarumve decursibus, molendinis, quæsitis et adinquirendis, mancipiis supranominatis, et quantumcumque ad ipsa loca pertinet et mea cernitur esse possessio, totum et ad integrum, a die præsenti, libera mente promptaque voluntate, Deo salvatori omnium et S. Petro et aliis sanctis ibidem quiescentibus, ad monasterium qui vocatur Belluslocus, novo opere constructum, ubi vir venerabilis Gairulfus abbas præesse videtur, devotus offero, in stipendiis et usibus monachorum in venturis generationibus, ut faciant exinde, jure ecclesiastico, quicquid elegerint; ea quidem ratione ut nullus rector de ipsis rebus aliquid in precaria aut beneficio minuere possit; et, si hoc fecerit, proprii heredes mei in suam faciant revocare potestatem. Deinceps, quod futurum esse minime credo, si ego ipse, quod absit, immutata voluntate mea, aut aliquis de heredibus vel propinquis meis, seu quælibet immissa persona, qui contra hoc testamentum, quod ego Deo offero, aliquam calumniam seu litem generare præsumpserit, inprimis iram

[13] *Gatinirus* SG. — [14] *Cum terris* et sequentia usque ad *hæc omnia* desunt Ch. — [15] *Gubertus* B.

Dei omnipotentis incurrat et sanctorum ejus, a liminibus præsentis Ecclesiæ alienus, et ab æterna separatus, et cum Datan et Abiron et eis qui in seditione Chore perierunt, æternis pœnis sociandus. Insuper ut[16] temporalia damna experiatur, cogente fisco, auri libras xxx, argenti pondera lx, coactus exsolvat, et quod male petit vindicare non valeat, sed præsens hujus testamenti cessio inconvulsa permaneat cum stipulatione subnixa. Factam hujus testamenti cessionem in mense julio, anno 1° quo Karolus imperator migravit a sæculo[17]. Signum Gozfrido[18], qui cessionem istam fieri vel adfirmare rogavit. S. Gerbergane[19] matre ejus, consentiente. S. Godefrido fratre ejus, similiter consentiente. S. Adalelmi[20]. S. Bonifacii. S. Amardi[21]. S. Giseranni. S. Aldebaldi. S. Aifridi[22]. S. Bladini. S. Amelii. S. Aganoni. S. Andraldi. S. Edradi.

XLVII[1].

[Notitia placiti et duelli per campiones habiti ante Regimundum comitem, de ecclesia S. Medardi de Prisca.]

Notitia gurpitionis vel consignationis in eorum præsentia, qui ibidem adfuerunt, vel ante Regimundum comitem[2], vel ante alios nobilissimos

13 jul. 960.

B. p. 68. SG. p. 94.
C. p. 95.

[16] *Ut temporalia damna experiantur* desunt SG. et B.

[17] *Sæculo, scilicet anno 877*, B. quæ in cæteris absunt et ab amanuensi addita fuisse videntur.

[18] Sic B. *Golfridi* Ch. *Gotfradus* SG.

[19] *Gerberganæ* B.

[20] *Adalmi* B.

[21] *Ainardi* Ch.

[22] *Afridi* B. *Aldebaldi* cæterorumque nomina desunt Ch.

[1] Ex mss. B. C. SG. et apographo Chesniano loc. cit. fol. 90. Edita fuit hæc notitia a D. Dachery, *Spicil.* t. XIII, p. 268; Justell. *Hist. geneal. Turenn.* pr. p. 13;
D. Vaissète, *Hist. Occitan.* t. II, pr. col. 103; D. Bouq. t. IX, p. 729.

[2] Raymundus iste, primus nomine, comes fuit Ruthenicus et, pro parte, Catur-

viros, qui hanc notitiam subterfirmaverunt, qualiter venientes duo honorabiles viri, Bernardus videlicet et Gerbertus, ad ecclesiam S. Saturnini, die Veneris, III idus julii, ante jam dictum Regimundum comitem et ante alios nobiles viros, interpellabat quisque unus ecclesiam S. Medardi, cum ipsa curte quæ dicitur Prisca, quam Rigaldus, pro remedio animæ suæ parentumque suorum, S. Petro Bellilocensi, in stipendiis et usibus monachorum ibidem servientium, dimiserat post mortem filii sui Geraldi. Illis siquidem inter se contendentibus, judicavit prædictus Regimundus et alii venerabiles et assistentes, ut ipsi duo prætaxati viri vicarios sibi duos eligerent, ad certamen expeditos, quo Dominus manifestare dignetur veritatem hujus rei. Quod ita factum; nam secunda diei hora certantibus usque ad solis occasum, neminem quippe cernerent eorum vincere, judicaverunt memorati Regimundus comes, cæterique ei in circuitu sistentes, cuiquam[3] eorum Bernardi vel Gerberti nihil ad possidendum jure debere habere, in usus usurpare, sed potius Domino omnium creatori et S. Petro Bellilocensi, apostolorum principi, in usibus monachorum inibi desidentium, expendi, cui prædictus Rigaldus, pro remedio animæ suæ, devoverat offerri. Judicaverunt iterum dictus comes, cæteraque[4] ei assistens turba, quod exinde Deo et S. Petro gurpitionem Bernardus et uxor sua Stevena[5], et Gerbertus, facere deberent; quod ita et fecerunt. Facta gurpitio ista in mense julio, anno octavo sub Lotario rege[6]. S. Bernardi et uxoris suæ Stevenanæ, et Gerberti, qui etiam, pro amore Domini et S. Petri, hanc gurpitionem fieri vel adfirmari rogaverunt. Aliis vero nobilibus viris præsentibus actum fuit. S. Regimundi comitis. S. Stephani. S. Ugonis[7]. S. Matfredi. S. Rainulfi. S. Genesim.

censis. False Baluzius de Raymundo Pontio, Tolosano comite, ibi agi putavit. Vide animadversiones nostras ad rubricam *Notes et éclaircissements*, num. VI.

[3] *Quiquam* SG.

[4] *Contra... turba* desunt B.

[5] *Estevena* Ch. deest B. *Stevecia* SG.

[6] Vide animadversiones nostras ad rubricam *Notes et éclaircissements*, ubi supra.

[7] *Hugoni Malfredi* B.

XLVIII[1].

[Donatio Frotardi, Cadurcorum vicecomitis, et Adalberganæ, de plurimis in villa Mercurio, in Lodorio, Floriaco, etc.]

De terrenis igitur et caducis atque transitoriis rebus unumquemque summopere necesse est gaudia æterna mercare, et pro animæ salute vigilantes, de caducis ad mansura tendere, ne forte mors repente improvisum ac imparatum, id est absque aliquo divinæ pietatis respectu ab hoc sæculo discedentem, inveniat, quatenus in æterno examinis judicio æternis perfruatur gaudiis. Quamobrem in Christi nomine ego Frotardus, vicecomes Cadurcorum civitatis, necnon et conjux mea Adalberga, una cum consilio Raimundi[2] comitis, senioris nostri, hujus sæculi fragilitatem considerantes, et de misericordia æterni judicis confidentes, cedimus ad monasterium quod vocatur Belluslocus, in honore videlicet principis apostolorum Petri, et Felicitatis martiris, atque Ursini confessoris, aliorumque sanctorum, ubi vir venerabilis Johannes abbas præesse dignoscitur, pro animabus scilicet nostris seu et pro anima Odolrici patris mei, et pro salute Beledrudi genitricis meæ, hoc est mansos nostros tres, qui sunt in comitatu Caturcino, in vicaria Casiliacense[3], in villa cui vocabulum est Mercurio, cum omnibus ad se pertinentibus, et ipsam ecclesiam quæ est fundata in honorem S. Juliani martiris, cum ipso jure ecclesiastico quod ad ipsam pertinet. Item in alio loco, in ipsa vicaria, ipso jure ecclesiastico, in villa Lodorio, mansum unum, cum ipsis vineis et ipsis terris quas a præsenti tempore ibi comparavi, et quantumcumque ullo tempore ibi visus fuerim acquirere, ad ipsum monaste-

Mart. 932.

B. p. 69. SG. p. 98.
C. p. 97.

---

[1] Ex mss. B. C. SG. et apographo Chesnii, loco citato, fol. 98. Editum hoc instrumentum invenies apud Justell. *Hist. genealog. Turenn.* pr. p. 8. Baluz. *Histor. Tutel.* col. 355. Fragmenta exstant apud D. Vaissète, *Hist. Occitan.* t. II, pr. col. 68.

[2] Raymundus iste, tertius nomine, Pontius cognomine, Tolosanus et Caturcensis comes fuit.

[3] *Casliacense* D. Vaiss. et C.

rium, post discessum meum a sæculo, in omnibus firmiter transfundo. Et in alia villa, quæ Anglos dicitur, mansum meum, cum ipso porto qui ad ipsum pertinet. Et in prædio Flóriaco, mansos tres, cum omnibus quæ ad ipsos aspicere videntur, cum ipsa ecclesia quæ in honorem S. Sosii dedicata persistit, et omnia quæ ad ipsum altare videtur esse fundatum. Et in alio loco, in vicaria Alviniaco[4], in villa quæ Monte Mandronense dicitur, mansos IIII, cum omnibus adjacentiis eorum, cum ipsa roca, ipso porto, ad ipsum locum transfundimus. Et ad prædictum monasterium cedimus, in ipso pago, in vicaria Asnago, curtem dominicariam nostram, quæ vocatur Termenosa, mansos decem, cum omnibus quæ ad ipsos pertinent, cum terris cultis et incultis, silvis, pratis, pascuis, molendinis, aquis aquarumve decursibus, et omnibus adjacentiis suis. Et in vico qui vocatur Carendenacus[5], ecclesiam quæ est fundata in honorem S. Saturnini præsulis, et omnia ad se pertinentia, et in superposito loco, mansum qui vocatur Flavinus, cum ipsa capella quæ est sita in honore S. Johannis Baptistæ. Hæc omnia superius nominata sive adscripta, cum terris, vineis, cultis, quæsitis et acquirendis, ad integrum, quantum in prædictis villis superius nominatis visi sumus habere, et quantum in ipsis villis ulloque tempore visi fuerimus acquirere, ad præfatum monasterium, in honore videlicet Dei omnipotentis et sanctorum ipsorum qui ibidem tumulari videntur, pro levatione peccaminum sive pro redemptione animarum nostrarum, offerimus, ad refectionem omnium cœnobitarum ipsius cœnobii degentium; ita tamen ut, quandiu ego ipse Frotardus sive Adalberga conjux mea, superstites in corpore fuerimus, ipsas res jam dictas jure nostro et dominatione omni tempore obtineamus, et ad festivitatem S. Petri, III kal. julii, solidos viginti persolvamus. Postquam autem egressio animarum nostrarum a corporibus nostris jussione Dei advenerit, rectores ipsius loci, tam ipsi quam successores eorum, in venturis generationibus, faciant ex supradictis rebus, jure ecclesiastico, in omnibus quicquid elegerint. Quod

---

[1] *Alvinaco* Ch. et SG.

[2] Sic cuncta mss. *Carendennacus* Bal.

Carennacus Justel. qui, pro more suo, recentem vocem loco antiquioris scripsit.

si vero, fraude aliqua interveniente, vel ullus quislibet abbas sive ullus rector ipsius loci, pro qualicumque occasione donandi seu beneficiendi, ipsas res ab ecclesia Dei abstrahere conatus fuerit, nullam habeat faciendi potestatem, sed unus ex proximioribus ipsius Frotardi qui illo tempore advixerit, ad rectores ipsius loci argenti centum solidos solvat, et omnia superius nominata ad integrum in suam revocet potestatem. Sane, quod futurum esse minime credimus, sed ob infestatione malorum hominum inserere rogamus, si nos ipsi, immutata voluntate, aut ullus de heredibus sive propinquis nostris, seu quælibet opposita persona, huic cessioni aliquam calumniam vel tergiversationem inferre præsumpserit, inprimis iram Dei omnipotentis, cui hæc devote offerimus, ejusque sanctorum incurrat; deinde cui litem intulerit una cum socio fisco auri libras quinque, argenti pondera decem, coactus exsolvat, et sua repetitio nullum obtineat effectum, sed præsens cessio ita firma et inconvulsa permaneat cum stipulatione subnixa. Factam hanc cessionem in mense martio, anno VII [*leg.* VIIII], Rodulfo rege regnante, anno quoque Dominicæ Incarnationis DCCCCXXXII, indictione V[6]. S. Raimundi comitis[7]. S. Frotardi. S. Adalberganæ[8] qui hanc fieri vel corroborari firmiter sanxerunt. S. Ademari[9]. S. Gozberti[10]. S. Geraldi. S. Garini. S. Nicolini[11].

---

[6] Indictio v et annus 932 inter se concordant. Itaque ann. regni Rodulfi VIIII legendum est pro VII. Rodulfus in mense julio anni 923 regnare cœpit. Vide Vaissète, *Histor. Occitan.* II, inter probationes, col. 68.

[7] Tolosani comitis, ut notavimus supra.

[8] Sic Ch. et Bal. *Adalbergane* SG. *Adelberganæ* B.

[9] Ademarus iste ex gente Turennensi, ut conjicimus, fuit oriundus, vicecomes Scalarum necnon Tutelensis cœnobii pastor laicus.

[10] Gozbertus iste ex gente Turennensi, sicut frater Ademarus de quo in nota superiore, oriundus fuit, ut censemus. Vicecomes dictus est a Baluzio *Hist. Tut.* p. 13.

[11] *Nicolini* deest Ch. *Nicolmi* C.

XLIX[1].

[Ademarus, Scalarum vicecomes, plura dona confert monasteriis, Tutelensi scilicet, Bellilocensi, S. Petri de Marcilliaco, nec non S. Salvatoris de Fiaco.]

Circa an. 930.

B. p. 72. SG. p. 100.
C. p. 100.

Mundi termino appropinquante, ruinis crebrescentibus, jam certum tenetur quia iis advenientibus vere mundus urgetur; et si aliquid de rebus nostris loco sanctorum vel eorum servientibus condonare cupimus, aut substantiam pauperibus fuerimus largiti, retributorem Deum ipsum habere non diffidimus, qui dicit in Evangelio : *Date eleemosinam et ecce omnia munda sunt vobis.* Ideo in Dei nomine Ademarus[2], inprimis reddo Deo et S. Martino Tutelæ[3] omnes terras atque ecclesias quas ego teneo in ipsa abbatia, præter ecclesiam quæ est in honore S. Martini, in loco vocato Ad illa Agenna, et viginti mansos quos teneat uxor mea Gauzla, dum vivit, per consensum monachorum; et hoc quod tenet Odolricus fidelis meus de ipsa abbatia, teneat Gausbertus frater meus, in tali ratione ut ipsis monachis teneat manum. Quatuor mansos de Ampulliaco, et plantadam meam quæ est juxta S. Michaelem, et turrem Foliosum[4] cum ipso allodo, et curtem meam Vairacum et Cambonem, cum vinea de Faia[5] et vineis de Celsiaco, teneat uxor mea Gauzla, dum vivit; villam meam Matronam[6], cum ipsa ecclesia, et cum Vitraco, et cum Vogariono[7], et villam meam Longorem, uxor mea teneat dum vivit; post mortem vero ejus, supradictæ villæ et ecclesiæ seu vineæ S. Martino remaneant Tutelæ. S. Petro Belliloci dono curtem Tauriacum, cum ipsa ecclesia, et quod habeo in Molle[8], et terras meas de Bulciaco quæ fuerunt de Vairaco,

---

[1] Hoc instrumentum publici juris Baluzius fecit *Hist. Tutel.* col. 339.

[2] Ademarus, vicecomes Scalarum prope Tutelam, de gente Turennensi oriundus.

[3] *Tutellæ* Justellus loc. cit. p. 15.

[4] *Filiosam* Just. *Foliosam* B.

[5] *Feyga* B. *Taga* SG.

[6] *Mayronam* et paulo post *Vitraco* desunt SG.

[7] *Et cum Vogariono... dum vivit* desunt Bal.

[8] *In Molle* desiderantur SG.

et quantum habeo in Gintraco et in Salle, quod de Sigiberto sacerdote conquisivi, et villam meam Maisiracum, et in Laurestanicas[9], mansum meum ubi manet Adalrandus. Curtem meam Madriniacum [10], et Padriacum, cum ipsis ecclesiis et quantum ibi aspicit, excepto Vernias quæ sunt S. Petro Marcilliaco, et Mespelium[11], et Cassanias, Bernardus filius meus teneat; post mortem vero ejus, Madriniacus et Païracus remaneant S. Martino Tutelæ; Mespelium vero S. Petro Marciliaco remaneat; Cassanias vero S. Salvatori Fiaco[12] remaneat. Hoc de hereditate mea quod superius scriptum non habeo, inquirant elemosinarii mei, et vendant et dent pretium pro anima mea et pro anima patris mei et matris meæ et uxoris meæ Gauzlæ. S. Ademari et uxoris ejus Gauslæ, qui hanc brevem cartam scribere et adfirmare rogavit. S. Gausberti. S. Bosonis. S. Gauzleni. S. Ucberti[13]. S. Odolrici. S. Warrini[14]. S. Gausfredi. S. Guidonis.

L[1].

Breve memoriale quod fecerunt Geraldus et Adalgerius abbates[2] in vitas suas, qualiter tenuerunt honorem B. Petri inter se in venturis generationibus.

Inprimis quales ecclesias tenuerunt monachi in suo dominio, vel quales vicarios. Ecclesiam vero de Favars, cum centum mansis; curtem

Circa an. 971.

B. p. 73. SG. p. 101.
C. p. 102.

[9] *Lautestangas* Bal. Corruptum nomen apud B.
[10] *In Aduniacum* SG. *In Adumacum* B.
[11] *Mespolum* B. et SG. ibi et inferius *Nespolium* Just.

[12] *Frato* corrupte SG.
[13] *Geberto* B. *Goberti* Just.
[14] *Vuarino* SG. Cætera desunt Bal. et Just.

[1] Ex mss. B. C. et SG. et apographo Chesnii, t. XXII, fol. 93.

[2] Coabbates isti cœnobium rexerunt simul certe in anno 971 et forte usque ad

vero de Agiraco, cum ipsos vicarios; curtem vero de Bellomonte, cum illos vicarios; curtem vero de Biarcis, cum ipsos vicarios; curtem vero de Cundato³, cum ipsos vicarios; ecclesiam vero S. Pardulfi, cum xv mansis et judice; curtem vero de Matriniaco cum LX mansis, obedientiam de Podios sive de Columbario, cum XL mansis; curtem vero de Rundenario, cum XXX mansis; hos imponimus ad cellerarios, ad claustra ornanda. Fluvium vero Dornoniæ, de ipso loco ubi vocabulum est Nigro Gurgite⁴, usque ad ecclesiam S. Martialis de Tauriaco, cunctos portus et cunctas paxerias quæ ibidem sunt vel fuerint, in dominio⁵ ad monachos cedimus. De istis vero curtibus in unaquaque unum receptum teneat abbas, in tali convenientia ut nullum non det⁶ ad hominem laicum, et si fecerit quomodo [*leg.* quocumque modo], monachi in suo revocent dominio. In istis vero curtibus servos vicarios debemus imponere, ut fideliter exigant servitia⁷ dominis suis. Omnes istos servos eligimus ex Limovicino, de curte de Camairaco. Inprimis in curte de Favars eligimus⁸ judicem servum, nomine Johannem. In curte⁹ vero de Agiraco imponimus judicem servum, nomine Imonem¹⁰. In Bellomonte judicem servum, nomine Ugonem. In Biarcis judicem servum, nomine Amardum. In Cundato eligimus judicem servum, nomine Folcherium. In Podios eligimus judicem servum, nomine Unaldum. In Mairiniaco¹¹ ponimus judicem, nomine Rainaldum. In Rundenario eligimus judicem servum, nomine Rotgerium. Et sic per omnes curtes¹² sive villas imponimus judices servos, in tali convenientia, ut nullus ex illis neque de posteris eorum efficiatur miles, neque ullus portet scutum¹³, neque spadam, neque ulla arma, nisi tantum lanceam et unum speronum; non habeant vestem scis-

ann. 974. Geraldus prius ann. 970 coabbatem habuerat nomine Adalgisem, qui idem videtur esse qui ibi Adalgarius nuncupatur.

³ *Condato* SG.
⁴ Sic C. *Nigrogarsite* SG. *Nigrogarsitte* B.
⁵ *Domino* B. et SG.
⁶ *Non et* Ch. et SG. sed false.
⁷ *Servitium* B.
⁸ *Eligimus* ibi et infra Ch.
⁹ *In curte de Agiraco* desunt B.
¹⁰ *Yvonem* SG.
¹¹ *Maryniaco* B.
¹² *Et* pro *sive* B.
¹³ *Excutum* Ch.

sam[14] de antea et de retro[15], sed tantum clausæ fiant. Vectigalia non exigant quandiu fideles permanserint. Si infideles reperti fuerint, perdant totum, et ad servitutem revertant. In unaquaque villa cedimus eis unum mansum, et in unoquoque manso de tota vicaria sua[16], damus eis quatuor denarios, et unam gallinam, et tertiam partem de omnibus placitis et de vestitionibus similiter. Propter hoc jurent fidelitatem super altare B. Petri, in præsentia[17] abbatis, et monachis qui obedientiales fuerint illis diebus. Si ullus ex illis obierit, honor ejus S. Petro remaneat, et monachi, seniores sui, eum honorabiliter sepeliant; si filios legitimos habuerint[18], major honorem totum teneat; post suum decessum secundus honorem teneat, et sic usque ad ultimum. Et si ullus ex illis obierit[19], centum solidos successor qui post eum venerit[20], ad monachos det[21], et fidelitatem faciat. Et sic in venturis generationibus.

LI.

[Donatio Guigonis et Avanæ, de ecclesia S. Boniti necnon de villa Lacu[1].]

Oportet unumquemque de terrenis ad cœlestia et de caducis ad mansura transire, ne forte mors improvisa aliquem imparatum inveniat et sine ullo respectu divinæ pietatis ab hoc sæculo discedentem. Quapropter ego in Christi nomine Guigo[2] et uxor mea Ava, cedimus

Mart. 868.

B. p. 74. SG. p. 10b.
C. p. 105.

[14] Sic Ch. et Cangius in fragmentis Glossario insertis v° *Vicarius. Vestes scissas* B. et SG. *Veste scissa* C.
[15] Sic C. *Antea ut rector* Ch. *Antea et retro* Cangius. *Scissas ut antea* B.
[16] *Sua* deest SG.
[17] *Prudentia* C.
[18] *Habuerint* B. et SG.
[19] Sic C. et Ch. *Abierit* B. et SG.
[20] Sic Ch. *voluerit* B., SG. et Cangius.
[21] *Dei* pro *det* B.

[1] Vide inferius, in charta CLXXIII, notitiam traditionis de eadem ecclesia.
[2] *Hugo et Avana* SG.

res proprietatis nostræ ad monasterium quod vocatur Belluslocus, in honorem videlicet S. Petri et S. Felicitatis aliorumque sanctorum, ubi vir venerabilis Gairulfus abbas præesse videtur; hoc est ecclesiam nostram, quæ est fundata in honorem S. Boniti, cum omnibus ad se pertinentibus; similiter villam nostram, quæ vocatur Lacus [*alias:* Locus[3]], quæ sunt in pago Arvernico, in vicaria Salense[4]. Hæc omnia superius nominata, cum omnibus ad se pertinentibus, quantum nostra cernitur esse possessio, pro remedio animæ meæ et animæ uxoris meæ Avanæ, et pro genitore meo Frodino et pro genitrice mea Volusiana, et pro anima fratris mei, Ebrardi et Arnaldi, et pro filio meo Ebrardo, Deo salvatori omnium offero, in stipendiis et usibus monachorum, ut post hodiernum diem teneant, possideant, et faciant de ipsis rebus quicquid voluerint, et de jure nostro in jus et dominationem eorum tradimus atque transfundimus, ad habendum vel possidendum in omnibus quicquid facere voluerint; ea quidem ratione ut, dum ego vivo, usufructuario teneam, ita ut, annis singulis, ad festivitatem S. Petri, libram unam de cera persolvere faciam; et, si de ipso censu negligens apparuero, secundum legem emendare faciam; post meum quoque decessum, quando Dominus voluerit, rectores ejusdem in suam faciant revocare potestatem. Sane si quis, nos ipsi, immutate voluntate, aut ullus de heredibus nostris, vel ulla immissa persona, qui contra hanc cessionem insultare præsumpserit, inprimis[5] iram Dei omnipotentis incurrat, et S. Petro deinde componat tantum quantum ipsæ res omnique tempore meliorari valuerint, et quod petit non vindicet, sed præsens cessio ista firma et stabilis permaneat cum stipulatione subnixa. Facta cessio ista in mense martio, anno secundo Ludovici[6] regis. S. Guigonis qui cessionem istam fieri et adfirmare rogavit. S. Avanæ[7] uxoris ejus, quæ hoc consensit. S. Ebrardo

---

[3] *Lacus* in charta traditionis CLXXIII.
[4] *Salence* B.
[5] *In primis... præsumpserit* desunt B.
[6] Ludovicus iste fuit Balbus cognominatus. Hæc nota chronica referenda est ad annum secundum Ludovici in Aquitania, ubi regnare cœpit anno Christi 866. Vide supra ch. III et infra ch. CLIII et CLXVIII.
[7] *Annæ* B.

filio ejus. S. Adaraldo[8]. S. Archamberto. S. Baldrico. S. Ingilramno. S. Astario. S. Amalfredo. S. Arnaldo. S. Isimbardo[9].

LII.

[Donum Calstoni et Adalgudis, de ecclesia S. Juliani, pluribusque in Vernogelo et Segonciaço villa.]

Oportet unumquemque de terrenis ad cœlestia et de caducis ad mansura transire, ne forte mors improvisa aliquem imparatum inveniat et sine ullo respectu divinæ pietatis ab hoc sæculo discedentem. Quamobrem nos in Christi nomine, Calstus et uxor mea Adalgudis, considerantes fragilitatem hujus sæculi et de Dei misericordia confidentes, cedimus res proprietatis nostræ ad monasterium quod vocatur Belluslocus, in honore videlicet S. Petri et S. Felicitatis aliorumque sanctorum, ubi vir venerabilis Rainulfus[1] abbas præesse videtur: hoc est ecclesiam nostram, quæ est dedicata in honorem S. Juliani martiris, cum ipsa bacallaria, et mansis ad ipsam ecclesiam pertinentibus: mansum ubi Arlaldus visus est manere, et alium mansum absum, et alium mansum ubi Germanus visus est manere. Similiter in alio loco, in vicaria Exidense, in villa Vernogelo, mansum ubi Adalbertus visus est manere, cum ipsa vinea. Et in alio loco, vineam nostram, quæ dicitur Ad illa Brucia[2], quæ habet fines de duabus partibus vineas Calstoni, de aliis duabus partibus terram S. Stephani. Similiter, in ipsa vicaria, in valle Altorense, in villa Segonciaco [*alias:* Sogonciaco], in loco qui dicitur Neocioni, habet fines una vinea, de tribus partibus terras vel vineas Calstoni, de quarto vero latere vineam Geraldi. Et aliam vineam, in ipso loco, quæ habet fines, de uno latere vineam Cals-

April. 895.

B. p. 76. SG. p. 105.
C. p. 107.

[8] *Adalardi. S. Archambert.* SG.   [9] *Isumbardo* SG.

[1] *Gairulfus* SG.   [2] *Bruncia* B.

toni, de alio latere vineam Adalberti, de tertio latere vineam Geribaldi, quarto vero latere viam publicam. Cedimus etiam casam nostram dominicariam, cum ipsa bacallaria, cum pratis, silvis, molendinis, adjacentiis, et quantum in ipsa villa visi sumus habere vel possidere. Ipsas res jam superius dictas, quæ sunt in pago Limovicino, in vicaria Rofiacense sive Exidense, omnia et ex omnibus, Deo salvatori omnium et S. Petro offerimus, in stipendiis et usibus monachorum, ut post hodiernum diem habeant, teneant, possideant, et faciant de ipsis rebus superius scriptis quicquid elegerint. Sane si quis, nos ipsi, immutata voluntate nostra, aut ullus de heredibus nostris, qui contra cessionem istam ullam calumniam generare conatus fuerit, inprimis iram Dei omnipotentis et S. Petri incurrat, et deinde cui litem intulerit componat, auri libras duas, argenti pondera tria, coactus exsolvat, et quod petit non vindicet, sed præsens cessio ista firma vel stabilis permaneat cum stipulatione subnixa. Factam hanc cessionem in mense aprili, anno octavo regnante Odone rege. S. Calstoni. S. Adalgudis uxoris ejus, qui cessionem istam fieri vel adfirmari rogaverunt[3]. S. Celsoni S. Ebraldi. S. Bernardi. S. Remigi. S. Rotberti. S. David.

LIII.

[Rotberti laxa de ecclesia de Campo.]

Jul. 940.

B. p. 77. SG. p. 107.
C. p. 109.

Cum universaliter per orbem lex circumquaque diffusa esse videtur, auctores legis firmiter sanxerunt ut quæcumque persona res proprietatis suæ omnipotenti Deo condonare voluerit, per cartam testamenti libero in omnibus potiatur arbitrio. Quamobrem ego in Dei nomine Rotbertus, cedo aliquid de rebus proprietatis meæ ad monasterium quod Belluslocus dicitur, quod est fundatum in

---

[3] *Rogaverit* B.

MONASTERII DE BELLOLOCO.

honorem videlicet Dei et S. Petri, apostolorum principis, aliorumque sanctorum plurimorum, ubi vir strenuus Boso episcopus[1] abbas præesse videtur : hoc est curtem meam, quæ est in orbe Lemovicino, in vicaria Vertedense, in villa cui vocabulum est Campus, cum ipsa ecclesia quæ est fundata in honorem S. Petri sanctissimæque Mariæ virginis et S. Joannis, cum integritate sua et omnibus ad se pertinentibus : mansum ubi Gotrandus visus est manere, et alium mansum ubi Dado visus est manere, et alium mansum ubi Rainaldus visus est manere, et alium mansum ubi Guibertus[2] visus est manere, et alium mansum ubi Arnaldus[3] visus est manere, et alium mansum ubi Umbertus visus est manere, et alium mansum ubi Ermenfredus visus est manere, et quantum ad ipsos mansos aspicit aut aspicere videtur, totum et ad integrum, Deo salvatori omnium offero, in stipendiis et usibus monachorum, ut post hodiernum diem teneant, habeant, possideant, et faciant quicquid voluerint, nullo contradicente. Sane si quis, ego ipse, aut ullus de heredibus meis, vel ulla immissa persona, quæ contra hanc cessionem ullam calumniam generare præsumserit conatusve fuerit, inprimis iram Dei omnipotentis incurrat et sanctorum ejus, et cum Satana in inferno inferiore pœnam sustineat, et insuper componat ei cui litem intulerit auri libras decem, talenta argenti viginti, et quod petit non vindicet, sed cessio ista firma et stabilis permaneat cum stipulatione subnixa. Facta est hæc cessio in mense julio, anno V[4] regnante Lodovico[5] rege. S. Rotberti qui cessionem istam fieri vel adfirmari rogavit. S. Radrandi. S. Gotbrandi, S. Ramnulfi[6]. S. Stephani. S. Guarnaldi[7].

[1] *Præsens* pro *episcopus* SG.
[2] *Gimbertus* B.
[3] *Arnaldus* deest B.
[4] *Quarto* B. et SG.
[5] Transmarino cognomento.
[6] *Rainulfi* SG.
[7] *Garnaldi* SG.

LIV.

[Dacconis et Adalsindæ laxa de ecclesia S. Mariæ in villa Vallis.]

Oportet unumquemque de terrenis ad cœlestia tendere et pro animæ salute vigilare, ut mors improvisa aliquem imparatum non inveniat. Quamobrem ego in Dei nomine Dacco et uxor mea Adalsinda, hujus sæculi fragilitatem considerantes, ac de pietate Domini confidentes, cedimus, pro animarum nostrarum remedio, ut ante tribunal Christi veniam mereamur adipisci, monachis qui monasterium construunt in urbe Limovicino, in vicaria Asnacense, super fluvium Dornoniæ[1], in loco qui dicitur Belluslocus, in honorem videlicet principis apostolorum Petri, Felicitatis, aliorumque sanctorum, ubi vir venerabilis Gairulfus abbas præesse videtur[2] : hoc est ecclesiam nostram, quæ est constructa in honorem S. Mariæ, in prædicto orbe et in prædicta vicaria, in villa quæ dicitur Vallis[3], et in loco qui dicitur Ad illo Panteo[4], et quantumcumque ad ipsam ecclesiam de vineis sive de campis pertinet, necnon et mansum unum in eadem villa, ubi Sigo visus fuit manere; habet fines ipse mansus, de fronte superiore viam publicam, et de subteriore per illam rocam vel terram S. Stephani, de tertio latere terram Fulcradi, de quarto latere per illam semitam sive per illo termino. Cedimus quoque similiter, in Illa Campania, campum unum qui fines habet, de uno latere terram Geraldi[5], de alio latere per illo ducto, de tertio latere terram Bladini et Ildoini, de quarto latere viam publicam; et in alio loco, vineam nostram, quæ ad ipsam ecclesiam aspicit, et habet fines de latere superiori terram S. Petri, de subteriori terram David, de

---

[1] *Dordoniæ* SG.
[2] *Dicitur* B.
[3] *Vallus* B.
[4] *A villo Panteo* SG.
[5] *Geraldi... terram* desunt B.

tertio vineam Fulcradi, de quarto vineam Ildirici. Hæc omnia supradicta totum et ad integrum, quæsita et acquirenda, ad ipsam ecclesiam cedimus, et cum ipsa ecclesia, ad jam dictos cedimus monachos, tradimus atque transfundimus ad habendum jure ecclesiastico, ut faciant exinde tam prædicti monachi quam successores eorum, in venturis generationibus, quicquid elegerint. Et, quod futurum esse minime credimus, si quis, nos ipsi, immutata voluntate, aut ullus de heredibus nostris, seu quælibet opposita persona, qui contra hanc cessionem, quam prompta voluntate Deo offerimus, ambire aut litem generare præsumpserit, primo iram Dei et sanctorum ejus incurrat; deinde parti[6] cui litem intulerit, sociante fisco, auri libram unam, argenti pondera duo, coactus exsolvat, et sua repetitio nullum obtineat effectum, sed præsens cessio ista inconvulsa permaneat cum stipulatione subnixa. Facta est cessio in mense augusto, anno sexto Karoli minoris regis[7]. S. Dacconis et uxoris suæ Adalsindæ, qui hanc cessionem fieri et adfirmari rogaverunt. S. Ausberti. S. David[8]. S. Degni. S. Fulcradi. S. Radulfi. S. Dacberti.

LV[1].

[Donum quod fecit Ermenricus, de curte Diniaco, de Castellucio castro, necnon pluribus in Culfurno.]

Appropinquante mundi senio et sese ad occasum impellente, oportet de transitoriis rebus vitam æternam mercare, et pium retributorem Dominum de ipsis suis rebus heredem habere, ut ante tribunal

Mai. 885.

B. p. 80. SG. p. 110.
C. p. 113.

[6] *Parti* deest B.
[7] *Junioris* SG. Carolus iste, filius Caroli Calvi, tunc rex Aquitanorum fuit et cœpit regnare circa mensem octobris anni Chr. 855.
[8] *Davidis.* B.

[1] Ex mss. B. C. et SG. Excerpta breviora inter schedas Chesnii, loc. cit. fol. 88.

ipsius veniam adipisci [possimus], ne forte mors repentina aliquem imparatum inveniat. Quapropter in Christi nomine Ermenricus, cedo curtem meam, pro remedio animæ meæ, quæ vocatur Diniacus, quam mihi dominus Karllamandus[2] rex in præcepto confirmavit; quod est in orbe Limovicino, in vicaria Barrense : hoc est mansos duos, cum omnibus appendiciis suis, cum ipso castro quod vocatur Castellucius. In Culfurno [*alias:* Calfurno], mansum unum ubi Radulfus visus est manere, cum omnibus appendiciis suis. Similiter in Penziaco, mansos tres ubi Guntramnus[3] visus est manere, et alium mansum ubi Diutfredus visus est manere, et alium mansum ubi Gaufredus manet, et alium mansum ubi Guarnaldus[4] visus est manere; ipsos mansos in integrum. Similiter in Riniaco, mansos quatuor : mansum ubi Magrafredus visus est manere, mansum ubi Aunbaldus manet cum ipso servo, mansum ubi Adalradus[5] manet, Gerberga cum infantibus suis, Adalberga cum infantibus suis, quantum ad ipsam villam aspicit, in integrum vobis cedo. Similiter mansum ubi Benedictus visus est manere, et in Quadris mansum ubi Ragambaldus et uxor sua Ratberga, et Matfredi[6] visi sunt manere, ipsum mansum in integrum. Similiter in Crispinianicas, mansum ubi Benedictus visus est manere; et in Quadris, mansum ubi Ragabaldus et uxor sua Rotberga et Monfredus visi sunt manere; ipso manso in integrum. Similiter in Patriciago[7], mansos tres: mansum ubi Aldramnus[8] manet, et alium mansum absum ad ipsos mansos pertinentem; ipsos mansos in integrum. Et in Rufiagucio[9], mansum unum in integrum. Et in Sanciago, mansum ubi Leofrandus visus est manere. Et alium mansum in Mercario[10], abso. Et in Matriniaco, mansum ubi Ingelrannus visus est manere. Et alium mansum qui dicitur in Fellinos, abso. Et alium mansum in villa Valle, ubi Archambertus visus est manere. Et alium mansum in loco qui

[2] *Carlamandus* Ch.
[3] *Guntranus* B.
[4] *Gamaldus* B.
[5] *Adrabardus* B.
[6] *Malfredi* SG.
[7] *Patrurago* B.
[8] *Aldravinus* SG.
[9] *Rufragutio* SG.
[10] *Nubcario* B. *Mercurio* SG.

dicitur Jovis[11], mansum ubi Adalbaldus manet. De mancipiis vero ad ipsam curtem pertinentibus sive intermanentibus, fugam lapsis, et unde aliunde transgressi sunt, cedo, pro remedio animæ meæ, ad monasterium quod vocatur Belluslocus, ubi Gairulfus abbas præesse videtur custos, ipsa mancipia in integrum; vobis cedo etiam et mancipia duo, Audberto et Adalbaldo. Ista omnia superius nominata cedo, trado, fero atque transfundo ad ipsam casam, Deo suisque servientibus, ut post hodiernum diem, quicquid exinde facere voluerint, liberam et firmissimam in omnibus habeant potestatem. De repetitionibus vero, si quis, ego ipse, aut ullus de heredibus meis, vel quælibet immissa persona, quæ contra hanc cessionem ullam litem generaverit, inprimis iram Dei omnipotentis incurrat, insuper componat, ad ipsum locum sanctum auri libras duas, argenti pondera quinque, coactus exsolvat, et quod petit non vindicet, sed præsens cessio ista firma permaneat cum stipulatione subnixa. Volo etiam inserere ut, in die anniversarii mei, in ipso loco S. Petro dedicato, de ipsis rebus [quas supra dimisimus], refectionem habeant. Factum hoc testamentum in mense maio, anno primo quo Karlomannus rex migravit a sæculo. S. Ermenrici qui cessionem istam fieri vel adfirmari rogavit. S. Demmontimio. S. Sicbaldi. S. Aimerici. S. Sicardi. S. Audrici. S. Aderbaldi. S. Donadei. S. Gerberti. S. Eldoardi. S. Sicfredi. S. Bernardi. S. Seraphin. S. iterum Donadei.

LVI.

[Laxa Gualfredi et uxoris ejus Elizabet, de Africo et de Stranquillo.]

Sacrosanctæ basilicæ S. Petri Bellilocensis. Nos enim in Christi nomine Gualfredus et uxor mea Elizabet, consideravimus amorem

---

[11] *Jomes* falso SG.

patriæ cœlestis, et de Dei misericordia confidentes, cedimus res proprietatis nostræ ad monasterium supradictum : villam nostram, quæ vocatur Afriacus, cum omnibus ibi adjacentiis, cum ortis, aquis, farinariis, cum servis et ancillis, in tali convenientia ut, quandiu ego Galfredus advivo, usufructuario teneam, et annis singulis et tempore messionis et tempore vindemiæ, inter panem et vinum modium census persolvam, et post mortem meam S. Petro remaneat, nullo contradicente. Et ecclesia de Stranquillo, cum ipsa curte, filio meo Galfredo dimitto, in tali ratione ut, si filium legitimum non habuerit, Guernoni filio meo, fratri suo, remaneat, et post suum dicessum, S. Petro remaneat. Et in ipsa curte Stranquillo cedimus ad supradictum locum, pro filio nostro Guernono, mansum ubi Teotbaldus manet, cum ipso castello, et cum ipsa plantada prope adhærente, et cum ipsa condamina quam de Odolrico conquestavimus, et alium mansum ubi Gualterius manet, et quantumcumque ad ipsos mansos aspicit aut aspicere videtur, totum et ad integrum, Deo et S. Petro cedimus. Ista vero superius nominata, totum et ad integrum, S. Petro dimittimus, in stipendio et usu monachorum, cum silvis, pratis, servis et ancillis. Hæc carta facta est mense novembrio, regnante Rodulfo rege. S. Gualfredi et uxoris suæ Elizabet. S. Gauzberti. S. Bonefacii. S. Agamberti. S. Stephani.

LVII.

[Donum quod fecerunt Rodulfus et uxor ejus Bertlindis in villa Cuncellas.]

Oportet, appropinquante jam mundi senio et ad occasum impellente, de transitoriis et caducis vitam æternam mercare, et pium retributorem Dominum de ipsis suis rebus heredem habere, ut ante tribunal ipsius veniam adipisci possimus, ne forte mors repentina aliquem imparatum inveniat. Quapropter nos in Christi nomine

MONASTERII DE BELLOLOCO.

Rodulfus, filius quondam Adalgarii et Ayganæ, [et] uxor mea Bertlindis, pro amore Dei omnipotentis et remedio animarum nostrarum, et pro animabus patris mei et matris meæ et fratrum meorum, Landrici et Eldegarii, cedimus res proprietatis nostræ, quæ sunt in pago Caturcino, in villa [*leg.* valle] Exidense, et in villa quæ vocatur Cuncellas, hoc est mansos nostros : mansum ubi Ragnibertus[1] manet, mansum[2] ubi Adraldus manet, mansum ubi Bembertus manet, mansum ubi Arnulfus manet; ipsos mansos, cum terris cultis et incultis, quæsitis et adinquirendis, cum vineis, pratis, pomiferis, adjacentiis, pascuis, omnia et ex omnibus, quantumcumque ad ipsos mansos aspicit aut aspicere videtur, tam intus quam foris villam. Hæc omnia superius nominata, Deo salvatori omnium et S. Petro et S. Ursino et S. Felicitati et aliis sanctis quorum reliquiæ hic continentur, ad monasterium quod vocatur Belluslocus, ubi vir venerabilis Gairulfus abbas præesse videtur, et ubi pater meus et mater mea inhumati jacent[3], et ego, Deo propitiante[4], jacere cupio, prompta voluntate et summa devotione, in stipendiis et usibus monachorum, de jure nostro et potestate nostrorum tradimus, ita ut ab hodierno die, tam ipsi quam successores eorum faciant exinde, jure ecclesiastico, quicquid elegerint; ea quidem ratione volumus ut, si quis rector, aut ulla justa aut injusta potestas, ipsas res in aliorum usus, nisi in stipendiis et usibus monachorum et luminaribus ecclesiarum, transferre voluerit, propinqui heredes mei in suam habeant revocandi potestatem. De repetitionibus, quod minime credimus, si nos ipsi, immutata voluntate, aut ullus de heredibus seu propinquis nostris, seu quælibet opposita persona, quæ contra hanc cessionem, quam prompta voluntate Deo salvatori omnium et S. Petro offerimus, aliquam calumniam generare præsumpserit, inprimis iram Dei omnipotentis incurrat, deinde sociante fisco, auri libras tres, argenti pondera quinque, coactus exsolvat, et quod petit non vindicet, sed præsens cessio ista

---

[1] *Regambertus* SG.
[2] *Mansum... ubi Bembertus manet* desunt SG.
[3] *Inhumati* deest B.
[4] *Corruptus locus* SG.

firma et stabilis permaneat cum stipulatione subnixa. Factam hanc cessionem ipso die kalendas novembris, anno quarto Karlamandi[5] regis. S. Rodulfi et uxoris ejus Bertlindis[6], qui cessionem istam fieri et adfirmari rogaverunt. S. Deusdet[7]. S. Ratbodi. S. Druetrici[8]. S. iterum Rodulfi. S. Archambaldi. S. Andraldi. S. Saduini[9]. S. Ermenrici. S. Benjamin.

LVIII.

[Laxa Agamberti de pluribus in Montemediano villa.]

Febr. 943.

B. p. 87. SG. p. 116.
C. p. 119.

Oportet unumquemque de terrenis ad coelestia et de caducis ad mansura transire, ne forte mors improvisa aliquem imparatum inveniat ac sine ullo respectu divinæ pietatis ab hoc sæculo discedentem. Quapropter ego in Dei nomine Agambertus, consideravi amorem coelestis patriæ, et de misericordia Dei confidens, cedo res proprietatis meæ, quæ per hereditatem patris mei mihi obvenerunt, ad monasterium quod vocatur Belluslocus, et S. Petrum, apostolorum principem, ubi venerabilis vir[1] Bernardus abbas præesse videtur, hoc est res proprietatis meæ, quæ sunt in orbe Limovicino, in vicaria Asnacense, in loco cui vocabulum est Montemediano: casam meam indominicatam, cum ipso superposito, ubi ego visus sum manere, cum ipsa vinea indominicata, cum ipso prato indominicato, et cum ipso farinario; et in ipso loco, caputmansionile[2] ubi Martinus visus est manere, et aliud ubi Ermenbertus visus est manere, et quantumcumque ad ipsa capudmansionile aspicit aut aspicere videtur, cum

[5] *Carlomanni* B. deest SG.
[6] *Berlindæ* SG.
[7] *S. Deusdet* desunt B.
[8] *Druetridi* B.
[9] *Saduini* B. et C.

[1] *Vir* deest SG.
[2] *Caput mansionale* B.

ipsis vineis, et cum ipsis terris quæ ad ipsa pertinent; et in alio loco, secus ipsam villam prope adhærentem, mansos duos : mansum ubi Bertrandus manet, et alium mansum ubi Aimenradus[3] visus est manere, cum ipsis vineis et cum ipsis terris quæ ad ipsos pertinent, quantumcumque ad ipsos mansos aspicit aut aspicere videtur, totum et ad integrum, ad ipsum locum cedo. Ista vero omnia superius nominata, Deo salvatori omnium et S. Petro offero, in stipendiis monachorum, pro remedio animæ meæ et animæ patris mei et matris meæ, necnon et fratrum meorum, et pro anima Ermengaudi[4] presbiteri, seu etiam filii mei nomine Guazfredi [*inferius :* Gozberti], ea quidem ratione ut, quandiu ego Agambertus[5] advivo, usumfructuarium possideam, et annis singulis, ad festivitatem S. Petri, denarios duodecim in cera de censu persolvam; post meum quoque dicessum, filius meus Gozfredus quoad vixerit, ad obedientiam supradictas res teneat in providentiam Gozfredi[6] præpositi; post suum dicessum, rectores ejusdem loci in suam revocent dominationem, nullo contradicente; et, si ullus abbas aut ullus rector ejusdem loci res supradictas de ipso loco, vel filius meus Gozfredus, alienare voluerit per donationem seu per concambiationem vel in qualicumque modo, inprimis iram Dei omnipotentis incurrat et S. Petri, apostolorum principis, aliorumque sanctorum, et talem sententiam mereatur accipere qualem acceperunt Chore, Datan et Abiron sociique eorum; et aperiat terra os suum et deglutiat eos, et vivi descendant ad infernum, et ad judicium illam terribilem sententiam audiant sibi dicentem Dominum, quod dicit in Evangelio : *Discedite, maligni*[7], *in ignem æternum.* Memores debent esse abbas et monachi qui res monasterii negligenter tractant, Annania et Saphira[8], ne mortem quam illi in corpore pertulerunt, ipsi in anima patiantur. Et qui non habet quod offerat Deo nisi seipsum, hoc quod offertum est non debet dissipare, et si tam ausus fuerit quis ut hoc faciat, filius

---

[3] *Amenradus* B.
[4] *Eringaudi* SG.
[5] *Agamberdus* SG.
[6] *Gasfredi* B.
[7] *Maledicti* SG.
[8] *Anamia et Sophira* B.

meus Gozbertus[9] et consanguineus meus Rotbertus solidos centum super altare S. Petri mittant, ipsas res supradictas in suum recipiant dominium. De repetitione vero, quod minime credimus, si ego ipse, immutata voluntate mea, aut ullus ex heredibus meis sive propinquis, aut ulla immissa persona, quæ contra cessionem istam ullam calumniam generare præsumpserit, non liceat ei vindicare, sed insuper componat, auri libras quinque, argenti pondera decem, coactus exsolvat, et quod petit non vindicet. Præsens cessio ista facta est in mense februario, anno septimo quo Lodovicus rex[10] cœpit regnare. S. Agamberti qui cessionem istam fieri et adfirmari rogavit. S. Gozberti. S. Rotberti. S. Gozleni. S. Baseni. S. Bernardi. S. Ausberti.

LIX.

[Stephanus[1] et uxor ejus Alimburgis, plura in Flesco et Vellavigna concedunt.]

26 april. 913.

B. p. 86. SG. p. 118.
C. p. 121.

Licet enim unicuique personæ de rebus suis cedere vel condonare voluerit, habeat licentiam faciendi, nemine contradicente. Quamobrem igitur ego in Dei nomine Stephanus[2] et uxor mea Alimburgis, et filius meus Ratbodus[3], dono donatumque esse in perpetuum volo monasterio S. Petri[4] et S. Felicitatis aliorumque sanctorum : hoc est mansos meos indominicatos, cum vineis, pratis, silvis, terris et adjacentiis. Dono et in alio loco mansum unum qui dicitur Vellavigna[5], hoc est terras, vinea, pratos, silvas adjacentes. Et sunt ipsi mansi in pago Limovicino, in vicaria Asnacense, et in loco qui vocatur

---

[9] Sic in cunctis mss.

[10] Ludovicus Transmarinus.

[1] Stephanum istum eumdem esse conjicimus qui in charta LXXXIX divisionem rerum suarum fecit, pluraque tribuit filio suo Ratbodo necnon Bellilocensibus.

[2] In subscriptione *Estevenonus*.
[3] *Rotbertus* B.
[4] *S. Petri* desunt SG.
[5] *Villi Vigna* SG. ibi et paulo post.

Flesco[6], et in alio loco Vellavignea. Cum vero sint ipsi mansi terminati vel bodinati, de manibus nostris, ad monasterium S. Petri cedo vel ad rectores ecclesiæ, ut post nostrum decessum teneatis atque possideatis, rectores qui estis in monasterio quod dicitur Belluslocus. Si quis vero fuerit qui contra donationem istam ullam calumniam generare præsumpserit, componat ei quod lex est, et donatio ista firma perdurare oporteat omnique tempore cum stipulatione subnixa. Facta est donatio ista in mense aprili, sexto kalendas maii [*alias :* marci], anno decimo quinto regnante Karolo[7] rege. S. Estevenoni[8] et uxoris suæ Alimburgis[9], et filii sui Ratbodi, qui hanc donationem istam fieri et adfirmari rogaverunt. S. Wineberti[10]. S. Franconi. S. Ymmoni. S. Ademari. S. Ebroini[11].

LX.

[Donatio Baseni et uxoris ejus Elenæ, in Monte, Besario, necnon Beliaco villa.]

Appropinquante vitæ hujus termino, divinis jubemur præceptis indeficientem cibum emere qui æternæ felicitatis careat fame, et fructum quietis mercare, quatenus pabulo divinæ pietatis suffulti perpetuo reficiamur. Ideo nos in Dei nomine Basenus et uxor mea Elena[1],

April. 916.

B. p. 87. SG. p. 170.
C. p. 122.

---

[6] *Flisco* SG.
[7] De Carolo Simplice ibi, ut censemus, agitur : 1° inter duas chartas nostra posita est, quarum præcedens est anni 944 et subsequens anni 916; 2° subsequentis chartæ nota chronica fere nostræ similis est (*anno decimo octavo regnante Karolo rege*); porro sub abbate Rodulfo facta, ad Caroli Simplicis regnum indubitate referenda est; 3° Franco seu Franconus, testis in charta ista anni 916, huic quoque subscripsit.
[8] *Estenevoni* SG.
[9] *Alunburgis* SG.
[10] *Unmeberti* SG.
[11] *Ebronii* B.

---

[1] *Stevena* SG. Chesnius in brevioribus excerptis (t. XXII, fol. 88) primitus *Helena* scripserat, sed correxit et superposuit nomen *Stevena*.

consideravimus amorem cœlestis patriæ, et de Dej misericordia confidentes, cedimus res proprietatis nostræ ad monasterium quod vocatur Belluslocus, in honorem videlicet Dei et S. Felicitatis aliorumque sanctorum constructum, ubi vir venerabilis Rodulfus[2] abbas præesse videtur, hoc est mansum nostrum, qui est in pago Caturcino, in valle Exidense, in loco ubi vocabulum est Monte, ipsum mansum ubi Gualtarius visus est manere, cum vineis, terris cultis et incultis, pratis, pascuis, quæsitis vel quod inquirendum est, adjacentiis, omnia et ex omnibus, quantum ad ipsum mansum aspicit aut aspicere videtur, excepta illa vinea quæ est a sancto Ypolito, quam Rotberto filio nostro habemus condonatam. Similiter in alio loco, in pago Limovicino, in vicaria Vertedense, in loco qui vocatur Besarius, mansos nostros : mansum ubi Amblardus[3] visus est manere, alium mansum ubi Garaldus visus est manere, et quantum ad ipsos mansos aspicit. Similiter in alio loco, in ipso pago, in vicaria Asnacense, in villa Barentenaco [sic in manuscriptis], mansum nostrum ubi Adaraldus[4] visus est manere, cum vinea et terris, et quantum ad ipsos mansos aspicit. Similiter, in ipsa vicaria, in[5] villa Beliaco, in loco qui vocatur In Illa Calme, portionem nostram, quam cum S. Petro communem habemus; nostra vero pars est quarta; et in alio loco, in ipsa vicaria, in villa Valle, capmansionilem[6] nostrum, cum orto, cum vinea, et cum terra, et quantum ad ipsum capmansionilem aspicit, ubi Alraldus[7] visus est manere. De mancipiis vero iis nominibus : Donadeo, Arlaldo[8], Johanne, et filio suo nomen [sic], et filiabus duabus, Ingelberga[9], cum infantibus suis. Istas vero res superius nominatas, Deo salvatori omnium et S. Petro offerimus, in stipendiis et usibus monachorum, pro remedio animarum nostrarum parentum-

[2] *Rodulfus* deest B. Abbas iste ab ann. 904 ad ann. 926 Bellilocense cœnobium ministravit.
[3] *Emblardus* B.
[4] *Adalradus* SG.
[5] *In Arode villa Beliaco* C.
[6] *Capmansiovilam nostram* B. ibi et paulo post.
[7] *Abradus* SG.
[8] *Arlardo* B.
[9] *Gudelbergua* SG.

que nostrorum, cum filio nostro nomine Gauzfredo, ut post hodiernum diem habeant, teneant, possideant, et faciant exinde rectores ejusdem loci, tam ipsi quam successores eorum, in venturis generationibus, jure ecclesiastico, quicquid elegerint in omnibus, absque ullius hominis contradictione; ea quidem ratione ut, quandiu nos Basenus[10] et uxor mea advixerimus, ipsas res in usumfructuarium teneamus, et annis singulis, ad festivitatem S. Martini, modium unum[11] de vino, et alium de tritico persolvamus. Si ego Basenus primus ex hoc sæculo migraverim, aut uxor mea prior, vel qualiscumque parentum suorum qui supervixerit, illum mansum in Exidense, et illos mansos in Besario, et capmansionile in Valle, cum ipso censu retineat, et mansum in Barentenaco, et illas terras in Illa[12] Calme, et qualiscumque prior excesserit, rectores ejusdem loci recipiant absque ullius hominis contradictione. De repetitione vero, quod minime credimus, si quis, nos ipsi, immutata voluntate nostra, aut ullus de heredibus nostris, aut ulla immissa persona, quæ contra hanc cessionem calumniam generare præsumpserit, non ei liceat vindicare quod petit, sed insuper componat ei cui litem intulerit auri libras duas, argenti pondera quinque, et præsens cessio ista firma et stabilis permaneat stipulatione subnixa. Factam hanc cessionem in mense aprili, anno decimo octavo regnante Karolo rege[13]. S. Baseni[14] qui cessionem istam fieri et adfirmari rogavit. S. Elenane[15] uxore ejus, consentiente his omnibus. S. Rotberti[16] filii ejus. S. Airadi filii ejus. S. Baseni filii ejus. S. Ausberti filii ejus. S. Ramnulfi[17] filii ejus. S. Rotberti. S. Guinaberti[18]. S. Froteri. S. Franconi. S. iterum Wuinaberti[19]. S. Arberti. S. Aderaldi[20].

---

[10] *Bozenus* B. *Bazenus* SG.
[11] Locus corruptus in ms. SG.
[12] *Villa Calme* B.
[13] Carolo cognomento Simplice.
[14] *Bozeni* B. *Bazeni* SG.
[15] *Helenæ uxoris ejus* B.
[16] *Ausberti* B.
[17] *Raynulfi* SG.
[18] *Gunnaberti* SG.
[19] *Univaberti* SG. idem qui supra *Guinabertus* signavit.
[20] *Aderaldi* SG.

LXI[1].

[Donum Rainaldi vicecomitis et uxoris ejus Alsindis, de Petraficta villa.]

An. 943-948.
B. p. 89. SG. p. 122.
C. p. 125.

Sacrosanctæ basilicæ S. Petri Bellilocensis cœnobii. Nos enim in Christi nomine, Rainaldus vicecomes[2], et uxor mea Alsindis, consideravimus amorem cœlestis patriæ, et de Dei misericordia confidentes, cedimus ad monasterium quod vocatur Belluslocus, in honorem Dei et S. Petri aliorumque sanctorum, ubi vir venerabilis Bernardus abbas[3] præesse videtur : hoc est curtem meam indominicatam; et est ipsa villa, in orbe Lemovicino, in vicaria Spaniacense, quæ dicitur Petraficta[4]; mansum ubi Gelbaldus[5] manet, et alium mansum ubi Ingelbertus manet, et alium mansum ubi Arnucia[6] manet, et alium mansum ubi Ermenaldus manet, et alium mansum ubi Arnaldus visus fuit manere, et alium mansum ubi Ainardus manet, et alium mansum ubi Ebrardus manet, et alium mansum ubi Marcunus manet; et capmansioniles quatuor, cum ipsis vineis, cum pratis, cum silvis, cum terris cultis et incultis, cum ipsa plantada prope adhærente, cum garricis, cum fraustis, cum omnia ad se pertinentia, quæsitum et adquirendum est, totum et ad integrum, Deo salvatori et S. Petro offerimus, in stipendiis et usibus monachorum, pro animabus nostris et pro anima patris mei Rannulfi[7], seu pro anima matris meæ Godolendis[8], et pro anima fratris mei.

[1] Ex mss. B. C. SG. et excerptis apud Chesnium, loc. cit. fol. 88. Edit. apud Baluzium, *Hist. Tutel.* col. 359, sed falso in nota chronica. Hujus instrumenti indicatio in tabula Brequiniana omissa fuit.

[2] Vicecomes de Albucio seu Albuzzo.

[3] Qui abbatiam tenuit ab anno 943 usque ad annum 948 certe, et forte ad annum 965. Ante Bernardum, Boso ab anno 938 ad ann. 941 Bellilocenses rexerat. Falsus est igitur manifeste vir cl. Baluzius, chartam istam ad annum 937 referens.

[4] *Petrafita* B.

[5] *Gilbaldus* Ch. *Gelmaldus* SG.

[6] *Aruncia* SG.

[7] Vicecomitis quondam de Albucio.

[8] *Godesendis* Ch.

LXII.

Breve memoriale quod fecit Constantinus in vita sua.

Inprimis dimitto Deo et S. Petro Belliloci medietatem de bacalaria de Monte Catfredo, in tali ratione ut quandiu vixero teneam, et per singulos annos, quatuor sextarios[1] de tritico persolvam ad missam SS. Primi et Feliciani, et post dicessum meum S. Petro remaneat, nullo contradicente. Post mortem quoque meam, si quis parens meus propinquus redimere voluerit, triginta solidos reddat, et similiter ibi jam supra concessum reddat[2]; post dicessum vero illius S. Petro remaneat; et ita subsequens generatio mea ita teneat. Et hic ipse duas bordarias dimitto Deo et S. Petro sine ulla convenientia. Et in alio loco qui dicitur Alla Costa, ad Vetula vinea quinque denariatas de vinea dimitto S. Petro, et in vita mea censum persolvam per singulos annos dimidium modium vini ad[3] S. Primi [festivitatem], et post mortem meam S. Petro remaneat, nullo contradicente. Et iterum quinque alias denariatas de vinea in Paiazaco[4], in loco qui dicitur Alla Casaina, dimitto Deo et S. Petro, nullo contradicente. S. Constantini. S. Ademari. S. Archambaldi. S. Deusdet. Facta est cessio ista kalendas maias.

LXIII.

[Laxa Ainardi presbyteri, de diversis prædiis in vicaria Vertedensi.]

Oportet unumquemque de terrenis ad cœlestia et de caducis ad mansura transire, ne forte mors improvisa aliquem imparatum inveniat ac sine ullo respectu divinæ pietatis ab ipso sæculo discedentem.

---

[1] *Cestario* B. ibi et passim.
[2] *Reddat* deest B.
[3] *Ad S. Primi* desunt B.
[4] *Paiaziaco* SG.

Quamobrem ego enim in Christi nomine, Ainardus presbiter, cedo res proprietatis meæ ad monasterium quod vocatur Belluslocus, in honorem videlicet S. Petri, apostolorum principis, et S. Felicitatis martiris aliorumque sanctorum, ubi vir venerabilis Rainulfus abbas præesse videtur, hoc est mansos qui sunt in orbe Limovicino, in vicaria Vertedense, in villa quæ dicitur Falgarias : mansum ubi Ermenricus manet, cum ipsa vinea mea dominicaria; ipsa vinea habet fines, de uno latere vineam Gairardi[1] et sancti Salvatoris, de alio vero latere vineam Costabili, et de duobus vero lateribus vias publicas; et alium mansum ubi Arlaldus visus est manere, cum ipsa vinea quæ fines habet, de uno latere vineam Teotfredi presbiteri, de alio latere rivum currentem, de duobus vero lateribus vias publicas; et alium mansum ubi Sigirannus visus est manere; et alium mansum ubi Magnolenus visus est manere; in eodem loco, bacallaria mea indominicaria; et ipsi mansi vel ipsa bacallaria est in loco qui dicitur Vadecia; in ipsa vicaria, et in loco, qui dicitur Biarcio mansum ubi Leotfredus manet, et piscatorile ad integrum; ipsos mansos superius nominatos, cum terris cultis et incultis, quæsitis vel quod adinquirendum est, et quantum ad ipsos mansos aspicit vel aspicere videtur. Similiter in ipsa vicaria, et in alio loco, in[2] villa quæ dicitur Glanna, mansum ubi Gozbertus manet, et alium mansum ubi Rotbertus visus est manere, cum ipsa vinea quæ habet fines, de uno latere vineam Adalgarii et Armengaudi et ad suos heredes, de alio latere rivum currentem, de duobus vero lateribus vias publicas. Similiter in ipsa villa, aliam vineam meam dominicariam, quæ habet fines, de uno latere vineam Ricfredi, et de alio latere rivum currentem, de duobus vero lateribus vineas Richildi. Et in ipsa villa, cundaminam meam dominicariam, quæ habet fines, de uno latere terram Baltrudi et ad suos heredes, de alio latere usque in termino super Seram, de duobus vero lateribus vias publicas; atque ipsa condamina est in loco qui dicitur Vulpis semita. Similiter in ipsa villa, mansum ubi Ebrardus

---

[1] *Garardi* SG.   [2] *In villa* desunt B.

visus est manere, cum ipsa vinea quæ habet fines, de uno latere vineam Teotfredi presbiteri, de alio latere vineam Aderberti, et de tertio latere viam publicam, de quarto vero latere terram Adalardi; ipsum mansum cum terris cultis et incultis, cum omnibus ad se pertinentibus. De mancipiis vero iis nominibus : Ermenrico et uxore sua cum infantibus eorum, Arlaldo et uxore sua cum infantibus eorum[3], excepto filio eorum primogenito, et alio servo nomine . . . . Hæc omnia superius nominata, Deo salvatori omnium et S. Petro offero, pro remedio animæ meæ et animæ patris mei et animæ matris meæ, et pro animabus fratrum meorum, in stipendiis et usibus monachorum, ut post hodiernum diem teneant, habeant, possideant, et faciant de ipsis rebus, jure ecclesiastico, quidquid elegerint. Sane, quod minime credo, si ego ipse, immutata voluntate mea, aut ullus de heredibus meis, aut ulla immissa persona, quæ contra cessionem istam ullam litem generare præsumpserit, inprimis iram Dei omnipotentis incurrat et sanctorum ejus; deinde cui litem intulerit componat, auri libras quinque, argenti pondera decem, coactus exsolvat, et sua repetitio vacua remaneat, sed præsens cessio ista firma et stabilis permaneat cum stipulatione subnixa. Facta cessione ista in mense augusto, anno sexto regnante Oddone rege. S. Ainardi presbiteri, qui cessionem istam fieri vel adfirmari rogavit.

LXIV.

[Donum Aicardi de pluribus in loco Salente nuncupato.]

Sacrosanctæ basilicæ S. Petri Bellilocensis monasterii. Nos enim in Christi[1] nomine Aicardus, cedo res proprietatis meæ, pro remedio animæ meæ, mei patris et matris meæ, ad monasterium quod vocatur

Oct. 904.

B. p. 92. SG. p. 128.
C. p. 130.

[3] Adde : *Gosberto et Sigiranno, cum uxoribus et infantibus eorum* C.

[1] *Ego in Dei nomine* SG.

Belluslocus, in honorem videlicet S. Petri et S. Felicitatis aliorumque sanctorum, ubi vir Rodulfus abbas præesse videtur, hoc est mansos meos, qui sunt in urbe Limovicino, in pago Exandonense, in vicaria Usercense [*al. false:* Urcense[2]], in loco ubi vocabulum est Ad illo Salente[3], mansos meos, cum terris, vineis, pratis, molinariis, piscatoriis, et pratum meum dominicarium, et quantumcumque in ipsa villa visus sum habere vel possidere, vel ut mea justa est possessio. De mancipiis iis nominibus : Ingelfredi, Arlabaldus, Adalgane. Ista omnia superius nominata, Deo salvatori et S. Petro offero, in stipendiis et usibus monachorum, ut post hodiernum diem habeant, teneant, possideant, et faciant exinde quicquid facere voluerint in omnibus. Sane si quis, ego, immutata voluntate, aut ullus de heredibus meis, aut ulla immissa persona, quæ contra cessionem istam ire, agere aut inquietare præsumpserit, non liceat ei vindicare, sed componat, auri libras duas, argenti pondera quinque, exsolvat coactus, et quod petit non vindicet, sed præsens cessio ista firma et stabilis permaneat cum stipulatione subnixa. Facta cessione ista in mense octobrii, anno VII[4] regnante Karolo rege[5]. S. Aicardi qui cessionem istam fieri et adfirmari rogavit. S. Mainaldi. S. Aldoardi. S. Ebrardi. S. Gauzberti. S. Donadei. S. Agamberti.

LXV.

[Bernardus et uxor ejus Adalguis, plura in Poio Aldrico et in villa ad Velia fontem concedunt.]

Jan. 918.

Sacrosanctæ basilicæ S. Petri Bellilocensis monasterii. Enim in Christi nomine Bernardus et uxor mea Adalguis, consideravimus amorem cœlestis patriæ, et de Dei misericordia confidentes, cedimus ad monasterium quod vocatur Belluslocus, in honorem videlicet Dei

---

[2] *Ursense* S. G.
[3] *Salinte* S. G.
[4] VI B. et SG.
[5] Cognomento Simplice.

et S. Petri, principis apostolorum, et S. Felicitatis aliorumque sanctorum, ubi vir venerabilis Rodulfus abbas praeesse videtur, hoc est mansos nostros, qui sunt in pago Tornense[1], in vicaria Casiliacense, in loco qui vocatur Ad Poio Aldrico: mansum ubi Aldricus visus est manere, et alium mansum ubi Ebrardus manet, et alium mansum ubi Gualtarius manet, et alium mansum ubi Gairaldus visus est manere, quem ego Bernardus conquistavi de Stephano. Et in alio loco, in pago Limovicino, in vicaria Brivense [*al. false:* Brinense], in villa quæ vocatur ad Velia fontem[2], mansum ubi Arlabaldus visus est manere, et alium mansum ubi Ingelbaldus visus est manere. Ipsos vero mansos superius nominatos, cum domibus, ædificiis, curtis, ortis, vineis, pratis, pascuis, silvis, exitiis et regressibus, adjacentiis, aquis, aquarumve decursibus, tam intus quam foris villam, quantum ad ipsos mansos aspicit aut aspicere videtur, quæsitos et quod adinquirendum est. De mancipiis vero iis nominibus : Aldrico cum uxore sua et infantibus suis, Ebraldus cum uxore sua et infantibus suis. Ea vero superius nominata, Deo salvatori omnium et S. Petro offerimus, in stipendiis et usibus monachorum, pro remedio animarum nostrarum, et pro remedio animæ filii nostri, ut post hodiernum diem, habeant, possideant, et faciant quicquid elegerint in omnibus, jure ecclesiastico; ea quidem ratione ut, quandiu ego Bernardus advixero et uxor mea, communiter teneamus usumfructuarium, et annis singulis, ad festivitatem S. Petri, denarios duodecim census persolvamus. Et si ego prior de sæculo discessero, mansi qui sunt in Poio [*al. false:* pago] Aldrico, ad ipsum locum revertantur, et uxor mea mansos meos in Velia fonte[3] retineat, cum medietate de censu. Et si, de ipso censu negligentes fuerimus, secundum legem emendabimus. Post quoque amborum nostrum decessum, quando Deus voluerit, totum et ad integrum, ad ipsum locum revertatur, sine ullius hominis contradictione. Sane si quis, nos, immutata voluntate nostra, aut ullus de heredibus nostris aut propinquis, aut ulla immissa per-

---

[1] *Torinense* SG.
[2] *Ad Velia forte* SG.
[3] *Velleia fonte* B.

sona, quæ contra hanc cessionem ullam calumniam generare præsumpserit, non ei liceat vindicare, sed insuper componat, cui litem intulerit auri libras quinque, argenti pondera decem, coactus exsolvat, et quod petit non vindicet, sed præsens cessio ista firma et stabilis permaneat omnique tempore cum stipulatione subnixa. Facta est hæc cessio in mense januario, anno xx regnante Karolo rege[4]. S. Bernardi et uxoris suæ Adalguis, qui cessionem istam fieri vel adfirmari rogaverunt. S. Stephani. S. Gauzberti[5]. S.[6] Aldrici. S. iterum Stephani. S. Uguonis. S. Ermenrici. S. Rotberti. S. Fulcarii. S. Bernardi.

LXVI.

[Immo et uxor ejus Itisburgis, plura in Bonavalle condonant.]

Sept. 927.

B. p. 95. SG. p. 130.
C. p. 133.

Hujus mundi termino appropinquante atque crebrescentibus ejus ruinis, impellente jam senio, unumquemque Christi fidelium sollicite pro animæ suæ salute vigilare oportet, et de rebus transitoriis atque caducis sibi a Deo collatis ipsum omnium bonorum heredem facere. Quamobrem nos in Christi nomine Immo[1] et uxor mea Itisburgis[2] [alias: Liburgis[3]], consideravimus amorem cœlestis patriæ, et de Dei misericordia confidentes, cedimus ad monasterium quod vocatur Belluslocus, quod est constructum in honorem Dei et S. Petri, apostolorum principis, aliorumque sanctorum, ubi vir venerabilis Joannes[4] abbas præesse videtur, hoc est mansos nostros, qui sunt in

[4] Carolo cognomento Simplice.
[5] Gausberti SG.
[6] Aldrici, Stephani, Hugonis, necnon Ermenrici subscriptiones desunt in ms. B.

[1] Imo B.
[2] Liturgis B.
[3] Isti donatores iidem fortasse sunt qui nominibus designantur Immonis de Caunac et Itiburgis in charta donationis S. Martino Tutelæ facta, circa ann. 924 (Baluz. Hist. Tutel. col. 323.) Matfredus sive Malfredus et Adaltrandus in ambobus instrumentis inter istos inveniuntur.
[4] Joannes deest B.

MONASTERII DE BELLOLOCO.   117

pago Tornense[5], in vicaria Asnacense, in loco cujus vocabulum est Bonavallis[6] : mansum ubi Adalgarius visus fuit manere, et alium mansum ubi Solius visus est manere. Et in ipso loco, cedimus vineam nostram; et habet fines ipsa vinea, de uno latere terram S. Petri, de alio latere terram vicarialem[7], de tertio latere terram Bernardi, de quarto latere terram Aimerici. Ista vero omnia superius nominata, cum terris, cum pratis, cum ipsa vinea, et quantum ad ipsos mansos aspicit aut aspicere videtur, totum et ad integrum, Deo salvatori omnium et S. Petro offerimus, in stipendiis et usibus monachorum, ea quidem ratione ut, quandiu ego Immo advixero, usumfructuarium teneam, et annis singulis, tempore vindemiæ, de censu in vino modium unum persolvam; et, si de ipso censu negligens fuero, secundum legem emendem; post meum quoque dicessum, rectores ejusdem loci in suam revocent potestatem, absque ullius hominis contradictione. Sane si quis, vel nos ipsi, immutata voluntate nostra, aut ullus de heredibus nostris vel propinquis, aut ulla immissa persona, contra hanc cessionem ullam calumniam generare præsumpserit, non ei liceat vindicare, sed insuper componat cui litem intulerit tantum et aliud tantum[8] quantum ipsæ res ulloque tempore melioratæ valuerint, et quod petit non vindicet, sed præsens cessio ista firma et stabilis permaneat cum stipulatione subnixa. Factam hanc cessionem in mense septembri, anno quinto regnante Rodulfo rege Francorum. S. Immonis[9] et uxoris suæ Itisburgis[10], qui cessionem istam fieri vel adfirmari rogaverunt. S. Rotberti. S. Matfredi. S. Adalrandi.

[5] *Torinense* SG.
[6] *Bonavilla* B. et SG.
[7] *Vicariole* SG.
[8] *Et aliud tantum* desunt B.
[9] *Imonis* B.
[10] *Liturgis* false B.

LXVII.

[Laxa Alboini de manso Genestinas in vicaria Spaniacensi.]

Sæc. x°, seu xi°
ineunte.

B. p. 96. SG. p. 132.
C. p. 135.

Sacrosanctæ basilicæ S. Petri Bellilocensis. Ego enim in Dei nomine Alboinus, elemosinarius Geraldi quondam defuncti, cedo, pro remedio animæ meæ, ad monasterium quod vocatur Belluslocus, mansum qui vocatur Genestinas, in vicaria Spaniacense[1] [al. Aspaniacense], in orbe Limovicino. Sane si quis, ego, immutata voluntate mea, aut ullus homo, qui contra hanc cessionem ullam calumniam generare præsumpserit, iram Dei omnipotentis incurrat, et cum Datan et Abiron in inferno participet; et, si ullus homo de communiæ B. Petri alienare voluerit ipsum mansum, veniat unus plus propinquus de parentibus ejus, et ponat super altare S. Petri solidos viginti, et ipsum mansum teneat. S. Alboini qui cessionem istam facere rogavit. S. Ademari. S. Stephani. S. Geraldi. S. Aldradi[2].

LXVIII.

[Donum Rotberti cujusdam de pluribus in loco Ad illa Vaber, et in villa Alariaco.]

Dec. 865.

B. p. 96. SG. p. 133.
C. p. 135.

Ego enim in Christi nomine Rotbertus, cedo ad ecclesiam Dei, quæ est in sacro monasterio, in honorem S. Petri et S. Felicitatis, ubi Guairrulfus abbas his diebus præesse videtur, mansum meum, in orbe Limovicino, in aice Vertedense, loco qui dicitur Ad illa Vaber, ubi Arnulfus visus est manere. Ipsum mansum cum pratis, campis vel suis pertinentiis, in integrum cedo ad jam dictum monasterium. Et cedo

---

[1] Sic B. et SG.   [2] Aldraldi SG.

ibi, in alio loco, in urbe Caturcino, in valle Exidense[1], in villa quæ dicitur Alariaco, vineas meas, quantumcumque ibi genitor meus Rotbertus visus fuit habere, totum et ad integrum, ad ipsum sacrum locum, tam mansum seu vineas, per hanc cartam cessionis, ad integrum ibi cedo, ea ratione ut dummodo, quoad ego vixero, mea possessio nunquam discedat, sed[2] in censum, quatuor sextarios de vino annualiter[3] ad ipsos monachos solvam, et post obitum meum, ipsi mansi vel ipsæ vineæ ad ipsum sacrum locum in integrum remaneant; et faciant ipsi rectores de ipsis rebus sicut de aliis rebus S. Petri et S. Felicitatis. Et si quis, ego ipse, aut ullus de heredibus meis, aut ulla immissa persona, quæ contra ipsos monachos vel cessionem istam ire vel inquietare præsumpserit, hoc ei non liceat vindicare, sed componat quod eorum immunitas per decretum regis edocet, et quod petit non vindicet, sed præsens cessio ista omni quieta tempore permaneat stipulatione subnixa. Facta cessione ista in mense decembri, anno vigesimo sexto regnante domino nostro Karolo rege[4]. S. Rotberti qui cessionem istam fieri rogavit. S. Andraldi. S. Unaldi. S. Aicardi. S. Adalgarii. S. Ebrardi. S. Calsani. S. Franconi. S. Bertelaigui. S. Samuelis. S. Jonas. S. Dodoni.

LXIX.

[Donum Aguani et Rangberganæ, de plurimis in Calme et Montemediano villa.]

Oportet unumquemque de terrenis ad cœlestia et de caducis ad mansura transire, ne forte mors improvisa aliquem imparatum inveniat, ac sine ullo respectu divinæ pietatis ab hoc sæculo discedentem. Quamobrem nos enim in Christi nomine Aguanus et uxor mea, Rangberga nomine, consideravimus amorem cœlestis patriæ, et de Dei misericordia confidentes, cedimus res proprietatis nostræ ad mo-

Jan. 909.

B. p. 97. SG. p. 134
C. p. 137.

---

[1] *Exindense* SG.
[2] *Una cum* pro *sed* in B. et C.
[3] *Unanimiter* SG. Deest B.
[4] Carolo cognominato Calvo.

nasterium quod vocatur Belluslocus, in honorem videlicet Dei et sancti Petri, et S. Felicitatis, necnon et SS. martyrum Primi et Feliciani, aliorumque sanctorum, ubi vir venerabilis Rodulfus abbas præesse videtur, hoc est mansos nostros, qui sunt in pago Limovicino, in vicaria Asnacense: in villa quæ vocatur Ad illa Calme, mansum ubi Gerbertus visus est manere; similiter in alio loco, in villa quæ dicitur Montemediano, mansum ubi Folcharius visus est manere. Ipsos mansos, cum ipsis terris, vel cum ipsis vineis, vel quantumcumque ad ipsos mansos aspicit aut aspicere videtur, totum et ad integrum, Deo salvatori omnium et S. Petro offerimus, in stipendiis et usibus monachorum. Illas vero terras quæ sunt in Illa Calme, quam ego ipse Aguanus[1] de Bernardo seniore meo acquisivi, et cum S. Petro communes habemus per bodinas quæ sunt subtus Barentenaco[2], per ambas vias publicas usque ad illas terras quas Salomon dedit S. Petro, pro Ausberto meo, pro remedio animarum nostrarum, pro anima senioris mei Bernardi, ut, post hodiernum diem, faciant, tam ipsi quam successores eorum, quicquid elegerint in omnibus; excepto illo campo quem ad filiam meam Ragniberganam concessam [*al.* concesseram] habeo; ea quidem ratione, si obitus Aganoni prior advenerit, ille mansus ubi Gerbertus manet S. Petro[3] succedat, mansum vero ubi Focharius manet, quandiu Ragniberga uxor mea vixerit, usumfructuarium possideat, et annis singulis, quatuor sextarios vini persolvat. De repetitionibus vero, quod minime credimus, si nos ipsi, immutata voluntate nostra, aut ullus heres noster, qui contra hanc cessionem ullam litem generare præsumpserit, coactus exsolvat tantum et aliud tantum quantum ipsæ res ulloque tempore melioratæ valuerint, et quod petit non vindicet, sed præsens cessio ista firma maneat cum stipulatione subnixa. Factam hanc cessionem in mense januario, anno undecimo regnante[4] Karolo rege[5]. S. Aguanoni qui cessionem fieri vel

---

[1] *Aguanus* deest B.
[2] *Barnentenaco* SG. *Bernentruaco* corruptius B.
[3] *S. Petro... manet* desunt B.
[4] Apud ms. SG. in margine scriptum est manu aliena *Ann. XV vel XI.*
[5] Carolo Simplice cognominato.

adfirmare rogavit. S. Raginbergane uxore ejus consentiente. S. Agamberti filii eorum. S. Amblardi filii eorum, sacerdotis. S. Aderbaldi. S. Rotgarii. S. Gualtarii. S. Bernardi. S. Adalguarii.

LXX[1].

[Laxa Remigii de manso uno in villa Aoriols, ubi miraculum quoddam per B. Rainerii virtutem effectum memoratur.]

Sacrosanctæ basilicæ S. Petri Bellilocensis cœnobii. Ego enim, in Dei nomine, Remigius consideravi amorem cœlestis patriæ, et de Dei misericordia confidens, pro remedio animæ meæ vel animæ Rotberti, cedo ad jam dictum locum ubi vir venerabilis Guerno[2] abbas præesse videtur : hoc est mansum meum qui est in urbe Limovicino, in vicaria Daraciacense[3] in villa quæ dicitur Aoriols[4]; in ipso vero manso Ingelbertus visus est manere. Ipsum mansum[5] jam dictum circumcinctum vel debodinatum, cum pratis, cum bosco, cum omnibus ad se pertinentibus, Deo et salvatori omnium et in honore B. Rainerii qui de ipso loco jam dicto præpositus fuit. Et propter hoc quia ipse virtutem magnam omnibus qui aderamus ostendit; adolescens etiam qui deportatus ad ejus tumulum contractus fuit, ipsius intercessione cum magna felicitate, ante altare S. Petri currendo festinus pervenit; et illud magnum miraculum ostensum fuit in festivitate S. Martialis. In eadem ratione ad ipsum jamdictum venerabilem Rainerium[6] offero, ut quamdiu ego advivo teneam, post meum vero dicessum jam dicto ve-

An. 954-967.

B. p. 99.
SG. p. 136.
C. p. 139.

---

[1] Ex mss. B. C. SG. et excerptis apud v. cl. Chesnium exstantibus, loco citato, fol. 88.

[2] *Quirno* SG. Abbatiam tenuit per annum saltem 967 et anno 968 ineunte solus, postea, in eodem anno 968, una cum Geraldo. Geraldus adhuc cœnobium posterius ministrasse videtur.

[3] *Dariaciacense* Ch. B. omnino deest SG.

[4] *Arnolz* B. deest SG.

[5] *Meum circuitum* SG.

[6] *Remerio* SG.

122 CHARTULARIUM

nerabili Rainerio remaneat, nullo contradicente. S. Remigii qui cessionem istam fieri vel adfirmare rogavit. S. Stephani. S. Austorgii. S. Armandi. S. Amblardi.

LXXI.

[Donum quod fecit Ratbodus de Calviaco villa.]

An. 904-926.

B. p. 100.
SG. p. 137.
C. p. 139.

Nobilitate legis auctoritatem accipimus ut si quis propria voluntate vel nutu Dei correctus, aliquid de rebus propriis aliubi transferre vel condonare voluerit, una cum cartula cessionis potestatem habeat solemniter roborandi. Quapropter ego in Dei nomine Ratbodus[1], una cum consilio omnium parentum meorum, et pro remedio animarum eorum, cedo ad sacrosanctum locum constructum in honore Dei et S. Petri apostolorum principis, aspiciente[2] nobilissima caterva monachorum inibi Deo militantium sub tuitione venerabilis Rodulfi abbatis[3], cum supradicta auctoritate, villam vocabuli Calviaco, et omnia quantumcumque ego vel omnis parentela mea ibi visi fuimus hereditari in ipsa villa : mansum ubi Eramnus[4] manet, cum ipso supradicto servo Eramnone, et duabus filiis suis; et alium mansum ubi Agualenus visus est manere; et alium mansum ubi Flodaldus[5] visus est manere; et alium mansum ubi Aldebaldus visus est manere, cum capudmansionilibus[6] tribus in ipsa villa; quæ videlicet villa est in pago Limovicino, in vicaria Vertedense. Ipsam videlicet villam cum domibus et omnia quantumcumque ad ipsam aspiciunt aut aspicere videtur, ex integro, Deo salvatori omnium et S. Petro una, pro hoc quod supra dixi et pro clericatu cujusdam consangui-

---

[1] *Rothadus* B. ibi et in subscriptione.
[2] *Aspiciens nobilissimam catervam* SG.
[3] Rodulfus abbatiam tenuit ab ann. 904 certe ad an. 926.
[4] *Errannus* SG. Paulo post *Errammone*.
[5] *Flodardus* SG.
[6] *Capmansionibus* B.

nei mei nomine Guineberti[7] in prædicto monasterio, trado, transfero atque transfundo ad habendum vel possidendum, ea quidem ratione ut supradictus clericus Guinebertus tamdiu ipsas res denominatas teneat usque dum abbas et monachi supradicti loci aut ecclesiam aut talem alium honorem ei concedant, ut secundum clericatus sui officium vivere possit. Non aliter etiam istas res usque tunc a clerico detinendas describimus, nisi cum censum tempore messis reddentem, hoc est modium[8] annonæ. Post susceptum vero ex monachis supradictum honorem a[9] clerico, denominatæ res ad locum et ad monachos firmissime revertantur sine aliqua calumnia vel contradictione. De repetitione itaque si ullus vivens[10] homo super terram contra hanc descriptionem cessionis aliquid molestiæ generare conaverit, contradictorem sacri altaris et sanctæ legis se noverit fore, et hæc non vindicans quæ conatur, coactus judiciali potestate, secundum legem, componat auri talentorum pondera centum, et hæc cessio firmissima stabilitione corroborata valeat permanere. S. Ratbodi qui hanc cessionem fieri vel corroborari instituit.

LXXII.

[Venditio a Stephano facta de pluribus in villa Falgarias.]

Igitur ego in Dei nomine Stephanus, filius[1] Ugoni necnon et Ricardo[2] venditor, vendo ad aliquos homines, Rodulfo scilicet abbati cunctæque congregationi S. Petri Belliloci monasterii. Vendo

Nov. 923.

B. p. 101.
SG. p. 139
C. p. 141.

[7] *Cumberti* SG. ibi et inferius.
[8] *Reddentem ad modum* B.
[9] *Ac* pro *a* SG.
[10] *Juvenis* SG. deest B.

[1] *Filius Ugonis* desunt B.
[2] *Recardus* B., *Richardus* SG.

vobis mansos meos qui sunt in orbe Limovicino, in vicaria Vertedense, in villa quæ nuncupatur Falgarias³, mansum ubi Dodo visus
est manere, et alium mansum ubi Sicbaldus visus est manere, et
alium mansum ubi Ragambaldus⁴ manet, et alium mansum ubi Ratfredus manet, et alium mansum ubi Adrebaldus manet. Ipsos mansos
cum terris cultis et incultis, vineis, pratis, silvis, pascuis, adjacentiis,
aquis aquarumve decursibus, et quantum in ipsa villa mea cernitur
esse possessio, quæsitum quod et adquirendum est, totum et ad integrum, vobis vendo, cum ipsis mancipiis supra nominatis, cum uxoribus et infantibus eorum; et uxorem Adrebaldi cum infantibus suis.
Et accepi de vobis pretium sicut inter nos bene complacuit : hoc
est in argento aut aliis rebus valentibus solidos cc. Per ipsum vero
pretium et per hanc testamenti cartam, e manibus meis in vestram
trado dominationem ad habendum vel possidendum, ut post hodiernum diem teneatis, possideatis et faciatis quidquid facere volueritis,
liberam in omnibus habeatis licentiam. Sane si quis, ego ipse, immutata voluntate mea, aut ullus de heredibus meis vel propinquis,
aut ulla immissa persona quæ contra hanc venditionem istam ire, aut
agere, vel inquietare voluerit, non ei liceat vindicare, sed insuper
componat contra cui litem intulerit in tantum et aliud tantum quantum ipsæ res ulloque tempore melioratæ valuerint, et quod petit non
vindicet, sed hæc venditio ista firma et stabilis permaneat cum stipulatione subnixa. Factam venditionem istam in mense novembri, anno I
regnante Rodulfo rege. S. Stephani qui venditionem istam fieri et
adfirmari rogavit. S. Frotarii. S. Guaraldi⁵. S. Adalgarii. S. Frodini.
S. iterum Stephani.

[3] *Falquarias* B et SG.   [5] *Gairaldi* SG.
[4] *Rogambardus* SG.

LXXIII.

[Ebolus et Ermengardis villam Candidas et plura in Scalucia et Albiaco condonant.]

Mundi termino celeriter appropinquante, oportet unumquemque sollicite pro animæ salute vigilare, ac crebrescentibus malis, totis casibus cautum insistere, ne mors improvisa, quæ nulli parcere novit, inveniat malis vacantem et dominicis mandatis inermem. Quapropter nos in Christi nomine Ebolus et uxor mea Ermenguardis[1] casum hujus sæculi pertractantes, et de Dei misericordia, quam in publicano et muliere Chananea exercuit, reminiscentes, cedimus ad monasterium quod vocatur Belluslocus, quod est fundatum in honorem S. Trinitatis sanctique Petri, cœlestis clavigeri, aliorumque sanctorum sanctarumve, ubi Guerno abbas præesse videtur, hoc est villam nostram quæ vocatur Candidas, videlicet cum mansis vestitis ac vestiendis, campis, pratis, silvis, molendinis, aquis aquarumve decursibus, quæsitum vel quod acquirendum est, vel quantum ad ipsam villam aspicit aut aspicere videtur, vel quantum ibi jure mea cernitur esse possessio. Quæ res videntur esse in vicaria Altiliacense[2]. Cedimus similiter ad ipsum locum, in alia vicaria quæ dicitur Pauliaco, mansos duos in Scalucia, seu vineas de Albiaco, cum ipsis bordariis, vel quantum inter Scalucia vel Albiaco visi sumus habere vel possidere, vel quantum in ipsis locis nostra cernitur esse possessio, totum et ad integrum ad ipsum locum cedimus, in stipendiis et usibus monachorum. In tali conventu has res cedimus, ut, quandiu ambo advivimus, teneamus, et annis singulis, in festivitate ipsius claviregis, pro iis rebus duodecim denarios de censu persolvamus, post amborum excessum, monachi ipsius loci in suum revocent dominium. Ecclesiam vero S. Boniti et medietatem de Montilio[3], quæ res videntur esse in aliis vicariis, pro supradicto censu quamdiu vivimus, ambo identi-

Febr. 967.

B. p. 105.
SG. p. 140.
C. p. 143.

---

[1] *Fringardis* B. sed inferius *Ermengardis.*
[2] *Atiliacense* false B.
[3] *Mantellio* SG.

dem teneamus; post amborum dicessum ita remaneant ad ipsum locum. In Exandonense ergo, mansum unum in loco qui dicitur Lauberteso, et illos modios quos de dominio ad monachos soliti sumus recipere, præsens ego Ebolus post obitum meum, sine conjugis contradictione ullorumque hominum, ad monachos illius prædicti loci relinquo. Istas res ab hodierno die, et deinceps, sicut supra scriptum est, sine ullius hominis contradictione firmiter teneantur, habeantur sicut in hoc testamento scriptum est. Factam hanc cessionem in mense februario, anno XIII sub Loterio rege. S. Eboli et uxoris suæ Ermengardis qui cessionem istam pro Dei amore sanctique Petri absolutione fieri vel adfirmare rogaverunt.

LXXIV.

[Laxa Gozfredi presbiteri de capmansionile in Barentennaco villa.]

Sacrosanctæ basilicæ S. Petri Belliloci monasterii. Ego enim in Dei nomine, Gozfredus presbiter, cedo ad jam dictum locum qui est constructus in honore apostolorum principis Petri aliorumque sanctorum, ubi venerabilis vir Guerno[1] abbas præesse videtur, hoc est capmansionilis[2] meus cum ipsa vinea quæ est in urbe Limovicino, in vicaria Asnacense, in villa Barentennaco, quantum ad ipsum capmansum aspicit vel aspicere videtur, totum et ad integrum, Deo salvatori omnium et S. Petro cedo, ea ratione ut quamdiu ego advixero usufructuario teneam, annisque singulis tempore vindemiæ sol. II de vino persolvam, post meum quoque dicessum S. Petro remaneat in stipendiis et usibus monachorum, nullo contradicente. Sane si quis, ego ipse, immutata voluntate mea, aut ullus ex heredibus meis vel propinquis, sive ulla immissa persona, qui contra cessio-

---

[1] Guerno annis 967 saltem et 968 floruit. Vide supra ch. LXX, not. 2.

[2] *Capmansionalia mea* SG.

nem hanc ullam calumniam generare voluerit, Dei omnipotentis iram et omnium sanctorum ejus incurrat, hæc vero cessio inconvulsa permaneat. Factam cessionem hanc in mense decembri, regnante Lotherio rege. S. Gauzfredi[3] qui cessionem hanc fieri et adfirmare rogavit. S. Gauzleni[4]. S. Baseni. S. Folcherii. S. Guozfredi.

LXXV[1].

[Gerbertus et uxor ejus Deda plura donant in vicaria Argentado.]

Sacrosanctæ basilicæ S. Petri Bellilocensis cœnobii. Nos enim in Christi nomine, Gerbertus et uxor mea Deda, consideravimus casum fragilitatis hujus sæculi, ultimamque corporis efflationem, ne nos evangelice imparatos inveniat. Ideo cedimus ad monasterium prætaxtatum, consecratum in honore Dei omnipotentis, ejusdemque clavigeris uranici Petri, aliorumque plurimorum venerabilium sanctorum, ubi viri venerabiles Geraldus et Kalsto abbates præesse videntur, terram nostram quæ est in pago Limovicino, in vicaria Argentado[2], in loco cujus vocabulum est Scorbenerius, et Verniolas[3], et Noaliaco, mansum ubi Dominicus manet, et alium ubi Costaivilus manet, et alium ubi Bonusfilius manet, et alium ubi Andraldus manet, et alium ubi Andraldus et Dominicus manent, et alium ubi Aigbertus manet, et alium ubi Aigo manet, et alium ubi Aiguo iterum manet, et alium ubi Rainaldus iterum manet. Ista vero omnia in tali conventu ad præfatum locum cedimus ut, si ego Gerbertus ab hoc sæculo discessero, veniant filii mei Bernardus et Rigaldus, et dent ad

Mart. 975.

B. p. 104.
SG. p. 143.
C. p. 145.

[3] *Guazfredi* C.   [4] *Guazleni* C.

[1] Fragmenta hujus chartæ invenies apud Justel. *Hist. geneal. Turenn.* pr. p. 5. sed falso ab anno 974 notavit.

[2] *Argentadense* SG.
[3] *Vineas* B.

prædictum locum B. Petri solidos quadringentos ad ornamentum restaurandum, et de illa omnia faciant quidquid voluerint. Sin autem cccc solidos ad prædictum locum non persolverint, supradictam terram teneant monachi ejusdem loci in suo dominio reservandum, jure ecclesiastico, cum omnibus ad se pertinentibus; nisi forte, quod absit, si ulla persona de eodem loco alienaverit, quia tamen[4] ipsi recipiant. Hoc testamentum a me firmatum atque ab aliis nobilibus viris roboratum, ab hodierno et deinceps maneat inconvulsum. Facta cessione ista in mense martio, anno XXI sub Lotherio[4] rege. S. Gerberti qui cessionem istam fieri vel adfirmare rogavit. S. Ragenberti[5]. S. Rigualdi.

LXXVI.

[Commutatio inter Rainulfum abbatem et Geraldum facta de prædiis in Rodinico pago et in Caturcino sitis.]

Oct. 894.

B. p. 105.
SG. p. 144.
C. p. 147.

Inter quos illibata permanserit paupertas pro oportunis beneficiis mutuatur, quia nullus de propriis rebus suis censuit minuendum quod e contra recipit in augmento. Igitur optimæ[1] pacis et nullius imperio cogentis, compendia providentes, pro congruis beneficiis utrarumque partium placuit atque convenit inter venerabilem Rainulfum abbatem et cunctam congregationem S. Petri Belliloci monasterii, et ex alia parte Geraldum, ut mansos et vineas et terras inter se commutare deberent, quod ita et fecerunt. Dedit itaque præfatus Rainulfus abbas partibus Geraldi curtem suam quæ est in pago Rodinico[2], in centena Crenono, et in loco qui vocatur Termenonus,

---

[4] *Lothario.* B.   [5] *Ragumberti* SG.

[1] *Igitur optimæ....... beneficiis* desunt B.   [2] *Credono* SG. Voces *in centena Crenono... villam* desunt B.

MONASTERII DE BELLOLOCO.

ipsam villam cum domibus, ædificiis, terris cultis et incultis, quæsitis et adinquirendis, silvis, adjacentiis, et omnibus ad ipsam villam aspicientibus, et quantum Rodulfus quondam in ipso loco S. Petro condonavit. Hæc omnia superius nominata totum et ad integrum jam dicto Geraldo trado, ut faciat exinde sicut de alio proprio alode[3]. Et contra dedit idem Geraldus partibus S. Petri et Rainulfo[4] abbati ad alodem proprium, eo quod ipse ex alode S. Petri e contra dedisset mansum qui est in pago Katurcino, in valle Exidense, in loco qui dicitur Monte Maximino[5], mansum ubi Aguiramnus visus est manere cum ipso servo et uxore sua cum filia una; ipsum mansum cum terris, silvis, vineis, pratis, cum ipsa terra quæ est Ad illa Prata necnon Ad illum Fontem, quantumcumque ad ipsum mansum aspicit et in prædicta valle visus est habere vel possidere, quæsitum vel quod adinquirendum est, totum et ad integrum, eidem abbati Rainulfo et ad cunctam congregationem S. Petri prædictus Geraldus manibus tradidit, ut faciant exinde ab hodierno die sicut de aliis rebus S. Petri quicquid voluerint, absque ullius hominis contradictione. Placuit quidem inseri, propter infestationem malorum hominum, ut, si unus ex nobis aut ulla opposita persona, quæ contra has commutationes, quas nos prompta voluntate conscribere vel adfirmare rogavimus, ambulare aut ullam calumniam generare conatus fuerit, ei cui litem intulerit una cum sociante fisco auri libras quinque argenti pondere decem coactus exsolvat, et quod petit non vindicet; sed præsentes commutationes istæ firmæ et stabiles permaneant cum stipulatione subnixa. Factas has commutationes in mense octobris, anno septimo regnante Oddone rege. S. Geraldi qui hanc commutationem fieri vel adfirmari rogavit. S. Rainulfo abbate. S. Aderberto[6] vicario. S. Geraldo. S. Deotimii. S. Ugoni. S. Rigaldi. S. Aimerici[7]. S. Guariberti. S. Guinaberti. S. Garaldi[8] S. Bernardi.

[3] *Allodio* SG. ibi et passim.
[4] *Rannulfo* SG.
[5] *Monte Maximo* B.
[6] *Adalberto* SG.
[7] *Aimerici* deest SG.
[8] *Geraldi* SG.

LXXVII[1].

[Donum Petri de capmanso quodam in Stranquillo.]

Mai.
997-1031.

B. p. 106.
SG. p. 146.
C. p. 148.

Ego enim in Dei nomine Petrus, tactus divino amore, confidens de misericordia Dei, cedo pro salute animæ meæ, beatissimi clavigeris cœli Petri in monasterio Belliloci, de meo jure hereditario, hoc est medietatem de eumdem [sic] caputmansum[2] cum octo denariatis de vinea, in loco qui vocatur Stranquillus[3], in orbe Caturcino, Ad illo Ulme[4] vocitato; ibique Frodinus[5] et conjux ejus Adelendis videntur manere. Et habet ipse capmansus has fines : ex una parte terra vicecomitali[6], de alia terra S. Petri. Hunc capudmansum Deo et S. Petro offero, post mortem meam, cum vinea jam dicta et cum omnibus ad se pertinentibus. Tenet autem aliam medietatem de isto caputmanso quædam femina nomine Richildis, per hanc rationem quam habuit quendam virum in conjugio nepotem meum nomine Johannem qui tenebat mecum jure paterno, mortuusque est sine filiis, decrevitque, cum consilio meo ad spondam lectuli sui, ipsa femina deprecante et me consentiente, ut quamdiu advixerit teneat, post mortem quoque ejus semper præsens S. Petro remaneat. Similiter post mortem meam, alia pars S. Petro remaneat semper præsens, nullusque sit homo vel femina de mea generatione vel de nulla progenie, qui hac mea cessione nullam partem adquirere possit. Sane si quis, ego ipse, immutata voluntate mea, aut ullus ex heredibus meis, aut ulla immissa persona, qui contra cessionem istam ullam calumniam generare præsumpserit, iram Dei omnipotentis incurrat et quod petit non vindicet, sed cum Datan et Abiron in inferno

---

[1] Fragmenta hujus chartæ inserta sunt a Justello inter probationes *Hist. geneal. Turenn.* p. 21.

[2] *De eumdem caputmansum* desunt B.

[3] *Stranguillus* B. vere *Stranquillus* C. et SG. Vide supra ch. LVI.

[4] *Ulmo* B.

[5] *Erodimus* SG.

[6] *Vicecomitis* SG. *vicecomitatus* B.

religatus permaneat, et cessio ista firma et stabilis permaneat. Factam cessionem istam in mense maio, regnante rege Rotberto. S. Petri qui cessionem hanc fieri et adfirmare rogavit. S. Eboli vicecomitis[7]. S. Richildis[8]. S. Frotherii. S. Constantini. S. Rainulfi.

LXXVIII.

Brevem memorialem quem Geraldus[1] fecit de rebus suis.

Inprimis villa de Sulciaco totum et ad integrum S. Petro remaneat, nullo contradicente, præsens post obitum meum. Et in Telito, mansum unum ubi Aimo[2] permanet, cum ipsa bordaria et cum bosco, cum pratis, cum farinario, et cum omnibus ad se pertinentibus, S. Petro dimitto, tali ratione ut, si filium legitimum habuero, ille teneat post mortem meam quamdiu vixerit; post ejus mortem S. Petro sit. Si autem filium legitimum non habuero, post mortem meam S. Petro sit. Et in Damiaco, capmansum unum, cum ipsa vinea indominicata, et cum trolio, et cum campo, et cum omnibus ad se pertinentibus, totum et ad integrum præsens, post mortem meam S. Petro sit. Et in Calmonte, vineas meas indominicatas, si infantem legitimum habuero, ipse teneat; post mortem ejus S. Petro sit. Si filium legitimum non habuero, post mortem meam Ugo, filius Geraldi, donet S. Petro triginta solidos, et teneat vineas ipsas: quod si noluerit, ipsæ vineæ S. Petro sint, nullo contradicente. Et Sigalaris[3], capmansos duos, cum prato et cum brolio, et vineas[4] denarias VII, et quantum ad hoc pertinet, si filium legitimum habuero,

Sæc. XI, seu XII.

B. p. 107.
SG. p. 148.
C. p. 150.

---

[7] Ebolus iste Combornensis vicecomes fuit, filius Archambaldi.

[8] *Richilde.* SG. *Richildi* B.

[1] *Gerardus* B.

[2] *Aremo* SG.

[3] Sic C. Fortasse legendum est : *Sigalonios* quæ vox a *sigalo* (vulgo *seigle*) procedit. Vide Cangii *Glossarium* v° *Sigalum*.

[4] *Vineas dec... septem* SG. forte *decem septem*.

ipse teneat post mortem meam : post ejus vero dicessum S. Petro sint. Si autem non habuero filium, Frodinus, senior meus, donet S. Petro triginta solidos et teneat hoc : quod si facere noluerit, S. Petro sit nullo contradicente.

LXXIX.

[Laxa Gairardi et uxoris ejus Emildis de prædiis in villa Cumba.]

Quamobrem igitur, ego enim in Dei[1] nomine, Guirardus[2] et uxor mea Emildis[3], pertractavimus pro animas nostras ut aliquid de rebus nostris quæ sunt in urbe Lemovicino, in pago Brivense, in villa quæ dicitur Cumba, ad S. Petri vel Felicitatis monasterium Belliloci, ubi corpus eorum requiescit, ubi vir venerabilis Garrulfus[4] abbas cum monachis suis ibidem Deo militantibus rector præesse videtur. Propterea cedimus ad ipsam casam Dei, in stipendiis monachorum, hoc est mansum nostrum ubi Landobertus visus est manere, cum domibus, ædificiis et reliquis superpositis, cum terris, pratis, pascuis, adjacentiis, aquis aquarumve decursibus, et terras cultas et incultas, quæsitum vel quod adinquirendum est, omnia et ex omnibus quantumcumque ad ipsum mansum aspicit aut aspicere videtur; totum et ad integrum nos cedimus et volumus esse cessum, ea vero ratione dum nos advivimus usufructuario ordine teneamus, una cum censu de cera libras duas solvamus; post quoque nostrum dicessum, ad partibus monasterii sine ulla marritione revertere faciamus. Et in postmodum si quis, nos ipsi, immutata voluntate nostra, aut ullus de heredibus nostris, vel quælibet opposita persona, quæ contra hanc cessionem istam ambulare aut inquietare præsumpserit, componat, partibus monasterii auri libram unam coactus exsolvat, et quod petit

[1] *Christi.* B.
[2] *Giraldus.* B.
[3] *Evaldis* B. et SG.
[4] *Gairulfus* deest B.

nullatenus vindicet, sed hæc cessio ista a nobis facta, omnique tempore firma permaneat cum stipulatione subnixa. Facta cessione ista in mense januario, anno quarto regnante domino nostro Karolo rege vel imperatore Francorum sive Aquitaniorum[5]. S. Guairaldi. S. Emildis, qui hanc cessionem fieri et adfirmare rogaverunt. S. Adalrani[6]. S. Aiconi. S. Astarii. S. Rotberti. S. Leotharii. S. Olitguarii.

LXXX.

[Donum quorumdam a Petro factum in Expedino, in Legonorio et Salzedo.]

Sacrosanctæ basilicæ S. Petri Belliloci monasterii, quod est consecratum in honorem S. Petri cæterorumque sanctorum inibi degentium. Ob hoc igitur, ego enim in Dei nomine Petrus, dimitto ad supradictum locum aliquid de alode meo quæ est in Expedino[1], tertiam videlicet partem de vineis, de bosco, de cunctis terris, et de omni re tertiam partem. Et in alio loco ubi vocabulum est Legonorio[2], duas bordarias quæ per hereditatem mihi obvenerunt; et in alio loco ubi vocabulum est Salzedo, illam tertiam partem meam de bosco, et de illa parte mea de paxeria tertiam partem de medietate, similiter S. Petro dimitto. Sane facta carta ista in mense madio, regnante Aianrico rege. Si nullus homo qui contra hanc cartam istam ire aut inquietare voluerit, inprimis iram Dei omnipotentis incurrat, et quod petit non vindicet. S. Geraldi. S. Bonafos. S. Ugoni. S. Rainaldi.

Mai.
1032–1060.

B. p. 109.
SG. p. 150.
C. p. 152.

[5] *Vel imperatore Francorum et Aquitaniorum* desunt B. De Carolo Crasso cognomine ibi agitur. — [6] *Aldarunii* SG.

[1] *Spedivo* B. et SG.

[2] *Legouario* seu *Legonario* incerte SG.

LXXXI.

[Donadei et Principiæ laxa in Ventagiole villa.]

Sacrosanctæ basilicæ S. Petri Bellilocensis monasterii. Ego enim in Christi nomine Donadeus et uxor mea Principia[1], cedimus vineam nostram, quæ est in pago Lemovicino, in vicaria Asnacense, in villa Ventagiole, quæ habet fines de duabus partibus vineas S. Petri, de tertia parte terram Patriniam, de quarta viam publicam, ad monasterium quod vocatur Belluslocus, ubi venerabilis vir Guairulfus abbas præesse videtur, Deo salvatori omnium et S. Petro offerimus, in stipendiis et usibus monachorum, ut post hodiernum diem faciant exinde jure ecclesiastico quicquid elegerint. Sane quod minime credimus, si nos ipsi immutata voluntate nostra, aut ulla persona quæ contra hanc cessionem ullam calumniam generare præsumpserit, quod petit non vindicet, sed præsens ista cessio firma permaneat cum stipulatione subnixa. Factam hanc cessionem in mense madio, anno xxx Karoli regis[2]. S. Donadei[3], S. Principia, qui cessionem istam fieri aut adfirmare rogaverunt. S. Rodulfi. S. Gisirani. S. Archambaldi. S. Geraldi. S. Stephani.

[1] *Principis* SG.
[2] *Caroli Calvi.*
[3] *S. Donadei, S. Principis, fieri rogaverunt vel adfirmari* SG.

LXXXII.

[Brevem de alode quem Ademarus de Roca[1] et elemosinarii[2] cui [sic] ipse jussit[3] condonaverunt S. Petro Belliloci.]

Inprimis ipse Ademarus, pro animæ suæ salute, Deo et S. Petro dimisit[4] in Paiazaco, duos mansos, et in Vetula vinea, unum mansum et tres bordarias : unam Al Boiss, et aliam Alla Costa, et altera Alla Croz; itemque in Droceleno, quatuor mansos; itemque in villa quæ vocatur Boscus, unum mansum qui est fevus Folcherii de Noallac[5]; itemque in villa Noaliaco, unum mansum qui vocatur Allas Bordas; hic ipse alium mansum in Jaorzaco; et alium mansum in Arcolent; et unum mansum Vernet[6] ubi presbiter stat; et tres bordarias in Fraisinias et unum pratum, et tres alias in Noaliaco. Et hic est laxa[7] uxoris suæ : mansum Guazbert de Margualgas, et alium mansum Gauzbert Paoliaco, et mansum de Serruz, et alium mansum Adalra de Saulleiras, et alium mansum de Cambono, et alium mansum Eliseum de Jadaliaco, et mansum de Bauduzono[8], de Pruilisco, et alium mansum de Lanzaguas, et mansum de Betalia, et alium dimedium de Salzis, et unam bordariam A Maisse.

Circa an. 1059.

B. p. 110
SG. p. 152.
C. p. 154.

---

[1] Ademarus, filius, ut conjicio, Witardi de Roca, uxorem duxit Fareldim, filiam Rannulfi Cabridelli, vicecomitis Albuconensis, quæ vidua facta fuit ante annum 1060 ex charta a Baluzio vulgata. (*Hist. Tutel.* col. 413.)

[2] *Eleemosinarius* B.

[3] Videsis notam 1 superius.

[4] *Divisit* pro *dimisit* B.

[5] *Noalliaco* B.

[6] *Vernet* deest B.

[7] Sic C.

[8] *Bandissono* SG.

LXXXIII[1].

[Gauzfredus et uxor ejus Folcuza Petronem filium, ad clericatus ordinem, Bellilocensibus tradunt.]

Jan.
1061-1076.

B. p. 110.
SG. p. 153.
C. p. 155.

Cum legualiter sanccitum antiquitusque teneatur et cautum cum oblationibus Domino parentes suos tradere filios, in templo Domini Domino feliciter servituros, procul dubio hoc de filiis nostris faciendum nobis salubriter præbetur exemplum; æquum etenim est juditium creatori nostro de nobis reddere fructum[2]. Idcirco nos in Dei nomine, Gauzfredus[3] et uxor mea Folcuza[4], hunc filium nostrum nomine Petronem, cum oblatione in manu atque petitione, altaris palla omnia[5] involuta, ad nomen sanctorum quorum hic reliquiæ continentur, et in præsentia Frodini[6] abbatis et omnis congregationis, tradimus coram[7] testibus regulariter permansurum; ita ut ab hac die non jam liceat ei collum de sub jugo regulæ[8] excutere. Et, ut nostra traditio inconvulsa permaneat, promittimus sub jurejurando, coram Deo et angelis ejus, quia nunquam per nos, vel quolibet modo, per rerum nostrarum facultates, egrediendi ei aliquando de monasterio tribuamus occasiones. Et, ut hæc nostra traditio inconvulsa permaneat, manu nostra eam firmavimus et testibus tradidimus roborandam. Cedimus autem, cum ipso filio nostro, terram quam Golferius tenet; totum et ad integrum dimitto Deo et B. Petro hoc quod

---

[1] Ex mss. B.C. et SG. et apographo v. cl. Chesnii loc. cit. fol. 89.

[2] *Fractuosus* B.

[3] *Gauzfredus... nomine* desunt SG.

[4] *Volcusa* B.

[5] *Manus suas involutas* Ch. *Omnino involuta* B.

[6] Sic C. *Frodoni* B. et SG. Frodinus abbas, qui cœnobium regere cœpit circa annum 1056, adhuc certe ministrabat post annum 1073, sed in instrumento quodam anni 1076, Tutelensis abbas *decanatum Belliloci* tantum retinens dictus est. Cum vero Philippi regis regnum in aprili mense anni 1060 incipiat, instrumentum istud a januario 1061-1076 notandum est.

[7] *Coram vestibus* B. *Eorum vestibus* SG.

[8] *Regulæ* deest B.

habeo vel visus sum habere, hoc est vicariam. S[9]. Gozfredi et Fulcussæ[10] matris suæ. S. Arcambaldi Poenzaco. S. Geraldi Cantaunum. Facta est carta ista in mense januario, regnante Philippo rege.

LXXXIV.

[Donum Gauzfredi in villa Genebreria et Damiaco.]

Ego enim in Dei nomine Gauzfredus[1], tactus amore cœlestis desiderii, spero per præsentem Ecclesiam quæ est in terris pervenire ad eam quæ refulget in cœlis, et dimitto de rebus meis ad Bellilocensem[2] ecclesiam quæ consecrata consistit in honorem et venerationem summi clavigeris Petri, hoc est duos mansos : unum qui dicitur esse in villa Genebreria ubi Ildinus [*forte pro* Ilduinus] manet, alium autem in Damiaco ubi Stephanus judex manet, tali scilicet ratione ut quamdiu ego vixero teneam, et annis singulis dimidium modium de vino pro ipsis in censu S. Petro persolvam[3], post mortem vero meam, ubicumque mors me præoccupaverit sive Romam sive ubicumque, ipsi mansi S. Petro Belliloci remaneant, cum vineis et omnibus ad se pertinentibus; et nullus sit homo de genere meo neque[4] filius neque aliquis qui eos possit neque requirere neque adquirere. Monachi vero ejusdem loci persolvant preces Domino, pro anima mea et anima patris mei et matris meæ missas mille ubi ego præsentem vitam finiero. Si autem, quod absit, ullus abbas, sive laicus sive monachus, aut ullus præpotens homo, qui istos mansos de comunia[5] S. Petri ejicere voluerit, ex parte summæ et individuæ Trinitatis vetamus et pro-

Exeunte sæc. xi.

—

B. p. 111.
SG. p. 154.
C. p. 156.

[9] Subscriptiones desunt Ch. [10] *Fulcusæ* B.

[1] Forte idem qui in ch. LXXXIII apparet.
[2] *Belliloacam* C. ibi et inferius.
[3] *Persolvam* et sequentia usque ad *S. Petro Belliloci* desunt B.
[4] *Vel filiis* B.
[5] Sic C. ibi et passim *communi* SG. ibi et passim.

hibemus atque contradicimus et ex parte S. Petri, principis apostolorum, SS. Primi et Feliciani, ut non præsumant eos neque dare neque vendere, sed in æternum beata mater ecclesia Belliloci eos possideat et teneat pro salute animæ Guazfredi[6] jam dicti, qui eos Domino et apostolo ejus Petro offert et pro anima patris sui et matris.

LXXXV.

[Donum Guauzleni de pluribus in Marciaco et in Palierio.]

Mai.
984 seu 985.

B. p. 112.
SG. p. 155.
G. p. 157.

Sacrosanctæ basilicæ S. Petri Belliloci monasterii. Ego enim in Christi nomine Guauzlenus[1], cedo ad locum jam dictum scilicet Belliloci monasterium, quod est consecratum in honorem videlicet omnipotentis Dei et S. Petri aliorumque sanctorum, ubi viri venerabiles Geraldus et Bernardus[2], abbates, præesse videntur, hoc est cedo mansum meum ubi Maifredus[3] visus est manere, cum ortis duobus, cum duabus vineis, et cum pratis tribus, et cum terris cultis et incultis, et quantum ad ipsum mansum aspicit aut aspicere videtur; et in ipso loco prope adhærente qui vocatur Marciacus, boscum meum, qui habet fines de uno latere terram de ipsa hereditate, et de duobus lateribus terram vicecomitalem, de tertio vero latere viam publicam. Sunt vero istæ res in orbe Limovicino, in vicaria[4] Asnacense, in loco qui dicitur Palierius[5]. In tali ratione ut, annis singulis, ad missam S. Martini, dimidium modium de vino in censu persolvam;

[6] *Gosfredi* B.

[1] *Gauglenus* nomen manu recentiore ms° SG. additam.

[2] *Bernaldus* B. Geraldus solus abbas memoratur adhuc ann. 984. Geraldus et Bernardus abbates simul, ut testatur præsens instrumentum, sub rege Lothario, fuerunt; et paulo post Bernardus solus cœnobium rexit. Vide ch. cxxvIII.

[3] *Malfredus* SG. *Matfredus* B.
[4] *Vico Asnacense* SG.
[5] *Polierius* SG. *Paliericus* B.

post meum quoque dicessum, filii mei Rotbertus et Austorgius habuerint, centum solidos ad sepulturam meam S. Petro dent, et teneant hereditatem supradictam quandiu vivunt; post illorum autem dicessum S. Petro remaneat. Quod si non habuerint centum solidos, ad præsens S. Petro sit, in tali ratione ut filius meus Ademarus[6] teneat ad obedientiam quandiu advixerit. Sane si quis, ego ipse, aut ullus heres propinquus meus, aut ulla immissa persona, quæ contra cessionem hanc ullam calumniam generare conaverit, omnipotentis Dei iram et beati Petri et sanctorum omnium incurrat, et cum diabolo cruciandus infernales pœnas sustineat. Et, si ullus abbas vel rector ejusdem jam dicti loci, aut ullus monachus, de istis rebus de comunia monachorum aliquid expellere aut alienare voluerit, similiter iram Dei incurrat; hæc vero cessio omnique tempore firma stabilisque permaneat. Facta est hæc cessio in mense maio, regnante Loterio rege. S. Guauzleni qui cessionem hanc scribi firmarique rogavit. S. Rainal[7]. S. Stephani. S. Ugoni. S. Ademari.

LXXXVI.

Notitia conventionis vel gurpitionis quam fecit Rainaldus cum monachis, de vineis quas dimisit Stephanus sacerdos de Mainzaco S. Petro de Belloloco.

Inprimis ego Rainaldus relinquo et dimitto S. Petro de Belloloco et monachis loci ipsius omnem illum honorem quem Stephanus sacerdos de Mainzaco[1] visus est dimittere, et ego visus sum tollere. Ita Deo et S. Petro, et monachis ipsius loci dimitto et relinquo ut Stephanus sacerdos iste, nepos alterius Stephani sacerdotis qui hunc

An.
1056-1076.

B. 113.
SG. p. 156.
C. p. 158.

[6] *Ademarius* B.   [7] *Raynaldi* B.

[1] *Manisaco* B. *Mansac* SG.

honorem Deo et S. Petro dimisit, ortos et mansiones ipsius honoris, quandiu vixerit, per manus monachorum teneat, et omni anno censum, hoc est duos solidos quos primus Stephanus perordinavit, reddat. Et ego vineas ipsius honoris accipio per manus monachorum in obedientiam, ut, quandiu vixero teneam, et omni anno, ex meliori vino ipsarum vinearum unus asinus oneratus a me censum[2] persolvatur, si meus asinus tempore vindemiæ transmissus fuerit; si vero transmissus non fuerit tempore vindemiæ, alio tempore reddatur a me ex bono vino; post mortem vero meam, Deo et S. Petro remaneat, nullo contradicente; et excommunico et exheredito omnes filios meos et omnem generationem meam ut ab eis nulla merces nec per aliquod donum post mortem meam requiratur; quod si fecerint, diabolo et angelis ejus in inferno socientur. Hanc gurpitionem firmavit Geraldus Ademarus per fidem suam ita tenere post mortem Rainaldi patris sui, et Guazfredus, frater suus, simili[3] modo firmavit, post mortem patris sui, ante altare S. Martini de Belloloco; et Raimundus, frater eorum, similiter firmavit per fidem similiter tenere in manu Frodini abbatis[4], ante altare S. Martini apud Branzelias[5].

LXXXVII.

[Donum Frotarii et uxoris ejus Godlindis in villa Biarcis.]

Oportet unumquemque de terrenis ad cœlestia et de caducis ad mansura transire ne forte mors improvisa aliquem imparatum inveniat ac sine ullo respectu ab hoc sæculo discedentem. Quapropter nos

[2] *Censum persolvat* SG.
[3] *Simulando firmavit* SG.
[4] Frodinus abbas cœnobium ministrare cœpit circa ann. 1056; et adhuc certe regebat post ann. 1073. Sed in instrumento quodam anni 1076 Tutelensis abbas, decanatum *Belliloci* tantum retinens, dictus est. Quare præsens charta inter annos 1056 et 1076 ponenda est.
[5] *Brazelias* B.

in Christi nomine, Frotarius et uxor mea Godlindis, consentiente filio meo Gualmando, cedimus res proprietatis nostræ ad monasterium quod vocatur Belluslocus, in honorem videlicet S. Petri et S. Felicitatis aliorumque sanctorum, ubi vir venerabilis Rainulfus abbas præesse videtur : hoc est mansos nostros qui sunt in orbe Lemovicino[1], in vicaria Vertedense, in villa quæ vocatur Biarcis: mansum ubi Ebrardus visus est manere, et alium mansum ubi Stephanus visus est manere, et alium mansum ubi Rado visus est manere. Ipsos mansos, cum terris cultis et incultis, pratis, silvis, molendinis, vineis, piscatoriis, pascuis, adjacentiis; omnia et ex omnibus quantumcumque ad ipsos mansos aspicit aut aspicere videtur, totum et ad integrum, quantum ibi nos visi sumus habere vel possidere, Deo salvatori omnium et S. Petro offerimus, in stipendiis et usibus monachorum, ut faciant tam ipsi quam successores eorum in venturis generationibus quidquid elegerint. Sane, quod minime credimus, si nos ipsi, immutata voluntate nostra, aut ullus de heredibus nostris, vel ulla immissa persona, quæ contra cessionem istam ire aut inquietare præsumpserit, inprimis iram Dei omnipotentis incurrat et S. Petri, deinde componat cui litem intulerit, sociante fisco auri libras quinque, argenti pondera duodecim coactus exsolvat, et quod petit non vindicet; sed præsens cessio ista firma et stabilis permaneat cum stipulatione subnixa. Facta est cessio ista in mense madio, anno VIII regnante Oddone rege. S. Frotarii. S. Godlinde[2]. S. Galmandi, qui cessione ista fieri vel adfirmare rogaverunt. S. Alinardi. S. Teodoni. S. Andraldi. S. Guarulfi. S. Rotberti. S. Cunaberti. S. Adalgarii. S. Jonas. S. Aganoni[3]. S. Rigaldi. S. Austorgii. S. Trotrandi. S. Aladardi[4].

[1] *Lemovicino* abest C.
[2] *Goldindis* B.
[3] *Agamoni* B.
[4] *Alardi* B.

LXXXVIII.

[Gualfredus alodum suum donat in Sordoria.]

Sacrosanctæ basilicæ S. Petri Bellilocensis cœnobii. Ego enim in Dei nomine Gualfredus cedo ad jam dictum locum alodum meum indominicatum qui est in urbe Limovicino, in vicaria Asnacense, in loco qui vocatur Sordoria, cum casa mea indominicata, cum terris, cum pascuis, cum bosco et cum pratis, et quantum ibi visus sum habere, Domino Deo et S. Petro cedo, pro remedio animæ meæ, in tali conventu ut, quandiu ego vixero teneam, et omni anno quatuor denarios per censum[1] de cera ad missam S. Petri persolvam; post mortem meam, sine ullius contradictione S. Petro remaneat. Sane si quis, ego immutata voluntate mea, aut ullus de heredibus meis, qui contra hanc cessionem ullam calumniam generare præsumpserit, iram Dei et sanctorum ejus incurrat, et quod petit non vindicet. S. Gualfredi. S. Geraldi. S. iterum Geraldi[2]. S. Archambaldi.

LXXXIX.

Brevem divisionem quam Stephanus fecit de rebus suis.

Inprimis Domino Deo et S. Petro[1], pro animæ meæ[2] salute meique filii Ratbodi, mansos meos in Bretenis dimitto tres, ubi Domi-

---

[1] *Pro censu* SG.   [2] *S. iterum Geraldi* desunt B.

[1] Stephanus iste idem erat, ut conjicimus, qui jam in mense aprili anni 913, una cum uxore Alimburge et filio suo Ratbodo, pluribus Bellilocenses donaverat, ch. LIX.
[2] *Animæ suæ salute et pro filii sui Ratbodi* B.

nicus, Amblardus et Ingelricus[3] visi sunt manere. Ita tamen dimitto ut frater meus Ratbodus teneat ad obedientiam S. Johannis, ad sacrarium, denarios duos de vinea in Riberia[4] intrante in Illa Cumba; et in Tornense[5], S. Baudilii, denarium unum de vinea; et non longe S. Martini de Briva[6], denarios quatuor de vinea in Illo Sabulo. Ad filias meas dimitto in Momonte mansum ad Illa Pedraga, et illas terras quæ ad ipsum pertinent; et in prædicto Sabulo, mansum ubi Teotbertus manet; et in ipso Sabulo, denarios duodecim de vinea Deo omnipotenti et S. Petro, pro anima mea, et teneat Ratbodus frater meus. Et dimitto ad filias meas, ad judicium Stephani cognati mei et Ratbodi[7] fratris mei et uxoris meæ et fidelibus meis, quatuor masadas in Vineis vetulis, et prope in aliquibus locis de vineis. Alium[8] omnem alodem meum filii mei in inter se æqualiter dividant; et, si unus sine filio legitimo mortuus fuerit, ad alterum remaneat; et, si omnes sine filiis legitimis mortui fuerint, omnes partes remaneant S. Petro et Ratbodo fratri meo. Et omne[9] fevum meum mercede ad seniores meos et ad filios meos dimitto, et uxoris meæ pariter. Terram meam et boscum de Podio Bertelaiganæ[10] ad filias meas dimitto nullo contradicente.

XC.

[Donum quod fecit Geraldus de Lancnac in parrochia de Laustanguas.]

Ego in Christi nomine Geraldus de Lancnac cedo ad monasterium S. Petri Bellilocensis aliquid de terra quæ est in parrochia S. Petri de Laustanguas[1], in vicaria Asnacense. Ipsa terra habet fines, de uno

[3] *Ingolrimus* B.
[4] *Ripeiria* B.
[5] *Torinense* SG.
[6] *Bruena* seu *Bruma* false SG.

[7] *Ratibodi* SG.
[8] *Salvum omne assodiens* SG.
[9] Locus corruptus in ms. B.
[10] *Bertelaigane* SG.

[1] *Lautangas* B.

latere terram Bernardi de Plas, ex alio vero latere terram Bernardi de Seirac[2], de alia vero parte rivum currentem, et de alia vallatum[3]. Sane si quis super hanc donationem, vel ego ipse, aut ullus ex heredibus meis vel propinquis, ullam calumniam generare voluerit, inprimis iram Dei omnipotentis incurrat. Facta cessione ista regnante Aenrico rege. S. Rotberti fratris mei. S. Odolrico Maleto. S. Constantino presbitero. S. Deusdet[4] præpositi.

XCI.

[Laxa Geraldi de Illa Becia et prædio quodam in Quincione.]

Sæc. xi seu recentior.

B. p. 117.
SG. p. 165.
C. p. 163.

Breve memoriale quod Geraldus fieri jussit. Inprimis ego Domino Deo et S. Petro Bellilocensi dimitto, pro anima mea, villam meam quæ vocatur Ad illa Becia, mansum ubi Guinabertus[1] manet, et alium mansum ubi Grimaldus manet, et alium mansum ubi Johannes manet, et capmansum ubi Aldeguierius[2] manet. Item in alio loco, in villa quæ vocatur Quincion[3], caputmansum ubi Benedictus manet, cum duodecim denariatis de vinea et cum prato. Ista omnia supradicta in tali ratione dimitto ut, quandiu ego Geraldus et nepos meus Geraldus advixerimus, teneamus, et annis singulis, ad missam S. Petri denarios duos de cera in censu persolvamus; post nostrum dicessum in dominio S. Petri remaneant et S. Primi ad sacrarium. Si vero ullus homo de communia[4] S. Petri alienare voluerit quicquam de supradictis rebus, nepoti mei Geraldus et Guauzfredus ponant super altare S. Petri denarium unum et teneant omnia. Item mansum de Genebraria Gauzfredo et Hugoni remaneat; post mortem illorum S. Petro remaneat.

[2] *Sayrac* SG.
[3] *Vallum* SG.
[1] *Ginnabertus* SG.
[2] *Adegimerius* SG.
[4] *Deidet* B.
[3] *Quincono* B.
[4] *Communi* SG.

XCII.

[Donum Geraldi, Petri et Ademari fratrum pro anima parentum suorum.]

Nos enim in Christi nomine tres fratres : Geraldus, Petrus et Ademarus, divino amore ac cœlestis patriæ desiderio compuncti, cedimus in vita nostra Deo et S. Petro et ad monachos in loco qui vocatur Belluslocus, de nostris propriis rebus quas hodie absque ullius hominis contradictione tenemus ac possidemus, hoc sunt scilicet illos mansos vel illas terras aut illud boscum Menoidre[1]; et appellatur hoc[2] A Costugias, excepta illa terra quæ de Inter Quatuor Cruces[3] est; hoc habemus datum S. Martino Tutelæ. Hæc omnia, pro animabus patrum nostrorum defunctorum, Domino Deo et S. Petro [dimittimus], tali scilicet ratione ut tertiam partem ab hodierno die, quæ est octavo kalendas aprilii, habeant et possideant, alias autem duas, si quis ex nobis[4] obierit, semper in dominio habeant. Si autem nos ipsi aut ullus homo sit qui contra hoc donum, sine malo ingenio Deo et S. Petro [collatum], litem aliquam inquirerit, auctores criminis erimus. [Facta cessio ista] regnante Philippo rege.

An.
1060-1108.

B. p. 117.
SG. p. 163.
C. p. 164.

XCIII.

[Alors domina bordariam ad Batut concedit.]

In Evangelio Dominus ait : *Si quis diligit me, sermonem meum servabit*; et Johannes[1] : *Deus charitas est*. Qui ergo mente integra Deum desiderat profecto jam habet quem amat. Cujus amatu et desiderio

An.
1164-1197.

B. p. 118.
SG. p. 163.
C. p. 164.

---

[1] *Menundrico* SG.
[2] *Et appellatur ad Costugias* SG.
[3] *Devitus quatuor cruces* B.
[4] *Exul pro ex nobis* SG.

[1] *Johannes Ispanis, quarto cap.* SG.

tactus, ego in Christi nomine, Alors domina, priusquam me mors occupet, dono bordariam meam quæ est ad Batut[2], quam senior meus Bernardus[3] laxavit S. Petro, post mortem meam, me vidente et audiente[4], et vidente Constantino monacho et Geraldo vicario[5]; et accipio ex eis novem solidos. Quare facio in vita mea, ita dimitto S. Petro ut proficiat animæ meæ et animæ domini mei Bernardi, et aperiat nobis januam vitæ æternæ. Et si ullus homo aut ulla femina tollere voluerit aut fecerit, maledictus et excommunicatus sit, et cum Belial et Datan et Abiron et sequaces eorum in futuri sæculi lugeant. S. Rigaldi de Garda[6]. S. Johannis Arlenni. S. Constantini. S. Geraldi.

XCIV.

[Geraldus et Vierna filium suum Geraldum Deo offerunt.]

Mai.
1032-1060.

B. p. 118.
SG. p. 164.
C. p. 165.

Cum legaliter sanccitum antiquitus teneatur et cautum cum oblationibus Domino parentes suos tradere filios in templo Domini feliciter servituros, procul dubio hoc de nostris faciendum nobis salubriter præbet exemplum. Idcirco in Dei nomine Geraldus et uxor mea nomine Vierna, hunc præsentem filium nostrum offerimus, nomine Geraldum, in monasterio S. Petri Bellilocensis, in præsenti congregatione, cum consilio parentum nostrorum[1], cum oblatione atque

---

[2] *Ad Batu* SG. De isto loco prope Bellilocensem villam sito vide infra ch. cxciv, anni 1190.

[3] Bernardus iste fuit, ni fallor, vicarius Bellilocensis villæ de quo agitur in ch. cxcii.

[4] *Audiente cum Constantino* SG.

[5] Geraldus vicarius Bellilocensis, filius Bernardi senioris supra memorati, homagium abbati Petro fecit ann. 1164-1190, controversiamque ulterius movit de juramento ad novum abbatem Umbertum præstando, ann. 1190-1197. Vide infra ch. cxcii.

[6] *De Balda* B.

[1] *Meorum* B.

petitione, palla altaris manus suas involutas[2], ad nomina sanctorum quorum hic reliquiæ continentur, et supradictam congregationem tradimus coram testibus regulariter permansurum, ita ut beati et patris[3] Benedicti cognoscat se æternaliter instituta servare, et Domino Deo cum cæteris fratribus gratanti animo militare. Et, ut hæc traditio inconvulsa permaneat, promittimus sub jurejurando coram Deo et sanctis angelis ejus, et B. Petro principi apostolorum, quia nunquam per nos neque per suffectam personam aliquando de monasterio tribuemus occasionem; et, ut hæc petitio firma permaneat, manu nostra propria subterfirmare desideravimus. Denique ego Geraldus et uxor mea Vierna, qui offerimus filium nostrum nomine Geraldum[4] Deo et S. Petro, cedimus hodie pro eodem puero ad hunc locum qui dicitur Belluslocus, de rebus proprietatis nostræ : hoc est unum mansum qui vocatur Folcunaina[5]; et juxta ipsum mansum meum, unam bordariam, cum uno molendino; et in alio loco qui vocatur Ad illa Poiada, quatuor denarios[6] de vinea cum terra quam ibi habeo, quod Petrus tenet de Drocolen[7]. Hoc vero totum et ad integrum Deo et S. Petro offerimus cum filio nostro Geraldo, ut rectores istius loci possideant et teneant, nullo contradicente. Et si ullus abbas aut ullus monachus de comunia[8] istius loci ejecerit, sit anathema, et cum Datan et Abiron in inferno participentur in perpetuum et in sæcula sæculorum. Amen. Facta est cessio ista in mense martio[9], regnante Ainrico rege. S. Geraldi qui cessionem istam fieri et adfirmari rogavit. S. Petri. S. Stephani. S. Eboli S. Gausberti.

[2] *Involvente* SG.
[3] *B. Petri* B.
[4] *Geraldum* deest SG.
[5] *Folcuciama* SG.
[6] *Denaria cum terra* B.; *de vinea* deest. *Cum terras quas*, etc. SG. — [7] *Drocolons* B. — [8] *Communi* SG. ibi et passim. — [9] *Martio* SG.

XCV.

Conventio quam fecit Ademarus de Camairaco cum monachis S. Petri de Belloloco.

Sæc. xi seu recentior.

B. p. 120.
SG. p. 166.
C. p. 167.

Baccalariam meam de Camairaco dimitto Deo et S. Petro post mortem meam totum et ad integrum, sicut ego teneo, nullo contradicente, ita ut corpus meum sepeliatur, si ad ipsum locum portatus fuero. Si vero ad Tutelam sepultus fuero, xv solidos pro ipsius mansi redemptione dent, in tali convenientia ut quinque solidos de suo dominio[1] dent, alios vero x accipiant de illos quos ipse habeo ad fevum[2] de ipsa curte. Si vero illo anno recepti fuerint, anno sequenti recipiant; illi vero qui honorem meum tenuerint, alios xv dent pro sepultura corporis mei ubicumque fuerit sepultum; et in manso qui vocatur Ad Mainanos, dimitto quatuor gallinas; et in manso Ugbaldi[3] de Campainaco, unam carteriam quæ debet unum modium de seglo; et in ipsa villa, aliam cartariam quam tenet Geraldus de Illa Casa, quæ debet alium modium de sigel, et in ipsa villa, juxta mansum qui vocatur Ad illa Casa, unam bordariam. In ipsa vero habet Gauzbertus de Fanlaco quatuor denarios ad fevum; post mortem meam S. Petro in dominio remaneant. Ille vero qui honorem meum tenuerit quem ego habeo de S. Petro ad fevum, aliam consuetudinem non mittat, neque aliquid accipiat nisi quod rectum est ad fevum sine malo ingenio. Si vero fecerit, seniores ipsius loci omne illud fevum accipiant usque[4] rectum faciant. Sane[5] carta hæc firma et stabilis permaneat nullo contradicente.

[1] *Domino* SG.
[2] *Ad fevum* desunt SG.
[3] *Ubaldi* SG.
[4] *Atque rectum* SG.
[5] *Sed ut carta hæc firma et stabilis*, etc. B. Si hæc lectio vera esset, phrasis inconfecta et charta mutila fuisset.

XCVI.

[Laxa Gauzberti de vinea in Pagaciaco.]

Sacrosanctæ basilicæ S. Petri Belliloci monasterii. Ego enim in Dei nomine Gausbertus pro remedio animæ meæ, cedo ad jam dictum locum ubi viri[1] venerabiles Geraldus et Adalgis abbates præesse videntur, vineam meam quæ est in urbe Limovicino, in vicaria Asnacense, et in loco qui dicitur Pagaciacus; habetque fines ex omnibus partibus terram S. Petri. Istam vero vineam jam dictam Deo et S. Petro offero in stipendiis monachorum, in tali ratione ut quandiu advixero teneam, et annis singulis, tempore vindemiæ, sextarios duos de vino in censo persolvam, post mortem quoque meam S. Petro remaneat nullo contradicente. Sane si quis, ego immutata voluntate mea, aut ullus homo qui contra hanc cessionem ullam calumniam generare voluerit, omnipotentis Dei iram incurrat, et quod petit non vindicet; sed præsens cessio ista firma sit omni tempore. Factam hanc cessionem in mense octobri, regnante Lotherio rege. S. Gauzberti qui cessionem hanc fieri et adfirmari rogavit. S. Dadoni S. iterum Gauzberti. S. Ugoni. S. Austorgii.

Oct. circa 970.

B. p. 120.
SG. p. 167.
C. p. 168.

XCVII.

[Gauzfredus et Bernardus Petronem fratrem ad clericatus ordinem monachis tradunt.]

Cum legualiter sanccitum antiquitusque teneatur et cautum cum oblationibus Domino parentes suos tradere filios in templo Dei Domino feliciter servituros, procul dubio hoc de nostris filiis faciendum

An. 1056-1076.

B. p. 121.
SG. p. 168.
C. p. 168.

---

[1] *Vir venerabilis Geraldus et Adalgis abbates* SG. Coabbates isti Bellilocenses ministraverunt per annum saltem 970. Geraldus in anno 971 certe et forte usque ad annum 974 coabbatem habuit Adalgarium nomine, qui idem videtur esse qui in præsenti Adalgis nuncupatur.

nobis salubriter præbetur exemplum; æquum etenim est indictum creatori nostro de nobis reddere fructum. Idcirco nos Gauzfredus et Bernardus[1] hunc fratrem nostrum nomine Petronem, cum oblatione in manu atque petitione, altaris palla omnia[2] involuta, ad nomen sanctorum quorum reliquiæ hic continentur, et Frodini abbatis[3] et omni congregationi tradimus, coram testibus, regulariter permansurum, ita ut ab hac die non jam liceat collum de sub jugo regulæ excutere. Et, ut nostra traditio inconvulsa permaneat, promittimus cum jurejurando, coram Deo et angelis ejus, quod nunquam per nos vel quolibet modo per rerum nostrarum facultates, egrediendi ei aliquando de monasterio tribuimus occasiones. Et, ut hæc nostra traditio inconvulsa permaneat, manu nostra eam subterfirmavimus et testibus tradidimus roborandam. Cedimus autem, cum ipso fratre nostro, mansum de Rosairet[4], cum omnibus ad se pertinentibus; et exeunt[5] duos solidos ad natalem Domini, et duos panes et duas gallinas, in augusto octo denarios et novem sextarios de civata[6], in martio duos multones[7]; et quartam de ipsa terra, et medietatem de vinea. S. Geraldi patris sui qui in vita sua hoc fieri præcepit. S. Gauzfredi fratris sui. S. Bernardi fratris sui.

XCVIII.

[Laxa Eboli de vinea Plantada et de Illa Poiada.]

26 jul.
1032-1060.

Ego gratia Dei Ebolus[1], divino amore et cœlesti desiderio compunctus, cedo, in vita mea, S. Petro in loco qui vocatur Belluslocus,

[1] *Benedictus* B. et SG.
[2] *Omnino* B.
[3] De abbate isto necnon de nota chronica videsis supra ch. LXXXVI.
[4] *Rosayret* SG.
[5] *Exemit duos* B.
[6] *Sextarios de synodo* corrupte SG.
[7] *Duos muliones et quartum de ipsa terra* SG.

[1] *Ebodus* B. et SG. sed in subscriptione *Ebolus*. Idem indubitate qui, una cum Stephano cujus quoque infra signum vides, subscripsit chart. XCIV (ann. 1032-1060).

de meis propriis rebus quas hodie absque ullius hominis contradictione teneo atque possideo, hoc est scilicet res quæ vocatur Ad Brolium. Et[2] semper adpræsens mea sponte priusquam me mors occupet, cedo eidem apostolorum principi Petro, medietatem de ipso Brolio, et medietatem de omnibus ortis qui ibidem pertinent; et medietatem de cunctis vineis quæ similiter ibi pertinent; et medietatem de pratis meis qui ibidem esse videntur. Aliam medietatem dimitto ad nepotam meam nomine Vigernane[3]; post mortem ejus S. Petro permaneat. Hæc omnia pro anima mea, pro anima fratris mei Galterii[4], et pro anima Folcaldi, et pro anima matris meæ, et pro animabus parentum meorum defunctorum et vivorum, Domino Deo offero et apostolo ejus Petro, post mortem meam, tali scilicet ratione ut ultra jam ab hodierno die qui est septimus kalendas augusti, et deinceps nullus sit qui hanc cessionem requirat nec requirendi fiduciam habeat. Et si ego ipse post hodiernum diem legitimos filios aut filias genuero, ipsi hic nullam habeant partem vel querimoniam, sed libera mente Sancto Petro sit post mortem meam. Et omni anno, quandiu ego vixero, accipiant et teneant monachi illas duas denariatas de illa vinea quæ vocatur Plantada, tertium et oblias. De cætero, post hæc omnia, volo ut bordaria de Illa Poiada[5], quam Folcaldus patruelis meus dimisit S. Petro et ad remedium filii[6] sui Galterii, tali scilicet ratione ut ipse Galterius iterum post mortem suam dimitteret S. Petro; quam convenientiam Galterius transgrediens, dedit eam osculo uxori suæ Elianæ malo ordine et non recte: ipsam, post mortem illius feminæ, volo ut S. Petrus et monachi ejus in suum revocent dominium. Adsigno me ego Ebolus auctorem et testem hujus rei ita permanere absque ullo contradicente. S. Ramnulfi. S. Stephani. S. Ugoni qui hæc omnia novit et scit.

qua inter multa, quædam jura in loco de Illa Poiada concessa fuere Bellilocensibus.

[2] *Ex nunc mea sponte in perpetuum priusquam* SG.

[3] *Vigerane* SG.
[4] *Greterii* B.
[5] *Paiada* B.
[6] *Filio suo Galterio* SG.

XCIX.

Constitutio vel conventio quæ facta est inter monachos de Belloloco et filios Geraldi de Serra, Stephanum et Bernardum, de honore quem Giraldus[1] Rigaldus dedit Deo et S. Petro.

29 jun.
1061—1108.

B. p. 193.
SG. p. 171.
C. p. 171.

Quando Deo se obtulit ad faciendum monachum, Giraldus Rigaldus dedit Deo et S. Petro de Belloloco ex hereditate sua duos mansos in villa quæ vocatur Inmont: mansum qui vocatur Amarzan et mansum de Monte ubi Bernardus de Poieto visus est manere, et duas bordarias: bordariam del Pleniene et bordariam de Salezosa, et tertiam partem de bordaria de Nogent, et tertiam partem de vineis de Mont, et tertiam partem de Bosco. Quamobrem supradicti filii Geraldi, pro suo genere, calumniaverunt feceruntque placetum et constitutionem cum monachis ejusdem loci, et dederunt eis centum solidos denerariorum, et ipsum honorem per manus ipsorum acceperunt, in tali convenientia ut quandiu viverent tenerent, post mortem vero illorum S. Petro remaneret nullo contradicente. Et ita remanere constitutum est ut qui primus ex illis obierit, pars illius S. Petro semper remaneat, et monachi eum sepulturæ tradant si eis adportatus fuerit. Si autem in alio loco sepultus fuerit, monachi pro anima ejus centum missas cantent, et sicut constitutum est de primo, similiter constitutum est quando obierit de alio. Si quis, nos ipsi, aut aliquis de heredibus nostris, hanc constitutionem destruere voluerit, cum Datan et Abiron et Juda traditore, in infernum demergatur. Facta est carta ista in mense julio, regnante Philippo rege. S. Wilelmi[2] decani. S. Geraldi monachi. S. Guitardi monachi. S. Geraldi Rigaldi. S. Gauzfredi præpositi de Brivaciaco. S. Gauzberti Austorgii. Isti sunt testes et auctores qui hunc conventum placitaverunt et ante altare B. Petri gurpitionem receperunt tertio kalendas julii, in festivitate apostolorum Petri et Pauli.

[1] *Geraldus et Rigaldus dederunt* B, sed paulo post: *Se obtulit... Giraldus Rigaldus.*
[2] *Guillelmo* SG.

C.

[Laxa Gerberti de Merle in villa de Faurgas.]

In honore Domini nostri Jesu Christi, ejusque sanctissimæ genitricis, et Petri apostolorum principis, omniumque sanctorum. Ego Gerbertus de Merle, vivus, sanaque deliberatione inductus[1], in præsenti cedo Deo et B. Petro et altari de Belloloco, omnibusque reliquiis ejusdem loci, aliquid de jure hereditatis meæ : septem videlicet solidos et sex denarios et obolum unum in villa de Faurgas[2], in manso qui vocatur Dalrin, pro animæ meæ parentumque meorum remedio, hac conditione ut hujus summæ XII denarii nunc ac omni tempore in confraternitate præbeantur. Reliquos vero, quamdiu vixero, domnus Geraldus[3], abbas, cum consilio fratris mei et nepotis mei Heliæ, in hujusmodi opere quod patescit, impendat.

An.
1097 – 1119.

B. p. 125.
SG. p. 172.
C. p. 172.

CI[1].

Brevem[2] de exemptis quæ vicarii[3] de Favars habent in terra S. Petri.

Gerbas debent rustici, tempore messis, de unaquaque quarteria duas ad vicarios; reddant vero ipsas legales quales[4] messoribus dederint propter lucrum. Fenum[5] vero similiter de unaquaque unum

Sæc. XI seu XII, et potius XII.

B. p. 125.
SG. ibi tacet.
C. p. 173.

---

[1] *Initæ* B.
[2] *Farguas* SG.
[3] Geraldus iste abbatiam tenuit ab anno 1097 certe ad annum 1119 et forte ad annum 1130.

---

[1] Brevis iste abest in ms. Sangermanensi.
[2] *Breve* B.
[3] *Vicarius de Favars habet* B.
[4] *Quas* SG.
[5] *Fenoris* B. *fœnum quoque de unoquoque*, etc. SG.

faisum talem qualem legaliter unus homo potest portare de domo rustici usque domum vicarii sine malo ingenio; ipsum reddant de missa Sancti Martini usque ad capud jejunii. Palatores[6] vero quas apprehendunt quatuor[7] de quarteria reddant secundum pondus quod electum est. Mixturam vero quam debent rustici per censum, hæc sunt[8] : de quarteria duo[9] sextarii, de avena tres eminas, et quartum ex ordeo aut annona. Si vero mixturam simul recipere noluerint, reddant cui addant cumulata[10] et non calcata; de ordeo vero eminam cumulam[11] aut de annona rasam. In fevum vero ad judicem non habet vicarius ullum districtum[12] nec ullam adprehensionem. In fevum vero ad cellararium, nec[13] in fevum ad quocum, nec in fevum ad forestarium, nec in fevum ad piscatorem, nec in fevum ad exauctorem, nec in brolium dominicarium non habet vicarius ullum districtum, nec judex nec ullam adprehensionem. Homines vero de terra Sancti Petri non accipiant mulieres extraneas de foris, dum in ipsa curte inveniri poterint esse feminæ cum quibus jungantur. Similiter et de feminis sit, dum in ipsa curte inventi fuerint homines cum quibus jungantur legaliter. Quod si judex aut vicarius constitutionem hanc transgressi fuerint pro ullo malo ingenio, secundum legem emendant abbati aut præposito : ipsa vero lex LX^a solidi sint. Et si rusticus fecerit sine consilio eorum, legem suam emendet, et ipse homo aut femina in ipsa terra revertatur illic ubi ipsi elegerint sine bauzia. Si homo aut femina in ipsa curte mortuus fuerit non habens filium aut filiam, vel talem heredem qui censum senioribus solvat, quod dimiserit Beato Petro et sacerdotibus in elemosina aut vicariis[14] sua spontanea voluntate, stabile sit : aliud vero quod remanserit, adprehendant judices et diligenter custodiant usquedum præpositus ve-

[6] *Politores* SG.
[7] *Quatuor* deest SG.
[8] *Est* SG. *hoc sunt* Cangius. *Glossar.* v° *Mixtura.*
[9] *Duos sextarios* SG.
[10] *Cumulate... eminam* desunt B.
[11] *Cumula aut de avena* B.
[12] *Destructum* corrupte B.
[13] *Nec in fevum... piscatorem* desunt B.
[14] *Vicarii* in codice de Costa, sed false sine dubio.

niat, et dum venerit præsentetur quod inventum habuerint, et[15] dividant in tribus partibus : duæ[16] partes Beato Petro sint, tertia inter judicem et vicarios. Si vero heres pro eo remanserit, quod dimiserit aut ordinaverit, stabile sit, nullo contradicente. De terris vero absis, si homo aliquid fecerit, judex recipiat quod exierit, et, si censum solvere voluerit vicariis, recipiant, et, si reddere noluerit censum, reddat illis tertiam partem de hoc quod de terra exitum fuerit, et Beato Petro duas. In illis rusticis ubi quærere solent opera, habent unam diem cum bovibus de illis hominibus qui boves habuerint quamdiu baccalariam[17] fecerint[18], et non plus. Si batallia[19] aut judicium firmaverint cum aliquo, et si propter hoc redemptionem dederint, non habeat partem vicarius nec judex. Si sacramentum[20] firmaverint cum lege, et redemptionem dederint, tertiam partem illis reddant.

CII.

[Notitia gurpitionis Stephani de Monte, de Parario et Afilato.]

Notitiam gurpitionis quam fecit Stephanus[1] et mulier sua de manso de Monte qui vocatur Alla Cumba, et de vicariis quas habuit Saltetus

An.
1061–1108.

B. p. 127.
SG. p. 174.
C. p. 175.

[15] *Ut* pro *et* SG.

[16] *Duas partes B. Petro, tertiam inter*, etc. SG.

[17] Id est *opus baccalariorum* exercuerint. Baccalarii inter rusticos sunt annumerati, sed rusticis mansorum cultoribus longe honoratiores. (Cangius, *Glossar.* v° *Baccalaria*.)

[18] *Et non : si bacalia* Cangius in excerptis *Glossario* insertis.

[19] Sic C. *bacalia* Cangius, loc. supra laud. *baccalaria* SG.

[20] *Si sacramentum fecerint cum lege* Cangius, loc. cit.

[1] Filius, ut arbitror, Geraldi de Serra, iste Stephanus qui una cum fratre suo placitum seu pactum fecit de pluribus prædiis inter qua mansus de Monte (ch. xcix, ann. 1061-1108). Quare easdem notas chronologicas ibi posuimus.

in manso de Parario, et in alio manso de Afilato qui est in Monte, et de terra de Bosco Ugoni, dimittimus Deo et S. Petro. Et vineas quas habemus in ipso Monte, totum et ad integrum hoc dimittimus; et insuper cedimus mansum nostram, post mortem nostram, qui vocatur Alla Vaissia, in tali convenientia ut, omni anno, sex denarii[2] reddantur quamdiu vixerimus. Et insuper fiducias damus Petroni de Scorralia[3] et Stephanum et Begonem. S. Stephani et uxoris suæ. S. Bernardi. S. Gerberti[4]. S. Austorgii.

CIII.

Brevem memorialem quam fecit Gauzbertus de Aliaco in vita sua Deo et S. Petro, pro anima patris sui et matris suæ.

Circa an. 1076.
—
B. p. 127.
SG. p. 175.
C. p. 176.

Ego enim in Christi nomine Gauzbertus[1] cedo res proprietatis meæ ad monasterium quod vocatur Belluslocus in honore videlicet S. Petri aliorumque sanctorum : hoc est mansum meum quem habeo in villa Damelio[2] [alias : Dancelio], totum quod visus sum habere in ipso manso, aut[3] ullus de fevalibus meis habet de me; et alium mansum in villa de Spaniagol[4], qui vocatur Al Coderc; in ipsa villa de Spaniagol, totum alodum meum quod ego habeo aut ullus homo habet de me. Dimitto Deo et S. Petro et medietatem de Batutum, post mortem filii mei, si filius meus non habuerit filium legitimum; et, si filium habuerit de uxore sua, post mortem supradicti filii,

[2] *Sex denarios reddamus* SG.
[3] *Descalaria* B.

[4] Idem forte qui Gerbertus de Merle donator in charta c (ann. 1096-1109).

[1] Idem qui, ut arbitror, ch. cvii (circa ann. 1076) subscripsit.
[2] *Dancelio* seu *Damelio* incerte SG. Forte *Danielio* legendum.

[3] *Aut... de me* desunt B.
[4] De villa de Spaniagol vide infra chartam cvii (circa ann. 1076) supra laudatam.

sine ullo conventu remaneat[5] Deo et S. Petro, nullo contradicente. Et in alium mansum qui vocatur A Podio, dimitto XII denarios in confrairia[6]. S. Bosoni. S. Petroni. S. Ademari. S. Gauzberti. S. Gauzfredi filii sui.

CIV[1].

[Venditio a Cristina facta de manso uno in villa Ad illo Sabulo.]

Lex romana docet ut quæcumque persona, quæ de rebus suis aliquid in alterius potestate tradere voluerit, liberam et firmissimam habeat ad faciendum facultatem[2]. Nos igitur in Dei nomine Cristina[3], et filia mea Stevena, et filii mei Autguerius[4] et Rotbertus, vendimus ad jam dictum locum qui vocatur Belluslocus, qui est fundatus in honore summi clavigeris cœli Petri, aliorumque SS. Primi et Feliciani, necnon et B. Felicitatis et egregii confessoris Christi Emelii, ubi domnus Bernardus[5] [alias : Bertrandus] pontifex[6], abbas præesse videtur. Constat nos pariter vendere ad habitatores ipsius loci mansum nostrum qui est in orbe Limovicino, in vicaria Asnacense, in villa quæ vocatur Ad illo[7] Sabulo; unde accepimus ab habitatoribus ipsius loci pretium in quo nobis bene complacuit: hoc est in argento solidos novem; ita ut ex hodierno die teneant et possideant habitatores ipsius loci, nullo contradicente. Sane si quis, nos ipsi,

Aug.
1037-1055.

B. p. 128.
SG. p. 176.
C. p. 176.

[5] *Debebat* corrupte B.
[6] *In confraternitate* SG.

[1] Ex mss. B. C. et SG. et excerptis inter schedas v. cl. Chesnii, t. XXII, fol. 88.
[2] *Facultatem* deest SG.
[3] *Christina* B. et Ch.
[4] *Atgerius* B. *Algerius* SG.
[5] *Bertrandus* B. SG.; abbas iste pontifex dictus, est, ut arbitror, Bernardus tertius nomine, qui abbas tantum fuit annis 1028. 1029 et 1030, et, circa ann. 1037, in Cadurcensi cathedra elevatus, monasterium Bellilocense nihilominus gubernavit usque ad ann. 1055.
[6] Sic C.SG. et Ch. *pontifex* deest B.
[7] *Ab illo Sabaulo* SG.

immutata voluntate nostra, aut ullus ex parentibus nostris, aut ulla immissa persona, qui contra hanc venditionem ullam calumniam inquietare præsumpserit, inprimis iram Dei omnipotentis incurrat et cum Datan et Abiron in inferno consistat. Facta est cessio ista in mense augusto, regnante Aenrico rege Francorum. S. Rigaldi. S. Ugoni. S. Autgerii. S. Rotberti. S. Cristina[8]. S. Stevenane[9].

CV.

[Donum quod fecit Petronilla Geraldi de Capra filia, de manso Allas Mazerias, pro sepultura.]

An. 1100-1108.
B. p. 128.
SG. p. 177.
C. p. 177.

Petronilla, filia Geraldi de Capra, hujus sæculi fragilitatem considerans, pro anima patris et matris meæ necnon etiam pro redemptione peccatorum meorum, ad locum qui vocatur Bonavilla[1] atque domno Geraldo abbati cæterisque cohabitantibus monachis, dono unum mansum qui vocatur Allas Mazerias, quem Geraldus Garinus[2] tenet ita in dominio quatenus illud Ugo Castrinovi habere videbatur quod in pignore triginta habuit solidorum censum suum : hoc est quatuor sextarios avenæ; et totum et ad integrum quantum habeo, dimitto. Et unum molendinum quod vocatur Alz Beals, similiter dimitto. In Castronovo domos quas Petrus Emelius[3] impignoravit de patre meo Geraldo per triginta solidos, hoc totum dono supradicto loco; et meum corpus, ubicumque moriar, juxta patrem meum Geraldum me sepeliant. Facta est cessio ista regnante Philippo rege, atque Ugone Castrinovi et filio suo Gerberto et[4] Rot-

---

[8] *Christina* B.

[9] *S. Stevena* SG.

[1] De Bonavilla vide supra ch. XXXIX, LX, LXI et LXII. De Petronilla de Capra vide ch. XLI, et de nota chronica ch. XLI, not. 1.

[2] *Garinna* false B. Videsis ch. XLI.

[3] *Remilius* SG.

[4] *Et* deest SG.

berto et[5] Geraldo Raimundo marito meo concedente. S. Petri monachi Sancti Sereni[6] ejusdem loci prioris. S. Uguoni monachi. S. Geraldi sacerdotis.

CVI.

[Laxa Frotarii pro anima Edaci fratris sui, in villa S. Maxentii.]

Sacrosanctæ basilicæ S. Petri Belliloci. Ego enim in Christi nomine Frotarius, elemosinarius fratris[1] mei Edaci, cedo pro anima ipsius Edaci, ad monasterium quod vocatur Belluslocus, in honore videlicet Dei et S. Petri aliorumque sanctorum, ubi vir venerabilis Johannes abbas[2] præesse videtur, hoc est mansos nostros qui fuerunt ipsius Edaci, qui sunt in urbe Limovicino, in vicaria Usercense, in villa S. Maxentii[3] : mansum ubi Geraldus visus est manere, et alium mansum ubi Teotbaldus[4] visus est manere.

An.
927-932.

B. p. 129.
SG. p. 177.
C. p. 178.

CVII.

[Petrus et Aalsaz filium suum Geraldum S. Petro pro clericatu offerunt.]

Cum legaliter sanccitum antiquitusque teneatur et cautum cum oblationibus Domino parentes suos tradere filios in templo Domini Domino fideliter servituros, procul dubio hoc de nostris filiis sic fa-

Circa an. 1076.

B. p. 129.
SG. p. 178
C. p. 179.

---

[5] *Et* deest SG.

[1] *Fratris mei Edati* B.
[2] Johannes abbatiam ministravit certe a mense septembri anni 927 usque ad

[6] *Serenii* B.

mensem septemb. anni 932 et forte diutius.
[3] *S. Martini* SG.
[4] *Terbadus* B.

ciendum nobis salubriter præbetur exemplum; æquum etenim est judicium creatori nostro de nobis reddere fructum. Idcirco ego Petrus et uxor mea Aalsaz hunc filium nostrum nomine Geraldum, cum oblatione in manu atque petitione[1] altaris, palla omnino involuta, ad nomen SS. Petri apostoli videlicet, Primi et Feliciani, aliorumque sanctorum quorum hic reliquiæ continentur, et Ugoni abbatis et Frodini[2] [alias : Erodini], omnique congregationi trado coram testibus, regulariter permansurum, ita ut ab hac die jam non liceat illi collum de sub jugo regulæ excutere. Et, ut hæc nostra traditio inconvulsa permaneat, promitto cum jurejurando, coram Deo et angelis ejus, quia nunquam per nos néque[3] per suspectam personam, vel quolibet modo[4] per rerum mearum facultates, egrediendi ei aliquando tribuo occasionem; et, ut hæc petitio[5] firma permaneat, manu mea eam firmavi et testibus tradidi roborandam. Cedo autem, cum ipso filio meo, Deo et S. Petro Bellilocensis cœnobii, aliquid de rebus proprietatis meæ : hoc est convenientiam de alode meo de Spaniagol, medietatem de ipsa villa, quantum ego visus sum habere vel possidere : post mortem meam, S. Petro Bellilocensis cœnobii remaneat nullo contradicente; et semper ad præsens unum mansum de ipso alode qui vocatur.....[6] S. Petri[7] patris sui et matris suæ Aalsaz. S. Gauzberti[8]. S. Bernardi avunculi sui. Si quis contra hanc cessionem ullam calumniam generare præsumpserit, inprimis iram Dei incurrat et cum Datan et Abiron in inferno consistat.

[1] *Potestate* SG.

[2] *Erodino* SG. deest B. Frodinus abbas Belliloc. post ann. 1073 adhuc memoratur; in anno 1076 seu antea, Tutelensis abbas factus, decanatum Bellilocí tantum retinuerat. Porro in præsenti charta sine ullius dignitatis designatione nominatus, decanus jam tantum verisimiliter erat, quod circa ad ann. 1076 referendum.

[3] *Neque per suspectam personam* desunt B.

[4] *Per terram rerumque mearum* SG.

[5] *Traditio* B.

[6] Locus vacuus observatur in mss. C. et SG. In ms. B. legitur : *quod vocatur S. Petri. Sign. Gausberti*, etc. sed false; charta nostra ibi mutila videtur.

[7] *Patris... Aalsaz* desunt B.

[8] *Gauzberti de Aliaco*, ut conjicio, vide supra ch. CIII.

CVIII.

[Rotbertus vetus comes et elemosinarii plures pro anima Galdoni villam Damiago condonant.]

Sacrosanctæ ecclesiæ quæ est consecrata in honorem S. Petri Belliloci, vel aliorum multorum sanctorum[1] quorum reliquiæ ibi sunt requiescentes, ubi Johannes abbas præesse videtur. Ego quidem in Dei nomine Rotbertus vetus comes[2], et Ramnulfus et Austorgius, et[3] Rangis, et iterum Austorgius, et Bernardus, et Daniel, et Stevenus, Elengandus[4], et Bertrandus elemosinarii qui fuerimus Gualdoni defuncto, tractavimus de Dei timore et de anima Galdoni. Propterea cedimus vel condonamus ad ipsam casam Dei jam dictam, villam nostram quæ est in urbe Limovicino, in pago Tornense[5], in vicaria de[6] Torinna, quæ dicitur Damiago, cum mansis et appendiciis, cum ipsis vineis, cum domibus, edificiis, cum exitibus et regressibus, vilaris, virdigariis, ortiferis, arboribus, cum campis, pratis, pascuis, silvis, vineis, aquis aquarumve decursibus, cultis et incultis, quæsitum et quod adquirendum est, omnia et ex omnibus quantumcumque ad ipsam villam aspicit quæ nobis per fide commissum de nomine Galdoni quondam advenit. Ista omnia superius scripta, cum omni integritate, absque ullo contradicente, ad ipsam casam Dei jam dictam cedimus vel condonamus per hanc cartam, manibus nostris ad ipsam casam Dei jam dictam tradimus, transferimus atque transfundimus, ad habendum et possidendum, ut ipsi monachi Deo servientes et S. Petro omnique tempore possidere faciant. Et si quis, nos ipsi, immutata voluntate nostra, aut ullus de heredibus nostris, aut ulla immissa persona

Sept. 932.

B. p. 130.
SG. p. 179.
C. p. 180.

---

[1] Fragmenta chartæ istius exstant apud Justell. (*Hist. geneal. Turenn.* pr. p. 15.)

[2] Robertus nepos Godofredi comitis Turennensis et ipse comes Turennensis. (Baluz. *Hist. Tutel.* p. 13.)

[3] *Etrangis* ibi corrupte SG.; in subscriptione *Rangis*.

[4] *Elengandus* deest B.

[5] *Torinense* SG.

[6] *De Torinna* desunt SG.

quæ post hanc diem contra hoc testamentum ire aut ullam calumniam generare præsumpserit, aut illud infrangere voluerit, quis fecerit componat ei cui litem intulerit tantum et[7] aliud tantum quantumcumque ulloque tempore ipsæ res melioratæ valuerint, et quod petit nichil valeat vindicare; sed cessio ista omnique tempore firma permaneat cum stipulatione subnixa. S. Rotberto vetus comito [sic]. S. Ramnulfo. S. Austorgii. S. Rangis. S. iterum Austorgii. S. Bernardi. S. Danielis. S. Steveno[8]. S. Alengaudo[9]. S. Bertrando, elemosinarii qui fuerunt Galdoni defuncto, qui testamentum istud scribere et firmare rogaverunt. S. Froterio[10]. S. Guinaberto. S. Bertrando archipresbitero. Dotavit in mense nonas septembris, anno x regnanti Rodulfo rege[11].

CIX.

[Ramnulfi, Geraldi, eleemosinariorumque aliorum laxa pro anima Uguoni.]

An. 968.

B. p. 131.
SG. p. 181.
C. p. 182.

Sacrosanctæ basilicæ S. Petri Belliloci monasterii : nos enim in Christi nomine Ramnulfus et[1] Geraldus, itemque Geraldus, Bernardus sive Stephanus, elemosinarii Uguoni quondam defuncti, cedimus pro remedio animæ ipsius ad locum jam dictum qui est constructus in honorem Dei omnipotentis et S. Petri, S. Felicitatis, aliorumque sanctorum, ubi viri[2] incliti Guerno et Geraldus præesse videntur, hoc est inprimis in Rundenerio, casam indominicatam ubi ipse Uguo visus fuit manere, cum ipso bosco vel cum alio brolio, cum ipsa bacallaria, cum ipsis vineis prope adhærentibus, cum pratis, aquis,

[7] *Et aliud tantum* desunt B.
[8] *Esteveni* false B.
[9] *Alengaudo* deest B.

[10] *Frotardo* SG.
[11] *Rege* deest B.

[1] *Et* deest B.
[2] *Vir venerabilis Guerno et Geraldus* *abba* SG. Vide supra chartam LXX, p. 121, not. 2.

aquarumve decursibus, cum molendino, cum manso ubi Leoterius manet; et alium mansum quem Ademarus tenet; et alium mansum ubi Costabulus manet, et quantumcumque ad ipsos mansos aspicit aut aspicere videtur. Et in alio loco qui vocatur Flexus, brolio cum ipsis vineis, cum terris cultis et incultis, quæsitum vel quod adquirendum est, excepta illa vinea quam S. Rainerio[3] condonavi; et in Caudaco capmansionile ubi Elena manet : tamen ipsa teneat et filius ejus Ebrardus quandiu vivunt; post illorum dicessum S. Petro remaneat. Et in Riberia[4], vineas sicut descendit rivus[5] Aldeirincus usque ad illum cirum[6] qui est in podio, et usque in pratum cum ipso prato, sicut rivus tenet, cum capmanso ubi Severus manet, cum ipso bosco, cum terris cultis et incultis, et cum aliis vineis quas tenent usque in Croso rivo, et quantumcumque in ipsis supradictis locis ipse[7] Ugo aut pater ejus Franco visi fuerunt tenere ex alode, excepto illo capmanso ubi Benedictus manet, cum omnibus ad se pertinentibus.

CX.

Notitia gurpitionis [Rotberti].

Qualiter veniens Rotbertus et filius suus Petrus, pro anima uxoris suæ Matfredanæ, dimittunt S. Petro Bellilocensi illam partem quam habebant in ipso manso de Mairiniaco[1], qui vocatur Ad Martres. Pro anima patris et matris suæ, et illam partem de ipso prato quod juxta mansum est, similiter dimitto S. Petro, et amplius non requiram, nec ego nec ullus de heredibus meis. Et si ego aut ullus homo qui con-

Sæc. xi seu xii.

B. p. 132.
SG. p. 182.
C. p. 183.

[3] *Ramerius* SG.
[4] *Ripeira* SG.
[5] *Alderrincus* corrupte SG.
[6] *Coram* B.
[7] *Ipse .... tenere* desunt B.

[1] *Mariniaco* B.

tra istam cartam jam scriptam de ipsa terra ire aut inquietare voluerit, inprimis iram Dei omnipotentis incurrat, et quod petit non vindicet. S. Rotberti et filii sui Petri. Similiter Ugo de Gardella dimittit de vicaria S. Petri hoc quod habebat in manso.

CXI.

[Concordia inter Geraldum et Aimericum abbates habita de terra Apaleirs.]

An.
1102-1111.

B. p. 133.
SG. p. 183.
C. p. 183.

Quoniam igitur omni catholicorum collectioni pacis conciliabulum unanimeque concordiam ascicendam non dubitamus; potissimum autem tam religiosorum, tam abbatum quam monachorum, actionum dispositio virtutum exemplaris perlucescat. In nomine sanctæ et individuæ Trinitatis, Geraldus, Bellilocensium abbas, Raimundo[1], Torennensium vicecomite, mediatore, et abbas Aimericus Casæ Dei, terram quæ dicitur Apaleirs, cum omnibus ad se pertinentibus, partiti sunt, hac videlicet conditione ut quicquid eatenus Bellilocenses monachi in prædicta terra quocumque modo proprium habuerant, omnino liberum obtinerent. Reliqua vero quæ Bernardus de Chanac in proprio tenuerat, vel alii ex eo habuerant, terras videlicet cultas et incultas, arbusta, vineas, prata, rivorumque decursus, quæ omnia integra S. Rotberto de Casa Dei quanquam injuste cum alumodo S. Petri essent, relinquendo, dederat prædictus Bernardus, in duo[2] æqua supra notati abbates diviserunt[3], ut, utriusque abbatis summa benivolentia[4] comparata, altera pars B. Rotberto cederet, altera vero B. Petro cui totum esse debet, in perpetuo remaneret. S. Geraldi abbatis Bellilocensium[5]. S. Aimerici Casa Dei abbatis[6]. S. Raimundi Torennæ vice-

---

[1] Raymundo primo nomine.
[2] *Domo supravocati abbatis* SG.
[3] *Dimiserunt* false B. et SG.
[4] Locus corruptus SG.

[5] Geraldus Bellilocense monasterium rexit ab anno 1097 ad ann. 1119 certe, et forte ad ann. 1130.
[6] Aimericus cœnobium Casæ Dei in

comitis. S. Gauberti de Malamort. S. Gerberti Ugonis Sancti Sereni. S. Gerberti Malafaida. S. Bernardi de Curamonta. S. Heliæ Galterii. S. Wuillelmi Duranti.

CXII.

[Venditio a Gilberto facta plurimorum in villa Membriaco et Cassanias.]

Cum inter ementem et vendentem res fuerit definito pretio comparata, quamvis plus valeat, ille qui vendidit non habeat licentiam revocandi. Igitur ego in Dei nomine Gilebertus constat me vendere ita et vendidi ad aliquem hominem nomine Gairulfum[1], abbatem monasterii Belliloci novi monasterii[2] et cunctæ congregationi ipsius; hoc est casam meam indominicatam quæ est in pago Limovicino, in vicaria Asnacense, in villa Membriaco, cum terris cultis et incultis, silvis, pratis, pascuis, exitibus et regressibus, omnia et ex omnibus quantum ibi visus sum habere vel possidere; et in alio loco, in villa Cassanias, vineam quæ est in ipsa urbe vel in ipsa vicaria : adjacit ipsa vinea de uno latere vineam S. Petri Belliloci monasterii vel ipsius congregationis, et de alio latere vineam Adalgarii, a tertio latere vineam Ermemberti[3], a quarto vero latere terram Benedicti. Ipsam casam vel ipsum mansum, cum ipsa vinea, vobis vendo atque transfundo. Similiter vendo vobis mancipiis meis iis nominibus : Onegario cum filia sua, Deodono cum uxore sua et infantibus eorum. Hæc omnia superius nominata, a die præsente vobis vendo et de jure meo in

Febr. 863.

B. p. 133.
SG. p. 184.
C. p. 185.

Arvernis regere cœpit an. Chr. 1102, et an. 1111 episcopus Claromontensis civitatis ordinatus fuit. (*Nov. Gall. christ.* t. II, col. 332.)

---

[1] *Gairulphum* SG.
[2] *Monasterii* deest SG.
[3] *Vineam Ermeriberti* SG.

vestro jure dominationis trado, unde accepi de vobis pretium in quo mihi bene complacuit et convenit de argento solidos centum, tantum ita ut ab hac die habeatis, teneatis et faciatis de ipsis rebus quicquid elegeritis, jure ecclesiastico, nemine contradicente. Si quis vero, ego ipse aut ullus de heredibus meis, aut ulla immissa persona quæ contra hanc venditionem ipsam venire aut inquietare præsumpserit, componat vobis tantum et aliud tantum[4] et quantumcumque res ipsæ ulloque tempore melioratæ fuerint, et quod petit non vindicet; sed præsens venditio ista firma et stabilis permaneat cum stipulatione subnixa. Facta est venditio ista in mense februario, anno VIII Karoli minoris[5] regis. S. Gileberti[6] qui hanc venditionem fieri et adfirmare rogavit. S. Ragembaldi. S. Audaldi. S. Adalardi. S. Bertlandi. S. Benedicti. S. Leotaldi. S. Basoni. S. Aiconi. S. Donadei.

CXIII.

[Laxa Bernardi Ugonis in vineis A Ciraisolo.]

Sæc. XI
seu potius XII.

B. p. 135.
SG. p. 185.
C. p. 136.

Ego igitur Bernardus Ugo dono Deo et B. Genitrici[1] Dei Domini nostri Jesu Christi semper virgini Mariæ, et monachis Deo servientibus in Belloloco, illud decimum de vineis qui vocantur A Ciraisolo, ut ab hac die teneant et habeant, pro anima mea et pro anima patris mei, et pro animabus parentum meorum. Si quis tollere voluerit, filius Dei et Maria mater ejus in inferno eos demergant. Amen.

[4] *Et aliud tantum* desunt B.
[5] *Junioris* B. Carolus iste, filius Caroli Calvi, in Aquitania regnare cœpit in mense octobris anni 855. — [6] *Gliberti* SG.

[1] *Dei . . . . . virgini* desunt B. et C.

CXIV.

[Donum quod fecit Ugo de Faurgas Alla Pogada.]

Oportet unumquemque de terrenis ad cœlestia et de caducis ad mansura transire, ne mors repentina aliquem improvisum inveniat et sine respectu divinæ pietatis ab hoc sæculo discedentem. Quapropter ego in Christi nomine, Ugo de Faurgas[1], et omnes filii mei consideravimus amorem cœlestis patriæ, et cedimus ad monasterium quod vocatur Belluslocus res nostras : hoc est unam bordariam quæ vocatur Alla Pogada[2], et aliam bordariam quæ fuit Peitavino; et hoc quod in bosco de Var visi sumus habere, totum et ad integrum cedimus Deo et S. Petro. Et in alio loco, in parrofia de Stranquillo, illas vineas quas ibi visi sumus habere. Hæc omnia cedimus atque transfundimus Deo et S. Petro et monachis ibidem Deo servientibus. Sane, quod minime credo, si filii mei aut aliquis immissa persona contra hanc cessionem litem generaverit, non ei liceat vindicare quod petit, sed cum Datan et Abiron et cum Juda traditore in infernum demergatur. S. Ugoni. S. Petri. S. iterum Petri. S. Gauzberti[3]. S. Rigaldi.

An.
1032-1060.

B. p. 185.
SG. p. 185.
C. p. 187.

CXV.

[Donum quod fecerunt Aganus et uxor ejus, silvarum in Palsone.]

Sacrosanctæ basilicæ S. Petri Belliloci monasterii. Nos enim in Christi nomine Aganus et uxor mea Ragniberga, cedimus res proprietatis nostræ ad monasterium quod vocatur Belluslocus, in hono-

Jun. 894.

B. p. 136.
SG. p. 187.
C. p. 187.

---

[1] *Fargas* SG.
[2] *A la Pouiada* B. — De bordaria Alla Pogada seu Poiada, vide supra ch. XCIV et XCVIII (ann. 1032-1060). — [3] Idem forte cujus in charta XCIV supra memorata subscriptio apparet.

rem S. Petri, S. Felicitatis, aliorumque sanctorum, ubi vir venerabilis Rainulfus abbas [1] præesse videtur : hoc sunt terras vel silvas nostras quæ sunt in orbe Limovicino, in vicaria Asnacense, in loco cui vocabulum est Palsoni, quantum de ipsa terra quæ de [2] Barentenago usque ad Rogago pertinet, sive per rivo Marciole [3] qui vadit in Palsone [4] usque ad fonte Partida, et quantum infra istas fines mea cernitur esse possessio, totum et ad integrum, pro remedio animæ meæ, Deo et Salvatori omnium et S. Petro offerimus, in stipendiis et usibus monachorum, ut post hodiernum diem faciant tam ipsi quam successores eorum in venturis generationibus, quicquid elegerint. Sane, quod minime credimus, si nos ipsi, immutata voluntate nostra, aut ullus de heredibus nostris vel ulla immissa persona quæ contra cessionem ipsam ire aut inquietare præsumpserit, inprimis iram Dei incurrat et S. Petri, deinde cui litem intulerit, sociante fisco, auri libras duas argenti pondera quinque coactus exsolvat, et quod petit non vindicet; sed præsens cessio ista firma et stabilis permaneat cum stipulatione subnixa. Facta hanc cessionem in mense junio, anno VII regnante Odoni regis. S Aganoni [5]. S. Ragniberganæ uxoris ejus, qui cessionem istam fieri et adfirmare rogaverunt. S. Agamberti [6]. S. Deotimii vicarii. S. Bernardi. S. Agelberti. S. Agini. S. Bertrandi. S. Bosoni. S. Andraldi. S. Teodoni.

[1] *Abbas* deest B.
[2] *Quæ de Barentenago* desunt B.
[3] *Martiole* SG.
[4] *Palsona* SG.
[5] *Agani* B.
[6] *Agamberto. S. Deotino, vicariis* SG.

CXVI.

[Cessio per testamentum a Folcheldi facta de manso Lobegiaco.]

Cessio testamenti quæ facta est B. Petro apostolo Belliloci cœnobii, de manso qui est in loco qui vocatur Lobegiacus[1]. Nam causa hujus cessionis hæc est ratio. Dado quidam, persona secundum sæculi dignitatem nobilis, jam dictum mansum habebat in fevo de abbadia jam dicti loci. Quædam autem ejus filia, Folcheldis[2] nomine, cum tradita fuisset, sicut mos est, legitimo matrimonio, accepit eumdem mansum a progenitoribus et parentibus suis. Cum autem migrasset a sæculo, dimisit eumdem mansum S. Petro; hujus rei testes fuerunt ipsi fratres sui, Gausfredus et sorores suæ. Manet autem in eodem manso quidam rusticus nomine Rotgerius. Et qui hunc mansum a S. Petro tulerit aut de comunia monachorum ejecerit, Diabolus ille Sathanas qui intravit in Judam Scarioth post bucellam[3] de manu Salvatoris, intret in corpus ejus et portet eum in infernum. Et si ullus filius aut filia jam dictæ Folcheldis defunctæ requisierit, aut ullus homo per ipsos, ponat centum solidos super altare S. Petri et postea accipiat illum[4].

Sæc. xi seu xii.

B. p. 136.
SG. p. 188.
C. p. 188.

CXVII[1].

[Venditio quam Rotbertus et uxor ejus Stevena fecerunt.]

Domino magnifico Bernardo emptori. Ego enim in Dei nomine,

997-1031[2].

B. p. 136.
SG. p. 189.
C. p. 189.

---

[1] *Labeiacus* B.
[2] *Folchesdis* B. ibi et inferius.
[3] *Bucellam panis* SG.
[4] Ibi in ms. B. sequitur sine interruptione et quasi cum præsenti unam formans chartam, venditio Rotberti et Stevenæ quæ inferius sub numero cxvii legitur.

[1] Instrumentum istud, in ms. B. falso præcedenti chartæ adjunctum erat.
[2] Bellilocensi cœnobio ista prædia per precariam collata sunt in charta sequenti (cxviii) maio 997-1031.

Rotbertus et uxor mea Stevena, vendo ad alico homine nomine Bernardo presbitero aliquid de alodo nostro : hoc sunt quinque denariadas inter vineas et terram quam comparavit pater meus de infantibus Radrandi[3] de Pratis, de Geraldo, et de Avito, et de Christiano, et accepimus a vobis pretium sicut inter nos et vos bene complacuit : hoc sunt quinque solidos. Et habet ista vinea et ista terra fines de ipso latere ipsius Bernardi, et de alio latere terram S. Petri, et de tertio latere terram ipsius Bernardi vineas. Quantum inter istas fines continet, totum et ad integrum tibi vendimus, ita ut post hodiernum diem habeas, teneas et facias quicquid facere volueris, sine ullo contradicente[4].

CXVIII[1].

[Laxa Bernardi presbyteri et Constantini fratrum.]

Mai.
997-1031.

B. p. 137.
SG. p. 189.
C. p. 190.

.... in tali ratione ut, quandiu vixero, ego Bernardus[2] et frater meus Constantinus teneamus, et post nostrum dicessum S. Petro remaneant, et omni anno unam nocturnalem[3] ad missam S. Petri

---

[3] *Rodrandi* B.

[4] Ibi vere desinit quod in isto monumento ad venditionis chartam spectat : huic falso, quasi cum illa unum et idem faciens, fragmentum precariæ, quod inferius sub numero cxviii legitur, adjunctum fuerat in mss. B. C. et SG.

---

[1] Fragmentum istud chartæ, cujus principium deest, præcedenti instrumento false adjunctum erat. Hæc confusio ex redactore chartularii procedit, cum in tribus mss. B. C. et SG. observetur.

[2] Idem haud dubie qui charta superiore comparaverat res in præsenti dimissas.

[3] *Nocturnalis*. Hujus vocis incerta Cangio notio erat. Vid. *Glossar*. verbo *Nocturnalis*, ubi nostrum chartularium laudatur; nocturnale officium, ni fallimur, ibi significare videtur.

ad Vincula per consensum donamus. Facta carta ista in mense madio, regnante Rotberto rege. S. Bernardi. S. Ugoni. S. Geraldi clerici. S. iterum Geraldi.

CXIX[1].

[Donum quod fecit Druda in vicariis Asnacensi scilicet et Astiliacensi.]

Ego in Dei nomine, Druda, quæ cognominor Folcrada[2], divino amore cœlestis desiderii compuncta, cedo in villa mea, S. Petro in loco qui vocatur Belluslocus, de meis propriis rebus quas hodie, absque ullius hominis contradictione, teneo atque possideo : hoc est duos mansos in vicaria Astiliacense[3] [*forte pro* Altiliacense], in loco qui vocatur Ad illa Strada, ubi Durantus visus est manere; in tali scilicet ratione ut quandiu vixero teneamus ego et filius meus Stephanus, et annis singulis censum persolvamus de ipsis mansis duas gallinas. Et in alio loco qui dicitur Ad Riberia, tertiam partem de bosco, de vineis, de aquis, de piscatoribus. Similiter post mortem nostram dimittimus S. Petro. Et in alio loco, in vicaria Asnacense, in loco qui dicitur Longavilla, quantum ego visa sum habere vel possidere, cultum et incultum, post mortem meam S. Petro dimitto. Si autem ego, vel ullus de parentibus meis, aut filius meus, aut ulla immissa persona, qui contra hanc cartam donationis ullam calumniam generare præsumpserit, inprimis iram Dei omnipotentis incurrat et cum Datan et Abiron et Juda traditore in inferno consistat. Facta est carta in mense augusto, regnante Aienrico rege. S. Folcrada quæ cessionem istam fieri firmarique rogavit. S. Stephani filii ejus.

Aug.
1031–1060.

B. p. 137.
SG. p. 189.
C. p. 190.

[1] Hujus instrumenti brevissima notitia apud Justellum exstat inter probationes *Hist. Turen.* p. 5.

[2] *Fulcrada* SG.

[3] *Altiliacense* Just. deest SG.

CXX.

[Laxa Bernardi Rigaldi pro anima parentum suorum.]

An.
1097–1107.

B. p. 138.
SG. p. 190.
C. p. 191.

Sacrosanctæ basilicæ S. Petri Belliloci monasterii. Ego enim in Christi nomine Bernardus Rigaldus filius quondam Rigaldi de Linairac[1], ad monasterium quod vocatur Belluslocus in honorem videlicet S. Petri apostolorum principis, aliorumque sanctorum, ubi vir venerabilis Geraldus abbas[2] præesse videtur : hoc est pratum meum quod est in pago Limovicino, in loco qui vocatur Doio[3], et exeunt de supradicto prato sex sextariis de segle et duo de avena. Hoc totum offero Deo salvatori omnium et S. Petro, pro remedio animæ meæ, et patris mei et matris meæ, omniumque parentum meorum, ut, post obitum meum, rectores ejusdem loci teneant, possideant et faciant deinde quicquid elegerint in omnibus jure ecclesiastico. Sane si quis, ego ipse, immutata voluntate mea, aut ullus de heredibus meis, aut ulla immissa persona qui contra hanc cessionem ullam calumniam generare præsumpserit, inprimis iram Dei incurrat et cum Datan et Abiron in infernum demergatur; et præsens cessio ista firma et stabilis permaneat in venturis generationibus. Facta est carta ista in mense novembrio, regnante Philippo rege Francorum. S. domni Geraldi abbatis. S. Guitardi monachi. S. Bernardi Olivarii[4], capellani[5] Sancti Primi. S. Geraldi Ugonis[6] de Genebra. S. Wuillelmi fratris sui.

[1] *Linayrac* SG.
[2] Geraldus II, qui abbatiam rexit ab anno 1097 ad ann. 1119 et forte 1130.
[3] *Doso* SG.
[4] *Olmarii* B.
[5] *Capellani* deest SG.
[6] *Hugonis. S. Genebriæ* false B.

CXXI.

[Laxa Adalrandi in Valle, in Bellomonte et in Membriaco.]

Ego enim in Dei nomine Adalrandus[1], tactus divino amore, confidens de misericordia Dei, cedo pro salute animæ meæ, in monasterio Bellilocensi quod est constructum in honorem B. Petri, apostolorum principis, filium meum nomine Rotbertum, et cum illo, de jure meæ hereditatis cedo ad ipsum locum unum[2] mansum qui vocatur in Valle, excepta isla quæ est ultra aquam nomine Dornoniam, et excepta medietate de tertio de ipso manso, et exceptis tribus denariis de ortatge. Et in alio loco, cedo ad supradictum locum alium mansum a Bellomonte[3] quem teneo ad fevum de ipsis monachis, quem videtur tenere homo quidam nomine Giraldus de Teilo; et in alio loco, ad Membriaco, quatuor denariatas de vinea qui habeo ad fevum de ipsis monachis, et qui tenet eas homo nomine Rainaldus ad opera; et in alio loco, ad Monte Broallo[4], quatuor denarios de ortatge. Hoc totum et ad integrum cedo Deo et S. Petro. Sane si quis, ego ipse, immutata voluntate mea, aut ullus ex heredibus meis, aut ulla immissa persona qui contra cessionem istam ullam calumniam generare præsumpserit, iram Dei incurrat, et quod petit non vindicet; sed cum Datan et Abiron in inferno permaneat; et cessio ista firma et stabilis permaneat. Facta est hæc cessio in mense decembrio, regnante rege Aianrico. S. Adalrandi[5] qui cessionem istam fieri et adfirmari rogavit. S. Ugoni et Petri filiorum suorum.

Dec.
1031-1059.

B. p. 138.
SG. p. 191.
C. p. 197.

[1] *Adabradus* SG.
[2] *Unum mansum . . . . . supradictum locum* absunt B
[3] *Abellemonte* corrupte SG.
[4] *Broallum* B.
[5] *Adalbrande* SG.

CXXII[1].

[Venditio quam fecerunt Adalberga et Archambaldus filius ejus in vicaria Asnacensi.]

Jun.
1028 seu 1029.

B. p. 140.
SG. p. 192.
C. p. 193.

Domino magnifico Ugono[2] abbate Bellilocensi et cæteris monachis. Ego enim in Dei nomine Deusdet monachus, emo ad opus S. Petri, ad locum jam dictum, tres medaliadas de vinea de aliqua femina nomine Adalbergana et filio suo Archambaldo, et dono eis aliquid de rebus S. Petri; hoc sunt tres solidos. Et[3] habet fines ipsa vinea de duabus partibus viam publicam, de tertio latere terram S. Petri, de quarto vero latere terram ad filias Gauzberti. Et est ipsa vinea in pago Limovicino, in vicaria Asnacense, in loco ubi vocabulum est Cassanias. Hanc vineam per his finibus divisam per supra scriptum pretium et per hanc cartam venditionis vobis tradimus ad habendam vel possidendam. Sane si quis, nos ipsi immutata voluntate nostra, aut ullus ex heredibus nostris vel propinquis, qui contra cessionem istam ullam calumniam generare præsumpserit, in die tremendi judicii iram Dei incurrat. Facta venditio ista in mense junio[4] et regnante Rotberto rege. S. Adalbergane[5] et filio suo Archambaldo, qui cartam istam scribere vel firmare rogaverunt. S. Adalrando. S. Ausberto. S. Bernardo. S. Rotberto.

[1] Istius chartæ fragmenta exstant apud Baluzium. (*Hist. Tutel.* append. col. 421.)

[2] *Magnifero Hugoni.* B. Hugo iste abbas ex nobili gente Combornensi oriundus, si Mabillonio creditur; ex gente de Castronovo, verius ex Baluzio. (*Hist. Tutel.* p. 94.) Per cessionem seu post mortem Bernardi episcopi avunculi sui, abbatiam occupavit ab anno saltem 1028; Henricus rex Roberto regi, in mense julii an. 1030, successit: quare ad ann. 1028 seu 1029 nostra charta referenda est.

[3] *Et habet* et sequentia usque ad *Facta venditio ista*, etc. desunt Bal.

[4] *Julii* B.

[5] Sic C. et SG. *Adalbergaudæ et filio suo*, etc. Bal. *Adalbergæ et filii sui*, etc. B.

CXXIII[1].

[Laxa Geraldi Rotberti et plurium in manso A Graloliaco.]

Ego Geraldus Rotbertus et uxor mea Aldenoris[2], et filius meus Wuillelmus, atque Robertus et Geraldus, necnon et cæteri, hujus sæculi fragilitatem considerantes atque de Dei misericordia confidentes, Deo sanctoque Petro censum in uno manso A Graloliaco, scilicet octo denarios et duos sextarios avenæ et duas gallinas et unam minam sigille, absque calumnia viventes dimittimus. Et in alio manso qui vocatur A Moll, quem Geraldus tenet, duos sextarios avenæ et duas gallinas. Similiter, post mortem vero Aldenoris, octo denarios ibidem concedimus. Hanc igitur concessionem propter mansum quem Rotbertus de Simillaco pro sepultura dedit permittimus. S.[3] Bernardi Rotberti fratris sui. S. domni abbatis Geraldi[4]. S. Wuillelmi monachi, fratris sui. Post mortem vero Aldenoris, mansum qui vocatus Aissimilac[5] S. Petro similiter remaneat.

An.
1097-1108.

B. p. 140.
SG. p. 193.
C. p. 194.

CXXIV.

[Donum quod fecit Geraldus Rotbertus de mansis Salmazanas, Allerm, Aessimiliaco, aliisque prædiis.]

Ego frater Geraldus promitto stabilitatem loci istius secundum regulam S. Benedicti et SS. apostolorum Petri et Pauli. In præsentia

Mai.
1097-1108.

B. p. 141.
SG. p. 194.
C. p. 195.

---

[1] Charta sequens (cxxiv) ejusdem Geraldi Rotberti facta est sub Geraldo abbate et Philippo regnante; id est inter annos 1097 et 1108.

[2] *Adenoris* SG. *Aldenous* C.

[3] Geraldi Rotberti et Aldenoris subscriptiones desunt B. Falsæ apud ms. SG. in capite sequentis instrumenti positæ sunt.

[4] Geraldus II, qui abbatiam tenuit ab anno 1097 ad ann 1119 et forte 1130.

[5] Vox incerta SG. *Aessimiliaco* idem locus in ch. cxxiv nuncupatur.

domni Geraldi abbatis[1] et cæterorum fratrum, cedo aliquid de rebus meis ad ipsum monasterium quod est constructum in honore S. Petri, ubi vir venerabilis Geraldus abbas præesse videtur : hoc est mansum Salmazanas quem tenet Andreus, et alium mansum A Geleiras quem tenet Gerbertus de Cairolsz, cum silvis, pratis et cum omnibus ad se pertinentibus; et in alio loco, in manso qui vocatur Allerm[2], duos solidos, tres denarios; in hac villa, in uno horto quem tenet Petrus Deusdet[3] et frater suus, sex denarios; in alio loco, in Aqua[4], qui vocatur Aessimiliaco[5], medietatem de piscibus qui sunt capti cum retia[6]; post mortem vero Bernardi Rotberti alia pars de piscibus S. Petro remaneat; in alio loco, clausum nostrum qui vocatur Alla Bocaria; item in alio loco Agirac, in manso quem Geraldus Raolfus tenet, octo denarios et duos sexters de avena, unum sestarium de segle et duas gallinas; et in alio loco A Longavall, duas denariatas de vinea A Sacrario. S. Geraldi Rotberti[7]. S. Aldenoris uxoris suæ. S. Bernardi Rotberti, fratris sui, qui hanc cartam fieri jussit, et S. Wuillelmi Rotberti. S. Rotberti, fratris sui. S. Geraldi de Betuc. S. Bernardi Sancti Sereni. Facta cessio ista est in mense martio, regnante Philippo rege Francorum.

CXXV.

[Donum Geraldi in villa Apoz.]

April.
1061-1108.

Sacrosanctæ basilicæ S. Petri Bellilocensis cœnobii. Ego enim Geraldus cedo ad jam dictum locum cessumque in perpetuum esse volo

[1] Geraldus II, qui abbatiam ministravit ab anno 1097 ad annum 1119 certe, et forte 1130.
[2] *Allerim* SG.
[3] *Petrusdet* B.
[4] *Agna* B
[5] *A Similiaco* B.
[6] *Cum retia*..... *S. Petro* desunt B.
[7] Post Geraldi Rotberti subscriptionem, in ms. B., *S. Aldenoris uxoris suæ. S. Bernardi Rotberti, fratris sui*, absunt. In ms. C. *Aldenous* pro *Aldenoris* legitur.

aliquid de meo jure, hoc est unum mansum Acabrelz, in pago Limovicino, in vicaria S. Juliani; similiter, in ipso pago, in vicaria S. Privati, in villa quæ vocatur Apoz, alium mansum. Simulque cedo ad ipsum locum medietatem de vineis de Ribaria. Hæc omnia superius nominata sive conscripta Deo salvatori omnium et S. Petro dimitto, pro anima mea et anima patris mei et matris meæ, et pro animabus fratrum meorum, ut ante tribunal æterni judicis veniam mereamur adipisci. Ego Geraldus ipsos mansos vel ipsas vineas jam dictas tali ratione talique conventu dono atque offero ut, quandiu vixero, usufructuario teneam, et post mortem meam S. Petro remaneant in dominio ad monachos nullo contradicente. Sane si quis, ego ipse immutata voluntate mea, aut ullus ex heredibus meis vel propinquis, aut ulla immissa persona, quæ contra hanc cartam ullam calumniam generare præsumpserit, inprimis omnipotentis Dei iram incurrat et omnium sanctorum, in paradiso partem non habeat, sed in inferno semper possideat. Facta est carta ista in mense aprilio, regnante Philippo rege Francorum. S. Geraldi, qui hanc cartam scribere rogavit. S. Rigaldi. S. Stephani.

CXXVI.

[Donum Catgerii de vinea in Altudrio.]

Legum decrevit auctoritas et ratio exposcit ut qualiscumque homo de rebus suis in alium transferre voluerit, licentiam habeat faciendi. Ob hoc igitur ego in Dei nomine Catgerius[1], cedo vel dono Domino Deo et S. Petro Belliloci cessumque in perpetuum esse volo, hoc sunt quatuor denariadas de vinea quæ per hereditatem mihi obvenerunt; et est ipsa vinea, in urbe Caturcino, in vicaria Exitense,

Jun.
955-985.

B. p. 142.
SG. p. 196.
C. p. 196.

[1] *Gatgerius* B. SG. ibi et inferius.

in loco qui nominatur Altudrio. Habetque fines supradicta vinea de uno latere viam publicam, de alio latere terram S. Juliani, et de aliis duobus lateribus vias publicas. Quantum in istos fines continet, totum et ad integrum, cedo et dono ego Catgerius Domino Deo et S. Petro, pro anima mea, in tali ratione ut, dum diu ego ipse Catgerius advixero, teneam, et annis singulis ad festivitatem S. Petri duos denarios de cera in censum persolvam, et post obitum meum in domino S. Petro remaneat, et honorifice sepeliant me rectores S. Petri. Sane si quis donationem istam falsare voluerit, iram Dei omnipotentis et S. Petri aliorumque sanctorum incurrat, et postea sua repetitio nullum effectum habeat; sed carta ista omnique tempore firma et inviolabilis permaneat stipulatione subnixa. Facta est carta ista in mense junio, regnante Loterio rege. S. Catgerii, qui donationem istam fieri et adfirmare rogavit.

CXXVII.

[Donum quod fecit Godinus presbyter in villa Staliaco et Ventagiolo.]

Mart. 882.

B. p. 143.
SG. p. 198.
C. p. 198.

Oportet unumquemque de terrenis ad coelestia et de caducis ad mansura transire, ne forte mors improvisa aliquem imparatum inveniat ac sine ullo respectu divinæ pietatis ab hoc sæculo discedentem. Quapropter ego in Christi nomine Godinus, presbiter, considerans fragilitatem hujus sæculi et de Dei misericordia confidens, cedo res proprietatis meæ ad monasterium quod vocatur Belluslocus in honorem videlicet S. Petri, S. Felicitatis, aliorumque sanctorum, ubi vir venerabilis Gairulfus[1] abbas præesse videtur; quæ sunt in pago Tornense, in vicaria Asnacense, in villa quæ vocatur Staliacus : hoc est portionem meam de ipsa vinea quam ego et nepos meus Donadeus

---

[1] *Garrulfus* B

comparavimus, quæ habet fines de uno latere terram Patridiniano, de alio latere vineam S. Petri, de duobus lateribus vias publicas. Et in alia villa quæ dicitur Membriacus, campos duos quos de Emenane[2] visus fui comparare. Similiter in ipsa vicaria, in villa quæ nominatur Ventagiolus[3], vineam meam dominicatam quæ habet fines de uno latere vineam Bernardi, de fronte[4] subteriore cum ipsis terris usque in rivo currente, de tertio latere terram S. Petri, de quarto latere viam publicam. Et in ipsa vicaria, in villa quæ dicitur Ad illa Roca, vineam meam quæ mihi et[5] fratri meo Ragamfredo de genitore nostro nobis advenit, quæ habet fines de uno latere vineam Bliduldi, de fronte superiore terram Donadei, de fronte[6] subteriore usque in fluvium Dornoniæ[7]. Hæc omnia superius nominata, quantum mea cernitur esse possessio, pro remedio animæ meæ Deo salvatori omnium offero, in stipendiis et usibus monachorum, ut faciant tam ipsi quam successores eorum in venturis generationibus, quicquid voluerint, ubi ego corpore et spiritu Deo servire cupio. Sane, quod minime credo, si ego ipse immutata voluntate mea, aut ullus de heredibus meis vel ulla immissa persona, quæ contra hanc cessionem ire aut inquietare præsumpserit, inprimis iram Dei omnipotentis incurrat et sanctorum ejus; deinde socio fisco auri libram unam argenti pondera quinque coactus exsolvat, et sua repetitio nullum obtineat effectum; sed præsens cessio ista firma et stabilis permaneat cum stipulatione subnixa. Facta cessione ista in mense martio, anno III regnante Karlomandi[8] rege. S.[9] Godini presbiteri, qui hanc cessionem fieri vel adfirmare rogavit. S. Ermenrico. S. Ardrado. S. Aimerico. S. Audrico. S. Rembrino. S. Bosoni. S. Benedicto. S. Bladini. S. Ermemberto.

---

[2] *Emenanæ* B. An ista Emenana eadem quæ, filia Rodulfi, Turennensis comitis, et soror S. Rodulfi archiepiscopi, Saraciacensis cœnobii abbatissa fuit?

[3] *Ventragolus* B.

[4] *Fonte* B. inferius *fronte*.

[5] *Mihi a fratre meo Ragamfredo* SG.

[6] *Fonte* SG. superius *fronte*.

[7] *Dordoniæ* SG.

[8] *Carolo* et postea locus vacuus relictus est SG.

[9] *S. Godini..... rogavit* desunt. B.

CXXVIII.

[Transoendis femina plura concedit in vicaria Asnacensi.]

Mai.
988-993.

B. p. 144.
SG. p. 200.
C. p. 199.

Sacrosanctæ basilicæ S. Petri Belliloci monasterii. Ego enim in Dei nomine Transoendis[1] femina, pro remedio animæ meæ, dimitto Domino Deo et S. Petro Belliloci monasterii, ubi Bernardus abba[2] præesse videtur, mansum meum ubi ego visa sum manere, cum pratis, vineis, pascuis, vel quantum ad ipsum mansum aspicit aut aspicere videtur, totum et ad integrum S. Petro dimitto. Et est ipse mansus in loco qui vocatur Vallis. Et in alio loco qui vocatur Ad illa Fabrica, vineam meam quam Ebrardus tenet ad opera, similiter S. Petro dimitto. Et in alio loco, in Magnomonte, vineam meam, denarios III S. Petro dimitto. Pratum meum de Crozafonte[3] similiter S. Petro dimitto. Pratum meum de Doione quem Basenus mihi dimisit, similiter S. Petro dimitto. Et in Fonte Vallense, sextariadam unam de terra cum ipsa verneira[4], S. Petro dimitto. Et est ipsa terra in orbe Limovicino, in vicaria Asnacense, in locis suprascriptis. Ea quidem ratione dimitto ut, dum ego advixero, usufructuario teneam, et annis singulis ad festivitatem S. Petri denarios sex censu persolvam; post meum quoque dicessum S. Petro remaneat, nullo contradicente. Sane de repetitione, si quis, ego ipse, immutata voluntate mea, aut ullus de heredibus meis vel propinquis, qui contra cessionem istam ullam calumniam generare præsumpserit, inprimis iram Dei omnipotentis incurrat, et quod petit non vindicet; sed cessio ista firma et stabilis permaneat. Facta est in mense madio, regnante Domino nostro Jesu Christo[5]. S. Transoendis, quæ cessionem istam fieri rogavit.

---

[1] *Transcendis* SG. ibi et inferius.

[2] Bernardus II Bellilocense monasterium ministravit ab anno 985 ad ann. 1028.

[3] *De Crozo fonte.* B.

[4] *Verinera* false. B.

[5] Id est sub rege Hugone, qui nondum in Aquitania, et singulariter in Lemovicino, anno 893, rex recognitus fuerat. De quo videsis *Notes et éclaircissements*, num. VII.

CXXIX.

[Donum quod fecerunt Blandinus et Gerbertus pro anima Calstoni.]

Sacrosanctæ basilicæ S. Petri Belliloci monasterii. Nos enim in Christi nomine, Blandinus et Gerbertus elemosinarii Calstoni, cedimus ad monasterium quod vocatur Belluslocus, in honorem videlicet Dei et S. Petri principis apostolorum, aliorumque sanctorum, ubi vir venerabilis Rodulfus[1] abbas præesse videtur : hoc est vineam quæ est in pago Caturcino, in villa[2] Exidense, in loco ubi vocabulum est Concellas[3]. Et habet fines ipsa vinea, de uno latere vineam S. Petri, de duobus lateribus vineam vel pratum ipsius Girberti, de quarto latere rocam. Similiter, in ipso aizo, campum qui habet fines de duobus lateribus vias publicas, de aliis lateribus duobus terras S. Petri. Ipsas vero res superius nominatas Deo salvatori omnium et S. Petro offerimus, pro remedio animæ consanguinei nostri Calstoni, ut post hodiernum diem, rectores ejusdem loci habeant, teneant, possideant et faciant deinde quicquid elegerint in omnibus jure ecclesiastico. Sane si quis, nos ipsi immutata voluntate nostra, aut ullus de heredibus nostris, aut ulla immissa persona, quæ contra hanc cessionem ullam calumniam generare præsumpserit, non ei liceat vindicare quod petit, sed insuper componat ei cui litem intulerit auri libras duas argenti pondera quinque, et quod petit non vindicet; sed præsens cessio ista firma et stabilis permaneat cum stipulatione subnixa. Factam hanc cessionem in mense octobrio, anno decimo septimo regnante Karolo[4] rege. S. Bladino, et Girberto qui istam cessionem fieri vel adfirmare rogaverunt. S. Aboni[5] fratre ejus. S. Bladini fratre ejus. S. Austrandi. S. Arlandi. S. Baseni. S. Didoni, S. Ingualberti.

Oct. 915.

B. p. 145.
SG. p. 201.
C. p. 200.

---

[1] *Rodulfus* deest B. Abbas iste Bellilocenses rexit ab ann. 904 ad ann. 926.
[2] *Vicaria* B. omnino deest SG.
[3] *Cancellas* B.
[4] Carolo cognomento Simplice.
[5] *Eboni* B.

CXXX.

[Laxa Frotarii de Samiliaco villa.]

Jul. 885.

B. p. 146.
SG. p. 202.
C. p. 202.

Oportet unumquemque appropinquante jam mundi senio et sese ad occasum impellente, de transitoriis et caducis rebus vitam æternam mercare et pium retributorem Dominum de ipsis rebus suis heredem habere, et ante tribunal ipsius veniam adipisci, ut imparatum subita mors me non inveniat. Quapropter ego in Christi nomine, Frotarius, filius quondam Frodini et Hildegardi, pro amore Dei omnipotentis et pro remedio animæ meæ et pro animabus patris et matris meæ, et fratrum meorum, cedo res proprietatis meæ ad monasterium quod vocatur Belluslocus, quod est in honorem B. Petri principis apostolorum consecratum, ubi vir venerabilis Gairulfus abbas præesse videtur, quæ sunt in pago Caturcino, in valle[1] Exidense, in villa quæ vocatur Samiliacus; hoc sunt quatuor mansos: mansum ubi Arcambaldus manet, mansum ubi Andreas manet, mansum ubi Alambertus manet, mansum ubi Adalricus manet, una cum ipsis mancipiis, Andrea et uxore sua Arneberga, et infantibus eorum. Ipsos mansos cum terris cultis et incultis, quæsitis et inquirendis, pomiferis adjacentiis, piscatoriis, omnia et ex omnibus, quantumcumque ad ipsos mansos aspicit aut aspicere videtur tam infra villam quam foris villam, totum et ad integrum, Deo salvatori omnium et S. Petro offero in stipendiis et usibus monachorum, ut post hodiernum diem faciant exinde jure ecclesiastico quicquid elegerint. De repetitionibus vero, si ego ipse immutata voluntate mea, aut ullus de heredibus vel propinquis meis, aut quælibet immissa persona, quæ contra hanc cessionem, quam ego propria voluntate Deo offero, aliquam calumniam generare præsumpserit, inprimis iram Dei omnipotentis incurrat, deinde sociante fisco, cui litem intulerit componat

---

[1] *Vicaria* B.

auri libras quinque argenti pondera decem coactus exsolvat, et quod petit non vindicet; sed præsens cessio ista firma permaneat cum stipulatione subnixa. Factam hanc cessionem in mense julio, anno 1 quod Karlamannus migravit ab hoc sæculo. S. Frotarii, qui hanc cessionem fieri vel adfirmare rogavit. S. Matfredo. S. Johanne. S. Deusdet. S. Agino. S. Bertramno. S. Galtado. S. Arimodo.

CXXXI.

[Donum quod fecit Anastasius in Cogiaco et Ribaria.]

Oportet unumquemque de terrenis ad cœlestia tendere et pro animæ salute vigilare, ne forte repentina et improvisa mors imparatum inveniat ac sine aliquo respectu divinæ pietatis ab hoc sæculo discedentem. Quamobrem ego in Christi nomine Anastasius, considerans amorem omnipotentis Dei et pertractans casum fragilitatis hujus sæculi, cedo res proprietatis meæ ad monasterium quod vocatur Belluslocus quod est constructum in orbe Lemovicino, in vicaria Asnacense, in honorem B. Petri, principis apostolorum, et S. Felicitatis, aliorumque sanctorum, ubi vir venerabilis Gairulfus abbas præesse videtur : hoc est mansos in eodem pago et in præfata vicaria, in villa quæ dicitur Cogiacus : mansum ubi Aribertus visus est manere, et mansum ubi Ingilbertus visus est manere, et alium mansum ubi Aldebertus visus est manere, et mansum ubi Godalfredus visus est manere. Similiter in eodem pago et præfata vicaria, in villa quæ dicitur Caissiacus, mansum ubi Aiobrandus visus est manere, cum ipsa vinea. Similiter in Ribaria, prata tria quæ sunt super rivum Palsone, et de ipsa silva quæ est secus fluvium omnem portionem meam. Hæc omnia superius nominata cum domibus, ædificiis, vineis, pomiferis, terris cultis et incultis, silvis, pratis, pascuis, aquis aquarumve decursibus, omnia et ex omnibus quantum

Jul. 869.

B. p. 147.
SG. p. 204.
C. p. 203.

in prædictis locis mea cernitur esse possessio, cedo pro remedio animæ meæ et pro remedio animæ genitricis meæ Adalbergani, ut ante tribunal Christi veniam merear adipisci. Deo salvatori omnium devotus offero, in stipendiis et usibus monachorum, in venturis generationibus, ea quidem ratione ut dum ego advivo, ipsas res teneam usufructuario, ita ut annis singulis, tempore vindemiarum, semodium[1] de vino exsolvere faciam, post meum quoque dicessum, rectores ejusdem loci, absque ullius hominis contradictione, in suam faciant revocare potestatem, et exinde faciant in omnibus quicquid elegerint. Futurum enim, quod minime credo, si quis, ego ipse immutata voluntate mea, aut ullus de heredibus meis vel quælibet opposita vel subrogata persona, qui hanc cessionem ulla calumnia resultare conaverit, inprimis iram Dei incurrat, deinde cui litem intulerit auri libras duas argenti pondera quinque coactus exsolvat, et sua repetitio nullum obtineat effectum; sed præsens cessio ista omnique tempore firma et stabilis permaneat cum stipulatione subnixa. Factam cessionem istam in mense julio, anno III sub[2] Luduuici regis, filio Karoli regis. S. Anastasii, qui cessionem istam fieri vel adfirmare rogavit. S. Aicardi. S. Andraldi. S. Rotberti. S. Rodulfi. S. Benedicti. S. Adalmari. S. Gudolrici. S. Jonam. S. Dossisindi.

CXXXII[1].

[Breve Rotberti comitis et uxoris ejus Ermesindis de villa A Monte Bruallo.]

An. 927-932.

Sacrosanctæ basilicæ S. Petri Bellilocensis cœnobii. Igitur nos enim in Christi nomine, Rotbertus[2] et uxor mea Ermesindis, consideravi-

B. p. 149.
SG. p. 206.
C. p. 205.

[1] *Semimodium* B. et SG.
[2] *Sub Luduuici* desunt SG. Iste Ludovicus Balbus cognomento, filius Caroli Calvi, in Aquitania regnare cœpit anno 866; vide supra chartæ III notam chronicam.

[1] Exstat hæc charta apud Baluzium. (*Histor. Tutel.* col. 351.)

[2] Rotbertus iste, filius Ranulfi et nepos Godofredi comitis Turennensis, ipse fuit

mus amorem cœlestis patriæ, et de Dei misericordia confidentes, cedimus pro remedio animæ meæ, pro anima patris mei Rainulfi[3] seu et genitrice mea nomine Elisabet, et animæ uxoris meæ Blitgardis[4], ad monasterium quod vocatur Belluslocus in honorem videlicet Dei et S. Petri aliorumque sanctorum, ubi vir venerabilis Johannes abbas[5] præesse videtur: hoc est villam meam quæ de Odolrico conquistavi, qui est in orbe Limovicino, in pago Torinense, in vicaria Asnacense, in villa quæ dicitur A Monte Bruallo[6], quantumcumque ad ipsam villam aspicit aut aspicere videtur, tam terras quam vineas, necnon etiam et silvas, totum et ad integrum vobis cedimus. Similiter in ipso comitatu, in vicaria Spaniacense, medietatem de villa mea quæ vocatur Molliangas[7], quantumcumque ad ipsam medietatem aspicit aut aspicere videtur, tam vineas quam terras, necnon silvas, totum et ad integrum vobis cedimus (*sic desinunt mss.*).

CXXXIII.

[Laxa Bladini pro anima Austrandi.]

Sacrosanctæ basilicæ S. Petri Bellilocensis cœnobii nos enim, in Christi nomine Bladinus seu et.....[1] elemosinarii Austrandi et uxor sua, cedimus mansum qui est in valle Exidense, in ipsa vicaria, in villa quæ dicitur Rodenalis[2]; et in ipsa vicaria, in alio loco qui dicitur Sereniaco, cedimus vineam quæ habet fines, de duobus lateribus

Jan. 896.

B. p. 149.
SG. p. 206.
C. p. 206.

Turennensis comes et cognominatus alias *vetulus comes*. Erminsendem seu Ermensendem secundam uxorem, Blitgarde defuncta, duxit.

[3] *Raynulfi* SG.
[4] *Ermensindis* falso pro *Blitgardis* B.

[5] Johannes abbas monasterio Belliloc. præfuit ab anno saltem 927 usque ad septembr. 932, et forte diutius.
[6] *Monte Broallo* SG et B.
[7] *Molinagas*. SG.

[1] Locus vacuus ibi et inferius in ms° C.
[2] *Rodesalis* B.

terras vel vineas S. Petri, de latere superiori terram Bonifacii, de quarto vero latere viam publicam; ipsum mansum superius scriptum, ubi Domefredus visus est manere, cum terris cultis et incultis, et quantum ad ipsum mansum aspicit. Sed et ipsam vineam superius scriptam cedimus pro remedio animæ Austrandi seu uxoris suæ, ad monasterium quod vocatur Belluslocus, in honorem videlicet S. Petri, et S. Felicitatis, aliorumque sanctorum, ubi vir venerabilis Rainulfus abbas præesse videtur, ut post hodiernum diem teneant, possideant et faciant de ipso manso, vel de ipsa vinea superius dicta quicquid elegerint. Sane, quod minime credimus, si nos ipsi immutata voluntate nostra, aut ullus de heredibus nostris, qui contra cessionem istam ullam calumniam generare præsumpserit, inprimis iram Dei omnipotentis incurrat et sanctorum ejus; deinde cui litem intulerit componat auri libras duas argenti pondera quinque coactus exsolvat, et quod petit non vindicet; sed præsens cessio ista firma et stabilis permaneat cum stipulatione subnixa. Factam cessionem hanc in mense januario, anno VIII quod Oddo cœpit regnare. S. Bladino[3] seu... elemosinarii qui cessionem istam fieri vel adfirmare rogaverunt.

CXXXIV.

[Donum Ostendi in vicaria Vertedensi.]

Sacrosanctæ basilicæ S. Petri Belliloci monasterii. Ego enim in Dei nomine, Ostendus[1] consideravi amorem cœlestis patriæ, et de Dei misericordia confidens, cedo supradicto loco qui est constructus in honorem Dei et S. Petri, principis apostolorum, aliorumque

---

S. Blandinus seu elemosinarius fieri vel affirmari rogaverunt. SG.

---

[1] Ostente SG.

sanctorum, ubi vir venerabilis Radulfus abbas præesse videtur, hoc sunt mansi mei qui sunt in pago Limovicino, in vicaria Vertedense, in villa quæ dicitur Frasinias, mansum ubi Garulfus visus est manere; et in villa Rocula, mansum ubi Teotbaldus visus fuit manere, et[2] in villa Falgarias, mansum ubi Astremundus visus fuit manere. Similiter in ipsa vicaria, in villa Tefrolo, mansum ubi Rainulfus visus fuit manere; et[3] in villa Tundane, mansum ubi Geraldus visus est manere; et[4] in villa Membriaco, mansum ubi Endefredus visus est manere; cum vinea quæ fuit Ugoni. Istis vero mansis supradictis, cum omnibus ad se pertinentibus, cum ortis, exiis et regressibus, et terris cultis et incultis, pratis, pascuis, silvis, vineis, aquis aquarumve decursibus, et omnibus adjacentiis, Deo salvatori omnium et sancto Petro offero in stipendiis et usibus monachorum; ea quidem ratione ut quandiu ego advixero, usufructuario teneam, et omni anno, inter vino et annona, ad festivitatem S. Martini quæ est sexto idus novembris, sestarios de vino octo in censum persolvam, post meum quoque dicessum, rectores ejusdem loci in suam faciant revocare potestatem, sine ullius hominis contradictione. De repetitione vero, quod minime credo, si ego ipse aut ullus heres meus vel propinquus aut ulla immissa persona, qui contra hoc testamentum ullam calumniam generare præsumpserit, non habeat potestatem vindicandi, sed componat ei cui litem intulerit auri libras duas argenti pondera quinque coactus exsolvat, et quod male petit vindicare non valeat; sed præsens hoc testamentum firmum et stabile permaneat cum stipulatione subnixa. Factum est hoc testamentum in mense aprili, anno XV quo Karolus rex[5] cœpit regnare. S. Ostendi qui hoc testamentum fieri vel adfirmare rogavit. S. Bernardi. S. Rainaldi. S. Cunaberti. S. Rotberti. S. Wuillelmi[6]. S. Rotgarii. S. Ingelarii.

[2] *Et in villa . . . . manere* desunt B.
[3] *Et in villa . . . . manere* desunt B.
[4] *Et in villa . . . . . . manere* desunt SG.
[5] Carolus iste Simplex cognomine.
[6] *Guillelmo* SG.

CXXXV.

[Laxa Belieldis pro anima Bernardi quondam viri sui.]

Locum sacrum sanctæ Dei ecclesiæ Bellilocensis monasterii quod est consecratum in honorem clavigeris Petri, ubi beatorum membra Primi atque Feliciani necnon confessoris Aemelii[1] tumulata requiescunt, et Dei congregatio deservire videtur. Ob hoc ergo in Dei nomine Belieldis femina consideravi amorem cœlestis patriæ, ut ab eo veniam impetrare merear, cedo ad casam Dei jam dictam aliquid de rebus meis, hoc est duodecim denariadas de vinea inter vineas et boscum, pro anima mea et Bernardi, viri mei, et pro animabus parentum meorum, et ipsa vinea vel terra jam dicta, in loco ubi vocabulum est Astiliaco, et habet fines de uno latere viam publicam, et de alio latere terram Gauzberti monachi de Fiaco, de tertio latere terram Gauzberti presbiteri, et de quarto latere terram Rigaldi. Sane si ullus abbas aut ullus monachus in fevo dare voluerit istam terram jam dictam aut eam alienare, veniat unus de propinquis parentibus meis et ipsum alodum accipiat et super altare S. Petri duodecim denarios ponat; et ille qui dare voluerit et ille qui acceperit, sub anatemate maledictionis et excommunicationis sint deputati. S. Rotberti qui cessionem istam fieri vel adfirmare rogavit. S. Bernardi presbiteri. S. Belieldis.

[1] *Emeli* B. *Aemilii* SG.

CXXXVI.

Breve memoriale quod factum est inter monachos S. Petri Bellilocensis monasterii et Rainaldum de Mainzaco.

Ego Rainaldus illud alodum quod Stephanus sacerdos de Mainzaco dedit Deo et S. Petro pro animæ suæ redemptione, et ego propter meam stultitiam et insipientiam tuli et contrariavi altissimo regi ejusque apostolorum principi, ibi absolvo et relinquo Deo et S. Petro, ut faciant habitatores istius loci quæcumque facere voluerint, nullo contradicente. Complacet vero monachis istius loci ut hic honor[1] commendetur mihi in obedientiam[2]; et ego eam recipio, in tali convenientia ut teneam quandiu vixero, si in tantum mihi, ob amorem Dei, voluntas relinquendi non evenerit. Honor autem iste hic est : v denariatas de vinea quæ vocatur Campo Rainoni, et una denariata quæ vocatur Ad Auzerall, et duodecim denariatas de vinea qui vocatur Rivo Caolf; omni vero anno, ille qui in domibus[3] steterit, vel apes et ortos custodierit, xii denarios aut xii denariatas de cera in censu B. Petro persolvat in communia[4] monachorum. Post mortem vero meam beato Petro in stipendiis et usibus monachorum remaneat, et habitatores istius loci in suo dominio teneant, nullo contradicente. Semper vero ad præsens dono Deo et B. Petro pro anima mea quatuor denariatas de vinea quæ vocatur Cantamilan, quam dedit mihi supradictus Stephanus sacerdos, ut habeant, teneant faciantque quod voluerint. Aliam vero terram quam ipse Stephanus mihi laxavit, similiter Deo et B. Petro dimitto et dono post mortem meam, ut faciant quæcumque voluerint, nullo contradicente. Filii vero mei quos Deus mihi dedit vel donaverit, si monachi B. Petri illos requisierint, firment hoc donum vel gurpitionem per[5] fidem et per obsides

Sæc. xi seu recentior.

B. p. 155.
SG. p. 211.
C. p. 210.

[1] *Hunc honorem commendemus* SG.
[2] *Quam ego recipio* SG.
[3] *In domibus* desunt B.
[4] *Commune* SG.
[5] *Per fideles obsides* SG.

ut firmiter teneant. Si vero facere noluerint, ille qui contrarius fuerit, omnem honorem meum qui per hereditatem illi evenerit, Geraldo fratri meo dimitto, in tali convenientia[6] ut ille filius meus jam mea non hereditetur usque hoc confirmet sine malo ingenio. Si autem ipse Geraldus noluerit facere aut in aliquo contrarius sit Deo et B. Petro, exheredo illum de toto honore meo, et dono eum Rigaldo consanguineo meo, in tali convenientia ut hoc quod supradictum est tenere faciat B. Petro. Sane si quis, ego ipse aut ullus ex parentibus meis aut ulla immissa persona, quæ contra gurpitionem aut donationem ullam calumniam generare voluerit, iram omnipotentis Dei incurrat, et, a cœlestibus sedibus remotus, æternisque tartareis crucietur ignibus, et cum Datan et Abiron semper participetur. Et illos quinque solidos quos habebam de decano[7] ad fevum, absolvo Deo et S. Petro.

CXXXVII.

[Venditio de bosco Ad illa Vaxeria.]

April.
997-1031.

B. p. 156.
SG. p. 213.
C. p. 213.

Decreta legum et institutio jubet antiquorum ut omnis legitima persona, si res suas in alterius dominationem tradere voluerit, libera ei concedatur facultas. Propterea ego in Dei nomine Guillelmus, filius quondam Guillelmi, constat me vendere boscum meum qui vocatur Ad illa Vaxeria, et pratale quod est subter illum boscum, et aliam terram in ipso loco, cuidam monacho nomine Bernardo, qui etiam ipse in opere et servitio B. et gloriosæ semper virginis Mariæ filioque ejus Jesu Christo, regi omnium sæculorum, cœlesti desiderio accensus, bono animo comparari desiderat ad locum qui vocatur Ad illa Dometa. Est itaque boscus vel ipsa terra in orbe Limovicino, in vicaria Asnacense, habetque fines de duabus partibus terram

---

[6] *Ut ille ..... malo ingenio* desunt B.   [7] *De decima* SG.

S. Faustæ, de alia parte terram Bernardi et Ranguis, de quarta parte terram S. Petri quæ est fevus[1] Ebloni. Unde et accepi ab ipso pretium, caballum videlicet unum contra xxx solidos. Istum vero boscum et aliam terram jam dictam Bernardo supradicto vendo et de meo jure in illius trado dominationem, ut ab hodierno die et deinceps teneat, possideat et faciat quicquid facere voluerit in omnibus, nullo contradicente. Si etiam, quod absit, ego ipse sive ullus heres aut propinquus, aut ullus fraudulentus machinator, ullaque immissa persona, contra hanc venditionem ullam fraudem ullamque calumniam generare voluerit, doli ejus et fraudes irritæ fiant, ipsique calumniatores iram Dei omnipotentis et omnium sanctorum incurrant atque a filio benedictæ semper virginis Mariæ Domino Deo nostro Jesu Christo sint maledicti et cum Juda traditore hereditatem possideant in profundum baratri, ibi crucientur in æternum et in sæculum sæculi; et super hæc omnia cui litem intulerit componat coactus auri libras quinque et decem pondera argenti exsolvat; et venditio ista firma et stabilis permaneat in sæcula sæculorum, amen. Factam istam venditionem in mense aprili, regnante Rotberto rege. S. Wuillelmi, qui venditionem istam fieri firmarique rogavit. S. Geraldi. S. Ugoni. S. Bernardi. S.[2] Petri. S. Andreæ.

CXXXVIII[1].

[Venditio quam Geraldus et Ildegardis fecerunt in Cassanias.]

Decreta legum et institutio jubet antiquorum, ut omnis legitima persona, si res suas in alterius dominationem tradere voluerit, libera ei concedatur facultas. Propterea nos in Dei nomine Geraldus, filius

Febr.
997–1031.

B. deest.
SG. p. 114.
C. p. 215.

[1] *Feudus* B.   [2] *S. Petri. S. Andreæ* desunt B.

[1] Charta ista in integro desideratur apud ms. B.

quondam Ausberti et uxor mea Ildegardis[2], constat vendere vineam nostram cuidam monacho nomine Bernardo, qui etiam ipse hanc in opere et servitio B. Mariæ semper virginis ejusque filio Jesu Christo regi omnium sæculorum, cœlesti desiderio accensus, bono animo comparari desiderat ad locum qui vocatur Ad illa Dometa. Est itaque ista vinea in orbe Limovicino, in vicaria Asnacense sita, in loco qui dicitur Cassanias. Habet autem hos fines : circumcingitur de duabus partibus via publica, de tertio latere terra S. Petri qui est fevus Guillelmi, de quarto latere terra quæ fuit quondam Baseni quam ipse Bernardus comparavit. Unde accepimus ab ipso non parvum pretium : hoc est solidos XLII. Ea scilicet ratione præfatam vineam continentem ad opera denariatas quatuor, vendimus Bernardo supradicto, et de nostro jure in illius tradimus dominationem, ut ab hodierno die et deinceps ipsam vineam et quantumcumque ego Geraldus visus fui habere in Cassanias per alodem, totum ipse Bernardus teneat, possideat et faciat jure hereditario quicquid facere voluerit in omnibus, nullo contradicente. Si etiam, quod absit, nos ipsi vel ullus heres, filii aut filiæ, propinqui, necnon et parentes, aut ullus fraudulentus machinator, ullaque immissa persona, contra hanc venditionem ullam fraudem ullamve calumniam generare voluerit, doli ejus et fraudes irritæ fiant, ipsique calumniatores iram Dei omnipotentis et sanctorum incurrant, atque a filio B. semper virginis Mariæ, Domino Deo nostro Jesu Christo maledicti, cum Juda traditore hereditatem possideant in profundum baratri, ubi crucientur in æternum et in sæculum sæculi; et super hæc omnia, qui litem intulerit componat coactus auri pretiosissimi libras quinque argenti pondera decem; et ista venditio firma et stabilis permaneat in sæcula sæculorum. Factam hanc venditionem in mense februario, regnante Rotberto rege. S. Geraldi et uxori suæ Ildegarde qui venditionem istam fieri atque firmari rogaverunt. S. Bernardi. S. Ugoni. S. Petri. S. item Bernardi. S. iterumque Bernardi.

[2] *Ildeberga* inferius *Ildegarda*. SG.

CXXXIX.

[Breve quod fecerunt Gotafredus et Alcuinus in Ferrarias.]

Sacrosanctæ basilicæ S. Petri Belliloci monasterii. Quapropter nos enim in Dei nomine Gotafredus necnon etiam et Alcuinus consideravimus amorem cœlestis patriæ, et de Dei misericordia confidentes, cedimus aliquid de rebus proprietatis nostræ ad monasterium quod vocatur Belluslocus, quod est fundatum in honorem Dei omnipotentis et S. Petri, aliorumque sanctorum, ubi vir venerabilis Bernardus[1] abbas præesse videtur : hoc est mansum nostrum qui fuit Auterii. Et est ipse mansus in orbe Limovicino, in vicaria Altiliacense, in loco qui nuncupatur Ferrarias [*alias* Ferrarius]; et in ipso manso Almaricus visus est manere. Quantumcumque ad ipsum mansum aspicit aut aspicere videtur, cum orto, cum vinea, cum terris et pratis, et cum ipsis broliis, cum exitiis et regressibus, et cum omnibus adjacentiis, quæsitis vel quod inquirendum est, excepta illa vinea quam Gausberga filio meo condonavit. Ipsam vineam, quandiu filius meus Geraldus advixerit, teneat, et annis singulis ad festivitatem S. Petri, denarium unum de cera in censu persolvat; post obitum ipsius, S. Petro remaneat. Et in ipso loco prope adhærente secus ipso manso, cedimus vineam nostram quæ fuit ipsius Auterii[2] quondam defuncti, qui tenet ad opera denariatas XII; et habet fines ipsa vinea de duobus lateribus terram S. Petri, ex alio latere terram S. Petri Mauriacensis, et de quarto vero latere rivum currentem. Ista vero omnia superius nominata Deo salvatori omnium et S. Petro offerimus, ad sacrificium sacrandum et ad luminaria concinanda altare S. Petri, et omni tempore semper ad sacrarium supradictæ res permaneant; ea quidem ratione ut, quandiu ego ipse Alcui-

Mai. 948.

B. p. 155.
SG. p. 216.
C. p. 215.

---

[1] *Bernardus* deest B.   [2] *Autherii* B.

nus[3] advixero, usufructuario habeam, et annis singulis ad festivitatem S. Petri denarios quatuor de censu in cera persolvam; post meum quoque decessum, rectores ejusdem ecclesiæ S. Petri in suam obtineant dominationem ad ecclesiam illuminandam. Sane si quis, nos ipsi, immutata voluntate nostra, aut ullus ex heredibus nostris vel propinquis, qui contra hanc cessionem ullam calumniam generare præsumpserit, non ei liceat vindicare quod petit, sed insuper componat auri libras tres argenti pondera decem, et omnipotentis Dei iram incurrat et omnium sanctorum, et quod petit non vindicet; sed præsens cessio ista firma et stabilis permaneat cum stipulatione subnixa. Facta est cessio ista in mense madio, anno XII regnante Lodovico[4]. S. Gotafredi necnon etiam et Alcuini qui cessionem istam fieri vel adfirmare rogaverunt. S. Unaldi. S. Andraldi. S. Garnaldi. S. Giberti[5]. S. Adreberti[6].

CXL.

[Laxa Aunberti et Aldanæ in villa Columbario.]

Jul. 893.

B. p. 156.
SG. p. 218.
C. p. 217.

Oportet unumquemque de terrenis ad cœlestia et de caducis ad mansura transire, ne forte mors improvisa aliquem imparatum inveniat ac sine respectu ullo divinæ pietatis ab hoc sæculo discedentem. Quamobrem nos enim Aunbertus[1] et uxor mea Alda[2], cedimus mansum nostrum qui est in pago Caturcino, in vicaria Casliacense, in villa quæ dicitur Columbario, ad monasterium quod vocatur Belluslocus in honorem videlicet S. Petri et S. Felicitatis aliorumque sanc-

[3] *Alicuinas* B.
[4] Ludovico rege, cognomento Transmarino.
[5] *Giberti* SG.
[6] *Audreberti* SG.

[1] *Aimbertus* SG.
[2] *Alea* B.; in subscriptione *Aldana*.

torum, ubi vir venerabilis Rainulfus abbas præesse videtur. Ipsum mansum ubi Uinibertus visus est manere, cum orto, cum terris cultis et incultis, quæsitum et quod est adinquirendum, quantum nostra cernitur esse possessio, totum et ad integrum, pro remedio animarum nostrarum, Deo salvatori omnium et S. Petro offerimus, in stipendiis et usibus monachorum, ut post hodiernum diem habeant, teneant, possideant et faciant de ipsis rebus jure ecclesiastico quicquid elegerint. Sane, quod minime credimus, si nos ipsi, immutata voluntate nostra, aut ullus de heredibus nostris qui contra cessionem istam ullam litem generare præsumpserit, componat solidos c, et quod petit non vindicet; sed præsens cessio ista firma et stabilis permaneat cum stipulatione subnixa. Facta est cessio ista in mense julio, anno vi regnante Odoni rege. S. Aunberti[3]. S. Aldane uxore ejus, qui cessionem istam fieri vel adfirmare rogaverunt. S. Riqualdi. S. Andraldi. S. Ratfredi[4]. S. Guarnerii.

CXLI.

[Donum Frotarii pro anima Edaci in villa S. Maxentii.]

Sacrosanctæ basilicæ S. Petri Bellilocensis cœnobii. Ego enim in Christi nomine Frotarius, elemosinarius fratris mei Edaci, cedo, pro anima ipsius Edaci[1], ad monasterium quod vocatur Belluslocus, in honorem videlicet Dei et S. Petri, aliorumque sanctorum, ubi vir venerabilis Johannes[2] abbas præesse videtur, hoc est mansos nostros qui fuerunt ipsius Edaci, qui sunt in orbe Limovicino, in vicaria

An.
927-932.

B. p. 167.
SG. p. 219.
C. p. 218.

---

[3] *Aymbertus et Aldane uxor ejus consentientes* SG.

[4] *S. Ratfrodi* B.

---

[1] *Edacis* SG. ibi et inferius.
[2] Johannes abbatialem potestatem tenuit certe a septembr. 927 usque ad septembr. 932, et forte diutius.

Usercense, in villa Sancti Maxentii : mansum ubi Geraldus visus est manere, et alium mansum ubi Teotbaldus[3] visus est manere.

CXLII.

[Donum quod fecit Stephanus in Tellide et in villa Gineste.]

Nov. 894.
B. p. 157.
SG. p. 220.
C. p. 218.

Oportet unumquemque de terrenis ad cœlestia transire et de caducis ad mansura, ne forte mors improvisa aliquem imparatum inveniat ac sine ullo respectu divinæ pietatis ab hoc sæculo discedentem. Quamobrem ego in Christi nomine Stephanus cedo res proprietatis meæ ad monasterium quod Belluslocus vocatur, in honorem videlicet Dei et S. Petri et S. Felicitatis, aliorumque sanctorum, ubi vir venerabilis Rainulfus abbas præesse videtur : hoc est mansum meum qui est in pago Limovicino, in vicaria Asnacense, in villa Tellide. Ipsum mansum cum terris cultis et incultis, cum vineis duabus, pratis, pomiferis, cum exitibus et regressibus, cum terris quæ sunt in villa Gineste, cum silvis quæ sunt in Surdoira; et in Illa Vaure[1], portionem meam, quantumcumque ad ipsos mansos aspicit aut aspicere videtur, totum et ad integrum, Deo salvatori omnium et S. Petro offero pro remedio animæ meæ, in stipendiis et usibus monachorum, ut post hodiernum diem habeant, teneant, possideant et faciant de ipsis rebus superius scriptis quicquid facere voluerint. Sane si quis, ego ipse, immutata voluntate mea, aut ullus de heredibus meis vel propinquis, qui contra cessionem istam ire, agere aut inquietare præsumpserit, componat solidos centum, et quod petit non vindicet. Sed præsens cessio ista firma et stabilis permaneat cum stipulatione subnixa. Facta est hæc cessio in mense novembrio, anno

[3] *Teobaler* corrupte B.

[1] *Vicaria* B.

vii Oddoni regis. S. Stephani[2] qui cessionem istam fieri et adfirmare rogavit. S. Aganoni. S. Franconi. S. Emenoni[3]. S. Bertoni. S. Immoni. S. Landrici. S. Qualtadi. S. Adalgarii. S. Bernardi.

CXLIII.

[Laxa Gozberti in Brancelias et in Meleto.]

Sacrosanctæ basilicæ S. Petri Belliloci monasterii. Ego enim in Dei nomine Gozbertus consideravi amorem cœlestis patriæ, et de Dei misericordia confidens, cedo res proprietatis meæ ad monasterium quod vocatur Belluslocus, in honorem Dei omnipotentis et S. Petri, aliorumque sanctorum, ubi vir venerabilis Boso abbas præesse videtur : hoc est mansum meum indominicatum, ubi Benedictus manet, cum ipsa vinea quæ habet fines, de uno latere, vineas Ragamfredi[1], de alio latere terram S. Petri, de duobus vero lateribus vias publicas, cum prato, cum terris cultis et incultis, vel quantum ad ipsum mansum aspicit aut aspicere videtur, totum et ad integrum ad jam dictum locum cedo; et in ipsa villa, capmansionile meum, ubi Bladinus visus est manere, cum ipsa vinea quæ habet fines, de uno latere vineam ad filio meo, de alio latere vineam Rainoni[2], de duobus lateribus vias publicas. Et sunt ipsæ res in orbe Limovicino, in vicaria Asnacense, in villa quæ vocatur Brancelias[3] seu et Meleto; et in alio loco, Ad illo[4] Causeno, terras meas indominicatas, quæ habent fines, de uno latere terram Ragamfredi, de alio latere terram ad servos Ademari, de duobus lateribus vias publicas. Ista vero omnia superius nominata vel conscripta, totum et ad integrum, Deo salvatori

April. 939.

B. p. 158.
SG. p. 221.
C. p. 219.

---

[2] *Stephani... rogavit* desunt SG.   [3] *Emenorii* SG.

[1] *Ragramfredi* ibi et inferius.   [3] *Brancellias seu et Meloto* SG.
[2] *Romanii* B.   [4] *Ab Illo Causeno* SG.

omnium et S. Petro offero, in stipendiis et usibus monachorum, pro remedio animæ patris mei et matris meæ, et pro filio meo quondam defuncto Gozfredi[5] nomine, necnon et Gozberti filio meo; ea quidem ratione ut, quandiu ego advixero, usufructuario teneam et annis singulis ad festivitatem S. Petri denarios duos de censu in cera persolvam, post meum quoque dicessum rectores ejusdem loci in suum revocent dominium nullo contradicente. Sane si quis, ego ipse immutata voluntate nostra, aut ullus meus heres, qui contra hunc titulum kartæ ullam calumniam generare conaverit, ei cui litem intulerit componat auri libras decem argentum talenta quinque, et quod petit non vindicet; sed præsens cessio ista firma et stabilis permaneat cum stipulatione adnixa. Volo autem inserere ut, si ullus abbas aut rector ejusdem loci ipsas res jam dictas de jam dicto loco in qualicumque modo alienare voluerit, proprius filius meus seu et alii proximi mei parentes centum solidos ad ipsum locum persolvant et ipsas recipiant, et nullus sit qui eis contradicat. Facta est hæc cessio in mense aprili, anno III regnante Luduico[6] rege. S. Gozberti qui cessionem istam fieri vel adfirmare rogavit.

CXLIV.

[Laxa Galfredi et Helisabet in Prenciaco, Fabrica et Stranquillio villa.]

Sacrosanctæ basilicæ S. Petri Belliloci cœnobii. Nos enim in Christi nomine Galfredus[1] et uxor mea Helisabet[2], consideravimus amorem cœlestis patriæ, et de Dei misericordia confidentes, cedimus res proprietatis nostræ quæ per conquistum nobis advenerunt, ad monasterium quod vocatur Belluslocus in honore videlicet Dei et S. Petri,

[5] *Gausfredi* SG.
[6] Ludovico, cognomento Transmarino.

[1] *Gotfredus* SG.
[2] *Elizabet* SG. inferius *Elizabeth*.

aliorumque sanctorum, ubi vir venerabilis Johannes abbas præesse videtur : hoc est villam nostram indominicatam, mansum ubi Frodinus visus est manere, et alium mansum ubi Ansberaldus manet, et alium mansum ubi Agelbertus manet, et alium mansum ubi Ugo manet, et alium mansum ubi Ingelfredus manet, et alium mansum ubi Ermemberga manet, et alium mansum ubi Sicmarus[3] manet; quantumcumque nos in ipsa villa visi sumus habere et possidere, et justa nostra cernitur esse possessio, totum et ad integrum cedimus S. Petro. Et est ipsa villa in pago Limovicino, in vicaria Spaniacense, in villa quæ dicitur Prenciacus. Et in alia vicaria Asnacense, in villa quæ vocatur Fabrica, cedimus vobis vineam nostram quæ habet fines, de duobus lateribus vineam vel terram ad ipsos heredes, de III° latere viam publicam, de IIII° vero latere rivum currentem; ea ratione ut, quandiu uxor mea Helisabet advixerit, ipsas res superius nominatas usufructuario teneat, et annis singulis ad festivitatem S. Petri denarios sex in cera persolvat, et post suum quoque dicessum rectores ejusdem loci in suam revocent potestatem. Et in comitatu Caturcino, in vicaria Casliacense, in curte Stranquillio[4], cedimus ad supradictum locum, pro filio nostro nomine Guernoni[5], mansum ubi Teotbaldus[6] manet, cum ipso castello et cum ipsa plantada prope adhærente, et cum ipsa condamina quam de Odolrico[7] conquistavimus, et alium mansum ubi Galtarius manet, et alium mansum ubi Andreus manet, et alium mansum ubi Galdoinus[8] manet et ipsum pratum subtus illo castello, et quantumcumque ad ipsos quatuor mansos aspicit aut aspicere videtur, totum et ad integrum Deo et S. Petro cedimus. Ista vero omnia superius nominata Deo salvatori omnium et S. Petro offerimus, in stipendiis et usibus monachorum, ut post hodiernum diem teneant et possideant et faciant in omnibus quicquid elegerint sine ullius hominis contradictione; excepto Prenciaco, et illa vinea quæ est in Fabricas, quas uxori meæ, quandiu vivit, ego Galfredus

[3] *Sicmarius* B.
[4] *Stranquillo* B.
[5] *Gernone* SG.
[6] *Teobaldus* SG.
[7] *Odolrino* pro *Odolrico* B.
[8] *Galdominus* B.

beneficiavi. De repetitione vero, quod minime credimus, si quis, nos ipsi immutata voluntate nostra, aut ullus de heredibus nostris, vel propinquis, aut ulla immissa persona quæ contra cessionem istam ullam calumniam generare præsumpserit, non ei liceat vindicare, sed insuper componat auri libras quinque argentum talenta decem, et quod petit non vindicet; sed præsens cessio ista firma et stabilis permaneat cum stipulatione subnixa. Facta est hæc cessio in mense novembrio, anno VIII regnante Rodulfo rege. S. Galfredi et uxoris suæ Elisabet, qui hanc cessionem fieri vel adfirmare rogaverunt.

CXLV.

[Donum quod fecerunt Alpais et filii ejus pro anima Agelberti.]

Sacrosanctæ basilicæ S. Petri Bellilocensis cœnobii. Nos enim in Christi nomine Alpais et filii mei, Odolricus et Amalricus et Lanbertus et Gotafredus, consideravimus amorem cœlestis patriæ et de Dei misericordia confidentes, cedimus supradicto loco qui est constructus in honorem Dei et S. Petri, principis apostolorum, aliorumque sanctorum, ubi vir venerabilis Radulfus abbas præesse videtur, hoc est mansos nostros qui sunt in pago Tornense[1], in vicaria Asnacense, in villa quæ vocatur Vienna[2]. Ipsos mansos cum ortis, exitibus et regressibus, terris cultis et incultis, pratis, pascuis, silvis, vineis, pomiferis, et omnibus adjacentiis tam inter villam quam foris[3], quæsitum et adinquirendum, medietatem de ipsis rebus Deo salvatori omnium et S. Petro, ad Bellumlocum monasterium ubi vir venerabilis Radulfus præesse videtur, pro remedio animæ senioris mei Agelberti quondam, et animæ meæ filiorumque meorum, offerimus, in stipendiis et usibus monachorum, ut post hodiernum diem rectores ejusdem loci

---

[1] *Torinense* SG.   [3] *Quam intus et foris villam* corrupte B.
[2] *Vierno* SG.

tam ipsi quam successores eorum faciant jure ecclesiastico quicquid elegerint sine ullo contradicente. De repetitionibus vero, quod minime credimus, si nos ipsi immutata voluntate nostra, aut ullus heres noster qui contra hanc cessionem ire vel agere vel inquietare præsumpserit, non valeat vindicare, sed insuper componat cui litem intulerit tantum et aliud tantum quantum ipsæ res ulloque tempore melioratæ valuerint, et quod male petit vindicare non valeat; sed præsens cessio ista firma et stabilis permaneat cum stipulatione subnixa. Facta est hæc cessio in mense martio, anno VIIII quod Karolus[4] rex cœpit regnare. S. Alpais[5] feminæ. S. Odolrici. S. Amalrici. S. Lantberti. S. Gotafredi, filiorum ejus, qui cessionem istam fieri vel adfirmare rogaverunt.

CXLVI.

Brevem quem fecit Aico S. Petro[1].

Ego in Dei nomine Aico, pro remedio animæ meæ dimitto S. Petro, ad monasterium Belliloci, vineam meam quæ tenet ad opera sex denariatas. Est igitur ipsa vinea medietas de uno clauso qui est in orbe Caturcino, in loco qui vocatur Montaniacus[2]; et habet fines ex una parte terram ipsius S. Petri, ex alia terram Stephani de Mulsoche, et ex alia viam publicam; tali ratione ut assumpto duabus vicibus monachi fructum, sint parati filii mei Geraldus et Odolricus[3], in II anno Garnerius et Stephanus, ut reddant xx solidos in die missa S. Martini; et sic ipsam vineam in suam revocent potestatem. Et, si illi non habuerint denarios, ipsa vinea sit S. Petro in perpetuum,

---

[4] Carolus, cognomento Simplex.
[5] Alpas uxoris suæ false B. feminæ deest.

[1] Brevem quem fecit tenorem Aico SG.
[3] Adolricus SG.
[2] Montiniacus B.

nullo contradicente. Et, si ullus abbas aut ullus monachus de comunia[4] S. Petri et monachorum ejicere voluerit, prædicti fratres, filii Aiconi, ponant super altare S. Petri quatuor denarios et accipiant ipsam vineam. S. Aiconi qui cessionem istam S. Petro fecit. S. Geraldi[5]. S. Odolrici. S. Garnerii. S. Stephani.

CXLVII.

[Donum Deotini pro anima parentum suorum.]

Mai. 916.

B. p. 164.
SG. p. 229.
C. p. 226.

Appropinquante mundi senio et sese ad occasum impellente, oportet unumquemque de terrenis ad cœlestia et de caducis ad mansura transire, ne forte mors improvisa aliquem imparatum inveniat ac sine ullo respectu divinæ pietatis ab hoc sæculo discedentem. Quamobrem ego in Christi nomine Deotinus, consideravi amorem cœlestis patriæ, et de Dei misericordia confidens, cedo res proprietatis meæ ad monasterium quod vocatur Belluslocus, quod est constructum super fluvium Dornoniæ[1], in honorem Dei omnipotentis et principis apostolorum Petri, aliorumque sanctorum, quibus hoc tempore Rodulfus abbas, rector præesse videtur, pro remedio animæ meæ et patris mei et matris meæ, parentumque meorum, et pro anima filii mei nomine Austindo[2], ut pius Dominus, in die judicii, nobis veniam tribuere dignetur : hoc est curtem meam quæ vocatur Cantedunus[3], cum casa mea dominicaria, ubi ego ipse præsenti tempore visus sum manere, cum verdiariis et pratis dominicis et cum ipsa bacallaria, qui est in pago Limovicino, in vicaria Usercense, et alium mansum ubi Arn-

---

[4] *Communi* SG. *et monachorum* desunt ibid.

[5] *Garaldi* SG.

[1] *Dordoniæ* SG.
[2] *Astindo* SG.

[3] *Cantedimnis* B. inferius *Contedinus*.

fredus[4] visus est manere, mansum ubi Adalricus visus est manere, et capmansioniles duos. Similiter[5] in Arode, ipsam villam, in loco cui vocabulum est Maugurius, mansum ubi Arlabaldus visus est manere; et in ipso aro, in loco ubi vocabulum est Fabricas, mansos duos ubi Gandalfredus et Johannes visi sunt manere; et in alio loco ubi vocabulum est Ad illa Vedrina, mansum ubi Amalfredus visus est manere; et bordariam ubi Dominicus manet. Similiter in loco ubi vocabulum est Ad illa Sclausa, mansos tres : mansum ubi Ardengus visus est manere; in aliis vero duobus capmansis manent Benedictus et Martinus. Similiter in ipsa curte, in loco ubi vocabulum est Monte, mansum ubi Teotfredus visus est manere; mansum ubi Domofredus visus est manere; in alio vero capmanso manet Guitardus; in bordaria[6] vero manet Ragambaldus; et in alio loco cui vocabulum est Cantedunus[7] minor, mansum ubi Gerbertus visus est manere, et alium mansum ubi Ragansinda manet, mansum ubi Sangrus manet, mansum ubi Strainilus[8] manet. Similiter in eodem pago, in vicaria Asnacense, in Dercoleno, casam meam indominicatam, ubi ego visus sum manere, cum vinea mea indominicata; et in ipso loco, mansum ubi Ragambertus manet, et alium mansum ubi Adalricus manet, mansum ubi Godalbertus manet, mansum ubi Lantbertus manet, et capmansionile ubi Jordanus visus est manere. De mancipiis vero iis nominibus : Arnfredus et uxor sua cum infantibus eorum, excepta Rotbergana quam liberam abeo [*pro* habeo] factam; Amalberga cum infantibus suis : Gandalfredo et uxore sua, cum infantibus suis; Domenfredo et uxore sua, cum infantibus suis; Rainaldo, Arnilde[9], Aldana[10] infantes Ebrardi et Dodilanæ[11]; de infantibus vero Amalfredi et Aldeberganæ[12] quatuor : Ebrardo, Arnaldo, et Ingelfredo, et Aldana; Amalrico[13]; Ragbergana uxore Ra-

[4] *Arnufredus* B.
[5] *Similiter..... duos* desunt B. Inferius *Maugurius..... vocabulum est* absunt SG.
[6] *Vicaria* pro *bordaria* B.
[7] *Contedinus.* B.
[8] *Strancilus* SG
[9] *Arnildo* B.
[10] *Aldane* SG. inferius *Ragimbergane* et *Argane*.
[11] *Dodisema* B. *Dodilena* SG.
[12] *Adelberganæ* B.
[13] *Almarico* SG.

gambaldi cum infantibus suis; Aigana cum infantibus suis, excepto Arlabaldo et Landrico quos liberos habeo factos; Rainaldo; Adalrico; uxore Lantberti cum infantibus suis; Godalberti cum infantibus suis. De repetitione vero, quod minime credimus, si quis, ego ipse immutata voluntate mea, aut ullus de heredibus meis aut ulla immissa persona quæ contra hanc cessionem ullam calumniam generare voluerit, non ei liceat vindicare, sed insuper componat cui litem intulerit tantum et aliud tantum quantum ipsæ res superius nominatæ ullo tempore melioratæ valuerint, et quod petit non vindicet, sed præsens cessio ista firma et stabilis permaneat cum stipulatione subnixa. Facta est hæc cessio in mense maio, anno XVIII regnante Karolo[14] rege. S. Deotimii[15] qui cessionem istam scribere vel adfirmare rogavit. S. Asterii[16]. S. Amaluini. S. Deusdet. S. Gerberganæ, filiæ ejus. S. Gairaldi[17]. S. Girberti[18]. S. Ugoni. S. Ebloni. S. Amiconi. S. iterum Gairaldi. S. Jurioni[19]. S. Landrici. S. Benedicti.

CXLVIII.

[Laxa Ragamfredi.]

Dec.
969-984.

B, p. 166.
SG. p. 232.
C. p. 228.

Oportet unumquemque de terrenis ad cœlestia et de caducis ad mansura transire, ne forte mors improvisa aliquem imparatum inveniat ac sine ullo respectu divinæ pietatis ab hoc sæculo discedentem. Quamobrem ego in Dei nomine Ragamfredus consideravi amorem cœlestis patriæ et de Dei misericordia confidens, cedo res proprietatis meæ ad monasterium quod vocatur Belluslocus, quod est fundatum in honorem Dei omnipotentis et B. Petri, apostolorum principis, et S[1]. Felicitatis aliorumque SS. martirum Primi et Feliciani alio-

[14] Carolo, cognomento Simplice.
[15] S. Detrudo SG.
[16] Osterii B.
[17] Garaldi B. inferius Ganaldi.
[18] Gorberti SG.
[19] Surioni SG.

[1] Et S. Felicitatis... Feliciani desunt B.

rumque sanctorum, ubi vir venerabilis Geraldus abbas[2] præesse videtur : hoc est capudmansionilis meus ubi ego ipse visus sum manere, cum ipsis vineis et cum orto et cum ipsa mansione, vel quantum ego Ragamfredus inibi visus sum habere et possidere, totum et ad integrum Deo et S. Petro offero ad luminaria concinnanda et ad missas sacrosancte canendas et ad sacrificium bene dicendum; supradictas res in urbe Caturcino, in vicaria Casliacense, in loco qui vocatus est Podiomeiano; ea quidem ratione ut, quandiu advixero, usufructuario teneam, et annis singulis, tempore vindemiæ, sextarios octo de vino in censu persolvam. Similiter et frater meus Domraldus teneat quandiu vixerit, post[3] nostrorum quoque amborum dicessum, ut supra diximus, rectores ejusdem ecclesiæ S. Petri Belliloci in suum revocent dominium ad sacrarium, nullo contradicente. Sane si quis, ego immutata voluntate mea, aut ullus ex heredibus meis sive propinquis, aut ulla immissa persona quæ contra hanc cessionem ullam calumniam generare præsumpserit, inprimis iram Dei omnipotentis incurrat et sanctorum ejus illamque[4] maledictionem quam incurrerunt Core, Datan et Abiron, qua aperuit terra os suum et deglutivit eos et descenderunt in infernum, et ante fuerunt sepulti quam mortui. Facta est hæc cessio in mense decembrio, sub Loterio rege. S. Ragamfredi qui cessionem istam fieri vel adfirmare rogavit. S. Geraldi. S. Garnerii[5]. S. Joannis. S. Ugoni. S. Gauzfredi.

CXLIX.

[Donum quod fecerunt Gauzlenus et Ranguis in Marciaco villa.]

Sacrosanctæ basilicæ S. Petri Belliloci monasterii. Nos enim in

[2] Geraldus abbas, primus nomine, abbatiam tenuit anno 968 una cum Guernone, anno 969 solus, annis 970 et 971 et forte diutius cum Adalgiso seu Adalgagario, et ab anno 976 solus iterum usque ad annum 984 quo Bernardus Bellilocenses regere cœpit.

[3] *Meorum quoque nymborum decessus* SG.
[4] *Illam que..... mortui* desunt B.
[5] *Garimbi* B.

Dei nomine : Gauzlenus[1] et uxor mea Ranguis, consideravimus amorem cœlestis patriæ, et de Dei misericordia confidentes, cedimus ad jam dictum locum qui est consecratus in honorem videlicet Dei omnipotentis et S. Petri, aliorumque sanctorum, ubi vir venerabilis Guerno[2] abbas præesse videtur, hoc est mansum nostrum ubi Ermemberga et filius ejus Rotgerius visi sunt manere, qui est in pago nempe Limovicino, in vicaria Asnacense, in villa Marciaco. Ipsum vero mansum jam dictum cum pratis, silvis, ortis, vineis, exiis et regressiis, cum terris cultis et incultis, quæsitis et adinquirendis, et cum omnibus ad se pertinentibus, totum et ad integrum Deo salvatori omnium et S. Petro offerimus. Quantumcumque ad ipsum mansum aspicit aut aspicere videtur, totum et ad integrum, similiter S. Petro offero, tali ratione ut quandiu ego solus Gauzlenus[3] advixero, usufructuario teneam, et annis singulis, tempore messis ac vindemiæ, sextarios sex inter panem et vinum de censu persolvam, post mortem vero meam S. Petro remaneat, sine ullius hominis contradictione. Sane si quis, ego vel uxor mea aut ullus heres vel propinquus noster, aut ulla immissa persona quæ contra hanc cessionem ullam calumniam generare voluerit, tremendi judicis circa se sentiat exagitare furorem et B. Petri omniumque sanctorum, omniumque cœlestium virtutum agminibus[4] incurrat iram; hæc autem cessio inconvulsa permaneat cum stipulatione subnixa. Factam cessionem hanc in mense novembri, regnante Loterio rege. S. Gauzleni et uxoris suæ Ranguis qui hanc cessionem scribi firmarique rogaverunt. S. Gauzberti. S. Rainaldi. S. Constantini. S. Ademari. S. Bernardi.

[1] Forte idem qui, sub Lothario rege, Geraldo et Bernardo simul abbatibus, donum fecit ch. LXXXV.

[2] Guerno abbas annis saltem 967 et 968 floruit. Vide supra chart. LXX, not. 2.

[3] *Ego solus Gausbertus* SG.

[4] *Omniumque cœlestium virtutum agminibus* desunt B.

CL.

[Breve Ratbodi et Stephani pro altari S. Benedicti illuminando.]

Senescente mundo atque in maligno posito, decet nos evigilare ac cavere strenue ne mors forte repentina impromptos inveniat. Ideo fratres Ratbodus pariterque Stephanus Domino datori pio se [1] suisque testibus, Petro scilicet beato et Benedicto præclaro offerunt, jure paterno, cum devoto animo, vineam scilicet nostram, in pago Lemovicino, in vicaria Asnacense, in Sancto Baudilio, circumseptam via ducente ad dextris ecclesiæ quæ prætendens super eam in pratello descendit, sicque tendens usque rivum, iter ad ecclesiam, iterum de domo pergens sinistris ad ecclesiam, et tendens per buigam secus illam jugitur donec intret in paludem pergens ad ecclesiam, et deorsum currens rivus ambas continens vias; nulla inter istos fines dividit distantia, licet culta aut inculta ibi terra maneat, nisi solæ mansiones quæ fiunt in capite[2]. Caput mansum, ubi Burga visa est manere, ortus, terra, trelia vel quantum ibi tenuit, famuletur Benedicto sicut supra diximus. Iterum in ipso pago, altera vicaria quæ vocatur Vertedensis, loco Lavastra[3], duas vineas hærentes et tenentes, equale quæ coluntur a personis Constantino et Constabulo, et tenentur denariaddas bis ternis ad opera. Has per loca designata circumcinctas vineas patri[4] pio Benedicto devote offerimus, ut lucerna accendatur ante eum jugiter, licet olei[5] sit compta ceræ ac liquantia[6], harum fructus vinearum venundetur utile, ut ematur lumen nitens ac fulgens quotidie, ne deficiat in sua sacrosancta ecclesia lumen, lu-

---

[1] Hæc charta ibi et passim corrupta in ms. B.
[2] Capite mansum SG.
[3] Lavastia sive Lanastia SG. ibi et paulo post.
[4] Pro patri Benedicto B.
[5] Ob id pro olei SG.
[6] Actu liquentis SG.

ceatque semper, et chorusce splendeat. Universa supra scripta de Sancto Baudilio filius meus Rigaldus fructum vivens teneat, et omni anno per hunc censum modios duos solvat qui ex nuceis in festo pretiosi Martini; post hunc excessum Rigaldi, nullo contradicente, S. Patris Benedicti famuletur lumine. Ita illa de Lavastra gemini possideant, ambo pariter Geraldi vocantur nomine, et ita isti perfruantur fructibus : unum modium de nuces[7] reddere iis jubemus; post excessum horum Patri famuletur lumine. Hanc igitur Patri benigne donam nunc offerimus pro peccatis patris nostri nostrorumve peccatorum quo remissus sit nobis in die judicii et habere mereamur Dominum propitium. Ideo prætitulatam donam hanc offerimus; maneat inconvulsa firmaque perhenniter, ne calumniosus ibi aditum reperiat, sed incurrat iram Dei confusus in baratro cum eis qui Salvatori omnium voces clamant : *Recede a nobis semper, viam tuam nolumus, angelorum omniumque sanctorum extranei.* Cum Datan et Abiron quos vivos terra absorbuit, vel cum Juda proditore Dominum qui tradidit, mereatur sociari in infernum baratri cum Herode, Juliano, Nerone, Simone; tenebrescat lux eorum præsens perhenniter. Sanctam et immaculatam ecclesiam extorres[8] ipsius Patri ut hostes conterantur et preces, sicque deleantur de libro vitæ celeriter. Si quis autem hujus rei callide accesserit, doli ejus fraudes simul deleant omnimodo; post has maledictiones merito sustineat, demum præsens et futurum inconvulsum maneat. Factum est testamentum istud in mense aprelio, anno bis[9] deno quino sub[10] Lotario rege. Signus fratribus Ratbodi et Stephani qui paterna pro salute hoc devote offerunt. S. Geraldi abbatis et Gerberti fratribus. Item Geraldi. Ugoni. Ebroini. Rotberti. Item Stephani. Ugoni. Gozfredi et Stephani.

[7] *Mices* B.
[8] Sic C., *extendit* B.; hic locus corruptus in cunctis mss.
[9] *Bisbis deno quino* C.
[10] *Rege sub Lotario* C.

CLI[1].

Placitum et concordia quam fecerunt monachi de Belloloco cum monachis Soliacensibus[2], de vineis de Montiniaco quas tenuit Gauzbertus sacerdos.

Concordiam fecerunt inter se monachi Bellilocenses et Soliacenses ut vineas de Montiniaco monachi Soliacenses tenerent quandiu Rainaldus monachus de Cusanza vixerit, et omni anno octo denarios per censum dent monachis Bellilocensibus kalendas[3] augusti in missa S. Petri. Post mortem vero Rainaldi medietas de ipsis vineis remaneat B. Petro et monachis ejus, et medietas B. Mariæ et monachis ipsius; et hoc in tali convenientia ut, si monachi Soliacenses aliquid aut totum ex sua parte vendiderint aut inpignoraverint aut absare [*alias* actari] dimiserint, monachi Bellilocenses in suo revocent dominio illam partem et quod superaverit per divisionem teneant. S. Frodini[4] abbatis. S. Deusdet præpositi. S. Geraldi vicarii. S. Gerberti sagrestani[5]. S. Bosoni vicecomitis[6].

An. 1056-1076.

B. p. 169.
SG. p. 238.
C. p. 234.

CLII.

[*Donum quod fecit Avitus in Lupiaco villa.*]

Oportet unumquemque de terrenis ad cœlestia et de caducis ad

Aug. 891.

B. p. 170.
SG. p. 239.
C. p. 235.

---

[1] Fragmenta breviora notitiæ istius habes edita apud Justellum. (*Hist. Turenn.* pr. p. 26.) In tabula chronologica Brequiniana ad annum 1074, hujus instrumenti mentio facta est, sed absque probatione ulla. De nota chronica necnon de Frodino abbate cujus ibi subscriptio apparet, vide supra ch. LXXXIV, not. 4.

[2] *Soleacensibus* SG.
[3] *Calendis* SG.
[4] *Froedini abbatis. S. Deidet* B.
[5] *Sacristini* B.
[6] Boso hic est primus nomine, vicecomes Turennensis.

mansura transire, ne forte mors improvisa aliquem imparatum inveniat ac sine ullo respectu divinæ pietatis ab hoc sæculo discedentem. Quamobrem ego in Christi nomine, Avitus, cedo res proprietatis meæ ad monasterium quod vocatur Belluslocus, in honorem videlicet S. Petri, apostolorum[1] principis et S. Felicitatis martiris, aliorumque sanctorum, ubi vir venerabilis Rainulfus abbas præesse videtur : hoc est villam[2] meam dominicariam, cum ipsa casa qui est in orbe Limovicino, in vicaria Asnacense, in villa quæ vocatur Lupiacus, in loco qui dicitur Ad illo Bosco, cum ipsa bacallaria seu cum ipsis mansis : mansum ubi Golfardus visus est manere, mansum ubi Garardus manet, mansum ubi Erotgarius manet, mansum ubi Benedictus manet, mansum ubi Maganfredus manet, et alium mansum ubi Sanctonicus manet, et alium mansum ubi Adradus visus fuit manere, et alium mansum ubi David manet, et alium mansum ubi Sadraldus manet, et alium mansum ubi Aderbaldus manet; qui habent fines de tribus lateribus rivos currentes, de quarto vero latere usque in viam publicam per bodinas fixas. Hæc omnia superius nominata, cum omnibus ad se pertinentibus, cum casa dominicaria, cum ipsa bacallaria, seu cum ipsis mansis, cum vineis, terris cultis et incultis, seu cum ipsis pratis, et cum ipsis pascuis, silvis, verdigariis, et cum ipsis farinariis, cum ortis adjacentiis, omnia et ex omnibus quantumcumque in ipso loco mea cernitur esse possessio, tam intus villam quam foris villam quicquid adinquirendum est, pro remedio animæ meæ et pro anima avunculi mei Guldrici qui ipsas res mihi concessit, et pro anima genitoris mei Avidi, pro anima genitricis meæ Ingelborgis, et anima fratris mei Antonini, Deo salvatori omnium et S. Petro offero, in stipendiis et usibus monachorum, ut post hodiernum diem teneant, possideant et faciant de ipsis rebus jure ecclesiastico quicquid elegerint. Similiter in ipsa vicaria, in ipso loco, silvam meam quæ nominatur Mollis Caparia usque ad illam bodinam S. Petri quantum ego visus sum habere, vobis cedo ut faciatis quicquid volueritis. Sane, quod

---

[1] *Apostolorum . . martiris* desunt B.   [2] *Vineam* SG.

minime credo, si ego ipse, immutata voluntate mea, aut ullus de heredibus meis vel propinquis, aut ulla immissa persona quæ contra cessionem istam insultare præsumpserit, imprimis iram Dei omnipotentis incurrat et sanctorum ejus, deinde sociante fisco auri libras duas argenti pondere quinque coactus exsolvat, et quod petit non vindicet; sed præsens cessio ista firma et stabilis omni tempore permaneat cum stipulatione subnixa. Facta est cessio ista in mense augusto, anno IV regnante Oddone rege. S. Avidi qui cessionem istam fieri vel adfirmare rogavit. S. Antonini. S. Guillaberti. S. Franconi. S. Udulrico. S. Amalrico. S. Romaldi. S. Ainaldi. S. Bernardi vicarii. S. Agini. S. Oddoni. S. Aviti. S. Rainulfi. S. Baseni.

CLIII.

[Loboleni et Aldebaldi laxa in Cavaniaco villa, in Quincione et in Calesso.]

Oportet unumquemque de terrenis ad cœlestia et de caducis ad mansura tendere et pro salute animæ vigilare, ne forte repentina mors et improvisa aliquem imparatum inveniat ac sine ullo respectu divinæ pietatis discedentem ab hoc sæculo. Quamobrem ego Lobolenus in Christi nomine acsi indignus sacerdos, seu et nepos meus Aldebaldus clericus, consideravimus hujus sæculi fragilitatem, et de Dei misericordia confidentes, cedimus monachis qui monasterium construunt in orbe Lemovicino, in vicaria Asnacense, in loco cujus vocabulum est Belluslocus, in honorem videlicet principis apostolorum Petri, et[1] S. Felicitatis martiris, et Ursini confessoris, aliorumque sanctorum, ubi vir venerabilis Gairulfus abbas præesse videtur, hoc est mansos meos qui sunt in pago Caturcino, in vicaria Casliacense, in villa quæ dicitur Cavaniacus, ipsos mansos ubi Theomnus[2] et Meinar-

Jan. 868.

B. p. 171.
SG. p. 241.
C. p. 137.

S. Felicitatis... confessoris desunt B.   [2] Teonimo SG.

dus visi sunt manere. Ipsos mansos cum vineis, terris, pratis, silvis, aquis aquarumve decursibus, quantumcumque ad ipsos mansos aspicit aut aspicere videtur, totum et ad integrum cedo ad præfatum locum. Et in alio loco qui dicitur Quincioni, cedo vineam meam quæ habet fines, de uno latere vineam Dadonis[3], de alio latere vineam Gualmandi, de alio latere terram S. Remigii, et de alio latere rivum currentem; et in ipso loco, aliam vineam quæ habet fines de uno latere vineam S. Petri, de alio latere vineam Danielis, de alio latere terram Dadonis, de quarto latere viam publicam. Et in alia villa quæ dicitur Calesso[4], cedo mansum meum ubi Datfredus visus est manere, ipsum mansum cum orto vel cum ipsa vinea quæ habet fines, de duobus lateribus vineam S. Petri, et de tertio latere terram Cuandalfredi, de quarto viam publicam. Hæc omnia superius nominata cum omni integritate, a die præsente cedo ad præfatum locum, pro remedio animæ meæ et pro anima nepotis mei Aldebaldi, in usibus et stipendiis monachorum, cedo et de jure meo in vestram trado dominationem ad habendum vel possidendum. Sane, quod vero futurum esse minime credo, si ego ipse, immutata voluntate mea, aut ullus heredum pro ac heredum nostrorum, seu quælibet opposita persona, quæ contra hanc cessionem calumniam aliquam aut tergiversationem generare præsumpserit, inprimis iram Dei omnipotentis et sanctorum ejus incurrat, deinde cui litem intulerit una cum socio fisco auri libras tres argenti pondera septem coactus exsolvat, et sua repetitio nihil vindicare valeat: sed præsens cessio ista a me facta omnique tempore firma et stabilis permaneat cum stipulatione subnixa. Facta cessio ista in mense januario, anno II regnante domno nostro Lodovico[5] rege Equitaniorum.

[3] *Dadonæ* SG. ibi et inferius.
[4] *Calofo* SG.
[5] Balbo cognomento, filio regis Caroli Calvi, qui anno Christi 866 regnare cœpit. Vide supra chartæ III notam chronicam.

CLIV[1].

[Notitia de oratorio B. Mariæ illuminando et picturis adornando.]

Priscorum patrum sequentes auctoritatem, simulque caventes futurorum hominum infestationem, necessarium nobis videtur de statu rerum ecclesiasticarum aliqua perquirere argumenta per quæ nobis posterisque nostris utcumque possit esse consultum. Ideoque adnotare hic volumus qualiter omnipotentis Dei Domini nostri Jhesu Christi famulus ac monachus, nomine Bernardus, voluit libentissimo animo in honorem præclarissimæ semperque virginis Mariæ filiique ejus Domini nostri, aliquas terras vel vineas comparare ad oratorium illuminandum quod est in Belloloco, in honorem ejusdem reginæ situm, quatenus dum pro amore vel honore jam dictæ puerperæ ejusque filii hinc lumen temporale jam dictus Bernardus devote ministrat (ipse in perpetuum futuro lumine minime careat!) Quiquidem[3] Christum vere unigenitum Dei ante sæcula sine matre et vere Filium Hominis in sæculo sine patre, unum omnino Deum non confusione substantiæ sed unitate personæ, ardente amore voluit in eodem monasterio depingere qualiter Dei filius pro nostra redemptione se humilians est ab angelo nunciatus; quomodo jam dicta ejus genitrix, eum in hutero gestans, salutaverit Elisabeth; quomodo natus; qualiter nutritus; quomodo a venerabili sene in templo est præsentatus;

An.
1005-1028[2].

B. p. 172.
SG. p. 243.
C. p. 239.

---

[1] Charta ista in ms. B. valde mutila et corrupta.

[2] Bernardus II episcopus, qui istam notitiam in fine confirmavit, abbatiam Bellilocensem una cum Geraldo rexit anno 985 circiter, paulo post solus. Caturcensis episcopus ordinatus circa annum 1005, abbatiam retinuit usque ad annum 1028; jam in præsenti instrumento episcopus dicitur. Vide superius notitiam nostram de Bernardo. (*Notes et éclaircissements*, num. XIV.)

[3] Pro *Quiquidem Christum... amore*, legimus in manuscripto C.: *Isdem namque Bernardus divinitatem quidem omnipotentis Dei timens, sed humanitatem ejus ardenter amans.*

quomodo a Magis adoratus. Et ideo omnimodis pertimescendum est ne, quod absit, aliquis deinceps existat aut abbas aut rector aliquis ejusdem loci, sive quilibet mortalium qui jam dictum oratorium a rebus infra scribendis privet, ut dum lumine dictum oratorium, imo ipsum Dominum ac Redemptorem nostrum ejusque genitricem cecaverit [*alias* privaverit], ipse post modum coactus in tenebras exteriores, cecitatem et tormenta, seu pœnas sustineat æternas. Jam vero dicendum de situ locorum ubi res præfatæ videntur esse. Sunt quippe in orbe Limovicino, in vicaria Asnacense, inprimis capmansionile meum indominicatum quod pater meus dimisit mihi cum orto, cum vineis, cum terris et omnibus ad se pertinentibus; et in ipso loco, vineam quam de Rigaldo et uxore ejus et filio Aldebrando comparavi, quæ continet ad opera denariatas duas; itemque in eodem loco, vineam quam de Geraldo comparavi scilicet denariatas v; et in alio loco, prope adhærentem vineam quam de Gauzberto comparavi, quæ est Ad illos Planos medaliadas tres; et prope adhærentem vineam quam de Benedicto comparavi, denariatas duas; et in villa Betugo, Ad illa Cumba de vinea denariatas quatuor, quam frater meus Basenus mihi dimisit. Et in ipsa villa dimisit mihi frater meus Basenus bordariam unam Ad illo Virdigario vocante, ut, quandiu vixero, teneam, post mortem S. Petro ad sacrarium remaneat; et in ipsa villa, mansum unum quem Gauzfredus frater meus mihi, quandiu vixero, dimisit, post mortem meam similiter ad sacrarium remanere voluit, quod ego quoque confirmo; et in hoc manso Richildis manet. Et in vicaria Casliacense, in villa Calimonte, mansum unum quem de monachis de Soliaco comparavi. Hæc vero omnia superius nominata dicti Jhesu Christi Domini nostri genitrici perpetuo virgini offero ego, Bernardus ad præfatum oratorium semper ex cera illuminandum, in providentia domni mei Bernardi episcopi; ea quidem ratione ut ipse præfatas res pro Jhesu Christi amore ejusque genitricis tueri ac defensare dignetur, et Bernardo nepoti meo committere, quatenus idem Bernardus ex præfatis rebus jugiter, omnipotentis Dei servitium impendat, et pro domno meo episcopo ac pro me preces quas valet semper offerat. Helemosina vero, si qua est, sic tota tribuatur domno meo episcopo, quatenus non minuatur ejus famulo Bernardo; sed jam provolutus tuis pedibus, domine meus episcope, tota animi et corporis devotione deprecor tuam benignitatem ut votum meum ac desideria, sicut hic continetur, impleri facias, pro tua bonitate, meque securum deinceps ac lætum quiescere sinas. Si quis autem deinceps ita perversus ac Deo contrarius, quod absit, repertus fuerit qui omnipotenti Deo ejusque genitrici aliquo crimine vel aliqua occasione prædictas res violenter abstrahere voluerit, jam non uno modo vel ab una persona sciat se esse dampnandum; excitentur in ultionem ejus angeli et archangeli, throni et dominationes, principatus et potestates, omnesque virtutes cœlorum, cherubin atque seraphin; nullumque inveniat amicum qui omnium hominum nititur impugnare Dominum et Reginam; ab omni etiam sancta Ecclesia abominetur et anathematizetur; a nullo catholico consilium vel pœnitentiam accipiat; in morte etiam sepultura careat. Ac ne forte aliquis incassum hæc scripta suspicetur, ego Bernardus episcopus secundum potestatem mihi a Domino attributam, corde et ore confirmo, et manu mea roboro, atque hoc testamentum in perpetuum firmissimum esse censeo. Amen. S. Bernardi episcopi. S. Gerberti. S. Rotberti. S. Guillelmi. S. Bernardi.

CLV.

[Donum quod fecerunt Boso et uxor ejus de Siccavalle et in Floriaco villa.]

Sacrosanctæ basilicæ S. Petri Bellilocensis monasterii. Ego enim in Christi nomine Boso et uxore mea Aitrudis[1], cedimus res proprietatis nostræ ad monasterium quod vocatur Belluslocus, in ho-

---

[1] *Autindis* SG. *Altindis* B. in subscriptione *Autrudis*.

norem videlicet S. Petri et S. Felicitatis aliorumque sanctorum, ubi vir venerabilis Gairulfus[2] abbas præesse videtur, hoc est villam nostram quæ est in orbe Limovicino, in vicaria Vertedense, quæ vocatur Siccavalle : mansum ubi Arlabertus visus est manere, et alium mansum ubi Ingelbaldus visus est manere, et quantum ad ipsam villam aspicit aut aspicere videtur tam intus quam foris villam, et nostra justa cernitur esse possessio. De mancipiis vero iis nominibus : Ingelbertus et uxor sua cum infantibus suis; Gerberga et infantes suos iis nominibus : Gauzfredus, Ingelberga. Similiter et in alio loco, in vicaria Asnacense, in villa quæ vocatur Floriacus, mansum nostrum ubi Isolus visus est manere, et alium mansum ubi Eliseus visus est manere. Hæc omnia superius nominata cum terris, vineis, silvis, aquis aquarumve decursibus, et quantumcumque ad ipsos mansos aspicit aut aspicere videtur, Deo et Salvatori omnium et S. Petro offerimus in stipendiis et usibus monachorum, ut post hodiernum diem faciant, tam ipsi quam successores eorum, in venturis generationibus quicquid elegerint. Sane, quod minime credimus, si nos ipsi, immutata voluntate nostra, aut ullus heres noster aut ulla persona, qui contra cessionem istam ullam calumniam generare conaverit, componat cui litem intulerit auri libram unam argenti pondera quinque coactus exsolvat, et quod petit non vindicet; sed præsens cessio ista firma et stabilis permaneat cum stipulatione subnixa. Facta est hæc cessio in mense martio, anno VI regnante Oddoni regis. S. Bosoni et Aitrude qui cessionem istam fieri vel adfirmare rogaverunt. S. Audrici[3]. S. Adalardi vicarii. S. Rotberti. S. Andraldi. S. Ermenberti. S. Aldegarii.

[2] *Gairrulfus* SG.   [3] *Andrici* B.

CLVI.

[Gauzbertus et uxor ejus plura in Illo Bosco, Lupiaco et Crodes villa condonant.]

Adpropinquante mundi senio et sese ad occasum impellente, oportet unumquemque de terrenis ad cœlestia transire, ne mors improvisa aliquem imparatum inveniat ac sine ullo respectu divinæ pietatis ab hoc sæculo discedentem. Quamobrem nos in Christi nomine Gauzbertus et uxor mea Emena[1], consideravimus amorem cœlestis patriæ, et de Dei misericordia confidentes, cedimus res proprietatis nostræ, pro remedio animarum nostrarum et pro animabus parentum nostrorum, quæ sunt in orbe Limovicino, in vicaria Spaniacense: villam nostram quæ vocatur Ad illum Boscum, pro animabus[2] nostris et pro anima Arnarii, et quantumcunque ad ipsam villam aspicit aut aspicere videtur et nostra cernitur esse justa possessio; et in alio loco, in ipsa vicaria, in villa Crodes[3], quantum ibi visi sumus adquirere. Similiter in alio pago et in altera vicaria, in loco qui vocatur Lupiacus, quantumcunque in ipsa villa visi sumus habere vel possidere et nostra cernitur esse possessio. De mancipiis vero iis nominibus: Leotardo[4] et uxore sua cum infantibus suis; Arnulfo et uxore sua cum infantibus suis, ad monasterium quod vocatur Belluslocus, in honorem S. Petri, principis apostolorum, et S. Felicitatis aliorumque sanctorum, ubi vir venerabilis Rainulfus[5] abbas præesse videtur. Hæc omnia superius nominata, cum terris cultis et incultis, pratis, pascuis, adjacentiis, vineis, silvis, omnia et ex omnibus quantumcunque ad ipsas res superius dictas aspicit aut aspicere videtur, Deo salvatori omnium et S. Petro offerimus, in stipendiis et

Jul. 893.

B. p. 176.
SG. p. 249.
C. p. 243.

---

[1] *Emina* SG. ibi et inferius.
[2] *Pro... Arnarii* desunt B.
[3] *Rodor* B. *Rodar* SG.
[4] *Lotardo* B.
[5] *Rodulfus* SG. deest B. A mense aug. anni 891 usque ad an. 897, Gairulfus et Rainulfus abbates una Bellilocense cœnobium rexerunt. Itaque Rodulfus in mense julio anni 893 abbatialem sedem occupare non potuit, et *Rainulfus* ibi legendum est.

usibus monachorum, ut post hodiernum diem faciant exinde tam ipsi quam successores eorum, jure ecclesiastico in omnibus quicquid elegerint; ea quidem ratione ut, si ullus rector aut abbas in beneficio seu in donatione, in aliorum usibus nisi in stipendiis monachorum, transferre voluerit, non ei liceat; unde et si hoc, quod absit, facere præsumpserit, uxor mea propria Emena in suam faciat revocare potestatem. De repetitione vero, quod minime credimus, si nos ipsi, immutata voluntate nostra, aut ullus de heredibus nostris vel propinquis, seu quælibet ulla immissa persona quæ contra hoc testamentum, quod nos ipsi hilari mente promptaque voluntate Deo offerimus, ullam calumniam aut litem generare præsumpserit, inprimis iram Dei omnipotentis et sanctorum ejus incurrat, deinde cui litem intulerit, una cum fisco, componat, auri libras decem argenti pondera viginti coactus exsolvat, et quod petit nihil valeat vindicare; sed præsens cessio ista firma et stabilis permaneat cum stipulatione subnixa. Facta est cessio ista in mense julio, anno VI regnante Oddone[6] rege. S. Gauzberti et Emenane uxore sua, qui hanc cessionem fieri et adfirmare rogaverunt. S. Oddoni. S. Lafini. S. Stevani. S. Atonis. S. Rainaldi. S. Austrandi[7]. S. Aicardi. S. Bernardi. S. Lantarii.

CLVII.

[Donum Tarsilani, Bobonis, Baseni et Detharadi pro anima Folcoaldi.]

Sacrosanctæ basilicæ S. Petri Belliloci monasterii. Nos enim in Christi nomine Tarsila et Bobo[1] necnon et Basenus et Detharadus sacerdos, cedimus, pro anima Folcoaldi[2], mansos qui sunt in orbe

[6] *Odone* SG.   [7] *Austrudi* SG.

[1] Inferius *Tarsilanus* C. *Boba* SG.   [2] *Focaldi* B.

Caturcino, in vicaria Exidense, in villa quæ dicitur Aurlinda : mansum ubi Garifredus visus est manere, et[3] alium mansum ubi Godo visus est manere, et quantum ad ipsos mansos aspicit aut aspicere videtur, totum et ad integrum vobis cedimus; similiter in ipsa vicaria, in villa[4] Curtogilo[5], unam vineam quæ habet fines, de duobus lateribus terram Adalgud[6], de tertio latere viam publicam, de quarto latere terram ad ipsos heredes. Hæc omnia superius nominata nos elemosinarii superius scripti, cedimus ad monasterium quod vocatur Belluslocus, in honorem videlicet S. Petri et S. Felicitatis aliorumque sanctorum, ubi vir venerabilis Rainulfus abbas præesse videtur, in stipendiis et usibus monachorum, ut post hodiernum diem faciant, tam ipsi quam successores eorum, in venturis generationibus, quicquid elegerint. Sane si quis, nos ipsi, immutata voluntate nostra, aut ullus heres noster qui contra cessionem istam ullam calumniam generare conaverit, cui litem intulerit auri libram unam argenti pondera quinque exsolvat, et quod petit non vindicet; sed præsens cessio ista firma et stabilis permaneat cum stipulatione subnixa. Facta est cessio ista in mense februario, anno I Karoli[7] regis. Signum Tarsilani[8]. S. Boboni. S. Baseni. S. Decaradi[9] presbiteri, qui hanc cessionem fieri vel adfirmare rogaverunt. S. Froterii. S. Stephani. S. David. S. Deodoni[10]. S. Adalardi et Ugoni.

CLVIII.

[Laxa Drugtrici in villa Sultrago.]

Oportet unumquemque de terrenis ad cœlestia et de caducis ad

Jul. 889.

[1] *Alium... manere* desunt B.
[2] *Valle* SG.
[3] *Cartogillo* B.
[4] *Adalgudi* SG. *Adalgridi* B.
[7] *Caroli, cognomento Simplicis.*
[8] *S. Tarsillus*, SG. desunt B.
[9] Superius *Detharadus.*
[10] *S. Deidoni* B.

B. p. 178.
SG. p. 253.
C. p. 247.

mansura transire, ne forte mors improvisa aliquem imparatum inveniat ac sine ullo respectu divinæ pietatis ab hoc sæculo discedentem. Quapropter ego in Christi nomine Drugtricus[1] consideravi casum fragilitatis hujus sæculi et de Dei misericordia confidens, res proprietatis meæ ad monasterium quod vocatur Belluslocus in honorem videlicet S. Petri, S. Felicitatis, aliorumque sanctorum, ubi vir venerabilis Gairulfus[2] abbas præesse videtur : hoc est mansos meos qui sunt in valle Exidense, in villa quæ vocatur Sultrago : mansum ubi Doolaicus visus est manere, et alium mansum ubi Ermemarius visus est manere, qui habent fines de uno latere terram Austrandi, de alio latere terram Bonifacii, de alio latere terram S. Stephani, de quarto latere terram iterum Bonifacii. Ipsos mansos superius nominatos, cum mansione dominicaria, cum vineis, terris cultis et incultis, silvis, aquis aquarumve decursibus, omnia et ex omnibus quantumcunque ad ipsos mansos aspicit aut aspicere videtur, quantum mea cernitur esse possessio, pro remedio animæ meæ, Deo salvatori omnium offero, in stipendiis et usibus monachorum, ut post hodiernum diem habeant, teneant, possideant et faciant de ipsis rebus in omnibus jure ecclesiastico quicquid voluerint. Sane, quod minime credo, si ego ipse, immutata voluntate mea, aut ullus de heredibus meis, aut ulla immissa persona quæ contra cessionem istam ire aut inquietare præsumpserit, socio fisco, auri libras tres argenti pondera duo coactus exsolvat, et quod petit non vindicet; sed præsens cessio ista firma et stabilis permaneat cum stipulatione subnixa. Facta est hæc cessio in mense julio, anno II regnante Oddone rege. S. Druetrigi, qui hanc cessionem fieri et adfirmare rogavit. S. Archambaldi. S. Rodulfi. S. Gairardi. S. Ebrardi. S. Eliani. S. Adalardi. S. Godrici. S. Ingelarii. S. iterum Gairardi. S. iterum Rodulfi.

---

[1] *Dructricus* B. inferius *Ductrigi*.   [2] *Raynulfus* false B.

CLIX.

[Breve quod fecit Rainulfus.]

Sacrosanctæ basilicæ S. Petri Bellilocensis cœnobii. Ego enim in Dei nomine Rainulfus consideravi amorem cœlestis patriæ, et de Dei misericordia confidens, cedo res proprietatis meæ ad monasterium quod vocatur Belluslocus in honorem Dei videlicet et S. Petri aliorumque sanctorum, ubi vir venerabilis Bernardus abbas præesse videtur, cedo villam meam quæ vocatur Ad illa Vernia, mansum ubi Radulfus manet, et alium mansum ubi Rainaldus manet, alium mansum ubi Costabilis manet, et alium ubi Dado manet, quantumcunque ad ipsos mansos aspicit aut aspicere videtur, totum et ad integrum cedo; cum pratis, silvis, planis[1], pascuis, vineis, totum et ad integrum ad ipsum locum cedo; et in alia villa quæ vocatur Castras, mansum ubi Bonofredus visus est manere, quem de Gutburgis conquistavi. Et sunt ipsæ res in urbe Limovicino, in vicaria Spaniacense. Hæc omnia superius nominata Deo salvatori omnium et S. Petro offero, in stipendiis monachorum, ea quidem ratione ut, quandiu advixero, usufructuario teneam, et annis singulis, ad festivitatem S. Petri, denarios quatuor de censu in cera persolvam, post meum quoque decessum, rectores ejusdem loci in suam revocent potestatem nullo contradicente. De repetitionibus vero, quod minime credo, si ego ipse, immutata voluntate mea, aut ullus de heredibus meis vel propinquis, qui contra cessionem istam ullam calumniam generare conatus fuerit, non ei liceat vindicare, sed insuper componat ad supradictum locum tantum et aliud tantum quantum ipsæ res ulloque tempore melioratæ valuerint et quod petit non vindicet; sed præsens cessio ista firma et stabilis permaneat cum stipulatione subnixa. Facta

---

[1] *Plantis* SG.

est cessio ista in mense julio, anno VIII regnante Lodovico[2] rege. S. Rainulfi qui cessionem istam fieri vel adfirmare rogavit.

CLX.

[Laxa Austindi in vicariis Rofiacensi scilicet, Vertedensi necnon Asnacensi.]

Mai. 917.

B. p. 180.
SG. p. 256.
C. p. 250.

Sacrosanctæ basilicæ S. Petri Belliloci monasterii. Ego enim in Dei nomine Austindus[1] consideravi amorem cœlestis patriæ, et de Dei misericordia confidens, cedo res proprietatis meæ ad monasterium quod vocatur Belluslocus in honorem videlicet S. Petri et S. Felicitatis martiris, aliorumque sanctorum, ubi vir venerabilis Rodulfus abbas præesse videtur : hoc est mansos meos qui sunt in pago Limovicino, in vicaria Rofiacense, villa quæ dicitur Septem Arbores : mansum unum ubi Radrandus[2] manet, et alium mansum ubi Gidbertus manet, et alium mansum ubi Adalgarius manet; et in alia villa quæ dicitur Peros[3], in ipsa vicaria, mansum unum ubi Rado manet, et alium mansum ubi Adrandus manet, et alium mansum ubi Rodaldus manet; et in alio loco, in vicaria Vertedense, in villa quæ dicitur Cairolus, mansum ubi Rainulfus[4] manet; et in alio loco, in ipsa vicaria, in villa Fraisingas[5] mansum ubi Gairaldus[6] manet; et in alio loco, in ipsa vicaria, in villa Falgarias, mansum ubi Rainaldus manet, cum ipsa trelia; et in alio loco, in villa quæ dicitur Rocola, mansum ubi Ingelbertus manet, et capudmansionile qui ibi adhæret, ubi Gilbertus manet; et in alio loco, in vicaria Asnacense, in villa quæ

[2] Ludovico, Transmarino cognominato.

[1] *Austrindus* SG. ibi, sed inferius sicut in ms. B. *Austrudus.*
[2] *Rotrandus* B.
[3] *Perona* SG.
[4] *Raynulfus* SG.
[5] *Fraissinias* SG.
[6] *Geraldus* B.

dicitur Astiliaco[7], capmansionile ubi Ermenaldus manet, cum ipsis terris vel ipsis vineis quæ per hereditatem mihi obvenerunt; et in alio loco, in vicaria Rofiacense[8], in villa quæ dicitur Genestedo[9], mansum quem Geraldus tenet, et alium mansum ubi Bernardus manet, et alium mansum ubi Ramnaldus manet. Hæc omnia jam dicta vel denominata, cum omnibus ad se pertinentibus, id est pratis, pascuis, silvis, adjacentiis, molendinis, aquis aquarumve decursibus, quæsitis vel adinquirendis, Deo salvatori omnium et S. Petro offero, in stipendiis et usibus monachorum, ea quidem ratione ut, dum ego advixero, usufructuario teneam, et, si mulierem aut infantes non habuero, post meum quoque dicessum, rectores ejusdem loci in suam faciant revocare potestatem, sine ullius hominis contradictione, et ad festivitatem S. Petri, de censu denarios quatuor in cera persolvam, et ipsi monachi pro anima Austindo solidos centum et triginta persolvant. De repetitionibus vero, quod minime credo, si ego ipse, immutata voluntate mea, aut ullus de heredibus vel propinquis meis, aut ulla immissa persona quæ contra cessionem istam ullam calumniam generare conaverit, non ei liceat vindicare, sed insuper componat, auri libras quinque argenti pondera decem coactus exsolvat, et quod petit non vindicet; sed præsens cessio ista firma et stabilis permaneat stipulatione subnixa. Facta est cessio ista in mense maio, anno XVIIII, regnante Karolo[10] rege. S. Austindo[11] qui cessionem istam fieri vel adfirmare rogavit. S. Bernardo. S. Geiraldo. S. Celsoni. S. Aboni.

[7] *Astaliaco* B. et SG.
[8] *Asnucense* false B.
[9] *Genestro* B.
[10] Carolo rege, Simplice cognominato.
[11] *Austrindo*. SG.

CLXI.

[Laxa Teotgarii pro anima Oddonis et Avanæ, genitorum suorum.]

Legum antiquarum maxime imperatoris Constantini auctoritas [1] sancsivit ut si quislibet homo res proprietatis suæ in jus alterius transferre voluerit, liberum obtineat arbitrium peragendi. Quapropter ego in Dei nomine Teotgarius, pro amore omnipotentis Dei et sanctorum ejus omnium, pro remedio animæ genitoris mei Oddonis, seu et genitricis meæ Avanæ, ut nostris pius Redemptor veniam de peccatis recompensare dignetur, cedo sacrosanctæ basilicæ cessumque in perpetuum esse volo aliquid ex rebus meis, videlicet mansum meum qui est in pago Caturcino, in vicaria Casliacense, in loco cui vocabulum est Ad illos Angulos, S. Petri Bellilocensis cœnobii in stipendiis et usibus monachorum ibidem Deo militantium, ita ut ab hoc die et deinceps teneant et possideant medietatem de ipso manso, post meum quoque dicessum aliam medietatem præfati loci rectores in suum dominium revocent, nemine contradicente, tam de manso quam etiam de tractis in fluvio Dornoniæ [2] sistentibus.

CLXII.

[Donum Unaldi in Mercorio et in Rocola villa.]

Oportet unumquemque de terrenis ad cœlestia et de caducis ad mansura transire, ne mors repentina aliquem imparatum inveniat

---

[1] Hæc formula et formulæ fere similes sæculis IX et X frequenter adhibitæ sunt. Videsis ch. XX, XXVIII, XLIV, CXXVI, CXXXVII, CLXXXV, CLXXXVI. Semel tantum, Lex Romana recentius memorata fuit in nostro chartulario. (Ch. CIV, ann. 1037-1055.)

[2] *Dordoniæ* SG.

et sine respectu divinæ pietatis ab hoc sæculo discedentem. Quapropter ego in Christi nomine Unaldus, considerans amorem cœlestis patriæ, et de Dei misericordia confidens, cedo res proprietatis meæ ad monasterium quod vocatur Belluslocus, in honorem S. Petri, apostolorum principis, aliorumque sanctorum, ubi vir venerabilis Garulfus abbas præesse videtur[1] : hoc est villam meam quæ vocatur Mercorius[2], cum ipsa ecclesia quæ est fundata in honorem S. Martini, et quantumcumque ad ipsam villam vel ad ipsam ecclesiam aspicit aut aspicere videtur, et quantum ibi mea cernitur esse possessio. De mancipiis vero iis nominibus : Ratbodo et uxore sua cum suis infantibus, excepto Rodulfo et Ragnibergane, Frodelego et uxore sua cum infantibus suis, Rotsinda cum infantibus suis; et in alio loco, in ipsa vicaria, in loco qui vocatur Tondanus, villam meam quæ de fratre meo Andraldo mihi successit, et quantum ibi mea cernitur esse possessio. Similiter in ipsa vicaria, in villa Rocola, portionem meam quam cum fratribus meis divisam habeo. De mancipiis vero iis nominibus : Ingeranno[3] et uxore sua cum infantibus suis. Similiter in villa Caucius[4], mansos meos ubi Berfredus manet, cum ipso servo et uxore sua, et quantum ibi mea cernitur esse possessio; qui sunt in pago Limovicino, in vicaria Vertedense. Ipsas res superius nominatas, tam alode quam mancipia, cum terris cultis et incultis, vineis, pratis, silvis, pascuis, adjacentiis, omnia et ex omnibus quantum ad ipsas res aspicit aut aspicere videtur, totum et ad integrum, Deo salvatori omnium et S. Petro offero in stipendiis et usibus monachorum, ut post hodiernum diem faciant exinde jure ecclesiastico quicquid elegerint. Placuit enim inserere, si ullus abbas aut ullus rector in precaria aut in beneficio dederit, proprii heredes in suam revocent potestatem. Sane, quod futurum minime credo, si ego ipse, immutata voluntate, aut ullus de heredibus meis vel propinquis, vel quælibet immissa persona contra hanc cessionem ullam calum-

---

[1] Videsis in charta sequenti notitiam traditionis rerum ibi donatarum.
[2] *Mercarius* false B.
[3] *Ingeranna* false B.
[4] *Cancimæ* B.

niam generare praesumpserit, inprimis iram Dei omnipotentis et sanctorum ejus incurrat, deinde, sociante fisco, auri libras tres argenti pondera quinque coactus exsolvat, et quod petit non vendicet; sed praesens cessio ista firma et stabilis permaneat cum stipulatione subnixa. Factam hanc cessionem in mense octubrio, anno III Karoli[5] imperatoris. S. Unaldi qui cessionem istam fieri vel adfirmare rogavit. S. Aichardi. S. Adalgarii. S. Calsani[6]. S. Ebraldi. S. Aganii. S. Ugonis. S. Guarnarii. S. Teodoni[7]. S. Adraldi. S. Calstoni.

CLXIII.

Notitia traditionis et consignationis.

Oct. 887 [1].

B. p. 183.
SG. p. 261.
C. p. 255.

In eorum praesentia qui hanc notitiam subtusfirmaverunt, qualiter veniens aliquis homo nomine Aichardus de Mercoris[2], missus Unaldi et frater ejus, in pago Limovicino, in vicaria Vertedense, in villa Mercorio, manibus tradidit ipsam villam vel ipsam ecclesiam, vel alios mansos, qui vocatur Tondanus[3], sive in Rocola, et in alio loco qui vocatur Caucius, Garulfo abbati vel ad ipsos monachos qui cum eo fuerunt, per cordam signi et per hostium[4] de domo, ipsas res, sicut in carta testamenti loquitur et tunc necesse fuit, ipso abbati vel ad ipsos monachos ut exinde notitiam colligere deberent, quod ita et fecerunt. His praesentibus actum fuit. Factam hanc notitiam traditionis in mense octobrio, anno III Karoli imperatoris[5]. S. Aichardi

---

[5] Caroli, cognomento Crassi. Videsis nostras observationes de nota chronica, superius, *Notes et éclaircissements*, num. VIII.

[6] *Calsoni* B.

[7] *Teodonis*. SG.

[1] Vide, in charta praecedenti, donationem rerum quarum in praesenti fit traditio.

[2] *Mercoris* B.

[3] *Tundanus* SG.

[4] *Ostium* SG. Hostium domus Cang. in Glossario suo, voce *Investitura*.

[5] Caroli, cognomento Crassi. De nota chronica vide nostras observationes, superius, *Notes et éclaircissements*, num. VIII.

qui traditionem istam firmavit. S. Adalgarii. S. Adraldi. S. Bertaldi. S. Calsanii[6]. S. Guilafridi. S. Aicardi. S. Adalgarii.

CLXIV.

[Laxa Rigaldi pro anima parentum suorum.]

Sacrosanctæ basilicæ S. Petri Belliloci monasterii. Nos enim in Dei nomine Rigaldus et filius meus Geraldus consideravimus amorem regni cœlestis, pro remedio animarum nostrarum et pro anima Bernardi et Guarennanæ et Ugoni, necnon et item Bernardi ac omnium parentum nostrorum, cedimus ad jam dictum locum fundatum in honorem videlicet Dei et S. Petri et S. Felicitatis[1], aliorumque sanctorum, ubi viri venerabiles Geraldus[2] et Adalgerius præesse videntur abbates; hoc est inprimis, in vicaria Rofiacense, ecclesiam nostram quæ vocatur Cros, cum mansos quinque in ipso loco; et in uno manso, Adalbertus permanere videtur; et in alio, in ipso loco, Johannes, in tertio Amelius, in quarto Siguinus, in quinto Baldignus visus fuit manere; et bordarias duas ubi Gerbertus[3] et Bonushomo visi sunt manere; et in ipsa vicaria, mansum de Illo Cherio, ubi Girbertus et Martinus visi sunt manere; et prope adhærentem mansum de Aumonio ubi Vitalis et Dominicus visi sunt manere; et iste sit omni tempore ecclesiasticus de ipsa ecclesia S. Mariæ; et in vicaria Argentadense[4], in loco qui dicitur Laurentus, capmansionile nostrum indominicatum cum trolio, et cum ipso prato, et cum vinea indominicata Alboaresca[5]; et in alio loco, in vicaria Asnacense, in villa Cais-

Circa an. 971.

B. p. 184.
SG. p. 262.
C. p. 256.

---

[6] *Calsani* in ch. CLXII.

[1] *S. Felicitatis* desunt B.
[2] Sic SG. et Chesnius in excerptis, tom. XXII, folio 39. *Garrulfus et Adalgerius* false B. De abbatibus istis et simul de nota chronica, vide chartam L, not. 2.
[3] *Girbertus* B. ibi et paulo post.
[4] Corrupte *Arquitadense* SG.
[5] *Aborresta* SG.

siaco, capmansionile nostrum indominicatum, cum ipso orto, et cum ipsis vineis et cum ipsis triliis indominicatis, et cum duabus vineis in ipso loco, quos de Ingelerio concambiavi ego Rigaldus; et in ipsa villa, mansum de Cornilio ubi Benedictus manet, cum bosco, cum vineis, cum terris cultis et incultis, et quantumcumque ad ipsum mansum pertinere videtur. Ista vero omnia superius nominata per loca designata, totum et ad integrum, Deo salvatori omnium et S. Petro offerimus, in stipendiis monachorum, tali ratione ut, quandiu ego Rigaldus et filius meus Geraldus advixerimus, teneamus, et annis singulis, ad festivitatem S. Martini, de ecclesia de Cros tres solidos censu reddamus, de ipsis mansis modium I de annona, pro Laurento sextarios duos de vino, pro his rebus de Caissiaco ad præsens denarios sex de vinea in illo clauso; post nostrum quoque amborum dicessum, totum et ad integrum in dominio S. Petri remaneat, nullo contradicente; mansus vero de Cornilio jam dictus, qualiscumque aut ego Rigaldus aut filius meus Geraldus primus obierit, semper ad præsens S. Petro sit. Sane si quis, nos ipsi, immutata voluntate nostra, aut ulla immissa persona contra hanc cessionem nostram aliquam calumniam generare voluerit, omnipotentis Dei iram incurrat, et omnium sanctorum. Et si ullus fuerit rector, abbas vel monachus, qui de his rebus quicquam de dominio S. Petri tollere voluerit, ipse iram Dei incurrat et plus propinquus parens noster donet decem solidos S. Petro, et teneat omnia. Factam cessionem istam in mense martio, regnante Lotherio rege. S. Rigaldi et filii ejus Geraldi qui cessionem hanc fieri et adfirmari rogaverunt. S. Gozberti. S. Ademari. S. Arberti[6]. S. Adrici[7]. S. Ildeberti.

[6] *Alberti* B.   [7] *Aldrici* SG.

CLXV.

[Donum quod fecerunt Herlandus et uxor ejus in Puzenaco villa.]

Oportet unumquemque de terrenis ad cœlestia et de caducis ad mansura transire, ne mors repentina aliquem imparatum inveniat et sine respectu divinæ pietatis ab hoc sæculo discedentem. Quapropter nos in Christi nomine Herlandus et uxor mea Adalgarda[2], consideravimus amorem cœlestis patriæ, et de Dei misericordia confidentes, cedimus res proprietatis nostræ pro remedio animarum nostrarum et pro filio nostro nomine Benedicto, ad monasterium quod vocatur Belluslocus, in honorem S. Petri, principis apostolorum, et S. Felicitatis martiris aliorumque sanctorum constructum, ubi vir venerabilis Garulfus[3] abbas præesse videtur : hoc est ecclesiam nostram quæ est fundata in honorem Dei et S. Petri, quæ est in paga [sic] Caturcino, in vicaria Casiliacense, in villa Puzenaco[4], mansum ubi Ermenricus manet, et cum ipsa vinea; et mansum ubi Amadeus manet, cum vineas II; et alium mansum ubi Galtadus manet, cum ipsa vinea; et alium mansum ubi Frotarius visus fuit manere, cum ipsa vinea; et alium mansum ubi Ermembertus visus est manere, cum ipsa vinea; et alium mansum ubi Eldebertus mansit, cum vinea; et alium mansum ubi Donadeus visus fuit manere, cum vinea; et in ipso loco, alias vineas tres. De mancipiis vero iis nominibus : Deodono et Aderberto. Hæc omnia superius nominata, cum vineis, terris cultis et incultis, pratis, pascuis, silvis, adjacentiis, tam in villa quam foris villa, omnia et ex omnibus quantumcumque ad ipsam ecclesiam vel ad præfatam villam aspicit vel aspicere videtur, Deo salvatori omnium et S. Petro, cum filio nostro, offerimus, in stipendiis et usibus monachorum, ut post hodiernum diem faciant exinde jure ecclesiastico

Sept. 887[1].

B. p. 186.
SG. p. 264.
C. p. 258.

---

[1] De nota chronica videsis nostras observationes superius, *Notes et éclaircissements,* num VIII.

[2] *Aedalgarda* SG.

[3] *Gairulfus* SG.

[4] *Putenaco* SG.

230   CHARTULARIUM

quicquid elegerint. Sane, quod futurum minime credimus, si nos ipsi, immutata voluntate nostra, aut ullus de heredibus nostris vel propinquis, aut ulla immissa persona, contra hanc cessionem aliquam calumniam generare præsumpserit, inprimis iram Dei omnipotentis incurrat, deinde, sociante fisco, auri libras quinque argenti pondera decem coactus exsolvat, et quod petit non vendicet, sed præsens cessio ista firma et stabilis permaneat cum stipulatione subnixa. Factam hanc cessionem in mense septembrio, anno III Karoli imperatoris[5]. S. Hernaldi[6] qui cessionem istam fieri vel adfirmare rogavit. S. Adalgardane[7] uxore ejus consentiente. S. Calfredi[8]. S. Adbaldi. S. Ebraldi. S. Aderbaldi. S. Ragamfredi. S. Eldoardi. S. Leotgarii. S. Ragamfredi[9]. S. Berlandi. S. Eldegarii. S. Petroni.

CLXVI[1].

[Breve quod fecit Ermenricus de curte Diniaco, de Castelucio, pluribusque aliis.]

Mai. 885.

B. p. 187.
SG. p. 266.
C. p. 260.

Oportet, appropinquante jam mundi senio seseque ad occasum impellente, de transitoriis et caducis rebus vitam æternam mercare et pium retributorem Dominum de ipsis suis rebus heredem facere, et ante tribunal ipsius veniam adipisci, ne forte mors repentina aliquem imparatum inveniat. Quapropter ego in Christi nomine Ermenricus, cedo curtem meam pro remedio animæ meæ, quæ vocatur Diniacus, quam mihi domnus Karlomandus[2] rex in præcepto confirmavit, quæ est in orbe Limovicino, in vicaria Barrense: hoc sunt mansi duo cum omnibus appenditiis suis, cum ipso castro quod vocatur Castelucio[3]; similiter in Culfurno, mansum unum ubi Ra-

[5] *Caroli, cognomento Crassi.*
[6] *Superius Herlandus. Herlardus SG.*
[7] *Adelgardane SG.*
[8] *Batfredi... S. Adbaldi SG.*
[9] *Rainulfi. B.*

[1] *Ex mss. B.C. et SG. Excerpta breviora apud Chesnium exstant loc. cit. fol. 88.*
[2] *Carlamandus rex Ch.*
[3] *Castellucius Ch.*

dulfus visus est manere, cum omnibus appenditiis suis; similiter in Pendiaco, mansos tres ubi Garlamnus visus est manere, et alium mansum ubi Deutfredus visus est manere; et alium mansum ubi Guarnaldus visus est manere, ipsos mansos in integrum; similiter in Rignaco, mansos quatuor : mansum ubi Ragamfredus visus est manere; mansum ubi Aunbaldus manet cum ipso servo; mansum ubi Adalradus manet; Guarberia cum infantibus suis; Adalberga cum infantibus suis; quantum in ipsa villa aspicit in integrum cedo; similiter in Crispiniacas, mansum ubi Benedictus visus est manere; et in Quadris, mansum ubi Ragambaldus et uxor sua Radberga et Monfredus[4] visi sunt manere, ipsum mansum integrum; similiter in Patriciaco, mansos tres : mansum ubi Aldrannus[5] manet, et alium mansum ubi Guarnfredus manet, et alium mansum absum ad ipsos mansos pertinentem, istos mansos in integrum; et in Rufiagucio, mansum unum in integrum; et in Sanciaco, mansum ubi Leufrandus[6] visus est manere; et alium mansum in Megurio, apso; et in Matriniaco, mansum ubi Ingalramnus[7] visus est manere; et alium mansum qui dicitur In Felinos[8], apso. De mancipiis vero ad ipsam curtem pertinentibus, sive intermanentibus, sive fugam lapsis, et unde aliunde transgressi sunt, cedo pro remedio animæ meæ, ad monasterium quod vocatur Belluslocus, ubi Gerulfus abbas præesse videtur, de ipsis mancipiis in integrum cedo; cedo autem mancipios duos, Audberto et Adroaldo. Ista omnia superius conscripta vel denominata in integrum vobis cedo, trado, transfero atque transfundo ad ipsam casam Dei suisque servientibus, ut post hodiernum diem, quicquid exinde facere volueritis, liberam in omnibus et firmissimam habeatis potestatem ad faciendum. De repetitione vero, si quis, ego ipse aut ullus ex heredibus meis seu quælibet ulla opposita vel immissa persona post hanc diem contra cessionem istam ambulare præsumpserit, inprimis iram Dei omnipotentis incurrat et ad limina[9] sanctorum jaceat

---

[4] *Montfredus* SG.
[5] *Adrannus* B.
[6] *Olengrandus* SG.
[7] *Ingalrannus* SG.
[8] *Infolino* SG.
[9] *Et ad limina... rationaturus* desunt B.

vacuus et inanis et dolosus; et ab Ecclesia Dei fiat extraneus, et in secundo adventu inde sit rationaturus, et insuper componat ad ipsum locum sanctum, suisque servientibus auri libras duas argenti pondus quatuor coactus exsolvat, et quod petit vendicare non valeat; sed hæc cessio omnique tempore quieta et firma permaneat cum stipulatione adnixa. Volo etiam inserere ut diem anniversarii mei fratris in ipso loco commanentes de ipsas res refectionem habeant [10]. Facta est cessio ista in mense madio, anno I quod Karlamandus [11] rex migravit a sæculo. S. Aimenrici qui cessionem istam fieri vel adfirmare rogavit. S. Deotimii [12]. S. Aimerici. S. Sikardi. S. Audrici. S. Adeballdi. S. Donadei. S. Guarberni. S. Eldoardi. S. Sigfredi [13]. S. Bernardi. S. Seraphin. S. iterum Donadei.

CLXVII.

[Laxa Stephani et uxoris ejus de capella Venarciali.]

April. 925.

B. p. 189.
SG. p. 267.
C. p. 263.

Sacrosanctæ basilicæ S. Petri Bellilocensis cœnobii monasterii, nos enim in Christi nomine Stephanus et uxor mea Aldegandis [1] consideravimus amorem cœlestis patriæ, et de Dei misericordia confidentes, cedimus ad monasterium quod vocatur Belluslocus, in honorem videlicet Dei et S. Petri, apostolorum principis, aliorumque sanctorum ubi vir venerabilis Rodulfus abbas præsse videtur, hoc est capellam nostram indominicatam quæ dicitur Venarcialis, cum ipsis mansis vel cum ipsis cammansionilibus ad ecclesiam pertinentibus; et in ipsa villa, alios mansos : mansum ubi Rainulfus manet, mansum ubi

---

[10] *Volo...habeant* desunt B. Hæc phrasis in mss. C. et SG. scripta est in medio præcedentis phraseos inter *dolosus* et *ab Ecclesia*.

[11] *Carlomagnus* Ch.
[12] *Siccaldi* et paulo post *Siccardi* SG.
[13] *Sicfredi* SG.

[1] Inferius *Aldegardis*.

Sigmarus manet, mansum ubi Aderbertus manet, mansum ubi Maurellus manet, et canmansionilem ubi Emebus[2] manet, et silvam nostram indominicatam quæ dicitur Caumonte, et cabmansioniles duos ibi pertinentes, et castanetos indominicatos. Et sunt ipsæ res in pago Limovicino, in vicaria Brivense, in villa Venarcialis. Ipsam vero supra nominatam ecclesiam vel omnia supra nominata, et quantum ad ipsas res aspicit aut aspicere videtur, totum et ad integrum Deo salvatori omnium et S. Petro offerimus, in stipendiis et usibus monachorum, pro remedio animarum nostrarum, ut post hodiernum diem habeant, teneant, possideant et faciant exinde quicquid elegerint in omnibus jure ecclesiastico; ea quidem ratione ut, dum nos ambo pariter advixerimus, usufructuario teneamus, et annis singulis, ad festivitatem S. Petri, denarios duodecim censum persolvamus; et, si de ipso censu negligentes fuerimus, secundum legem emendemus; et, si ego Stephanus prior de hoc sæculo dicessero, rectores ejusdem loci in suam revocent potestatem, excepto illo manso ubi Rainulfus manet; ipsum mansum uxor mea Aldegardis possideat quandiu advixerit, et pro illo censum solvat omni anno denarios sex, et post ejus obitum, ad ipsum locum revertatur sine ulla contradictione. Et cedimus ibi servum nostrum nomine Rainulfum. Sane si quis, nos ipsi, immutata voluntate nostra, aut ullus de heredibus nostris aut propinquis, seu quælibet immissa persona, contra hanc cessionem ullam calumniam generare præsumpserit, non ei liceat vindicare quod petit, sed insuper componat cui litem intulerit tantum et aliud tantum quantum ipsæ res ulloque tempore melioratæ valuerint, et quod injuste petit non valeat vindicare, sed præsens cessio ista firma et stabilis permaneat cum stipulatione subnixa. Facta est hæc cessio in mense aprili, anno II regnante Rodulfo rege. S. Stephani qui cessionem istam fieri vel adfirmare rogavit. S. Aldegardis[3] uxore ejus consentiente. S. Bernardi. S. Gauzberti. S. Ugoni. S. Odolrici[4]. S. Berengarii. S. iterum Ugoni. S. Stephani.

[2] *Emina* SG.
[3] *Aldogaris* B. et SG.
[4] *Aldolrici* SG.

CLXVIII.

[Laxa Bernardi pro anima Amblardi et Andraldi.]

Oportet unumquemque de terrenis ad cœlestia et de caducis ad mansura transire, ne forte mors improvisa aliquem imparatum et sine aliquo divinæ pietatis respectu ab hoc sæculo discedentem inveniat. Quapropter in Christi nomine, ego Bernardus, considerans amorem cœlestis patriæ, pro remedio animæ meæ et animæ fratris mei Amblardi, et absolutione patris mei Andraldi quondam, ut exinde pius judex in æterna quietis retributione nobis veniam largiri dignetur, cedo res proprietatis meæ ad monachos qui monasterium construunt in orbe Limovicino, in vicaria Asnacense, super fluvium Dornonia[1], quod vocatur Belluslocus, ubi vir venerabilis Gairulfus abbas præesse videtur : hoc est mansos meos qui sunt in pago Limovicino, in vicaria Asnacense, in villa cujus vocabulum est Lusidus, mansum ubi Tehotmirus visus fuit manere, mansum ubi Gontramnus modo manet, mansum ubi Tehotbrandus visus fuit manere; et in alio loco, in eodem pago et in eadem vicaria, in loco qui vocatur Rabiago, terras et silvas, et quantum ibi pater meus visus fuit habere. Hæc omnia superius nominata, cum terris cultis et incultis, domibus, silvis, adjacentiis, et in Dornonia tractis sive lacis, et omnia quæ ad ipsos mansos aspiciunt aut aspicere videntur, et quantum præfati homines in supradictis mansis, tam intus villa quam foris villa, in aro, habuerunt, et quæ pater meus ibi possidere visus fuit, et modo ego possideo, exceptis illis mansis quos ad Sollemniaco[2] cartavi, Deo salvatori omnium et S. Petro, et aliis sanctis quorum reliquiæ in præfato tenentur loco, prompta voluntate, in stipendiis monachorum et in sacrificio et oblatione altaris, devotus offero a die præsente in venturis generationibus, ita ut ab hodierna die tam ipsi quam successores

---

[1] *Dordoniæ* SG.

[2] *Sollepniac* SG. Hoc est clarum monasterium S. Petri Solemniacensis in Lemovicino superiore a S. Eligio fundatum.

eorum faciant in omnibus exinde jure ecclesiastico quicquid elegerint; ea quidem ratione ut, dum ego advixero, ipsas res usufructuario habeam, ita ut, annis singulis, ad festivitatem S. Martini, modium ex frumento et sigile exsolvere faciam; post meum quoque dicessum, quando Deus voluerit, rectores ipsius loci, absque ullius hominis contradictione, in suam faciant revocare potestatem. Placuit enim mihi inserere ut, si aliquis rector in usus laicorum hominum res præfatas tradiderit, quod absit, propinqui heredes mei in suam libenter revocent potestatem. Sane si quis, ego ipse immutata voluntate, vel ullus ex heredibus seu propinquis meis, seu quælibet immissa persona contra hanc cessionem, quam ego prompta voluntate Deo salvatori omnium obtuli, aliquam calumniam aut tergiversationem generare præsumpserit, inprimis iram Dei omnipotentis et sanctorum ejus incurrat; deinde, sociante fisco, cui litem intulerit auri libras duas argenti pondera quinque coactus exsolvat, et quod male petit non vendicet, sed præsens cessio omni tempore inconvulsa permaneat cum stipulatione subnixa. Facta est præsens cessio in mense junio, anno II Ludovici[3] filii Karoli regis. S. Bernardi qui hanc cessionem fieri vel adfirmare rogavit. S. Amblardi fratris ejus consentientis. S. Gotafredi. S. Astarii[4]. S. Ausberti. S. Adraldi[5]. S. Emenoni. S. Odoni[6]. S. Bonifacii. S.[7] Odolrici. S. Agelberti.

CLXIX.

[Donum quod fecit Gotafredus pro anima genitoris sui.]

Oportet unumquemque de terrenis ad cœlestia et de caducis ad mansura transire, ne forte mors improvisa aliquem imparatum in-

Aug. 887.

B. p. 194.
SG. p. 273.
C. p. 268.

[3] Balbi cognomento, filii Caroli Calvi, qui in Aquitania regnare cœpit anno 866.
[4] *Astarii* deest B
[5] *Andraldi* B.
[6] *Codoni* SG.
[7] *Sancti Odolrici* false B.

veniat ac sine ullo respectu divinæ pietatis ab hoc sæculo discedentem. Quapropter, ego in Dei nomine Gotafredus consideravi casum fragilitatis sæculi, et de Dei misericordia confidens, cedo res meæ proprietatis ad monasterium quod vocatur Belluslocus, in honorem videlicet S. Petri et S. Felicitatis et aliorum sanctorum, ubi vir venerabilis Gairulfus[1] abbas præesse videtur : hoc est ecclesiam meam quæ est in pago Caturcino, in vicaria Casliacense, quæ est fundata in honorem S. Petri, seu mansos meos qui ibi sunt adhærentes : mansum ubi Archambertus[2] visus fuit manere, et alium mansum ubi Aigfredus[3] visus fuit manere, mansum[4] ubi Leotfredus visus fuit manere, mansum ubi Martinus visus fuit manere, mansum ubi Gisramnus visus fuit manere, mansum ubi Ermenteus[5] visus fuit manere, mansum ubi Leo visus fuit manere. Hæc omnia superius nominata, cum omnibus ad se pertinentibus, vel quantumcumque in ipso loco visus sum habere vel possidere, pro remedio animæ meæ et pro anima genitoris mei Gotafredi, Deo salvatori omnium offero, pro stipendiis et usibus monachorum, ut post hodiernum diem possideant, teneant et faciant de rebus ipsis quicquid voluerint, jure ecclesiastico. Sane, quod minime credo, si ipse, immutata voluntate, aut ullus de heredibus meis, vel ulla immissa persona contra cessionem istam ire aut inquietare præsumpserit, inprimis iram Dei incurrat et sanctorum ejus, deinde componat, socio fisco, auri libras duas argenti pondera quatuor coactus exsolvat, et sua repetitio nullum obtineat effectum; sed præsens cessio ista omnique tempore firma et stabilis permaneat cum stipulatione subnixa. Facta cessione ista in mense augusto, anno III quo Kallamandus[6] rex migravit ab hoc sæculo. S. Gotafredi qui cessionem istam fieri vel adfirmare rogavit. S. Avidi. S. Aldebaldi. S. Aiguini. S. Guitbaldi. S. Gairaldi. S. Ainardi. S. Rotberti. S. Berdandi.

[1] *Garrulfus* B.
[2] *Arlambertus* B.
[3] *Aiguefredus* B.
[4] *Mansum.... manere* desunt B.
[5] *Ementus* B.
[6] De Carlomanno rege ibi agitur.

CLXX.

[Privilegium Eustorgii episcopi de Cameriaco.]

Eustorgius, sanctæ Lemovicensis Ecclesiæ Dei gratia episcopus[1], fratribus Bellilocensibus in Christo salutem et benedictionem. Venerabilis filius noster Geraldus, cœnobii Bellilocensis abbas, ad nos sæpe veniens suppliciter postulavit quatenus ecclesiam de Cameriaco[2] ecclesiæ Bellilocensi possidendam concederemus, quam cum omnibus ad ipsam pertinentibus, cumque villæ cultis et incultis, ex regalibus præceptis, sui juris esse debere asserebat. Nobis igitur perlectis generosissimorum[3] regum Franciæ et Aquitaniæ præceptis, videlicet Karoli Magni[4] et Pipini, necnon etiam et Karlomanni[5], qui et avi sui[6] Karoli in omnibus et per omnibus decreta observare nitebatur, Oddonis quoque, serenissimi Francorum regis, super Cameriaco statutum cognoscentibus decretum, justum esse nos condescendere filii nostri et viri religiosi supra nominati abbatis Geraldi nobis visum est petitionibus. Commonuit etiam nos ad hoc sanctæ memoriæ magistri nostri Rodulfi archiepiscopi Bituricensis recordatio, qui et hæc a regia potestate expostulavit, utque sui juris erant eidem loco quem fundaverat larga contulisse videtur bonitate. Frotardus quoque sanctitate gloriosus et Bituricensium Primatu magnificus, idem confirmasse et a manu regia confirmari legitur impetrasse. Ad hæc Anselmus Lemovicensis Ecclesiæ episcopus cum archidiaconis et archipresbiteris suis, cum ecclesiam de Favaris consecraret, assensum præbuisse refertur. Ea prop-

1106-1119.

B. p. 195.
SG. p. 275.
C. p. 269.

---

[1] Eustorgius episcopalem sedem Lemovicorum occupavit ab anno saltem 1106 ad kalend. decembris anni 1137. — Geraldus abbas, infra memoratus, Bellilocenses monachos rexit ab anno 1097 ad ann. 1119. Quare præsens charta inter ann. 1106 et 1119 ponenda videtur.

[2] *De Cameriaco... possidendam* desunt B.

[3] *Gloriosissimorum* SG.

[4] Magnus aliquando Carolus Calvus cognominatus est, sicuti *Artis notas chronicas dijudicandi* auctores testantur.

[5] *Carlomani* SG.

[6] *Avi in omnibus Caroli* B.

ter supradictam ecclesiam scilicet de Cameriaco, abbati Geraldo ejusque successoribus fratribusque in præfato cœnobio servientibus concedimus in perpetuum habendam, consensu clericorum nostrorum, archidiaconi[7] videlicet Americi de Jauniaco[8], et archipresbiteri Bernardi de Balado, in quorum ministerio ecclesia est sita, et Eliæ[9] archidiaconi et cæterorum.

CLXXI.

[Arnebertus et uxor ejus, ad clericatus ordinem, Arabertum filium suum monachis tradunt.]

Dec. 877.

B. p. 197.
SG. p. 277.
C. p. 271.

Oportet unumquemque de terrenis ad cœlestia et de caducis ad mansura transire, ne mors repentina aliquem imparatum inveniat, et sine respectu divinæ pietatis ab hoc sæculo discedentem. Quamobrem igitur ego enim in Dei nomine Arnebertus[1] et uxor mea Manuis, consideravimus amorem cœlestis patriæ; cedimus res proprietatis nostræ ad monasterium quod vocatur Belluslocus, ubi vir venerabilis Garulfus abbas præesse videtur : hoc est ecclesiam nostram quæ est fundata in honore S. Projecti, cum ipsa bacallaria; et est in pago Limovicino, in vicaria Spaniacense; et cum ipsa vinea quæ est in Blandina, in integrum Deo salvatori omnium et S. Petro, cum filio nostro nomine Araberto, offerimus in stipendiis monachorum, ut quandiu Arnebertus vixerit, usufructuario teneat, ita ut annis singulis, ad missam S. Petri, denarios quatuor in cera persolvat, et post suum dicessum, rectores ejusdem loci in suam faciant revocare potestatem. Sane, quod minime credimus, si nos ipsi immutata voluntate, aut ulla persona contra hanc cessionem ullam litem generaverit, quod

---

[7] *Archidiaconi* deest B.
[8] *Gauniaco* B. et SG.
[9] Hic est Helias de Gimel.

[1] *Arnibertus* SG. ibi et inferius.

petit non vendicet, sed præsens ista cessio firma et stabilis permaneat cum stipulatione subnixa. Facta est hæc cessio in mense decembrio, anno I quo Karolus imperator[2] migravit a sæculo. S. Arneberti qui cessionem istam fieri rogavit. S. Manuis[3] uxoris ejus consentientis. S. Gotberti[4]. S. Aluigo. S. Ermenrici. S. Bernardi. S. Bernoni.

CLXXII.

[Donum quod Datebertus fecit pro anima fratris sui.]

Oportet unumquemque de terrenis ad cœlestia tendere et de caducis ad mansura pro salute animæ vigilare, ne mors improvisa nos imparatos aliquando inveniat, cum potius, dum pro libertatis jure subsistit, de infimis et caducis substantiis in æterno tabernaculo vitam quærat mercare æternam, et inter justorum consortium desiderabilem valeat adipisci locum et retributorem sibi præparet Dominum totiusque bonitatis largitorem. Quamobrem ego igitur in Dei nomine Datebertus[1], licet indignus sacerdos, considerans fragilitatem hujus sæculi, et pertractans misericordiam summi Dei, cedo monachis qui monasterium construunt in orbe Limovicino, in vicaria Asnacense, super fluvium Dornoniæ[2], in loco qui dicitur Belluslocus, in honorem S. Petri, apostolorum principis, seu et omnium apostolorum, necnon et sanctorum Dionysii, Rustici, Eleutherii, Pancratii, necnon Crispini[3] et Crispiniani, Hilarii, Martini, Benedicti atque Elegii, et S. Tilloni, ubi vir venerabilis Garulfus[4] abbas cum plurimis monachis Domino militare videtur, cedo cessumque in perpetuum esse volo, et de jure meo in jure et dominatione atque in usum monachorum ibidem con-

Mai. 861.

B. p. 198.
SG. p. 278.
C. p. 272.

[2] *Carolus, Calvus cognomento.*
[3] *Manu ejus uxore SG.*
[4] *Goberti. S. Alinge SG.*

[1] *Datirbertus SG.*
[2] *Dordoniæ SG.*
[3] *Crispini et Crispiniani cæterorumque* nomina sanctorum, Eligio excepto, desunt B.
[4] *Garrulfus B.*

sistentium in venturis generationibus constituo : hoc est ecclesiam in honore S. Silvani martiris, in pago Limovicino, in vicaria Spaniacense, in loco qui est situs super fluvium Summenia ; ea vero ratione ut, singulis annis, jam dicti monachi ex prædicto loco libras duas de cera S. Stephano solvant, et jam dictam ecclesiam firmiter absque ullius contradictione teneant, tam pro remedio animæ meæ quam et pro animæ mei germani Dotranni quondam presbiteri. Cedo mansum meum ubi ego præsenti tempore visus sum manere, cum casis et ædificiis, cum terris et silvis, cum aquis et perviis, cum exitibus et regressibus, cum omnibus ad se pertinentibus; et alium mansum ubi Domofredus visus est manere, cum omnibus ad se pertinentibus; et cedo jam dicto loco vineas meas in loco qui dicitur Marco seu in Alto Monte, et alium mansum meum in Buzariore, ubi Unbertus[5] manet, et alios mansos absos, cum terris et omnibus ad se pertinentibus. In Ciciago[6], similiter cedo, pro animæ meæ remedio et pro anima prædicti fratris mei Dotranni quondam, ad usum monachorum trado sicut jam dixi, in futuris generationibus, ea vero ratione ut, dum ego advixero, ipsas res usufructuario habeam, post quoque meum dicessum jam dicti monachi de prædicto loco in suam faciant revocare dominationem, absque ullius hominum contradictione. Placuit etiam inserere ut, si aliquis abbas aut rector ipsius loci vel monachi in beneficium dederint aut commutaverint, proprii heredes mei in suam faciant revocare potestatem. Et cedo in alio loco, in prædicta urbe, et jam dicta vicaria, medietatem de ecclesia quæ est in honorem S. Martini, in loco qui dicitur Albuciacus[7], cum terris et pratis, et omnibus ad ipsam medietatem aspicientibus, ut faciant de ipsa medietate ecclesiæ vel de illis quæ ad ipsam aspiciunt jure ecclesiastico in omnibus quicquid elegerint. Quod si ego ipse, quod futurum minime credimus, aut ullus ex heredibus meis, vel quilibet homo contra hanc cessionem quam manibus meis subterfirmavi, et subterfirmare rogavi, venire præsumpserit aut tergiversator adsti-

[5] *Humbertus* SG.   [7] *Albusiacus* B.
[6] *Ciriago* SG.

terit, inprimis iram Dei omnipotentis incurrat, et S. Petrum cum omnibus sanctis habeat contrarium, et ab Ecclesia cœlesti sit extraneus; in judicium vero cum justorum numero non sit particeps; et insuper componat cui litem intulerit, una cum socio fisco, auri libras quinque argenti pondera centum, et sua repetitio nullum obtineat effectum; sed præsens cessio ista firma et stabilis permaneat et valeat perdurare stipulatione subnixa. Facta cessione ista in mense maio, anno VII regnante Karolo[s] rege. Datobertus indignus sacerdos cessionem a me factam subscripsi. S. Aldebaldi. S. Dacterandi. S. Ermenradi. S. Rainaldi. S. Ramnulfi. S. Godefredi. S. Bernardi. S. Aicardi. S. Rotberti. S. Aspasii. S. Archameri. S. Mainaldi. S. Agilberti. S. Frodini. S. Adalberti. S. Guarnarii. S. Ausoberti. S. Begoni. S. Unaldi. S. Agilberti. S. Ragambaldi.

CLXXIII.

Notitia traditionis vel consignationis [1].

Ante eos qui hanc notitiam subterfirmaverunt, quorum nomina subter tenentur inserta, qualiter veniens Ebrardus filius quondam Guigoni et Avanæ[2], in page [pro pago] Arvernico, in vicaria Salense, ad ecclesiam quæ est in honore S. Boniti seu ad villam quæ vocatur Lacus, quas ipse Guigo et ipsa Ava, pro remedio animarum suarum et parentum suorum et pro remedio filii sui ipsius Ebrardi, per cartam cessionis S. Petro Belliloci monasterii, in stipendiis et usibus monachorum in venturis generationibus, ubi vir venerabilis Gairul-

Nov. 881.

B. p. 201.
SG. p. 281.
C. p. 275.

---

[s] Carolo Minore, Caroli Calvi filio et Aquitanorum rege, vide supra, *Notes et éclaircissements*, num. IX.

---

[1] Supra, in charta LI, invenies donationem ecclesiæ S. Boniti et villæ Lacus.

[2] *Avane* C inferius *Ava*.

fus abbas præesse videtur, condonaverunt, sicut in ipsa carta loquitur. Tunc veniens ipse Ebrardus, introivit in ipsam ecclesiam, et veniens ad ipsam villam, per cordam de signo et hostium de domo et cespitem de terra sive ramum de arboribus, missis S. Petri et ipsius Gairulfi abbatis, Loboleno et Ebrardo monachis, manibus tradidit, in vicem patris et matris suæ, ut faciant, tam ipsi quam successores eorum, jure ecclesiastico, quicquid elegerint. Quapropter necesse fuit ut ipsi monachi Lobolenus[3] et Ebrardus notitiam exinde colligerent et colligere deberent; quod ita et fecerunt. His præsentibus hoc actum fuit. Factam notitiam hanc in mense novembrio, anno II Karllamandi[4] regis. S. ipsius Ebrardi[5] traditoris.

CLXXIV.

[Breve quod Alboinus fecit pro anima uxoris quondam Richildis, de Plevis et in Laustangas.]

Aug. 937.

B. p. 202.
SG. p. 283.
C. p. 276.

Sacrosanctæ basilicæ S. Petri Bellilocensis cœnobii, ego igitur in Dei nomine Alboinus consideravi amorem cœlestis patriæ, et de Dei misericordia confidens, cedo ex rebus proprietatis meæ ad locum qui vocatur Belluslocus, qui est constructus in honorem omnipotentis Dei et S. Petri, apostolorum principis, ubi vir venerabilis Boso abbas præesse[1] videtur, pro anima mea seu et anima conjugis meæ Richildis quam Dominus, qui cuncta condidit, de hoc sæculo migrare jam jussit; hoc est meam ecclesiam quæ Plevis dicitur; et est fundata ipsa ecclesia in honore S. Stephani, cum tribus mansis ibidem pertinentibus, qui ex hereditate jam dictæ Richilde mihi obvenerunt, ubi Ainardus, et Stavalus, et Teothdricus[2] visi sunt manere, cum

---

[3] *Nobrotrenus* B. *Nobotenus* SG. [5] *Ebroardi* SG.
[4] *Carolomanni* B.

---

[1] Hic abbas ab a. 937 ad a. 941 floruit. [2] *Theoricus* B.

quinque aliis mansis in ipsa villa adhærentibus; mansum ubi Ugo visus est manere; et alium mansum ubi Geraldus visus est manere; et alium mansum ubi Ingelfredus manet; et alium mansum ubi Constabilis visus est manere; et alium mansum ubi Bonushomo manet; et quantum inibi visus sum habere et possidere, cum pratis, cum silvis, cum piscatoriis, totum et ad integrum, Deo salvatori omnium et S. Petro offero. Et est ipsa ecclesia seu et ipsi mansi jam dicti in orbe Limovicino, in vicaria Rosariense, in villa quam supra commemoravimus, Plevis[3] nuncupante; in stipendia et etiam nunc cedo in monachorum usum, in eadem vero ratione ut, quandiu ego advixero, harum rerum usumfructuarium possideam, et annis singulis, ad festivitatem S. Petri, denarios duodecim de censu persolvam; et si de ipso censu negligens fuero, secundum legem emendem; post meum quoque decessum, rectores qui in jam dicto loco superstes fuerunt in suum recipiant dominium, nullo contradicente. Tantum enim si de ipso loco alicujus hominis in qualicumque modo alienare ipsi rectores voluerint, inprimis omnium reliquiarum in ipso loco manentium, quantumcumque apud Dominum impetrare valuerint, malum superveniat eis qui conscii fuerunt dandi aut recipiendi et in postmodum proximiores parentes mei in suum recipiant dominium, et nullus sit qui eis aliquid contradicat. In alio ergo modo, ad jam dictum locum cedo cessumque in perpetuum esse volo capmansionile meum ubi Dominicus visus est manere, cum curte et orto, cum ipsa vinea et cum ipsa plantada quam ego de Aimoni conquistavi; et est istud capmansionale [et] vineæ jam dictæ in orbe Lemovicino, in vicaria Asnacense, in loco qui dicitur Laustangas[4], totum et integrum ad monachos in jam dicto loco consistentes cedo, ut post hunc diem habeant, teneant et faciant quicquid voluerint; si alienare voluerint, quod supra scriptum est sic fiat. De repetitione vero, quod absit, si quis, meus heres aut propinquus, sive ulla immissa persona quæ contra hanc cessionem ullam calumniam

---

[3] *Plenius* corrupte B. *Plenis* SG.   [4] *Lonstagas* B. *Lostangas* SG.

generare conatus fuerit, inprimis iram omnipotentis Dei incurrat, et quod petit non vendicet; sed hæc cessio firma et inviolabilis permaneat cum stipulatione adnixa. Facta cessione ista in mense augusto, anno II regnante Ludoico[5] rege. S. Alboini qui cessionem istam fieri vel adfirmare rogavit. S. Gonradi[6].

CLXXV.

[Donum Altarii et uxoris ejus Rotlindis in aice Catalensi et in aice Exidensi.]

Jun. 885.

B. 204.
SG. p. 285.
C. p. 279.

Oportet unumquemque de terrenis ad coelestia et de caducis ad mansura transire, ne forte mors improvisa aliquem imparatum inveniat ac sine ullo respectu divinæ pietatis ab hoc sæculo discedentem. Quapropter nos in Christi nomine Altarius et uxor mea Rotlindis consentiens, cedimus res proprietatis nostræ ad monasterium quod vocatur Belluslocus, in honorem videlicet S. Petri et S. Felicitatis et aliorum sanctorum, ubi vir venerabilis Gairulfus abbas præesse videtur : hoc est ecclesiam nostram quæ est in orbe Arvernico, in aice Catalense, locum qui dicitur Campellus, quæ est sita [leg. dicata] in honorem S. Pauli vel S. Petri vel etiam cæterorum aliorum sanctorum, cum manso qui est in villa Karido, ubi Ragnibertus et Frodolaicus visi sunt manere, cum prato nostro dominicario ibi adhærente; et vineam quæ est in aice Exidense, in villa quæ vocatur Beione, ad ipsam ecclesiam pertinente, cum terris cultis et incultis, pratis, silvis, pascuis, adjacentiis, aquis aquarumve decursibus, quæsitum seu quod est adinquirendum, omnia et ex omnibus quantumcumque ad ipsam ecclesiam aspicit seu aspicere videtur, totum et ad integrum, pro remedio animarum nostrarum et pro animabus patris

---

[5] Ludovico, Transmarino cognominato.   [6] *S. Ignuni. S. Conradi* B.

mei et matris meæ, Salomonis et Elisiæ[1], et pro animabus filiorum nostrorum, Deo salvatori offerimus in stipendiis et usibus monachorum, ut post hodiernum diem teneant, possideant, faciant de ipsis rebus jure ecclesiastico quicquid voluerint. Sane, quod futurum esse minime credimus, si nos ipsi, immutata voluntate, aut ullus de heredibus vel propinquis nostris, vel quælibet immissa persona contra hanc cessionem aliquam calumniam generare præsumpserit, inprimis iram Dei et sanctorum ejus incurrat, deinde sociante fisco, auri libras tres argenti pondera quinque coactus exsolvat, et quod petit non vendicet; sed præsens cessio ista permaneat cum stipulatione subnixa. Facta est hæc cessio in mense junio[2], anno I regnante Karolo imperatore[3]. S. Altario qui cessionem istam fieri vel adfirmare rogavit. S. Roadlinde uxore ejus consentiente. S. Jonas. S. Audrici. S. Giserani. S. Aganoni. S. Teodoni. S. Aichardi. S. Agarini.

CLXXVI[1].

[Laxa Ugonis et Gerbergæ de ecclesia Sancti Privati.]

Oportet unumquemque de terrenis ad cœlestia et de caducis ad mansura transire, ne mors repentina aliquem imparatum inveniat et sine respectu divinæ pietatis ab hoc sæculo discedentem. Quamobrem

Nov. 887.

B. p. 206.
SG. deest.
C. p. 281.

[1] *Helisiæ* SG.
[2] Nota illa chronica cæteraque usque ad finem quæ in manuscripto SG. leguntur, pertinent ad sequens instrumentum quod ex manuscripto B. eruimus infra; et illud abest in SG., excepta posteriore ista parte quæ ibi falso ab amanuense posita est.
[3] Carolo, ut censemus, cognomento Crasso, sub cujus imperio charta præcedens necnon subsequens factæ sunt; de nota chronica vide superius, *Notes et éclaircissements*, num. VIII.

[1] Ex mss. B et C. — Ista charta abest in ms. SG., nota chronica et subscriptionibus exceptis.

nos in Christi nomine, Ugo[2] et uxor mea Gerberga, cedimus pro remedio animarum nostrarum ad monasterium quod vocatur Belluslocus in honore S. Petri, ubi vir venerabilis Gairulfus abbas præesse videtur, hoc est ecclesiam nostram quæ est fundata in honorem S. Privati martiris, quæ est in pago Limovicino, in vicaria Argentadense, in loco cui vocabulum est Betugo, quantumcumque ad ipsam ecclesiam aspicit aut aspicere videtur, Deo salvatori omnium et S. Petro offerimus, in stipendiis et usibus monachorum, ut post hodiernum diem faciant exinde jure ecclesiastico quicquid elegerint. De repetitione vero, si nos ipsi, immutata voluntate nostra, aut ullus de heredibus nostris, vel quælibet immissa persona contra hanc cessionem ullam litem generare præsumpserit, quod petit non vindicet; sed præsens cessio ista firma permaneat cum stipulatione subnixa. Factam hanc cessionem in mense novembrio, anno IIII Karoli imperatoris[3]. S. Ugoni qui hanc cessionem fieri vel adfirmare rogavit. S. Gerberga uxore ejus consentiente. S. Altario. S. Emenoni. S. Bosoni. S. Austramni[4]. S. Guigoni. S. Adalgarii. S. Astarii. S. Adalramni[5]. S. Salomoni.

CLXXVII.

[Laxa Eldoardi et uxoris ejus de ecclesia Sancti Baudilii.]

Sacrosanctæ basilicæ S. Petri Bellilocensis monasterii ubi Rainulfus[1] abba, dux et rector præesse videtur. Ob hoc igitur ego in Dei nomine Eldoardus, consentiente uxore mea Ingalsinde, cedo ad ip-

[2] *Ego* B. in subscriptione *Hugo*.
[3] Caroli, Crassi cognomine, qui in mense dec. an. C. 884 in Galliis regnare cœpit.
[4] *Austranimi* B.
[5] *Adalramii* SG.

[1] *Raynulfus* SG.

sum locum sanctum suisque servientibus aliquid de propriis rebus meis quæ per parentes meos mihi justissime obvenerunt, quæ sunt in pago Tornense, in vicaria Asenacense, in villa quæ dicitur Ad Oratorium Sancti Baudilii. In jam dicta villa, cedo ibi ipsam ecclesiam quomodo est constructa vel ædificata in honorem S. Baudilii, cum ipsa vinea vel ipsis pratis vel terris ad ipsam ecclesiam pertinentibus, et cedo vel dono ad ipsum locum sanctum aliam vineam quæ habet fines, de una parte viam publicam, de alia parte terram S. Baudilii, de tertio latere vineam ipsius Eldoardi. Et cedo ego ipse et Ainardus sacerdos, in ipso loco, aliam vineam quæ habet fines, de una parte terram S. Baudilii, de alias partes terram Eldoardi. Ipsas res cum sint determinatæ vel debodinatæ, ibidem cedo, nisi de ista vinea, quandiu Ainardus vivit, usumfructuarium habeat, et post suum quoque dicessum ibidem revertere faciat, et faciant ipsi rectores quicquid jure ecclesiastico voluerint. Sane si quis, etiam nos ipsi, immutata voluntate nostra, aut ullus ex heredibus nostris vel immissa persona contra hanc donationem ire præsumpserit, componat ad ipsum locum sanctum duplum tantum quantum ipsæ res ulloque tempore valuerint, et quod petit non vindicet; sed præsens donatio ista firma et stabilis permaneat cum stipulatione adnixa. Facta donatione ista in mense martio, anno VI regnante Odone rege. S. Eldoardi [2]. S. Ingalsinde, qui hoc fieri adfirmarique rogaverunt. S. Ainardi [3] presbiteri. S. Amblardi. S. Auderici. S. Aicardi. S. Aguini [4]. S. Madfredi. S. Bertramni. S. Bertlandi.

CLXXVIII.

[Donum Ebroini de capella Sancti Boniti.]

Locum sacrum destinatum seu fundatum in honorem S. Petri

Oct. 936.

[1] *Oldoardus* SG.
[3] *Aymardi* SG.
[4] *Aginii* SG.

Belliloci, in monasterio ubi Rodulfus abbas eo tempore præesse dinoscitur. Quamobrem ego in Christi nomine Ebroinus[1] presbiter, metuens casum fragilitatis sæculi, pro remedio animæ meæ et pro animabus genitorum et fratrum meorum, ut in die judicii veniam tribuere dignetur propter hoc, dono ad suprascriptam casam Dei, in meis luminaribus, capellam meam dominicariam quæ est fundata in honorem S. Boniti, in villa quæ dicitur Chauci; et in ipsa villa, mansos quatuor ecclesiasticos, cum vineis ibi adhærentibus. Ista omnia superius scripta, cum omni integritate, cum casis, terris, ædificiis, eorumque pertinentiis, cum campis, pratis, pascuis, vineis, silvis, aquis aquarumve decursibus, quæsitis vel adinquirendis, totum et ad integrum, ego dono eadem die quanta mea est possessio, eadem vero ratione dum Amalricus[2] frater meus vivit, et Johannes nepos meus, et Gibertus frater suus, usumfructuarium colligant et per singulos annos S. Petri Belliloci basilicæ solidos quinque persolvant; post illorum quoque dicessum rectores ejusdem S. Petri ipsam capellam recipiant et faciant quicquid voluerint. Sane si quis, ego ipse immutata voluntate, aut ullus de meis heredibus aut ulla immissa persona, contra hanc cartam elemosinariam contradicere voluerit, componat vinculum solidorum sexaginta, et sua petitio nullum obtineat effectum, sed carta ista firma et stabilis permaneat et inconvulsa. Et si istam donationem ullus ad invicem de honore S. Petri separare voluerit aut alienare, iram Dei omnipotentis incurrat et a liminibus sanctorum derelictus et excommunicatus appareat usque donec se corrigat. Facta carta ista sub die sabbati, mense octobrio, Christo regnante, regem sperante[3], in Christi nomine, Ebroinus fieri jussit vel firmare rogavit. Eadem vero ratione, si ulla potestas aut abbas de ipso monasterio sic tamen pro necessitate ad ullum quemque hominem donare voluerit, de ipsis parentibus, ut heredes fierent, in eorum potestatem restituant per ipsum servitium quod inter

---

[1] *Ebronius* B. ibi et infra.
[2] *Almaricus* B.

[3] De ista nota chronica vide supra, *Notes et éclaircissements*, num. VIII.

ipsos delatent. S. Ebroini[4] qui istam cartam fieri jussit. S. Aboni. S. Girberti[5]. S. Radrandi. S. Giberti. S. Dauberti. S. Adalrandi.

CLXXIX.

[Donatio Aderberti de ecclesia Sancti Petri in villa Nectranas.]

Oportet unumquemque de terrenis et caducis rebus cœlestia mercare, ne improvisa mors imparatos quoscumque inveniat ab hoc sæculo discedentes. Idcirco ego in Christi nomine, Aderbertus[1], divina largiente miseratione, licet indignus sacerdos, pro amore æternæ mercedis et pro remedio animæ meæ seu parentum meorum, ut ante tribunal Christi veniam mereamur adipisci, cedo res proprietatis meæ ad monasterium quod Belluslocus dicitur, quod est situm supra fluvium Dornoniæ[2], in honorem B. Petri, principis apostolorum, aliorumque sanctorum consecratum; hoc est ecclesiam meam quæ est in honorem B. Petri dedicata, cum omnibus ad se pertinentibus, terris cultis et incultis, silvis, pratis, pascuis, aquis aquarumve decursibus, et quantumcumque ad ipsam ecclesiam pertinere videtur. Est enim ipsa ecclesia in pago Lemovicino, in vicaria Sariacense [alias Seriacense[3]], in villa quæ vocatur Nectranas. Hæc omnia superius nominata quæ avus meus Stradigius patri meo Ragamfredo, et pater meus fratri meo Landrico presbitero, et per ipsam cartam testamenti Landricus frater mihi dereliquit, Deo salvatori omnium et S. Petro, ad præfatum monasterium ubi vir venerabilis Gairulfus abbas præesse videtur, in stipendiis et usibus monachorum in venturis gene-

---

[4] *Ebroini.... jussit* desunt SG. [5] *S. Dunbati. S. Adabrandi* SG.

[1] *Adelbertus* B.
[2] *Dordoniæ* SG.
[3] *Seriacense* B. *Sariacense* C. et SG.

rationibus, offero; ea interposita ratione ut nullus rector aut aliqua potestas in usus aliorum retorquere præsumat. Cæterum si quis, etiam ego ipse, immutata voluntate, aut heredum meorum ullus vel propinquus huic testamento insultare voluerit, inprimis iram Dei omnipotentis et sanctorum ejus incurrat, deinde sociante fisco, auri libras tres argenti pondera quinque coactus exsolvat et quod male petit minime vindicet; sed præsens cessio firma permaneat cum stipulatione subnixa. Facta cessio ista in mense martio, anno II Ludovici regis[4]. Adebertus indignus sacerdos, cessione a me facta istam subscripsi. S. Rainaldi. S. Richardi[5]. S. Ugoni. S. Raganardi. S. Adalgarii[6]. S. Aiconi. S. Garnarii. S. Raimundi. S. Geraldi. S. Ugoni.

CLXXX[1].

Carta traditionis vel consignationis [a Rottrude facta de villa Biliaco].

April. 860.

B. p. 213.
SG. p. 292.
C. p. 287.

Qualiter veniens Rottrudis[2], femina Deo devota, in urbe Lemovicino, in vicaria Assenacense, in villa Biliacus, ad ecclesiam S. Martini, tradidit prædictam ecclesiam Gairulfo abbati partibus S. Petri, vel ejus omni congregationi monachorum in Belloloco degentium, ut faciat ipse abbas vel omnis dicta congregatio, tam ipsi quam eorum successores, in futuris generationibus, de jam dicta villa, tam de terris quam de vineis, et de silvis et aquis, et de mancipiis supra manentibus, omnia et ex omnibus quantum ad ipsam villam et ec-

---

[4] Ludovici Balbi cognomento, filii Caroli Calvi, Aquitaniæ regis.

[5] *Richardi* deest SG.
[6] *Adalgarii Sancti Ayconi* falso B.

---

[1] Hæc charta vulgata est a Baluzio (*Hist. Tutel.* app. col. 317); attamen in Tabula chron. Brequiniana omissa fuit.

Vide supra ch. XIX, donationem rerum earumdem.
[2] Vidua Roberti Turennensis gentis.

clesiam pertinet, tam inquestum quam adrequirendum, vel quantumcumque Rotbertus quondam senior meus, mihi per scriptum tradidit pro animæ meæ remedio et pro anima viri mei et pro animabus filiorum meorum, ad jam dictum abbatem vel omni congregationi jam dicto Belloloco degentium per jam dictam ecclesiam trado, ut faciant in omnibus jure ecclesiastico quicquid elegerint. Si quis vero, aut ego ipsa, aut ullus ex heredibus meis, seu quælibet ulla persona, contra hanc traditionem ambulare aut litem generare præsumpserit, componat una cum socio fisco auri libras quinque argenti pondera centum, et sua repetitio nullum obtineat effectum; sed præsens traditio, prompta mea voluntate Deo facta[3], ita firma permaneat cum stipulatione subnixa. His præsentibus actum fuit. Facta traditione in mense aprili, anno v Karoli minoris[4] regis. S. Agilberti. S. Benedicti. S. Domaldi. S. Eldrico. S. Bertoni. S. Giberti. S. Gairaldi.

CLXXXI.

[Donum quod fecit Geraldus de Chalnac de decima et proferentio in ecclesia de Favars.]

Notum sit vobis omnibus tam futuris quam præsentibus, quod Geraldus de Chalnac illam partem quam in ecclesia de Favars habebat et post mortem S. Petro Bellilocensis monasterii relicturus erat, seu etiam in decima vel in proferentio[1], vel in mansis, vel in bordariis, et in pratis, et in ortis, et in domibus, et in silvis, ex quocumque modo haberet in præsenti vita sua et in sanitate, S. Petro cæterisque reliquiis ipsius loci et abbati Geraldo[2] et omnibus monachis futuris et præsentibus, cum consilio Rotberti de Rofinac donavit, præter decimam de manso de Auco, et domum Geraldi de

Mart. 1100–1108.

B. p. 114.
SG. p. 293.
C. p. 288.

---

[3] *Prompta...*, *facta* desunt B. [4] Filii Caroli Calvi et Aquitanorum regis.

[1] *Prædiis* pro *proferentio* SG. [2] Geraldo, secundo nomine.

Boissa et solarem Bernardi de Godor. Quapropter[3] abbas et monachi, omni anno, anniversarium patris sui et matris, et post mortem suam similiter facerent et $^{tum}_{CCC}$. missas : et omne beneficium monasterii sibi et omni suo generi [*supple :* hinc usque concessum dimisit]. S. Geraldi de Chalnac, qui hanc gurpitionem fecit. S. Rotberti de Rofinac qui hujus rei fidejussor fuit et sui filii Stephani. Wilielmi[4] de Betuc. S. Geraldi Deusde. S. Ugoni Ramnaldi[5]. S. Aemari Geraldi. S. Geraldi de Belliloco. S. Rigaldi de Bellac. Facta fuit carta in mense martio, regnante Philippo Francorum rege.

CLXXXII.

[Traditio Bernardi, ad clericatum ordinem, et una cum ipso plurimorum in Capellæ et Castrinovi ecclesiis.]

Cum legaliter sancitum antiquitusque teneatur et cautum cum oblationibus Domino parentes suos tradere filios in templo Domini Domino feliciter servituros, procul dubio hoc de nostris filiis faciendum nobis salubriter præbetur exemplum. Æquum etenim est judicium creatori[2] nostro de nobis reddere fructum. Idcirco ego in Dei nomine, Petrus et uxor mea nomine Aldenois, hunc filium nostrum nomine Bernardum, una cum consilio parentum suorum, cum oblatione in manu atque petitione altaris palla omnia involuta ad nomen sanctorum quorum reliquiæ continentur, et in præsentia domni Geraldi abbatis[3] et omnis congregationis, tradimus, coram testibus regulariter per-

[3] *Ut* pro *Quapropter* SG.
[4] *Guillelmus* SG.
[5] *Hugoni Ramnaldi*. B.

[1] Vide supra chart. XLII (1100-1108) sub Geraldo abbate factam, de capellania Castrinovi.
[2] *Salvatori* B.
[3] *Geraldi,* secundi nomine.

mansurum, ita ut ab hac die non jam liceat collum de sub jugo regulæ excutere. Et, ut nostra traditio inconvulsa permaneat, promittimus, sub jurejurando, coram Deo et sanctis ejus, quia nunquam per nos vel quolibet modo per rerum nostrarum facultates egrediendi ei aliquando de monasterio tribuimus occasionem. Et, ut hæc nostra traditio inconvulsa permaneat, manu nostra eam firmavimus, et testibus tradidimus roborandam. Cedimus autem, cum ipso filio nostro, duas nempe partes de ecclesia Capellæ, et medietatem de ecclesia Castrinovi, et una dinairada de vinea Ecalsan. S.⁴ Petri patris sui qui hanc petitionem fieri præcepit. S. Petri Gasconi[5]. S. Bernardi Sancti Sereni. S. Petri.

CLXXXIII.

[Donum quod fecit Autgarius sacerdos de plurimis in Fano villa, necnon in Marzella et Puzinnaco.]

Oportet unumquemque de terrenis ad cœlestia tendere et pro animæ salute vigilare, ne nos mors improvisa aliquando imparatos inveniat, cum potius, dum pro libertatis jure subsistit, de infimis et caducis substantiis in æterno tabernaculo vitam quærat mercare æternam, et inter justorum consortium desiderabilem valeat adipisci locum, et retributorem sibi præparet Dominum totiusque bonitatis largitorem. Quamobrem ego in Dei nomine, Autgarius[1], licet indignus sacerdos, considerans fragilitatem hujus sæculi et pertractans misericordiam summi Dei, cedo ipsis monachis qui monasterium construunt in orbe Lemovicino, in vicaria Asnacense, super fluvium Dornoniæ[2], in loco qui dicitur Belluslocus, in honorem S. Petri, prin-

30 jul. 860.

B. p. 216.
SG. p. 295.
C. p. 290.

⁴ *Sancti Petri* false B.   ⁵ *Gasconis* B.

¹ *Augarius* B. ibi et infra.   ² *Dordoniæ* SG.

cipis apostolorum, et S. Felicitatis, et S. Ursini et cæterorum sanctorum, ubi vir venerabilis Gairulfus abbas cum monachis Domino militare videtur, cedo cessumque in perpetuum esse volo et de jure meo in jure et dominatione atque usu monachorum inibi consistentium, in venturis generationibus constituo : hoc est mansum meum cum ecclesia, cum terris et vineis, in pago Caturcino, in villa Fano[3], quem de genitore meo vel diversis hominibus dato pretio comparavi. Habet fines ipse mansus, de uno latere terram S. Leubeni, de alio terram Autgarii, de tertio latere fluvium Rodanum[4], de quarto viam publicam. Item in alio loco, secus fluvillum[5] Aureliacum, vineam meam; et habet fines, de duobus lateribus terram S. Leubeni, de tertio latere terram Drogoni, de quarto latere viam publicam. Item in alio loco, secus villam Fauno, ubi est vocabulum Aureliaco[6], vineam nostram, quæ fines habet, de uno latere vineam vel terram Golmario, de alio latere terram S. Leubeni, de tertio latere fluvium Rodanum, de quarto latere viam publicam. Item in alio loco, in villa supradicta, vineam meam; habet fines, de uno latere terram Amelio, de alio latere terram Gulmari, de tertio latere terram S. Leubeni, de quarto latere viam publicam. Item in alio loco, in villa Superiana, campum meum dominicarium qui fines habet, de uno latere terram Amelii, de alio latere terram Eboloni, de tertio vel de quarto latere vias publicas. Item in alio loco, secus villam Marzellam[7], ubi vocabulum est Grosa [*forte pro* Gresa], condaminam meam dominicariam, quæ habet fines, de uno latere terram S. Mariæ, de alio latere terram Frotarii, de tertio latere terram Ebraldi, de quarto latere rivolum currentem. Et item in alio loco, in villa Puzinnaco[8], mansionile meum, cum terris, vineis, silvis, quod habet fines de duobus lateribus terram Aichardi, de tertio latere viam publicam. Hæc omnia superius nominata, cum omnibus ad se pertinentibus, sicut jam diximus, ad usum præfatorum monachorum publice trado atque transfundo ad haben-

[3] *Fauno* infra.
[4] *Dordoneæ* false B.
[5] *Fluvium* SG.
[6] *Aureliam* false B.
[7] *Marsellam* SG.
[8] *Pusnaco* B.

dum et possidendum [et faciendum] jure ecclesiastico quicquid elegerint. Et, si monasterium illud in meo tempore non fuerit stabile, meæ res cum ipsa carta, sine ulla contradictione, ad me perveniant, ea scilicet ratione, ut si aliquis rector ejusdem loci ipsas res in alterius potestatem tradere voluerit, proprii hæredes mei in suam faciant revocare potestatem. Futurum enim quod minime credimus, si ego ipse aut ullus ex heredibus meis vel quislibet homo contra hanc cessionem quam manibus meis subterfirmavi, venerit aut tergiversator adstiterit, inprimis iram Dei incurrat et ad limina altaris minime accedat, et S. Petrum contrarium habeat, et insuper componat cui litem intulerit una cum socio fisco auri libras quinque argenti pondera decem, et sua repetitio nullum obtineat effectum; sed præsens cessio ista firma valeat perdurare cum stipulatione subnixa. Facta est hæc cessio tertio kalendas augusti, anno v Karoli minoris[9] regis. S. Autgarii qui hanc cessionem fieri rogavit. S. Eberini. S. Golmari. S. Teutbaldi[10]. S. Arimodo. S. Ago. S. Arluini. S. Donadei. S. Varnarii. S. Ainardi.

CLXXXIV[1].

[Venditio ab Immena germano suo Rodulfo archiepiscopo facta, de pluribus in Blaugurgo, Estivale et Aveziaco villa.]

Domino ac venerabili fratri archiepiscopo emptore. Ego enim Immena Deo sacrata[2], constat me vobis vendidisse et ita vendidi res

[9] *Junioris* B.; deest in manuscripto SG. ubi locus vacuus relictus est. Carolus iste, filius Caroli Calvi, Aquitanorum rex fuit.
[10] *Teutbaldi S. Arimodo Sago* false B.

[1] Ex mss. B. C. SG., et apographo v. cl. Chesnii loc. cit. fol. 92. Baluzius hoc instrumentum edidit loc. cit. col. 313, sed subscriptiones desunt.

[2] Immena, filia Rodulfi, Turennensis comitis, soror S. Rodulfi, abbatissa fuit puellarum cœnobii apud Saraciacum in Caturcino.

proprietatis meæ quas de parte genitoris mei bonæ memoriæ domni Rodulfi quondam comitis accepi : hoc est in Blaugurgo[3] et Estivale quantumcumque visa sum habere vel possidere, totum et ad integrum vobis publice vendo vel trado, id est illam medietatem cum casis, vineis, terris, pratis, silvis, farinariis, aquis aquarumve decursibus, et mancipiis. Vendo etiam vobis in alio loco, in villa quæ vocatur Aveziacus, res proprietatis meæ quas de Sigaldo pretio[4] meo comparavi, quæ sunt in pago Caturcino, cum terris, silvis et mancipiis, id est quantumcumque in ipsa villa visa sum habere vel possidere, totum et ad integrum vobis trado. Hæc omnia superius conscripta vobis publice vendo vel trado; et accepi a vobis pretium juxta quod inter nos bene complacuit vel aptificatum fuit : hoc est tam in valente quam in argento solidos mille; ea videlicet ratione ut ipsas res superius conscriptas a die præsenti habeatis, teneatis atque possideatis, vel quicquid exinde ab hodierna die et tempore facere volueritis, liberam et firmissimam in omnibus habeatis potestatem faciendi jure proprietario. Si quis vero, quod futurum esse non credo, si ego ipsa aut ullus ex heredibus meis aut proheredibus, vel quælibet ulla immissa persona quæ se intromittens, contra hanc venditionem aliquam calumniam aut repetitionem inferre temptaverit, quod repetit nullatenus vindicare valeat, sed insuper cui litem intulerit auri libras VI, argenti pondera XII coactus exsolvat, et sua repetitio nullum obtineat effectum, sed præsens venditio libenti animo a me facta omni tempore firma et stabilis permaneat cum stipulatione subnixa. Ego Immena[5] hanc venditionem a me factam subscripsi. S. Rotbaldi[6]. S. Arlabaldi. S. Frotarii. S. Wandalfredi. S. Bodonis. S. Ugonis. S. Blidaldi. S. Edazii[7]. S. Domaldi. S. Ebraldi. S. Dadramni. S. Airaldi[8]. S. Adalardi. S. Dacconis. S. Altfredi. S. Go-

---

[3] *Blanburgo* B.

[4] *Patruo meo* B. In margine Ch. *forte patruo* scripsit; *pretio mihi* SG.

[5] *Immutata* false SG. et Ch. Baluz. supplevit : [*Si*] *ego* [*ipsa, voluntate*] *immutata*, sed inconfecta phrasis sensu caret.

[6] *Robaldi. S. Arlabardi* B. subscriptiones omnino desunt Bal.

[7] *Adasii* SG.

[8] Nomen corruptum apud Ch.

defredi. Datum in mense maio, anno VII, regnante domino nostro Lothario imperatore.

CLXXXV[1].

[Laxa Rodulfi, Turennensis comitis, et uxoris ejus Aigæ, de plurimis in Lemovicino et in Caturcino prædiis, Rodulfo filio suo ad clericatus ordinem tradito, et filiæ suæ Emenanæ pariter ad monialium habitum traditæ, concessis.]

Legum auctoritas et patrum constitutio monet qualiter homines cuncti sub vinculo Romanæ legis consistentes, ex propriis rebus facere quicquid voluerint, licentiam juxta Dei voluntatem faciendi habeant. Idcirco ego in Dei nomine Rodulfus comes[2] et conjux mea Aiga, filio nostro cedimus dilectissimo Rodulfo[3], quem ad clericatus ordinem Deo et Bertramno[4] viro religioso in vice S. Petri tradimus, villam seu curtem nostram indominicatam Bellomontem seu Catmairus, quæ est in pago Limovicino, in vicaria Asnacense. Extra consortium fratrum, ipsam curtem cum omnibus appenditiis suis, cum vineis, terris cultis et incultis, pratis, pascuis, silvis, adjacentiis, et juxta fluvium Dornoniæ[5] piscatoriis, ripaticis, jectis sive tractis, omnia et ex omnibus tam in villa quam foris villa, sive mancipiis supra manentibus seu aspicientibus utriusque sexus, et quantum ad ipsam curtem aspicit et nostra ibi cernitur esse possessio, tibi filio nostro, tradimus ad habendum et possidendum. Cedimus etiam ipsi

Nov. 823.

B. p. 222.
SG. p. 299.
C. p. 295.

---

[1] Ex mss. B. C. SG. et apographo Chesniano loc. cit. fol. 97. — Hæc charta jam vulgata a Mabillonio apud *Acta SS. ord. S. Bened.* sæc. VI, part. II, p. 157, et a Baluzio (*Histor. Tutel.* append. col. 308). Fragmenta a Justello, inter probationes *Hist. geneal. Turenn.* inserta sunt, p. 6.

[2] Rodulfus, comes Turennensis.

[3] S. Rodulfo postea archiepiscopo Bituricensi.

[4] Incerti monasterii abbati. Forte quidem iste *Bertramnus* idem est qui in Nov. Gallia christiana *Ductrannus*, qui abbatiam S. Petri Solemniacensis in illa tempestate ministrasse dicitur.

[5] *Dordoneæ* B.

filio nostro et filiæ nostræ Emenanæ[6] [*alias* Emmenanæ], quam Deo ad sanctimonialium habitum tradimus, pro tremore et amore Dei, ut animæ quæ militant Christo per nostram intermissionem remedium queant recipere peccatorum suorum, ecclesiam juris proprii nostri in honorem S. Projecti martiris constructam in urbe Caturcino, in loco qui nuncupatur Blaugurgis, simul cum ipsa villa[7] suisque appenditiis, et aliam villam quæ vocatur Aveziacus, cum mansiunculis quæ vel in Aureliaco vel in Galiaco[8] atque in Fabricis. Concedimus etenim in alio loco curtem nostram quæ vocatur Estivale[9], cum ecclesia in veneratione B. Pauli apostoli ædificata in urbe Limovicino. Res jam supradictas cum domibus, ædificiis, terris cultis et incultis, quæsitis vel adinquirendis, vineis, pratis, pascuis, silvis, aquis aquarumve decursibus, servis vel ancillis, vel quantumcumque ad ipsa loca superius nominata pertinet vel aspicit aut aspicere cernitur, totum et ad integrum, in manu Austrini, vobis tradimus aut transfundimus, ut faciatis exinde quicquid vestra excogitaverit voluntas. Tantum vendendi neque alienandi habeatis ex rebus ipsis potestatem. Et postquam unius obitus advenerit, alter in hereditatem succedat. Postquam vero amborum venerit finis, quemcumque de heredibus nostris vestra elegerit voluntas in mundiburdo vel tuitione, sanctimoniales Christo famulantes assumant protectorem. Et ita ordo iste vel lex ista in posteris permaneat successoribus. Tum etiam et in alio loco, cedimus vobis villam nostram indominicatam, et ecclesiam in honorem sanctissimi Genesii martiris Christi dicatam, Saraciacum[10], in urbe Caturcino, cum suis appendiciis, terris cultis et incultis, quæsitis et adinquirendis, pratis, pascuis, aquis aquarumve decursibus, servis et ancillis, omnia et ex omnibus quantumcumque ad ipsam villam aspicit aut aspicere videtur, extra consortium aliquod fratrum vestrorum, tradimus vobis

---

[6] Sic B. C. SG. et Ch. — *Emmenana* apud Baluzium. Hæc sanctimonialis abbatissa puellarum cœnobii apud Saraciacum, in Caturcino.

[7] *Valle* C. et SG.

[8] *Galliaco* B.

[9] Sic B. et C. *Æstivale* SG. *Estivals* Ch.

[10] Sic Ch. *Sarasiacum* SG. *Sarraciacum* B.

atque transfundimus ad habendum et possidendum proprio jure. Sane, quod futurum esse non credimus, si quis aliquando nostrum, aut quispiam de heredibus nostris, vel quælibet immissa persona contra hanc cessionem contrarium aliquod movere præsumpserit vel inquietare temptaverit, tantum et aliud tantum[11] quantum res ipsæ superius jam dictæ tempore ullo amplius melioratæ aderunt, coactus solvat, et quod petit vindicare non valeat; sed præsens cessio ista a nobis facta firma et inconvulsa omni tempore permaneat, stipulatione subnixa. Facta cessione ista in mense novembrio, anno x[12] regnante Ludovico domno nostro serenissimo Augusto[13]. S. Rodulfi comitis. S. Aigane[14], qui cessionem istam fieri vel adfirmare rogaverunt. S. Mainardi. S. Awarno. S. Rotbaldi[15]. S. Guarnarii. S. Aspasii. S. Arderadi[16]. S. Odolrici. S. Eldebrandi. S. Adalrici. S. Landrici. S. Arlabaldi. S. Altarii. S. Adalberti. S. Petroni cancellarii.

CLXXXVI[1].

[Donatio Gotafredi comitis Turennensis et uxoris ejus Gerbergæ filio suo Gotafredo facta, de curte Cundado, Dulcevalle, Junciaco, Ampuliaco, necnon Niiogilo.]

Lex Romana edocet ut quæcumque persona de rebus suis in alterius potestate tradere voluerit, liberam et firmissimam habeat po-

Nov. 865.

B. p. 225.
SG. p. 302.
C. p. 298.

[11] *Et aliud tantum* desunt B.
[12] *Decembri anno 7°* false B. Mensis november anni decimi hujus imperii ad ann. Christi 823, sicuti recte notavit Mabillonius, referendus est, et non ad ann. 824, sicuti Baluzius scripsit.
[13] Ludovico, cognomento Pio, imperatore. *Serenissimo Augusto* desunt. B.
[14] *Ayganiæ* B. et SG. *Aiganæ* Ch.
[15] *Rabaldi..... Landrio* SG.
[16] *Adebaldi..... Aldalrici..... Landrio.....* *Adabert* B.

[1] Ex mss. B. C. SG. et apographo v. cl. Chesnii, loc. cit. fol. 95.

testatem ad id faciendum. Nos igitur in Dei nomine Gotafredus[2] et uxor mea Gerberga[3], cedimus dilecto filio nostro Gotafredo curtem nostram quæ vocatur Cundadus, cum ipsa ecclesia quæ est fundata in honorem S. Mariæ, cum campis dominicis et prato, et quantum ad ipsam curtem aspicit aut aspicere videtur. Similiter villam meam quæ dicitur Dulcevallis, et quantum ad ipsam villam aspicit aut aspicere videtur. Et in alio loco, aliam villam quæ dicitur Junciacus[4]. Et aliam villam quæ vocatur Ampuliacus, et quantum ad ipsam villam aspicit aut aspicere videtur. Et in villa Niiogilo, mansos nostros et quantum in ipsa villa visi sumus habere, vel nostra inibi justa cernitur esse possessio. Similiter in alia villa, quæ dicitur Ad Mansum Arcanaldi, et quantum ad ipsam villam aspicit aut aspicere videtur. Similiter in villa Tullo, mansos tres, cum vineis vel terris, et quantum ad ipsos mansos aspicit, et justa cernitur esse possessio. Hæc omnia superius nominata, cum vineis, terris, pratis, silvis, molendinis, aquis aquarumve decursibus, et mancipiis supra manentibus seu fuga lapsis, omnia et ex omnibus quantumcumque ad ipsas villas superius dictas aspicit aut aspicere videtur, totum et ad integrum nos tibi cedimus, ut facias exinde in omnibus quicquid elegeris. Sane, quod minime credimus, si nos ipsi, immutata voluntate nostra, aut ullus heres noster, vel ulla immissa persona, contra cessionem istam ullam calumniam generare conaverit, componat tibi tantum et aliud tantum quantum ipsæ res superius scriptæ ulloque tempore melioratæ valuerint; et quod petit non vindicet, sed præsens cessio ista firma et stabilis permaneat cum stipulatione subnixa. Factam hanc cessionem in mense novembrio, anno xxvi Karoli imperatoris[5]. Signum Godefredi. S. Gerbergane[6], qui cessionem a nobis factam fieri et adfirmare rogaverunt. S. Gotafredi. S. Rodulfi. S. Meinaldi. S. Aicardi. S. Ragamfredi. S. Costarii. S. Beraldi[7]. S. Gariberni. S. Rotberti.

---

[2] Gotafredus iste filius Rodulfi comitis, et ipse Turennensis comes fuit.

[3] *Getberga* B. *Geriberga* C.

[4] *Lumsiacus* B. *Luniciacus* SG.

[5] Caroli cognomento Calvi, qui in mense junio anni 840 regnare cœpit.

[6] *Girbergane* B.

[7] *Geraldi* Ch.

S. Gotbaldi. S. Sicmarii. S. Ebroni. S. Benedicti. S. Rainulfi[8]. S. Eldradi. S. Rotberti. S. Unaldi.

CLXXXVII.

Donum quod fecit Aerradus de ecclesia quadam in Calviaco et de capella Sancti Pardulfi.

Sacrosanctæ ecclesiæ S. Petri Belliloci monasterii. Igitur ego in Dei nomine Aerradus cedo ad monasterium quod vocatur Belluslocus, constructum in honorem Dei et S. Petri et S. Felicitatis martiris, aliquid de rebus proprietatis meæ, hoc est ecclesiam meam, medietatem de Calviaco, quæ est in pago Caturcino, et mansos meos similiter qui sunt in Caturcino, in villa quæ dicitur Candis, mansum qui vocatur Alla Franquia[1], et alium qui vocatur Alla Broa[2], et alios duos : hic ipse qui vocatur similiter Candis, et alium mansum qui vocatur Monredon[3], et alium qui vocatur Rodengas[4], et capellam S. Pardulfi, cum casa mea et cum medietate de bosco quem hic habeo; et alium mansum in Valleillas; et servientem meum nomine Geraldum cum filiis et filiabus suis; et volo ut ipsum mansum teneat quamdiu vixerit, post mortem vero ejus S. Petro remaneat, nullo contradicente. Hæc omnia superius nominata cedo Deo et S. Petro et monachis ibidem degentibus, ut habeant, teneant et possideant et faciant exinde, tam ipsi quam successores eorum, in venturis generationibus, jure ecclesiastico [quicquid elegerint]. Si quis, ego ipse Aerradus[5],

---

[8] *Ranulfi. S. Eraldi* B. *Raynulfi. S. Elraldi.* SG.

---

[1] *Frangada* SG.
[2] *A la Brou* B.
[3] *Montredon* B.
[4] *Rodangas* SG.
[5] *Aerradus* deest B.

immutata voluntate mea, aut ullus ex heredibus meis, sive ulla immissa persona quæ contra hanc cessionem contumeliose ire aut calumniam generare voluerit, inprimis iram Dei omnipotentis et S.⁶ Petri omniumque sanctorum Dei incurrat, et cum Belial et Datan et Abiron in inferno demergatur profundo. S. Aerradi qui hanc cessionem fecit. S. Andraldi. S. Gerberti. S. Bernardi.

CLXXXVIII.

[Laxa de ecclesia in villa Leobagildis, necnon de Agolas.]

Sæc. xi seu postea.

B. p. 228.
SG. p. 306.
C. p. 301.

Sacrosancto Petro Belliloci dimitto ecclesiam meam de Leobagildis, cum ipsa villa et cum ipsis boscis. Similiter mansum meum de Bellno [1] cum ipso bosco, S. Petro Belliloci dimitto. Similiter dimitto S. Petro duos mansos in poio Bonifaz [2]. In Miseriaco, dimitto S. Petro mansum meum. Dimitto Malabauguil. Dimitto S. Petro similiter in Crosa Petra unum mansum. Vineas meas de Vernias S. Petro dimitto. In Vulturiaco, unum mansum S. Petro dimitto. Fraustos meos de Fonte Asinaria [3] S. Petro dimitto. In Artigas [4], similiter unum mansum. In villa quæ dicitur Pera, quinque mansos meos. Similiter villa Lunianas [5] S. Petro dimitto. Similiter dimitto uxori meæ, nomine Jarsin, ecclesiam meam de Agolas cum ipsa villa, et in Corcugio [6], duos mansos cum omni integritate; et poio Marcherio [7] cum ipsis vineis, ut, quandiu ipsa vixerit, teneat, post suum obitum [vero] S. Petro Belliloci similiter remaneat.

⁶ *Et S. Petri.... Dei* desunt B.

[1] *Belluo* SG. *Baluo* B.
[2] *Boifan* B.
[3] *Fonte Asmaris* B.
[4] *Artegas* B.
[5] *Limianas* B.
[6] *Corrugio* SG.
[7] *Marchibium* B.

CLXXXIX.

Breve memoratorium quem Stephanus fieri jussit in passione sua.

Ecclesia S. Marcelli, si de ista vita migraverit [*leg.* migraverim], S. Petro Belliloci remaneat, pro animæ meæ remedio, et monachi S. Petri solidos centum solvant Ebolo. Et in villa quæ dicitur Caumonto[2], mansos septem; et in villa quæ dicitur Albas Petras, mansum ubi Agenaldus manet, et in villa que dicitur Toiliago, mansum ubi Rainaldus manet; et in ipsa villa, mansum ubi Agenaldus manet, et alium mansum absum; et in alia villa quæ dicitur Vallo, mansos duos; et in alia villa quæ dicitur Baisiniago[3], mansum unum ubi Gairutius manet; et in aliâ villa quæ dicitur Ad Iscuras, mansos tres; et in alia villa quæ dicitur Amonte, mansos duos; et ad ecclesiam S. Marcelli mansos quatuor; et in villa quæ dicitur Calviniaco, mansum unum; et in alio loco, ubi vocabulum est Moziano[4], mansum unum; et in alio loco cui vocabulum est Ri....[5] mansos quinque. Ista jam superius scripta, sunt in vicaria Usercense[6]. Et [in] alia vicaria Brivense[7], in villa quæ dicitur Berciaco, mansum ubi Costavolus[8] manet. Ista jam supra scripta, sicut scriptum est, quantum ad ipsam ecclesiam et ad ipsos mansos pertinet aut aspicere videtur, totum et ad integrum, post meum decessum, S. Petro Belliloci remaneant. Et si abbas aut monachus aut ullus homo est qui S. Petri ista jam supra scripta alienare voluerit, nisi in servitio S. Petri, Ebolus et Ugo mei

---

[1] Hæc charta, notis chronicis destituta, ad sæc. IX seu X referenda videtur, propter topographicas descriptiones quibus in illis tempestatibus usi fuerunt.

[2] *Caramonte* corrupte B.

[3] *Basignano* corrupte B.

[4] *Mosiavo* incerte SG. Hæc vox atque sequentes, usque ad verbum *mansos*, desunt B.

[5] Sic C.; in mss. B. et SG. omnino desideratur.

[6] *Ursence* SG.

[7] *Brinense* false SG.

[8] *Costalus* SG.

germani totum recipiant. S. Stephani qui hoc testamentum fieri vel adfirmare rogavit. S. Aldradi[9]. S. Garsindis. S. Ugoni. S. Agecii. S. Gozberti.

CXC.

[Donum Rotberti de Salviniaco et Bartholomei fratrum.]

Circa an. 1145.

Notum sit cunctis præsentibus atque futuris quod Rotbertus de Salviniaco et Bartholomeus, frater ejus, dimiserunt Deo et S. Petro Belliloci, in manu Galterii abbatis[1], quicquid juste vel injuste habere videbantur in prato de Dozval et in terra de Brolio[2].

CXCI[1].

[Pactum seu sententia de consuetudinibus Bellilocensis cellararii.]

An. 1188.

Notum fieri volumus monachis Bellilocensibus tam præsentibus quam futuris, quod orta fuit quæstio inter P.[2] de Sancto Sereno, abbatem Bellilocensem, et Gauzfredum de Curamonta cellararium[3], occasione proprietatis Gauzberti de Teillet cujus prædictus Gauz-

[9] *Adraldi* B.

[1] Istud unicum est instrumentum quo Galterius abbas Bellilocensis memoretur: ponendus est, ut conjicimus, inter abbates Geraldum II et Petrum I, id est circa 1145.

[2] Ista notitia in ms. B. false sequenti instrumento conjuncta fuit quasi unum et idem cum illo faciens; in ms. SG. distincta fuit a sequenti per uncinos a manu recentiore delineatos et positos post voces duas: *hoc pacto*. Quæ quidem voces, ex codice C., ad calcem chartæ cxc pertinerent.

[1] In ms. B. ista notitia præcedenti instrumento conjuncta est, quasi unum et idem faciens.

[2] Id est Petrum.
[3] *Cellerarium* SG.

MONASTERII DE BELLOLOCO.

fredus de Curamonta tertiam partem, abbate contradicente, sibi nitebatur vendicare, præter[4] alias consuetudines quas in ecclesia Bellilocensi exigebat. Tandem placuit utrique stare arbitrio Umberti et Gauzberti monachorum Bellilocensium, quos tunc temporis domnus Bituricensis archiepiscopus in subsidium abbatis Bellilocensis ecclesiæ instituerat procuratores. Postmodum placuit Gauzfredo[5] super his omnibus abbatis definitionem suscipere, qui plenius et melius ecclesiæ suæ consuetudines cognoverat; hujus interpositione pacti quod domnus abbas, in verbo veritatis et in fide quam dominus debet subjectis, se dicturum veritatem de his omnibus promissit[6] secundum quod ipse sciebat et tenuerat et ab antecessoribus suis audierat. Gauzfredus[7] vero in verbo sacerdotis et in obedientia quam monachus suo debet abbati se pollicitus est ei crediturum, et de cætero quæstionem non moturum. Assignata vero die, fratribus absentibus convocatis, videlicet : Willelmo[8] de Sancto Amantio et Engelrando[9], in communi capitulo dixit domnus P. abbas : omnium in villa Belliloci obeuntium[10] legata, exceptis redditibus qui pertinent ad obedientiarios, ad tres monasterii procuratores pertinere, excepto auro et argento et equitaturis, quæ omnia ad abbatem pertinent, et animalibus quæ ad boriam de Granoillac; specialia vero ad ipsum cui legantur dixit pertinere; eorum si quidem quæ pro monachis recipiendis, et a familiaribus dantur, medietatem ad abbatem, reliquum ad tres procuratores pertinere cognovit, excepto auro et argento et equitaturis quæ ad abbatem pertinent; propria vero monachorum et familiarium obeuntium ad abbatem totaliter pertinere dixit. Anno ab incarnatione Domini M. CLXXXVIII.

[4] *Propter* B.
[5] *Gaufredo* B.
[6] *Promisit, quam ipse noverat, tenuerat* SG.
[7] *Gaufredus* SG.
[8] *Guillelmo* SG.
[9] *Agelrando* B.
[10] *Obventum* B. ibi et paulo post.

CXCII[1].

[Notitia de hominio vicarii de Belloloco.]

1164-1190.
et aug.
1190-1192[2].

B. p. 232.
SG. p. 309.
C. p. 305.

Sciant præsentes et futuri quod ex antiqua consuetudine ecclesiæ suæ domnus P. [*leg.* Petrus], Bellilocensis abbas, exegit hominium[3] et fidelitatem a B. [*leg.* Bernardo] vicario[4] sicut a prædecessoribus suis fuerat institutum. Ipse vero, consilio clientum et seniorum[5] diligenter exquisito, petitioni satisfecit hoc modo : in præsentia omnium qui ad hoc convenerant, prædictus B. [Bernardus], ingressus capitulum, fecit hominium domno abbati, deditque fidem ei sic omnia servaturum. Deinde et super altare B. Emelii, tactis sacrosanctis Evangeliis et Cruce dominica, cum reliquiis S. Petri superpositis, fidelitatem juravit; et si contra datam fidem vel contra juramentum in aliquo deliquisset, infra septem dies ad arbitrium domni abbatis emendaret. Cum vero, patre defuncto, ad hoc idem solvendum G. [Geraldum] filium ejus domnus abbas conveniret, juramentum quidem et hominium præstare non abnuit, sed de reliquiis superponendis controversiam movit, deditque fidejussores judicio sisti : Willelmi[6] Rotberti, Willelmi de Curamonta, Willelmi del Bosc. Deinde causa examinata in manu abbatis, productis testibus et receptis de superpositione reliquiarum, per assessores suos sententiam dedit : scilicet filium eo

---

[1] Ex ms. B. C. SG. et apographo D. Col ex chartulario ipso exarato in Bibliotheca imperiali servato.

[2] Duplices notæ chronicæ sunt quia duo instrumenta in unum continentur : primum sub Petro Sancti Sereni factum, qui abbatiam rexit ab anno saltem 1164 usque ad annum 1190; secundum sub abbate factum, qui Petro *adhuc viventi* successit, id est, ut conjicimus, sub Umberto, qui Bellilocenses rexit ab anno 1190 ad annum 1205. Vide præterea inferius, not. 36, 37 et 38.

[3] *Homagium* B. et SG. ibi et inferius.

[4] Vicario, ut censemus, Bellilocensi.

[5] *Servorum* false SG.

[6] *Vuilielmus Rotberti, Vuilielmus de Curamonte, Vuilielmus del Bosco* B. et SG.

modo quo pater præstiterat præstare juramentum[7]. Testibus[8] hujus fidejussionis : G. dal Sagrer[9]. P. dal Sagrer. P. Maior[10]. Willelmus Maior. S. Lavernia[11]. R. de Gonex[12]. S. Baireira[13]. S. Aldebertus. R. la Bastida. G. de Tellet[14] sacerdos, monachus. Willelmus de Chatmartz[15]. U. de S. Amanz Palizas[16]. B. de Curamonta. Rotlanz[17] Maurizi. P. Willelmus Gauzfredus[18]. Data ergo sentencia, G. [Geraldus] vicarius fidem dedit domno abbati, infra capitulum; postea super altare B. Emelii[19], suprapositis prædictis reliquiis, fidelitatem juravit : eo tamen salvo quod infra septem dies, si contra fidem ageret, emandare liceret. Hujus juramenti[20] sunt testes : U. de Gonesc et G. sos filz[21]. Jordas[22] Galterius. P. dal Sagrer. G. sos filz et Bernartz. G. dal Sagrer et R. et G. sos filz. S. Baireira et G. sos filz[23] et D.[24] sos neps. P. Maior et G. sos filz[25]. Willelmus del Bosc. P. de Salern[26]. P. Polverelz. G. Fabre. Will. Arnalz. R. lo[27] neps Farapi[28]. G. Dalpon. Gui de Curamonta. Bertos. B. de Goness. S. de Pairizac[29]. S. la Vernia[30]. W. de Chatmartz monachus. Johannes Effermers[31]. G. de Coiac. Umbertus[32]. G. Palizas. U. de Sainct Amanz. G. Prior. G. de Plas puer[33]. Will. de Maenzac puer[34]. U. Dasnac puer. B. de Curamonta. Rotlanz. G. de Martemniac. Gui de Beissenc[35]. Et aliquanto postmodum elapso tem-

An. 1164-1190.

[7] *Prædictis testibus receptis* SG.

[8] *Testamentum* false B. et SG.; *testibus* paulo post deest.

[9] *Dal Sager* SG. *Del Sagrier* B.

[10] *Maior* siculi dignitatem, seu munus indicans B.

[11] *La Vernia* Col.

[12] *Gonège* B. et SG. et *Gonese* inferius.

[13] *Baryeira* Col ibi et inferius. *Barieira* B. infra *barrieira*.

[14] *Telliet*. B. SG.

[15] *Chatmars* B. SG.

[16] *Parlisas* B. et SG. ibi et infra.

[17] *Rollans Maurisi* B. SG.

[18] *Gautfredus* B. *Gaufredus* SG.

[19] *Emelli* SG. *Emilii* B.

[20] *Testamenti* B. et SG.

[21] *Sos fes* SG.

[22] *Jordas* et sequentia usque ad *S. Baireira* desunt B.

[23] *Son fes* SG. *Sons fils* B.

[24] *J.* in mss. B. et SG.

[25] *Sols fis* B. *Sos fis* SG.

[26] *Salerin* B. et SG. ibi et infra.

[27] *Los* B. *La* SG.

[28] *Saræpi* SG. *Sanapi* B.

[29] *Parrisac* SG. *Parrusac* B.

[30] *La Vinia* B.

[31] *Effermiera* SG. *Effermias* B.

[32] *Guibertus* B. et SG.

[33] *Puer* deest Col ibi, et paulo post *G. de Plas puer. W. de Maenzac* desunt B.

[34] *Mouzac* SG.

[35] *Buissen* B.

pore, postquam domnus Petrus resignavit abbatiam et domnus Umbertus[36] factus est abbas Belliloci, de jure et consuetudine ecclesiæ suæ ab eodem prænominato Geraldo fidelitatem exegit et hominium, cui Geraldus opposuit se neutrum facere debere in eo statu in quo tunc erat, tum quia crucem habebat, tum quia domnus Petrus, cui utrumque firmaverat, adhuc vivebat. Sed tamen convictus nullam istarum objectionum sibi valere posse, sine omni contradictione super altare B. Emelii, tactis sacrosanctis Evangeliis, superposita Cruce dominica et B. Petri reliquiis, fidelitatem firmavit et hominium, in octava B. Laurentii, regnante Philippo[37] rege Francorum, S. [*leg.* Saibrando][38] Lemovicensi episcopo; hoc tamen precibus impetrato ut, si in aliquo contra datam fidem nescius deliquerit, infra dies octo emandare liceret. S. domnus abbas P. Willelmus. A. de Plas. Gauzfredus. P. de Sancto Genesio. G. lo Morgues[39]. Johannes Effermers. Gauzbertus de Martemniac. W. de Chatmartz. Gauzbertus de Coiac. U. de Plas. U. de Sancto Amancio. Will. Despairo[40]. S. la Forza monachus. R. Borrel. P. Aurelz. G. la Gairiga. Aimeric de Pauli. Oliverius del Bosc. Gui Dafio[41]. U. la Genebra. U. de Gonesc, senioret. P. de Lemotgas. Bertos[42]. Jordas Aurelz. Bomancip[43]. Bofill[44]. P. de Salern.

---

[36] Sic C. et D. Col. *Gaubertus* B. et SG. sed false. — Umbertus abbatiam ministravit ab anno 1190 ad annum 1204, quo Petrum iterum cœnobium regentem invenimus.

[37] Philippo rege Augusto cognominato.

[38] Saibrando, qui episcopalem occupavit sedem ab anno 1178 ad annum 1197.

[39] *La Margris* B.

[40] *Desparro.* SS. *La Foissæ..... Borret et Aurel.... Paul.... Olivier* B. *De Spayro. S. Lasforsa.... Borret. S. Aurels.* SG.

[41] *Guidafredo* B et SG.

[42] *Berton* SG.

[43] *Domancip* Col ibi, et inferius in charta cxcv, *Bemancip*.

[44] *Bofet* B.

CXCIII[1].

[Notitia de parentela Rodulfi archiepiscopi et de donis ipsius necnon parentum ejus.]

Radulfus comes Caturcorum.
Domna Aigua[2] uxor sua.
Filii eorum : Radulfus clericus[3];
Godafridus comes;
Rotbertus; Landricus;
Immo.

Radulfus iste fuit traditus Bertramno, viro religioso in vicem S. Petri ad ordinem clericatus. Fuit archiepiscopus Bituricensis et obtulit[4] abbati Sollempniacensi et Bellilocensi, et aliis VIII monachis Bellilocensibus, in Lemovicino, in vicaria Asnacense, super fluvium Dornoniæ, locum quemdam qui antiquitus Vellinus, nunc autem Belluslocus nominatur, ut prædicti abbas et monachi Bellilocenses in dicto loco cœnobium construant monachorum sub regula P. R. beati Benedicti degentium in honore B. Petri, apostolorum principis.

Item dedit eidem abbati et monachis Bellummontem villam suam, cum ecclesia B. Stephani de Stalliaco, et mansos qui sunt in Membriaco, et quicquid pertinet ad ipsam villam et ecclesiam.

Item dedit eisdem, in territorio Lemovicino, in vicaria Asnacense, aliam villam quæ nuncupatur Sanctus Genesius, cum ipsa ecclesia et omnibus ad se pertinentibus.

Item dedit eisdem in territorio Tornense, aliam villam et ecclesiam qui vocatur Estivalis[5], cum casibus et mancipiis.

---

[1] Ex mss. B. C. et SG et apographo v. cl. Chesnii ubi notitiæ sequentes fere omnes continentur, loc. cit.

[2] *Aygua* SG. ubi ordo in mss. B. et Ch. constitutus non observatus est.

[3] *Filii eorum : Rodulfus clericus*, desunt SG.

[4] Sic C.; pro *obtulit abbati*, etc. legitur in ms. SG. *abbas Sollempniacensis et Bellilocensis.*

[5] *Aestivalia* SG.

Item dedit eisdem, in vicaria Asnacense, ecclesiam quæ vocatur Nonaris, cum omnibus ad se pertinentibus.

Item dedit eisdem, in territorio Tornense, in villa... unum mansum, cum omnibus ad se pertinentibus, anno VI regnante Karolo rege.

Radulfus[6], comes Cadurcorum, cum uxore sua, dederunt filio suo Radulfo clerico villam de Bellomonte et mancipia utriusque sexus, cum omnibus appenditiis suis. Est autem ipsa villa in Lemovicino et in vicaria Asnacense, prope fluvium supradictum Dornoniæ.

Item dederunt eidem Radulfo et sorori suæ domnæ Immenæ moniali, ecclesiam S. Projecti martiris. Est autem ipsa ecclesia in Caturcino, in loco dicto Blaugurgis.

Item dederunt eisdem villam dictam Aveziacus[7], cum mansiunculis, quæ sita est in Aureliaco et in Galiaco[8] et in Fabricas[9].

Item dederunt eisdem villam dictam Estivale[10] cum ecclesia B. Pauli. Sitæ et positæ sunt autem prædictæ villæ in Lemovicino[11].

Item dederunt eisdem Saraziacum cum ecclesia S. Genesii, in Caturcino, juxta Caziliacum castrum. Fuit autem facta ipsa donatio anno X regnante Ludovico Augusto.

Immena filia eorum. Ista fuit abbatissa S. Genesii apud Saraziacum, ubi fuit olim monasterium monialium. Vendidit fratri suo Rodulfo archiepiscopo, precio mille solidorum, illam medietatem quam habebat in prædictis donationibus, anno VII° regnante Lotario imperatore.

Iste Godafredus comes, filius Radulfi comitis, habuit uxorem domnam Gerbergam[12] et duos filios : Godafridum et Rodulfum. Iste dedit Gairulfo abbati et monachis Bellilocensibus Igeracum villam suam, cum ecclesia S. Martini, cum baccallariis et quinque mansis servilibus.

Item[13] dedit ad Mollem ipsum portum et ipsum tractum cum omnibus pertinentiis suis.

---

[6] Sic B. et Ch. Locus iste in ms. C. laceratus usque ad *cum uxore sua*; postea legitur *Isti dederunt*, etc.

[7] Sic Ch. *Auziaris* B. *Auziaria* SG.

[8] *Gulliaco* SG.

[9] *Frabricas* Ch.

[10] *Aestivale* SG. *Estivals* Ch.

[11] *In orbe Lemovicino* B.

[12] *Herbergam* B. et Ch. ibi et paulo post.

[13] Cætera absunt Ch.

Item dedit eis, ad Pardinas, tres mansos et quicquid pertinet ad ipsum locum.

Item dedit eisdem, ad Granuliacum, duos mansos.

Item dedit eis, ad Braciolas, unum mansum.

Item dedit eis, ad Campaniacum, duos mansos.

Item dedit eisdem, in Vilola, quatuor mansos.

Item dedit eisdem ultra fluvium Seram, in villa Bretonoro[14], sex mansos.

Item dedit eisdem terras et prata quæ vocantur Adorlinda.

Item dedit eisdem ad Altam Ripam, quatuor mansos vestitos et tres absos, et terras in ambabus ripis Dornoniæ. Hæc omnia prædicta prædictus comes B. Petro obtulit, in stipendiis et usibus monachorum. Voluit[15] tamen ut post mortem suam, ante horam capituli omnis congregacio v psalmos decantent. Et voluit quod die obitus sui rector qui pro tempore fuerit fratribus unam det refectionem, et officium mortuorum et missam pro eo decantent. Facta est hujus testamenti donatio anno XXVIII Karoli regis, et anno primo Ludovici filii ejus, Aquitanicæ regionis regis.

Iste Godafredus comes et uxor sua domna Gerberga dederunt Godafrido filio suo Cundadum villam suam, cum ecclesia B. Mariæ, et quicquid ad ipsam pertinet.

Item dederunt eidem Dulcevallem et quicquid ad ipsam pertinet.

Item dederunt eidem villam quæ dicitur Junciacus, et aliam quæ dicitur Ampuliacus, et quicquid ad ipsam villam pertinet.

Item dederunt eidem quicquid habebat in villa Niiogilo.

Item dederunt eidem villam dictam Mansus Arcanaldi.

Item dederunt eidem in villa Tullo III mansos.

Facta fuit hæc donatio anno XXVI Karoli imperatoris.

---

[14] *Brethenorio* B.

[15] *Voluit* et cætera usque ad finem notitiæ hujus ex manuscripto C. tantum edidimus.

CXCIV[1].

[Notitia de feudo et hominio vicecomitis de Turenna.]

An. 1190.

B. p. 240.
SG. p. p. 316.
C. p. 309.

In nomine Domini, noverint præsentes et futuri quod post multas contentiones et controversias quas Raimondus de Turenna[2] habuerat cum monasterio Belliloci et abbatibus ejusdem loci, cum causa peregrinationis vellet profiscici ultra mare, confessus est et recognovit Umberto abbati Belliloci, in presentia multorum, quod quicquid ipse vicecomes habebat vel possidebat in villa Belliloci et in honore[3] qui vocatur Abatia[4] et castellum de Betuc, et quicquid habet vel possidet extra aquam quæ vocatur de Sordoira, excepto castello de Betalia; et recognovit illud quod habet a Favars, et apud Estivals[5], et en Cosatge, id etiam quod habet in villa Sancti Privati et in tota parrochia; omnia supradicta debet habere et tenere a Deo et S. Petro et abbate illius loci, et pro hoc debet ei vicecomes Turennæ hominium facere. Ipsemet U. abbati hominium et fidelitatem fecit et investituram feudi accepit ab eo. Et hoc idem fecit Boso filius ejus. Dixit etiam prædictus vicecomes et recognovit quod, si contingeret monetam fieri in terra sua, facienda erat in villa da Belloc[6], et decimam partem[7] abbas debebat percipere; dixit etiam quod vicecomes de Turenna[8] nullas exactiones et taliadas debebat habere in villa de Belloc. Actum apud Figiacum, in domo Folchierii ortolani, anno incarnationis Domini MCXC, apud Romam Clemente papa regnante, Philippo rege Francorum[9], Henrico Bituricense archiepiscopo. Testibus : G. de Gordo[10] abbate

---

[1] Ex mss. B. C. SG. et apographo v. cl. Chesnii loc. cit. fol. 90.

[2] Raymundus II, vicecomes de Turenna.

[3] Pro *et in honore*, etc. legimus in ms. SG: *quæ dicitur honorifice abbatia et castellum debetur et quidquid*, etc.

[4] *Abbatia* B. SG. *Abacia* C.

[5] *Estival* B. *Aestivale* SG.

[6] *Belloloco* B. et SG.

[7] *Decimam juris vicecomitalis* in brevioribus excerptis ex *Archivis Turennensis gentis*, a Justello depromptis, loc. cit. pr. p. 36.

[8] *Turrena* B. *Torma* false D. Col.

[9] Augusto cognominato.

[10] Gourdon.... *Afolcalde* SG.

Obazinæ. A. Folcoal, monacho Obazinæ. Aiceli[11], monacho. A. de Vairac, monacho. W. de Sancto Amancio, monacho. W. de Chatmarz, monacho. U. de Cornill. B. Clergue. B. Austorc[12]. Matfres de Castelnou[13]. P. Faidit[14]. S. de Tudell[15]. Vicecomitissa, supradicti R. vicecomitis uxore, nomine Heliz[16], præsente. Antea vero vicecomes et Boso, filius ejus, recognoverant in platea, ante hostium ecclesiæ dal Batut, domno abbati, quod ædificaret et ædificare debebat ubicumque infra villam prædictus abbas vel aliquis nomine abbatis vellet ædificare. Testibus : U. de Torta, monacho. G. de Martemniac[17], monacho. W. de Sancto Amancio, monacho. S. de Carennac[18]. P. Faidiz. U. de Gones. U. de Peiregus[19]. G. Maier Crozaz[20]. G. la Sala.

CXCV[1].

[Compositio et sententia de forma vicariæ Belliloci.]

Heliz[2], vicecomitissa Turennensis, et Ugo[3], episcopus[4] Lemovicensis, omnibus ad quos litteræ istæ pervenerint, salutem et pacem. Ea quæ memoria digna videntur existere, scripto solet patrum peritia commendare. Quorum nos, prout possumus vestigiis inhærentes, uni-

An. 1203.

B. p. 242.
SG. p. 318.
C. p. 310.

---

[11] *Aiceli.....W.* desunt B.
[12] *D. Austore*, Just.
[13] Nomen corruptius B. et SG.
[14] *Fleydit* B. in isto loco, *Faydiz* inferius.
[15] *Trudel* corrupte B.
[16] *Helipz* SG. Ibi desinit apographum Chesnianum.
[17] *Tartenac* false B.
[18] *Carrenac* SG.
[19] *V. de Peregus* SG.
[20] *Crosan* B.

---

[1] Ex mss. B. C. SG. et apographo a D. Col exarato.
[2] Sic C. et D. Col. *Helipz* SG. *Helips* B. uxor Raymundi II, vicecomitis de Turenna. Vide superiorem chartam CXCIV.
[3] *Hugo* B. et SG.
[4] *Archiepiscopus* C.; *episcopus Lemovicensium* B.

versitati vestræ dignum duximus intimare controversiam inter U.[5] abbatem et monachos Bellilocenses ex una parte, et Willelmum de Martemniac[6] vicarium ex altera parte, super formam vicariæ[7] diu ventilatam ex utraque parte, a nobis electis de consensu ipsarum partium amicabiliter in hunc modum fuisse sopitam. Vicarius accipiat fidejussiones de omnibus falsis ponderibus et mensuris, et virga[8] pannorum, et furtis aliis, exceptis illis quæ fient a molendinariis, furnariis et quatuor dominis operatoriorum[9] : S. B. de Meliac et Bomancip[10], et item Bomancip et Stephano de Carennac, et a conductoribus tabularum in quibus venduntur panes et carnes. In ipsis tamen molendinis et furnis et operatoriis et tabulis, salvo jure vicarii, si in præjudicium ipsius in operatoriis vel tabulis plateæ aliquid ædificatum est, et exceptis illis furtis infra clausulas monachorum perpetratis et quæ fient a famulis monachorum. Item in die mercati, fidejussiones de omnibus quæ ad mercatum pertinent, sive eadem die sive alia quæstio emergat, quæ tamen a die mercati originem trahat. Item fidejussiones[11] accipiat de omnibus quæstionibus ad[12] bordarias abbatiales[13] pertinentibus, et de omnibus quæstionibus in carreira[14] vicarii emergentibus, exceptis injuriis in via puplico [sic], extra domos, et sub grundia domorum perpetratis, quas quicumque pro abbate accipiat : vicarius tamen[15] suam tertiam recipiat. Item de bonis defunctorum sine heredibus de carreira[16] sua, adimpleta prius eorumdem legitima voluntate : quæcumque de bonis eorum in domibus vicarii[17] inventa fuerint, vicarii sint; reliqua omnia abbatis.

---

[5] Sic C. et D. Col. *Venerabilem* pro *U. B.* et SG. De Umberto abbate vide ch. cxcii, not. 2 et 36, et ch. cxciv.

[6] *Marcennac* SG. *Marcennas* B.

[7] Sic C. et D. Col. *Vicariatus* SG.

[8] *Nigra* B. *Nigro* SG. sed falsæ; de virga, pannorum mensura, vid. Cang. *Gloss.* v. *Virga.*

[9] Sic C. et D. Col. *operariorum* SG. Vox *operatorium* officinam, *ouvroir,* significat. (Vide Cangii *Glossarium* v. *Operatorium.*)

[10] *Bomancipis* SG.

[11] *De omnibus* ibi et inferius SG.

[12] *Ad bordarias...... quæstionibus* desunt B.

[13] *Abbatis* SG.

[14] *Careyria* SG.

[15] *In suam terram recipiat* D. Col.

[16] *Careiria* B. *Carena* corrupte SG.

[17] *Vicarii* ibi abest D. Col. et SG.

Omnes autem fidejussiones accipiat vicarius pro se et abbate cum cliente abbatis, si præsens sit, vel ipse cliens abbatis, si vicarius absit, pro abbate et vicario bona fide; et de lucris ex ipsis fidejussionibus provenientibus tertiam partem accipiat vicarius, et abbas duas. Causæ tamen coram abbate et vicario debent agitari. Alia vero jura ad abbatem pertinent. Si autem de prædictis aliqua dubietatis quæstio emerserit, ad nos debet referri, et per nos debet explanari. Hujus autem compositionis testes fuerunt Willielmus Austorcs monacho[18]. P. La Vaissieria. S. de Carennac. P. de Martempniac[19]. Johannes de Gimpniac[20]. Bomancips[21]. A. de Beissienc[22]. Et iterum omnis conventus Bellilocensis. Ne autem tractu temporis in dubium deducatur, hanc compositionem præsenti paginæ inserri, et sigillorum nostrorum impressione fecimus roborari. Incarnati Verbi anno M̅. C̅C̅. I̅I̅I̅.

CXCVI[1].

[Notitia de feudo et hominio domni de Cavanhac.]

In memoria et cognitione præsentium et futurorum firmum et verissimum habeatur quod jus et dominium Bellilocensis ecclesia ab antiquo habuit et in præsenti possidet, quod domni et possessores castelli de Cavanhac[3] castellum jam dictum de manu Bellilocensis abbatis habuerunt et tenuerunt, et hominium et fidelitatem ei sicuti domino fecerunt tactis sacrosanctis Evangeliis. Hujus rei veritatem W. Rotbertus de Cavanhac, sciens et cognoscens morem, et

An. 1164-1190, seu potius an. 1204[2].

B. p. 245.
SG. p. 320.
C. p. 312.

[18] *Willielmus* deest D. Col.
[19] *Martennac* B. et SG.
[20] *Gaignac* B. et SG.
[21] *Bomancipis* B. *Bomancipes* SG.
[22] *Boissenc* D. Col. *Baissent* B.

[1] Ex mss. B. C. SG. et apographo Chesniano, quo instrumenti præsentis media pars continetur.
[2] Videsis inferius, not. 4.
[3] Sic C. Ch. et SG. *Cavaignac* B.; inferius *Cavanhac* et *Cavagnac*.

exemplum suorum prædecessorum sequendo voluit imitari, et nominatum castellum pro parte sua, de manu Petri de Sancto Sereno, Bellilocensis abbatis⁴, accepit, et hominium et fidelitatem ei fecit, tactis sacrosanctis Evangeliis et reliquiis super altare B. Emelii positis, multis hinc inde astantibus monachis et laicis. Item de consuetudine Bellilocensis ecclesiæ antiquitus possessio continua ad nos usque manavit, et, Deo disponente, perpetuo indeficiens conservabitur quod domni de Cavanhac et uxores eorum, et filii postquam milites effecti fuerunt, si apud Cavanhac⁵ vel in partibus nostris moriantur, in Bellilocensi cymiterio sepeliantur⁶. Hinc est quod quidam noster monachus Stephanus de Curamonta, obedientiarius de Friac, quasdam terras, censuras et rentais⁷, quas apud Cavanhac et in parrochia ejusdem ecclesiæ tenebamus, necnon et hoc quod homines de Dorval de beato Petro habebant, W. Rotberto mutua tamen stipulatione..... ⁸ accipiens ab eo quemdam mansum da la Olivieira, cum omnibus appenditiis suis, qui est juxta villam de Condat⁹. Nos autem factum istud tali pacto confirmamus, ea conditione ut W. Rotbertus et filii ejus præstent nobis fidem jusjurandi, ut de cætero ipse, vel sui, vel aliquis suorum propinquitate generis, ullam vel nullam calumpniam super hunc mansum facere præsumant, et hominium obedientiario de Friac pro his faciant, sed bona fide et totis viribus studeant laborare ut mansus iste totus et integer ad usum et voluntatem monachorum remaneat. Si autem facere ea neglexerint, ea quæ pro manso dedimus, in pace et sine calumpnia recuperando possidebimus. Similiter W. Rotbertus, in præsentia P. [Petri] abbatis et monachorum, cognoscendo testatus est quod ipse nec heredes sui in quibusdam terris nostris quæ sunt de la sacristania¹⁰, videlicet : A Pratvielh, A la Va-

⁴ Qui primum ab anno 1164 abbatiam tenuit ad ann. 1190, quo eam Umberto dimisit, posteaque, ab anno 1204, Umberto defuncto sive regimen cessante, cœnobium Bellilocense iterum ministravit.

⁵ *Cavaignac* B.

⁶ Cætera desunt apud v. cl. Chesnium.

⁷ Sic C. *rentas* SG.; deest B.

⁸ Sic B. et SG.; in codice de Costa vox habetur quam legere nequivimus.

⁹ *Condac* B.

¹⁰ *Sacrestaria* SG.

leta, A la Durantia, A Lalbulga, et in manso de Monchapieira, quas consueverant impugnare, nullam vim deinceps vel calumpniam facere præsumant; et si, quod absit, terras nostras iterum impugnare temptaverint, conventi ab abbate vel a monachis ablata restituant[11]..... testes [fuerunt.]... Vegier....... de.......... Branciellas. Ugo de Gonesc.......... alt. de [Sagrer.]. P. de curamonta? P. de Beyssenc. senhoret......... nac. Ugo................... W. de S.......... de...... nz. monacho. W. de C........ .... successores nostri.......... tactis sacrosanctis Evangeliis, reliquiis [super altare B. Emelii positis]........... .... firmissimam transactionem cum prædicto monacho da Friac fecerunt.......... testes hujus...... S.......... de Palisas
....
....

[11] Reliqua hujus ultimæ chartæ in codice de Costa, propter maculas, legere nequitur, paucis vocibus exceptis, quæ subsequuntur; omnino absunt apud mss. B. et SG. ubi, post verbum *restituant*, *Finis. Amen.* seu *Amen. Finis.* scriptum est.

INDICES CHARTULARII.

INDEX CHRONOLOGICUS

CHARTARUM.

Nota. Per numerales litteras ordo chartarum in chartulario designatur.

SÆCULUM IX.

823, nov. Laxa Rodulfi, Turennensis comitis, et uxoris ejus Aigæ, de plurimis in Lemovicino et in Caturcino prædiis, Rodulfo filio suo ad clericatus ordinem tradito, et filiæ suæ Emenanæ pariter ad monialium habitum traditæ, CLXXXV.

841, mai. Venditio Rodulfo, tunc abbati, postea archiepiscopo, facta a Bosone et Talasia, de Biliaco necnon Altriaco et Betuco villa, XX.

842, 29 jul. Privilegium Pipini regis, de Telido, Ginesto et Aviciaco villa, VI.

844, febr. Donum quod fecit Aiga, Rodulfi comitis vidua, ad ecclesiam S. Genesii, pro puellarum cœnobio apud Saraciacum construendo, XXXIV.

847, mai. Venditio ab Immena seu Emena germano suo Rodulfo archiepiscopo facta, de pluribus in Blaugurgo, Estivale et Aveziaco villa, CLXXXIV.

848, 11 jan. Privilegium Pipini regis, de Cameiraco sive Daviliolas, VII.

856, mart. Testamentum Rodulfi archiepiscopi, pro Veterinensis cœnobii fundatione, XVI.

859, mart. Donatio Rodulfi archiepiscopi, de villa Saraciaco necnon pluribus aliis prædiis pro monasterio Bellilocensi construendo, XXXIII.

859, mai. Precariæ de ecclesia S. Martini de Tudel, XXIII.

859, mai. Commutatio inter Rodulfum archiepiscopum et Stodilum, Lemovicensem præsulem, de ecclesiis de Nonnaris et de Siuiniaco, XXIV.

859, mai. Rodulfus archiepiscopus ecclesiam de Siuiniaco plurimaque prædia Bellilocensibus confert, XVIII.

859, 7 jun. Privilegium Karoli regis, de immunitate Bellilocensi cœnobio concessa necnon de mercato apud Siuiniacum construendo, V.

860, april. Donatio Rottrudis feminæ Deo sacratæ, de villa Biliaco, XIX.

860, april. Carta traditionis vel consignationis a Rottrude facta de villa Biliaco, CLXXX.

860, jul. Donatio Rodulfi archiepiscopi, de villa Biliaco, XXI.

860, 30 jul. Donum quod fecit Autgarius sacerdos de plurimis in Fano villa necnon in Marzella et Puzinnaco, CLXXXIII.

INDEX CHRONOLOGICUS

860, nov. Testamentum Rodulfi, Bituricensis archiepiscopi, quo Bernulfo et Cuniberto abbatibus multa prædia confert, pro Bellilocense monasterio construendo, I.

861, mai. Donum quod Datebertus fecit pro anima fratris sui, CLXXII.

861, aug. Dacconis et Adalsindæ laxa de ecclesia S. Mariæ in villa Valle, LIV.

863, febr. Venditio a Gilberto facta plurimorum in villa Membriaco et Cassanias, CXII.

864, mai. Venditio a Ragambaldo facta Rodulfo archiepiscopo, de ecclesia S. Christophori in villa Cosatico, XXV.

864, 19 oct. Privilegium Karoli regis, de villa Camairaco, IV.

864-866 sed potius 864. Rodulfus archiepiscopus Bellilocensibus ecclesiam S. Christophori de Cosatico concedit, XXVI.

865, nov. Donatio Gotafredi, comitis Turennensis, et uxoris ejus Gerbergæ filio suo Gotafredo facta, de curte Cundado, de Dulcevalle, Junciaco, Ampuliaco necnon Niiogilo, CLXXXVI.

865, dec. Donum Rotberti cujusdam de pluribus in loco Ad illa Vaber, et in villa Alariaco, LXVIII.

866, oct. Testamentum Godefredi comitis, quo Igeracum curtem, Mollem, Pardinas pluraque alia Bellilocensibus confert, III.

868, jan. Loboleni sacerdotis et Aldebaldi laxa in Cavaniaco villa, in Quincione et in Calesso, CLIII.

868, mart. Laxa Guigonis et uxoris ejus Avanæ de ecclesia S. Boniti necnon de villa Lacu, LI.

868, mart. Donatio Aderberti de ecclesia S. Petri in villa Nectranas, CLXXIX.

868, jun. Laxa Bernardi pro anima Amblardi et Andraldi, CLXVIII.

869, jul. Donum quod fecit Anastasius in Cogiaco et Ribaria, CXXXI.

870, mai. Donadei et Principiæ laxa in Ventagiolo villa, LXXXI.

870, aug. Notitia placiti ante Bernardum comitem habiti, de ecclesia S. Christophori de Cosatico, XXVII.

876, 13 jul. Privilegium Karoli imperatoris de Orbaciaco, IX.

877, dec. Arnebertus et uxor ejus ad clericatus ordinem Arabertum filium suum monachis tradunt, CLXXI.

878, jul. Laxa Gauzfridi de ecclesia S. Cirici de Bellomonte, et de pluribus in Montilio, Tilio et Tresgono villa, XLVI.

879-884, nov. Donum Sicardi et uxoris ejus Ingelsendis de ecclesia S. Martialis, et de quibusdam in vicaria Barrense, XVII.

880, jan. Adalgarius et uxor ejus Aiga ecclesiam S. Michaelis de Beione pluraque in Veziosaco et in Concellas donant, XLV.

881, nov. Notitia traditionis vel consignationis rerum in pago Arvernico concessarum, CLXXIII.

882, mart. Donum quod fecit Godinus presbyter de pluribus in villa Staliaco et Ventagiolo, CXXVII.

882, 14 jun. Privilegium Karlimanni regis de Camairaco et Orbaciaco, VIII.

CHARTARUM. 283

882, 1 nov. Donum quod fecerunt Rodulfus et uxor ejus Bertlindis in villa Cuncellas, LVII.

885, mart. Donum quod fecit Ermenricus de curte Diniaco, de Castellucio castro, necnon de pluribus in Culfurno, LV.

885, mai. Breve quod fecit Ermenricus de curte Diniaco, de Castellucio, pluribusque aliis, CLXVI.

885, jun. Donum Altarii et uxoris ejus Rotlindis, in aice Catalensi et in aice Exidensi, CLXXV.

885, jul. Laxa Frotarii de Samiliaco villa, CXXX.

886, aug. 887. Odonis, comitis Tolosani, de villa Orbaciaco venditio, X.

887, mai. Donum quod fecit Frotarius de villa Fellinas, XLIII.

887, aug. Privilegium Frotarii, Bituricensis archiepiscopi, de villa Orbaciaco, XI.

887, aug. Donum quod fecit Gotafredus pro anima genitoris sui, CLXIX.

887, sept. Donum quod fecerunt Herlandus et uxor ejus in Puzenaco villa, CLXV.

887, oct. Donum Unaldi in Mercorio et in Rocola villa, CLXII.

887, oct. Notitia traditionis et consignationis de rebus quas Unaldus dimiserat, CLXIII.

887, nov. Laxa Ugonis et Gerbergæ de ecclesia S. Privati in Betugo, CLXXVI.

888, jan. Laxa Gairardi et uxoris ejus Emildis, de prædiis in villa Cumba, LXXIX.

889, jun. Privilegium Odonis regis, de villa Cambeiraco, de Orbaciaco et Dinacho, etc. XII.

889, jul. Laxa Dugtrici in villa Sultrago, CLVIII.

891, aug. Donum quod fecit Avitus in Lupiaco villa, CLII.

893, mart. Donum quod fecerunt Boso et uxor ejus de Siccavalle et de Floriaco villa, CLV.

893, mart. Laxa Eldoardi et uxoris ejus, de ecclesia S. Baudilii, CLXXVII.

893, jul. Laxa Aunberti et Aldanæ in villa Columbario, CXL.

893, jul. Gauzbertus et uxor ejus plura in Illo Bosco, Lupiaco et Crodes villa condonant, CLVI.

893, aug. Laxa Ainardi presbyteri, de diversis prædiis in vicaria Vertedensi, LXIII.

894, jun. Donum quod fecerunt Aganus et uxor ejus, silvarum in Palsone, CXV.

894, oct. Commutatio inter Rainulfum, abbatem Bellilocensem, et Geraldum facta, de prædiis in Rodinico pago et Caturcino sitis, LXXVI.

894, nov. Donum quod fecit Stephanus in Tellide et in villa Gineste, CXLII.

895, april. Donum Calstoni et uxoris ejus Adalgudis, de ecclesia S. Juliani pluribusque in Vernogelo et Segonciaco villa, LII.

895, mai. Donum Frotarii et uxoris ejus Godlindis in villa Biarcis, LXXXVII.

896, jan. Laxa Blandini pro anima Austrandi, CXXXIII.

897, 4 nov. Donum Anselmi episcopi, de ecclesia de Favars, XIII.

898, nov. Gotafredi et Godilæ donum de Cundato necnon de ecclesia Beatæ Mariæ, XXIX.

899, febr. Donum Tarsilani, Bobonis, Baseni et Detharadi pro anima Folcoaldi, CLVII.

899, jul. Laxa Archimbaldi et Ermensindis de medietate ecclesiæ S. Pardulfi, XXII.

36.

284 INDEX CHRONOLOGICUS

Sæc. ix seu x. Laxa Teotgarii pro anima Oddonis et Avanæ genitorum suorum, CLXI.
Sæc. ix seu x. Breve memoratorium quod Stephanus fieri jussit in passione sua, CLXXXIX.

SÆCULUM X.

904, oct. Donum Aicardi de pluribus mansis in loco Salente nuncupato, LXIV.
904-926. Donum quod fecit Ratbodus de Calviaco villa, LXXI.
907, mart. Donum quod fecerunt Alpais et filii ejus pro anima Agelberti, CXLV.
909, jan. Donum Aguani et Rangberganæ de plurimis in Calme et Montemediano villa, LXIX.
913, 26 april. Stephanus et uxor ejus Alimburgis plura in Flesco et Vellavigna concedunt, LIX.
913, april. Donum Ostendi in vicaria Vertedensi, CXXXIV.
913 circa seu recentior. Divisio quam Stephanus fecit de rebus suis, LXXXIX.
915, oct. Donum quod fecerunt Blandinus et Gerbertus pro anima Calstoni, CXXIX.
916, april. Donatio Baseni et uxoris ejus Elenæ in Monte, Besario, necnon Beliaco villa, LX.
916, mai. Donum Deotini pro anima parentum suorum, CXLVII.
917, mai. Laxa Austindi in vicariis Rofiacensi scilicet, Vertedensi necnon Asnacensi, CLX.
918, jan. Bernardus et uxor ejus Adalguis plura in Poio Aldrico et in villa Ad Velia fontem concedunt, LXV.
923, nov. Venditio a Stephano facta de pluribus in villa Falgarias, LXXII.
923-935, nov. Laxa Gualfredi et uxoris ejus Elizabet, de Afriaco et de Stranquillo, LVI.
925, april. Laxa Stephani et uxoris ejus, de capella Venarciali, CLXVII.
926, april. Aitrudis et Stephani, filii ejus, donum de capella S. Petri pluribusque in villa Macerias et in Fellinas, XXXVIII.
927, sept. Immo et uxor ejus Itisburgis plura in Bonavalle condonant, LXVI.
927-932. Laxa Frotarii pro anima fratris sui Edaci, in villa S. Maxentii, CVI.
927-932. Donum ejusdem Frotarii pro anima Edaci, in villa S. Maxentii, CXLI.
927-932. Breve Rotberti comitis et uxoris ejus Ermesindis, de villa A Monte Bruallo, CXXXII.
928, 18 nov. Breve quod fecit Johannes abbas, de ecclesia de Fellinas et villa Columbario, XLIV.
930, nov. Laxa Galfredi et Helisabet in Prensiaco, Fabrica et Stranquillio villa, CXLIV.
930 circa. Ademarus, vicecomes Scalarum, plura dona confert monasteriis Tutelensi scilicet, Bellilocensi, S. Petri de Marcilliaco necnon S. Salvatoris de Fiaco, XLIX.
932, mart. Donatio Frotardi, Cadurcorum vicecomitis, et Adalberganæ, de plurimis in villa Mercurio, in Lodorio, Floriaco, etc. XLVIII.

CHARTARUM. 285

932, sept. Rotbertus, comes Turennensis (vetus comes dictus), et elemosinarii plures, pro Galdoni anima villam Damiago dictam condonant, CVIII.

936, oct. Donum Ebroini de capella S. Boniti, CLXXVIII.

937, aug. Donum quod Alboinus fecit pro anima Richildis, quondam uxoris suæ, de Plevis et in Laustangas, CLXXIV.

939, april. Donum Gozberti in Brancelias et in Meleto, CXLIII.

940, jul. Rotberti laxa de ecclesia de Campo, LIII.

943, febr. Laxa Agamberti de pluribus prædiis in Montemediano villa, LVIII.

943, jul. Breve quod fecit Rainulfus, CLIX.

943-948, jul. Donatio Gozberti vicecomitis et ejus uxoris Ricburgis de ecclesia S. Dionysii, cum curte Lenziaco, villisque Floriaco, Signaco, etc. XXVIII.

943-948, jul. Donum Rainaldi vicecomitis et uxoris ejus Alsindis, de Petraficta villa, LXI.

948, mai. Breve quod fecerunt Gotafredus et Alcuinus in Ferrarias, CXXXIX.

954-967, nov. Donum quod fecerunt Gauzlenus et Ranguis in villa Marciaco, CXLIX.

954-967, dec. Laxa Gozfredi presbyteri de capmansionile in Barentennaco villa, LXXIV.

954-967. Laxa Remigii de manso uno in villa Aoriolz, ubi miraculum quoddam per B. Rainerii virtutem effectum memoratur, LXX.

955-985, jun. Donum Catgerii de vinea in Altudrio, CXXVI.

960, 13 jul. Notitia placiti et duelli per campiones habiti, ante Regimundum comitem, de ecclesia S. Medardi de Prisca, XLVII.

967, febr. Ebolus et Ermingardis villam Candidas et plura in Scalucia et Albiaco condonant, LXXIII.

968. Ramnulfi, Geraldi elemosinariorumque aliorum laxa pro anima Uguoni, CIX.

969-984, dec. Laxa Ragamfredi, CXLVIII.

970, oct. circa. Laxa Gauzberti de vinea in Pagaciaco, XCVI.

971, mart. circa. Laxa Rigaldi pro anima parentum suorum, CLXIV.

971 circa. Breve memoriale quod fecerunt Geraldus et Adalgerius abbates, pro tempore, qualiter tenuerunt honorem B. Petri inter se in venturis generationibus, L.

975, mart. Gerbertus et uxor ejus Deda plura donant in vicaria Argentado, LXXV.

984, april. Breve Ratbodi et Stephani pro altare S. Benedicti illuminando, CL.

984 seu 985, mai. circa. Donum Gauzleni de pluribus in Marciaco et in Palierio, LXXXV.

988-993, mai. Transoendis femina plura concedit in vicaria Asnacensi, CXXVIII.

997-1031, febr. Venditio quam Geraldus et Ildegardis fecerunt in Cassanias, CXXXVIII.

997-1031, apr. Venditio de bosco Ad illa Vaxeria, CXXXVII.

997-1031, mai. Donum Petri de capmanso quodam in Stranquillo, LXXVII.

997-1031. Venditio quam Rotbertus et uxor ejus Stevena fecerunt, CXVII.

997-1031, mai. Laxa Bernardi presbyteri et Constantini fratrum, CXVIII.

286   INDEX CHRONOLOGICUS

Sæc. x seu xi ineunte. Laxa Alboini de manso Genestinas in vicaria Spaniacensi, LXVII. Forte idem Alboinus qui, in anno 938, per chartam CLXXIV donum Belloloco fecit.

Sæc. x seu xi. Gualfredus alodum suum donat in Sordoria, LXXXVIII.

Sæc. x exeunte seu recentior. Laxa Belieldis pro anima Bernardi quondam viri sui, CXXXV.

Sæc. x seu xi. Breve quod fecit Aico S. Petro, CXLVI.

Sæc. x seu xi. Donum quod fecit Aerradus de ecclesia quadam in Calviaco et de capella S. Pardulfi, CLXXXVII.

SÆCULUM XI.

1005-1028. Notitia de oratorio B. Mariæ illuminando et picturis adornando, CLIV.

1028-1029, jun. Venditio quam fecerunt Adalberga et Archambaldus, filius ejus, in vicaria Asnacensi, CXXII.

1031-1059, dec. Laxa Adalbardi in Valle, in Bellomonte et in Membriaco, CXXI.

1031-1060. Donum quod fecit Geraldus de Lancnac, in parrochia de Laustanguas, XC.

1031-1060, aug. Donum quod fecit Druda in vicariis Asnacensi scilicet et Astiliacensi, CXIX.

1032-1060, mai. Donum quorumdam a Petro factum in Expedino, in Legonorio et Salzedo, LXXX.

1032-1060, mai. Geraldus et Vierna filium suum Geraldum Deo offerunt, XCIV.

1032-1060, 26 jul. Laxa Eboli de vinea Plantada et de Illa Poiada, XCVIII.

1032-1060. Donum quod fecit Ugo de Faurgas, bordariæ Alla Pogada, etc. CXIV.

1037-1055, aug. Venditio a Cristina facta de manso uno in villa Ad illo Sabulo, CIV.

1056-1076. Notitia conventionis vel gurpitionis quam fecit Rainaldus cum monachis, de vineis quas dimisit Stephanus sacerdos de Mainzaco S. Petro de Belloloco, LXXXVI.

1056-1076. Gauzfredus et Bernardus fratrem suum Petronem ad clericatus ordinem monachis tradunt, XCVII.

1056-1076. Placitum et concordia quam fecerunt monachi de Belloloco cum monachis Soliacensibus, de vineis de Montiniaco, quas tenuit Gauzbertus sacerdos, CLI.

1059 circa. Breve de alode quem Ademarus de Roca et elemosinarii ejus, quibus ipse jussit, condonaverunt S. Petro Belliloci, LXXXII.

1060-1108. Donum Geraldi, Petri et Ademari fratrum pro anima parentum defunctorum, XCII.

1061-1076, jan. Gauzfredus et uxor Folcuza Petronem, filium suum, ad clericatus ordinem Bellilocensibus tradunt, LXXXIII.

1061-1108, april. Donum Geraldi in villa Apoz, CXXV.

1061-1108, 29 jun. Constitutio vel conventio quæ facta est inter monachos de Belloloco et filios Geraldi de Serra, Stephanum et Bernardum, de honore quem Giraldus Rigaldus dedit Deo et S. Petro, XCIX.

CHARTARUM. 287

1061-1108. Notitia gurpitionis Stephani, de Monte, de Parario et Afilato, CII.

1062-1072, jun. Laxa Archambaldi del Lastors, de ecclesia de Favars, XIV.

1073-1076, mai. Donum Guidonis, Geraldi necnon Golferii fratrum del Lastors, de ecclesia de Favars, XV.

1076 circa. Breve memoriale quod fecit Gauzbertus de Aliaco, in vita sua, Deo et S. Petro, pro anima patris sui et matris suæ, CIII.

1076 circa. Petrus et Aalsaz filium suum, nomine Geraldum, S. Petro pro clericatu offerunt, CVII.

1097-1107, nov. Laxa Bernardi Rigaldi pro anima parentum suorum, CXX.

1097-1108, mai. Donum quod fecit Geraldus Rotbertus de mansis Salmazanas, Allerm, Aessimiliaco aliisque prædiis, CXXIV.

1097-1108. Laxa Geraldi Rotberti et plurium in manso A Graloliaco, CXXIII.

1097-1119. Laxa Gerberti de Merle in villa de Faurgas, C.

Sæc. xi seu xii. Breve de exemptis quæ vicarii de Favars habent in terra S. Petri, CI.

Sæc. xi seu xii. Breve memoriale quod fecit Constantinus in vita sua, LXII.

Sæc. xi seu xii. Breve memoriale quod Geraldus fecit de rebus suis, LXXVIII.

Sæc. xi exeunte. Donum Gauzfredi in villa Genebreria et Damiaco, LXXXIV.

Sæc. xi seu recentior. Laxa Geraldi de Illa Becia et prædio quodam in Quincione, XCI.

Sæc. xi seu recentior. Conventio quam fecit Ademarus de Camairaco cum monachis S. Petri de Belloloco, XCV.

Sæc. xi seu xii. Notitia gurpitionis Rotberti, CX.

Sæc. xi seu potius xii. Laxa Bernardi Ugonis in vineis a Ciraisolo, CXIII.

Sæc. xi seu xii. Cessio per testamentum a Folcheldi facta, de manso Lobegiaco, CXVI.

Sæc. xi seu postea. Breve memoriale quod factum est inter monachos S. Petri Bellilocensis et Rainaldum de Mainzaco, CXXXVI.

Sæc. xi seu postea. Laxa de ecclesia in villa Leobagildis necnon de Agolas, CLXXXVIII.

SÆCULUM XII.

1100. Donum Ugonis Castrinovi et Alpasiæ de ecclesia Ad Macherias seu Bonavilla, XXXIX.

1100-1108. Laxa Imberti de Gardella in Bonavilla, XL.

1100-1108. Petronilla, filia Geraldi de Capra, mansum Allas Mazerias donat ad cellam de Bonavilla, duoque molendina Ad Bealz nuncupata, XLI.

1100-1108. Breve de capellania Castrinovi, Bonavillæ cellæ gratia factum, XLII.

1100-1108. Donum quod fecit Petronilla, filia Geraldi de Capra, de manso Allas Mazerias, pro sepultura, CV.

1100-1108, mart. Donum quod fecit Geraldus de Chalnac, de decima et proferentio in ecclesia de Favars, CLXXXI.

1100-1108. Donatio Bernardi ad clericatus ordinem, et, una cum ipso, plurimorum in Capellæ et Castrinovi ecclesiis, CLXXXII.

1102-1111. Concordia inter Geraldum et Aimericum abbates habita, de terra Apaleirs, CXI.

INDEX CHRONOLOGICUS CHARTARUM.

1105, 17 mai. Bulla Paschalis papæ II pro monasterio Bellilocensi, II.
1106-1119. Privilegium Eustorgii episcopi de Cameriaco, CLXX.
1112, mart. Donatio Geraldi episcopi de ecclesia S. Martialis de Baissiaco, XXXI.
1118, sept. Geraldus et Guitardus de Sancto Michaele quod in ecclesia de Baissiaco possident Bellilocensibus dimittunt, XXXII.
1118, sept. Privilegium Austorgii, Lemovicensis episcopi, de ecclesia S. Stephani de Lusde, XXXV.
1119 circa, 6 jun. Laxa Petri de la Gardella, de decima et fevo presbyterali in ecclesia S. Stephani de Lusde, XXXVI.
1145 circa. Donum Rotberti de Salviniaco et Bartholomei fratrum, CXC.
1164-1190 et aug. 1190-1197. Notitia de hominio vicarii de Belloloco, CXCII.
1164-1190 seu potius an. 1204. Notitia de feudo et hominio domni de Cavanhac, CXCVI.
1164-1197. Alors domina bordariam Ad Batut concedit, XCIII.
1165-1170 circa. Breve memoriale quod jussit Ebolus fieri, XXX.
1188. Pactum seu sententia de consuetudinibus Bellilocensis cellararii, CXCI.
1190. Notitia de feudo et hominio vicecomitis de Turenna, CXCIV.

SÆCULUM XIII.

1203. Compositio et arbitralis sententia ab Helize, Turennensi vicecomitissa, et Ugone, Lemovicensi episcopo, lata, inter abbatem Umbertum et Willelmum de Martemniac, Belliloci vicarium, de forma vicariæ, CXCV.
1204, 10 mai. Arbitralis sententia de maresio de Fondial, XXXVII.
Sæc. XIII. Notitia de parentela Rodulfi archiepiscopi et de donis ipsius necnon parentum ejus, CXCIII.

FINIS INDICIS CHRONOLOGICI.

INDEX GENERALIS.

Nota. Numerales litteræ chartas designant. — Quotiescumque cognomina nominaque simul occurrunt, nominibus cognomina prætulimus. — Cæterum de indicis hujus compositione, singulariterque de onomastico ordine, superius nostram Præfationem videsis.

A

A. de Beissienc, vir quidam. Vide *Beissienc* (*A. de*).

A Ciraisolo, vineæ. Vide *Ciraisolo* (*A*).

A Costugias, locus. Vide *Costugias* (*A*).

A. Folcoal, vir quidam, testis. Vide *Folcoal* (*A.*).

A Geleiras, mansus. Vide *Geleiras* (*A*).

A Graloliaco, mansus. Vide *Graloliaco* (*A*).

A la Durantia, locus. Vide *Durantia* (*A la*).

A la Macheria seu Allas Mazerias, mansus, Bonavillæ concessus. Vide *Mazerias* (*Allas*).

A la Valeta, locus. Vide *Valeta* (*A la*) et *Valleta*.

A Longavall, locus. Vide *Longavall* (*A*).

A Maisse, bordaria. Vide *Maisse* (*A*).

A Moll, mansus. Vide *Mollis*.

A Monte Broallo, locus, seu villa. Vide *Monte Broallo*.

A. de Plas, vir quidam. Vide *Plas* (*A. de*).

A Podio, mansus. Vide *Podio* (*A*).

A Pratvielh, locus. Vide *Pratvielh* (*A*).

A Sancto Ypolito, locus, in pago Caturcino. Vide *Sancto Ypolito* (*A*).

A. de Vairac, monachus. Vide *Vairac* (*A. de*).

Aalsaz, Petri uxor, Geraldi mater, donatrix, CVII.

Abatia (honor qui vocatur), prædium quoddam prope Bellumlocum situm, CXCIV.

Abbadia Belliloci, de qua Dado, vir nobilis, quondam mansum Lobegiacum in fevo habebat, CXVI.

Abbas. Vide *Bellilocensis* (*abbas*), *Casæ Dei* in Arvernis, *Dauratensis, Obasinensis, Sollemniacensis, Sancti Martialis* apud Lemovicas, *Veterinensis*; vide etiam *Aldo, Mainarius* et *Launus* episcopus, incertorum locorum abbates.

Abbates Bellilocenses, secundum regulam sancti Benedicti, a monachis eligendi, I, VIII, XII. — Item Veterinensis cœnobii abbates eligendi, XVI.

Abbatia seu monasterium. Vide *Monasterium*.

Abbatissa congregationis monachorum Sancti Genesii de Saraciaco, in Caturcino. — Immena, Rodulfi Turennensis comitis filia, adest donationi matris suæ Aiganæ pro cœnobio puellarum construendo, XXXIV. — Eadem cœnobii puellarum Sancti Genesii apud Saraciacum abbatissa, CXCIII.

Abbo, Sancti Martialis Lemovicensis monasterii abbas, testis I.

Abbonius, canonicus Lemovicensis, not. 3 ad chartam VIII.

Abo, testis, Blandini frater, CXXIX.

Abo, testis, CLX.

Abo, testis, CLXXVIII.

Abraham, monachus, inter eos quibus monasterium Belliloci a sancto Rodulfo traditum est, I.

ACABRELZ, mansus, in pago Lemovicino et in vicaria Sancti Juliani, CXXV.

ACAVANAS, locus, in pago Lemovicino et in vicaria Asnacensi verisimiliter situs, ubi casale quoddam venditum est a Bosone et Talasia, XX.

AD AUZERALL, locus. Vide *Auzerall* (*Ad*).
AD BEALZ, molendina. Vide *Bealz* (*Ad*).
AD BROLIUM, locus. Vide *Brolium* (*Ad*).
AD ILLA AGENNA, locus. Vide *Agenna* (*Ad illa*).
AD ILLA BECIA, villa. Vide *Becia* (*Ad illa*).
AD ILLA BRUCIA, locus. Vide *Brucia* (*Ad illa*).
AD ILLA CALME, villa. Vide *Calme* (*Ad illa*).
AD ILLA CASA, locus. Vide *Casa* (*Ad illa*).
AD ILLA CUMBA, locus. Vide *Cumba* (*Ad illa*).
AD ILLA DOMETA, locus. Vide *Dometa* (*Ad illa*).
AD ILLA FABRICA, locus. Vide *Fabrica* (*Ad illa*).
AD ILLA POIADA, locus. Vide *Poiada* (*Ad illa*).
AD ILLA PRATA, locus. Vide *Prata* (*Ad illa*).
AD ILLA ROCA, villa. Vide *Roca* (*Ad illa*).
AD ILLA SCLAUSA, locus. Vide *Sclausa* (*Ad illa*).
AD ILLA STRADA, locus. Vide *Strada* (*Ad illa*).
AD ILLA VAXERIA, boscus. Vide *Vaxeria* (*Ad illa*).
AD ILLA VEDRINA, locus. Vide *Vedrina* (*Ad illa*).
AD ILLA VERNIA, villa. Vide *Vernia* (*Ad illa*).
AD ILLAM ROCAM, locus. Vide *Rocam* (*Ad illam*).
AD ILLAS MACERIAS, villa. Vide *Macerias* (*Ad illas*).
AD ILLO BOSCO, locus. Vide *Bosco* (*Ad illo*).
AD ILLO CAUSENO, locus. Vide *Causeno* (*Ad illo*).
AD ILLO PANTEO, locus. Vide *Panteo* (*Ad illo*).
AD ILLO SABULO, locus. Vide *Sabulo* (*Ad illo*).
AD ILLO SALENTE, locus, LXIV. Vide *Salente* (*Ad illo*).
AD ILLO ULME, locus. Vide *Ulme* (*Ad illo*).
AD ILLO VIRDIGARIO, bordaria. Vide *Virdigario* (*Ad illo*).
AD ILLOS ANGULOS, locus. Vide *Angulos* (*Ad illos*).
AD ILLOS PLANOS, vinea. Vide *Planos* (*Ad illos*).
AD ILLUM BOSCUM, villa. Vide *Boscum* (*Ad illum*).

AD ILLUM MESPLUM, villa, in pago Tornensi. Vide *Mesplum* (*Ad illum*).
AD ISCURAS, villa. Vide *Iscuras* (*Ad*).
AD MACHERIAS, locus. Vide *Macherias* (*Ad*).
AD MAINANOS, mansus. Vide *Mainanos* (*Ad*).
AD MANSUM ARCANALDI (villa quæ dicitur). Vide *Mansum Arcanaldi* (*Ad*).
AD MARTRES, mansus. Vide *Martres* (*Ad*).
AD ORATORIUM SANCTI BAUDILII, villa. Vide *Oratorium Sancti Baudilii* (*Ad*).
AD POIO ALDRICO, locus. Vide *Poio Aldrico* (*Ad*).
AD RIBERIA, locus, in vicaria Astiliacense (sic). Vide *Riberia* (*Ad*).
ADALARDUS, testis, I.
ADALARDUS, testis, XXV.
ADALARDUS, testis, XLIII.
ADALARDUS, testis, CXII.
ADALARDUS, testis, CLVII.
ADALARDUS, testis, CLVIII.
ADALARDUS, testis, CLXXXIV.
ADALARDUS, vicarius, testis, CLV.
ADALARDUS, cujus prædia quædam in villa Glanna, in pago Lemovicino et in vicaria Vertedensi sita, LXIII.
ADALBERGA, Frotardi, Cadurcorum civitatis vicecomitis, uxor, donatrix, XLVIII.
ADALBERGANA, Archambaldi mater, venditrix, CXXII.
ADALBERTUS, testis, XI.
ADALBERTUS, testis, CLXXII.
ADALBERTUS, testis, CLXXXV.
ADALBERTUS, qui in valle Altorensi, in vicaria Exidensi et prope Segonciacum villam, vineam possessit, LII.
ADALELMUS, testis, XLVI.
ADALFREDUS, testis, XX.
ADALGARDA, Herlandi sive Hernaldi uxor, donatrix, CLXV.
ADALGARIUS, Aigæ maritus, donator, XLV.
ADALGARIUS, presbyter, testis, XVII.
ADALGARIUS, testis, LXVIII.
ADALGARIUS, testis, LXXII.
ADALGARIUS, testis, LXXXVII.
ADALGARIUS, testis, CXLII.
ADALGARIUS, testis, CLXII.

INDEX GENERALIS.

ADALGARIUS, testis, CLXIII.
ADALGARIUS, testis, CLXXVI.
ADALGARIUS, testis, CLXXIX.
ADALGARIUS, qui, ad vicem Anselmi, episcopi Lemovicensis, chartam XIII roboravit.
ADALGARIUS, quondam Ayganæ maritus, Rodulfi, Landrici et Eldegarii genitor, LVII.
ADALGARIUS et Armengaudis, quorum prædia quædam in villa Glanna sita sunt, LXIII.
ADALGARIUS, qui vineam quamdam in vicaria Asnacensi et in villa Cassanias seu proxime possessit, CXII.
ADALGARIUS, testis, LXIX.
ADALGUD, prædiorum possessor in vicaria Exidensi, in villa Curtogilo, CLVII.
ADALGUDIS, Calstoni uxor, donatrix, LII.
ADALGUIS, Bernardi uxor, donatrix, LXV.
ADALMARUS, testis, CXXXI.
ADALRA DE SAULLEIRAS, mansus, LXXXII.
ADALRADUS, testis, I.
ADALRADUS, testis, XIII.
ADALRADUS, testis, XVI.
ADALRAMNUS, testis, CLXXVI.
ADALRANDUS, donator, CXXI.
ADALRANDUS, testis, XXV.
ADALRANDUS, testis, LXVI.
ADALRANDUS, testis, CXXII.
ADALRANDUS, testis, CLXXVIII.
ADALRANUS, testis, LXXIX.
ADALRICUS, testis, XVI.
ADALRICUS, testis, CLXXXV.
ADALSINDA, Dacconis uxor, donatrix, LIV.
ADARALDUS, testis, LI.
ADBALDUS, testis, CLXV.
ADEBERTUS, seu Aderbertus, sacerdos. Vide *Aderbertus*.
ADECIA (vicaria de), Introduction, tit. VI. — ESSE (vicairie d').
ADELALDUS, testis, XX.
ADEMARUS, comes Pictavensis, testis, XXIX.
ADEMARUS, donator, XCV.
ADEMARUS, testis, LIX.
ADEMARUS, testis, LXII.
ADEMARUS, testis, LXVII.
ADEMARUS, testis, Guauzlenæ natus, et Austorgii necnon Rotberti germanus, LXXXV.

ADEMARUS, testis, CIII.
ADEMARUS, testis, CXLIX.
ADEMARUS, testis, CLXIV.
ADEMARUS, vicecomes, ut censemus, Scalarum dictus et Tutelensis cœnobii laicus pastor, ex gentilitate Turennensi, testis, XLVIII. — Bellilocensibus monachis, Sancto Martino Tutelæ, Sancto Petro Marciliaci, necnon Sancto Salvatori de Fiaco, plura confert, XLIX.
ADEMARUS, Petri et Geraldi frater, XCII.
ADEMARUS FOLROAL. Vide *Folroal* (*Ademarus*).
ADEMARUS (DE ROCA?), filius, ut censemus, Witardi de Roca, Fareldis maritus, Rannulfi Albuconensis vicecomitis gener, donator, LXXXII.
ADEMARUS, Rotberti et Rotrudis filius, Rodulfi Turennensis comitis pronepos, XXVIII.
ADEMARUS de Sancto Michaele. Vide *Sancto Michaele* (*Ademarus de*).
ADEMARUS DE VEYRAC. Vide *Veyrac* (*Ademarus de*).
ADENUS, contra quem Bellilocensis abbas placitavit ante Bernardum comitem, de ecclesia sancti Christophori apud Cosaticum sita, XXVII.
ADERALDUS, testis, LX.
ADERBALDUS, testis, LV.
ADERBALDUS, testis, LXIX.
ADERBALDUS, testis, CLXV.
ADERBERTUS seu ADEBERTUS, sacerdos, Ragamfredi filius, Stradigii nepos ex filio, donator, CLXXIX.
ADERBERTUS, testis, XXIX.
ADERBERTUS, vicarius, testis, LXXVI.
ADERBERTUS, cujus prædia quædam in villa Glanna, in pago Lemovicino et vicaria Vertedensi sita, LXIII.
ADMUNDUS, clericus, testis, I.
ADOLENUS, episcopus Albiensis, testis, XI.
ADORLINDA (terræ et prata quæ vocantur), in pago Caturcino, in centena Exidensi, III et CXCIII. Cf. *Aarlinda*.
ADRABALDUS, levita, testis, XI.
ADRALDUS, testis, I.
ADRALDUS, testis, XI.

ADRALDUS, testis, CLXII.
ADRALDUS, testis, CLXIII.
ADRALDUS, testis, CLXVIII.
ADREBERTUS, testis, CXXXIX.
ADRICUS, testis, CLXIV.
ADVOCATUS abbatis Bellilocensis, in placito apud Senmurum habito, XXVII. Vide *Aichardus*.
AEMARUS GERALDUS, testis, XXXI.
AENRICUS, rex Francorum, XC et CIV. Vide *Aianricus*.
AERRADUS, donator, CLXXXVII.
AESSIMILIACUM seu AISSIMILAC, mansus Belloloco donatus, CXXIII. — Ubi pisces cum retibus capti monasterio concessi, CXXIV.— SENAILLAC (?). Cf. *Simillaco (Rotbertus de)*.
AFILATUM, mansus, in villa Monte positus, CII.
AFRIACUS, villa, in Caturcino pago et in vicaria Casiliacensi sita, XXIX. — Ubi mansi plures necnon farinarii quatuor, Belloloco donati, XXX. — Villa in integrum a Gualfredo et Elizabet collata, LVI. — Postea Friacus, ubi prioratus de Bellilocensibus pendens, XXXVII, CXCVI.— FRIAC.
AGAMBERTUS, donator, Gozfredi genitor, LVIII.
AGAMBERTUS, testis, LVI.
AGAMBERTUS, testis, LXIV.
AGAMBERTUS, testis, Aguani et Raginberganæ filius, LXIX.
AGAMBERTUS, testis, CXV.
AGANIUS, testis, CLXII.
AGANO, testis, LXXXVII.
AGANO, testis, CXLII.
AGANO, testis, CLXXV.
AGANONUS, testis, XLVI.
AGANONUS seu AGANUS. Vide *Aganus*.
AGANUS seu AGANONUS, Regniberganæ maritus, donator, CXV.
AGARACUS, AGIRACUS seu IGERACUS, villa, XII. Vide *Igeracus*.
AGARINUS, testis, CLXXV.
AGARNUS, presbyter, testis, I.
AGECIUS, testis, CLXXXIX.
AGELBERTUS, testis, CXV.
AGELBERTUS, testis, CLXVIII.
AGELBERTUS, maritus Alpais, defunctus, CXLV.
AGENNA (AD ILLA), locus, ubi ecclesia Sancti Martini, Tutelensibus monachis collata, XLIX.
AGILBERTUS, testis, CLXXII.
AGILBERTUS, testis, CLXXX.
AGINA, testis, I; eadem forte femina quæ Ayga in eadem charta inter subscriptores nominatur. Vide *Ayga*.
AGINUS, testis, XLIII.
AGINUS, testis, CXV.
AGINUS, testis, CXXX.
AGINUS, testis, CLII.
AGIRAC, locus, CXXIV. Vide *Igeracus*.
AGIULFUS, testis, XXXIII.
AGNES, Eboli vicecomitis Ventedornensis, secundi nomine, conjux, ex gentilitate de Montelucio oriunda, ut censemus, XXX.
AGNES, Guidonis del Lastors, primi nomine, uxor, Guidonis secundi mater necnon Gerardi del Lastors, testis, XIV.
AGO, testis, CLXXXIII.
AGOLAS (ecclesia de), CLXXXVIII. — GOULES (église de).
AGOLAS, villa, ubi ecclesia Belloloco collata, CLXXXVIII. — GOULES.
AGUANO seu AGUANUS, donator, LXIX. Vide *Aguanus*.
AGUANUS seu AGUANO, Rangberganæ maritus, donator, LXIX.
AGUINUS, testis, CLXXVII.
AIANRICUS, AIENRICUS, AINRICUS, rex Francorum, LXXX, XC, XCIV, CIV, CXIX, CXXI.
AICARDUS, donator, LXIV.
AICARDUS, testis, III.
AICARDUS, testis, CXXXI.
AICARDUS, testis, CLVI.
AICARDUS, testis, CLXIII.
AICARDUS, testis, CLXXII.
AICARDUS, testis, CLXXVII.
AICARDUS, testis, CLXXXVI.
AICELIS, monachus, CXCIV.
AICHARDUS, advocatus Bellilocensis abbatis, in placito apud Senmurum habito de ecclesia S. Christophori comparens, XXVII.
AICHARDUS, testis, CLXII.
AICHARDUS, testis, CLXXV.

INDEX GENERALIS.

AICHARDUS, possessor prædiorum in villa Puzinnaco, CLXXXIII.

AICHARDUS DE MERCORIS, CLXIII. Vide *Mercoris (Aichardus de)*.

AICIS, districtus. Vide *Catalensis, Exidensis, Vertedensis,* cf. *Aizum.*

AICO, donator, CXLVI.

AICO, testis, LXXIX.

AICO seu AICONUS, testis, CXII.

AICO, testis, CLXXIX.

AIENRICUS, rex Francorum, CXIX. Vide *Aianricus.*

AIFRIDUS, testis, XLVI.

AIGA, comitissa Turennensis, sancti Rodulfi genitrix, XXXIV, CLXXXV. Vide *Ayga.*

AIGA, donatrix, Adalgarii uxor, XLV.

AIGUA, uxor Rodulfi, comitis Caturcorum, CXCIII. Vide *Ayga.*

AIGUINUS, testis, CLXIX.

AIMARN, testis, XXXIV.

AIMARNUS, archidiaconus Ecclesiæ Lemovicensis, testis, XIII.

AIMENRICUS, CLXVI. Vide *Ermenricus.*

AIMERIC DE PAULI. Vide *Pauli (Aimeric de).*

AIMERICUS, abbas Casæ Dei, CXI.

AIMERICUS, archidiaconus Ecclesiæ Lemovicensis, testis, XXXV.

AIMERICUS, sacerdos Ecclesiæ Lemovicensis, not. 3 ad chartam VIII.

AIMERICUS, testis XXIX.

AIMERICUS, testis, LV.

AIMERICUS, testis, LXXVI.

AIMERICUS, testis, CXXVII.

AIMERICUS, testis, CLXVI.

AIMERICUS, cujus prædia quædam in pago Tornensi, in vicaria Asnacensi et in villa Bonavalle sita, LXVI.

AIMERICUS DE JAUNIACO. Vide *Jauniaco (Aimericus de).*

AINALDUS, testis, CLII.

AINARDUS, presbyter, donator, LXIII.

AINARDUS, sacerdos, CLXXVII.

AINARDUS, testis, CLXIX.

AINARDUS, testis, CLXXXIII.

AINRICUS, rex Francorum, XCIV. Vide *Aianricus.*

AIRADUS, filius Baseni et Elenæ, testis, LX.

AIRALDUS, testis, CLXXXIV.

AIRARDUS, testis, XI.

AISSIMILAC seu AESSIMILIACUM, mansus, CXXIII. Vide *Aessimiliacum.*

AITRUDIS, donatrix, Stephani mater, vidua Matfredi, Castrinovi toparchæ, pro anima cujus quædam dimisit, XXXVIII. — Ugonis Castrinovi progenitrix, XXXIX.

AITRUDIS, donatrix, Bosonis uxor, CLV.

AIZUM Exidense, districtus quidam in pago Caturcino, ubi locus Concellas, CXXIX. Vide *Exidense (aizum)* et cf. *Exidensis (aicis).*

AL BOISS, bordaria. Vide *Boiss (Al).*

AL CODERC, mansus. Vide *Coderc (Al).*

ALABULGA, locus inter prædia quæ de sacristania Bellilocensis basilicæ pendent, CXCVI.

ALADARDUS, testis, LXXXVII.

ALABIACUS, villa, in urbe Caturcino et in valle Exidensi sita, LXVIII.

ALBAS PETRAS, villa, in pago Lemovicino et in vicaria Usercensi, CLXXXIX. — PEIRAT, près Saint-Pardoux (?).

ALBIACUS, locus in vicaria Pauliaco, ubi prædia quædam Belloloco donata sunt, LXXIII. — ALBIAC.

ALBICARIUS, testis, XX.

ALBIENSIS (comes), X. — ALBI ou de L'ALBIGEOIS (comte d'). Vide *Ermengaldus.*

ALBIENSIS (episcopus), XI. — ALBI (évêque d'). Vide *Adolenus.*

ALBOARESCA, vinea, in vicaria Argentadensi et in loco Laurento vocato, CLXIV. — BOURLIOUX (?)

ALBOINUS, donator, LXVII.

ALBOINUS, donator, CLXXIV.

ALBRANDUS, presbyter, testis, XIII.

ALBUCIACUS, locus, ubi ecclesia in honore sancti Martini, in urbe Lemovicino et in vicaria Spaniacensi, CLXXII. — ALBUSSAC.

ALBUCIO seu DE ALBUZZO (vicecomes de), LXI, not. 2. Vide *Rainaldus, Ranulfus.* — AUBUSSON (vicomte de).

ALBUZZO (vicecomes de ALBUCIO sive de), LXI, not. 2. Vide *Albucio* (vicecomes de).

ALCUINUS, donator, CXXXIX.

ALDA, Aunberti uxor, donatrix, CXL.

ALDEBALDUS, clericus, Loboleni nepos, CLIII.
ALDEBALDUS, testis, XLVI.
ALDEBALDUS, testis, CLXVI.
ALDEBALDUS, testis, CLXIX.
ALDEBALDUS, testis, CLXXII.
ALDEBERTUS, archipresbyter, in diœcesi Lemovicensi, testis, XXXV.
ALDEBERTUS (S.), testis, CXCII.
ALDEBRANDUS, filius Rigaldi, de quo Bernardus monachus plura comparavit prædia, quæ pro oratorio B. Mariæ in Belloloco dimisit, CLIV.
ALDEGANDIS seu ALDEGARDIS, donatrix, Stephani uxor, CLXVII.
ALDEGARDIS seu ALDEGANDIS, Stephani uxor. Vide *Aldegandis*.
ALDEGARIUS, testis, CLV.
ALDEIRINCUS, rivus in loco Riberia dicto, CIX.
ALDENOIS, donatrix, Petri uxor, CLXXXII.
ALDENORIS, donatrix, Geraldi Rotberti uxor, CXXIII.
ALDO, incerti monasterii abbas, idem verisimiliter qui paulo post Lemovicensis episcopus ordinatus fuit, I.
ALDOARDUS, testis, LXIV.
ALDRADUS, testis, LXVII.
ALDRADUS, testis, CLXXXIX.
ALDRICO (AD POIO), locus, LXV. Vide *Poio Aldrico (Ad)*,
ALDRICUS, testis, LXV.
ALENGANDUS seu ELENGANDUS. Vide *Elengandus*.
ALEXANDER, papa, secundus nomine, sub regimine cujus facta est charta, XIV.
ALIACO (GAUZBERTUS DE), donator, CIII. — LIAC (GOBERT DE).
ALIMBURGIS, donatrix, Stephani uxor, LIX.
ALINARDUS, testis, LXXXVII.
ALLA BROA, mansus. Vide *Broa (Alla)*.
ALLA CASAINA, locus. Vide *Casaina (Alla)*.
ALLA COSTA, bordaria. Vide *Costa (Alla)*.
ALLA CROZ, bordaria. Vide *Croz (Alla)*.
ALLA CUMBA, mansus. Vide *Cumba (Alla)*.
ALLA FRANQUIA, mansus. Vide *Franquia (Alla)*.
ALLA PEIRIERA, castrum. Vide *Peiriera (Alla)*.
ALLA POGADA, locus. Vide *Poiada (Ad illa)*.

ALLA VAISSIA, locus. Vide *Vaissia (Alla)*. — VAISSE (la), près Saint-Julien-Maumont.
ALLAS BORDAS, mansus, in Noaliaco villa. Vide *Bordas (Allas)*.
ALLAS MAZERIAS, mansus. Vide *Mazerias (Allas)*.
ALLERM, mansus, CXXIV. — LEYME.
ALORS, donatrix, domina quædam vidua, XCIII.
ALPAIS, donatrix, Agelberti vidua, CXLV.
ALPASIA, donatrix, Ugonis Castrinovi conjux, Gerberti, Rotberti atque Bernardi mater, XXXIX.
ALSINDIS, Rainaldi vicecomitis de Albucio conjux, donatrix, LXI.
ALTA RIPA, villa, super Dornoniam, CXCIII.
ALTARIUS, donator, Rotlindis maritus, Salomonis et Elisiæ quondam filius, CLXXV.
ALTARIUS, testis, CLXXVI.
ALTARIUS, testis, CLXXXV.
ALTFREDUS, testis, CLXXXIV.
ALTILIACENSIS (vicaria), in orbe Lemovicino, ubi villa Candidas, LXXIII. — Ubi locus Ferrarias, CXXXIX. — ALTILLAC (vicairie d'); cf. *Astiliacensis (vicaria)*.
ALTILIACENSIS, pro quo forte ASTILIACENSIS (vicaria). Vide *Astiliacensis (vicaria)*.
ALTO MONTE, locus, in pago Lemovicino et in vicaria Spaniacensi, CLXXII. — MONT (LE), près de Saint-Priest-de-Gimel.
ALTORENSIS (vallis), in vicaria Exidensi, ubi villa Segonciacus et locus quidam Neocioni dictus, LII. — AUTOYRE (vallée d').
ALTRIACUS, villa, in pago Lemovicino et in vicaria Asinacensi seu Asnacensi sita, XX. — AITREIL (PUY-D'), près Saint-Genest(?).
ALTUDRIUM, locus, in urbe Caturcino, in vicaria Exidensi, ubi vinea quædam, CXXVI.
ALVINIACO (vicaria de), in pago Caturcino. Introduction, tit. VI. — ALVIGNAC (vicairie d').
ALZ BEALZ seu AD BEALZ, molendina, XLI et CV. Vide *Bealz (Ad)*.
AMALFREDUS, quo cum Boso et Talasia plura in vicaria Asnacensi communia habuerunt, XX.
AMALFREDUS, testis, LI.
AMALRICUS, donator, Alpaidis et Agelberti filius, CXLV.

INDEX GENERALIS.

AMALRICUS, testis, CLII.
AMALRICUS, frater Ebroini donatoris, CLXXVII.
AMALUINUS, testis, X.
AMALUINUS, testis, CXLVII.
AMANDUS, quarumdam rerum in communi cum Bosone et Talasia possessor, in Lemovicino pago et in vicaria Asnacensi, XX.
AMARDUS, archipresbyter in diœcesi Lemovicensi, testis, XIII.
AMARDUS, servus judex sive servus vicarius in curte de Biarcis institutus, L.
AMARDUS, testis, XLVI.
AMARZAN, mansus, in villa Inmont, XCIX.
AMBLARDUS, sacerdos, Aguani et Raginberganæ filius, LXIX.
AMBLARDUS, testis, LXX.
AMBLARDUS, testis, CLXXVII.
AMBLARDUS, testis, Bernardi frater, Andraldi quondam filius, CLXVIII.
AMELIUS, testis, XLVI.
AMELIUS, prædiorum possessor, in villa Superiana et in villa Fano, CLXXXIII.
AMICO seu AMICONUS, testis, CXLVII.
AMONTE, villa, in vicaria Usercensi, ubi duo mansi Sancto Petro concessi, CLXXXIX.— AUMONT (PUY).
AMPULIACUS, villa, CLXXXVI et CXCIII. Vide Ampulliacus.
AMPULLIACUS seu AMPULIACUS, villa, XLIX, CLXXXVI, CXCII.
ANASTASIUS, donator, CXXXI.
ANASTASIUS, testis, XVII.
ANDECAMULENSES, Introd. tit. VI. — RANÇON (peuple et pays de).
ANDEGAVENSIS (pagus), de quo villa Lipciacum pendet, ubi Carlomannus dedit diploma, VIII. — ANJOU (pays d').
ANDRALDUS, testis, XIX.
ANDRALDUS, testis, XLV.
ANDRALDUS, testis, LVII.
ANDRALDUS, testis, LXVIII.
ANDRALDUS, testis, LXXXVI.
ANDRALDUS, testis, CXV.
ANDRALDUS, testis, CXXXI.
ANDRALDUS, testis, CXXXIX.
ANDRALDUS, testis, CXL.

ANDRALDUS, testis, CLV.
ANDRALDUS, testis, CLXXXVII.
ANDRALDUS, terris vel silvis cujus villa Raugiacus adhæret, XX.
ANDRALDUS, quondam Bernardi et Amblardi genitor, CLXVIII.
ANDRALDUS, Unaldi donatoris frater defunctus, CLXII.
ANDREAS, testis, CXXXVII.
ANDREUS, testis, XLV.
ANDREUS, qui tenet mansum Salmazanas, CXXIV.
ANGLOS seu AD ILLOS ANGULOS, villa, in comitatu Caturcino et in vicaria Casiliacensi, cum ipso portu, Bellilocensi monasterio condonata, XLVIII, CLXI. — LANGLADE (?)
ANGULOS (AD ILLOS) seu ANGLOS, locus, in pago Caturcino et in vicaria Casiliacensi, CLXI. Vide Anglos.
ANNERTASIUS, testis, XX.
ANSELMUS, episcopus Lemovicensis, donator, XIII, memoratus, CLXX.
ANTONINUS, Aviti frater, testis, CLII.
AORIOLS, villa, in urbe Lemovicino et in vicaria Daraciacensi, LXX.
APALEIRS, terra quædam haud longe, ut conjicio, a villa Chanaco, CXI.
APOZ, mansus, in pago Lemovicino et in vicaria Santi Privati, CXXV. — POUCH (LE).
AQUA, locus, ubi Aessimiliacum, CXXIV.
AQUA, quæ vocatur Sordoria, CXCIV. Vide Sordoria, fluvius.
AQUITANICA (regio), cujus Ludovicus rex, Caroli filius, CXCIII. — AQUITAINE (territoire ou royaume d').
AQUITANORUM (rex). Vide Karlomannus, Karolus, Ludovicus, Pipinus.
ARABERTUS, Arneberti et Manuis filius, pro clericatu Bellilocensibus monachis traditus, CLXXI.
ARBERTUS, testis, XI.
ARBERTUS, testis, LX.
ARBERTUS, testis, CLXIV.
ARCAMBALDUS POENZACO. Vide Poenzaco (Arcambaldus).

ARCANALDI (AD MANSUM), locus, Vide *Mansum Arcanaldi (Ad)*.

ARCHAMARUS, testis, XVI.

ARCHAMBALDUS seu ARCHIMBALDUS, donator, Ermensindis maritus, XXII.

ARCHAMBALDUS, judex, testis, XV.

ARCHAMBALDUS, testis, XLV.

ARCHAMBALDUS, testis, LVII.

ARCHAMBALDUS, testis, LXII.

ARCHAMBALDUS, testis, LXXXI.

ARCHAMBALDUS, testis, LXXXVIII.

ARCHAMBALDUS, testis, CLVIII.

ARCHAMBALDUS, vicecomes Combornensis, tertius nomine, testis, XIV.

ARCHAMBALDUS, venditor, Adalberganæ filius, CXXII.

ARCHAMBALDUS seu ARCHIMBALDUS DEL LASTORS, XIV. Vide *Lastors (Archambaldus del)*.

ARCHAMBALDUS, testis, LI.

ARCHAMERUS, testis, CLXXII.

ARCHIDIACONUS Caturcensis Ecclesiæ. Vide *Guido, Seguinus, Wuillelmus*.

ARCHIDIACONUS Lemovicensis Ecclesiæ. Vide *Americus de Jauniaco, Aimarnus, Aymericus, Daniel, Deusdedit, Eyesius, Helias (de Gimel), Ugo*.

ARCHIEPISCOPUS. Vide *Bituricensis (archiepiscopus)*.

ARCHIEPISCOPUS (sic pro EPISCOPUS) Lemovicensis, Ugo, arbiter, CXCV.

ARCHIMBALDUS seu ARCHAMBALDUS. Vide *Archambaldus*.

ARCHIMBALDUS seu ARCHAMBALDUS DEL LASTORS. Vide *Archambaldus del Lastors*.

ARCHIPRESBYTER. Vide *Amardus, Bernardus de Balado, Bertrandus, Donadeus, Ricardus*.

ARCOLENT, locus, LXXXII; forte idem qui Dercolenum in vicaria Asnacensi situm inferius dicitur, CXLVII. — ARCHE (?)

ARDÉRADUS, testis, XVI.

ARDERADUS, testis, CLXXXV.

ARDRADUS, testis, CXXVII.

ARGENTADENSIS (vicaria), LXXV, CLXXVI, et Introd. tit. VI. — ARGENTAT (vicairie d').

ARGENTADUM, vicaria, in pago Lemovicino, ubi Scorbenerius, Verniolas, et Noaliacum, LXXV. — ARGENTAT (vicairie d').

ARIMODUS, testis, CXXX.

ARIMODUS, testis, CLXXXIII.

ARLABALDUS, testis, I.

ARLABALDUS, testis, CLXXXIV.

ARLABALDUS, testis, CLXXXV.

ARLANDUS, testis, CXXIX.

ARLENNUS (JOHANNES). Vide *Johannes Arlennus*.

ARLUINUS, testis, CLXXXIII.

ARMANDUS, testis, LXX.

ARNALDUS, presbyter, testis, XIII.

ARNALDUS, testis, Frodini et Volusianæ natus, Guigonis et Ebrardi frater, LI.

ARNARIUS, testis, XX.

ARNARIUS, vir quidam defunctus, CLVI.

ARNALZ (WILL.), testis, CXCII.

ARNEBERTUS, una cum Manui uxore sua, Arabertum filium, ad clericatus ordinem, monachis tradit, CLXXI.

ARNULFUS, presbyter, testis, I.

ARNULFUS, testis, XXI.

ARODE, villa, ubi locus Maugurius vocabulo, in pago Lemovicino et in vicaria Usercensi, CXLVII.

ARTALDUS, testis, I.

ARTIGAS, locus, ubi mansus quidam donatus, CLXXXVIII. — ARTIGES.

ARTMANDUS (DE LIVINIACO). Vide *Liviniaco (Artmandus de)*.

ARUM, districtus quidam, ubi villa Lusidus (?), CLXVIII, ubi Maugurius, CXLVII.

ARVERNICUS (comes), Willelmus primus nomine, cognomento Pius, X.

ARVERNICUS (orbis seu urbis), CLXXV. Vide *Arvernicus (pagus)*.

ARVERNICUS (pagus seu orbis), de quo vicaria Salensis et villa Lacus ubi ecclesia in honore sancti Boniti, pendet, CLXXIII. — Ubi aicis Catalensis, CLXXV. — AUVERGNE (pays ou territoire d').

ASENACENSIS (pagus), VI. PUY-D'ARNAC (pays de). Cf. *Asnacensis (vicaria)*.

ASINACENSIS (vicaria), XX. Vide *Asnacensis (vicaria)*.

ASNACENSIS, ASENACENSIS, ASSENACENSIS seu ASI-

INDEX GENERALIS. 297

nacensis (vicaria), in pago Lemovicino, I, XVI, XVIII, XIX, XX, XXI, XXII, XXIII, XXIV, XXVIII, XLVIII, LIV, LVIII, LIX, LX, LXI, LXVI, LXIX, LXXIV, LXXXI, LXXXV, LXXXVIII, XC, XCVI, CIV, CXII, CXV, CXIX, CXXII, CXXVII, CXXVIII, CXXXI, CXXXII, CXXXVII, CXXXVIII, CXLII, CXLIII, CXLIV, CXLV, CXLVII, CXLIX, CL, CLII, CLIV, CLV, CLX, CLXVIII, CLXXIV, CLXXVII, CLXXX, CLXXXIII, CLXXXV, CXCIII. — Puy-d'Arnac (vicairie de).

Asnagum, XLVIII. — Puy-d'Arnac.

Aspasius, testis, I.

Aspasius, testis, CLXXII.

Aspasius, testis, CLXXXV.

Assenacensis (vicaria), CLXXX. Vide *Asnacensis (vicaria)*.

Assessores, in placito Bernardi comitis, XXVII. — In placito Regimundi comitis, XLVII. — Abbatis Bellilocensis, CXCII.

Astaliacus, Staliacus seu Astiliacus, villa, I, CXXXV. — In Lemovicino orbe, in pago Tornensi et in vicaria Asnacensi sita, CXXVII, CLX. — Ubi ecclesia in honore sancti Stephani, I, CXCIII. — Astaillac.

Astarius, testis, III.

Astarius, testis, LI.

Astarius, testis, LXXIX.

Astarius, testis, CLXVIII.

Astarius, testis, CLXXVI.

Astarius, testis, CXLVII.

Astiliacensis, forte pro Altiliacensis (vicaria), in qua locus Ad illa Strada, CXIX. Cf. *Altiliacensis (vicaria)*.

Astiliacus, Astaliacus seu Staliacus, villa, CXXXV, CLX. Vide *Astaliacus*.

Ato, testis, CLVI.

Auco (mansus de), cujus decima a Geraldo de Chalnac Belloloco concessa, CLXXXI.

Audaldus, testis, CXII.

Audericus, testis, CLXXVII.

Audricus, testis, LV.

Audricus, testis, CXXVII.

Audricus, testis, CLV.

Audricus, testis, CLXVI.

Audricus, testis, CLXXV.

Aumonicum, mansus, in vicaria Rofiacensi, CLXIV. — Mania (?).

Aunbertus, Aldanæ maritus, donator, CXL.

Aureliacus, fluviulus, in pago Caturcino et in villa Fano, in loco Aureliaco, CLXXXIII.

Aureliacus, locus, in villa Fauno, et in pago Caturcino, ubi mansiunculi quidam siti sunt, CLXXXIII, CLXXXV, CXCIII. — Orlhac.

Aurelianis, civitas, prope quam monasterium Sancti Maximini situm est; ubi datum est regis Oddonis diploma, XII. — Orléans.

Aurelz (Jordas), testis, CXCIII.

Aurelz (P.), testis, CXCII.

Auriacensis (vicaria), Introd. tit. VI. — Auriac (vicairie d').

Aurlinda, villa, CLVII. Cf. *Adorlinda*.

Ausbertus, notarius regius, in vice cujus Benedictus diploma Pipini, regis Aquitanorum, recognovit et subscripsit, VI.

Ausbertus, testis, LIV.

Ausbertus, testis, LVIII.

Ausbertus, testis, filius Baseni et Elenæ, LX.

Ausbertus, testis, CXXII.

Ausbertus, testis, CLXVIII.

Ausbertus, pro quo Salomon quædam prædia Belloloco donaverat, LXIX.

Ausbertus, quondam pater Geraldi, CXXXVIII.

Ausobertus, testis, CLXXII.

Austaldus, testis, XXVII.

Austindus, donator, CLX.

Austindus, filius Deotini, CXLVII.

Austorc (B.), testis, CXCIV.

Austorcs (Willielmus), monachus, testis, CXCV.

Austorgius, donator una cum Rotberto comite, CVIII.

Austorgius seu Eustorgius, episcopus Lemovicensis, donator, XXXV et CLXX.

Austorgius, testis, LXX.

Austorgius, testis, LXXXVII.

Austorgius, testis, XCVI.

Austorgius, testis, CII.

Austorgius, Guauzleni filius, et Rotberti Ademarique germanus, LXXXV.

Austramnus, testis, CLXXVI.

AUSTRANDUS, testis, CXXIX.
AUSTRANDUS, testis, CLVI.
AUSTRANDUS, cujus Madinus elemosinarius, CXXXIII.
AUSTRINUS, vir quidam, cui prædia plura tradita fuerant, postea S. Rodulfo necnon Immenanæ moniali a parentibus eorum concessa, CLXXXV.
AUTERIUS, quondam possessor prædii cujusdam in loco Ferrarias dicto, CXXXIX.
AUTGARIUS, sacerdos, donator, CLXXXIII.
AUTGERIUS seu AUTGUERIUS, CIV. Vide Autguerius.
AUTGUERIUS seu AUTGERIUS, Cristinæ filius, venditor, CIV.
AUZERALL (AD), denariata de vinea, in honore seu prædio de Mainzaco, CXXXVI.
AVA seu AVANA, Guigonis quondam uxor, Ebrardi mater, donatrix, LI, CLXXIII.
AVANA, quondam Oddonis uxor, et Teotgarii mater, CLXI.
AVEZIACUS, villa, in pago Caturcino, ubi quædam Immena S. Rodulfo fratri suo vendidit, CLXXXIV, CLXXXV, CXCIII. Cf. Aviciacus.
AVICIACUS, villa, in orbe Caturcino et in vicaria Casiliacensi, ubi quædam a Pipino, rege Aquitanorum, S. Rodulfo concessa fuerunt, XI, XVIII. Cf. Aveziacus.
AVIDUS, testis, XXV.
AVIDUS, testis, CLXIX.
AVIDUS seu AVITUS, quondam Ingelborgis maritus et Aviti seu Avidi genitor, CLII.
AVITUS, testis, XLV.
AVITUS, Radrandi de Pratis filius, CXVII.
AWARNO seu AWARNUS, testis, CLXXXV.
AXA seu AXIA (vicaria de), Introd. tit. VI. — AIXE (vicairie d').
AYGA, AIGA seu AIGUA, comitissa Turennensis, Rodulfi comitis uxor, S. Rodulfi, Immenanæ necnon aliorum mater. Una cum marito, Rodulfum, postea archiepiscopum, pro clericatu Bertramno abbati (Solemniacensi, ut conjicimus) tradit, CLXXXV. — Eadem Rodulfi comitis vidua, plura ad ecclesiam Sancti Genesii de Saraciaco dimittit, pro cœnobio puellarum construendo, XXXIV, CXCIII. — Testis, I, XVI.
AYGANA, quondam Adalgarii conjux, Rodulfi, Eldegarii necnon Landrici genitrix, LVII.
AYMERICUS, archidiaconus Ecclesiæ Lemovicensis, not. 3, ad chartam VIII.

B

B. AUSTORC, CXCIV. Vide Austorc (B).
B. CLERGUE, CXCIV. Vide Clergue (B).
B. DE CURAMONTA, CXCII. Vide Curamonta (B. de).
B. DE GONESS, CXCII. Vide Goness (B. de).
B. DE MELIAC, CXCV. Vide Meliac (B. de).
BAIN, locus seu villa, in pago Caturcino et in centena Exidensi (?), XLVI. — BIAN.
BAIRERIA (S.), testis, CXCII.
BAISINIACUM, villa, in vicaria Usercensi, CLXXXIX.
BAISSACUS seu BAISSIAGUS, ubi ecclesia sancti Martialis a Geraldo episcopo concessa Bellilocensi cœnobio, XXXI. — Geraldus et Guitardus de Sancto Michaele jura sua in ista ecclesia Bellilocensibus conferunt, XXXII. — BEYSSAC.
BAISSIACUS seu BAISSACUS, villa. Vide Baissacus.
BALADO (BERNARDUS DE), archipresbyter diœcesis Lemovicensis, in ministerio cujus erat ecclesia de Favaris, CLXX.
BALDRICUS, testis, XLIII.
BALDRICUS, testis, LI.
BALTRUDIS, femina cujus prædia quædam in villa Glanna, LXXIII.
BAREIRA (G.), S. Bareira filius, testis, CXCII.
BARENTENACUS, BARENTENNACUS seu BARENTENAGUS, villa, in pago Lemovicino et in vicaria Asnacensi prope Palsonem, LX, LXIX, LXXIV, CXV. — BARENNAC.
BARENTENAGUS sive BARENTENACUS, locus seu villa, CXV. Vide Barentenacus.
BARINSIS (vicaria), XVII. Vide Barrensis (vicaria).

INDEX GENERALIS.

BARRENSIS (vicaria), in pago Lemovicino, XII, LV, CLXVI. Barinsis (vicaria), XVII. — BAR (vicairie de).

BARTHOLOMÆUS, Rotberti de Salviniaco frater, donator, CXC.

BASENUS, donator, Elenæ maritus, LX.

BASENUS, donator, CLVII.

BASENUS, testis, LVIII.

BASENUS, testis, Baseni et Elenæ natus, LX.

BASENUS, testis, LXXIV.

BASENUS, testis, CXXIX.

BASENUS, testis, CLII.

BASENUS, Bernardi monachi frater, CLIV.

BASENUS, qui Transoendi prædium quoddam dimiserat, CXXVIII.

BASENUS, quondam prædiorum possessor in orbe Lemovicino, in vicaria Asnacensi, prope Cassanias, CXXXVIII.

BASONUS, testis, CXII.

BASTIDA (R. LA), testis, CXCII.

BATALLIA, id est judiciale duellum, CI.

BATUT, bordaria quædam, Belloloco concessa, XCIII. — BATU (LE), dans la commune de Queyssac.

BATUT (ecclesia dal), ante ostium cujus quædam recognitio a Raimundo, vicecomite Turennensi, Bellilocensis abbatis gratia facta est, CXCIV; idem forte locus qui antea Betucus in vicaria Asnacensi dictus est. Vide *Betucus*. — BATU (LE), dans la commune et au nord-est de Beaulieu.

BATUT (pratum del), prope maresium de Folcoaux et maresium de Fondial, quod in parochia de Cundato Caturcensis diœcesis situm est, XXXVII; de feudo præpositi de Veyrac movens, *ibid*.

BATUTUM, locus, cujus medietas Belloloco dimissa, CIII. — Forte idem locus qui supra Batut nuncupatur. Vide *Batut (ecclesia del)*, CXCIV. — BATU (LE), dans la commune et au nord-est de Beaulieu.

BAUDUZONUM, mansus, LXXXII. — BODESSOU.

BEALLIACENSIS (vicaria), forte pro Betalliacensis (vicaria), in urbe seu pago Caturcino, ubi curtis Lenziacus, villæ Floriacus et Colungas sitæ sunt, XXVIII. — BÉTAILLE (vicairie de).

BEALZ (AD) seu ALZ BEALS (molendina quæ nominantur), Bonavillæ cellæ concessa, XLI et CV. — AUBIEX (moulins d').

BECIA (AD ILLA), villa, ubi mansi plures Belloloco dimissi, XCI.

BEENNATENSIS seu BIAENAS (pagus). Vide *Biaenas (pagus)*.

BEENNATENSIS (vicaria), Introd. tit. VI. — BEYNAT (vicairie de).

BEGO, testis, CLXXII.

BEGO, una cum abbate Stephano, pro fiduciis id est fidejussore datus, CII.

BEIO, villa, in pago Caturcino et in vicaria Exidensi, ubi ecclesia Sancto Michaeli dicata est, quæ Bellilocensibus collata fuit, XLV. — In aice Exidensi sita, et ad ecclesiam Sancti Pauli et Sancti Petri de Campello, in Arvernico orbe, pertinens, CLXXV. — BIO.

BEISSENC (GUI DE), testis, CXCII. — BESSIN (GUY DU).

BEISSIENC (A. DE), testis, CXCV. — BESSIN (A. DU).

BELETRUDIS, Odolrici conjux, Frotardi Cadurcorum vicecomitis genitrix, memorata, XLVIII.

BELIACUS seu BILIACUS, villa, in pago Lemovicino et in vicaria Asnacensi, Asinacensi seu Assenacensi sita, ubi ecclesia in honore sancti Martini, XIX, XX, XXI, CLXXX. — Ubi locus In illa Calme dictus, LX. — BILLAC.

BELIELDIS, Bernardi vidua, donatrix, CXXXV.

BELLAC (RIGALDUS DE), testis, CLXXXI. — BELLAC (RIGAUD DE).

BELLILOCENSES (abbates). Vide *Adalgerius* seu *Adalgis, Bernardus*, primus nomine, *Bernardus*, secundus nomine, *Bernardus*, tertius nomine, *Boso, Frodinus, Gairulfus, Galterius, Geraldus*, primus nomine, *Geraldus*, secundus nomine, *Guerno, Johannes, Kalsto, Petrus de Sancto Sereno, Rainulfus, Ugo, Umbertus*.

BELLILOCENSE (monasterium), fundatum a sancto Rodulfo, Bituricensi archiepiscopo, in pago Tornensi, prope fluvium Dornoniæ seu Dordoniæ, in loco quondam Vellino nuncupato, post cœnobium nostrum fundatum, Belloloco nominato, I, II, III et passim. — BEAULIEU (monastère de).

BELLILOCO (GERALDUS DE), testis, CLXXXI. — BEAULIEU (GIRAUD DE).

BELLNUM, mansus, ubi boscus, CLXXXVIII.

BELLOC (villa da), CXCIV. — BEAULIEU (ville de).

BELLUSLOCUS, BELLILOCUS seu BELLOC, locus seu villa, antea Vellinus, in orbe Lemovicino, in pago Tornensi, et in vicaria Asnacensi, secus fluvium Dornoniæ seu Dordoniæ, I, II, III, XIX, CLXXX et passim. — BEAULIEU (ville de).

BELLUSMONS, curtis indominicata, in pago Caturcino et in centena Exidensi sita, et ubi ecclesia in honore sancti Cirici, Bellilocensibus concessa fuit, XLVI. — BELMONT-PRÈS-BRETENOUX.

BELLUSMONS seu CATMAIRUS, curtis indominicata, in pago Lemovicino et in vicaria Asnacensi, prope fluvium Dordoniæ, sancto Rodulfo, ad clericatus ordinem tunc tradito, a Rodulfo comiti et Aiga, parentibus ejus, concessa, CLXXXV. — A sancto Rodulfo, pro Bellilocensi monasterio construendo, monachis offerto, I, CXCIII. — BELMONT, près Sioniac.

BELLUSMONS, curtis, ubi servus judex sive servus vicarius ab abbatibus Belliloci institutus, L. — BELMONT-PRÈS-BRETENOUX, ou bien BELMONT, près Sioniac.

BELLUSMONS, mansus, CXXI. — A Bellomonte, curte quæ laudatur, I, CLXXXV et CXCIII, differt.

BENEDICTUS, notarius, qui in vicem Ausberti, diploma Pipini, regis Aquitanorum, recognovit et subscripsit, VI.

BENEDICTUS, sacerdos ecclesiæ sancti Martialis de Baissiaco, testis, XXXII.

BENEDICTUS, testis, III.

BENEDICTUS, testis, XXV.

BENEDICTUS, testis, XXVII.

BENEDICTUS, testis, prædiorum quorumdam possessor in vicaria Asnacensi, CXII.

BENEDICTUS, testis, CXXVII.

BENEDICTUS, testis, CXXXI.

BENEDICTUS, testis, CXLVII.

BENEDICTUS, testis, CLXXX.

BENEDICTUS, testis, CLXXXVI.

BENEDICTUS, de quo Bernardus monachus prædia comparavit, CLIV.

BENJAMIN, testis, XLIII.

BENJAMIN, testis, LVII.

BERALDUS, testis, III.

BERALDUS, testis, CLXXXVI.

BERARDUS DE VALETA, XIV. Vide *Valeta (Berardus de)*.

BERGIACUS, in vicaria Brivensi, CLXXXIX. — BERCHAT.

BERDANDUS, testis, CLXIX.

BERENGARIUS, clericus, testis, I.

BERENGARIUS, testis, CLXVII.

BERLANDUS, testis, CLXV.

BERLONDUS, testis, XXII.

BERNALDUS, testis, I.

BERNARDUS, abbas Bellilocensis, primus nomine, XXVIII, LVIII, LXI, LXXXV, CXXVIII, CXXXIX, CLIX.

BERNARDUS, abbas Bellilocensis, secundus nomine, CLIV.

BERNARDUS, abbas Bellilocensis, tertius nomine, CIV.

BERNARDUS, comes Tolosanus, qui Raymundo, primo nomine, successit, ante quem placitaverunt Bellilocenses et Adenus de ecclesia Sancti Christophori in Cosatico valle sita, XXVII.

BERNARDUS, donator, Adalguidis maritus, LXV.

BERNARDUS, donator, una cum Gauzfredo, Petronem, fratrem suum, pro clericatu tradit, XCVII.

BERNARDUS, donator, una cum Rotberto comite, CVIII.

BERNARDUS, donator, CIX.

BERNARDUS, donator, Andraldi filius, CLXVIII.

BERNARDUS, episcopus Caturcensis et Bellilocensis abbas, tertius nomine, CIV.

BERNARDUS, episcopus (Caturcensis, ut censemus), testis, CLIV.

BERNARDUS, monachus, inter eos quibus novum Belliloci monasterium a S. Rodulfo traditum est, I.

INDEX GENERALIS.

BERNARDUS, monachus Bellilocensis, emptor et donator, CXXXVII, CXXXVIII.

BERNARDUS, monachus, qui plura dimisit pro oratorio Beatæ Mariæ in Belloloco, et picturis istud adornavit, CLIV.

BERNARDUS, presbyter, XXX.

BERNARDUS, presbyter, emptor, CXVII.

BERNARDUS, presbyter, testis, CXXXV.

BERNARDUS, testis, XX.

BERNARDUS, testis, XXI.

BERNARDUS, testis, XLV.

BERNARDUS, testis, LII.

BERNARDUS, testis, LV.

BERNARDUS, testis, LVIII.

BERNARDUS, testis, LXIX.

BERNARDUS, testis, LXXVI.

BERNARDUS, testis, CII.

BERNARDUS, testis, CXV.

BERNARDUS, testis, CXXII.

BERNARDUS, testis, CXXXIV.

BERNARDUS, testis, CXLII.

BERNARDUS, testis, CXLIX.

BERNARDUS, testis, CLVI.

BERNARDUS, testis, CLX.

BERNARDUS, testis, CLXVII.

BERNARDUS, testis, CLXVI.

BERNARDUS, testis, CLXXII.

BERNARDUS, testis, CLXXXVII.

BERNARDUS, vicarius, testis, CLII.

BERNARDUS, vicarius quondam Belliloci, de quo hominium exegit Petrus abbas; Geraldi vicarii genitor, CXCII.

BERNARDUS, vicecomes Combornensis, qui, post obitum fratris sui Archambaldi, Ebolo nepote suo interfecto, castrum et vicecomitatum Combornensem invasit, XIV, et not. 7.

BERNARDUS, Petri et Aldenois filius, a parentibus suis monachis pro clericatu traditus, CLXXXII.

BERNARDUS, nepos Benedicti, sacerdotis ecclesiæ Sancti Martialis de Baissiaco, XXXII.

BERNARDUS, Stevenæ maritus, unus inter litigatores de ecclesiæ Sancti Medardi de Prisca, XLVII.

BERNARDUS, senior Aguani, et de quo Aguanus iste quædam prædia comparavit, LXIX.

BERNARDUS, Gerberti et Dedæ filius, LXXV.

BERNARDUS, quondam maritus Alorsis, XCIII.

BERNARDUS, avunculus Geraldi, CVII.

BERNARDUS, Constantini frater, CXVIII.

BERNARDUS, qui prædia quædam in pago Tornensi et in vicaria Asnacensi possessit, CXXVII.

BERNARDUS, quondam maritus Belielidis, CXXXV.

BERNARDUS, possessor prædiorum in Lemovicino pago, in vicaria Asnacensi et in villa Ad illa Vaxeria, CXXXVII.

BERNARDUS, Rigaldi parens, CLXIV.

BERNARDUS, nepos alterius Bernardi monachi donatoris, CLIV.

BERNARDUS OLIVARIUS, capellanus Sancti Primi, testis, CXX.

BERNARDUS RIGALDUS, Rigaldi de Linairac filius, donator, CXX.

BERNARDUS ROTBERT, dominus de Cavanhaco, arbiter electus pro lite inter priorem de Friaco et dominos de Sancto Michaele definienda, XXXVII.

BERNARDUS ROTBERTUS, Geraldi Rotberti frater, testis, CXXIV.

BERNARDUS ROTBERTUS, Rotberti de Simillaco frater, testis, CXXIII.

BERNARDUS UGO, donator, CXIII.

BERNARDUS DE BALADO, CLXX. Vide *Balado (Bernardus de)*.

BERNARDUS DE CAPRA, Petronillæ germanus. Vide *Capra (Bernardus de)*.

BERNARDUS CASTRINOVI, inter Ugonis Castrinovi et Alpasiæ natos. Vide *Castrinovi (Bernardus)*.

BERNARDUS DE CHAMMARS. Vide *Chammars (Bernardus de)*.

BERNARDUS DE CHANAC. Vide *Chanac (Bernardus de)*.

BERNARDUS DE CURAMONTA seu DE CURAMONTANO. Vide *Curamonta seu Curamontano (Bernardus de)*.

BERNARDUS DE GODOR. Vide *Godor (Bernardus de)*.

BERNARDUS DE LA GARDELLA. Vide *Gardella (Bernardus de la)*.

BERNARDUS DEL LASTORS. Vide *Lastors (Bernardus del)*.

302   INDEX GENERALIS.

BERNARDUS DE PLAS. Vide *Plas* (*Bernardus de*).
BERNARDUS DE POIETO. Vide *Poieto* (*Bernardus de*).
BERNARDUS SANCTI SERENI. Vide *Sancti Sereni* (*Bernardus*).
BERNARDUS DE SEIRAC. Vide *Seirac* (*Bernardus de*).
BERNARTZ, testis, CXCII.
BERNICO, testis, XIII.
BERNO seu BERNONUS, testis, XXVII.
BERNULFUS, abbas Sollemniacensis monasterii, una cum Guniberto, regimini cujus novum cœnobium Belliloci a sancto Rodulfo traditum est, I.
BERTALDUS, testis, I.
BERTALDUS, testis, CLXIII.
BERTELAIGNUS, testis, LXVIII.
BERTLANDUS, testis, XIX.
BERTLANDUS, testis, XX.
BERTLANDUS, testis, CXII.
BERTLANDUS, testis, CLXXVII.
BERTLINDIS, donatrix, Rodulfi Adalgarii filii, conjux, LVII.
BERTO, testis, CXLII.
BERTO seu BERTONUS, testis, CLXXX.
BERTOS, testis, CXCII.
BERTRAMNUS, abbas, ut censemus, Sancti Petri Sollemniacensis cœnobii, idem forte qui Ductrannus, in illa tempestate hujus clari monasterii rector, cui sanctus Rodulfus pro clericatu traditur, CLXXXV.
BERTRAMNUS, testis, CXXX.
BERTRAMNUS, testis, CLXXVII.
BERTRANDUS, archipresbyter, testis, CVIII.
BERTRANDUS, donator una cum Rotberto comite, CVIII.
BERTRANDUS, testis, I.
BERTRANDUS, testis, CXV.
BERTRANDUS DE SANCTO AMANTIO. Vide *Sancto Amantio* (*Bertrandus de*).
BESARIUS, locus, in pago Lemovicino et in vicaria Vertedensi, ubi mansi plures Belloloco donati, LX.
BETALIA, mansus, LXXXII. — BÉTAILLE.
BETALIA (castellum de), CXCIV. — BÉTAILLE (château de).
BETALLIACENSIS (BEALLIACENSIS forte pro) vicaria. Vide *Bealliacensis* (*vicaria*).

BETRIVUS (pagus), Introd. tit. VI.—BORT? (pays de).
BETUC (castellum de), quod de manu abbatis in feudo vicecomes Turennœ accepit; idem verisimiliter locus qui infra Betucus, CXCIV. —BATU (LE), commune de Beaulieu.
BETUC (GERALDUS DE), testis, CXXIV. — BATU (GERAUD DU).
BETUC (WILIELMUS DE), testis, CLXXXI. — BATU (GUILLAUME DU).
BETUCUS, BETUGUM seu BETUC, villa, in pago Lemovicino et in vicaria Asnacensi seu Asinacensi sita, XX.—Ubi vinea Ad illa Cumba nuncupata, CLIV. — Ubi castellum quod de manu abbatis vicecomes Turennœ in feudo accepit, CXCIV. — Idem forte locus qui supra Batut denominatur. Vide *Batut* (*ecclesia dal*). — BATU (LE), dans la commune et au nord-est de Beaulieu.
BETUGUM, villa, in vicaria Asnacensi, CLIV. Vide *Betucus, Betugum* seu *Betac*. — BATU (LE), commune de Beaulieu.
BETUGUM, villa seu locus, ubi ecclesia in honore sancti Privati martyris, de Lemovicino pago et vicaria Argentadensi pendens, CLXXVI. — Postea Sanctus Privatus nuncupatus, CXXV, CXCIV. — SAINT-PRIVAT.
BIAENAS seu BEENNATENSIS (pagus), Introd. tit. VI. — BEYNAT (pays de).
BIARCIS seu BIARCIO, curtis sive villa, in orbe Lemovicino et in vicaria Vertedensi sita, LXIII, LXXXVII. — Ubi servus judex seu servus vicarius a Bellilocensibus institutus, L. — BIARS.
BILIACUS, villa, CLXXX. Vide *Beliacus*.
BITURICAS, civitas, ubi facta est charta XXI.— BOURGES.
BITURICENSIS (archiepiscopus seu episcopus). Vide *Frotarius, Henricus, Rodulfus*.
BITURICENSIS (comes), Willelmus, cognomento Pius, X. — BOURGES (comte de).
BITURICENSIS seu BITURIGENSIS (Ecclesia), I. — BOURGES (Église de).
BITURIGENSIS (Ecclesia). Vide *Bituricensis* (*Ecclesia*).
BLADINUS, donator, CXXXIII.

BLADINUS, testis, XLVI.
BLADINUS, testis, CXXVII.
BLADINUS, testis, Blandini frater, CXXIX.
BLADINUS, qui prædia quædam possessit in loco ubi Illa Campania vocitatur, LIV.
BLANDINA, locus, ubi vinea quædam, in pago Lemovicino et in vicaria Spaniacensi, CLXXI. — BLANDINE.
BLANDINUS, donator, CXXIX.
BLAUGURGIS seu BLAUGURGUM, villa, in urbe Caturcino sita, ubi ecclesia in honore sancti Projecti martyris, CLXXXV et CXCIII.—Ubi Immena abbatissa quædam prædia Rodulfo archiepiscopo fratri suo vendidit, CLXXXIV.
BLAUGURGUM, villa, CLXXXIV. Vide *Blaugurgis*.
BLIDALDUS, testis, CLXXXIV.
BLIDULDUS, qui prædia quædam in pago Tornensi et in vicaria Asnacensi possessit, CXXVII.
BLITGARDIS, quæ uxor prima ducta fuit a Rotberto, comite Turennensi, CXXXII.
BODO, donator, CLVII.
BOCARIA (ALLA), clausum, CXXIV.—BOBCARIE (LA).
BODO, testis, CLXXXIV.
BOFILL., testis, CXCII.
BOISS (AL), bordaria, LXXXII.— BOISSE (LA).
BOISSA (GERALDUS DE), CLXXXI. — BOISSE (GÉRAUD DE LA).
BOMANCIP, unus ex quatuor dominis operatoriorum in villa Belliloci, CXCV.
BOMANCIP alter, unus ex quatuor dominis operatoriorum in villa Belliloci, CXCV.
BOMANCIP, quidam, testis, CXCII.
BOMANCIPS, quidam, testis, CXCV.
BONAFOS, testis, LXXX.
BONAVALLIS, locus, in pago Tornensi et in vicaria Asnacensi situs, ubi plura Belloloco collata fuere, LXVI. — BONNEVAL.
BONAVILLA, locus, priscorum vocabulo Ad Macherias et antea quidem Ad illas Macerias nuncupatus, XXXVIII.—Ubi ecclesia Bellilocensibus, cum pertinentiis concessa, XXXIX. — Ubi mansus Allmonlar, XL. — Cujus ecclesiæ seu cellæ plura concessa fuerunt, XL, XLI, XLII. — Cui Petronilla mansum Ad Macerias dimisit, CV. — BONNEVIOLLE.
BONEFACIUS, testis, LVI.
BONIFACIUS, testis, XLVI.
BONIFACIUS, testis, CLXVIII.
BONIFACIUS, prædiorum possessor in vicaria Exidensi et in Sereniaco, CXXXIII.
BONIFACIUS, prædiorum possessor in valle Exidensi et in villa Sultrago seu proxime, CLVIII.
BONIFAZ (poium), locus, ubi plures mansi Sancto Petro dimissi, CLXXXVIII.
BORDAS (ALLAS), mansus, in villa Noaliaco, LXXXII. — BORDES (LES), près Noaillac.
BORDAS (ILLAS), locus, in Lemovicensi diœcesi, et in parochia Sancti Maxentii, XIII. — BORDES (LES).
BORREL (R.), testis, CXCII.
BOSC (OLIVERIUS DEL), testis, CXCII.
BOSC (WILLELMUS DEL), inter fidejussores judicio sisti, a Geraldo vicario datos, CXCII.
BOSCO (mansus qui dicitur de), ubi ab Ugone Castrinovi plura conceduntur, XXXIX. — MAS-DEL-BOS.
BOSCO (AD ILLO), locus, in villa Lupiaco, de orbe Lemovicino et vicaria Asnacensi pendente, CLII. — BOUIS (LE).
BOSCO (GERBERTUS DE), qui in manso della Vaureta, ad cellam Bonavillæ concesso, jura quædam possidere dicitur, XLII. — Bos (GERBERT DEL).
BOSCO UGONIS (terra de), CII.
BOSCUM (AD ILLUM), villa, in orbe Lemovicino et in vicaria Spaniacensi Belloloco dimissa, CLVI. — Boscus in villa Inmont, XCIX. — BOS (LE), près La Mazière-Basse.
BOSCUS, villa, ubi mansus est quidam, fevum Folcherii de Noallac, LXXXII.— BOIS (LE) ou BOS (LE), près Meyssac.
BOSCUS, prædium, in villa Inmont, XCIX. Vide *Ad illum Boscum*, in vicaria Spaniacensi, CLVI. — BOS (LE), près La Mazière-Basse.
BOSCUS, Vide *Bellnum*, *Leobagildis*, *Marciacum*, *Menoidre*, *Podium Bertelaiganæ*, *Taillada* et *Teillada*, Var. Cf. *Nemus* et *Silva*.
BOSO, donator, Aitrudis maritus, CLV.
BOSO, testis, XI.

Boso, testis, XXV.
Boso, testis, XXVII.
Boso, testis, XLIX.
Boso, testis, CIII.
Boso, testis, CXV.
Boso, testis, CXXVII.
Boso, testis, CLXXVI.
Boso, venditor, Talasiæ maritus, XX; memoratus, XXI.
Boso, vicecomes, Rotberti et Rottrudis filius, Rodulfi Turennensis comitis pronepos, Gozberti vicecomitis et aliorum germanus, XXVIII, XLIX.
Boso, vicecomes de Sancto Cirico, Odolrici vicecomitis filius, nepos Gozberti vicecomitis, XXVIII, not. 14.
Boso, vicecomes Turennensis, primus nomine, Guillelmi vicecomitis filius, testis, CLI.
Boso, Raymondi vicecomitis Turennensis filius, postea ipse vicecomes, secundus nomine, CXCIV.
Boso, Rotberti et Rottrudis ex filio nepos, Gozberti vicecomitis nepos ex fratre, XXVIII.
BRACIOLÆ, villa, in centena Vertedensi sive Exidensi sita, III, CXCIII.
BRANCELIAS, BRANCIELHAS, BRANCIELLAS seu BRANZELIÆ, villa, in orbe Lemovicino et in vicaria Asnacensi, CXLIII, XXXVII. — Ubi altare Sancti Martini, LXXXVII, CXCVI. — BRANCEILLES.
BRANCIELHAS seu BRANCELIAS, XXXVII. Vide *Brancelias*.
BRANCIELLAS seu BRANCELIAS, CXCVI. Vide *Brancelias*.

BRANZELIÆ, ubi altare Sancti Martini, LXXXVII. Vide *Brancelias*.
BRASSIACO (vicaria de), Introd. tit. VI. — BRASSAC (vicairie de).
BRETENI seu BRETENÆ, locus, LXXXIX.—Forte idem qui infra Bretenorum nuncupatur. — BRETENOUX. Vide *Bretenorum*.
BRETENORUM, villa, prope fluvium Seram, in pago Caturcino, in centena Exidensi, III, CXCIII. — BRETENOUX. — Forte idem locus qui supra Breteni dicitur. Vide *Breteni*.
BRIVA (S. Martinus de), LXXXIX. — BRIVES-LA-GAILLARDE (Saint-Martin de).
BRIVACIACUM, ubi præpositura, XCIX. — BRIVEZAC.
BRIVENSIS (pagus), LXXIX et Introd. tit. VI. — BRIVES (pays de).
BRIVENSIS (vicaria), LXV, LXXIX, CLXVII, CLXXXIX. — BRIVES (vicairie de).
BROA (ALLA), mansus, in villa Candis, de pago Caturcino pendente, CLXXXVII. — LABRO ou BROUE (LA) (?).
BROLIO (terra de), CXC. — BREUIL (LE).
BROLIUM (AD), prædium quoddam Belloloco donatum, XCVIII. — BREUIL (LE).
BRUCIA (AD ILLA), vinea, in vicaria Exidensi, LII. — BROUSSE (LA).
BULCIACUS, locus, XLIX. — BOUSSAC.
BULLA papæ Paschalis, secundi nomine, pro Bellilocensi monasterio, II.
BUZARIOR, locus, ubi mansus, in pago Lemovicino et in vicaria Spaniacensi, CLXXII. — BOISSIER.

C

CABANENSIS (vicaria), Introd. tit. VI. — CHABANAIS (vicairie de).
CADURCORUM (Rodulfus dictus comes), CXCIII. — Cf. *Caturcensis* (comes, comitatus, episcopus, pagus, prior).
CADURCORUM (vicecomes civitatis), Frotardus, donator, XLVIII.
CAIROLSZ (GERBERTUS DE) CXXIV. — QUEIROLES (GERBERT DE). Cf. *Cairolus*.

CAIROLUS, villa, in pago Lemovicino et in vicaria Vertedensi, CLX. — QUEIROLES.
CAISSIACUS, villa, in pago Lemovicino et in vicaria Asnacensi, CXXXI. — Ubi capmansionile quoddam, cum vineis, tritiis et orto, Belloloco dimissum, CLXIV. — QUEYSSAC.
CALESSUM, villa, in pago Caturcino, ubi mansi plures laxati Belloloco, CLIII.—CAUSSE (LE), près Bétaille.

INDEX GENERALIS.

CALFREDUS, testis, CLXV.

CALFURUNUM seu CULFURNUM, LV. Vide *Culfurnum*.

CALIMONS, villa, in vicaria Casiliacensi, ubi mansus de monachis de Soliaco comparatus, a Bernardo monacho pro oratorio B. Mariæ in Belliloco laxatus, CLIV. — Idem locus sane qui Calmons, LXXVIII. — CAUMON.

CALME (AD ILLA) seu ILLA CALME, villa, in pago Lemovicino et in vicaria Asnacensi sita, ubi plures mansi Belloloco condonati sunt, LX, LXIX. — CHAMP (LE)?

CALMONS, locus, ubi vineæ indominicatæ S. Petro condonatæ, LXXVIII. — Idem sane qui Calimons antea dictus, CLIV. — CAUMON. Cf. *Calimons*.

CALSANIUS, testis, CLXIII.

CALSANUS, testis, LXVIII.

CALSANUS, testis, CLXII.

CALSTO, cujus Blandinus et Gerbertus consanguinei et elemosinarii, CXXIX.

CALSTO seu CALSTONUS, testis, CLXII.

CALSTONUS seu CALSTO. Vide *Calsto*.

CALSTONUS, seu CALSTUS, donator. Vide *Calstus*.

CALSTUS seu CALSTONUS, Adalgudis maritus, donator, LII.

CALSUM, villa, in pago Caturcino, ecclesiæ S. Genesii de Saraciaco concessa, pro cœnobio puellarum instituendo, XXXIV. — CAUSSE (LE), près Gluges.

CALVIACUM, locus, in pago Caturcino, ubi ecclesia, CLXXXVII. — CALVIAC.

CALVIACUM, villa, in pago Lemovicino et in vicaria Vertedensi, ubi plura Belloloco condonata sunt pro clericatu Guineberti, LXXI. — CHAUVAC.

CALVINHACO (vicaria de), Introd. tit. VI. — CALVIGNAC (vicairie de).

CALVINIACUM, villa, in vicaria Usercensi, CLXXXIX. — CHAUVIGNAC.

CAMAIRACUM, CAMARIACUM, CAMEIRACUM, CAMERIACUM, CAMBERIACUM seu CAMERACHUS, curtis seu villa regia, sive fiscus, in pago Lemovicino situs, a Carolo rege, Calvo cognomine, S. Rodulfo concessus, IV. — Villa, in comitatu Lemovicino et in vicaria Navensi sita, a Pipino, rege Aquitanorum, eidem collata, VII. — A Carlomanno rege in possessione Frotarii archiepiscopi necnon Gairulfi, abbatis Bellilocensis, confirmata, VIII. — De qua privilegium ab Odone rege Bellilocensibus concessum est, XII. — Ubi villa Favaris et capella in honore S. Petri constructa, XIII. — De qua curte omnes servi pro officio servorum vicariorum electi, L. — Ubi baccalaria Bellilocensibus dimissa, XCV. — Cujus ecclesia ab Austorgio episcopo Lemovicensi confirmata, CLXX. — CHAMEYRAC.

CAMARIACUM, villa regia. Vide *Camairacum*.

CAMBERIACUM, CAMERIACUM seu CAMAIRACUM, fiscus seu villa regia. Vide *Camairacum*.

CAMBIOVICENSIUM (pagus) seu COMBRALIA, Introd. tit. VI. — COMBRAILLE (pays de).

CAMBO, curtis, Tutelensibus collata, XLIX. — CHAMBON (LE), près Tulle.

CAMBOLIVENSIS (pagus), Introd. tit. VI. — CHAMBOULIVE (pays de).

CAMBOLIVENSIS (vicaria), Introd. tit. VI. — CHAMBOULIVE (vicairie de).

CAMBONUM, mansus, LXXXII. — CAMBON (LE)?

CAMEIRACUM, fiscus seu villa regia. Vide *Camairacum*.

CAMERACENSIS (parrochia), in diœcesi Lemovicensi, ubi Favaris, Campaniacum et Oco villæ sitæ sunt, XIII. — CHAMEYRAC (paroisse de). Cf. *Camairacum*.

CAMERIACUM, villa regia seu fiscus. Vide *Camairacum*.

CAMPANIA (ILLA), locus, ubi quædam Belloloco concessa fuerunt, LIV. — CHAMPAGNE (LA).

CAMPANIACUM, villa, in diœcesi Lemovicensi et in parochia Cameracensi, XIII. — Ubi mansus Ugbaldi et mansus Ad illa Casa vocitatus, prope Camairacum sita, XCV. — CHAMPAGNAC, commune de Favars.

CAMPANIACUM, villa (in centena Vertedensi?), III. — CHAMPEIX (?)

CAMPANIACUM, villa, ubi vineæ plures, in orbe Lemovicino et in territorio Tornensi, I, CXCIII.

CAMPANIAGOLUM, locus, in orbe Lemovicino,

306 INDEX GENERALIS.

in territorio Tornensi, prope Campaniacum et Pardinas situs, I.

CAMPELLUS, locus, ubi ecclesia in honore S. Pauli et S. Petri, de orbe Arvernico et aice Catalensi pendens, CLXXV.

CAMPO RAINONI, vinea, in alodo seu honore de Mainzaco, CXXXVI.

CAMPUS, villa, in orbe Lemovicino et in vicaria Vertedensi, ubi curtis quædam et ecclesia S. Mariæ et S. Johannis Belloloco concessæ fuerunt, LIII. — CAMPS.

CANCELLARIUS Rodulfi, comitis Turennensis, (PETRO seu PETRONUS), CLXXXV.

CANDIDAS, villa, in vicaria Altiliacensi, Belloloco donata, LXXIII.

CANDIS, villa, ubi mansi plures scilicet : Alla Franquia, Alla Broa, Candis, Monredon, Roddengas, et capella S. Pardulfi, CLXXXVII.— CANDES.

CANTAMILAN, vinea, in alodo seu honore de Mainzaco, CXXXVI.

CANTAUNUM (GERALDUS). Vide *Geraldus Cantaunum.*

CANTEDUNUS, curtis, in pago Lemovicino, in vicaria Usercensi, Belloloco dimissa, CXLVII. — CHANTONIE ou CHANCONIE (?)

CANTEDUNUS MINOR, locus, in pago Lemovicino et in vicaria Usercensi, CXLVII. — Hameau près Chantonie ou Chanconie. Cf. *Cantednus.*

CAPELLA, locus, ubi ecclesia monasterio Bellilocensi concessa, CLXXXII. — CAPELLE-MARIVAL (LA) ou bien CHAPELLE-DU-CIMETIÈRE.

CAPELLA Castrinovi, cujus medietas immunis atque libera a Vassaldo della Gardella, cellæ Bonavillæ concessa, XLII. Vide *Castrum novum.*

CAPELLA dominicaria, in honore S. Boniti, in villa Chauci, Bellilocensibus concessa, CLXXVII.

CAPELLA S. Johannis Baptistæ, in manso Flavino de vico Carendenaco pendente, XLVIII.

CAPELLA, S. Mariæ dicata apud Fellinas seu Filinas, in pago Caturcino et in valle et vicaria Exidensi, XLIII. — Postea sub titulo *ecclesiæ* designata, XLIV.

CAPELLA (altare seu) S. Martini, apud Brancelias, LXXXVI.

CAPELLA S. Pardulfi, cum casa et bosco, in villa Candis, CLXXXVII.

CAPELLA in honore S. Petri, in villa de Favars, XIII. Vide *Ecclesia S. Petri et S. Marcelli de Favars.*

CAPELLA, S. Petro dicata, in villa Ad Illas Macerias, in valle Exidensi et in vicaria Pauliaco, XXXVIII. Vide *Ecclesia S. Petri de Macerias,* postea Bonavilla.

CAPELLA seu ecclesia, quæ dicitur Venarcialis, CLXVII. Vide *Venarcialis.*

CAPELLA. Cf. *Ecclesia, Oratorium, Parochia.*

CAPELLANUS Sancti Primi (Bernardus Olivarius), testis, CXX.

CAPRA, villa, in pago Caturcino et in vicaria Pauliacensi, XXXVIII. — CABRE(?)

CAPRA (BERNARDUS DE) Petronillæ frater, testis, XLI. — CABRE? (BERNARD DE).

CAPRA (GERALDUS DE), qui jura quædam habebat in castro Alla Peiriera, XXXIX. — Petronillæ quondam genitor, XLI, CV. — CABRE? (GÉRAUD DE).

CARDINALIS (DIACONUS) Romanæ Ecclesiæ, II.

CARENDENACUS, vicus, ubi ecclesia S. Saturnino dicata, et mansus Flavinus, cum capella in honore S. Johannis Baptistæ, Bellilocensi cœnobio concessi, XLVIII. — CARENNAC. Cf. *Carennac (S. de).*

CARENNAC (STEPHANUS DE), testis, CXCIV. — Unus ex quatuor dominis operatoriorum in villa Belliloci, testis, CXCV. — CARENNAC (ÉTIENNE DE).

CARISIACUM, palatium regium, ubi diploma quoddam Caroli regis cognomine Calvi, datum est, IV. — KIERSI-SUR-OISE.

CARVICENSIS seu de CHERVIX (vicaria), Introd. tit. VI. — CHERVIX (vicairie de).

CASA DEI, monasterium cujus Aimericus abbas, CXI. — CHAISE-DIEU (monastère de LA), en Auvergne.

CASA (AD ILLA), mansus, in villa Campaniaco, XCV. — CHAISE (LA).

INDEX GENERALIS.

Casa (Geraldus de illa), prope Campaniacum villam, XCV. — Chaise (Géraud de la).

Casaina (Alla), locus, in Paiazaco situs, LXII.

Casiliacensis seu Casliacensis (vicaria), in pago Caturcino, XVI, XVIII, XXIX, XXXIII, XLIV, XLVIII, LXV, CXL, CXLIV, CXLVIII, CLIII, CLIV, CLXI, CLXV, CLXIX. — Cazillac (vicairie de).

Casiliacum seu Caziliacum, castrum, in pago Caturcino, juxta quod Saraciacum et S. Genesii ecclesia, XXXIV, CXCIII. — Cazillac (château de). Cf. *Casiliacensis* (*vicaria*).

Casliacensis seu Casiliacensis (vicaria). Vide *Casiliacensis* (*vicaria*).

Cassanias, locus, S. Salvatori de Fiaco concessus, XLIX.

Cassanias, villa, in pago Lemovicino et in vicaria Asnacensi, CXII, CXXII, CXXXVIII. — Chassan (le) ou Chassin (le).

Cassanomensis (vicaria), Introd. tit. VI. — Chassenon (vicairie de).

Castelli (vicaria), Introd. tit. VI. — Chasteaux (vicairie de).

Castellucius seu Castelucius, castrum, in orbe Lemovicino et in vicaria Barrensi situm, cum curte Diniaco et pluribus prædiis, Bellilocensibus ab Ermenrico collatum, LV, CLXVI. — Chatau, près Dignac.

Castellum. Vide *Betalia*, CXCIV. — *Betuc*, ibid. — *Cavanhac*, CXCVI. — *Stranquillas*, LVI, CXLIV. — Cf. *Castrum*.

Castelnou (Matfres), testis, CXCIV. — Castelnau (Matfred de). Cf. *Castrinovi* (*toparchæ*).

Castras, villa, in urbe Lemovicino et in vicaria Spaniacensi, CLIX. — Chatre.

Castrinovi (ecclesia) Castelnau-de-Bretenoux (église de). Cf. *Castrumnovum*.

Castrinovi (Bernardus), XXXIV. Vide *Castrinovi* (*toparchæ*).

Castrinovi (Gerbertus), XXXIX, XLI. Vide *Castrinovi* (*toparchæ*).

Castrinovi (Matfredus), XXXVIII. Vide *Castrinovi* (*toparchæ*).

Castrinovi (Rotbertus), primus nomine, XXXVIII. Vide *Castrinovi* (*toparchæ*).

Castrinovi (Rotbertus) secundus nomine, XXXIX, XLI. Vide *Castrinovi* (*toparchæ*).

Castrinovi (Stephanus), XXXVIII. Vide *Castrinovi* (*toparchæ*).

Castrinovi (toparchæ), scilicet : 1° Matfredus, ni fallimur, qui Aitrudis maritus et Stephani genitor fuit, XXXVIII. — 2° Stephanus, filius Matfredi supra memorati, *ibid.*; Rotberti genitor et Ugonis progenitor, XXXIX. — 3° Rotbertus, Stephani filius, Ugonis Castrinovi genitor, *ibid.* — 4° Ugo Castrinovi, Rotberti filius, Alpasiæ maritus, Gerberti seu Gertberti, Rotberti alterius atque Bernardi genitor, XXXIX, XL, XLI, CV. — 5° Gerbertus, Rotbertus, et Bernardus, Ugonis Castrinovi et Alpasiæ filii, supra memorati, XXXIX, XLI. — 6° Matfres Castelnou (*sic*), CXCIV. — Castelnau (Matfred, Étienne, Robert, Hugues, Gerbert, Robert 2° du nom, Bernard, et Matfred 2° du nom, de) Cf. *Ugo de Castellonovo, abbas Bellilocensis.*

Castrinovi (Ugo), XXXIX, XL, XLI, et CV. Vide. *Castrinovi* (*toparchæ*).

Castrinovi seu de Castellonovo (Ugo), abbas Bellilocensis, CXXII, not. 2.

Castrum. Vide *Casiliacum* seu *Caziliacum* XXXIV, CXCIII, *Castelucius* seu *Castellucius*, LV, CLXVI. *Peiriera* (*Alla*), XXXIX. — *Torenna*, XXXIII. Cf. *Castellum*.

Castrumnovum, locus, ubi domus quædam a Petronilla de Capra cellæ Bonavillæ condonata, XI. — Cujus capellaniæ medietatem ad cellam Bonavillæ Vassaldus della Gardella concedit, XLII. — Ubi domos quasdam Petronilla dimisit, CV. — Ubi ecclesia, cujus medietas Bellilocensi monasterio concessa, CLXXXII. — Castelnau-de-Bretenoux.

Catalensis (aicis), de orbe Arvernico pendens, ubi Campellus et ecclesia in honore S. Pauli et S. Petri, et forte villa Karidus consiti sunt, CLXXV. — Cantaleix ou Cantalès? (aice de).

Catfredo (baccalaria de Monte). Vide *Monte Catfredo* (*baccalaria de*).

Catgerius, donator, CXXVI.

Catamirus seu Bellusmons, curtis indominicata, in pago Lemovicino et in vicaria Asnacensi sita, CLXXXV. — Vide *Bellusmons* seu *Catmairus* curtis.

CATURCENSIS (diœcesis), XXXVII. — CAHORS (diocèse de); cf. *Caturcinus (comitatus, orbis* seu *pagus*).

CATURCENSIS (Ecclesia Sancti Stephani), cujus auctoritas et consuetudo reservatæ in donatione ecclesiæ de Baissaco, XXXI.—CAHORS (Église de Saint-Étienne de).

CATURCENSIS (episcopus). Vide *Bernardus, Boso, Geraldus, Willelmus.*

CATURCENSIS (prior Ecclesiæ), Gauzbertus, XXXI.

CATURCINUM, id est orbis seu pagus Caturcinus, XLV, LXXVII, CXCIII. Vide *Caturcinus (orbis* seu *pagus*). — QUERCY (pays du).

CATURCINUS (comitatus), XLVIII, CXLIV.— QUERCY (comté du).

CATURCINUS (orbis), XVIII, XXXIV, LXVIII, CXXVI, CXLVI, CXLVIII, CLVII, CLXXXV. — (pagus), XII, XVI, XXIX, XXXIII, XXXVIII, XLIII, XLIV, XLV, XLVI, XLVIII, LVII, LX, LXXVI, CXXIX, CXXX, CXL, CLIII, CLXV, CLXIX, CLXXXIII, CLXXXIV, CLXXXVII. — QUERCY (pays du).

CATURCINUS seu CATURCENSIS (vicecomes). Vide *Cadurcorum (vicecomes).*

CAUCIUS, villa, in pago Lemovicino et in vicaria Vertedensi, ubi mansi plures Belloloco donati, CLXII, CLXIII.

CAUCIUS MEDIANUS, villa quam Ebolus Agneti in osculo dedit, XXX. Cf. *Caucius.*

CAUDACUM, locus, ubi capmansionile, CIX.

CAUMONTE (sylva indominicata quæ dicitur), in pago Lemovicino in vicaria Brivensi, et in villa Venarciali, CLXVII.

CAUMONTUM, locus, in pago Lemovicino et in vicaria Usercensi, ubi septem mansi Sancto Petro laxati, CLXXXIX. — CHAUMONT, près Troche.

CAUNAC (IMMO DE), donator, LXVI, not. 3. — COSNAC (?)

CAUSENO (AD ILLO), locus (in orbe Lemovicino et in vicaria Asnacensi?), CXLIII.

CAVANHAC (castellum de), cujus domini et possessores hominium abbati Bellilocensi præstare debent, CXCVI. — CAVAGNAC (château de). Cf. *Cavaniacus.*

CAVANHAC (domini de) et uxores necnon filii eorum, hominium et fidelitatem abbati Bellilocensi præstare debent, CXCVI. — CAVAGNAC (seigneurs de).

CAVANHAC (W. ROTBERTUS DE), CXCVI. — CAVAGNAC (W. ROBERT DE).

CAVANHACO (BERNARDUS-ROTBERT, dominus de). Vide *Bernardus-Rotbert de Cavanhaco.*

CAVANIACUS, villa, in pago Caturcino et in vicaria Casliacensi, ubi plures mansi Belloloco dimissi, CLIII. — CAVAGNAC.

CAVANNIAC (ROBERTUS DE), testis, XXXVI.— CAVAGNAC (ROBERT DE).

CAZILIACUM, castrum in Caturcino, prope quod Saraziacum locus, CXCIII. Vide *Casiliacum,* castrum.

CELLA BONAVILLA, XLII. Vide *Bonavilla* et *Macerias (Ad illa).*

CELLARARIUS Bellilocensis monasterii, Gausfredus de Curamonta, CXCI.

CELSIACUS, locus, ubi vineæ Tutelensibus monachis, XLIX.

CELSINUS, testis, XLV.

CELSO seu CELSONUS, testis, CLX.

CELSONUS, testis, LII.

CELSONUS seu CELSO. Vide *Celso.*

CENTENA. Vide *Crenonum (centena), Exidensis, Nantronensis, Tarnacensis* seu *Tarnensis, Vertedensis, Vinogilum.*

CHALNAC (GERALDUS DE), donator partis ecclesiæ de Favars, CLXXXI. — CHANAC (GÉRAUD DE). Cf. *Chanac (Bernardus de).*

CHAMMARS (BERNARDUS DE), monachus abbatiæ Obasinensis, testis, XXXVII. — CHAMMARS (BERNARD DE).

CHANAC (BERNARDUS DE), CXI. — CHANAC (BERNARD DE). Cf. *Chalnac (Geraldus de).*

CHATMARZ (WILLELMUS DE), monachus, testis, CXCII, CXCIV.—CHAMMARS (GUILLAUME DE).

CHAUCI (villa quæ dicitur), ubi capella dominicaria in honore sancti Boniti, CLXXVIII. — CHAUSES.

CHER (GERALDUS DEL), episcopus Lemovicensis, VIII, not. 3.
CHERIO (mansus de ILLO), in vicaria Rofiacensi, CLXIV. — CAIRE (LE).
CHERVIX (vicaria de) seu CARVICENSIS. Vide *Carvicensis (vicaria)*.
CHOULFFORNS, maresium, prope maresium de Fondial, quod est in parochia de Cundato Caturcensis diœcesis situm, XXXVII. — CHAUFFOUR (en Quercy).
CHRISTIANUS, Radrandi de Pratis filius, CXVII.
CICIAGUM, locus, ubi quædam Bellilocensibus donata fuere, in vicaria Spaniacensi sita seu proxime, et non longe a villa Marco, CLXXII.
CIRAISOLO (A), vineæ, CXIII. — SIRIÈS (LE).
CLEMENS, papa, tertius nomine, CXCIV.
CLERGUE, testis, CXCIV.
CODERC (AL.), mansus, in villa Spaniagol, CIII.
COGIACUS, villa, in pago Lemovicino et in vicaria Asnacensi, CXXXI. — Forte idem locus qui postea Coiac denominatus fuit, CXCII.
COIAC (GAUZBERTUS DE), testis, CXCII. Vide supra *Cogiacus*.
COLONGAS (GERALDUS DE), qui tenet mansum unum in villa de Poznac, XXX. — COLLONGES (GÉRAUD DE).
COLUMBARIUS, villa, in pago Caturcino, in vicaria Casiliacensi, XLIV, CXL. — Ubi obedientia de Columbario sive de Podio nuncupata, L. — COLOMBIER.
COLUMBARIUS sive Podium, obedientia. Vide supra *Columbarius*, villa.
COLUNGAS, locus, in villa Floriaco, et in urbe seu pago Caturcino, in vicaria Bealliacensi, XXVIII. — COLONZAT.
COMBORNENSIS (vicecomes). Vide *Archambaldus*, *Ebolus*. — COMBORN (vicomte de).
COMBRUSSUM, villa, in diœcesi Lemovicensi et in parochia Sancti Germani, XIII. — COMBROUX.
COMES. Vide *Albiensis (comes)*, *Arvernicus*, *Cadurcorum*, *Lemovicensis*, *Pictavensis*, *Rutenicus* seu *Rutenensis*, *Tolosanus*, *Turennensis*.
COMES (Vetus), Rotbertus, Turennensis comes, sic vocitatus, CVIII.

COMITATUS Caturcinus. Vide *Caturcinus (comitatus)*.
COMITATUS Lemovicensis seu Lemovicinus. Vide *Lemovicinus (comitatus)*.
CONCELLAS, villa, in pago Caturcino et in valle Exidensi, XLV, CXXIX. Vide *Cancellas*.
CONDAT (villa de), CXCVI. Vide *Candatum*.
CONDUCTORES tabularum in Belloloco (de jurisdictione super), CXCV.
CONSTANTINUS, donator, LXII.
CONSTANTINUS, imperator, cujus constitutionis laudatur auctoritas, CLXI.
CONSTANTINUS, monachus, testis, XCIII.
CONSTANTINUS, presbyter, testis, XC.
CONSTANTINUS, testis, LXXVII.
CONSTANTINUS, testis, CXLIX.
CONSTANTINUS, Bernardi frater, CXVIII.
CORCUGIUM, locus, ubi duo mansi monasterio donati, CLXXXVIII. — COURIEU.
CORNILIUM, mansus, in villa Caissiaco et in vicaria Asnacensi, cum bosco et vineis, CLXIV. — CORNIL, près Queyssac.
CORNILL (UGO DE), testis, XXXVII. — CORNIL, canton de Tulle. Cf. *Cornill (U. de)*.
CORNILL (U. DE), testis, CXCIV. — CORNIL, canton de Tulle ou près Queyssac (?).
CORREZIA, fluvius, in territorio Lemozino (*sic*) et in vicaria Barrensi, prope quem ecclesia Sancti Martialis cum curte, XVII. — CORRÈZE (LA), rivière.
COSATGE, locus, CXCIV. Vide *Cosaticus*.
COSATICUS, QUOSSATICUS seu COSATGE, vallis et vicaria, in orbe Lemovicino, ubi ecclesia sancto Christophoro dicata, a sancto Rodulfo comparata, XXV. — Ubi eadem ecclesia Bellilocensibus concessa, XXVI. — De qua ecclesia placitum ante Bernardum comitem habitum est, XXVII. — Locus, CXCIV. — COUSAGES.
COSTA (ALLA), ubi locus Vetulavinea dictus, LXII. — COSTE (LA) ou LACOSTE.
COSTA (ALLA), bordaria, LXXXII. — COSTE (LA) ou LACOSTE.
COSTABILIS, cujus prædia quædam in villa Falgarias, LXIII.
COSTARIUS, testis, CLXXXVI.

Costugias (A), locus, prope boscum Menoidre, Bellilocensibus dimissus, XCII. — Coste (la)?

Crenonum (centena), in pago Rodinico, ubi Termenonus locus, LXXVI.

Crispiniacas, locus, CLXVI. — Crépignac. Idem locus sane qui inferius *Crispinianicas*.

Crispinianicas, locus, LV. Idem locus sane qui superius *Crispiniacas*. — Crépignac.

Cristina, venditrix, Stevenæ, Autguerii et Rotberti mater, CIV.

Crodes, villa, in orbe Lemovicino et in vicaria Spaniacensi, Belloloco concessa, CLVI.

Cros (ecclesia quæ vocatur), in vicaria Rofiacensi, cum pluribus mansis, Belloloco donata, CLXIV. — Cros-de-Montvert (église de).

Crosa Petra, locus, CLXXXVIII. — Crose (la).

Crosaponte (pratum de), in orbe Lemovicino et in vicaria Asnacensi, CXXVIII. — Cros-pont.

Crosus rivus, prope Riberiam, CIX.— Creuse.

Croxia (vicaria de), Introd. tit. vi. — Creysse (vicairie de).

Croz (Alla), bordaria, LXXXII.— Croux (la)?

Cruces (Inter quatuor), terra, XCII.— Quatre-Croix (les).

Cuandalfredus, possessor prædiorum in villa Calesso sive proxime, CLIII.

Culfurnum seu Calfurnum, locus, ubi mansus ab Ermenrico Belloloco collatus, LX. — Ubi mansus quidam monasterio dimissus, CLXVI. — Chauffour (en Limousin).

Cumba, villa, in urbe Lemovicino et in pago Brivensi, LXXIX. — Combe (la), près Sainte-Féréolle.

Cumba (Ad illa), locus, in villa Betugo (de pago Lemovicino et vicaria Asnacensi pendente?), ubi vinea a Bernardo laxata, CLIV. — Idem sane locus qui Illa Cumba prope Riberiam nuncupatur, LXXXIX. — Combe (la), près et au nord d'Altillac.

Cumba (Alia), mansus, in villa Monte, CII. — Combe (la) ou Lacombe, près Meyssac.

Cumba (Illa), locus, ubi vinea prope Riberiam, LXXXIX. — Idem locus sane qui Ad illa Cumba, in vicaria Asnacensi situs, nuncupatur, CLIV. Vide *Cumba* (*Ad illa*).

Cunabertus, testis, LXXXVII.

Cunabertus, testis, CXXXIV.

Cuncellas seu Concellas, villa, in pago Caturcino et in vicaria Exidensi, LVII, XLV, CXXIX. — Cancel ou plutôt Cances.

Cundadum sive Condatum, curtis seu villa. Vide *Cundatum*.

Cundati (parochia), XXXVII. Vide *Cundatum*, villa.

Condatum, Cundadum sive Condatum, curtis seu villa, in pago Caturcino, in vicaria Casiliacensi, ubi facta est charta XVI. — A Gotafredo et Godila Bellilocensibus collata, una cum ecclesia Beatæ Mariæ dicata, quæ inibi sita est, XXIX, CLXXXVI, CXCIII et CXCVI. — Ubi servi vicarii plures a Bellilocensibus abbatibus instituti, L. — Parochia quæ, in diœcesi Caturcensi sita, maresium de Fondial continet, XXXVII. — Condat.

Cunibertus, abbas Solemniacensis monasterii, una cum Bernulfo, regimini cujus Bellilocense novum cœnobium a sancto Rodulfo traditum est, I.

Curamonta seu Curamontano (Bernardus de), testis, frater Wuillelmi, XXXII, XXXV, XXXVI, CXI. — Curemonte (Bernard de).

Curamonta (B. de), testis, Bernardi supradicti posterior ævo, CXCII. — Curemonte (B. de).

Curamonta (Gauffredus de), prior de Friaco, quod de Bellilocensi monasterio pendebat, XXXVII. Curemonte (Geoffroi de).

Curamonta (Gausfredus de), cellararius, CXCI. — Forte idem qui superius Curamonta (Gauffredus), prior de Friaco, dictus est. — Curemonte (Geoffroi de).

Curamonta (Gui de), CXCII. — Curemonte (Gui de).

Curamonta (Rigaldus de), testis, XV. — Curemonte (Rigaud de).

Curamonta (Stephanus de), monachus, obedientiarius de Friac, CXCVI. — Curemonte (Étienne de).

INDEX GENERALIS. 311

CURAMONTA seu CURAMONTANO (WUILLELMUS DE), testis, frater Bernardi, XXXII, XXXV, XXXVI. — CUREMONTE (GUILLAUME DE).

CURAMONTA (WILLELMUS alter DE), inter fidejussores judicio sisti a Geraldo vicario datos, Wuillelmi supra nominati posterior ævo, CXCII. — CUREMONTE (GUILLAUME DE).

CURAMONTANO seu CURAMONTA (BERNARDUS et WUILLELMUS DE). Vide *Curamonta*.

CURAMONTE, vineæ, in pago Lemovicino, in vicaria Asnacensi et in curte Sancti Genesii, I. — CUREMONTE.

CURSIACENSIS (vicaria), Introd. tit. VI. — CURSAC (vicairie de).

CURTIS. Vide *Ad Sanctam Genesium*, I; *Agiracus* seu *Igeracus*, L, III, XII; *Bellusmons* seu *Catmairus*, I, L; *Biarcis*, L; *Cambo*, XLIX; *Camairacus*, L; *Campus*, LIII; *Cantedunus*, CXLVII; *Cundadum* seu *Cundatum*, XXIX, L; *Diniacus* seu *Dinachus*, LV, CLXVI; *Estivalis*, I; *Favars*, L; *Fellinas*, XXXVIII, XLIII, XLIV; *Igeracus*, III, XII; *Laustangas* (in loco de), CLXXIV; *Lenziacus*, XXVIII; *Matriniacus* seu *Madriniacus*, XLIX, L; *Petraficta*, LXI; *Prisca*, XLVII; *Stranquillus*, LVI, CXLIV; *Tauriacus*, XLIX; *Termenonus, in pago Rodinico*, LXXVI; *Termenosa*, XLVIII; *Vairacus*, XLIX.

CURTOGILUS, villa, in orbe Caturcino et in vicaria Exidensi, CLVII. — COURTILLE.

CUSANZA (RAINALDUS DE), monachus, CLI. — CUZANCE (RAYNAUD DE).

CUSTOS ecclesiæ (ELISEUS), XXIV.

CYMITERIUM Bellilocense, CXCV.

D

D., neps S. Bareira, testis, CXCII.
DACBERTUS, testis, LIV.
DACCO, donator, Adalsindæ maritus, LIV.
DACCO, testis, CLXXXIV.
DACO seu DACONUS, testis, I.
DACTERANDUS, testis, CLXXII.
DADO, testis, XCVI.
DADO, nobilis vir quondam, qui mansum Lobegiacum, in fevo de abbatia Belliloci tenuit, CXVI.
DADO, possessor prædiorum, in villa Quincione seu proxime, CLIII.
DADRAMNUS, testis, CLXXXIV.
DAFIO (GUI), testis, CXCII.
DALPON (G.), testis, CXCII.
DALRIN, mansus, in villa de Faurgas, C.
DAMELIUM, villa, CIII.
DAMIACUM, locus, ubi capmansus et quædam alia Belloloco donata, LXXVIII. — Ubi mansus concessus, LXXXIV. — Forte idem qui inferius Damiagum nuncupatur, CVIII. Cf. *Damiagum*.
DAMIAGUM, villa, in urbe Lemovicino, in pago Tornensi et in vicaria de Torinna, CVIII.
DANIEL, archidiaconus ecclesiæ Lemovicensis, testis, XIII.

DANIEL, donator, una cum Rotberto comite, CVIII.
DANIEL, possessor prædiorum in villa Quincione seu proxime, CLIII.
DANIHEL, diaconus, testis, I.
DARACIACENSIS (vicaria), LXX. — DARAZAC (vicairie de).
DASNAC (U.), puer, testis, CXCII. — ARNAC (U. D').
DATEBERTUS seu DATOBERTUS, sacerdos, Dotranni presbyteri germanus, donator, CLXXII.
DAUBERTUS, testis, CLXXVIII.
DAURATENSIS (abbas), Ranulfus, testis, XXXI. — DORAT (abbé du monastère du).
DAVID, testis, I.
DAVID, testis, XXI.
DAVID, testis, XXXIII.
DAVID, testis, LII.
DAVID, testis, CLVII.
DAVID, qui prædia quædam possessit in Illa Campania, testis, LIV.
DAVILIOLÆ, DEVILLIOLÆ seu VILIOLÆ, villa regia, in comitatu Lemovicino, in vicaria Usercensi sita, a rege Aquitanorum Pipino sancto Rodulfo concessa, VII. — In parochia Sancti Maxentii XIII. — VILLIÈRES (?) — Forte idem locus qui Vilola, CXCIII.

DECANUS (Bellilocensis cœnobii?), de quo Rainaldus quædam habebat ad fevum, CXXXVI.
DECANUS Belliloci, Willelmus, XCIX. Vide etiam *Frodinus*, qui, primum Bellilocensis abbas, monasterii Tutelensis rector factus, decanatum Belliloci tantum retinuit.
DECARADUS seu DETHARADUS, sacerdos. Vide *Detharadus*.
DECIMA, decimarius et fevum presbyterii a Petro de la Gardella concessi, in ecclesia Sancti Stephani de Lusde, XXXVI.
DECIMARIUS, XXXVI. Vide *Decima*.
DEDA, Gerberti uxor, donatrix, LXXV.
DEGNUS, testis, LIV.
DEMMONTIMIUS, testis, LV.
DEODONUS, testis, CLVII.
DEOTIMIUS, testis, LXXVI.
DEOTIMIUS, testis, CLXVI.
DEOTIMIUS, vicarius, testis, CXV.
DEOTINUS, donator, CXLVII.
DERCOLENUM, locus, in pago Lemovicino et in vicaria Asnacensi, ubi plures mansi Belloloco dimissi, CXLVII. — Forte idem qui alias Arcolen (de) nuncupatur. — ARCHE (?)
DESPAIRO (WILL.), testis, CXCII.
DETHARADUS seu DECARADUS, sacerdos, donator, CLVII.
DEUSDEDIT, archidiaconus Ecclesiæ Lemovicensis, testis, XIII.
DEUSDET, monachus, emptor et donator, CXXII.
DEUSDET, præpositus Belliloci, testis, XC, CLI.
DEUSDET, testis, LVII.
DEUSDET, testis, LXII.
DEUSDET, testis, CXXX.
DEUSDET, testis, CXLVII.
DEVILLIOLÆ, villa. Vide *Daviliolæ*.
DIACONUS CARDINALIS Romanæ Ecclesiæ, II.
DIAL (FONS), locus, XXXVII. — Idem sane qui Fondial maresium supra et paulo post nuncupatur, ibid. Vide *Fondial*.
DIDO, testis, CXXIX.
DINACHUS, curtis, XII. Vide *Diniacus*.
DINIACUS sive DINACHUS, curtis seu caput mansorum, ubi castrum Castelucius, in pago Lemovicino, in vicaria Barrensi sita, Ermenrico a rege Carlomanno concessa, CLXVI. —
Ab Ermenrico Bellilocensibus collata, LV. — Et ab Oddone rege in jure et possessione Sancti Petri confirmata, XII. — DIGNAC, près Chamboulive.
DOCTIRICUS, testis, XLV.
DODO seu DODONUS, testis, LXVIII.
DODONUS seu DODO. Vide *Dodo*.
DOIO, locus, in pago Lemovicino et in vicaria Asnacensi, CXX. — Ubi pratum a Baseno Transoendi feminæ dimissum, CXXVIII.
DOMALDUS, testis, CLXXX.
DOMALDUS, testis, CLXXXIV.
DOMETA (AD ILLA), locus, in orbe Lemovicino et in vicaria Asnacensi situs, CXXXVII, CXXXVIII. — DOMESAC.
DOMRALDUS, Ragamfredi donatoris frater, CXLVIII.
DONADEUS, archipresbyter in diœcesi Lemovicensi, testis, XIII.
DONADEUS, donator, Principiæ maritus, LXXXI.
DONADEUS, testis, XVII.
DONADEUS, testis, XLIII.
DONADEUS, testis, LV.
DONADEUS, testis, LXIV.
DONADEUS, testis, CXXII.
DONADEUS, testis, CLXVI.
DONADEUS, testis, CLXXXIII.
DONADEUS, possessor prædii cujusdam in pago Tornensi et in vicaria Asnacensi, CXXVII.
DORNONIA, fluvius, I, II, III, IX, XII, XVII, XIX, L, LIV, CXXVII, CXLVII, CLXVIII, CLXXII, CLXXIX, CLXXXIII, CLXXXV, CXCIII; fluvius, de Nigro Gurgite usque ad ecclesiam Sancti Martialis de Tauriaco, monachis Bellilocensibus attributus in dominio, cum portibus et paxeriis, L. — DORDOGNE (LA), rivière.
DORVAL, DOZVAL seu DULCEVALLIS, locus, CXCVI. Vide *Dulcevallis*.
DOSSISINDUS, testis, CXXXI.
DOTRANNUS, presbyter defunctus, Dateberti donatoris germanus, CLXXII.
DOZVAL, DORVAL seu DULCEVALLIS, pratum, CXC. Vide *Dulcevallis*.
DROCELENUM, locus seu villa, ubi plures mansi Sancto Petro dimissi, LXXXII, CXIV. —

INDEX GENERALIS.

Forte idem locus qui Arcolent (de) seu Dercolenum nuncupatur.

DROGO, vir quidam, prædiorum in pago Caturcino, secus fluvillum Aureliacum, possessor, CLXXXIII.

DROGO seu DROGONUS, testis, XXI.

DROGO seu DROGONUS, Rotberti et Rottrudis filius, XIX.

DROGONUS seu DROGO. Vide *Drogo*.

DRUCTRICUS, testis, LVII.

DRUCTRIGUS seu DRUGTRICUS. Vide *Drugtricus*.

DRUDA, cognomento Folcrada, donatrix, CXIX.

DRUGBERTUS, presbyter, testis, I.

DRUGTRICUS seu DRUCTRIGUS, donator, CLVIII.

DUELLUM judiciarium, per campiones, vicarios illic nuncupatos, XLVII.

DULCEVALLIS, villa, CLXXXVI, CXCIII. — Postea Dozval, CXC, et Dorval nuncupata, CXCVI. — DOUREVAL.

DURANTIA (A LA), inter prædia quæ de sacristania Bellilocensis basilicæ pendent, CXCVI. — DURAND (?)

DURANTUS (WILLELMUS). Vide *Willelmus Durantus*.

E

EBALUS, sacrista Bellilocensis cœnobii, not. 3 ad chartam VIII.

EBERINUS, testis, CLXXXIII.

EBLO, testis, CXLVII.

EBLO seu EBLONUS, qui prædia quædam Sancti Petri ad fevum habuit, CXXXVIII.

EBOLUS, donator, Ermenguadis maritus, LXXIII.

EBOLUS, donator, XCVIII.

EBOLUS, notarius regius, ad vicem cujus Troannus notarius recognovit diploma Oddonis regis, XII.

EBOLUS, testis, XCIV.

EBOLUS, vicecomes Combornensis, filius Archambaldi, Camba Putrida cognominati, testis, LXXVII.

EBOLUS, vicecomes Ventedornensis, frater Archambaldi Combornensis vicecomitis, tertii nomine, testis, XIV.

EBOLUS, vicecomes Ventedornensis, secundus nomine, cognomento Cantador, donator, XXX.

EBOLUS, frater germanus Stephani donatoris, CLXXXIX.

EBOLUS, possessor prædiorum in villa Superiana et in villa Fano, CLXXXIII.

EBOLUS (DE PLAS?) Bernardi de Plas germanus, testis, XXXVI.

EBRALDUS, testis, LII.

EBRALDUS, testis, CLXII.

EBRALDUS, testis, CLXV.

EBRALDUS, testis, CLXXXIV.

EBRALDUS, possessor prædiorum in pago Caturcino et in villa Marzella, CLXXXIII.

EBRARDUS, donator, Guigonis quondam et Avanæ filius, CLXXIII.

EBRARDUS, monachus, missus abbatis Bellilocensis Gairulfi, pro traditione rerum quarumdam recipienda in pago Arvernico, CLXXIII.

EBRARDUS, testis, XXXIII.

EBRARDUS, testis, Guigonis et Avanæ natus, LI.

EBRARDUS, testis, LXIV.

EBRARDUS, testis, LXVIII.

EBRARDUS, testis, CLVIII.

EBRARDUS, Frodini et Volusianæ filius, Guigonis et Ebrardi frater, LI.

EBROINUS, presbyter, donator, CLXXVIII.

EBROINUS, testis, LIX.

EBROINUS, testis, CL.

EBRONIUS, testis, III.

EBRONIUS, testis, CLXXXVI.

ECALSAN, vinea, CLXXXII.

ECCLESIA seu capella Ad illas Macerias, postea Allas Mazerias; posterius quidem cella Bonavillæ, cui plura concessa fuerunt, XLII.

ECCLESIA de Agolas, cum ipsa villa, donata, CLXXXVIII.

ECCLESIA dal Batut, CXCIV.

ECCLESIA de Cameriaco, ab Eustorgio confirmata, CLXX.

ECCLESIA Capellæ, una cum medietate ecclesiæ Castrinovi, concessa, CLXXXII.

ECCLESIA Castrinovi, cujus medietas monasterio dimissa, CLXXXII.

ECCLESIA quæ vocatur Cros, in Rofiacensi vicaria, CLXIV.

ECCLESIA de Estivale, I. Vide *Ecclesia S. Pauli de Estivale.*

ECCLESIA de Favars, XIII, XIV, XV. Vide *Ecclesia S. Petri et S. Marcelli de Favars.*

ECCLESIA de Leobagildis, CLXXXVIII.

ECCLESIA de Madriniaco, XLIX.

ECCLESIA de Matrona, Tutelensibus concessa, XLIX.

ECCLESIA, in villa Mercorio, Belloloco tradita, CLXIII.

ECCLESIA de Padriaco seu Pairaco, Tutelensibus dimissa, XLIX.

ECCLESIA de Poznac seu Puzenaco, XXX. Vide *Ecclesia S. Petri de Puzenaco.*

ECCLESIA Stranquillus, cum ipsa curte, LVI.

ECCLESIA in honore S. Baudilii, in villa Ad Oratorium S. Baudilii nuncupata, CLXXVII.

ECCLESIA S. Boniti (prope Montilium?), in Lemovicino, LXXIII.

ECCLESIA in honore S. Boniti, in villa Lacu, de vicaria Salensi et pago Arvernico pendente, sita, LI, CLXXIII.

ECCLESIA S. Christophori de Cosatico, in orbe Lemovicino, a Rodulfo archiepiscopo comparata et deinde Bellilocensibus concessa, de qua placitum coram comite Tolosano Bernardo habitum est, XXVII.

ECCLESIA S. Cirici, in loco Bellomonte nuncupato, in pago Caturcino et in centena Exidensi, XLVI.

ECCLESIA S. Dionysii, indominicata, sita in curte Lenziaco, XXVIII.

ECCLESIA S. Genesii martyris, apud Saraciacum, in Caturcino pago, XVI, XXXIII, XXXIV, CLXXXV, CXCIII.

ECCLESIA in honore S. Genesii, in pago Lemovicino et in vicaria Asnacensi, in curte Ad Sanctum Genesium dicta, I, CXCIII.

ECCLESIA S. Johannis (S. Mariæ et), in villa Campo, LIII. Vide *Ecclesia S. Mariæ et S. Johannis.*

ECCLESIA S. Juliani de Mercurio, in comitatu Caturcino et in vicaria Casiliacensi, XLVIII

ECCLESIA S. Juliani, cum bacallaria, Bellilocensi cœnobio collata, LII.

ECCLESIA S. Marcelli, Belloloco donata, CLXXXIX. — Forte eadem quæ ecclesia S. Petri et S. Marcelli de Favars, de qua vide inferius.

ECCLESIA S. Marcelli (S. Petri et). Vide *Ecclesia S. Petri et S. Marcelli de Favars.*

ECCLESIA S. Mariæ, de qua mansus de Aumonio pendet, CLXIV.

ECCLESIA S. Mariæ dicata, in curte Cundado, XXIX, CLXXXVI, CXCIII.

ECCLESIA S. Mariæ, in villa Fellinas, de vicaria Exidensi pendente, XLIV.

ECCLESIA S. Mariæ de Soliaco, XXX.

ECCLESIA S. Mariæ, in villa Valle, in orbe Lemovicino et in vicaria Asnacensi, LIV.

ECCLESIA S. Mariæ et S. Johannis, in villa Campo, in orbe Lemovicino et in vicaria Vertedensi sita, LIII.

ECCLESIA S. Martialis de Baissaco seu Baissiaco, XXXI, XXXII.

ECCLESIA S. Martialis, in vicaria Barrensi, prope fluvium Correziam, XVII.

ECCLESIA S. Martialis de Tauriaco, prope Dordoniæ ripam, L. — Bellilocensibus collata, XLIX.

ECCLESIA S. Martini, in loco Ad illa Agenna vocitato, Tutelensibus monachis concessa, XLIX.

ECCLESIA in honore S. Martini, in Albuciaco villa, de urbe Lemovicino et vicaria Spaniacensi pendente, CLXXII.

ECCLESIA S. Martini, in villa Biliaco, XXI, CLXXX.

ECCLESIA S. Martini de Blaugurgis, in Caturcino pago, CXCIII.

ECCLESIA S. Martini de Briva, LXXXIX.

ECCLESIA S. Martini, apud Igeracum seu Agiracum, III, CXCIII.

ECCLESIA in honore S. Martini, in villa Mercorio, CLXII.

ECCLESIA S. Martini de Nonnaris, in vicaria Asnacensi, I, XXIV, CXCIII.
ECCLESIA S. Martini de Tudeli, XXIII.
ECCLESIA S. Medardi de Prisca, XLVII.
ECCLESIA S. Michaelis, apud Beionem, in pago Caturcino et in vicaria Exidensi, XLV.
ECCLESIA S. Pardulfi, in loco Momoni, in vicaria Asnacensi, XXII.
ECCLESIA S. Pardulfi, L; forte eadem quæ supra.
ECCLESIA in honore S. Pauli, in curte Estivale, de pago Lemovicino pendente, I, CLXXXV, CXCIII.
ECCLESIA in honore S. Pauli et S. Petri, in Campello loco, de orbe Arvernico et aice Catalensi pendente, CLXXV.
ECCLESIA S. Petri de Belloloco, seu in Bellilocensi monasterio sita. Vide passim in Chartulario.
ECCLESIA seu parochia S. Petri de Laustanguas seu Laustangas, in vicaria Asnacensi, XC.
ECCLESIA S. Petri, in villa Nectranas, CLXXIX.
ECCLESIA in honore S. Petri, in villa Puzenaco seu Poznac, Belloloco dimissa, CLXV, XXX.
ECCLESIA S. Petri, in pago Lemovicino et in vicaria Spaniacensi, cum bacallaria, concessa Belloloco, CLXXI.
ECCLESIA S. Petri, in pago Caturcino et in vicaria Casiliacensi, CLXIX.
ECCLESIA S. Petri et S. Marcelli de Favars seu Favaris, ubi corpus B. Marcelli requiescit, XIV, XV. — Ad quam centum mansi pertinent, L, CLXX, CLXXXI. — Primitive capella tantum, in honore S. Petri ab Anselmo, episcopo Lemovicensi, consecrata, XIII.
ECCLESIA in honore S. Privati martyris, in loco Betugo dicto, in pago Lemovicino et in vicaria Argentadensi sita, CLXXVI.
ECCLESIA S. Projecti, prope locum Blandinam, in vicaria Spaniacensi, CLXXI.
ECCLESIA S. Projecti martyris, in Blaugurgo et in urbe Caturcino, CLXXXV.
ECCLESIA S. Saturnini præsulis, in vico Carendenaco, XLVIII.

ECCLESIA S. Saturnini, eadem, ut censemus, quæ supra, XLVII.
ECCLESIA S. Saturnini de Siuiniaco, in vicaria Asnacensi, XVIII, XXIV.
ECCLESIA S. Sereni, ante altare cujus Geraldus, episcopus Caturcensis, ecclesiam de Baissaco Bellilocensibus confert, XXXI.
ECCLESIA S. Silvani martyris, in pago Lemovicino, in vicaria Spaniacensi et in loco qui est super fluvium Summenia. CLXXII.
ECCLESIA S. Sosii, in prædio Floriaco, in comitatu Caturcino et in vicaria Casiliacensi, XLVIII.
ECCLESIA S. Stephani Cadurcensis, XXXI, LII. Vide *S. Stephani Cadurcensis (Ecclesia, terra)*.
ECCLESIA S. Stephani Cameracensis seu de Cameraco, XIII.
ECCLESIA S. Stephani Lemovicensis, XXIV, CLXXII. Vide *S. Stephani Lemovicensis (Ecclesia, terra)*.
ECCLESIA S. Stephani de Lusde, XXXV, XXXVI.
ECCLESIA in honore S. Stephani, in villa Plevis, de pago Lemovicino et vicaria Rosariensi pendente, Belloloco concessa, CLXXIV.
ECCLESIA S. Stephani de Astaliaco seu Stalliaco, I et CXCIII.
ECCLESIA de Tauriaco, XLIX. Vide *Ecclesia S. Martialis de Tauriaco*.
ECCLESIA seu capella Venarcialis, CLXVII.
ECCLESIA. Cf. *Capella, Diœcesis, Oratorium, Parochia*.
EDACIUS, testis, XXXIII.
EDACIUS seu EDACUS, Frotarii frater, defunctus, CV.
EDACIUS, cujus Frotarius frater et elemosinarius, CXLI.
EDAZIUS, testis, CLXXXIV.
EDRADUS, testis, XLVI.
EFFERMERS (JOHANNES), testis, CXCII.
EGESIUS, archidiaconus Lemovicensis Ecclesiæ, testis, XIII.
ELDEBRANDUS, testis, CLXXXV.
ELDEGARIUS, testis, CLXV.
ELDEGARIUS, Adalgarii et Ayganæ filius, LVII.
ELDIBRUNDUS seu ELDIBRANDUS, testis, XVI.

ELDOARDUS, donator, Ingalsendis maritus, CLXXVII.
ELDOARDUS, testis, I.
ELDOARDUS, testis, XVII.
ELDOARDUS, testis, XXIX.
ELDOARDUS, testis, LV.
ELDOARDUS, testis, CLXV.
ELDOARDUS, testis, CLXVI.
ELDRADUS, testis, CLXXXVI.
ELDRADUS, testis, I, III.
ELDRICUS, testis, CLXXX.
ELENA, Baseni conjux, donatrix, LX.
ELENGANDUS seu ALENGANDUS, donator, una cum Rotberto comite, CVIII.
ELIANA, Galterii uxor, XCVIII.
ELIANUS, testis, CLVIII.
ELIAS, scriptor, I.
ELIAS, testis, XXII.
ELIAS (DE GIMEL?), archidiaconus Ecclesiæ Lemovicensis, testis, XXXV, CLXX.
ELIONUS, testis, XIX.
ELISABET, quondam Rotberti comitis Turennensis mater, Rainulfi uxor, CXXXII.
ELISABET seu HELISABET, CXLIV. Vide Elisabet et Elizabet.
ELISEUS, custos ecclesiæ, testis, XXIV.
ELISEUS DE JADALIACO (mansus qui vocatur), LXXXII.
ELISIA, uxor quondam Salomonis, Altarii genitrix, CLXXVI.
ELIZABET, Gualfredi uxor, donatrix, LVI. Cf. Elisabeth.
EMELIUS, testis, XX.
EMELIUS, testis, XXXIV.
EMENA, EMMENA seu IMMENA, Rodulfi comitis Turennensis et Aigæ filia, S. Rodulfi soror, CLXXXV. Vide Immena.
EMENA, donatrix, Gauzberti uxor, CLVI.
EMENO, testis, CXLII.
EMENO, testis, CLXVIII.
EMENO, testis, CLXXVI.
EMILDIS, Guairaldi seu Guirardi uxor, donatrix, LXXIX.
ENDOLUS, testis, XXXIII.
ENGELRANDUS, monachus Bellilocensis, CXCI.
ENGELRANUS, presbyter, testis, XIII.

ENGELSIANA seu ENGELSIAS, femina. Vide Engelsias.
ENGELSIAS seu ENGELSIANA, testis, filia Ugonis de Malemort, amita Guidonis del Lastors qui fuit pater Guidonis secundi nomine, XIV. — Donatrix, XV.
ENGOLISMENSIS (episcopus), Launus, pro quo false, in not. 47 chartæ I, Pictavensis scriptus est. — ANGOULÊME (évêque d').
EPISCOPUS. Vide Albiensis (episcopus), Caturcensis, Engolismensis, Lemovicensis, Pictavensis.
EPISCOPUS seu ARCHIEPISCOPUS Bituricensis. Vide Archiepiscopus Bituricensis.
EQUITANIORUM (rex), CLIII. Cf. Aquitanorum et Aquitanicæ regionis (rex).
ERMEMBERTUS, testis, CXXVII.
ERMEMBERTUS, cujus vinea quædam in vicaria Asnacensi, CXII.
ERMENBERTUS, testis, CLV.
ERMENFRIDUS, testis, XVI.
ERMENGALDUS, comes Albiensis, cujus filiam Garsindim nomine, Oddo, Tolosanus comes, uxorem duxit, X, not. 3.
ERMENGARDIS seu ERMENGUADIS, Eboli uxor, donatrix, LXXIII.
ERMENGAUDUS, presbyter, LVIII.
ERMENGAUDUS, testis, XLV.
ERMENGUADIS seu ERMENGARDIS, LXXIII. Vide Ermengardis.
ERMENRADUS, testis, CLXXII.
ERMENRICUS, donator, curtem Diniacum quam a rege Carlomanno receperat, cum castro Castellucio, Bellilocensibus confert, LV.
ERMENRICUS seu AIMENRICUS, donator, CLXVI.
ERMENRICUS, testis, XX.
ERMENRICUS, testis, LVII.
ERMENRICUS, testis, LXV.
ERMENRICUS, testis, CXXVII.
ERMENSINDIS, Archambaldi conjux, donatrix, XXII.
ERMESINDIS, donatrix, Rotberti comitis Turennensis secunda uxor, CXXXII.
ERMOARIUS, testis, XIX.
ESTEVENONUS seu STEPHANUS, Alimburgis maritus, donator, LIX.
ESTIVALIS seu ESTIVALS, curtis sive villa, in

INDEX GENERALIS.

orbe Lemovicino, in territorio Tornensi, I. — Ubi quædam ab Immena Rodulfo archiepiscopo, fratri suo, vendita sunt, CLXXXIV. — Ubi ecclesia in honore S. Pauli apostoli, CLXXXV, CXCIII, CXCIV. — Estivals.

Estivalis (ecclesia quæ vocatur), I. Vide *Estivalis, curtis*.

Estivals, locus, CXCIV. Vide *Estivalis*.

Estranquillus, sane idem locus qui Stranquillus paulo antea in eadem charta nuncupatur, XXX. Vide *Stranquillus*.

Euraldus, levita, testis, XXXIII.

Eustorgius seu Austorgius, episcopus Lemovicensis, donator, XXXV et CLXX.

Exandonensis (pagus), in orbe Lemovicino, LXIV, LXXIII. — Yssandon (pays d'). Cf. *Exandonensis (vallis et vicaria)*.

Exandonensis (vallis), in comitatu Lemovicino, ubi villa Orbaciacum, postea de Sallem, sita est, IX, XI, XII. — Yssandon (vallée d'). Cf. *Exandonensis (pagus et vicaria)*.

Exandonensis (vicaria), in comitatu Lemovicino, X. — Yssandon (vicairie d'). Cf. *Exandonensis (pagus et vallis)*.

Exidense (aizum), CXXIX. Vide *Exidensis (aicis)*.

Exidensis (aicis) seu Exidense (aizum), ubi villa Beio sita, CLXXV. — Ubi Concellas locus, CXXIX. — Saint-Céré ou Castelnau (?) (aïce de). Cf. *Exidensis (vallis, vicaria, villa)*.

Exidensis (centena), in pago Caturcino, III, XLVI. — Saint-Céré ou Castelnau (?) (centaine de). Cf. *Exidensis (vallis, vicaria)*.

Exidensis (vallis), XXXVIII, XLIII, LVII, LX, LXVIII, LXXVI, CLVIII. — Saint-Céré ou Castelnau (?) (vallée de). Cf. *Exidensis (aicis) seu Exidense (aizum), et Exidensis (centena, vicaria et villa)*.

Exidensis seu Exindensis (vicaria), in Caturcino pago, XLIV, XLV, XLVI, LII, CXXVI, CXXIX, CXXX, CXXXIII, CLVI. — Saint-Céré ou Castelnau (?) (vicairie de). Cf. *Exidensis (aicis, centena, vallis et villa)*.

Exidensis (villa forte pro vallis), in pago Caturcino, ubi locus Concellas, CXXIX. — Saint-Céré ou Castelnau (?) Cf. *Exidensis (aicis, centena, vallis et vicaria)*.

Exitensis seu Exidensis (vicaria), in urbe Caturcino, ubi Altudrium locus, CXXVI. — Vide *Exidensis (vicaria)*.

Expedinum, locus, ubi quædam Belloloco donantur, LXXX.

F

Fabre (G.), testis, CXCII.

Fabrica, villa, in pago Lemovicino et in vicaria Asnacensi, CXLIV. — Fabrica (Ad illa), nuncupata, CXXVIII. — Faurie (la).

Fabricæ seu Fabricas, locus, ubi mansiuncula quædam sita sunt, (in Caturcino pago?) CLXXXV, CXCIII.

Fabricas, locus, in Arode, ad pagum Lemovicinum et vicariam Usercensem pertinens, CXLVII. — Faurie (la), près Benaye.

Faidit seu Faidiz (P.), testis, CXCIV. — Idem forte qui Feydit (Petrus), in charta XXXVII, nuncupatus est.

Faidiz seu Faidit (P.), CXCIV. Vide *Faidit (P.)*.

Faisco seu Faix (vicaria de), Introd. tit. vi. — Feix-Fayte (vicairie de).

Faix seu Faisco (vicaria de). Vide *Faisco (vicaria de)*.

Falcarias seu Falgarias, villa, in orbe Lemovicino, et in vicaria Vertedensi, ubi plures mansi Bellilocensibus conceduntur, XVIII, LXIII, LXXII, CXXXIV, CLX. — Fargues, près Saint-Geniès-au-Merle.

Falgarias sive Falcarias, villa, in vicaria Vertedensi. Vide *Falcarias*.

Fanlaco (Gauzbertus de). Vide *Gauzbertus de Fanlaco*.

Fanum seu Faunum, villa, in pago Caturcino, prope fluvium Rodanum, CLXXXIII.

Farapi, cujus R. quidam nepos, testis, CXCII.

Farinarius seu molendinum. Vide *Molendinum*.

Faunum seu Fanum, villa. Vide *Fanum*.

318   INDEX GENERALIS.

FAURGENSIS (vicaria), Introd. tit. VI. — FOR-GÈS (vicairie de).

FAURGAS, locus seu villa, ubi bordaria quædam Belloloco ab Ebolo vicecomite concessa, XXX. — Ubi mansus Dalrin, C. — FARGUES, près Bassignac-le-Bas, ou FARGUES, près Bretenoux.

FAURGAS (UGO DE), donator, CXIV. — FARGUES (HUGUES DE).

FAVARIS seu FAVARS, curtis sive villa, in diœcesi Lemovicensi, et in fisco Camairaco seu Cameracho, et in parochia Cameracensi, ubi capella in honore S. Petri sacrata, XIII. — Ubi ecclesia in qua B. Marcelli corpus requiescit, XIV. — Cujus ecclesia S. Petro et B. Marcello dicata, XV. — Ad cujus ecclesiam centum mansi pertinent, et in qua servus judex institutus, L. — In qua vicarius et judex exempta plurima possident, CI. — Cujus ecclesia ab Anselmo, episcopo Lemovicensi, quondam consecrata, CLXX. — Cujus ecclesia pro parte a Geraldo de Chalnac Bellilocensibus concessa, CLXXXI, CXCIV. — FAVARS, près Tulle.

FAVARS seu FAVARIS (ecclesia de), XII, XIV, CLXX, CLXXXI. Vide *Favaris*, curtis sive villa.

FAVARS (GAUFREDUS DE), testis, XV. — FAVARS (GEOFFROI DE).

FAYA, vinea, Tutelensi monasterio concessa, XLIX. — FAGE (LA).

FELINOS (IN), mansus, CLXVI. — Vide *Fellinos*.

FELLINAS seu FILINIAS, curtis seu villa dominicaria, in pago Caturcino et in valle et vicaria Exidensi seu Exitensi, XXXVIII. — Ubi capella S. Mariæ dicata, cum pertinentiis Bellilocensibus condonata fuit, XLIII. — Eadem capella, sub ecclesiæ titulo memorata, XLIV. — FÉLINES, près de Bretenoux.

FELLINOS seu FELINOS, locus, ubi mansus quidam Belloloco donatur, LV. — Mansus absus, CLXVI.

FEODIUM, XXXIX. Vide *Fevum*.

FERRARIAS seu FERRARIUS, locus, in orbe Lemovicino et in vicaria Altiliacensi, CXXXIX.

FERRARIUS seu potius FERRARIAS, locus. Vide *Ferrarias*.

FEUDUM præpositi de Veyrac, XXXVII. — Cf. *Fevum presbyterii*.

FEUDUM. Vide *Fevum*.

FEVALES Gauzberti de Aliaco, CIII.

FEVUM, feudum seu feodium, passim in Chartulario. Cf. *Fevales*.

FEVUM presbiterii, XXXVI. Cf. *Feudum* præpositi.

FEYDIT (PETRUS), testis, XXXVII. Cf. *Faidit* (*P.*), CXCIV.

FIACUM seu FIGIACUM, monasterium, in Caturcino, S. Salvatori dicatum, XLIX, CXXXV. — Locus ubi facta est charta CXCIV. — FIGEAC (Lot).

FIDEJUSSORES distringendi, XII. — In placito de Senmuro dati, XXVII. — In placito abbatis Bellilocensis, a vicario de Belloloco præstiti, CXCII. Vide etiam de fidejussionibus recipiendis, CI et CXCV.

FIGIACUM, locus, in Caturcino, CXCIV. Vide *Fiacum*.

FILINIAS sive FELLINAS, curtis seu villa, in pago Caturcino, in vicaria et in valle Exidensi. Vide *Fellinas*.

FIRCIACENSIS (vicaria), Introd. tit. VI. — FURSAC (vicairie de).

FISCUS regius. Vide *Camairacum*.

FLAVIAC (GUIDO DE), testis, XIV.

FLAVINIACENSIS (vicaria), Introd. tit VI. — FLAVIGNAC (vicairie de).

FLAVINUS, mansus, in vico Carendenaco situs, Bellilocensi cœnobio concessus, XLVIII.

FLESCUM, locus, in pago Lemovicino et in vicaria Asnacensi, ubi Vellavigna mansus, LIX.

FLEXUS, locus, ubi brolium quoddam, CIX.

FLORIACUS, locus, in comitatu Caturcino, et in vicaria Casiliacensi, ubi ecclesia S. Sosio dicata, ex qua locus ipse Sanctus Sosicus vocitatus est, XLVIII. — SAINT-SOSY.

FLORIACUS, villa, in urbe seu pago Caturcino et in vicaria Bealliacensi, ubi Colungas, XXVIII.

FLORIACUS, villa, in orbe Lemovicino et in vicaria Asnacensi, ubi duo mansi Belloloco concessi, CLV. — FLORET (?).

INDEX GENERALIS.

FLOTGISUS, monachus, inter eos quibus monasterium Belliloci a S. Rodulfo traditum est, I.

FLUVILLUS (AURELIACUS), CLXXXIII. — Vide *Flavius.*

FLUVIUS, fluvillus, rivus seu rivulus. Vide *Aldeinrincus, Aureliacus, Crosas* prope Riberiam, *Correzia, Dial (Fons), Dordonia, Marciolis, Palso* seu *Palsonis, Partida (fons), Rodanus, Sera, Sordoria, Summenia, Visera.* Vide etiam *Rivus currens* seu *Rivolus currens.*

FOLCALDUS, Eboli donatoris patruelis, CXVIII.

FOLGUELDIS, Dadonis filia, donatrix, CXVI.

FOLCHERIUS, servus judex sive servus vicarius in curte Cundato institutus, L.

FOLCHERIUS, testis, LXXIV.

FOLCHERIUS DE NOALLAC, cujus fevum quoddam in Bosco villa, LXXXI.

FOLCHIERIUS, ortolanus de Figiaco, in domo cujus facta est charta CXCIV.

FOLCOAL (A), monachus Obazinæ, testis, CXCIV.

FOLCOALDUS, vir quidam defunctus, pro anima cujus charta donationis CLVII facta est.

FOLCOAUX, maresium, prope maresium de Fondial, quod est in parochia de Cundato, diœcesis Caturcensis, de quo lites et sententia arbitralis, XXXVII.

FOLCRADA (DRUDA cognominata), donatrix, CXIX.

FOLCUNAINA, mansus, XCIV.

FOLCUNAINA (molendinum apud mansum), XCIV.

FOLCUZA, Gauzfredi uxor, una cum marito Petronem filium pro clericatu tradit, LXXXIII.

FOLIOSUS (turris), ab Ademaro vicecomite Tutelensibus monachis collata, XLIX. — FOUILLOUX, près Sérillac.

FOLROAL (ADEMARUS), monachus abbatiæ Obasinensis, testis, XXXVII.

FONDIAL seu FONS DIAL, maresium, in parochia de Cundato, Caturcensis diœcesis, situm, de quo lites et sententia quædam arbitralis, XXXVII. — Idem sane locus qui paulo post et supra Fons Dial nuncupatur. *Ibid.* — FONTIAL.

FONTE ASINARIA, locus, ubi frausti quidam donati, CLXXXVIII.

FONTE VALLENSE, locus, in orbe Lemovicino et in vicaria Asnacensi, CXXVIII. — MONT-VALENT, ou près de ce lieu.

FONTEM (Ad illum), locus, in pago Caturcino et in valle Exidensi situs, LXXVI.

FORZA (S. LA), monachus, testis, CXCII.

FRAISINGAS, villa, in pago Lemovicino et in vicaria Vertedensi, CLX; forte idem locus qui Frasinias et Fraisinias, inferius nuncupatus est. — FRAISSINET.

FRAISINIAS, locus, LXXXII. Vide *Frasinias.*

FRANCO, testis, XLIII.

FRANCO, testis, LIX.

FRANCO, testis, LX.

FRANCO, testis, CXLII.

FRANCO seu FRANCONUS, testis, LXVIII.

FRANCONUS seu FRANCO. Vide *Franco.*

FRANNARIUS, monachus, inter eos quibus Bellilocense novum monasterium a S. Rodulfo traditum est, I.

FRANQUIA (ALLA), mansus, in Caturcino et in villa Candis, CLXXXVII.

FRASINIAS seu FRAISINIAS, villa, in pago Lemovicino et in vicaria Vertedensi, CXXXIV, LXXXII. — FRAISSINET. Cf. *Fraisingas.*

FRIAC seu FRIACUS, antea Afriacus, ubi prioratus, cella seu obedientia de Bellilocensi monasterio pendens, XXXVII, CXCVI. — FRIAC. Vide *Afriacus.*

FRIACUS seu FRIAC, ubi prioratus. Vide *Friac.*

FRODINUS, abbas Bellilocensis, XIV, XV, LXXXIII, XCVII, CLI. — Abbas Tutelensis et, ut arbitror, decanus tantum in Bellilocensi monasterio, CVII.

FRODINUS, testis, LXXII.

FRODINUS, testis, Geraldi donatoris senior, LXXVIII.

FRODINUS, testis, CLXXII.

FRODINUS, Ildegardanæ quondam maritus, Frotarii necnon Matfredi genitor, XLIII.

FRODINUS, Hildegardis quondam maritus et Frotarii pater, CXXX.

FRODINUS, Volusianæ maritus, Guigonis, Ebrardi et Arnaldi genitor, LI.

FROTARDUS, archiepiscopus Bituricensis, qui ab Estorgio episcopo, *sanctitate gloriosus* et

Bituricensium primatu magnificus, memoratur, CLXX. Cf. *Frotarius*, archiepiscopus.

FROTARDUS, vicecomes Cadurcorum civitatis, Adalbergæ maritus, Odolrici et Beletrudis quondam filius, Raimundo, tertio nomine, Pontio cognomento, Tolosano necnon Caturcensi comiti subjectus, donator, XLVIII.

FROTARIUS, archiepiscopus Bituricensis, donator, VIII, IX, X, XI, XII. — Memoratur ab Eustorgio episcopo, CLXX.

FROTARIUS, donator, Frodini et Ildegardanæ filius, Matfredi frater, XLIII.

FROTARIUS, donator, Godlindæ maritus, Gualmandi pater, LXXXVII.

FROTARIUS, donator, Edaci frater, CVI et CXLI.

FROTARIUS, donator, filius Frodini et Hildegardis, CXXX.

FROTARIUS, testis, XXII.

FROTARIUS, testis, XXXIV.
FROTARIUS, testis, LXXII.
FROTARIUS, testis, CLXXXIV.
FROTARIUS, possessor prædiorum in villa Marzella et in pago Caturcino, CLXXXIII.
FROTERIUS, testis, LX.
FROTERIUS, testis, CVIII.
FROTERIUS, testis, CLVII.
FROTHERIUS, testis, LXXVII.
FULCARIUS, testis, LXV.
FULCO, testis, I.
FULCRADUS, testis, qui prædia quædam in Illa Campania possessit, LIV.
FULCRADUS, qui terram in loco Ad illo Panteo possedit, LIV.
FULCUSSA seu FOLCUZA, Gauzfredi uxor, donatrix, LXXXIII.
FURNARIOS, in Belloloco (de jurisdictione super), CXCV.

G

G., filius U. de Gonesc, testis, CXCII.
G. DALPON, testis. Vide *Dalpon* (G.).
G. FABRE, testis. Vide *Fabre* (G.).
G. MAIER CROZAZ, testis. Vide *Maier Crozaz* (G.).
G. MAIOR, testis. Vide *Maior* (G.).
G. PALIZAS, testis. Vide *Palizas* (G.).
G. PRIOR, testis. Vide *Prior* (G.).
G. DAL SAGRER. Vide *Sagrer* (G. dal).
G. DE COIAC, testis. Vide *Coiac* (G. de).
G. DE GORDO, abbas, testis. Vide *Gordo* (G. de).
G. DE MARTEMNIAC, testis. Vide *Martemniac* (G. de).
G. DE PLAS, testis. Vide *Plas* (G. de).
G. DE TELLET, testis. Vide *Tellet* (G. de).
G. LA GAIRIGA, testis. Vide *Gairiga* (G. la).
G. LA SALA, testis. Vide *Sala* (G. la).
G. LO MORGUES, testis. Vide *Morgues* (G. lo).
GAIRALDUS, testis, CXLVII.
GAIRALDUS, testis, CLXIX.
GAIRALDUS, testis, CLXXX.
GAIRARDUS, testis, CLVIII.
GAIRIGA (G. LA), testis, CXCII.
GAIRULFUS, GARULFUS, GARRULFUS, abbas Belilocensis, III, V, VIII, IX, XI, XII, XIII, XVII, XVIII, XIX, XXI, XXII, XXIV, XXVIII, XLII, XLVI, LI, LII, LIV, LV, LXVIII, LXXIX, LXXXI, CXII, CXXVII, CXXX, CXXXI, CLIII, CLV, CLXII, CLXIII, CLXV, CLXVI, CLXVIII, CLXIX, CLXXI, CLXXII, CLXXIII, CLXXV, CLXXVI, CLXXIX, CLXXX, CLXXXIII; idem forte qui monachus inter testes ch. I dicitur.

GAIRULFUS, monachus, inter eos quibus novum cœnobium Belliloci a S. Rodulfo traditum est, I. — Idem verisimiliter qui cœnobii istius rector fuit. Vide supra *Gairulfus*, abbas.

GALFREDUS, donator, Helisabet maritus, CXLIV.
GALFREDUS, testis, XXVIII.
GALFREDUS, testis, XLIV.
GALFREDUS, Gualfredi et Elizabet filius, Guernonis frater, LVI.
GALIACUM, locus, in Caturcino pago, ubi mansiuncula quædam sita sunt, CLXXXV, CXCIII.
GALMANDUS sive GUALMANDUS, vir quidam, LXXXVII. Vide *Gualmandus*.

INDEX GENERALIS.

GALTADUS, testis, CXXX.
GALTERIUS, abbas Bellilocensis, CXC.
GALTERIUS, testis, XXIX.
GALTERIUS, Eboli donatoris frater, XCVIII.
GALTODUS, testis, XLIII.
GARALDUS, testis, I.
GARALDUS, testis, XVI.
GARALDUS, testis, LXXVI.
GARARDUS, cujus prædia in villa Falgarias, in pago Lemovicino et in vicaria Vertedensi, sita sunt, LXIII.
GARBENUS, presbyter, testis, XIII.
GARDA (RIGALDUS DE), testis, XCIII. — GARDE (RIGAUD DE LA).
GARDELLA (BERNARDUS DE LA), filius Petri, XXXVI. — GARDELLE (BERNARD DE LA).
GARDELLA (IMBERTUS DE), Petri de Gardella ex fratre nepos, Vassaldi germanus, donator, XL. — GARDELLE (IMBERT DE LA).
GARDELLA (PETRUS DE LA seu DELLA), donator, Bernardi, Rotberti et Ugonis genitor, XXXVI. — Imberti et Vassaldi de Gardella avunculus, testis, XL. — GARDELLE (PIERRE DE LA).
GARDELLA (ROTBERTUS DE), Petri filius, XXXVI. GARDELLE (ROBERT DE LA).
GARDELLA (UGO DE), Petri filius, donator, XXXVI, CX. — GARDELLE (HUGUES DE LA).
GARDELLA (VASSALDUS DE), Imberti germanus, Petri de Gardella ex fratre nepos, testis, XL. — Donator, XLII. — GARDELLE (VASSALD ou VASSARD DE LA).
GARIBERNUS, testis, III.
GARIBERNUS, testis, XVII.
GARIBERNUS, testis, XX.
GARIBERNUS, testis, CLXXXVI.
GARINUS, testis, XLVIII.
GARNALDUS, testis, CXXXIX.
GARNARIUS, presbyter, testis, I.
GARNARIUS, testis, XVI.
GARNARIUS, testis, XX.
GARNARIUS, testis, CLXXIX.
GARNERIUS, testis, CXLVIII.
GARNERIUS, Aiconis filius, CXLVI.
GARRULFUS, GARULFUS, GAIRULFUS seu GERULFUS, abbas seu monachus tantum Bellilocensis. Vide *Gairulfus*.

GARSINDIS, Oddonis Tolosani comitis uxor, Ermengaldi Albiensis comitis filia, X.
GARSINDIS, testis, CLXXIX.
GARSIS, scriptor comitis Tolosani Oddonis, X.
GARULFUS seu GAIRULFUS, abbas sive monachus. Vide *Gairulfus*.
GAUBERTUS, presbyter, testis, XIII.
GAUBERTUS DE MALAMORT, testis. Vide *Malamort (Gaubertus de)*.
GAUFFREDUS DE CURAMONTA, prior de Friaco. Vide *Curamonta (Gauffredus de)*.
GAUFREDUS DE FAVARS. Vide *Favars (Gaufredus de)*.
GAUSBERGA, femina, CXXXIX.
GAUSBERTUS, testis, XCIV.
GAUSBERTUS, seu GOZBERTUS, vicecomes, Rotberti filius. Vide *Gozbertus*.
GAUSBERTUS. Cf. *Gauzbertus*.
GAUSFREDUS, testis, XLIX.
GAUSFREDUS, Folcheldis frater, CXVI.
GAUSFREDUS. Cf. *Gaazfredus*.
GAUZBERT DE PAOLIACO, mansus, LXXXII. — GAUBERT, près Pauliac, en Quercy.
GAUZBERTUS seu GAUSBERTUS, donator, XCVI.
GAUZBERTUS, donator, Emenanæ maritus, CLVI.
GAUZBERTUS, monachus Bellilocensis, una cum Umberto, abbatis procurator ab archiepiscopo Bituricensi constitutus, CXCI.
GAUZBERTUS, monachus de Fiaco, CXXXV.
GAUZBERTUS, presbyter, CXXXV.
GAUZBERTUS, prior Caturcensis Ecclesiæ, testis, XXXI.
GAUZBERTUS, testis, XXIX.
GAUZBERTUS, testis, XLIII.
GAUZBERTUS, testis, LVI.
GAUZBERTUS, testis, LXIV.
GAUZBERTUS, testis, LXV.
GAUZBERTUS, testis, CVII.
GAUZBERTUS, testis, CXIV.
GAUZBERTUS, testis, CXLIX.
GAUZBERTUS, testis, CLXVII.
GAUZBERTUS, de quo vineam Ad illos Planos Bernardus monachus comparavit, et pro oratorio B. Mariæ dimisit, CLIV.
GAUZBERTUS. Cf. *Gausbertus*.
GAUZBERTUS AUSTORGIUS, testis, XCIX.

41

GAUZBERTUS DE ALIACO. Vide *Aliaco* (*Gauzbertus de*).
GAUZBERTUS DE COIAC. Vide *Coiac* (*Gauzbertus de*).
GAUZBERTUS DE FANLACO. Vide *Fanlaco* (*Gauzbertus de*).
GAUZBERTUS DE MARTEMNIAC. Vide *Martemniac* (*Gauzbertus de*).
GAUZBERTUS DE TEILLET. Vide *Teillet* (*Gauzbertus de*).
GAUZFREDUS, donator, Folcuzæ maritus, Petronem filium pro clericatu tradit, LXXXIII.
GAUZFREDUS, donator, LXXXIV.
GAUZFREDUS, donator, una cum Bernardo, fratrem suum Petronem tradit pro clericatu, XCVII.
GAUZFREDUS, præpositus de Brivaciaco, XCIX.
GAUZFREDUS seu GOZFREDUS, presbyter, donator, LXXIV.
GAUZFREDUS, testis, CXLVIII.
GAUZFREDUS, testis, CXCII.
GAUZFREDUS, Bernardi monachi frater, CLIV.
GAUZFREDUS. Cf. *Gausfredus*.
GAUZFREDUS, Baseni et Elenæ filius, LX.
GAUZFREDUS, Gauzberti filius, CIII.
GAUZFREDUS DE CURAMONTA, cellararius. Vide *Curamonta* (*Gauzfredus de*).
GAUZFRIDUS, Godefredi comitis quondam Turennensis et Gerbergæ natus, donator, XLVI.
GAUZLA, Ademari vicecomitis Scalarum uxor, testis, XLIX.
GAUZLENUS, donator, Ranguis maritus, CXLIX.
GAUZLENUS, testis, XLIX.
GAUZLENUS, testis, LXXIV.
GEIRALDUS, testis, CLX.
GELASIUS, papa, secundus nomine, XXXV.
GELEIRAS (A), mansus, Belloloco concessus, CXXIV.
GENEBRA (GERALDUS-UGO DE), testis, CXX. — GINEBRE (GÉRAUD-HUGUES DE LA).
GENEBRA (U. LA), testis, CXCII. — GINEBRE (HUGUES (?) DE LA).
GENEBREIRA (RAINALDUS DELLA), testis, XXXV. — GENEVRIÈRE (RAINAUD DE LA).
GENEBRERIA, villa, ubi mansus quidam Belloloco donatus, LXXXIV. — Prope Quincionem villam, XCI. — GENEVRIÈRE (LA).

GENESIM, unus ex nobilibus viris ante quos placitatum est de ecclesia S. Medardi de Prisca, XLVII.
GENESTEDUM, villa, in pago Lemovicino et in vicaria Rofiacensi, CLX. — GENESTE.
GENESTINAS, mansus, in orbe Lemovicino et in vicaria Spaniacensi, Belloloco donatus, LXVII. — GENESTINE.
GERALDUS, primus nomine, abbas Bellilocensis, LXXV, LXXXV, CXLVIII, CL. — Una cum Guernone, abbas, CIX. — Una cum Adalgario seu Adalgerio, abbas, L. — Una cum Adalgario seu Adalgis, abbas, XCVI, CLXIV. — Una cum Kalstone, abbas, LXXV. Una cum Bernardo, secundo nomine, abbas, LXXXV.
GERALDUS, secundus nomine, abbas Bellilocensis, II, XXXI, XXXII, XXXVI, XXXIX, XLII, C, CV, CXI, CXX, CXXIII, CXXIV, CLXX, CLXXXII.
G. (GERALDUS), abbas Sollemniacensis, not. 3 ad chartam VIII.
GERALDUS, clericus, testis, CXVIII.
GERALDUS, donator, Ugonis pater, LXXVIII.
GERALDUS, donator, XCI.
GERALDUS, donator, una cum Petro et Ademaro fratribus suis, XCII.
GERALDUS, donator, una cum Vierna uxore sua, XCIV.
GERALDUS, donator, CIX.
GERALDUS, donator, CXXIII.
GERALDUS, donator, CXXV,
GERALDUS, donator, una cum patre suo Rigaldo, CLXIV.
GERALDUS, episcopus Caturcensis, ecclesiam sancti Martialis de Baissaco seu Baissiaco Bellilocensibus concedit, XXXI. — Testis, XXXIX.
GERALDUS, monachus, XCIX.
GERALDUS, sacerdos, CV.
GERALDUS, testis, XIII.
GERALDUS, testis, XXVIII.
GERALDUS, testis, XLIV.
GERALDUS, testis, LXVII.
GERALDUS, testis, LXXVI.
GERALDUS, testis, LXXX.

INDEX GENERALIS.

Geraldus, testis, LXXXI.
Geraldus, testis, LXXXVIII.
Geraldus, testis, CXXXVII.
Geraldus, testis, CXLVIII.
Geraldus, testis, CLXXIX.
Geraldus, venditor, filius quondam Ausberti, Ildegardis maritus, venditor, CXXXVIII.
Geraldus, vicarius, testis, XV.
Geraldus, vicarius, testis, XCIII.
Geraldus, vicarius (Belliloci, ut censemus), testis, CLI.
Geraldus, vicarius Belliloci, Bernardi quondam vicarii natus, CXCII.
Geraldus, Stephani Rigaldi frater, qui jura quædam in castro Alla Peiriera habebat, XXXIX.
Geraldus, Rigaldi filius, memoratus, XLVII.
Geraldus, cujus vinea in valle Altorensi sita, LII.
Geraldus, possessor quidam, in loco Illa Campania vocitato, LIV.
Geraldus, defunctus, cujus Albonius elemosinarius fuit, LXVII.
Geraldus, vir quidam, quo cum Rainulfus, Bellilocensis abbas, de prædiis commutationem efficit, LXXVI.
Geraldus, nepos Geraldi cujusdam donatoris, XCI.
Geraldus, Geraldi alterius et Viernæ filius, a parentibus suis pro clericatu Bellilocensibus monachis traditus, XCIV.
Geraldus, Petronis clerici pater, XCVII.
Geraldus, Petri et Aalsaz filius, pro clericatu Bellilocensibus traditus, CVII.
Geraldus, Radrandi de Pratis filius, CXVII.
Geraldus, Rainaldi donatoris frater, CXXXVI.
Geraldus, Aiconis filius, CXLVI.
Geraldus, de quo Bernardus monachus quidam comparavit prædia quæ pro oratorio B. Mariæ in Belloloco dimisit, CLIV.
Geraldus Ademarus, Rainaldi filius, Guazfredi frater, LXXXVI.
Geraldus Cantacunum, testis, LXXXIII.
Geraldus Deusde, testis, CLXXXI.
Geraldus Garinus, qui mansum Allas Mazerias in dominio tenebat, XLI, CV.

Geraldus Malafaida, testis, XV.
Geraldus Raimundus, Petronillæ de Capra maritus, testis, XLI, CV.
Geraldus Raolfus, qui mansum in Agiraco tenet, CXXIV.
Geraldus Rotbertus, Aldenoris maritus, donator, CXXIII.
Geraldus Rotbertus, donator, CXXIV.
Geraldus Ugo de Genebra. Vide *Genebra* (*Geraldus-Ugo*).
Geraldus de Betuc. Vide *Betuc* (*Geraldus de*).
Geraldus de Boissa. Vide *Boissa* (*Geraldus de*).
Geraldus de Capra. Vide *Capra* (*Geraldus de*).
Geraldus de Chalnac. Vide *Chalnac* (*Geraldus de*).
Geraldus del Cher, episcopus Lemovicensis. Vide *Cher* (*Geraldus del*).
Geraldus de Colongas. Vide *Colongas* (*Geraldus de*).
Geraldus de Gordonio. Vide *Gordonio* (*Geraldus de*).
Geraldus de illa Casa. Vide *Casa* (*Geraldus de illa*).
Geraldus de Lancnac, donator. Vide *Lancnac* (*Geraldus de*).
Geraldus del Lastors, Archambaldi frater. Vide *Lastors* (*Geraldus del*).
Geraldus seu Gerardus del Lastors, Guidonis secundi nomine frater. Vide *Lastors* (*Geraldus del*).
Geraldus de Martemnac. Vide *Martemnac* (*Geraldus de*).
Geraldus de Sancto Michaele, Guitardi frater. Vide *Sancto Michaele* (*Geraldus de*).
Gerardus, testis, XI.
Gerardus, testis, XXI.
Gerardus seu Geraldus del Lastors. Vide *Lastors* (*Gerardus del*).
Gerbardus, testis, XIII.
Gerberga, donatrix, una cum Ugone marito suo, CLXXVI.
Gerberga, comitissa Turennensis, Godefredi uxor, testis, III, XLVI, CLXXXVI, CXCIII.
Gerberga, testis, Deusdet filia, CXLVII.
Gerbertus, donator, CXXIX.

GERBERTUS, donator, Dedæ maritus, Bernardi et Rigaldi pater, LXXV.
GERBERTUS, prior monasterii Bellilocensis, testis, XXXV.
GERBERTUS, sacrista, CLI.
GERBERTUS, testis, XI.
GERBERTUS, testis, LV.
GERBERTUS, testis, CII.
GERBERTUS, testis, Geraldi abbatis frater, testis, CL.
GERBERTUS, testis, CLIV.
GERBERTUS, testis, CLXXXVII.
GERBERTUS, unus ex litigatoribus de ecclesia S. Medardi de Prisca, XLVII.
GERBERTUS MALAFAIDA, testis, CXI.
GERBERTUS UGO SANCTI SERENI. Vide *Sancti Sereni (Gerbertus Ugo)*.
GERBERTUS DE BOSCO. Vide *Bosco (Gerbertus de)*.
GERBERTUS DE CAIROLSZ. Vide *Cairolsz (Gerbertus de)*.
GERBERTUS CASTRINOVI. Vide *Castrinovi (toparchæ)*.
GERBERTUS DE MERLE. Vide *Merle (Gerbertus de)*.
GERBERTUS DELLA VERNA. Vide *Verna (Gerbertus della)*.
GEROLUS, testis, XI.
GERULPUS seu GAIRULFUS, abbas. Vide *Gairulfus*.
GIBERTUS, testis, XLIV.
GIBERTUS, testis, CXXXIX.
GIBERTUS, testis, Ebroini donatoris nepos, CLXXVIII.
GIBERTUS, testis, CLXXX.
GILEBERTUS, donator, CXII.
GIMEL? (ELIAS DE), archidiaconus, XXXV, CLXX. — GIMEL (HELIE DE).
GIMPNIAC (JOHANNES DE), testis, CXCV. — GAGNAC (JEAN DE).
GINESTE, villa, in pago Lemovicino, in vicaria Asnacensi, prope Surdoiram, CXLII. — GENESTE (LA).
GINESTUM, locus, in orbe Lemovicensi, in pago Asnacensi situs, ubi quædam a Pipino, rege Aquitanorum, sancto Rodulfo concessa fuerunt, VI. — GENESTE (LA).
GINTRACUS, locus, XLIX.
GIRAC (A), villa seu curtis. Vide *Igeracus*.

GIRALDUS RIGALDUS, qui Bellilocensibus quædam prædia dimisit, testis, XCIX.
GIRALDUS DE TEILO. Vide *Teilo (Giraldus de)*.
GIRBERTUS, monachus, inter eos quibus monasterium Belliloci a sancto Rodulfo traditum est, I.
GIRBERTUS, testis, XLIV.
GIRBERTUS, testis, CXLVII.
GIRBERTUS, testis, CLXXVIII.
GIRBERTUS seu GERBERTUS. Vide *Gerbertus*.
GISERANNUS, testis, XLVI.
GISERANUS, testis, CLXXV.
GISIBANNUS, testis, XLIII.
GISIRANNUS, testis, LXXXI.
GLANNA, villa, in pago Lemovicino et in vicaria Vertedensi, LXIII. — GLANES.
GODAFREDUS seu GODEFREDUS, comes Turennensis. Vide *Godefredus*.
GODAFRIDUS seu GODAFREDUS, comes Turennensis. Vide *Godefredus*.
GODBALDUS, testis, III.
GODEFREDUS, GOTAFREDUS, GOTAFRIDUS seu GOTHAFRIDUS, comes Turennensis, filius Rodulfi comitis et Aygæ seu Ayganæ, sancti Rodulfi frater, Gerbergæ maritus, et alterius Godefredi genitor, I, III, XII, XVIII, XIX, XXXIV, XLVI, CLXXXVI, CXCIII.
GODEFREDUS, GOTAFRIDUS seu GODEFRIDUS, Godefredi Turennensis comitis et Gerbergæ filius, Rodulfi comitis nepos, testis, III, XLVI, CLXXXVI.
GODEFREDUS, testis, CLXXII.
GODEFREDUS, testis, XX.
GODEFREDUS, testis, CLXXXIV.
GODEFRIDUS, GODEFREDUS seu GOTAFRIDUS, Godefredi comitis Turennensis filius. Vide *Godefredus*.
GODILA, Gotafredi uxor, donatrix, XXIX.
GODINUS, presbyter, donator, CXXVII.
GODLINDIS, Frotarii uxor, Gualmandi mater, donatrix, LXXXVII.
GODO, monachus, inter eos quibus novum cœnobium Belliloci a sancto Rodulfo traditum est, I.
GODOR (BERNARDUS DE), CLXXXI.
GODRICUS, testis, CLVIII.

GOLFERIUS seu GULFERIUS DEL LASTORS. Vide *Lastors* (*Gulferius del*).

GOLMARIUS seu GULMARUS, prædiorum possessor, in villa Fano, in pago Caturcino, testis, CLXXXIII.

GONES (U. DE), testis, CXCIV.

GONESC (U. DE), testis, CXCII.

GONESC (U. DE), senioret, testis. CXCII.

GONESS (B. DE), testis, CXCII.

GONEX (R. DE), testis, CXCII.

GONRADUS, testis, CLXXIV.

GONTALDUS, qui manu scripsit chartam III.

GORDO (G. DE). Vide *Gordonio* (*Geraldus de*).

GORDONIO seu GORDO (GERALDUS DE), abbas Obasinensis, XXXVII. — Testis, CXCIV. — GOURDON (GÉRAUD DE).

GOTAFREDUS seu GODEFREDUS, comes Turennensis. Vide *Godefredus.*

GOTAFREDUS, donator, Godilæ maritus, XXIX.

GOTAFREDUS, donator, CXXXIX.

GOTAFREDUS, donator, Alpais et Agelberti filius, CXLV.

GOTAFREDUS, donator, Gotafredi alterius quondam filius, CLXIX.

GOTAFREDUS, testis, XXI.

GOTAFREDUS, testis, CLXVIII.

GOTAFREDUS, testis, Godefredi seu Gotafredi, Turennensis comitis, filius, CLXXXVI.

GOTAFREDUS, quondam Gotafredi alterius donatoris genitor, CLXIX.

GOTAFRIDUS seu GODEFREDUS, comes Turennensis. Vide *Godefredus,* comes.

GOTAFRIDUS seu GODEFREDUS, Godefredi comitis Turennensis filius. Vide *Godefredus.*

GOTBALDUS, testis, XXXIII.

GOTBALDUS, testis, CLXXXVI.

GOTBRANDUS, testis, LIII.

GOTHAFRIDUS, GODAFREDUS seu GODEFREDUS, Turennensis comes. Vide *Godefredus.*

GOZBERTUS, donator, CXLIII.

GOZBERTUS, testis, CLXIV.

GOZBERTUS, testis, Gozfredus seu Guazfredus, Agamberti filius, LVIII.

GOZBERTUS, testis, CLXXXIX.

GOZBERTUS seu GAUSBERTUS, vicecomes, Rotberti secundi nomine filius, Rodulfi comitis Turennensis pronepos, Ricburgis maritus, donator, XXVIII. — Testis, XLVIII. Ademari vicecomitis Scalarum frater, testis, XLIX.

GOZBERTUS, Gozberti alterius filius, CXLIII.

GOZFREDUS seu Gauzfredus, donator, Foleuzæ maritus, LXXXIII.

GOZFREDUS seu GAUZFREDUS, presbyter, donator, LXXIV.

GOZFREDUS, præpositus Belliloci, LVIII.

GOZFREDUS seu GUAZFREDUS, testis, Agamberti filius, LVIII.

GOZFREDUS, filius Gozberti, defunctus, CXLIII.

GOZFRIDUS seu GAUZFRIDUS, Godefredi comitis Turennensis filius. Vide *Gauzfridus.*

GOZLENUS, testis, LVIII.

GRALOLIACO (A), mansus, CXXIII. — Forte idem qui Granoillac seu Granuliacum infra nuncupatur.

GRANOILLAC (boria de), CXCI. Vide *Granuliacum.*

GRANULIACUM, locus seu villa, III, CXCIII. — Boria de Granoillac nuncupata, CXCI. — GRANOUILLAC.

GREGORIUS, papa, septimus nomine, sub regimine cujus facta est charta XV.

GRESA seu GROSA, locus, in villa Marzella. Vide *Grosa.*

GRIMALDUS, testis, XXXIII.

GRIMOARDUS, testis, XXXIII.

GROSA seu GRESA, locus, in villa Marzella, in pago Caturcino, CLXXXIII. — GRÈSE (LA)?

GUAIRALDUS seu GUIRARDUS, donator, Guildis maritus, LXXIX.

GUALDONUS, cujus defuncti elemosinarii fuerunt Rotbertus Vetus comes dictus, pluresque viri alteri, CVIII.

GUALFREDUS, donator, LXXXVIII.

GUALMANDUS seu GALMANDUS, Frotarii et Godlindis filius, LXXXVII.

GUALTARIUS, testis, LXIX.

GUARALDUS, testis, LXXII.

GUARBERNUS, testis, CLXVI.

GUARENNA, Rigaldi parens, CLXIV.

GUARIBERTUS, testis, LXXVI.

GUARNALDUS, testis, LIII.

GUARNARIUS, sacerdos, testis, XXIII.

GUARNARIUS, testis, CLXII.
GUARNARIUS, testis, CLXXII.
GUARNARIUS, testis, CLXXXV.
GUARNERIUS, testis, CXL.
GUARULFUS, testis, LXXXVII.
GUATFREDUS, Elisabeth maritus, donator, LVI.
GUAUZFREDUS, nepos Geraldi donatoris, XCI.
GUAUZLENUS, donator, LXXXV.
GUAZBERT DE MARGUALGAS (mansus nuncupatus), LXXXII. — GAUBERT, près Magnagues.
GUAZFREDUS seu GOZFREDUS, testis, filius Agamberti, LVIII.
GUAZFREDUS, Rainaldi quondam filius, et Geraldi Ademari frater, LXXXVI.
GUDOLRICUS, testis, CXXXI.
GUERNO, abbas Bellilocensis, LXX, LXXIII, CXLIV, CXLIX. — Idem, una cum Geraldo primo nomine, Bellilocensis abbas, CIX. — Galfredi et Elizabeth filius, LVI. — A parentibus pro clericatu Bellilocensibus monachis offertus, et idem, ut censeo, qui supra abbas Bellilocensis laudatur, CXLIV.
GUI DE BEISSENC. Vide *Beissenc (Gui de)*.
GUI DE CURAMONTA, CXCII. Vide *Caramonta (Gui de)*.
GUI DAFIO. Vide *Dafio (Gui)*.
GUIDO, archidiaconus Ecclesiæ Caturcensis, testis, XXXI.
GUIDO, testis, XLIX.
GUIDO DE FLAVIAC. Vide *Flaviac (Guido de)*.
GUIDO DE LASTORS. Vide *Lastors (Guido del)*.
GUIDO DE RIBERA. Vide *Ribera (Guido de)*.
GUIDO, donator, Frodini et Volusianæ filius, Avanæ maritus, Ebrardi pater, LI.
GUIGO, testis, CLXXVI.
GUIGO, Avanæ quondam maritus et Ebrardi filius, CLXXIII.

GUILAFRIDUS, testis, CLXIII.
GUILLABERTUS, testis, CLII.
GUILLELMUS, testis, CLIV.
GUILLELMUS, quondam Guillelmi seu Wuillelmi venditoris genitor, CXXXVII.
GUILLELMUS seu WUILLELMUS, Guillelmi quondam filius, venditor, CXXXVII.
GUILLELMUS, vir, qui prædia quædam S. Petri habet ad fevum prope Cassanias, in Lemovicino pago et in vicaria Asnacensi, CXXXVIII.
GUILLELMUS DE SANCTO MICHAELE. Vide *Sancto Michaele (Guillelmus de)*.
GUINABERTUS, testis, LX.
GUINABERTUS, testis, LXXVI.
GUINABERTUS, testis, CVIII.
GUINEBERTUS, clericus, pro clericatu cujus Ratbodus, consanguineus ejus, plura Belloloco confert, LXXI.
GUIRARDUS seu GUAIRALDUS, donator, Emildis maritus, LXXIX.
GUITARDUS, monachus, XCIX.
GUITARDUS, monachus, testis, CXX.
GUITARDUS, testis, XLIV.
GUITARDUS DE SANCTO MICHAELE. Vide *Sancto Michaele (Guitardus de)*.
GUITBALDUS, testis, CLXIX.
GULDRICUS, avunculus quondam Aviti donatoris, CLII.
GULFERIUS seu GOLFERIUS DEL LASTORS. Vide *Lastors (Gulferius del)*.
GULMARUS seu GOLMARIUS. Vide *Golmarius*.
GUMBERTUS, testis, XI.
GUNEBERTUS, testis, XI.
GUOZFREDUS, testis, LXXIV.
GUTBURGIS, femina, de qua prædia quædam comparata fuerunt in villa Castras, CLIX.

H

HECFRIDUS, episcopus Pictavensis, testis, XI.
HELIAS, Gerberti de Merle nepos, C.
HELIAS GALTERIUS, testis, CXI.
HELISABET seu ELISABET, Galfredi uxor, una cum marito suo, donatrix, CXLIV.
HELIZ, vicecomitissa Turennensis, uxor Raimundi quondam vicecomitis secundi nomine, testis, CXCIV. — Inter abbatem Umbertum et vicarium Belliloci Willelmum de Martemniac, de vicariæ forma, una cum Ugone Lemovicensi episcopo, per arbitrium decrevit, CXCX.

INDEX GENERALIS.   327

Henricus, archiepiscopus Bituricensis, tempore cujus charta CXCIV facta est.

Herlandus sive Hernaldus, Adalgardæ maritus, donator, CLXV.

Hernaldus seu Herlandus. Vide *Herlandus*.

Hildeboldus, diaconus, cujus in regio diplomate subscriptio apparet, IV.

Hildegardis, Frodini quondam uxor, Frotarii mater, CXXX.

Hludovicus, rex Aquitanicæ regionis, III. Vide *Ludovicus*, rex.

Hominium et fidelitatis juramentum Bellilocensi abbati debitum a dominis de Cavaniaco, CXCVI. — A servis vicariis seu judicibus, L. — A vicario de Belloloco, CXCII. — A vicecomite Turennensi, CXCIV. — Quando et quomodo præstitum, CXCII, CXCVI.

Hugo, decanus Lemovicensis, not. 3 ad chartam VIII.

Hugo, monachus Bellilocensis, not. 3 ad chartam VIII.

I

Ictorus, ad possessiones cujus condamina quædam, in pago Caturcino et in vicaria Exidensi, attinet, XLV.

Idoneus, presbyter, testis, I.

Igeracus, Agaracus, Agiracus seu A Girac, curtis indominicata, ubi ecclesia S. Martini, in pago Caturcino, et in centena Exidensi sita : a Godefredo Turennensi comite Bellilocensibus concessa, III. — In jure et in potestate monachorum ab Oddone rege confirmata, XII. — Ubi servus judex sive servus vicarius ab abbatibus Bellilocensibus institutus, L, CXXIV, CXCIII. — Girac.

Ildebertus, testis, XI.

Ildebertus, testis, CLXIV.

Ildegarda, Frodini conjux, Frotarii et Matfredi genitrix, XLIII.

Ildegardis, Geraldi uxor, una cum marito, venditrix, CXXXVIII.

Ildiricus, testis, qui prædia quædam in Illa Campania possedit, LIV.

Ildoinus, qui terram in Illa Campania possedit, LIV.

Illa Agenna (Ad), locus. Vide *Agenna (Ad illa)*.

Illa Becia (Ad), villa. Vide *Becia (Ad illa)*.

Illa Brucia (Ad), vinea. Vide *Brucia (Ad illa)*.

Illa Calme (Ad), villa quædam. Vide *Calme (Ad illa)*.

Illa Campania, locus. Vide *Campania (Illa)*.

Illa Casa (Ad), locus quidam. Vide *Casa (Ad illa)*.

Illa Casa (Geraldus de). Vide *Casa (Geraldus de illa)*.

Illa Cumba, LXXXIV. Vide *Cumba (Ad illa)*.

Illa Cumba (Ad), locus, CLIV. Vide *Cumba (Ad illa)*.

Illa Dometa (Ad), locus. Vide *Dometa (Ad illa)*.

Illa Fabrica (Ad), locus. Vide *Fabrica (Ad illa)*.

Illa Pedraga, mansus. Vide *Pedraga (Illa)*.

Illa Poiada (Ad), bordaria. Vide *Poiada (Ad illa)*.

Illa Prata (Ad), locus, in Caturcino. Vide *Prata (Ad illa)*.

Illa Roca (Ad), villa. Vide *Roca (Ad illa)*.

Illa Sclausa (Ad), locus. Vide *Sclausa (Ad illa)*.

Illa Strada (Ad), locus. Vide *Strada (Ad illa)*.

Illa Vaber (Ad), locus quidam. Vide *Vaber (Ad illa)*.

Illa Vaure, locus. Vide *Vaure (Illa)*.

Illa Vaxeria (Ad), locus. Vide *Vaxeria (Ad illa)*.

Illa Vedrina (Ad), locus. Vide *Vedrina (Ad illa)*.

Illa Vernia (Ad), villa quædam. Vide *Vernia (Ad illa)*.

Illam Rocam (Ad), locus seu villa. Vide *Rocam (Ad illam)*.

Illas Bordas, locus. Vide *Bordas (Illas)*.

Illo Bosco (Ad), locus. Vide *Bosco (Ad illo)*.

Illo Causeno (Ad), locus. Vide *Causeno (Ad illo)*.

Illo Cherio (mansus de). Vide *Cherio (mansus de Illo)*.

INDEX GENERALIS.

ILLO PANTEO (AD), locus. Vide *Panteo* (*Ad illo*).

ILLO PEDRONO (AD), condamina. Vide *Pedrono* (*Ad illo*).

ILLO SABULO seu AD ILLO SABULO, locus. Vide *Sabulo* (*Ad illo*).

ILLO SALENTE (AD), locus quidam. Vide *Salente* (*Ad illo*).

ILLO ULME (AD), locus quidam. Vide *Ulme* (*Ad illo*).

ILLO VIRDIGARIO (AD), bordaria. Vide *Virdigario* (*Ad illo*).

ILLOS ANGULOS (AD), locus. Vide *Angulos* (*Ad illos*).

ILLOS PLANOS (AD), vinea quædam. Vide *Planos* (*Ad illos*).

ILLUM BOSCUM (AD), villa. Vide *Boscum* (*Ad illum*).

ILLUM FONTEM (AD), locus. Vide *Fontem* (*Ad illum*).

ILLUM MESPLUM (AD), villa. Vide *Mesplum* (*Ad illum*).

IMBERTUS DE GARDELLA. Vide *Gardella* (*Imbertus de*).

IMMENA, IMMENANA seu EMMENA, Rodulfi comitis quondam Turennensis et Ayganæ filia, cui et simul fratri suo Rodulfo archiepiscopo plura a genitrice donata fuerunt pro cœnobio puellarum apud Saraciacum construendo; monialis et postea abbatissa cœnobii istius, XXXIV, CLXXXV, CXCIII. — De qua S. Rodulfus plura prædia comparavit, CLXXXIV.

IMMO, testis Rodulfi seu Radulfi, comitis Turennensis et Ayganæ natus, sancti Rodulfi frater, I, XXXIV, CXCIII.

IMMO, testis, XXV.

IMMO, testis, XLIII.

IMMO, testis, CXLII.

IMMO (DE CAUNAC?), Itisburgis maritus, donator, LXVI.

IMMUNITATES, Bellilocensi monasterio, a regibus Carolo Calvo cognomine, Carlomanno et Oddone rege collatæ, V, VIII, XII. — A summo pontifice Paschale confirmatæ, II. Cf. *Mundiburdum.*

IMO, servus judex sive servus vicarius, in curte de Agiraco institutus, L.

IMPERATOR. Vide *Karolus, Lotarius, Ludovicus.*

IN FELINOS seu FELLINOS, mansus absus, CLXVI. Vide *Fellinos.*

IN ILLA CALME, locus, in pago Lemovicino et in vicaria Asnacensi, LX. Vide *Calme* (*Ad illa*).

IN VALLE, mansus. Vide *Valle* (*In*).

INGALSINDIS, donatrix, Eldoardi uxor, CLXXVII.

INGARIUS, testis, XI.

INGELARIUS, testis, CXXXIV.

INGELARIUS, testis, CLVIII.

INGELBORGIS, Avidi quondam uxor, Aviti genitrix, CLII.

INGELERIUS, qui cum Rigaldo quædam prædia concambiavit, CLXIV.

INGELSENDIS seu INGENSELDIS, Sicardi uxor, donatrix, XVII.

INGENSELDIS seu INGELSENDIS, Sicardi uxor, donatrix, XVII.

INGILBERTUS, levita, testis, I.

INGILRAMNUS, testis, LI.

INGUALBERTUS, testis, CXXIX.

INMONT, villa, ubi mansi Amarzan et de Monte, bordariæ del Pleniene, de Salezosa, de Nogent, vinea de Mont et boscus, XCIX. — YMONT.

INTER QUATUOR CRUCES, terra quædam, in loco A Costugias dicto, XCII. — QUATRE-CROIX (LES).

ISLA quædam, ultra aquam Dordoniam, in manso Valle dicto sita, CXXI.

ISCURAS (AD), villa, in vicaria Usercensi, ubi tres mansi S. Petro concessi, CLXXXIX. — ESCURES (LES), près Saint-Pardoux.

ISIMBARDUS, testis, LI.

ISLO, testis, XI.

ITERIUS, monachus Bellilocensis, not. 3 ad chartam VIII.

ITISBURGIS, Immonis (de Caunac?) uxor, donatrix, LXVI.

J

Jacob, testis, XX.
Jadaliaco (Eliseus de), mansus, LXXXII.
Jaorzacum, locus, LXXXII.
Jarsin, donatoris cujusdam uxor, CLXXXVIII.
Jauniaco (Aimericus de), archidiaconus Ecclesiæ Lemovicensis, in ministerio cujus erat ecclesia de Favaris, CLXX.
Joannes seu Johannes, abbas Bellilocensis, et, ut conjicio, ex gente Turennensi oriundus, XLIV, XLVIII, CVI, CVIII, CXXXII, CXLI, CXLIV.
Joannes seu Johannes, Romanæ ecclesiæ diaconus cardinalis, per manum cujus bulla Paschalis papæ data est, II.
Joannes, testis, XXV, CXLVIII.
Jocungiacus (pagus), Introd. tit. vi. — Jocondiac (pays de), aujourd'hui Le Palais.
Johannes, presbyter ecclesiæ sancti Stephani de Lusde, testis, XXXV. — Testis, XXXVI.
Johannes, servus judex sive servus vicarius, L.
Johannes, testis, XX.
Johannes, testis, nepos Rotberti et Rottrudis ex filio, Gozberti vicecomitis ex fratre, XXVIII.
Johannes, testis, CXXX.
Johannes, nepos Ebroini donatoris, CLXXVIII.

Johannes Arlennus, testis, XCIII.
Johannes Effermers, CXCII. Vide *Effermers (Johannes)*.
Johannes de Gimpniac. Vide *Gimpniac (Johannes de)*.
Jonas, testis, LXVIII.
Jonas, testis, LXXXVII.
Jonas, testis, CXXXI.
Jonas, testis, CLXXV.
Jordas Aurelz. Vide *Aurelz (Jordas)*.
Jordas Galterius, testis, CXCII.
Joseph, testis, XI.
Joseph, testis, XX.
Jovis, locus, LV.
Judex, Archambaldus, testis, XV. — Stephanus, in manso quodam de villa Damiaco residens, LXXXIV.
Judex in curte de Favars institutus; de officio et juribus ejus, CI.
Judex (Servus). Vide *Servus vicarius*.
Juliaco (vicaria de), Introd. tit. vi. — Juillac (vicairie de).
Junciacus, villa, CLXXXVI, CXCIII.
Jurio seu Jurionus, testis, CXLVII.

K

Kallamandus, rex, CLXIX. Vide *Karlomannus*.
Kalsto, abbas Bellilocensis una cum Geraldo primo nomine, LXXV.
Karidus, villa, in orbe Arvernico et in aice Catalensi sita, seu forte in aice Exidensi, CLXXV.
Karlamannus, rex, CXXX. Vide *Karlomannus*.
Karllamandus, rex Francorum, CLXXIII. Vide *Karlomannus*.
Karlomandus, rex, CXXVII, CLXVI. Vide *Karlomannus*.
Karlomannus, Karlimannus seu Karlamannus, Karlomandus, Karlamandus, Karllamandus seu Kallamandus, rex, Camairacum et Orbaciacum villas monachis Bellilocensibus confirmat, VIII. — Ermenrico curtem Diniacum, in vicaria Barrensi, item confirmat, CLXVI. — Francorum atque Aquitanorum rex dictus, XVII. — Memoratus, XLV, LV, LVII, CXXVII, CXXX, CLXIX, CLXX, CLXXIII.
Karolus, rex Francorum, postea imperator, cognomento Calvus, III. — Camairacum villam Bellilocensibus concedit, IV. — Immunitatem Bellilocensibus et licentiam mercatum construendi in vico Siuiniaco confert, V. — Orbaciacum monasterio Belliloci concedit, IX. — Sub cujus regno factæ sunt chartæ XXV, XXVII, XLVI, LXVIII, LXXXI, CXXXI, CLXVIII, CXCIII. — Imperator

dictus, CLXXI, CLXXXVI, CXCIII. — Magnus cognominatus, CLXX.

Karolus, rex Aquitanorum, Minor cognominatus, Caroli Calvi filius, I, XVI, XVIII, XIX, XXI, XXIII, XXIV, XXXIII, LIV, CXII, CXV, CLXXII, CLXXX, CLXXXIII.

Karolus, rex vel imperator Francorum sive Aquitanorum, cognomento Crassus, XI, XLIII, LXXIX, CLXII, CLXIII, CLXV, CLXXV, CLXXVI.

Karolus, rex Francorum, cognomine Simplex, XXII, XXIX, LIX, LX, LXIV, LXV, LXIX, CXXIX, CXXXIV, CXLV, CXLVII, CLVII, CLX.

Karolus Magnus, rex. Sic Carolus Calvus cognominatus, CLXX. Vide supra *Karolus*, rex, Calvus cognomento.

Katurcinus (pagus), LXXVI. — Quercy. Vide *Caturcinus (pagus seu orbis)*.

L

Lacus, villa, in pago Arvernico et in vicaria Salensi, II. — Ubi ecclesia in honore S. Boniti, CLXXIII. — Lac, en Auvergne.

Lapinus, testis, CLVI.

Lanbertus seu Lantbertus, CXLV. Vide *Lantbertus*.

Lancnac (Geraldus de), donator, XC.

Landricus, portarius, XXIV.

Landricus, presbyter, quondam Ragamfredi natus, Stradigii nepos ex filio, CLXXIX.

Landricus, testis, Rodulfi comitis Turennensis et Ayganæ natus, S. Rodulfi frater, I, XXXIV et CXCIII.

Landricus, testis, CLXXXV.

Landricus seu Landrigus, testis, verisimiliter S. Rodulfi frater, XVI.

Landricus, testis, CXLII.

Landricus, testis, CXLVII.

Landricus, Adalgarii et Ayganæ filius, LVII.

Lantarius, testis, CLVI.

Lantbertus seu Lanbertus, Alpaidis et Agelberti filius, donator, CXLV.

Lanzaguas, mansus, LXXXII.

Lastors (Archambaldus seu Archimbaldus del), filius Rotberti et Mainelli, donator, XIV.

Lastors (Bernardus del), Archambaldi et aliorum frater, XIV.

Lastors (Geraldus del), XIV, XV. — Geraldus alter seu Gerardus, Guidonis primi nomine et Agnetis filius, alterius Guidonis frater, XIV, XV.

Lastors (Golferius seu Gulferius del). Vide *Lastors (Gulferius del)*.

Lastors (Guido del), primus nomine, Engelsianæ nepos, Agnetis maritus, Guidonis secundi, Gerardi necnon Gulferii genitor, testis, XIV, donator, XV.

Lastors (Guido del), secundus nomine, Guidonis del Lastors et Agnetis filius, Gerardi et Gulferii frater, donator, XIV, XV.

Lastors (Gulferius seu Golferius del), Guidonis et Agnetis filius, XIV, XV.

Lastors (Martinus del), Archambaldi et aliorum frater, XIV.

Lastors (Petrus del), Archambaldi et aliorum frater, XIV.

Lastors (Rannulfus del), Archambaldi et aliorum frater, XIV.

Lastors (Rotbertus del), Mainelli maritus, Archambaldi, Petri et aliorum, genitor, XIV.

Laterani, ubi data fuit bulla Paschalis papæ, II. — Latran.

Launus, episcopus Engolismensis et simul monasterii cujusdam abbas, testis, I.

Laurentus, locus, in vicaria Argentadensi, ubi vinea Alboaresca, CLXIV. — Laurent (le).

Laurestanigas, locus, XLIX.

Laustangas seu Laustanguas, locus, in orbe Lemovicino et in vicaria Asnacensi situs, ubi capmansionile quoddam Bellilocensibus concessum, CLXXIV. — Ubi parochia S. Petri ex patrono ecclesiæ nuncupata, XC. — Lostanges.

Laustanguas (parochia S. Petri de), XC. Vide *Laustangas*.

Lavastra, locus, in pago Lemovicino et in vicaria Vertedensi, ubi vineæ duæ Bellilocensibus laxatæ, CL.

LAVERNIA (S.), testis, CXCII.

LEGONORIUM, locus, ubi bordariæ duæ dimittuntur, LXXX.

LEGORA sive LIGORA, pagus Leucorum. Introd. tit. VI. — LIGOURE ou CHALUS (pays de).

LEMOTGAS (P. DE), testis, CXCII. — LIMOGES (P. DE).

LEMOVICAS, civitas, ubi, in synodo plena, facta est charta XIII. — LIMOGES.

LEMOVICENSIS (archidiaconus). Vide *Aimericus de Gauniaco, Aymarnus, Daniel, Egesius, Helias* (de Gimel?), *Hugo.*

LEMOVICENSIS (archiepiscopus) (sic pro episcopus), CXCV. Vide *Lemovicensis (episcopus).*

LEMOVICENSIS (archipresbyter). Vide *Amardus, Bernardus de Balado, Donadeus.*

LEMOVICENSIS (comes), Raimundus, XII, XVIII.

LEMOVICENSIS seu LEMOVICINUS (comitatus, orbis, pagus). Vide *Lemovicinus.*

LEMOVICENSIS (episcopus). Vide *Anselmus, Austorgius seu Eustorgius, Geraldus del Cher, Saibrandus, Stodilus seu Stolidus, Ugo.*

LEMOVICENSIS (parochia pro diœcesi), II. — LIMOGES (diocèse de).

LEMOVICENSIS (vicaria), Introd. tit. VI. — LIMOGES (vicairie de).

LEMOVICINUS, LIMOVICINUS seu LEMOVICENSIS (comitatus), VII, VIII, IX, X, XI, CXXXII. — LIMOGES (comté de). Cf. *Lemovicinus (orbis, urbis seu pagus).*

LEMOVICINUS, LIMOVICINUS seu LIMOZINUS (orbis seu urbis), I, XVI, XVIII, XXVIII, LVIII, LXVII, LXVIII, LXIX, LXX, LXXIV, LXXIX, LXXXV, LXXXVII, LXXXVIII, XCVI, CIV, CVI, CXV, CXXVIII, CXXXI, CXXXII, CXXXVII, CXXXVIII, CXXXIX, CXLI, CXLIII, CLII, CLIII, CLIV, CLV, CLVI, CLIX, CLX, CLXVI, CLXXII, CLXXIV, CLXXIX, CLXXX, CLXXXIII. — (pagus), I, IV, XII, LV, LXV, LXXI, LXXV, LXXXI, CXII, CXX, CXXII, CXXV, CXXXIV, CXLII, CXLIV, CXLVII, CXLIX, CL, CLV, CLX, CLXII, CLXIII, CLXVII,
CLXVIII, CLXXI, CLXXVI, CLXXXV, CXCIII. — LIMOUSIN (pays du).

LEMOZINUM (territorium), ubi vicaria Barinsis et ecclesia S. Martialis, secus fluvium Correziam, XVII.

LENZIACUS, curtis, in orbe seu pago Caturcino, in vicaria Bealliacensi, ubi ecclesia indominicata S. Dionysio dicata, XXVIII. — LANZAC.

LEOBAGILDIS (ecclesia de), CLXXXVIII. — LEOBAZEL (église de).

LEOBAGILDIS (villa et boscus de), CLXXXVIII. — LEOBAZEL (village et bois de).

LEOTALDUS, testis, CXII.

LEOTGARIUS, testis, CLXV.

LEOTHARIUS, testis, LXXIX.

LEUCORUM (pagus) seu LEGORA (pays de Chalus ou Ligoure). Vide *Legora.*

LIGORA seu LEGORA, pagus. Vide *Legora.*

LIMOVICINUM, id est Limovicinus orbis seu pagus, L. Vide *Lemovicinus (orbis seu pagus).*

LIMOVICINUS seu LEMOVICINUS (orbis seu urbis, pagus et comitatus). Vide *Lemovicinus (orbis, pagus, comitatus).*

LIMOZINUS (pagus). Vide *Lemovicinus (orbis seu urbis, pagus).*

LINAIRAC (RIGALDUS DE), Bernardi Rigaldi genitor, CXX. — LIGNERAC (RIGAUD DE).

LINARNALDUS, testis, XXVII.

LIPCIACUM, villa, in Andegavensi pago, ubi diploma quoddam a Carlomanno rege datum est, VIII.

LIVINIACO (ARTMANDUS DE), qui in castro Alta Peiriera jura quædam habebat, XXXIX.

LOBEGIACUS, locus, ubi mansus quidam monasterio Bellilocensi concessus, CXVI. — LOUBEJAT.

LOBOLENUS, donator, CLIII.

LOBOLENUS, monachus, missus Gairulfi abbatis Bellilocensis, pro traditione rerum quarumdam recipienda in pago Arvernico, CLXXIII.

LODORIUS, villa, in comitatu Caturcino et in vicaria Casiliacensi, XLVIII.

LODOVICUS, Aquitanorum rex, Caroli Calvi regis filius, CLIII. Vide *Ludovicus,* rex Aquitanorum.

LODOVICUS, rex Francorum, cognomine Transmarinus, CXXXIX, CLIX. Vide *Ludovicus*, rex Francorum.

LONG, nemus, quod prope maresium de Fondial et molendinum del Sostre situm est, XXXVII. — LON.

LONGAVALL (A), locus, ubi vinea quædam A Sacrario dicta, CXXIV. — LONGUEVAL.

LONGAVILA, caputmansum ad cellam Bonavillæ concessum, XLII. — Forte idem locus qui Longavilla nuncupatus est, CXIX. — LONGEVIALE.

LONGAVILLA, locus, in vicaria Asnacensi, CXIX. — Forte idem qui Longavila nuncupatus est, XLII. — LONGEVIALE.

LONGOR, villa, XLIX. — LONGOUR.

LOTARIUS seu LOTHARIUS, imperator, Ludovici Pii imperatoris augusti filius, XX, XXXIV, CLXXXIV, CXCIII.

LOTARIUS, LOTERIUS seu LOTHERIUS, rex Francorum, XLVII, LXXIII, LXXIV, LXXV, LXXXV, XCVI, CXXVI, CXLVIII, CXLIX, CL, CLXIV.

LOTERIUS, rex Francorum, LXXXV, CXXVI et CXLVIII. Vide *Lotarius*, rex.

LOTHARIUS seu LOTARIUS, imperator, CLXXXIV. Vide *Lotarius*, imperator.

LOTHARIUS, testis, XI.

LOTHERIUS, rex Francorum, XCVI et CLXIV. Vide *Lotarius*, rex.

LUDOICUS, rex Francorum, cognomento Transmarinus, CLXXIV. Vide *Ludovicus*, rex Francorum.

LUDOVICUS, imperator augustus, Pius cognomento, Caroli Magni filius, CLXXXV, CXCIII.

LUDOVICUS, LODOVICUS seu LUDWICUS, rex Aquitanorum seu Equitaniorum (sic), sive Aquitaniæ regis, cognomento Balbus, Caroli Calvi filius, III, XXVII, LI, CXXXI, CLIII, CLXVIII, CLXXIX, CXCIII.

LUDOVICUS, LODOVICUS, LUDUICUS seu LODOICUS, rex Francorum, Transmarinus cognomento, LIII, LVIII, CXXXIX, CXLIII, CLIX, CLXXIV.

LUDOVICUS, LUDVICUS seu LUDUICUS, rex Francorum, sextus nomine, XXXI, XXXII, XXXV, XXXVI.

LUDUICUS, rex Francorum, cognomine Transmarinus, CXLIII. Vide *Ludovicus*, rex Francorum.

LUDUICUS, rex Francorum, sextus nomine, XXXII. Vide *Ludovicus*, rex, sextus nomine.

LUDVICUS, rex Francorum, XXXVI. Vide *Ludovicus*, rex, sextus nomine.

LUDWICUS, Aquitanorum rex, Balbus cognomento, Caroli Calvi regis filius, CXXXI. Vide *Ludovicus*, rex Aquitanorum.

LUNIANAS, villa, S. Petro dimissa, ubi ecclesia de Agolas, CLXXXVIII.

LUPERCIACENSIS (vicaria), Introd. tit. VI. — LUBERSAC (vicairie de).

LUPIACUS, villa, in orbe Lemovicino et in vicaria Asnacensi, ubi locus Ad illo Bosco dictus, CLII. — LAUBAT, près le Bouis (?)

LUPIACUS, villa, in pago Caturcino (et in vicaria Casiliacensi?) sita, CLVI.

LUSDE (ecclesia S. Stephani de), XXXV, XXXVI. Vide *Lusidus* seu *Lusde*.

LUSIDUS seu LUSDE, villa, in pago Lemovicino et in vicaria Asnacensi, CLXVIII. — Ubi ecclesia in honore sancti Stephani, ab Austorgio, episcopo Lemovicensi, Bellilocensibus concessa, XXXV. — Cujus decima et fevum presbyterale a Petro de la Gardella Bellilocensi monasterio collata fuere, XXXVI. — LIOURDRES.

M

MACERIAS (AD ILLAS), villa, in valle Exidensi et in villa Pauliaco sita, ubi capella in honore S. Petri constructa, XXXVIII. — Postea Ad Macherias, et recentius quidem Bonavilla nuncupata fuit, cujus ecclesia Bellilocensibus concessa, XXXIX. Cf. *Bonavilla*. — BONNEVIOLLE.

MACHERIAS (AD) seu AD ILLAS MACERIAS, ecclesia seu capella, quæ postea Bonavilla nuncupata fuit, XXXIX. Vide *Ad illas Macerias et Bonavilla*. — BONNEVIOLLE.

MADFREDUS, testis, CLXXVII.

MADRINIACO (ecclesia de), Tutelensibus concessa, XLIX. — MAYRINHAC (église de). Vide *Matriniacus*.

MADRINUS, testis, XVII.

MAENZAC (WILL. DE), testis, CXCII.

MAGNOMONTE, locus, in orbe Lemovicino, in vicaria Asnacensi, ubi vinea quædam monasterio dimissa, CXXVIII.

MAIER CROZAZ (G.), testis, CXCIV.

MAINALDUS, testis, XXV.

MAINALDUS, testis, LXIV.

MAINALDUS, testis, CLXXII.

MAINANOS (AD), mansus, prope Camairacum, XCV.

MAINARDUS, testis, CLXXXV.

MAINARIUS, abbas incerti loci, testis, I.

MAINELL, femina, Rotberti del Lastors conjux, Archambaldi genitrix, XIV.

MAINZACO (STEPHANUS DE), sacerdos, nepos alterius Stephani sacerdotis, LXXXVI.

MAINZACUM, alodum seu honor, ubi vineæ Campo Rainoni, Ad Auzerall, et Rivo Caolf, Belloloco laxantur, CXXXVI.

MAIOR (G.), P. Maioris filius, testis, CXCII.

MAIOR (P.), testis, CXCII.

MAIOR (WILLELMUS), testis, CXCII.

MAIRINIACUS, locus, ubi mansus Ad Martres vocatus, CX. Vide *Matriniacus*.

MAISIRACUM, villa, XLIX.

MAISSE (A), bordaria, LXXXII. — MAISSE.

MALABAUGUIL, locus, prope Miseriacum, CLXXXVIII. — MARGUIL, près Mézayrac.

MALAFAIDA (GERALDUS), testis, XV.

MALAFAIDA (GERBERTUS), testis, CXI.

MALAMORT seu MALEMORT (ENGELSIAS DE), XIV, XV. — MALEMORT (ENGELSIAS DE).

MALAMORT (GAUBERTUS DE), testis, CXI. — MALEMORT (GAUBERT DE).

MALAMORT (PETRUS DE), XIV. — MALEMORT (PIERRE DE).

MALEMORT seu MALAMORT (UGO DE), pater Engelsianæ, quæ Guidonis del Lastors primi nomine, amita fuit, XIV, XV. — MALEMORT (HUGUES DE).

MALEMORT seu MALAMORT. Vide *Malamort*.

MALETUS (ODOLRICUS). Vide *Odolricus Maletus*.

MANSUM ARCANALDI (AD), villa, CLXXXVI. — Mansus Arcanaldi, CXCIII.

MANSUS ARCANALDI, villa, CXCIII. Vide *Mansum Arcanaldi (Ad)*.

MANUIS, donatrix, CLXXI.

MARCA seu MARCHIA, districtus in Lemovicino, Introd. tit. VI. — MARCHE (LA).

MARCHERIUM (poium), locus, ubi vineæ S. Petro dimissæ, CLXXXVIII.

MARCHIO Septimaniæ, Villelmus nomine primus, Pius cognomento, X, not. 8.

MARCIACUS, locus, ubi boscus monasterio donatus est, in pago Lemovicino, in vicaria Asnacensi, et in loco Palierio dicto, LXXXV et CXLIX. — MARSAC.

MARCILIACO seu MARCILLIACO (monasterium S. Petri de). Vide *S. Petri de Marciliaco (monasterium)*. — MARCILLAC-LA-CROSE (monastère de Saint-Pierre de).

MARCIOLIS, rivus, in orbe Lemovicino, in vicaria Asnacensi, qui vadit in Palsone fluvio non longe a Carentenaco, CXV.

MARCUS, locus, in pago Lemovicino et in vicaria Spaniacensi, CLXXII. — MARC-LA-TOUR.

MARGUALGAS (mansus qui vocatur GUAZBERT DE), LXXXII. — MAGNAGUES (GAUBERT, près).

MARTELLUM, locus seu urbs, ubi domus ad abbatiam Obasinensem pertinens, in qua sententia arbitralis a Geraldo de Gordonio abbate et Bernardo Rotberto de Cavaphaco data fuit, XXXVII. — MARTEL.

MARTEMNAC (GERALDUS DE), testis, XXXII.

MARTEMNIAC (G. DE), monachus, testis, CXCIV.

MARTEMNIAC (GAUZBERTUS DE), testis, CXCII.

MARTEMNIAC (WILLELMUS DE), vicarius Belliloci, CXCV.

MARTEMPNIAC (P. DE), testis, CXCV.

MARTINUS, presbyter, testis, XIII.

MARTINUS DEL LASTORS. Vide *Lastors (Martinus del)*.

Martres (Ad), mansus, in Mairiniaco, CX. — Mas-de-Marne (?)

Marzella, villa, ubi locus Grosa seu Gresa vocata, in pago Caturcino, CLXXXIII.

Matfredana, Rotberti uxor, Petri mater, CX.

Matfredus, testis, Frodini et Ildegardanæ filius, Frotarii frater, XLIII.

Matfredus, testis, LVI.

Matfredus, testis, CXXX.

Matfredus, maritus quondam Aitrudis, memoratus, XXXVIII.

Matfredus, unus ex nobilibus viris ante quos placitatum est de ecclesia S. Medardi de Prisca, XLVII.

Matfredus, Castrinovi toparcha, pro anima cujus Aitrudis et filius ejus Stephanus capellam S. Petri in Illas Macerias Bellilocensibus condonant. Vide *Castrinovi (toparchæ)*, XXXVIII.

Matfres de Castelnou, CXCIV. Vide *Castelnou (Matfres de)*.

Matriniacus, Madriniacus seu Mairiniacus, curtis, cum ipsa ecclesia Tutelensibus ab Ademaro vicecomite condonata, XLIX. — Ad quam sexaginta mansi attinent, L, LV. — ubi mansus Ad Martres vocatus, CX, CLXVI. — Mayrinhac.

Matrona (ecclesia de), Tutelensibus concessa, XLIX. — Mayronne (église de).

Matrona, villa, cum ecclesia, Tutelensibus monachis concessa, XLIX. — Mayronne (village de).

Maugurius, locus, in Arode villa, in pago Lemovicino et in vicaria Usercensi, CXLVII. — Maury (?).

Mauriacensis (terra S. Petri), CXXXIX. Vide *S. Petri Mauriacensis (terra)*. — Mauriac (Saint-Pierre de).

Maurizi (Rotlanz). Vide *Rotlanz Maurizi*.

Mazerias (Allas) seu A la Macheria, mansus, cellæ de Bonavilla concessus, XLI et CV. — Mazeiras, près Saint-Mathurin.

Megurius, locus seu villa, ubi mansus absus conceditur, CLXVI. — Miguiral (?).

Meinaldus, testis, III.

Meinaldus, testis, XIX.

Meinaldus, testis, CLXXXVI.

Meinaldus. Cf. *Mainaldus*.

Meletum, locus, in orbe Lemovicino et in vicaria Asnacensi, CXLIII. — Miliatu.

Meliac (B. de), unus ex quatuor dominis operatoriorum in villa Belliloci, CXCV.

Membriacus, locus, ubi vinea monasterio donata est, CXXI; idem forte qui inferius in vicaria Asnacensi situs esse dicitur.

Membriacus, villa, ubi mansi plures donati sunt, in orbe Lemovicino, in vicaria Asnacensi, I, CXII, CXCIII. — De pago Tornensi pendens, CXXVII.

Membriacus, villa, in pago Lemovicino et in vicaria Vertedensi sita, CXXXIV.

Menoidre, boscus, prope A Costugias, Belliloco dimissus, XCII. — Ménoire (bois de).

Mercarium, locus, ubi mansus quidam Bellilocensibus collatus est, LV.

Mercatum in villa de Belloc institutum, CXCV; quod in vico Siuiniaco Carolus et Oddo reges Bellilocensibus monachis construere permiserunt, telonea seu exactiones ibi percipiendas monasterio concedentes, V, XII.

Mercorio (ecclesia de), de pago Lemovicino pendens, in honore S. Martini, CLXII, CLXIII. — Mercoeur (église de).

Mercoris (Aichardus de), frater Unaldi, missus pro traditione prædiorum in villa Mercorio sitorum, CLXIII. — Mercoeur (Achard de).

Mercorius, villa, ubi ecclesia in honore S. Martini, in pago Lemovicino et in vicaria Vertedensi, CLXII. — Cum ipsa ecclesia Bellilocensibus dimissa, CLXIII. — Mercoeur (village de).

Mercurio (ecclesia de), de Casiliacensi vicaria pendens, in honore S. Juliani, XLVIII. — Saint-Julien (église de), près Cazillac.

Mercurius, villa, in comitatu Caturcino et in vicaria Casiliacensi, ubi ecclesia in honore S. Juliani martyris, Bellilocensi cœnobio concessa, XLVIII. — Saint-Julien (village de), près Cazillac.

Merle (Gerbertus de), donator, C.

MERLE (PETRUS), monachus monasterii Bellilocensis, testis, XXXV.

MESPELIUM, locus, S. Petro de Marciliaco concessus, XLIX. — MESPOULET, près Cahus, ou MESPOULIES (LE), près Calviac.

MESPLUM (AD ILLUM), villa, in pago Tornensi, XXXIII.

MIRACULUM quoddam, a S. Raineri virtute apud tumulum ejus effectum, LXX. Cf. *S. Rainerius*.

MISERIACUM, locus, CLXXXVIII. — MEZAYRAC.

MISSUS donatoris cujusdam nomine Unaldi (Aichardus de Mercoris), CLXIII.

MOLENDINARIOS de Belloloco (de jurisdictione super), CXCV.

MOLENDINUM seu farinarius. Vide *Ad Bealz* seu *Alz Beals, Folcunaina* (prope mansum de), *Romegos, Sostre (del), Telitum*.

MOLL (A), mansus, CXXIII. Vide *Mollis*.

MOLLIANGAS, villa, in comitatu Lemovicino, in vicaria Spaniacensi, cujus medietas Belloloco donata, CXXXII. — MONANGES (?)

MOLLIS postea MOLL, locus, prope fluvium Dornoniam, ubi tractus et portus Bellilocensibus donati, III, XLIX, CXXIII, CXCIII. — MOULÉ (?)

MOLLIS CAPARIA, silva, in pago Lemovicino et in vicaria Asnacensi, S. Petro dimissa, CLII.

MOLSOS, ubi sunt duo mansi, sub conditione ad cellam Bonavillæ concessi, XLII; antea Mulsedonum. — MONCEAUX.

MOMO, locus, in pago Tornensi, in vicaria Asnacensi, ubi ecclesia in honore S. Pardulfi sacrata, XXII, forte idem qui Momonte infra nuncupatur, LXXXIX. — MAUMONT.

MOMONTE, locus, ubi mansus Illa Pedraga, LXXXIX. Forte idem qui supra Momo dictus est. — MAUMONT.

MONACHUS, passim in Chartulario. Vide cujusque monachi nomen.

MONASTERIUM. Vide *Aurelianis (S. Maximinus subtus), Belliloci (S. Petrus), Casa Dei, Dauratense, Fiaco (S. Salvator de), Marciliaco (S. Petrus de), Mauriaco (S. Petrus de), Obasina, Saraciaco (S. Genesius de), Soliaco (S. Maria de), Sollemniaco (S. Petrus de), Tutela (S. Martinus de), Veterinense*.

MONCHAPIEIRA, mansus, CXCVI. — MONT-CIPIERE.

MONESTERIO (P. DE), archidiaconus ecclesiæ Lemovicensis, VIII, not. 3.

MONETA Turennensium vicecomitum, in villa de Belloloco cudenda, cujus decima Bellilocensi abbati debetur, CXCIV.

MONREDON, mansus, in villa Candis et in pago Caturcino, CLXXXVII.

MONSMEDIANUS, seu de Montemediano, locus, in orbe Lemovicino et in vicaria Asnacensi, ubi casa necnon prædia indominicata, Bellilocensibus collata fuere, LVIII, LXIX. — MIÉGEMONT.

MONT (vinea de), in villa Inmont, XCIX.

MONTANA, Introd. tit. VI. — MONTAGNE (pays de la); ch. 1. Saint-Léger-la-Montagne.

MONTANIACUS, locus, in orbe Caturcino, ubi clausum habetur, CXLVI. — Forte idem qui infra Montiniacus nuncupatur.

MONTE, locus, in pago Caturcino situs et in valle Exidensi, LX. — MONTAL (?)

MONTE, locus, de curte Canteduno pendens, in pago Lemovicino et in vicaria Usercensi, ubi plures mansi donati, CXLVII. — MONT (LE).

MONTE (mansus de), in villa Inmont, XCIX, CII.

MONTE (ALTO), CLXXII. Vide *Alto Monte*.

MONTE BROALLO seu MONTE BRUALLO (A), villa, in orbe Lemovicino, in pago Torinensi, in vicaria Asnacensi, monasterio Bellilocensi dimissa, CXXI, CXXXII. — MONTBRIAL.

MONTE CATFREDO (baccalaria de), LXII.

MONTE MADRONENSE (villa quæ dicitur), in comitatu Caturcino et in vicaria de Alviniaco, ubi plura concessa fuerunt Bellilocensibus monachis, XLVIII.

MONTE MAXIMINO (locus dictus), in pago Caturcino et in villa Exidensi situs, LXXVI. — MIAUMARS, près le Vern (?)

MONTELUCIO (AGNÈS DE), ut censemus, quæ ab Ebolo vicecomite Ventedornensi uxor ducta fuit, XXX, not 5. — MONTLUÇON (AGNÈS DE).

MONTILIUM, locus, LXXIII. — MONTEIL, près Meyssac (?)
MONTILIUM, villa, in pago Caturcino et in centena Exidensi (?), XLVI. — MONTEIL, près Saint-Céré (?)
MONTINIACUM, locus, ubi vineæ quædam, de quibus inter Soliacenses et Bellilocenses monachos litigatum est et concordia peracta, CLI. — MONTIGNAC, près Martel. — Forte idem locus qui supra Montaniacus denominatus est.
MORGUES (G. LO), testis, CXCII.

MOZIANUM, locus, in vicaria Usercensi, CLXXXIX. — MOISSONIE.
MUNDIBURDUM privatum Veterinensis cœnobii, XVI.
MUNDIBURDUM regium, cum immunitate, Bellilocensi monasterio collatum a Carlomanno rege, IV, VIII.
MUNDIBURDUM seu tuitio monialium cœnobii de Saraciaco, Turennensi gentilitati a Rodulfo comite tributum, CLXXXV.

N

NANTRONENSIS (centena), in pago Lemovicensi, Introd. tit. VI. — NONTRON (centaine de).
NARCIANUS, villa, in urbe seu pago Lemovicino et in vicaria Asnacensi, XXVIII.
NAVENSIUM (vicaria), VII. — NAVES (vicairie de).
NECTRANAS, villa, in pago Lemovicino et in vicaria Seriacensi, ubi ecclesia in honore B. Petri, CLXXIX.
NEMUS de Long. Vide *Long.* Cf. *Boscus* et *Silva.*
NEOCIONI (locus qui dicitur), in villa Segonciaco, in valle Altorensi et vicaria Exidensi, LII.
NICOLINUS, testis, XLVIII.
NIGERMONTENSIS (pagus), Introd. tit. VI. — NIGREMONT (pays de).
NIGRO GURGITE, locus, in Dornonia fluvio, L. Alias Nigro Garsite vocitatus. — GOUR-NÈGRE.
NIGROMONTE (vicaria de), Introd. tit. VI. — SAINT-GEORGES-NIGREMONT (vicairie de).
NIIOGILUM, villa, CLXXXVI, CXCIII.
NOALIACUM, villa, ubi mansus Allas Bordas et bordariæ plures, LXXXII. — NOAILLAC.

NOALIACUM, locus, in pago Lemovicino et in vicaria de Argentado, LXXV.
NOALLAC (FOLCHERIUS DE), LXXXII. — NOAILLAC (FOUCHER DE).
NOGENT, bordaria, in villa Inmont, XCIX. — NOGÈRE (?)
NONNARIS (ecclesia quæ vocatur), in orbe Lemovicino, in vicaria Asnacensi, I. — Sancto Martino dicata, Ecclesiæ Lemovicensi concessa in concambio, pro ecclesia sancti Saturnini de Siuiniaco, XXIV, CXCIII. — NONARS.
NORBERTUS, notarius regius, qui, post obitum Wlfardi magistri sui, diploma Carlomanni regis recognovit et subscripsit, VIII.
NOTARIUS regius. Vide *Ausbertus, Benedictus, Ebolus, Norbertus, Troannus, Wlfardus.*
NOTARIUS regionarius et scriniarius sacri palatii (Petrus), II.
NOTARIUS, Remigius, qui venditionem a Bosone et Talasia factam sancto Rodulfo audivit (sic), XX.
NOVIACENSIS seu NOVICENSIS (vicaria), Introd. tit. VI. — NEUVIC (vicairie de).

O

OBASINA seu OBAZINA, monasterium, cujus rector Geraldus de Gordonio, XXXVII, CXCIV. — AUBAZINE.
OBASINENSIS (abbas). Vide *Geraldus de Gordonio.*

OBAZINA, monasterium, CXCIV. Vide *Obasina.*
OBEDIENTIA DE FRIAC, CXCVI. Vide *Africacus,* et *Podium* sive *Columbarius,* L.
OBEDIENTIARIUS de Friac (Stephanus de Curamonta, monachus), CXCVI.

INDEX GENERALIS.

Oco, villa, in diœcesi Lemovicensi et in Cameracensi parochia, XIII. — Lauconie.

Oddo seu Odo, comes Tolosanus, Regimundi primi nomine natus, X. — De quo Frotarius archiepiscopus Orbaciacum villam comparavit, XI.

Oddo, unus ex fidejussoribus Adeni in placito de ecclesia S. Christophori, XXVII.

Oddo seu Odo, rex Francorum, immunitatem Bellilocensibus monachis, et villas Camariacum scilicet, Orbaciacum, Dinachum, Agaracum necnon Siuiniacum et mercatum construendi licentiam confirmat, XII. — Sub cujus regno factæ sunt chartæ, XIII, LII, LXIII, LXXVI, LXXXVII, CXV, CXXXIII, CXL, CXLII, CLII, CLV, CLVI, CLVIII, CLXX, CLXXVII.

Oddo, testis, XXII.

Oddo, testis, CLII.

Oddo, testis, CLVI.

Oddo seu Odo, Regimundi filius, XI.

Oddo, quondam pater Teotgarii et Avanæ maritus, CLXI.

Odilo, testis, XXI.

Odo, testis, CLXVIII.

Odo. Vide Oddo.

Odolricus, testis, Ademari vicecomitis Scalarum fidelis, XLIX.

Odolricus, donator, Alpais et Agelberti natus, CXLV.

Odolricus, testis, XVI.

Odolricus, testis, XXXIII.

Odolricus, testis, CLXVII.

Odolricus, testis, CLXVIII.

Odolricus, testis, CLXXXV.

Odolricus seu Adolricus, vicecomes, Rotberti et Rottrudis filius, Gozberti vicecomitis frater, Rodulfi Turenensis comitis pronepos, XXVIII.

Odolricus, Beletrudis maritus, Frotardi Cadurcorum vicecomitis genitor, memoratus, XLVIII.

Odolricus, de quo comparata quædam prædia, postea Belloloco condonata, LVI.

Odolricus, quondam possessor prædiorum in comitatu Caturcino, in vicaria Casiliacensi et in curte Stranquillio seu proxime, CXLIV.

Odolricus, Aiconis filius, CXLVI.

Odolricus Maletus, testis, XC.

Oliadum, locus seu villa, in urbe seu pago Lemovicino (et in vicaria Asuacensi?) XXVIII. — Courauly (?)

Olinieira seu Olivieira, mansus. Vide Olivieira.

Olitguarius, testis, LXXIX.

Olivarius (Bernardus). Vide Bernardus Olivarius.

Oliverius del Bosc. Vide Bosc (Oliverius del).

Olivieira seu Olinieira (mansus de la), juxta villam de Condat, CXCVI.

Oratorium Sancti Baudilii (Ad), villa, in pago Tornensi et in vicaria Asnacensi, ubi ecclesia in honore sancti Baudilii, CLXXVII. — Oradour (l').

Oratorium sanctæ Mariæ, in Belloloco, pro cujus luminario plura laxata fuerunt a monacho Bernardo, qui istud picturis adornavit, CLIV.

Orbaciacus, villa regia, a Carlomanno rege Frotario archiepiscopo Bituricensi necnon Gairulfo abbati Bellilocensi concessa, VIII. — In pago seu comitatu Lemovicino, in valle et in vicaria Exandonensi, secus fluvium Viseram sita, et a Carolo rege, Calvo cognomine, eisdem concessa, IX. — Ab Oddone, comite Tolosano, et Garsinde, uxore ejus, Frotario archiepiscopo vendita, X. — A Frotario Bellilocensibus translata, XI. — Ab Oddone rege in Bellilocensium potestate confirmata, XII. — Quæ postea Sallem nuncupata fuit, VIII, not. 3, et Ad illo Salente, LXIV. — Saillant (le).

Orbis Avernicus, vide Arvernicus (orbis). — Caturcinus, vide Caturcinus (pagus). — Lemovicinus, vide Lemovicinus (pagus).

Origo Mundi (annus ab origine mundi VI.CCC.XII, in a° Christi 1107 positus), XXXI.

Ortolanus de Figiaco (Folchierius), in domo cujus facta est charta CXCIV.

Ostendus, donator, CXXXIV.

Ostenus, presbyter, testis, XIII.

Ozilonus, testis, XX.

P

P. Aurelz, testis. Vide *Aurelz (P.)*.
P. Faidit seu Faidiz, testis. Vide *Faidit (P.)*.
P. Maior. Vide *Maior (P.)*.
P. Polverelz. Vide *Polverelz (P.)*.
P. Willelmus Gauzfredus. Vide *Willelmus Gauzfredus (P.)*.
P. de Lemotgas, testis. Vide *Lemotgas (P. de)*.
P. de Martempniac, CXCV. Vide *Martempniac (P. de)*.
P. de Monesterio, testis. Vide *Monesterio (P. de)*.
P. dal Sagrer, testis. Vide *Sagrer (P. dal)*.
P. de Salern, testis. Vide *Salern (P. de)*.
P. de Sancto Genesio. Vide *Sancto Genesio (P. de)*.
P. la Vaissieira, testis. Vide *Vaissieira (P. la)*.
Padriacus seu Pairacus, locus, cum ipsa ecclesia, Tutelensi cœnobio dimissus, XLIX.— Peyrat.
Padriliaco (vicaria de), Introd. tit. vi. — Peyrilhac (vicairie de).
Pagaciacus, locus, in orbe Lemovicino, in vicaria Asnacensi, ubi vinea Belloloco dimissa, XCVI; idem fortasse locus qui infra Paiazacum nuncupatur. — Alpezat (?).
Pagus. Vide *Andecamulenses, Andegavensis (pagus), Arvernicus, Asnacensis, Betrivus, Biaenas seu Beennatensis, Brivensis, Cambiovicensium, Cambolivensis, Caturcinus, Exandonensis, Jocunciacus, Lemovicinus, Leucorum, Nigermontensis, Rodinicus, Rofiacensis, Santria, Torinensis, Usercensis, Vallarensis*.
Paiazacum, ubi locus Alla Casaina situs, LXII, LXXXII. — Alpezat.
Pairacus seu Padriacus, locus. Vide *Padriacus*.
Pairizac (S. de), testis, CXCII. — Payrissat (S. de).
Palatium imperiale, Poncio, IX. Vide *Poncio*.
— regium, Carisiacum, IV. Vide *Carisiacum*.
— Tusiacum. Vide *Tusiacum*.
Palierius, locus, in orbe Lemovicino et in vicaria Asnacensi, ubi Marciacus boscus, LXXXV.
Palisas (N. de), testis, CXCVI. Cf. inferius *U. de S. Amant Palizas*.
Palizas (G.), testis, CXCII.

Palso seu Palsonis, rivus currens, in pago Lemovicino et in vicaria Asnacensi, XX.—Fluvius prope Barentenacum, in quo rivus Marciolis defluit, CXV. — Rivus in loco Ribaria dicto, secus quem silva quædam, CXXXI.— Palsou (ruisseau de).
Palso seu Palsonis, silva seu terra, in orbe Lemovicino et in vicaria Asnacensi sita, CXV. — Secus fluvium Palsonem, in loco Ribaria dicto, CXXXI. — Palsou (hameau et forêt de).
Panteo (Ad illo), locus, in orbe Lemovicino et in vicaria Asnacensi, prope villam quæ Vallis dicitur, LIV.
Paoliaco (Gauzbert de), mansus, LXXXII.— Pauliac (Gaubert, près).
Papa seu Pontifex Maximus. Vide *Alexander, Clemens, Gelasius, Gregorius, Paschalis*.
Pararium, mansus, CII. — Périer (le).
Pardaniacum (vicaria), Introd. tit. vi. — Pradeaux ? (vicairie de).
Pardinæ, locus, in orbe Lemovicino et in territorio Tornensi (?), I.
Pardinæ, villa, in pago Lemovicino et in centena Vertedensi, III, CXCIII. — Bardine.
Pariacensis (vicaria), Introd. tit. vi. — Peyrat (vicairie de).
Parochia Cameracensis, in Lemovicensi diœcesi, XIII.
Parochia de Cundato, in Cadurcensi diœcesi, XXXVII.
Parochia S. Germani, in Lemovicensi diœcesi, XIII.
Parochia S. Maxentii, ibidem, XIII.
Parrofia (sic) de Stranquillo, CXIV. Cf. *Capella, Diœcesis, Ecclesia*.
Partida (fons), in orbe Lemovicino et in vicaria Asnacensi, prope Barentenacum et Palsonem fluvium, CXV.
Paschalis, papa, secundus nomine, immunitates et privilegia plura Bellilocensi monasterio confert seu potius confirmat, II.—Sub regimine cujus facta est charta XXXI.

PATRICIACUM seu PATRICIAGUM, locus, ubi mansi tres concessi, LV, CLXVI. — PÉTRISSAC.

PATRICIAGUM seu PATRICIACUM, LV. Vide *Patriciacum*.

PATRIDINIANUM (terra), in pago Tornensi et in vicaria Asnacensi, prope Staliacum, CXXVII; forte idem locus qui infra Patrinia dicitur. — PÉRIGNAC (?).

PATRINIA (terra), in pago Lemovicino et in vicaria Asnacensi, in villa Ventagiole seu proxime sita, LXXXI; forte idem locus qui Patridinianum supra dictus est. — PÉRIGNAC (?).

PATRONI Bellilocensis cœnobii fuerunt in primo ordine : SS. Petrus et Paulus, prætereaque SS. Benedictus, Crispinus et Crispinianus, Dionysius, Eligius, Eleutherius, Emelius seu Aemelius, Felicianus, Hilarius, Martinus, Pancratius, Primus, Rusticus, Tillo seu Tillonus, Ursinus, sancta Felicitas; et recentius S. Rodulfus, monasterii fundator illustris. Introd. tit. I, p. xiv, not. 2.

PATRONI Veterinensis cœnobii fuere : SS. Dionysius, Elegius, Hilarius, Laurentius, Martialis, Martinus, Mauricius, Paulus, Petrus et Sebastianus, XVI.

PAULI (AIMERIC DE), testis, CXCII.

PAULIACENSIS seu PAULIACUS (vicaria), in pago Caturcino et in valle Exidensi, ubi villa quæ dicitur Ad illas Macerias, XXXVIII. — Ubi loci duo, Scalucia et Albiacus nuncupati, LXXII. — PAULIAC (vicairie de).

PAULIACUS (vicaria), LXXIII. Vide *Pauliacensis (vicaria)*.

PEDRAGA (ILLA), mansus, in Momonte, LXXXIX.

PEDRONO (AD ILLO), condamina, XXX.

PEIREGUS (U. DE), testis, CXCIV.

PEIRIERA (ALLA), castrum sic vocatum, ubi jura quædam ab Ugone Castrinovi concessa, XXXIX. — PEYRE (LA)?

PEITAVINUS, qui bordariam quamdam tenuit, CXIV.

PENDIACUS, locus, ubi mansi plures concessi, CLXVI. — Forte idem qui Penziacus nuncupatur, LV. — PINSAC (?).

PENZIACUS, locus, ubi mansi plures Bellilocensibus condonati sunt, LV. — PINSAC.

PERA, villa, ubi quinque mansi Belloloco laxati, CLXXXVIII. — PEIRE (LA).

PEROS, villa, in pago Lemovicino et in vicaria Rofiacensi, ubi mansi tres condonati, CLX. — PERS.

PETRAFICTA, curtis seu villa indominicata, in orbe Lemovicino et in vicaria Spaniacensi sita, Bellilocensibus collata, LXI. — PIERREFICHE.

PETRO seu PETRONUS, cancellarius, CLXXXV.

PETRO seu PETRONUS, testis, CIII.

PETRO, venditor, a quo S. Rodulfus quædam in pago Tornensi comparavit, XXXIII.

PETRO, Gauzfredi et Folcuzæ filius, pro clericatu Bellilocensibus traditus, LXXXIII.

PETRO, filius Geraldi, a Gauzfredo Bernardoque fratribus ejus pro clericatu Bellilocensibus traditus, XCVII.

PETRO seu PETRONUS DE SCORRALIA, filius Geraldi, pro clericatu traditus Belloloco, CII.

PETRONILLA, donatrix, Geraldi de Capra filia, Geraldi Raimundi uxor, XLI et CV.

PETRONUS, testis, CLXV.

PETRONUS seu PETRO. Vide *Petro*.

PETRUS, abbas Bellilocensis. Vide *Sancto Sereno (Petrus de)*.

PETRUS, donator, LXXVII.

PETRUS, donator, LXXX.

PETRUS, donator, una cum Geraldo et Ademaro fratribus, XCII.

PETRUS, donator, Aalsaz maritus, Geraldi pater, CVII.

PETRUS, donator, Aldenois maritus, CLXXXII.

PETRUS, monachus Bellilocensis, testis, XXXI.

PETRUS, monachus, XLI.

PETRUS, notarius regionarius et scriniarius sacri palatii, bullam Paschalis papæ scripsit, II.

PETRUS, testis, XCIV.

PETRUS, testis, CXXXVII, CXXXVIII.

PETRUS, testis, CLXXXII.

PETRUS, testis, CXIV.

PETRUS, testis, Adalrandi filius, CXXI.

PETRUS, Rotberti et Matfredanæ filius, CX.

Petrus Amelius, Petronillæ Geraldi Raimundi uxoris senior, XLI.
Petrus Deusdet, qui tenet unum hortum, CXXIV.
Petrus Emelius, CV; forte idem qui supra Petrus Amelius nuncupatur.
Petrus Feydit, testis, XXXVII.
Petrus Gasco seu Gasconus, testis, CLXXXII.
Petrus Merle, monachus Bellilocensis monasterii, testis, XXXV.
Petrus de Gardella, XXXVI. Vide *Gardella (Petrus de)*.
Petrus del Lastors. Vide *Lastors (Petrus del)*.
Petrus de Malamort. Vide *Malamort (Petrus de)*.
Petrus de Ribera. Vide *Ribera (Petrus de)*.
Petrus de Sancto Sereno, abbas. Vide *Sancto Sereno (Petrus de)*.
Philippus, rex Francorum, primus nomine, XIV, XV, XXXIX, XLI, LXXXIII, XCII, XCIX, CV, CXX, CXXIV, CXXV, CLXXXI, CXCII, CXCIV.
Pictavensis (comes), XXXIX. Vide *Ademarus*. — Poitiers ou de Poitou (comte de).
Pictavensis (episcopus). Vide *Hecfridus*. — Poitiers (évêque de).
Pictavensis, pro Engolismensis (episcopus), Launus falso nominatus est in nota 47 chartæ I.
Pipinus, rex Aquitanorum, secundus nomine, in Telido, in Ginesto necnon in Aviciaco villa prædia quædam Rodulfo concedit, VI. — Villas Camberiacum et Daviliolas eodem Rodulfo, ad Bituricensem sedem archiepiscopalem elevato confert, VII. — Memoratus, CLXX.
Placitum ante Bernardum comitem Tolosanum, de ecclesia S. Christophori habitum, XXVII. — Ante Regimundum Tolosanum comitem, de ecclesia S. Medardi in curte Prisca, XLVIII.
Planos (Ad illos), vinea, in pago Lemovicino et in vicaria Asnacensi, CLIV. — Plaignes, près Queyssac.
Plantada, vinea quæ vocatur, XCVIII. — Plantade.

Plas (A. de), testis, CXCII.
Plas (Bernardus de), Eboli germanus, testis, XXXVI. — (Ebolus de), testis, *ibid*.
Plas (Bernardus de), cujus prædia quædam in vicaria Asnacensi et in parochia S. Petri de Laustanguas, XC.
Plas (G. de), puer, testis, CXCII.
Plas (U. de), testis, CXCII.
Pleniene (bordaria del), in villa Inmont, XCIX.
Plevis, villa, ubi ecclesia, in honore S. Stephani, de orbe Lemovicino et vicaria Rosariensi pendens, CLXXIV. — Laplau (?).
Podio (A.), mansus, CIII. — Puy (le).
Podiomeiano, locus, in urbe Caturcino et in vicaria Casiliacensi, CXLVIII.
Podium sive Columbarius, obedientia, de Bellilocensi monasterio pendens; ad quam quadraginta mansi pertinent, L. — Colombier (le).
Podium Bertelaiganæ, ubi terra et boscus, LXXXIX.
Poenzaco (Arcambaldus), testis, LXXXIII.
Poiada (Ad illa) seu Alla Pogada, locus, ubi vinea dimissa, XCIV, XCV, XCVIII, CXIV. — Poujade (la).
Poiada (Illa), bordaria, quam Folcaldus Belloloco dimiserat, a Galterio filio ejus, Elianæ uxori suæ concessa in osculo, XCV; idem sane locus qui supra Ad illa Poiada nuncupatur. — Poujade (la).
Poieto (Bernardus de), in manso de Monte et in villa Inmont manebat, XCIX.
Poio Aldrigo (Ad), locus, in pago Tornensi et in vicaria Casiliacensi situs, ubi plures mansi Bellilocensibus collati fuere, LXV. — Puy-d'Ayre.
Polverelz (P.), testis, CXCII.
Portarius in Bellilocensi monasterio, Landricus, XXIV.
Portus de villa Anglos, XLVIII. — De Monte Madronensi, in vicaria Alviniaco, *ibid.* — In Dordonia fluvio, prope locum Nigro Gurgite vocitatum, L.
Poznac, antea Puzinnacum seu Puzenacum, XXX. Vide *Puzinnacum*.

PRATA (AD ILLA), locus, in pago Caturcino et in valle Exidensi situs, LXXVI.

PRATVIELH (A), inter prædia quæ de la sacristania Belliloci pendent, CXCVI. — PRATVIEIL.

PRÆPOSITUS Belliloci. Vide *Deusdet, Gozfredus, Ugo, S. Rainerius* (cui postea fuit in basilica Bellilocensi altare dicatum), et *Teotardus*.

PRÆPOSITUS de Brivaciaco, Gauzfredus, XCIX.

PRÆPOSITUS de Veyrac, de feudo cujus pratum del Batut pendebat, XXXVII.

PRENCIACUS, villa, in pago Lemovicino et in vicaria Spaniacensi, CXLIV. — PRENCHEN (?).

PRINCIPIA, Donadei uxor, donatrix, LXXXI.

PRIOR Bellilocensis monasterii, Gerbertus, testis, XXXV.

PRIOR Bonavillæ seu Sancti Sereni (Petrus Sancti Sereni), CV.

PRIOR Caturcensis, Gauzbertus, XXXI.

PRIOR de Friaco, Gauffredus de Curamonta, XXXVII.

PRIOR (G.), testis, CXCII.

PRISCA, curtis, ubi ecclesia S. Medardi, de qua placitaverunt et certaverunt ante Regimundum comitem, XLVII. — SAINT-MÉDARD-DE-PRESQUE.

PROCURATORES abbatis, Umbertus et Gauzbertus, monachi Bellilocenses, CXCI.

PRUILISCUM, mansus, LXXXII.

PUELLARE (cœnobium), apud Saraciacum, de quo Immena abbatissa fuit, XXXIV.

PUZENACUM seu PUZINNACUM, postea Poznac, CLXV. Vide *Puzinnacum*.

PUZINNACUM, PUZENACUM seu POZNAC, villa, in pago Caturcino, in vicaria Casiliacensi, ubi ecclesia in honore S. Petri Belloloco concessa, XXX, CLXXXIII, CLXV. — PAUNAC.

Q

QUADRIS (IN), mansus quidam, Belloloco donatus, LV, CLXVI.

QUALTADUS, testis, CXLII.

QUATUOR CRUCES (INTER), terra. Vide *Inter Quatuor Cruces*.

QUINCION, villa, in pago Caturcino et in vicaria Casiliacensi, ubi prædia quædam laxata sunt monasterio, XCI, CLIII. — QUINSOU.

QUOSSATICUS seu COSATICUS, vallis et vicaria. Vide *Cosaticus*.

R

R. BORREL, testis. Vide *Borrel (R.)*.

R. neps Farapi, testis, CXCII.

R. DE GONES, testis. Vide *Gones (R. de)*.

R. LA BASTIDA, testis. Vide *Bastida (R. la)*.

R. DAL SAGRER, testis. Vide *Sagrer (R. dal)*.

RABIAGUM, locus, in pago Lemovicino et in vicaria Asnacensi, ubi terræ et silvæ, CLXVIII. — RABOT (?)

RADRANDUS, testis, LIII.

RADRANDUS, testis, CLXXVIII.

RADRANDUS DE PRATIS, CXVII.

RADULFUS seu RODULFUS, clericus, postea archiepiscopus Bituricensis, Rodulfi comitis filius, CXCIII. Cf. *Rodulfus*, archiepiscopus.

RADULFUS seu Rodulfus, comes Caturcorum, Aiguæ maritus, sancti Rodulfi, Godafredi comitis Turennensis et aliorum pater, CXCIII. Vide *Rodulfus*, comes.

RADULFUS, testis, XX.

RADULFUS, testis, LIV.

RAGAMBALDUS, testis, CLXXII.

RAGAMBALDUS, venditor, XXV.

RAGAMBALDUS, a quo sanctus Rodulfus vineam comparavit subtus Torennam castrum sitam, XXXIII.

RAGAMBALDUS, ad possessiones cujus vinea quædam in villa Concellas attinet, XLV.

RAGAMFREDUS, donator, CXLVIII.

RAGAMFREDUS, testis, III.

RAGAMFREDUS, testis, CLXV.

RAGAMFREDUS, testis, CLXXXVI.

RAGAMFREDUS, Godini presbyteri frater, CXXVII.

RAGAMFREDUS, possessor prædiorum quorumdam in vicaria Asnacensi, CXLIII.
RAGAMFREDUS, quondam Stradigii filius, Aderberti et Landrici pater, CLXXIX.
RAGAMFRIDUS, testis, X.
RAGANARDUS, testis, CLXXIX.
RAGEMBALDUS, testis, CXII.
RAGEMUNDUS, comes Lemovicensis, XII.
RAGENALDUS, testis, XI.
RAGENBERTUS, testis, LXXV.
RAGNARIUS, testis, XXV.
RAGNIBERGANA, Agnani et Rangberganæ filia, LXIX.
RAIMONDUS seu RAIMUNDUS, Tolosanus comes, primus nomine, testis, I, XVIII.
RAIMUNDUS seu REGIMUNDUS, comes Ruthenicus et pro parte Caturcensis, primus nomine, ex gente Tolosanorum comitum, ante quem placitum et duellum habita fuerunt de ecclesia S. Medardi de Prisca, XLVII.
RAIMUNDUS, comes Tolosanus, primus nomine. Vide *Raimundus*.
RAIMUNDUS, comes Tolosanus necnon Caturcensis, tertius nomine, Pontius cognomento, testis, XLVIII.
RAIMUNDUS, testis, XV.
RAIMUNDUS, testis, CLXXIX.
RAIMUNDUS, vicecomes Turennensis, primus nomine, testis et auctorisans, XXXII, CXI.
RAIMUNDUS, vicecomes Turennæ, secundus nomine, hominium et fidelitatem jurat, et investituram feudi accipit ab abbate Belliocensi, pro pluribus prædiis et castellis, et de moneta cudenda in villa de Belloc decimam ab abbate percipiendam recognoscit, CXCIV.
RAIMUNDUS, Rainaldi filius, LXXXV.
RAINAL, testis, LXXXV.
RAINALDUS, servus judex sive servus vicarius, in Mairiniaco curte institutus, L.
RAINALDUS, testis, LXXX.
RAINALDUS, testis, CXXXIV.
RAINALDUS, testis, CXLIX.
RAINALDUS, testis, CLVI.
RAINALDUS, testis, CLXXII.
RAINALDUS, testis, CLXXIX.

RAINALDUS, traditor, LXXXVI.
RAINALDUS, vicecomes de Albucio, Ranuulfi et Godolendis filius, Alsindis maritus, donator, LXI.
RAINALDUS, vir quidam, CXXXVI.
RAINALDUS, quondam Geraldi, Ademari et Guazfredi pater, LXXXVI.
RAINALDUS DE CUSANZA. Vide *Cusanza (Rainaldus de)*.
RAINALDUS DELLA GENEBREIRA. Vide *Genebreira (Rainaldus della)*.
RAINERIUS, monachus, I.
RAINERIUS, præpositus, postea inter SS. patronos Belliloci. Vide *S. Rainerius*.
RAINO, possessor prædiorum, CXLIII.
RAINULFUS, abbas Bellilocensis, XXIX, LXXXIII, LXXVI, LXXXVII, CXV, CXXXIII, CXL, CXLII, CLII, CLVI, CLVII, CLVIII.
RAINULFUS, donator, CLIX.
RAINULFUS, monachus, inter eos quibus monasterium Belliloci a S. Rodulfo traditum est, I.
RAINULFUS, testis, III.
RAINULFUS, testis, XXVIII.
RAINULFUS, testis, XLV.
RAINULFUS, testis, LXXVII.
RAINULFUS, testis, CLII.
RAINULFUS, testis, CLXXXVI.
RAINULFUS, unus ex nobilibus viris ante quos placitatum est de ecclesia Sancti Medardi de Prisca, XLVII.
RAINULFUS, quondam Rotberti comitis Turennensis pater, Elisabeth maritus, CXXXII.
RAMNALDUS (UGO). Vide *Ugo Ramnaldus*.
RAMNULFUS, donator, una cum Rotberto comite, CVIII.
RAMNULFUS, donator, CIX.
RAMNULFUS, testis, X.
RAMNULFUS, testis, XI.
RAMNULFUS, testis, LIII.
RAMNULFUS, testis, Baseni et Elenæ natus, LX.
RAMNULFUS, testis, XCVIII.
RAMNULFUS, testis, CLXXII.
RAMNULFUS, Archambaldi frater, memoratus, XXII.
RANGBERGA, Aguani uxor, donatrix, LXIX.

INDEX GENERALIS.

Rangis, donator, una cum Rotberto comite, CVIII.

Ranguis, donatrix, Gauzleni uxor, CXLIX.

Ranguis, cujus prædia exstant in vicaria Asnacensi, CXXXVII.

Rannulfus del Lastors, XIV. Vide *Lastors* (*Rannulfus del*).

Rannulfus (vicecomes de Albucio?), quondam Godolendis maritus et Rainaldi vicecomitis de Albucio genitor, LXI.

Ranulfus, abbas Dauratensis, testis, XXXI.

Ratbodus, donator, una cum Stephano et Alimburgi parentibus suis, LIX.

Ratbodus, donator, LXXI.

Ratbodus, donator, CL.

Ratbodus, testis, LVII.

Ratbodus, Stephani filius, LXXXIX.

Ratbodus, Stephani frater, LXXXIX.

Ratfredus, testis, CXL.

Raugiacus, villa, in pago Lemovicino et in vicaria Asnacensi seu Asinacensi sita, XX.

Regimundus seu Raimundus comes, XLVII. Vide *Raimundus*.

Regina Francorum, Irmindradis, IV.

Regula S. Benedicti, monachis Bellilocensibus, a fundatore monasterii, Rodulfo archiepiscopo, imponitur, I. — In cœnobio isto observanda pro abbatum electione, XII. — In monasterio de Veterinas adhibenda, XVI.

Reliquiæ SS. Aemelii seu Emelii, Feliciani, Marcelli, Primi, et S. Felicitatis, in Bellilocensi ecclesia servatæ, passim in Chartulario.

Rembrinus, testis, CXXVII.

Remigius, donator, LXX.

Remigius, notarius, qui venditionem audivit, XX.

Remigius, testis, XX.

Remigius, testis, LII.

Rex Aquitanorum seu Equitaniorum, sive Aquitanicæ regionis. Vide *Karlomannus, Karolus, Ludovicus, Pipinus*, secundus nomine.

Rex Francorum. Vide *Aianricus, Karlomannus, Karolus, Lotarius, Ludovicus, Oddo, Philippus, Rodulfus, Rotbertus*.

Ri...., locus seu villa, in vicaria Usercensi, CLXXXIX. — Rieu (le)?

Ribaria, locus, in pago Lemovicino et in vicaria Asnacensi, ubi prata tria super rivum Palsonem et silva secus fluvium, CXXXI.

Ribaria, vineæ, in vicaria Sancti Privati, CXXV. — Rivière (la).

Ribera (Guido de), Petri de Ribera frater, XIV. — Ribérac (Gui de).

Ribera (Petrus de), testis, Guidonis de Ribera frater, XIV. — Ribérac (Pierre de).

Riberia, locus, ubi vinea prope Illam Cumbam, LXXXIX. — Rivière (la), près Saint-Médard-Nicourby.

Riberia, locus, ubi vineæ quædam dimissa, CIX. — Idem forte locus de quo supra mentio facta est, LXXXIX. — Rivière (la), près Saint-Médard-Nicourby.

Riberia (Ad), locus, ubi plura prædia monasterio donata, CXIX. — Rivière (la).

Ricardus, archipresbyter in Lemovicensi diœcesi, XIII.

Ricardus, venditor, una cum Stephano, LXXII.

Ricburgis, Gozberti vicecomitis uxor, donatrix, XXVIII.

Ricfredus, cujus prædia quædam in villa Glanna sita sunt, LXIII.

Richardus, testis, CLXXIX.

Richildis, femina, cujus prædia quædam in villa Glanna sunt sita, LXIII.

Richildis, femina, quæ medietatem caputmansi Ad illo Ulme, in Caturcino tenet, testis, LXXVII.

Richildis, uxor Alboini, defuncta, CLXXIV.

Rigaldus, donator, CLXIV.

Rigaldus, monachus, inter eos quibus monasterium Belliloci a S. Rodulfo traditum est, I.

Rigaldus, monachus Bellilocensis, XXXI.

Rigaldus, testis, XXII.

Rigaldus seu Rigualdus, testis, Gerberti et Dedæ filius, LXXV.

Rigaldus, testis, LXXVI.

Rigaldus, testis, LXXXVII.

Rigaldus, testis, CIV.

Rigaldus, testis, CXIV.

Rigaldus, testis, CXXV.

Rigaldus, possessor prædiorum prope Astiliacum, CXXXV.

Rigaldus, Geraldi genitor, qui ecclesiam S.

Medardi de Prisca Belloloco dimiserat, memoratus, XLVII.

RIGALDUS, filius Ratbodi seu Stephani, CL.

RIGALDUS, de quo Bernardus plura comparavit prædia quæ pro oratorio S. Mariæ in Belloloco dimisit, CLIV.

RIGALDUS DE BELLAC, CLXXXI. Vide *Bellac (Rigaldus de)*.

RIGALDUS DE CURAMONTA, XV. — Vide *Curamonta (Rigaldus de)*.

RIGALDUS DE GARDA. Vide *Garda (Rigaldus de)*.

RIGALDUS DE LINAIRAC, CXX. Vide *Linairac (Rigaldus de)*.

RIGNACUS seu RINIACUS, locus, ubi quatuor mansi condonati, LV, CLXVI. — REIGNAC.

RINIACUM seu RIGNACUM, locus, LV. Vide *Rignacus*.

RIQUALDUS, testis, CXL.

RIVO CAOLF, vinea, in alodo seu honore de Mainzaco, CXXXVI. — RIOUX (LE) ou RIEU (LE)?

RIVOLUS CURRENS, in pago Caturcino, in villa Marzella, CLXXXIII.

RIVULUS. Vide *Fluvius*.

ROADLINDIS seu ROTLINDIS, Altarii uxor. Vide *Rotlindis*.

ROBERTUS, donator, CXXIII.

ROCA (AD ILLA), villa, in pago Tornensi et in vicaria Asnacensi, ubi vinea Belloloco dimissa, CXXVII. — LAROCHE ou ROCHE (LA), près Végennes.

ROCA? (ADEMARUS DE). Vide *Ademarus (de Roca?)*

ROGAM (AD ILLAM), locus seu villa, in pago Caturcino et in centena Exidensi, XLVI. — LAROQUE ou ROQUE (LA), près d'Autoyre.

ROCOLA seu ROCULA, villa, in pago Lemovicino et in vicaria Vertedensi, monasterio tradita, CLX, CLXII, CLXIII, CXXXIX. — ROUCOULE.

ROCULA seu ROCOLA, villa, CXXXIV. Vide *Rocola*.

RODANUS, fluvius, in pago Caturcino et in villa Fano, CLXXXIII. — RIAUNET (LE).

RODENALIS, villa, in valle et in vicaria Exidensi, ubi mansus Belloloco dimissus, CXXXIII. — ROUSSY(?)

RODENGAS, mansus, in villa Caudis et in pago Caturcino, CLXXXVII. — ROUDERGUES.

RODINICUS (pagus), ubi centena Creno seu Crenonum, et locus seu curtis Termenonus, LXXVI. — ROUERGUE (pays de)?

RODULFUS, abbas Bellilocensis, XXXVIII, LX, LXIV, LXV, LXIX, LXXI, LXXII, CXXIX, CXLV, CXLVII, CLX, CLXVII.

RODULFUS, archiepiscopus, filius Rodulfi Turennensis comitis et Ayganæ, frater Godefredi comitis et Immenanæ, clericus primum factus, CLXXXV, CXCIII. — Abbas (Sollemniacensis?) XX. — Archiepiscopus Bituricensis, I, II, III, IV, et passim in chartis infra laudatis. Testamentum ejus pro monasterio de Veterinas, XVI. — Testamentum ejus pro monasterio Bellilocensi construendo, I. — Bellilocensibus Saraciacum villam, cum ecclesia S. Genesii concedit, XXXIII. — Plura prædia comparat, XX, XXV. — Dona confert Bellilocensibus, XVIII, XXI, XXIV, XXVI. — Testis, III, XIX, XXXIV. — Memoratus, II, IV, V, VI, VII, XII, XIII.

RODULFUS, verisimiliter archiepiscopus Bituricensis, Godefredi comitis frater, testis, CLXXXVI.

RODULFUS seu RADULFUS, comes Turennensis, Ayganæ maritus, S. Rodulfi, Godefredi comitis, Rotberti, Landrici, Imonis et Immenanæ genitor, XVI, CLXXXIV, CLXXXV, CXCIII. — In ecclesia S. Genesii, apud Saraciacum, inhumatus jacet, XXXIV.

RODULFUS, donator, Adalgarii et Ayganæ filius, Bertlindis maritus, LVII.

RODULFUS, rex Francorum, XXXVIII, XLIV, XLVIII, LVI, LXVI, LXXII, CVIII, CXLIV, CLXVII.

RODULFUS, testis, Godefredi Turennensis comitis filius, I, II.

RODULFUS, testis, XLV.

RODULFUS, testis, LXXXI.

RODULFUS, testis, CXXXI.

RODULFUS, testis, CLVIII.

ROFIACENSIS (pagus), Introd. tit. VI. — ROUFFIAC (pays de).

INDEX GENERALIS.

ROFIACENSIS (vicaria), in pago Lemovicino, LII, CLX, CLXIV. — ROUFFIAC (vicairie de).

ROFINAC (ROTBERTUS DE), testis, CLXXXI. — ROUFFIGNAC, près Mont-Valent (ROBERT DE).

ROFINIACUM, villa, in Lemozino (sic) territorio, et in vicaria Barrensi, XVII. — ROUFFIAC, près de Meyrignac-l'Église.

ROGAGUM, locus, in orbe Lemovicino, in vicaria Asnacensi, prope silvam de Palsone, Rogagum et Barentenacum villam, CXV.

ROMA, ubi Clemens papa regnat, CXCIV. — ROME (Italie).

ROMALDUS, testis, CLII.

ROMEGOS, locus, ubi farinarius quidam, XXX.

ROSAIRET, mansus, pro clericatu Petronis offertus, XCVII.

ROSARIENSIS (vicaria), in orbe Lemovicino, ubi villa Plevis et ecclesia in honore S. Stephani, CLXXIV. — ROSIERS (vicairie de).

ROTBALDUS, testis, CLXXXIV.

ROTBALDUS, testis, CLXXXV.

ROTBERTUS, comes Turennensis, Rainulfi et Elisabet filius, Godefredi Turennensis comitis nepos, Blitgardim primam uxorem et Ermesindim secundam duxit, donator, CXXXII. — Vetus comes dictus, CVIII.

ROTBERTUS, donator, LIII.

ROTBERTUS, donator, Rotberti quondam filius, LXVIII.

ROTBERTUS, donator, vetus comes dictus, CVIII. Vide *Rotbertus*, comes.

ROTBERTUS, rex Francorum, LXXVII, CXVIII, CXXII, CXXXVIII.

ROTBERTUS, testis, verisimiliter S. Rodulfi frater, III, XVI.

ROTBERTUS, testis, XXII.

ROTBERTUS, testis, XXIX.

ROTBERTUS seu RUTBERTUS, testis, filius Rodulfi comitis quondam Turennensis et Ayganæ, XXXIV.

ROTBERTUS, testis, XLIII.

ROTBERTUS, testis, XLIV.

ROTBERTUS, testis, LII.

ROTBERTUS, testis, consanguineus Agemberti, LVIII.

ROTBERTUS, testis, Baseni et Elenæ natus, LX.

ROTBERTUS, testis, LXV.

ROTBERTUS, testis, LXVI.

ROTBERTUS, testis, LXXIX.

ROTBERTUS, testis, LXXXVII.

ROTBERTUS, testis, Geraldi de Lancnac frater, XC.

ROTBERTUS, testis, Ugonis Castrinovi filius, Gerberti frater, CV.

ROTBERTUS, testis, CXXII.

ROTBERTUS, Wuillelmi Rotberti frater, testis, CXXIV.

ROTBERTUS, testis, CXXXI.

ROTBERTUS, testis, CXXXIV.

ROTBERTUS, testis, CXXXV.

ROTBERTUS, testis, CL.

ROTBERTUS, testis, CLIV.

ROTBERTUS, testis, CLV.

ROTBERTUS, testis, CLXIX.

ROTBERTUS, testis, CLXXII.

ROTBERTUS, testis, CLXXXVI.

ROTBERTUS, venditor, Cristinæ filius, CIV.

ROTBERTUS, venditor, Stevenæ maritus, CXVII.

ROTBERTUS, Rodulfi comitis Turennensis filius, S. Rodulfi germanus, Rottrudis quondam maritus, memoratus, XIX, XXI, XXVIII.

ROTBERTUS, Rotberti primi nomine et Rottrudis natus, Rodulfi comitis Turennensis ex filio nepos, XXVIII.

ROTBERTUS, pro anima cujus Remigius plura Belloloco donavit, LXX.

ROTBERTUS, Ugonis Castrinovi genitor, XXXIX.

ROTBERTUS, Guauzleni filius, Austorgii et Ademari frater, LXXXV.

ROTBERTUS, Petri frater, Matfredani quondam maritus, CX.

ROTBERTUS, Adalrandi filius, CXXI.

ROTBERTUS, Rotberti genitor, XXVIII.

ROTBERTUS, Rodulfi comitis Caturcorum filius, CXCIII.

ROTBERTUS CASTRINOVI, Ugonis Castrinovi et Alpasiæ natus, XXXIX, XLI. Vide *Castrinovi* (*toparchæ*).

ROTBERTUS DE CAVANNIAC, XXXVI. Vide *Cavanniac* (*Rotbertus de*).

ROTBERTUS DE LA GARDELLA, Petri de la Gardella filius, XXXVI. Vide *Gardella* (*Rotbertus de la*).

346 INDEX GENERALIS.

ROTBERTUS DEL LASTORS, XIV. Vide *Lastors (Rotbertus del)*.

ROTBERTUS DE ROFINAC, CLXXXI. Vide *Rofinac (Rotbertus de)*.

ROTBERTUS DE SALVINIACO. Vide *Salviniaco (Rotbertus de)*.

ROTBERTUS DE SIMILLACO, CXXIII. Vide *Simillaco (Rotbertus de)*.

ROTGARIUS, testis, CXXXIV.

RCTGARIUS, testis, LXIX.

ROTGARIUS, rusticus quidam, CXVI.

ROTGERIUS, servus judex sive servus vicarius, in curte de Rundenario institutus, L.

ROTLANZ MAURIZI, testis, CXCII.

ROTLENDUS, de quo Aitrudis et Stephanus vineam in villa Follinas conquisierunt, XXXVIII.

ROTLINDIS seu ROADLINDIS, donatrix, una cum Altario marito suo, CLXXV.

ROTTRUDIS, femina, Deo sacrata, vidua Rotberti, Rodulfi comitis Turennensis filii, S. Rodulfi germani, donatrix, XIX. — Monialis, donatrix, CLXXX. — In monasterio Bellilocensi inhumata, XXI.

RUFIAGUCIUM, locus seu villa, ubi mansus quidam Bellilocensibus laxatus, LV, CLXVI. — ROUFFIAC (village de). Cf. *Rofiacum* et *Rofiacensis* (*vicaria* et *pagus*).

RUNDENARIUS seu RUNDENERIUM, curtis, de Bellilocensi monasterio pendens, ubi triginta mansi continuentur, L, CIX.

RUNDENERIUM, locus, CIX. Vide *Rundenarius*.

RUSTICUS quidam, nomine Rotgerius, qui in manso Lobegiaco manebat, CXVI.

RUTBERTUS seu ROTBERTUS, Rodulfi comitis quondam Turennensis natus, testis, XXXIV. Vide *Rotbertus*.

RUTHENICUS seu RUTHENENSIS (comes) et pro parte Caturcensis, Raimundus, primus nomine, ante quem placitum habitum est de ecclesia S. Medardi, apud ecclesiam S. Saturni, XLVII. — ROUERGUE (comte du).

RUTHENICUS? (pro quo RODINICUS) pagus, LXXVI. Vide *Rodinicus* (*pagus*).

S

S. ALDEBERTUS, CXCII. Vide *Aldebertus* (*S.*).

S. BAIREIRA, CXCII. Vide *Baireira* (*S.*).

S. DE CARENNAC, CXCIV. Vide *Carennac* (*S. de*).

S. LA FORZA. Vide *Forza* (*S. la*).

S. LAVERNIA, CXCII. Vide *Lavernia* (*S.*).

S. DE PAIRIZAC, CXCII. Vide *Pairizac* (*S. de*).

S. DE TUDELL, CXCIV. Vide *Tudell* (*S. de*).

S. (leg. SAIBRANDUS), episcopus Lemovicensis, testis, CXCII.

SABULO (AD ILLO), villa, in orbe Lemovicino et in vicaria Asnacensi, CIV. — Ubi vinea quædam Belloloco dimissa, LXXXIX. — SAULE (LE).

SACRISTANIA (terra quæ sunt de la), in basilica Belliloci, CXCVI.

SADUINUS, testis, LVII.

SADULFUS, testis, XVII.

SAGRER (G. DAL), Petri dal Sagrer filius, testis, CXCII.

SAGRER (G. DAL), testis, CXCII.

SAGRER (P. DAL), testis, CXCII.

SAGRER (R. DAL), Geraldi dal Sagrer natus, alterius Geraldi frater, testis, CXCII.

SAGRESTANUS Belliloci, Gerbertus, testis, CLI.

SALA (G. LA), testis, CXCIV.

SALENSIS (vicaria), in pago Arvernico, ubi villa Lacus et ecclesia sancti Boniti, LI, CLXXIII. — SALINS (vicairie de).

SALENTE (AD ILLO), locus, in urbe Limovicino, in pago Exandonensi, in vicaria Usercensi situs, LXIV; Sallem vocatus, VIII, not. 3, Orbaciacus antea nuncupatus, VIII, IX, X et XI. — SAILLANT (LE). Cf. *Orbaciacus* et *Sallem*.

SALERN (P. DE), testis, CXCII.

SALEZOSA, bordaria, in villa Inmont, XCIX.

SALLEM (terra de), quæ antiquitus Orbaciacus nuncupatur, in orbe Lemovicino, et in pago Exandonensi, super fluvium Viseræ, in nota 3 ad chartam VIII. — Ad illo Salente, LXIV. Vide *Orbaciacus* et *Salente* (*Ad illo*). — SAILLANT (LE).

INDEX GENERALIS.

SALLETUS, qui jura quædam in manso de Pararario possedit, CII.

SALLIACENSIS (vicaria), Introd. tit. VI. — SEILHAC? (vicairie de).

SALLIS, locus, XLIX. — LASSALLES ou SALLES (?).

SALMAZANAS, mansus, Belloloco concessus, CXXIV.

SALOMO, testis, CLXXVI.

SALOMON, donator, LXIX.

SALOMON, Elisiæ quondam maritus, Altarii genitor, CLXXV.

SALVINIACO (ROTBERTUS DE), donator, CXC.

SALZEDUM, locus, ubi quædam condonantur Belloloco, LXXX.

SALZIS, mansus dimidius, LXXXII.

SAMILIACUM, villa, in pago Caturcino et in valle Exidensi, CXXX. — SENAILLAC (?) Idem sane locus qui postea Simillacum et Aissimiliacum seu Aessimilac dictus est.

SAMUEL, testis, LXVIII.

SAMUHEL, testis, I.

SANCIACUM seu SANCIAGUM, locus seu villa, LV, CLXVI. — SANSAC-DE-MARMIESSE.

SANCIAGUM seu SANCIACUM, locus, LV. Vide Sanciacum.

SANTRIA (pagus de), Introd. tit. VI. — XAINTRIE (pays de la).

SARACIAGUS, SARAZIACUS sive SARAZIAC, in pago Caturcino et in vicaria Casiliacensi, ubi ecclesia sancti Genesii martyris, XVI. — A S. Rodulfo Bellilocensibus condonata, XXXIII ; eidem ecclesiæ donatio facta ab Aigana, Rodulfi comitis Turennensis vidua, pro cœnobio puellarum apud Saraciacum construendo, XXXIV. — In eadem ecclesia Rodulfus, comes quondam Turennensis, jacet inhumatus, ibid. — Villa indominicata, CLXXXV, CXCIII. — SARRAZAC, en Quercy.

SARAZIAC seu SARACIACUS, villa. Vide Saraciacus.

SARAZIACUS, in Caturcino, ubi ecclesia sancti Genesii, CXCIII. Vide Saraciacus.

SARIACENSIS sive SERIACENSIS (vicaria), in pago Lemovicino. Vide Seriacensis (vicaria).

SAULLEIRAS (ADALRA DE), mansus. Vide Adalra de Saulleiras.

SCALUCIA, locus, in vicaria Pauliaco, LXXIII. — SÉGALA, près Pauliac (?).

SCLAUSA (AD ILLA), locus, in pago Lemovicino et in vicaria Usercensi, ubi plures mansi laxati, CXLVII. — ESCLAUSELAS.

SCORBENERIUS, locus, in pago Lemovicino et in vicaria Argentado, ubi plura Belloloco donantur, LXXV.

SCORRALIA (PETRONUS DE), clericus, CII. — ESCORAILLES (PÉTRONE D').

SCRINIARIUS sacri palatii et notarius regionarius, Petrus, II.

SCRIPTOR comitis Tolosani, Garsis, X.

SEGONCIACUS, in villa Altorensi, et in vicaria Exidensi, ubi locus quidam Neocioni dictus, LII. — SÉGONZAC, près d'Autoyre.

SEGUINUS, archidiaconus Caturcensis Ecclesiæ, testis, XXXI.

SEIRAC (BERNARDUS DE), cujus prædia quædam in vicaria Asnacensi, et in parochia S. Petri de Laustanguas, XC.

SELABUNAC (vicaria de), Introd. tit. VI. — GRAND-BOURG ou BOURG-SALAGNAC (vicairie de).

SENMURUM, villa, ubi placitum ante Bernardum comitem Tolosanum habitum est, inter Bellilocensem abbatem et Adenum, de ecclesia Sancti Christophori in valle Cosatico sita, XXVII.

SEPTEM ARBORES, villa, in pago Lemovicino et in vicaria Rofiacensi, ubi mansi plures Belloloco dimissi, CLX. — SEPTAUBRE.

SERA, fluvius, prope quem Bretonorum, III, CXCIII ; prope villam Glannam, in pago Lemovicino, LXIII. — CÈRE (LA), rivière.

SERAPHIN, testis, LV.

SERAPHIN, testis, CLXVI.

SERATIO seu SERATIONUS, testis, XI.

SERATIONUS seu SERATIO. Vide Seratio.

SERENIAGUM, locus, in vicaria Exidensi, CXXXIII.

SERIACENSIS sive SARIACENSIS (vicaria), in pago Lemovicino, ubi villa Nectranas et ecclesia in honore sancti Petri, CLXXIX. — SÉRILLAC (vicairie de).

SERRAFIUS, testis, XVII.

Serruz, mansus, LXXXII.
Servus judex sive Servus vicarius. Vide *Servus vicarius*.
Servus vicarius, in quaque villa seu curte, ad monachos Bellilocenses pertinente, institutus. De cujus officio, debitis, vestimentis, armis, hereditate, etc. L.
Sicardus, donator, XVII.
Sicardus, testis, LV.
Sigbaldus, testis, LV.
Siccavallis, villa, in orbe Lemovicino et in vicaria Vertedensi, ubi duo mansi Belloloco laxati, CLV. — Sexcles.
Sicfredus, testis, LV.
Sicmarius, testis, CLXXXVI.
Sigalaris, locus, ubi capmansi et quædam alia prædia, LXXVIII.
Sigaldus, de quo prædia quædam in villa Aveziaco Immena comparavit, CLXXXIV.
Sigfredus, testis, CLXVI.
Sigibertus, sacerdos, de quo plura Ademarus vicecomes Scalarum comparaverat, XLIX.
Sigmarus, testis, III.
Signacus, villa, in pago Lemovicino et in vicaria Asnacensi, XXVIII. — Sannat (?)
Sigomarus, testis, XVI.
Sikardus, testis, CLXVI.
Silva. Vide *Caumonte, Mollis Caparia, Palso, Surdoira, Tresgonus*. Cf. *Boscus* et *Nemus*.
Silvius, abbas, cui S. Rodulfus regimen Veterinensis cœnobii tradidit, XVI.
Silvius, monachus, inter eos quibus monasterium Belliloci a S. Rodulfo traditum est, I.
Simillaco (Rotbertus de), testis, CXXIII. — Senaillac (?). Cf. *Aessimiliacum*.
Siuiniacus, vicus, in pago Lemovicino, ubi Carolus rex, Calvus cognomine, mercatum construendi Bellilocensibus licentiam concessit, V. — Villa a rege Oddone concessa cum licentiæ mercatum instituendi confirmatione, XII. — Ubi ecclesia S. Saturnino dicata a S. Rodulfo Bellilocensibus collata, XVIII. — Eadem ecclesia Stolido, episcopo Lemovicensi, cessa in concambio pro ecclesia S. Martini de Nonnaris, XXIV. — Sioniac.
Soliaco (monasterium S. Mariæ de), in Caturcensi pago situm, cui Ebolus, vicecomes de Ventedorn, secundus nomine, plura confert, XXX. — De quo terra quædam secus villam Marzellam sita pendebat, CLXXXIII. — Cum monachis cujus concordiam Bellilocenses fecerunt, CLI. — A quo prædia quædam in vicaria Casiliacensi comparata fuere, CLIV. — Souillac.
Soliolus, locus seu villa, in pago Caturcino et in centena Exidensi (?) XLVI. — Soulliol.
Sollemniacense seu de Sollemniaco (monasterium S. Petri), abbatibus cujus cœnobium Belliloci a S. Rodulfo traditum est, I. — Cui Bernardus plura laxaverat, CLXIII. — Solignac (monastère de Saint-Pierre de).
Sollemniacenses seu Solemniacenses (abbates), Bernulfus et Cunibertus, I. — Bertrandus, cui S. Rodulfus ad clericatus ordinem traditus fuit, CLXXXV. — Rodulfus, postea archiepiscopus Bituricensis, XX, n. 2. — Solignac (abbés de). — Vide etiam *Bernulfus, Bertrandus, Cunibertus, G. (Geraldus)* et *Rodulfus*.
Solemniacensis (ager), Introd. tit. vi. — Solignac (pays de).
Sollemniacum, monasterium, CLXVIII. Vide *Sollemniacense (monasterium)*.
Sordoria, fluvius, prope quem Veterinas, in orbe Lemovicino et in vicaria Asnacensi, ubi monasterium conditum ab archiepiscopo Rodulfo, XVI. — (Aqua quæ vocatur), CXCIV. — Sourdoire, rivière.
Sordoria, locus, in orbe Lemovicino et in vicaria Asnacensi, ubi alodum indominicatum Bellilocensibus dimittitur, LXXXVIII; forte idem qui infra Surdoria nuncupatur. — Surdoire (?)
Sostre (molendinum del), prope Braucelias seu Brancelbas, et Fondial seu Fontem Dial, XXXVII. — Soustre.
Spaniacensis (vicaria), in pago Lemovicino, LXVII, CXXXII, CXLIV, CLVI, CLIX, CLXXI, CLXXII. — Espagnac (vicairie d').
Spaniagol, villa, ubi mansus Al Coderc, CIII, CVII. — Espagnagol.
Staliacus sive Stalliacus, villa, CXCIII. Vide *Astaliacus*.

STALLIACO (ecclesia S. Stephani de), CXCIII. Vide *Astaliacus*.

STEPHANI DE MULSOCHE (terra), Montaniaci proxima in pago Caturcino, CXLVI.

STEPHANUS, donator, Matfredi quondam Castrinovi toparchæ et Aitrudis filius, XXXVIII. — Progenitor Ugonis Castrinovi, XXXIX. Vide *Castrinovi (toparchæ)*.

STEPHANUS seu ESTEVENONUS, donator, Alimburgis maritus, LIX.

STEPHANUS, donator, Ratbodi genitor, Ratbodi alterius frater, LXXXIX.

STEPHANUS, donator, CIX.

STEPHANUS, donator, CXLII.

STEPHANUS, donator, CL.

STEPHANUS, donator, Aldegandis seu Aldegardis maritus, CLXVII.

STEPHANUS, donator, CLXXXIX.

STEPHANUS, judex, in manso de villa Damiaco pendente remanens, LXXXIV.

STEPHANUS, sacerdos, Stephani alterius sacerdotis de Mainzaco avunculus, LXXXVI.

STEPHANUS, sacerdos, quondam donator, CXXXVI.

STEPHANUS, testis, LIII.

STEPHANUS, testis, LVI.

STEPHANUS, testis, LXV.

STEPHANUS, testis, LXVII.

STEPHANUS, testis, LXX.

STEPHANUS, testis, LXXI.

STEPHANUS, testis, LXXXV.

STEPHANUS, testis, XCIV.

STEPHANUS, testis, XCVIII.

STEPHANUS, testis et traditor, gurpitionem una cum Begone efficit, CII.

STEPHANUS, testis, Drudæ filius, CXIX.

STEPHANUS, testis, CXXV.

STEPHANUS, testis, CLVII.

STEPHANUS, testis, CLXVII.

STEPHANUS, testis, Rotberti de Rofinac filius, CLXXXI.

STEPHANI, traditor, gurpitionem rerum prius donatarum efficit, CII.

STEPHANUS, venditor, filius Ugonis una cum Ricardo, LXXII.

STEPHANUS, unus ex nobilibus viris ante quos placitaverunt de ecclesia S. Medardi de Prisca, XLVII.

STEPHANUS, de quo Bernardus plura prædia comparavit, LXV.

STEPHANUS, Stephani donatoris cognatus, LXXXIX.

STEPHANUS, Aiconis filius, CXVI.

STEPHANUS RIGALDUS, Geraldi frater, qui jura quædam in castro Alla Peiriera possidebat, XXXIX. — Testis, XLII.

STEPHANUS DE CARENNAC, CXCV. Vide *Carennac (Stephanus de)*.

STEPHANUS DE CURAMONTA, monachus, CXCVI. Vide *Curamonta (Stephanus de)*.

STEPHANUS de Mainzaco, LXXXVI. Vide *Mainzaco (Stephanus de)*.

STEPHANUS DE TUDEL, XXXVII. Vide *Tudel (Stephanus de)*.

STERANUS, testis, CLVI.

STEVENA, donatrix, Rotberti uxor, CXVII.

STEVENA, venditrix, una cum matre Cristina, CIV.

STEVENA, conjux Bernardi qui inter litigatores erat de ecclesia S. Medardi de Prisca, XLVII.

STEVENUS, donator, una cum Rotberto comite, CVIII.

STODILUS sive STOLIDUS, episcopus Lemovicensis, testis, I, XII. — Cum S. Rodulfo commutationes et precarias de ecclesiis quibusdam fecit, XXIII, XXIV.

STOLIDUS seu STODILUS, episcopus Lemovicensis. Vide *Stodilus*.

STRADA (AD ILLA), in vicaria Astiliacensi (forte pro Altiliacensi), ubi plures mansi Belloloco dimissi, CXIX. — ESTRADE (L')?

STRADIGIUS, pater quondam Ragamfredi et avus Adberti necnon Landrici, CLXXIX.

STRANQUILLIUS, curtis, in comitatu Caturcino, CXLIV. Vide *Stranquillus*.

STRANQUILLO (ecclesia de), LVI. Vide *Stranquillus*.

STRANQUILLO (parochia de), CXIV. Vide *Stranquillus*.

STRANQUILLUS, curtis, in pago Caturcino et in vicaria Casiliacensi sita, ubi ecclesia Bellilocensibus concessa, XXX. — Idem locus sane qui paulo post in eadem charta Estranquillus nuncupatur, *ibid.* — Cujus ecclesia Belloloco dimissa, cum castello in manso quodam constructo, LVI, LXXVII. — In comitatu Caturcino, CXLIV. — Cujus parrofia (sic) designata, CXIV. — STRENQUELS.

SULCIACUM, villa, LXXVIII. — SOURZAC ou SIEUSSAC (?)

SULTRAGUM, villa, in valle Exidensi, ubi mansi plures Belloloco dimissi, CLVIII.

SUMMENIA, fluvius, in pago Lemovicino et in vicaria Spaniacensi, prope quem ecclesia S. Silvani, CLXXII. — SOUVIGNE (LA), rivière.

SUPERIANA, villa, in pago Caturcino, prope villam Fanum, CLXXXIII.

SURDOIRA, ubi silva, in pago Lemovicino et in vicaria Asnacensi, prope villas Gineste et Tellide, CXLII. — SURDOIRE. Cf. *Sordoria*, locus.

SYLVA. Vide *Silva*. Cf. *Boscus* et *Nemus*.

SYNODUS plena, apud Lemovicas habita, ubi actum est præceptum Anselmi episcopi, XIII.

S. AEMELIUS. Cui altare quoddam in Belliloci basilica dicatur. Vide *S. Emelius*.

SAINCT AMANS PALIZAS (U. DE), testis, CXCII. — SAINT-CHAMANT-PALIZAS (U. DE).

SAINCT AMANZ (U. DE) seu DE SANCTO AMANCIO, testis, CXCII. — SAINT-CHAMANS (U. DE).

SANCTO AMANCIO (U. DE) seu DE SAINCT-AMANZ, testis, CXCII. Vide *Sainct-Amanz* (*U. de*).

SANCTO AMANCIO (BERTRANDUS DE), monachus Obasinensis, XXXVII. — SAINT-CHAMANS (BERTRAND DE).

SANCTO AMANTIO seu AMANCIO (WILLELMUS DE), monachus Bellilocensis, CXCI. — Testis, CXCIV. — SAINT-CHAMANS (GUILLAUME DE).

S. BAUDILII (AD ORATORIUM), villa, CLXXVII. Vide *Oratorium Sancti Baudilii*. Cf. *Sanctus Bandilius*.

S. BAUDILII (ecclesia in honore), in villa Ad Oratorium S. Baudilii nuncupata, CLXXVII. Vide *Sanctus Baudilius*.

S. BAUDILII (terra), in pago Tornensi, CLXXVII. Vide *Sanctus Bandilius*.

SANCTUS BAUDILIUS, locus seu villa, in pago Lemovicino et in vicaria Asnacensi, ubi vinea quædam monasterio dimissa, CL. — In territorio Tornensi, LXXXIX. — Ubi ecclesia in honore Sancti Baudilii, CLXXVII. — Ad Oratorium Sancti Baudilii nuncupatur, *ibid.* — ORADOUR (L').

S. BENEDICTI (regula), cui monasterium Belliloci a S. Rodulfo subjectum est, I. — In veterinensi quoque cœnobio observanda, XVI, CXCIII. Cf. *S. Benedicti et SS. apostolorum Petri et Pauli* (*regula*).

S. BENEDICTI et SS. Apostolorum Petri et Pauli (regula), CXXIV.

S. BENEDICTUS, altari cujus quædam ad luminaria offeruntur, CL.

S. BERNARDI (regula), XCIV.

S. BONITI (capella dominicaria in honore), in villa quæ dicitur Chauci, CLXXVIII.

S. BONITI (ecclesia), LXXHI.

S. BONITI (ecclesia), in pago Arvernico et in vicaria Salensi, LI.

S. BONITI (ecclesia in honore), in villa Lacu, de vicaria Salensi et pago Arvernico pendente, CLXXIII.

S. CHRISTOPHORI (ecclesia in honore), in orbe Lemovicino, in vicaria et valle Cosatico seu Quossatico, XXV, XXVI.

S. CIRICI (ecclesia) de Bellomonte, in pago Caturcino et centena Exidensi, XLVI.

SANCTO CIRICO (vicecomes de), Boso filius Odolrici de Sancto Cirico, XXVIII.

S. DIONYSII (ecclesia in honore), in curte Lenziaco, et in orbe seu pago Caturcino et vicaria Bealliacensi, XXVIII.

S. ELEUTERIUS, inter Bellilocensis cœnobii sanctos patronos, XIX.

S. EMELII (altare), in ecclesia monasterii Bellilocensis, super quod, tactis Evangeliis et Cruce Dominica, cum reliquiis S. Petri superpositis, vicarius Belliloci abbati hominium præstare et fidelitatem jurare debebat, CXCII, CXCVI.

S. EMELIUS seu AEMELIUS, inter Bellilocensis cœnobii patronos, CIV. — Cujus reliquiæ in ecclesia ista honorifice servantur, CXXXV.

S. FAUSTÆ (terra), in orbe Lemovicino et in

INDEX GENERALIS.

vicaria Asnacensi, in villa Ad illa Vaxeria seu Ad illa Dometa, sive proxime, CXXXVII.

S. FELICITAS, martyr, in honore cujus, monasterium Belliloci constructum est, III. — Cujus reliquiæ ibi jacent inhumatæ, et cui locus ille consecratus est, passim in Chartulario.

SANCTI GENESII (ecclesia), in curte quæ Ad sanctum Genesium in Lemovicino nuncupatur, I. Vide *Sanctum Genesium (Ad)*.

S. GENESII (ecclesia in honore), apud Saraciacum sive Saraziac, XVI, XXXIII, XXXIV, CLXXXV, CXCIII. Vide *Saraciacus*.

SANCTO GENESIO (P. DE), testis, CXCII.

SANCTUM GENESIUM (AD) seu SANCTUS GENESIUS, in Lemovicino pago et in vicaria Asnacensi, I, CXCIII. — SAINT-GENEST.

SANCTUS GENESIUS, sive AD SANCTUM GENESIUM, in pago Lemovicino, CXCIII. Vide *Sanctum Genesium (Ad)*.

S. GERMANI (parochia), in Lemovicensi diœcesi, ubi Combrussum villa, XIII. — SAINT-GERMAIN-LES-VERGNES (paroisse de).

S. HILARIUS, inter Bellilocensis cœnobii sanctos patronos, XIX.

SS. INNOCENTIUM (missa), in octava Nativitatis missa SS. Innocentium, XVII.

S. JOHANNIS (ecclesia S. Mariæ et), in villa Campo. Vide *S. Mariæ et S. Johannis (ecclesia) de Campo*.

S. JOHANNIS obedientia, ad quam Ratbodus, Stephani frater, quædam prædia tenet, LXXXIX.

S. JOHANNIS BAPTISTÆ (capella in honore), in manso Flavino, de vico Carendenaco pendente, Bellilocensibus monachis dimissa, XLVIII.

S. JULIANI martyris (ecclesia), in comitatu Caturcino, in vicaria Casiliacensi et in villa Mercurio, Bellilocensi cœnobio collata, XLVIII.

S. JULIANI martyris (ecclesia in honore), cum ipsa baccalaria, Bellilocensibus donata, in vicaria Rofiacensi sita, LII. — Postea Sancti Juliani (vicaria), CXXV. — SAINT-JULIEN-AUX-BOIS.

S. JULIANI (terra), Altudrii proxima, in Caturcino et in vicaria Exidensi, CXXVI.

S. JULIANI (vicaria), in pago Lemovicino, ubi mansus Acabrelz, CXXV. — SAINT-JULIEN-AUX-BOIS (vicairie de). Cf. *S. Juliani (ecclesia)*.

S. LAURENTII (octava), CXCII.

S. LEUBENI (terra), in villa Fano, in pago Caturcino, CLXXXIII.

S. MARCELLI (ecclesia S. PETRI ET) de Favars, XV.

S. MARCELLI (ecclesia), in pago Lemovicino et in vicaria Usercensi, monasterio Bellilocensi dimissa, CLXXXIX.

S. MARCELLI (reliquiæ), in ecclesia de Favars quiescentes, XIV.

S. MARCELLUS, inter Belliloei monasterii patronos, III.

S. MARIÆ (capella fundata in honore), apud curtem de Fillinas seu Filinias, in pago Caturcino, in valle et vicaria Exidensi, Bellilocensibus condonata, XLIII. — Postea sub ecclesiæ titulo memorata, XLIV.

S. MARIÆ (ecclesia in honore), in curte Cundato, in pago Caturcino et in vicaria Casiliacensi, XXIX, CLXXXVI.

S. MARIÆ (ecclesia), in villa Valle, in orbe Lemovicino et in vicaria Asnacensi, LIV.

S. MARIÆ (monasterium Soliacense in honore), CLI. Vide *Soliacense (monasterium)*.

S. MARIÆ (oratorium), in Belloloco, pro cujus luminario Bernardus monachus plura laxavit prædia, et quod iste picturis adornavit, CLIV.

S. MARIÆ DE SOLIACO (ecclesia), cui mansus in Caucio mediano concessus est, XXX. Vide *Soliaci (ecclesia)*.

S. MARIÆ DE SOLIACO (terra), in pago Caturcino, CLXXXIII. Vide *Soliaco (monasterium de)*.

S. MARIÆ et S. JOHANNIS (ecclesia), in villa Campo, in orbe Lemovicino et in vicaria Vertedensi, LIII.

SANCTI MARTIALIS (abbas monasterii), apud Lemovicas. Vide *Abbo*.

S. MARTIALIS (ecclesia in honore), in Lemovicino territorio et in vicaria Barrinsi, prope Correziam fluvium, XVII.

S. Martialis de Baissiaco (ecclesia), a Geraldo episcopo Caturcensi Belloloco collata, XXXI; in qua Geraldus, Guitardus et Ademarus de Sancto Michaele quod habebant concesserunt, XXXII. — Cujus sacerdos, Benedictus, *ibid.*

S. Martialis de Tauriaco (ecclesia), prope Dordoniæ fluvii ripam, L.

S. Martini (altare), in Belloloco, LXXXVI.

S. Martini (altare), apud Branzelias seu Brancellias, LXXXVI.

S. Martini (ecclesia), in loco Ad illa Agenna dicto, cum viginti mansis, Tutelensibus monachis concessa, XLIX.

S. Martini (ecclesia in honore), in loco qui dicitur Albuciacus, de orbe Lemovicino et vicaria Spaniacensi pendente, CLXXII.

S. Martini (ecclesia in honore), in villa Beliaco seu Biliaco, in pago Lemovicino, in vicaria Asnacensi, XIX, XX, XXI, CLXXX.

S. Martini (ecclesia), in curte seu villa Igeraco, III, CXCIII.

S. Martini (ecclesia in honore), in villa Mercorio, Belloloco donata, CLXII.

S. Martini (festivitas), quæ est sexto idus novembris, CXXXIV, LX.

S. Martini (missa), LXXXV.

S. Martinus de Briva, monasterium, prope terram cujus vinea in Illo Sabulo, LXXXIX.

S. Martinus Tutelæ, monasterium, cui Ademarus, Scalarum vicecomes et pastor laïcus, ecclesias omnes et terras quas tenet in ipsa abbatia, reddit, et præterea plura concedit, XLIX, XCII.

S. Maxentii (parochia), in Lemovicensi diœcesi, prope Camairacensem parochiam sita, de qua Devilliolæ et Ad illas Bordas villæ pendent, XIII. — Saint-Mexant (paroisse de). Cf. *Sanctus Maxentius*, villa.

Sanctus Maxentius, villa, in orbe Lemovicino et in vicaria Usercensi, CVI, CXLI.—Saint-Mexant. Cf. *S. Maxentii (parochia).*

S. Maximini (monasterium), subtus Aurelianensem civitatem, ubi diploma quoddam ab Oddone rege datum es XII.—Saint-Mesmin ou Maismin.

S. Medardi (ecclesia), in curte quæ dicitur Prisca, de qua placitaverunt et certaverunt ante Regimundum comitem, XLVII. — Saint-Medard-de-Presque.

S. Michaelis (ecclesia in honore), in pago Caturcino, et in vicaria Exidensi, Belloloco concessa, XLV.

S. Michaelis, locus, juxta quem plantada quædam Tutelensibus monachis donata fuit, XLIX.—Saint-Michel-de-Banières ou Saint-Michel de Loubejou.

Sancto Michaele (Ademarus de), donator, XXXII.

Sancto Michaele (Geraldus de), donator, XXXII.

Sancto Michaele (Guillelmus de), frater Guitardi et Geraldi, XXXVII.

Sancto Michaele (Guitardus de), Guillelmi et Geraldi frater, donator, XXXII et XXXVII.

S. Pancratius, inter Bellilocensis cœnobii patronos, XIX.

S. Pardulfi (capella), cum casa et bosco in villa Candis seu proxime, CLXXXVII.

S. Pardulfi (ecclesia in honore), in loco Momoni, XXII.

S. Pardulfi (ecclesia), ad quam xv mansi pertinent, L; eadem verisimiliter quæ supra.

S. Pauli apostoli (ecclesia in honore), in curte Estivali, et in pago Lemovicino, CLXXXV et CXCIII.

S. Pauli et S. Petri et aliorum sanctorum (ecclesia in honore), in loco Campello dicto, de orbe Arvernico et aice Catalensi pendente, CLXXV.

S. Petri (capella in honore), apud locum Ad illas Macerias nuncupatum, XXXVIII. — Quæ postea ecclesia Ad Macherias et recentius tandem Bonavilla vocata fuit, XXXIX, XL, XLI, XLII et CV. Vide *Ad illas Macerias* et *Bonavilla.* — Bonnevioille.

S. Petri (capella in honore), in villa de Favara sita, et in fisco Cameracho seu Camairaco; cui Anselmus, Lemovicensis episcopus, post consecrationem plura condonavit de decimis viginti mansorum ab ecclesiis vicinis tunc possessis, XIII.

INDEX GENERALIS.

S. Petri (ecclesia in honore), in pago Caturcino et in vicaria Casiliacensi sita, CLXIX.

S. Petri (ecclesia in honore), in villa Nectranas, in pago Lemovicino et in vicaria Seriacensi seu Sariacensi, CLXXIX.

S. Petri (ecclesia in honore), in villa Puzenaco, CLXV.

S. Petri (missa), LXXXVIII, XCI.

S. Petri ad Vincula (missa), CXVIII.

S. Petri de Laustanguas (parochia), in vicaria Asnacensi, XC.

S. Petri de Marciliaco seu Marcilliaco (monasterium), cui plura Ademarus vicecomes Scalarum dimisit, XLIX. — Marcillac (monastère de Saint-Pierre de).

S. Petri Mauriacensis (terra quædam), in orbe Lemovicino, in vicaria Altiliacensi et in Ferrarias seu proxime, CXXXIX.

S. Petri et S. Marcelli (ecclesia de Favars), XV. Vide *S. Marcelli (ecclesia de Favars)*.

S. Petri (ecclesia in honore S. Pauli et). Vide *S. Pauli et S. Petri (ecclesia)*.

S. Petrus, in honore cujus Belliloci monasterium constructum est, I, II, III, et passim in Chartulario.

S. Primi (festivitas), LXII.

SS. Primi et Feliciani (missa), LXII.

S. Privati (ecclesia in honore), in loco Betugo dicto, de Lemovicino pago et vicaria Argentadensi pendente, CLXXVI. — De cujus quidem patrono nomen suum villa Sancti Privati verisimiliter traxit, CXCIV.

S. Privati (vicaria), in pago Lemovicino, ubi mansus Apoz, CXXV. — Saint-Privat (vicairie de).

Sancti Privati (villa), CXCIV. — Antea forte Betugum, ubi ecclesia in honore sancti Privati, CLXXVI. Vide *Sancti Privati (ecclesia)*.

S. Projecti (ecclesia in honore), in pago Lemovicino et in vicaria Spaniacensi, cum bacallaria, Belloloco dimissa, CLXXI. — Saint-Projet.

S. Projecti, martyris (ecclesia in honore), in villa quæ Blaugurgis dicitur in orbe Caturcino, CLXXXV, CXCIII.

S. Rainerius, quondam in Bellilocensi monasterio præpositus, a virtute cujus apud tumulum miraculum effectum in festivitate S. Martialis, LXX. — Cui, id est altari cujus, prædia quædam condonata, CIX.

S. Remidii (terra), ad quam mansus quidam, in curte Gundato, Bellilocensibus collatus, tangit, XXIX.

S. Rodulfus, Rodulfi Turennensis comitis et Ayganæ natus, episcopus seu archiepiscopus Bituricensis, fundator Bellilocensis cœnobii, I. — Archiepiscopus Bituricensis, qui ab Eustorgio episcopo *sanctæ memoriæ magister* memoratus est, CLXX. Vide supra *Rodulfus*.

S. Rotbertus, monasterii de Casa Dei in Arvernis fundator et patronus, CXI.

S. Rusticus, inter Belliloci monasterii sanctos patronos, XIX.

S. Salvatoris de Fiaco (monasterium). — Figeac (monastère de Saint-Sauveur de).

S. Saturnini præsulis (ecclesia), in vico Carendenaco, quæ Bellilocensi monasterio condonata fuit, XLVIII.

S. Saturnini (ecclesia), ad quam venerunt comes Regimundus nobilesque viri, ante quos placitatum est de ecclesia S. Medardi de Prisca, XLVII. Saint-Sernin, dans le Rouergue.

S. Saturnini (ecclesia), in vico Siuiniaco, XVIII, XXIV.

S. Sereni (ecclesia), ante altare cujus donatio ecclesiæ S. Martialis de Baissaco acta fuit, XXXI. — Saint-Céré (église de).

Sancti Sereni (Bernardus), testis, XXXVI, CXXIV, CLXXXII.

Sancti Sereni (Gerbertus Ugo), testis, CXI.

Sancti Sereni (Petrus), monachus, prior (Bonavillæ seu Sancti Sereni?), testis, CV. — Idem forte qui postea abbas Bellilocensis. Vide *Sancto Sereno (Petrus de)*, abbas.

Sancto Sereno (Petrus de), abbas Bellilocensis), CXCI, CXCII, XXXVII, CXCVI et VIII, note 3. — Saint-Céré (Pierre de).

S. Silvani, martyris (ecclesia in honore), in Limovicino, in vicaria Spaniacensi et in loco qui est super fluvium Summeniam, CLXXII. — SAINT-SYLVAIN.

SANCTO SOSICO (vicaria de), Introd. tit. VI. — SAINT-SOZY (vicairie de).

S. SOSII (ecclesia), in prædio Floriaco, de comitatu Caturcino et vicaria Casiliacensi pendente, Bellilocensibus monachis collata, XLVIII. — SAINT-SOZY.

S. STEPHANI martyris (ecclesia in honore), apud Astaliacum seu Staliacum villam, I, CXCIII.

S. STEPHANI (ecclesia cathedralis), apud Cadurcam civitatem ; canonicorum ejusdem auctoritas et consuetudo reservatæ in donatione ecclesiæ de Baissaco, XXXI.

S. STEPHANI (Caturcensis Ecclesia cathedralis, ut censeo), cujus terra, LII, LIV, CLVIII.

S. STEPHANI (ecclesia), in parochia Cameracensi, XIII.

S. STEPHANI (Ecclesia cathedralis), apud Lemovicas, cujus res quædam commutatæ sunt cum ecclesia S. Martini de Tudell, XXIII, XXIV.

S. STEPHANI (ecclesia in honore), in Lusde sita, XXXV, XXXVI.

S. STEPHANI (ecclesia in honore), in villa Plevis, de orbe Lemovicino et vicaria Rosariensi pendente, CLXXVI.

S. STEPHANI DE STALLIACO (ecclesia), CXCIII. Vide S. Stephani (ecclesia), apud Astaliacum.

S. STEPHANI (festivitas), quæ est VII kalendas Januarii, XXIII.

S. URSINUS, in honore cujus monasterium Belliloci constructum, III.

SANCTO YPOLITO (A.), locus, ubi vinea quædam, in pago Caturcino et in valle Exidensi, LX.

T

TAILLADA (boscus de), XL; idem sane qui Teillada nuncupatur, XXXIX. — PIERRE-TAILLADE.

TALASIA, Bosonis conjux, venditrix, XX. — Memorata, XXI.

TARNACENSIS seu TARNENSIS (centena et vicaria), in orbe Lemovicino, in pago Usercensi, ubi villa Rampnacus sita, Introd. tit. VI. — TARNAC (centaine et vicairie de).

TARNENSIS seu TARNACENSIS (centena et vicaria).' Vide Tarnacensis.

TARSILA seu TARSILANUS, donator, CLVII.

TARSILANUS seu TARSILA, vide Tarsila.

TAURIACO (ecclesia de), Bellilocensibus collata, XLIX. — TAURIAC (église de). Cf. Tauriacus.

TAURIACUS, curtis, cum ipsa ecclesia, Belloloco concessa, XLIX. — Prope Dordoniæ ripam sita, L. — Ubi ecclesia in honore sancti Martialis, ibid. — TAURIAC.

TEFROLUM, villa, in pago Lemovicino et in vicaria Vertedensi, CXXXIV.

TEILLADA, boscus, ab Ugone Castrinovi Belloloco concessus, XXXIX; idem sane qui Taillada nuncupatur, XL. — PIERRE-TAILLADE.

TEILLET (GAUZBERTUS DE), defunctus apud Bellumlocum, CXCI. — TEILLET (GAUZBERT DE).

TEILO (GIBALDUS DE), qui mansum a Bellomonte tenet, CXXI. Cf. Telillet.

TELIDUM seu TELITUM, villa, in orbe Lemovicensi et in pago Asnacensi, ubi quædam a Pipino, Aquitanorum rege, S. Rodulfo concessa fuerunt, VI. — Telitum nuncupata, LXXVIII. — Tellide vocata, CXLII. — TEILLET. Cf. Teilo, Teillet et Tellet.

TELITUM, locus, ubi plura Sancto Petro dimittuntur, LXXVIII. Vide Telidum.

TELLET (G. DE), sacerdos, monachus, testis, CXCII. — TEILLET (G. DE).

TELLIDE, villa, in pago Lemovicino et in vicaria Asnacensi, CXLII. Vide Telidum.

TEODO seu TEODONUS, testis, XXVII.

TEODONUS, testis, LXXXVII.

TEODONUS, testis, CXV.

TEODONUS, testis, CLXII.

TEODONUS, testis, CLXXV.

TEOTARDUS, præpositus, testis, XXIV.

TEOTFREDUS, presbyter, cujus prædia quædam in villa Glanna, in pago Lemovicino, et vicaria Vertedensi sita, LXIII.

TEOTFREDUS, testis, XXII.

TEOTGARIUS, filius Oddonis et Avanæ, donator, CLXI.

TERCIACUM, villa, in orbe Lemovicino, in territorio Tornensi, I. — TERSAC.

TERMENONUS, locus, in pago Rodinico et in centena Crenono, ubi curtem suam Rainulfus abbas cedit Geraldo pro prædiis quibusdam in Caturcino sitis, LXXVI.

TERMENOSA, curtis dominicaria, in pago Caturcino et in vicaria Asnago, concessa Bellilocensibus, XLVIII.

TEUTARIUS, testis, I.

TEUTBALDUS, testis, CLXXXIII.

TILIUS, locus, seu villa, in pago Caturcino et in centena Exidensi (?), XLVI. — TILLIET ou TILLET.

TOILIAGUM, villa, in pago Lemovicino et in vicaria Usercensi, ubi plures mansi Belloloco laxati, CLXXXIX. — TEILLET, près Orgnac.

TOLOSANUS (comes), Raimundus, primus nomine, I. — Bernardus, tertius nomine, Raimundi primi filius, ante quem placitum in Senmuro villa habitum est, XXVII. — Odo seu Oddo, Raimundi primi alter filius, Bernardi frater et successor, X. — Raimundus tertius nomine, Frotardi vicecomitis Cadurcorum senior dictus, XLVIII.

TONDANUS, villa, in pago Lemovicino et in vicaria Vertedensi sita, Belloloco dimissa, CLXII, CLXIII. — Tundane nuncupata, CXXXIV.

TORENENSIS (vicecomes), Raimundus, primus nomine, testis, XXXII. — TURENNE (vicomte de). Vide *Tarennensis (vicecomes)*.

TORENNA seu TORINNA, castrum, in pago Tornensi et in orbe Lemovicino, XXXIII (vicaria de), CVIII. — TURENNE (château et vicairie de).

TORENNENSIUM vicecomes, Raimundus, CXI.

TORINNA (vicaria de), CVIII. — TURENNE (vicairie de). Cf. *Torenna* castrum et *Tornensis (pagus)*.

TORMENTA, fluvius, in pago Caturcino, in vicaria Casiliacensi, et in curte Cundato, XXIX. — TOURMENTE (LA), rivière.

TORNENSE (territorium), I et LXXXIX. Vide *Tornensis (pagus)*.

TORNENSIS seu TORINENSIS (pagus), I, IX, XII, XXII, XXXIII, LXV, LXVI, LXXXIX, CVIII, CXXVII, CXXXII. — TURENNE (pays de). Cf. *Torenna* et *Torinna (vicaria de)*.

TORTA (U. DE), monachus, testis, CXCIV.

TRADITIO per cordam signi et per hostium de domo, CLXIII.

TRANSOENDIS, femina, donatrix, CXXVIII.

TRESGONUS, locus, in pago Caturcino et in centena Exidensi (?), ubi silva Bellilocensibus monachis collata, XLVI. — TREGAZOU.

TROANNUS, notarius regius, qui, ad vicem Eboli, recognovit diploma Oddonis regis, XII.

TROTRANDUS, testis, LXXXVII.

TUDEL (ecclesia de), per commutationem a Petro de Sancto Sereno, abbate Bellilocensi, acquisita, pro terra de Sallem quæ antiquitus Orbaciacus nuncupata fuit, et quam dictus abbas Geraldo del Cher Lemovicensi episcopo concessit. Ex instrumento quodam, in nota 3 ad chartam VIII Chartularii nostri, referto. — TUDEIL (église de).

TUDEL (STEPHANUS DE), testis, XXXVII. — TUDEIL (ÉTIENNE DE).

TUDELL seu TUDEL, locus, in pago Lemovicino, et in vicaria Asnacensi situs, ubi ecclesia sancto Martino dicata, XXIII. — Ubi ecclesia per commutationem acquisita, VIII, note 3. — TUDEIL. Cf. *Tudel (ecclesia de)*.

TUDELL (S. DE), testis, CXCIV. — TUDEIL (ÉTIENNE (?), DE).

TULLUM, villa, CLXXXVI, CXCIII. — TULLE, près Turenne.

TUNDANE, villa, in pago Lemovicino et in vicaria Vertedensi, CXXXIV. Vide *Tondanus*.

TURENNENSIS (comes). Vide *Godefredus seu Gotafredus, Rodulfus et Rotbertus*.

TURENNENSIS (moneta). Vide *Moneta*.

TURENNENSIS (vicecomes). Vide *Boso*, alter *Boso* secundus nomine, *Raimundus*, et alter *Raimundus*.

TURENNENSIS (vicecomitissa), CXCIV, CXCV. Vide *Heliz.*

TUSIACUM, supra Mosam, ubi datum est Caroli regis cognomento Calvi diploma, V. — TOUSY (palais de).

TUTELA, locus, XCV.— Ubi monasterium Sancti Martini, XCII. — Cui Ademarus vicecomes plura confert, XLIX. — TULLE, sur la Corrèze.

TUTELÆ (S. Martinus), monasterium, XCII, XCV. TULLE (Monastère de Saint-Martin de). Vide *Tutela.*

U

U. DASNAC, testis. Vide *Dasnac* (U.)

U. DE CORNILL, testis. Vide *Cornill* (*U. de*).

U. LA GENEBRA. Vide *Genebra* (*U. la*).

U. DE GONES seu DE GONESC, testis. Vide *Gones* (*U. de*).

U. DE GONESC, senioret. Vide *Gonesc* (*U. de*).

U. DE PETREGUS seu PEIREGUS, testis. Vide *Peiregus* (*U. de*).

U. DE PLAS. Vide *Plas* (*U. de*).

U. DE SANCTO AMANCIO. Vide *Sancto Amancio* (*U. de*).

U. DE S. AMANZ-PALIZAS, testis. Vide *S. Amanz-Palizas* (*U.*)

U. DE TORTA, testis. Vide *Torta* (*U. de*).

UCBERTUS, testis, XLIX.

UDULRICUS, testis, CLII.

UGBALDI (mansus), in villa Campainaco, XCV.

UGO, abbas Bellilocensis, CXXII. Vide *Castrinovi seu de Castellonovo* (*Ugo*), abbas.

UGO, archiepiscopus (sic pro episcopus) Lemovicensis; arbiter electus inter abbatem et vicarium Belliloci, CXCV.

UGO, donator, una cum uxore sua Gerberga, CLXVI.

UGO, monachus, XLI.

UGO, præpositus (Bellilocensis?) testis, XV.

UGO, servus judex sive servus vicarius, in Bellomonte curte institutus, L.

UGO, testis, XXXIII.

UGO, testis, LXXVI.

UGO, testis, LXXX.

UGO, testis, LXXXV.

UGO, testis, XCVI.

UGO, testis, XCVIII.

UGO, testis, CIV.

UGO, testis, CXVIII.

UGO, testis, Alabrandi filius, CXXI.

UGO, testis, CXXXVII et CXXXVIII.

UGO, testis, CXLVII.

UGO, testis, CXLVIII.

UGO, testis, CL.

UGO, testis, CLVII.

UGO, testis, CLXII.

UGO, testis, CLXVII.

UGO, testis, CLXXIX.

UGO, testis, CLXXXIV.

UGO, testis, germanus Stephani donatoris, CLXXXIX.

UGO, testis, CXCVI.

UGO, unus ex nobilibus viris ante quos placitatum est de ecclesia S. Medardi de Prisca, XLVII.

UGO, Stephani genitor, LXXII.

UGO, filius Geraldi, LXXVIII.

UGO seu HUGO, vir quidam, XCI.

UGO, quondam possessor prædiorum in villa Membriaco, CXXXIV.

UGO, Rigaldi parens, CLXIV.

UGO RAMNALDUS, testis, CLXXXI.

UGO CASTRINOVI seu DE CASTELLONOVO, abbas Bellilocensis. Vide *Castrinovi* (*Ugo*).

UGO CASTRINOVI, Rotberti filius, Aspasiæ maritus, donator ecclesiæ seu capellæ ad Macherias quondam, recentius Bonavillæ nuncupatæ, XXXIX. — Testis, XL, XLI, XLII, CV. Cf. *Castrinovi* (*toparchæ*).

UGO DE CORNILH, XXXVII. Vide *Cornilh* (*Ugo de*).

UGO DE FAURGAS, CXXV. Vide *Faurgas* (*Ugo de*).

UGO DE LA GARDELLA, Petri de la Gardella natus, XXXVI. Cf. *Gardella* (*Ugo de la*).

INDEX GENERALIS.

Ugo de Malamort seu Malemort, XIV, XV. Vide *Malamort* seu *Malemort* (*Ugo de*).

Uguo, monachus, testis, CV.

Uguo, testis, LXV.

Uguo, defunctus, cujus plures viri elemosinarii, CIX.

Ulme (Ad illo), caputmansus, in orbe Caturcino et in loco Stranquillo vocitato, LXXVII.

Umbertus, abbas Belliloci, in manus cujus Petrus abbatiam resignavit, CXCII, CXCIV, CXCV.

Umbertus, monachus, inter eos quibus monasterium Belliloci a S. Rodulfo traditum est, I.

Umbertus, monachus Bellilocensis, procurator abbatis, una cum Gauzberto, ab archiepiscopo Bituricensi institutus, CXCI.

Umbertus, testis, XI.

Umbertus, testis, CXCII.

Umbertus, unus ex fidejussoribus Adeni in placito de ecclesia S. Christophori, XXVII.

Unaldus, donator, CLXXII.

Unaldus, servus judex sive servus vicarius, in obedientia de Podio, institutus, L.

Unaldus, testis, III.

Unaldus, testis, XLV.

Unaldus, testis, CXXXIX.

Unaldus, testis, CLXXII.

Unaldus, testis, CLXXXVI.

Unaldus, frater Aichardi de Mercoris, qui missus fuit ab Unaldo pro traditione prædiorum, CLXIII.

Usercensis (vicaria), in orbe Lemovicino, VII, LXIV, CVI, CXLI, CXLVII, XXXIX. — Uzerche (vicairie d').

Usercensis (pagus), Introd. tit. vi. — Uzerche (pays d').

V

Vaber (Ad illa), locus, in orbe Lemovicino et in aice Vertedensi situs, LXVIII. —Idem sane locus qui infra Illa Vaure nuncupatus est, CXLII. — Vaur (la) ou Lavaur.

Vadecia, locus, ubi prædia quædam Bellilocensibus donata sunt, in pago Lemovicino et in vicaria Vertedensi, LXIII. — Vaysse.

Vairacus, curtis, Tutelensibus monachis ab Ademaro vicecomite Scalarum concessa, XLIX. — Ubi præpositura de Bellilocensi monasterio pendens, XXXVII. — Vayrac.

Vairac (A. de), monachus, testis, CXCIV. — Vayrac (A. de).

Vaissia (Alla), mansus (in Monte?), CII. — Vaisse (la), près Saint-Julien-Maumont.

Vaissieira (P. la), testis, CXCV.

Valentinianus, locus, seu villa ubi plures mansi condonati fuerunt, XXX. — Veillan.

Valeta (A la), locus, inter prædia quæ de la sacristania Bellilocensis basilicæ pendent, CXCVI. — Vialette (la). Vide *Valeta*.

Valeta (Bernardus de), testis, XIV. — Valette (Bernard de la).

Vallarensis (pagus sive terminus), Introd. tit. vi. — Vallières (pays de).

Vallariensis (vicaria), Introd. tit. vi. — Vallières (vicairie de).

Valle (In), mansus, prope Dordoniam, CXXI.

Valleillas, locus, prope villam Candis, CLXXXVII. — Las-Vaux (?).

Valleta, villa, in pago Lemovicino et in vicaria Asnacensi, XXVIII.—Idem forte locus qui A la Valeta, CXCVI. — Vialette (la).

Vallis, locus, in orbe Lemovicino et in vicaria Asnacensi, ubi mansus quidam monasterio donatus, CXXVIII. — Forte idem qui infra Vallis, villa, LIV. — Laval, près Sérillac ou près Lostanges (?).

Vallis, villa, in orbe Lemovicino et in vicaria Asnacensi sita, ubi ecclesia in honore S. Mariæ, LIV; forte eadem quæ supra designata fuit. — Laval (?).

Vallis, villa, ubi mansus donatus est, LV; forte eadem de qua supra mentio facta est. — Laval (?).

Vallis, villa, in pago Lemovicino et in vicaria

Asnacensi sita, LX; forte eadem de qua supra mentio facta est. — LAVAL (?).

VALLIS. Vide *Altorensis (vallis)*, LII; *Cosatico (de)*, XXV; *Exandonensis*, IX, XI, XII; *Exidensis*, XXXVIII, LVII, LX, LXVIII, LXXVI, CXXIX, CXXX, CXXXII, CLVIII.

VALLUM, villa, ubi duo mansi S. Petro concessi, in vicaria Usercensi, CLXXXIX. — VAL (LA-BORIE-D'EN-).

VAR, boscus, monasterio dimissus, CXIV.

VARNARIUS, testis, CLXXXIII.

VASALDUS seu VASSALDUS DE GARDELLA, seu DELLA GARDELLA. Vide *Gardella (Vassaldus de)*.

VASSALDUS seu VASALDUS DE GARDELLA, sive DELLA GARDELLA. Vide *Gardella (Vassaldus de)*.

VAURE (ILLA), locus, in pago Lemovicino, ubi prædia quædam S. Petro dimissa, CXLII. — Idem sane locus qui Ad illa Vaber supra dictus est. — VAUR (LA) ou LAVAUR. Vide *Ad illa Vaber*.

VAURETA (mansus della), ad cellam Bonavillæ donatus, XLII. — VAURETTE.

VAXERIA (AD ILLA), boscus, in orbe Lemovicino et in vicaria Asnacensi, CXXXVII. — BAUVIÈRE.

VEDRINA (AD ILLA), locus, in pago Lemovicino et in vicaria Usercensi, CXLVII. — VERNINE.

VEGIER, quidam vir sic denominatus seu cognominatus, testis, CXCVI.

VELIAFONTE, villa, in pago Lemovicino et in vicaria Brivensi sita, LXV. — VIEILLEFONT.

VELIAVINEA, mansus, in orbe Lemovicino, in vicaria Asnacensi, XVIII. — Vellavigna, in loco Flesco, LIX. Cf. *Vetula vinea*, LXXXII, et *Vineæ vetulæ*, LXXXIX.

VELLAVIGNA, mansus, in pago Lemovicino, in vicaria Asnacensi, LIX. Vide *Veliavinea*.

VELLINUS, locus, in orbe Lemovicino, in pago Tornensi, et in vicaria Asnacensi, super fluvium Dornoniæ seu Dordoniæ situs, qui, monasterio nostro fundato, Belluslocus nuncupatus est, I, III, XXXIII, CXCIII.— BEAULIEU.

VENARCIALIS, villa, in pago Lemovicino et in vicaria Brivensi, ubi capella seu ecclesia indominicata et silva de Caumonte, CLXVII. — VENARSAL.

VENARCIALIS (capella seu ecclesia indominicata quæ dicitur), in villa Venarciali, CLXVII. — VENARSAL (église ou chapelle de).

VENTAGIOLE, villa, LXXXI. Vide *Ventagiolus*.

VENTAGIOLUS, villa, in orbe Lemovicino, in pago Tornensi et in vicaria Asnacensi, LXXXI et CXXVII. — VENTEIGEOL.

VENTEDORNENSIS (vicecomes), XIV et XXX. Vide *Ebolus*, et alter *Ebolus*, secundus nomine. —VENTADOUR (vicomte de).

VERNA (GERBERTUS DELLA), testis, XXXII. — VERGNE (GERBERT DE LA).

VERNET, mansus, LXXXII.

VERNIA (AD ILLA), villa, in orbe Lemovicino, in vicaria Spaniacensi, ubi plures mansi Belloloco donati, CLIX. — VERGNE (LA) ou LAVERGNE.

VERNIAS, locus, XLIX.

VERNIAS, locus, ubi vineæ S. Petro dimissæ, CLXXXVIII.

VERNIOLAS, locus, in pago Lemovicino, in vicaria Argentado, ubi plura Belloloco prædia conferuntur, LXXV.

VERNOGELUM, in vicaria Exidensi, ubi mansus est concessus, LII. — VERNÉJOUL.

VERTEDENSIS (aicis), LXVIII. — (centena), III. — (vicaria), in pago Lemovicino, XVIII, LIII, LX, LXIII, LXXI, LXXII, LXXXVII, CXXXIII, CL, CLV, CLX, CLXII, CLXIII. — VERT (LE) (aïce, centaine et vicairie de).

VETERINAS, casa dominicaria, in orbe Lemovicino, in vicaria Asnacensi, et super fluvium Sordoriam sita, ubi S. Rodulfus plura Silvio abbati donavit pro monasterio construendo, cujus regimen una cum semetipso exercendum eidem tradidit, XVI. — VÉGENNES.

VETERINAS (monasterium de), XVI. — VÉGENNES (monastère de). Vide *Veterinas*, casa.

VETERINENSIS (abbas). Vide *Rodulfus* et *Silvius*.

VETULA VINEA, in loco Alla Costa dicto sita, LXII, LXXXII. Cf. *Vineæ vetulæ*, LXXXIX; et *Veliavinea* seu *Vellavigna*, XVIII, LIX.

INDEX GENERALIS. 359

Vetus comes (Rotbertus, Turennensis comes, dictus). Vide *Rotbertus*.

Veyrac (Ademarus de), monachus abbatiæ Obasinensis, testis, XXXVII.—Vayrac (Adémar de).

Veziosacus, villa, in pago Caturcino et in vicaria Exideusi, XLV.

Via publica, LII, CXXXIII, CXLVI, CLXXIII, et passim.

Vicaria. Vide *Adecia, Altiliacensis, Alviniaco (de), Argentadensis, Asnacensis* seu *Asnago (de), Auriacensis, Axa (de), Barrensis, Bealliacensis, Beennatensis, Brassiaco (de), Brivensis, Cabanensis, Calvinhaco (de), Cambolivensis, Carvicensis* seu *Chervia (de), Casiliacensis, Cassanomensis, Castelli, Cosatico (de), Croxia (de), Cursiacensis, Daraciacensis, Exandonensis, Exindensis* seu *Exidensis, Faisco (de)* seu *Faix, Faurcensis* seu *Spaniacensis, Firciacensis, Flaviniacensis, Juliaco (de), Lemovicensis, Luperciacensis, Nigromonte (de), Noviacensis, Padriliaco (de), Pardaniaco (de), Pariacensis, Pauliacensis, Rofiacensis, Rosariensis* seu *Rosuriensis, Salensis, Salliacensis, Sancti Juliani, Sancti Privati, Sancto Sosico (de), Selabanac (de), Seriacensis, Spaniacensis* seu *Faurcensis, Tarnacensis* seu *Tarnensis, Torina (de)* seu *Torinna, Usercensis, Vallariensis, Vertedensis*.

Vicarialis (terra), LXV.

Vicarius. Vide *Adalardus, Aderbertus, Bernardus, Deotimius, Geraldus*.

Vicarius Bellilocensis, quondam Bernardus, de quo Petrus abbas exegit hominium, Geraldi vicarii genitor, CXCII.—Geraldus, Bernardi vicarii filius, de cujus hominio abbati præstando litigatum est, ibid. et CXCIII.—Willelmus de Martemniac, qui contra abbatem Umbertum de forma vicariæ litigavit, CXCV.

Vicarius Belliloci, ut censemus (Geraldus), testis, CLI.

Vicarius de curte de Favars, de cujus juribus et exemptis tractatur, CI.

Vicarius (Servus). Vide *Servus vicarius*.

Vicecomes. Vide *Albucio (de), Cadurcorum, Combornensis, Sancto Cirico (de), Scalarum, Torrenensis* seu *Turennensis*, et *Ventedornensis*.

Vicecomes, sine ullo alio titulo. Vide *Gozbertus*.

Vicecomitalis (terra), LXXVII, LXXXV.

Vicecomitissa Turennensis. Vide *Heliz*, Raimundi vicecomitis conjux.

Vicus. Vide *Carendenacus*, XLVIII.—*Siuiniacus*, V, XII.

Vienna, villa, in pago Tornensi et in vicaria Asnacensi, ubi plures mansi Belloloco laxati, CXLV.

Vierna, donatrix, una cum Geraldo marito suo, XCIV.

Vigerna, nepotis Eboli, XCVIII.

Vigilia plena et classis pro anniversario Archambaldi, XIII.

Viliolæ seu Daviliolæ. Vide *Daviliolæ*.—Villières, près Saint-Mexant (?).

Vilola, locus seu villa, III, CXCIII.

Vineæ vetulæ, locus, ubi masadæ quatuor condonatæ, LXXXIX. Cf. *Vetulavinea*, LXXXIII, *Veliavinea* seu *Vellavigna*, XVIII, LIX.

Vinogilum (centena), in orbe Lemovicino et in fundo Exandonensi, Introd. tit. vi. — Vignols (centaine de).

Virdigario (Ad illo), bordaria, in villa Betugo sita (de pago Lemovicino et vicaria Asnacensi (?) pendens), CLIV. — Verdier (le).

Visera, fluvius, in comitatu Lemovicino et in villa Exandonensi, IX, X, XI.—Vézère (la), rivière.

Vitracus, locus, XLIX. — Vitrat, près Branceilles, ou Vitrac, près Corrèze (?).

Vogarionum, locus, XLIX. — Bougeirou.

Volusiana, Frodini quondam uxor, Guigonis, Ebrardi necnon Arnaldi genitrix, LI.

Von, testis, XIII.

Vualtarius, testis, XI.

Vuicheramnus, testis, XX.

Vulpis Semita, locus, in pago Lemovicino, in vicaria Vertedensi et in villa Glanna, LXIII.

Vulturiacum, locus, ubi mansus monasterio donatus, CLXXXVIII.

W

W. (Willelmus), prior Bellilocensis monasterii, not. 3 ad chartam VIII.

W. DE CHATMARZ, monachus, CXCIV. Vide Chatmarz (W. de).

W. DE S. testis, CXCVI.

W. DE SANCTO AMANCIO, monachus, CXCIV. Vide Santo Amancio (W. DE).

W. ROTBERTUS DE CAVANHAC, CXCVI. Vide Cavanhac (W. Rotbertus de).

WANDALFREDUS, testis, CLXXXIV.

WARRINUS, testis, XLIX.

WILIELMUS DE BETUC, CLXXXI. Vide Betuc (Wilielmus de).

WILL. ARNALZ, CXCII. Vide Arnalz (Will).

WILL. DESPAIRO. Vide Despairo (Will.).

WILL. DE MAENZAC, CXCII. Vide Maenzac (Will. de).

WILLELMUS, comes Arverniæ, Biturium, et Marchio Septimaniæ, primus nomine, cognomento Pius, X.

WILLELMUS, decanus, XCIX.

WILLELMUS, episcopus Cadurcensis, testis, XI.

WILLELMUS, testis, CXCII.

WILLELMUS DEL BOSC, CXCII. Vide Bosc (Willelmus del).

WILLELMUS DE CHATMARZ, CXCII. Vide Chatmarz (Willelmus de).

WILLELMUS seu WUILLELMUS DE CURAMONTA, XXXII, XXXV, CXCII. Vide Curamonta seu Curamontano (Willelmus de).

WILLELMUS GAUZFREDUS (P.), testis, CXCII.

WILLELMUS MAIOR, CXCII. Vide Maior (Willelmus).

WILLELMUS DE MARTEMNIAC, CXCV. Vide Martemniac (Willelmus de).

WILLELMUS ROTBERTUS, inter fidejussores judicio sisti, a Geraldo vicario datos, CXCII.

WILLELMUS DE SANCTO AMANTIO, monachus. Vide Sancto Amantio (Willelmus de).

WILLIELMUS AUSTORCS, monachus, CXCV. Vide Austorcs (Willielmus).

WINEBERTUS, testis, LIX.

WLFARDUS, notarius regius, post obitum cujus Norbertus officium occupavit, regnante Carlomanno, VIII.

WUILLELMUS, archidiaconus Caturcensis Ecclesiæ, testis, XXXI.

WUILLELMUS, monachus, Geraldi abbatis frater, testis, CXXIII.

WUILLELMUS, testis, frater Geraldi Ugonis de Genebra, CXX.

WUILLELMUS, testis, CXXXIV.

WUILLELMUS seu GUILLELMUS, venditor, Guillelmi filius, CXXXVII.

WUILLELMUS, filius Geraldi Rotberti et Aldenoris, donator una cum parentibus suis, CXXIII.

WUILLELMUS DURANTUS, testis, CXI.

WUILLELMUS DE CURAMONTA seu CURAMONTANO, XXXII, XXXV. Vide Curamonta (Willelmus de).

WUILLELMUS ROTBERTUS, testis, CXXIV.

Y

YMMO, testis, LIX.

FINIS INDICIS GENERALIS.

ONOMASTICUS INDEX MANCIPIORUM,

ID EST

SERVORUM SIVE COLONORUM,

SUPER PRÆDIA MONASTERII BELLILOCENSIS CONSIDENTIUM.

NOTA. Nomina subsequentia in Indice generali non continentur.

A

ADALARDUS, XXIX.
ADALBALDUS, LV.
ADALBERGA, LV, CLXVI.
ADALBERTUS, LII, CLXIV.
ADALFREDUS, XLIII.
ADALGANA, LXIV.
ADALGARIUS, LXVI, CLX.
ADALRADUS, LV, CLXVI.
ADALRANDUS, XLIX.
ADALRICUS, XLVI, CXXX, CXLVII.
ADALRIUS, XXIX.
ADALTRUDES, XVI.
ADALTRUDIS, Hermenberti filia, III.
ADARALDUS, XXIX, LX.
ADELENDIS, uxor Frodini, LXXVII.
ADEMARUS, III, CIX.
ADERBALDUS, CLII.
ADERBERTUS, CLXV, CLXVII.
ADRADUS, CLII.
ADRALDUS, LVII.
ADRANDUS, CLX.
ADREBALDUS, LXXII.
ADREBERTUS, XX.
ADROALDUS, CLXVI.
AGELBERTUS, CXLIV.
AGENALDUS, CLXXXIX.

AGUALENUS, LXXI.
AGUIRAMNUS, LXXVI.
AHICBERTUS, XXII.
AIGA, Hermenberti filia, III.
AIGA seu AIGANA, CXLVII.
AIGBERTUS, LXXV.
AIGFREDUS, CLXIX.
AIGO seu AIGUO, LXXV.
AIGUA, XVI.
AIMENRADUS, LVIII.
AIMERADUS, XLVI.
AIMO, LXXVIII.
AINARDUS, LXI, CLXXIV.
AIOBRANDUS, CXXXI.
ALAITRUDIS, III.
ALAMBERTUS, CXXX.
ALDA seu ALDANA, filia Ebrardi et Dodilanæ, CXLVII.
ALDA seu ALDANA, Amalfredi et Aldeberganæ filia, CXLVII.
ALDARIUS, XXIX.
ALDEBALDUS, LXXI.
ALDEBERGA, Amalfredi conjux, CXLVII.
ALDEBERTUS, CXXXI.
ALDEPREDUS, XX.
ALDEGUIERIUS, XCI.

46

ONOMASTICUS INDEX MANCIPIORUM.

Aldramnus, LV.
Aldrannus, CLXVI.
Aldricus, LXV.
Alibertus, XLVI.
Alimarius, III.
Alitrudis, XXI.
Almaricus, CXXXIX.
Alraldus, LX.
Amadeus, CLXV.
Amalberga, CXLVII.
Amalfredus, CXLVII.
Amalfridus, III.
Amalricus, CXLVII.
Amardus, XXXVIII.
Amblardus, III, LX, LXXXIX.
Amelius, CLXIV.
Andraldus, LXXV.
Andreas, XXIX, CXXX.
Andreus, CXLIV.
Andrias, III.
Anneldis, Odolrici uxor, XLVI.
Arbaldus, XXIX.
Arcambaldus, CXXX.
Archamarus, XXIX.
Archambaldus, XVI.
Archamberta, XVI.
Archambertus, LV, CLXIX.
Ardengus, CXLVII.
Ardradus, III.
Aribal, XXIX.
Aribertus, CXXXI.
Arlabaldus, LXIV, LXV, CXLVII.
Arlabaldus, Aiganæ filius, CXLVII.
Arlabertus, CLV.
Arlaldus, LII, LX, LXIII.
Arnaldus, XXI, LIII, LXI.
Arnaldus, frater Ludovici, XVI.
Arnaldus, Amalfredi et Aldeberganæ filius, CXLVII.
Arneberga, Andreæ conjux, CXXX.
Arnfredus, CXLVII.
Arnildis, filia Ebrardi et Dodilanæ, CXLVII.
Arnucia, LXI.
Arnuldes, XVI.
Arnulfus, XVI, LVII, LXVIII, CLVI.
Astremundus, CXXXIV.
Atmarus, XXX.
Audbertus, LV, CLXVI.
Augarius, XVI.
Aunbaldus, LV, CLXVI.
Aunda, XXX.
Autgarius, XXI.
Autildis, XVI.
Autildis, XXI.
Avidus, XXXVIII.

B

Baldignus, CLXIV.
Bartholomeus, XLVI.
Belfridus, III.
Bembertus, LVII.
Benedicta, XVI, XX.
Benedicta, Aliberti uxor, XLVI.
Benedictus, XVI, XXIX, XLVI, LV, XCI, CXLVII, CLII, CLXIV, CLXVI.
Benjamin, XXXVIII, XLVI.
Berfredus, CLXII.
Bernardus, XXX, CLX.
Bertemarus, XVI.
Bertianus, XX.
Bertrandus, XVI, XXI, LVIII.
Bertus, III.
Bodalbertus, XVI.
Bonofredus, CLIX.
Bonusfilius, LXXV.
Bonushomo, CLXIV, CLXXIV.
Boso, XX.

C

Caturcinus, XXX.
Christianus, XXIX.
Constabilis, CLXXIV.
Constabulus, CXLIX.

CONSTANTINUS, XXX, CXLIX.
CONSTANTIUS, XXX.
COSTABILIS, XXIX, CLIX.
COSTABULUS, CIX.
COSTAIVILUS, LXXV.

COSTAVOLUS, CLXXXIX.
CRISPINUS, XVII.
CRISTALBERTUS, XVI.
CRISTALBERTUS, XXI.

D

DADO, LIII, CLIX.
DATFREDUS, CLIII.
DAVID, XVI, CLII.
DEODONUS, XLIII, CXII, CLXV.
DEUTFREDUS, CLXVI.
DODANIS seu DODA, XXIX.
DODILA, Ebrardi conjux, CXLVII.
DODO, LXXII.
DOEBERTUS, XXIX.
DOMEDRANDUS, XXI.
DOMEFREDUS, CXXXIII.

DOMENFREDUS, CXLVII.
DOMERANNUS, XVI.
DOMINICUS, XLVI, LXXV, LXXXIX, CXLVII, CLXIV.
DOMOFREDUS, XLV, CXLVII, CLXXII.
DONADEUS, XXVII, LX, CLXV.
DOOLAICUS, CLVIII.
DRUCTRADA, XVI.
DUITFREDUS, LV.
DURANTUS, CXIX.

E

EBRADA, III.
EBRALDUS seu EBRARDUS, LXV.
EBRARDUS, LXI, LXIII, LXXXVII, CXXVIII.
EBRARDUS, Elenæ filius, CIX.
EBRARDUS, Dodilanæ maritus, CXLVII.
EBRARDUS, Amalfredi et Aldeberganæ filius, CXLVII.
EBRARIUS, III.
EIMERICUS, XLVI.
ELDEBERTUS, CLXV.
ELENA, CIX.
ELIBERTUS, XLVI.
ELISEUS, CLV.

EMEBUS, CLXVII.
EMERULDIS, III.
ENDEFREDUS, CXXXIV.
ERAMNUS seu ERAMNO, LXXI.
ERMEMBERGA, CXLIV, CXLIX.
ERMEMBERTUS, CLXV.
ERMENALDUS, LXI, CLX.
ERMENARIUS, CLVIII.
ERMENBERTUS, LVIII.
ERMENFREDUS, LIII.
ERMENRICUS, XLIII, LXIII, CLXV.
ERMENTEUS, CLXIX.
EROTGARIUS, CLII.

F

FEDREUS, XVI.
FLODALDUS, III, LXXI.
FOLCHARIUS, LXIX.
FRANCO, pater Ugonis, CIX.
FREDERICUS, XXIX.

FRODELEGUS, CLXII.
FRODINUS, XXVIII, LXXVII.
FRODOLAICUS, CLXXV.
FROGBERTUS, XVI.
FROTARIUS, CLXV.

G

Gairaldus, LXV, CLX.
Gairucia, XXX.
Gairutius, CLXXXIX.
Galdoinus, CXLIV.
Galtadus, CLXV.
Galtarius, CXLIV.
Gandalfredus, CXLVII.
Garaldus, III, LX.
Garardus, III, CLII.
Garardus, Hermenberti filius, III.
Garifredus, CLVII.
Garlamnus, CLXVI.
Garrandus, XLIII.
Garulfus, CXXXIV.
Gatmirus, XLVI.
Gaufredus, LV.
Gauzbertus, XXX.
Gauzpredus, Gerbergæ filius, CLV.
Gelbaldus, LXI.
Geraldus, XXX, XLVI, CVI, CXXIII, CXXXIV, CXLI, CLX, CLXXIV.
Geraldus, serviens, cessus uti servus, una cum filiis, CLXXXVII.
Gerberga, LV, CLV.
Gerbertus, XLVI, LXIX, CXLVII, CLXIV.
Gerbrannus, XLVI.
Germanus, LII.
Gidbertus, CLX.

Gilbertus, CLX.
Girbertus, CLXIV.
Gisbertus, XVI.
Gisramnus, CLXIX.
Godalbertus, CXLVII.
Godalfredus, CXXXI.
Godo, CLVII.
Godrandus, XXIX.
Golfardus, CLII.
Gontramnus, CLXVIII.
Gosbertus, LXIII.
Gotrandus, LIII.
Gozbertus, LXIII.
Grimaldus, XXIX, XCI.
Gualtarius, LXV.
Gualterius, LVI.
Guarberia, CLXVI.
Guarnaldus, LV, CLXVI.
Guarnfredus, CLXVI.
Gudinus, XVI.
Guibertus, LIII.
Guinabertus, XLVI, XCI.
Guitardus, CXLVII.
Gulfetrudis, XVI.
Gunabertus, XLVI.
Guntaldus, III.
Guntarius, XVI.
Guntramnus, LV.

H

Hermenbertus, III.

Hictarius, III.

I

Ictarius, III.
Ildinus, LXXXIV.
Ingalramnus, CLXVI.
Ingelbaldus, LXV, CLV.
Ingelberga, LX.

Ingelberga, Gerbergæ filia, CLV.
Ingelbertus, LXI, LXIX, CLV, CLX.
Ingelfredus, LXIV, CXLIV, CLXXIV.
Ingelfredus, Amalfredi et Aldeberganæ filius, CXLVII.

ONOMASTICUS INDEX MANCIPIORUM.

INGELFRIDUS, III.
INGELRANNUS, LV.
INGELRICUS, LXXXIX.
INGERANNUS, CLXII.

INGILBERTUS, III, CXXXI.
INGOMARUS, XVI.
ISADARA, XVI.
ISOLUS, CLV.

J

JOHANNES, LX, XCI, CXLVII, CLXIV.

JORDANUS, CXLVII.

L

LANDEBERTA, III.
LANDOBERTUS, LXXIX.
LANDRICUS, XLVI.
LANDRICUS, Aiganæ filius, CXLVII.
LANTBERTUS, CXLVII.
LEO, CLXIX.
LEOFBANDUS, LV.
LEOTARDUS, CLVI.

LEOTERIUS, CIX.
LEOTFREDUS, LXIII, CLXIX.
LEOTGARIUS, III.
LEOTGERIUS, III.
LEUFRANDUS, CLXVI.
LEUTRUDIS, III.
LUDOVICUS, frater Arnaldi, XVI.
LUDRANNUS, XLVI.

M

MAGANFREDUS, CLII.
MAGNA seu MAGNANIS, XVI, XX.
MAGNOLENUS, LXIII.
MAGNUS, XLIII.
MAGRAFREDUS, LV.
MAIFREDUS, LXXXV.
MARCUNUS, LXI.

MARTINUS, III, XVI, XXIX, LVIII, CXLVII, CLXIV, CLXIX.
MATFREDUS, LV.
MAURELLUS, CLXVII.
MEINARDUS, CLIII.
MONFREDUS, LV, CLXVI.

O

ODBALDUS, III.
ODOLRICUS, Canarius (cognomine?), XXVIII, XLVI.

ONEGARIUS, CXII.

P

PETRONUS, XXIX.

PETRUS, XXX.

R

RADALDUS, XLVI.
RADBERGA, uxor Ragambaldi, CLXVI.

RADO, LXXVII, CLX.
RADRANDUS, CLX.

ONOMASTICUS INDEX MANCIPIORUM.

RADULFUS, LV, CLIX, CLXVI.
RAGABALDUS, LV.
RAGAMBALDUS, XX, LV, LXXII, CXLVII, CLXVI.
RAGAMBERTUS, III, CXLVII.
RAGAMFREDUS, CLXVI.
RAGANSINDA, CXLVII.
RAGBERGA seu RAGBERGANA, Ragambaldi uxor, CXLVII.
RAGNIBERGA seu RAGNIBERGANA, filia Rathodi, CLXII.
RAGNIBERTUS, LVII, CLXXV.
RAINALDUS, XXX, LIII, LXXV, CXXI, CXLVII, CLIX, CLX, CLXXXIX.
RAINALDUS, filius Ebrardi et Dodilanæ, CXLVII.
RAINULFUS, CXXXIV, CLX, CLXVII.
RAMNALDUS, CLX.
RATBERGA, Ragambaldi uxor, LV.
RATBODUS, CLXII.
RATFREDUS, LXXII.
RICUINUS, III.
RODALDUS, CLX.
RODULFUS, filius Ratbodi, CLXII.
ROTBERGA, XXX, CXLVII.
ROTBERGA, uxor Ragabaldi, LV.
ROTBERTUS, XXXVIII, LXIII.
ROTGERIUS, CXVI, CXLVII.
ROTSINDA, CLXII.

S

SADRALDUS, CLII.
SANCTONICUS, CLII.
SANGRUS, CXLVII.
SEVERUS, XXIX, CIX.
SICARDUS, XVI.
SICBALDUS, LXXII.
SICBRANDUS, XXIX.
SICMARUS, CXLIV.
SIGAL, XXIX.
SIGBRANDUS, III.
SIGIRANNUS, LXIII.
SIGMARUS, III, CLXVII.
SIGO, LIV.
SIGUINUS, CLXIV.
SILVANUS, XLIII.
SILVIUS, XXIX.
SINGALDUS, XXIX.
SOLIUS, LXVI.
STAVALUS, CLXXIV.
STEPHANUS, XXX, LXXXVII.
STRAINILUS, CXLVII.
SUFFICIA, III.

T

TEHOTBRANDUS, CLXVIII.
TEHOTMIRUS, CLXVIII.
TEODALDUS, III.
TEODRADUS, XLVI.
TEOFREDUS, XLIII.
TEOTBALDUS, LVI, CVI, CXXXIV, CXLI, CXLIV.
TEOTFREDUS, CXLVII.
TEOTHDRICUS, CLXXIV.
THEOMNUS, CLIII.

U

UGO, CXLIV, CLXXIV.
UGO, filius Franconis, CIX.
UGUO, CIX.
UMBERTUS, LIII.
UNALDUS, XVI, XX, XXI.
UNBERTUS, CLXXII.

Unisinda, XVI.
Unsinda, XVI.

Unsinda vel Unsindanis, XX.
Usinda, XXI.

V

Vinibertus, CXL.

Vitalis, CLXIV.

FINIS INDICIS ONOMASTICI MANCIPIORUM.

DICTIONNAIRE GÉOGRAPHIQUE.

Chaque article commence par le nom français du lieu, suivi du nom latin en italique dans ses diverses formes. Les chiffres romains qui viennent après désignent la charte où il est mentionné. Quand le lieu n'est nommé que dans l'Introduction, nous le marquons par ces initiales : *Introd.* — *Comm.* signifie la commune ; *cant.* le canton ; *arr.* l'arrondissement ; *ch.-l. cant. arr.* ou *dép.* le chef-lieu de canton, d'arrondissement ou de département.

A

AITREIL (PUY-D')? *Altriacus*, dans la vicairie de Puy-d'Arnac, XX ; comm. Saint-Genest, cant. Meyssac, arr. Brive (Corrèze).

AIXE, *Axa* ou *Axia*, Introd. tit. VI ; ch.-l. cant. arr. Limoges (Haute-Vienne).

ALBI (Comte, évêque d'), *Albiensis* (*comes, episcopus*), X, XI ; ch.-l. du dép. du Tarn.

ALBIAC, *Albiacus*, LXXIII ; cant. La Capelle-Marival, arr. Figeac (Lot).

ALBIGEOIS (Comte d'Albi ou de l'), *Albiensis* (*comes*), X ; pays dont la capitale était Albi, ch.-l. du dép. du Tarn.

ALBUSSAC, *Albuciacus*, CLXXII ; cant. Argentat, arr. Tulle (Corrèze).

ALPEZAT (?), précédemment sans doute *Al Pezat, Pagaciacus*, dans la vicairie de Puy-d'Arnac, XCVI ; *Paiazacum*, LXII, LXXXII ; comm. Saint-Bazile-de-Meyssac, cant. Meyssac, arr. Brive (Corrèze).

ALTILLAC (Vicairie d'), *Altiliacensis* (*vicaria*), LXXIII, CXXXIX ; cant. Beaulieu, arr. Brive (Corrèze).

ALVIGNAC (Vicairie d'), *Alviniaco* (*vicaria de*), Introd. tit. VI ; cant. Gramat, arr. Gourdon (Lot).

ANGOULÊME (Évêque d'), *Engolismensis* (*episcopus*) ; ch.-l. dép. (Charente).

ANJOU (Pays d'), *Andegavensis* (*pagus*), VIII ; pays dont la ville d'Angers était la capitale.

ARCHE (?), *Arcolent, Drocelenum* ou *Dercolenum*, LXXXII, CXIV, CXLVII ; comm. Nonars, cant. Beaulieu, arr. Brive (Corrèze).

ARGENTAT (Vicairie d'), *Argentadum* ou *Argentadensis* (*vicaria*), LXXV, CLXVI et CLXXVI ; ch.-l. de cant. arr. Tulle (Corrèze).

ARNAC (PUY-D'), *Asnagum, Asnacensis* (*pagus, vicaria*). Voy. PUY-D'ARNAC.

ARTIGES, *Artigas*, CLXXXVIII ; comm. Sexcles, cant. Mercœur, arr. Tulle (Corrèze).

ASTAILLAC, *Staliacus, Stalliacus* ou *Astaliacus*, dans la vicairie de Puy-d'Arnac, I, CXXVII, CXXXV, CLX, CXCIII ; cant. Beaulieu, arr. Brive (Corrèze).

AUBAZINE (Monastère d'), *Obasina* ou *Obazina*, XXXVII, CXCIV ; cant. Beynat, arr. Brive (Corrèze).

AUBIEX (Moulins d'), *Alz Bealz* ou *Ad Bealz* (*molendina quæ vocantur*), XLI, CV ; moulins sur la Bave, comm. Lentillac près Saint-Céré, cant. Saint-Céré, arr. Figeac (Lot).

AUBUSSON, *Albucium* ou *Albuzzum*, LXI, note 2; ch.-l. d'arr. dans le dép. de la Creuse.

AUMONT (PUY-D'), *Amonte*, dans la vicairie d'Uzerche, CLXXXIX; comm. Saint-Ybart, cant. Uzerche, arr. Tulle (Corrèze).

AURIAC (Vicairie d'), *Auriacensis* (*vicaria*), Intr. tit. VI; cant. et arr. Bourganeuf (Creuse).

AUTOYRE (Vallée d'), *Altorensis* (*vallis*), dans la *vicaria Exidensis*, LII; cant. Saint-Céré, arr. Figeac (Lot).

AUVERGNE (Pays d'), *Arvernicus* (*orbis* ou *pagus*), CLXXIII, CLXXV, dont la capitale était Clermont, ch.-l. du département du Puy-de-Dôme.

B

BAR (Vicairie de), *Barrensis*, *Barinsis* ou *Barensis* (*vicaria*), XII, XVII, LV, CLXVI; cant. Corrèze, arr. Tulle (Corrèze).

BARDINE, *Pardinæ*, dans la *vicaria Exidensis*, III, et peut-être aussi *Pardinas* (*Ad*), CXCIII; comm. Rueyres, cant. La Capelle-Marival, arr. Figeac (Lot).

BARENNAC, *Barentenagus*, *Barentenacus* ou *Barentennacus*, LX, LXIX, LXXIV, CXV; hameau situé dans la commune de Sioniac, cant. Beaulieu, arr. Brive (Corrèze).

BATU (LE), *Batut* (*bordaria*), XCIII; comm. Queyssac, cant. Beaulieu, arr. Brive (Corrèze).

BATU (LE), près Beaulieu, *Betucus*, XX; *Betugum*, CLIV; dans la vicairie de Puy-d'Arnac, CXCIV; comm. et cant. Beaulieu, au N. E. de cette ville, arr. Brive (Corrèze).

BAUVIÈRE, *Vaxeria* (*Ad illa*), dans la vicairie de Puy-d'Arnac, CXXXVII; comm. Végennes, cant. Beaulieu, arr. Brive (Corrèze).

BEAULIEU, appelé d'abord *Vellinus*, I, III, XXXIII, CXCIII, et, à partir de la fondation du monastère, *Bellaslocus*, passim in *Chartulario*, *Bellilocensis* (*villa*), *Belloloco* (*villa de*), *Belloc* (*villa da*), CXCIV; arr. Brive (Corrèze).

BELLAC (*Bellac*), CLXXXI; ch.-l. arr. dép. de la Haute-Vienne.

BELMONT-PRÈS-BRETENOUX, *Bellusmons*, en Quercy, XLVI; cant. Bretenoux, arr. Figeac (Lot).

BELMONT, près Sioniac, *Bellusmons* ou *Catmairus*, dans la vicairie de Puy-d'Arnac, en Limousin, I, CLXXXV, CXCIII; comm. Sioniac, cant. Beaulieu, arr. Brive (Corrèze).

BERCHAT, *Berciacus*, dans la vicairie de Brive, CLXXXIX; comm. Sainte-Féréolle, cant. Donzenac, arr. Brive (Corrèze).

BERRY (Comte de Bourges ou du), *Bituricensis* (*comes*), X; pays dont la capitale était Bourges, chef-lieu du département du Cher.

BESSIN (LE), *Baissen* ou *Beissienc*, CXCII et CXCV; comm. Puy-d'Arnac, cant. Beaulieu, arr. Brive (Corrèze).

BÉTAILLE, *Betalia*, LXXXII (*castellum de*), CXCIV, *Bealliacensis* pour *Betalliacensis* (*vicaria*), XXVIII; cant. Vayrac, arr. Gourdon (Lot).

BEYNAT (Pays et vicairie de), *Biaenas* (*pagus*) et *Beennatensis* (*vicaria*), Introd. tit. VI; ch.-l. cant. arr. Brive (Corrèze).

BEYSSAC, *Baissacus* ou *Baissiacus*, XXXI, XXXII; comm. Strenquels, cant. Vayrac, arr. Gourdon (Lot).

BIAN, *Bain*, XLVI.

BIARS, *Biarcis*, dans la vicairie de Le Vert (*Vertedensis*), L, LXIII, LXXXVII; cant. Bretenoux, arr. Figeac (Lot).

BILLAC, *Beliacus* ou *Biliacus*, dans la vicairie de Puy-d'Arnac, XIX, XX, XXI, LX, CLXXX; cant. Beaulieu, arr. Brive (Corrèze).

BIO, *Beio* (*villa*), dans la *vicaria Exidensis*, XLV, CLXXV; cant. Saint-Céré, arr. Figeac (Lot).

BLANDINE, *Blandina*, dans la vicairie d'Espagnac, CLXXI; comm. Saint-Bonnet-el-Vern, cant. Argentat, arr. Tulle (Corrèze).

BODESSOU, *Bauduzonum*, LXXXII; comm. Cornac, cant. Bretenoux, arr. Figeac (Lot).

BOIS (LE)? *Boscus*, LXXXII; comm. Curemonte, cant. Meyssac, arr. Brive (Corrèze). Cf. Bos (LE).

DICTIONNAIRE GÉOGRAPHIQUE.

Boisse (La), *Al Boiss* ou *Boissa*, LXXXII et CLXXXI, comm. Saint-Laurent, près Saint-Céré, cant. Saint-Céré, arr. Figeac (Lot).

Boissier, *Buzarior*, dans la vicairie d'Espagnac, CLXXII; comm. Espagnac, cant. La Roche-Canillac, arr. Tulle (Corrèze).

Bonneval, *Bona vallis*, dans la vicairie de Puy-d'Arnac, LXVI; comm. Nonars ou Chapelle-aux-Saints, cant. Beaulieu, arr. Brive (Corrèze).

Bonneviolle, *Ad illas Macerias* ou *Macherias*, et, à partir du XII° siècle, *Bonavilla*, XXXVIII, XXXIX, XL, XLI, XLII, CV; comm. et cant. Bretenoux, arr. Figeac (Lot).

Bordes (Les), près Nosillac, *Allas Bordas*, LXXXII; comm. Cornil, cant. et arr. Tulle (Corrèze).

Bordes (Les)? *Illas Bordas*, dans la paroisse de Saint-Mexant, XIII; comm. Saint-Germain-les-Vergnes, cant. et arr. Tulle (Corrèze).

Bort (Pays de)? *Betrivus (orbis)*, Introd. tit. VI; comm. Auge, cant. Chambon, ou bien comm. Soumans, cant. Boussac, arrond. Boussac (Creuse).

Bos (Le), près Meyssac (?), *Boscus*, LXXXII; comm. et cant. Meyssac, arr. Brive (Corrèze), Cf. Bois (Le).

Bos (Le), près La Mazière-Basse, *Boscum (Ad illum)*, dans la vicairie d'Espagnac, CLVI; *Boscus, in villa Inmont* (qui est Ymont, canton de La Roche-Canillac), XCIX; comm. La Mazière-Basse, cant. Neuvic, arr. Ussel (Corrèze).

Bos (Mas-del-), *Bosco (Mansus de)*. Voy. Mas-del-Bos.

Boucarie (La), *Alla Bocaria*, CXXIV; comm. Loubressac, cant. Saint-Céré, arr. Figeac (Lot).

Bougeirou (?), *Vogarionum*, XLIX; comm. Lacave, cant. Souillac, arr. Gourdon (Lot).

Bouis (Le), *Bosco (Ad illo)*, dans la vicairie de Puy-d'Arnac et dans le village de Laubat, CLII; comm. Sérillac, cant. Beynat, arr. Brive (Corrèze).

Bourges, *Bituricas*, XXI; ch.-l. du dép. du Cher.

Bourlioux (?), *Alboarisca*, dans la vicairie d'Argentat.

Boussac, *Bulciacus*, XLIX; comm. Comiac, cant. Bretenoux, arr. Figeac (Lot).

Branceilles, *Brancelias, Branciellias, Branzeliæ* ou *Braciolæ*, XXXVII, LXXXVII, CXLIII, CXCIII et CXCVI; cant. Meyssac, arr. Brive (Corrèze).

Brassac (Vicairie de), *Brassiaco (vicaria de)*, Introd. tit. VI; cant. Bourg-de-Visa, arr. Moissac (Tarn-et-Garonne).

Bretenoux, *Bretonorum* ou *Breteni*, III, LXXXIX, CXCIII; ch.-l. de cant. arr. Figeac (Lot).

Breuil (Le), près Lostanges, *Ad Brolium*, XCVIII; comm. Lostanges, cant. Meyssac ou Sérillac, arr. Brive (Corrèze).

Breuil (Le), près Curemonte (?), *Brolio (terra de)*, CIX; comm. Curemonte, cant. Meyssac, arr. Brives (Corrèze).

Brive-la-Gaillarde (Pays et vicairie de), *Briva*, LXXXIX; *Brivensis (pagus, vicaria)*, LXV, LXXIX, CLXVII, CLXXXIX; chef-lieu d'arr. (Corrèze). Dans les dictionnaires modernes on a écrit, à tort, *Brives* avec un *s* à la fin.

Brivezac, *Brivaciacum*, XCIX; cant. Beaulieu, arr. Brive (Corrèze).

Broue (La) ou Labro (?), *Alla Broa*, CLXXXVII; Broue (la), au sud de Mézels, comm. Carennac, cant. Vayrac, arr. Gourdon (Lot). Voy. plus bas Labro.

Brousse (La), *Ad illa Brucia*, dans la *vicaria Exidensis*, LII; comm. Fraissinhes, cant. Saint-Céré, arr. Figeac (Lot).

C

Cabre, *Capra*, dans la vicairie de Pauliac, XXXVIII; comm. Teyssieu, cant. Bretenoux, arr. Figeac (Lot).

Cahors (Diocèse de), *Caturcensis (diœcesis)*, XXXVII; ch.-l. du dép. du Lot.

Caire (le), *Cherio (Illo)*, dans la vicairie de

Rouffiac, CLXIV; comm. Rouffiac, cant. La Roquebrou, arr. Aurillac (Cantal).

CALVIAC, *Calviacum*, en Quercy, CLXXXVII, cant. La Tronquière, arr. Figeac (Lot).

CALVIGNAC (Vicairie de), *Calvinhaco* (*vicaria de*), Introd. tit. VI; cant. Limogne, arr. Cahors (Lot).

CAMPS, *Campus*, dans la vicairie de Le Vert (*Vertedensis*), LIII; cant. Mercœur, arrond. Tulle (Corrèze).

CANCEL (?), *Concellas* ou *Cuncellas*, dans la *vicaria Exidensis*, LVII, CXXIX et peut-être XLV; comm. et cant. Gramat, arr. Gourdon (Lot). Voy. aussi CANCES.

CANCES (?), *Concellas* ou *Cuncellas*, dans la *vicaria Exidensis*, LVII, CXXIX et peut-être XLV; comm. Saint-Vincent, cant. Saint-Céré, arr. Figeac (Lot). Voy. aussi CANCEL.

CANDES, *Candis*, dans le Quercy, CLXXXVII, comm. Comiac, cant. Bretenoux, arr. Figeac (Lot).

CANTALÈS (SAINT-ÉTIENNE-DE-), ou CANTALEIX (SAINT-MARTIN), en Auvergne, *Catalensis* (*aicis*). Voy. CANTALEIX.

CANTALEIX (SAINT-MARTIN) ou CANTALÈS (SAINT-ÉTIENNE DE)? *Catalensis* (*aicis*), en Auvergne, CLXXV; le premier, cant. Pleaux, arr. Mauriac (Cantal); le second, cant. La Roquebrou, arr. Aurillac (Cantal).

CAPELLE-MARIVAL (LA)? *Capella*, CLXXXII; ch.-l. cant. arr. Figeac (Lot). Voy. CHAPELLE-DU-CIMETIÈRE (LA).

CARENNAC, *Carendenacus*, XLVIII, *Carennac*, CXCIV, CXCV; cant. Vayrac, arr. Gourdon (Lot).

CASTELNAU-DE-BRETENOUX, *Castramnovum*, XLI, XLII, CV; *Castelnou* (*Matfredus*), CXCIV; comm. et cant. Bretenoux, arr. Figeac (Lot).

CASTELNAU-DE-BRETENOUX ou SAINT-CÉRÉ, mais plutôt CASTELNAU (aïce, centaine, vallée, vicairie de), *Exidensis*, *Exindensis* ou *Exitensis* (*aicis, centena, vallis, vicaria*), III, XXXVIII, XLIII, *et passim*. Voy. ci-dessus CASTELNAU-DE-BRETENOUX; voyez, en outre, la note relative à cette position, *Notes et éclaircissements*, n° XXI.

CAUMON, *Calimons* ou *Calmons*, dans la vicairie de Cazillac, CLIV, LXXVIII; comm. Creysse, cant. Martel, arr. Gourdon (Lot).

CAUSSE (LE), près Bétaille, *Calessum*, en Quercy, CLIII; comm. Bétaille, cant. Vayrac, arr. Gourdon (Lot).

CAUSSE (LE), près Gluges, *Calsum*, village en Quercy, concédé à l'église de Sarrazac pour la fondation d'un monastère de filles, XXXIV; comm. Gluges, cant. Martel, arr. Gourdon (Lot).

CAVAGNAC, *Cavaniacus* (*villa*), *Cavanhac* (*castellum de*), CLIII, CXCVI; cant. Vayrac, arr. Gourdon (Lot).

CAZILLAC (Château et vicairie de), *Casiliacum* ou *Caziliacum* (*castrum*), XXXIV, CXCIII; *Casiliacensis* ou *Casliacensis* (*vicaria*), dans le Quercy, XVI, XVIII, XXIX, XXXIII, XLIV, XLVIII, LXV, CXL, CXLIV, CXLVIII, CLII, CLIV, CLXI, CLXV, CLXIX; cant. Martel, arr. Gourdon (Lot).

CÈRE (LA), rivière, *Sera, fluvius*, III, LXIII, CXCIII; cette rivière prend sa source au Plomb du Cantal, traverse l'arrondissement d'Aurillac (Cantal), celui de Figeac (Lot), et se jette dans la Dordogne au-dessous de Bretenoux.

CHABANAIS (Vicairie de), *Cabanensis* (*vicaria*) en Limousin, Introd. tit. VI; ch.-l. cant. arr. Confolens (Charente).

CHAISE (LA), *Ad illa Casa*, XCV; comm. Tudeil, cant. Meyssac, arr. Brive (Corrèze).

CHAISE-DIEU (Monastère de LA), *Casa-Dei*, en Auvergne, CXI; ch.-l. cant. arr. Brioude (Haute-Loire).

CHALUS, ch.-l. du *pagus Leucorum*, Introd. tit. VI, cant. et arr. Saint-Yrieix (Haute-Vienne).

CHAMBON (LE) près Tulle, *Cambo* (*curtis*), XLIX; comm. et cant. Tulle (Corrèze).

CHAMBON (LE)? *Cambonum* (*mansus*), LXXXII; comm. Laguenne, ou comm. Favars, cant. Tulle, ou enfin comm. Monceaux, cant. Argentat, arr. Tulle (Corrèze).

CHAMBOULIVE (Pays et vicairie de), *Cambolivensis* (*pagus, vicaria*), Introd. tit. VI; cant. Seilhac, arr. Tulle (Corrèze).

CHAMEYRAC, *Camairacum*, *Camariacum*, *Cameiracum*, *Cameriacum*, *Camberiacum* ou *Camerachus*, IV, VII, VIII, XII, XIII, L, XCV, CLXX; cant. Tulle (Corrèze).

CHAMMARS, *Chatmartz*, CXCIV, *Chammars*, CXCII, XXXVII; comm. Saint-Sylvain, cant. Argentat, arr. Tulle (Corrèze).

CHAMP (LE)? *Ad illa Calme*, dans la vicairie de Puy-d'Arnac, LX, LXIX; comm. Lostanges, cant. Meyssac, arr. Brive (Corrèze).

CHAMPAGNAC, *Campaniacum*, dans la paroisse de Chameyrac, XIII, XCV; comm. Favars, cant. et arr. Tulle (Corrèze).

CHAMPAGNE (LA), *Illa Campania*, LIV; comm. Bassignac-le-Bas, cant. Mercœur, arr. Tulle (Corrèze).

CHAMPEIX (?), *Campaniacum*, dans la centaine de Le Vert (*Vertedensis*)? III; comm. Saint-Cirque-la-Roche (et non pas Saint-Cirgues-la-Roche, comme il est écrit dans les dictionnaires géographiques), cant. Servières, arr. Tulle (Corrèze).

CHANAC (BERNARD, GÉRAUD DE), *Chanac* ou *Chalnac* (*Bernardus*, *Geraldus de*), CXI, CLXXXI; cant. et arr. Tulle (Corrèze).

CHANTONIE ou CHANÇONIE (?), *Cantedunum*, dans la vicairie d'Uzerche, CXLVII; comm. Saint-Ybart, cant. Uzerche, arr. Tulle (Corrèze).

CHAPELLE-DU-CIMETIÈRE (?), *Capella*, CLXXXII; comm. Cornac, cant. Bretenoux, arr. Figeac (Lot). Voy. CAPELLE-MARIVAL (LA).

CHASSAN (LE)? *Cassanias*, CXII, CXXII, CXXXVIII; comm. Lostanges, cant. Meyssac, arr. Brive (Corrèze). Voy. CHASSIN (LE).

CHASSENON (Vicairie de), *Cassanomeusis* (*vicaria*), Introd. tit. VI; cant. Chabanais, arr. Confolens (Charente).

CHASSIN (LE)? *Cassanias*, CXII, CXXII, CXXXVIII; comm. Sioniac, cant. Beaulieu, arr. Brive (Corrèze). Voy. CHASSAN (LE).

CHASTEAUX (Vicairie de), *Castelli* (*vicaria*), Introd. tit. VI; cant. Larche, arr. Brive (Corrèze).

CHATAU, près Dignac, *Castellucius* ou *Castelucius* (*castrum*), dans la vicairie de Bar, LV, CLXVI; comm. et cant. Seilhac, arr. Tulle (Corrèze).

CHATRE, *Castras*, dans la vicairie d'Espagnac, CLIX; comm. Saint-Hilaire-Foissac ou Froissac, cant. Lapleau, arr. Tulle (Corrèze).

CHAUFFOUR, en Limousin, *Culfurnum* ou *Calfurnum*, LV, CLXVI; cant. Meyssac, arr. Brive (Corrèze).

CHAUFFOUR, en Quercy, *Choulfforns*, dans la paroisse de Condat, XXXVII; comm. Cavagnac, cant. Vayrac, arr. Gourdon (Lot).

CHAUMONT, *Caumontum*, dans la vicairie d'Uzerche, CLXXXIX; comm. Troche, cant. Vigeois, arr. Brive (Corrèze).

CHAUSES (?), *Chanci*, CLXXVIII; comm. et cant. Meyssac, arr. Brive (Corrèze).

CHAUVAC, *Calviacum*, en Limousin, LXXI; comm. Bassignac-le-Bas, cant. Mercœur, arr. Tulle (Corrèze).

CHAUVIGNAC, *Calviniacum*, dans la vicairie d'Uzerche, CLXXXIX; comm. et cant. Vigeois, arr. Brive (Corrèze).

CHERVIX (Vicairie de), *Carvicensis* ou *de Chervix* (*vicaria*), Introd. tit. VI; comm. Château-Chervix, cant. Saint-Germain, arr. Saint-Yrieix (Haute-Vienne).

COLLONGES (GÉRAUD DE), *Colongas* (*Geraldus de*), XXX; cant. Meyssac, arr. Brive (Corrèze).

COLOMBIER, *Columbarius* ou *Podium*, en Quercy, dans la vicairie de Cazillac, XLIV, CXL, L; comm. Turenne, cant. Meyssac, arr. Brive (Corrèze).

COLONZAT, *Colungas*, en Quercy, dans la vicairie de Bétaille, XXVIII; comm. Saint-Michel-de-Banières, cant. Vayrac, arr. Gourdon (Lot).

COMBE (LA), près Sainte-Féréolle, *Cumba*, dans la vicairie de Brive, LXXIX; comm. Sainte-Féréolle, cant. Donzenac, arr. Brive (Corrèze).

COMBE (LA), *Cumba* (*Ad illa* ou *Illa*), dans le village de Batu, LXXXIX, CLIV; comm. au nord d'Altillac et à l'est de Beaulieu, cant. Beaulieu, arr. Brive (Corrèze).

COMBE (LA) ou LACOMBE, près Meyssac ou près

Curemonte (?), *Cumba (Alla)*, dans le village appelé *Monte*, CII; comm. et cant. Meyssac, ou comm. de Curemonte, cant. Meyssac, arr. Brive (Corrèze).

COMBORN (DE), *Combornensis*, XIV, note 5, LXXVII, note 7; sur un petit affluent de la Loire, rivière qui se jette dans la Vézère à Varetz; comm. Beyssac, cant. Lubersac, arr. Brive (Corrèze).

COMBBAILLE (Pays de), *Cambiovicensium (pagus)*, ou *Combralia*, Introd. tit. VI; ce pays comprenait une grande partie du département de la Creuse.

COMBROUX, *Combrussum*, XIII; comm. Favars ou Saint-Germain-les-Vergnes; cant. et arr. Tulle (Corrèze).

CONDAT, *Cundadum* ou *Cundatum*, ou bien *Condatum*, en Quercy, dans la vicairie de Cazillac, XVI, XXIX, XXXVII, L, CLXXXVI, CXCIII, CXCVI; comm. Strenquels, cant. Vayrac, arr. Gourdon (Lot).

CORNIL, *Cornilium (mansus)*, près Queyssac, CLXIV; comm. Queyssac, cant. Beaulieu, arr. Brive (Corrèze).

CORNIL, *Cornill*, XXXVII; cant. et arr. Tulle (Corrèze).

CORRÈZE (LA), rivière, *Correzia, fluvius*, en Limousin, dans la vicairie de Bar, XVII; cette rivière prend sa source au plateau de Millevaches, et se réunit à la Vézère au-dessous de Brive.

COSNAC (?), *Caunac*, LXVI, note 3; comm. et cant. Brive (Corrèze).

COSTE (LA) ou LACOSTE? *Costa (Alla)* et *Costagias*, LXII, LXXXII et XCII; comm. Lostanges, ou bien comm. Saint-Bazile, cant. Meyssac, arr. Brive.

COURAULY (?) *Oliado*, dans la vicairie de Puy-d'Arnac, XXVIII; comm. de Chauffour, cant. Meyssac, arr. Brive (Corrèze); ce nom se sera peut-être composé des deux mots *Cour, Auly (Curte Oliado)*.

COURIEU, *Corcugium*, CLXXXVIII; comm. et cant. Vayrac, arr. Gourdon (Lot).

COURTILLE, *Curtogilas*, dans la *vicaria Exidensis*, CLVII; comm. Issendolus, cant. Capelle-Marival (La), arr. Figeac (Lot).

COUSAGES, *Cosaticus, Quossaticus* ou *Cosatge*, XXV, XXVI, XXVII, CXCIV; comm. Chasteaux, cant. Larche, arr. Brive (Corrèze).

CRÉPIGNAC, *Crispiniacas* ou *Crispinianicas*, LV, CLXVI; comm. Saint-Julien-Maumont, cant. Meyssac, arr. Brive (Corrèze).

CREUSE, *Crosus rivus*, CIX; il y a deux localités du nom de Creuse (Haut et Bas), comm. Chauffour, cant. Meyssac, arr. Brive (Corrèze).

CREYSSE, *Croxia*, Introd. tit. VI; canton Martel, arr. Gourdon (Lot).

CROS-DE-MONTVERT (Église de), *Cros (ecclesia quæ vocatur)*, dans la vicairie de Rouffiac, CLXIV; cant. La Roquebrou, arr. Aurillac (Cantal).

CROSE (LA)? *Crosa Petra*, CLXXXVIII; comm. Marcillac-la-Crose, cant. Meyssac, arr. Brive (Corrèze).

CROSFONT, *Crozafonte (pratum de)*, dans la vicairie de Puy-d'Arnac, CXXVIII; comm. Branceilles, cant. Meyssac, arr. Brive (Corrèze).

CROUX (LA)? *Croz (Alla)*, LXXXII; comm. Chauffour, cant. Meyssac, arr. Brive (Corrèze).

CUREMONTE, *Curamonte, Curamonta* ou *Caramontanum*, I, XXXII, CLXXXIX; cant. Meyssac, arr. Brive (Corrèze).

CURSAC (Vicairie de), *Cursiacensis (vicaria)*, Introd. tit. VI; comm. Croisille (la), cant. Châteauneuf, arr. Limoges (Haute-Vienne).

CUZANCE, *Cusanza*, CLI; cant. Martel, arr. Gourdon (Lot).

D

DARAZAC (Vicairie de), *Daraciacensis (vicaria)*, LXX; cant. Servières, arr. Tulle (Corrèze).

DIGNAC, *Diniacus* ou *Dinachus*, dans la vicairie de Bar, XII, LV, CLXVI; comm. de Saint-Salvadour, cant. Seilhac, arrond. de Tulle (Corrèze).

DICTIONNAIRE GÉOGRAPHIQUE. 375

Domesac, *Dometa* (*Ad illa*), dans la vicairie de Puy-d'Arnac, CXXXVII, CXXXVIII; comm. de Sioniac, cant. de Beaulieu, arr. de Brive, (Corrèze).

Dorat (Abbé du), *Dauratensis* (*abbas*), XXXI; ch.-l. cant. arr. de Bellac (Haute-Vienne).

Dordogne, rivière, *Dordonia* ou *Dornonia*, I, II, III, XI, *et passim in Chartalario*. Cette rivière prend sa source au Mont-Dore, en Auvergne, et va se réunir à la Garonne, au Bec-d'Ambès, où elle forme avec cette dernière le fleuve de la Gironde.

Doureval, *Dulcevallis*, *Dozval* ou *Dorval*, CLXXXVI, CXCIII, CXC, CXCVI; comm. Cavagnac, cant. Vayrac, arr. Gourdon (Lot).

Durand (?), *A la Darantia*, CXCVI; comm. Queyssac, cant. Beaulieu, arr. Brive (Corrèze).

E

Esclauselas, *Sclausa* (*Ad illa*), dans la vicairie d'Uzerche, CXLVII; comm. et cant. Salons, arr. Tulle (Corrèze).

Escorailles, *Scorralia*, CII; cant. Pleaux, arr. Mauriac (Cantal).

Escures (Les), *Iscuras* (*Ad*), dans la vicairie d'Uzerche, CLXXXIX; comm. Saint-Pardoux, cant. Lubersac, arrond. Brive (Corrèze).

Espagnac (Vicairie de), *Spaniacensis* (*vicaria*), LXVII, CXXXII, CXLIV, CLVI, CLIX, CLXXI, CLXXII; cant. La Roche-Canillac, arr. Tulle (Corrèze).

Espagnagol, *Spaniagol*, CIII, CVII; comm. et cant. Beynat, arr. Brive (Corrèze).

Esse (Vicairie d'), *Adecia* (*vicaria de*), Introd. tit. vi; cant. et arr. de Confolens (Charente).

Estivals, *Estivalis*, *Estivals*, I, CLXXXIV, CLXXXV, CXCIII, CXCIV; cant. et arr. Brive (Corrèze).

Estrade (L')? *Strada* (*Ad illa*), CXIX; comm. Nonars, cant. Beaulieu, arr. Brive (Corrèze).

F

Fage (La), *Faya*, XLIX; comm. Albussac, cant. Argentat, arr. Tulle (Corrèze).

Fargues, près Bassignac-le-Bas (?), *Faurgas*, XXX, C; comm. Bassignac-le-Bas, cant. Mercœur, arr. Tulle (Corrèze). Voy. Fargues, près Bretenoux.

Fargues, près Bretenoux (?), *Faurgas*, XXX, C; comm. et cant. Bretenoux, arr. Figeac (Lot). Voy. Fargues, près Bassignac-le-Bas.

Fargues, près Saint-Geniès-au-Merle, *Falcarias* ou *Falgarias*, XVIII, LXIII, LXXII, CXXXIV, CLX; comm. Saint-Geniès-au-Merle, cant. Servières, arr. Tulle (Corrèze).

Faurie (La), *Fabrica* ou *Ad illa Fabrica*, CXXVIII, CXLIV; comm. Astaillac, cant. Beaulieu, arr. Brive (Corrèze).

Faurie (La), près Benaye, *Fabricas*, dans la vicairie d'Uzerche, CXLVII; comm. Benaye, cant. Lubersac, arr. Brive (Corrèze).

Favars, *Favaris*, *Favars*, XIII, XIV, XV, L, CI, CLXX, CLXXXI et peut-être CXCIV; cant. et arr. Tulle (Corrèze).

Feix-Fayte (Vicairie de), *Faisco* ou *Faix* (*vicaria de*), Introd. tit. vi; comm. La Roche-près-Feyt, cant. Eygurande, arr. Ussel (Corrèze).

Félines, près Bretenoux, *Fellinas* ou *Filinias*, dans la vicairie de Pauliac, XXXVIII, XLIII, XLIV; comm. et cant. Bretenoux, arr. Figeac (Lot).

Figeac, *Fiacum* ou *Figiacum*, XLIX, CXXXV, CXCIV, ch.-l. d'arr. (Lot).

Flavignac (Vicairie de), *Flaviniacensis* (*vicaria*), Introd. tit. vi; cant. Châlus, arr. Saint-Yrieix (Haute-Vienne).

Floret (?), *Floriacus*, dans la vicairie de Puy-d'Arnac, CLV; comm. Curemonte, cant. Meyssac, arr. Brive (Corrèze).

FONTIAL, *Fondial* ou *Fons Dial*, XXXVII; comm. Branceilles, cant. Meyssac, arr. Brive (Corrèze).

FORGÈS (Vicairie de), *Faurcensis (vicaria)*, Introd. tit. VI; cant. Argentat, arr. Tulle (Corrèze).

FOUILLOUX, *Foliosus, turris*, XLIX; comm. Sérillac, cant. Beynat, arr. Brive (Corrèze).

FRAISSINET, *Fraisinias* ou *Frasinias* et peut-être *Fraisingas*, dans la vicairie de Le Vert, CXXXIV, LXXXII et peut-être CLX; comm. Sexcles, cant. Mercœur, arrond. Tulle (Corrèze).

FRIAC, *Afriacus*, plus tard *Friacus* ou *Friac*, village et prieuré, XXIX, XXX, XXXVII, LVI, CXCVI; comm. Strenquels, cant. Vayrac, arr. Gourdon (Lot).

FURSAC (Vicairie de), *Firciacensis (vicaria)*, Introd. tit. VI; comm. Saint-Étienne-de-Fursac ou Saint-Pierre-de-Fursac, cant. Grand-Bourg ou Bourg-Salagnac, arr. Guéret (Creuse).

G

GAGNAC, *Gimpniac (Johannes de)*, CXCV; cant. Bretenoux, arr. Figeac (Lot).

GARDE (LA), *Garda*, XCIII; cant. et arr. de Tulle (Corrèze), ou bien comm. Loubressac, cant. Saint-Céré, arr. Figeac (Lot).

GARDELLE (LA), *Gardella*, XXXVI, XL, XLII, CX; arr. Brive (Corrèze), ou bien comm. Senaillac, canton La Tronquière, arr. Figeac (Lot).

GAUBERT, près Magnagues, *Guazbert de Margualgas* (manse appelé), LXXXII; comm. Miers, cant. Gramat, arr. Gourdon (Lot).

GAUBERT, près Pauliac, *Gauzbert de Paoliaco* (manse appelé), LXXXII; comm. Loubressac, cant. Saint-Céré, arrond. Figeac (Lot).

GENESTE, *Genestedum*, dans la vicairie de Rouffiac, CLX; comm. Arnac, cant. La Roquebrou, arr. Aurillac (Cantal).

GENESTE (LA), *Gineste*, dans la vicairie de Puy-d'Arnac, CXLII, comm. Marcillac-la-Crose, cant. Meyssac, arr. Brive (Corrèze).

GENESTE (LA), *Ginestum*, dans le pays de Puy-d'Arnac, VI; comm. Sérillac, cant. Beynat, ou bien comm. Marcillac-la-Crose, cant. Meyssac, arr. Brive (Corrèze).

GENESTINE, *Genestinas*, dans la vicairie d'Espagnac, LXVII; comm. Moustier-Ventadour, cant. Egletons, arr. Tulle (Corrèze).

GENEVRIÈRE (LA), *Genebreria*, XXXV, LXXXIV, XCI; comm. Saint-Chamant, cant. Argentat, arr. Tulle (Corrèze).

GIMEL, *Gimel*, XXXV, CLXX, note 9; cant. et arr. de Tulle (Corrèze).

GINEBRE (LA), *Genebra*, CXX, CXCII; comm. Belmont-près-Bretenoux, cant. Bretenoux, arr. Figeac (Lot).

GIRAC, *Igeracus, Agaracus, Agiracus* ou *A Girac*, III, XII, L, CXXIV, CXCIII; cant. Bretenoux, arr. Figeac (Lot).

GLANES, *Glanna*, dans la vicairie de Le Vert, LXIII; cant. Bretenoux, arr. Figeac (Lot).

GOULES, *Agolas*, CLXXXVIII; cant. Mercœur, arr. Tulle (Corrèze).

GOURDON, *Gordonium*, XXXVII, CXCIV; ch.-l. arr. dans le dép. du Lot.

GOUR-NÈGRE, *Nigro Gurgite*, L; sur les bords de la Dordogne, entre Beaulieu et Liourdre.

GRAND-BOURG ou BOURG-SALAGNAC (Vicairie de), *Selabunac (vicaria de)*, Introd. tit. VI; ch.-l. cant. arr. Guéret (Creuse).

GRANOUILLAC, *Granuliacum* ou *Granoillac*, III, CXCI, CXCIII, et peut-être CXXIII; comm. Sousceyrac, cant. La Tronquière, arr. Figeac (Lot).

GRÈSE (LA)? *Gresa (Grosa forte pro)*, CLXXXIII; comm. Brivezac, cant. Beaulieu, arr. Brive (Corrèze).

J

Jocondiac (Pays de), appelé depuis Le Palais. Voy. Palais (Le).

Juillac (Vicairie de), *Juliaco (vicaria de)*, Intr. tit. vi; ch.-l. de cant. arr. Brive (Corrèze).

K

Kiersi-sur-Oise, *Carisiacum palatium*, IV; arr. Compiègne (Oise).

L

La Borie-d'en-Val. Voy. Val (La Borie-d'en-).

Labro ou Broue (La), *Alla Broa*, CLXXXVII; Labro, comm. Bio, cant. Saint-Céré, arr. Figeac (Lot). Voy. plus haut Broue (La).

La Capelle-Marival. Voy. Capelle-Marival (La).

Lac, *Lacus*, en Auvergne, vicairie de Salins; LI, CLXXIII; comm. Fontanges, cant. Salers, arr. Mauriac (Cantal).

Lacombe ou Combe (La). Voy. Combe (La).

Langlade(?), *Anglos* ou *Ad illos Angulos*, dans la vicairie de Cazillac, XLVIII, CLXI; comm. Strenquels, cant. Vayrac, arr. Gourdon (Lot).

Lanzac, *Lensiacus*, dans la vicairie de Cazillac, XXVIII; cant. Souillac, arr. Gourdon (Lot).

Lapleau(?), *Plevis*, village dépendant de la vicairie de Rosiers, CLXXIV; hameau situé dans la commune de Davignac ou Saint-Germain-le-Lièvre, cant. Meymac, arr. Ussel (Corrèze).

Laroche ou Roche (La), près Végennes, *Roca (Ad illa)*, dans la vicairie de Puy-d'Arnac, CXXVII; comm. Végennes, cant. Beaulieu, arr. Brive (Corrèze).

Laroque ou Roque (La), près d'Autoyre, *Ad illam Rocam*, dans la *centena Exidensis*, XLVI; comm. Autoyre, cant. Saint-Céré, arr. Figeac (Lot).

Lassalles (?), *Sallis*, XLIX; comm. Bio, cant. Saint-Céré, arr. Figeac (Lot). Voy. aussi Selles.

Las-Vaux(?), *Valleillas*, en Quercy, CLXXXVII; comm. Cazillac, cant. Martel, arr. Gourdon (Lot).

Latran (Saint-Jean-de-), *Laterani (palatium)*, II; à Rome (Italie).

Laubat, près le Bouis(?), *Lupiacus*, dans la vicairie de Puy-d'Arnac, CLII; comm. Sérillac, cant. Beynat, arr. Brive (Corrèze).

Lauconie, *Oco*, dans la paroisse de Chameyrac, XIII; comm. Chameyrac ou Saint-Hilaire-Peyroux, cant. et arr. Tulle (Corrèze).

Laumont, *Amonte*, CLXXXIX; comm. Sérillac, cant. Beynat, arr. Brive (Corrèze).

Laurent (Le), *Laurentas*, dans la vicairie d'Argentat, CLXIV; comm. Saint-Chamant, cant. Argentat, arr. Tulle (Corrèze).

Laval(?), *Vallis (mansus)*, dans la vicairie de Puy-d'Arnac, CXXVIII; (*villa*) LIV, LV, LX; comm. Sérillac, cant. Beynat; ou bien comm. Lostanges, cant. Meyssac, arr. Brive (Corrèze).

Léobazel, *Leobagildis*, CLXXXVIII, cant. Mercœur, arr. Tulle (Corrèze); sur les feuilles de Cassini, il est nommé *Saint-Mathurin-de-Léobagel*.

Le Vert, *Vertedensis (aicis, centena et vicaria)*. Voy. Vert (Le).

Leyme, *Allerm*, CXXIV; comm. Molières, cant. La Capelle-Marival, arr. Figeac (Lot).

Liac (?), *Aliacum*, CIII; comm. Champagnac-la-Prune, cant. La Roche-Canillac, arr. Tulle (Corrèze).

Lignerac, *Linairac*, CXX; cant. Meyssac, arr. Brive (Corrèze).

Ligoure (Pays de), *Leuci, Legora*, Introd. tit. vi; canton du Limousin, où sont situés Saint-Jean-Ligoure, cant. Pierre-Buffière, arr. Limoges; et Chalus, cant. et arr. Saint-Yrieix (Haute-Vienne).

LIMOGES (Ville de), *Lemovicas*, XIII, *Lemotgas*, CXCII; (diocèse de) *Lemovicensis (parochia)*, II; (vicairie de) *Lemovicensis (vicaria)*, Introd. tit. VI; ch.-l. du dép. de la Haute-Vienne.

LIMOUSIN (Comté et pays de), *Lemovicinus*, *Limovicinus*, *Limozinus* ou *Limovicensis (comitatus, orbis* ou *pagus)*, I, IV, VII, VIII et passim; *Lemozinum (territorium)*, XVII; comté et pays dont Limoges était la capitale. Voy. Introd. tit. VI.

LIOURDRES, *Lusidus* ou *Lusde*, dans la vicairie de Puy-d'Arnac, CLXVIII, XXXV, XXXVI; cant. Beaulieu, arr. Brive (Corrèze).

LON, *Long*, en Quercy, XXXVII; comm. Sarrazac, cant. Martel, arr. Gourdon (Lot).

LONGEVIALE, *Longavilla* ou *Longavila*, dans la vicairie de Puy-d'Arnac, CXIX, et peut-être XLII; comm. Saint-Bazile, près Meyssac, cant. Meyssac, arr. Brive (Corrèze).

LONGOUR, *Longor*, XLIX; comm. et cant. d'Argentat, arr. Tulle (Corrèze).

LONGUEVAL (*Longaval A.*), CXXIV; comm. Astaillac, cant. Beaulieu, arr. Brive (Corrèze).

LOSTANGES, *Laustangas* ou *Laustanguas*, XC, CLXXIV, peut-être le même lieu qui est appelé *Laurestanicas*, XLIX; cant. Meyssac, arr. Brive (Corrèze).

LOUBEJAT, *Lobegiacus*, CXVI; comm. Sioniac, cant. Beaulieu, arr. Brive (Corrèze).

LUBERSAC (Vicairie de), *Luperciacensis (vicaria)*, Introd. tit. VI; ch.-l. de canton, arr. Brive (Corrèze).

M

MAGNAGUES (GAUBERT, près), *Margualgas* (*Guazbert de*), LXXXII; comm. Carennac, cant. Vayrac, arr. Gourdon (Lot).

MAISSE, *A Maisse*, LXXXII; comm. Végennes, cant. Beaulieu, arr. Brive (Corrèze), ou comm. Macheix, même canton.

MALEMORT, *Malamort* ou *Malemort*, XIV, XV, CXI; cant. et arr. Brive (Corrèze).

MANIA (?), *Aumonium*, dans la vicairie de Rouffiac, CLXIV, comm. Saint-Christophe, cant. Pleaux, arr. Mauriac (Cantal).

MARC-LA-TOUR, *Marcus*, dans la vicairie d'Espagnac, CLXXII; cant. et arr. Tulle (Corrèze). Ce nom est écrit dans plusieurs cartes, et notamment sur celles de Cassini, *Marque-la-Tour*, mais c'est une orthographe vicieuse.

MARCHE (LA) limousine, *Marca* ou *Marchia*, qui se divisa en haute et basse, et occupait, dans le principe, la partie nord-ouest de l'ancien Limousin, Introd. tit. VI.

MARCILLAC-LA-CROSE, *Marciliacum* ou *Marcilliacum*, XLIX; cant. Meyssac, arr. Brive (Corrèze).

MARGUIL, près Mezayrac, *Malabauguil prope Miseriacum*, CLXXXVIII; comm. Calviac, cant. La Tronquière, arr. Figeac (Lot).

MARSAC, *Marciacus*, dans la vicairie de Puy-d'Arnac, LXXXV, CXLIX; comm. Saint-Bazile-de-Meyssac, cant. Meyssac, arr. Brive (Corrèze).

MARTEL, *Martellum*, XXXVII; ch.-l. cant. arr. Gourdon (Lot).

MAS-DEL-BOS, *Bosco* (*mansus de*), XXXIX; comm. Sioniac, cant. Beaulieu, arr. Brive (Corrèze).

MAS-DE-MARNE (?), *Ad Martres*, *mansus*, CX; comm. de Mayrinhac, cant. de Saint-Céré, arr. Figeac (Lot).

MAUMONT, *Momonte* (*In*), LXXXIX; peut-être le même lieu que *Momo*, XXII; comm. Saint-Julien-Maumont, cant. Meyssac, arr. Brive (Corrèze).

MAURIAC (Monastère de), *Mauriacensis (monasterium sancti Petri)*, CXXXIX; ch.-l. arr. (Cantal).

MAURY (?) *Maugurius*, dans la vicairie d'Uzerche, CXLVII; comm. Salons, cant. Uzerche, arr. Tulle (Corrèze).

MAYRINHAC, *Matriniacus*, *Madriniacus* ou *Mairiniacus*, XLIX, L, LV, CX, CLXVI; cant. Saint-Céré, arr. Figeac (Lot).

MAYRONNE, *Matrona*, XLIX; comm. Saint-Sozy, cant. Souillac, arr. Gourdon (Lot).

DICTIONNAIRE GÉOGRAPHIQUE.

Mazeiras, près Saint-Mathurin-de-Léobazel, *Allas Mazerias*, manse concédé au prieuré de Bonneviolle, XLI et CV; comm. Léobazel, cant. Mercœur, arr. Tulle (Corrèze).

Ménoire, *Menoidre*, bois donné à l'abbaye de Tulle, XCII; cant. d'Argentat, arr. Tulle (Corrèze).

Mercœur, *Mercorius*, dans la vicairie de Le Vert, CLXII, CLXIII; ch.-l. cant. dans l'arr. Tulle (Corrèze).

Mespoulet (?), *Mespelium*, XLIX; comm. Cahus, cant. Bretenoux, arr. Figeac (Lot). Voy. aussi Mespoulies (Le).

Mespoulies (Le)? *Mespelium*, XLIX; comm. Calviac, cant. La Tronquière, arr. Figeac (Lot). Voy. aussi Mespoulet.

Mézayrac, *Miseriacum*, CLXXXVIII; comm. Calviac, cant. La Tronquière, arr. Figeac (Lot).

Miaumars (?), *Monte Maximino*, dans la vallée de Saint-Céré, LXXVI; comm. et cant. Saint-Céré, arr. Figeac (Lot).

Miégemont, *Monsmedianus*, dans la vicairie de Puy-d'Arnac, LVIII, LXIX; comm. Altillac, cant. Beaulieu, arr. Brive (Corrèze).

Miguiral (?), *Megurias*, CLXVI; comm. Cahus, cant. Bretenoux, arr. Figeac (Lot).

Miliatu, *Meletum*, CXLIII; comm. Chauffour, cant. Meyssac, arr. Brive (Corrèze).

Moissonie (?), *Mozianum*, dans la vicairie d'Uzerche, CLXXXIX; comm. Saint-Jal, cant. Seilhac, arr. Tulle (Corrèze).

Monanges (?), *Molliangas*, dans la vicairie d'Espagnac, CXXXII; comm. Serandon, cant. Neuvic, arr. Ussel (Corrèze).

Monceaux, *Molsos*, XLII, sans doute le même lieu qui fut appelé *Mulsedonum*, puis *Molsedonum* et *Molseum*; cant. d'Argentat, arr. Tulle (Corrèze).

Mont (Le)? *Alto Monte*, dans la vicairie d'Espagnac, près de Saint-Priest-de-Gimel, CLXXII; comm. Gimel, cant. et arr. Tulle (Corrèze).

Mont (Le), près Saint-Ybart, *Monte*, dans la vicairie d'Uzerche, CXLVII; comm. Saint-Ybart, cant. Uzerche, arr. Tulle (Corrèze).

Montal (?), *Monte*, dans la *vallis Exidensis*, LX; comm. et cant. Saint-Céré, arr. Figeac (Lot).

Montbrial, *Monte Broallo* ou *Monte Bruallo* (A), dans la vicairie de Puy-d'Arnac, CXXI, CXXXII; comm. Queyssac, cant. Beaulieu, arr. Brive (Corrèze).

Mont-Cipière, *Monchapieira*, CXCVI; comm. et cant. Beaulieu, arr. Brive (Corrèze).

Monteil (Le)? près Meyssac, *Montilium*, LXXIII; comm. et cant. Meyssac, arr. Brive (Corrèze).

Monteil, près Saint-Céré (?), *Montilium*, dans la *centena Exidensis* (?), XLVI; comm. Saint-Vincent, cant. Saint-Céré, arr. Figeac (Lot).

Montignac, près Martel, *Montiniacum*, en Querci, CLI; peut-être le même lieu que *Montaniacus*, CXLVI; comm. et cant. Martel, arr. Gourdon (Lot).

Montluçon (Agnès de), *Montelucio (Agnes de)*, XXX, note 5; ch.-l. d'arr. dans le dép. de l'Allier.

Mont-Valent, auprès duquel était sans doute le lieu appelé *Fonte Vallense*, CXXVIII; cant. Gramat, arr. Gourdon (Lot).

Moulé (?) *Mollis* ou *Moll*, dans la vicairie de Le Vert, III, XLIX, CXXIII, CXCIII; comm. Saint-Michel-Loubejou, cant. Bretenoux, arr. Figeac (Lot).

N

Naves (Vicairie de), *Navensium (vicaria)*, VII; cant. et arr. Tulle (Corrèze).

Neuvic (Vicairie de), *Noviacensis* ou *Novicensis (vicaria)*, Introd. tit. VI; cant. Châteauneuf, arr. Limoges (Haute-Vienne).

Nigremont (Pays de), *Nigermontensis (pagus)*, Introd. tit. VI; dont Saint-Georges-Nigremont, cant. Crocq, arr. Auhusson (Creuse), fut le chef-lieu. Voy. Saint-Georges-Nigremont (Vicairie de), *Nigromonte (vicaria de)*.

48.

NOAILLAC, *Noaliacum*, LXXXII; cant. Meyssac, arr. Brive (Corrèze).
NOGERE (?), *Nogent*, XCIX; comm. Cressensac, cant. Martel, arr. Gourdon (Lot).
NONARS, *Nonnaris*, dans la vicairie de Puy-d'Arnac, I, XXIV, CXCIII; cant. Beaulieu, arr. Brive (Corrèze).
NONTRON (Centaine de), *Nantronensis (centena)*, Introd. tit. VI; ch.-l. arr. (Dordogne).

O

ORADOUR (L'), *Ad Oratorium S. Baudilii* ou *Sanctus Baudilius*, dans la vicairie de Puy-d'Arnac, CL, LXXXIX, CLXXVII; comm. Tudeil, cant. Beaulieu, arr. de Brive (Corrèze).
ORLÉANS, *Aurelianis*, XII; ch.-l. dép. du Loiret.
ORLHAC, *Aureliacus*, en Quercy, CLXXXIII, CLXXXV, CXCIII; comm. Cazillac, cant. Martel, arr. Gourdon (Lot).

P

PALAIS (LE), auparavant JOCONDIAC (pays de), *Jocunciacus (pagus)*, Introd. tit. VI; cant. et arr. Limoges (Haute-Vienne).
PALSOU (Hameau et forêt de), *Palsonis* ou *Palso*, dans la vicairie de Puy-d'Arnac, CXV, CXXXI; comm. Sioniac, cant. Beaulieu, arr. Brive (Corrèze).
PALSOU (Ruisseau de), *Palsonis* ou *Palso (rivus)*, XX, CXV, CXXXI; prend naissance dans la commune de Sioniac, qu'il traverse, ainsi que les communes de Billac et Bétaille, et se jette dans la Dordogne, entre Carennac et Mezels.
PAULIAC, sur la Dordogne (Vicairie de), *Pauliacus* ou *Pauliacensis (vicaria)*, XXXVIII, LXXIII, LXXXII; comm. Tauriac ou Bretenoux, cant. Bretenoux, arr. Figeac (Lot).
PAULIAC (GAUBERT, près), *Gauzbert de Paoliaco*. Voy. GAUBERT, près Pauliac.
PAUNAC, *Puzinnacum*, *Puzenacum* ou *Poznac*, CLXV, CLXXXIII, XXX; comm. Strenquels, cant. Vayrac, arr. Gourdon (Lot).
PAYRISSAT, *Pairisac*, CXCII; comm. Rueyres, cant. La Capelle-Marival, arrond. Figeac (Lot).
PEIRAT, près Saint-Pardoux (?), *Albas Petras*, dans la vicairie d'Uzerche, CLXXXIX; comm. Saint-Pardoux, cant. Lubersac, arr. Brive (Corrèze).
PEIRE (LA), *Pera*, CLXXXVIII; comm. Curemonte, cant. Meyssac, arr. Brive (Corrèze).
PÉRIER (LE)? *Parariam*, *mansus*, CII, comm. Branceilles, cant. Meyssac, ou comm. Chapelle-aux-Saints, cant. Beaulieu, arr. Brive (Corrèze).
PÉRIGNAC (?), *Patridianum* ou *Patrinia*, CXXVII, LXXXI; comm. Noaillac, cant. Meyssac, arr. Brive (Corrèze).
PERS, *Peros*, dans la vicairie d'Espagnac, CLX; comm. Saint-Hilaire-Luc, cant. Neuvic, arr. Ussel (Corrèze).
PÉTRISSAC, *Patriciacum* ou *Patriciagum*, LV, CLXVI; comm. Reygade, cant. Mercœur, arr. Tulle (Corrèze).
PEYRAT, près Curemonte, *Padriacus* ou *Pairacus*, XLIX; comm. Curemonte, cant. Meyssac, arr. Brive (Corrèze).
PEYRAT (Vicairie de), près Bellac, *Pariacensis (vicaria)*, Introd. tit. VI; cant. et arr. Bellac (Haute-Vienne).
PEYRE (LA)? *Alla Peiriera*, XXXIX; comm. Gagnac, cant. Bretenoux, arr. Figeac (Lot).
PEYRILHAC (Vicairie de), *Padriliaco (vicaria de)*, Introd. tit. VI; cant. Nieuil, arr. Limoges (Haute-Vienne).
PIERREFICHE, *Petraficta*, dans la vicairie d'Espagnac, LXI; comm. Saint-Sylvain, cant. Argentat, arr. Tulle (Corrèze).
PIERRE-TAILLADE (?), *Taillada* ou *Teillada*,

XXXIX, XL; comm. et cant. Meyssac, arr. Brive (Corrèze).

Pinsac, *Pensiacus*, LV, peut-être le même lieu que *Pendiacus*, CLXVI; cant. Souillac, arr. Gourdon (Lot).

Plaignes, *Ad illos Planos*, dans la vicairie de Puy-d'Arnac, CLIV; comm. Queyssac, cant. Beaulieu, arr. Brive (Corrèze).

Plantade, *Plantada*, XCVIII; comm. Marc-la-Tour, cant. et arr. Tulle (Corrèze).

Poitiers (Comte du Poitou ou de), *Pictavensis comes*, XXXIX; (évêque de), *Pictavensis episcopus*, I, not. 47, XI; ch.-l. du dép. de la Vienne.

Poitou (Comte de Poitiers ou du), *Pictavensis comes*, XXIX, dont la capitale était Poitiers.

Pouch (Le)? *Apoz*, CXXV; comm. Saint-Privat, cant. Servières, arr. Tulle (Corrèze).

Poujade (La), *Poiada* (*Ad illa*), XCIV, XCV, XCVIII, CXIV; comm. Sérillac, cant. Beynat, arr. Brive (Corrèze).

Pradeaux (Vicairie de)? *Pardaniaco* (*vicaria de*), Introd. tit. VI; comm. Toulx-Sainte-Croix, cant. et arr. Boussac (Creuse).

Pratvieil, *Pratvielh* (*A*), CXCVI; comm. Siran, cant. La Roquebrou, arrond. Aurillac (Cantal).

Prenchen (?), *Prenciacus*, dans la vicairie d'Espagnac, CXLIV; comm. Laval, cant. Lapleau, arr. Tulle (Corrèze).

Presque (Saint-Médard-de-), *Prisca*. Voyez Saint-Médard-de-Presque.

Puy (Le) (?), *A Podio*, CIII; comm. Chenaliers ou Brivezac, cant. Beaulieu, arr. Brive (Corrèze).

Puy-d'Aitreil, *Altriacus*. Voy. Aitreil (Puy-d').

Puy-d'Arnac (Vicairie et pays de), *Asnacensis, Asenacensis, Assenacensis, Asinacensis* ou *Asnagum* (*vicaria*), I, XVI, XVIII, *et passim, Asenacensis* (*pagus*), VI; cant. Beaulieu, arr. Brive (Corrèze).

Puy-d'Ayre, *Ad Poio Aldrico*, LXV; comm. Saint-Michel-de-Banières, cant. Vayrac, arr. Gourdon (Lot).

Q

Quatre-Croix (Les), *Inter Quatuor Cruces*, XCII; comm. Branceilles, cant. Meyssac, arr. Brive (Corrèze).

Queiroles, *Cairolus* ou *Cairolz*, dans la vicairie de Le Vert (*Vertedense*), CLX, CXXIV; comm. Reygade, cant. Mercœur, arr. Tulle (Corrèze).

Quercy ou de Cahors (Comté du), *Caturcinus* (*comitatus*), XLVIII, CXLIV; Cahors, chef-lieu du département du Lot, en était la capitale.

Quercy (Pays du), *Caturcinus* ou *Katurcinus* (*orbis* ou *pagus*), *Caturcinum*, XVIII, XXXIV, XLV, LXXVI *et passim;* pays dont la capitale était Cahors, chef-lieu du département du Lot.

Queyssac, *Caissiacus*, dans la vicairie de Puy-d'Arnac, CXXXI, CLXIV; cant. Beaulieu, arr. Brive (Corrèze).

Quinsou, près Cavagnac, *Quincion*, dans la vicairie de Cazillac, XCI, CLIII; comm. Cavagnac, cant. Vayrac, arr. Gourdon (Lot).

R

Rabot (?), *Rabiagum*, dans la vicairie de Puy-d'Arnac, CLXVIII; comm. Branceilles, cant. Meyssac, arr. Brive (Corrèze).

Rançon (Peuple et pays de), *Andecamulenses*, Introd. tit. VI; cant. Château-Ponsat, arr. Bellac (Corrèze).

Reignac, *Rignacus* ou *Riniacus*, LV et CLXVI; comm. Lostanges, cant. Meyssac, arr. Brive (Corrèze).

Riaunet, *Rodanus, fluvius*, en Quercy, près d'Orlhac, CLXXXIII; petit cours d'eau qui passe à Orlhac et près Cazillac, et tombe dans la Tourmente.

Ribérac, *Ribera (Guido* et *Petrus de)*, XIV; chef-lieu d'arr. (Dordogne).

Rieu (Le)? *Ri*........ dans la vicairie d'Uzerche, CLXXXIX; comm. Espartignac, cant. Uzerche, arr. Tulle (Corrèze).

Rieu (Le)? *Rivo Caolf* (vigne appelée), CXXXVI; comm. Biars, cant. Bretenoux, arr. Figeac (Lot). Voy. Rioux (Le).

Rioux (Le)? *Rivo Caolf*, CXXXVI; comm. Altillac, cant. Beaulieu, arr. Brive (Corrèze). Voy. Rieu (Le).

Rivière (La), *Ribaria*, dans la vicairie de Saint-Privat, CXXV; comm. Saint-Privat, cant. Servières, arr. Tulle (Corrèze).

Rivière (La), près Saint-Médard-Nicourby, *Riberia in Bretenis*, LXXXIX, et peut-être CIX; comm. Saint-Médard-Nicourby, cant. La Tronquière, arr. Figeac (Lot).

Rivière (La), près d'Altillac, *Ad Riberia*, dans la vicairie d'Altillac, CXIX; comm. d'Altillac, cant. Mercœur, arr. Tulle (Corrèze).

Roche (La) ou Laroche, comm. Végennes. Voy. Laroche.

Rome (Italie), *Roma*, CXCIV.

Roque (La) ou Laroque, près d'Autoyre, XLVI. Voy. Laroque.

Rosiers (Vicairie de), *Rosariensis (vicaria)*, CLXXIV; cant. Egletons, arr. Tulle (Corrèze).

Roucoule, *Rocola* ou *Rocula*, dans la vicairie de Le Vert, CXXXIX, CLX, CLXII, CLXIII, comm. Glenat, cant. La Roquebrou, arr. Aurillac (Cantal).

Roudergues, près Candes, *Rodengas*, dans la *villa Candis*, CLXXXVII, comm. Comiac, cant. Bretenoux, arr. Figeac (Lot).

Rouergue (Comté du), *Ruthenicus* ou *Ruthenensis (comes)*, XLVII, note 2; comté dont la capitale était Rodez, chef-lieu du département de l'Aveyron.

Rouergue (Pays du) (?), *Rodinicus (pagus)*, LXXVI; dont Rodez, ch.-l. du dép. de l'Aveyron, était la capitale.

Rouffiac (Pays de), *Rofiacensis (pagus)*, Introd. tit. vi; cant. La Roquebrou, arr. Aurillac (Cantal). Cf. Rouffiac (Village et vicairie de).

Rouffiac (Vicairie de), *Rofiacensis (vicaria)*, LII, CLX, CLXIV; cant. La Roquebrou, arr. Aurillac (Cantal). Cf. Rouffiac (Pays de).

Rouffiac (Village de), *Rufiagucium*, LV, CLXVI; cant. La Roquebrou, arr. Aurillac (Cantal).

Rouffiac, près Meyrignac-l'Église, *Rofigniacum*, dans la vicairie de Bar, XVII; comm. Meyrignac-l'Église, cant. Corrèze, arr. Tulle (Corrèze).

Rouffignac, *Rofinac (Rotbertus de)*, CLXXXI; près Mont-Valent, cant. Gramat, arr. Gourdon (Lot).

Roussy (?), *Rodenalis*, dans la *vallis Exidensis*, CXXXIII; comm. et cant. Saint-Céré, arr. Figeac (Lot).

S

Saillant (Le), appelé d'abord *Orbaciacus*, villa domaniale, dans la vicairie d'Yssandon, VIII, IX, X, XI, XII, plus tard nommé *Ad illo Salente*, LXIV; et *Sallem*, VIII, note 3; comm. Voutezac, cant. Juillac, arr. Brive (Corrèze).

Salagnac (Bourg-) ou Grand-Bourg (Vicairie de), *Selabunac (vicaria de)*. Voy. Grand-Bourg.

Salins' (Vicairie de), *Salensis (vicaria)*, dans le pays d'Auvergne, LI, CLXXIII; cant. et arr. Mauriac (Cantal).

Sannat (?), *Signacus*, dans la vicairie de Puy-d'Arnac, XXVIII; comm. Queyssac, cant. Beaulieu, arr. Brive (Corrèze).

Sansac-de-Marmiesse, *Sanciacum* ou *Sanciagum*, LV, CLXVI; cant. et arrond. Aurillac (Cantal).

SARRAZAC, en Quercy, *Saraciacus*, *Saraziacus* ou *Saraziac*, XVI, XXXIII, XXXIV, CLXXXV. CXCIII; cant. Martel, arr. Gourdon (Lot).

SAULE (LE), *Ad illo Sabulo*, CIV, LXXXIX; comm. de Saint-Bazile-de-Meyssac, cant. de Meyssac, arr. Brive (Corrèze).

SÉGALA (?), près Pauliac, *Scalucia*, dans la vicairie de Pauliac, LXXIII; comm. Loubressac, cant. Saint-Céré, arr. Figeac (Lot).

SÉGONZAC, *Segonciacus*, dans la vallée d'Autoyre, LII; comm. Loubressac, cant. Saint-Céré, arr. Figeac (Lot).

SEILHAC (?) (Vicairie de), *Salliacensis (vicaria)*, Introd. tit. VI; ch.-l. cant. arr. Tulle (Corrèze).

SELLES (?), *Sallis*, XLIX; comm. Loubressac, cant. Saint-Céré, arr. Figeac (Lot). Voy. aussi LASSALLES.

SENAILLAC (?), *Samiliacum*, *Similiacus*, *Aessimiliacum* et *Aissimilac*, dans la *vallis Exidensis*, CXXIII, CXXIV, CXXX; cant. La Tronquière, arr. Figeac (Lot).

SEPTAUBRE, *Septem Arbores* (Village appelé), dans la vicairie de Rouffiac, CLX; comm. Saint-Julien-le-Pèlerin, cant. Mercœur, arr. Tulle (Corrèze).

SÉRILHAC (Vicairie de), *Seriacensis (vicaria)*, CLXXIX; cant. Beynat, arr. Brive (Corrèze).

SEXCLES, *Siccavallis*, dans la vicairie de Le Vert, CLV, cant. Mercœur, arr. Tulle (Corrèze).

SIEUSSAC (?), *Sulciacum*, LXXVIII; comm. Cressensac, cant. Martel, arr. Gourdon (Lot). Voy. aussi SOURZAC.

SIONIAC, *Siuiniacus (ecclesia, vicus, villa)*, dans la vicairie de Puy-d'Arnac, V, XII, XVIII, XXIV; cant. Beaulieu, arr. Brive (Corrèze).

SIRIÈS (LE), *A Ciraisolo*, CXIII; comm. et cant. Saint-Céré, arr. Figeac (Lot).

SOLIGNAC (Pays et monastère de), *Sollemniacensis (ager et monasterium)*, I, CLXVIII et Introd. tit. VI; cant. et arr. Limoges (Haute-Vienne).

SOUILLAC (Monastère de sainte Marie de), *Soliaci (monasterium sanctæ Mariæ)*, XXX, CLI, CLIV, CLXXXIII; ch.-l. de cant. dans l'arr. de Gourdon (Lot).

SOULLIOL, *Soliolus*, dans la *centena Exidensis*, XLVI; comm. Frayssinhes, cant. Saint-Céré, arr. Figeac (Lot).

SOURDOIRE (LA), rivière, *Sordoria, fluvius*, XVI, CXCIV; prend sa source au lieu dit le Poujol, comm. et cant. Meyssac, arr. Brive (Corrèze), se réunit, au-dessous de Vayrac, au Moumont, qui se perd dans la Dordogne en amont de Gluges et au-dessus du confluent de la Dordogne et de la Tourmente.

SOURZAC (?), *Sulciacum*, LXXVIII; comm. Saint-Chamant, cant. Argentat, arr. Tulle (Corrèze). Voy. aussi SIEUSSAC.

SOUSTRE, petite rivière, *Sostre*, XXXVII, qui a donné son nom à un moulin situé sur son cours, dans le Quercy; prend sa source au-dessus de Collonges, cant. Meyssac, arr. Brive (Corrèze), et se réunit à la Tourmente, auprès de Condat (Lot).

SOUVIGNE (LA), rivière, *Summenia, fluvius*, CLXXII, prend sa source près de Marc-la-Tour, cant. et arr. Tulle (Corrèze), et se jette dans la Dordogne, au-dessous d'Argentat, ch.-l. cant. dans le même arrondissement.

STRENQUELS, *Stranquillus* ou *Stranquillius*, XXX, LVI, LXXVII, CXIV, CXLIV; cant. Vayrac, arr. Gourdon (Lot).

SURDOIRE, *Sardoria* et peut-être *Sordoria*, dans la vicairie de Puy-d'Arnac, CXLII, LXXXVIII; comm. Chapelle-aux-Saints, cant. Beaulieu, arr. Brive (Corrèze).

SAINT-CÉRÉ ou plutôt CASTELNAU (?) (Aïce, centaine, vallée, vicairie de), *Exidensis*, *Exindensis*, ou *Exitensis (aicis, centena, vallis et vicaria)*, III, XXXVIII, XLIII *et passim*. Voy. plus haut CASTELNAU et plus bas SAINT-CÉRÉ. Voyez, en outre, la notice relative à cette position, *Notes et éclaircissements*, n° XXI.

SAINT-CÉRÉ (Église de), *Sancti Sereni (ecclesia)*, XXXI; peut-être auparavant ch.-l. de la vicaria ou *vallis Exidensis* (?); ch.-l. cant. arr. Figeac (Lot). Voy. ci-dessus SAINT-CÉRÉ (Aïce, centaine, etc. de).

SAINT-GENEST, *Ad Sanctum Genesium* ou *Sanctus Genesius*, dans la vicairie de Puy-d'Arnac, I, CXCIII; cant. Meyssac, arr. Brive (Corrèze).

SAINT-GEORGES-NIGREMONT (Vicairie de), *Nigromonte* (*vicaria de*), Introd. tit. VI; cant. Crocq, arr. Aubusson (Creuse).

SAINT-GERMAIN-LES-VERGNES (Paroisse de), *Sancti Germani* (*parochia*), près de Chameyrac, XIII; cant. et arr. Tulle (Corrèze).

SAINT-JULIEN, près Cazillac, *Mercurius*, où existait une église en l'honneur de saint Julien, et situé dans la vicairie de Cazillac, XLVIII; comm. Cazillac, cant. Martel, arr. Gourdon (Lot).

SAINT-JULIEN-AUX-BOIS (Vicairie de), *Sancti Juliani* (*vicaria*), CXXV; auparavant simple bachellerie où était une église sous l'invocation de saint Julien, LII; cant. Servières, arr. Tulle (Corrèze).

SAINT-MÉDARD-DE-PRESQUE, *Prisca*, où était bâtie une église en l'honneur de saint Médard, XLVII; cant. Saint-Céré, arr. Figeac (Lot).

SAINT-MESMIN ou MAISMIN (Monastère de), *Sancti Maximini* (*monasterium*), XII; auprès d'Orléans (Loiret).

SAINT-MEXANT, *Sancti Maxentii* (*parochia et villa*), dans la vicairie d'Uzerche, XIII, CVI, CXLI; cant. et arr. Tulle (Corrèze).

SAINT-MICHEL-DE-BANIÈRES (?), *Sanctus Michaelis*, XLIX; cant. Vayrac, arr. Gourdon (Lot). Voy. SAINT-MICHEL-LOUBEJOU.

SAINT-MICHEL-LOUBEJOU (?), *Sanctus Michaelis*, XLIX; cant. Bretenoux, arr. Figeac (Lot). Voy. SAINT-MICHEL-DE-BANIÈRES.

SAINT-PRIVAT, village, *Betugum*, dans la vicairie d'Argentat, CLXXVI; plus tard *Sancti Privati* (*villa*), CXCIV; ch.-l. d'une vicairie, CXXV; cant. Servières, arr. Tulle (Corrèze).

SAINT-PRIVAT (Paroisse et vicairie de), *Sancti Privati* (*parochia et vicaria*), CXCIV et CXXV. Voy. ci-dessus SAINT-PRIVAT, village.

SAINT-PROJET, *Sanctus Projectus*, dans la vicairie d'Espagnac, CLXXI; comm. Tronche; cant. Lapleau, arr. Tulle (Corrèze).

SAINT-SERNIN, *Sanctus Saturninus*, XLVII, arr. Sainte-Affrique (Aveyron).

SAINT-SOZY (Vicairie de) en Quercy, *Sancto Sosico* (*vicaria de*), Introd. tit. VI; cant. Souillac, arr. Gourdon (Lot).

SAINT-SOZY, village, *Floriacus*, dans la vicairie de Cazillac, où était une église sous l'invocation de saint Sozy, XLVIII; plus tard ch.-l. d'une vicairie appelée *Sancto Sosico* (*vicaria de*); cant. Souillac, arr. Gourdon (Lot). Voy. ci-dessus SAINT-SOZY (Vicairie de).

SAINT-SYLVAIN, *Sanctus Silvanus*, dans la vicairie d'Espagnac, CLXXII; cant. Argentat, arr. Tulle (Corrèze).

T

TAILLADE (PIERRE-), *Taillada*. Voy. PIERRE-TAILLADE.

TARNAC (Centaine et vicairie de), *Tarnacensis* ou *Tarnensis* (*centena* ou *vicaria*), Introd. tit. VI; cant. Bugeat, arr. Ussel (Corrèze).

TAURIAC, *Tauriacus*, XLIX, L; cant. Bretenoux, arr. Figeac (Lot).

TEILLET, *Telidum*, *Telitum*, *Teilum*, *Tellide*, *Tellet*, *Teillet*, dans la vicairie de Puy-d'Arnac; VI, LXXVIII, CXXI, CXLII et CXCII; comm. Puy-d'Arnac ou comm. Queyssac, cant. Beaulieu, arr. Brive (Corrèze).

TEILLET, près Orgnac, *Toiliagum*, dans la vicairie d'Uzerche, CXXXIX; comm. Orgnac, cant. Vigeois, arr. Brive (Corrèze).

TERSAC, *Terciacum*, dans le pays de Turenne, I; comm. Gignac, cant. Souillac, arr. Gourdon (Lot).

TILLET (?), *Tilius* dans la *centena Exidensis*, XLVI; comm. Molières, cant. La Capelle-Marival, arr. Figeac, (Lot). Voy. aussi TILLIET.

TILLIET (?), *Tilius*, dans la *centena Exidensis*, XLVI, comm. Lentillac, près Saint-Céré, cant. Saint-Céré, arr. Figeac (Lot). Voy. aussi TILLET.

TOURMENTE (LA), rivière, *Tormenta*, *fluvius*,

XXIX ; prend sa source au-dessus de Turenne, dans les collines de Gernes, comm. Jugeals, cant. et arr. Brive (Corrèze), passe sous les murs du château de Turenne, près de Condat (en Quercy), et à l'O. de Puy-d'Yssolu, que plusieurs auteurs croient être l'antique *Uxellodunum* des Commentaires de César. Elle se réunit à la Dordogne, en aval du confluent de la Sourdoire, au lieu nommé Brian, cant. Martel, arr. Gourdon (Lot).

Tousy (palais de), *Tusiacum*, V.

Trégazou, près Saint-Céré (?) *Tresgonus*, dans la *centena Exidensis*, XLVI; comm. et cant. Saint-Céré, arr. Figeac (Lot).

Tudeil, *Tudell* ou *Tudel*, dans la vicairie de Puy-d'Arnac, VIII, XXIII, XXXVII, CXCIV; cant. Beaulieu, arr. Brive (Corrèze).

Tulle, sur la Corrèze, *Tutela*, XLIX, XCII, XCV; chef-lieu du département de la Corrèze.

Tulle, près Turenne, *Tallum*, CLXXXVI, CXCIII; comm. Strenquels, cant. Vayrac, arr. Gourdon (Lot).

Turenne (Château, pays, vicairie de), *Torenna, castrum, Tornensis (pagus), Torinna (de)* ou *Tornensis (vicaria)*, I, IX, XII, XXII, XXXIII, CVIII et *passim;* cant. Meyssac, arr. Brive (Corrèze).

U

Uzerche (Pays et vicairie d'), *Usercensis (pagus)*, Introd. tit. VI; *(vicaria)* VII, XXXIX, LXIV, CVI, CXLI, CXLVII et CLXXXIX; chef-lieu de canton dans l'arrond. de Tulle (Corrèze).

V

Vaisse (La), *Vaissia*, CII; comm. Saint-Julien-Maumont, cant. Meyssac, arrond. Brive (Corrèze).

Val (La Borie-d'en-), *Vallum*, dans la vicairie d'Uzerche, CLXXXIX; comm. et cant. Vigeois, arr. Brive (Corrèze).

Vallières (Pays et vicairie de), *Vallarensis* ou *Vallariensis (terminus et vicaria)*, Introduction, tit. VI; cant. Felletin, arr. Aubusson (Creuse).

Vaur (La) ou Lavaur, *Vaber (Ad illa)*, LXVIII, et probablement le même que *Vaure (Illa)*, CXLII; comm. Saint-Cirque-la-Roche, cant. Servières, arr. Tulle (Corrèze).

Vaurette, *Vaureta (La)*, XLII; comm. Saint-Hilaire-Taurieux, cant. Argentat, arr. Tulle (Corrèze).

Vayrac, *Vairacus* ou *Vairac*, XXXVII, XLIX, CXCIV; chef-lieu de canton dans l'arrondissement de Gourdon (Lot).

Vaysse, *Vadecia*, dans la vicairie de Le Vert, LXIII; comm. Biars, cant. Bretenoux, arr. Figeac (Lot).

Végennes, *Veterinas*, dans la vicairie de Puy-d'Arnac, XVI; cant. Beaulieu, arr. Brive (Corrèze).

Veillan, *Valentinianum*, XXX; comm. Saint-Cirque-la-Roche, cant. Servières, arr. Tulle (Corrèze).

Venarsal, *Venarcialis*, dans la vicairie de Brive, CLXVII; cant. Donzenac, arr. Brive (Corrèze).

Ventadour (Vicomte de), *Ventedornensis (vicecomes)*, XXX; comm. Moustier-Ventadour, cant. Égletons, arr. Tulle (Corrèze).

Venteigeol, *Ventagiolus* ou *Ventagiole*, dans la vicairie de Puy-d'Arnac, LXXXI, CXXVII; comm. Marcillac-la-Crose, cant. Meyssac, arr. Brive (Corrèze).

Verdier (Le), *Virdigario (Ad illo)*, dans la vicairie de Puy-d'Arnac, CLIV; comm. Lostanges, cant. Meyssac, arr. Brive (Corrèze).

Vergne (La), *Vernia (Ad illa)*, dans la vicairie d'Espagnac, CLIX; comm. Champagnac-la-Prune, cant. La Roche-Canillac, arr. Tulle (Corrèze).

VERNEJOUL, *Vernogelum*, dans la *vicaria Exidensis*, LII; comm. Cornac, cant. Saint-Céré, arr. Figeac (Lot).

VERNINE, *Vedrina (Ad illa)*, dans la vicairie d'Uzerche, CXLVII; comm. Benaye, cant. Lubersac, arr. Brive (Corrèze).

VERT (Aïce, centaine et vicairie de LE), *Vertedensis (aicis, centena* et *vicaria)*, III, XVIII, LIII, LX et *passim;* comm. et cant. Mercœur, arr. Tulle (Corrèze).

VÉZÈRE (LA), rivière, *Visera*, IX, X, XI; prend sa source au plateau de Millevaches, comm. Millevaches, cant. Sornac, arr. Ussel (Corrèze); passe à Uzerche, à Alassac, à Terrasson, à Montignac, au Bugue, et se réunit à la Dordogne, devant Limeuil, arr. Bergerac (Dordogne).

VIALETTE (LA), *Valeta*, dans la vicairie de Puy-d'Arnac, XXVIII et peut-être *A la Valeta*, CXCVI; comm. Liourdres, cant. Beaulieu, arr. Brive (Corrèze).

VIEILLEFONT, *Veliafonte*, dans la vicairie de Brive, LXV; comm. Sainte-Féréolle, cant. Donzenac, arr. Brive (Corrèze).

VIGNOLS (Centaine de), *Vinogilum (centena)*, Introd. tit. VI; cant. Juillac, arr. Brive (Corrèze).

VILLIÈRES (?), *Viliolæ*, *Devilliolæ* ou *Daviliolæ*, dans la vicairie d'Uzerche, paroisse de Saint-Mexant, VII, XIII; comm. Saint-Mexant, cant. et arr. Tulle (Corrèze).

VITRAC (?), *Vitracum*, XLIX; cant. Corrèze, arr. Tulle (Corrèze). Voy. aussi VITRAT.

VITRAT (?), *Vitracum*, XLIX; comm. Branceilles, cant. Meyssac, arrond. Brive (Corrèze). Voy. aussi VITRAC.

X

XAINTRIE (Pays de la), *Santria*, Introd. tit. VI; dont les lieux principaux étaient Mercœur et Servières, ch.-l. de cant. arr. Tulle (Corrèze).

Y

YMONT (?), *Inmont*, XCIX; comm. Saint-Martin-la-Méane, cant. La Roche-Canillac, arr. Tulle (Corrèze), ou comm. Bassignac-le-Haut, cant. Servières, arr. Tulle (Corrèze).

YSSANDON (Pays, vallée et vicairie d'), *Exandonensis (pagus, vallis, vicaria)*, IX, X, XI, XII, LXIV, LXXIII; cant. Ayen, arr. Brive (Corrèze).

FIN DU DICTIONNAIRE GÉOGRAPHIQUE.

NOTE EXPLICATIVE

SUR LA CARTE DU GRAND *PAGUS* OU *ORBIS LEMOVICINUS*,

JOINTE AU CARTULAIRE.

1° Quoique cette carte ait été dressée en vue de la publication du Cartulaire de Beaulieu, comme elle a pour but de présenter à l'œil un tableau aussi complet que possible du pays entier de l'ancien Limousin et de ses divisions territoriales au IXe, au Xe et au XIe siècle, nous y avons porté beaucoup de noms de lieux qui ne se trouvent ni dans le Cartulaire ni dans les tables qui l'accompagnent.

2° Il est, au contraire, des localités mentionnées dans le Cartulaire et dans les tables, qui ont été omises sur la carte, tantôt parce que l'espace nous a manqué pour les y faire figurer, tantôt parce que leur site, dans la géographie moderne, est resté inconnu.

3° La plupart des noms de lieux qui sont inscrits sur la carte ont une date certaine antérieure au XIIe siècle; un très-petit nombre seulement est d'une époque moins reculée.

4° Après avoir fixé la place de toutes les vicairies et centaines du Limousin, au nombre de quarante-huit, nous avons pu, grâce à l'abondance des éléments fournis par les titres carlovingiens, tracer avec précision, sur beaucoup de points, les limites de ces circonscriptions, particulièrement au S. E. au S. au S. O. et au centre de la province; mais au N. O. au N. et au N. E. où les monuments écrits de la 2e race sont beaucoup plus rares, les limites sont approximatives, et nous avons dû avoir égard plus d'une fois, en ce qui les concerne, aux séparations formées par les cours d'eau profonds, les chaînes de montagnes ou de hautes collines, ainsi qu'aux régions naturelles et aux traditions historiques.

Telle qu'elle est, et malgré les imperfections qu'on pourra y découvrir et pour lesquelles nous réclamons d'avance l'indulgence des érudits, cette carte, résultat de longues recherches et d'un minutieux labeur, constitue un fait nouveau, et, s'il nous est permis de le dire, un progrès dans la géographie historique du moyen âge. C'est la première fois, en effet, que l'on a tenté de figurer, à une aussi grande échelle et avec leurs limites, les districts correspondant à l'ordre administratif et judiciaire qui régissait un pays de vaste étendue sous les successeurs de Charlemagne. Si, parmi ces nombreux districts, il en est dont la délimitation laisse encore à désirer, on voudra bien considérer que, dans le cas où plus tard de nouveaux éléments viendraient à être découverts, il serait aisé de compléter, avec leur aide, cette partie de notre travail; que, d'ailleurs, les vicairies du S. E. du S. du S. O. et du centre du Limousin, n'en resteraient pas moins un spécimen curieux et utile de l'organisation du gouvernement de la Gaule en ces temps reculés, ainsi que du système de divisions territoriales que cette organisation avait engendré.

ADDITIONS ET CORRECTIONS.

INTRODUCTION.

Page xiv, note 2, ligne 12, au lieu de : cxci, cxcii, lisez (cxcii-cxcvi).

Page xvii, ligne 1, au lieu de : *Menoire*³, lisez, *Ménoire-le-Bas*, *Meyssac*³, *Félines et Sainte-Marie de Donnette*⁴.

Page xxiii, note 1, ligne 2, au lieu de : nᵒˢ xv et xvii, lisez : nᵒˢ xvi et xvii.

Page xxxi, note 1, ligne 3, au lieu de : n° viii, lisez : n° xvi.

Page xl, note 2, col. 2, ligne 7, au lieu de : *sic 1379*, lisez : *sic 1298*.

Page xcv, ligne 6, au lieu de : *et puissances du trône*, lisez : *les puissances, les trônes*.

Page cxi, note 4, col. 2, ligne 4, au lieu de : *Chauli*, lisez : *Chauci*.

Page cxxix, note 1, col. 2, ligne 2, à la suite de Αεμοδίκες, mettre : *ou plutôt* Αεμοούικες, et, après *Strabon*, mettre entre parenthèses : (*édit. de Krämer, t. Iᵉʳ, p. 297*).

Page cxxx, ligne 1, après : *les Itinéraires romains*, mettre : (an. 284-305), et ligne 2, après *la Table de Peutinger*, au lieu de (an. 393), mettre : (an. 222-270).

Page cxxxv, note 1, ligne 5, au lieu de : *423-424 et suiv.* lisez : *623, 624 et suiv.* et ajoutez : « la constitution de la nouvelle circonscription diocésaine et l'énumération des églises qui devaient en dépendre se trouvent dans une bulle de 1318 (Baluz. *Histor. Tutel.* col. 626 et sniv.) »

Page cxxxvi, note 2, col. 2, ligne 9, entre *loc. cit.* et *p. 289*, lisez : *tome Iᵉʳ*.

Page cxxxvii, note 5, col. 1, *in fine*, après *Miscellan.* lisez : *tome Iᵉʳ*.

Page clviii, note 8, avant *Vita S. Menelæi*, lisez : *Fredegarii Scholastici Chronicon*.

Page cxci, ligne 13, après *fines*, lisez : *ou agri*.

Page cxcii, note 1, après *lib.* VIII, lisez : *cap.* xxxii et xxxiv.

Page cci, ligne 16, supprimez : -*Dax*.

Page ccv, ligne 27, au lieu de : *quatre-vingt-douze kilomètres*, lisez : *environ cent vingt-six kilomètres*, et, ligne 29, au lieu de : *soixante et quatorze*, lisez : *environ quatre-vingt-trois*.

NOTES ET ÉCLAIRCISSEMENTS.

Page ccxxv, ligne 5, après les mots : *archevêque de Narbonne*, lisez : C'est le pape Nicolas Iᵉʳ (an. 858-866) qui attribua à Rodulfe les titres que, dans les siècles suivants, le métropolitain de Bourges fit valoir, notamment dans les diocèses de la deuxième Aquitaine (archevêché de Bordeaux), et que ces derniers refusèrent parfois de reconnaître. (Voir le Journal de tournée de l'archevêque Simon, 1285-1291, dans Baluze, *Miscellan.* édit de Mansi, t. Iᵉʳ.)

TEXTE DU CARTULAIRE.

Page 3, ligne 7, au lieu de : *Umberto Abraham*, lisez : *Umberto, Abraham*.

Page 6, note 47, ligne 2, au lieu de : *Pictavensem Ecclesiam*, lisez : *Ecolismensem Ecclesiam*.

Page 24, note 3, après : *Garsindem*, lisez : *Ermengaldi Albiensis comitis natam*.

ADDITIONS ET CORRECTIONS.

INDEX GENERALIS.

Page 290, col. 2, intercaler : ADALBERTUS, *testis*, XVI.
Page 293, col. 1, intercaler, AIMARDUS, *testis*, XVI.
Page 316, col. 1, intercaler : EMNOHIC, *testis*, XVI.
Page 319, col. 2, à l'article FONTEM (AD ILLUM), ajoutez : FONTALBA (?)
Page 341, col. 1, ligne 2, à l'article PRATA (AD ILLA), ajoutez : — PRADELLE (LA)?
Page 346, col. 1, intercaler : ROTHALDUS, *testis*, XVI.
Page 353, col. 2, intercaler : S. SATURNINI (*Vicaria*), *Introd. tit.* VI. — SAINT-CERNIN (*Vicairie de*).
Page 359, col. 1, dans l'article VICARIA, après *Sancti Privati*, mettre : *S. Saturnini*.

DICTIONNAIRE GÉOGRAPHIQUE.

Page 375, col. 2, intercalez : DUNOIS (*Pays*), *Introd. tit.* VI. — *La ville de Dun est chef-lieu de canton, arr. de Guéret (Creuse).*

Page 376, col. 1, intercalez : FONTALBA (?), *Fontem (Ad illum)*, LXXVI; *cant. Bretenoux, arr. de Figeac (Lot).*

Page 376, col. 2, intercalez : GUÉRÉTOIS (*Pays*), *Introd. tit.* VI. — *Guéret est ch.-l. du dép. de la Creuse.*

Page 378, col. 1, intercalez : MAGNAZEIX (*Pays*), *Introd. tit.* VI. — *Magnac-Laval, cant. du Dorat, arr. de Bellac (Haute-Vienne), en était le chef-lieu.*

Page 379, col. 2, intercalez : MONTAGNE (*Pays de la*), *Montana*, *Introd. tit.* VI. — *De ce pays dépendaient Saint-Pierre-la-Montagne et Saint-Léger-la-Montagne, cant. de Laurière, arr. Limoges (Haute-Vienne).*

Page 379, col. 2, au lieu de : MONTAL, lisez : MONTBERT; et puis, au lieu de : *comm. et cant. S. Céré*, lisez : *cant. S. Céré.*

Page 380, col. 2, intercalez : NONTRONNAIS (*Pays*), *Introd. tit.* VI. — *Nontron est ch.-l. d'arr. (Dordogne).*

Page 381, col. 2, intercalez : PRADELLE (LA)? *Prata (Ad illa)*, LXXVI; *cant. Bretenoux, arr. Figeac (Lot).*

Page 383, col. 2, intercalez : SAINT-CERNIN (*Vicairie de*), *S. Saturnini* (*vicaria*), *Introd. tit.* VI; *cant. Lauzès, arr. Cahors (Lot).*

DIVISION DE L'OUVRAGE.

	Pages.
Préface..	I-X
Introduction......................................	XI-CCXVI
Notes et éclaircissements..........................	CCXVII-CCC
Table des matières contenues dans la préface, dans l'introduction et dans les notes et éclaircissements.........................	CCCI-CCCIX
Texte du cartulaire................................	1-277
Index chronologicus chartarum......................	281-288
Index generalis....................................	289-360
Onomasticus index mancipiorum, id est servorum sive colonorum, super prædia monasterii Bellilocensis considentium.................	361-367
Dictionnaire géographique..........................	369-386
Note explicative sur la carte du grand *pagus* ou *orbis lemovicinus*...	387-388
Additions et corrections...........................	389-390
Carte.	

www.ingramcontent.com/pod-product-compliance
Lightning Source LLC
Chambersburg PA
CBHW050322020526
44117CB00031B/1336